2018 황의방 한국사능력검정시험

기출만이 합격이다

+ 필기노트 [중급 3·4급]

황의방 한국사연구소 편저

저자 소개

황 의 방

- EBS 한국사능력검정시험 강사
- 실천닷컴 한국사능력검정시험 대표 교수
- 한국경제TV 한국사능력검정시험 대표 교수
- 노량진 임용고시 임고야 한국사 대표 교수
- 법학원 한국사능력검정시험 대표 교수
- (주)시대에듀 공무원 한국사 대표 교수
- 2015년 IPTV 교육방송 공무원 한국사 교수
- 2014~2015년 티처빌 원격교육연수원 직무연수과정 한국사능력검정시험 교수
- 2015년 육군본부 산하기관 강사양성과정
- 한국외국어대학교, 숭실대학교, 한국과학기술대학교, 순천향대학교 한국사능력검정시험 특강

[저서]

- 한국사능력검정시험 고급/중급 기출문제(오스틴북스)
- 공무원 쌤한국사(시대고시기획)
- 공무원 쌤한국사 문제집(시대고시기획)
- 황의방 공무원 기출문제의 재구성(시대고시기획)
- 한국사능력검정시험 고급/ 중급 (법학원)
- 한국사능력검정시험 중급 이론편(교육의창)
- 부사관 국사/근현대사(들샘)

[홈페이지]

(황의방 한국사) http://cafe.naver.com/hubhistory

(블로그) http://blog.naver.com/hub_history

머리말

역사는 우리가 살아가는 삶의 현장이다. 선사 시대부터 현대까지의 한국 역사를 파악하고 이해하는 것은 한국인의 당연한 의무이며, 이를 지킬 줄 아는 것은 한국인의 권리라고 할 수 있다. 하지만 끊이지 않는 주변 국가들의 한국사 왜곡과 우리들 스스로의 한국사 외면은 한국사의 위상을 흔들리게 했으며, 이에 한국사에 대한 올바른 인식이 시급한 상황이다.

한국사에 대한 관심은 각종 시험에서 한국사가 필수 과목이 되면서 높아지기 시작했으며 이와 함께 수험생들의 역사의식도 성장하고 있다. 한국사 교육의 올바른 방향을 제시하고 자발적 역사 학습을 통해 고차원적 사고력과 문제해결 능력을 배양하고자 하는 취지에서 국사편찬위원회에 의해 한국사능력검정시험이 시작되었다.

한국사능력검정시험은 한국사에 대한 기초 상식을 평가하는 초급, 한국사의 흐름을 이해할 수 있는 체계적 지식을 묻는 중급, 그리고 한국사의 통합적 이해력을 평가하는 고급으로 구분된다. 한국사능력검정시험은 각종 시험 응시 자격 및 공사·공단 입사 조건, 기업체 채용·승진, 대학 입학의 가산 요건이 될 수 있어 최근 많은 사람들이 도전하고 있는 시험이다.

최근 몇 년 동안 한국사능력검정시험의 출제방식에도 변화가 있었다. 필자는 이러한 흐름에 따라 새로이 책을 출간하였다. 뿐만 아니라, 역사를 공부하고자 하는 수험생들이 이 책을 통해 좀 더 쉽게 역사에 접근했으면 하는 바람도 덧붙이며, 수험생들의 단 한 번의 학습으로 합격을 이뤄내기를 간절히 기원하는 마음으로 이 책을 집필하였다.

---

1 저자는 그동안 현장에서 들었던 수험생들의 고충을 종합하여 수험생들이 필요로 하는 교재를 연구하던 끝에 필기노트를 완성하게 되었다.

2 이 책은 기본 이론 강의와 함께 들을 수 있도록 저자의 강의 中 판서 그대로를 옮겨 놓은 필기노트다.

3 수험생의 학습 능률을 높이기 위하여 필수 암기 항목은 별색으로 구성하였다.

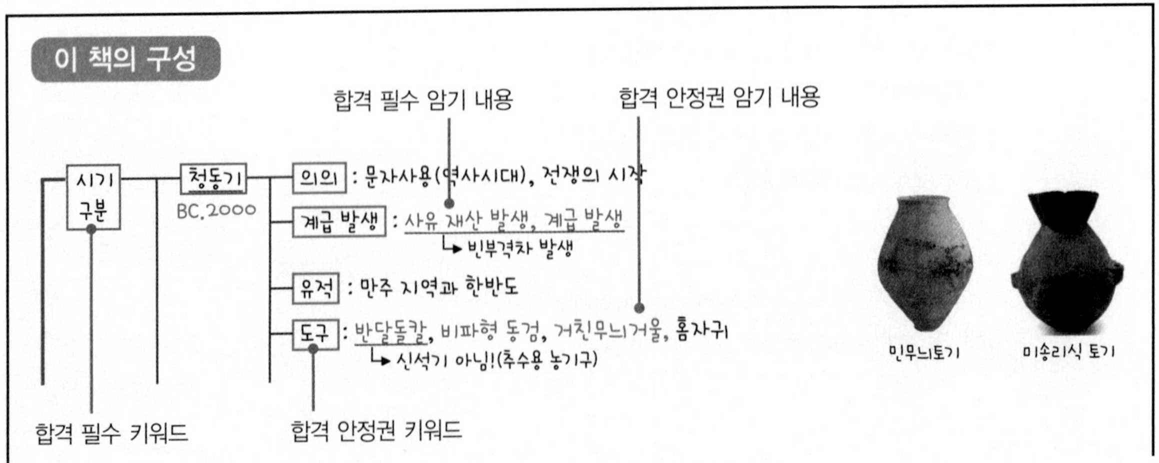
이 책의 구성
합격 필수 암기 내용
합격 안정권 암기 내용
시기 구분
청동기
BC.2000
의의 : 문자사용(역사시대), 전쟁의 시작
계급 발생 : 사유 재산 발생, 계급 발생
→ 빈부격차 발생
유적 : 만주 지역과 한반도
도구 : 반달돌칼, 비파형 동검, 거친무늬거울, 홈자귀
→ 신석기 아님!(추수용 농기구)
민무늬토기
미송리식 토기
합격 필수 키워드
합격 안정권 키워드

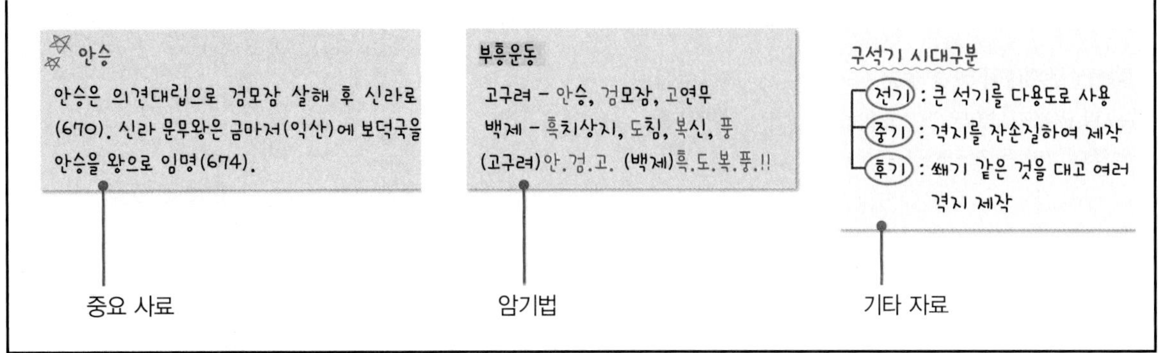
안승
안승은 의견대립으로 검모잠 살해 후 신라로 (670). 신라 문무왕은 금마저(익산)에 보덕국을 안승을 왕으로 임명(674).
부흥운동
고구려 – 안승, 검모잠, 고연무
백제 – 흑치상지, 도침, 복신, 풍
(고구려)안.검.고. (백제)흑.도.복.풍.!!
구석기 시대구분
전기 : 큰 석기를 다용도로 사용
중기 : 격지를 잔손질하여 제작
후기 : 쐐기 같은 것을 대고 여러 격지 제작
중요 사료
암기법
기타 자료

4 수험생들이 필요로 하는 강의 필기노트와 기출 문제를 한권으로 구성하여 이 교재만으로 합격할 수 있는 학습이 가능하도록 하였다.

5 저자는 모두 10회 차의 기출문제를 수록하여 최근의 기출 동향을 파악하여 앞으로의 시험에 대비할 수 있도록 하였다.

6 저자는 수험생들의 효율적인 학습을 위하여 그동안의 기출문제를 심도 있게 분석하였고, 그 결과로 출제자의 의도, 자료 속 힌트, 상세한 해설, 오답 체크 등을 제작하였다.

7 저자는 한국사능력검정시험의 몇 가지 유형을 파악하였고, 현장에서의 경험을 바탕으로 쉽게 풀이할 수 있는 풀이 비법을 소개하여 수험생들에게 도움이 되도록 노력하였다. 또한, 최근 출제 빈도가 높은 지역 및 궁, 유네스코 세계문화유산 등을 한 눈에 볼 수 있도록 따로 부록으로 정리하였다.

이 교재를 통해 많은 수험생들이 합격의 영광을 얻고자 하는 간절한 마음으로 각고의 수고로 책을 편찬하였다. 부디 모든 수험생들이 이 교재를 통해 합격의 그날에 웃을 수 있기를 간절히 바란다.

이 교재는 역사를 다루고 있다. 많은 선배 역사가와 빛난 문화를 물려주신 우리 선조들께 먼저 고개 숙여 감사를 표하고, 어려운 출판 사정 속에서도 흔쾌히 발간을 하도록 도와주신 오스틴북스 사장님과 편집부에게 감사의 마음을 전한다. 그리고 항상 뒤에서 응원해 주는 나의 사랑하는 아내에게 고마움의 마음을 전하며, 항상 노심초사하시며 묵묵히 응원해 주시는 어머니와 세상에서 가장 존경하는 아버지께 이 책을 바친다.

마지막으로 수험생들의 효율적인 학습에 도움이 되기를 바라며 한국사능력검정 시험에 합격하기를 진심으로 기원한다.

2018년 연구소에서

저자 황의방

이 책의 구성과 특징

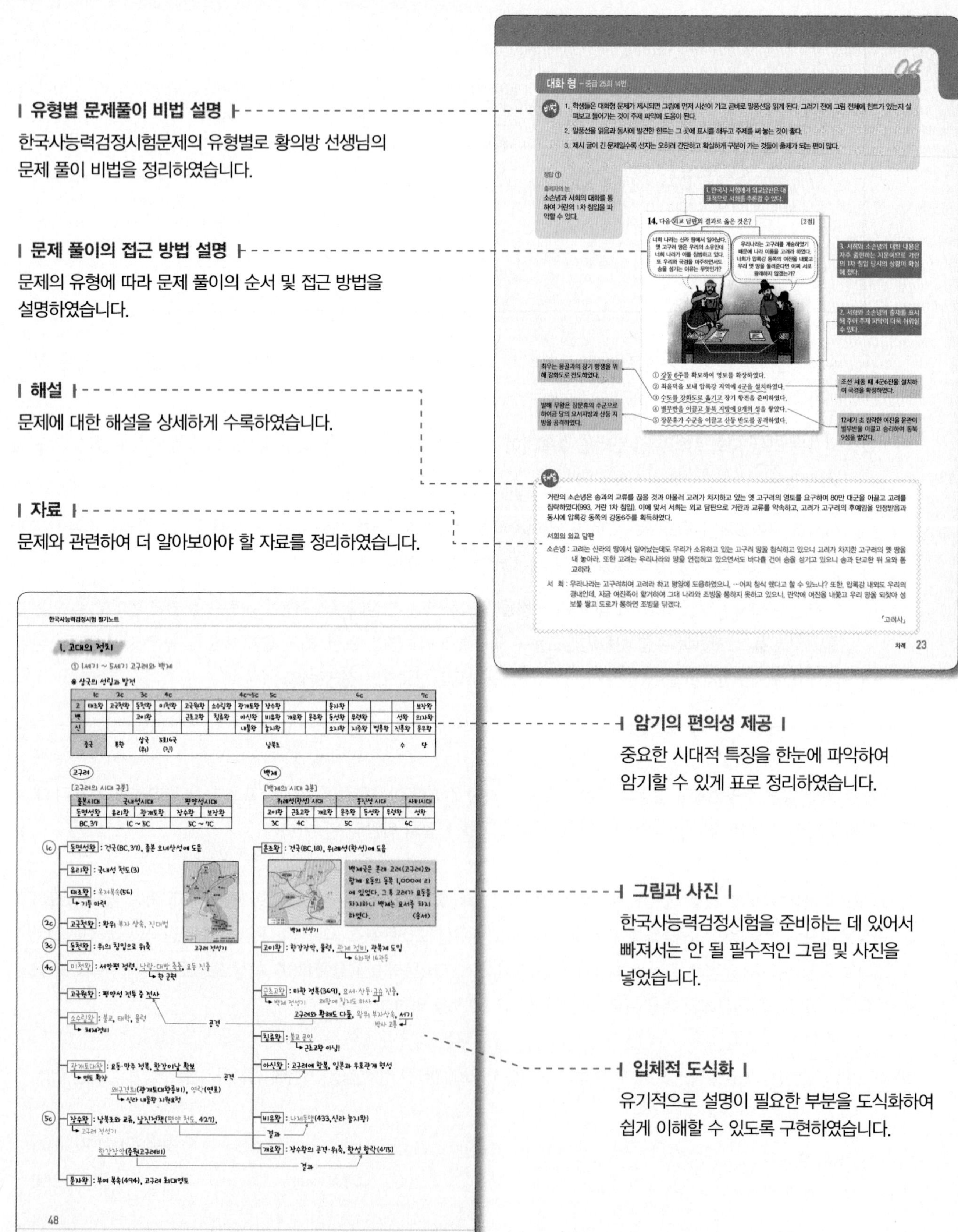

유형별 문제풀이 비법 설명

한국사능력검정시험문제의 유형별로 황의방 선생님의 문제 풀이 비법을 정리하였습니다.

문제 풀이의 접근 방법 설명

문제의 유형에 따라 문제 풀이의 순서 및 접근 방법을 설명하였습니다.

해설

문제에 대한 해설을 상세하게 수록하였습니다.

자료

문제와 관련하여 더 알아보아야 할 자료를 정리하였습니다.

암기의 편의성 제공

중요한 시대적 특징을 한눈에 파악하여 암기할 수 있게 표로 정리하였습니다.

그림과 사진

한국사능력검정시험을 준비하는 데 있어서 빠져서는 안 될 필수적인 그림 및 사진을 넣었습니다.

입체적 도식화

유기적으로 설명이 필요한 부분을 도식화하여 쉽게 이해할 수 있도록 구현하였습니다.

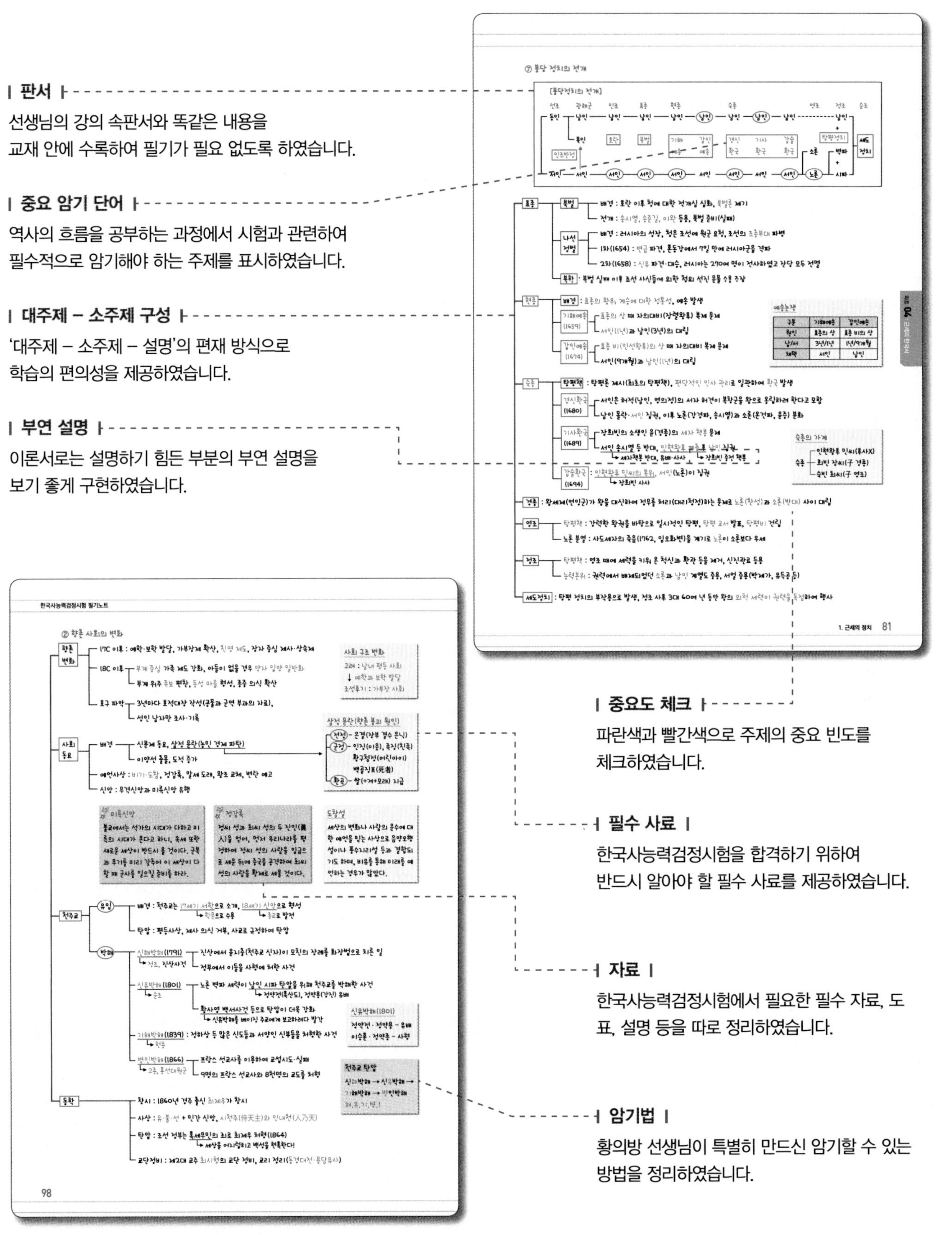

| 판서 |

선생님의 강의 속판서와 똑같은 내용을 교재 안에 수록하여 필기가 필요 없도록 하였습니다.

| 중요 암기 단어 |

역사의 흐름을 공부하는 과정에서 시험과 관련하여 필수적으로 암기해야 하는 주제를 표시하였습니다.

| 대주제 – 소주제 구성 |

'대주제 – 소주제 – 설명'의 편재 방식으로 학습의 편의성을 제공하였습니다.

| 부연 설명 |

이론서로는 설명하기 힘든 부분의 부연 설명을 보기 좋게 구현하였습니다.

| 중요도 체크 |

파란색과 빨간색으로 주제의 중요 빈도를 체크하였습니다.

| 필수 사료 |

한국사능력검정시험을 합격하기 위하여 반드시 알아야 할 필수 사료를 제공하였습니다.

| 자료 |

한국사능력검정시험에서 필요한 필수 자료, 도표, 설명 등을 따로 정리하였습니다.

| 암기법 |

황의방 선생님이 특별히 만드신 암기할 수 있는 방법을 정리하였습니다.

이 책의 구성과 특징

| 기출문항 분석표 |

최근 5~6회분 기출문제를 문항별로 분석하여 키워드로 정리한 표를 수록하였습니다.
시대별로 한눈에 볼 수 있도록 보기 좋게 정리하여 기출문제의 흐름을 쉽게 파악할 수 있습니다.

| 시대별 정리 |

출제 문항을 선사, 고대사, 중세사, 근세사, 근태사, 근대사, 일강사, 현대사, 복합사로 분류하여 시대별로 어떤 키워드가 자주 출제되었는지 쉽게 확인할 수 있습니다.

역대 중급 기출 문항 분석 제38회~제27회

	제 38 회		제 37 회		제 36 회		제35회	
1	구석기	유물·유적	신석기	유물·유적	청동기	유물·유적	신석기	유물·유적
2	고대사	고조선	고대사	고조선	고대사	삼한	고대사	부여
3	고대사	삼한	고대사	옥저·고구려	고대사	소수림왕	고대사	무령왕릉
4	고대사	5C 삼국항쟁	고대사	6C 백제	고대사	금동대향로	고대사	4~5C 삼국항쟁
5	고대사	사비성시대	고대사	고구려 유적	고대사	7C 삼국항쟁	고대사	가야
6	고대사	경주배리석불입상	고대사	신라 무열왕	고대사	연가7년명금동입상	고대사	석가탑
7	고대사	6C 삼국항쟁	고대사	신라 말 정세	고대사	신라 말 정세	고대사	나당전쟁
8	고대사	서역과의 교류	고대사	발해 선왕	고대사	의상	고대사	신라 지증왕
9	고대사	혜초	고대사	7C 삼국항쟁	고대사	고대의 경제	고대사	발해의 통치체제
10	중세사	태조 왕건	복합사	전주의 역사	고대사	발해	고대사	최치원
11	고대사	대조영	중세사	군사제도	중세사	성종의 정치	고대사	개경의 역사
12	중세사	윤관	중세사	광종의 정치	중세사	경천사지10층석탑	중세사	태조 왕건
13	중세사	원 간섭기	중세사	삼국사기	복합사	강진의 역사	중세사	도병마사
14	중세사	고려전기 정치	중세사	처인성 전투	중세사	하층민의 봉기	중세사	부석사 무량수전
15	중세사	고려의 경제	중세사	최씨무신정권	중세사	대외항쟁	중세사	고려의 경제
16	중세사	직지심체요절	중세사	월정사8각9층탑	중세사	삼국유사	중세사	처인성 전투
17	복합사	창덕궁	근세사	경국대전	근세사	시전상인	중세사	공민왕의 정책
18	근세사	세조의 정치	근세사	수령	근세사	세종의 정치	복합사	빈민구제
19	근세사	세종의 정치	근세사	정도전	복합사	한가위	근세사	율곡 이이
20	복합사	독도	근세사	서원	복합사	안동의 역사	근세사	세조의 정책
21	근세사	임진왜란	복합사	대외항쟁	근세사	광해군의 정치	근태사	훈련도감
22	근태사	대동법	근태사	김육	근세사	화폐의 발전	근태사	대동법
23	근태사	인조반정	근태사	호란의 전개	근태사	균역법	근태사	병자호란
24	근태사	예송논쟁	근태사	영조의 정치	복합사	경복궁	근태사	붕당정치의 전개
25	근태사	박제가	근태사	실학	근세사	조광조	근태사	영조의 정책
26	근태사	비변사	근태사	보부상	근태사	박지원	근태사	박제가
27	근태사	조선후기 서화	근태사	영정법	근태사	연행사	근태사	일성록
28	근태사	법주사 팔상전	근태사	임술농민봉기	근태사	홍경래의 난	근태사	임술농민봉기
29	근태사	정조의 정치	근태사	택리지	근태사	송시열	근태사	천주교
30	근태사	김정희	근태사	신윤복	근태사	세도정치	복합사	충북 보은
31	근대사	홍선대원군	근태사	홍경래의 난	근대사	통상수교거부정책	근대사	조선책략
32	근대사	보안회	근대사	김옥균	근대사	근대화 운동	근대사	홍선 대원군
33	근대사	헐버트	근대사	대한제국	근대사	을미개혁	근대사	갑신정변
34	복합사	하와이	근대사	애국계몽운동	근대사	정미의병	근대사	국채보상운동
35	근대사	근대화 운동	근대사	화폐정리사업	근대사	신흥무관학교	근대사	육영공원
36	근대사	보빙사	근대사	제1차 갑오개혁	근대사	근대문물	근대사	헤이그특사
37	근대사	장인환·전명운	근대사	거문도 사건	근대사	신채호	일강사	조선태형령
38	근대사	광무개혁	일강사	대한광복회	일강사	토지조사사업	일강사	안창호
39	일강사	헌병무단통치	근대사	아관파천	일강사	헌병무단통치	일강사	3·1 운동
40	일강사	치안유지법	일강사	6·10만세운동	일강사	3·1운동	일강사	무장독립투쟁
41	근대사	월남망국사	복합사	근대화 운동	일강사	의열단의 활동	일강사	국가총동원령
42	일강사	물산장려운동	일강사	산미증식계획	일강사	신간회	일강사	근우회
43	일강사	백남운	일강사	이봉창 의거	일강사	대한민국임시정부	일강사	박은식
44	일강사	민족말살통치	일강사	대한민국임시정부	일강사	윤봉길 의거	일강사	조선어학회
45	일강사	한중연합작전	일강사	민족말살통치	일강사	민족말살통치	일강사	민족말살통치
46	현대사	광복 직후 정세	현대사	광복 직후 정세	일강사	한국광복군	현대사	한국전쟁
47	현대사	제3차 개헌	현대사	한국전쟁	현대사	건국준비위원회	현대사	4·19혁명
48	현대사	유신체제	현대사	박정희 정부	현대사	6월 민주항쟁	현대사	통일정책
49	현대사	광주민주화운동	현대사	4·19 혁명	현대사	전태일분신사건	현대사	김영삼 정부
50	복합사	동지	현대사	김대중 정부	현대사	노무현 정부	복합사	독도

10

합격을 위한 학습 TIP 3

※ 인증서 유효 기간은 인증서를 요구하는 각 기관에서 별도로 정함

TIP 01 변화하는 출제 경향

단편적인 단원별 문제는 거의 찾아보기 힘들어졌으며, 복합적이고 유기적인 형태로 출제되는 경향을 보이고 있다. 자료를 제시하고 선지에서 찾는 유형이 대부분인데, 제시되는 자료는 사료(옛 문체, 장문), 사진, 도표, 지도 등 다양하게 출제되고 있다. 실례로 예년의 중급 문제를 고급 문제로 활용하여 출제하는 모습도 볼 수 있었으며, 아주 오래된 수능 문제가 중급에 나타나는 경우도 간혹 보였다. 이러한 시험에 대비 하려면 기본에 충실한 공부가 반드시 필요하다.

TIP 02 수험방법

① 역사는 흐름 파악이 중요하다 !!
대다수의 수험생들은 국사를 암기라 생각하고 학습하지만 그와는 반대로 전문 강사들은 흐름을 강조한다. 역사는 큰 틀에서 보면 하나의 커다란 이야기이므로 시대 흐름에 따라서 적당한 사이클이 있는 특징을 지니고 있다. 단원을 들어가기에 앞서 항상 시대적 상황을 먼저 추측해보고 들어가는 연습이 필요하다. 흐름을 잡는 순간 그 시대의 사회 및 문화가 영화처럼 그려지게 되기 때문이다.

② 연상하라!
한국사능력검정시험은 단편적인 문제가 출제되지 않기 때문에 절대적인 단순암기는 피해야 한다. 고려와 조선의 공통·차이점 등을 가려낼 수 있는 연계형 비교 학습을 연습해야 한다.

③ 암기하라!
국사의 암기는 생각보다 간단하다. 연도와 집권세력의 변화, 대외 관계 등 암기해야 할 것들은 정해져 있으며, 대부분의 강의와 여러 전문 수험 서적 등에 check가 되어 있다. 강의와 교재를 선택했다면 절대적으로 믿고 따라가야 한다.

④ 핵심을 찾아라!
Key-word를 찾는 연습이 무엇보다 중요하다. 지문이 고문이나 장문, 또는 생소한 자료들이기 때문에 막상 시험장에서는 당황하게 된다. 하지만 힌트는 항상 존재한다. 눈에 띄는 그림 및 사진, 탐구학습 등 핵심 단어를 찾는 연습을 꼭 당부하는 바이다.

⑤ 출제 유형을 분석하라!
한국사능력시험에도 출제 유형은 있다! 기출 문제에는 그 시험의 특성과 출제자의 의도가 담겨있다. 철저한 기출 문항 분석은 합격에 다가가기 위한 첫 관문이다. 전에 출제 되었던 문제를 알아야 출제 point를 잡을 수 있기 때문이다.

⑥ 전략적인 수험기간을 설정하여 학습하라!
수험기간은 길게 설정하지 말고 한 달 또는 두 달 정도로 짧고 굵게 계획성 있는 학습을 하는 것이 좋다. 한국사능력검정시험은 시험의 특성상 일정 점수 이상만 획득하면 목표를 달성 할 수 있다. 따라서 한국사능력검정시험의 자격을 얻기 위한 학습을 하면 되는 것이다.

합격을 위한 학습 TIP 3 15

| 합격을 위한 Tip! |

한국사능력검정시험 전문가 황의방 교수님의 합격을 위한 세 가지 Tip을 수록하였습니다.
변화하는 출제 경향 파악에서부터 실전문제 풀이비법까지 익힐 수 있습니다.

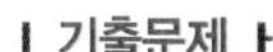

| 기출문제 |

실제 시험지를 그대로 구현하여 실제 시험을 보듯이 문제를 풀 수 있고, 자신의 실력을 점검할 수 있습니다.

| 출제자의 눈 |

각 문제를 분석해 출제자의 의도를 간단히 파악할 수 있습니다.

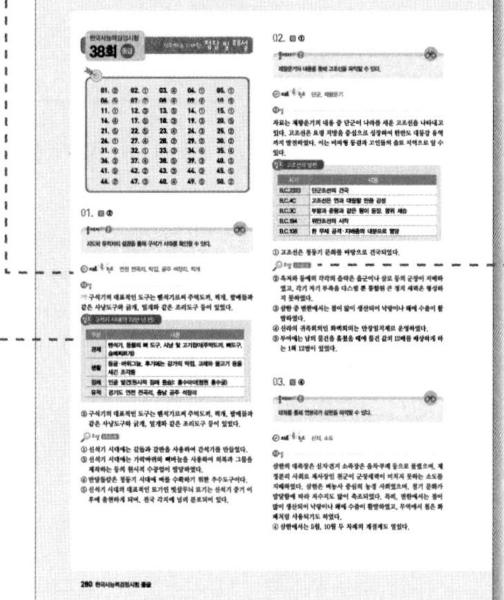

| 해설 |

문제에 대한 해설을 상세하게 수록하여 해설만으로도 기본이론 습득이 가능하고, 자신이 부족한 이론에 대해서 확실히 점검하고 넘어갈 수 있습니다.

| 오답체크 |

문제의 정답에만 집중하는 것이 아니라 왜 다른 보기들이 정답이 아닌지에 대해 자세히 수록하여 변형된 문제에도 충분히 대비할 수 있습니다.

| 출제 빈도가 높은 주요 궁 |

우리나라의 다양한 탑, 건축물은 빼놓지 않고 출제되기 때문에 반드시 학습해야 합니다. 특히 자주 출제되는 국보와 보물을 모아 수록하였습니다.

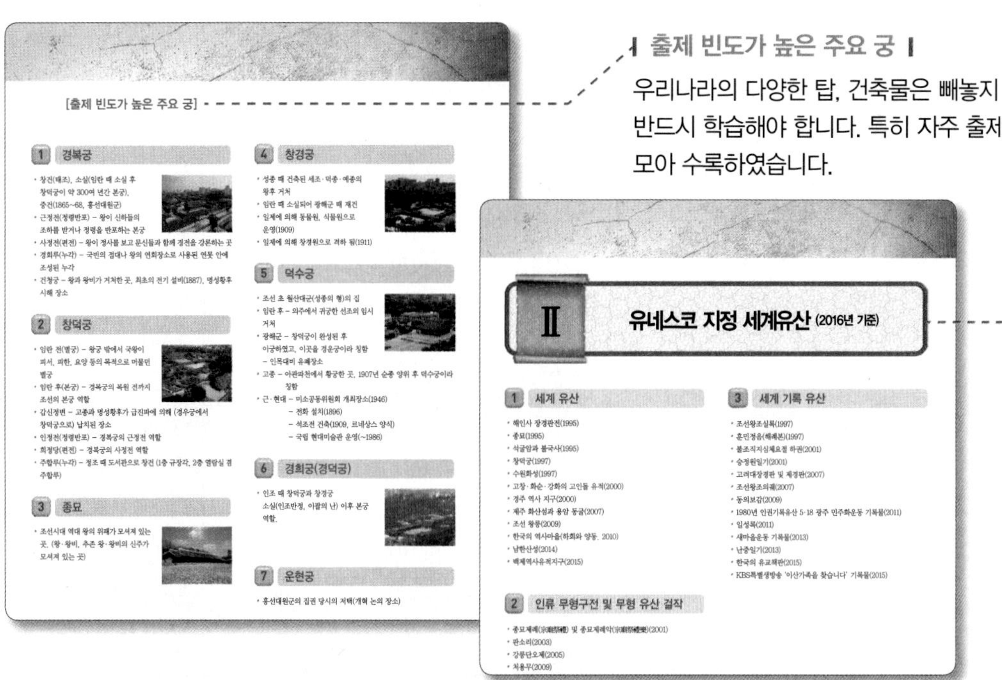

| 유네스코 등재유산 |

매 시험마다 한 문제 이상씩 출제되는 유네스코 등재유산을 수록하여 다양한 유형의 사료 문제에 대비할 수 있습니다.

역대 중급 기출 문항 분석 제38회~제27회

	제 38 회		제 37 회		제 36 회		제35회	
1	구석기	유물·유적	신석기	유물·유적	청동기	유물·유적	신석기	유물·유적
2	고대사	고조선	고대사	고조선	고대사	삼한	고대사	부여
3	고대사	삼한	고대사	옥저·고구려	고대사	소수림왕	고대사	무령왕릉
4	고대사	5C 삼국항쟁	고대사	6C 백제	고대사	금동대향로	고대사	4~5C 삼국항쟁
5	고대사	사비성시대	고대사	고구려 유적	고대사	7C 삼국항쟁	고대사	가야
6	고대사	경주배리석불입상	고대사	신라 무열왕	고대사	연가7년명금동입상	고대사	석가탑
7	고대사	6C 삼국항쟁	고대사	신라 말 정세	고대사	신라 말 정세	고대사	나당전쟁
8	고대사	서역과의 교류	고대사	발해 선왕	고대사	의상	고대사	신라 지증왕
9	고대사	혜초	고대사	7C 삼국항쟁	고대사	고대의 경제	고대사	발해의 통치체제
10	중세사	태조 왕건	복합사	전주의 역사	고대사	발해	고대사	최치원
11	고대사	대조영	중세사	군사제도	중세사	성종의 정치	고대사	개경의 역사
12	중세사	윤관	중세사	광종의 정치	중세사	경천사지10층석탑	중세사	태조 왕건
13	중세사	원 간섭기	중세사	삼국사기	복합사	강진의 역사	중세사	도병마사
14	중세사	고려전기 정치	중세사	처인성 전투	중세사	하층민의 봉기	중세사	부석사 무량수전
15	중세사	고려의 경제	중세사	최씨무신정권	중세사	대외항쟁	중세사	고려의 경제
16	중세사	직지심체요절	중세사	월정사8각9층탑	중세사	삼국유사	중세사	처인성 전투
17	복합사	창덕궁	근세사	경국대전	근세사	시전상인	중세사	공민왕의 정책
18	근세사	세조의 정치	근세사	수령	근세사	세종의 정치	복합사	빈민구제
19	근세사	세종의 정치	근세사	정도전	복합사	한가위	근세사	율곡 이이
20	복합사	독도	근세사	서원	복합사	안동의 역사	근세사	세조의 정책
21	근세사	임진왜란	복합사	대외항쟁	근세사	광해군의 정치	근태사	훈련도감
22	근태사	대동법	근태사	김육	근세사	화폐의 발전	근태사	대동법
23	근태사	인조반정	근태사	호란의 전개	근태사	균역법	근태사	병자호란
24	근태사	예송논쟁	근태사	영조의 정치	복합사	경복궁	근태사	붕당정치의 전개
25	근태사	박제가	근태사	실학	근세사	조광조	근태사	영조의 정책
26	근태사	비변사	근태사	보부상	근태사	박지원	근태사	박제가
27	근태사	조선후기 서화	근태사	영정법	근태사	연행사	근태사	일성록
28	근태사	법주사 팔상전	근태사	임술농민봉기	근태사	홍경래의 난	근태사	임술농민봉기
29	근태사	정조의 정치	근태사	택리지	근태사	송시열	근태사	천주교
30	근태사	김정희	근태사	신윤복	근태사	세도정치	복합사	충북 보은
31	근대사	흥선대원군	근태사	홍경래의 난	근대사	통상수교거부정책	근대사	조선책략
32	근대사	보안회	근대사	김옥균	근대사	근대화 운동	근대사	흥선 대원군
33	근대사	헐버트	근대사	대한제국	근대사	을미개혁	근대사	갑신정변
34	복합사	하와이	근대사	애국계몽운동	근대사	정미의병	근대사	국채보상운동
35	근대사	근대화 운동	근대사	화폐정리사업	근대사	신흥무관학교	근대사	육영공원
36	근대사	보빙사	근대사	제1차 갑오개혁	근대사	근대문물	근대사	헤이그특사
37	근대사	장인환·전명운	근대사	거문도 사건	근대사	신채호	일강사	조선태형령
38	근대사	광무개혁	일강사	대한광복회	일강사	토지조사사업	일강사	안창호
39	일강사	헌병무단통치	근대사	아관파천	일강사	헌병무단통치	일강사	3·1 운동
40	일강사	치안유지법	일강사	6·10만세운동	일강사	3·1운동	일강사	무장독립투쟁
41	근대사	월남망국사	복합사	근대화 운동	일강사	의열단의 활동	일강사	국가총동원령
42	일강사	물산장려운동	일강사	산미증식계획	일강사	신간회	일강사	근우회
43	일강사	백남운	일강사	이봉창 의거	일강사	대한민국임시정부	일강사	박은식
44	일강사	민족말살통치	일강사	대한민국임시정부	일강사	윤봉길 의거	일강사	조선어학회
45	일강사	한중연합작전	일강사	민족말살통치	일강사	민족말살통치	일강사	민족말살통치
46	현대사	광복 직후 정세	현대사	광복 직후 정세	일강사	한국광복군	현대사	한국전쟁
47	현대사	제3차 개헌	현대사	한국전쟁	현대사	건국준비위원회	현대사	4·19혁명
48	현대사	유신체제	현대사	박정희 정부	현대사	6월 민주항쟁	현대사	통일정책
49	현대사	광주민주화운동	현대사	4·19 혁명	현대사	전태일분신사건	현대사	김영삼 정부
50	복합사	동지	현대사	김대중 정부	현대사	노무현 정부	복합사	독도

	34회		제33회		제32회		제31회	
1	구석기	유물·유적	신석기	유물·유적	청동기	유물	신석기	유물
2	고대사	고조선	고대사	동예	고대사	고구려	고대사	장수왕
3	고대사	옥저	고대사	백제 시대구분	고대사	백제 성왕	고대사	부여
4	고대사	금관가야	고대사	연개소문	고대사	정림사지석탑	고대사	웅진성
5	고대사	4~5C 고구려	고대사	민정문서	고대사	소수림왕	고대사	돌무지덧널무덤
6	고대사	진흥왕	고대사	신문왕	고대사	마애삼존불상	고대사	황산벌전투
7	고대사	신라의 유학	고대사	발해	고대사	금관가야	고대사	발해
8	고대사	발해	고대사	화랑도	고대사	혜초	복합사	빈민구제정책
9	고대사	불국사	고대사	원효	고대사	법흥왕	고대사	신문왕
10	고대사	견훤과 궁예	복합사	제주도	고대사	발해의 발전	고대사	장보고
11	중세사	광종	복합사	교육기관	중세사	서경천도운동	중세사	태조 왕건
12	중세사	최씨무신정권	중세사	최무선	중세사	광종	중세사	향도
13	중세사	원 간섭기	중세사	제왕운기	복합사	문화재	중세사	대외관계변화
14	중세사	경천사지10층석탑	중세사	숙종	중세사	특수행정구역	중세사	은병(활구)
15	중세사	승려들의 활동	중세사	최씨무신정권	중세사	이색	중세사	지눌
16	중세사	이성계	근세사	6조직계제	중세사	고려 말 정세	근세사	기묘사화
17	근세사	태종의 정책	복합사	승경도 놀이	근세사	홍문관	근세사	사헌부
18	근세사	세종의 정책	근세사	경국대전	근세사	해동제국기	중세사	과전법
19	근세사	성균관	근세사	중앙통치체제	근세사	빈민구제기관	근세사	향약
20	근세사	임진왜란	복합사	여성들의 활동	근세사	세종의 정치	복합사	군사제도
21	근세사	성종의 정책	근세사	유향소	복합사	종묘	근태사	임진왜란
22	복합사	간도	근세사	조선왕조실록	근태사	비변사	근세사	농사직설
23	근태사	유형원	근세사	직전법	근태사	광해군 중립외교	근태사	병자호란
24	근태사	상품작물	근태사	유정대사	근태사	통신사	근태사	신해통공
25	근태사	풍속화	근태사	벽파와 시파	근태사	예송논쟁	근태사	신유박해
26	근태사	비변사	근태사	전황	근태사	정조의 정치	근태사	조선후기서화
27	복합사	승정원 일기	근태사	동학과 천주교	근태사	상평통보	근태사	동학
28	근태사	정조	근태사	국학연구	근태사	임술농민봉기	근태사	환국
29	근태사	김정희	근태사	서얼	근태사	대동법	근태사	정약용
30	근대사	신미양요	근태사	곤여만국전도	근태사	박지원	근태사	한양도성
31	근대사	제1차 갑오개혁	근태사	개화파와 척사파	복합사	경복궁	근대사	신미양요
32	근대사	대한제국	근대사	화폐정리사업	근대사	근대조약	현대사	건국준비위원회
33	근대사	신민회	근대사	근대조약	근대사	을미개혁	근대사	강화도조약
34	근대사	임오군란	근대사	신소설의 등장	근대사	광혜원	근대사	영선사
35	근대사	근대문물 수용	근대사	근대문물	근대사	독립협회	근대사	유길준
36	근대사	동학농민운동	일강사	헌병무단통치	근대사	정미의병	근대사	국권피탈과정
37	일강사	조선의용대	근대사	독립신문	일강사	광주학생항일운동	근대사	갑오개혁
38	일강사	대한민국임시정부	근대사	동학농민운동	일강사	대한민국임시정부	일강사	민립대학설립운동
39	일강사	이육사	일강사	3·1 운동	일강사	신채호	일강사	윤봉길 의거
40	일강사	형평운동	일강사	병참기지화정책	일강사	무장항일투쟁	일강사	한국통사
41	일강사	국외독립운동	일강사	한중연합작전	일강사	회사령	복합사	경인선
42	일강사	헌병무단통치	일강사	소년운동	일강사	물산장려운동	일강사	치안유지법
43	일강사	의열단	일강사	백남운	일강사	민족종교	일강사	산미증식계획
44	근대사	안중근	일강사	민족말살통치	일강사	윤동주	일강사	노동운동
45	현대사	건국준비위원회	일강사	신간회	현대사	5·10총선거	일강사	연해주 동포
46	현대사	공화국의 발전	현대사	김규식	현대사	한국전쟁	현대사	정부수립과정
47	현대사	7·4남북공동성명	현대사	모스크바3상회의	현대사	4·19혁명	현대사	박정희 정부
48	현대사	민주화 운동	현대사	제1공화국	현대사	남북기본합의서	현대사	6월 민주항쟁
49	복합사	부산의 역사	현대사	유신체제	현대사	박정희 정부	현대사	외환위기
50	현대사	노태우 정부	현대사	김대중 정부	복합사	독도	복합사	손기정

역대 중급 기출 문항 분석 | 제38회~제27회

	제30회		제29회		제28회		제27회	
1	구석기	유물	청동기	유물·유적	신석기	유물	구석기	유물·유적
2	고대사	고조선	고대사	고조선	고대사	고구려	고대사	고구려
3	고대사	삼한	고대사	동예	고대사	연맹국가	고대사	삼한
4	고대사	살수대첩	고대사	미륵보살불상	고대사	김유신	고대사	장수왕 남진정책
5	고대사	가야	고대사	호우명그릇	고대사	금관가야	고대사	고이왕
6	고대사	웅진성시대	고대사	나당전쟁	고대사	최치원	고대사	연개소문·김춘추
7	고대사	지증왕	고대사	신라의 발전	고대사	백제 성왕	고대사	금관가야
8	고대사	의상	고대사	발해	고대사	일본문화전파	고대사	안압지
9	고대사	발해 선왕	고대사	근초고왕	고대사	감은사지석탑	고대사	발해의 정치
10	고대사	삼국통일과정	고대사	5소경	중세사	2성6부	고대사	신라 말 정세
11	중세사	5도 양계	중세사	성종	고대사	지방호족	중세사	고려의 문화
12	고대사	후삼국통일	중세사	빈민구제기구	중세사	의천	중세사	무신정권
13	중세사	직지심체요절	중세사	원 간섭기	중세사	삼별초의 항쟁	중세사	시기구분
14	중세사	김부식	중세사	무신정변	중세사	건축양식	근세사	관리등용제도
15	중세사	공주명학소	중세사	과전법	중세사	대외무역	근세사	홍문관
16	중세사	정방	근세사	조선왕조실록	근세사	장영실	중세사	공민왕
17	중세사	공민왕	중세사	향도	근세사	지방제도	중세사	고려 말 정세
18	중세사	원각사지석탑	근세사	과학기술	근세사	관수관급제도	근세사	세종의 정책
19	근세사	백운동서원	근세사	정도전	근세사	서화	근세사	동문선
20	근태사	임진왜란	근태사	균역법	근세사	임진왜란	근세사	광해군의 정책
21	근태사	북인	근태사	병자호란	근세사	기묘사화	근태사	송시열
22	근태사	영조의 정책	근태사	붕당정치	근태사	대동법	근태사	정조의 정책
23	근세사	비변사	근세사	임꺽정의 난	근태사	효종의 정치	근태사	공명첩
24	근세사	백자	근세사	보부상	근태사	조선후기 경제	복합사	서울 문화유산
25	근태사	대동여지도	복합사	창덕궁	근태사	영조의 정치	근태사	조선의 상인
26	복합사	군사제도	근태사	서민문화	근태사	공노비 해방	근태사	흥선대원군
27	근태사	농민봉기	근대사	박제가	근태사	오페르트사건	근태사	임진왜란
28	근대사	흥선대원군	근태사	신미양요	복합사	칠석	근태사	균역법
29	근태사	세도정치	근태사	임술농민봉기	근대사	갑오개혁	근태사	목민심서
30	근대사	동학농민운동	근태사	흥선대원군	근대사	육영공원	근대사	을미개혁
31	근대사	통리기무아문	근대사	임오군란	근태사	중상학파	근대사	동학농민운동
32	근대사	갑신정변	근대사	근대문물	근대사	을미사변	근대사	간도
33	근대사	갑오개혁	근대사	독립협회	근대사	근대문물	근대사	황성신문
34	일강사	국채보상운동	근대사	열강의 침탈	근대사	주시경	일강사	이회영
35	근대사	한일의정서	근대사	화폐정리사업	근대사	광무개혁	일강사	물산장려운동
36	근대사	정미의병	근대사	애국계몽운동	근대사	신돌석	근대사	고종 강제퇴위
37	일강사	항일운동	근대사	을사늑약	근대사	조사시찰단	일강사	방정환
38	일강사	조소앙	일강사	1920년대 문학	일강사	조선태형령	근대사	통리기무아문
39	일강사	대종교	일강사	신채호	일강사	국채보상운동	일강사	병참기지화
40	일강사	한중연합작전	일강사	형평운동	일강사	천도교	일강사	6·10만세운동
41	일강사	근우회	일강사	회사령	일강사	의열단	일강사	한용운
42	일강사	민족말살통치	일강사	윤봉길	일강사	3·1운동	현대사	4·19혁명
43	일강사	심훈	일강사	무장항일투쟁	일강사	홍범도	일강사	한인애국단
44	일강사	조선어학회	일강사	한국광복군	복합사	독도	일강사	산미증식계획
45	일강사	문화통치	일강사	문화통치	일강사	신간회, 근우회	현대사	좌우합작운동
46	현대사	농지개혁법	현대사	반민특위	현대사	경제 발전	현대사	박정희 정부
47	현대사	한국전쟁	현대사	박정희 정부	현대사	정부수립과정	근대사	천주교 탄압
48	현대사	개헌과정	현대사	5·18민주항쟁	복합사	전주의 역사	일강사	아리랑
49	현대사	김영삼 정부	현대사	통일정책	현대사	6월 민주항쟁	현대사	한국전쟁
50	복합사	단오	복합사	한가위	현대사	노무현 정부	현대사	노태우 정부

1. 한국사능력검정시험 개요

한국사능력시험은 우리 역사에 대한 관심을 제고시키고, 한국사 전반에 걸쳐 역사적 사고력을 평가하는 다양한 유형의 평가 문항을 개발하여 시행함으로써 국사 교육의 올바른 방향을 제시하며, 역사학습을 통해 고차원적 사고력과 문제해결능력을 육성한다.

2. 한국사능력검정시험 목적

- 학생 및 일반인을 대상으로 '한국사능력검정시험'을 시행함으로써 우리 역사에 대한 관심을 확산 · 심화시키는 계기를 마련한다.
- 전 국민이 한국사에 대해 폭넓고 올바른 지식을 공유함으로써 균형 잡힌 역사의식을 갖도록 한다.
- 한국사 전반에 걸쳐 역사적 사고력을 평가하는 다양한 유형의 평가 문항을 개발함으로써 역사 교육의 올바른 방향을 제시한다.
- 역사학습을 통해 고차원적 사고력과 문제해결 능력을 육성함으로써 학생 및 일반인들의 학습 능력 향상에 도움을 주도록 한다.

3. 평가등급

구분	고급	중급	초급
인증 등급	1급(70점 이상)	3급(70점 이상)	5급(70점 이상)
	2급(60~69점)	4급(60~69점)	6급(60~69점)
문항수	50문항(5지 택1형)	50문항(5지 택1형)	40문항(4지 택1형)

4. 평가 내용 및 범위

한국사의 출제 범위는 한국사 全단원으로 고대부터 현대까지 입니다. 출제 빈도는 전근대사(개항 이전)는 60~70%, 근현대사(개항이후)는 30~40% 정도 출제되고 있습니다.

구분	등급	평가내용	비고
고급	1,2급	한국사 전문 과정으로 전문적인 역사 지식, 통합적 이해력 및 분석력을 바탕으로 시대의 구조를 파악하고, 현재의 문제를 창의적으로 해결할 수 있는 능력 평가	전공수준
중급	3,4급	한국사 기본 심화과정으로 한국사에 대한 기본적인 이해를 바탕으로 한국사의 흐름을 대략적으로 이해할 수 있는 능력과, 전반적인 이해를 바탕으로 한국사의 개념과 전개 과정을 체계적으로 파악할 수 있는 능력 평가	수능수준
초급	5,6급	한국사 입문과정으로 한국사에 대한 흥미와 관심을 가지고 있으면 누구나 이해할 수 있는 기초적인 역사 상식을 평가	기초수준

5. 역대 한국사능력검정시험 응시현황

회차	고급		중급	
	응시(명)	합격률(1/2)	응시(명)	합격률(3/4)
23	35,222	68.8 %	25,012	56.2 %
24	47,131	58.1 %	35,134	62.6 %
25	31,869	65.8 %	20,127	51.9 %
26	58,996	37.4 %	42,342	61.3 %
27	41,579	63 %	23,498	70.1 %
28	56,464	67.3 %	33,332	52.1 %
29	34,980	54.3 %	20,835	56.3 %
30	64,414	72.5 %	38,625	48.6 %
31	46,165	57.5 %	23,151	76.0 %
32	64,496	55.6 %	32,500	55.4 %
33	37,156	41.4 %	19,142	35.4 %
34	66,430	69.3 %	36,623	64.9 %
35	49,166	56.7 %	21,805	58.4 %
36	67,976	72.1 %	33,933	56.9 %
37	38,767	59.5 %	22,031	54.3 %
38	74,977	63.8 %	44,153	65.2 %

6. 활용 및 특전

- 2012년부터 한국사능력검정시험 2급 이상 합격자에 한해 인사혁신처에서 시행하는 5급 국가공무원 공개경쟁채용시험 및 외교관 후보자 선발시험에 응시자격 부여
- 2013년부터 한국사능력검정시험 3급 이상 합격자에 한해 교원임용시험 응시자격 부여
- 국비 유학생, 해외파견 공무원, 이공계 전문연구요원(병역) 선발 시 국사시험을 한국사능력검정시험(3급 이상 합격)으로 대체
- 일부 공기업 및 민간기업의 사원 채용이나 승진시 반영
- 2014년부터 한국사능력검정시험 2급 이상 합격자에 한해 인사혁신처에서 시행하는 지역인재 7급 수습직원 선발시험에 추천 자격 요건 부여
- 대학의 수시모집 및 공군 · 육군 · 해군 · 국군간호사관학교 입시 가산점 부여
- 공무원연금공단, 대한무역투자진흥공사, 한국철도공사 등 다수 공기업 채용 시 가산점 부여
- GS칼텍스 인턴, 신입, 경력사원 채용 시 한국사능력검정시험 2급 이상 합격을 필수로 함
- 롯데백화점, 우리은행, 한국콜마, 호남석유화학 사원 채용 또는 승진 시 우대
- 한일고등학교, 민족사관고등학교, 안양외국어고등학교, 상산고등학교 입학 전형 시 활용
- 경상대학교, 동덕여자대학교, 부산대학교, 성균관대학교, 안동대학교, 전주대학교 입학 전형 시 활용
- 한국중고등학교농구연맹, 한국사능력검정시험 6급 합격자에 한해 대회 출전 자격 부여
- 한국지도자육성장학재단 장학생 선발 시 한국사능력검정시험 2급 이상 합격자 가산점 부여
- 서울특별시 동작구청, 대전광역시청 공무원 승진 시 가산점 부여
- 문화체육관광부 문화관광해설사 교육대상자 선발 시 우대

합격을 위한 학습 TIP 3

※ 인증서 유효 기간은 인증서를 요구하는 각 기관에서 별도로 정함

변화하는 출제 경향

단편적인 단원별 문제는 거의 찾아보기 힘들어졌으며, 복합적이고 유기적인 형태로 출제되는 경향을 보이고 있다. 자료를 제시하고 선지에서 찾는 유형이 대부분인데, 제시되는 자료는 사료(옛 문체, 장문), 사진, 도표, 지도 등 다양하게 출제되고 있다. 실례로 예년의 중급 문제를 고급 문제로 활용하여 출제하는 모습도 볼 수 있었으며, 아주 오래된 수능 문제가 중급에 나타나는 경우도 간혹 보였다. 이러한 시험에 대비 하려면 기본에 충실한 공부가 반드시 필요하다.

TIP 02 수험방법

① 역사는 흐름 파악이 중요하다 !!

대다수의 수험생들은 국사를 암기라 생각하고 학습하지만 그와는 반대로 전문 강사들은 흐름을 강조한다. 역사는 큰 틀에서 보면 하나의 커다란 이야기이므로 시대 흐름에 따라서 적당한 사이클이 있는 특징을 지니고 있다. 단원을 들어가기에 앞서 항상 시대적 상황을 먼저 추측해보고 들어가는 연습이 필요하다. 흐름을 잡는 순간 그 시대의 사회 및 문화가 영화처럼 그려지게 되기 때문이다.

② 연상하라!

한국사능력검정시험은 단편적인 문제가 출제되지 않기 때문에 절대적인 단순암기는 피해야 한다. 고려와 조선의 공통·차이점 등을 가려낼 수 있는 연계형 비교 학습을 연습해야 한다.

③ 암기하라!

국사의 암기는 생각보다 간단하다. 연도와 집권세력의 변화, 대외 관계 등 암기해야 할 것들은 정해져 있으며, 대부분의 강의와 여러 전문 수험 서적 등에 check가 되어 있다. 강의와 교재를 선택했다면 절대적으로 믿고 따라가야 한다.

④ 핵심을 찾아라!

Key-word를 찾는 연습이 무엇보다 중요하다. 지문이 고문이나 장문, 또는 생소한 자료들이기 때문에 막상 시험장에서는 당황하게 된다. 하지만 힌트는 항상 존재한다. 눈에 띄는 그림 및 사진, 탐구학습 등 핵심 단어를 찾는 연습을 꼭 당부하는 바이다.

⑤ 출제 유형을 분석하라!

한국사능력시험에도 출제 유형은 있다! 기출 문제에는 그 시험의 특성과 출제자의 의도가 담겨있다. 철저한 기출 문항 분석은 합격에 다가가기 위한 첫 관문이다. 전에 출제 되었던 문제를 알아야 출제 point를 잡을 수 있기 때문이다.

⑥ 전략적인 수험기간을 설정하여 학습하라!

수험기간은 길게 설정하지 말고 한 달 또는 두 달 정도로 짧고 굵게 계획성 있는 학습을 하는 것이 좋다. 한국사능력검정시험은 시험의 특성상 일정 점수 이상만 획득하면 목표를 달성 할 수 있다. 따라서 한국사능력검정시험의 자격을 얻기 위한 학습을 하면 되는 것이다.

TIP 03 시험장 실전 문제풀이 요령

① 보이는 것부터 풀어라

처음 시험을 접하는 수험생이라면 현장에서 시험지를 받은 후 생각보다 많은 두께에 당황하게 된다. 하지만 한 페이지 당 4문제 정도이기 때문에 심적 동요를 일으킬 일은 아니다. 페이지를 확인차 넘겨보다 보면 눈에 들어오는 문제들이 있는데, 그런 문제는 일단 풀고 확인한다면 시간을 절약할 수 있다.

② 모르는 문제, 낯선 문제, 다시 읽게 되는 문제 등은 check하고 넘어가라

1번부터 문제를 차례로 풀다보면, 알듯 말듯 한 문제들이 보이기 마련이다. 혼란스러운 문제일수록 다시 한 번 읽게 되지만 그러한 문제들은 번호에 check해 두고 넘어가는 것이 좋다. 50번을 다 풀고 난 후에 그 문제를 다시 풀 수 있는 시간은 충분하다.

③ 항상 70점이 넘었는지를 계산하라

많은 수험생들이 이것을 간과하고 문제를 접하게 된다. 문제를 중간쯤 풀다보면 합격과 불합격의 감이 오게 된다. 불합격에 느낌이 오는 수험생이라면 30번쯤 풀이가 진행 될 때, 대충 취득한 점수를 확인하고 진행하는 것이 좋다. 시간이 어느 정도 지난 그 시점에는 한 문제가 소중하기 때문이다. 그 시간에는 자신의 취득점수를 생각하며 문제풀이를 하는 것이 오히려 도움이 될 수 있다.

차례

차례

Ⅳ 근세의 한국사

Ⅴ 근대태동기의 한국사

Ⅵ 근대의 한국사

VII 일제강점기의 한국사

VIII 현대의 한국사

황의방 선생님만이 공개하는 문제 풀이 비법

이런 문제가 출제되면,
이렇게 풀어라!
황의방 선생님이 말하는 문제 풀이 비법!!

01

사료 형(괄호 형) - 중급 21회 7번

1. 학생들은 사료와 그림이 제시되면 그림으로 먼저 시선이 가게 된다. 올바른 대처요령이 아니다. 처음 문제를 접할 때 출제자가 요구하는 것이 무엇인지를 파악하는 것이 가장 중요하다.
2. 자료와 선지를 훑어보았을 때 (가)와 (나)를 찾아서 적용하는 방법이 좋은 해결 방법이다.
3. 사료에 힌트를 찾아라! 사료가 길면 길수록 수험생들에게는 좋은 문제이다. 수험생들은 긴 사료가 출제되면 당황하기 쉬우나 길면 길수록 힌트가 많은 법이다.

정답 ④

출제자의 눈

감은사를 통해 문무왕과 신문왕을 파악할 수 있다.

7. (가), (나) 왕에 대한 설명으로 옳은 것은? [3점]

감은사 이야기

감은사는 동해 바다의 용이 되겠다는 유언을 남긴 아버지 (가) 의 뜻을 받들어 아들인 (나) 이 682년에 창건한 절이다. 용이 된 아버지가 해류를 타고 출입할 수 있도록 금당 아래에 통로를 만들어 놓았다는 이야기가 전해 지고 있다.

1. 7세기 후반은 통일신라 시기(삼국통일은 676년)

3. 신문왕의 아버지는 삼국통일을 이룩한 문무왕

2. 만파식적 설화를 통하여 신문왕 도출

① (가) - 최초의 진골 출신 왕이다.
② (가) - 관료전을 지급하고 녹읍을 폐지하였다.
③ (나) - 경당을 설립하여 인재를 양성하였다.
④ (나) - 김흠돌의 난을 진압하고 왕권을 강화하였다.
⑤ (가), (나) - 가야 지역을 차지하여 영토를 확장하였다.

신라의 김춘추는 삼국통일 이전에 왕위에 올랐다.

(나) 신문왕. 신문왕은 왕권을 전제화하여 문무관리에게 관료전을 지급하였고, 귀족들의 세력 기반이었던 녹읍을 폐지하였다.

고구려 장수왕은 지방에 사립학교인 경당을 건립하여 청소년들에게 한학과 무술을 교육하였다.

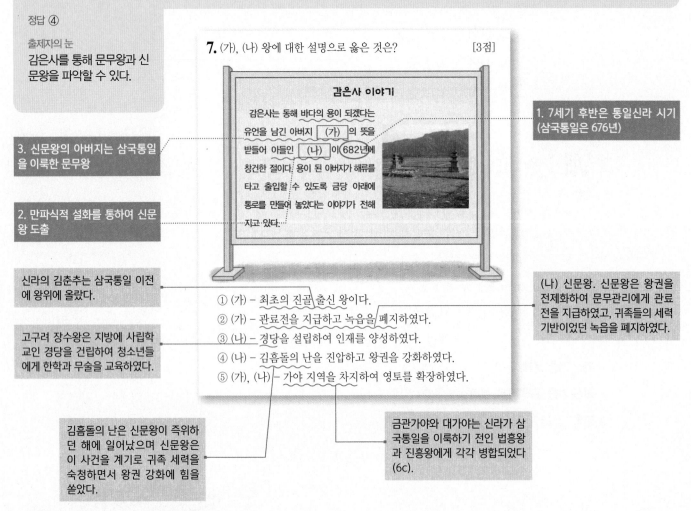

김흠돌의 난은 신문왕이 즉위하던 해에 일어났으며 신문왕은 이 사건을 계기로 귀족 세력을 숙청하면서 왕권 강화에 힘을 쏟았다.

금관가야와 대가야는 신라가 삼국통일을 이룩하기 전인 법흥왕과 진흥왕에게 각각 병합되었다(6c).

'만파식적' 설화를 통하여 (가) 신라 문무왕과 (나) 신라 신문왕임을 추론할 수 있다. (가) 문무왕은 고구려를 멸망(668)시키고, 나·당 전쟁을 끝낸 후 삼국을 통일하게 된다(676). (나) 신문왕은 그의 장인 김흠돌의 역모 사건으로 귀족 세력을 숙청하였으며 녹읍을 폐지하고 관료전을 지급하여 귀족의 경제적 기반을 약화시켰다. 이러한 조치의 목적은 전제 왕권을 강화하는 것이었다.

만파식적 이야기

용이 대답하기를 "이 대나무로 피리를 만들어 불면 천하가 화평해질 것입니다. 지금 왕(신문왕)의 아버님(문무왕)께서 바다 가운데 큰 용이 되셨고, 김유신도 천신이 되셨습니다. 두 분 성인이 마음을 합하여 이같이 값으로 헤아릴 수 없는 큰 보물을 만들어 저를 시켜 바치는 것입니다." … 이 피리를 불면 적병이 물러가고 병이 나았다. 가뭄에는 비가 오고 장마가 개고 바람이 자고 파도가 그쳤다. 이 피리를 만파식적이라 부르고 국보로 삼았다.

「삼국유사」

사료 형(출처 제시 형) - 중급 25회 4번

1. 사료가 제시되면 자연스레 본문 내용을 먼저 읽게 된다. 하지만, 본문을 읽기 전에 먼저 한 눈에 사료를 담는다면 사료가 발췌되어 있는 문헌이 제시되어 있는 경우가 많은데, 이를 먼저 파악하는 것이 중요하다.
2. 사료를 전체적으로 속독하고 그 곳에서 눈에 띄는 몇 가지를 바로 체크하는 것이 중요하다.
3. 사료에 힌트를 찾았다면 선지를 파악하는데, 선지 옆에 바로 해당되는 것을 써 놓는 것을 습관화하여야 한다. 그래야 나중에 두 번 보지 않는다.

정답 ④

출제자의 눈

사료를 분석하여 연맹왕가인 부여를 도출한 후 풍습을 알아본다.

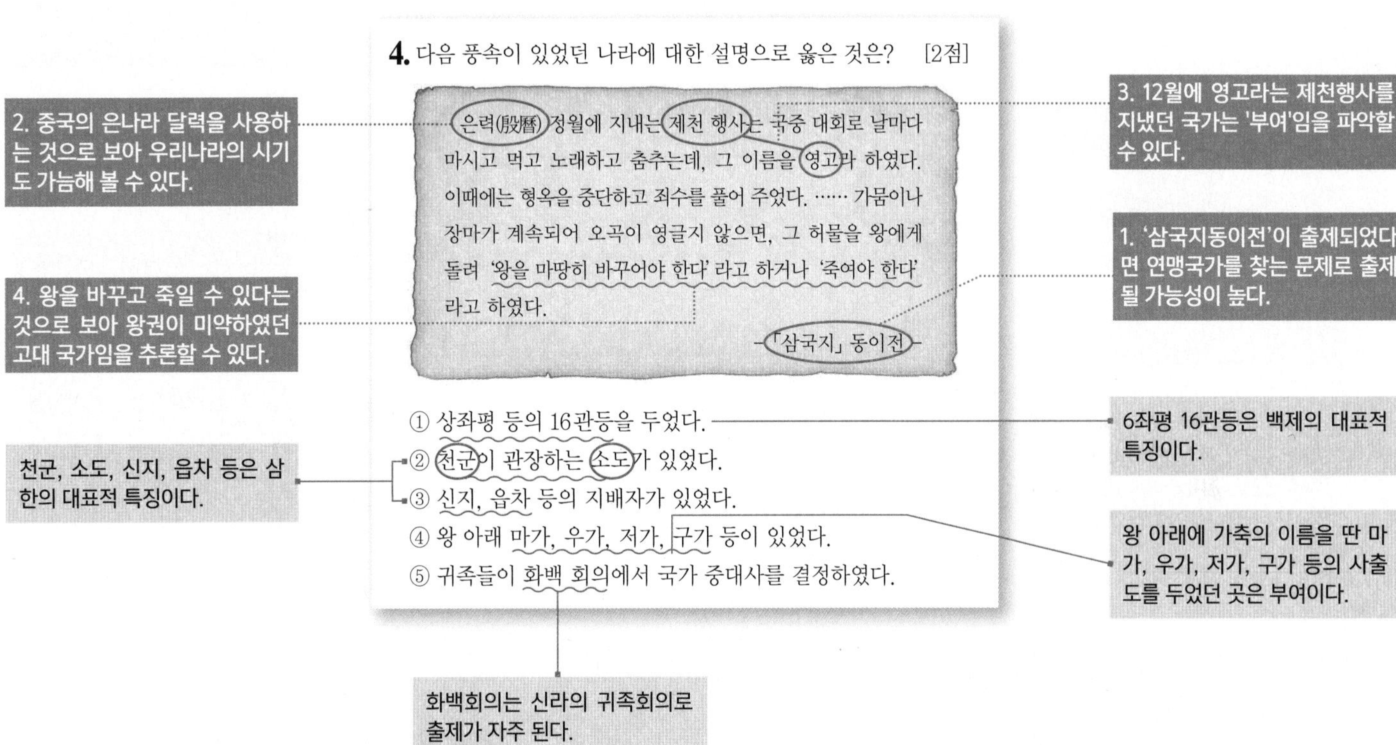

4. 다음 풍속이 있었던 나라에 대한 설명으로 옳은 것은? [2점]

> 은력(殷曆) 정월에 지내는 제천 행사는 국중 대회로 날마다 마시고 먹고 노래하고 춤추는데, 그 이름을 영고라 하였다. 이때에는 형옥을 중단하고 죄수를 풀어 주었다. …… 가뭄이나 장마가 계속되어 오곡이 영글지 않으면, 그 허물을 왕에게 돌려 '왕을 마땅히 바꾸어야 한다' 라고 하거나 '죽여야 한다' 라고 하였다.
>
> -「삼국지」 동이전-

① 상좌평 등의 16관등을 두었다.
② 천군이 관장하는 소도가 있었다.
③ 신지, 읍차 등의 지배자가 있었다.
④ 왕 아래 마가, 우가, 저가, 구가 등이 있었다.
⑤ 귀족들이 화백 회의에서 국가 중대사를 결정하였다.

2. 중국의 은나라 달력을 사용하는 것으로 보아 우리나라의 시기도 가늠해 볼 수 있다.
4. 왕을 바꾸고 죽일 수 있다는 것으로 보아 왕권이 미약하였던 고대 국가임을 추론할 수 있다.
천군, 소도, 신지, 읍차 등은 삼한의 대표적 특징이다.
3. 12월에 영고라는 제천행사를 지냈던 국가는 '부여'임을 파악할 수 있다.
1. '삼국지동이전'이 출제되었다면 연맹국가를 찾는 문제로 출제될 가능성이 높다.
6좌평 16관등은 백제의 대표적 특징이다.
왕 아래에 가축의 이름을 딴 마가, 우가, 저가, 구가 등의 사출도를 두었던 곳은 부여이다.
화백회의는 신라의 귀족회의로 출제가 자주 된다.

제시된 자료에서 영고와 왕권이 미약한 것을 보아 부여임을 파악할 수 있다. 부여는 왕 아래에 가축의 이름을 딴 마가, 우가, 저가, 구가를 두었고, 각 가들은 저마다의 행정 구획인 사출도를 다스리고 있었다. 12월에 영고라는 제천행사를 지냈으며 왕권이 미약하여 수해나 한해로 흉년이 들면 왕에게 책임을 묻기도 하였다.

오답체크

① 백제의 고이왕은 관제를 정비하였는데, 좌평은 국정을 총괄하는 관직이었다.

② 삼한은 제정분리 사회였기 때문에 제사장인 천군이 신성시 되는 소도를 따로 지배하였고 소도에는 군장세력이 미치지 못하였다.

③ 삼한은 대족장인 신지·견지, 소족장인 읍차·부례 등의 지배자가 지배하였다.

⑤ 신라의 귀족회의인 화백회의는 만장일치제로 운영하였다.

03 사료 형(출처 미제시 형) – 중급 24회 17번

1. 발췌 문헌이 제시가 되지 않은 사료의 경우에는 선지를 먼저 보는 것이 좋다.
2. 선지를 전체적으로 보고 나면 제시된 사료가 어떠한 주제인지 대체로 감이 오게 된다.
3. 사료를 읽을 때 주의할 점은 (가)부근에 힌트가 있다는 것이다. 맨 앞줄에 오는 문장에 현혹되지 않도록 주의를 기울여야 한다.

정답 ②

출제자의 눈

안향을 통해 성리학의 발전과 더불어 설립된 서원을 파악할 수 있다.

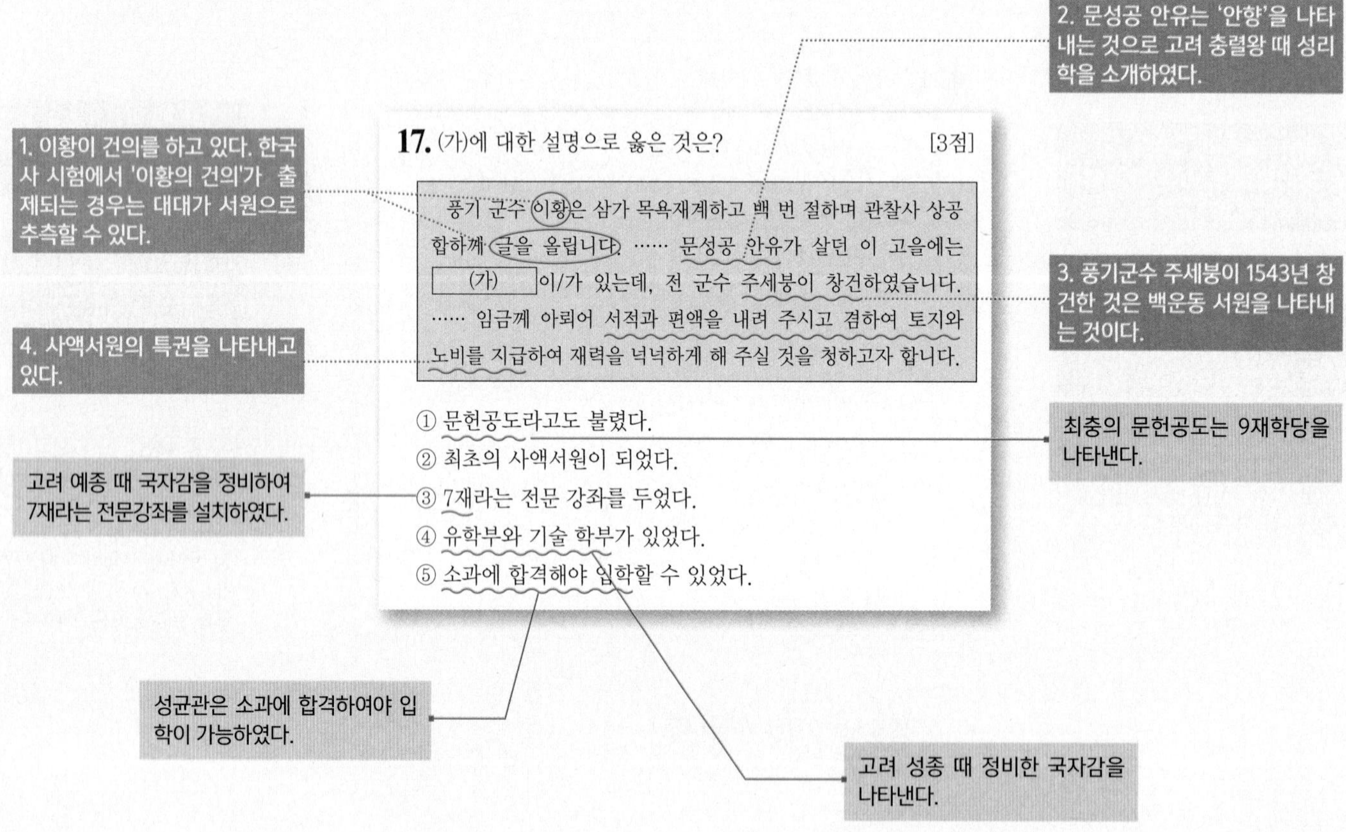

2. 문성공 안유는 '안향'을 나타내는 것으로 고려 충렬왕 때 성리학을 소개하였다.
1. 이황이 건의를 하고 있다. 한국사 시험에서 '이황의 건의'가 출제되는 경우는 대대가 서원으로 추측할 수 있다.
17. (가)에 대한 설명으로 옳은 것은? [3점]
풍기 군수 이황은 삼가 목욕재계하고 백 번 절하며 관찰사 상공 합하께 글을 올립니다. …… 문성공 안유가 살던 이 고을에는 (가) 이/가 있는데, 전 군수 주세붕이 창건하였습니다. …… 임금께 아뢰어 서적과 편액을 내려 주시고 겸하여 토지와 노비를 지급하여 재력을 넉넉하게 해 주실 것을 청하고자 합니다.
3. 풍기군수 주세붕이 1543년 창건한 것은 백운동 서원을 나타내는 것이다.
4. 사액서원의 특권을 나타내고 있다.
① 문헌공도라고도 불렸다.
② 최초의 사액서원이 되었다.
③ 7재라는 전문 강좌를 두었다.
④ 유학부와 기술 학부가 있었다.
⑤ 소과에 합격해야 입학할 수 있었다.
최충의 문헌공도는 9재학당을 나타낸다.
고려 예종 때 국자감을 정비하여 7재라는 전문강좌를 설치하였다.
성균관은 소과에 합격하여야 입학이 가능하였다.
고려 성종 때 정비한 국자감을 나타낸다.

문성공은 안향을 나타내는 것으로 안향은 고려에 성리학을 처음 소개하였다. 신진사대부들은 사묘를 세우고 서원을 설립하였다. 고려 말부터 교육을 맡은 서재는 있었지만, 선현을 모시는 사당(사묘)를 겸하는 서원은 1543년(중종38) 풍기군수 주세붕이 세운 (가) 백운동 서원이 시점이다. 16세기 이후 각 지방에서 생겨나기 시작한 서원 또한 향약과 함께 향촌에서의 사림의 지위를 강화시켜 주었다. 서원은 유교 윤리를 보급하고 향촌 사림을 결집 · 강화시키는 역할을 수행하였다. 주세붕의 백운동서원은 이황의 건의로 소수 서원으로 사액되었고, 국가로부터 토지와 노비 등을 받고, 면세의 특권까지 누렸다. 사액이라는 형식을 통하여 중앙 정부와 연계되었으며, 이후 이황과 제자들에 의해 많은 지방에 서원이 건립되었다. 서원은 선현을 제사하고, 향촌에서의 교육을 통해 후진을 양성하던 기구로써 향촌에서의 사림의 지위를 강화시켜 주었다.

대화 형 - 중급 25회 14번

1. 학생들은 대화형 문제가 제시되면 그림에 먼저 시선이 가고 곧바로 말풍선을 읽게 된다. 그러기 전에 그림 전체에 힌트가 있는지 살펴보고 들어가는 것이 주제 파악에 도움이 된다.
2. 말풍선을 읽음과 동시에 발견한 힌트는 그 곳에 표시를 해두고 주제를 써 놓는 것이 좋다.
3. 제시 글이 긴 문제일수록 선지는 오히려 간단하고 확실하게 구분이 가는 것들이 출제가 되는 편이 많다.

정답 ①

출제자의 눈

소손녕과 서희의 대화를 통하여 거란의 1차 침입을 파악할 수 있다.

1. 한국사 시험에서 외교담판은 대표적으로 서희를 추론할 수 있다.

14. 다음 외교 담판의 결과로 옳은 것은? [2점]

> 너희 나라는 신라 땅에서 일어났다. 옛 고구려 땅은 우리의 소유인데 너희 나라가 이를 침범하고 있다. 또 우리와 국경을 마주하면서도 송을 섬기는 이유는 무엇인가?

> 우리나라는 고구려를 계승하였기 때문에 나라 이름을 고려라 하였다. 너희가 압록강 동쪽의 여진을 내쫓고 우리 옛 땅을 돌려준다면 어찌 서로 왕래하지 않겠는가?

소손녕 서희

3. 서희와 소손녕의 대화 내용은 자주 출현하는 지문이므로 거란의 1차 침입 당시의 상황이 확실해 졌다.

2. 서희와 소손녕의 출제를 표시해 주어 주제 파악이 더욱 쉬워질 수 있다.

① 강동 6주를 확보하여 영토를 확장하였다.
② 최윤덕을 보내 압록강 지역에 4군을 설치하였다.
③ 수도를 강화도로 옮기고 장기 항전을 준비하였다.
④ 별무반을 이끌고 동북 지방에 9개의 성을 쌓았다.
⑤ 장문휴가 수군을 이끌고 산동 반도를 공격하였다.

최우는 몽골과의 장기 항쟁을 위해 강화도로 천도하였다.

발해 무왕은 장문휴의 수군으로 하여금 당의 요서지방과 산동 지방을 공격하였다.

조선 세종 때 4군6진을 설치하여 국경을 확정하였다.

12세기 초 침략한 여진을 윤관이 별무반을 이끌고 승리하여 동북 9성을 쌓았다.

거란의 소손녕은 송과의 교류를 끊을 것과 아울러 고려가 차지하고 있는 옛 고구려의 영토를 요구하며 80만 대군을 이끌고 고려를 침략하였다(993. 거란 1차 침입). 이에 맞서 서희는 외교 담판으로 거란과 교류를 약속하고, 고려가 고구려의 후예임을 인정받음과 동시에 압록강 동쪽의 강동6주를 획득하였다.

서희의 외교 담판

소손녕 : 고려는 신라의 땅에서 일어났는데도 우리가 소유하고 있는 고구려 땅을 침식하고 있으니 고려가 차지한 고구려의 옛 땅을 내 놓아라. 또한 고려는 우리나라와 땅을 연접하고 있으면서도 바다를 건어 송을 섬기고 있으니 송과 단교한 뒤 요와 통교하라.

서 희 : 우리나라는 고구려하여 고려라 하고 평양에 도읍하였으니, …어찌 침식 했다고 할 수 있느냐? 또한, 압록강 내외도 우리의 경내인데, 지금 여진족이 할거하여 그대 나라와 조빙을 통하지 못하고 있으니, 만약에 여진을 내쫓고 우리 땅을 되찾아 성보를 쌓고 도로가 통하면 조빙을 닦겠다.

「고려사」

05

대화 형 - 중급 24회 9번

1. 두 명 이상의 대화형 문제에는 두 가지 이상의 힌트가 등장하는 경우가 많다. 하나의 힌트를 발견할 때마다 말풍선 위에 체크해 두는 습관을 기르도록 하여야 시간을 줄일 수 있다.
2. 말풍선의 내용이 짧을수록 선지의 내용이 복잡하고 어려운 것들이 출제되는 편이 많다.
3. 선지를 읽고 나서 바로 옆에 시기와 내용을 짧게라도 표시해 두어야 나중에 두 번 읽는 수고를 덜 수 있다.

정답 ②

출제의도 및 분석

원종과 애노의 난을 통해 신라 말의 정세를 짐작할 수 있다.

1. 시기와 사회모습, 2가지를 묻고 있는 문제로 읽는 즉시 대화에 표시해 두어야 한다.

2. 백성의 고통이 심하기 때문에 어느 국가의 말기의 상황일 가능성이 높다.

3. 진골귀족을 제시해 주었으므로 신라시대의 상황임을 파악할 수 있다.

4. 원종과 애노의 난을 제시하여 신라 말 진성여왕 재위 당시를 추론할 수 있다.

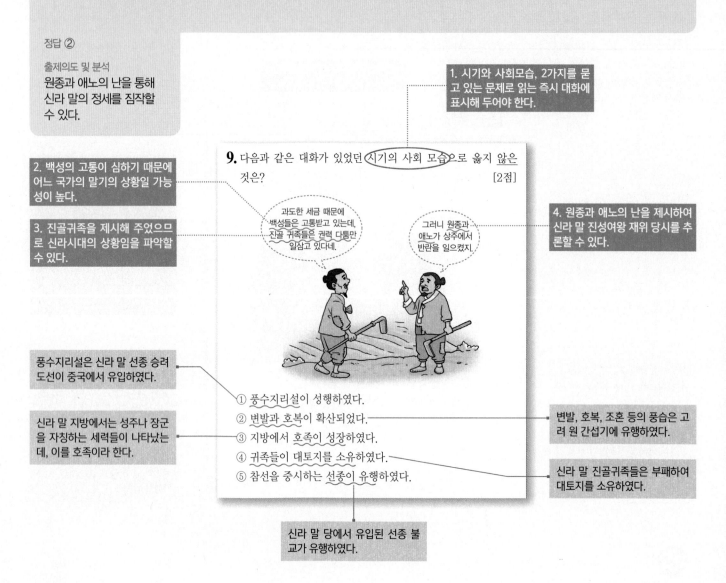

9. 다음과 같은 대화가 있었던 시기의 사회 모습으로 옳지 않은 것은? [2점]

과도한 세금 때문에 백성들은 고통받고 있는데, 진골 귀족들은 권력 다툼만 일삼고 있다네.

그러니 원종과 애노가 상주에서 반란을 일으켰지.

① 풍수지리설이 성행하였다.
② 변발과 호복이 확산되었다.
③ 지방에서 호족이 성장하였다.
④ 귀족들이 대토지를 소유하였다.
⑤ 참선을 중시하는 선종이 유행하였다.

풍수지리설은 신라 말 선종 승려 도선이 중국에서 유입하였다.

변발, 호복, 조혼 등의 풍습은 고려 원 간섭기에 유행하였다.

신라 말 지방에서는 성주나 장군을 자칭하는 세력들이 나타났는데, 이를 호족이라 한다.

신라 말 진골귀족들은 부패하여 대토지를 소유하였다.

신라 말 당에서 유입된 선종 불교가 유행하였다.

신라 말 중앙 정부는 통제력을 상실하였고 지방에서는 호족 세력이 성장하였다. 골품제를 비판하던 6두품은 반신라 세력으로 성장하게 되었고, 호족 세력과 6두품 세력은 실천적 성향의 선종사상과 결탁하여 중앙정부에 대항하였다. 또한, 당시에는 자연 재해가 빈번히 발생하였고 농민에 대한 강압적인 수탈 등으로 인해 농민들은 살기가 어려워져 노비나 초적이 되는 일이 많았으며, 원종과 애노의 난과 같은 봉기가 자주 일어났다.

원종 · 애노의 난

진성여왕 3년(889) 나라 안의 여러 주 · 군에서 공부(貢賦)를 바치지 않으니 창고가 비고 나라의 쓰임이 궁핍해졌다. 왕이 사신을 보내어 독촉하자 도적이 벌 떼 같이 일어났다. 이에 원종 · 애노 등이 사벌주(상주)에 의거하여 반란을 일으키니 왕이 나마 벼슬의 영기에서 명하여 잡게 하였다. 영기가 적진을 쳐다보고는 두려워하여 나아가지 못하였다.

「삼국사기」

대화 형 - 중급 17회 12번

1. 대화형 문제에서의 힌트는 선지를 통해 파악하는 것도 나쁘지 않은 방법이다. 다섯 개의 선지들에는 공통점이 존재한다. 역사적 시기를 파악할 수도 있고, 문제에서 요구하는 주제가 정치 · 경제 · 사회 · 문화 중에서 어떤 것인지 감을 잡게 해 줄 수 있다.
2. 선지를 통독할 때도 눈에 걸리는 내용들이 있다. 보이는 대로 표시해 두어야 대화 내용을 읽으면서 바로 답을 골라낼 수 있다.
3. 1과 2번을 거친 후 대화의 내용을 본다면 역사적 시기나 먼저 통독했었던 선지에서의 주제가 바로 보이게 되어 있다.

정답 ②

출제자의 눈
대화 속 문화시중, 안찰사 등을 통하여 고려시대의 상황을 추론할 수 있다.

1. 시기와 사회모습, 2가지를 묻고 있는 문제로 읽는 즉시 대화에 표시해 두어야 한다.

12. 다음 대화가 이루어진 시기의 사회 모습으로 옳은 것은? [2점]

문하시중 어른, 지난 번에 손변 안찰사가 내린 판결 얘기를 들으셨는지요?
아, 듣다마다! 결국 죽은 아비의 뜻대로 아들과 딸에게 재산을 균등하게 나눠 주도록 했다는군! 당연한 결과지.

2. 문하시중은 중서문하성의 장관으로 고려시대임을 파악할 수 있다.

3. 안찰사는 5도에 파견되었던 관리를 나타내므로 고려시대임을 파악할 수 있다.

4. 유산의 균분상속은 고려시대 남녀평등 사회를 나타내고 있는 것이다.

① 향약이 널리 보급되었다.
② 여성의 재혼이 비교적 자유로웠다.
③ 중인층의 신분 상승 운동이 활발하였다.
④ 골품제에 따른 신분 차별이 엄격하였다.
⑤ 아들이 없으면 양자를 들이는 것이 일반적이었다.

향약은 조선 중종 때 조광조가 처음 시행한 이후 전국적으로 확산되었다.

고려는 남녀평등 사회였기 때문에 여성의 재혼 등으로 발생했던 사회적 제약이 없었다.

조선후기에 중인들의 신분상승 운동인 소청운동 등이 활발하였다.

골품제는 신라시대에 있었던 신분제도이다.

조선중기 이후 예학과 보학의 발달로 인하여 사회가 남성중심으로 변화되었다.

고려시대 부모의 유산은 자녀에게 균등하게 분할 상속 되었으며, 태어난 차례대로 연령순에 따라 호적에 기재하여 남녀 차별을 하지 않았다. 아들이 없을 때에는 양자를 들이지 않고 딸이 제사를 지냈으며, 상복 제도에서도 친가와 외가의 차이가 크지 않았다. 여성의 재가는 비교적 자유롭게 이루어졌고, 그 소생 자식의 사회적 진출에도 차별을 두지 않았다.

사진 형 - 중급 17회 33번

1. 사진 제시형 문제가 출제될 경우에 눈에 보이는 사진 옆에 바로 생각나는 것들을 적어 놓는 경우가 좋다. 만약 모른다거나 혼란스러운 사진은 그대로 두고 정리하는 것이 좋다.
2. 정리한 사진을 다시 보았을 때 서화의 시기와 특징 등이 나타날 것이다. 고려와 조선, 조선전기와 조선후기 등 분류가 가능한 경우가 많다.
3. 보기의 내용을 보았을 때, 각각의 사진과 연관된 내용을 찾는 문제라면 (가)~(다)를 무시하고 문장만 해석하여 옆에 바로 적어 놓고, 나중에 (가)와 ㄱ을 적용 시켜보는 것이 두 번 이상 보지 않는 방법이다.

정답 ④

출제자의 눈

고려시대와 조선시대 서화의 특징을 학습하여야 한다.

33. (가)~(라)에 대한 설명으로 옳은 것을 〈보기〉에서 고른 것은? [2점]

(가)	(나)
수월관음도	몽유도원도
(다)	**(라)**
고사관수도	인왕제색도

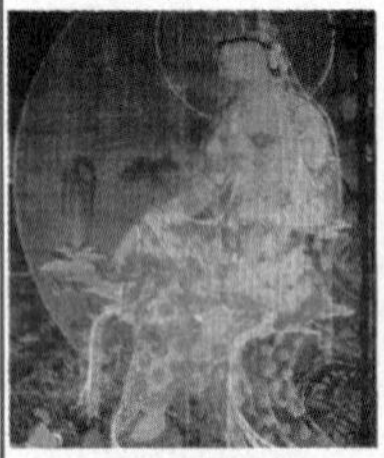

1. 14세기 작품으로 비단 바탕에 채색을 한 그림이다.

2. 몽유도원도는 15세기 작품으로 안평대군의 꿈을 안견이 그린 것이다.

3. 고사관수도는 15세기 작품으로 강희안이 그린 서정적인 서화이다.

4. 인왕제색도는 18세기 정선의 작품으로 진경산수화의 장을 열었다.

〈 보 기 〉

ㄱ. (가) – 담징이 호류 사에 그린 벽화라고 전해진다.
ㄴ. (나) – 안견이 현실 세계와 이상 세계를 표현한 작품이다.
ㄷ. (다) – 신윤복이 양반의 풍류를 묘사한 풍속화이다.
ㄹ. (라) – 정선이 우리의 고유한 자연을 그린 진경 산수화이다.

7세기 초에 담징은 일본에 종이와 먹의 제작 방법을 전달하였고, 호류사의 금당벽화를 그렸다.

(다)고사관수도는 강희안의 작품으로 15세기에 활동하였고, 풍속화를 주로 그렸던 신윤복은 18세기에 활동하였다.

① ㄱ, ㄴ　② ㄱ, ㄷ　③ ㄴ, ㄷ
④ ㄴ, ㄹ　⑤ ㄷ, ㄹ

(가) 수월관음도는 14세기 작품으로 비단 바탕에 채색을 한 그림이다.

(나) 안평대군의 꿈을 그린 몽유도원도는 15세기 안견의 작품으로 현실세계와 이상세계를 동시에 그려내었다.

(다) 15세기 문인 화가인 강희안은 시적 정서가 흐르는 낭만적인 그림을 많이 그렸는데, 그의 대표작인 '고사관수도'는 간결하고 과감한 필치로 인물의 내면세계를 느낄 수 있게 표현하였다.

(라) 18세기 정선은 대표작인 인왕제색도와 금강전도에서 바위산은 선으로 묘사하고, 흙산은 묵으로 묘사하는 기법을 사용하여 진경산수화의 새로운 경지를 이룩하였다.

사진 형 - 중급 23회 7번

1. 두 개 이상 사진이 제시되는 문제에는 두 가지 이상의 힌트가 등장하는 경우가 많다. 하나의 사진을 보고 머릿속에 무엇이든 떠오를 때마다 사진 위에 적어 두는 습관을 기르도록 하여야 시간을 줄일 수 있다.
2. 정리한 사진을 다시 보게 되면 시기와 특징 등의 공통점이 나타날 것이다. 단순하게 제시된 두 가지의 사진이라면 공통점을 묻는 문제가 많다.
3. 사진의 공통점을 묻는 문제의 선지는 간단하고 확실하게 구분이 가는 것들이 출제가 되는 편이 많다.

정답 ③

출제자의 눈

무령왕릉과 양직공도를 통하여 백제와 중국의 문화교류를 파악할 수 있다.

7. 다음 문화유산에 대한 공통 탐구 주제로 가장 적절한 것은?[3점]

무령왕릉

양직공도의 백제 사신

① 나 · 제 동맹의 성립 배경
② 삼국 시대 불교의 수용 과정
③ 백제와 중국 남조의 문물 교류
④ 일본에 남아 있는 백제 문화유산
⑤ 고구려와 백제 건국 세력의 유사성

1. 무령왕릉은 백제 웅진성 시대의 마지막왕인 무령왕의 무덤으로 중국양식인 벽돌무덤으로 구성되어진 것이 특징이다. 이는 곧 백제가 중국과 활발한 교류를 하였음을 증명한다.

2. 중국 양나라에 다녀간 사신들의 그림과 기록을 남긴 것으로 백제와 중국과의 교류가 많았음을 증명한다.

5c 고구려 장수왕의 남진정책으로 나제동맹을 체결하였다. 남진정책에 대한 내용이므로 문제와 관련 없다.

고구려는 소수림왕, 백제는 침류왕(한성시대), 신라는 법흥왕 때에 각각 불교를 공인하였다.

제시된 사진은 중국과 관련이 있으며, 일본과 관련된 문제일 경우 칠지도 등이 제시되었을 것이다.

서울 석촌동 고분은 계단식 돌무지무덤으로 백제가 고구려의 영향을 받았음을 증명한다. 무령왕릉(벽돌무덤)과는 관련 없다.

무령왕릉은 널방을 벽돌로 쌓은 벽돌무덤으로 중국식 고분 양식인데, 이곳에서 무령왕과 왕비의 무덤을 알리는 지석이 발견되었다. 또한, 중국 양나라에 파견된 사신을 그린 양직공도를 통하여 백제의 세련된 모습이 중국의 기록으로 남아있음을 알 수 있다. 무령왕릉과 양직공도는 백제 웅진성 시대의 유물 · 유적으로 백제와 중국(남조)과의 활발한 문화 교류를 보여준다.

09

사진 형 - 중급 16회 9번

1. 주어진 사진이 세 개 이상이라면 공통점을 물어보는 경우가 많으니 그림만 보아도 문제를 대략적으로 짐작할 수 있다.
2. 얼핏 사진을 보았을 때 공통점이 보이지 않는다면 선지를 먼저 보는 것도 좋다. 선지에는 반드시 답이 있다. 다시 말하자면 그림을 보고 바로 생각이 나지 않고 애매할 경우에는 선지에서 답을 보여주게 되는 경우가 있는 것이다.
3. 도저히 모르겠다면 선지를 ①번부터 ⑤번까지 하나하나 대입해 보는 것이다. ①번 선지를 보고 사진 세 개를 보고, 그렇게 ⑤번까지 대입해 본다면 하나는 적용되게 되어 있다.

정답 ④

출제자의 눈

삼국시대 고분에서 출토된 유물을 통하여 당시 서역과의 교류 사실을 추론할 수 있다.

9. 다음 문화유산을 이용한 탐구 활동의 주제로 가장 적절한 것은? [2점]

① 가야의 대외 교류
② 통일 신라의 무역 활동
③ 발해와 통일 신라의 대외 관계
④ 삼국 시대에 전래된 서역 문화
⑤ 일본에 전해진 삼국의 불교문화

1. 고구려 각저총에서 발견된 씨름도에는 우리와 외형이 다른 인물이 묘사되어 있는데, 코의 특징으로 보아 서역인으로 추론할 수 있으며, 이는 고구려가 서역인과 교류하였음을 증명하는 것이다.

2. 유리잔은 우리 전통의 병과는 모양이 다른 서역의 특징을 보이는 유물이다.

3. 신라 고분에서 발견된 금제감장보검은 우리 전통의 칼과는 모양이 다른 중앙아시아 검의 형상을 보이고 있기 때문에 당시 신라는 중앙아시아와도 교류하였음을 증명하는 유물이다.

① 가야의 특징적인 유물인 판갑옷 등이 제시되어야 한다.

② 고구려의 씨름도가 있기 때문에 정답이 될 수 없다.

③ 발해의 특징적인 유물인 이불병좌상이나 영광탑 등이 제시되어야 한다.

⑤ 일본과의 교류가 아닌 서역과의 교류의 특징을 나타낸 사진이다.

제시된 사진은 굴식돌방무덤인 고구려 각저총에서 발견된 씨름도와 신라 황남대총에서 발견된 유리잔과 금제감장보검(황금보검)이다. 황남대총은 60세의 남자무덤으로 20대 여자가 순장되어 있으며, 높이는 22.2m, 남북 지름은 12m정도의 거대 무덤으로 신라시대의 칼로써 서구성이 짙은 문양이 새겨진 금제감장보검(황금보검)이 출토되었는데, 이는 중앙아시아에서 유행하던 단검으로, 당시 신라와 서역인과의 교류사실을 알 수 있는 귀중한 유물이다.

지도 형 - 중급 25회 3번

1. 지도 문제가 출제되면 시선이 지도의 위치를 찾는 것으로 가게 된다. 지도 제시 문제는 올바른 접근법이다. 일단 문제를 읽기 전에 지도에 제시된 위치를 훑어보면 제시된 자료가 예상이 된다.
2. 지도의 위치를 파악했다면 자료를 보아야 한다. 자료는 하나 이상이 주어지게 된다. 보통 2~3개정도의 자료를 제시하는데, 그 중 하나만 알아도 접근하기가 수월해진다.
3. 주어진 자료에서 확실한 것 한 개는 무조건 주어지게 되어 있다. 해결 과정에서 어떤 것이든 머릿속에 그려진다면 시험지 옆에 과감하게 표시를 해 두는 것이 좋다.

정답 ⑤

출제자의 눈

반구대 암각화와 신라 무역항을 통해 울산 지역의 역사를 도출할 수 있다.

3. 울산항은 통일신라의 국제 무역항으로 이슬람 상인과 무역을 하였다. 이것만 알아도 문제 해결에 확실한 도움이 된다.

5. 효심의 난은 고려 무신 정권시기에 초전(울산)을 중심으로 전개되었다. 공부를 많이 한 수험생들은 울산도 파악할 수 있겠지만 그렇지 못한 수험생들도 좌절해서는 안 된다.

2. 군산과 목포는 일제강점기에 쌀 수탈의 전초기지로 시험에 자주 출제 된다. 하지만 지역 문제에서는 단독 출제하기에는 역부족이기 때문에 울산, 부산 순으로 가능성을 점쳐 보는 것이 좋다.

3. 다음 지역을 지도에서 옳게 찾은 것은? [3점]

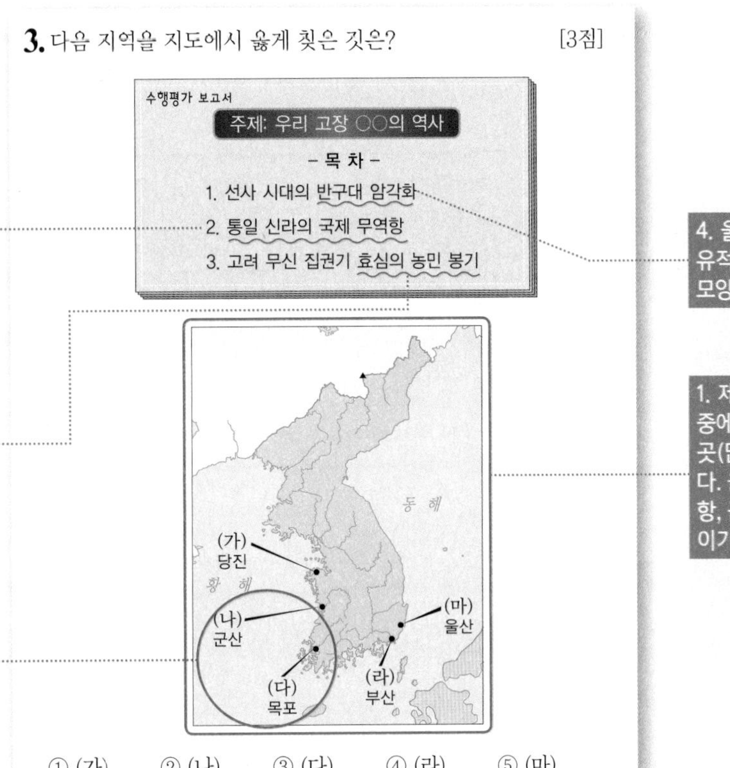

① (가) ② (나) ③ (다) ④ (라) ⑤ (마)

4. 울산 반구대 암각화는 유명한 유적으로 사냥과 고기잡이 등의 모양을 새긴 것이다.

1. 제시되어 있는 우리나라 위치 중에 시험과 관련하여 눈에 띄는 곳(많은 자료)은 울산과 부산이다. 울산과 부산은 신라시대 무역항, 근대 개항의 살아있는 유적지이기 때문이다.

자료는 (마) 울산의 역사를 제시한 것이다.

울산

1. 반구대 암각화 – 울산광역시 울주군에 있는 반구대 암각화는 신석기 말에서 청동기시대로 제작시기가 추정되는 유적으로 사냥과 고기잡이의 성공과 풍성한 수확을 바라며 새겼다. 울주 반구대 바위그림에는 거북, 사슴, 호랑이, 새 등의 동물과 작살이 꽂힌 고래를 비롯한 여러 종류의 고래, 그물에 걸린 동물, 우리 안의 동물, 배를 타고 고래 사냥을 나가는 사람 등이 새겨져 있다.
2. 울산항 – 통일신라의 국제 무역항으로 이슬람 상인과 무역을 하였다.
3. 효심의 난 – 김사미 · 효심의 난은 고려 무신 정권시기에 운문(청도)과 초전(울산)을 중심으로 전개되었으며 신라 부흥을 표방하였다. 김사미 세력과 효심 세력이 연합하여 일으킨 가장 큰 규모의 농민 봉기였다(1193).

11

지도 형 - 중급 22회 48번

1. 지도 문제가 출제되었을 때 거꾸로 푸는 방법도 좋을 수 있다. 선지를 먼저 보고 자료의 내용을 판단하는 것이다.
2. 선지에서 제시한 다섯 개의 지역을 보자마자 떠오르는 역사적 사실들을 시험지에 먼저 써 넣는다. 본 책에 부록으로 수록되어 있는 지역의 역사를 학습하였다면 도움이 많이 될 것이다.
3. 다섯 개의 선지를 읽기 시작할 때 자료에 체크해 둔 것이 힌트가 될 것이다. 이렇게 풀어 간다면 시간을 줄일 수 있기 때문에 정답 확률이 더욱 높아지게 된다.

정답 ④

출제의도 및 분석

역사적 사실을 통하여 대구의 역사를 파악할 수 있다.

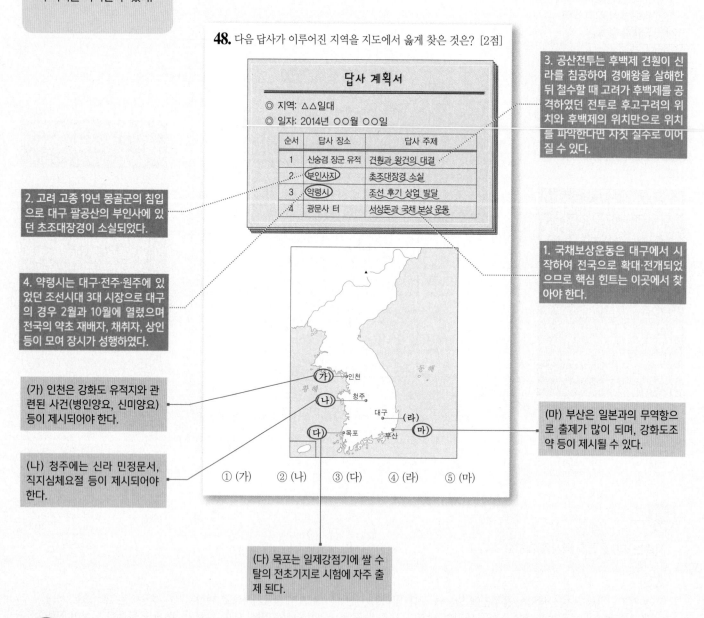

48. 다음 답사가 이루어진 지역을 지도에서 옳게 찾은 것은? [2점]

답사 계획서

◎ 지역: △△일대

◎ 일자: 2014년 ○○월 ○○일

순서	답사 장소	답사 주제
1	신숭겸 장군 유적	견훤과 왕건의 대결
2	부인사지	초조대장경 소실
3	약령시	조선 후기 상업 발달
4	광문사 터	서상돈과 국채 보상 운동

(가) 인천 (나) 청주 (다) 목포 대구 (라) 부산 (마) 황해 동해

① (가) ② (나) ③ (다) ④ (라) ⑤ (마)

1. 국채보상운동은 대구에서 시작하여 전국으로 확대·전개되었으므로 핵심 힌트는 이곳에서 찾아야 한다.

2. 고려 고종 19년 몽골군의 침입으로 대구 팔공산의 부인사에 있던 초조대장경이 소실되었다.

3. 공산전투는 후백제 견훤이 신라를 침공하여 경애왕을 살해한 뒤 철수할 때 고려가 후백제를 공격하였던 전투로 후고구려의 위치와 후백제의 위치만으로 위치를 파악한다면 자칫 실수로 이어질 수 있다.

4. 약령시는 대구·전주·원주에 있었던 조선시대 3대 시장으로 대구의 경우 2월과 10월에 열렸으며 전국의 약초 재배자, 채취자, 상인 등이 모여 장시가 성행하였다.

(가) 인천은 강화도 유적지와 관련된 사건(병인양요, 신미양요) 등이 제시되어야 한다.

(나) 청주에는 신라 민정문서, 직지심체요절 등이 제시되어야 한다.

(다) 목포는 일제강점기에 쌀 수탈의 전초기지로 시험에 자주 출제 된다.

(마) 부산은 일본과의 무역항으로 출제가 많이 되며, 강화도조약 등이 제시될 수 있다.

공산전투(927)는 후백제 견훤이 신라를 침공하여 경애왕을 살해한 뒤 철수할 때 고려가 후백제를 공격하였던 전투로 대구 팔공산에서 있었다. 또한, 국채보상운동(1907)은 일제의 경제적 예속을 극복하려는 경제적 구국 운동으로서 서상돈 · 김광제 등이 대구에서 시작하여 전국으로 확산되었다.

검색 형 - 중급 22회 15번

1. 최근의 경향은 인터넷 검색과 같은 형태로도 출제가 되는데 주제나 인물들을 묻고있는 문제들이 많다. 검색 문제가 등장한다면 주제나 인물을 머릿속에 떠올리면 도움이 될 것이다.
2. 검색한 내용은 전체적인 그림을 그려야 한다. 지엽적인 내용보다는 큰 테마를 찾아 세부적으로 확인해 보는 것이 좋다.
3. 검색 형태의 문제는 자료의 내용을 바탕으로 선지를 파악해야 하는 2중의 구조로 되어있기 때문에 검색어에 대한 것들은 대개가 간단한 것들이 많다.

정답 ②

출제자의 눈

검색 결과를 통하여 김부식의 활동을 파악할 수 있다.

1. 검색어는 인물로 그의 활동을 찾는 문제이다. 자료에서 인물을 파악한 후 선지 옆에 인물을 바로 적어두는 것이 좋다.

15. 다음 검색창에 들어갈 인물의 활동으로 옳은 것은? [2점]

역사 통합 검색

검색어 | 검색

└ 검색 결과

○약력

• 본관은 경주이며, 문종 29년(1075)에 태어나 의종 5년(1151)에 사망하였다. 숙종 1년(1096) 과거에 급제하였으며, 한림원 등의 문한직에 종사하였다. 묘청 일파가 서경에서 봉기하자 원수로 임명되어 군대를 이끌고 가 난을 진압하였다.

인터넷

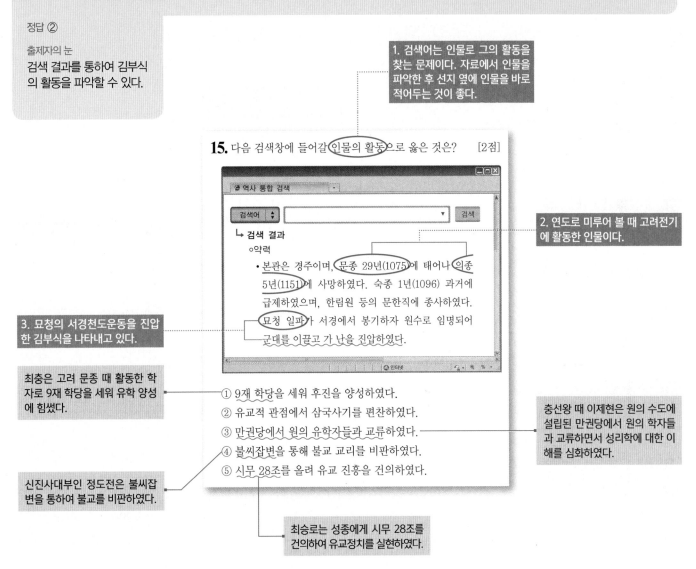

2. 연도로 미루어 볼 때 고려전기에 활동한 인물이다.

3. 묘청의 서경천도운동을 진압한 김부식을 나타내고 있다.

① 9재 학당을 세워 후진을 양성하였다.
② 유교적 관점에서 삼국사기를 편찬하였다.
③ 만권당에서 원의 유학자들과 교류하였다.
④ 불씨잡변을 통해 불교 교리를 비판하였다.
⑤ 시무 28조를 올려 유교 진흥을 건의하였다.

최충은 고려 문종 때 활동한 학자로 9재 학당을 세워 유학 양성에 힘썼다.

충선왕 때 이제현은 원의 수도에 설립된 만권당에서 원의 학자들과 교류하면서 성리학에 대한 이해를 심화하였다.

신진사대부인 정도전은 불씨잡변을 통하여 불교를 비판하였다.

최승로는 성종에게 시무 28조를 건의하여 유교정치를 실현하였다.

자료에서 설명하고 있는 인물은 김부식으로, 인종 때 관군을 이끌고 서경 천도를 주장하며 일으킨 묘청의 서경천도 운동을 약1년만에 진압하였다. 김부식은 보수적이고 현실적인 유학자로서 현존하는 우리나라 最古의 역사서인 삼국사기를 편찬하였다.

삼국사기

인종 때 김부식이 왕명에 의해 편찬한 삼국사기(1145)는 기전체 서술방법으로 쓰여진 역사서로, 현존하는 우리나라 최고(最古)의 역사서이다. 삼국사기는 왕에 관한 기록인 본기, 신하에 관한 기록인 열전, 제도나 풍습에 관한 지, 연표 등으로 구성된 기전체의 역사서이며, 합리적 유교 사관에 입각하여 서술된 서적으로 신라 계승 의식이 반영되어 있다.

13

신문 형 - 중급 20회 23번

1. 최근의 경향은 신문과 같은 형태로도 출제가 되는데 주제, 배경, 결과 및 영향 등을 묻는 문제들이 많다. 가상의 신문을 읽어가면서 힌트가 될 만한 것들은 바로 체크해 놓고 옆에 어떤 것이든 적어 놓는 것이 좋다.
2. 신문 형태의 문제가 경우에 따라서 쉽게 출제가 될 때에는 작성 일자도 제시하는 경우가 있으니 큰 힌트가 될 수 있다. 절대 놓치면 안 된다.
3. 신문 기사의 내용이 어렵다면 선지가 쉬울 것이고, 기사의 내용이 쉽게 도출 된다면 선지는 어려워 질 수 있으니 기사를 읽으면서 선지 파악을 대비할 수 있다.

정답 ③

출제자의 눈

자료를 통해 균역법의 시행 배경 및 과정을 파악할 수 있다.

23. (가)에 들어갈 기사의 제목으로 옳은 것은? [2점]

> **역사 신문**
>
> 제△△호 ○○○○년 ○○월 ○○일
>
> (가)
>
> "친척이 무슨 죄입니까? 도망간 작은 아버지의 몫까지 저에게 물리다니요(농민 ○○○)." 이웃의 몫을 대신 납부하고, 어린 아이와 죽은 자도 내야 하는 등 농민의 세금 부담이 무거워졌다. 이에 왕은 양역을 줄이라 명하고, 국가 재정을 보충하기 위한 대책을 강구하도록 하였다.

① 대동법 실시, 공물을 쌀로 대납
② 영정법 실시, 매년 고정된 전세 납부
③ 균역법 시행, 군포를 1년에 1필로 감액
④ 과전법 실시, 국가의 경제적 기반 마련
⑤ 환곡제 시행, 춘궁기 농민 구제의 길 열려

1. 제목을 묻는다는 것은 곧 기사의 주제를 묻고 있다는 것이다.

2. 조선후기 가족에게 군포를 강제로 징수하는 족징(族徵)을 나타내고 있다.

3. 이웃에게 군포를 강제 징수하는 인징(隣徵)을 나타내고 있다.

4. 어린 아이에게 군포를 징수하는 황구첨정(黃口簽丁), 이미 죽은 자의 이름으로 군포를 징수하는 백골징포(白骨徵布)를 나타내고 있다.

5. 군역의 문란으로 인해 시행한 균역법이 주제가 될 가능성이 높다.

대동법은 공납이므로 방납의 폐단 등이 제시되어야 한다.

영정법은 전세이므로 불법적인 대토지의 소유, 은결 등이 제시되어야 한다.

과전법은 여말선초의 상황과 신진사대부의 내용 등이 제시되어야 한다.

환곡제는 불량한 환곡미, 탐관오리의 농간, 고리대 등이 제시되어야 한다.

양난 이후 지방의 감영이나 병영까지도 독자적으로 군포를 징수하면서 장정 한 명에게 이중 삼중으로 군포를 부담시키는 경우가 많았다(백골징포, 황구첨정, 인징, 족징 등). 균역법은 과중한 군역의 부담을 시정하고자 영조 때 시행된 것으로 농민은 1년에 군포 1필만 부담하게 되었다(1750).

균역법

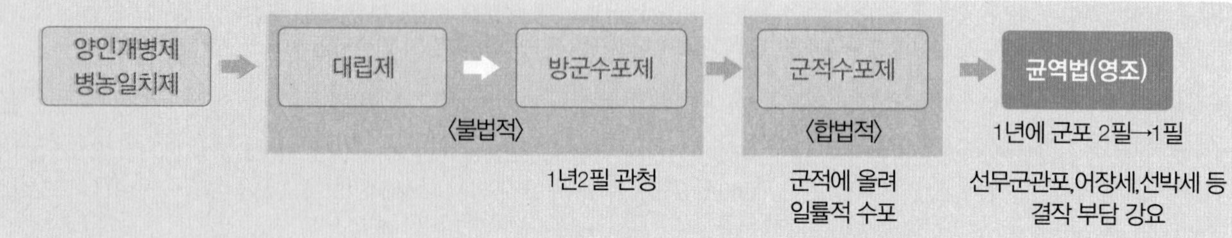

시나리오 형 - 중급 20회 4번

1. 최근의 경향은 시나리오와 같은 형태로도 출제가 되는데 주제, 배경, 결과 및 영향 등을 묻는 문제들이 많다. 시나리오를 읽어가면서 힌트가 될 만한 것들은 바로 체크해 놓고 옆에 어떤 것이든 적어 놓는 것이 좋다.
2. 시나리오는 최근 몇 년 동안 개봉을 했거나 TV에 방영이 되었던 사극 등에서 출제가 될 가능성이 높으니 관심을 조금만 기울이면 시험장에서 당황하지 않을 것이다.
3. 시나리오의 내용이 어렵다면 선지가 쉬울 것이고, 시나리오의 내용이 쉽게 도출 된다면 선지는 어려워 질 수 있으니 자료를 읽으면서 선지 파악을 대비할 수 있다.

정답 ⑤

출제자의 눈

흑치상지, 복신, 도침 등을 통해 백제 부흥 운동을 파악할 수 있다.

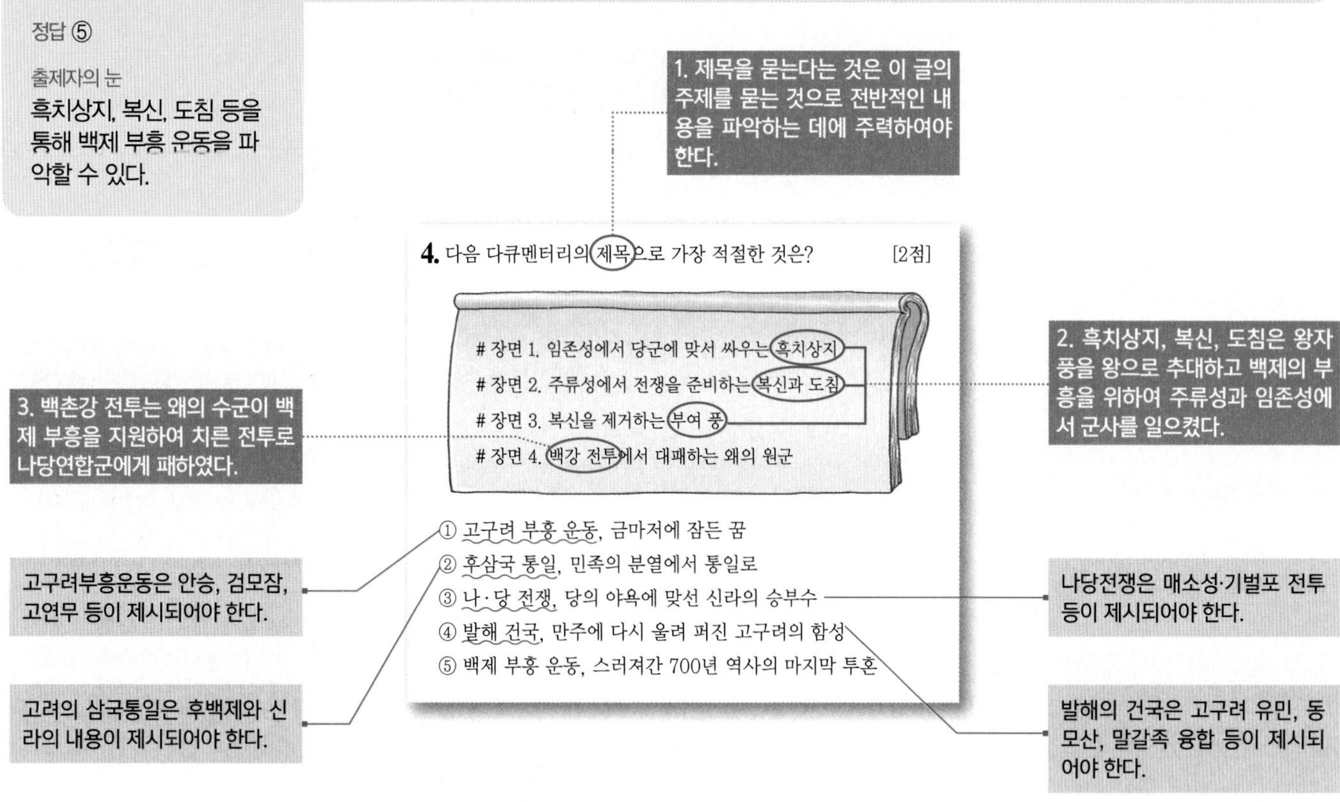

1. 제목을 묻는다는 것은 이 글의 주제를 묻는 것으로 전반적인 내용을 파악하는 데에 주력하여야 한다.
4. 다음 다큐멘터리의 제목으로 가장 적절한 것은? [2점]
장면 1. 임존성에서 당군에 맞서 싸우는 흑치상지
장면 2. 주류성에서 전쟁을 준비하는 복신과 도침
장면 3. 복신을 제거하는 부여 풍
장면 4. 백강 전투에서 대패하는 왜의 원군
① 고구려 부흥 운동, 금마저에 잠든 꿈
② 후삼국 통일, 민족의 분열에서 통일로
③ 나·당 전쟁, 당의 야욕에 맞선 신라의 승부수
④ 발해 건국, 만주에 다시 울려 퍼진 고구려의 함성
⑤ 백제 부흥 운동, 스러져간 700년 역사의 마지막 투혼
2. 흑치상지, 복신, 도침은 왕자 풍을 왕으로 추대하고 백제의 부흥을 위하여 주류성과 임존성에서 군사를 일으켰다.
3. 백촌강 전투는 왜의 수군이 백제 부흥을 지원하여 치른 전투로 나당연합군에게 패하였다.
고구려부흥운동은 안승, 검모잠, 고연무 등이 제시되어야 한다.
고려의 삼국통일은 후백제와 신라의 내용이 제시되어야 한다.
나당전쟁은 매소성·기벌포 전투 등이 제시되어야 한다.
발해의 건국은 고구려 유민, 동모산, 말갈족 융합 등이 제시되어야 한다.

백제 부흥운동(660~663)

백제 멸망 이후 각 지방의 저항세력은 백제의 부흥 운동을 추진한다. 복신 · 흑치상지 · 도침은 왕자 풍을 왕으로 추대하고 주류성과 임존성에서 군사를 일으켰다. 이들은 200여개의 성을 회복하였고, 사비성과 웅진성의 당군을 공격하며 저항했으나, 부흥운동은 실패로 돌아간다. 비슷한 시기 왜의 수군이 백제 부흥을 지원 하여 백강입구까지 왔으나 나 · 당 연합군에게 패하여 돌아가게 된다(백촌강 전투).

15

수행평가 형 - 중급 23회 20번

1. 수행평가 형태의 문제는 자주 출제가 되는데 주제, 내용, 활동 등 여러 주제를 물을 때 출제한다. 이러한 형태는 사료 제시형태의 문제와 비슷하게 풀어야 한다.
2. 힌트도 여러 곳에 산재되어 있으니 곳곳에 있는 문양이나 글자, 숫자 등에도 주의를 기울이면 우연치 않게 쉬운 힌트를 발견할 수 있다.
3. 수행평가의 내용에서 도출하는 것들은 간단한 형태로 파악되는 것이 많기 때문에 선지도 간단한 형태로 도출되는 것들이 많다. 이 역시 선지에 바로 적어두는 것이 두 번 확인하지 않는 방법이다.

정답 ①

출제자의 눈

향촌사회 기구 속 간부들의 명칭을 통해 유향소를 파악할 수 있다.

1. 용어는 단어를 파악하는 것으로 이글의 주제가 될 가능성이 높다.

20. (가)에 들어갈 용어에 대한 설명으로 옳은 것은? [2점]

> 역사 용어 해설 　　조선 시대
>
> (가)
>
> – 지방 양반들로 구성되었으며, 좌수와 별감 등의 향임직을 두었다.
>
> – 향청, 향당, 향소청 등으로도 불리었다.

2. 조선시대의 용어

3. 지방 양반은 사림들이 대부분일 것이고 이들의 모임을 추론할 수 있다.

4. 좌수와 별감은 유향소의 간부이다.

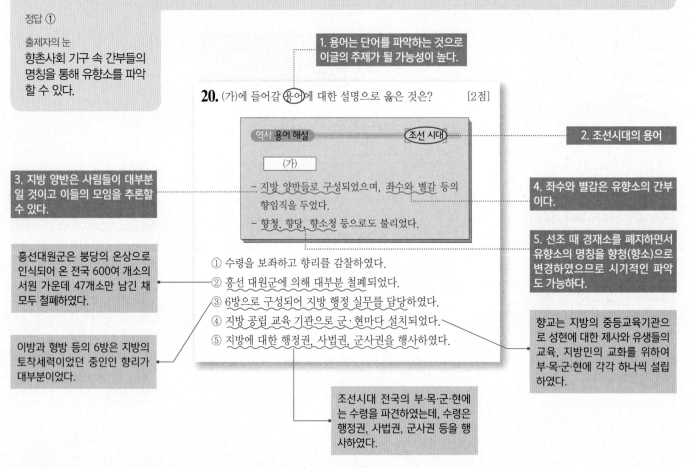

5. 선조 때 경재소를 폐지하면서 유향소의 명칭을 향청(향소)으로 변경하였으므로 시기적인 파악도 가능하다.

① 수령을 보좌하고 향리를 감찰하였다.
② 흥선 대원군에 의해 대부분 철폐되었다.
③ 6방으로 구성되어 지방 행정 실무를 담당하였다.
④ 지방 공립 교육 기관으로 군·현마다 설치되었다.
⑤ 지방에 대한 행정권, 사법권, 군사권을 행사하였다.

흥선대원군은 붕당의 온상으로 인식되어 온 전국 600여 개소의 서원 가운데 47개소만 남긴 채 모두 철폐하였다.

이방과 형방 등의 6방은 지방의 토착세력이었던 중인인 향리가 대부분이었다.

향교는 지방의 중등교육기관으로 성현에 대한 제사와 유생들의 교육, 지방민의 교화를 위하여 부·목·군·현에 각각 하나씩 설립하였다.

조선시대 전국의 부·목·군·현에는 수령을 파견하였는데, 수령은 행정권, 사법권, 군사권 등을 행사하였다.

(가) 유향소는 수령을 보좌하고 향리를 감찰하며, 향촌 사회의 풍속을 바로 잡기 위한 기구였다. 현재의 지방의회 역할을 하여 지역의 관리를 자문, 감시하는 역할을 하였으며, 임란이후에는 향청이라고 불리기도 하였다. 좌수와 별감을 선출하여 자율적 규약을 만들고, 수시로 향회를 소집하여 백성을 교화하며, 고을의 풍속을 바로잡았다.

지방 행정 조직

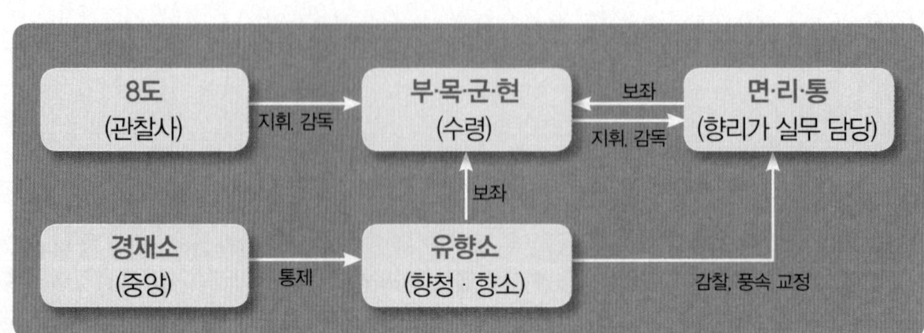

가지치기 형 - 중급 20회 29번

1. 가지치기 형태의 문제는 주제 또는 특징을 찾는 것들이 대부분이다.
2. 가지치기는 자료에 제시되어 있는 단어가 많기 때문에 그만큼 힌트가 많이 제시되어 있는 것이다. 따라서 문제에서 묻는 것이 무엇인지를 확실하게 해 두는 것이 좋다.
3. 자료에서 묻는 것은 단체와 국왕이 많을 것이고, 그들의 활동을 파악하여야 하기 때문에 선지 역시 단체와 국왕의 활동이 제시되어 있을 가능성이 많다. 따라서 자료를 확인하면서 출제된 선택지를 미리 예측할 수 있다.

정답 ④

출제자의 눈

애국계몽운동 단체인 신민회(1907~1911)의 활동을 알아본다.

1. 단체를 묻고 있기 때문에 자료에서는 단체를 찾고 선지에는 자료에 포함되지 않는 것이 제시될 것이다.

29. (가)에 들어갈 단체에 대한 설명으로 옳은 것은? [3점]

(가)
- 교육 활동 — 오산 학교 설립
- 주요 인물 — 안창호, 이승훈
- 국외 활동 — 신흥 강습소 설립
- 산업 활동 — 태극 서관, 자기 회사 운영

2. 오산학교는 정주에 이승훈이 설립하였고, 대성학교는 평양에 안창호가 설립하였다.

3. 신흥강습소는 신민회가 만주에 설립하였고(1911), 신흥무관학교로 개칭하였다(1919).

4. 신민회는 태극서관과 자기회사를 운영하여 독립 자금을 마련하였다.

① 헌의 6조를 건의하였다.
② 3·1 운동을 계획하였다.
③ 잡지 한글을 간행하였다.
④ 105인 사건으로 해체되었다.
⑤ 정우회 선언을 계기로 결성되었다.

독립협회(1896)의 활동으로 만민공동회와 관민공동회를 개최하여 헌의6조를 결의하였다.

3·1운동은 1919년 전개되었던 거족적인 항일민족운동이었다.

조선어연구회(1921)의 활동으로 국어연구에 힘을 쏟았다.

신간회(1927)는 1920년대 민족 유일당운동의 결실이었다.

신민회(1907~1911)는 안창호, 양기탁 등이 중심이 되어 1907년에 설립된 비밀결사 조직이었다. 실력 양성을 통한 국권 회복과 공화정체의 국민 국가 수립을 궁극의 목표로 하였으며, 자기회사와 태극서관 등을 설립하여 운영하여 독립 자금을 마련하였다. 또한 무장투쟁의 필요성을 제기하고 만주에 국외 독립군 기지를 설립하고, 이후에는 신흥 무관 학교 등을 세우는 등 독립 전쟁의 터전을 마련하였다.

105인 사건(1911)

안중근의 사촌 동생 안명근이 황해도 일원에서 독립 자금을 모금하다가 적발되자 이를 빌미로 일제는 항일 기독교 세력과 신민회를 탄압하기 위해 데라우치 총독 암살 미수 사건을 날조하여 안악군을 중심으로 황해도 일대의 지식인 · 재산가 · 유력 인사 600여 명의 민족 지도자를 검거하였다(안악사건). 일제는 안악사건으로 체포된 민족지도자 122명을 기소하였고, 105명이 유죄판결을 받았는데 대부분 신민회의 회원이었다(105인 사건). 1913년 항소하여 105명 중 99명은 무죄로 석방되었다.

17

순서 형 - 중급 12회 35번

1. 순서 형태의 문제는 단순한 순서 나열 형태와 순서의 세부적 내용을 묻는 문제로 구성되어 있다. 순서 형태의 문제는 읽는 순간 바로 옆에 연도를 비롯한 주요 내용을 적어 놓아야 한다.
2. 단순한 나열 형태의 문제는 문제될 것이 없지만 세부적인 내용을 묻는 문제는 그렇지 않다. 절대적으로 연도를 파악하여야 하고, 연도 사이에 있었던 사실을 파악해야하기 때문에 주의를 요한다.
3. 자료의 A와 B 사건 사이에 연도를 파악하고 바로 적어 놓은 후 A와 B사이에 머릿속에 떠오르는 사건을 무한정 기록하는 것이 중요하다. 그곳에 적어 놓은 사건을 보기에서 찾는 것이 시간을 절약하는 데에 도움이 된다.

정답 ②

출제자의 눈

강화도조약(1876)과 조청상민수륙무역장정(1882)을 통해 개항 직후의 경제 변화를 유추할 수 있다.

35. (가), (나) 조약이 체결된 시기 사이의 경제 상황으로 옳은 것을 〈보기〉에서 고른 것은? [3점]

(가) 제10관 일본국 인민이 조선국 지정의 각 항구에 머무르는 동안에 만약 죄를 범한 것이 조선국 인민에게 관계되는 사건일 때에는 모두 일본국 관리가 심의한다.

(나) 제4조 조선 상인이 베이징에서 규정에 따라 물건을 팔고 사도록 하며 중국 상인이 조선의 양화진과 서울에 들어가 영업소를 차릴 수 있도록 하되 …… 상무위원은 지방 관리와 함께 공동으로 날인하여 화물을 구입할 지방 이름을 밝힌 증명서를 발급해 준다.

〈보 기〉

ㄱ. 일본 상품에 대한 무관세가 허용되었다.
ㄴ. 청나라 상인의 내륙 통상권이 허용되었다.
ㄷ. 개항장에서의 일본 화폐 사용을 허용하였다.
ㄹ. 황국 중앙 총상회가 상권 수호 운동을 전개하였다.

① ㄱ, ㄴ ② ㄱ, ㄷ ③ ㄴ, ㄷ
④ ㄴ, ㄹ ⑤ ㄷ, ㄹ

1. (가)와 (나) 사이의 사건을 찾아야 한다.

2. 일본인에 대한 치외법권의 내용으로 강화도조약(1876)의 내용임을 파악할 수 있다.

3. 내지채판의 내용으로 조청상민수륙무역장정(1882)의 내용이다. 따라서 강화도조약(1876) 체결 직후와 조청상민수륙무역장정(1882) 체결 사이에 있었던 상황을 파악하여야 한다.

ㄱ. 1876년 조일통상장정(조일무역규칙)은 (가) 강화도조약의 부속조약으로 (가) 직후에 체결되었다.

ㄴ. 청 상인의 내륙 통상은 (나) 조청상민수륙무역장정의 체결로 이루어졌으므로 (나) 이후의 상황이다.

ㄷ. 1876년 조일수호조규부록은 (가) 강화도조약의 부속조약으로 (가) 직후에 체결되었다.

ㄹ. 황국중앙총상회는 1898년에 조직되었으므로 (나) 이후의 상황이다.

(가) 강화도조약(1876). 우리나라 최초의 근대적 조약으로서 부산(1876), 원산(1880), 인천(1883) 등 3개 항구의 개항이 이루어 졌으며, 치외법권과 해안 측량권 등을 규정한 불평등 조약이었다. 이 조약으로 일본의 정치 · 경제 · 군사적 침략의 발판이 마련되었고, 이후 서양 열강과 조약을 맺게 되는 선례가 되었다.

(나) 조청상민수륙무역장정(1882). 청 상인들은 개항장을 벗어나 내륙까지 진출하여 직접 무역할 수 있게 되는 등의 청 상인의 통상 특권을 허용하게 되었고 조선의 지위가 격하되어 경제적 침략을 받게 되었다. 또한, 이 조약으로 인해 국내에서 청과 일본 양국 상인간의 경쟁적 경제 침탈이 심화되는 계기가 되었고, 이로 인하여 거류지 무역을 통하여 이익을 얻었던 우리의 객주 · 여각 · 보부상 등은 큰 타격을 받게 되었다.

강화도조약의 부속조약

조일무역규칙 →	무관세, 양곡의 무제한 유출, 일본 상선의 무항세
수호조규부록 →	일본 외교관의 여행자유, 개항장에서의 거류지(10리), 일본화폐유통

짝 맞추기 형 - 중급 11회 21번

1. 짝 맞추기 형태의 문제는 수험생들이 가장 싫어하는 문제 중에 하나로 자주 출제가 된다. 하지만 풀이 비법은 간단하기 때문에 성실하게 학습한 수험생들에게는 오히려 득점에 유리하다.
2. 자료에서는 보통 (가), (나) 등을 제시하게 되는데, 보는 즉시 파악할 수 있는 것들이 주어진다. 무엇이든지 생각이 나는 대로 자료 옆에 바로 적어놓아야 한다.
3. (가), (나)에 자신이 적어 놓은 단어들을 선지에 대입하여 푸는 것이 가장 좋다. 선지에서 제시하는 것들을 적어놓고 풀게 되면 두 번, 세 번 읽게 되기 때문에 문제 풀이 시간이 오히려 배가 되기 때문에 주의하여야 한다.

정답 ④

출제자의 눈

자료를 통해 조선시대 실제상 운영되었던 반상제도에 대하여 확인할 수 있다.

1. 17세기는 4신분으로 나뉘었던 반상제가 실질적으로 적용되었던 조선후기를 나타내는 것이다.

21. 17세기 무렵 (가)~(라) 신분에 대한 설명으로 옳지 않은 것은? [3점]

(가)

우리가 문무 고위 관직을 독점하고 있지.

2. 문무관직의 독점은 양반계층

(나)

사신을 수행하여 통역을 담당해야 하니 준비할 것이 많겠군.

3. 통역을 담당했던 역관은 중인계층

(다)

휴! 조세와 공납에 부역까지 ……, 등골이 휘는구나!

4. 조세·공납·역을 부담하였던 농민들은 상민계층

(라)

내 자식도 나처럼 평생 신공을 바치고 살아야 하다니 …….

5. 신공을 바쳐야하는 납공노비는 천민계층

① (가)는 경제적으로 지주층이며 현직 또는 예비 관료로 활동하였다.
② (나)는 중간 계층으로 전문 기술이나 행정 실무를 담당하였다.
③ (다)는 인구 중 다수를 차지하였으며 생산 활동에 종사하였다.
④ (라)는 고려 시대 백정이라고 불린 신분에 해당된다.
⑤ (가)~(라)의 신분은 엄격히 구분되었으나 신분 이동이 가능하였다.

고려시대 농민은 농업 이외에 국가에서 지정한 특수 임무를 수행하지 않았으므로, '별도의 의무가 없는 사람'의 의미로 백정이라 하였다. 고려 시대의 백정은 일반 농민을 말하는 것이며, 도축 업자를 뜻하는 조선시대의 천민이었던 백정과는 구별된다.

(가)는 양반으로 17세기 양반 관료 체제가 점차 정비되면서 문 · 무반의 관직을 가진 사람뿐만 아니라, 그 가족이나 가문까지도 양반으로 부르게 되었다.

(나)는 역관으로 중인신분이었다. 중인에는 향리, 서리, 기술관, 군교, 역관(사신 수행, 무역 관여), 서얼 등이 포함되며, 중인은 넓은 의미로는 양반과 상민의 중간 신분 계층을 뜻하고, 좁은 의미로는 기술관만을 의미한다.

(다)는 농민으로 상민신분이었다. 평민 또는 양인으로도 불리는 상민은 백성의 대부분을 차지하는 농민, 수공업자, 상인을 말하며 조세 · 공납 · 부역 등의 의무를 지고 있었다.

(라)는 납공노비로 천민신분이었다. 천민은 신분 중 가장 천한 신분으로 노비, 백정, 무당, 광대, 창기 등이 여기에 해당하는데 천민 중에서 대부분을 차지하는 것은 노비였다.

19

그래프 형 - 중급 18회 49번

1. 그래프 형태의 문제는 수험생들이 가장 혼란스러워하는 문제 중에 하나로 가끔 출제가 된다. 하지만 풀이 비법은 간단하기 때문에 침착하게 문제를 접한 수험생들은 득점이 용이하다.
2. 제시되는 그래프는 대부분의 특징이 있다. 갑자기 상승 및 하락을 하는 부분이 출제 포인트이다. 시험지에 크게 표시를 하는 경우가 좋다. 그 곳에 연도 및 수량 등의 숫자를 잘 표기해 놓아야 한다.
3. 경우에 따라서는 문제에 모든 의미를 담아 놓는 것들이 출제될 수가 있는데, 그래프를 활용하지 않아도 풀 수 있는 것들이 있으니 문제를 잘 읽어보는 것이 필요하다. 이 경우 그래프는 함정일 수 있다.
4. 자료에 표시한 숫자를 보면 우리가 학습할 때 중요하게 여겼던 것들이 표시가 되어있는 경우가 많다. 조선시대 인구 증가나 일제강점기의 시기구분 혹은 현대사의 공화국 등에 이러한 요소들이 산재되어 있으니 주의를 요한다.

정답 ④

출제자의 눈

1920년대 노동쟁의의 변화를 도식화한 그래프를 통해 사회주의의 유입을 파악할 수 있다.

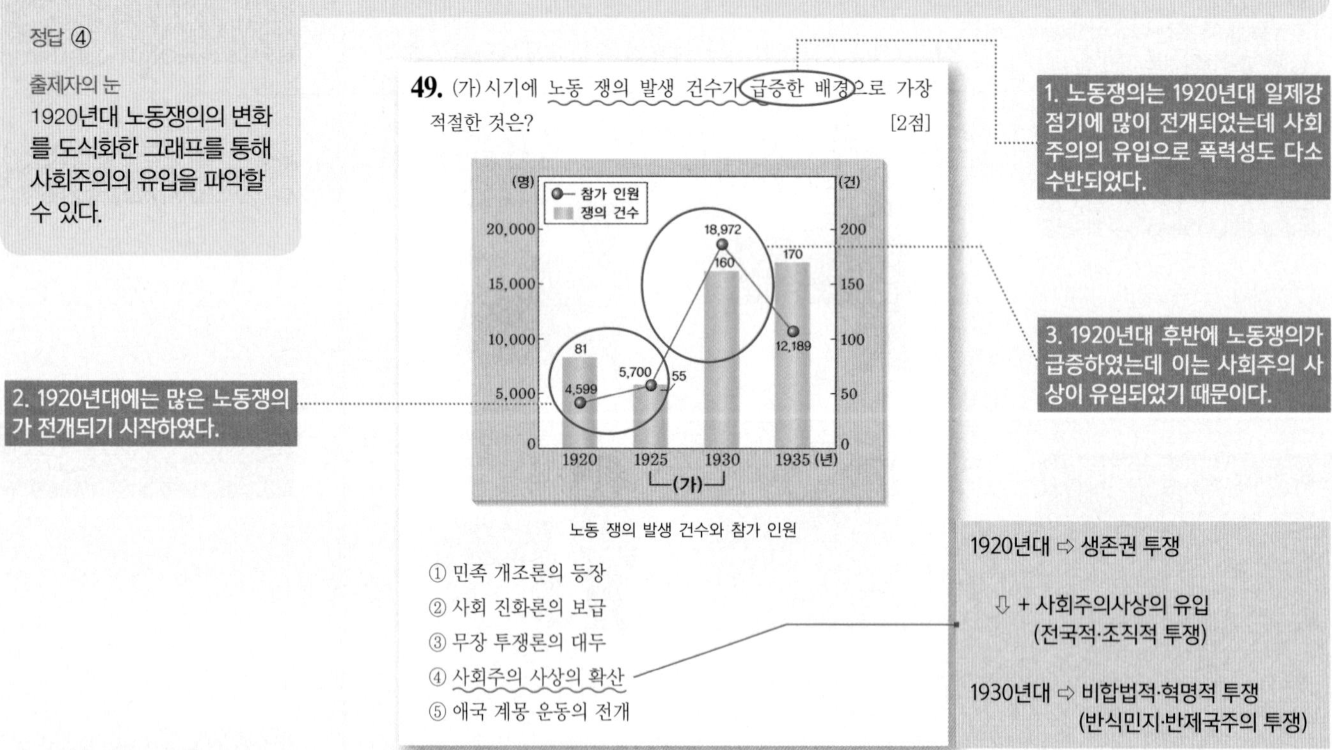

49. (가) 시기에 노동 쟁의 발생 건수가 급증한 배경으로 가장 적절한 것은? [2점]
(명)
(건)
참가 인원
쟁의 건수
20,000
15,000
10,000
5,000
0
200
150
100
50
0
18,972
160
170
12,189
81
5,700
55
4,599
1920
1925
1930
1935 (년)
(가)
노동 쟁의 발생 건수와 참가 인원
① 민족 개조론의 등장
② 사회 진화론의 보급
③ 무장 투쟁론의 대두
④ 사회주의 사상의 확산
⑤ 애국 계몽 운동의 전개
1. 노동쟁의는 1920년대 일제강점기에 많이 전개되었는데 사회주의의 유입으로 폭력성도 다소 수반되었다.
2. 1920년대에는 많은 노동쟁의가 전개되기 시작하였다.
3. 1920년대 후반에 노동쟁의가 급증하였는데 이는 사회주의 사상이 유입되었기 때문이다.
1920년대 ⇨ 생존권 투쟁
⇩ + 사회주의사상의 유입
(전국적·조직적 투쟁)
1930년대 ⇨ 비합법적·혁명적 투쟁
(반식민지·반제국주의 투쟁)

일제 강점기의 노동 쟁의 참여 계층은 1920년대에는 대부분이 농민 계층으로 생존권 투쟁이었다. 그러나 1920년대 후반으로 가면서 사회주의 계열이 노동운동에 참여하게 되는데 점차로 전국적이고 조직적인 투쟁으로 변화하게 된다. 민족 협동 노선의 해소 이후인 1930년대의 노동운동은 비합법적이고 혁명적 조합이 주도하면서 반식민지·반제국주의 투쟁의 목적으로 변화하였다.

농민 · 노동 단체의 변화

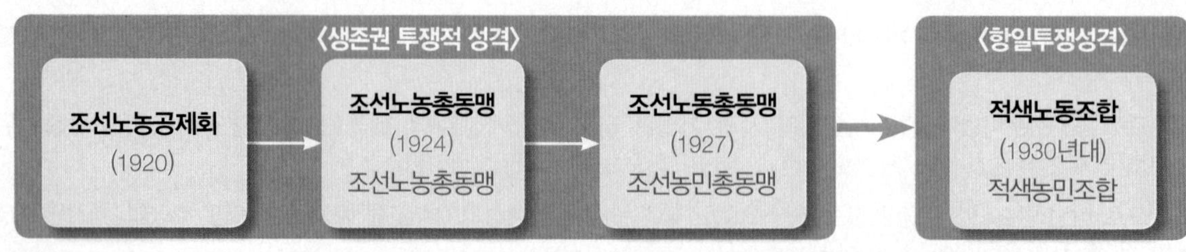

생존권 성격으로 시작된 농민·노동 운동은 사회주의 사상의 영향을 받아 점차 비합법적이고 항일 투쟁적인 성격으로 변화하게 되었다.

시사 형 - 중급 11회 27번

1. 최근 시사 형태의 문제는 바쁜 수험생들이 힘들어하는 문제 중에 하나로 가끔 출제가 된다. 하지만 풀이 비법은 간단하기 때문에 침착하게 문제를 접한 수험생들은 득점이 용이하다. 꼼꼼하게 살펴보아야 한다.
2. 제시되는 시사형태의 문제들은 힌트가 많이 산재되어 있다. 수험생들은 시간적 여유가 없어 각종 매체를 접하기 힘들기 때문에 출제자들 또한 힌트를 많이 제시하여 준다.
3. 자료에 연도가 표시되어 있다면 더욱 주제 파악에 도움이 된다. 또한, 곳곳에 역사적 사건, 사건과 관련한 지역 등을 표시하여 주기 때문에 읽는 도중 사건과 지역이 나타나는 지도 중요하게 파악하여 체크하여야 한다.
4. 만약 간단한 자료를 제시해 준다고 해도 대화형과 같이 선지가 어렵게 출제되지 않는다. 시사 형태의 문제 대부분은 선지도 간단하게 출제되는 경향이 있으니 참고하여야 한다.

정답 ①

출제자의 눈

가상의 역사 신문을 통해 외규장각 도서의 내용을 확인할 수 있다.

27. 밑줄 그은 ㉠, ㉡의 연결이 바르게 짝지어진 것은? [2점]

○○ 신문

2011년 4월 15일

145년 만의 '조건부' 귀향

특수 트럭의 뒷문이 열리자 은은한 나무향이 감돌았다. 안에는 조선 왕실의 보물들을 실은 나무 상자 5개가 있었다. 발판을 내리고 직원들이 유압 밀대로 조심조심 상자를 올려 바닥에 내렸다. 지켜보던 이들의 박수가 터졌다. "드디어 제자리에 왔네요!"

㉠ 이 사건 이후 145년 만에 프랑스로부터 귀향한 ㉡ 의 문화재는 2011년 4월 14일 인천 공항에 도착해 무진동차에 실려 서울 용산 국립 중앙 박물관 뒤편 수장고로 들어갔다.

	㉠	㉡
①	병인양요	외규장각 도서
②	신미양요	외규장각 도서
③	병인양요	「승정원 일기」
④	신미양요	「조선왕조실록」
⑤	병인양요	「조선왕조실록」

1. 신문 자료에 2011년이 제시되었고, 145년 만에 돌아왔다고 했으므로 [2011년-145년=1866]이라는 힌트를 도출할 수 있다. 1866년에는 병인양요, 제너럴셔먼호 사건, 병인박해 등의 역사적 사건이 있었다.

2. 왕실과 관련된 문화재임을 도출할 수 있다.

3. 프랑스와 관련한 문화재임을 파악할 수 있기 때문에 병인양요 때 약탈당한 외규장각도서를 비롯한 서적과 병기들임을 파악할 수 있다.

신미양요와 관련한 1871년, 미국, 제너럴셔먼호 사건(1866), 강화도, 어재연, 광성보, 수자기 등의 내용이 제시되어야 한다.

승정원일기와 관련한 승정원, 왕과 신하간의 문서, 국왕의 일과 기록 등의 내용이 제시되어야 한다.

조선왕조실록과 관련된 태조실록~철종실록, 춘추관, 실록청, 사초 등의 자료가 제시되어야 한다.

프랑스는 ㉠ 병인박해의 구실로 병인양요(1866)를 일으켰는데, 이 시기에 프랑스 군인들이 강화도의 ㉡ 외규장각 문화재를 비롯하여 서적과 병기들을 약탈하여 갔으며, 2010년 G20 서울정상회의 기간 이명박 전대통령과 니콜라스 사르코지 프랑스 대통령이 5년 단위 갱신이 가능한 대여 방식의 반환에 합의함으로써 2011년 4월 임대형식으로 국내로 반환되었다.

출제 경향

선사 시대와 관련된 문제는 당시 생활모습, 풍습과 관련된 유물과 유적을 잘 파악하는 것이 포인트이다. 최근에는 유적지와 그 내용을 자세하게 묻는 문제가 많다. 고조선이 가지고 있는 특징과 더불어 각 연맹국가의 위치와 사회 풍습을 연결시킬 수 있어야 한다.

출제 포인트

1. 구석기, 신석기, 청동기, 철기 시대의 유물 및 유적의 공통점과 차이점
2. 단군신화로부터 도출한 고조선의 건국과 특징
3. 고조선의 세력 범위와 고인돌과 비파형동검의 출토지역의 관계
4. 단군조선과 위만조선의 발전과정 및 외침, 8조법으로 사회상 도출, 경제 발전으로 인한 중국 세력과의 세력 관계 파악
5. 각 연맹국가의 위치 및 풍습으로 연맹왕국, 중앙집권 체제로 발전한 국가 구분

PART I

한국사의 시작

1. 역사의 의미

- 사실로서의 역사 : 사실을 객관적으로 서술, 객관적 의미의 역사(독: L.V.Ranke)
- 기록으로서의 역사 : 역사가의 주관 개입, 주관적 의미의 역사(영: E.H.Carr)
  - → 역사는 과거와 현재의 끊임없는 대화이다.

2. 선사 시대

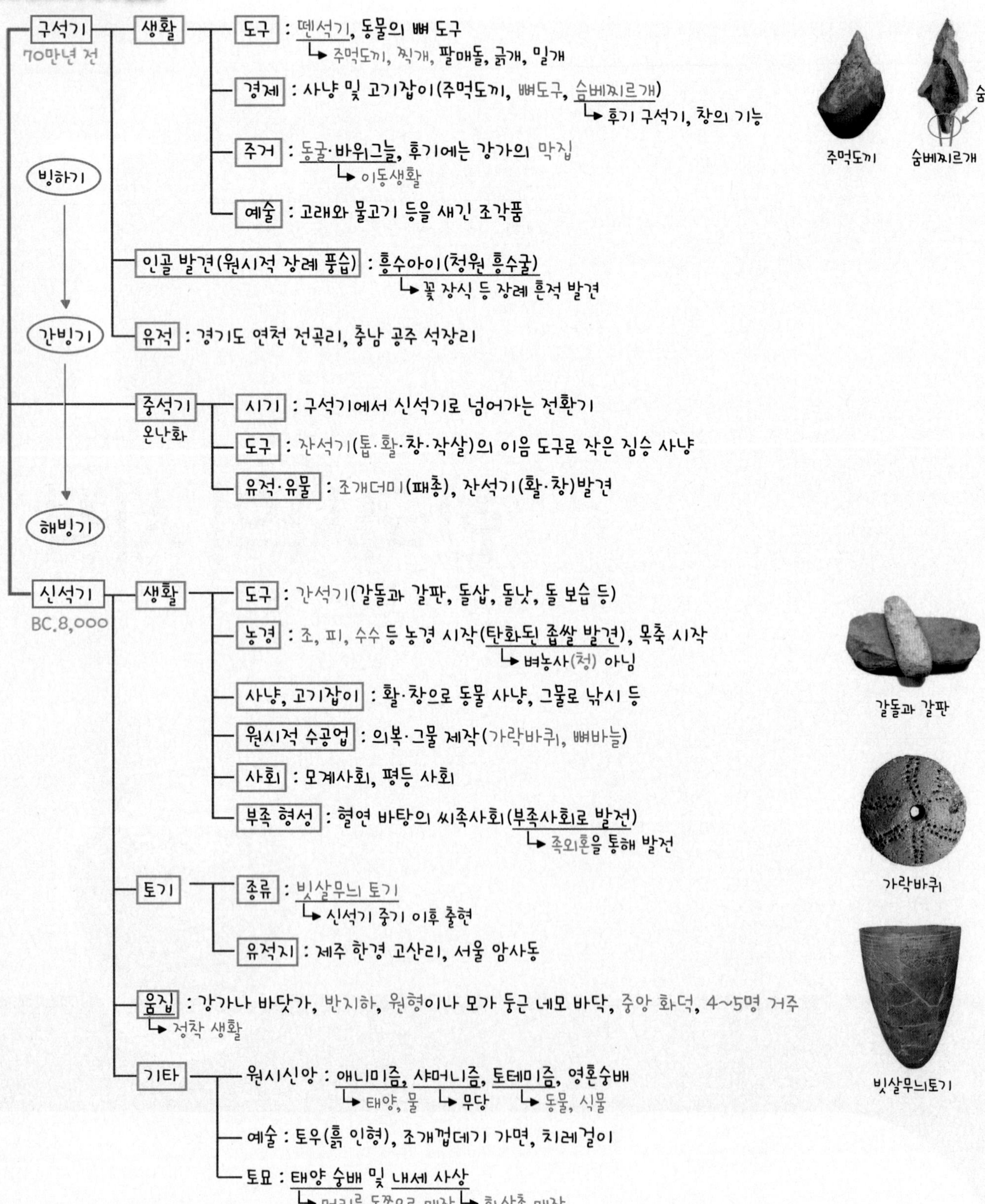

구석기
70만년 전
생활
도구 : 뗀석기, 동물의 뼈 도구
→ 주먹도끼, 찍개, 팔매돌, 긁개, 밀개
경제 : 사냥 및 고기잡이(주먹도끼, 뼈도구, 슴베찌르개)
→ 후기 구석기, 창의 기능
주거 : 동굴·바위그늘, 후기에는 강가의 막집
→ 이동생활
예술 : 고래와 물고기 등을 새긴 조각품
인골 발견(원시적 장례 풍습) : 흥수아이(청원 흥수굴)
→ 꽃 장식 등 장례 흔적 발견
유적 : 경기도 연천 전곡리, 충남 공주 석장리
빙하기
간빙기
해빙기
슴베
주먹도끼
슴베찌르개
중석기
온난화
시기 : 구석기에서 신석기로 넘어가는 전환기
도구 : 잔석기(톱·활·창·작살)의 이음 도구로 작은 짐승 사냥
유적·유물 : 조개더미(패총), 잔석기(활·창)발견
신석기
BC.8,000
생활
도구 : 간석기(갈돌과 갈판, 돌삽, 돌낫, 돌 보습 등)
농경 : 조, 피, 수수 등 농경 시작(탄화된 좁쌀 발견), 목축 시작
→ 벼농사(청) 아님
사냥, 고기잡이 : 활·창으로 동물 사냥, 그물로 낚시 등
원시적 수공업 : 의복·그물 제작(가락바퀴, 뼈바늘)
사회 : 모계사회, 평등 사회
부족 형성 : 혈연 바탕의 씨족사회(부족사회로 발전)
→ 족외혼을 통해 발전
토기
종류 : 빗살무늬 토기
→ 신석기 중기 이후 출현
유적지 : 제주 한경 고산리, 서울 암사동
움집 : 강가나 바닷가, 반지하, 원형이나 모가 둥근 네모 바닥, 중앙 화덕, 4~5명 거주
→ 정착 생활
기타
원시신앙 : 애니미즘, 샤머니즘, 토테미즘, 영혼숭배
→ 태양, 물 → 무당 → 동물, 식물
예술 : 토우(흙 인형), 조개껍데기 가면, 치레걸이
토묘 : 태양 숭배 및 내세 사상
→ 머리를 동쪽으로 매장 → 화살촉 매장
갈돌과 갈판
가락바퀴
빗살무늬토기

3. 국가의 형성

① 역사시대의 개막

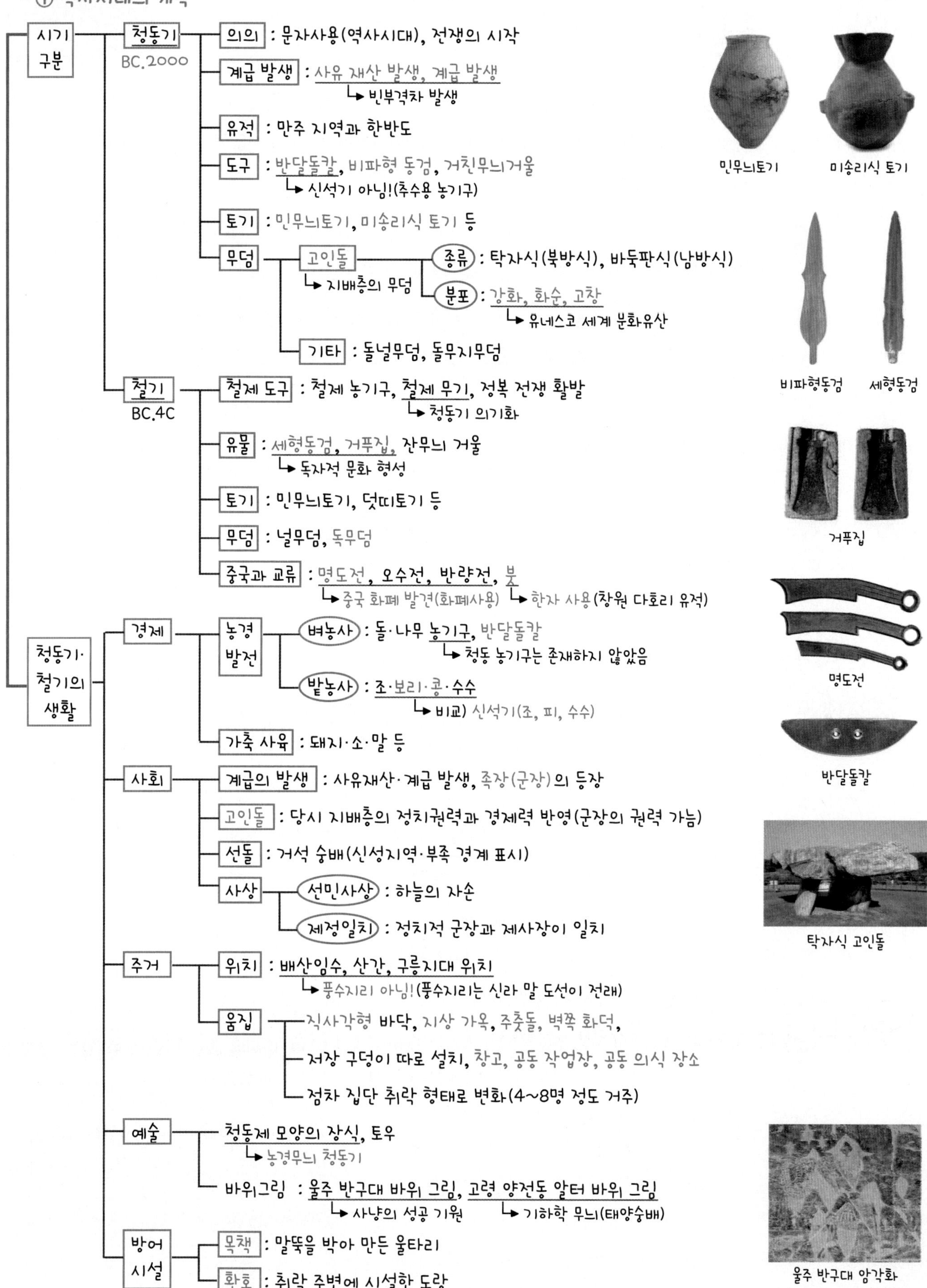
시기 구분
청동기 BC.2000
의의 : 문자사용(역사시대), 전쟁의 시작
계급 발생 : 사유 재산 발생, 계급 발생
→ 빈부격차 발생
유적 : 만주 지역과 한반도
도구 : 반달돌칼, 비파형 동검, 거친무늬거울
→ 신석기 아님!(추수용 농기구)
토기 : 민무늬토기, 미송리식 토기 등
무덤 — 고인돌 → 지배층의 무덤
종류 : 탁자식(북방식), 바둑판식(남방식)
분포 : 강화, 화순, 고창
→ 유네스코 세계 문화유산
기타 : 돌널무덤, 돌무지무덤
철기 BC.4C
철제 도구 : 철제 농기구, 철제 무기, 정복 전쟁 활발
→ 청동기 의기화
유물 : 세형동검, 거푸집, 잔무늬 거울
→ 독자적 문화 형성
토기 : 민무늬토기, 덧띠토기 등
무덤 : 널무덤, 독무덤
중국과 교류 : 명도전, 오수전, 반량전, 붓
→ 중국 화폐 발견(화폐사용) → 한자 사용(창원 다호리 유적)
청동기·철기의 생활
경제
농경 발전
벼농사 : 돌·나무 농기구, 반달돌칼
→ 청동 농기구는 존재하지 않았음
밭농사 : 조·보리·콩·수수
→ 비교) 신석기(조, 피, 수수)
가축 사육 : 돼지·소·말 등
사회
계급의 발생 : 사유재산·계급 발생, 족장(군장)의 등장
고인돌 : 당시 지배층의 정치권력과 경제력 반영(군장의 권력 가늠)
선돌 : 거석 숭배(신성지역·부족 경계 표시)
사상
선민사상 : 하늘의 자손
제정일치 : 정치적 군장과 제사장이 일치
주거
위치 : 배산임수, 산간, 구릉지대 위치
→ 풍수지리 아님!(풍수지리는 신라 말 도선이 전래)
움집
직사각형 바닥, 지상 가옥, 주춧돌, 벽쪽 화덕,
저장 구덩이 따로 설치, 창고, 공동 작업장, 공동 의식 장소
점차 집단 취락 형태로 변화(4~8명 정도 거주)
예술
청동제 모양의 장식, 토우
→ 농경무늬 청동기
바위그림 : 울주 반구대 바위 그림, 고령 양전동 알터 바위 그림
→ 사냥의 성공 기원 → 기하학 무늬(태양숭배)
방어 시설
목책 : 말뚝을 박아 만든 울타리
환호 : 취락 주변에 시설한 도랑
민무늬토기
미송리식 토기
비파형동검
세형동검
거푸집
명도전
반달돌칼
탁자식 고인돌
울주 반구대 암각화

② 고조선

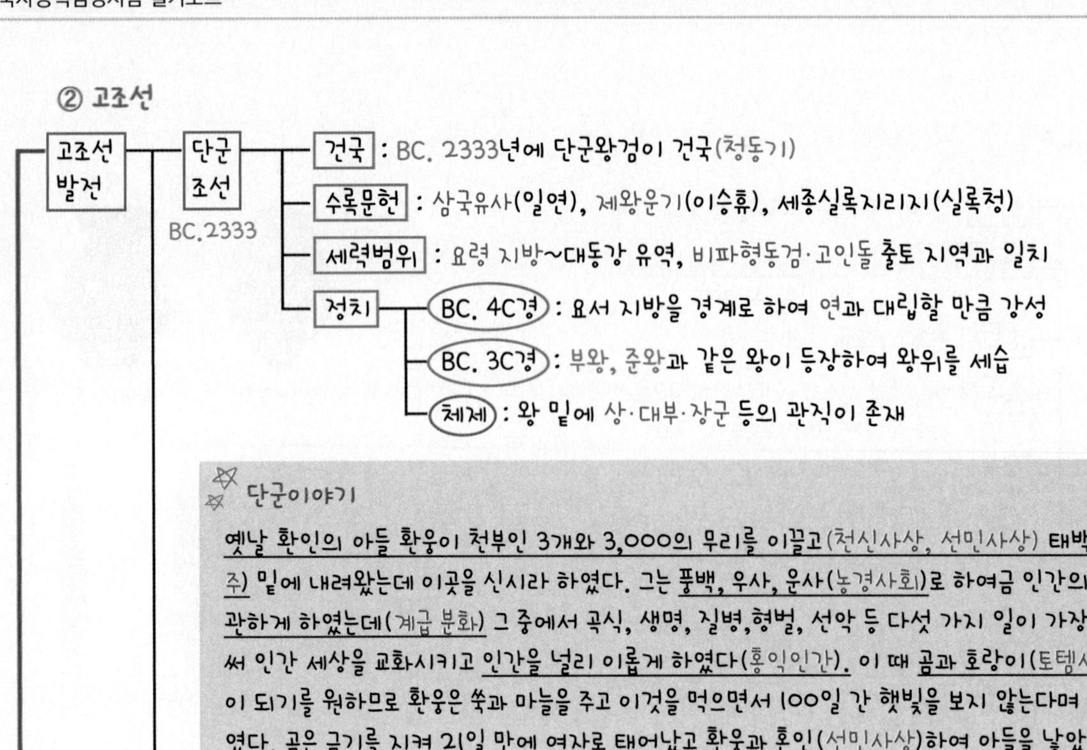

BC. 4C경 : 요서 지방을 경계로 하여 연과 대립할 만큼 강성
BC. 3C경 : 부왕, 준왕과 같은 왕이 등장하여 왕위를 세습
체제 : 왕 밑에 상·대부·장군 등의 관직이 존재

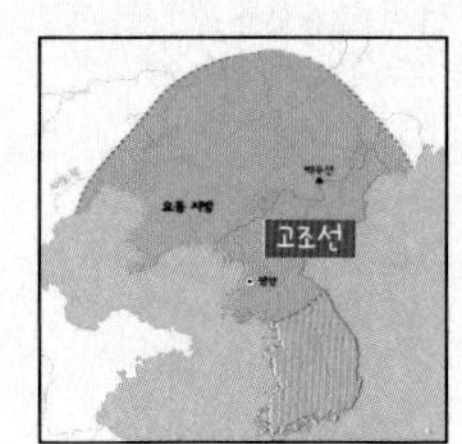

고조선의 세력

단군이야기

옛날 환인의 아들 환웅이 천부인 3개와 3,000의 무리를 이끌고(천신사상, 선민사상) 태백산 신단수(구릉지대 거주) 밑에 내려왔는데 이곳을 신시라 하였다. 그는 풍백, 우사, 운사(농경사회)로 하여금 인간의 360여 가지의 일을 주관하게 하였는데(계급 분화) 그 중에서 곡식, 생명, 질병,형벌, 선악 등 다섯 가지 일이 가장 중요한 것이었다. 이로써 인간 세상을 교화시키고 인간을 널리 이롭게 하였다(홍익인간). 이 때 곰과 호랑이(토템사상, 연맹국가)가 사람이 되기를 원하므로 환웅은 쑥과 마늘을 주고 이것을 먹으면서 100일 간 햇빛을 보지 않는다며 사람이 될 것이라고 하였다. 곰은 금기를 지켜 21일 만에 여자로 태어났고 환웅과 혼인(선민사상)하여 아들을 낳았다. 이가 곧 단군왕검(제정일치) 이었다.

-삼국유사-

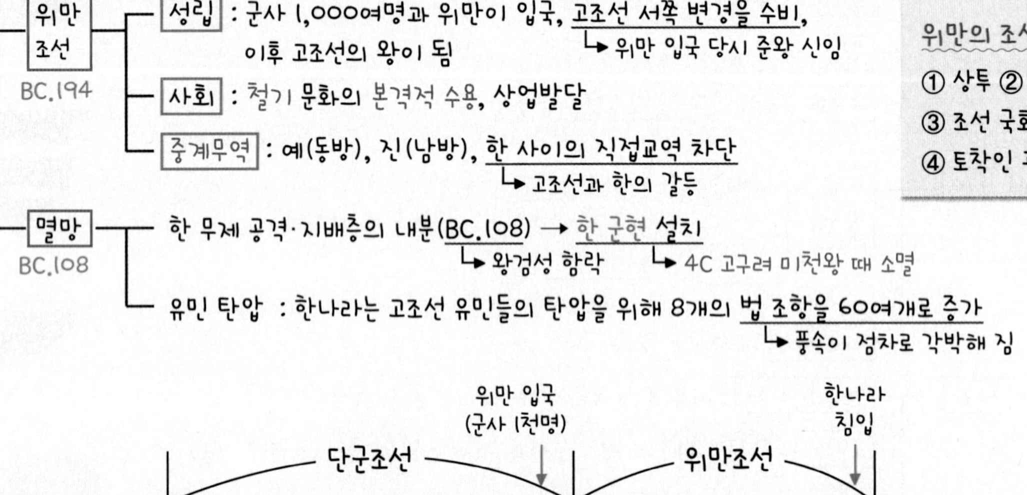

위만 조선
BC.194
성립 : 군사 1,000여명과 위만이 입국, 고조선 서쪽 변경을 수비,
└ 위만 입국 당시 준왕 신임
이후 고조선의 왕이 됨
사회 : 철기 문화의 본격적 수용, 상업발달
중계무역 : 예(동방), 진(남방), 한 사이의 직접교역 차단
└ 고조선과 한의 갈등
멸망
BC.108
한 무제 공격·지배층의 내분(BC.108) → 한 군현 설치
└ 왕검성 함락
└ 4C 고구려 미천왕 때 소멸
유민 탄압 : 한나라는 고조선 유민들의 탄압을 위해 8개의 법 조항을 60여개로 증가
└ 풍속이 점차로 각박해 짐
위만 입국
(군사 1천명)
한나라
침입
고조선 발전
단군조선
위만조선
BC.2333
건국 : BC. 2333년에 단군왕검이 건국(청동기)
수록문헌 : 삼국유사(일연), 제왕운기(이승휴), 세종실록지리지(실록청)
세력범위 : 요령 지방~대동강 유역, 비파형동검·고인돌 출토 지역과 일치
BC.194
BC.108
부왕, 준왕
등장
연의 공격(진개)
BC.283
역계경 건의

[고조선 시대 구분]

위만의 조선인 근거

① 상투 ② 조선인 복장
③ 조선 국호 사용
④ 토착인 관리

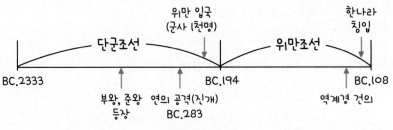

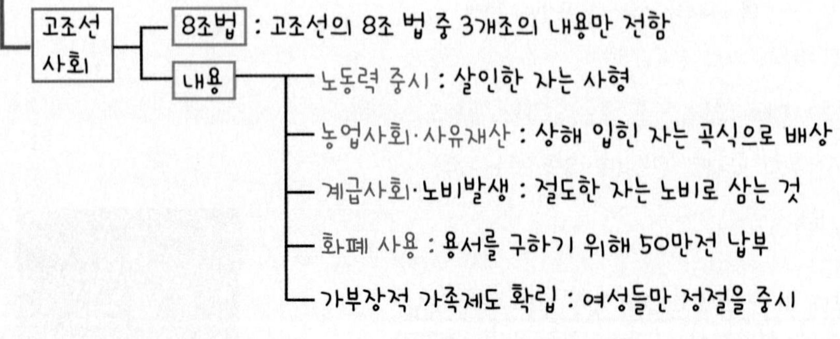

고조선 사회
8조법 : 고조선의 8조 법 중 3개조의 내용만 전함
내용
노동력 중시 : 살인한 자는 사형
농업사회·사유재산 : 상해 입힌 자는 곡식으로 배상
계급사회·노비발생 : 절도한 자는 노비로 삼는 것
화폐 사용 : 용서를 구하기 위해 50만전 납부
가부장적 가족제도 확립 : 여성들만 정절을 중시

8조법

… 백성들에게 금하는 법 8조를 만들었다. 그것은 대개 사람을 죽인 자는 즉시 죽이고, 남에게 상처를 입힌 자는 곡식으로 갚는다. 도둑질을 한 자는 노비로 삼는다. 용서받고자 하는 자는 한 사람마다 50만 전을 내야 한다. … 여자들은 모두 정조를 지키고 신용이 있어 음란하고 편벽된 짓을 하지 않았다. <한서>

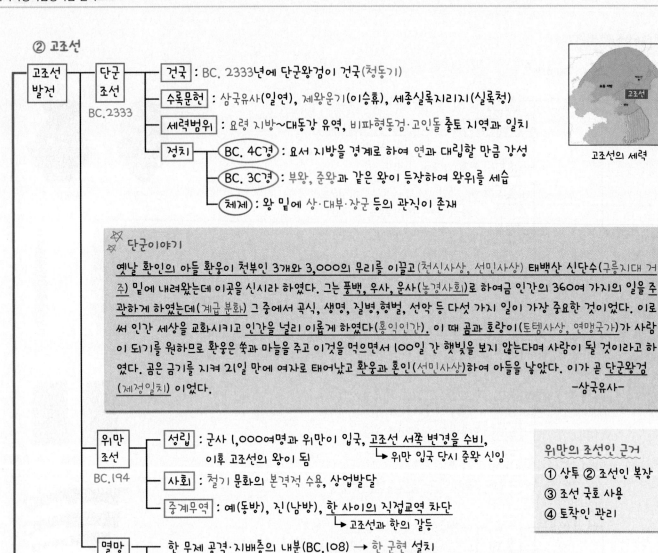

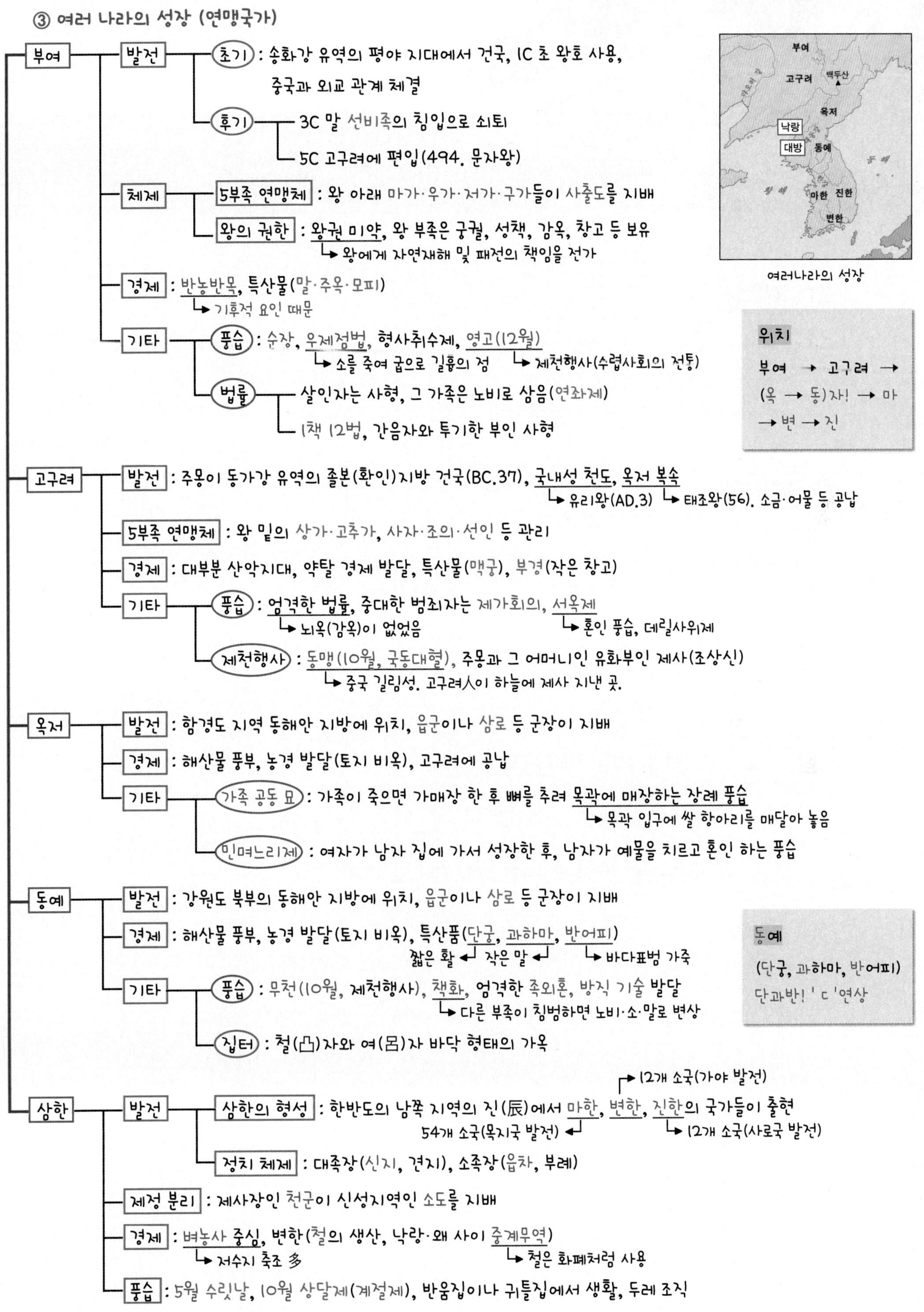

③ 여러 나라의 성장 (연맹국가)

- 부여
  - 발전
    - 초기 : 송화강 유역의 평야 지대에서 건국, 1C 초 왕호 사용, 중국과 외교 관계 체결
    - 후기
      - 3C 말 선비족의 침입으로 쇠퇴
      - 5C 고구려에 편입(494, 문자왕)
  - 체제
    - 5부족 연맹체 : 왕 아래 마가·우가·저가·구가들이 사출도를 지배
    - 왕의 권한 : 왕권 미약, 왕 부족은 궁궐, 성책, 감옥, 창고 등 보유
      - → 왕에게 자연재해 및 패전의 책임을 전가
  - 경제 : 반농반목, 특산물(말·주옥·모피)
    - → 기후적 요인 때문
  - 기타
    - 풍습 : 순장, 우제점법, 형사취수제, 영고(12월)
      - 우제점법 → 소를 죽여 굽으로 길흉의 점
      - 영고 → 제천행사(수렵사회의 전통)
    - 법률
      - 살인자는 사형, 그 가족은 노비로 삼음(연좌제)
      - 1책 12법, 간음자와 투기한 부인 사형
- 고구려
  - 발전 : 주몽이 동가강 유역의 졸본(환인)지방 건국(BC.37), 국내성 천도, 옥저 복속
    - 국내성 천도 → 유리왕(AD.3)
    - 옥저 복속 → 태조왕(56), 소금·어물 등 공납
  - 5부족 연맹체 : 왕 밑의 상가·고추가, 사자·조의·선인 등 관리
  - 경제 : 대부분 산악지대, 약탈 경제 발달, 특산물(맥궁), 부경(작은 창고)
  - 기타
    - 풍습 : 엄격한 법률, 중대한 범죄자는 제가회의, 서옥제
      - 엄격한 법률 → 뇌옥(감옥)이 없었음
      - 서옥제 → 혼인 풍습, 데릴사위제
    - 제천행사 : 동맹(10월, 국동대혈), 주몽과 그 어머니인 유화부인 제사(조상신)
      - 국동대혈 → 중국 길림성, 고구려人이 하늘에 제사 지낸 곳.
- 옥저
  - 발전 : 함경도 지역 동해안 지방에 위치, 읍군이나 삼로 등 군장이 지배
  - 경제 : 해산물 풍부, 농경 발달(토지 비옥), 고구려에 공납
  - 기타
    - 가족 공동 묘 : 가족이 죽으면 가매장 한 후 뼈를 추려 목곽에 매장하는 장례 풍습
      - → 목곽 입구에 쌀 항아리를 매달아 놓음
    - 민며느리제 : 여자가 남자 집에 가서 성장한 후, 남자가 예물을 치르고 혼인 하는 풍습
- 동예
  - 발전 : 강원도 북부의 동해안 지방에 위치, 읍군이나 삼로 등 군장이 지배
  - 경제 : 해산물 풍부, 농경 발달(토지 비옥), 특산품(단궁, 과하마, 반어피)
    - 단궁 → 짧은 활
    - 과하마 → 작은 말
    - 반어피 → 바다표범 가죽
  - 기타
    - 풍습 : 무천(10월, 제천행사), 책화, 엄격한 족외혼, 방직 기술 발달
      - 책화 → 다른 부족이 침범하면 노비·소·말로 변상
    - 집터 : 철(凸)자와 여(呂)자 바닥 형태의 가옥
- 삼한
  - 발전
    - 삼한의 형성 : 한반도의 남쪽 지역의 진(辰)에서 마한, 변한, 진한의 국가들이 출현
      - 마한 → 54개 소국(목지국 발전)
      - 변한 → 12개 소국(가야 발전)
      - 진한 → 12개 소국(사로국 발전)
    - 정치 체제 : 대족장(신지, 견지), 소족장(읍차, 부례)
  - 제정 분리 : 제사장인 천군이 신성지역인 소도를 지배
  - 경제 : 벼농사 중심, 변한(철의 생산, 낙랑·왜 사이 중계무역)
    - 벼농사 중심 → 저수지 축조 多
    - 철 → 철은 화폐처럼 사용
  - 풍습 : 5월 수릿날, 10월 상달제(계절제), 반움집이나 귀틀집에서 생활, 두레 조직

여러나라의 성장

위치
부여 → 고구려 → (옥 → 동)자! → 마 → 변 → 진

동예
(단궁, 과하마, 반어피)
단과반! ' ㄷ '연상

출제 경향

고대 국가가 시작되면서 한강 유역을 차지하여 삼국의 전성기를 이룬 왕들의 업적을 비롯한 정치적 상황, 각국의 사회, 경제적 특징을 구분할 수 있어야 한다. 그리고 불교와 관련된 문화, 가야의 정치적 변화, 고구려를 계승한 발해의 정치 구조와 더불어 이후 후삼국 시대에 대해서도 잘 알아두어야 한다.

출제 포인트

〈정치〉

1. 삼국의 전성기를 파악하여 각 국의 정치적 상황을 도출
2. 삼국의 항쟁 과정에서의 친교와 견제 관계
3. 외세의 침략에 대응한 삼국의 정세
4. 고구려와 백제의 천도 배경(시기구분) 및 결과
5. 고구려와 중국(수·당)과의 항쟁
6. 나당전쟁의 전개 과정 및 결과
7. 신라의 통일 직후의 왕권 강화를 통한 정치 변화
8. 발해의 건국이념과 대외 항쟁 및 친교 관계 파악
9. 신라, 발해와 당의 중앙 통치체제의 공통점 및 차이점
10. 신라 말 사회 변화를 통한 정치세력의 변화

〈경제 및 사회〉

1. 녹읍, 식읍, 관료전 등의 토지제도와 권력의 상관관계
2. 민정문서를 통한 신라의 사회 및 경제 상황 추론
3. 각 나라의 대외적 무역활동
4. 신라의 골품제로 인한 사회 변화와 그들의 대항 세력의 성장

〈문화〉

1. 국외에 있는 고대의 문화재 파악
2. 고구려, 백제의 수도 이전에 따른 문화재 파악
3. 각 나라의 고분양식 및 변화를 파악하고 특성 알기
4. 현재 보수작업 중인 고대 문화재 파악 및 발견된 문화재의 연관 관계
5. 불교, 도교, 유교 사상의 철저한 이해로 관련 문화재 파악
6. 당과 고구려의 영향을 받은 발해의 유물 및 유적 파악하기
7. 삼국과 외세의 문화를 통하여 고대 국가 관계 파악
8. 일본에 영향을 준 우리의 고대 문화

PART II

고대의 한국사

Ⅰ. 고대의 정치

① 1세기 ~ 5세기 고구려와 백제

※ 삼국의 성립과 발전

	1c	2c	3c	4c			4c~5c	5c				6c			7c
고	태조왕	고국천왕	동천왕	미천왕	고국원왕	소수림왕	광개토왕	장수왕			문자왕				보장왕
백			고이왕		근초고왕	침류왕	아신왕	비유왕	개로왕	문주왕	동성왕	무령왕		성왕	의자왕
신							내물왕	눌지왕			소지왕	지증왕	법흥왕	진흥왕	문무왕
중국		후한	삼국(위)	5호16국(진)				남북조						수	당

고구려

[고구려의 시대 구분]

졸본시대	국내성시대		평양성시대	
동명성왕	유리왕	광개토왕	장수왕	보장왕
BC.37	1C ~ 5C		5C ~ 7C	

백제

[백제의 시대 구분]

위례성(한성) 시대			웅진성 시대			사비시대
고이왕	근초고왕	개로왕	문주왕	동성왕	무령왕	성왕
3C	4C	5C			6C	

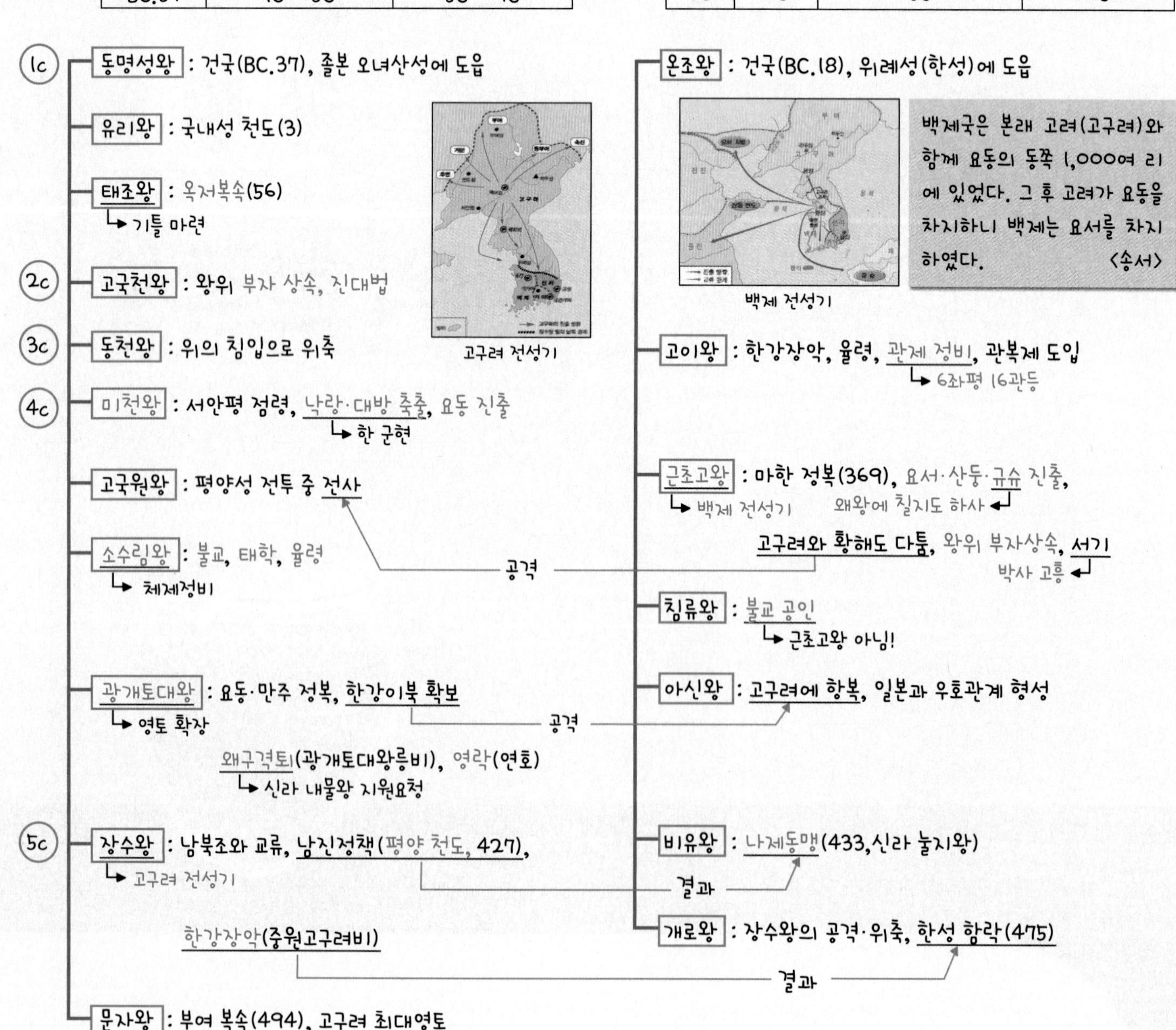

1c
동명성왕 : 건국(BC.37), 졸본 오녀산성에 도읍
유리왕 : 국내성 천도(3)
태조왕 : 옥저복속(56)
→ 기틀 마련
2c
고국천왕 : 왕위 부자 상속, 진대법
3c
동천왕 : 위의 침입으로 위축
4c
미천왕 : 서안평 점령, 낙랑·대방 축출, 요동 진출
→ 한 군현
고국원왕 : 평양성 전투 중 전사
소수림왕 : 불교, 태학, 율령
→ 체제정비
광개토대왕 : 요동·만주 정복, 한강이북 확보
→ 영토 확장
왜구격퇴(광개토대왕릉비), 영락(연호)
→ 신라 내물왕 지원요청
5c
장수왕 : 남북조와 교류, 남진정책(평양 천도, 427),
→ 고구려 전성기
한강장악(중원고구려비)
문자왕 : 부여 복속(494), 고구려 최대영토
고구려 전성기
온조왕 : 건국(BC.18), 위례성(한성)에 도읍
백제국은 본래 고려(고구려)와 함께 요동의 동쪽 1,000여 리에 있었다. 그 후 고려가 요동을 차지하니 백제는 요서를 차지하였다. <송서>
백제 전성기
고이왕 : 한강장악, 율령, 관제 정비, 관복제 도입
→ 6좌평 16관등
근초고왕 : 마한 정복(369), 요서·산둥·규슈 진출,
→ 백제 전성기
왜왕에 칠지도 하사
고구려와 황해도 다툼, 왕위 부자상속, 서기
박사 고흥
공격
침류왕 : 불교 공인
→ 근초고왕 아님!
아신왕 : 고구려에 항복, 일본과 우호관계 형성
공격
비유왕 : 나제동맹(433, 신라 눌지왕)
결과
개로왕 : 장수왕의 공격·위축, 한성 함락(475)
결과

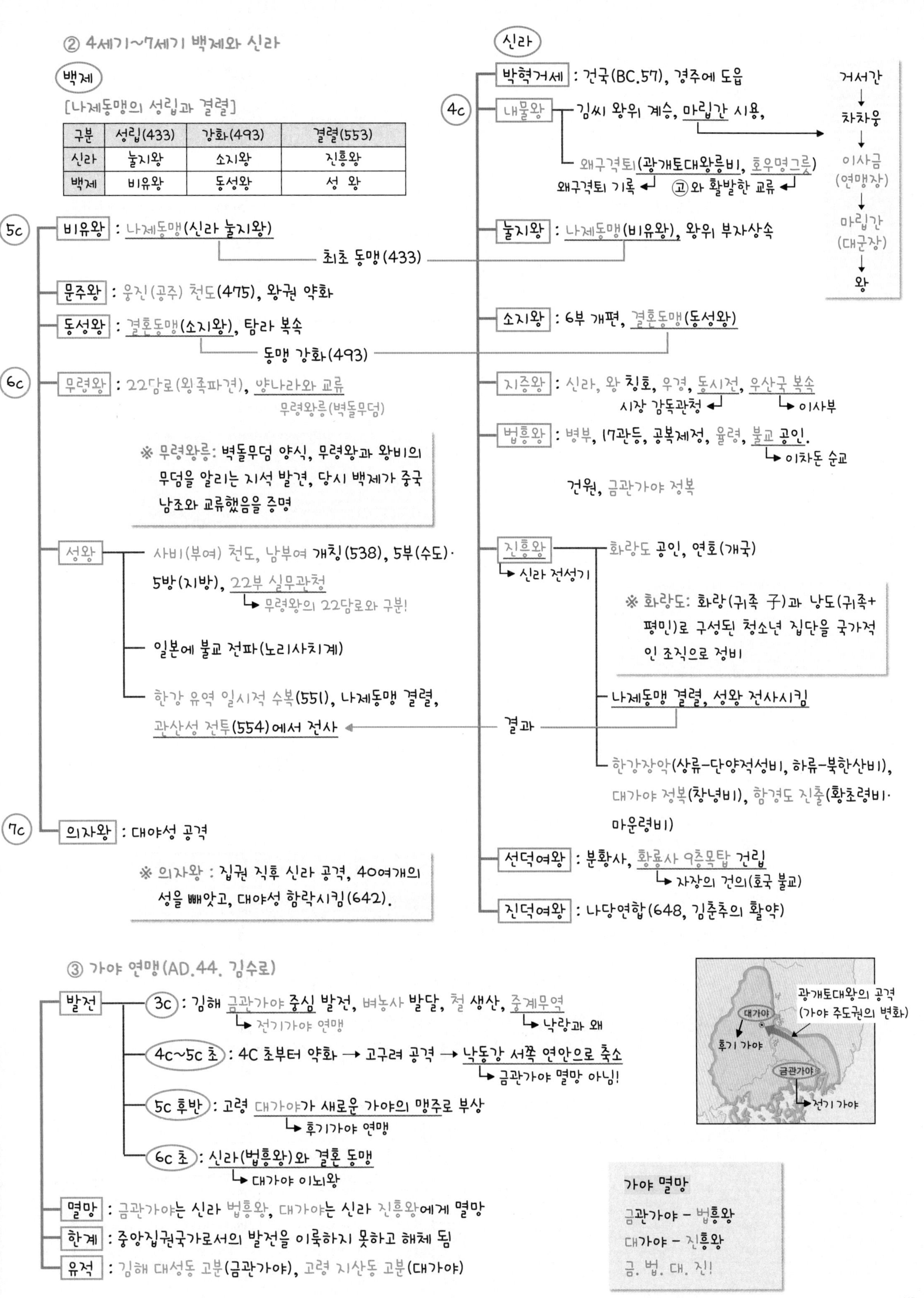

② 4세기~7세기 백제와 신라

백제

[나제동맹의 성립과 결렬]

구분	성립(433)	강화(493)	결렬(553)
신라	눌지왕	소지왕	진흥왕
백제	비유왕	동성왕	성 왕

5c
- 비유왕 : 나제동맹(신라 눌지왕) — 최초 동맹(433)
- 문주왕 : 웅진(공주) 천도(475), 왕권 약화
- 동성왕 : 결혼동맹(소지왕), 탐라 복속 — 동맹 강화(493)

6c
- 무령왕 : 22담로(왕족파견), 양나라와 교류 — 무령왕릉(벽돌무덤)

※ 무령왕릉: 벽돌무덤 양식, 무령왕과 왕비의 무덤을 알리는 지석 발견, 당시 백제가 중국 남조와 교류했음을 증명

- 성왕
  - 사비(부여) 천도, 남부여 개칭(538), 5부(수도)·5방(지방), 22부 실무관청 → 무령왕의 22담로와 구분!
  - 일본에 불교 전파(노리사치계)
  - 한강 유역 일시적 수복(551), 나제동맹 결렬, 관산성 전투(554)에서 전사

7c
- 의자왕 : 대야성 공격

※ 의자왕 : 집권 직후 신라 공격, 40여개의 성을 빼앗고, 대야성 함락시킴(642).

신라

- 박혁거세 : 건국(BC.57), 경주에 도읍

4c
- 내물왕 : 김씨 왕위 계승, 마립간 시용,
  - 왜구격퇴(광개토대왕릉비, 호우명그릇) — 왜구격퇴 기록, 고와 활발한 교류
- 눌지왕 : 나제동맹(비유왕), 왕위 부자상속
- 소지왕 : 6부 개편, 결혼동맹(동성왕)
- 지증왕 : 신라, 왕 칭호, 우경, 동시전, 우산국 복속 — 시장 감독관청 / 이사부
- 법흥왕 : 병부, 17관등, 공복제정, 율령, 불교 공인 → 이차돈 순교
  건원, 금관가야 정복
- 진흥왕 → 신라 전성기
  - 화랑도 공인, 연호(개국)

  ※ 화랑도: 화랑(귀족 子)과 낭도(귀족+평민)로 구성된 청소년 집단을 국가적인 조직으로 정비

  - 나제동맹 결렬, 성왕 전사시킴 — 결과 → 관산성 전투(554)에서 전사
  - 한강장악(상류-단양적성비, 하류-북한산비), 대가야 정복(창녕비), 함경도 진출(황초령비·마운령비)
- 선덕여왕 : 분황사, 황룡사 9층목탑 건립 → 자장의 건의(호국 불교)
- 진덕여왕 : 나당연합(648, 김춘추의 활약)

거서간 ↓ 차차웅 ↓ 이사금(연맹장) ↓ 마립간(대군장) ↓ 왕

③ 가야 연맹(AD.44. 김수로)

- 발전
  - 3c : 김해 금관가야 중심 발전, 벼농사 발달, 철 생산, 중계무역 → 전기가야 연맹 / 낙랑과 왜
  - 4c~5c 初 : 4C 초부터 약화 → 고구려 공격 → 낙동강 서쪽 연안으로 축소 → 금관가야 멸망 아님!
  - 5c 후반 : 고령 대가야가 새로운 가야의 맹주로 부상 → 후기가야 연맹
  - 6c 초 : 신라(법흥왕)와 결혼 동맹 → 대가야 이뇌왕
- 멸망 : 금관가야는 신라 법흥왕, 대가야는 신라 진흥왕에게 멸망
- 한계 : 중앙집권국가로서의 발전을 이룩하지 못하고 해체 됨
- 유적 : 김해 대성동 고분(금관가야), 고령 지산동 고분(대가야)

가야 멸망

금관가야 – 법흥왕

대가야 – 진흥왕

금. 법. 대. 진!

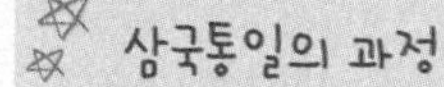

④ 삼국 통일 과정

삼국통일의 과정

수·당 침입 → 나·당연합 → 백제 멸망(660) → 백제 부흥운동(660~663) → 고구려 멸망(668) → 당의 도독부 설치 → 고구려 부흥운동(670~674) → 나·당전쟁 → 삼국 통일(676)

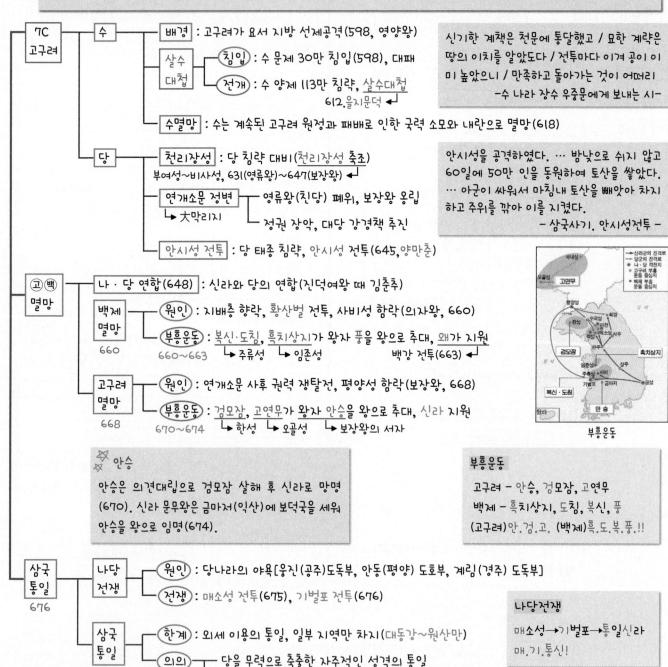

7C 고구려

- **수**
  - 배경 : 고구려가 요서 지방 선제공격(598, 영양왕)
  - 살수대첩
    - 침입 : 수 문제 30만 침입(598), 대패
    - 전개 : 수 양제 113만 침략, 살수대첩 (612, 을지문덕)
  - 수멸망 : 수는 계속된 고구려 원정과 패배로 인한 국력 소모와 내란으로 멸망(618)
- **당**
  - 천리장성 : 당 침략 대비(천리장성 축조) (부여성~비사성, 631(영류왕)~647(보장왕))
  - 연개소문 정변 (→ 大막리지)
    - 영류왕(친당) 폐위, 보장왕 옹립
    - 정권 장악, 대당 강경책 추진
  - 안시성 전투 : 당 태종 침략, 안시성 전투(645, 양만춘)

> 신기한 계책은 천문에 통달했고 / 묘한 계략은 땅의 이치를 알았도다 / 전투마다 이겨 공이 이미 높았으니 / 만족하고 돌아가는 것이 어떠리
> -수 나라 장수 우중문에게 보내는 시-

> 안시성을 공격하였다. … 밤낮으로 쉬지 않고 60일에 50만 인을 동원하여 토산을 쌓았다. … 아군이 싸워서 마침내 토산을 빼앗아 차지하고 주위를 깎아 이를 지켰다.
> - 삼국사기, 안시성전투 -

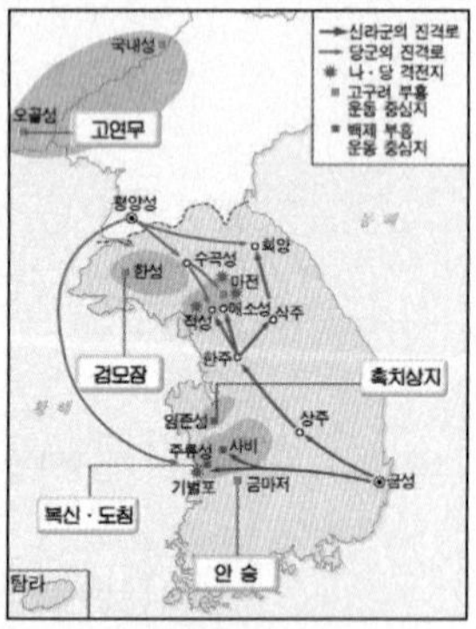

고·백 멸망

- **나·당 연합(648)** : 신라와 당의 연합(진덕여왕 때 김춘추)
- **백제 멸망** (660)
  - 원인 : 지배층 향락, 황산벌 전투, 사비성 함락(의자왕, 660)
  - 부흥운동 (660~663) : 복신·도침(→ 주류성), 흑치상지(→ 임존성)가 왕자 풍을 왕으로 추대, 왜가 지원(→ 백강 전투(663))
- **고구려 멸망** (668)
  - 원인 : 연개소문 사후 권력 쟁탈전, 평양성 함락(보장왕, 668)
  - 부흥운동 (670~674) : 검모잠(→ 한성), 고연무(→ 오골성)가 왕자 안승(→ 보장왕의 서자)을 왕으로 추대, 신라 지원

부흥운동

안승

안승은 의견대립으로 검모잠 살해 후 신라로 망명(670). 신라 문무왕은 금마저(익산)에 보덕국을 세워 안승을 왕으로 임명(674).

부흥운동

고구려 - 안승, 검모잠, 고연무
백제 - 흑치상지, 도침, 복신, 풍
(고구려)안.검.고. (백제)흑.도.복.풍.!!

삼국 통일 (676)

- **나당 전쟁**
  - 원인 : 당나라의 야욕[웅진(공주)도독부, 안동(평양) 도호부, 계림(경주) 도독부]
  - 전쟁 : 매소성 전투(675), 기벌포 전투(676)
- **삼국 통일**
  - 한계 : 외세 이용의 통일, 일부 지역만 차지(대동강~원산만)
  - 의의
    - 당을 무력으로 축출한 자주적인 성격의 통일
    - 고구려와 백제 문화의 전통을 수용하고 민족 문화 발전의 토대를 마련

나당전쟁

매소성→기벌포→통일신라
매.기.통신!

[주요 왕들의 업적 정리]

구분	고구려	백제	신라
중앙집권	소수림왕	근초고왕	법흥왕
한강차지	장수왕	고이왕	진흥왕
전성기	장수왕	근초고왕	진흥왕
율 령	소수림왕	고이왕	법흥왕
불 교	소수림왕	침류왕	법흥왕

[고대 정치 조직 정리]

구분	고구려	백제	신라
수도/지방	5부/5부(욕살)	5부/5방(방령)	6부/5주(군주)
수상	대대로(막리지)	좌평	상대등
관등	10여 관등	16관등	17관등
합의제도	제가회의	정사암회의	화백회의
기타	태학, 경당	22담로	골품제

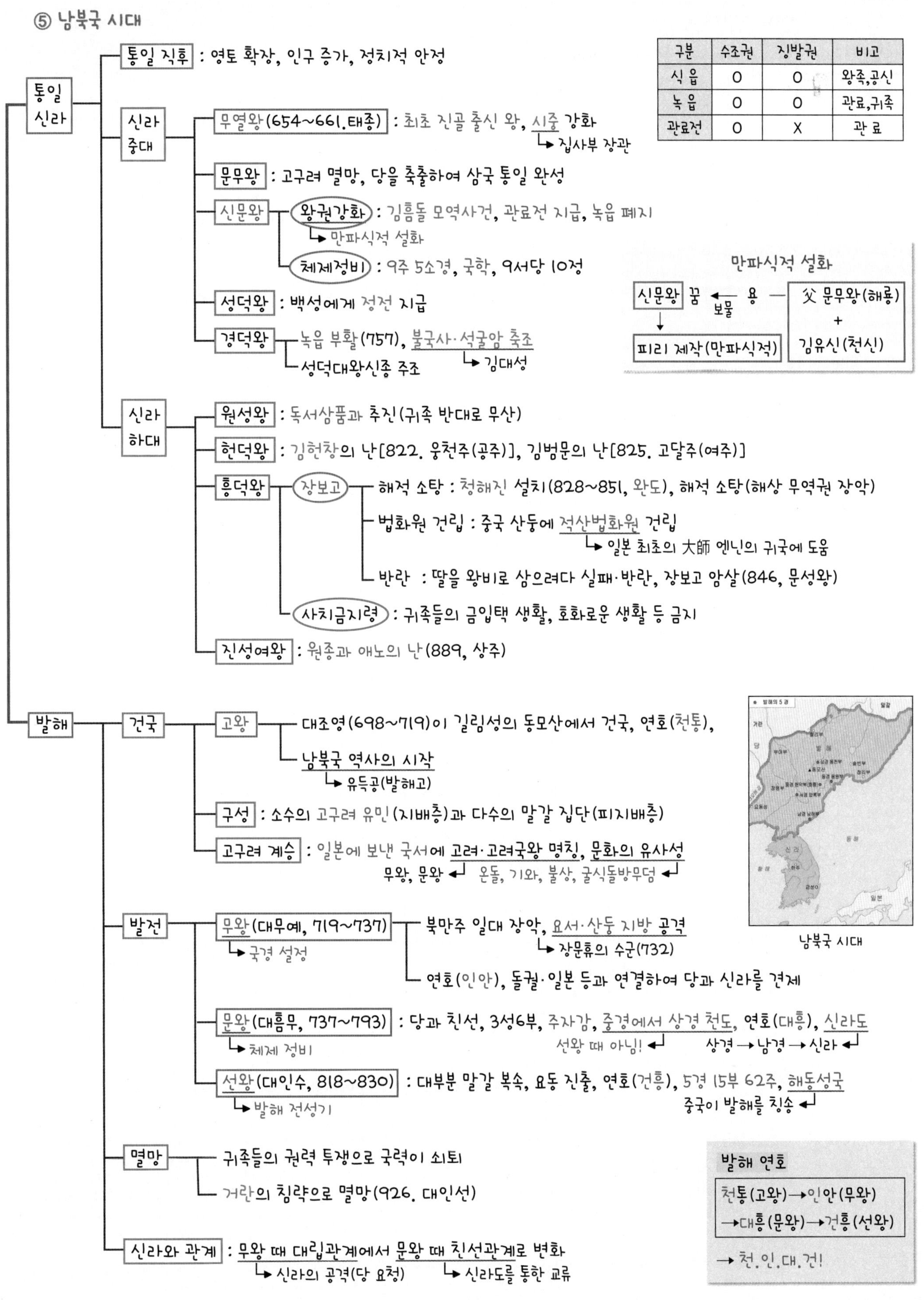

⑤ 남북국 시대

- 통일 신라
  - 통일 직후 : 영토 확장, 인구 증가, 정치적 안정
  - 신라 중대
    - 무열왕(654~661, 태종) : 최초 진골 출신 왕, 시중 강화
      - ↳ 집사부 장관
    - 문무왕 : 고구려 멸망, 당을 축출하여 삼국 통일 완성
    - 신문왕
      - 왕권강화 : 김흠돌 모역사건, 관료전 지급, 녹읍 폐지
        - ↳ 만파식적 설화
      - 체제정비 : 9주 5소경, 국학, 9서당 10정
    - 성덕왕 : 백성에게 정전 지급
    - 경덕왕
      - 녹읍 부활(757), 불국사·석굴암 축조
        - ↳ 김대성
      - 성덕대왕신종 주조
  - 신라 하대
    - 원성왕 : 독서삼품과 추진(귀족 반대로 무산)
    - 헌덕왕 : 김헌창의 난[822. 웅천주(공주)], 김범문의 난[825. 고달주(여주)]
    - 흥덕왕
      - 장보고
        - 해적 소탕 : 청해진 설치(828~851, 완도), 해적 소탕(해상 무역권 장악)
        - 법화원 건립 : 중국 산둥에 적산법화원 건립
          - ↳ 일본 최초의 大師 엔닌의 귀국에 도움
        - 반란 : 딸을 왕비로 삼으려다 실패·반란, 장보고 암살(846, 문성왕)
      - 사치금지령 : 귀족들의 금입택 생활, 호화로운 생활 등 금지
    - 진성여왕 : 원종과 애노의 난(889, 상주)

구분	수조권	징발권	비고
식 읍	O	O	왕족,공신
녹 읍	O	O	관료,귀족
관료전	O	X	관 료

만파식적 설화

신문왕 꿈 ← 용(보물) — 父 문무왕(해룡) + 김유신(천신)

↓

피리 제작(만파식적)

- 발해
  - 건국
    - 고왕
      - 대조영(698~719)이 길림성의 동모산에서 건국, 연호(천통),
      - 남북국 역사의 시작
        - ↳ 유득공(발해고)
    - 구성 : 소수의 고구려 유민(지배층)과 다수의 말갈 집단(피지배층)
    - 고구려 계승 : 일본에 보낸 국서에 고려·고려국왕 명칭, 문화의 유사성
      - 무왕, 문왕 ↲ / 온돌, 기와, 불상, 굴식돌방무덤 ↲
  - 발전
    - 무왕(대무예, 719~737)
      - ↳ 국경 설정
      - 북만주 일대 장악, 요서·산둥 지방 공격
        - ↳ 장문휴의 수군(732)
      - 연호(인안), 돌궐·일본 등과 연결하여 당과 신라를 견제
    - 문왕(대흠무, 737~793) : 당과 친선, 3성6부, 주자감, 중경에서 상경 천도, 연호(대흥), 신라도
      - ↳ 체제 정비
      - 선왕 때 아님! ↲ / 상경 → 남경 → 신라 ↲
    - 선왕(대인수, 818~830) : 대부분 말갈 복속, 요동 진출, 연호(건흥), 5경 15부 62주, 해동성국
      - ↳ 발해 전성기
      - 중국이 발해를 칭송 ↲
  - 멸망
    - 귀족들의 권력 투쟁으로 국력이 쇠퇴
    - 거란의 침략으로 멸망(926. 대인선)
  - 신라와 관계 : 무왕 때 대립관계에서 문왕 때 친선관계로 변화
    - ↳ 신라의 공격(당 요청) / ↳ 신라도를 통한 교류

남북국 시대

발해 연호

천통(고왕) → 인안(무왕) → 대흥(문왕) → 건흥(선왕)

→ 천.인.대.건!

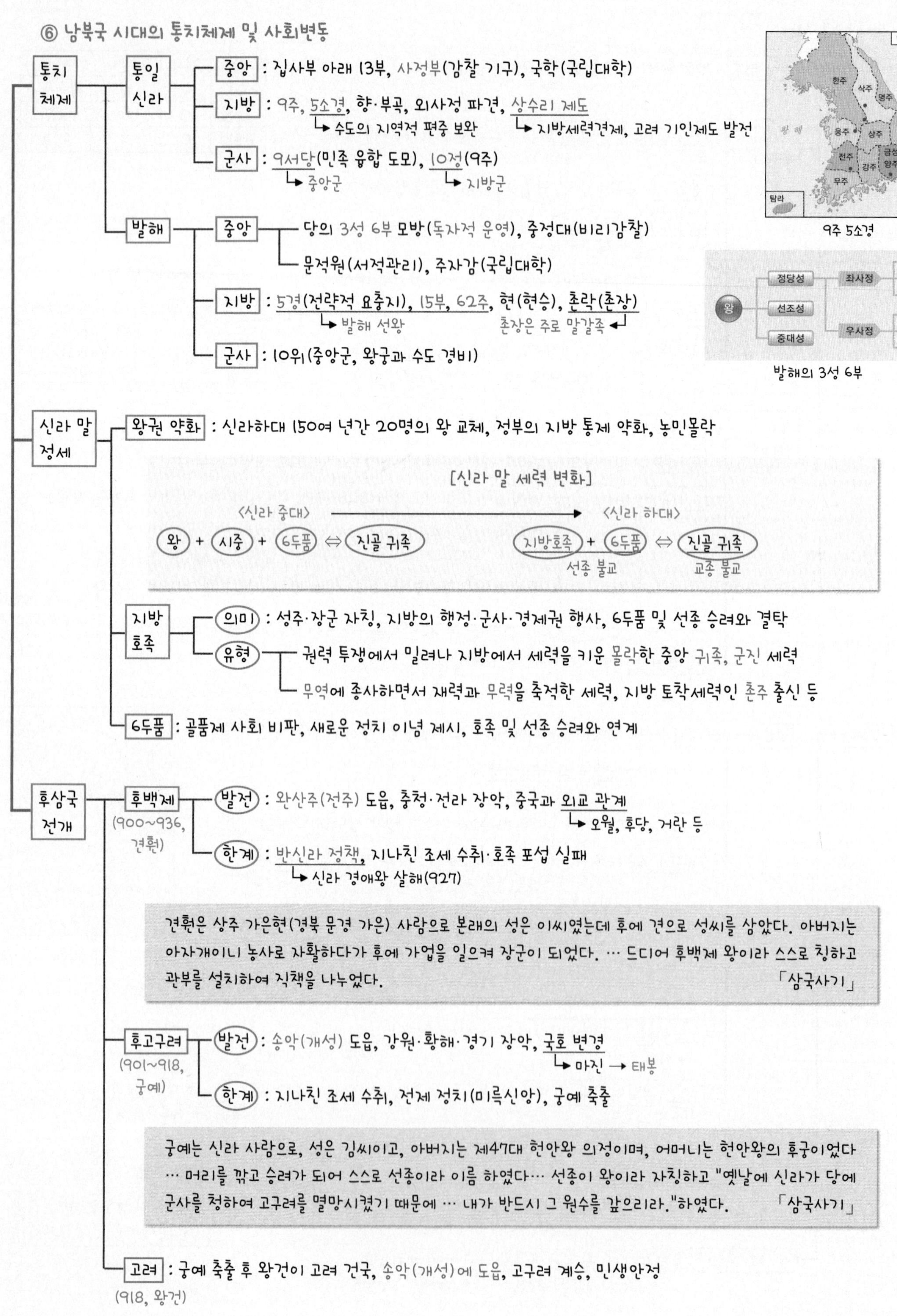

⑥ 남북국 시대의 통치체제 및 사회변동

- **통치체제**
  - **통일 신라**
    - 중앙 : 집사부 아래 13부, 사정부(감찰 기구), 국학(국립대학)
    - 지방 : 9주, 5소경, 향·부곡, 외사정 파견, 상수리 제도
      - 5소경 → 수도의 지역적 편중 보완
      - 상수리 제도 → 지방세력견제, 고려 기인제도 발전
    - 군사 : 9서당(민족 융합 도모), 10정(9주)
      - 9서당 → 중앙군
      - 10정 → 지방군
  - **발해**
    - 중앙
      - 당의 3성 6부 모방(독자적 운영), 중정대(비리감찰)
      - 문적원(서적관리), 주자감(국립대학)
    - 지방 : 5경(전략적 요충지), 15부, 62주, 현(현승), 촌락(촌장)
      - 5경 → 발해 선왕
      - 촌장은 주로 말갈족
    - 군사 : 10위(중앙군, 왕궁과 수도 경비)

9주 5소경

발해의 3성 6부

- **신라 말 정세**
  - 왕권 약화 : 신라하대 150여 년간 20명의 왕 교체, 정부의 지방 통제 약화, 농민몰락

[신라 말 세력 변화]

〈신라 중대〉 → 〈신라 하대〉

왕 + 시중 + 6두품 ⇔ 진골 귀족 → 지방호족 + 6두품 (선종 불교) ⇔ 진골 귀족 (교종 불교)

  - 지방 호족
    - 의미 : 성주·장군 자칭, 지방의 행정·군사·경제권 행사, 6두품 및 선종 승려와 결탁
    - 유형
      - 권력 투쟁에서 밀려나 지방에서 세력을 키운 몰락한 중앙 귀족, 군진 세력
      - 무역에 종사하면서 재력과 무력을 축적한 세력, 지방 토착세력인 촌주 출신 등
  - 6두품 : 골품제 사회 비판, 새로운 정치 이념 제시, 호족 및 선종 승려와 연계

- **후삼국 전개**
  - 후백제 (900~936, 견훤)
    - 발전 : 완산주(전주) 도읍, 충청·전라 장악, 중국과 외교 관계
      - 외교 관계 → 오월, 후당, 거란 등
    - 한계 : 반신라 정책, 지나친 조세 수취·호족 포섭 실패
      - 반신라 정책 → 신라 경애왕 살해(927)

> 견훤은 상주 가은현(경북 문경 가은) 사람으로 본래의 성은 이씨였는데 후에 견으로 성씨를 삼았다. 아버지는 아자개이니 농사로 자활하다가 후에 가업을 일으켜 장군이 되었다. … 드디어 후백제 왕이라 스스로 칭하고 관부를 설치하여 직책을 나누었다. 「삼국사기」

  - 후고구려 (901~918, 궁예)
    - 발전 : 송악(개성) 도읍, 강원·황해·경기 장악, 국호 변경
      - 국호 변경 → 마진 → 태봉
    - 한계 : 지나친 조세 수취, 전제 정치(미륵신앙), 궁예 축출

> 궁예는 신라 사람으로, 성은 김씨이고, 아버지는 제47대 헌안왕 의정이며, 어머니는 헌안왕의 후궁이었다 … 머리를 깎고 승려가 되어 스스로 선종이라 이름 하였다… 선종이 왕이라 자칭하고 "옛날에 신라가 당에 군사를 청하여 고구려를 멸망시켰기 때문에 … 내가 반드시 그 원수를 갚으리라."하였다. 「삼국사기」

  - 고려 (918, 왕건) : 궁예 축출 후 왕건이 고려 건국, 송악(개성)에 도읍, 고구려 계승, 민생안정

2. 고대의 경제

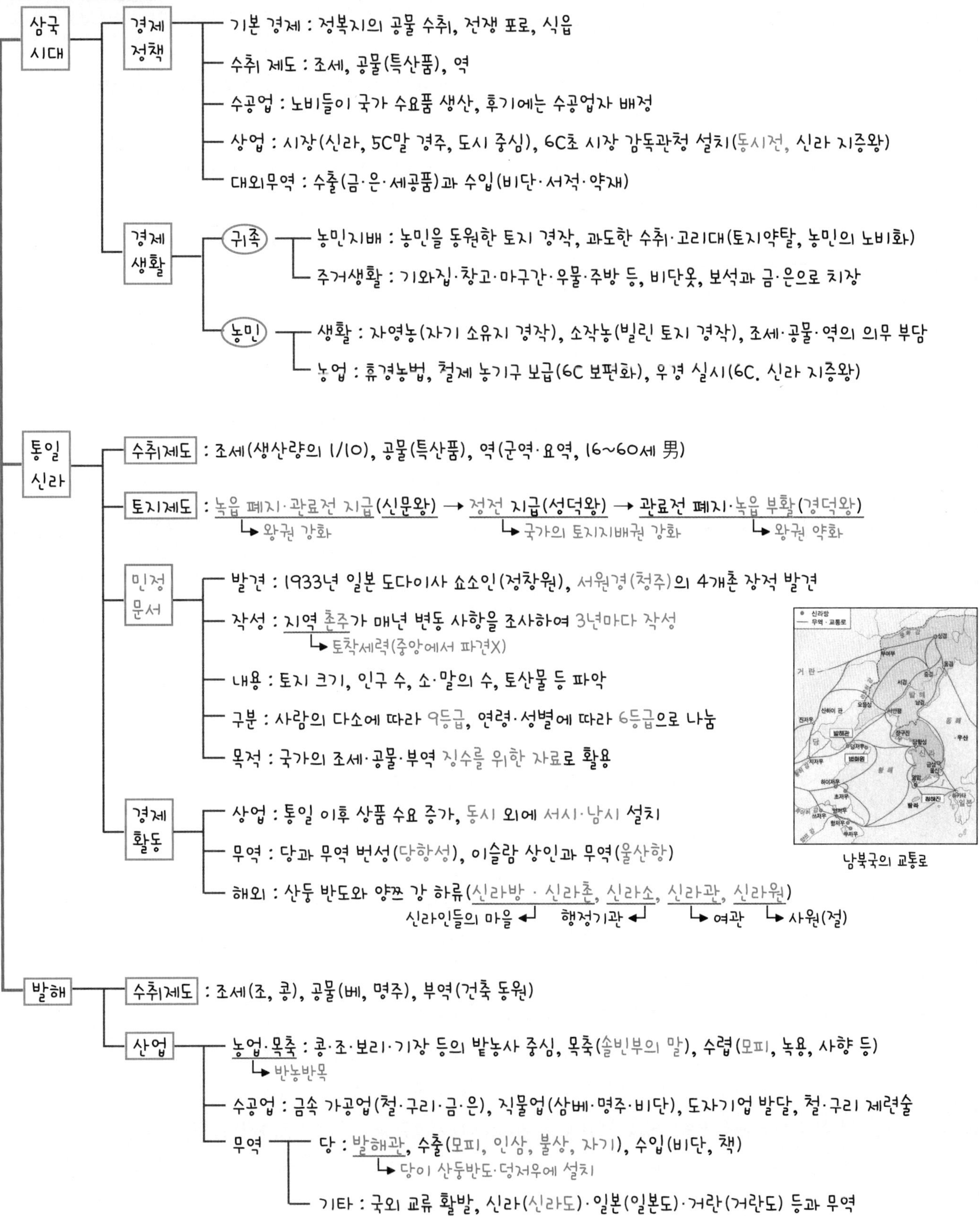

- **삼국 시대**
  - **경제 정책**
    - 기본 경제 : 정복지의 공물 수취, 전쟁 포로, 식읍
    - 수취 제도 : 조세, 공물(특산품), 역
    - 수공업 : 노비들이 국가 수요품 생산, 후기에는 수공업자 배정
    - 상업 : 시장(신라, 5C말 경주, 도시 중심), 6C초 시장 감독관청 설치(동시전, 신라 지증왕)
    - 대외무역 : 수출(금·은·세공품)과 수입(비단·서적·약재)
  - **경제 생활**
    - 귀족
      - 농민지배 : 농민을 동원한 토지 경작, 과도한 수취·고리대(토지약탈, 농민의 노비화)
      - 주거생활 : 기와집·창고·마구간·우물·주방 등, 비단옷, 보석과 금·은으로 치장
    - 농민
      - 생활 : 자영농(자기 소유지 경작), 소작농(빌린 토지 경작), 조세·공물·역의 의무 부담
      - 농업 : 휴경농법, 철제 농기구 보급(6C 보편화), 우경 실시(6C. 신라 지증왕)
- **통일 신라**
  - **수취제도** : 조세(생산량의 1/10), 공물(특산품), 역(군역·요역, 16~60세 男)
  - **토지제도** : 녹읍 폐지·관료전 지급(신문왕) → 정전 지급(성덕왕) → 관료전 폐지·녹읍 부활(경덕왕)
    - 녹읍 폐지·관료전 지급 → 왕권 강화
    - 정전 지급 → 국가의 토지지배권 강화
    - 녹읍 부활 → 왕권 약화
  - **민정 문서**
    - 발견 : 1933년 일본 도다이사 쇼소인(정창원), 서원경(청주)의 4개촌 장적 발견
    - 작성 : 지역 촌주가 매년 변동 사항을 조사하여 3년마다 작성
      - 촌주 → 토착세력(중앙에서 파견X)
    - 내용 : 토지 크기, 인구 수, 소·말의 수, 토산물 등 파악
    - 구분 : 사람의 다소에 따라 9등급, 연령·성별에 따라 6등급으로 나눔
    - 목적 : 국가의 조세·공물·부역 징수를 위한 자료로 활용
  - **경제 활동**
    - 상업 : 통일 이후 상품 수요 증가, 동시 외에 서시·남시 설치
    - 무역 : 당과 무역 번성(당항성), 이슬람 상인과 무역(울산항)
    - 해외 : 산둥 반도와 양쯔 강 하류(신라방 · 신라촌, 신라소, 신라관, 신라원)
      - 신라방 · 신라촌 → 신라인들의 마을
      - 신라소 → 행정기관
      - 신라관 → 여관
      - 신라원 → 사원(절)
- **발해**
  - **수취제도** : 조세(조, 콩), 공물(베, 명주), 부역(건축 동원)
  - **산업**
    - 농업·목축 : 콩·조·보리·기장 등의 밭농사 중심, 목축(솔빈부의 말), 수렵(모피, 녹용, 사향 등)
      - 농업·목축 → 반농반목
    - 수공업 : 금속 가공업(철·구리·금·은), 직물업(삼베·명주·비단), 도자기업 발달, 철·구리 제련술
    - 무역
      - 당 : 발해관, 수출(모피, 인삼, 불상, 자기), 수입(비단, 책)
        - 발해관 → 당이 산둥반도·덩저우에 설치
      - 기타 : 국외 교류 활발, 신라(신라도)·일본(일본도)·거란(거란도) 등과 무역

남북국의 교통로

3. 고대의 사회

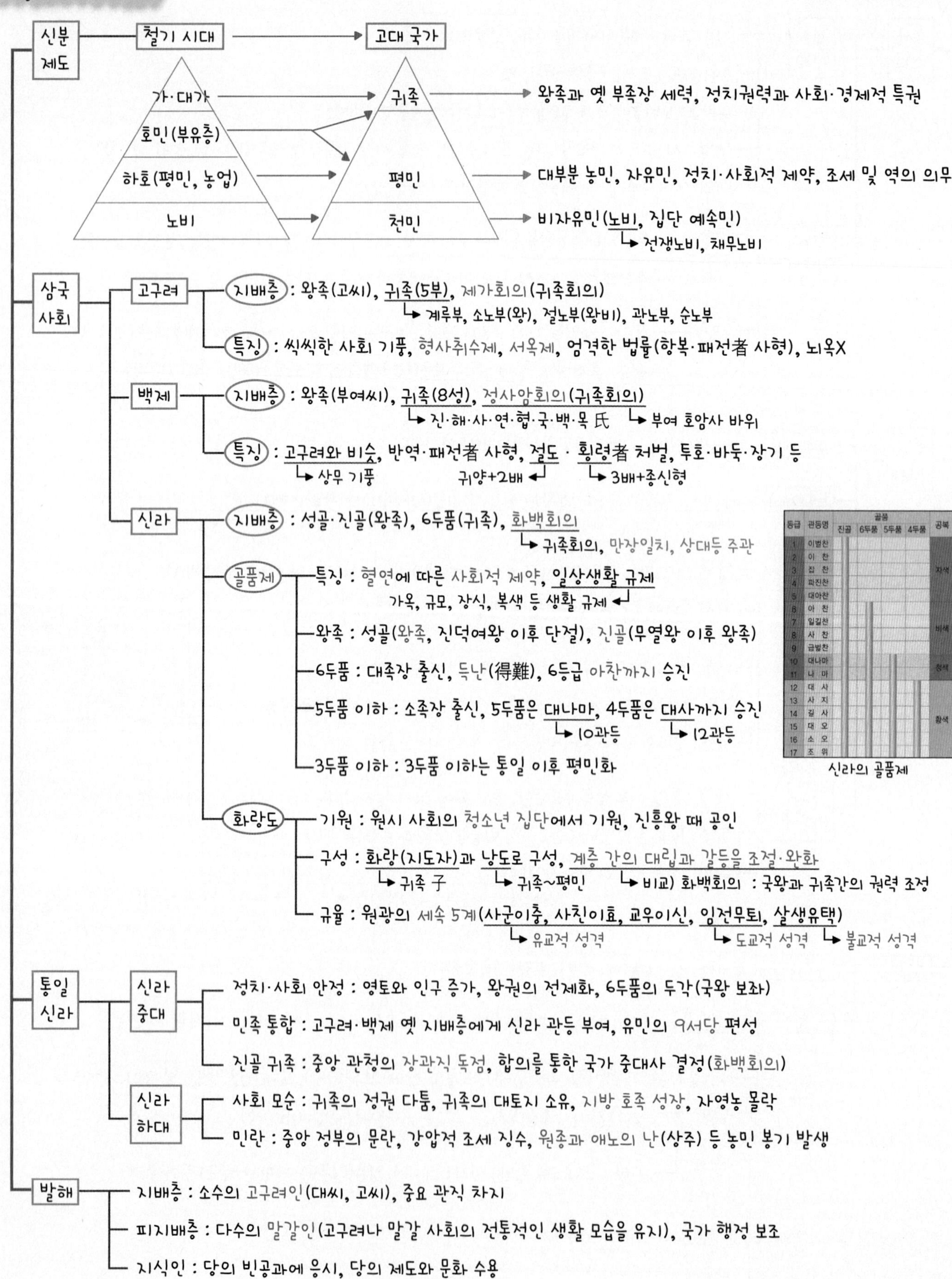
신분 제도
철기 시대
고대 국가
가·대가
호민(부유층)
하호(평민, 농업)
노비
귀족
평민
천민
왕족과 옛 부족장 세력, 정치권력과 사회·경제적 특권
대부분 농민, 자유민, 정치·사회적 제약, 조세 및 역의 의무
비자유민(노비, 집단 예속민)
전쟁노비, 채무노비
삼국 사회
고구려
지배층 : 왕족(고씨), 귀족(5부), 제가회의(귀족회의)
계루부, 소노부(왕), 절노부(왕비), 관노부, 순노부
특징 : 씩씩한 사회 기풍, 형사취수제, 서옥제, 엄격한 법률(항복·패전者 사형), 뇌옥X
백제
지배층 : 왕족(부여씨), 귀족(8성), 정사암회의(귀족회의)
진·해·사·연·협·국·백·목 氏
부여 호암사 바위
특징 : 고구려와 비슷, 반역·패전者 사형, 절도 · 횡령者 처벌, 투호·바둑·장기 등
상무 기풍
귀양+2배
3배+종신형
신라
지배층 : 성골·진골(왕족), 6두품(귀족), 화백회의
귀족회의, 만장일치, 상대등 주관
골품제
특징 : 혈연에 따른 사회적 제약, 일상생활 규제
가옥, 규모, 장식, 복색 등 생활 규제
왕족 : 성골(왕족, 진덕여왕 이후 단절), 진골(무열왕 이후 왕족)
6두품 : 대족장 출신, 득난(得難), 6등급 아찬까지 승진
5두품 이하 : 소족장 출신, 5두품은 대나마, 4두품은 대사까지 승진
10관등
12관등
3두품 이하 : 3두품 이하는 통일 이후 평민화
등급
관등명
골품
진골
6두품
5두품
4두품
공복
1 이벌찬
2 이 찬
3 잡 찬
4 파진찬
5 대아찬
6 아 찬
7 일길찬
8 사 찬
9 급벌찬
10 대나마
11 나 마
12 대 사
13 사 지
14 길 사
15 대 오
16 소 오
17 조 위
자색
비색
청색
황색
신라의 골품제
화랑도
기원 : 원시 사회의 청소년 집단에서 기원, 진흥왕 때 공인
구성 : 화랑(지도자)과 낭도로 구성, 계층 간의 대립과 갈등을 조절·완화
귀족 子
귀족~평민
비교) 화백회의 : 국왕과 귀족간의 권력 조정
규율 : 원광의 세속 5계(사군이충, 사친이효, 교우이신, 임전무퇴, 살생유택)
유교적 성격
도교적 성격
불교적 성격
통일 신라
신라 중대
정치·사회 안정 : 영토와 인구 증가, 왕권의 전제화, 6두품의 두각(국왕 보좌)
민족 통합 : 고구려·백제 옛 지배층에게 신라 관등 부여, 유민의 9서당 편성
진골 귀족 : 중앙 관청의 장관직 독점, 합의를 통한 국가 중대사 결정(화백회의)
신라 하대
사회 모순 : 귀족의 정권 다툼, 귀족의 대토지 소유, 지방 호족 성장, 자영농 몰락
민란 : 중앙 정부의 문란, 강압적 조세 징수, 원종과 애노의 난(상주) 등 농민 봉기 발생
발해
지배층 : 소수의 고구려인(대씨, 고씨), 중요 관직 차지
피지배층 : 다수의 말갈인(고구려나 말갈 사회의 전통적인 생활 모습을 유지), 국가 행정 보조
지식인 : 당의 빈공과에 응시, 당의 제도와 문화 수용

4. 고대의 문화

① 학문과 사상·종교

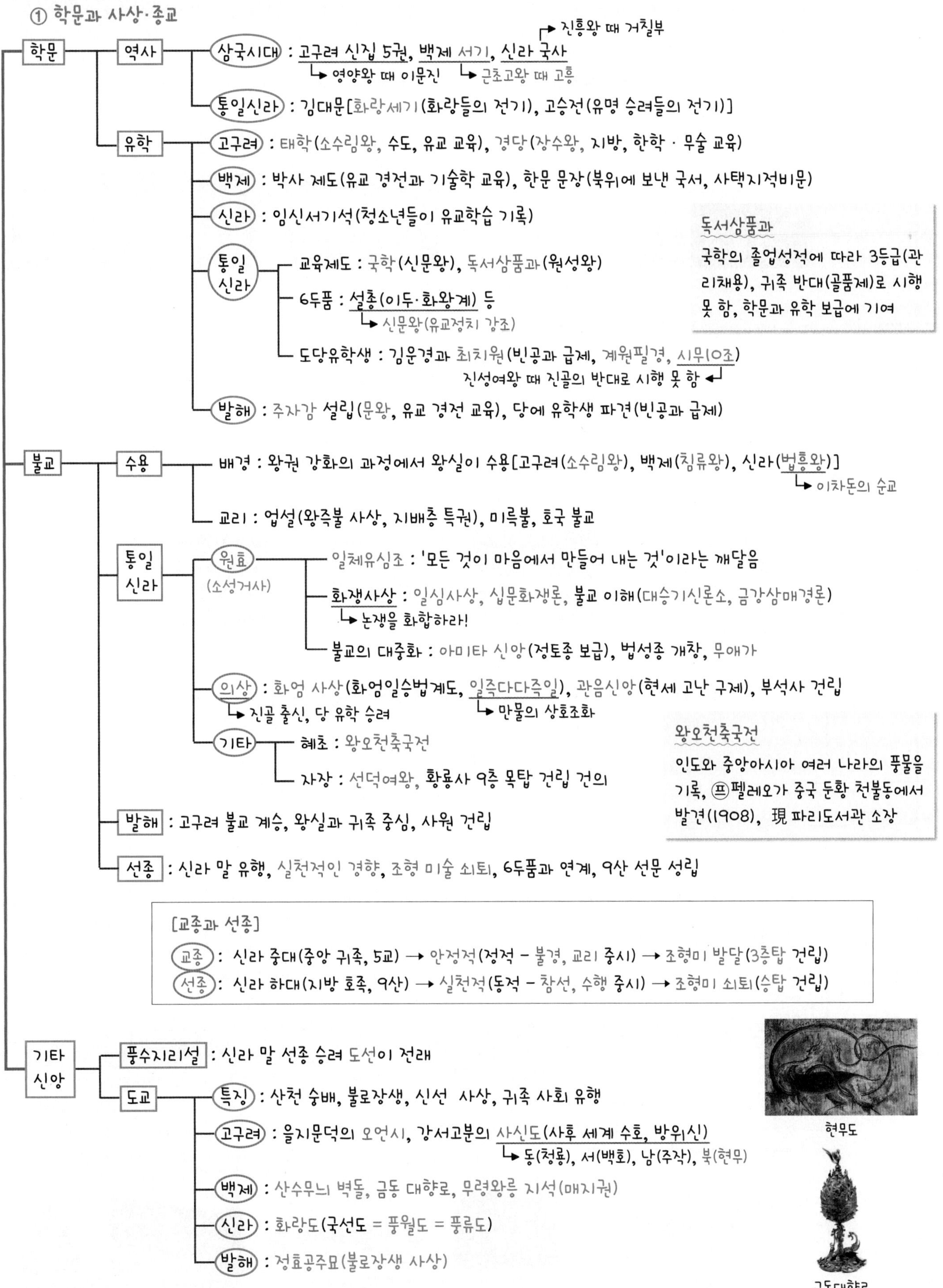

- 학문
  - 역사
    - 삼국시대 : 고구려 신집 5권, 백제 서기, 신라 국사
      - 고구려 신집 5권 → 영양왕 때 이문진
      - 백제 서기 → 근초고왕 때 고흥
      - 신라 국사 → 진흥왕 때 거칠부
    - 통일신라 : 김대문[화랑세기(화랑들의 전기), 고승전(유명 승려들의 전기)]
  - 유학
    - 고구려 : 태학(소수림왕, 수도, 유교 교육), 경당(장수왕, 지방, 한학 · 무술 교육)
    - 백제 : 박사 제도(유교 경전과 기술학 교육), 한문 문장(북위에 보낸 국서, 사택지적비문)
    - 신라 : 임신서기석(청소년들이 유교학습 기록)
    - 통일신라
      - 교육제도 : 국학(신문왕), 독서삼품과(원성왕)
      - 6두품 : 설총(이두·화왕계) 등 → 신문왕(유교정치 강조)
      - 도당유학생 : 김운경과 최치원(빈공과 급제, 계원필경, 시무10조) → 시무10조: 진성여왕 때 진골의 반대로 시행 못 함
    - 발해 : 주자감 설립(문왕, 유교 경전 교육), 당에 유학생 파견(빈공과 급제)
- 불교
  - 수용
    - 배경 : 왕권 강화의 과정에서 왕실이 수용[고구려(소수림왕), 백제(침류왕), 신라(법흥왕)] → 법흥왕: 이차돈의 순교
    - 교리 : 업설(왕즉불 사상, 지배층 특권), 미륵불, 호국 불교
  - 통일신라
    - 원효(소성거사)
      - 일체유심조 : '모든 것이 마음에서 만들어 내는 것'이라는 깨달음
      - 화쟁사상 : 일심사상, 십문화쟁론, 불교 이해(대승기신론소, 금강삼매경론) → 화쟁사상: 논쟁을 화합하라!
      - 불교의 대중화 : 아미타 신앙(정토종 보급), 법성종 개창, 무애가
    - 의상 : 화엄 사상(화엄일승법계도, 일즉다다즉일), 관음신앙(현세 고난 구제), 부석사 건립
      - 의상 → 진골 출신, 당 유학 승려
      - 일즉다다즉일 → 만물의 상호조화
    - 기타
      - 혜초 : 왕오천축국전
      - 자장 : 선덕여왕, 황룡사 9층 목탑 건립 건의
  - 발해 : 고구려 불교 계승, 왕실과 귀족 중심, 사원 건립
  - 선종 : 신라 말 유행, 실천적인 경향, 조형 미술 쇠퇴, 6두품과 연계, 9산 선문 성립
- 기타 신앙
  - 풍수지리설 : 신라 말 선종 승려 도선이 전래
  - 도교
    - 특징 : 산천 숭배, 불로장생, 신선 사상, 귀족 사회 유행
    - 고구려 : 을지문덕의 오언시, 강서고분의 사신도(사후 세계 수호, 방위신) → 동(청룡), 서(백호), 남(주작), 북(현무)
    - 백제 : 산수무늬 벽돌, 금동 대향로, 무령왕릉 지석(매지권)
    - 신라 : 화랑도(국선도 = 풍월도 = 풍류도)
    - 발해 : 정효공주묘(불로장생 사상)

독서삼품과

국학의 졸업성적에 따라 3등급(관리채용), 귀족 반대(골품제)로 시행 못 함, 학문과 유학 보급에 기여

왕오천축국전

인도와 중앙아시아 여러 나라의 풍물을 기록, ㉫펠레오가 중국 둔황 천불동에서 발견(1908), 現 파리도서관 소장

[교종과 선종]

- 교종 : 신라 중대(중앙 귀족, 5교) → 안정적(정적 – 불경, 교리 중시) → 조형미 발달(3층탑 건립)
- 선종 : 신라 하대(지방 호족, 9산) → 실천적(동적 – 참선, 수행 중시) → 조형미 쇠퇴(승탑 건립)

현무도

금동대향로

② 고대국가의 고분

- **고구려**
  - 돌무지
    - 특징 : 돌을 계단식으로 정밀하게 7층까지 쌓은 무덤, 만주의 집안(지안) 지역(1만여 기)
    - 유적지 : 장군총(장수왕릉으로 추정)
  - 굴식돌방
    - 특징 : 돌로 널방을 짜고 그 위에 흙으로 덮어 봉분을 만든 형태
      - → 벽화 존재, 모줄임 천장구조, 도굴이 용이
    - 유적지 : 강서고분(사신도), 무용총(무용도, 수렵도), 각저총(씨름도, 서역과 교류)

장군총

굴식돌방무덤

씨름도(각저총)

시녀도(수산리벽화)

접객도(무용총)

- **백제**
  - 한성시대
    - 특징 : 백제 건국의 주도 세력이 고구려와 같은 계통이었음을 증명
    - 유적지 : 서울 송파 석촌동 고분(돌무지무덤)
  - 웅진시대
    - 굴식돌방무덤 : 공주 송산리 고분(큰 규모의 고분)
    - 벽돌무덤 : 무령왕릉[남조(양)와의 교류 사실 증명, 지석 발견, 금제관식·석수 출토]
      - → 연꽃무늬
      - → 영동 대장군 백제 사마왕+왕비
      - → 매지권(산신에게 땅을 매입)
  - 사비시대 : 부여의 능산리 고분(굴식돌방무덤)

서울 송파 석촌동 고분

무령왕릉

석수(무령왕릉)

산수무늬 벽돌

금관장식

- **신라**
  - 돌무지덧널 : 나무널을 만든 후 큰 덧널을 만들고, 그 위에 돌을 쌓은 다음 봉분을 덮어 완성, 도굴이 어려워 많은 껴묻거리가 그대로 보존
  - 유적지 : 천마총(천마도), 호우총(호우명 그릇), 미추왕릉(금제감장보검)
    - → 황금보검, 서역과 교류
- **가야**
  - 대성동 고분(김해) : 금관가야 고분, 널무덤, 덧널무덤 등 다양
  - 지산동 고분(고령) : 대가야 고분, 돌덧널 무덤
  - 유물 : 금동관, 철제 무기와 갑옷, 수레형토기, 철 장식 등의 유물이 출토
- **통일 신라**
  - 굴식돌방
    - 특징 : 봉토 주위를 둘레돌로 두른 양식
      - → 12지 신상 조각
    - 대표적 유적지 : 김유신 묘(흥무대왕)
  - 화장법 : 불교의 영향으로 화장법 유행(문무왕릉)
- **발해**
  - 굴식돌방무덤(정혜공주 묘) : 모줄임 천장구조, 돌사자상
    - → 고구려의 영향
    - → 문왕의 둘째 딸
  - 벽돌무덤(정효공주 묘) : 묘지(墓誌, 불로장생 사상) 발견
    - → 당 영향
    - → 문왕의 넷째 딸

> **김유신**
> 금관가야의 왕족, 가야 멸망 후 진골 귀족 편입, 김춘추 왕으로 추대, 백제 멸망(대각간), 고구려 멸망(태대각간), 흥덕왕 때 흥무대왕 추봉

> **발해공주묘**
> 정혜공주 – ㉠ 영향
> 정효공주 – 당 영향
> 한숨 혜(고)～효(당)～

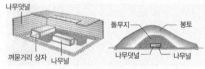

돌무지덧널무덤

천마도

금제감장보검

김유신묘(통일신라)

돌사자상(발해)

③ 조형 문화와 공예

- **건축**
  - 삼국 : 고구려 안학궁, 백제 미륵사(무왕), 신라 황룡사(진흥왕), 첨성대(천문대, 천체 관측)
  - 남북국 : 통일신라 불국사(경덕왕)·석굴암(경덕왕)·안압지, 발해 상경 궁궐 터
- **탑**
  - 고구려 : 주로 목탑 건립, 현존하는 것 없음
  - 백제
    - 익산 미륵사지 석탑 : 7C 백제 무왕, 서탑 일부 현존, 목탑 양식, 현존 最古탑, 사리봉안기 발견
    - 부여 정림사지 5층 석탑 : 7C 백제 무왕, 익산 미륵사지 석탑 계승
  - 신라
    - 경주 황룡사 9층 목탑 : 호국불교, 선덕여왕 때 자장 건의, 13세기 몽골의 침입으로 소실
    - 경주 분황사 모전 석탑 : 신라에서 가장 오래된 탑(634, 선덕여왕 때 건립), 전탑(벽돌모양) 형식, 9층으로 추정되나 3층만 현존
  - 통일신라
    - 특징 : 2중 기단 위에 3층 석탑 유행
    - 경주 감은사지 3층 석탑 : 신라 중대 신문왕 때에 건립된 것으로 추정
    - 경주 불국사 3층 석탑(석가탑) : 신라 전형 탑, 무구정광대다라니경, 금동불상, 사리보관함 발견
    - 경주 불국사 다보탑 : 복잡하고 화려함, 신라의 아름다움 표현
    - 양양 진전사지 3층 석탑 : 양양의 진전사지 3층 석탑에는 탑신에 팔부중상을 새김
    - 구례 화엄사 4사자 3층 석탑 : 네 마리의 사자가 탑을 이고 있는 형태의 석탑
    - 승탑·탑비 : 선종의 유행과 관련, 화순 쌍봉사 철감선사 승탑(팔각원당형)
  - 발해 : 승탑, 영광탑(전탑, 중국, 길림성 장백현)

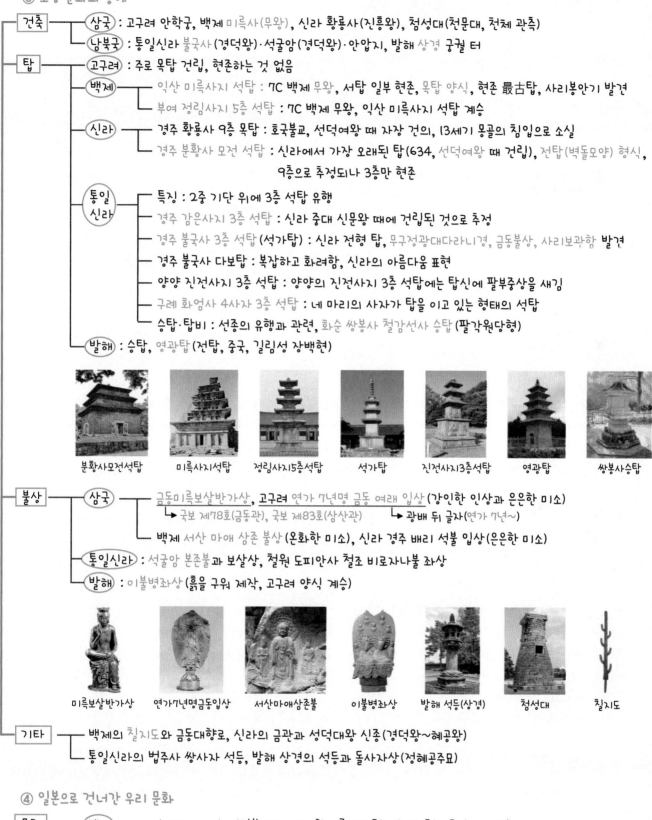

분황사모전석탑  | 미륵사지석탑  | 정림사지5층석탑  | 석가탑  | 진전사지3층석탑  | 영광탑  | 쌍봉사승탑

- **불상**
  - 삼국
    - 금동미륵보살반가상, 고구려 연가 7년명 금동 여래 입상(강인한 인상과 은은한 미소)
      - ↳ 국보 제78호(금동관), 국보 제83호(삼산관)
      - ↳ 광배 뒤 글자(연가 7년~)
    - 백제 서산 마애 삼존 불상(온화한 미소), 신라 경주 배리 석불 입상(은은한 미소)
  - 통일신라 : 석굴암 본존불과 보살상, 철원 도피안사 철조 비로자나불 좌상
  - 발해 : 이불병좌상(흙을 구워 제작, 고구려 양식 계승)

미륵보살반가상  | 연가7년명금동입상  | 서산마애삼존불  | 이불병좌상  | 발해 석등(상경)  | 첨성대  | 칠지도

- **기타**
  - 백제의 칠지도와 금동대향로, 신라의 금관과 성덕대왕 신종(경덕왕~혜공왕)
  - 통일신라의 법주사 쌍사자 석등, 발해 상경의 석등과 돌사자상(정혜공주묘)

④ 일본으로 건너간 우리 문화

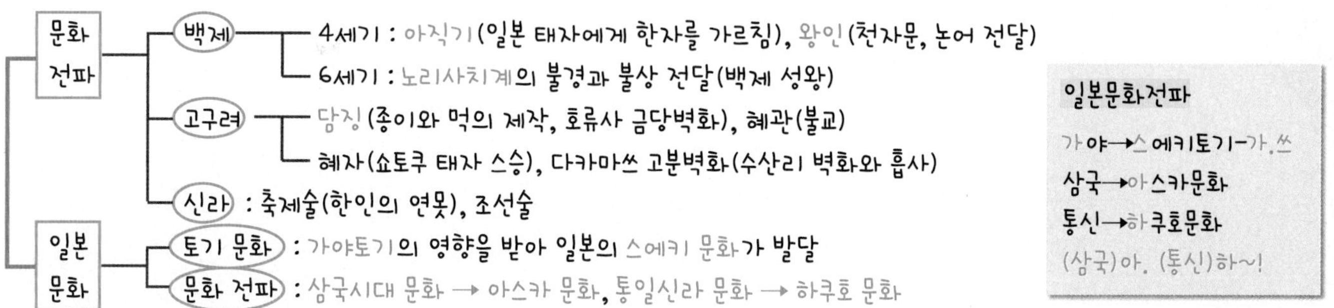

- **문화 전파**
  - 백제
    - 4세기 : 아직기(일본 태자에게 한자를 가르침), 왕인(천자문, 논어 전달)
    - 6세기 : 노리사치계의 불경과 불상 전달(백제 성왕)
  - 고구려
    - 담징(종이와 먹의 제작, 호류사 금당벽화), 혜관(불교)
    - 혜자(쇼토쿠 태자 스승), 다카마쓰 고분벽화(수산리 벽화와 흡사)
  - 신라 : 축제술(한인의 연못), 조선술
- **일본 문화**
  - 토기 문화 : 가야토기의 영향을 받아 일본의 스에키 문화가 발달
  - 문화 전파 : 삼국시대 문화 → 아스카 문화, 통일신라 문화 → 하쿠호 문화

> **일본문화전파**
> 가야→스에키토기-가.스
> 삼국→아스카문화
> 통신→하쿠호문화
> (삼국)아. (통신)하~!

출제 경향

고려의 건국으로 새로운 통치체제가 성립하면서 태조, 광종, 성종, 원간섭기의 왕, 공민왕 등의 주요 왕의 정책을 중점으로 학습해야 하고 그에 따른 정치 제도, 사회 정책을 잘 알아두어야 한다. 고려의 토지제도 및 농업 정책의 변화 양상을 숙지하도록 하여야 하며, 특히, 문화면에서는 불교문화와 건축물을 지역과 관련하여 파악하여야 한다.

출제 포인트

〈정치〉

1. 고려의 건국 과정을 통하여 건국이념과 초기 정치 파악
2. 고려 초 왕들의 업적을 통하여 고려의 정치 발전 이해
3. 고려의 통치체제를 숙지하여 각 기구의 특성 파악
4. 성종이 추진하였던 유교정책으로 인한 세부 정책 파악
5. 고려의 2성 6부 각각의 기구 성격 및 권한 이해
6. 문벌귀족으로 시작된 집권 세력의 변화 및 특성 파악
7. 무신 정권의 정세 파악과 몽골의 침략에 따른 항쟁과정 파악
8. 거란, 여진, 몽골, 홍건적, 왜구 등의 이민족이 침입한 배경과 결과 및 국제 정세 이해
9. 원 간섭기 왕들의 개혁정책과 시기구분
10. 집권세력에 따른 반정부 봉기 파악
11. 공민왕이 추진하였던 각각의 개혁정치 파악
12. 여말선초 국내외 정세 파악

〈경제〉

1. 고려의 기본적인 토지제도와 수취제도의 파악
2. 고려의 정치 변화를 이해하여 그에 따른 경제 및 무역 변화 파악
3. 경제의 성장에 따른 무역항과 화폐의 발행 및 변천

〈사회〉

1. 고려의 신분제도를 숙지하여 고려 사회 이해
2. 고려의 일반 행정구역과 특수 행정구역에 거주하였던 주민의 생활 파악
3. 고려의 공노비와 사노비의 법적인 신분과 그들의 생활 파악
4. 여성의 지위와 사회 제도의 변화

〈문화〉

1. 최충의 9재 학당과 고려 정부의 관학진흥책 숙지
2. 삼국유사, 제왕운기 등 자주적 역사서의 특성 파악 및 등장 배경 숙지
3. 고려 불교의 타락과 지눌, 요세, 혜심 등의 불교 통합 운동 특성 파악
4. 고려의 건축물, 불상, 활판 인쇄물 등 불교문화의 특성 파악

PART III

중세의 한국사

1. 중세의 정치

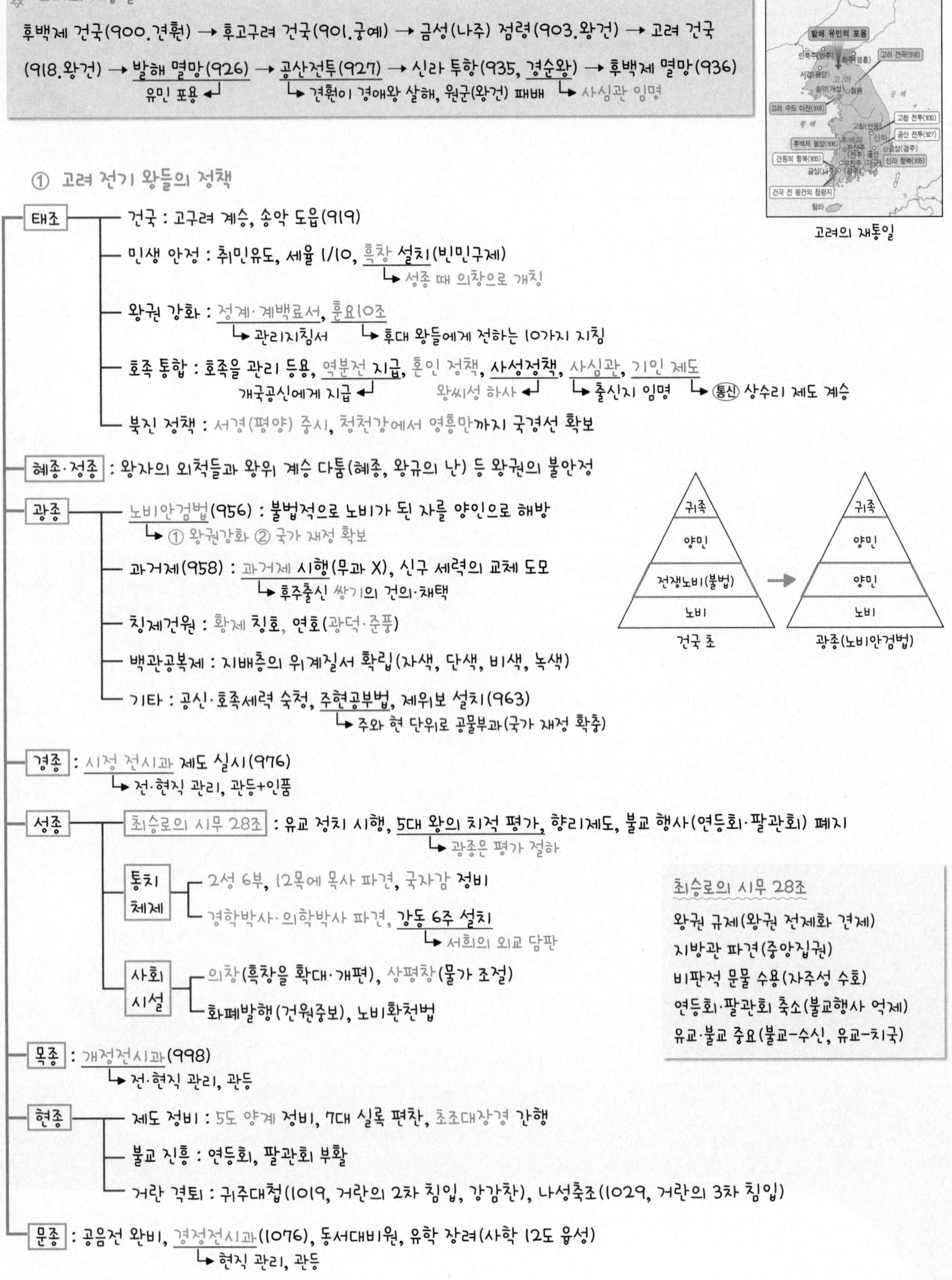

고려의 재통일

후백제 건국(900.견훤) → 후고구려 건국(901.궁예) → 금성(나주) 점령(903.왕건) → 고려 건국(918.왕건) → 발해 멸망(926) → 공산전투(927) → 신라 투항(935, 경순왕) → 후백제 멸망(936)

- 발해 멸망: 유민 포용
- 공산전투: 견훤이 경애왕 살해, 원군(왕건) 패배
- 경순왕: 사심관 임명

고려의 재통일

① 고려 전기 왕들의 정책

태조
- 건국 : 고구려 계승, 송악 도읍(919)
- 민생 안정 : 취민유도, 세율 1/10, 흑창 설치(빈민구제)
  - 흑창 → 성종 때 의창으로 개칭
- 왕권 강화 : 정계·계백료서, 훈요10조
  - 정계·계백료서 → 관리지침서
  - 훈요10조 → 후대 왕들에게 전하는 10가지 지침
- 호족 통합 : 호족을 관리 등용, 역분전 지급, 혼인 정책, 사성정책, 사심관, 기인 제도
  - 역분전 지급 → 개국공신에게 지급
  - 사성정책 → 왕씨성 하사
  - 사심관 → 출신지 임명
  - 기인 제도 → (통신) 상수리 제도 계승
- 북진 정책 : 서경(평양) 중시, 청천강에서 영흥만까지 국경선 확보

혜종·정종 : 왕자의 외척들과 왕위 계승 다툼(혜종, 왕규의 난) 등 왕권의 불안정

광종
- 노비안검법(956) : 불법적으로 노비가 된 자를 양인으로 해방
  - → ① 왕권강화 ② 국가 재정 확보
- 과거제(958) : 과거제 시행(무과 X), 신구 세력의 교체 도모
  - → 후주출신 쌍기의 건의·채택
- 칭제건원 : 황제 칭호, 연호(광덕·준풍)
- 백관공복제 : 지배층의 위계질서 확립(자색, 단색, 비색, 녹색)
- 기타 : 공신·호족세력 숙청, 주현공부법, 제위보 설치(963)
  - 주현공부법 → 주와 현 단위로 공물부과(국가 재정 확충)

건국 초	광종(노비안검법)
귀족	귀족
양민	양민
전쟁노비(불법)	양민
노비	노비

경종 : 시정 전시과 제도 실시(976)
- → 전·현직 관리, 관등+인품

성종
- 최승로의 시무 28조 : 유교 정치 시행, 5대 왕의 치적 평가, 향리제도, 불교 행사(연등회·팔관회) 폐지
  - 5대 왕의 치적 평가 → 광종은 평가 절하
- 통치 체제
  - 2성 6부, 12목에 목사 파견, 국자감 정비
  - 경학박사·의학박사 파견, 강동 6주 설치
    - 강동 6주 설치 → 서희의 외교 담판
- 사회 시설
  - 의창(흑창을 확대·개편), 상평창(물가 조절)
  - 화폐발행(건원중보), 노비환천법

최승로의 시무 28조
- 왕권 규제(왕권 전제화 견제)
- 지방관 파견(중앙집권)
- 비판적 문물 수용(자주성 수호)
- 연등회·팔관회 축소(불교행사 억제)
- 유교·불교 중요(불교-수신, 유교-치국)

목종 : 개정전시과(998)
- → 전·현직 관리, 관등

현종
- 제도 정비 : 5도 양계 정비, 7대 실록 편찬, 초조대장경 간행
- 불교 진흥 : 연등회, 팔관회 부활
- 거란 격퇴 : 귀주대첩(1019, 거란의 2차 침입, 강감찬), 나성축조(1029, 거란의 3차 침입)

문종 : 공음전 완비, 경정전시과(1076), 동서대비원, 유학 장려(사학 12도 융성)
- 경정전시과 → 현직 관리, 관등

② 통치체제의 정비

중앙 행정 조직 (2성 6부)

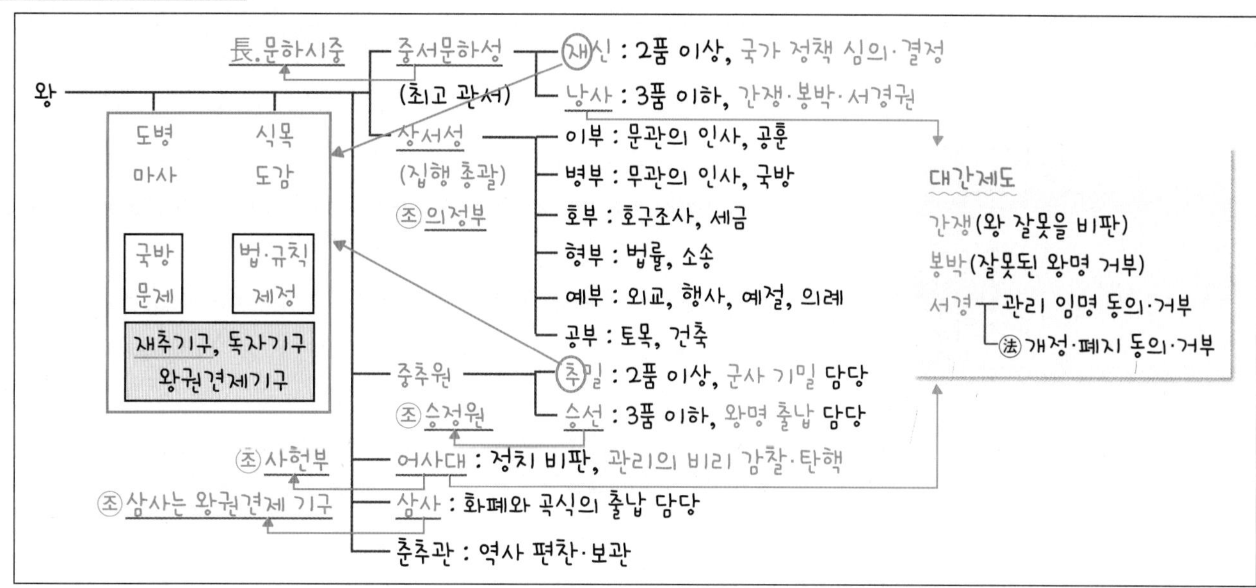

지방 행정 조직

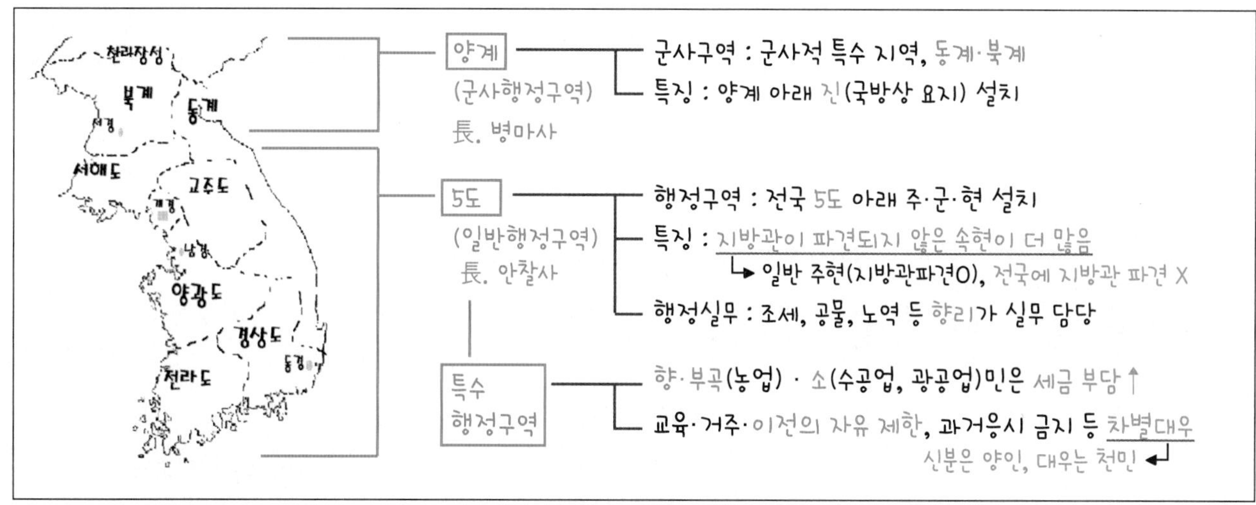

천리장성
북계
동계
서경
서해도
교주도
개경
남경
양광도
경상도
동경
전라도
양계 (군사행정구역) 長. 병마사
군사구역 : 군사적 특수 지역, 동계·북계
특징 : 양계 아래 진(국방상 요지) 설치
5도 (일반행정구역) 長. 안찰사
행정구역 : 전국 5도 아래 주·군·현 설치
특징 : 지방관이 파견되지 않은 속현이 더 많음
일반 주현(지방관파견O), 전국에 지방관 파견 X
행정실무 : 조세, 공물, 노역 등 향리가 실무 담당
특수 행정구역
향·부곡(농업) · 소(수공업, 광공업)민은 세금 부담 ↑
교육·거주·이전의 자유 제한, 과거응시 금지 등 차별대우
신분은 양인, 대우는 천민

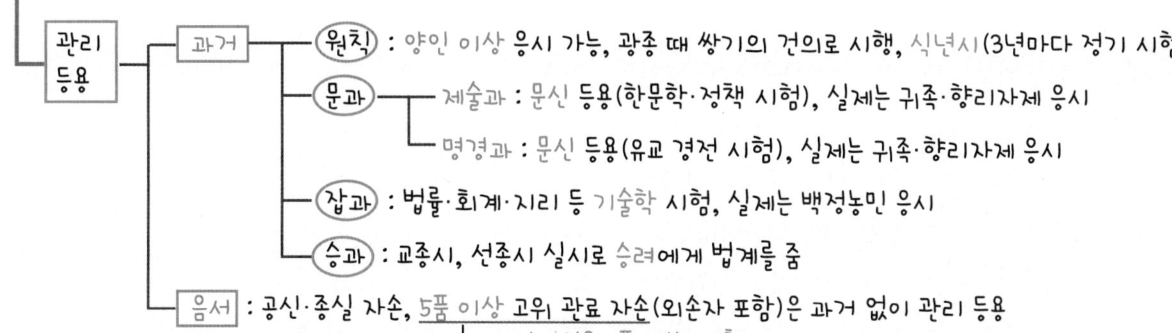

군사
중앙군 : 2군(국왕 친위부대)· 6위(수도·국경 방위), 군적 등록, 군인전 지급, 역은 세습
기타 : 지방군[주진군(양계), 주현군(5도)], 특수군[광군(거란), 별무반(여진), 삼별초(몽골)]
정종
숙종
고종 때 최우
관리 등용
과거
원칙 : 양인 이상 응시 가능, 광종 때 쌍기의 건의로 시행, 식년시(3년마다 정기 시험) 원칙
문과
제술과 : 문신 등용(한문학·정책 시험), 실제는 귀족·향리자제 응시
명경과 : 문신 등용(유교 경전 시험), 실제는 귀족·향리자제 응시
잡과 : 법률·회계·지리 등 기술학 시험, 실제는 백정농민 응시
승과 : 교종시, 선종시 실시로 승려에게 법계를 줌
음서 : 공신·종실 자손, 5품 이상 고위 관료 자손(외손자 포함)은 과거 없이 관리 등용
비교) 조선은 2품 이상으로 축소

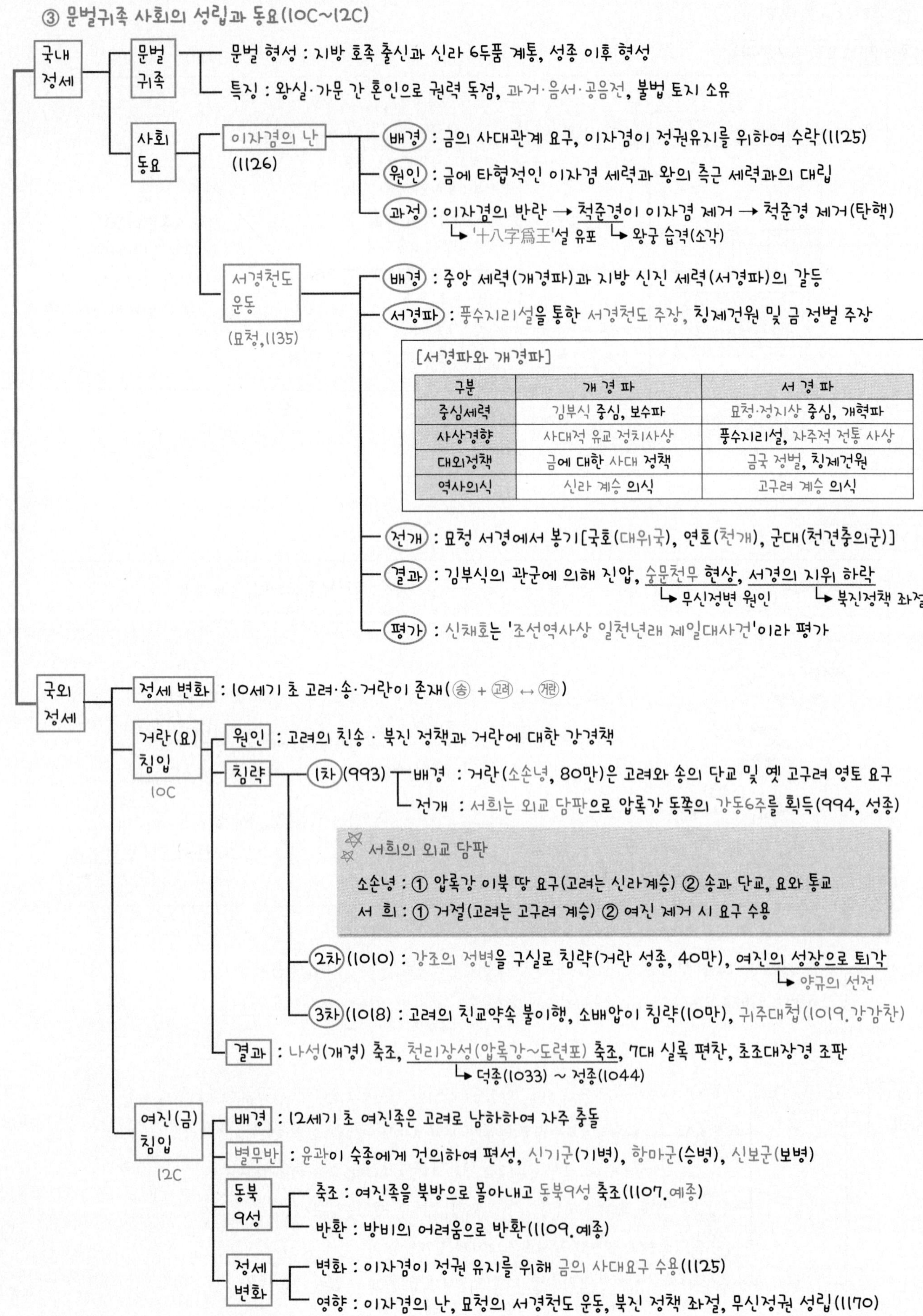

③ 문벌귀족 사회의 성립과 동요(10C~12C)

- 국내 정세
  - 문벌 귀족
    - 문벌 형성 : 지방 호족 출신과 신라 6두품 계통, 성종 이후 형성
    - 특징 : 왕실·가문 간 혼인으로 권력 독점, 과거·음서·공음전, 불법 토지 소유
  - 사회 동요
    - 이자겸의 난 (1126)
      - 배경 : 금의 사대관계 요구, 이자겸이 정권유지를 위하여 수락(1125)
      - 원인 : 금에 타협적인 이자겸 세력과 왕의 측근 세력과의 대립
      - 과정 : 이자겸의 반란 → 척준경이 이자겸 제거 → 척준경 제거(탄핵)
        - ↳ '十八字爲王'설 유포 ↳ 왕궁 습격(소각)
    - 서경천도 운동 (묘청, 1135)
      - 배경 : 중앙 세력(개경파)과 지방 신진 세력(서경파)의 갈등
      - 서경파 : 풍수지리설을 통한 서경천도 주장, 칭제건원 및 금 정벌 주장

[서경파와 개경파]

구분	개 경 파	서 경 파
중심세력	김부식 중심, 보수파	묘청·정지상 중심, 개혁파
사상경향	사대적 유교 정치사상	풍수지리설, 자주적 전통 사상
대외정책	금에 대한 사대 정책	금국 정벌, 칭제건원
역사의식	신라 계승 의식	고구려 계승 의식

      - 전개 : 묘청 서경에서 봉기[국호(대위국), 연호(천개), 군대(천견충의군)]
      - 결과 : 김부식의 관군에 의해 진압, 숭문천무 현상, 서경의 지위 하락
        - ↳ 무신정변 원인 ↳ 북진정책 좌절
      - 평가 : 신채호는 '조선역사상 일천년래 제일대사건'이라 평가

- 국외 정세
  - 정세 변화 : 10세기 초 고려·송·거란이 존재(송 + 고려 ↔ 거란)
  - 거란(요) 침입 (10C)
    - 원인 : 고려의 친송 · 북진 정책과 거란에 대한 강경책
    - 침략
      - 1차(993)
        - 배경 : 거란(소손녕, 80만)은 고려와 송의 단교 및 옛 고구려 영토 요구
        - 전개 : 서희는 외교 담판으로 압록강 동쪽의 강동6주를 획득(994, 성종)

> 서희의 외교 담판
> 소손녕 : ① 압록강 이북 땅 요구(고려는 신라계승) ② 송과 단교, 요와 통교
> 서 희 : ① 거절(고려는 고구려 계승) ② 여진 제거 시 요구 수용

      - 2차(1010) : 강조의 정변을 구실로 침략(거란 성종, 40만), 여진의 성장으로 퇴각
        - ↳ 양규의 선전
      - 3차(1018) : 고려의 친교약속 불이행, 소배압이 침략(10만), 귀주대첩(1019. 강감찬)
    - 결과 : 나성(개경) 축조, 천리장성(압록강~도련포) 축조, 7대 실록 편찬, 초조대장경 조판
      - ↳ 덕종(1033) ~ 정종(1044)
  - 여진(금) 침입 (12C)
    - 배경 : 12세기 초 여진족은 고려로 남하하여 자주 충돌
    - 별무반 : 윤관이 숙종에게 건의하여 편성, 신기군(기병), 항마군(승병), 신보군(보병)
    - 동북 9성
      - 축조 : 여진족을 북방으로 몰아내고 동북9성 축조(1107. 예종)
      - 반환 : 방비의 어려움으로 반환(1109. 예종)
    - 정세 변화
      - 변화 : 이자겸이 정권 유지를 위해 금의 사대요구 수용(1125)
      - 영향 : 이자겸의 난, 묘청의 서경천도 운동, 북진 정책 좌절, 무신정권 성립(1170)

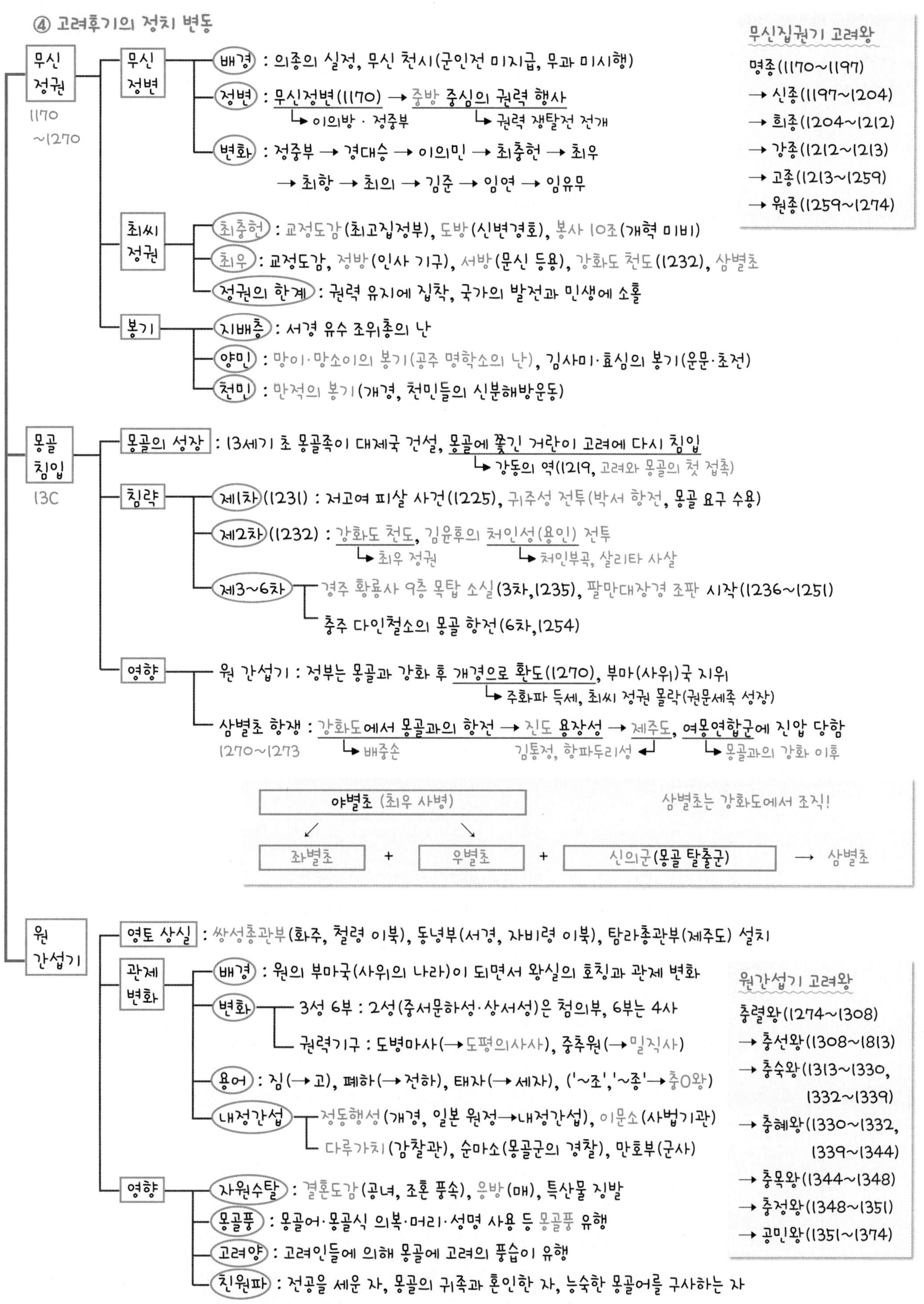

④ 고려후기의 정치 변동

- 무신 정권 (1170~1270)
  - 무신 정변
    - 배경 : 의종의 실정, 무신 천시(군인전 미지급, 무과 미시행)
    - 정변 : 무신정변(1170) → 중방 중심의 권력 행사
      - └ 이의방 · 정중부
      - └ 권력 쟁탈전 전개
    - 변화 : 정중부 → 경대승 → 이의민 → 최충헌 → 최우 → 최항 → 최의 → 김준 → 임연 → 임유무
  - 최씨 정권
    - 최충헌 : 교정도감(최고집정부), 도방(신변경호), 봉사 10조(개혁 미비)
    - 최우 : 교정도감, 정방(인사 기구), 서방(문신 등용), 강화도 천도(1232), 삼별초
    - 정권의 한계 : 권력 유지에 집착, 국가의 발전과 민생에 소홀
  - 봉기
    - 지배층 : 서경 유수 조위총의 난
    - 양민 : 망이·망소이의 봉기(공주 명학소의 난), 김사미·효심의 봉기(운문·초전)
    - 천민 : 만적의 봉기(개경, 천민들의 신분해방운동)

무신집권기 고려왕
명종(1170~1197)
→ 신종(1197~1204)
→ 희종(1204~1212)
→ 강종(1212~1213)
→ 고종(1213~1259)
→ 원종(1259~1274)

- 몽골 침입 (13C)
  - 몽골의 성장 : 13세기 초 몽골족이 대제국 건설, 몽골에 쫓긴 거란이 고려에 다시 침입
    - └ 강동의 역(1219, 고려와 몽골의 첫 접촉)
  - 침략
    - 제1차(1231) : 저고여 피살 사건(1225), 귀주성 전투(박서 항전, 몽골 요구 수용)
    - 제2차(1232) : 강화도 천도, 김윤후의 처인성(용인) 전투
      - └ 최우 정권
      - └ 처인부곡, 살리타 사살
    - 제3~6차
      - 경주 황룡사 9층 목탑 소실(3차, 1235), 팔만대장경 조판 시작(1236~1251)
      - 충주 다인철소의 몽골 항전(6차, 1254)
  - 영향
    - 원 간섭기 : 정부는 몽골과 강화 후 개경으로 환도(1270), 부마(사위)국 지위
      - └ 주화파 득세, 최씨 정권 몰락(권문세족 성장)
    - 삼별초 항쟁 (1270~1273) : 강화도에서 몽골과의 항전 → 진도 용장성 → 제주도, 여몽연합군에 진압 당함
      - └ 배중손
      - 김통정, 항파두리성
      - └ 몽골과의 강화 이후

야별초 (최우 사병) ↙ ↘ 좌별초 + 우별초 + 신의군(몽골 탈출군) → 삼별초

삼별초는 강화도에서 조직!

- 원 간섭기
  - 영토 상실 : 쌍성총관부(화주, 철령 이북), 동녕부(서경, 자비령 이북), 탐라총관부(제주도) 설치
  - 관제 변화
    - 배경 : 원의 부마국(사위의 나라)이 되면서 왕실의 호칭과 관제 변화
    - 변화
      - 3성 6부 : 2성(중서문하성·상서성)은 첨의부, 6부는 4사
      - 권력기구 : 도병마사(→도평의사사), 중추원(→밀직사)
    - 용어 : 짐(→고), 폐하(→전하), 태자(→세자), ('~조','~종'→충O왕)
    - 내정간섭
      - 정동행성(개경, 일본 원정→내정간섭), 이문소(사법기관)
      - 다루가치(감찰관), 순마소(몽골군의 경찰), 만호부(군사)
  - 영향
    - 자원수탈 : 결혼도감(공녀, 조혼 풍속), 응방(매), 특산물 징발
    - 몽골풍 : 몽골어·몽골식 의복·머리·성명 사용 등 몽골풍 유행
    - 고려양 : 고려인들에 의해 몽골에 고려의 풍습이 유행
    - 친원파 : 전공을 세운 자, 몽골의 귀족과 혼인한 자, 능숙한 몽골어를 구사하는 자

원간섭기 고려왕
충렬왕(1274~1308)
→ 충선왕(1308~1813)
→ 충숙왕(1313~1330, 1332~1339)
→ 충혜왕(1330~1332, 1339~1344)
→ 충목왕(1344~1348)
→ 충정왕(1348~1351)
→ 공민왕(1351~1374)

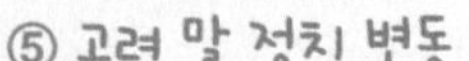

⑤ 고려 말 정치 변동

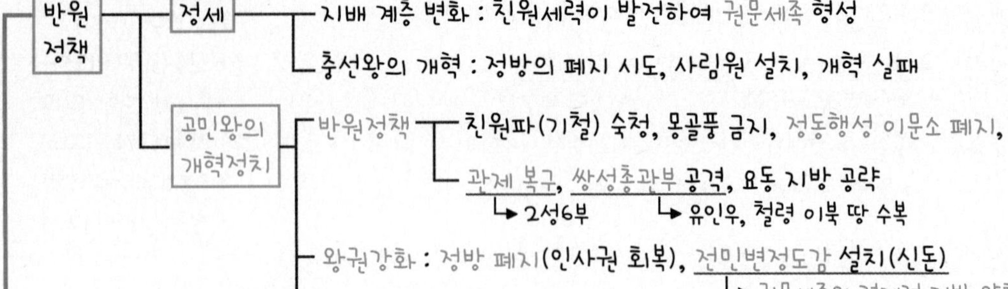

- **반원정책**
  - **정세**
    - 지배 계층 변화 : 친원세력이 발전하여 권문세족 형성
    - 충선왕의 개혁 : 정방의 폐지 시도, 사림원 설치, 개혁 실패
  - **공민왕의 개혁정치**
    - 반원정책
      - 친원파(기철) 숙청, 몽골풍 금지, 정동행성 이문소 폐지,
      - 관제 복구, 쌍성총관부 공격, 요동 지방 공략
        - 관제 복구 → 2성6부
        - 쌍성총관부 공격 → 유인우, 철령 이북 땅 수복
    - 왕권강화 : 정방 폐지(인사권 회복), 전민변정도감 설치(신돈)
      - → 권문세족의 경제적 기반 약화
    - 결과 : 권문세족의 반발로 신돈 제거·공민왕 살해, 개혁 중단
    - 한계 : 홍건적과 왜구의 침입, 신진사대부 세력 미약
      - → 공민왕의 안동 피난(놋다리 밟기 유래)

공민왕의 영토수복

> **전민변정도감**
>
> 신돈이 전민변정도감 두기를 청하여 … "대대로 지어 내려오는 땅을 힘 있는 집안이 빼앗고 백성들을 노예로 삼았다. … 그 잘못을 알고 스스로 고치는 자는 죄를 묻지 않을 것이며 … "라고 하였다. -고려사-

- **신흥세력**
  - **신진사대부**
    - (출신) : 무신정권 이래 과거로 중앙 진출, 지방세력, 행정 실무 능력을 갖춘 학자적 관료
    - (성장) : 성리학 수용, 불교 비판, 권문세족 비판, 공민왕 때 성장
    - (한계) : 권문세족의 견제 관직 진출 제한, 개혁 정치에 적극 참여하였으나 역부족

[권문세족과 신진사대부의 비교]

구분	근거지	중앙 진출	경제력	사상	불교	성향
권문세족	중앙	음서로 진출	대지주	훈고학	숭불	친원
신진사대부	지방	과거로 진출	중소지주	성리학	억불	친명

  - **14c 외침**
    - (홍건적) : 정세운·이방실(서경)·이성계(개경,1361)의 활약
    - (왜구) : 홍산 대첩(최영), 진포 대첩(최무선), 황산 대첩(이성계)
      - 홍산 대첩 → 충남 부여. 1376
      - 진포 대첩 → 금강 하류. 1380
      - 황산 대첩 → 남원 운봉. 1380. 왜장 아지발도 사살

> **황산 대첩**
>
> 운봉을 넘어온 이성계는 적장 가운데 나이가 어리고 용맹한 아지발도를 사살하는 등 선두에 나서서 전투를 독려하여 아군보다 10배나 많은 적군을 섬멸케 했다.

> **진포 전투**
>
> 우왕 6년 8월 추수가 거의 끝나갈 무렵 왜구는 500여 척의 함선을 이끌고 진포로 쳐들어와 충청·전라·경상도의 3도 연해의 주군을 돌며 약탈과 살육을 일삼았다. 고려 조정에서는 나세, 최무선, 심덕부 등이 나서서 최무선이 만든 화포로 왜선을 모두 불태워버렸다. ……

> **최무선**
>
> - 벽란도에 왕래하는 원 상인 이원으로부터 화약 제조법 터득.
> - 화통도감 설치(1377)
> - 최초 화포사용-진포대첩

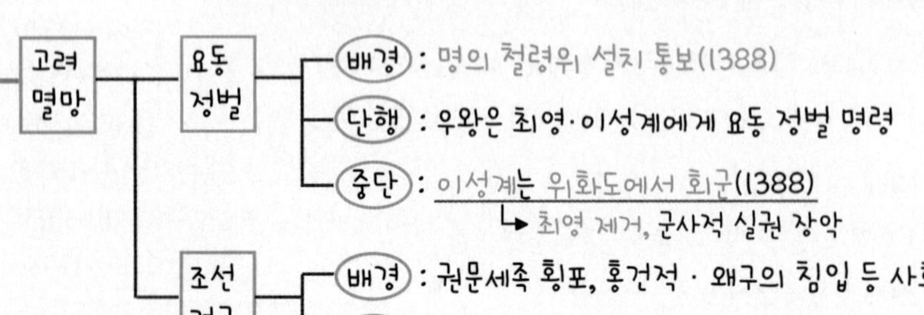

- **고려 멸망**
  - **요동 정벌**
    - (배경) : 명의 철령위 설치 통보(1388)
    - (단행) : 우왕은 최영·이성계에게 요동 정벌 명령
    - (중단) : 이성계는 위화도에서 회군(1388)
      - → 최영 제거, 군사적 실권 장악
  - **조선 건국**
    - (배경) : 권문세족 횡포, 홍건적 · 왜구의 침입 등 사회 혼란
    - (조선) : 위화도 회군(1388) → 공양왕 옹립 → 과전법 실시(1391) → 조선 건국(1392.이성계)
      - 과전법 → 신진사대부의 경제적 기반 마련

2. 중세의 경제

① 고려의 경제 정책

- **중농 정책**
  - 농업 : 중농 정책, 개간 지역은 일정 기간 면세
  - 민생안정 : 농번기 잡역 동원 금지, 재해 시 세금 감면, 의창제
  - 산업 : 시전 설치(개경), 국영 점포 운영, 화폐 유통, 관영·소수공업
  - 한계 : 자급자족적인 농업 경제 기반으로 산업 발달 부진

황무지 개간
황무지 개간 시
주인 有 – 소작료 감면
주인 無 – 개간지 소유

- **국가 재정**
  - 재정정비 : 양안(20년 주기, 토지 대장), 호적(3년 주기, 호구 장부)
  - 재정관리 : 호부(호적·양안 작성), 삼사(재정 관련 사무)
    - 호부 → 인구와 토지 관리
    - 삼사 → 화폐, 곡식 출납

- **수취 제도**
  - 조세 : 생산량의 1/10 납부(조운제도)
    - → 태조 왕건의 민생 안정책
  - 공물
    - 원칙 : 집집마다 토산물 징수, 주현공부법
      - → 주와 현 단위의 세금 징수
    - 종류 : 매년 내어야 하는 상공과 필요에 따라 수시로 거두는 별공
  - 역 : 16~60세까지의 정남에게 부과, 군역과 요역 부과

조운제도
각 군현의 농민이 조창으로 운반, 조운을 통해 경창(개경)으로 운송하여 보관

- **토지 제도**
  - 역분전 : 태조 때 공신전, 통일과정의 논공행상적 성격(인품 + 경기 지역)
  - 전시과
    - 지급 : 관리 등급에 따라 전지(토지, 곡물 수취)와 시지(임야, 땔감 조달)를 지급
    - 성격 : 소유권이 아닌 수조권만 지급했던 토지, 원칙적 세습 불가
      - → 사망·퇴직시 반납
    - 종류
      - 과전(일반 문무 관리), 공음전(5품 이상 관료)
      - 공신전(공신), 군인전(군역의 대가), 구분전(하급관료와 군인의 유가족)
      - 외역전(향리), 한인전(6품 이하 하급 관리의 子, 관직에 오르지 못한 사람)
      - 내장전(왕실 경비), 공해전(관청 운영), 사원전(사원 운영)
    - 변화
      - 변천 : 시정전시과(경종,976) → 개정전시과(목종,998) → 경정전시과(문종,1076)
      - 붕괴 : 귀족들의 토지 독점·세습 → 무신 정변 이후 악화 → 농민 몰락

[고려 토지제도 정리]

역분전	전시과		
	시정(경종)	개정(목종)	경정(문종)
전·현직관리	전·현직관리	전·현직관리	현직관리
인품+품계	※ 인품+품계	인품X,품계O	품계

※ 인품 : 사람의 됨됨이(성인, 대현, 군자, 선인, 속인, 소인)

    - 민전 : 매매, 상속, 기증, 임대 등이 가능한 소유권이 보장된 농민의 사유지
      - → 비교) 정전(신라 성덕왕)
  - 과전법 : 경기 지역, 수조권 지급, 전·현직 관리 지급, 신진사대부의 경제적 기반 마련

② 고려의 경제 발전

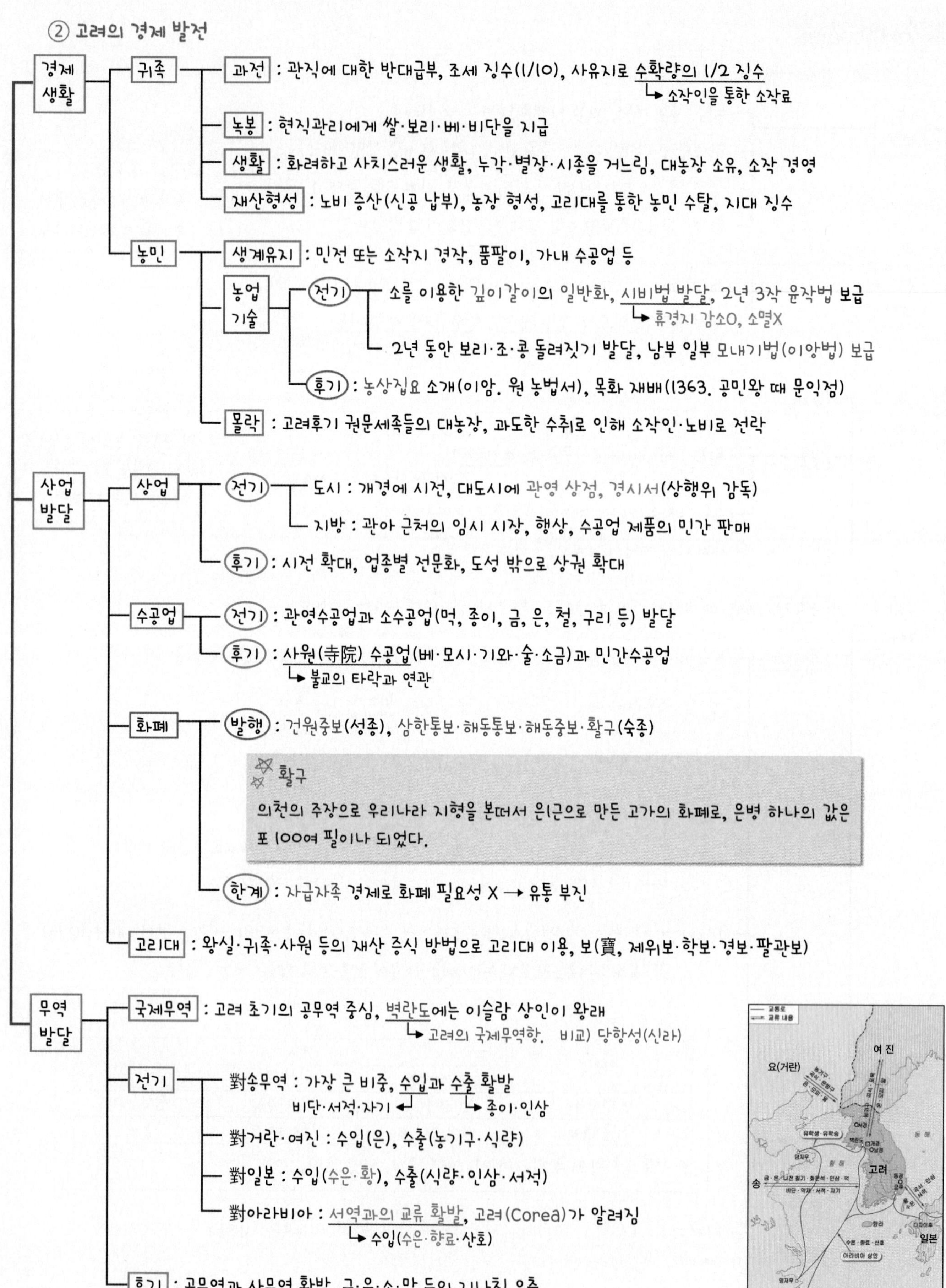

- **경제 생활**
  - **귀족**
    - 과전 : 관직에 대한 반대급부, 조세 징수(1/10), 사유지로 수확량의 1/2 징수
      - → 소작인을 통한 소작료
    - 녹봉 : 현직관리에게 쌀·보리·베·비단을 지급
    - 생활 : 화려하고 사치스러운 생활, 누각·별장·시종을 거느림, 대농장 소유, 소작 경영
    - 재산형성 : 노비 증산(신공 납부), 농장 형성, 고리대를 통한 농민 수탈, 지대 징수
  - **농민**
    - 생계유지 : 민전 또는 소작지 경작, 품팔이, 가내 수공업 등
    - 농업 기술
      - 전기
        - 소를 이용한 깊이갈이의 일반화, 시비법 발달, 2년 3작 윤작법 보급
          - → 휴경지 감소O, 소멸X
        - 2년 동안 보리·조·콩 돌려짓기 발달, 남부 일부 모내기법(이앙법) 보급
      - 후기 : 농상집요 소개(이암. 원 농법서), 목화 재배(1363. 공민왕 때 문익점)
    - 몰락 : 고려후기 권문세족들의 대농장, 과도한 수취로 인해 소작인·노비로 전락
- **산업 발달**
  - **상업**
    - 전기
      - 도시 : 개경에 시전, 대도시에 관영 상점, 경시서(상행위 감독)
      - 지방 : 관아 근처의 임시 시장, 행상, 수공업 제품의 민간 판매
    - 후기 : 시전 확대, 업종별 전문화, 도성 밖으로 상권 확대
  - **수공업**
    - 전기 : 관영수공업과 소수공업(먹, 종이, 금, 은, 철, 구리 등) 발달
    - 후기 : 사원(寺院) 수공업(베·모시·기와·술·소금)과 민간수공업
      - → 불교의 타락과 연관
  - **화폐**
    - 발행 : 건원중보(성종), 삼한통보·해동통보·해동중보·활구(숙종)

      > **활구**
      > 의천의 주장으로 우리나라 지형을 본떠서 은근으로 만든 고가의 화폐로, 은병 하나의 값은 포 100여 필이나 되었다.

    - 한계 : 자급자족 경제로 화폐 필요성 X → 유통 부진
  - **고리대** : 왕실·귀족·사원 등의 재산 증식 방법으로 고리대 이용, 보(寶, 제위보·학보·경보·팔관보)
- **무역 발달**
  - **국제무역** : 고려 초기의 공무역 중심, 벽란도에는 이슬람 상인이 왕래
    - → 고려의 국제무역항. 비교) 당항성(신라)
  - **전기**
    - 對송무역 : 가장 큰 비중, 수입과 수출 활발
      - 수입 → 비단·서적·자기
      - 수출 → 종이·인삼
    - 對거란·여진 : 수입(은), 수출(농기구·식량)
    - 對일본 : 수입(수은·황), 수출(식량·인삼·서적)
    - 對아라비아 : 서역과의 교류 활발, 고려(Corea)가 알려짐
      - → 수입(수은·향료·산호)
  - **후기** : 공무역과 사무역 활발, 금·은·소·말 등의 지나친 유출

고려전기 대외무역

3. 중세의 사회

① 고려의 신분 제도

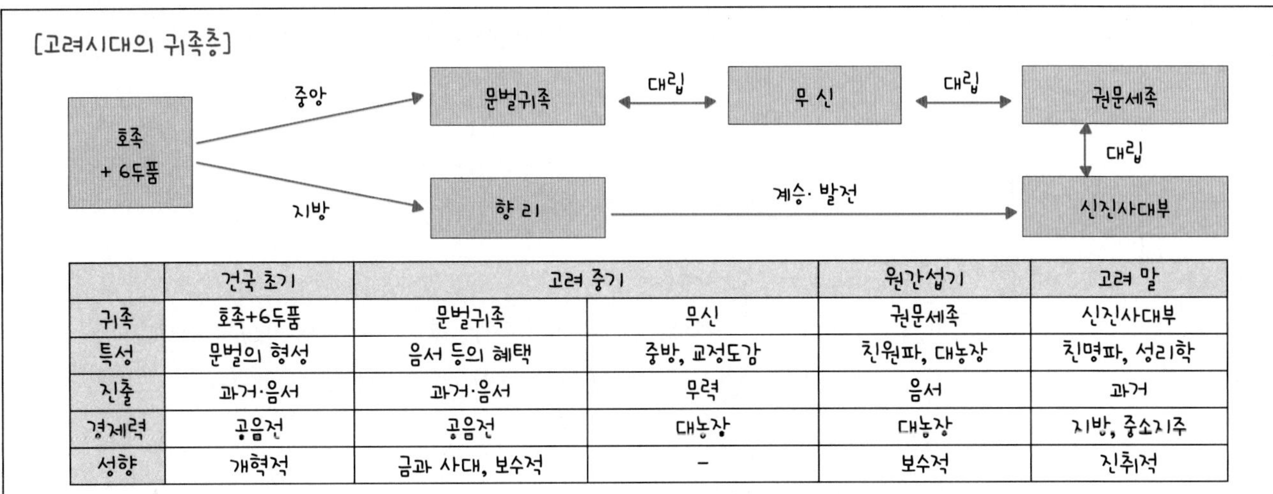
[고려시대의 귀족층]
호족 + 6두품
중앙
지방
문벌귀족
향리
대립
무신
대립
권문세족
대립
신진사대부
계승·발전

	건국 초기	고려 중기		원간섭기	고려 말
귀족	호족+6두품	문벌귀족	무신	권문세족	신진사대부
특성	문벌의 형성	음서 등의 혜택	중방, 교정도감	친원파, 대농장	친명파, 성리학
진출	과거·음서	과거·음서	무력	음서	과거
경제력	공음전	공음전	대농장	대농장	지방, 중소지주
성향	개혁적	금과 사대, 보수적	–	보수적	진취적

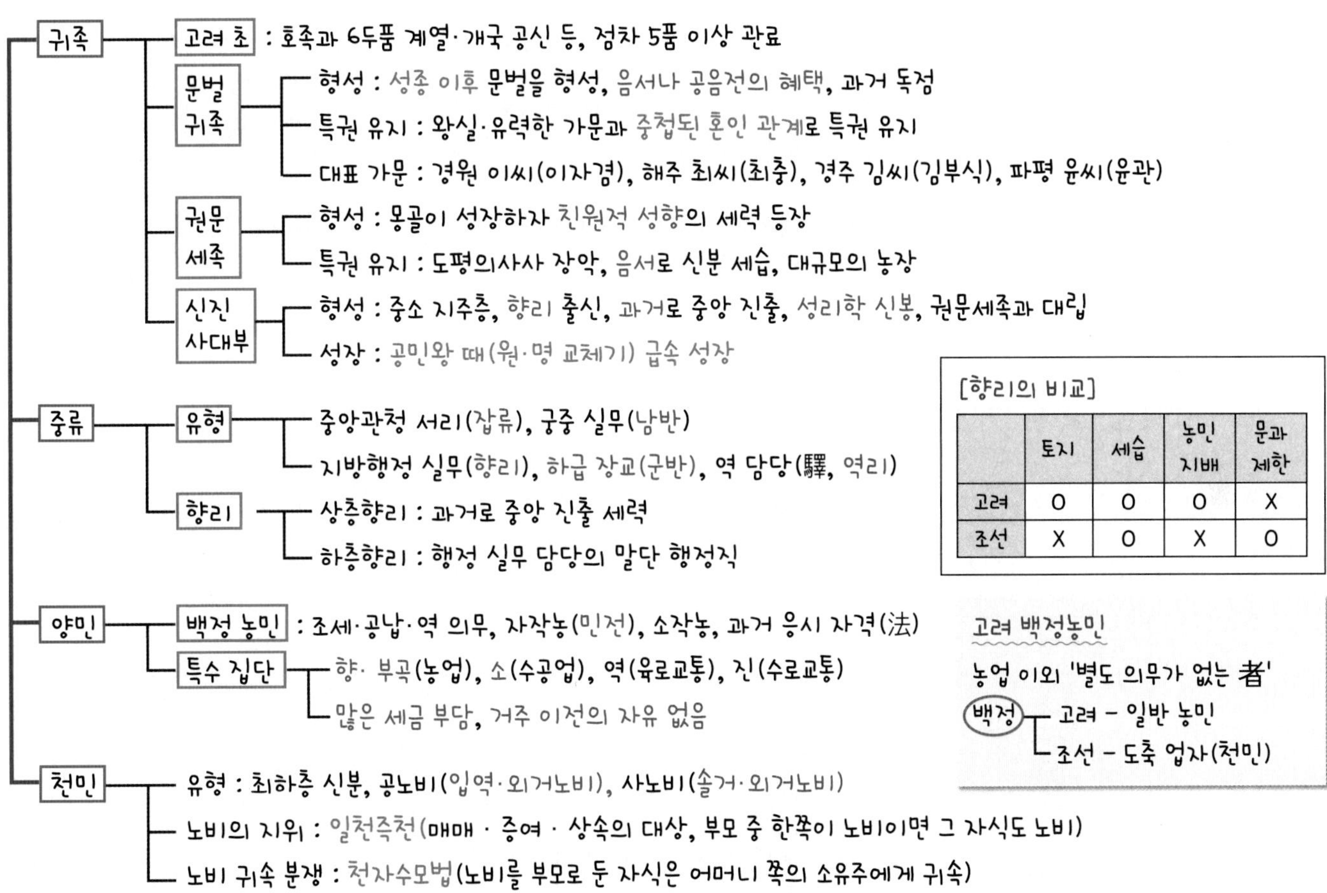
귀족
고려 초 : 호족과 6두품 계열·개국 공신 등, 점차 5품 이상 관료
문벌 귀족
형성 : 성종 이후 문벌을 형성, 음서나 공음전의 혜택, 과거 독점
특권 유지 : 왕실·유력한 가문과 중첩된 혼인 관계로 특권 유지
대표 가문 : 경원 이씨(이자겸), 해주 최씨(최충), 경주 김씨(김부식), 파평 윤씨(윤관)
권문 세족
형성 : 몽골이 성장하자 친원적 성향의 세력 등장
특권 유지 : 도평의사사 장악, 음서로 신분 세습, 대규모의 농장
신진 사대부
형성 : 중소 지주층, 향리 출신, 과거로 중앙 진출, 성리학 신봉, 권문세족과 대립
성장 : 공민왕 때(원·명 교체기) 급속 성장
중류
유형
중앙관청 서리(잡류), 궁중 실무(남반)
지방행정 실무(향리), 하급 장교(군반), 역 담당(驛, 역리)
향리
상층향리 : 과거로 중앙 진출 세력
하층향리 : 행정 실무 담당의 말단 행정직
양민
백정 농민 : 조세·공납·역 의무, 자작농(민전), 소작농, 과거 응시 자격(法)
특수 집단
향·부곡(농업), 소(수공업), 역(육로교통), 진(수로교통)
많은 세금 부담, 거주 이전의 자유 없음
천민
유형 : 최하층 신분, 공노비(입역·외거노비), 사노비(솔거·외거노비)
노비의 지위 : 일천즉천(매매·증여·상속의 대상, 부모 중 한쪽이 노비이면 그 자식도 노비)
노비 귀속 분쟁 : 천자수모법(노비를 부모로 둔 자식은 어머니 쪽의 소유주에게 귀속)
[향리의 비교]
고려 백정농민
농업 이외 '별도 의무가 없는 者'
백정
고려 – 일반 농민
조선 – 도축 업자(천민)

	토지	세습	농민 지배	문과 제한
고려	O	O	O	X
조선	X	O	X	O

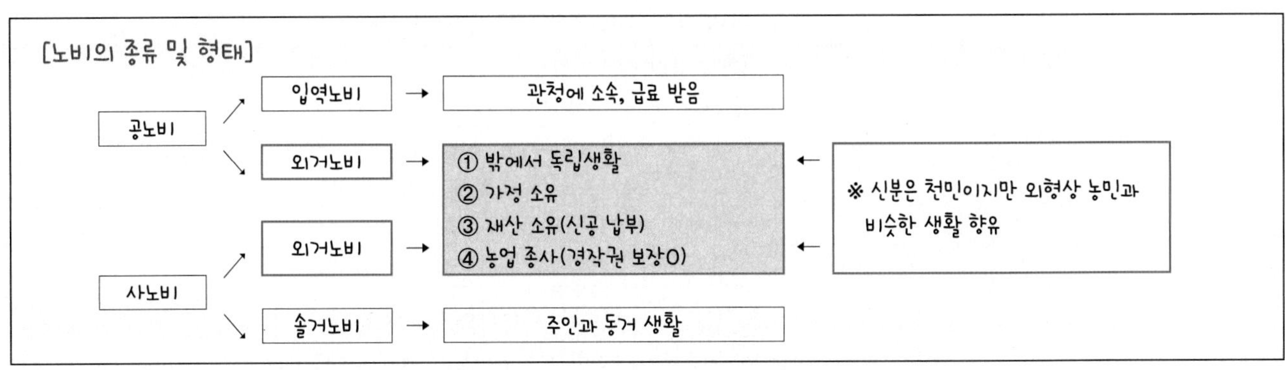
[노비의 종류 및 형태]
공노비
입역노비
관청에 소속, 급료 받음
외거노비
① 밖에서 독립생활
② 가정 소유
③ 재산 소유(신공 납부)
④ 농업 종사(경작권 보장O)
※ 신분은 천민이지만 외형상 농민과 비슷한 생활 향유
사노비
외거노비
솔거노비
주인과 동거 생활

② 고려 사회의 제도와 변화

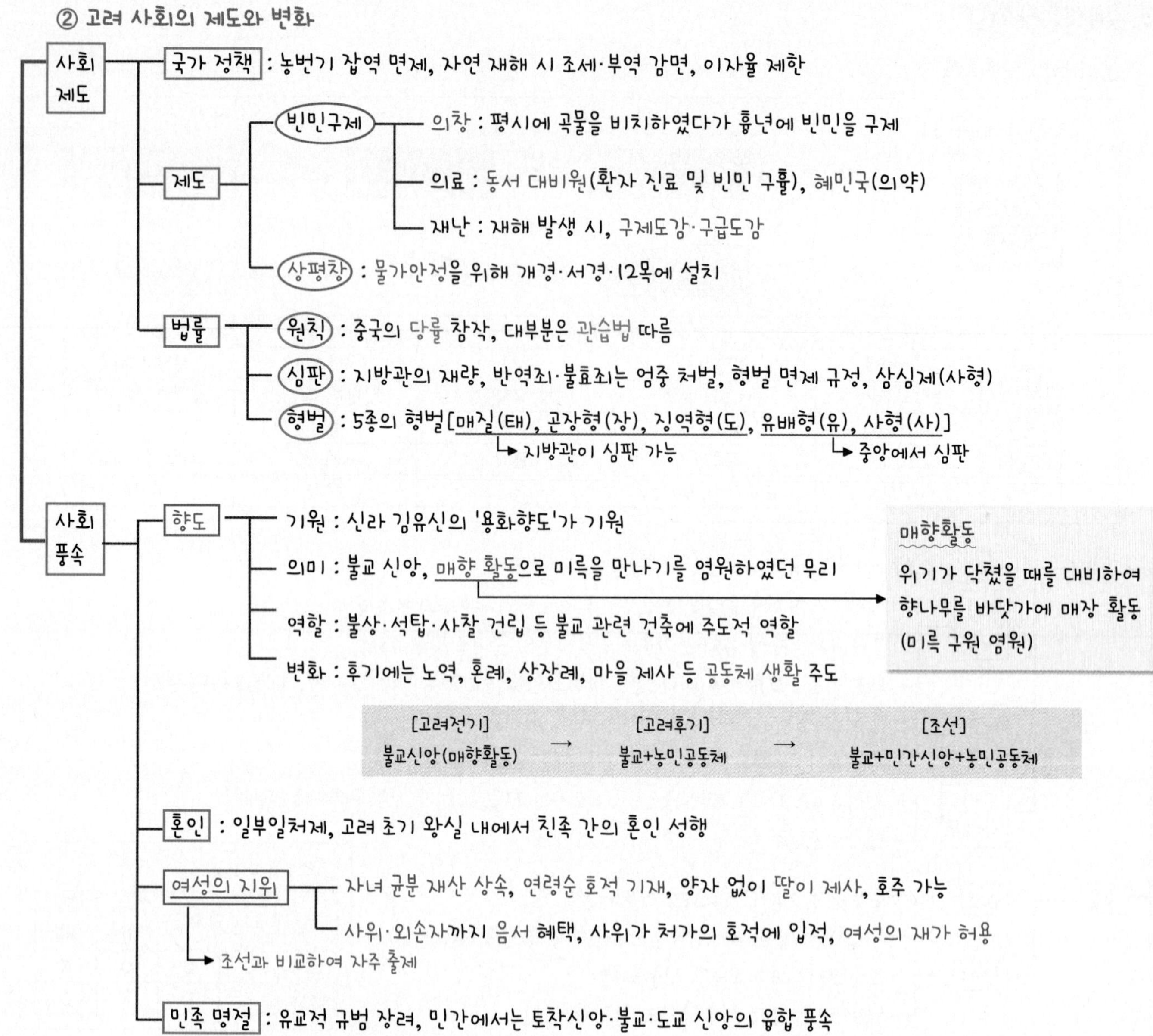

사회 제도
국가 정책 : 농번기 잡역 면제, 자연 재해 시 조세·부역 감면, 이자율 제한
제도
빈민구제
의창 : 평시에 곡물을 비치하였다가 흉년에 빈민을 구제
의료 : 동서 대비원(환자 진료 및 빈민 구휼), 혜민국(의약)
재난 : 재해 발생 시, 구제도감·구급도감
상평창 : 물가안정을 위해 개경·서경·12목에 설치
법률
원칙 : 중국의 당률 참작, 대부분은 관습법 따름
심판 : 지방관의 재량, 반역죄·불효죄는 엄중 처벌, 형벌 면제 규정, 삼심제(사형)
형벌 : 5종의 형벌[매질(태), 곤장형(장), 징역형(도), 유배형(유), 사형(사)]
지방관이 심판 가능
중앙에서 심판
사회 풍속
향도
기원 : 신라 김유신의 '용화향도'가 기원
의미 : 불교 신앙, 매향 활동으로 미륵을 만나기를 염원하였던 무리
역할 : 불상·석탑·사찰 건립 등 불교 관련 건축에 주도적 역할
변화 : 후기에는 노역, 혼례, 상장례, 마을 제사 등 공동체 생활 주도
매향활동
위기가 닥쳤을 때를 대비하여 향나무를 바닷가에 매장 활동 (미륵 구원 염원)
[고려전기] 불교신앙(매향활동) → [고려후기] 불교+농민공동체 → [조선] 불교+민간신앙+농민공동체
혼인 : 일부일처제, 고려 초기 왕실 내에서 친족 간의 혼인 성행
여성의 지위
자녀 균분 재산 상속, 연령순 호적 기재, 양자 없이 딸이 제사, 호주 가능
사위·외손자까지 음서 혜택, 사위가 처가의 호적에 입적, 여성의 재가 허용
조선과 비교하여 자주 출제
민족 명절 : 유교적 규범 장려, 민간에서는 토착신앙·불교·도교 신앙의 융합 풍속

[민족 명절과 풍습]

명절	일자	풍습
설날	1월1일	차례, 세배, 씨름 등 민속놀이
대보름	1월15일	달맞이, 쥐불놀이, 다리밟기, 부럼깨기, 달집태우기, 귀밝이술 마시기
연등회	2월15일	불교행사
삼짇날	3월3일	화전놀이, 화전(진달래꽃) 만들어 먹기
단오	5월5일	창포에 머리감기, 쑥과 익모초 뜯기, 수리떡 먹기, 대추나무 시집보내기, 그네뛰기·격구·씨름·석전(石戰)·활쏘기 등 민속놀이
유두	6월6일	동쪽으로 흐르는 물에 머리감기
칠석	7월7일	칠성맞이 굿, 밭제, 별보며 글짓기, 걸교제(바느질 솜씨 늘기 기원)
한가위	8월15일	차례, 성묘, 민속놀이(강강술래, 씨름 소싸움 등), 송편, 토란국, 추석(古. 가배)
팔관회	가을	개경 11월15일, 서경 10월15일, 불교행사, 토착신앙
동지	양12월22일	밤이 가장 긴 날. 팥죽 먹기. 차례 지내기
한식	동지후105일	찬 음식을 먹기. 차례·성묘하기. 농작물의 씨 뿌리기

※ 팔관회 : 국가와 왕실 태평 기원, 불교·도교·민간신앙이 융합된 국가적 행사, 여진·송·일본 상인 참여, 태조는 불교행사 강조(훈요10조), 성종 때 최승로의 건의로 폐지되었다가 현종 때 부활

4. 중세의 문화

① 유학과 역사 인식의 성장

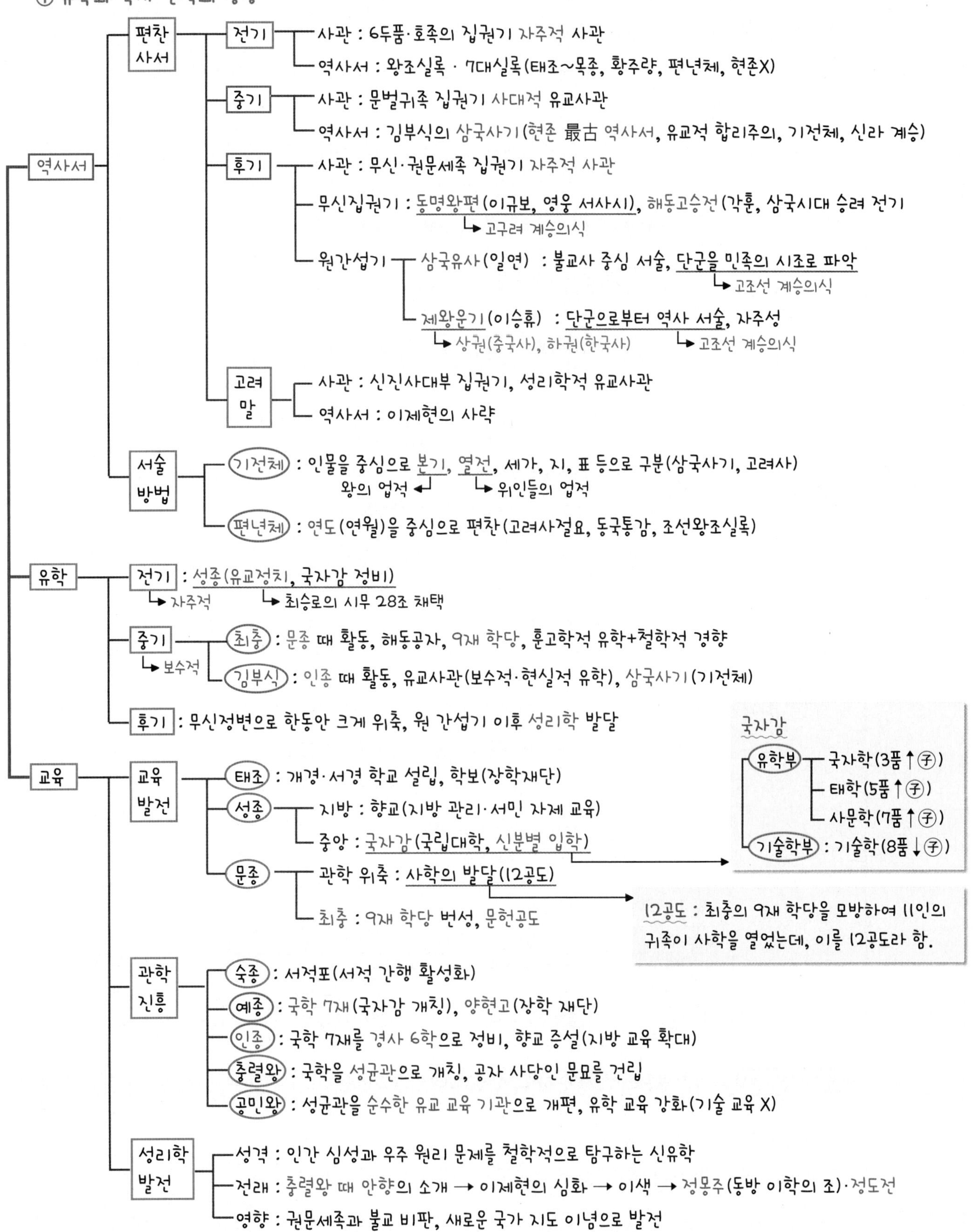

역사서
편찬 사서
전기
사관 : 6두품·호족의 집권기 자주적 사관
역사서 : 왕조실록 · 7대실록(태조~목종, 황주량, 편년체, 현존X)
중기
사관 : 문벌귀족 집권기 사대적 유교사관
역사서 : 김부식의 삼국사기(현존 最古 역사서, 유교적 합리주의, 기전체, 신라 계승)
후기
사관 : 무신·권문세족 집권기 자주적 사관
무신집권기 : 동명왕편(이규보, 영웅 서사시), 해동고승전(각훈, 삼국시대 승려 전기
고구려 계승의식
원간섭기
삼국유사(일연) : 불교사 중심 서술, 단군을 민족의 시조로 파악
고조선 계승의식
제왕운기(이승휴) : 단군으로부터 역사 서술, 자주성
상권(중국사), 하권(한국사)
고조선 계승의식
고려 말
사관 : 신진사대부 집권기, 성리학적 유교사관
역사서 : 이제현의 사략
서술 방법
기전체 : 인물을 중심으로 본기, 열전, 세가, 지, 표 등으로 구분(삼국사기, 고려사)
왕의 업적
위인들의 업적
편년체 : 연도(연월)을 중심으로 편찬(고려사절요, 동국통감, 조선왕조실록)
유학
전기 : 성종(유교정치, 국자감 정비)
자주적
최승로의 시무 28조 채택
중기
보수적
최충 : 문종 때 활동, 해동공자, 9재 학당, 훈고학적 유학+철학적 경향
김부식 : 인종 때 활동, 유교사관(보수적·현실적 유학), 삼국사기(기전체)
후기 : 무신정변으로 한동안 크게 위축, 원 간섭기 이후 성리학 발달
교육
교육 발전
태조 : 개경·서경 학교 설립, 학보(장학재단)
성종
지방 : 향교(지방 관리·서민 자제 교육)
중앙 : 국자감(국립대학, 신분별 입학)
문종
관학 위축 : 사학의 발달(12공도)
최충 : 9재 학당 번성, 문헌공도
국자감
유학부
국자학(3품↑ ㉶)
태학(5품↑ ㉶)
사문학(7품↑ ㉶)
기술학부 : 기술학(8품↓ ㉶)
12공도 : 최충의 9재 학당을 모방하여 11인의 귀족이 사학을 열었는데, 이를 12공도라 함.
관학 진흥
숙종 : 서적포(서적 간행 활성화)
예종 : 국학 7재(국자감 개칭), 양현고(장학 재단)
인종 : 국학 7재를 경사 6학으로 정비, 향교 증설(지방 교육 확대)
충렬왕 : 국학을 성균관으로 개칭, 공자 사당인 문묘를 건립
공민왕 : 성균관을 순수한 유교 교육 기관으로 개편, 유학 교육 강화(기술 교육 X)
성리학 발전
성격 : 인간 심성과 우주 원리 문제를 철학적으로 탐구하는 신유학
전래 : 충렬왕 때 안향의 소개 → 이제현의 심화 → 이색 → 정몽주(동방 이학의 조)·정도전
영향 : 권문세족과 불교 비판, 새로운 국가 지도 이념으로 발전

② 불교와 기타 신앙

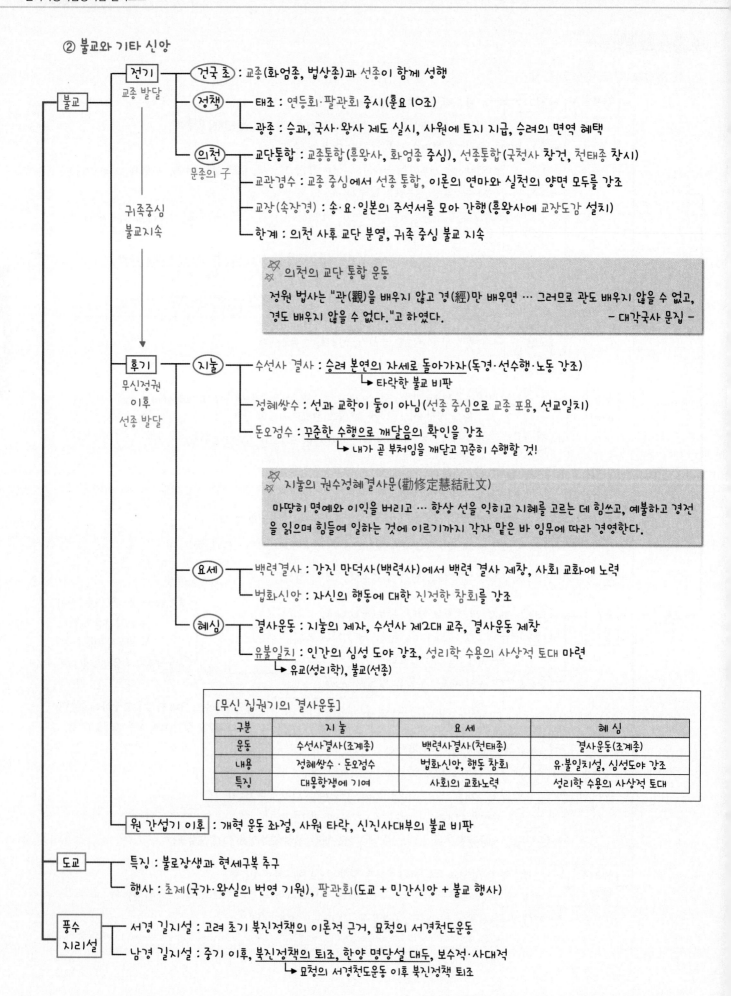

불교

- **전기** (교종 발달 → 귀족중심 불교지속)
  - 건국 초 : 교종(화엄종, 법상종)과 선종이 함께 성행
  - 정책
    - 태조 : 연등회·팔관회 중시(훈요 10조)
    - 광종 : 승과, 국사·왕사 제도 실시, 사원에 토지 지급, 승려의 면역 혜택
  - 의천 (문종의 子)
    - 교단통합 : 교종통합(흥왕사, 화엄종 중심), 선종통합(국청사 창건, 천태종 창시)
    - 교관겸수 : 교종 중심에서 선종 통합, 이론의 연마와 실천의 양면 모두를 강조
    - 교장(속장경) : 송·요·일본의 주석서를 모아 간행(흥왕사에 교장도감 설치)
    - 한계 : 의천 사후 교단 분열, 귀족 중심 불교 지속

> **의천의 교단 통합 운동**
> 정원 법사는 "관(觀)을 배우지 않고 경(經)만 배우면 … 그러므로 관도 배우지 않을 수 없고, 경도 배우지 않을 수 없다."고 하였다.
> – 대각국사 문집 –

- **후기** (무신정권 이후 선종 발달)
  - 지눌
    - 수선사 결사 : 승려 본연의 자세로 돌아가자(독경·선수행·노동 강조)
      - → 타락한 불교 비판
    - 정혜쌍수 : 선과 교학이 둘이 아님(선종 중심으로 교종 포용, 선교일치)
    - 돈오점수 : 꾸준한 수행으로 깨달음의 확인을 강조
      - → 내가 곧 부처임을 깨닫고 꾸준히 수행할 것!

> **지눌의 권수정혜결사문(勸修定慧結社文)**
> 마땅히 명예와 이익을 버리고 … 항상 선을 익히고 지혜를 고르는 데 힘쓰고, 예불하고 경전을 읽으며 힘들여 일하는 것에 이르기까지 각자 맡은 바 임무에 따라 경영한다.

  - 요세
    - 백련결사 : 강진 만덕사(백련사)에서 백련 결사 제창, 사회 교화에 노력
    - 법화신앙 : 자신의 행동에 대한 진정한 참회를 강조
  - 혜심
    - 결사운동 : 지눌의 제자, 수선사 제2대 교주, 결사운동 제창
    - 유불일치 : 인간의 심성 도야 강조, 성리학 수용의 사상적 토대 마련
      - → 유교(성리학), 불교(선종)

[무신 집권기의 결사운동]

구분	지눌	요세	혜심
운동	수선사결사(조계종)	백련사결사(천태종)	결사운동(조계종)
내용	정혜쌍수 · 돈오점수	법화신앙, 행동 참회	유·불일치설, 심성도야 강조
특징	대몽항쟁에 기여	사회의 교화노력	성리학 수용의 사상적 토대

- **원 간섭기 이후** : 개혁 운동 좌절, 사원 타락, 신진사대부의 불교 비판

도교

- 특징 : 불로장생과 현세구복 추구
- 행사 : 초제(국가·왕실의 번영 기원), 팔관회(도교 + 민간신앙 + 불교 행사)

풍수지리설

- 서경 길지설 : 고려 초기 북진정책의 이론적 근거, 묘청의 서경천도운동
- 남경 길지설 : 중기 이후, 북진정책의 퇴조, 한양 명당설 대두, 보수적·사대적
  - → 묘청의 서경천도운동 이후 북진정책 퇴조

③ 과학 기술의 발달

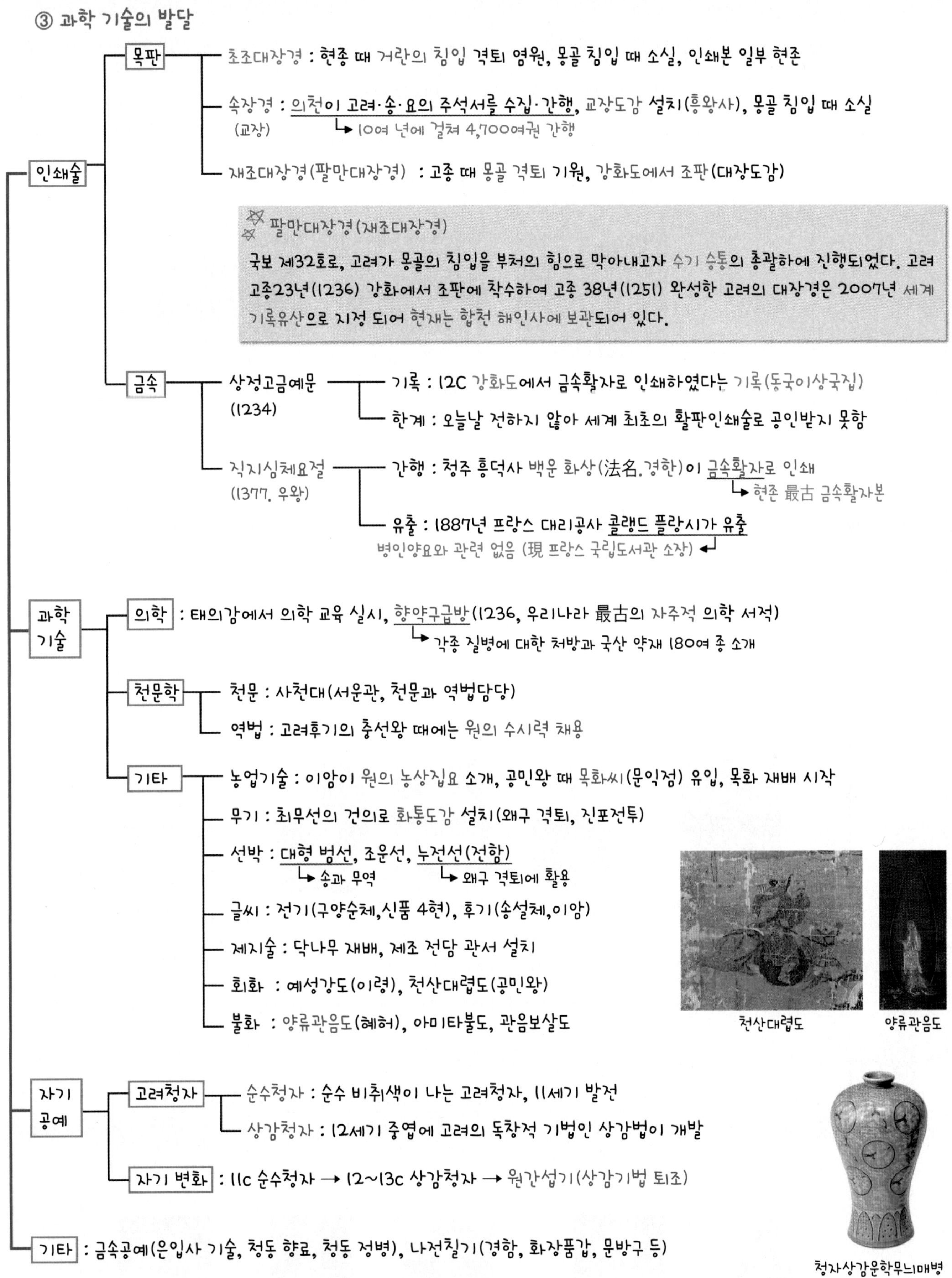

- 인쇄술
  - 목판
    - 초조대장경 : 현종 때 거란의 침입 격퇴 염원, 몽골 침입 때 소실, 인쇄본 일부 현존
    - 속장경 (교장) : 의천이 고려·송·요의 주석서를 수집·간행, 교장도감 설치(흥왕사), 몽골 침입 때 소실
      - → 10여 년에 걸쳐 4,700여권 간행
    - 재조대장경(팔만대장경) : 고종 때 몽골 격퇴 기원, 강화도에서 조판(대장도감)

> 팔만대장경(재조대장경)
> 국보 제32호로, 고려가 몽골의 침입을 부처의 힘으로 막아내고자 수기 승통의 총괄하에 진행되었다. 고려 고종23년(1236) 강화에서 조판에 착수하여 고종 38년(1251) 완성한 고려의 대장경은 2007년 세계기록유산으로 지정 되어 현재는 합천 해인사에 보관되어 있다.

  - 금속
    - 상정고금예문 (1234)
      - 기록 : 12C 강화도에서 금속활자로 인쇄하였다는 기록(동국이상국집)
      - 한계 : 오늘날 전하지 않아 세계 최초의 활판인쇄술로 공인받지 못함
    - 직지심체요절 (1377, 우왕)
      - 간행 : 청주 흥덕사 백운 화상(法名, 경한)이 금속활자로 인쇄
        - → 현존 最古 금속활자본
      - 유출 : 1887년 프랑스 대리공사 콜랭드 플랑시가 유출
        - 병인양요와 관련 없음 (現 프랑스 국립도서관 소장)
- 과학 기술
  - 의학 : 태의감에서 의학 교육 실시, 향약구급방(1236, 우리나라 最古의 자주적 의학 서적)
    - → 각종 질병에 대한 처방과 국산 약재 180여 종 소개
  - 천문학
    - 천문 : 사천대(서운관, 천문과 역법담당)
    - 역법 : 고려후기의 충선왕 때에는 원의 수시력 채용
  - 기타
    - 농업기술 : 이암이 원의 농상집요 소개, 공민왕 때 목화씨(문익점) 유입, 목화 재배 시작
    - 무기 : 최무선의 건의로 화통도감 설치(왜구 격퇴, 진포전투)
    - 선박 : 대형 범선, 조운선, 누전선(전함)
      - 대형 범선 → 송과 무역
      - 누전선 → 왜구 격퇴에 활용
    - 글씨 : 전기(구양순체, 신품 4현), 후기(송설체, 이암)
    - 제지술 : 닥나무 재배, 제조 전담 관서 설치
    - 회화 : 예성강도(이령), 천산대렵도(공민왕)
    - 불화 : 양류관음도(혜허), 아미타불도, 관음보살도

천산대렵도

양류관음도

- 자기 공예
  - 고려청자
    - 순수청자 : 순수 비취색이 나는 고려청자, 11세기 발전
    - 상감청자 : 12세기 중엽에 고려의 독창적 기법인 상감법이 개발
  - 자기 변화 : 11c 순수청자 → 12~13c 상감청자 → 원간섭기(상감기법 퇴조)
- 기타 : 금속공예(은입사 기술, 청동 향로, 청동 정병), 나전칠기(경함, 화장품갑, 문방구 등)

청자상감운학무늬매병

④ 건축 및 조형 미술의 발달

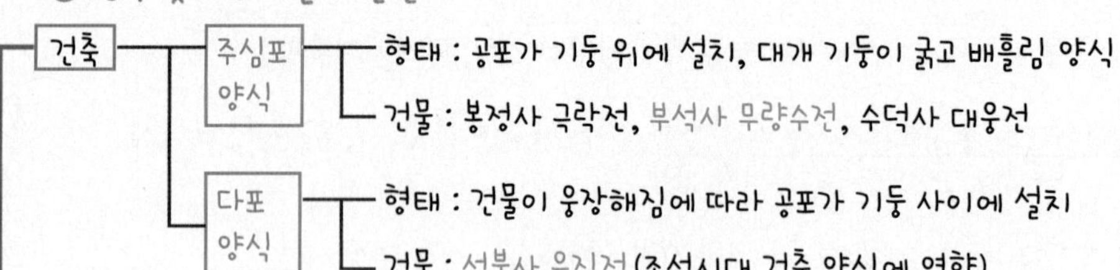

- 건축
  - 주심포 양식
    - 형태 : 공포가 기둥 위에 설치, 대개 기둥이 굵고 배흘림 양식
    - 건물 : 봉정사 극락전, 부석사 무량수전, 수덕사 대웅전
  - 다포 양식
    - 형태 : 건물이 웅장해짐에 따라 공포가 기둥 사이에 설치
    - 건물 : 성불사 응진전(조선시대 건축 양식에 영향)

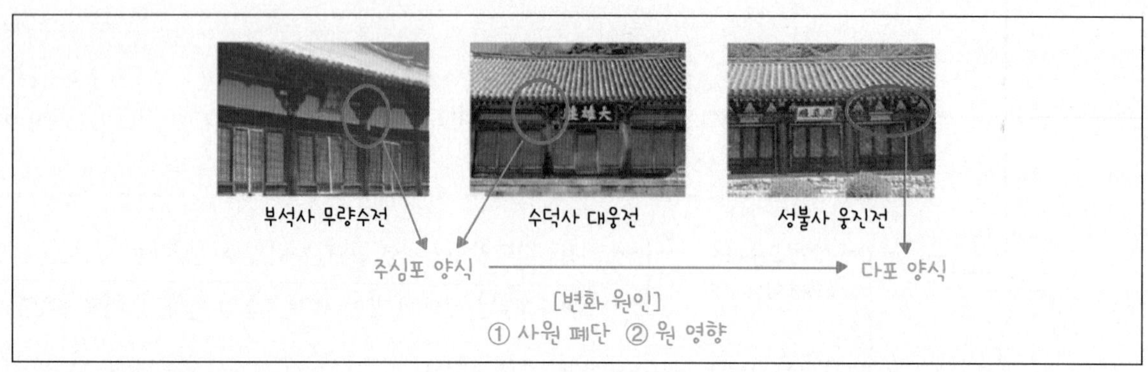

- 탑
  - 석탑
    - 특징 : 독자적인 조형 감각 가미, 다각 다층탑, 안정감 부족
    - 유적 : 월정사 팔각 9층 석탑, 경천사지 10층 석탑(원의 양식)

[고려의 석탑 특징]

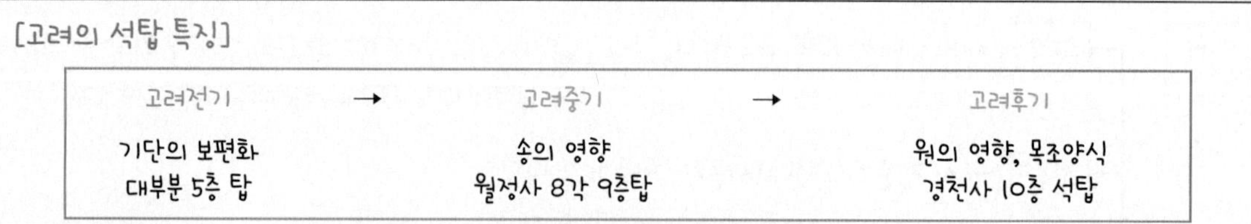

고려전기	→	고려중기	→	고려후기
기단의 보편화 대부분 5층 탑		송의 영향 월정사 8각 9층탑		원의 영향, 목조양식 경천사 10층 석탑

월정사 팔각 9층 석탑(평창)

경천사지 10층 석탑

고달사지 승탑

지광국사 현묘탑

경천사지 10층 석탑

시기	내용
충목왕	석탑 건립(1348)
1907	일본으로 밀반출
1918	반환(경복궁 보관)
1959	복원 작업(경복궁)
2005	국립 중앙 박물관

  - 승탑
    - 특징 : 신라 말 선종 유행과 관련하여 발달
    - 유적 : 고달사지 승탑(팔각원당형), 법천사 지광국사 현묘탑(4각형)
- 불상
  - 특징 : 대체로 조형미는 부족, 거대 불상, 지역미·향토미
  - 유적
    - 부석사 소조아미타여래 좌상, 광주 춘궁리 철불(하남하사창동 철조석가여래좌상)
      - ↳ 조형미(신라 양식 계승) ↳ 대형 철불 조성
    - 관촉사 석조미륵보살 입상 · 안동 이천동 석불 · 파주 용미리 마애이불입상
      - ↳ 거대 불상(미륵신앙 영향, 선종의 영향, 향토미)

광주 춘궁리 철불

부석사 소조아미타여래좌상

관촉사석조미륵보살입상

안동 이천동 석불

파주 용미리 마애이불입상

● 훈요 10조

3조 왕위계승은 적자적손 원칙이며, 형편이 안 되면 형제 상속도 가능하게 하라.

4조 거란은 금수(짐승)의 나라이니 그 풍속을 따르지 말라.

5조 서경의 수덕은 순조로워 대업을 누릴 만한 곳이니, 100일을 머물러 안녕(태평)을 이루게 하라.

6조 연등은 부처를 제사하고, 팔관은 하늘과 5악 · 명산 · 대천 · 용신 등을 봉사하는 것이니, 후세의 간신이 의식절차의 가감(加減)을 건의하지 못하게 하라. 「고려사」

● 최승로의 시무 28조

7조 태조께서 나라를 통일한 후에 외관(外官)을 두고자 하였으나 … 청컨대 외관을 두소서.

13조 봄에는 연등을 설치하고 겨울에는 팔관(八關)을 베푸는데, 사람을 많이 동원하고 노역이 심히 번다하니, 원컨대 이를 더 덜어서 백성의 힘을 펴주소서.

20조 불교를 행하는 것은 수신의 근본이며, 유교를 행하는 것은 치국의 근원이니, 수신은 내세를 위한 것이며, 치국은 곧 현세의 일입니다.

● 서희의 외교 담판

소손녕 고려는 신라의 땅에서 일어났는데도 우리가 소유하고 있는 고구려 땅을 침식하고 있으니 고려가 차지한 고구려의 옛 땅을 내놓아라. 또한 고려는 우리나라와 땅을 연접하고 있으면서도 바다를 건어 송을 섬기고 있으니 송과 단교한 뒤 요와 통교하라.

서 희 우리나라는 고구려하여 고려라 하고 평양에 도읍하였으니, …어찌 침식 했다고 할 수 있느냐? 또한, 압록강 내외도 우리의 경내인데, 지금 여진족이 할거하여 그대 나라와 조빙을 통하지 못하고 있으니, 만약에 여진을 내쫓고 우리 땅을 되찾아 성보를 쌓고 도로가 통하면 조빙을 닦겠다. 「고려사」

● 공주 명학소의 난

이미 우리 고을(공주 명학소)을 현으로 승격시키고 수령을 두어(백성의 사정을 살펴) 위로 하다가, 다시 군사를 보내 우리 어머니와 처를 붙잡아 가두니 그 뜻이 어디에 있는가. 차라리 창칼 아래 죽을지언정 항복하여 포로는 되지 않을 것이며, 반드시 왕경(개경)에 쳐들어가고야 말 것이다. 「고려사」

● 만적의 난

사노비인 만적이 공·사의 노비들을 불러 모아 말하기를 "경계의 난 이래로 고관이 천한 노예들 가운데서 많이 나왔다. 장수와 재상의 씨가 따로 있는 것이 아니다. 때가 오면 누구나 할 수 있는 것이다. 우리들 노비만이 어찌 채찍질 밑에서 고생하라는 법이 있는가." 라고 하였다. 이에 노비들이 모두 찬성하였다. 「고려사」

● 김윤후의 활약

김윤후는 일찍이 중이 되어 백현원에 있었다. 몽골병이 이르자, 윤후가 처인성으로 난을 피하였는데, 몽골의 장수 살리타가 와서 성을 치매 윤후가 이를 사살하였다. 왕은 그 공을 가상히 여겨 상장군의 벼슬을 주었으나 이를 사양하고 받지 않았다. 「고려사」

● 고려첩장불심조조(高麗牒狀不審條條)

1270년 몽골과 강화한 고려정부와 이에 반대한 삼별초의 정부로 나뉘게 되는데, 삼별초의 진도 정부가 일본에 국서를 보내 대몽 연합을 구축할 것을 제의하였다. 일본은 성격이 다른 두 주체의 외교문서에 대해 이해가 되지 않는 점들을 조목별로 정리하였는데 이것이 고려첩장불심조조(1271)이다.

● 진포 대첩

우왕 6년 8월 추수가 거의 끝나갈 무렵 왜구는 500여 척의 함선을 이끌고 진포로 쳐들어와 충청·전라·경상도의 3도 연해의 주군을 돌며 약탈과 살육을 일삼았다. 고려 조정에서는 나세, 최무선, 심덕부 등이 나서서 최무선이 만든 화포로 왜선을 모두 불태워버렸다. …… 「고려사」

● 황산 대첩

운봉을 넘어온 이성계는 적장 가운데 나이가 어리고 용맹한 아지발도를 사살하는 등 선두에 나서서 전투를 독려하여 아군보다 10배나 많은 적군을 섬멸케 했다. 이 싸움에서 아군은 1,600여 필의 군마와 여러 병기를 노획하였다고 하며 살아 도망간 왜구는 70여 명밖에 없었다고 한다. 「고려사」

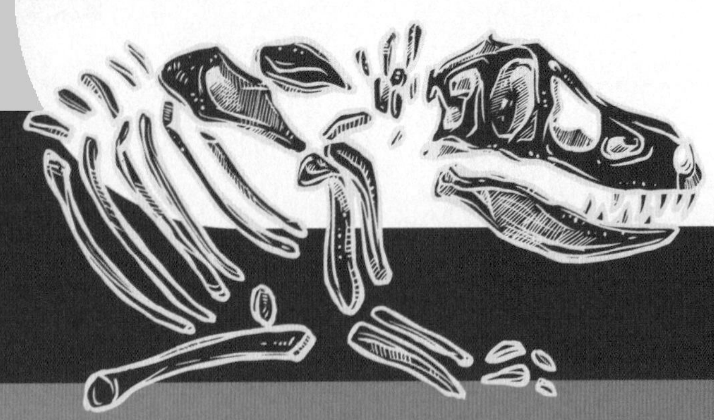

출제 경향

조선 시대의 각 정치 체제와 함께 경제적 상황을 파악하고, 교육과 관리등용제도 내용을 기억해야 한다. 사림이 대두하면서 펼쳐진 갈등 양상을 잘 알아두어야 하며, 조세, 공납, 역 등의 조선 시대의 수취제도는 특히 중요하다.

출제 포인트

〈정치〉

1. 고려 말 신진사대부의 분화로 인한 온건·혁명파 사대부의 공통점 및 차이점
2. 조선의 건국 과정을 통하여 건국이념과 초기 정치 파악
3. 조선 초 왕들의 업적을 통하여 정치 발전 이해
4. 6조직계제와 의정부서사제의 차이점
5. 고려와 조선의 통치체제·과거제도의 공통점 및 차이점
6. 훈구파와 사림파의 특성을 파악하여 사화의 배경 및 결과 숙지
7. 선조 때 사림의 분화로 인한 동인과 서인의 특성 파악
8. 왜란과 호란의 전개과정 및 결과를 파악하여 정치 및 사회 변화 추론

〈경제〉

1. 중농억상 정책으로 인한 조선의 경제 변화 파악
2. 수조권의 변화로 인하여 변화하는 토지제도 이해
3. 조선전기의 상업 발전에 따른 상인들의 활동

〈사회〉

1. 조선의 신분제인 양천제와 반상제의 구성과 그 특성 파악
2. 수령과 향리의 특성 및 권한 파악
3. 지방에서 성장한 사림들의 성향을 파악하여 향촌의 사회 변화 도출
4. 성리학의 발전에 따른 가부장적 사회로의 변화

〈문화〉

1. 훈구파와 사림파의 특성을 이해하여 15~16세기의 문화 동향 파악
2. 조선전기의 역사서, 지리서, 윤리서 등의 서적 파악
3. 조정의 중농정책에 따른 과학기술의 변화
4. 이황과 이이의 공통점과 차이점 등 성리학의 발전 숙지
5. 15세기와 16세기의 건축 및 서화의 특징 변화 파악

PART IV

근세의 한국사

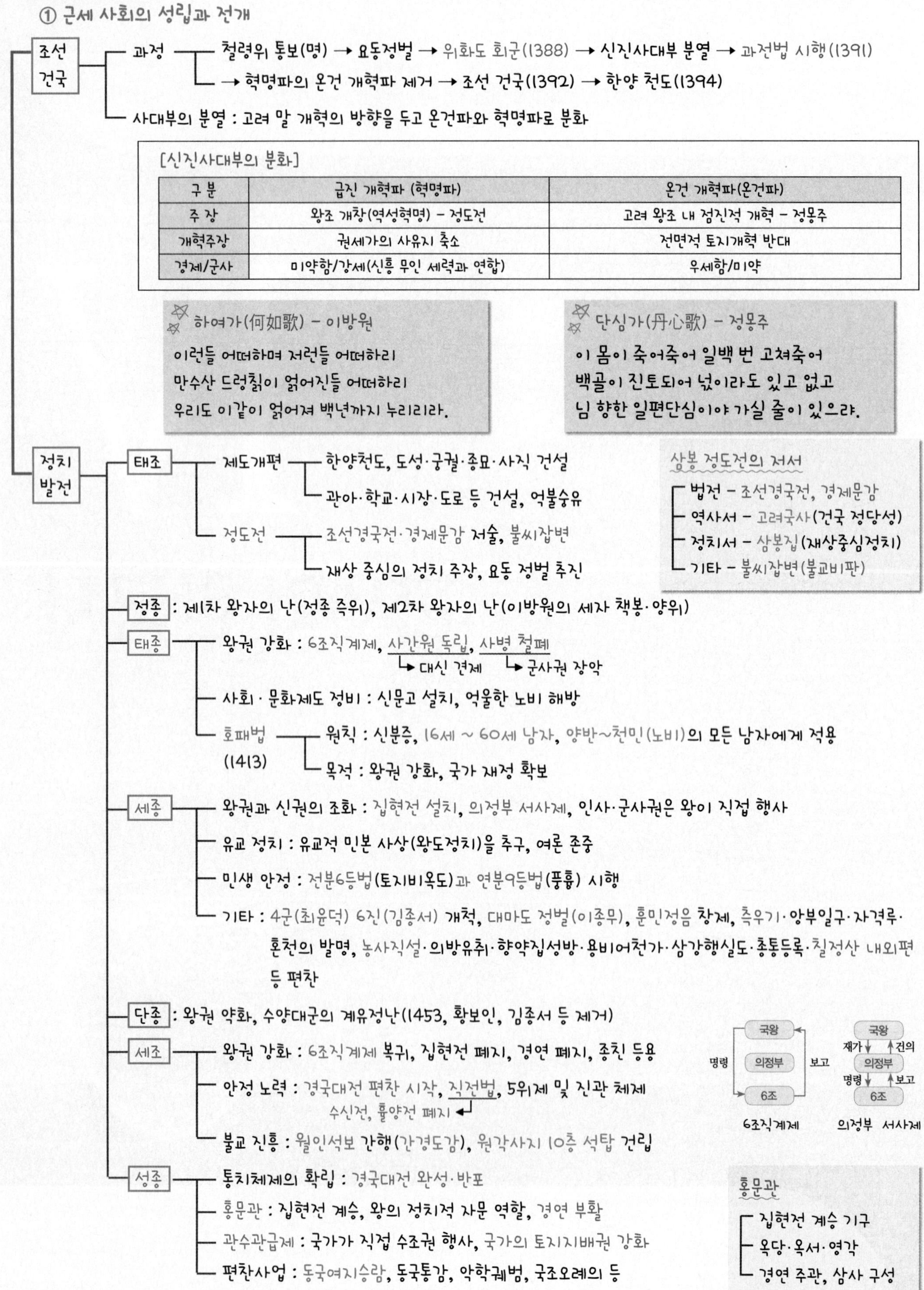

I. 근세의 정치

① 근세 사회의 성립과 전개

조선 건국
- 과정: 철령위 통보(명) → 요동정벌 → 위화도 회군(1388) → 신진사대부 분열 → 과전법 시행(1391) → 혁명파의 온건 개혁파 제거 → 조선 건국(1392) → 한양 천도(1394)
- 사대부의 분열: 고려 말 개혁의 방향을 두고 온건파와 혁명파로 분화

[신진사대부의 분화]

구 분	급진 개혁파 (혁명파)	온건 개혁파(온건파)
주 장	왕조 개창(역성혁명) – 정도전	고려 왕조 내 점진적 개혁 – 정몽주
개혁주장	권세가의 사유지 축소	전면적 토지개혁 반대
경제/군사	미약함/강세(신흥 무인 세력과 연합)	우세함/미약

하여가(何如歌) – 이방원
이런들 어떠하며 저런들 어떠하리
만수산 드렁칡이 얽어진들 어떠하리
우리도 이같이 얽어져 백년까지 누리리라.

단심가(丹心歌) – 정몽주
이 몸이 죽어죽어 일백 번 고쳐죽어
백골이 진토되어 넋이라도 있고 없고
님 향한 일편단심이야 가실 줄이 있으랴.

정치 발전
- 태조
  - 제도개편
    - 한양천도, 도성·궁궐·종묘·사직 건설
    - 관아·학교·시장·도로 등 건설, 억불숭유
  - 정도전
    - 조선경국전·경제문감 저술, 불씨잡변
    - 재상 중심의 정치 주장, 요동 정벌 추진

삼봉 정도전의 저서
- 법전 – 조선경국전, 경제문감
- 역사서 – 고려국사(건국 정당성)
- 정치서 – 삼봉집(재상중심정치)
- 기타 – 불씨잡변(불교비판)

- 정종: 제1차 왕자의 난(정종 즉위), 제2차 왕자의 난(이방원의 세자 책봉·양위)
- 태종
  - 왕권 강화: 6조직계제, 사간원 독립(→ 대신 견제), 사병 철폐(→ 군사권 장악)
  - 사회·문화제도 정비: 신문고 설치, 억울한 노비 해방
  - 호패법(1413)
    - 원칙: 신분증, 16세 ~ 60세 남자, 양반~천민(노비)의 모든 남자에게 적용
    - 목적: 왕권 강화, 국가 재정 확보
- 세종
  - 왕권과 신권의 조화: 집현전 설치, 의정부 서사제, 인사·군사권은 왕이 직접 행사
  - 유교 정치: 유교적 민본 사상(왕도정치)을 추구, 여론 존중
  - 민생 안정: 전분6등법(토지비옥도)과 연분9등법(풍흉) 시행
  - 기타: 4군(최윤덕) 6진(김종서) 개척, 대마도 정벌(이종무), 훈민정음 창제, 측우기·앙부일구·자격루·혼천의 발명, 농사직설·의방유취·향약집성방·용비어천가·삼강행실도·총통등록·칠정산 내외편 등 편찬
- 단종: 왕권 약화, 수양대군의 계유정난(1453, 황보인, 김종서 등 제거)
- 세조
  - 왕권 강화: 6조직계제 복귀, 집현전 폐지, 경연 폐지, 종친 등용
  - 안정 노력: 경국대전 편찬 시작, 직전법(← 수신전, 휼양전 폐지), 5위제 및 진관 체제
  - 불교 진흥: 월인석보 간행(간경도감), 원각사지 10층 석탑 건립

- 성종
  - 통치체제의 확립: 경국대전 완성·반포
  - 홍문관: 집현전 계승, 왕의 정치적 자문 역할, 경연 부활
  - 관수관급제: 국가가 직접 수조권 행사, 국가의 토지지배권 강화
  - 편찬사업: 동국여지승람, 동국통감, 악학궤범, 국조오례의 등

홍문관
- 집현전 계승 기구
- 옥당·옥서·영각
- 경연 주관, 삼사 구성

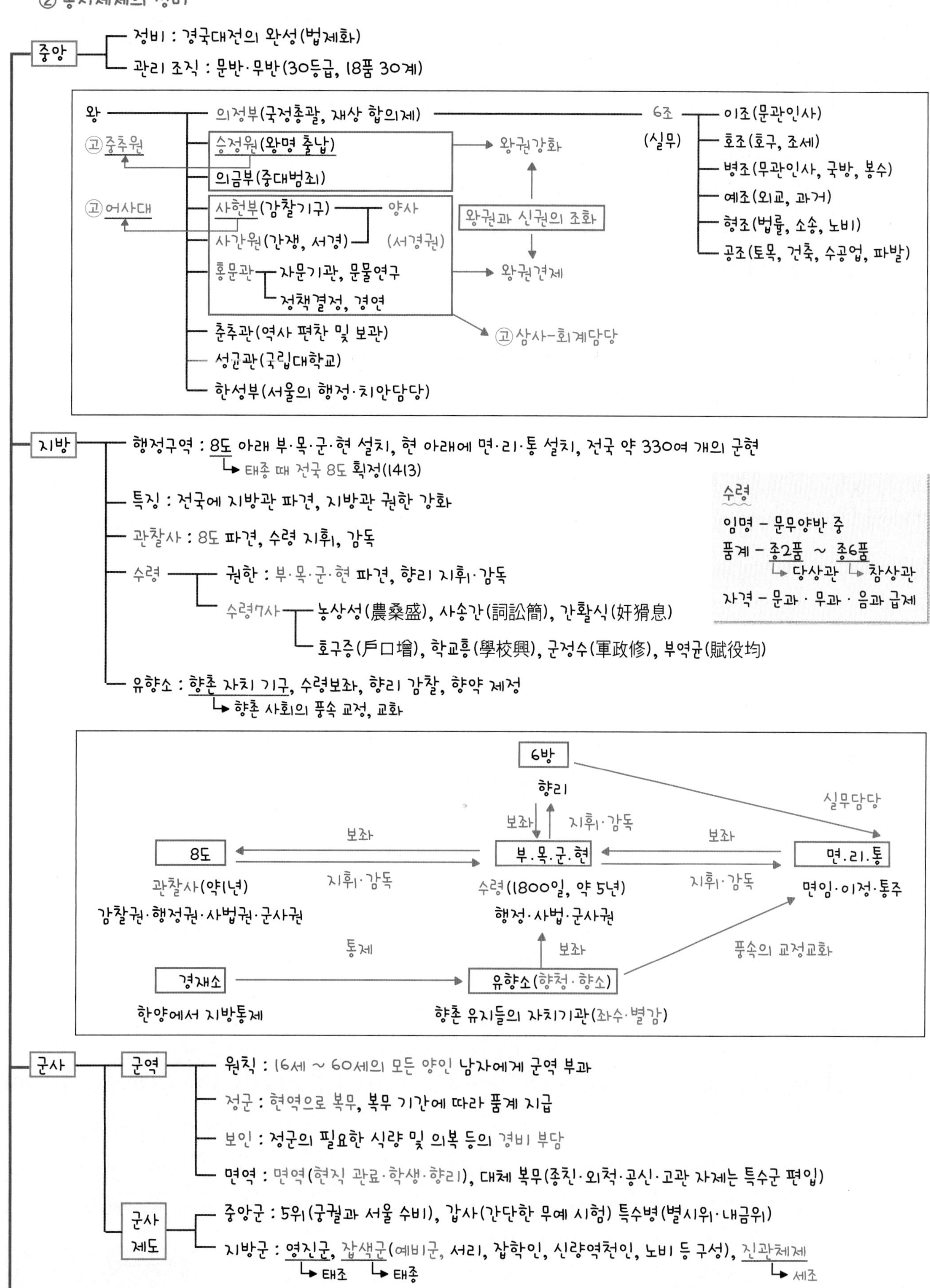
② 통치체제의 정비
중앙
정비 : 경국대전의 완성(법제화)
관리 조직 : 문반·무반(30등급, 18품 30계)
왕
의정부(국정총괄, 재상 합의제)
6조 (실무)
이조(문관인사)
호조(호구, 조세)
병조(무관인사, 국방, 봉수)
예조(외교, 과거)
형조(법률, 소송, 노비)
공조(토목, 건축, 수공업, 파발)
고 중추원
승정원(왕명 출납)
의금부(중대범죄)
왕권강화
고 어사대
사헌부(감찰기구)
사간원(간쟁, 서경)
양사
(서경권)
왕권과 신권의 조화
홍문관
자문기관, 문물연구
정책결정, 경연
왕권견제
고 삼사-회계담당
춘추관(역사 편찬 및 보관)
성균관(국립대학교)
한성부(서울의 행정·치안담당)
지방
행정구역 : 8도 아래 부·목·군·현 설치, 현 아래에 면·리·통 설치, 전국 약 330여 개의 군현
태종 때 전국 8도 획정(1413)
특징 : 전국에 지방관 파견, 지방관 권한 강화
관찰사 : 8도 파견, 수령 지휘, 감독
수령
권한 : 부·목·군·현 파견, 향리 지휘·감독
수령7사
농상성(農桑盛), 사송간(詞訟簡), 간활식(奸猾息)
호구증(戶口增), 학교흥(學校興), 군정수(軍政修), 부역균(賦役均)
수령
임명 – 문무양반 중
품계 – 종2품 ~ 종6품
당상관
참상관
자격 – 문과 · 무과 · 음과 급제
유향소 : 향촌 자치 기구, 수령보좌, 향리 감찰, 향약 제정
향촌 사회의 풍속 교정, 교화
6방
향리
보좌
지휘·감독
실무담당
8도
관찰사(약1년)
감찰권·행정권·사법권·군사권
보좌
지휘·감독
부·목·군·현
수령(1800일, 약 5년)
행정·사법·군사권
보좌
지휘·감독
면.리.통
면임·이정·통주
통제
보좌
풍속의 교정교화
경재소
한양에서 지방통제
유향소(향청·향소)
향촌 유지들의 자치기관(좌수·별감)
군사
군역
원칙 : 16세 ~ 60세의 모든 양인 남자에게 군역 부과
정군 : 현역으로 복무, 복무 기간에 따라 품계 지급
보인 : 정군의 필요한 식량 및 의복 등의 경비 부담
면역 : 면역(현직 관료·학생·향리), 대체 복무(종친·외척·공신·고관 자제는 특수군 편입)
군사 제도
중앙군 : 5위(궁궐과 서울 수비), 갑사(간단한 무예 시험) 특수병(별시위·내금위)
지방군 : 영진군, 잡색군(예비군, 서리, 잡학인, 신량역천인, 노비 등 구성), 진관체제
태조
태종
세조
교통·통신제도 : 봉수 제도 정비, 역참(물자 수송과 통신) 설치

파트 04 : 근세의 한국사

③ 관리 등용 제도

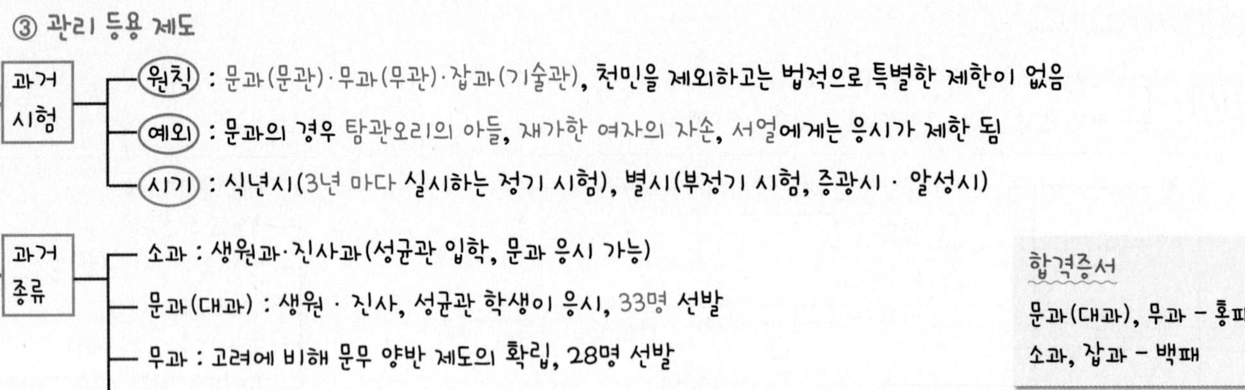

- 과거 시험
  - (원칙) : 문과(문관)·무과(무관)·잡과(기술관), 천민을 제외하고는 법적으로 특별한 제한이 없음
  - (예외) : 문과의 경우 탐관오리의 아들, 재가한 여자의 자손, 서얼에게는 응시가 제한 됨
  - (시기) : 식년시(3년 마다 실시하는 정기 시험), 별시(부정기 시험, 증광시 · 알성시)
- 과거 종류
  - 소과 : 생원과·진사과(성균관 입학, 문과 응시 가능)
  - 문과(대과) : 생원 · 진사, 성균관 학생이 응시, 33명 선발
  - 무과 : 고려에 비해 문무 양반 제도의 확립, 28명 선발
  - 잡과 : 3년마다 실시(역과·의과·음양과·율과), 각 해당관청에서 교육
- 특별 채용 : 취재(하급관리 선발), 음서(2품 이상 고관 子), 천거(기존관 추천)
- 인사 제도
  - 상피제 : 고관을 출신지에 임명하지 않는 제도
  - 서경제 : 관리 등용 시 양사(사간원, 사헌부)에 관리 임명 동의

합격증서

문과(대과), 무과 – 홍패

소과, 잡과 – 백패

지방 통제 기구

통신 – 상수리제도

고려 – 기인제도

조선 – 경재소

④ 사림의 대두와 붕당 정치의 시작

- 15C

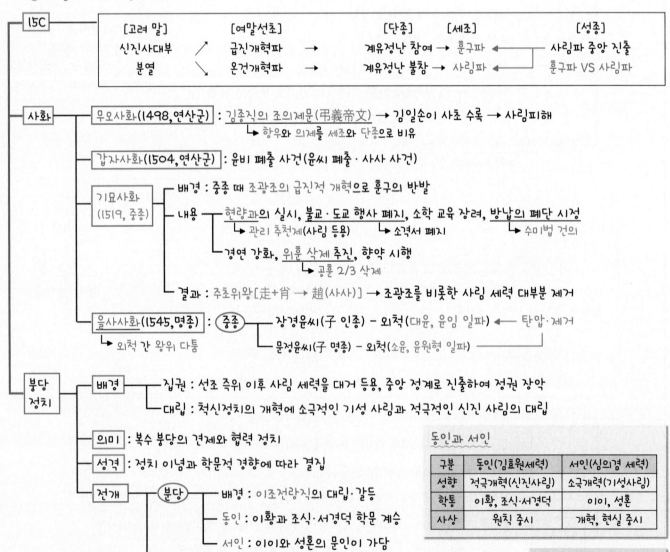

[고려 말]		[여말선초]		[단종]	[세조]	[성종]
신진사대부	↗	급진개혁파	→	계유정난 참여 →	훈구파 ←	사림파 중앙 진출
분열	↘	온건개혁파	→	계유정난 불참 →	사림파 ←	훈구파 VS 사림파

- 사화
  - 무오사화(1498, 연산군) : 김종직의 조의제문(弔義帝文) → 김일손이 사초 수록 → 사림피해
    - ↳ 항우와 의제를 세조와 단종으로 비유
  - 갑자사화(1504, 연산군) : 윤비 폐출 사건(윤씨 폐출 · 사사 사건)
  - 기묘사화(1519, 중종)
    - 배경 : 중종 때 조광조의 급진적 개혁으로 훈구의 반발
    - 내용
      - 현량과의 실시, 불교 · 도교 행사 폐지, 소학 교육 장려, 방납의 폐단 시정
        - ↳ 관리 추천제(사림 등용) / ↳ 소격서 폐지 / ↳ 수미법 건의
      - 경연 강화, 위훈 삭제 추진, 향약 시행
        - ↳ 공훈 2/3 삭제
    - 결과 : 주초위왕[走+肖 → 趙(사사)] → 조광조를 비롯한 사림 세력 대부분 제거
  - 을사사화(1545, 명종) : (중종)
    - ↳ 외척 간 왕위 다툼
    - 장경윤씨(子 인종) – 외척(대윤, 윤임 일파) ← 탄압·제거
    - 문정윤씨(子 명종) – 외척(소윤, 윤원형 일파)
- 붕당 정치
  - 배경
    - 집권 : 선조 즉위 이후 사림 세력을 대거 등용, 중앙 정계로 진출하여 정권 장악
    - 대립 : 척신정치의 개혁에 소극적인 기성 사림과 적극적인 신진 사림의 대립
  - 의미 : 복수 붕당의 견제와 협력 정치
  - 성격 : 정치 이념과 학문적 경향에 따라 결집
  - 전개
    - (분당)
      - 배경 : 이조전랑직의 대립·갈등
      - 동인 : 이황과 조식·서경덕 학문 계승
      - 서인 : 이이와 성혼의 문인이 가담
    - (동인의 분열) : 남인(온건파)과 북인(급진파) 분당
      - ↳ 정여립 모반 사건(1589)

동인과 서인

구분	동인(김효원세력)	서인(심의겸 세력)
성향	적극개혁(신진사림)	소극개혁(기성사림)
학통	이황, 조식·서경덕	이이, 성혼
사상	원칙 중시	개혁, 현실 중시

동인과 서인

'심'의겸 세력은 '서'인

'ㅅ'으로 기억!

⑤ 조선 초 대외 관계와 임진왜란

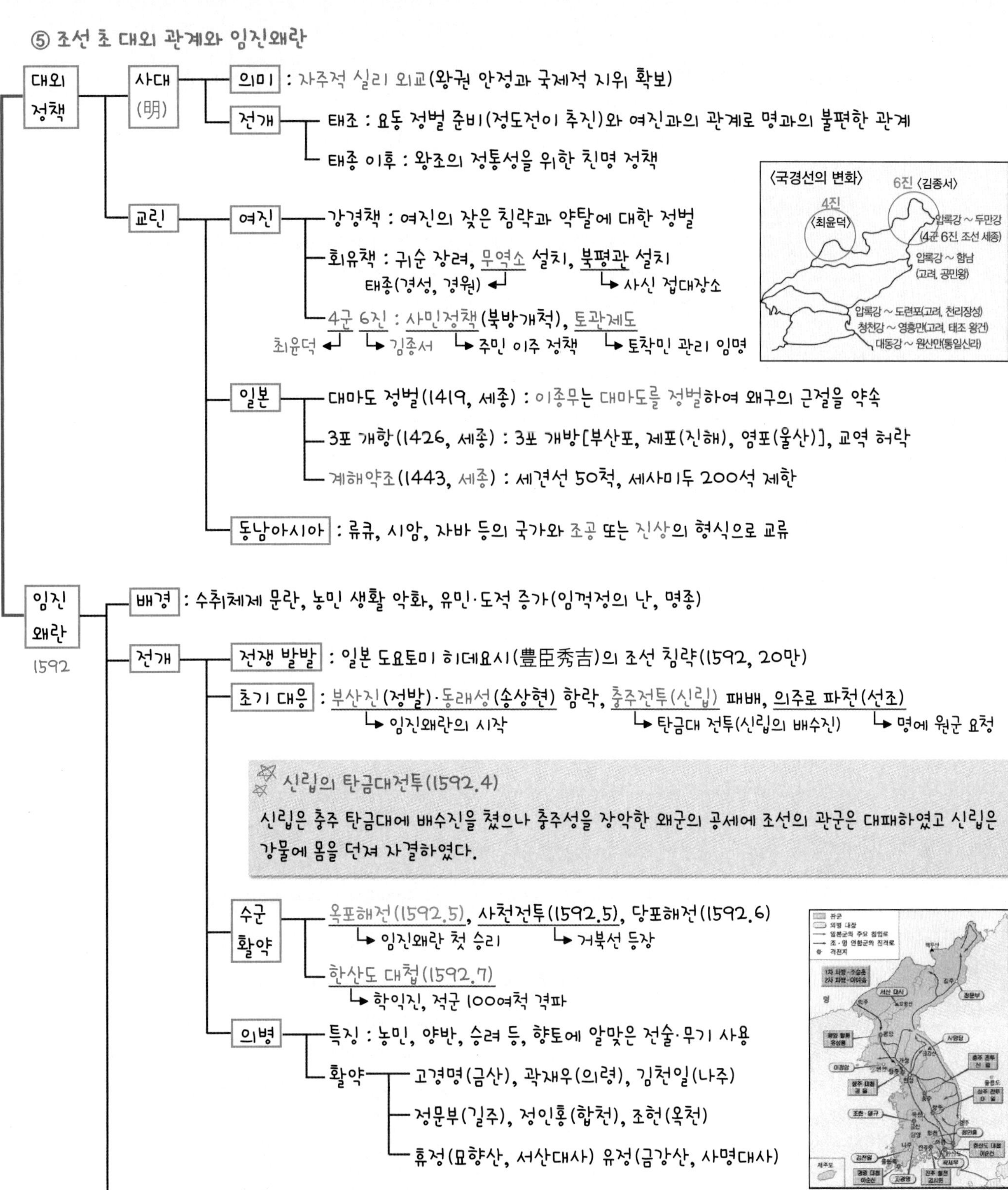

- 대외 정책
  - 사대(明)
    - 의미 : 자주적 실리 외교(왕권 안정과 국제적 지위 확보)
    - 전개
      - 태조 : 요동 정벌 준비(정도전이 추진)와 여진과의 관계로 명과의 불편한 관계
      - 태종 이후 : 왕조의 정통성을 위한 친명 정책
  - 교린
    - 여진
      - 강경책 : 여진의 잦은 침략과 약탈에 대한 정벌
      - 회유책 : 귀순 장려, 무역소 설치, 북평관 설치
        - 무역소 → 태종(경성, 경원)
        - 북평관 → 사신 접대장소
      - 4군 6진 : 사민정책(북방개척), 토관제도
        - 4군 → 최윤덕
        - 6진 → 김종서
        - 사민정책 → 주민 이주 정책
        - 토관제도 → 토착민 관리 임명
    - 일본
      - 대마도 정벌(1419, 세종) : 이종무는 대마도를 정벌하여 왜구의 근절을 약속
      - 3포 개항(1426, 세종) : 3포 개방[부산포, 제포(진해), 염포(울산)], 교역 허락
      - 계해약조(1443, 세종) : 세견선 50척, 세사미두 200석 제한
    - 동남아시아 : 류큐, 시암, 자바 등의 국가와 조공 또는 진상의 형식으로 교류

- 임진왜란 1592
  - 배경 : 수취체제 문란, 농민 생활 악화, 유민·도적 증가(임꺽정의 난, 명종)
  - 전개
    - 전쟁 발발 : 일본 도요토미 히데요시(豊臣秀吉)의 조선 침략(1592, 20만)
    - 초기 대응 : 부산진(정발)·동래성(송상현) 함락, 충주전투(신립) 패배, 의주로 파천(선조)
      - 부산진·동래성 → 임진왜란의 시작
      - 충주전투 → 탄금대 전투(신립의 배수진)
      - 의주로 파천 → 명에 원군 요청

> **신립의 탄금대전투(1592.4)**
> 신립은 충주 탄금대에 배수진을 쳤으나 충주성을 장악한 왜군의 공세에 조선의 관군은 대패하였고 신립은 강물에 몸을 던져 자결하였다.

- 수군 활약
  - 옥포해전(1592.5), 사천전투(1592.5), 당포해전(1592.6)
    - 옥포해전 → 임진왜란 첫 승리
    - 사천전투 → 거북선 등장
  - 한산도 대첩(1592.7)
    - → 학익진, 적군 100여척 격파
- 의병
  - 특징 : 농민, 양반, 승려 등, 향토에 알맞은 전술·무기 사용
  - 활약
    - 고경명(금산), 곽재우(의령), 김천일(나주)
    - 정문부(길주), 정인홍(합천), 조헌(옥천)
    - 휴정(묘향산, 서산대사) 유정(금강산, 사명대사)
- 역전
  - 명의 참전 : 수군과 의병의 활약, 명의 참전으로 전세 역전
  - 전세 전환 : 평양성 탈환(유성룡, 조명연합군), 행주산성 승리(권율), 진주대첩
    - 평양성 탈환 → 1593.1
    - 행주산성 승리 → 1593.2
    - 진주대첩 → 1593.6

관군과 의병의 활동

> **임진왜란 3대 대첩**
> 한산도 대첩(1592.7) : 이순신 장군이 학익진을 펼쳐 100여척의 적선을 격파
> 행주 대첩(1593.2) : 전라 순찰사 권율이 행주산성에서 왜적을 크게 격파
> 진주대첩(1593.6) : 5만의 왜군이 진주성 공격했던 치열했던 전투(양국 6만의 피해)

⑥ 정유재란과 호란

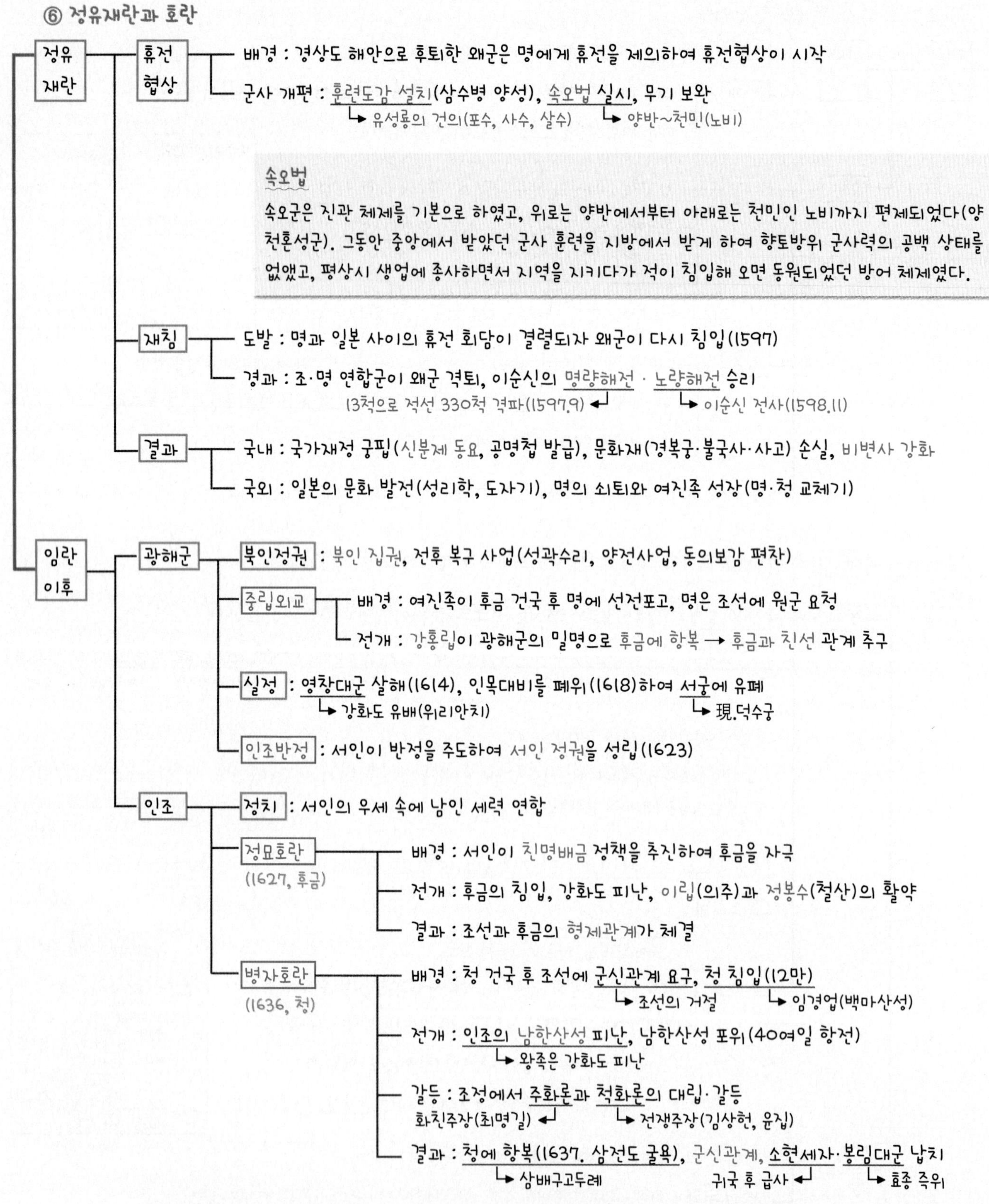

정유재란
휴전협상
배경 : 경상도 해안으로 후퇴한 왜군은 명에게 휴전을 제의하여 휴전협상이 시작
군사 개편 : 훈련도감 설치(삼수병 양성), 속오법 실시, 무기 보완
유성룡의 건의(포수, 사수, 살수)
양반~천민(노비)
속오법
속오군은 진관 체제를 기본으로 하였고, 위로는 양반에서부터 아래로는 천민인 노비까지 편제되었다(양천혼성군). 그동안 중앙에서 받았던 군사 훈련을 지방에서 받게 하여 향토방위 군사력의 공백 상태를 없앴고, 평상시 생업에 종사하면서 지역을 지키다가 적이 침입해 오면 동원되었던 방어 체제였다.
재침
도발 : 명과 일본 사이의 휴전 회담이 결렬되자 왜군이 다시 침입(1597)
경과 : 조·명 연합군이 왜군 격퇴, 이순신의 명량해전 · 노량해전 승리
13척으로 적선 330척 격파(1597.9)
이순신 전사(1598.11)
결과
국내 : 국가재정 궁핍(신분제 동요, 공명첩 발급), 문화재(경복궁·불국사·사고) 손실, 비변사 강화
국외 : 일본의 문화 발전(성리학, 도자기), 명의 쇠퇴와 여진족 성장(명·청 교체기)
임란 이후
광해군
북인정권 : 북인 집권, 전후 복구 사업(성곽수리, 양전사업, 동의보감 편찬)
중립외교
배경 : 여진족이 후금 건국 후 명에 선전포고, 명은 조선에 원군 요청
전개 : 강홍립이 광해군의 밀명으로 후금에 항복 → 후금과 친선 관계 추구
실정 : 영창대군 살해(1614), 인목대비를 폐위(1618)하여 서궁에 유폐
강화도 유배(위리안치)
現.덕수궁
인조반정 : 서인이 반정을 주도하여 서인 정권을 성립(1623)
인조
정치 : 서인의 우세 속에 남인 세력 연합
정묘호란
(1627, 후금)
배경 : 서인이 친명배금 정책을 추진하여 후금을 자극
전개 : 후금의 침입, 강화도 피난, 이립(의주)과 정봉수(철산)의 활약
결과 : 조선과 후금의 형제관계가 체결
병자호란
(1636, 청)
배경 : 청 건국 후 조선에 군신관계 요구, 청 침입(12만)
조선의 거절
임경업(백마산성)
전개 : 인조의 남한산성 피난, 남한산성 포위(40여일 항전)
왕족은 강화도 피난
갈등 : 조정에서 주화론과 척화론의 대립·갈등
화친주장(최명길)
전쟁주장(김상헌, 윤집)
결과 : 청에 항복(1637. 삼전도 굴욕), 군신관계, 소현세자·봉림대군 납치
삼배구고두례
귀국 후 급사
효종 즉위

군량을 저축하여 방어를 더욱 든든하게 하여 적의 허점을 노리는 것이 우리로서는 최상의 계책일 것입니다.

〈최명길, 주화론〉

차라리 나라가 없어질지라도 의리는 저버릴 수가 없습니다. … 어찌 차마 화의를 주장하는 것입니까?

〈윤 집, 주전론〉

주화파와 척화파

구분	척화파	주화파
주장	주전론	강화론
성향	대의명분	현실·실리
인물	김상헌·윤집	최명길

⑦ 붕당 정치의 전개

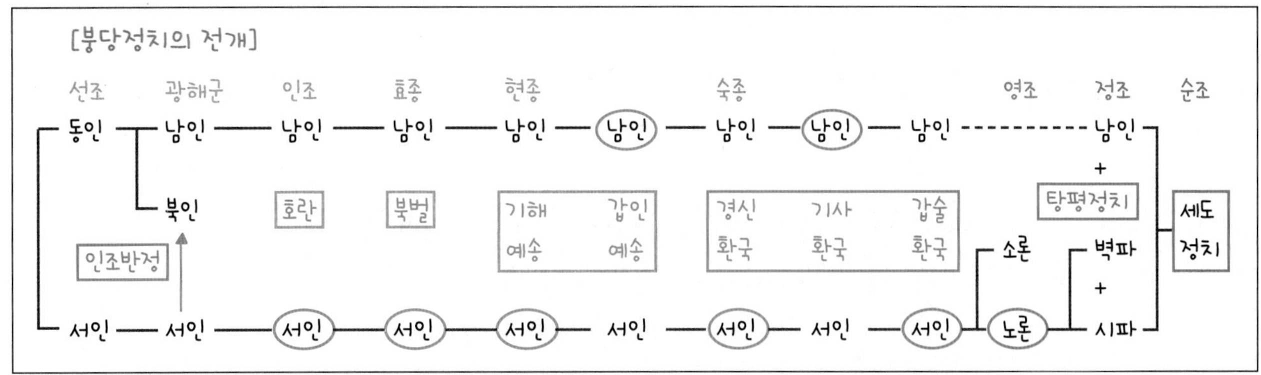

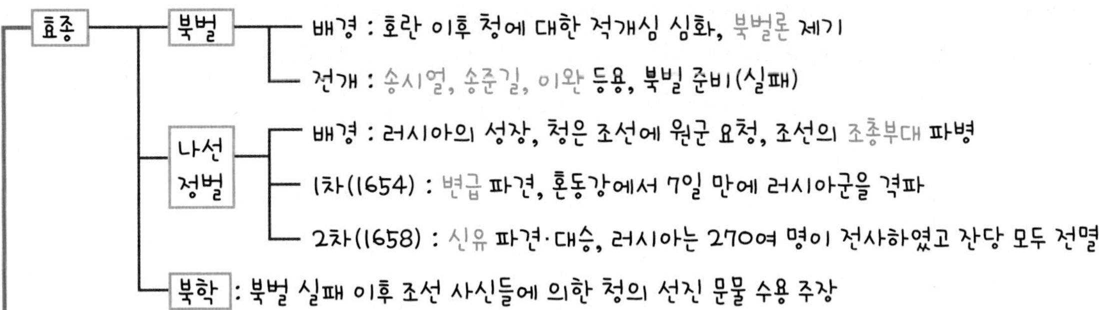

효종
- 북벌
  - 배경 : 호란 이후 청에 대한 적개심 심화, 북벌론 제기
  - 전개 : 송시열, 송준길, 이완 등용, 북벌 준비(실패)
- 나선 정벌
  - 배경 : 러시아의 성장, 청은 조선에 원군 요청, 조선의 조총부대 파병
  - 1차(1654) : 변급 파견, 흑룡강에서 7일 만에 러시아군을 격파
  - 2차(1658) : 신유 파견·대승, 러시아는 270여 명이 전사하였고 잔당 모두 전멸
- 북학 : 북벌 실패 이후 조선 사신들에 의한 청의 선진 문물 수용 주장

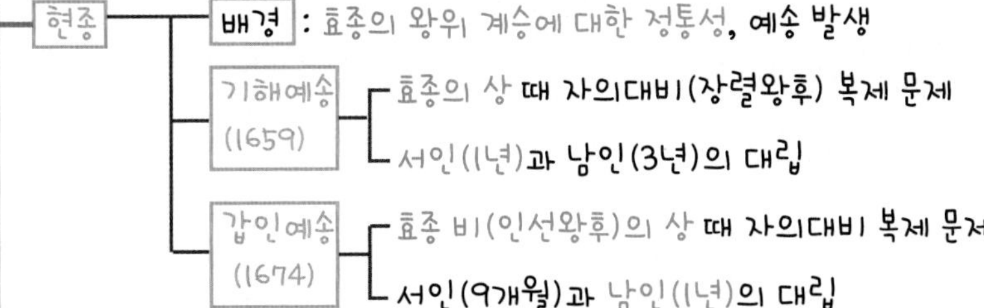

현종
- 배경 : 효종의 왕위 계승에 대한 정통성, 예송 발생
- 기해예송(1659)
  - 효종의 상 때 자의대비(장렬왕후) 복제 문제
  - 서인(1년)과 남인(3년)의 대립
- 갑인예송(1674)
  - 효종 비(인선왕후)의 상 때 자의대비 복제 문제
  - 서인(9개월)과 남인(1년)의 대립

예송논쟁

구분	기해예송	갑인예송
원인	효종의 상	효종 비의 상
남/서	3년/1년	1년/9개월
채택	서인	남인

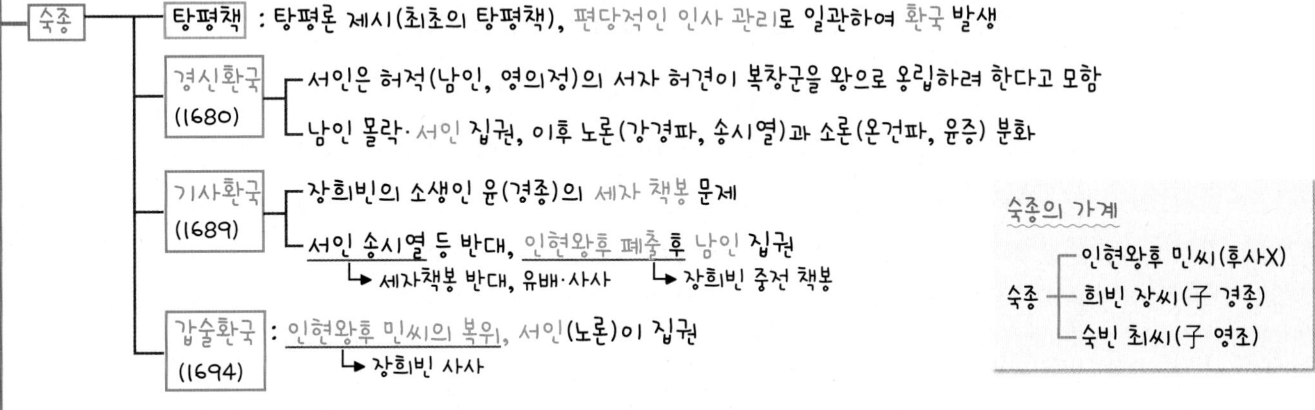

숙종
- 탕평책 : 탕평론 제시(최초의 탕평책), 편당적인 인사 관리로 일관하여 환국 발생
- 경신환국(1680)
  - 서인은 허적(남인, 영의정)의 서자 허견이 복창군을 왕으로 옹립하려 한다고 모함
  - 남인 몰락·서인 집권, 이후 노론(강경파, 송시열)과 소론(온건파, 윤증) 분화
- 기사환국(1689)
  - 장희빈의 소생인 윤(경종)의 세자 책봉 문제
  - 서인 송시열 등 반대, 인현왕후 폐출 후 남인 집권
    - (서인 송시열 등 반대) → 세자책봉 반대, 유배·사사
    - (인현왕후 폐출) → 장희빈 중전 책봉
- 갑술환국(1694) : 인현왕후 민씨의 복위, 서인(노론)이 집권
  - → 장희빈 사사

숙종의 가계

숙종
- 인현왕후 민씨(후사X)
- 희빈 장씨(子 경종)
- 숙빈 최씨(子 영조)

경종 : 왕세제(연잉군)가 왕을 대신하여 정무를 처리(대리청정)하는 문제로 노론(찬성)과 소론(반대) 사이 대립

영조
- 탕평책 : 강력한 왕권을 바탕으로 일시적인 탕평, 탕평 교서 발표, 탕평비 건립
- 노론 분열 : 사도세자의 죽음(1762, 임오화변)을 계기로 노론이 소론보다 우세

정조
- 탕평책 : 영조 때에 세력을 키워 온 척신과 환관 등을 제거, 신진관료 등용
- 능력본위 : 권력에서 배제되었던 소론과 남인 계열도 중용, 서얼 중용(박제가, 유득공 등)

세도정치 : 탕평 정치의 부작용으로 발생, 정조 사후 3대 60여 년 동안 왕의 외척 세력이 권력을 독점하여 행사

2. 근세의 경제

① 경제 정책과 토지 제도

경제 정책
- **중농** : 토지 개간 장려, 양전 사업 실시, 민생 안정 추구
- **억상**
  - **유교적 경제관**
    - 사(士,선비)·농(農,농업)·공(工,공업)·상(商,상업)의 직업적 차별 존재
    - 검약한 생활을 강조하는 유교적인 경제관으로 소비 억제
  - **상공업 통제** : 물화의 수량과 종류를 국가가 통제

> ✩ 성리학적 경제관(유교적 경제관)
> - 검소한 것은 덕(德)이 함께 하는 것이며 사치는 악(惡)의 큰 것이니 검소해야 할 것이다.
> - 게으르고 놀기 좋아하는 자들이 수공업과 상업에 종사하였기 때문에 농사를 짓는 백성이 줄어들었다.
>
> 「조선경국전」

토지 제도

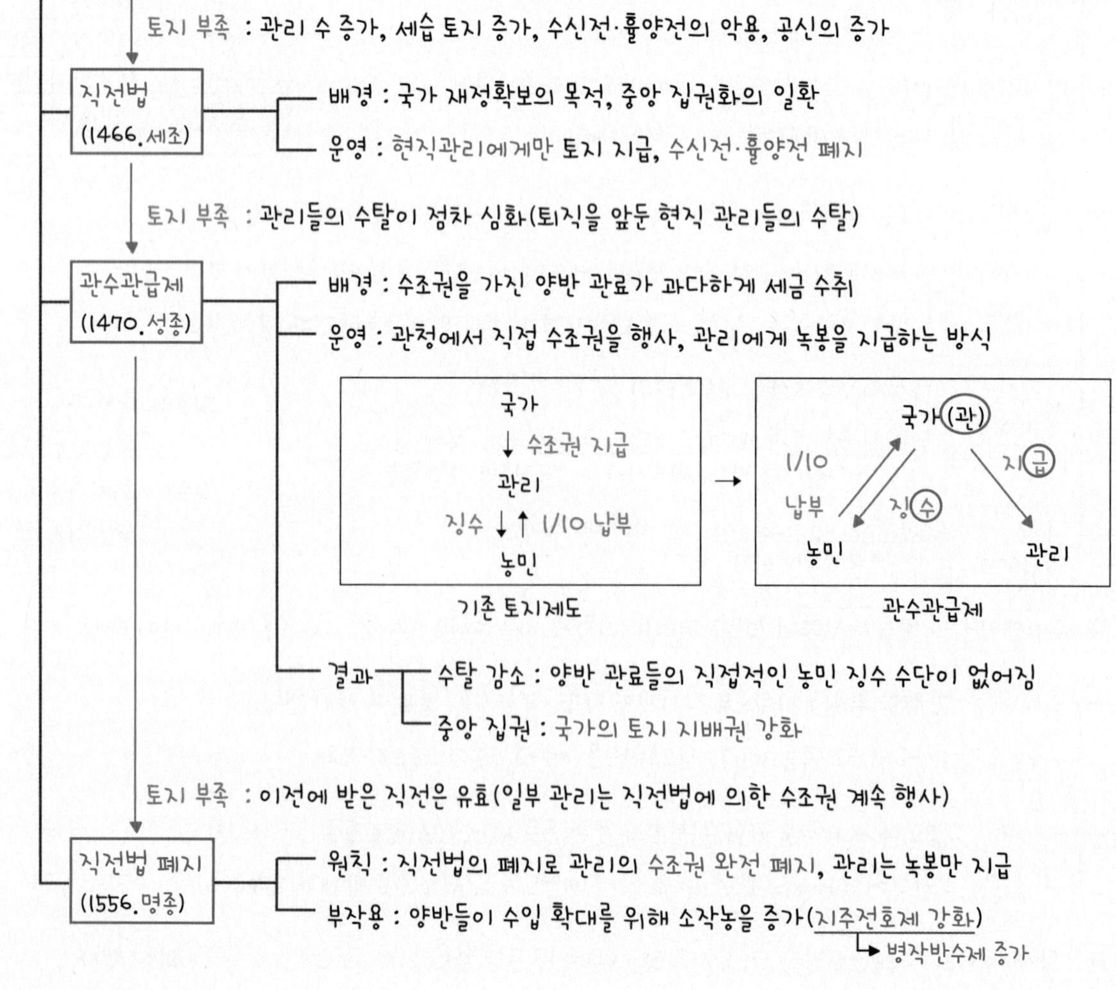

- **과전법(1391, 공양왕)**
  - 배경 : 국가의 재정기반 확보, 신진사대부의 경제적 기반 마련
  - 운영 : 전·현직 관리 지급, 경기 토지(수조권), 원칙적 국가 반환
  - 예외
    - 수신전 : 남편이 죽은 후 부인의 수절을 조건으로 지급
    - 휼양전 : 아버지 사망 시 어린 자녀가 성장할 때까지 한시적 지급
    - 공신전 : 공신에게 지급

  ↓ 토지 부족 : 관리 수 증가, 세습 토지 증가, 수신전·휼양전의 악용, 공신의 증가

- **직전법(1466, 세조)**
  - 배경 : 국가 재정확보의 목적, 중앙 집권화의 일환
  - 운영 : 현직관리에게만 토지 지급, 수신전·휼양전 폐지

  ↓ 토지 부족 : 관리들의 수탈이 점차 심화(퇴직을 앞둔 현직 관리들의 수탈)

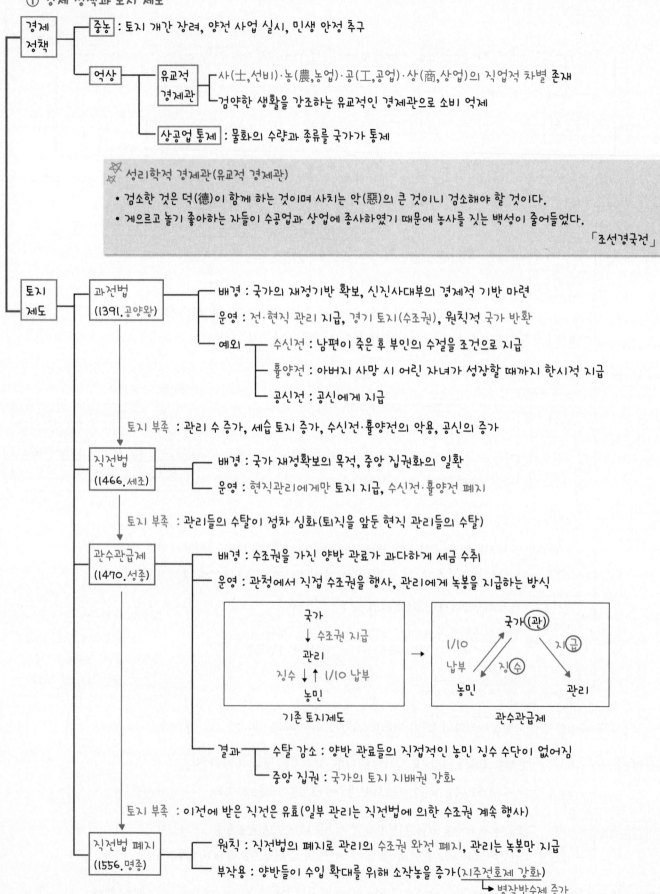

- **관수관급제(1470, 성종)**
  - 배경 : 수조권을 가진 양반 관료가 과다하게 세금 수취
  - 운영 : 관청에서 직접 수조권을 행사, 관리에게 녹봉을 지급하는 방식
  - 결과
    - 수탈 감소 : 양반 관료들의 직접적인 농민 징수 수단이 없어짐
    - 중앙 집권 : 국가의 토지 지배권 강화

  ↓ 토지 부족 : 이전에 받은 직전은 유효(일부 관리는 직전법에 의한 수조권 계속 행사)

- **직전법 폐지(1556, 명종)**
  - 원칙 : 직전법의 폐지로 관리의 수조권 완전 폐지, 관리는 녹봉만 지급
  - 부작용 : 양반들이 수입 확대를 위해 소작농을 증가(지주전호제 강화)
    - → 병작반수제 증가

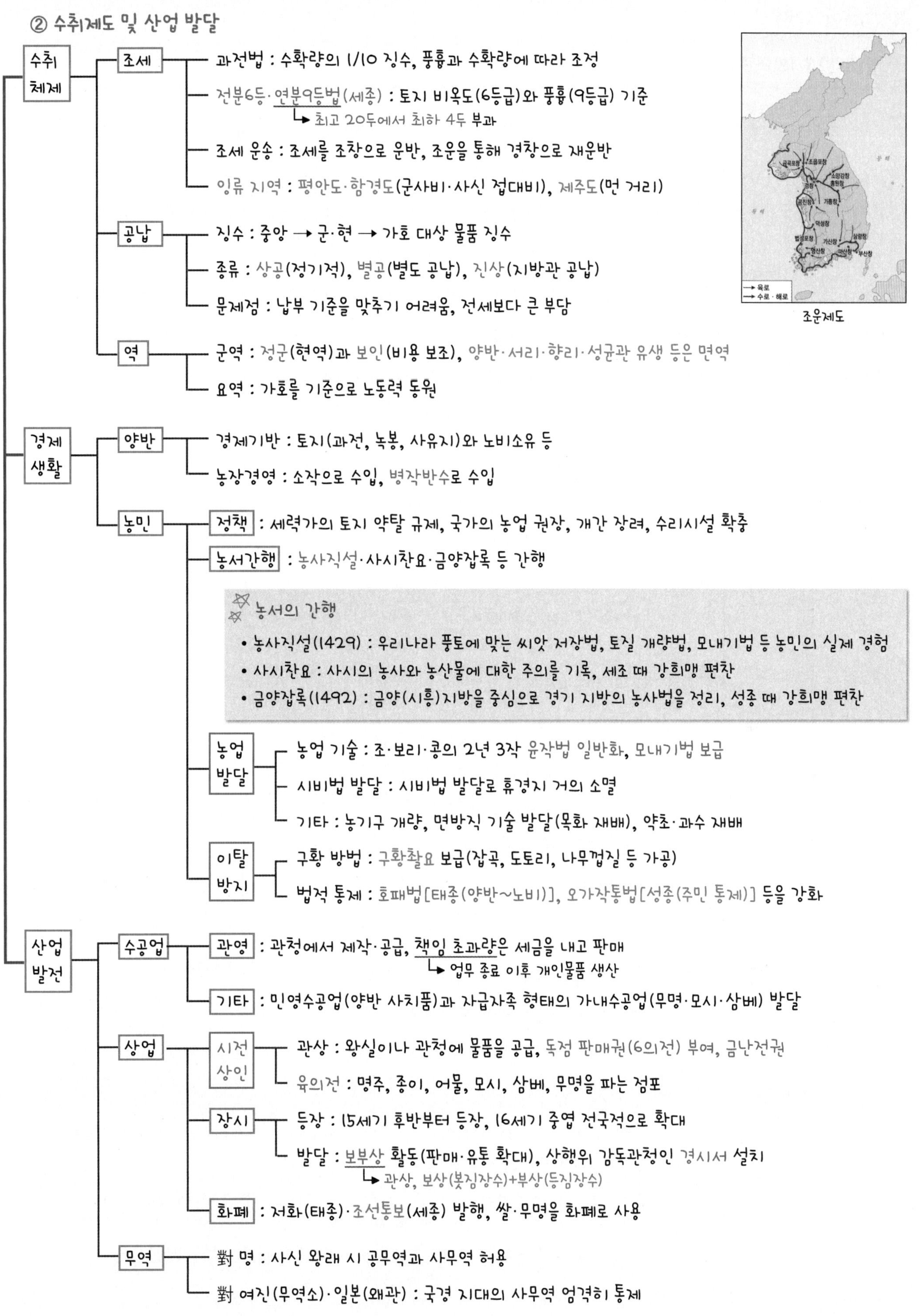

② 수취제도 및 산업 발달

- **수취체제**
  - **조세**
    - 과전법 : 수확량의 1/10 징수, 풍흉과 수확량에 따라 조정
    - 전분6등·연분9등법(세종) : 토지 비옥도(6등급)와 풍흉(9등급) 기준
      - └→ 최고 20두에서 최하 4두 부과
    - 조세 운송 : 조세를 조창으로 운반, 조운을 통해 경창으로 재운반
    - 잉류 지역 : 평안도·함경도(군사비·사신 접대비), 제주도(먼 거리)
  - **공납**
    - 징수 : 중앙 → 군·현 → 가호 대상 물품 징수
    - 종류 : 상공(정기적), 별공(별도 공납), 진상(지방관 공납)
    - 문제점 : 납부 기준을 맞추기 어려움, 전세보다 큰 부담
  - **역**
    - 군역 : 정군(현역)과 보인(비용 보조), 양반·서리·향리·성균관 유생 등은 면역
    - 요역 : 가호를 기준으로 노동력 동원

조운제도

- **경제생활**
  - **양반**
    - 경제기반 : 토지(과전, 녹봉, 사유지)와 노비소유 등
    - 농장경영 : 소작으로 수입, 병작반수로 수입
  - **농민**
    - **정책** : 세력가의 토지 약탈 규제, 국가의 농업 권장, 개간 장려, 수리시설 확충
    - **농서간행** : 농사직설·사시찬요·금양잡록 등 간행

> ☆ 농서의 간행
> - 농사직설(1429) : 우리나라 풍토에 맞는 씨앗 저장법, 토질 개량법, 모내기법 등 농민의 실제 경험
> - 사시찬요 : 사시의 농사와 농산물에 대한 주의를 기록, 세조 때 강희맹 편찬
> - 금양잡록(1492) : 금양(시흥)지방을 중심으로 경기 지방의 농사법을 정리, 성종 때 강희맹 편찬

    - **농업 발달**
      - 농업 기술 : 조·보리·콩의 2년 3작 윤작법 일반화, 모내기법 보급
      - 시비법 발달 : 시비법 발달로 휴경지 거의 소멸
      - 기타 : 농기구 개량, 면방직 기술 발달(목화 재배), 약초·과수 재배
    - **이탈 방지**
      - 구황 방법 : 구황촬요 보급(잡곡, 도토리, 나무껍질 등 가공)
      - 법적 통제 : 호패법[태종(양반~노비)], 오가작통법[성종(주민 통제)] 등을 강화
- **산업 발전**
  - **수공업**
    - **관영** : 관청에서 제작·공급, 책임 초과량은 세금을 내고 판매
      - └→ 업무 종료 이후 개인물품 생산
    - **기타** : 민영수공업(양반 사치품)과 자급자족 형태의 가내수공업(무명·모시·삼베) 발달
  - **상업**
    - **시전 상인**
      - 관상 : 왕실이나 관청에 물품을 공급, 독점 판매권(6의전) 부여, 금난전권
      - 육의전 : 명주, 종이, 어물, 모시, 삼베, 무명을 파는 점포
    - **장시**
      - 등장 : 15세기 후반부터 등장, 16세기 중엽 전국적으로 확대
      - 발달 : 보부상 활동(판매·유통 확대), 상행위 감독관청인 경시서 설치
        - └→ 관상, 보상(봇짐장수)+부상(등짐장수)
    - **화폐** : 저화(태종)·조선통보(세종) 발행, 쌀·무명을 화폐로 사용
  - **무역**
    - 對 명 : 사신 왕래 시 공무역과 사무역 허용
    - 對 여진(무역소)·일본(왜관) : 국경 지대의 사무역 엄격히 통제

3. 근세의 사회

① 조선전기의 신분제도

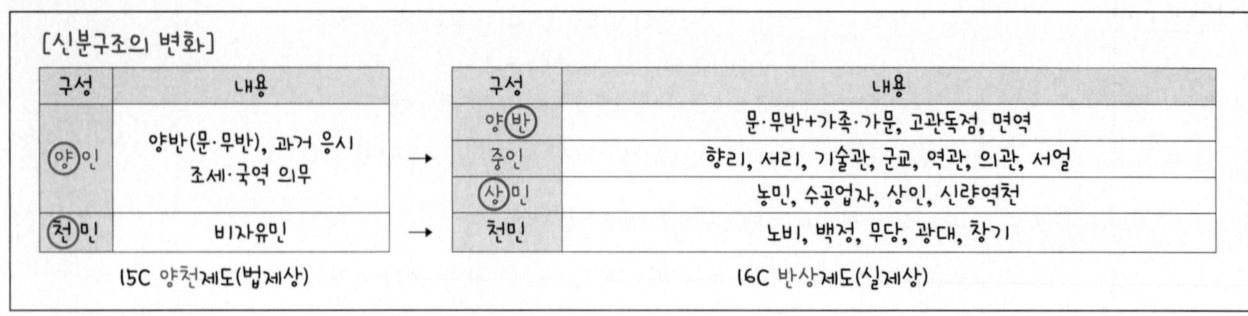

[신분구조의 변화]

구성	내용
양인	양반(문·무반), 과거 응시 조세·국역 의무
천민	비자유민

15C 양천제도(법제상)

→

구성	내용
양반	문·무반+가족·가문, 고관독점, 면역
중인	향리, 서리, 기술관, 군교, 역관, 의관, 서얼
상민	농민, 수공업자, 상인, 신량역천
천민	노비, 백정, 무당, 광대, 창기

16C 반상제도(실제상)

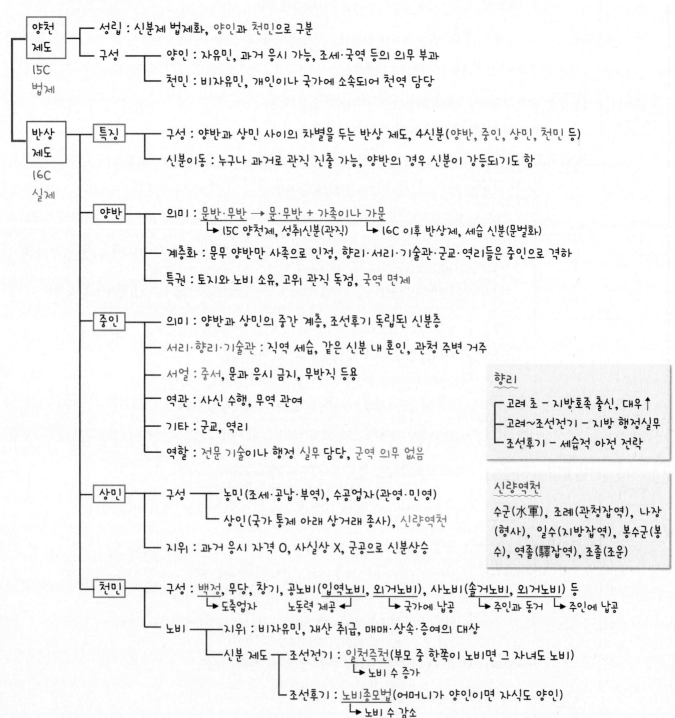

- **양천제도** (15C 법제)
  - 성립 : 신분제 법제화, 양인과 천민으로 구분
  - 구성
    - 양인 : 자유민, 과거 응시 가능, 조세·국역 등의 의무 부과
    - 천민 : 비자유민, 개인이나 국가에 소속되어 천역 담당
- **반상제도** (16C 실제)
  - 특징
    - 구성 : 양반과 상민 사이의 차별을 두는 반상 제도, 4신분(양반, 중인, 상민, 천민 등)
    - 신분이동 : 누구나 과거로 관직 진출 가능, 양반의 경우 신분이 강등되기도 함
  - 양반
    - 의미 : 문반·무반 → 문·무반 + 가족이나 가문
      - 문반·무반 → 15C 양천제, 성취신분(관직)
      - 문·무반 + 가족이나 가문 → 16C 이후 반상제, 세습 신분(문벌화)
    - 계층화 : 문무 양반만 사족으로 인정, 향리·서리·기술관·군교·역리들은 중인으로 격하
    - 특권 : 토지와 노비 소유, 고위 관직 독점, 국역 면제
  - 중인
    - 의미 : 양반과 상민의 중간 계층, 조선후기 독립된 신분층
    - 서리·향리·기술관 : 직역 세습, 같은 신분 내 혼인, 관청 주변 거주
    - 서얼 : 중서, 문과 응시 금지, 무반직 등용
    - 역관 : 사신 수행, 무역 관여
    - 기타 : 군교, 역리
    - 역할 : 전문 기술이나 행정 실무 담당, 군역 의무 없음
  - 상민
    - 구성
      - 농민(조세·공납·부역), 수공업자(관영·민영)
      - 상인(국가 통제 아래 상거래 종사), 신량역천
    - 지위 : 과거 응시 자격 O, 사실상 X, 군공으로 신분상승
  - 천민
    - 구성 : 백정, 무당, 창기, 공노비(입역노비, 외거노비), 사노비(솔거노비, 외거노비) 등
      - 백정 → 도축업자
      - 입역노비 → 노동력 제공
      - 외거노비(공노비) → 국가에 납공
      - 솔거노비 → 주인과 동거
      - 외거노비(사노비) → 주인에 납공
    - 노비
      - 지위 : 비자유민, 재산 취급, 매매·상속·증여의 대상
      - 신분 제도
        - 조선전기 : 일천즉천(부모 중 한쪽이 노비면 그 자녀도 노비) → 노비 수 증가
        - 조선후기 : 노비종모법(어머니가 양인이면 자식도 양인) → 노비 수 감소

> **향리**
> - 고려 초 – 지방호족 출신, 대우↑
> - 고려~조선전기 – 지방 행정실무
> - 조선후기 – 세습적 아전 전락

> **신량역천**
> 수군(水軍), 조례(관청잡역), 나장(형사), 일수(지방잡역), 봉수군(봉수), 역졸(驛잡역), 조졸(조운)

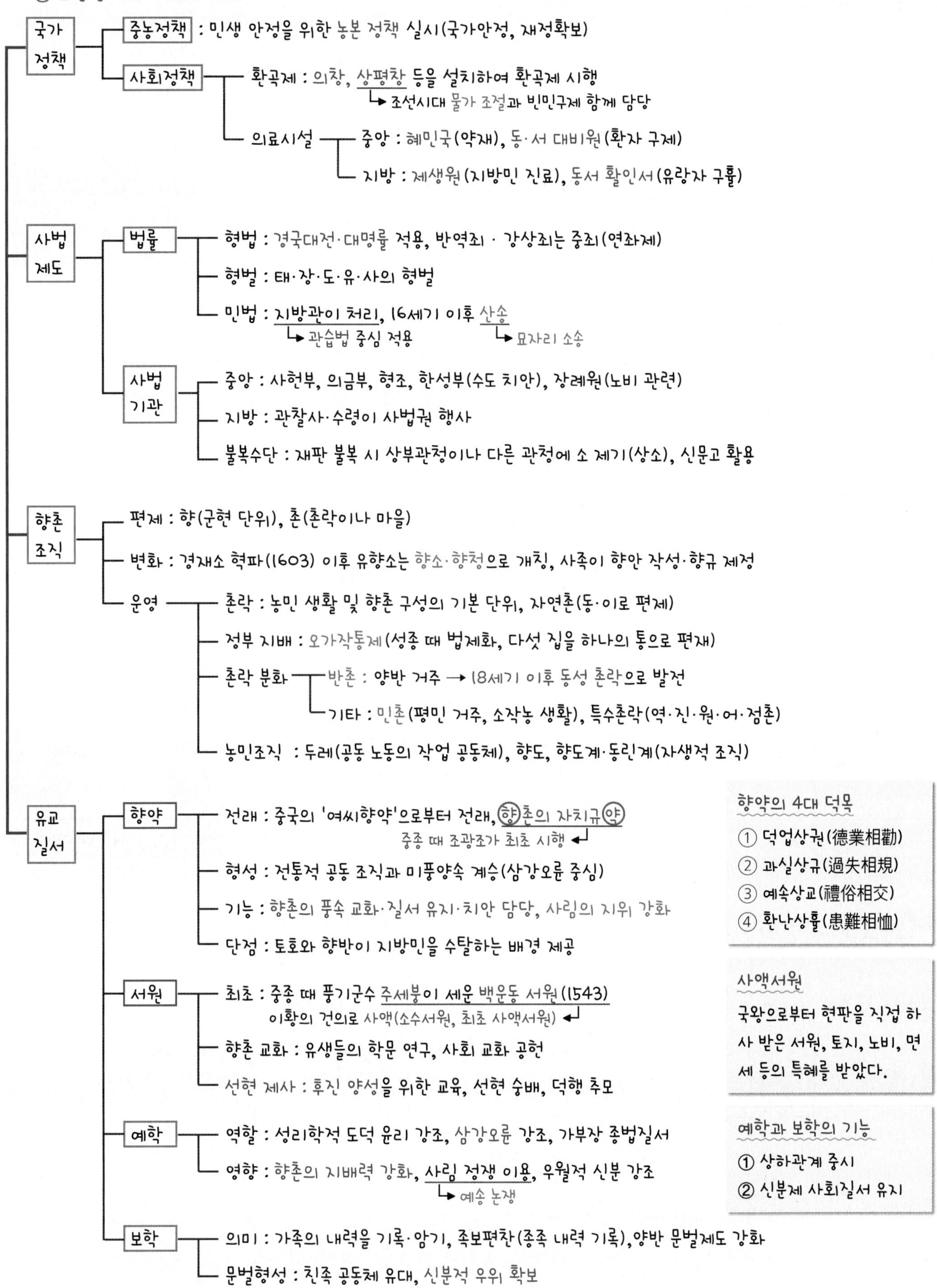

② 조선전기의 사회와 제도

- 국가 정책
  - 중농정책 : 민생 안정을 위한 농본 정책 실시(국가안정, 재정확보)
  - 사회정책
    - 환곡제 : 의창, 상평창 등을 설치하여 환곡제 시행
      - (상평창) → 조선시대 물가 조절과 빈민구제 함께 담당
    - 의료시설
      - 중앙 : 혜민국(약재), 동·서 대비원(환자 구제)
      - 지방 : 제생원(지방민 진료), 동서 활인서(유랑자 구휼)
- 사법 제도
  - 법률
    - 형법 : 경국대전·대명률 적용, 반역죄 · 강상죄는 중죄(연좌제)
    - 형벌 : 태·장·도·유·사의 형벌
    - 민법 : 지방관이 처리, 16세기 이후 산송
      - (지방관이 처리) → 관습법 중심 적용
      - (산송) → 묘자리 소송
  - 사법 기관
    - 중앙 : 사헌부, 의금부, 형조, 한성부(수도 치안), 장례원(노비 관련)
    - 지방 : 관찰사·수령이 사법권 행사
    - 불복수단 : 재판 불복 시 상부관청이나 다른 관청에 소 제기(상소), 신문고 활용
- 향촌 조직
  - 편제 : 향(군현 단위), 촌(촌락이나 마을)
  - 변화 : 경재소 혁파(1603) 이후 유향소는 향소·향청으로 개칭, 사족이 향안 작성·향규 제정
  - 운영
    - 촌락 : 농민 생활 및 향촌 구성의 기본 단위, 자연촌(동·이로 편제)
    - 정부 지배 : 오가작통제(성종 때 법제화, 다섯 집을 하나의 통으로 편재)
    - 촌락 분화
      - 반촌 : 양반 거주 → 18세기 이후 동성 촌락으로 발전
      - 기타 : 민촌(평민 거주, 소작농 생활), 특수촌락(역·진·원·어·점촌)
    - 농민조직 : 두레(공동 노동의 작업 공동체), 향도, 향도계·동린계(자생적 조직)
- 유교 질서
  - 향약
    - 전래 : 중국의 '여씨향약'으로부터 전래, 향촌의 자치규약
      - 중종 때 조광조가 최초 시행
    - 형성 : 전통적 공동 조직과 미풍양속 계승(삼강오륜 중심)
    - 기능 : 향촌의 풍속 교화·질서 유지·치안 담당, 사림의 지위 강화
    - 단점 : 토호와 향반이 지방민을 수탈하는 배경 제공
  - 서원
    - 최초 : 중종 때 풍기군수 주세붕이 세운 백운동 서원(1543)
      - 이황의 건의로 사액(소수서원, 최초 사액서원)
    - 향촌 교화 : 유생들의 학문 연구, 사회 교화 공헌
    - 선현 제사 : 후진 양성을 위한 교육, 선현 숭배, 덕행 추모
  - 예학
    - 역할 : 성리학적 도덕 윤리 강조, 삼강오륜 강조, 가부장 종법질서
    - 영향 : 향촌의 지배력 강화, 사림 정쟁 이용, 우월적 신분 강조
      - (사림 정쟁 이용) → 예송 논쟁
  - 보학
    - 의미 : 가족의 내력을 기록·암기, 족보편찬(종족 내력 기록), 양반 문벌제도 강화
    - 문벌형성 : 친족 공동체 유대, 신분적 우위 확보

향약의 4대 덕목

① 덕업상권(德業相勸)
② 과실상규(過失相規)
③ 예속상교(禮俗相交)
④ 환난상휼(患難相恤)

사액서원

국왕으로부터 현판을 직접 하사 받은 서원, 토지, 노비, 면세 등의 특혜를 받았다.

예학과 보학의 기능

① 상하관계 중시
② 신분제 사회질서 유지

4. 근세의 문화

① 민족 문화의 육성

- 문화 특징
  - 15세기 : 조선 초 국가적 지원으로 자주적·민족적·실용적 학문 및 과학 기술의 발명
  - 16세기 : 사림 집권 이후 과학 기술에 대한 경시 풍조로 과학기술의 쇠퇴
  - 한글 창제
    - 훈민정음(세종) : 백성들도 문자 생활 가능
      - ↳ 창제(1443), 반포(1446), 유네스코 지정 세계기록유산
    - 보급 : 용비어천가·월인천강지곡·불경·농서·윤리서·병서 간행

훈민정음

- 역사서
  - 왕조실록 : 조선왕조실록(태조~철종), 춘추관 내 실록청, 편년체

> ☆ 조선왕조실록(태조~철종)
> - 실록 : 국왕 사후 춘추관의 실록청에서 편찬
> - 편찬 : 사초(국왕 앞에서 사관이 기록)와 시정기(관청 문서)를 중심으로 승정원일기·의정부등록·비변사등록·일성록(정조 이후) 등을 정리하여 편년체로 편찬
> - 세계유산 : 1997년 유네스코 세계 기록문화유산으로 지정

  - 의궤 : 국가 주요 행사의 기록을 그림과 함께 기록, 임란 이후 의궤만 현존
  - 건국초 : 조선 건국의 정당성 확보·성리학적 통치 규범 정착(고려국사)
    - ↳ 태조 때 정도전
  - 15C : 고려사(기전체), 고려사절요(편년체), 동국통감(편년체)
    - ↳ 김종서, 정인지 / ↳ 고려 역사 정리 / ↳ 성종 때 서거정, 고조선~고려 말까지의 역사 정리
  - 16C : 기자실기(이이, 존화주의적 사상)

- 지도
  - 15C
    - 혼일강리역대국도지도 : 15C 태종 때 세계 지도 제작(1402)
      - ↳ 현존하는 세계 지도 중 동양에서 가장 오래(最古) 된 지도
    - 팔도도(15C 태종), 동국지도(15C 세조, 양성지)
      - ↳ 과학 기구(인지의·규형)를 이용한 실측지도
  - 16C : 조선방역지도(16C 명종, 만주와 대마도 표기)

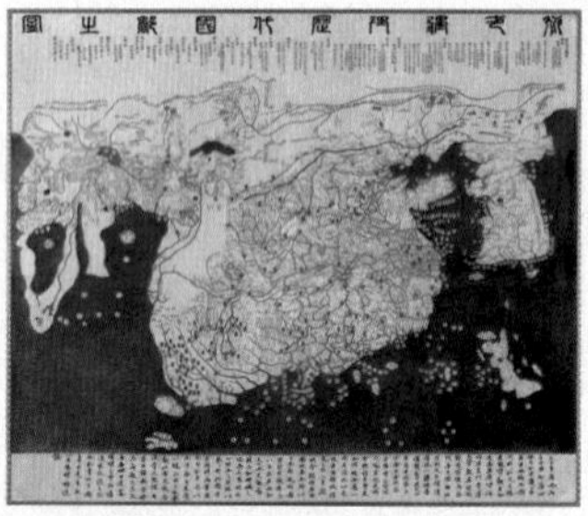

혼일강리역대국도지도

- 지리지 : 신찬팔도지리지(세종), 세종실록지리지(단종), 동국여지승람(성종), 신증동국여지승람(중종)
  - ↳ 군현의 인문지리서

- 윤리서
  - 15C
    - 삼강행실도(세종) : 충신, 효자, 열녀 등의 행적을 그림으로 그리고 설명
    - 국조오례의(성종) : 국가 행사에 필요한 의례(길례 · 가례 · 빈례 · 군례 · 흉례)
      - 길례 → 제사, 가례 → 혼례, 빈례 → 사신접대, 군례 → 군사, 흉례 → 장례
  - 16C
    - 이륜행실도(중종) : 연장자와 연소자, 친구 사이에서 지켜야 할 윤리
    - 동몽수지(중종) : 어린이가 지켜야 할 예절

- 법전
  - 조선 초기 : 조선경국전(정도전, 조례정리)
  - 경국대전(세조~성종) : 조선의 기본법전, 이·호·예·병·형·공전의 6전으로 구성
    - 세조 → 편찬 시작, 성종 → 완성·반포

② 성리학과 사상의 발달

[조선의 교육기관]

서당(초등) → 4학(중앙)/향교(지방)(중·고등) → 생원과/진사과(소과) → 성균관(대학교) → 문과(대과)

가정 ——— (수능) ↑ ——— (국가고시) ↑ / 4학·향교 ——— (검정고시) ↓ 성균관

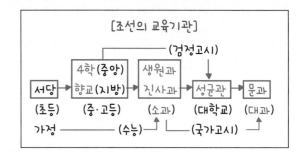

- **교육 기관**
  - **최고 학부** : 성균관(국립 교육기관, 생원·진사 입학)
  - **중등 (관립)**
    - 4부학당 : 중앙 중등 기관, 교수·훈도 교육
    - 향교 : 지방 중등기관, 교수·훈도 파견 교육
  - **사립**
    - 서원(중등) : 선현의 제사와 후학 양성
    - 서당(초등) : 초등교육, 4학이나 향교에 입학하지 못한 선비와 평민의 자제(8세~16세)
- **성리학**
  - **발전**
    - 관학파 (훈구)
      - 형성 : 조선 초 부국강병 추진, 세조 때 훈구파로 계승
      - 성향 : 성리학에만 국한하지 않고 다양한 사상 등을 포용
    - 사학파 (사림)
      - 형성 : 재야로 물러난 세력, 성종 때 본격적으로 중앙 정계 진출
      - 성향 : 형벌보다는 교화에 의한 통치 강조, 성리학적 이념과 제도의 실천
  - **이기 철학**
    - 발생 : 16세기 서경덕(주기론)과 이언적(주리론)이 선구적 위치
    - 이황 : 인간의 심성 중시, 근본적·이상주의적, 주자서절요, 성학십도, 이기이원론,
      - ↳ 퇴계, 1,000원
      - 일본 성리학에 영향 ← (주자서절요)
      - ↳ 군주 스스로 학습하여 성군으로 발전 (성학십도)
    - 이이 : 기의 역할 강조, 현실적·개혁적, 동호문답, 성학집요, 일원론적 이기이원론
      - ↳ 율곡, 5,000원
      - ↳ 현명한 신하가 군주를 가르쳐 성군으로 인도 (성학집요)

[이황과 이이]

구분	이황(1501~1570)	이이(1536~1584)
주장	주리론(主理論) / 영남학파(동인)	주기론(主氣論) / 기호학파(서인)
학문	관념적 도덕 세계 중시, 근본적·이상적	경험적 현실 세계 중시, 현실적·개혁적
영향	위정척사사상, 일본 성리학	실학사상, 개화사상
저서	주자서절요, 성학십도	동호문답, 성학집요
칭송	동방의 주자	동방의 공자

- 이황이 먼저 사람! 자음 순 먼저! 이황 – 성학십도 이이 – 성학집요
- 성학집요 : 신하가 군주를 집요하게 가르쳐야 한다!!

- **사상**
  - **불교**
    - 억불
      - 태조(사원의 토지 · 노비 몰수), 태종(사원정리, 토지·노비 몰수)
      - 세종(선·교 양종의 36개 사원만 인정)
    - 보호
      - 세종(월인천강지곡, 석보상절 간행), 세조(간경도감, 월인석보, 원각사·원각사10층탑)
        - ↳ 월인천강지곡+석보상절 (월인석보)
      - 임란 이후(승병들의 활약으로 억불 정책 중단)
  - **도교** : 15세기(소격서 설치, 초제 시행), 16세기(사림 집권, 도교 행사 폐지)
  - **풍수지리설** : 한양 천도에 반영, 16세기 산송 문제가 많이 발생(명당 선호)

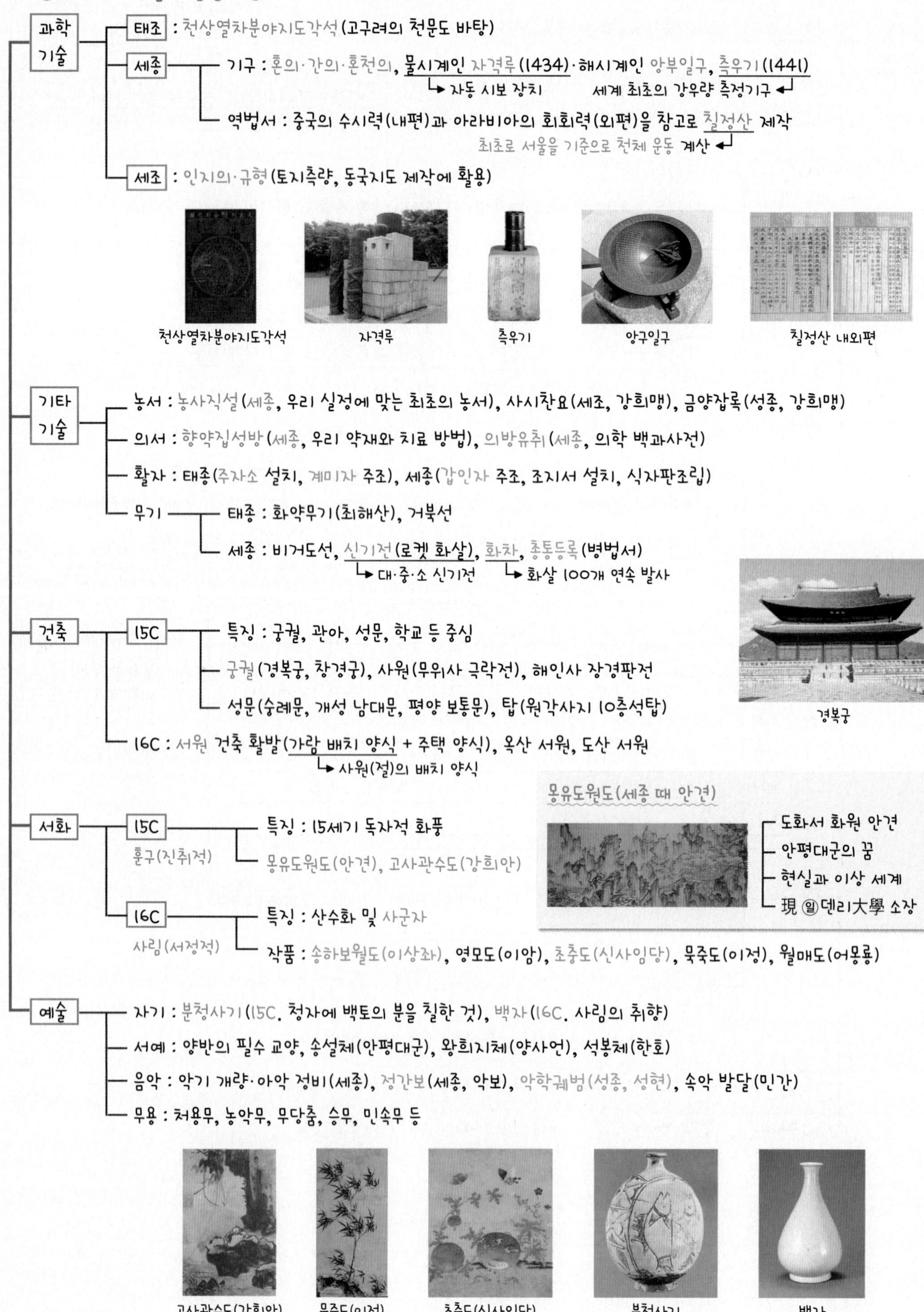

③ 조선전기 기술의 발달과 문예

과학 기술

- **태조** : 천상열차분야지도각석(고구려의 천문도 바탕)
- **세종**
  - 기구 : 혼의·간의·혼천의, 물시계인 자격루(1434)·해시계인 앙부일구, 측우기(1441)
    - 자격루 → 자동 시보 장치
    - 측우기 → 세계 최초의 강우량 측정기구
  - 역법서 : 중국의 수시력(내편)과 아라비아의 회회력(외편)을 참고로 칠정산 제작
    - 칠정산 → 최초로 서울을 기준으로 천체 운동 계산
- **세조** : 인지의·규형(토지측량, 동국지도 제작에 활용)

천상열차분야지도각석 / 자격루 / 측우기 / 앙구일구 / 칠정산 내외편

기타 기술

- 농서 : 농사직설(세종, 우리 실정에 맞는 최초의 농서), 사시찬요(세조, 강희맹), 금양잡록(성종, 강희맹)
- 의서 : 향약집성방(세종, 우리 약재와 치료 방법), 의방유취(세종, 의학 백과사전)
- 활자 : 태종(주자소 설치, 계미자 주조), 세종(갑인자 주조, 조지서 설치, 식자판조립)
- 무기
  - 태종 : 화약무기(최해산), 거북선
  - 세종 : 비거도선, 신기전(로켓 화살), 화차, 총통등록(병법서)
    - 신기전 → 대·중·소 신기전
    - 화차 → 화살 100개 연속 발사

건축

- 15C
  - 특징 : 궁궐, 관아, 성문, 학교 등 중심
  - 궁궐(경복궁, 창경궁), 사원(무위사 극락전), 해인사 장경판전
  - 성문(숭례문, 개성 남대문, 평양 보통문), 탑(원각사지 10층석탑)
- 16C : 서원 건축 활발(가람 배치 양식 + 주택 양식), 옥산 서원, 도산 서원
  - 가람 배치 양식 → 사원(절)의 배치 양식

경복궁

서화

- 15C 훈구(진취적)
  - 특징 : 15세기 독자적 화풍
  - 몽유도원도(안견), 고사관수도(강희안)
- 16C 사림(서정적)
  - 특징 : 산수화 및 사군자
  - 작품 : 송하보월도(이상좌), 영모도(이암), 초충도(신사임당), 묵죽도(이정), 월매도(어몽룡)

몽유도원도(세종 때 안견)
- 도화서 화원 안견
- 안평대군의 꿈
- 현실과 이상 세계
- 現 ㉠덴리大學 소장

예술

- 자기 : 분청사기(15C. 청자에 백토의 분을 칠한 것), 백자(16C. 사림의 취향)
- 서예 : 양반의 필수 교양, 송설체(안평대군), 왕희지체(양사언), 석봉체(한호)
- 음악 : 악기 개량·아악 정비(세종), 정간보(세종, 악보), 악학궤범(성종, 성현), 속악 발달(민간)
- 무용 : 처용무, 농악무, 무당춤, 승무, 민속무 등

고사관수도(강희안) / 묵죽도(이정) / 초충도(신사임당) / 분청사기 / 백자

● 의정부 서사제

6조는 각기 모든 직무를 먼저 의정부에 품의하고, 의정부는 가부를 헤아린 뒤에 왕에게 아뢰어 (왕의) 전지를 받아 6조에 내려 보내어 시행한다. 다만 이조·병조의 제수, 병조의 군사 업무, 형조의 사형수를 제외한 판결 등은 종래와 같이 각 조에서 직접 아뢰어 시행하고 곧바로 의정부에 보고한다. 만약 타당하지 않으면 의정부가 맡아 심의 논박하고 다시 아뢰어 시행토록 한다. 「세종실록」

● 6조직계제

상왕(단종)이 어려서 무릇 조치하는 바는 모두 대신에게 맡겨 논의 시행하였다. 지금 내(세조)가 명을 받아 왕통을 계승하여 군국 서무를 아울러 모두 처리하며 조종의 옛 제도를 모두 복구한다. 지금부터 형조의 사형수를 제외한 모든 서무는 6조가 각각 그 직무를 담당하여 직계한다. 「세조실록」

● 유향소

지금까지 고을에서 백성을 예속(禮俗)으로 이끈 사람이 몇이나 되는가. 수령은 장부 처리에 바빠서 그럴 틈이 없었고, 선비들은 풍속을 교화시킬 방법은 있었으나 지위가 없어서 사람들이 따르지 않았다. 이제 우리 전하께서 전에 폐지되었던 유향소를 다시 두게 하셨으니, 나이와 덕망이 높은 자를 추대하여 좌수(座首)라고 일컫고, 그 다음을 별감(別監)이라고 일컬었다.

● 김종직의 조의제문

정축 10월 어느 날에 나는 밀성으로부터 경산으로 향하면서 답계역에서 자는데, 그날 밤 꿈에 한 신인(神人)이 나타나, "나는 초나라 회왕의 손자인데 우리 조부께서 항우에게 죽임을 당하였다." 라고 말하고는 갑자기 사라져 보이지 않았다. 나는 꿈을 깨어 놀라 '회왕은 남초 사람이요, 나는 동이 사람으로, 거리가 만여 리가 될 뿐만 아니라, 세대의 전후도 역시 천 년이 훨씬 넘는데, 꿈속에 나오다니, 이것이 무슨 일일까?'라고 생각하였다.

● 기묘사화

남곤은 나뭇잎의 감즙(甘汁)을 갉아 먹는 벌레를 잡아 모으고 꿀로 나뭇잎에다 '주초위왕(走肖爲王)' 네 글자를 쓰고서 벌레를 놓아 갉아 먹게 하였다. … 중종에게 보여 화(禍)를 조성하였다.

● 동인, 서인의 분당

김효원이 알성 과거에 장원으로 합격하여 이조전랑의 물망에 올랐으나, 그가 윤원형의 문객이었다 하여 심의겸이 반대하였다. 그 후에 심의겸의 동생 심충겸이 장원급제하여 전랑으로 천거되었으나, 외척이라 하여 효원이 반대하였다. 이때, 양편 친지들이 각기 다른 주장을 내세우면서 서로 배척하여 동인, 서인의 말이 여기서 비롯하였다. 효원의 집이 동쪽 건천동에 있고 의겸의 집이 서쪽 정동에 있기 때문이었다. 동인의 생각은 결코 외척을 등용할 수 없다는 것이었고, 서인의 생각은 의겸이 공로가 많을뿐더러 선비인데 어찌 앞길을 막느냐는 것이었다. 「연려실기술」

● 인조반정

광해군의 정책(중립외교)은 일부 사림 세력과 충돌을 빚었다. 더구나 광해군은 선조의 왕비였던 인목 대비와 갈등을 빚고 있었다. 광해군은 인목 대비의 아들인 영창 대군을 죽이고, 인목 대비를 궁궐에 가두어 버렸다. 사림 세력은 광해군의 이러한 패륜 행위와 명에 대해 의리를 지키지 않은 것을 비난하였다. 결국 서인 세력은 정변을 일으켜 광해군을 몰아내고 새롭게 인조를 왕위에 앉혔다(인조반정 1623).

● 주화론과 척화론

자기의 힘을 헤아리지 아니하고 경망하게 큰 소리를 쳐서 오랑캐들의 노여움을 도발, 마침내는 백성이 도탄에 빠지고 종묘와 사직에 제사지내지 못하게 된다면 그 허물이 이보다 클 수 있겠습니까 … 군량을 저축하여 방어를 더욱 든든하게 하되 군사를 집합시켜 일사분란하게 하여 적의 허점을 노리는 것이 우리로서는 최상의 계책일 것입니다. 「최명길, 주화론」

중국(명)은 우리나라에 있어서 곧 부모요, 오랑캐(청)는 우리 나라에 있어서 곧 부모의 원수입니다. … 차라리 나라가 없어질지라도 의리는 저버릴 수가 없습니다. … 어찌 차마 화의를 주장하는 것입니까? 「윤집, 주전론」

출제 경향

근대태동기의 정치, 경제와 사횡의 변동, 문화는 출제 비중이 높다. 수취체제의 변동, 신분제의 변동, 붕당정치의 변화와 탕평책, 실학의 대두, 서학과 서양 문화의 유입, 세도정치기의 모순 등이 다양하게 출제되고 있다.

출제 포인트

〈정치〉

1. 붕당정치의 발전 과정을 통하여 조선 정치의 변화 파악
2. 숙종, 영조, 정조 등의 정책을 통하여 탕평정치의 발전 및 변화 파악
3. 세도정치 시기 삼정의 문란과 민란의 발생
4. 홍경래의 난과 임술농민봉기의 공통점과 차이점

〈경제〉

1. 수취체제의 시행 배경과 과정 및 결과
2. 대동법과 관련한 상업의 발달과 상인의 종류 및 화폐 유통 과정
3. 고려와 조선전기 및 조선후기 농업 기술의 변화 과정
4. 조선후기 산업의 발달로 인한 관상, 사상 등의 상업과 수공업 및 광업 등의 발전 이해
5. 조선후기 무역활동의 발전과 포구 상업의 등장, 시장의 번성으로 인한 경제 변화

〈사회〉

1. 조선후기 신분제 동요에 따른 양반, 농민의 분화 및 향촌 사회의 변화
2. 예학과 보학의 발달로 인한 가족 제도의 변화
3. 새로운 사상의 유입과 민간신앙의 발전

〈문화〉

1. 양명학, 실학 등 성리학의 비판적 경향으로 인한 사회 변화
2. 조선후기 사회의 변화에 따른 비기·도참·예언 사상 등의 사상적 변화
3. 중농주의 실학자와 중상주의 실학자의 공통점과 차이점
4. 서양 과학의 등장으로 인한 과학기술의 발전 및 성리학적 세계관의 변화 확인
5. 서민 문화의 발전에 따른 문학, 서화 등의 사회 변화 확인

PART V

근대태동기의 한국사

I. 근대 태동기의 정치

① 조선후기 정치 변동

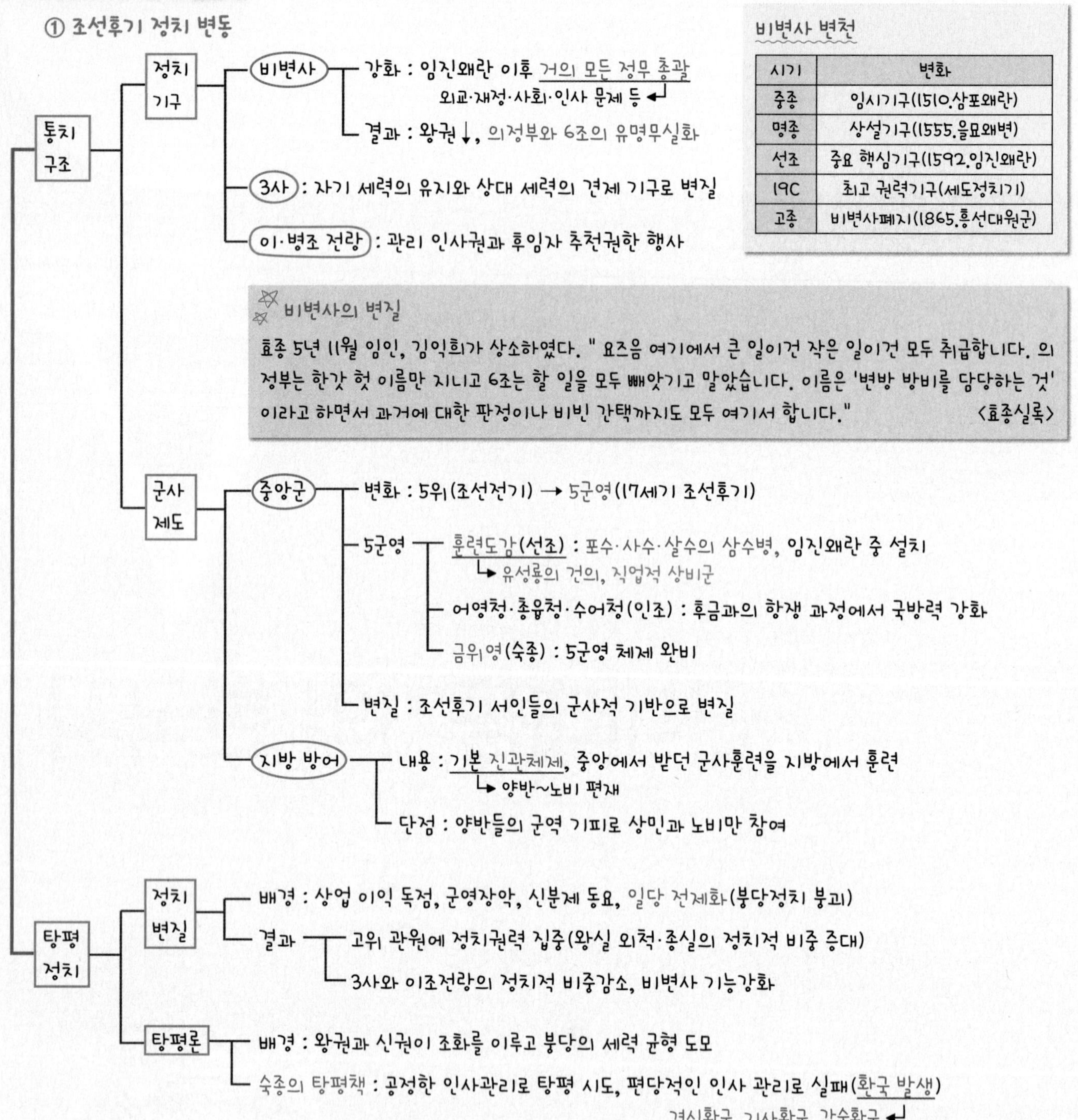

- 통치 구조
  - 정치 기구
    - 비변사
      - 강화 : 임진왜란 이후 거의 모든 정무 총괄 (외교·재정·사회·인사 문제 등)
      - 결과 : 왕권↓, 의정부와 6조의 유명무실화
    - 3사 : 자기 세력의 유지와 상대 세력의 견제 기구로 변질
    - 이·병조 전랑 : 관리 인사권과 후임자 추천권한 행사
  - 군사 제도
    - 중앙군
      - 변화 : 5위(조선전기) → 5군영(17세기 조선후기)
      - 5군영
        - 훈련도감(선조) : 포수·사수·살수의 삼수병, 임진왜란 중 설치
          - → 유성룡의 건의, 직업적 상비군
        - 어영청·총융청·수어청(인조) : 후금과의 항쟁 과정에서 국방력 강화
        - 금위영(숙종) : 5군영 체제 완비
      - 변질 : 조선후기 서인들의 군사적 기반으로 변질
    - 지방 방어
      - 내용 : 기본 진관체제, 중앙에서 받던 군사훈련을 지방에서 훈련
        - → 양반~노비 편재
      - 단점 : 양반들의 군역 기피로 상민과 노비만 참여
- 탕평 정치
  - 정치 변질
    - 배경 : 상업 이익 독점, 군영장악, 신분제 동요, 일당 전제화(붕당정치 붕괴)
    - 결과
      - 고위 관원에 정치권력 집중(왕실 외척·종실의 정치적 비중 증대)
      - 3사와 이조전랑의 정치적 비중감소, 비변사 기능강화
  - 탕평론
    - 배경 : 왕권과 신권이 조화를 이루고 붕당의 세력 균형 도모
    - 숙종의 탕평책 : 공정한 인사관리로 탕평 시도, 편당적인 인사 관리로 실패(환국 발생)
      - 경신환국, 기사환국, 갑술환국

비변사 변천

시기	변화
중종	임시기구(1510.삼포왜란)
명종	상설기구(1555.을묘왜변)
선조	중요 핵심기구(1592.임진왜란)
19C	최고 권력기구(세도정치기)
고종	비변사폐지(1865.흥선대원군)

비변사의 변질

효종 5년 11월 임인, 김익희가 상소하였다. " 요즈음 여기에서 큰 일이건 작은 일이건 모두 취급합니다. 의정부는 한갓 헛 이름만 지니고 6조는 할 일을 모두 빼앗기고 말았습니다. 이름은 '변방 방비를 담당하는 것'이라고 하면서 과거에 대한 판정이나 비빈 간택까지도 모두 여기서 합니다." 〈효종실록〉

숙종의 탕평책

당파의 습성이 고질화되어 손 쓸 방법이 없었기 때문에 그 당시 성상께서는 이쪽이 낫다고 생각되면 오로지 이쪽만을 등용하였고, 저쪽이 낫다고 생각되면 다시 저쪽만을 등용하였다. … 이에 선왕이 탕평책의 정사를 행하여 후손을 위한 좋은 계책을 나에게 남겨주었다. 「숙종실록」

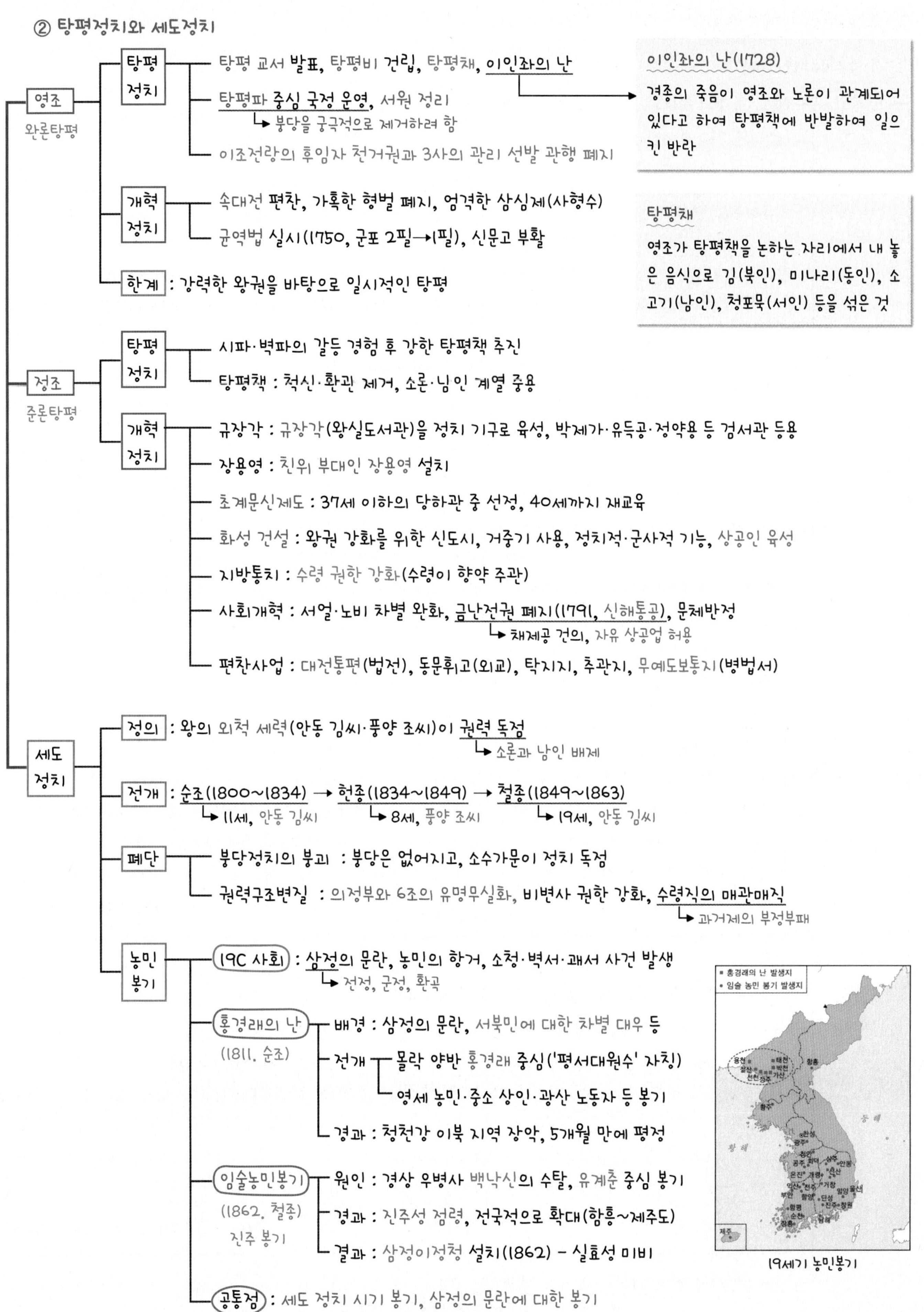

② 탕평정치와 세도정치

영조 (완론탕평)
- **탕평정치**
  - 탕평 교서 발표, 탕평비 건립, 탕평채, 이인좌의 난
  - 탕평파 중심 국정 운영, 서원 정리
    - → 붕당을 궁극적으로 제거하려 함
  - 이조전랑의 후임자 천거권과 3사의 관리 선발 관행 폐지
- **개혁정치**
  - 속대전 편찬, 가혹한 형벌 폐지, 엄격한 삼심제(사형수)
  - 균역법 실시(1750, 군포 2필→1필), 신문고 부활
- **한계** : 강력한 왕권을 바탕으로 일시적인 탕평

> **이인좌의 난(1728)**
> 경종의 죽음이 영조와 노론이 관계되어 있다고 하여 탕평책에 반발하여 일으킨 반란

> **탕평채**
> 영조가 탕평책을 논하는 자리에서 내 놓은 음식으로 김(북인), 미나리(동인), 소고기(남인), 청포묵(서인) 등을 섞은 것

정조 (준론탕평)
- **탕평정치**
  - 시파·벽파의 갈등 경험 후 강한 탕평책 추진
  - 탕평책 : 척신·환관 제거, 소론·남인 계열 중용
- **개혁정치**
  - 규장각 : 규장각(왕실도서관)을 정치 기구로 육성, 박제가·유득공·정약용 등 검서관 등용
  - 장용영 : 친위 부대인 장용영 설치
  - 초계문신제도 : 37세 이하의 당하관 중 선정, 40세까지 재교육
  - 화성 건설 : 왕권 강화를 위한 신도시, 거중기 사용, 정치적·군사적 기능, 상공인 육성
  - 지방통치 : 수령 권한 강화(수령이 향약 주관)
  - 사회개혁 : 서얼·노비 차별 완화, 금난전권 폐지(1791, 신해통공), 문체반정
    - → 채제공 건의, 자유 상공업 허용
  - 편찬사업 : 대전통편(법전), 동문휘고(외교), 탁지지, 추관지, 무예도보통지(병법서)

세도정치
- **정의** : 왕의 외척 세력(안동 김씨·풍양 조씨)이 권력 독점
  - → 소론과 남인 배제
- **전개** : 순조(1800~1834) → 헌종(1834~1849) → 철종(1849~1863)
  - 순조 → 11세, 안동 김씨
  - 헌종 → 8세, 풍양 조씨
  - 철종 → 19세, 안동 김씨
- **폐단**
  - 붕당정치의 붕괴 : 붕당은 없어지고, 소수가문이 정치 독점
  - 권력구조변질 : 의정부와 6조의 유명무실화, 비변사 권한 강화, 수령직의 매관매직
    - → 과거제의 부정부패
- **농민봉기**
  - 19C 사회 : 삼정의 문란, 농민의 항거, 소청·벽서·괘서 사건 발생
    - → 전정, 군정, 환곡
  - 홍경래의 난 (1811, 순조)
    - 배경 : 삼정의 문란, 서북민에 대한 차별 대우 등
    - 전개
      - 몰락 양반 홍경래 중심('평서대원수' 자칭)
      - 영세 농민·중소 상인·광산 노동자 등 봉기
    - 경과 : 청천강 이북 지역 장악, 5개월 만에 평정
  - 임술농민봉기 (1862, 철종) 진주 봉기
    - 원인 : 경상 우병사 백낙신의 수탈, 유계춘 중심 봉기
    - 경과 : 진주성 점령, 전국적으로 확대(함흥~제주도)
    - 결과 : 삼정이정청 설치(1862) – 실효성 미비
  - 공통점 : 세도 정치 시기 봉기, 삼정의 문란에 대한 봉기

19세기 농민봉기

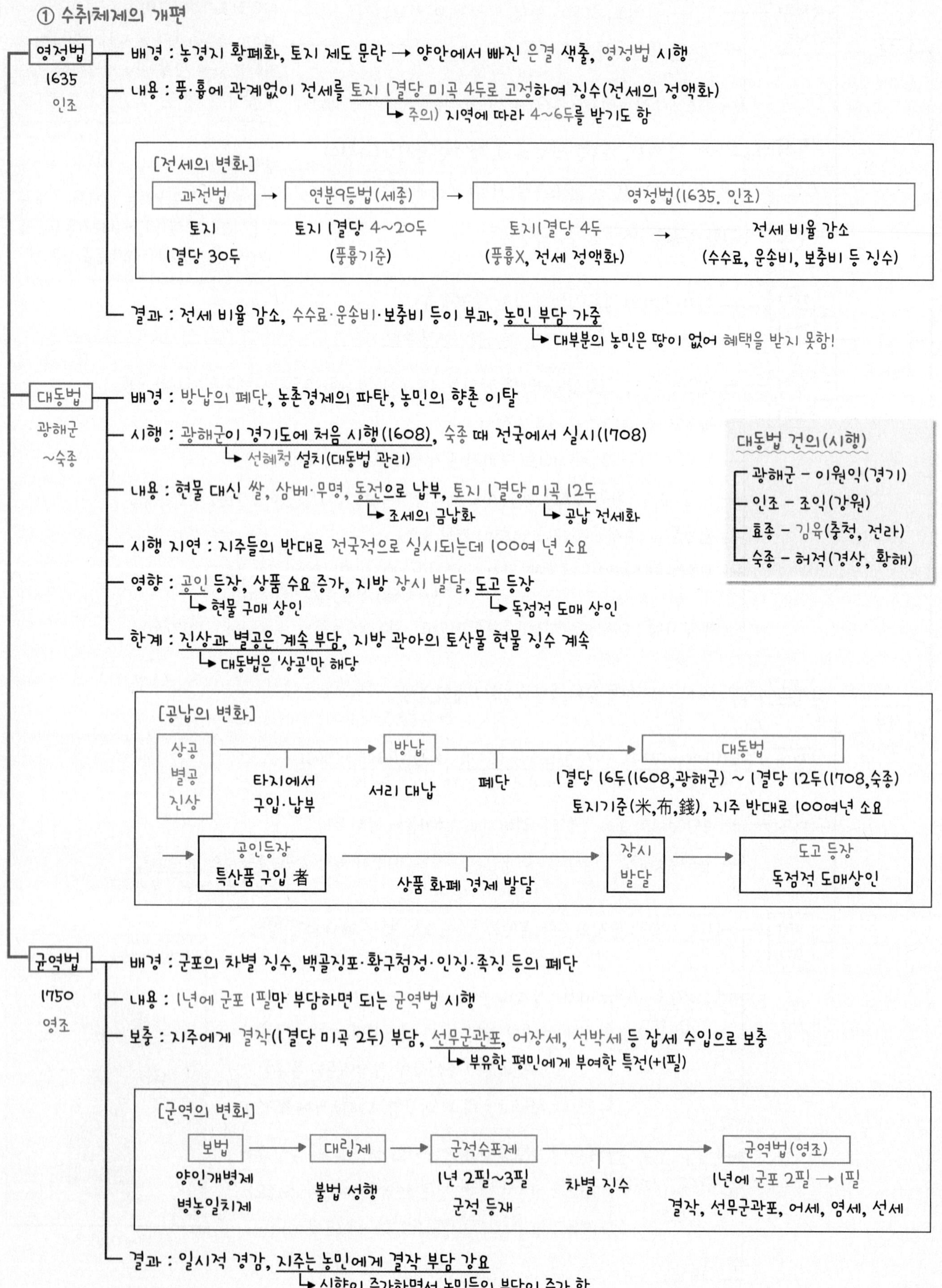

2. 근대 태동기의 경제

① 수취체제의 개편

영정법 1635 인조
- 배경 : 농경지 황폐화, 토지 제도 문란 → 양안에서 빠진 은결 색출, 영정법 시행
- 내용 : 풍·흉에 관계없이 전세를 토지 1결당 미곡 4두로 고정하여 징수(전세의 정액화)
  - ↳ 주의) 지역에 따라 4~6두를 받기도 함

[전세의 변화]

과전법 → 연분9등법(세종) → 영정법(1635, 인조)

과전법	연분9등법(세종)	영정법(1635, 인조)	
토지 1결당 30두	토지 1결당 4~20두 (풍흉기준)	토지1결당 4두 (풍흉X, 전세 정액화)	→ 전세 비율 감소 (수수료, 운송비, 보충비 등 징수)

- 결과 : 전세 비율 감소, 수수료·운송비·보충비 등이 부과, 농민 부담 가중
  - ↳ 대부분의 농민은 땅이 없어 혜택을 받지 못함!

대동법 광해군~숙종
- 배경 : 방납의 폐단, 농촌경제의 파탄, 농민의 향촌 이탈
- 시행 : 광해군이 경기도에 처음 시행(1608), 숙종 때 전국에서 실시(1708)
  - ↳ 선혜청 설치(대동법 관리)
- 내용 : 현물 대신 쌀, 삼베·무명, 동전으로 납부, 토지 1결당 미곡 12두
  - ↳ 조세의 금납화 / ↳ 공납 전세화
- 시행 지연 : 지주들의 반대로 전국적으로 실시되는데 100여 년 소요
- 영향 : 공인 등장, 상품 수요 증가, 지방 장시 발달, 도고 등장
  - ↳ 현물 구매 상인 / ↳ 독점적 도매 상인
- 한계 : 진상과 별공은 계속 부담, 지방 관아의 토산물 현물 징수 계속
  - ↳ 대동법은 '상공'만 해당

대동법 건의(시행)
- 광해군 – 이원익(경기)
- 인조 – 조익(강원)
- 효종 – 김육(충청, 전라)
- 숙종 – 허적(경상, 황해)

[공납의 변화]

상공·별공·진상 → (타지에서 구입·납부) → 방납 → (서리 대납 / 폐단) → 대동법: 1결당 16두(1608,광해군) ~ 1결당 12두(1708,숙종), 토지기준(米,布,錢), 지주 반대로 100여년 소요

→ 공인등장 특산품 구입 者 → (상품 화폐 경제 발달) → 장시 발달 → 도고 등장 독점적 도매상인

균역법 1750 영조
- 배경 : 군포의 차별 징수, 백골징포·황구첨정·인징·족징 등의 폐단
- 내용 : 1년에 군포 1필만 부담하면 되는 균역법 시행
- 보충 : 지주에게 결작(1결당 미곡 2두) 부담, 선무군관포, 어장세, 선박세 등 잡세 수입으로 보충
  - ↳ 부유한 평민에게 부여한 특전(+1필)

[군역의 변화]

보법 → 대립제 → 군적수포제 → (차별 징수) → 균역법(영조)

보법	대립제	군적수포제		균역법(영조)
양인개병제 병농일치제	불법 성행	1년 2필~3필 군적 등재	차별 징수	1년에 군포 2필 → 1필 결작, 선무군관포, 어세, 염세, 선세

- 결과 : 일시적 경감, 지주는 농민에게 결작 부담 강요
  - ↳ 신향이 증가하면서 농민들의 부담이 증가 함

② 조선후기 농업의 발전

농업 발전
- 모내기법(이앙법) : 모내기법 전국적 확대, 수확량 증대
- 이모작 : 벼와 보리의 이모작확대(17세기 금지령), 저수지 확충
  - → '가뭄에 취약하다'는 이유로 금지
- 견종법 : 밭고랑에 씨를 뿌리는 견종법 보급
- 구황작물 : 고구마(18C 영조, 일본), 감자(19C 헌종, 청) 전래

구황작물
고구마(일본), 감자(청)
고(高).일(I).감.청.!

[농업 기술의 변화]

구분	고 려	조선전기	조선후기
심경법	깊이갈이(심경법)의 일반화	-	-
윤작법	2년3작 윤작법 시작	윤작법의 일반화	광작, 농업기술 발달 상업작물 · 구황작물
시비법	시비법 실시	시비법 발달	
확대	이앙법 일부 실시	이모작 일부 실시	이앙법 · 이모작 전국시행
면방직	원의 목화 전래	면방직 기술 발달	농가집성, 산림경제, 해동농서, 임원경제지
농서	농상집요 소개(이암)	농사직설, 금양잡록	

광작 : 1인당 경작지 확대, 부농 등장, 다수의 임노동자화, 농민 분화

상품작물
- 밭농사 중심 : 목화·채소·담배·약초 재배
- 일부 논농사 : 쌀의 상품화 → 밭을 논으로 바꾸는 현상 활발

상품작물의 발전

농민들이 밭에 심는 것은 곡물만이 아니다. 모시, 오이, 배추, 도라지 등의 농사도 잘 지으면 그 이익이 헤아릴 수 없이 크다. 도회지 주변에는 파 밭, 마늘 밭, 배추 밭, 오이 밭 등이 많다. 특히 서도 지방의 담배 밭, 북도 지방의 삼 밭, 한산의 모시 밭, 전주의 생강 밭, 강진의 고구마 밭, 황주의 지황 밭에서의 수확은 모두 상상등전(上上等田)의 논에서 나는 수확보다 그 이익이 10배에 이른다.

「경세유표」

농민변화 : 일부 농민 부농화 → 다수 농민은 상공업자·임노동자로 전락, 광산·포구로 이동

지대 변화
- 지주전호제 강화 : 지주 전호제의 일반화, 소작인의 소작쟁의 전개
- 소작쟁의 증가 : 소작인의 저항 → 소작권 인정, 소작료 인하
- 방식
  - 타조법 : 소작인이 수확량의 절반 납부, 종자·농기구 소작인 부담
  - 도조법 : 18세기 일부 지방 시행, 소작인이 매년 일정 지대액 납부

소작료 변화
타조법 → 도조법
소작료를 타.도.하자!

[도조법과 타조법]

구분	타조법	도조법
지대	정율지대 (당해 수확량 1/2)	정액지대 (일정 소작료, 평균수확량1/3)
특징	소작인 불리, 지주 간섭 있음 전세 종자, 농기구 소작인 부담	소작인 유리, 지주 간섭 없음 도지권은 매매, 양도, 전매 가능
관계	지주와 전호의 신분적 예속관계	지주와 전호의 경제적 계약관계

- 영향 : 도조법의 등장으로 인하여 소작농이라도 소득 증가 가능

③ 조선후기의 산업 발전

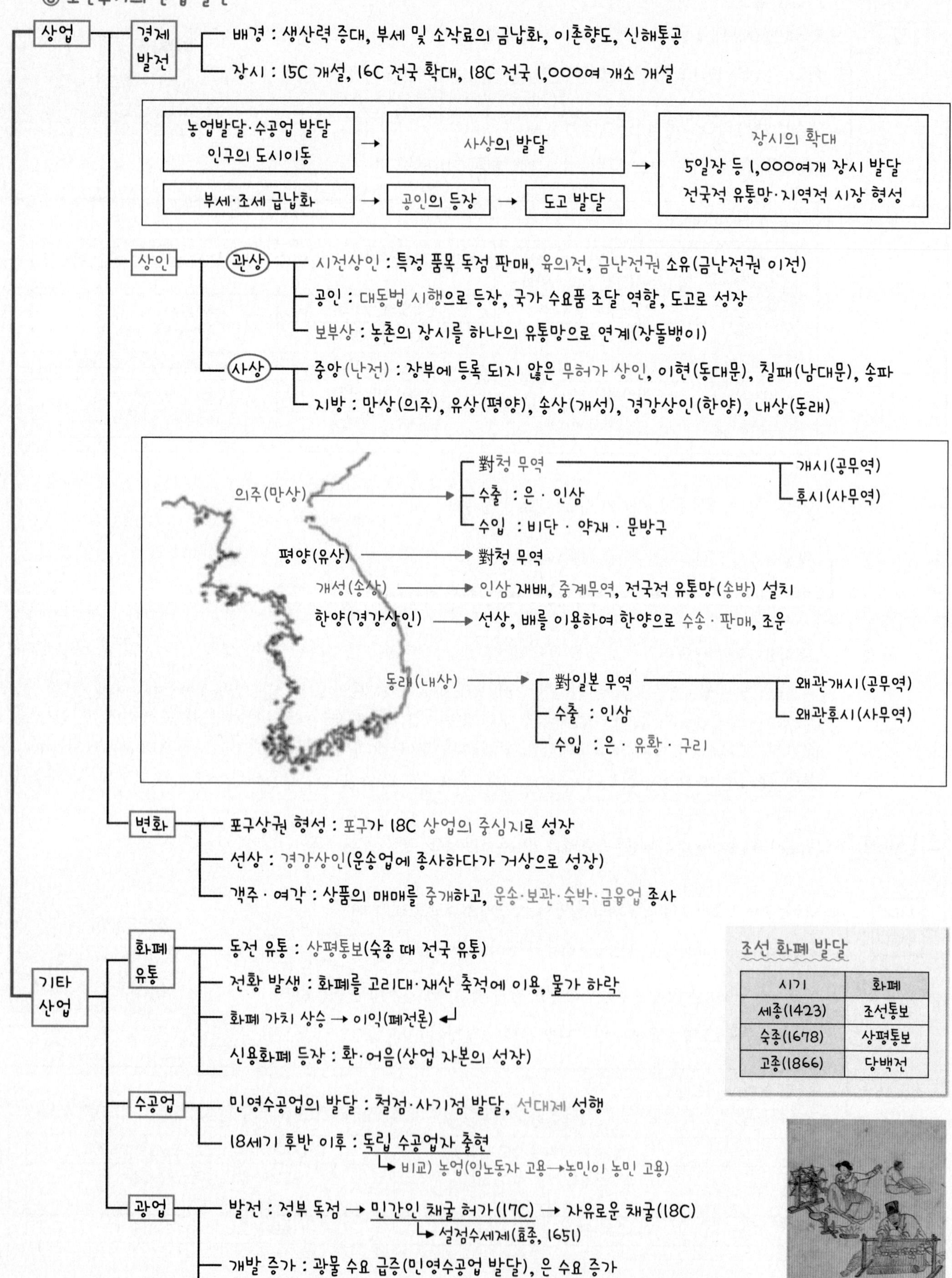

- 상업
  - 경제 발전
    - 배경 : 생산력 증대, 부세 및 소작료의 금납화, 이촌향도, 신해통공
    - 장시 : 15C 개설, 16C 전국 확대, 18C 전국 1,000여 개소 개설

농업발달·수공업 발달 인구의 도시이동 → 사상의 발달 → 장시의 확대 5일장 등 1,000여개 장시 발달 전국적 유통망·지역적 시장 형성

부세·조세 금납화 → 공인의 등장 → 도고 발달

  - 상인
    - 관상
      - 시전상인 : 특정 품목 독점 판매, 육의전, 금난전권 소유(금난전권 이전)
      - 공인 : 대동법 시행으로 등장, 국가 수요품 조달 역할, 도고로 성장
      - 보부상 : 농촌의 장시를 하나의 유통망으로 연계(장돌뱅이)
    - 사상
      - 중앙(난전) : 장부에 등록 되지 않은 무허가 상인, 이현(동대문), 칠패(남대문), 송파
      - 지방 : 만상(의주), 유상(평양), 송상(개성), 경강상인(한양), 내상(동래)

의주(만상) → 對청 무역 — 개시(공무역), 후시(사무역)
수출 : 은 · 인삼
수입 : 비단 · 약재 · 문방구

평양(유상) → 對청 무역

개성(송상) → 인삼 재배, 중계무역, 전국적 유통망(송방) 설치

한양(경강상인) → 선상, 배를 이용하여 한양으로 수송 · 판매, 조운

동래(내상) → 對일본 무역 — 왜관개시(공무역), 왜관후시(사무역)
수출 : 인삼
수입 : 은 · 유황 · 구리

  - 변화
    - 포구상권 형성 : 포구가 18C 상업의 중심지로 성장
    - 선상 : 경강상인(운송업에 종사하다가 거상으로 성장)
    - 객주 · 여각 : 상품의 매매를 중개하고, 운송·보관·숙박·금융업 종사
- 기타 산업
  - 화폐 유통
    - 동전 유통 : 상평통보(숙종 때 전국 유통)
    - 전황 발생 : 화폐를 고리대·재산 축적에 이용, 물가 하락
    - 화폐 가치 상승 → 이익(폐전론)
    - 신용화폐 등장 : 환·어음(상업 자본의 성장)
  - 수공업
    - 민영수공업의 발달 : 철점·사기점 발달, 선대제 성행
    - 18세기 후반 이후 : 독립 수공업자 출현
      - 비교) 농업(임노동자 고용→농민이 농민 고용)
  - 광업
    - 발전 : 정부 독점 → 민간인 채굴 허가(17C) → 자유로운 채굴(18C)
      - 설점수세제(효종, 1651)
    - 개발 증가 : 광물 수요 급증(민영수공업 발달), 은 수요 증가
    - 광산 운영 변화 : 덕대(경영전문가)출현, 분업에 토대를 둔 협업으로 진행

조선 화폐 발달

시기	화폐
세종(1423)	조선통보
숙종(1678)	상평통보
고종(1866)	당백전

자리짜기(김홍도)

3. 근대 태동기의 사회

① 사회 구조의 변동

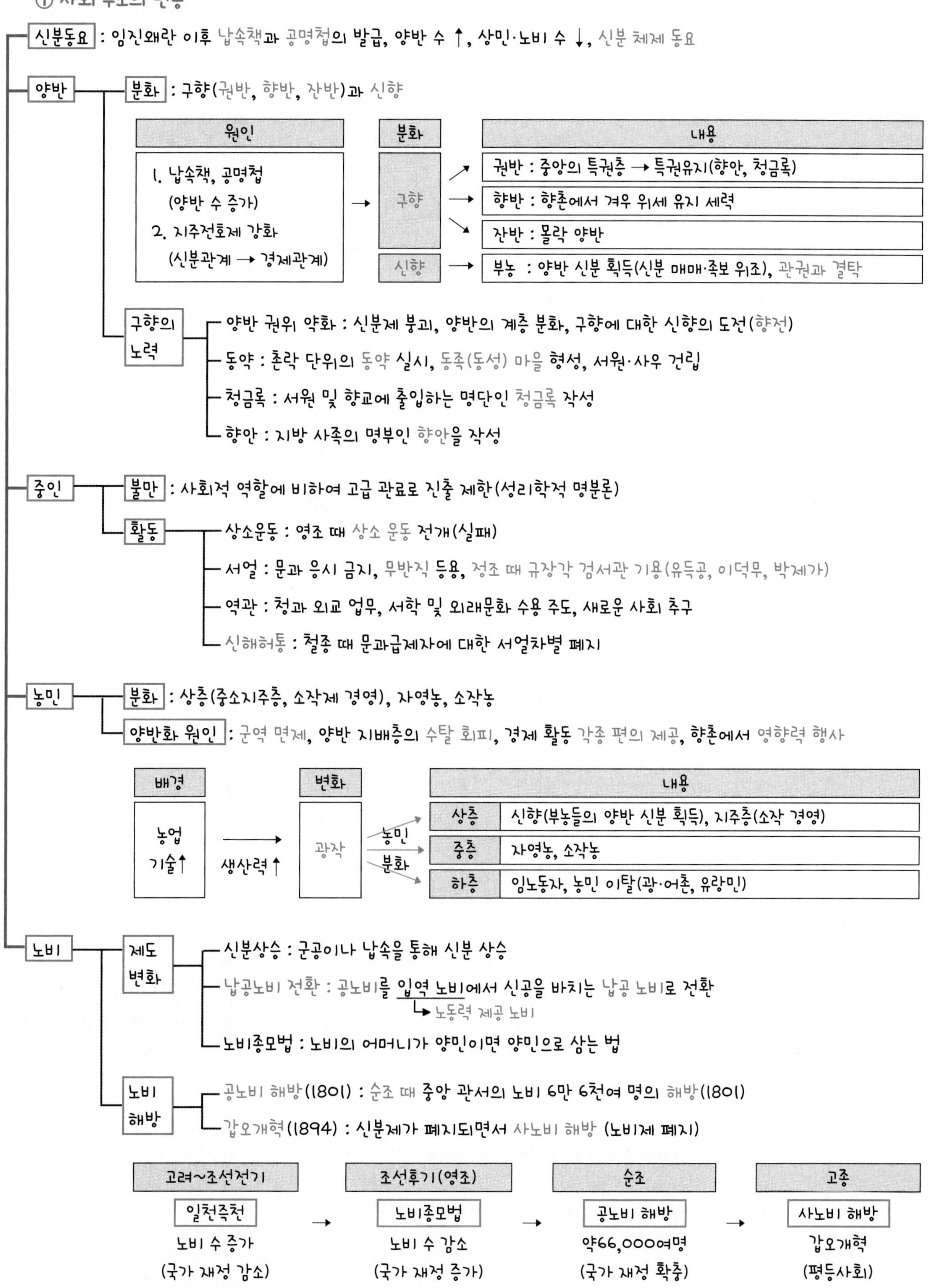

신분동요 : 임진왜란 이후 납속책과 공명첩의 발급, 양반 수 ↑, 상민·노비 수 ↓, 신분 체제 동요
양반
분화 : 구향(권반, 향반, 잔반)과 신향
원인
분화
내용
1. 납속책, 공명첩
(양반 수 증가)
2. 지주전호제 강화
(신분관계 → 경제관계)
구향
신향
권반 : 중앙의 특권층 → 특권유지(향안, 청금록)
향반 : 향촌에서 겨우 위세 유지 세력
잔반 : 몰락 양반
부농 : 양반 신분 획득(신분 매매·족보 위조), 관권과 결탁
구향의 노력
양반 권위 약화 : 신분제 붕괴, 양반의 계층 분화, 구향에 대한 신향의 도전(향전)
동약 : 촌락 단위의 동약 실시, 동족(동성) 마을 형성, 서원·사우 건립
청금록 : 서원 및 향교에 출입하는 명단인 청금록 작성
향안 : 지방 사족의 명부인 향안을 작성
중인
불만 : 사회적 역할에 비하여 고급 관료로 진출 제한(성리학적 명분론)
활동
상소운동 : 영조 때 상소 운동 전개(실패)
서얼 : 문과 응시 금지, 무반직 등용, 정조 때 규장각 검서관 기용(유득공, 이덕무, 박제가)
역관 : 청과 외교 업무, 서학 및 외래문화 수용 주도, 새로운 사회 추구
신해허통 : 철종 때 문과급제자에 대한 서얼차별 폐지
농민
분화 : 상층(중소지주층, 소작제 경영), 자영농, 소작농
양반화 원인 : 군역 면제, 양반 지배층의 수탈 회피, 경제 활동 각종 편의 제공, 향촌에서 영향력 행사
배경
변화
내용
농업 기술↑
생산력↑
광작
농민 분화
상층
신향(부농들의 양반 신분 획득), 지주층(소작 경영)
중층
자영농, 소작농
하층
임노동자, 농민 이탈(광·어촌, 유랑민)
노비
제도 변화
신분상승 : 군공이나 납속을 통해 신분 상승
납공노비 전환 : 공노비를 입역 노비에서 신공을 바치는 납공 노비로 전환
노동력 제공 노비
노비종모법 : 노비의 어머니가 양민이면 양민으로 삼는 법
노비 해방
공노비 해방(1801) : 순조 때 중앙 관서의 노비 6만 6천여 명의 해방(1801)
갑오개혁(1894) : 신분제가 폐지되면서 사노비 해방 (노비제 폐지)
고려~조선전기
일천즉천
노비 수 증가
(국가 재정 감소)
조선후기(영조)
노비종모법
노비 수 감소
(국가 재정 증가)
순조
공노비 해방
약66,000여명
(국가 재정 확충)
고종
사노비 해방
갑오개혁
(평등사회)

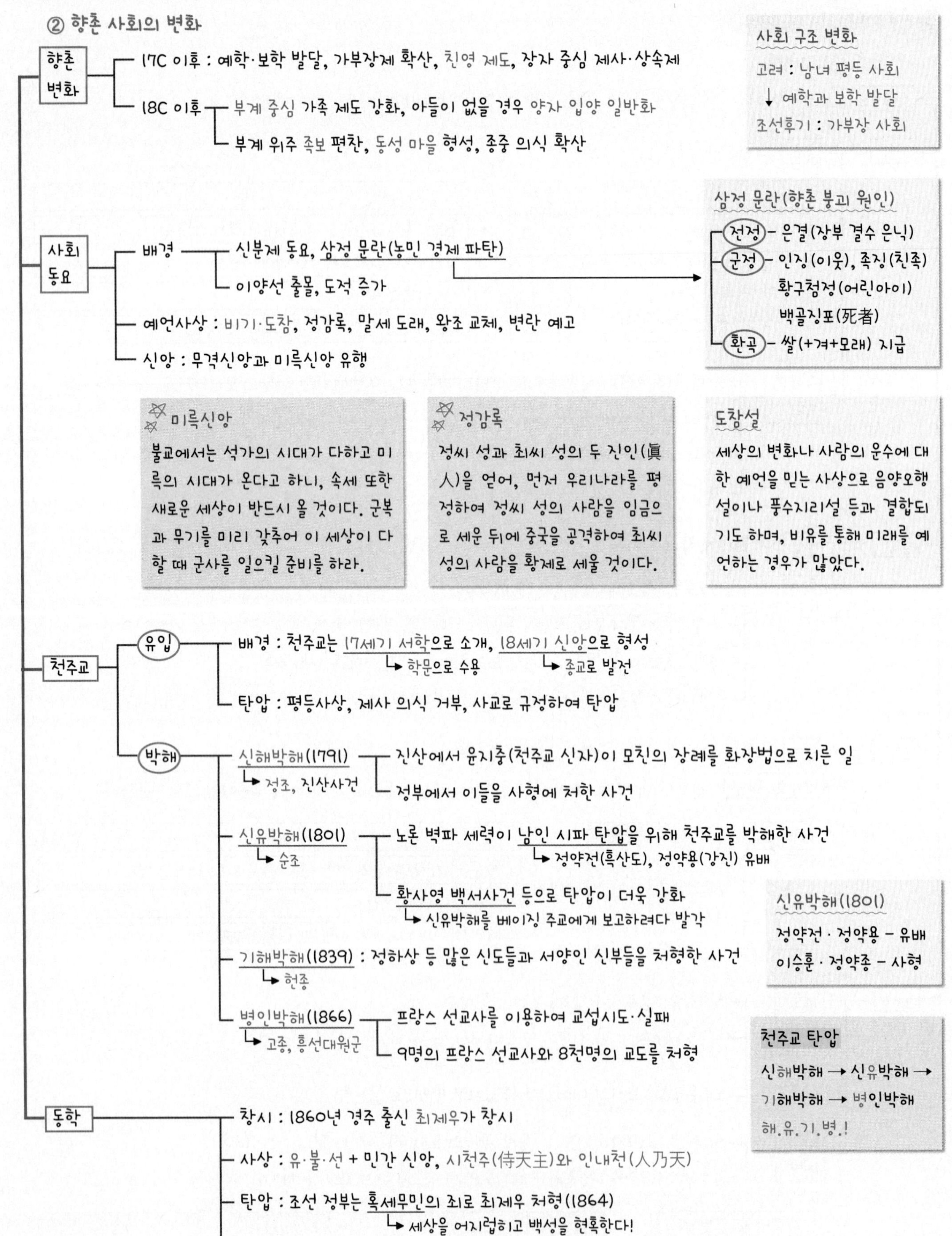

② 향촌 사회의 변화

향촌 변화
- 17C 이후 : 예학·보학 발달, 가부장제 확산, 친영 제도, 장자 중심 제사·상속제
- 18C 이후
  - 부계 중심 가족 제도 강화, 아들이 없을 경우 양자 입양 일반화
  - 부계 위주 족보 편찬, 동성 마을 형성, 종중 의식 확산

사회 구조 변화
고려 : 남녀 평등 사회
↓ 예학과 보학 발달
조선후기 : 가부장 사회

사회 동요
- 배경
  - 신분제 동요, 삼정 문란(농민 경제 파탄)
  - 이양선 출몰, 도적 증가
- 예언사상 : 비기·도참, 정감록, 말세 도래, 왕조 교체, 변란 예고
- 신앙 : 무격신앙과 미륵신앙 유행

삼정 문란(향촌 붕괴 원인)
- 전정 – 은결(장부 결수 은닉)
- 군정 – 인징(이웃), 족징(친족)
  황구첨정(어린아이)
  백골징포(死者)
- 환곡 – 쌀(+겨+모래) 지급

미륵신앙
불교에서는 석가의 시대가 다하고 미륵의 시대가 온다고 하니, 속세 또한 새로운 세상이 반드시 올 것이다. 군복과 무기를 미리 갖추어 이 세상이 다할 때 군사를 일으킬 준비를 하라.

정감록
정씨 성과 최씨 성의 두 진인(眞人)을 얻어, 먼저 우리나라를 평정하여 정씨 성의 사람을 임금으로 세운 뒤에 중국을 공격하여 최씨 성의 사람을 황제로 세울 것이다.

도참설
세상의 변화나 사람의 운수에 대한 예언을 믿는 사상으로 음양오행설이나 풍수지리설 등과 결합되기도 하며, 비유를 통해 미래를 예언하는 경우가 많았다.

천주교
- 유입
  - 배경 : 천주교는 17세기 서학으로 소개, 18세기 신앙으로 형성
    - 17세기 서학 → 학문으로 수용
    - 18세기 신앙 → 종교로 발전
  - 탄압 : 평등사상, 제사 의식 거부, 사교로 규정하여 탄압
- 박해
  - 신해박해(1791) → 정조, 진산사건
    - 진산에서 윤지충(천주교 신자)이 모친의 장례를 화장법으로 치른 일
    - 정부에서 이들을 사형에 처한 사건
  - 신유박해(1801) → 순조
    - 노론 벽파 세력이 남인 시파 탄압을 위해 천주교를 박해한 사건
      - 남인 시파 탄압 → 정약전(흑산도), 정약용(강진) 유배
    - 황사영 백서사건 등으로 탄압이 더욱 강화
      - 황사영 백서사건 → 신유박해를 베이징 주교에게 보고하려다 발각
  - 기해박해(1839) : 정하상 등 많은 신도들과 서양인 신부들을 처형한 사건
    - → 헌종
  - 병인박해(1866) → 고종, 흥선대원군
    - 프랑스 선교사를 이용하여 교섭시도·실패
    - 9명의 프랑스 선교사와 8천명의 교도를 처형

신유박해(1801)
정약전 · 정약용 – 유배
이승훈 · 정약종 – 사형

천주교 탄압
신해박해 → 신유박해 → 기해박해 → 병인박해
해.유.기.병.!

동학
- 창시 : 1860년 경주 출신 최제우가 창시
- 사상 : 유·불·선 + 민간 신앙, 시천주(侍天主)와 인내천(人乃天)
- 탄압 : 조선 정부는 혹세무민의 죄로 최제우 처형(1864)
  - 혹세무민 → 세상을 어지럽히고 백성을 현혹한다!
- 교단정비 : 제2대 교주 최시형의 교단 정비, 교리 정리(동경대전·용담유사)

4. 근대 태동기의 문화

① 성리학과 양명학

성리학 심화
- 절대화 : 서인들의 의리 명분론, 사회 모순 해결을 위한 성리학 절대화(송시열)
- 호락 논쟁
  - 배경 : 노론 중심 심성론(인간과 사물의 본성에 대한 논쟁)
  - 호론 : 인물성 이론(인간과 사물의 본성이 다름)
  - 낙론 : 인물성 동론(인간과 사물의 본성이 같음)

심성론
호론 → 인물성이론
낙론 → 인물성동론
호.락.이.동.

지역	충청도(호론)	서울(낙론)
주장	인물성 이론. 주기론 주장	인물성 동론. 주기론 중심 주리론 수용
성격	청, 서양에 배타적 성향	청, 서양 등 이질적인 것을 포용
계승	위정척사 사상 → 의병운동	개화사상 → 애국계몽운동

성리학 비판
- 배경 : 성리학 상대화, 사회 모순 해결의 사상적 기반 모색(17세기 후반)
- 대표적 학자 : 윤휴(경전에 대한 독자적 해석), 박세당(사변록, 주자의 학설 비판), 정약용(여유당전서), 이익(성호사설), 안정복(동사강목), 정제두·최한기(명남루총서) 등 성리학 비판

> 유교경전의 독자적 해석(윤휴)
> 천하의 많은 이치를 어찌하여 주자만 알고 나는 모른단 말인가, 주자는 다시 태어나도 내 학설은 인정하지 않겠지만, 공자나 맹자가 다시 태어난다면 내 학설이 승리할 것이다.

- 결과 : 서인(노론)의 공격을 받아 사문난적으로 몰림

양명학
- 수용 : 성리학의 절대화·형식화 비판, 실천성 강조
- 발전 : 17C 후반 소론 학자들의 수용
- 강화학파 : 18세기 초 정제두, 강화도에서 양명학 연구(강화학파)
- 활동 : 가학(家學)의 형태로 계승, 정제두의 제자(소론)
- 내용 : 심즉리(心卽理), 지행합일설(知行合一說), 치양지설(致良知說)
  - ↳ '인간의 마음이 곧 이(理)'
- 영향 : 실학자들과 교류, 한 말 이후 박은식, 정인보 등이 계승

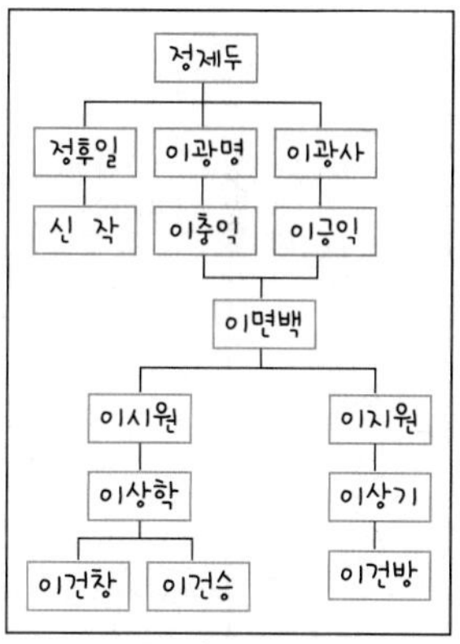

정제두
정후일 / 이광명 / 이광사
신 작 / 이충익 / 이긍익
이면백
이시원 / 이지원
이상학 / 이상기
이건창 / 이건승 / 이건방

강화 학파 계보

실학 등장
- 배경 : 17·18세기 사회·경제적 변동에 따른 사회 개혁론
- 대두 : 이수광의 지봉유설과 한백겸의 동국지리지를 통하여 실학 주장
  - ↳ 백과사전, 천주실의 소개 / ↳ 우리 역사를 고증
- 확대 : 민생 안정과 부국강병을 목표로 사회 개혁론 제시
- 학파의 등장 : 중농학파와 중상학파

	중농주의(18세기 전반)	중상주의(18세기 후반)
학파	경세치용	이용후생, 북학파
목표	농촌사회 안정	적극적 부국강병
계보	유형원, 이익, 정약용	유수원, 홍대용, 박지원, 박제가
문제점	대토지 소유 증가 → 자영농 몰락	소극적 경제 발전 → 상업 발전 미약
해결책	토지의 균등 분배, 자영농 육성, 지주제 부정적, 화폐사용 부정적	청과 교역 증가, 수레와 선박의 이용, 지주제 긍정적, 화폐사용 긍정적
공통점	부국강병, 민생안정, 농업 진흥	

② 실학의 발전

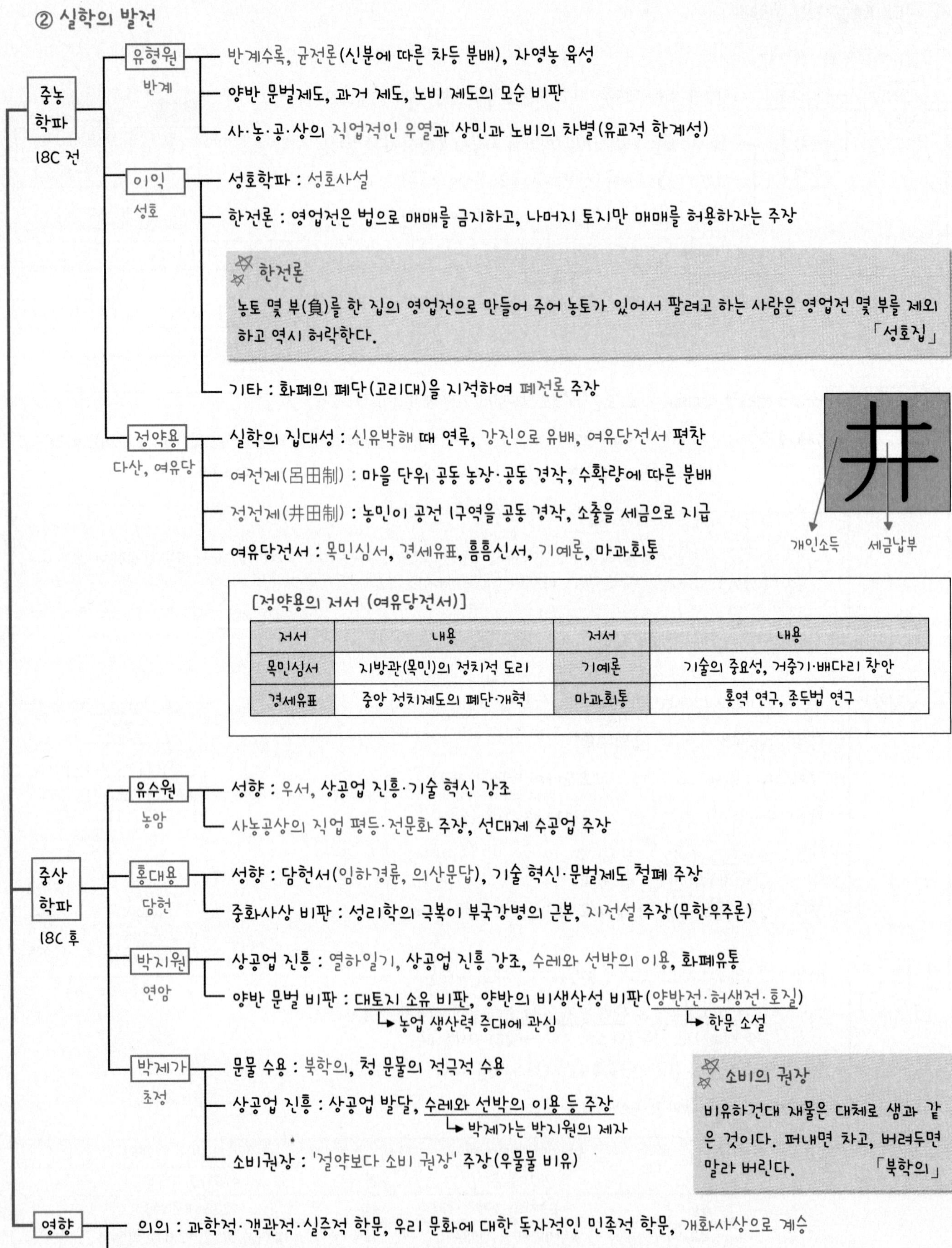

중농학파
18C 전
유형원
반계
반계수록, 균전론(신분에 따른 차등 분배), 자영농 육성
양반 문벌제도, 과거 제도, 노비 제도의 모순 비판
사·농·공·상의 직업적인 우열과 상민과 노비의 차별(유교적 한계성)
이익
성호
성호학파 : 성호사설
한전론 : 영업전은 법으로 매매를 금지하고, 나머지 토지만 매매를 허용하자는 주장
한전론
농토 몇 부(負)를 한 집의 영업전으로 만들어 주어 농토가 있어서 팔려고 하는 사람은 영업전 몇 부를 제외하고 역시 허락한다. 「성호집」
기타 : 화폐의 폐단(고리대)을 지적하여 폐전론 주장
정약용
다산, 여유당
실학의 집대성 : 신유박해 때 연루, 강진으로 유배, 여유당전서 편찬
여전제(呂田制) : 마을 단위 공동 농장·공동 경작, 수확량에 따른 분배
정전제(井田制) : 농민이 공전 1구역을 공동 경작, 소출을 세금으로 지급
여유당전서 : 목민심서, 경세유표, 흠흠신서, 기예론, 마과회통
井
개인소득
세금납부
[정약용의 저서 (여유당전서)]
중상학파
18C 후
유수원
농암
성향 : 우서, 상공업 진흥·기술 혁신 강조
사농공상의 직업 평등·전문화 주장, 선대제 수공업 주장
홍대용
담헌
성향 : 담헌서(임하경륜, 의산문답), 기술 혁신·문벌제도 철폐 주장
중화사상 비판 : 성리학의 극복이 부국강병의 근본, 지전설 주장(무한우주론)
박지원
연암
상공업 진흥 : 열하일기, 상공업 진흥 강조, 수레와 선박의 이용, 화폐유통
양반 문벌 비판 : 대토지 소유 비판, 양반의 비생산성 비판(양반전·허생전·호질)
농업 생산력 증대에 관심
한문 소설
박제가
초정
문물 수용 : 북학의, 청 문물의 적극적 수용
상공업 진흥 : 상공업 발달, 수레와 선박의 이용 등 주장
박제가는 박지원의 제자
소비권장 : '절약보다 소비 권장' 주장(우물물 비유)
소비의 권장
비유하건대 재물은 대체로 샘과 같은 것이다. 퍼내면 차고, 버려두면 말라 버린다. 「북학의」
영향
의의 : 과학적·객관적·실증적 학문, 우리 문화에 대한 독자적인 민족적 학문, 개화사상으로 계승
한계 : 실학자 대부분은 정치적 비주류, 개혁론들이 당시 정책에 반영되지 못함

[정약용의 저서 (여유당전서)]

저서	내용	저서	내용
목민심서	지방관(목민)의 정치적 도리	기예론	기술의 중요성, 거중기·배다리 창안
경세유표	중앙 정치제도의 폐단·개혁	마과회통	홍역 연구, 종두법 연구

③ 국학 연구와 과학 기술의 발전

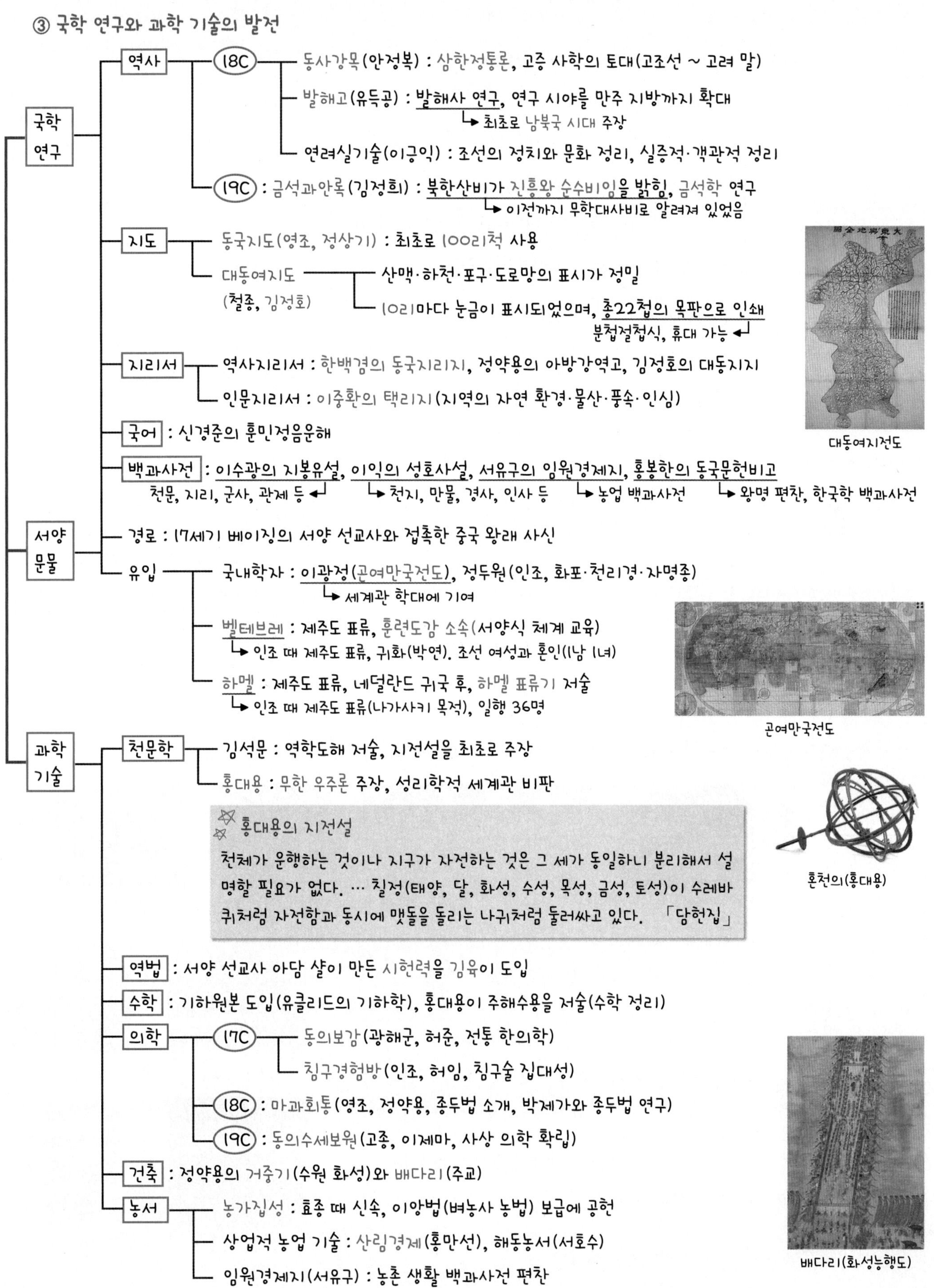

- **국학 연구**
  - **역사**
    - 18C
      - 동사강목(안정복) : 삼한정통론, 고증 사학의 토대(고조선 ~ 고려 말)
      - 발해고(유득공) : 발해사 연구, 연구 시야를 만주 지방까지 확대
        - → 최초로 남북국 시대 주장
      - 연려실기술(이긍익) : 조선의 정치와 문화 정리, 실증적·객관적 정리
    - 19C : 금석과안록(김정희) : 북한산비가 진흥왕 순수비임을 밝힘, 금석학 연구
      - → 이전까지 무학대사비로 알려져 있었음
  - **지도**
    - 동국지도(영조, 정상기) : 최초로 100리척 사용
    - 대동여지도 (철종, 김정호)
      - 산맥·하천·포구·도로망의 표시가 정밀
      - 10리마다 눈금이 표시되었으며, 총22첩의 목판으로 인쇄
        - 분첩절첩식, 휴대 가능
  - **지리서**
    - 역사지리서 : 한백겸의 동국지리지, 정약용의 아방강역고, 김정호의 대동지지
    - 인문지리서 : 이중환의 택리지(지역의 자연 환경·물산·풍속·인심)
  - **국어** : 신경준의 훈민정음운해
  - **백과사전** : 이수광의 지봉유설, 이익의 성호사설, 서유구의 임원경제지, 홍봉한의 동국문헌비고
    - 지봉유설 → 천문, 지리, 군사, 관제 등
    - 성호사설 → 천지, 만물, 경사, 인사 등
    - 임원경제지 → 농업 백과사전
    - 동국문헌비고 → 왕명 편찬, 한국학 백과사전
- **서양 문물**
  - 경로 : 17세기 베이징의 서양 선교사와 접촉한 중국 왕래 사신
  - 유입
    - 국내학자 : 이광정(곤여만국전도), 정두원(인조, 화포·천리경·자명종)
      - → 세계관 확대에 기여
    - 벨테브레 : 제주도 표류, 훈련도감 소속(서양식 체계 교육)
      - → 인조 때 제주도 표류, 귀화(박연). 조선 여성과 혼인(1남 1녀)
    - 하멜 : 제주도 표류, 네덜란드 귀국 후, 하멜 표류기 저술
      - → 인조 때 제주도 표류(나가사키 목적), 일행 36명
- **과학 기술**
  - **천문학**
    - 김석문 : 역학도해 저술, 지전설을 최초로 주장
    - 홍대용 : 무한 우주론 주장, 성리학적 세계관 비판

> ☆ 홍대용의 지전설
>
> 천체가 운행하는 것이나 지구가 자전하는 것은 그 세가 동일하니 분리해서 설명할 필요가 없다. … 칠정(태양, 달, 화성, 수성, 목성, 금성, 토성)이 수레바퀴처럼 자전함과 동시에 맷돌을 돌리는 나귀처럼 둘러싸고 있다. 「담헌집」

  - **역법** : 서양 선교사 아담 샬이 만든 시헌력을 김육이 도입
  - **수학** : 기하원본 도입(유클리드의 기하학), 홍대용이 주해수용을 저술(수학 정리)
  - **의학**
    - 17C
      - 동의보감(광해군, 허준, 전통 한의학)
      - 침구경험방(인조, 허임, 침구술 집대성)
    - 18C : 마과회통(영조, 정약용, 종두법 소개, 박제가와 종두법 연구)
    - 19C : 동의수세보원(고종, 이제마, 사상 의학 확립)
  - **건축** : 정약용의 거중기(수원 화성)와 배다리(주교)
  - **농서**
    - 농가집성 : 효종 때 신속, 이앙법(벼농사 농법) 보급에 공헌
    - 상업적 농업 기술 : 산림경제(홍만선), 해동농서(서호수)
    - 임원경제지(서유구) : 농촌 생활 백과사전 편찬

대동여지전도

곤여만국전도

혼천의(홍대용)

배다리(화성능행도)

④ 문학과 예술의 새 경향

- **서민 문화**
  - 배경 : 상공업과 농업 생산력의 증대로 인해 서민의 경제적·신분적 지위가 향상
  - 특징 : 양반의 위선적인 모습 비판, 부정과 비리를 풍자·고발
  - 종류
    - 판소리 : 서민 문화의 중심, 19세기 후반 신재효가 판소리 사설의 창작·정리
      - → 춘향가, 심청가, 흥보가, 적벽가, 수궁가 전래
    - 탈춤 : 탈놀이(향촌) · 산대놀이(도시에서 성행) · 사회적 모순 풍자
    - 한글소설 : 홍길동전, 춘향전, 별주부전, 심청전, 장화홍련전
    - 사설시조 : 서민들의 솔직한 감정 표현, 남녀 간의 사랑, 현실 비판
- **한문학**
  - 향유층 : 중인층(역관, 서리) 및 서민층
  - 한시 : 정약용(삼정 문란을 비판하는 한시), 시사 조직(중인·서민층), 풍자시인 등장
    - → 김삿갓(김병연), 정수동
  - 한문소설 : 박지원(양반전·허생전·호질, 양반 사회 풍자)
- **서화**
  - 18C 전 : 정선의 진경산수화(인왕제색도, 금강전도)
  - 18C 후
    - 김홍도 : 밭갈이, 추수, 씨름, 서당 등
      - → 소탈·익살스러운 필치
    - 신윤복 : 단오풍정, 월하정인, 미인도 등
      - → 양반의 유흥, 남녀 간의 애정
    - 김득신 : 김홍도 화풍 계승, 파적도
      - → 묘박계추도
    - 강세황 : 영통동구도(영통골 입구도)
      - → 김홍도의 스승
      - → 서양화 기법
  - 민화 : 민중의 미적 감각, 소원 기원, 해·달·나무·꽃·동물·물고기 등

조선시대 서화 정리

구분	내용
15c	고사관수도, 몽유도원도
16C	서정적, 사군자
18C	진경산수화(정선), 서양화(강세황) 풍속화(김홍도 · 신윤복)
19C	민화(까치호랑이)

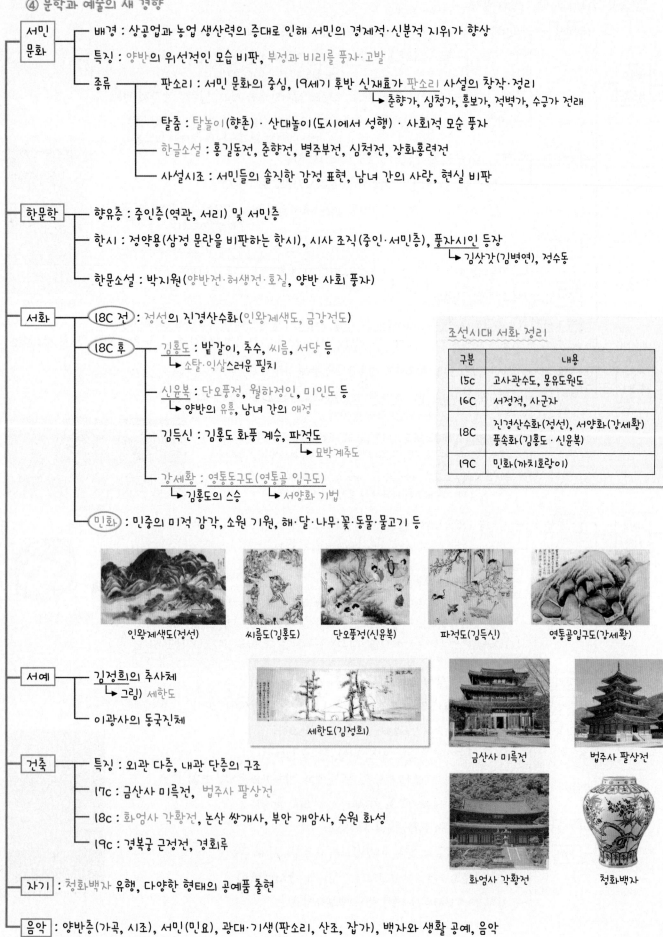

인왕제색도(정선)

씨름도(김홍도)

단오풍정(신윤복)

파적도(김득신)

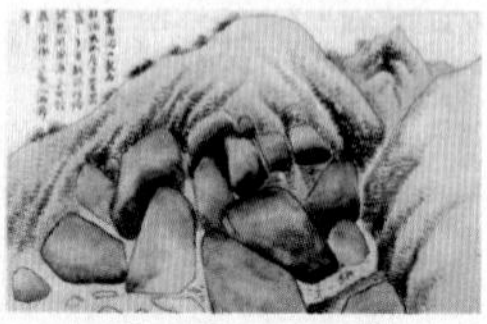

영통골입구도(강세황)

- **서예**
  - 김정희의 추사체
    - → 그림) 세한도
  - 이광사의 동국진체

세한도(김정희)

금산사 미륵전

법주사 팔상전

- **건축**
  - 특징 : 외관 다층, 내관 단층의 구조
  - 17c : 금산사 미륵전, 법주사 팔상전
  - 18c : 화엄사 각황전, 논산 쌍개사, 부안 개암사, 수원 화성
  - 19c : 경복궁 근정전, 경회루

화엄사 각황전

청화백자

- **자기** : 청화백자 유행, 다양한 형태의 공예품 출현
- **음악** : 양반층(가곡, 시조), 서민(민요), 광대·기생(판소리, 산조, 잡가), 백자와 생활 공예, 음악

● 비변사의 변질

효종 5년 11월 임인, 김익희가 상소하였다. " 요즈음 여기에서 큰 일이건 작은 일이건 모두 취급합니다. 의정부는 한갓 헛 이름만 지니고 6조는 할 일을 모두 빼앗기고 말았습니다. 이름은 '변방 방비를 담당하는 것'이라고 하면서 과거에 대한 판정이나 비빈 간택까지도 모두 여기서 합니다." 「효종실록」

● 규장각

창덕궁 후원의 주합루 1층은 규장각, 2층은 열람실로 사용하였다. 정조는 붕당의 비대화를 막고 자신의 권력과 정책을 뒷받침하기 위하여 인재를 육성하였는데, 규장각을 창덕궁 후원에 설치(1776)하여 강력한 정치 기구로 육성시켰다. 규장각은 본래 역대 왕의 글과 책을 수집, 보관하기 위한 왕실 도서관의 기능을 가지는 기구로 설치되었으나 정조는 여기에 비서실의 기능과 문한 기능을 통합적으로 부여하고, 과거 시험의 주관과 문신 교육의 임무까지 부여하였다.

● 세도 정치의 폐단

가을에 한 늙은 아전이 대궐에서 돌아와서 처와 자식에게 "요즘 이름 있는 관리들이 모여서 하루 종일 이야기를 하여도 나랏일에 대한 계획이나 백성을 위한 걱정은 전혀 하지 않는다. … 이름 있는 관리들이 말하는 것이 이러하다면 지방에서 거둬들이는 것이 반드시 늘어날 것이다. 나라가 어찌 망하지 않겠는가."하고 한탄하면서 눈물을 흘려 마지 않았다. – 박제형, 「근세조선정감」

● 홍경래의 격문

평서대원수는 급히 격문을 띄우노니 … 그러나 조정에서는 관서를 버림이 분토와 다름없다. 심지어 권문의 노비들도 서토의 사람을 보면 반드시 평안도 놈이라 한다. 서토에 있는 자 어찌 억울하고 원통하지 않은 자 있겠는가. … 지금, 임금이 나이가 어려 권세 있는 간신배가 그 세를 날로 떨치고 김조순·박종경의 무리가 국가 권력을 오로지 갖고 노니 어진 하늘이 재앙을 내린다. 「순조실록」

● 임술 농민 봉기

임술년 2월, 진주민 수만 명이 머리에 흰 수건을 두르고 손에는 몽둥이를 들고 무리를 지어 진주 읍내에 모여 … 백성들의 재물을 횡령한 조목, 아전들이 세금을 포탈하고 강제로 징수한 일들을 면전에서 여러 번 문책하는데, 그 능멸하고 핍박함이 조금도 거리낌이 없었다.

● 조선후기의 농촌 사회

부농층은 땅이 넓어서 빈민을 농업 노동에 고용함으로써 농사를 짓지 않고서도 향락을 누릴 수 있으며, 빈농층 가운데 어떤 농민은 지주의 농지를 빌려 경작함으로써 살아갈 수 있으며, 그들 가운데 어떤 자는 농지를 얻을 수가 없으므로 임노동자가 되어 타인에게 고용됨으로써 생계를 유지한다. 그리고 그것도 할 수 없는 농민들은 농촌을 떠나 유리걸식하게 된다. 「농포문답」

● 상품작물의 재배

농민들이 밭에 심는 것은 곡물만이 아니다. 모시, 오이, 배추, 도라지 등의 농사도 잘 지으면 그 이익이 헤아릴 수 없이 크다. 도회지 주변에는 파 밭, 마늘 밭, 배추 밭, 오이 밭 등이 많다. 특히 서도 지방의 담배 밭, 북도 지방의 삼 밭, 한산의 모시 밭, 전주의 생강 밭, 강진의 고구마 밭, 황주의 지황 밭에서의 수학은 모두 상상등전(上上等田)의 논에서 나는 수확보다 그 이익이 10배에 이른다. 「경세유표」

● 조선후기 신분제의 동요

근래 아전의 풍속이 나날이 변하여 하찮은 아전이 길에서 양반을 만나도 절을 하지 않으려 한다. 아전의 아들·손자로서 아전의 역을 맡지 않은 자가 고을 안의 양반을 대할 때 맞먹듯이 너 나 하며 자(字)를 부르고 예의를 차리지 않는다. 「목민심서」

● 재가 금지

경전에 이르기를 '믿음은 부인의 덕이다. 한 번 남편과 결혼하면 종신토록 고치지 않는다.' 하였다. 이 때문에 삼종의 의가 있고 한 번이라도 어기는 예가 없는 것이다. … 만일 엄하게 금령을 세우지 않으면 음란한 행동을 막기 어렵다. 이제부터는 재가한 여자의 자손들은 관료가 되지 못하게 풍속을 바르게 하라. 「성종실록」

● 미륵신앙과 정감록

- 불교에서는 석가의 시대가 다하고 미륵의 시대가 온다고 하니, 속세 또한 새로운 세상이 반드시 올 것이다. 군복과 무기를 미리 갖추어 이 세상이 다할 때 군사를 일으킬 준비를 하라.
- 정씨 성과 최씨 성의 두 진인(眞人)을 얻어, 먼저 우리나라를 평정하여 정씨 성의 사람을 임금으로 세운 뒤에 중국을 공격하여 최씨 성의 사람을 황제로 세울 것이다.

출제 경향

세도정치 당시의 상황과 흥선대원군의 정책을 파악해야 한다. 근대화 추진 과정과 함께 임오군란, 갑신정변의 배경과 결과를 잘 알아두자. 그리고 자주 출제되는 동학농민운동의 과정을 숙지하고 있어야 하며 독립협회의 활동 내용과 대한제국의 성립 과정 또한 잘 이해해야 한다.

출제 포인트

〈개항 이후의 근대사〉

1. 흥선대원군의 왕권강화 정책 및 통상수교 거부 정책의 숙지
2. 1860년대 통상수교 요구에 대응했던 우리 민족의 활약 및 전개 과정 파악
3. 1860년대에서부터 1890년대까지의 위정척사파의 개화 반대 운동 과정
4. 1880년대 조선 정부가 추진한 각각의 개화 정책 숙지
5. 조선책략 유입으로 인한 국내 개화파와 위정척사파의 대립 확인
6. 강화도 조약, 조일수호조규 부록, 조일통상장정, 조미수호통상조약 내용 숙지
7. 임오군란과 갑신정변, 동학농민운동의 배경, 과정 및 결과의 내용 숙지
8. 조청상민수륙무역장정 체결이후 청과 일본 상인의 경쟁적인 상권침탈
9. 방곡령 사건의 배경, 과정 및 결과의 내용 숙지

〈갑오개혁 이후의 근대사〉

1. 갑오개혁, 을미개혁, 광무개혁 등의 시행 배경 및 내용의 숙지
2. 갑신정변, 동학농민운동, 갑오개혁 등의 개혁 요구 내용의 공통점과 차이점
3. 을미사변과 을미개혁의 내용과 그 결과로 나타난 을미의병의 내용 및 영향 숙지
4. 독립협회의 민권 신장, 외세의 이권침탈에 대응한 활동 사항 파악
5. 국권피탈 과정에서의 일본과의 조약 내용과 영향 숙지
6. 을사늑약에 대응한 우리 민족 단체 및 의사들의 활동 내용 숙지
7. 일제의 불법적인 고종 강제퇴위 배경 및 영향 파악
8. 을미의병, 을사의병, 정미의병의 배경, 전개과정 및 영향 숙지
9. 일본의 침탈로 인한 우리 민족 언론의 애국계몽운동
10. 일본의 토지 침탈, 화폐정리 사업 등 경제적 침탈
11. 국채보상운동의 배경 및 영향 파악
12. 개항 이후 서양 문물의 유입과 그로 인한 사회·문화의 변화 내용 파악

PART Ⅵ

근대의 한국사

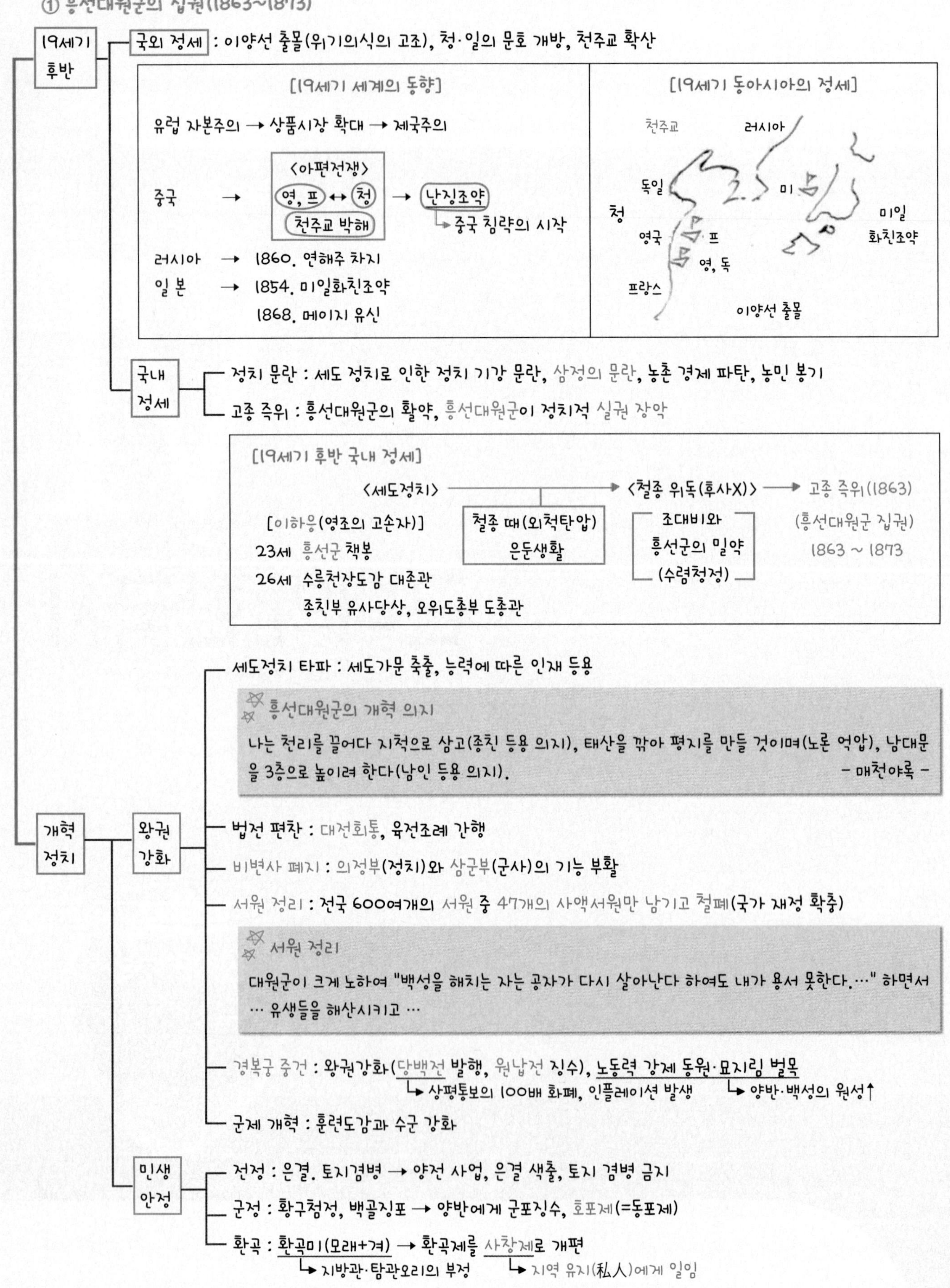

I. 근대사회로의 진전

① 흥선대원군의 집권(1863~1873)

19세기 후반

- **국외 정세** : 이양선 출몰(위기의식의 고조), 청·일의 문호 개방, 천주교 확산

[19세기 세계의 동향]	[19세기 동아시아의 정세]
유럽 자본주의 → 상품시장 확대 → 제국주의 중국 → <아편전쟁> (영, 프 ↔ 청, 천주교 박해) → 난징조약 → 중국 침략의 시작 러시아 → 1860. 연해주 차지 일 본 → 1854. 미일화친조약 1868. 메이지 유신	천주교, 러시아, 독일, 미, 청, 미일 화친조약, 영국, 프, 영, 독, 프랑스, 이양선 출몰

- **국내 정세**
  - 정치 문란 : 세도 정치로 인한 정치 기강 문란, 삼정의 문란, 농촌 경제 파탄, 농민 봉기
  - 고종 즉위 : 흥선대원군의 활약, 흥선대원군이 정치적 실권 장악

[19세기 후반 국내 정세]

<세도정치> → <철종 위독(후사X)> → 고종 즉위(1863)

[이하응(영조의 고손자)]
23세 흥선군 책봉
26세 수릉천장도감 대존관
종친부 유사당상, 오위도총부 도총관

철종 때(외척탄압) 은둔생활

조대비와 흥선군의 밀약 (수렴청정)

(흥선대원군 집권) 1863 ~ 1873

개혁 정치

- **왕권 강화**
  - 세도정치 타파 : 세도가문 축출, 능력에 따른 인재 등용

> ☆ 흥선대원군의 개혁 의지
>
> 나는 천리를 끌어다 지척으로 삼고(종친 등용 의지), 태산을 깎아 평지를 만들 것이며(노론 억압), 남대문을 3층으로 높이려 한다(남인 등용 의지). – 매천야록 –

  - 법전 편찬 : 대전회통, 육전조례 간행
  - 비변사 폐지 : 의정부(정치)와 삼군부(군사)의 기능 부활
  - 서원 정리 : 전국 600여개의 서원 중 47개의 사액서원만 남기고 철폐(국가 재정 확충)

> ☆ 서원 정리
>
> 대원군이 크게 노하여 "백성을 해치는 자는 공자가 다시 살아난다 하여도 내가 용서 못한다.…" 하면서 … 유생들을 해산시키고 …

  - 경복궁 중건 : 왕권강화(당백전 발행, 원납전 징수), 노동력 강제 동원·묘지림 벌목
    - 당백전 → 상평통보의 100배 화폐, 인플레이션 발생
    - 노동력 강제 동원·묘지림 벌목 → 양반·백성의 원성↑
  - 군제 개혁 : 훈련도감과 수군 강화
- **민생 안정**
  - 전정 : 은결, 토지겸병 → 양전 사업, 은결 색출, 토지 겸병 금지
  - 군정 : 황구첨정, 백골징포 → 양반에게 군포징수, 호포제(=동포제)
  - 환곡 : 환곡미(모래+겨) → 환곡제를 사창제로 개편
    - 환곡미(모래+겨) → 지방관·탐관오리의 부정
    - 사창제 → 지역 유지(私人)에게 일임

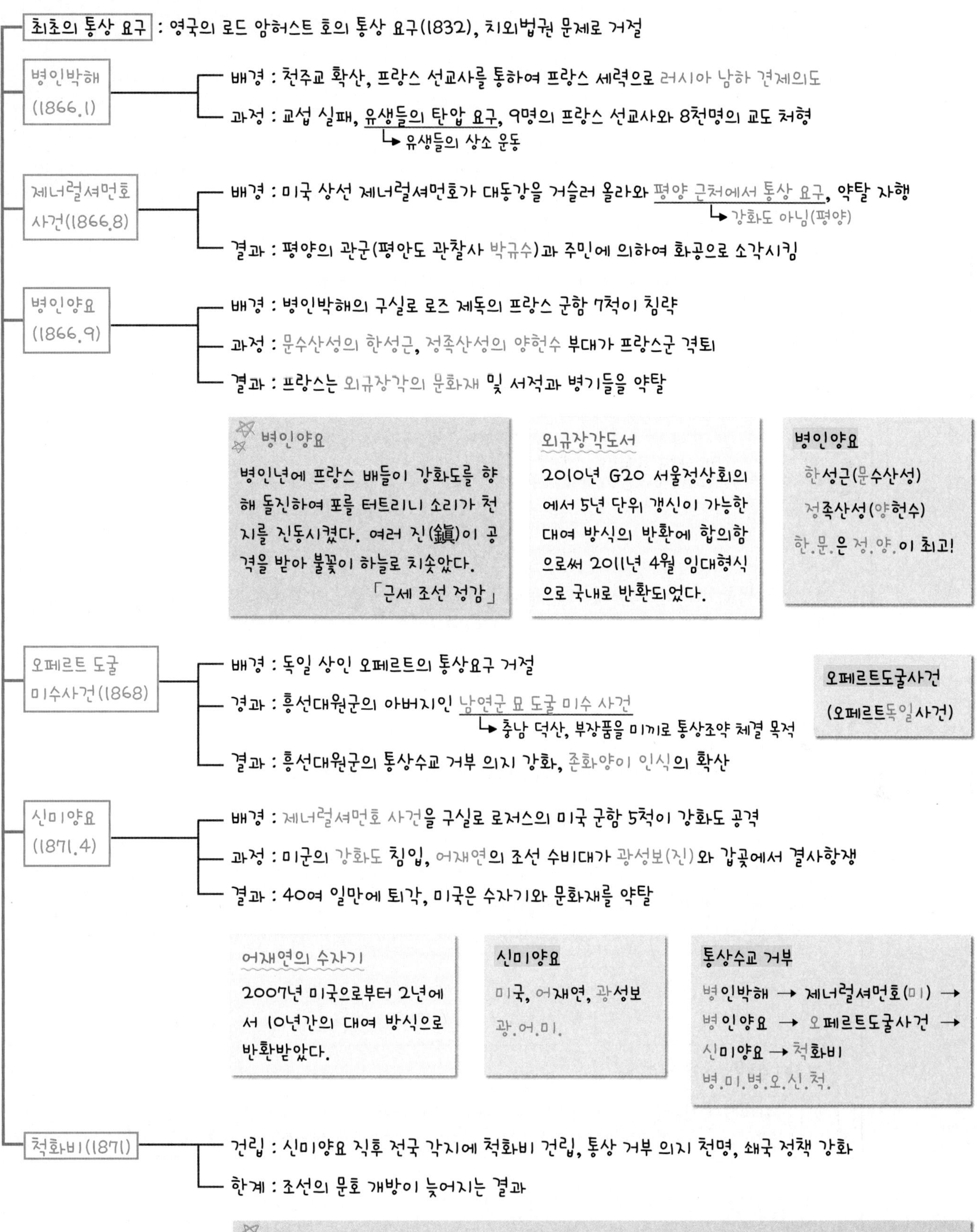

② 통상 수교 거부 정책

최초의 통상 요구 : 영국의 로드 암허스트 호의 통상 요구(1832), 치외법권 문제로 거절

병인박해 (1866.1)
- 배경 : 천주교 확산, 프랑스 선교사를 통하여 프랑스 세력으로 러시아 남하 견제의도
- 과정 : 교섭 실패, 유생들의 탄압 요구, 9명의 프랑스 선교사와 8천명의 교도 처형
  - ↳ 유생들의 상소 운동

제너럴셔먼호 사건(1866.8)
- 배경 : 미국 상선 제너럴셔먼호가 대동강을 거슬러 올라와 평양 근처에서 통상 요구, 약탈 자행
  - ↳ 강화도 아님(평양)
- 결과 : 평양의 관군(평안도 관찰사 박규수)과 주민에 의하여 화공으로 소각시킴

병인양요 (1866.9)
- 배경 : 병인박해의 구실로 로즈 제독의 프랑스 군함 7척이 침략
- 과정 : 문수산성의 한성근, 정족산성의 양헌수 부대가 프랑스군 격퇴
- 결과 : 프랑스는 외규장각의 문화재 및 서적과 병기들을 약탈

> **병인양요**
> 병인년에 프랑스 배들이 강화도를 향해 돌진하여 포를 터트리니 소리가 천지를 진동시켰다. 여러 진(鎭)이 공격을 받아 불꽃이 하늘로 치솟았다.
> 「근세 조선 정감」

> **외규장각도서**
> 2010년 G20 서울정상회의에서 5년 단위 갱신이 가능한 대여 방식의 반환에 합의함으로써 2011년 4월 임대형식으로 국내로 반환되었다.

> **병인양요**
> 한성근(문수산성)
> 정족산성(양헌수)
> 한.문.은 정.양.이 최고!

오페르트 도굴 미수사건(1868)
- 배경 : 독일 상인 오페르트의 통상요구 거절
- 경과 : 흥선대원군의 아버지인 남연군 묘 도굴 미수 사건
  - ↳ 충남 덕산, 부장품을 미끼로 통상조약 체결 목적
- 결과 : 흥선대원군의 통상수교 거부 의지 강화, 존화양이 인식의 확산

> **오페르트도굴사건**
> (오페르트독일사건)

신미양요 (1871.4)
- 배경 : 제너럴셔먼호 사건을 구실로 로저스의 미국 군함 5척이 강화도 공격
- 과정 : 미군의 강화도 침입, 어재연의 조선 수비대가 광성보(진)와 갑곶에서 결사항쟁
- 결과 : 40여 일만에 퇴각, 미국은 수자기와 문화재를 약탈

> **어재연의 수자기**
> 2007년 미국으로부터 2년에서 10년간의 대여 방식으로 반환받았다.

> **신미양요**
> 미국, 어재연, 광성보
> 광.어.미.

> **통상수교 거부**
> 병인박해 → 제너럴셔먼호(미) → 병인양요 → 오페르트도굴사건 → 신미양요 → 척화비
> 병.미.병.오.신.척.

척화비(1871)
- 건립 : 신미양요 직후 전국 각지에 척화비 건립, 통상 거부 의지 천명, 쇄국 정책 강화
- 한계 : 조선의 문호 개방이 늦어지는 결과

> **척화비**
> '洋夷侵犯非戰則和主和賣國(戒我萬年子孫 丙寅作 辛未立)'
> 서양 오랑캐가 침범하는 데 싸우지 않으면 화친하는 것이요, 화친을 주장하는 것은 매국하는 것이다. 이를 자손만대에 경계하노라. 병인년에 비문을 짓고 신미년에 비석을 세운다.

③ 개항과 불평등 조약

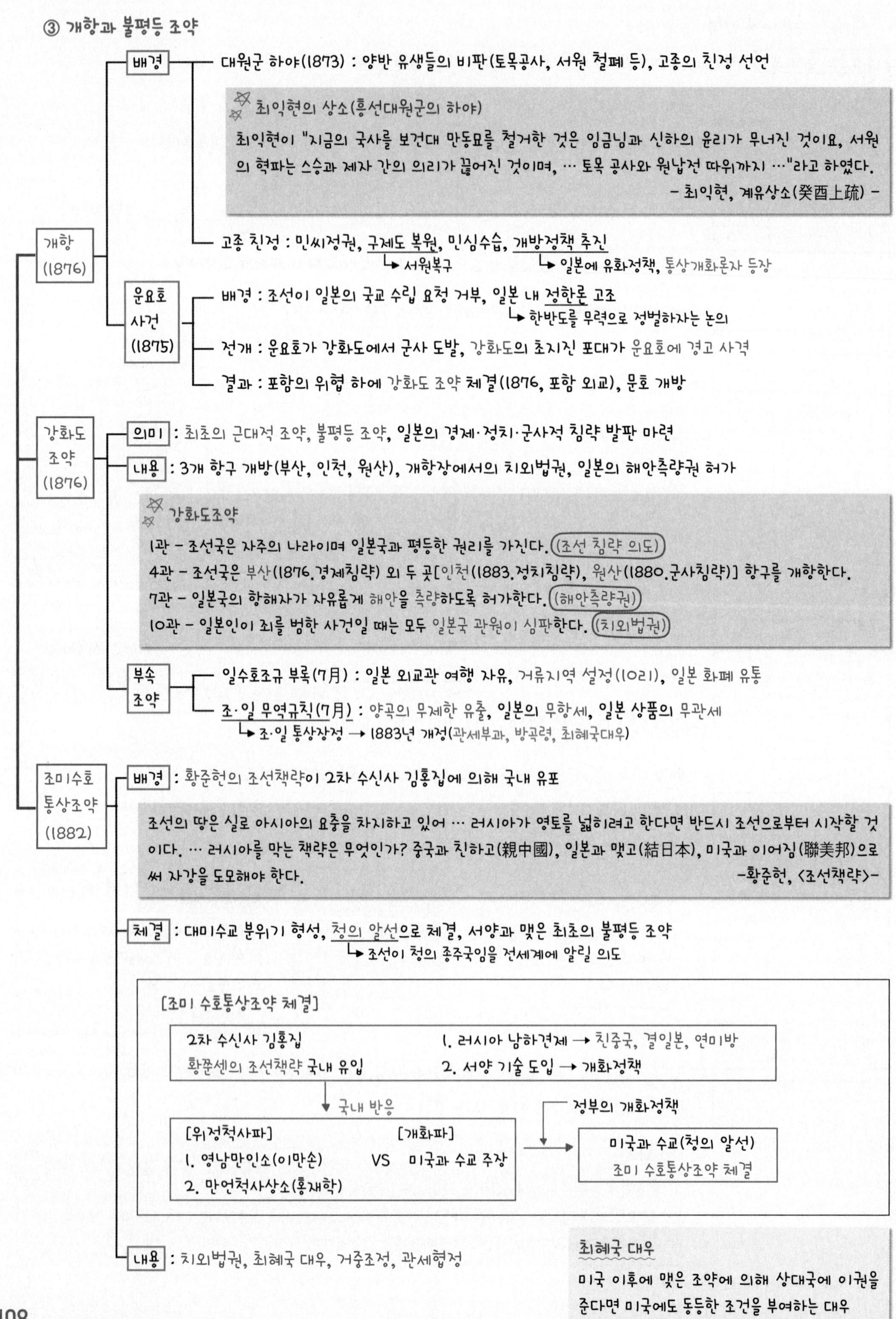

- **개항(1876)**
  - **배경**
    - 대원군 하야(1873) : 양반 유생들의 비판(토목공사, 서원 철폐 등), 고종의 친정 선언

      > 최익현의 상소(흥선대원군의 하야)
      >
      > 최익현이 "지금의 국사를 보건대 만동묘를 철거한 것은 임금님과 신하의 윤리가 무너진 것이요, 서원의 혁파는 스승과 제자 간의 의리가 끊어진 것이며, … 토목 공사와 원납전 따위까지 …"라고 하였다.
      >
      > – 최익현, 계유상소(癸酉上疏) –

    - 고종 친정 : 민씨정권, 구제도 복원, 민심수습, 개방정책 추진
      - 구제도 복원 → 서원복구
      - 개방정책 추진 → 일본에 유화정책, 통상개화론자 등장
  - **운요호 사건(1875)**
    - 배경 : 조선이 일본의 국교 수립 요청 거부, 일본 내 정한론 고조
      - 정한론 → 한반도를 무력으로 정벌하자는 논의
    - 전개 : 운요호가 강화도에서 군사 도발, 강화도의 초지진 포대가 운요호에 경고 사격
    - 결과 : 포함의 위협 하에 강화도 조약 체결(1876, 포함 외교), 문호 개방
- **강화도 조약(1876)**
  - **의미** : 최초의 근대적 조약, 불평등 조약, 일본의 경제·정치·군사적 침략 발판 마련
  - **내용** : 3개 항구 개방(부산, 인천, 원산), 개항장에서의 치외법권, 일본의 해안측량권 허가

    > 강화도조약
    >
    > 1관 – 조선국은 자주의 나라이며 일본국과 평등한 권리를 가진다.(조선 침략 의도)
    >
    > 4관 – 조선국은 부산(1876.경제침략) 외 두 곳[인천(1883.정치침략), 원산(1880.군사침략)] 항구를 개항한다.
    >
    > 7관 – 일본국의 항해자가 자유롭게 해안을 측량하도록 허가한다.(해안측량권)
    >
    > 10관 – 일본인이 죄를 범한 사건일 때는 모두 일본국 관원이 심판한다.(치외법권)

  - **부속 조약**
    - 일수호조규 부록(7月) : 일본 외교관 여행 자유, 거류지역 설정(10리), 일본 화폐 유통
    - 조·일 무역규칙(7月) : 양곡의 무제한 유출, 일본의 무항세, 일본 상품의 무관세
      - → 조·일 통상장정 → 1883년 개정(관세부과, 방곡령, 최혜국대우)
- **조미수호통상조약(1882)**
  - **배경** : 황준헌의 조선책략이 2차 수신사 김홍집에 의해 국내 유포

    > 조선의 땅은 실로 아시아의 요충을 차지하고 있어 … 러시아가 영토를 넓히려고 한다면 반드시 조선으로부터 시작할 것이다. … 러시아를 막는 책략은 무엇인가? 중국과 친하고(親中國), 일본과 맺고(結日本), 미국과 이어짐(聯美邦)으로써 자강을 도모해야 한다.
    >
    > –황준헌, <조선책략>–

  - **체결** : 대미수교 분위기 형성, 청의 알선으로 체결, 서양과 맺은 최초의 불평등 조약
    - 청의 알선 → 조선이 청의 종주국임을 전세계에 알릴 의도

    [조미 수호통상조약 체결]

    2차 수신사 김홍집 / 황쭌셴의 조선책략 국내 유입 — 1. 러시아 남하견제 → 친중국, 결일본, 연미방 / 2. 서양 기술 도입 → 개화정책

    ↓ 국내 반응

    [위정척사파] 1. 영남만인소(이만손) 2. 만언척사상소(홍재학) VS [개화파] 미국과 수교 주장

    → 정부의 개화정책 → 미국과 수교(청의 알선) / 조미 수호통상조약 체결

  - **내용** : 치외법권, 최혜국 대우, 거중조정, 관세협정

> 최혜국 대우
>
> 미국 이후에 맺은 조약에 의해 상대국에 이권을 준다면 미국에도 동등한 조건을 부여하는 대우

2. 개화 운동의 추진

① 근대화의 움직임

- 개화 정책
  - 개화 사상
    - 박규수 : 양반 출신, 청의 양무운동 견학, 개화사상의 선각자
      - → 진주농민봉기(안핵사), 제너럴셔먼호(평안도 관찰사) → 오경석, 유홍기에 영향
    - 오경석 : 중인(역관) 출신, 청 왕래, 해국도지(위원), 영환지략(서계여) 유입
    - 유홍기 : 중인(한의사) 출신, 오경석을 통해 개화사상, 김옥균, 홍영식 등 지도
  - 정부 정책
    - 수신사
      - 파견 : 강화도조약 이후 일본의 개화 상황과 문물 시찰
      - 1차 : 김기수(1876), '일동기유'를 저술하여 근대 문물을 소개
      - 2차 : 김홍집(1880), 황준헌 '조선책략'을 국내 유입, 미국과의 수교에 영향
        - 조미수호통상 조약(1882) ←
    - 개혁 기구 : 통리기무아문 설치(1880), 12사 설치(외교·군사·산업)
    - 군제 개편 : 5군영을 2영(무위영, 장어영)으로 통합, 신식 군대인 별기군 창설(1881)
  - 시찰단 파견
    - 조사시찰단(1881) : 일본의 정부·산업·군사시설 시찰, 귀국 후 박문국·전환국 설치
      - → 비밀리에 파견(박정양, 홍영식 등 62명)
      - 출판소 ← (박문국), → 화폐 주조 (전환국)
    - 영선사(1881, 청)
      - 김윤식, 근대 무기 제조·군사 훈련법 습득
      - 정부의 재정부족으로 1년 만에 귀국
      - 귀국 후 기기창(무기제조) 설치
    - 보빙사(1883, 미)
      - 민영익, 최초의 구미 사절단
      - 조미수호통상조약 체결 후 파견, 일부는 유럽시찰(유길준)
        - 최초 국비 유학생(미국 보스턴대학교), 중립론 주장, 서유견문 저술 ←

> **시찰단**
> 영선사(1881.청.김윤식)
> → 청.식.이 형(영.).!
> 보빙사(1883.미.민영익)
> → 미.민.보.!

- 위정 척사
  - 의미 : 성리학을 수호하고 성리학 이외의 모든 종교와 사상을 사학(邪學)으로 규정하여 배척
  - 전개
    - 1860년대 : 통상반대운동(이항로, 기정진), 대원군의 정책 지지(척화주전론)
      - → 이양선 출몰, 서양의 통상 요구 증가

> 서양 오랑캐의 화가 오늘날에 이르러서는 홍수나 맹수의 해보다 더 심합니다. 전하께서는 사학의 무리를 잡아 베게 하시고 밖으로는 장병으로 하여금 바다를 건너오는 적을 정벌케 하소서.
> – 이항로, 척화주전론 –

    - 1870년대 : 개항반대운동(최익현, 유인석), 왜양일체론(倭洋一體論), 개항 불가론
      - → 외세의 개항 요구(강화도 조약)

> 일단 강화를 맺고 나면 저들은 물화를 교역하는 데 욕심을 낼 것입니다.…저들이 비록 왜인이라고 하나 실은 양적입니다.
> – 최익현, 왜양일체론 –

    - 1880년대 : 개화반대운동(홍재학, 이만손), 집단 상소 운동, 영남 만인소(이만손)
      - → 조선책략 유포

> 러시아·미국·일본은 같은 오랑캐입니다. … 만일 저마다 이익을 추구하여 땅이나 물품을 교구하기를 마치 일본과 같이 한다면, 전하께서는 어떻게 이를 막아내시겠습니까?
> – 이만손, 영남만인소 –

    - 1890년대 : 항일의병운동(문석봉, 이소응), 일본의 침략에 대한 항일 의병(을미의병)
      - → 을미사변, 을미개혁 등 일본의 내정 간섭 증가

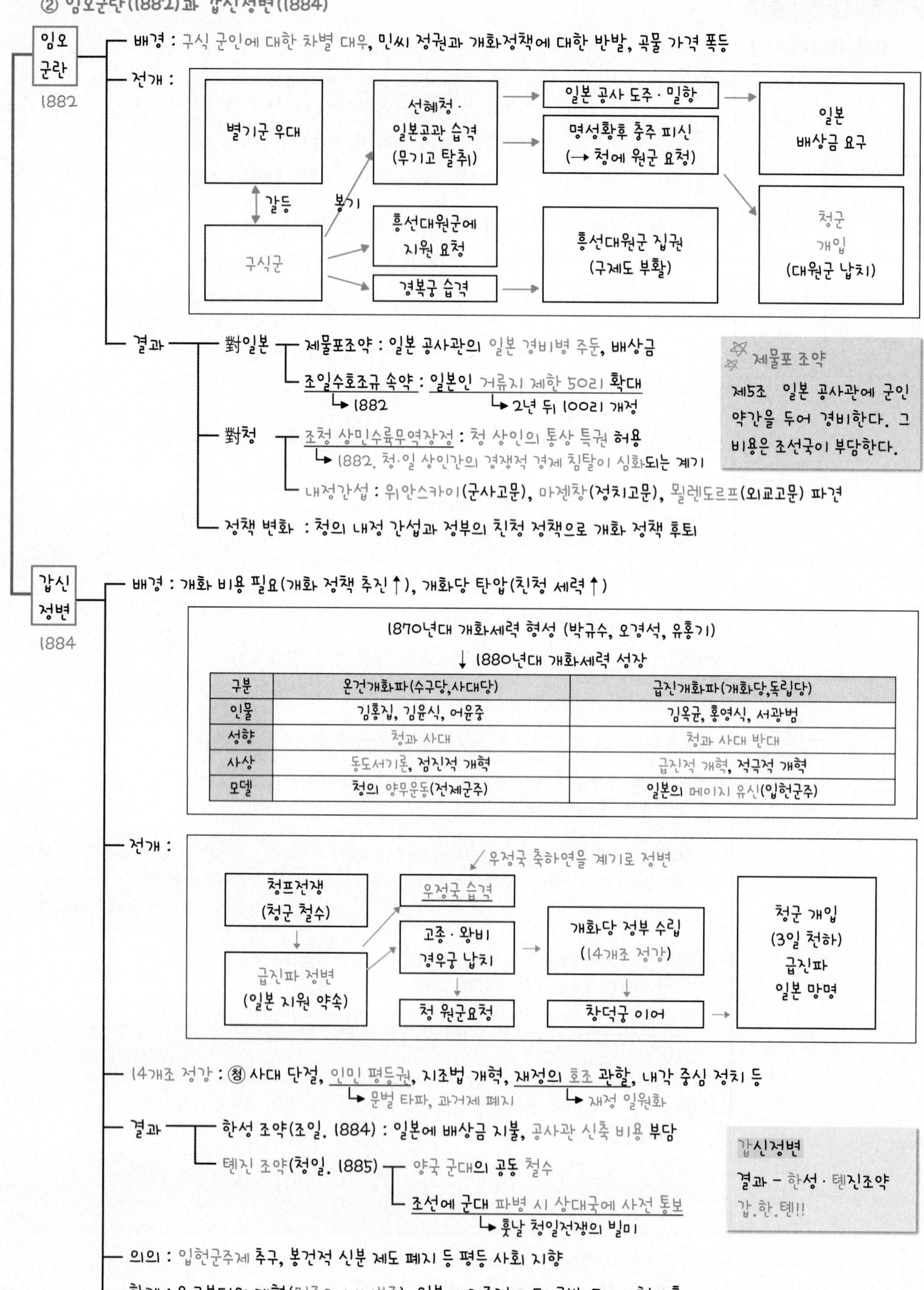

② 임오군란(1882)과 갑신정변(1884)

임오군란 1882

- 배경 : 구식 군인에 대한 차별 대우, 민씨 정권과 개화정책에 대한 반발, 곡물 가격 폭등
- 전개 :

- 결과
  - 對일본
    - 제물포조약 : 일본 공사관의 일본 경비병 주둔, 배상금
    - 조일수호조규 속약 : 일본인 거류지 제한 50리 확대
      - → 1882
      - → 2년 뒤 100리 개정
  - 對청
    - 조청 상민수륙무역장정 : 청 상인의 통상 특권 허용
      - → 1882. 청·일 상인간의 경쟁적 경제 침탈이 심화되는 계기
    - 내정간섭 : 위안스카이(군사고문), 마젠창(정치고문), 묄렌도르프(외교고문) 파견
  - 정책 변화 : 청의 내정 간섭과 정부의 친청 정책으로 개화 정책 후퇴

> ☆ 제물포 조약
> 제5조 일본 공사관에 군인 약간을 두어 경비한다. 그 비용은 조선국이 부담한다.

갑신정변 1884

- 배경 : 개화 비용 필요(개화 정책 추진↑), 개화당 탄압(친청 세력↑)

1870년대 개화세력 형성 (박규수, 오경석, 유홍기)
↓ 1880년대 개화세력 성장

구분	온건개화파(수구당,사대당)	급진개화파(개화당,독립당)
인물	김홍집, 김윤식, 어윤중	김옥균, 홍영식, 서광범
성향	청과 사대	청과 사대 반대
사상	동도서기론, 점진적 개혁	급진적 개혁, 적극적 개혁
모델	청의 양무운동(전제군주)	일본의 메이지 유신(입헌군주)

- 전개 :

- 14개조 정강 : ⓗ 사대 단절, 인민 평등권, 지조법 개혁, 재정의 호조 관할, 내각 중심 정치 등
  - → 문벌 타파, 과거제 폐지
  - → 재정 일원화
- 결과
  - 한성 조약(조일. 1884) : 일본에 배상금 지불, 공사관 신축 비용 부담
  - 톈진 조약(청일. 1885)
    - 양국 군대의 공동 철수
    - 조선에 군대 파병 시 상대국에 사전 통보
      - → 훗날 청일전쟁의 빌미
- 의의 : 입헌군주제 추구, 봉건적 신분 제도 폐지 등 평등 사회 지향
- 한계 : 위로부터의 개혁(민중의 지지부족), 일본에 의존적 태도, 국방·토지개혁 소홀

> 갑신정변
> 결과 - 한성·톈진조약
> 갑.한.톈!!

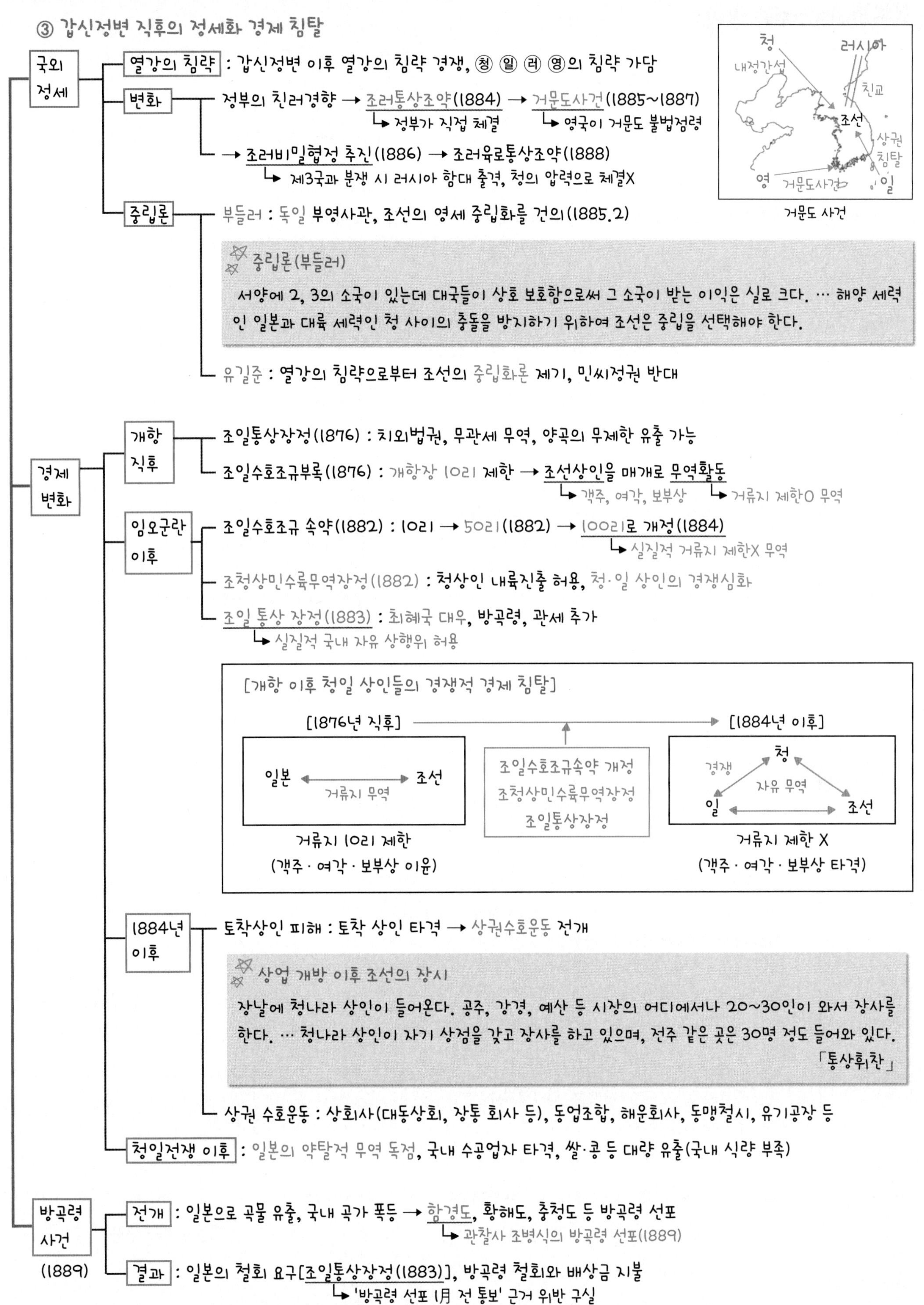

③ 갑신정변 직후의 정세와 경제 침탈

국외 정세

- **열강의 침략** : 갑신정변 이후 열강의 침략 경쟁, ㉢청 ㉢일 ㉢러 ㉢영의 침략 가담
- **변화**
  - 정부의 친러경향 → 조러통상조약(1884) → 거문도사건(1885~1887)
    - ↳ 정부가 직접 체결 / ↳ 영국이 거문도 불법점령
  - → 조러비밀협정 추진(1886) → 조러육로통상조약(1888)
    - ↳ 제3국과 분쟁 시 러시아 함대 출격, 청의 압력으로 체결X
- **중립론**
  - 부들러 : 독일 부영사관, 조선의 영세 중립화를 건의(1885.2)

> 중립론(부들러)
>
> 서양에 2, 3의 소국이 있는데 대국들이 상호 보호함으로써 그 소국이 받는 이익은 실로 크다. … 해양 세력인 일본과 대륙 세력인 청 사이의 충돌을 방지하기 위하여 조선은 중립을 선택해야 한다.

  - 유길준 : 열강의 침략으로부터 조선의 중립화론 제기, 민씨정권 반대

거문도 사건

경제 변화

- **개항 직후**
  - 조일통상장정(1876) : 치외법권, 무관세 무역, 양곡의 무제한 유출 가능
  - 조일수호조규부록(1876) : 개항장 10리 제한 → 조선상인을 매개로 무역활동
    - ↳ 객주, 여각, 보부상 / ↳ 거류지 제한O 무역
- **임오군란 이후**
  - 조일수호조규 속약(1882) : 10리 → 50리(1882) → 100리로 개정(1884)
    - ↳ 실질적 거류지 제한X 무역
  - 조청상민수륙무역장정(1882) : 청상인 내륙진출 허용, 청·일 상인의 경쟁심화
  - 조일 통상 장정(1883) : 최혜국 대우, 방곡령, 관세 추가
    - ↳ 실질적 국내 자유 상행위 허용

[개항 이후 청일 상인들의 경쟁적 경제 침탈]

[1876년 직후] → [1884년 이후]

[1876년 직후]		[1884년 이후]
일본 ↔ 조선 (거류지 무역)	조일수호조규속약 개정 조청상민수륙무역장정 조일통상장정	청, 일, 조선 (경쟁, 자유 무역)
거류지 10리 제한 (객주 · 여각 · 보부상 이윤)		거류지 제한 X (객주 · 여각 · 보부상 타격)

- **1884년 이후**
  - 토착상인 피해 : 토착 상인 타격 → 상권수호운동 전개

> 상업 개방 이후 조선의 장시
>
> 장날에 청나라 상인이 들어온다. 공주, 강경, 예산 등 시장의 어디에서나 20~30인이 와서 장사를 한다. … 청나라 상인이 자기 상점을 갖고 장사를 하고 있으며, 전주 같은 곳은 30명 정도 들어와 있다.
>
> 「통상휘찬」

  - 상권 수호운동 : 상회사(대동상회, 장통 회사 등), 동업조합, 해운회사, 동맹철시, 유기공장 등
- **청일전쟁 이후** : 일본의 약탈적 무역 독점, 국내 수공업자 타격, 쌀·콩 등 대량 유출(국내 식량 부족)

방곡령 사건 (1889)

- **전개** : 일본으로 곡물 유출, 국내 곡가 폭등 → 함경도, 황해도, 충청도 등 방곡령 선포
  - ↳ 관찰사 조병식의 방곡령 선포(1889)
- **결과** : 일본의 철회 요구[조일통상장정(1883)], 방곡령 철회와 배상금 지불
  - ↳ '방곡령 선포 1月 전 통보' 근거 위반 구실

3. 구국 민족 운동의 전개

① 동학농민운동

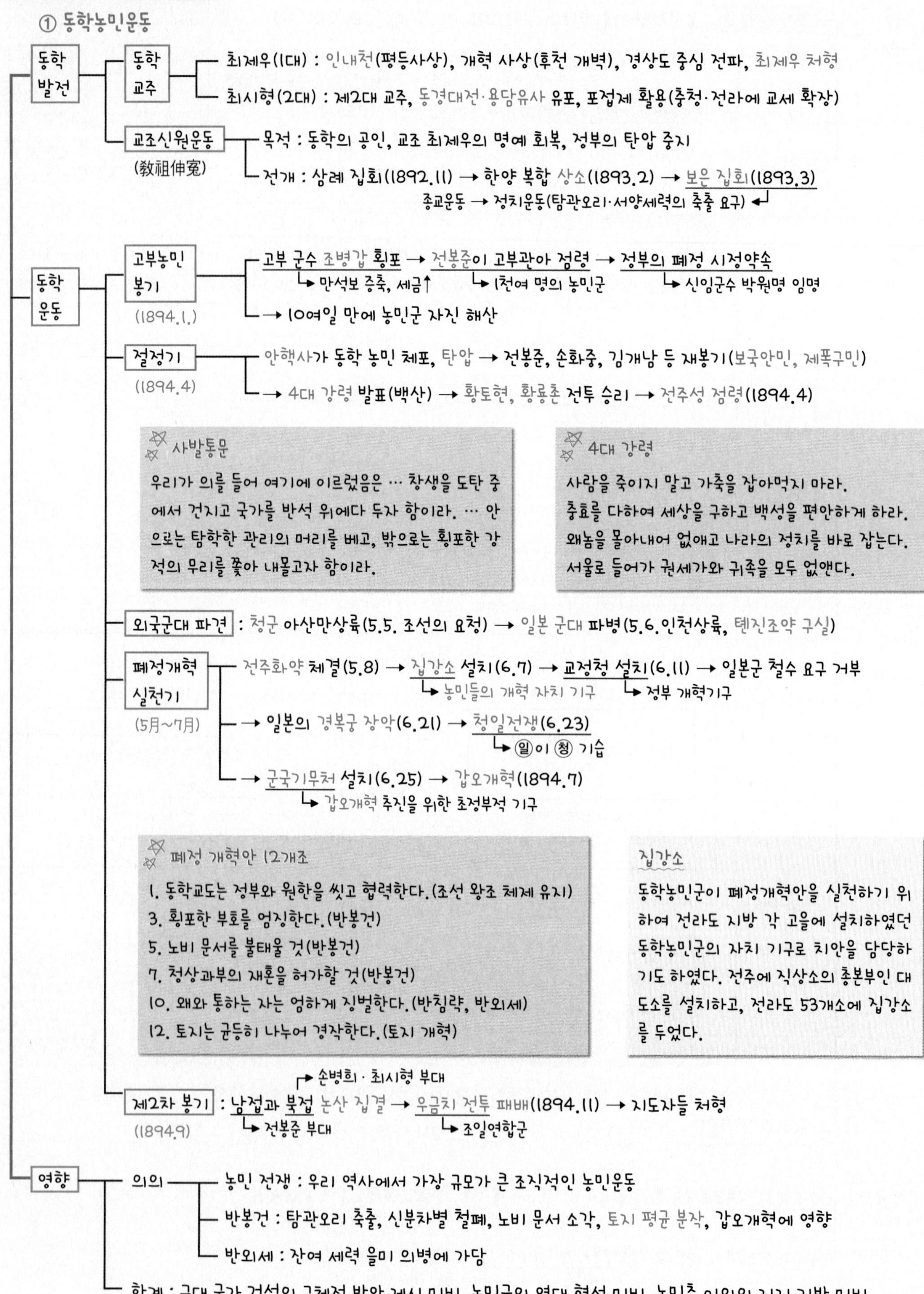

- 동학 발전
  - 동학 교주
    - 최제우(1대) : 인내천(평등사상), 개혁 사상(후천 개벽), 경상도 중심 전파, 최제우 처형
    - 최시형(2대) : 제2대 교주, 동경대전·용담유사 유포, 포접제 활용(충청·전라에 교세 확장)
  - 교조신원운동(敎祖伸冤)
    - 목적 : 동학의 공인, 교조 최제우의 명예 회복, 정부의 탄압 중지
    - 전개 : 삼례 집회(1892.11) → 한양 복합 상소(1893.2) → 보은 집회(1893.3)
      - 종교운동 → 정치운동(탐관오리·서양세력의 축출 요구)
- 동학 운동
  - 고부농민 봉기(1894.1.)
    - 고부 군수 조병갑 횡포 → 전봉준이 고부관아 점령 → 정부의 폐정 시정약속
      - 만석보 증축, 세금↑ / 1천여 명의 농민군 / 신임군수 박원명 임명
    - → 10여일 만에 농민군 자진 해산
  - 절정기(1894.4)
    - 안핵사가 동학 농민 체포, 탄압 → 전봉준, 손화중, 김개남 등 재봉기(보국안민, 제폭구민)
    - → 4대 강령 발표(백산) → 황토현, 황룡촌 전투 승리 → 전주성 점령(1894.4)

사발통문

우리가 의를 들어 여기에 이르렀음은 … 창생을 도탄 중에서 건지고 국가를 반석 위에다 두자 함이라. … 안으로는 탐학한 관리의 머리를 베고, 밖으로는 횡포한 강적의 무리를 쫓아 내몰고자 함이라.

4대 강령

사람을 죽이지 말고 가축을 잡아먹지 마라.
충효를 다하여 세상을 구하고 백성을 편안하게 하라.
왜놈을 몰아내어 없애고 나라의 정치를 바로 잡는다.
서울로 들어가 권세가와 귀족을 모두 없앤다.

  - 외국군대 파견 : 청군 아산만상륙(5.5. 조선의 요청) → 일본 군대 파병(5.6. 인천상륙, 톈진조약 구실)
  - 폐정개혁 실천기(5月~7月)
    - 전주화약 체결(5.8) → 집강소 설치(6.7) → 교정청 설치(6.11) → 일본군 철수 요구 거부
      - 집강소: 농민들의 개혁 자치 기구 / 교정청: 정부 개혁기구
    - → 일본의 경복궁 장악(6.21) → 청일전쟁(6.23)
      - ㉠이 ㉢ 기습
    - → 군국기무처 설치(6.25) → 갑오개혁(1894.7)
      - 갑오개혁 추진을 위한 초정부적 기구

폐정 개혁안 12개조

1. 동학교도는 정부와 원한을 씻고 협력한다.(조선 왕조 체제 유지)
3. 횡포한 부호를 엄징한다.(반봉건)
5. 노비 문서를 불태울 것(반봉건)
7. 청상과부의 재혼을 허가할 것(반봉건)
10. 왜와 통하는 자는 엄하게 징벌한다.(반침략, 반외세)
12. 토지는 균등히 나누어 경작한다.(토지 개혁)

집강소

동학농민군이 폐정개혁안을 실천하기 위하여 전라도 지방 각 고을에 설치하였던 동학농민군의 자치 기구로 치안을 담당하기도 하였다. 전주에 집강소의 총본부인 대도소를 설치하고, 전라도 53개소에 집강소를 두었다.

  - 제2차 봉기(1894.9) : 남접과 북접 논산 집결 → 우금치 전투 패배(1894.11) → 지도자들 처형
    - 남접: 전봉준 부대 / 북접: 손병희·최시형 부대 / 우금치 전투: 조일연합군
- 영향
  - 의의
    - 농민 전쟁 : 우리 역사에서 가장 규모가 큰 조직적인 농민운동
    - 반봉건 : 탐관오리 축출, 신분차별 철폐, 노비 문서 소각, 토지 평균 분작, 갑오개혁에 영향
    - 반외세 : 잔여 세력 을미 의병에 가담
  - 한계 : 근대 국가 건설의 구체적 방안 제시 미비, 농민군의 연대 형성 미비, 농민층 이외의 지지 기반 미비

② 갑오・을미개혁의 추진 (1894~1895)

1차 갑오개혁

- (전개) : 1차 김홍집 내각 수립(친일), 군국기무처 설치(1894.6. 갑오개혁 추진, 초정부 기구)
- (정치) : 왕실사무(궁내부)과 국정사무(의정부) 분리, 8아문, 개국기원, 경무청, 과거제 폐지
  - 8아문 → 조선의 6조
  - 개국기원 → 조선 건국 기준의 연호(1392)
- (경제) : 재정 일원화(탁지아문), 은본위제, 조세의 금납화, 도량형 통일
- (사회) : 신분제 철폐(평등사회), 공·사 노비 제도 폐지, 조혼 금지, 과부 재가 허용, 고문·연좌제 폐지

2차 갑오개혁

- (전개) : 제2차 김홍집·박영효 내각(친일) → 군국기무처 폐지, 홍범 14조 → 삼국간섭 이후 제2차 개혁 중단
  - 홍범 14조 → 고종이 독립서고문 낭독, 홍범14조 선포

> **홍범 14조**
> 1. 청에 의존하는 생각을 버리고 자주 독립의 기초를 세운다.
> 4. 왕실 사무와 국정 사무를 나누어 서로 혼동하지 않는다.
> 6. 납세는 법으로 정하고 함부로 세금을 거두지 않는다.
> 7. 조세의 징수와 경비 지출은 모두 탁지아문의 관할에 속한다.
> 10. 지방 제도를 개정하여 지방 관리의 직권을 제한한다.
> 13. 민법, 형법을 제정하여 국민의 생명과 재산을 보전한다.
> 14. 문벌을 가리지 않고 인재 등용의 길을 넓힌다.

> **시모노세키 조약(1895.4)**
> 청일전쟁의 결과 체결 조약. 일본은 청으로부터 요동반도, 타이완 할양

> **삼국간섭(1895)**
> 러시아, 프랑스, 독일의 삼국간섭으로 일본은 요동반도를 청에게 반환

- (정치) : 중앙(8아문 → 7부)·지방(8도 → 23부 337군), 사법권 독립, 지방관 권한 축소(행정권만 유지)
- (군사) : 훈련대와 시위대만 설치(군사 개혁 미비)
- (교육) : 교육입국조서 발표(1895. 한성사범학교 설립)
  - 교육입국조서 → 갑오개혁의 일환, 광무개혁 아님!

갑오개혁 중단 : 청일전쟁 종결 → 시모노세키 조약 → 삼국간섭(1895) → 친러파 득세 → 제2차 개혁 중단
- 제2차 개혁 중단 → 제3차 김홍집 내각(친러)

을미개혁

- (변화) : 삼국간섭 후 친러파 득세 → 을미사변 → 제4차 김홍집 내각(친일)
  - 을미사변 → 명성황후가 일본 낭인들에게 살해(1895.8)
- (내용)
  - 태양력 사용, 연호 제정(건양), 소학교 설치
  - 친위대(중앙군)·진위대(지방군) 설치, 단발령 실시
  - 우편사무재개, 종두법 실시

[근대화 운동의 공통 주장]

개혁내용	갑신정변	동학운동	갑오개혁
평등	O	O	O
관리채용	O	O	O
입헌군주	O	X	O
재정일원	O	X	O
여성재가	X	O	O
토지개혁	X	O	X

영향

- (근대 개혁) : 사실상 자주적 근대 개혁(봉건제 타파), 민중과 유리된 개혁(상공업·국방 개혁 소홀)
- (을미의병) (1895)
  - 배경 : 을미사변과 단발령
  - 세력 : 양반 유생 주도(유인석, 이소응), 일반 농민·동학 농민군 잔여 세력 가담
  - 해산 : 아관파천 후 단발령 철회, 고종의 의병 해산 권고 조칙으로 자진 해산
    - 고종의 의병 해산 권고 조칙 → 당시 의병 주도층은 대부분 양반 유생

4. 주권 수호 운동의 전개

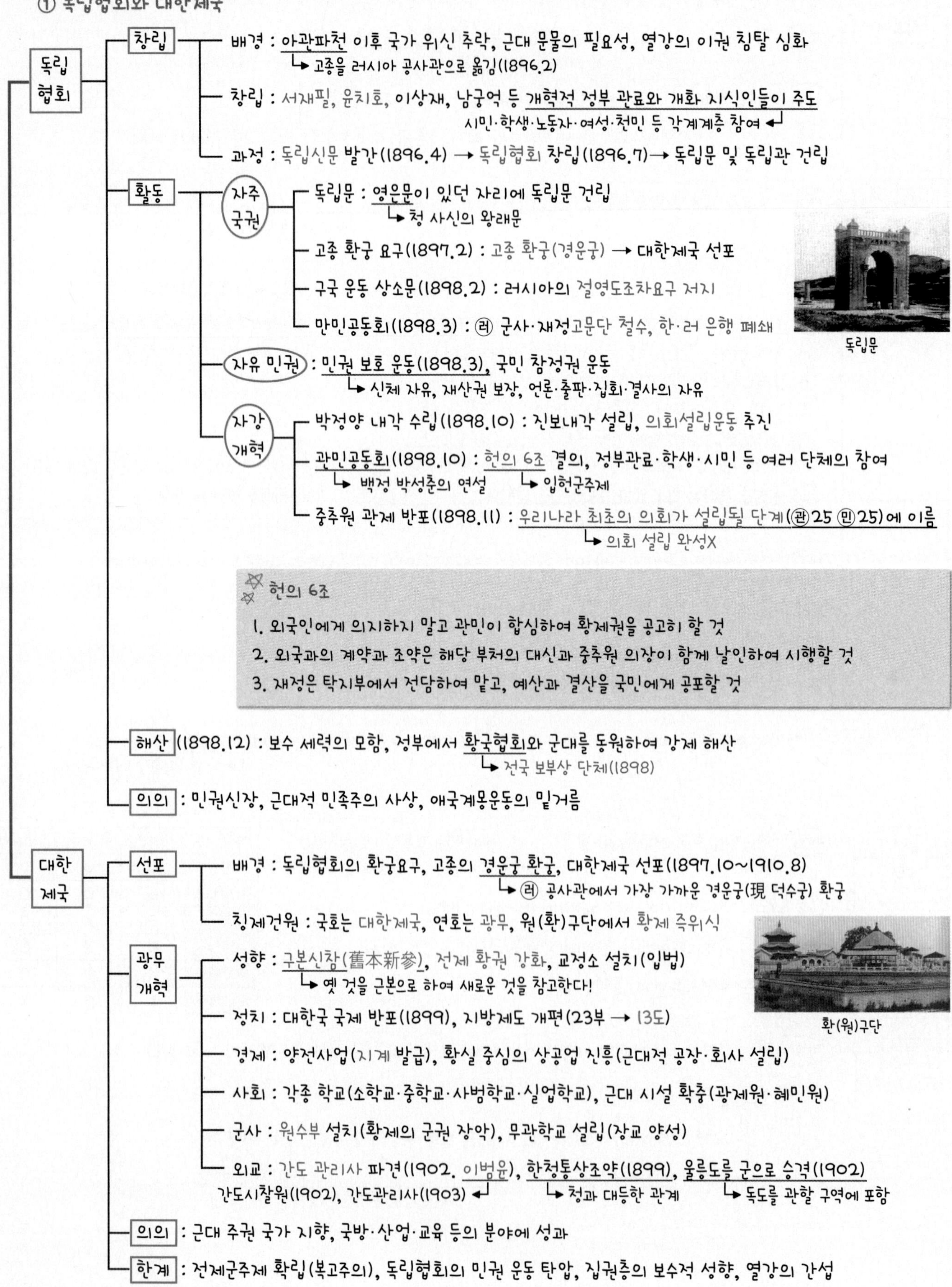

① 독립협회와 대한제국
독립협회
창립
배경 : 아관파천 이후 국가 위신 추락, 근대 문물의 필요성, 열강의 이권 침탈 심화
→ 고종을 러시아 공사관으로 옮김(1896.2)
창립 : 서재필, 윤치호, 이상재, 남궁억 등 개혁적 정부 관료와 개화 지식인들이 주도
시민·학생·노동자·여성·천민 등 각계계층 참여
과정 : 독립신문 발간(1896.4) → 독립협회 창립(1896.7) → 독립문 및 독립관 건립
활동
자주 국권
독립문 : 영은문이 있던 자리에 독립문 건립
→ 청 사신의 왕래문
고종 환궁 요구(1897.2) : 고종 환궁(경운궁) → 대한제국 선포
구국 운동 상소문(1898.2) : 러시아의 절영도조차요구 저지
만민공동회(1898.3) : ㉣ 군사·재정고문단 철수, 한·러 은행 폐쇄
독립문
자유 민권
: 민권 보호 운동(1898.3), 국민 참정권 운동
→ 신체 자유, 재산권 보장, 언론·출판·집회·결사의 자유
자강 개혁
박정양 내각 수립(1898.10) : 진보내각 설립, 의회설립운동 추진
관민공동회(1898.10) : 헌의 6조 결의, 정부관료·학생·시민 등 여러 단체의 참여
→ 백정 박성춘의 연설
→ 입헌군주제
중추원 관제 반포(1898.11) : 우리나라 최초의 의회가 설립될 단계(㊀25 ㊁25)에 이름
→ 의회 설립 완성X
헌의 6조
1. 외국인에게 의지하지 말고 관민이 합심하여 황제권을 공고히 할 것
2. 외국과의 계약과 조약은 해당 부처의 대신과 중추원 의장이 함께 날인하여 시행할 것
3. 재정은 탁지부에서 전담하여 맡고, 예산과 결산을 국민에게 공포할 것
해산 (1898.12) : 보수 세력의 모함, 정부에서 황국협회와 군대를 동원하여 강제 해산
→ 전국 보부상 단체(1898)
의의 : 민권신장, 근대적 민족주의 사상, 애국계몽운동의 밑거름
대한제국
선포
배경 : 독립협회의 환궁요구, 고종의 경운궁 환궁, 대한제국 선포(1897.10~1910.8)
→ ㉣ 공사관에서 가장 가까운 경운궁(現 덕수궁) 환궁
칭제건원 : 국호는 대한제국, 연호는 광무, 원(환)구단에서 황제 즉위식
광무 개혁
성향 : 구본신참(舊本新參), 전제 황권 강화, 교정소 설치(입법)
→ 옛 것을 근본으로 하여 새로운 것을 참고한다!
정치 : 대한국 국제 반포(1899), 지방제도 개편(23부 → 13도)
경제 : 양전사업(지계 발급), 황실 중심의 상공업 진흥(근대적 공장·회사 설립)
사회 : 각종 학교(소학교·중학교·사범학교·실업학교), 근대 시설 확충(광제원·혜민원)
군사 : 원수부 설치(황제의 군권 장악), 무관학교 설립(장교 양성)
외교 : 간도 관리사 파견(1902. 이범윤), 한청통상조약(1899), 울릉도를 군으로 승격(1902)
간도시찰원(1902), 간도관리사(1903)
→ 청과 대등한 관계
→ 독도를 관할 구역에 포함
환(원)구단
의의 : 근대 주권 국가 지향, 국방·산업·교육 등의 분야에 성과
한계 : 전제군주제 확립(복고주의), 독립협회의 민권 운동 탄압, 집권층의 보수적 성향, 열강의 간섭

② 대외 관계의 변화(간도와 독도)

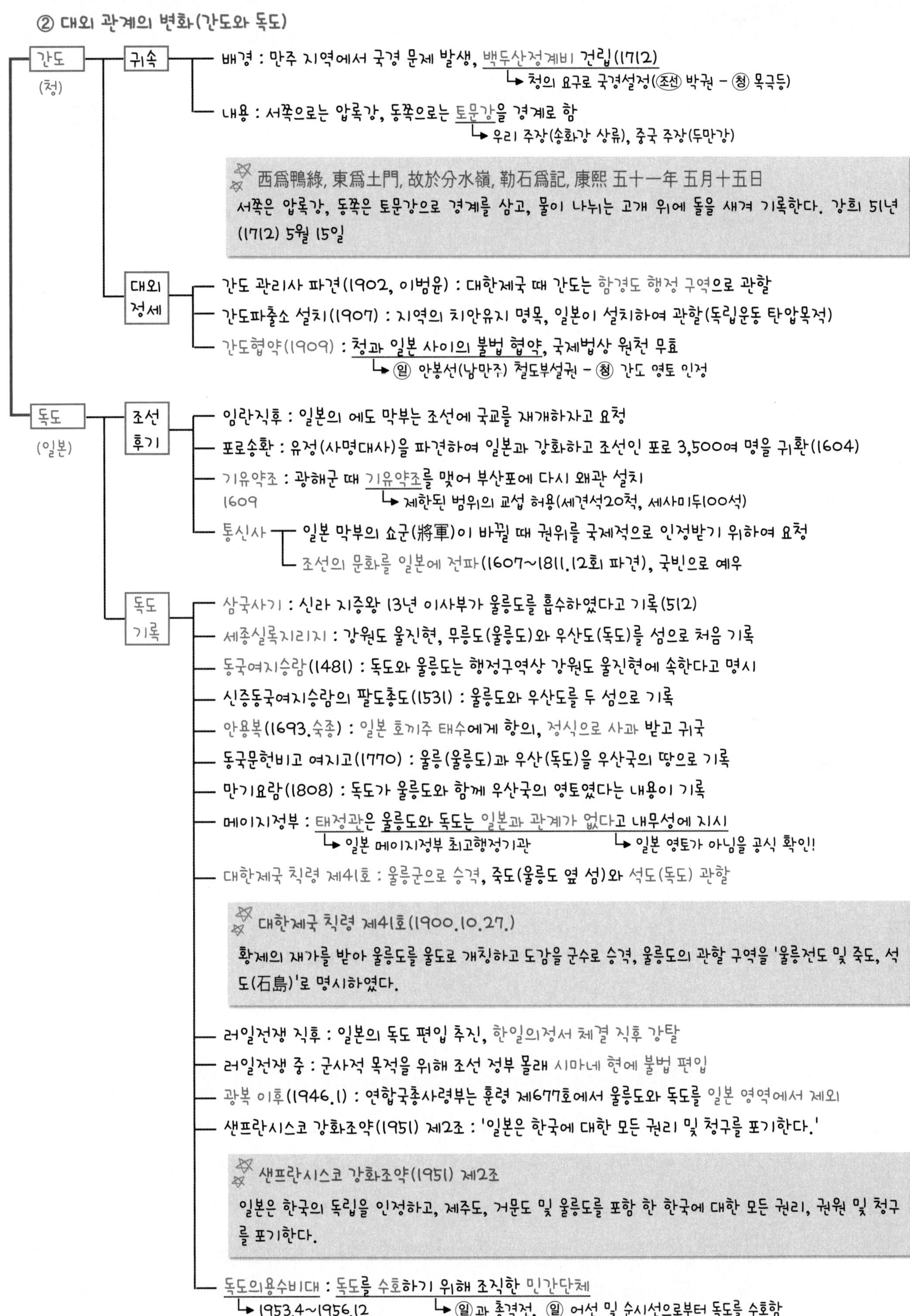

간도 (청)

- 귀속
  - 배경 : 만주 지역에서 국경 문제 발생, 백두산정계비 건립(1712)
    - → 청의 요구로 국경설정(조선 박권 - 청 목극등)
  - 내용 : 서쪽으로는 압록강, 동쪽으로는 토문강을 경계로 함
    - → 우리 주장(송화강 상류), 중국 주장(두만강)

> 西爲鴨綠, 東爲土門, 故於分水嶺, 勒石爲記, 康熙 五十一年 五月十五日
> 서쪽은 압록강, 동쪽은 토문강으로 경계를 삼고, 물이 나뉘는 고개 위에 돌을 새겨 기록한다. 강희 51년(1712) 5월 15일

- 대외 정세
  - 간도 관리사 파견(1902, 이범윤) : 대한제국 때 간도는 함경도 행정 구역으로 관할
  - 간도파출소 설치(1907) : 지역의 치안유지 명목, 일본이 설치하여 관할(독립운동 탄압목적)
  - 간도협약(1909) : 청과 일본 사이의 불법 협약, 국제법상 원천 무효
    - → 일 안봉선(남만주) 철도부설권 - 청 간도 영토 인정

독도 (일본)

- 조선 후기
  - 임란직후 : 일본의 에도 막부는 조선에 국교를 재개하자고 요청
  - 포로송환 : 유정(사명대사)을 파견하여 일본과 강화하고 조선인 포로 3,500여 명을 귀환(1604)
  - 기유약조 1609 : 광해군 때 기유약조를 맺어 부산포에 다시 왜관 설치
    - → 제한된 범위의 교섭 허용(세견선20척, 세사미두100석)
  - 통신사
    - 일본 막부의 쇼군(將軍)이 바뀔 때 권위를 국제적으로 인정받기 위하여 요청
    - 조선의 문화를 일본에 전파(1607~1811, 12회 파견), 국빈으로 예우
- 독도 기록
  - 삼국사기 : 신라 지증왕 13년 이사부가 울릉도를 흡수하였다고 기록(512)
  - 세종실록지리지 : 강원도 울진현, 무릉도(울릉도)와 우산도(독도)를 섬으로 처음 기록
  - 동국여지승람(1481) : 독도와 울릉도는 행정구역상 강원도 울진현에 속한다고 명시
  - 신증동국여지승람의 팔도총도(1531) : 울릉도와 우산도를 두 섬으로 기록
  - 안용복(1693, 숙종) : 일본 호끼주 태수에게 항의, 정식으로 사과 받고 귀국
  - 동국문헌비고 여지고(1770) : 울릉(울릉도)과 우산(독도)을 우산국의 땅으로 기록
  - 만기요람(1808) : 독도가 울릉도와 함께 우산국의 영토였다는 내용이 기록
  - 메이지정부 : 태정관은 울릉도와 독도는 일본과 관계가 없다고 내무성에 지시
    - → 일본 메이지정부 최고행정기관
    - → 일본 영토가 아님을 공식 확인!
  - 대한제국 칙령 제41호 : 울릉군으로 승격, 죽도(울릉도 옆 섬)와 석도(독도) 관할

> 대한제국 칙령 제41호(1900.10.27.)
> 황제의 재가를 받아 울릉도를 울도로 개칭하고 도감을 군수로 승격, 울릉도의 관할 구역을 '울릉전도 및 죽도, 석도(石島)'로 명시하였다.

  - 러일전쟁 직후 : 일본의 독도 편입 추진, 한일의정서 체결 직후 강탈
  - 러일전쟁 중 : 군사적 목적을 위해 조선 정부 몰래 시마네 현에 불법 편입
  - 광복 이후(1946.1) : 연합국총사령부는 훈령 제677호에서 울릉도와 독도를 일본 영역에서 제외
  - 샌프란시스코 강화조약(1951) 제2조 : '일본은 한국에 대한 모든 권리 및 청구를 포기한다.'

> 샌프란시스코 강화조약(1951) 제2조
> 일본은 한국의 독립을 인정하고, 제주도, 거문도 및 울릉도를 포함 한 한국에 대한 모든 권리, 권원 및 청구를 포기한다.

  - 독도의용수비대 : 독도를 수호하기 위해 조직한 민간단체
    - → 1953.4~1956.12
    - → 일과 총격전, 일 어선 및 순시선으로부터 독도를 수호함

5. 개항 이후의 경제와 사회

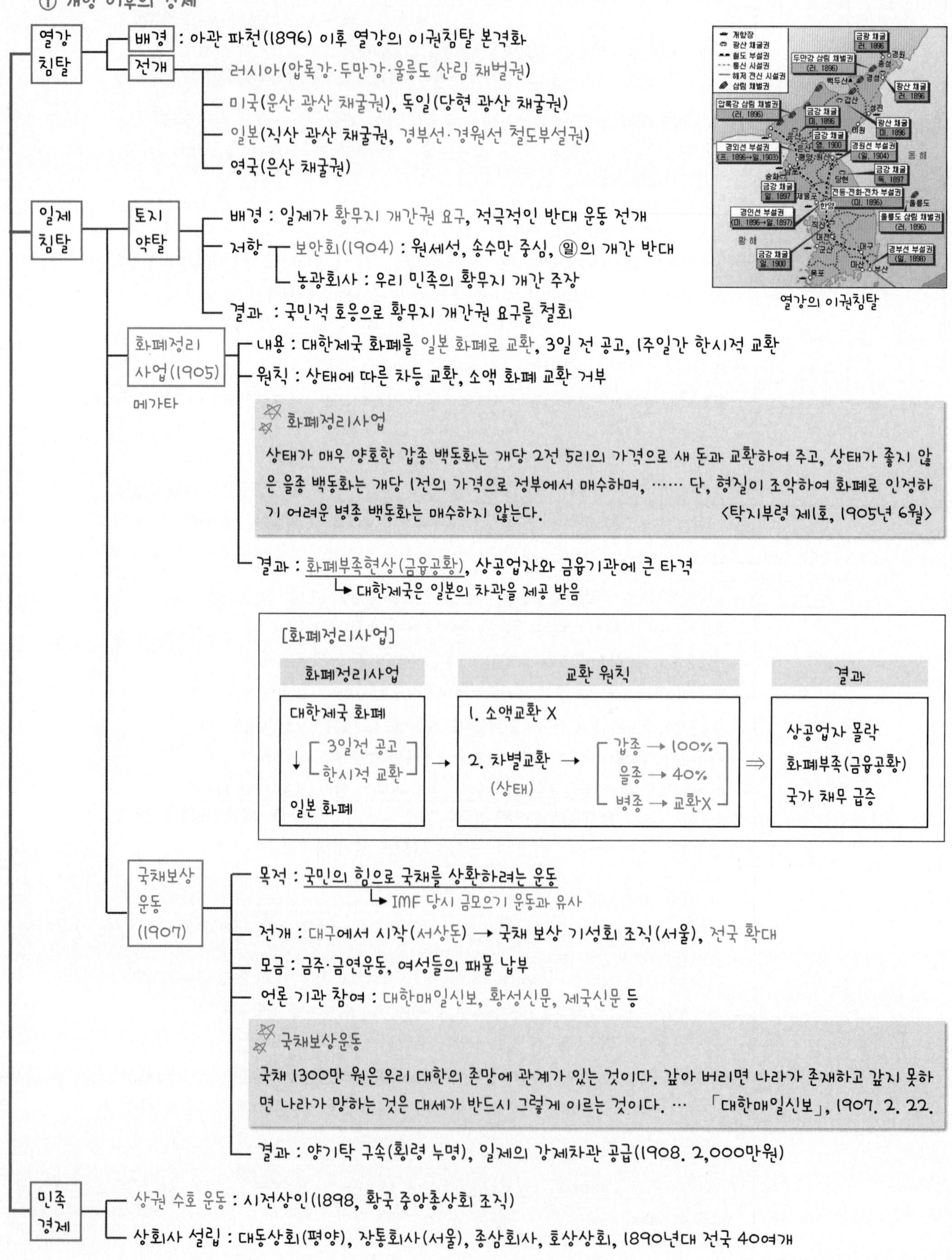

① 개항 이후의 경제

- **열강 침탈**
  - 배경 : 아관 파천(1896) 이후 열강의 이권침탈 본격화
  - 전개
    - 러시아(압록강·두만강·울릉도 산림 채벌권)
    - 미국(운산 광산 채굴권), 독일(당현 광산 채굴권)
    - 일본(직산 광산 채굴권, 경부선·경원선 철도부설권)
    - 영국(은산 채굴권)

열강의 이권침탈

- **일제 침탈**
  - **토지 약탈**
    - 배경 : 일제가 황무지 개간권 요구, 적극적인 반대 운동 전개
    - 저항
      - 보안회(1904) : 원세성, 송수만 중심, ㉡의 개간 반대
      - 농광회사 : 우리 민족의 황무지 개간 주장
    - 결과 : 국민적 호응으로 황무지 개간권 요구를 철회
  - **화폐정리 사업(1905)** 메가타
    - 내용 : 대한제국 화폐를 일본 화폐로 교환, 3일 전 공고, 1주일간 한시적 교환
    - 원칙 : 상태에 따른 차등 교환, 소액 화폐 교환 거부

> ☆ 화폐정리사업
>
> 상태가 매우 양호한 갑종 백동화는 개당 2전 5리의 가격으로 새 돈과 교환하여 주고, 상태가 좋지 않은 을종 백동화는 개당 1전의 가격으로 정부에서 매수하며, …… 단, 형질이 조악하여 화폐로 인정하기 어려운 병종 백동화는 매수하지 않는다. 〈탁지부령 제1호, 1905년 6월〉

    - 결과 : 화폐부족현상(금융공황), 상공업자와 금융기관에 큰 타격
      - → 대한제국은 일본의 차관을 제공 받음

[화폐정리사업]

화폐정리사업	교환 원칙	결과
대한제국 화폐 ↓ [3일전 공고, 한시적 교환] 일본 화폐	1. 소액교환 X 2. 차별교환 (상태) → [갑종 → 100%, 을종 → 40%, 병종 → 교환X]	상공업자 몰락 화폐부족(금융공황) 국가 채무 급증

  - **국채보상 운동(1907)**
    - 목적 : 국민의 힘으로 국채를 상환하려는 운동
      - → IMF 당시 금모으기 운동과 유사
    - 전개 : 대구에서 시작(서상돈) → 국채 보상 기성회 조직(서울), 전국 확대
    - 모금 : 금주·금연운동, 여성들의 패물 납부
    - 언론 기관 참여 : 대한매일신보, 황성신문, 제국신문 등

> ☆ 국채보상운동
>
> 국채 1300만 원은 우리 대한의 존망에 관계가 있는 것이다. 갚아 버리면 나라가 존재하고 갚지 못하면 나라가 망하는 것은 대세가 반드시 그렇게 이르는 것이다. … 「대한매일신보」, 1907. 2. 22.

    - 결과 : 양기탁 구속(횡령 누명), 일제의 강제차관 공급(1908. 2,000만원)

- **민족 경제**
  - 상권 수호 운동 : 시전상인(1898, 황국 중앙총상회 조직)
  - 상회사 설립 : 대동상회(평양), 장통회사(서울), 종삼회사, 호상상회, 1890년대 전국 40여개

② 민족 언론과 민족 교육

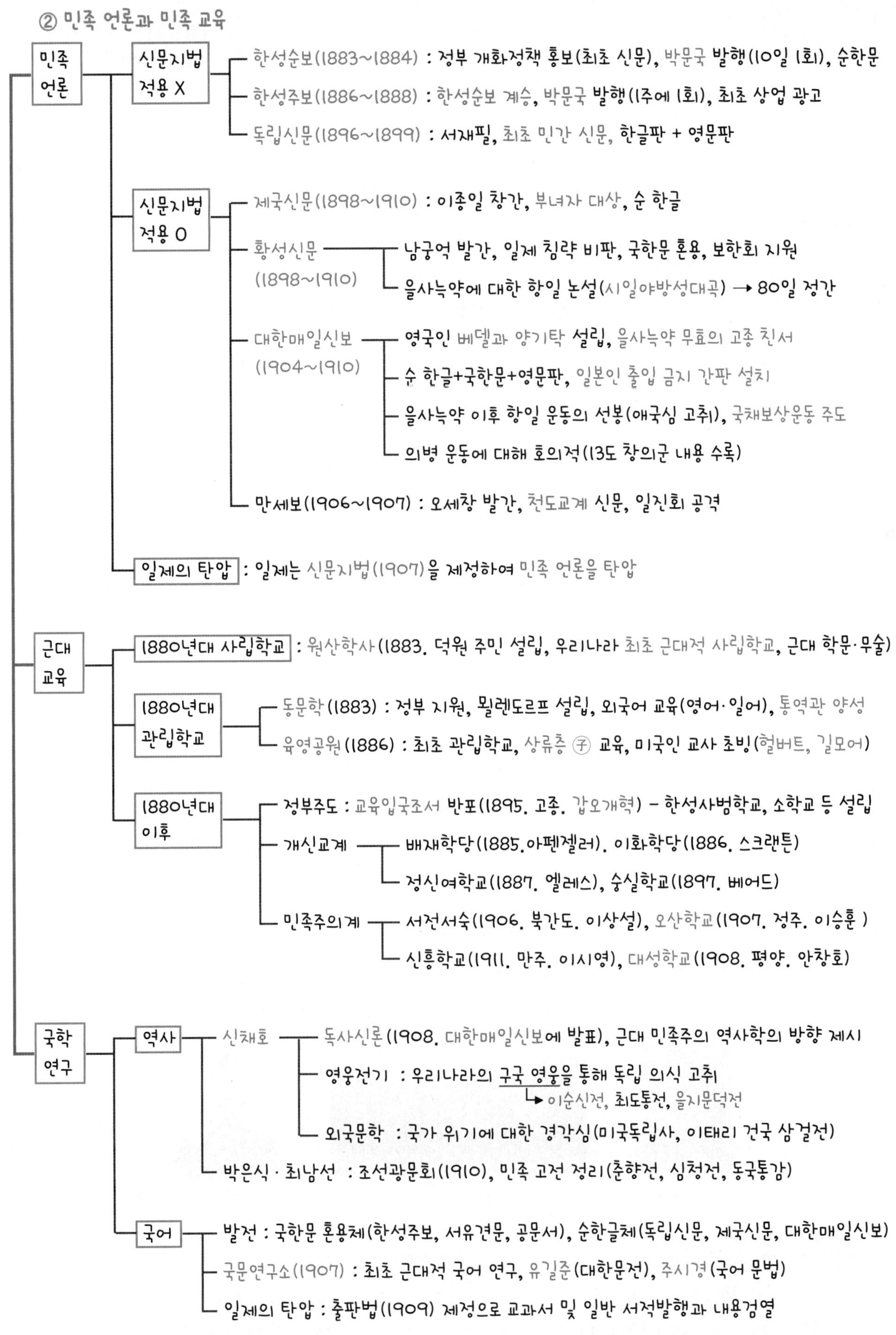

- 민족 언론
  - 신문지법 적용 X
    - 한성순보(1883~1884) : 정부 개화정책 홍보(최초 신문), 박문국 발행(10일 1회), 순한문
    - 한성주보(1886~1888) : 한성순보 계승, 박문국 발행(1주에 1회), 최초 상업 광고
    - 독립신문(1896~1899) : 서재필, 최초 민간 신문, 한글판 + 영문판
  - 신문지법 적용 O
    - 제국신문(1898~1910) : 이종일 창간, 부녀자 대상, 순 한글
    - 황성신문(1898~1910)
      - 남궁억 발간, 일제 침략 비판, 국한문 혼용, 보안회 지원
      - 을사늑약에 대한 항일 논설(시일야방성대곡) → 80일 정간
    - 대한매일신보(1904~1910)
      - 영국인 베델과 양기탁 설립, 을사늑약 무효의 고종 친서
      - 순 한글+국한문+영문판, 일본인 출입 금지 간판 설치
      - 을사늑약 이후 항일 운동의 선봉(애국심 고취), 국채보상운동 주도
      - 의병 운동에 대해 호의적(13도 창의군 내용 수록)
    - 만세보(1906~1907) : 오세창 발간, 천도교계 신문, 일진회 공격
  - 일제의 탄압 : 일제는 신문지법(1907)을 제정하여 민족 언론을 탄압
- 근대 교육
  - 1880년대 사립학교 : 원산학사(1883. 덕원 주민 설립, 우리나라 최초 근대적 사립학교, 근대 학문·무술)
  - 1880년대 관립학교
    - 동문학(1883) : 정부 지원, 묄렌도르프 설립, 외국어 교육(영어·일어), 통역관 양성
    - 육영공원(1886) : 최초 관립학교, 상류층 子 교육, 미국인 교사 초빙(헐버트, 길모어)
  - 1880년대 이후
    - 정부주도 : 교육입국조서 반포(1895. 고종. 갑오개혁) - 한성사범학교, 소학교 등 설립
    - 개신교계
      - 배재학당(1885.아펜젤러), 이화학당(1886. 스크랜튼)
      - 정신여학교(1887. 엘레스), 숭실학교(1897. 베어드)
    - 민족주의계
      - 서전서숙(1906. 북간도. 이상설), 오산학교(1907. 정주. 이승훈)
      - 신흥학교(1911. 만주. 이시영), 대성학교(1908. 평양. 안창호)
- 국학 연구
  - 역사
    - 신채호
      - 독사신론(1908. 대한매일신보에 발표), 근대 민족주의 역사학의 방향 제시
      - 영웅전기 : 우리나라의 구국 영웅을 통해 독립 의식 고취
        - → 이순신전, 최도통전, 을지문덕전
      - 외국문학 : 국가 위기에 대한 경각심(미국독립사, 이태리 건국 삼걸전)
    - 박은식 · 최남선 : 조선광문회(1910), 민족 고전 정리(춘향전, 심청전, 동국통감)
  - 국어
    - 발전 : 국한문 혼용체(한성주보, 서유견문, 공문서), 순한글체(독립신문, 제국신문, 대한매일신보)
    - 국문연구소(1907) : 최초 근대적 국어 연구, 유길준(대한문전), 주시경(국어 문법)
    - 일제의 탄압 : 출판법(1909) 제정으로 교과서 및 일반 서적발행과 내용검열

③ 민족 문화와 근대 문물의 수용

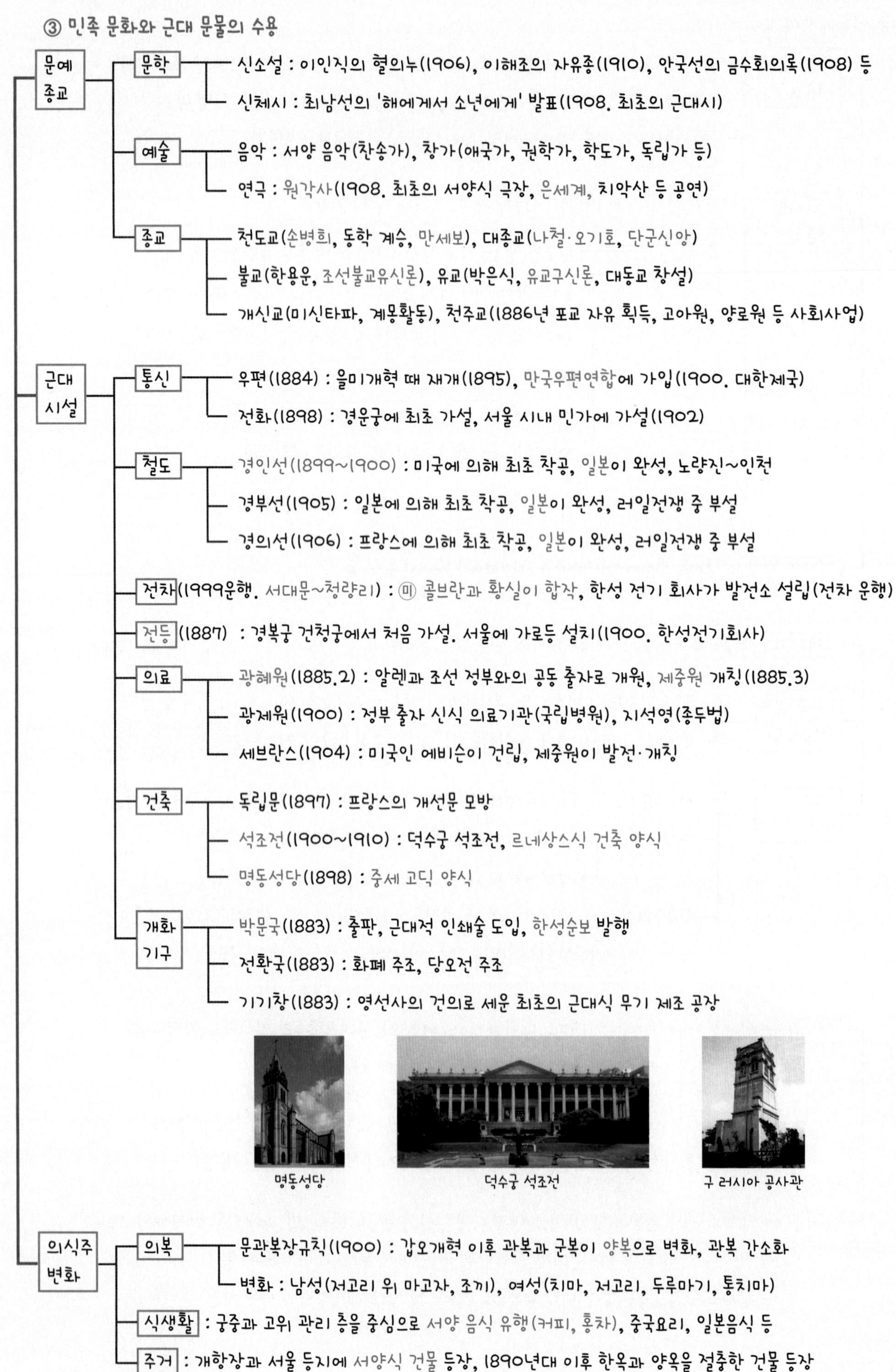

- **문예 종교**
  - **문학**
    - 신소설 : 이인직의 혈의누(1906), 이해조의 자유종(1910), 안국선의 금수회의록(1908) 등
    - 신체시 : 최남선의 '해에게서 소년에게' 발표(1908. 최초의 근대시)
  - **예술**
    - 음악 : 서양 음악(찬송가), 창가(애국가, 권학가, 학도가, 독립가 등)
    - 연극 : 원각사(1908. 최초의 서양식 극장, 은세계, 치악산 등 공연)
  - **종교**
    - 천도교(손병희, 동학 계승, 만세보), 대종교(나철·오기호, 단군신앙)
    - 불교(한용운, 조선불교유신론), 유교(박은식, 유교구신론, 대동교 창설)
    - 개신교(미신타파, 계몽활동), 천주교(1886년 포교 자유 획득, 고아원, 양로원 등 사회사업)
- **근대 시설**
  - **통신**
    - 우편(1884) : 을미개혁 때 재개(1895), 만국우편연합에 가입(1900. 대한제국)
    - 전화(1898) : 경운궁에 최초 가설, 서울 시내 민가에 가설(1902)
  - **철도**
    - 경인선(1899~1900) : 미국에 의해 최초 착공, 일본이 완성, 노량진~인천
    - 경부선(1905) : 일본에 의해 최초 착공, 일본이 완성, 러일전쟁 중 부설
    - 경의선(1906) : 프랑스에 의해 최초 착공, 일본이 완성, 러일전쟁 중 부설
  - **전차**(1999운행. 서대문~청량리) : ㊉ 콜브란과 황실이 합작, 한성 전기 회사가 발전소 설립(전차 운행)
  - **전등**(1887) : 경복궁 건청궁에서 처음 가설. 서울에 가로등 설치(1900. 한성전기회사)
  - **의료**
    - 광혜원(1885.2) : 알렌과 조선 정부와의 공동 출자로 개원, 제중원 개칭(1885.3)
    - 광제원(1900) : 정부 출자 신식 의료기관(국립병원), 지석영(종두법)
    - 세브란스(1904) : 미국인 에비슨이 건립, 제중원이 발전·개칭
  - **건축**
    - 독립문(1897) : 프랑스의 개선문 모방
    - 석조전(1900~1910) : 덕수궁 석조전, 르네상스식 건축 양식
    - 명동성당(1898) : 중세 고딕 양식
  - **개화 기구**
    - 박문국(1883) : 출판, 근대적 인쇄술 도입, 한성순보 발행
    - 전환국(1883) : 화폐 주조, 당오전 주조
    - 기기창(1883) : 영선사의 건의로 세운 최초의 근대식 무기 제조 공장

명동성당 | 덕수궁 석조전 | 구 러시아 공사관

- **의식주 변화**
  - **의복**
    - 문관복장규칙(1900) : 갑오개혁 이후 관복과 군복이 양복으로 변화, 관복 간소화
    - 변화 : 남성(저고리 위 마고자, 조끼), 여성(치마, 저고리, 두루마기, 통치마)
  - **식생활** : 궁중과 고위 관리 층을 중심으로 서양 음식 유행(커피, 홍차), 중국요리, 일본음식 등
  - **주거** : 개항장과 서울 등지에 서양식 건물 등장, 1890년대 이후 한옥과 양옥을 절충한 건물 등장

6. 국권 피탈과 항일운동

① 국권 피탈 과정

일본과 러시아의 경쟁

한반도 분할 논의 ⇒ 38° 이북과 이남을 일본과 러시아가 이권 확보 경쟁

1902.1 영일동맹 ⇒ 영국(청 이권 승인) – 일본(대한제국 이권 승인), 상호 협조

이후 ↓ ⇒ 러시아가 일본에 한반도 분할점령을 제의했으나 일본이 거절

러일 전쟁

1904.1 대한제국의 국외 중립 선언(고종. 러일 전쟁 직전)

1904.2 러일전쟁(~1905.9) ⇒ 일본의 기습(→ 1905.5. 발틱함대 전멸)

1904.2 한일의정서 ⇒ 러일전쟁 중 공수동맹 강요
→ ① 충고권 ② 국외중립 무효 ③ 군사요충지 사용권 ④ 외교권 제한 ⑤ 황무지 개척권

1904.8 제1차 한일협약(한일협정서) ⇒ ㉐ 전쟁우세, 고문 초빙 강요
↳ 고문통치(외교–스티븐스/재정–메가타)

일본의 침탈을 묵인한 국제조약

일본의 한국 지배를 국제적으로 묵인한 늑약

1905.7 가쓰라 · 태프트밀약 ⇒ 미국(필리핀 지배) – 일본(대한제국 지배)

1905.8 제2차 영 · 일동맹 ⇒ 영국(인도 지배) – 일본(대한제국 지배)

1905.9 포츠머스강화조약 ⇒ 러시아가 일본의 대한제국 지배 인정
→ 러시아와 일본의 전쟁을 미국이 중재(포츠머스 = 미 항구도시)

1905.11 제2차 한일협약(을사늑약) ⇒ 외교권 피탈, 통감부 설치
↳ 통감통치(초대통감–이토히로부미)

1907년 상황은 모두중요

1907.6 헤이그 특사파견 ⇒ 제2차 만국평화회의에 헤이그 특사 파견
↳ ㉐ · ㉡ 방해로 실패 ↳ 이준 · 이상설 · 이위종

1907.7 고종의 강제 퇴위(1907.7) ⇒ 헤이그 특사 파견 구실, 순종 즉위

1907.7 한일신협약(정미7조약) ⇒ 헤이그 특사 파견 구실, 차관통치, ㉐ 외교권 장악
↳ 통감부가 행정권(인사권) 장악

1907.8 군대해산 ⇒ 한일신협약의 부수각서, 해산군인은 의병 가담
↳ 이후 항일 의병 운동 증가 ↳ 정미의병

1909.7 기유각서 ⇒ 사법권 및 감옥사무권 피탈, 언론 · 출판 · 집회 · 결사 자유 박탈

1910.6 경찰권 피탈 ⇒ 경찰권 위탁 각서로 경찰권 강탈

1910.8 경술국치 ⇒ 한 · 일 강제 병합, 국권피탈, 조선총독부 설치
총독 통치, 헌병 무단경찰제 실시 ↵

② 항일 의병 운동

을사늑약 반대운동
- 상소운동(조병세·이상설), 항일순국(민영환·조병세), 5적 암살단(나철, 오기호)
- 항일언론운동(장지연), 무효선언(고종, 대한매일신보)
  - 항일언론운동 → 황성신문(시일야방성대곡)
  - 무효선언 → 고종의 친서 게재

> **시일야방성대곡**
> 그러나 슬프도다. 저 개돼지만도 못한 소위 우리 정부의 대신이란 자들은 자기 일신의 영달과 이익이나 바라면서 위협에 겁먹어 머뭇대거나 벌벌 떨며 나라를 팔아먹는 도적이 되기를 감수했던 것이다. … 아! 분한지고. 우리 2천만 동포여, 노예된 동포여! 살았는가, 죽었는가? … 원통하고 원통하다. 동포여!
> 장지연, '시일야 방성대곡'

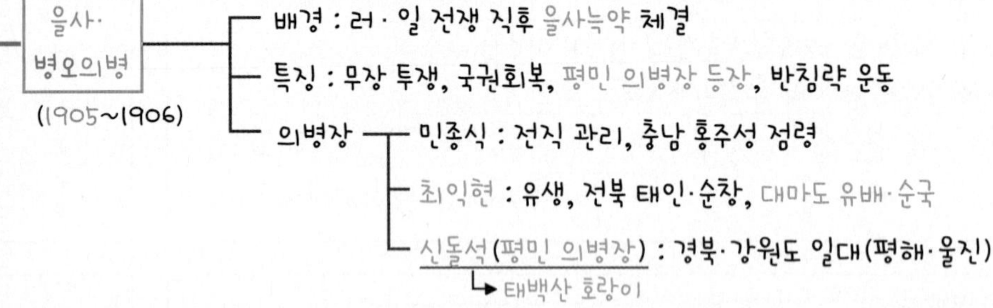

을사·병오의병 (1905~1906)
- 배경 : 러·일 전쟁 직후 을사늑약 체결
- 특징 : 무장 투쟁, 국권회복, 평민 의병장 등장, 반침략 운동
- 의병장
  - 민종식 : 전직 관리, 충남 홍주성 점령
  - 최익현 : 유생, 전북 태인·순창, 대마도 유배·순국
  - 신돌석(평민 의병장) : 경북·강원도 일대(평해·울진)
    - → 태백산 호랑이

> **최익현**
> 순창에서 "왜적이 아닌 동족을 죽이는 일은 차마 못하겠다." 라고 하여 투항. 대마도에 유배되어 왜적이 주는 음식을 거절하고 단식을 계속하다가 순국(아사)하였다.

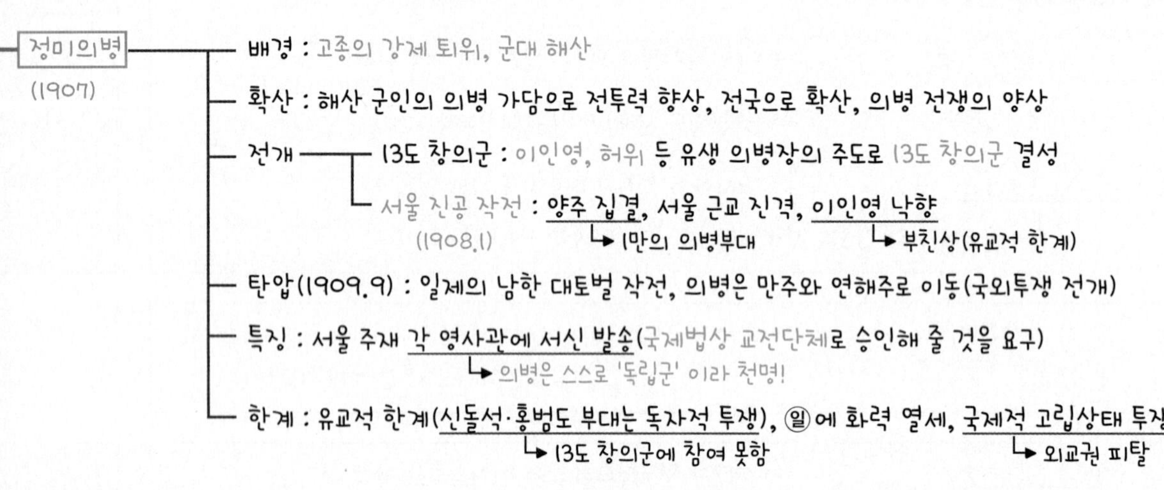

정미의병 (1907)
- 배경 : 고종의 강제 퇴위, 군대 해산
- 확산 : 해산 군인의 의병 가담으로 전투력 향상, 전국으로 확산, 의병 전쟁의 양상
- 전개
  - 13도 창의군 : 이인영, 허위 등 유생 의병장의 주도로 13도 창의군 결성
  - 서울 진공 작전 (1908.1) : 양주 집결, 서울 근교 진격, 이인영 낙향
    - 양주 집결 → 1만의 의병부대
    - 이인영 낙향 → 부친상(유교적 한계)
- 탄압(1909.9) : 일제의 남한 대토벌 작전, 의병은 만주와 연해주로 이동(국외투쟁 전개)
- 특징 : 서울 주재 각 영사관에 서신 발송(국제법상 교전단체로 승인해 줄 것을 요구)
  - → 의병은 스스로 '독립군'이라 천명!
- 한계 : 유교적 한계(신돌석·홍범도 부대는 독자적 투쟁), ㉧에 화력 열세, 국제적 고립상태 투쟁
  - 유교적 한계 → 13도 창의군에 참여 못함
  - 국제적 고립상태 투쟁 → 외교권 피탈

의거 활동
- 장인환, 전명운 : 미국인 외교 고문 스티븐스를 샌프란시스코에서 처단(1908)
  - 스티븐스 → '한국 국민은 일본의 보호정치를 환영하고 있다.'는 망언
- 안중근
  - 단지 동맹 : 12명의 독립 운동가들이 모여 러시아에서 단지동맹 결성(1909.2)
  - 하얼빈 의거 : 만주 하얼빈 역에서 초대 통감 이토 히로부미를 처단(1909.10)
    - → 일제 강점기 아님(통감부의 탄압)!
  - 안중근 유묵 : 옥중 논책인 동양 평화론 저술, '위국헌신군인본분' 등의 유묵을 남김

> **단지회의 결의**
> 안중근 의사는 11명의 동지들과 함께 단지동맹(斷指同盟)을 결성하고 왼손 넷째 손가락(무명지) 첫 관절을 잘라, 혈서로 '大韓獨立'이라 쓰며, 독립운동에의 헌신을 다졌다.

> **동양평화론**
> 안중근은 이토 히로부미를 처단하고 옥중에서 동양평화론을 집필하였는데, 하얼빈 의거를 동양 평화를 위한 전쟁의 시작이라고 하였다.

> **爲國獻身軍人本分**
> 뤼순 감옥에서 수감 당시 간수 지바도시치에게 준 안의사의 유묵. 지바 도시치는 안의사의 위패를 사찰에 모셨다. 1980년 지바도시시치 가문은 이 유묵을 우리나라에 기증하였다.

- 이재명 : 명동성당에서 벨기에 황제 추도식을 마치고 나오는 이완용을 찔러 복부와 어깨에 중상(1909)

③ 애국계몽운동

보안회 (1904)
- 활동 : 송수만, 원세성 중심, 일본의 황무지 개간권 요구를 저지 운동
  - → 한일 의정서(1904)
- 농광회사 : 자주적인 황무지 개간을 위한 농광회사 설립
- 해산 : 일제의 탄압으로 해산

헌정연구회 (1905)
- 활동
  - 독립협회 계승, 국민의 정치의식 고취
  - 의회설립을 통한 입헌적 정치 체제의 수립
- 해체 : 일진회의 반민족적 친일 행위를 규탄하다 해산

> **일진회**
> 1904년 송병준과 이용구가 조직한 대표적인 친일 매국 단체이다. 1905년 일본에 외교권을 넘길 것을 주장하였고, 1909년에는 한일 병합 청원서를 발표하는 등 매국 행위를 일삼았다.

대한자강회 (1906)
- 창립 : 헌정연구회 계승, 사회단체와 언론 기관을 주축으로 창립

> **대한 자강회 취지서**
> 무릇 우리나라의 독립은 오직 자강의 여하에 있을 따름이다. … 자강의 방법을 생각해 보면 다름 아니라 교육을 진작함과 식산흥업(殖産興業)에 있다. 무릇 교육이 일어나지 못하면 민지(民智)가 열리지 못하고 산업이 늘지 못하면 국부가 증가하지 못한다.
> 「대한 자강회 월보」 제1호, 1906년 7월

대한자강회 월보

- 활동 : 교육과 산업의 진흥, 전국에 지회 설치, 월보 간행·연설회 개최 등
- 해체(1907) : 고종의 강제 퇴위 반대 운동, 군대 해산 반대 운동

신민회 (1907~1911)
- 성립 : 안창호, 양기탁, 이동휘, 신채호 등이 중심, 민족 운동가들의 항일 비밀 결사
- 목표 : 실력 양성을 통한 국권 회복과 공화 정체의 근대 국민 국가 수립

> **신민회 취지서**
> 무릇 대한인은 내외를 막론하고 통일 연합으로써 그 진로를 정하고 독립 자유로써 그 목적을 세움이니…… 오직 신정신을 불러 깨우쳐서 신단체를 조직한 후에 신국가를 건설할 뿐이다. <신민회 취지서>

- 활동
  - 국내 : 민족주의 교육 실시(대성학교, 오산학교), 민족 산업 육성(자기 회사, 태극 서관)
    - → 인재 육성(애국 계몽 운동)
    - → 독립 자금 마련(무장 투쟁)
  - 국외 : 만주에 독립운동기지 건설(삼원보), 신흥 강습소 설립
- 해산 : 일제가 날조한 105인 사건(1911)으로 와해

> **105인 사건(1911)**
> 안중근의 사촌 동생 안명근의 모금 운동을 데라우치 총독 암살 미수 사건으로 일제가 날조하여 안악군을 중심으로 황해도 유력 인사 600여 명의 민족 지도자를 검거하였다(안악사건). 일제는 122명을 기소하였고, 105명이 유죄판결을 받았는데 대부분 신민회의 회원이었다(105인 사건). 1913년 항소하여 105명 중 99명은 무죄로 석방되었다.

> **신흥강습소(1911)**
> 교육 인재 양성과 무관 양성을 목표로 하였고, 신흥무관학교의 명칭은 1919년 이후 사용하였다.

기타 교육 운동 : 국권 회복을 위한 구국 교육 운동, 서북학회, 기호흥학회 등

의의
- 발전 : 국권 회복과 근대 국민 국가 건설을 동시에 추구, 실력 양성 운동으로 계승
- 한계 : 일본의 방해와 탄압, 실질적인 성과를 거두는 데에 어려움

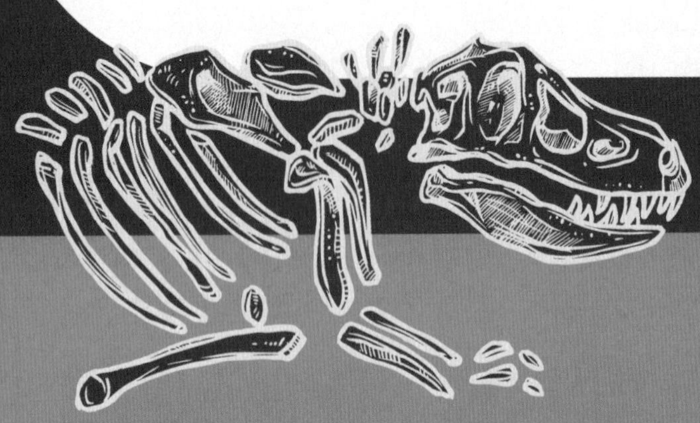

출제 경향

일제의 침탈을 시대별로 구분하여 정리해 두어야하고 일제 강점기에 국내외에서 전개된 항일 독립운동의 전개 사항을 시기 순으로 파악할 수 있어야 한다.

출제 포인트

1. 1910년부터 1945년까지 일제의 불법적인 식민 통치의 내용 및 시기구분 숙지
2. 3·1운동의 배경, 전개과정 및 영향
3. 대한민국 임시정부의 창설 배경과 활동 전개과정 파악
4. 1910년대 국내외 항일 단체 파악
5. 1920년대의 학생 주도의 민족운동과 민족유일당운동의 내용 파악
6. 중일 전쟁 이후 일제의 강제 통치 방법의 변화 내용
7. 사회주의의 유입으로 인한 민족 독립운동의 활성화
8. 물산장려운동, 농촌 계몽운동, 노동·소작쟁의 등 1920년대의 민족운동 파악
9. 일제의 국학 말살 정책에 대응한 민족주의사학, 사회경제사학, 실증사학 등 민족사학자들의 민족운동 파악
10. 의열단, 한인애국단 소속 열사들의 항일 투쟁 숙지
11. 3부의 통합, 대한민국 임시정부의 통합 등 항일 무장 투쟁의 조직화 정리
12. 조선의용대, 한국광복군 등 무장 독립 전쟁의 정리

PART Ⅶ

일제강점기의 한국사

1. 일제의 침략과 민족의 수난

① 20세기 초의 세계

1차 대전
- 전개 : 사라예보 사건 → 무제한 잠수함 사건 → 미국참전 → 오스트리아 항복 → 동맹국 항복
- 파리 강화 회의(1919) : 윌슨의 14개조 평화 원칙, 군비 축소, 민족 자결, 국제 연맹창설
  - '각 민족의 정치적 운명은 스스로 결정', 패전국만 적용

> **14개조 평화 원칙**
>
> 제5조 식민지주권 문제를 결정함에 있어서 이 문제와 관련된 주민들의 이해관계가 장래에 그 주권을 결정하게 될 정부의 정당한 주장과 같은 비중으로 고려되어야 한다.
>
> 제14조 강대국과 약소국을 막론하고 여러 국가 상호간에 정치적 독립, 영토의 상호 보장을 목적으로 한 국가 간의 연합 조직이 특별한 규약 밑에 형성되어야 한다.

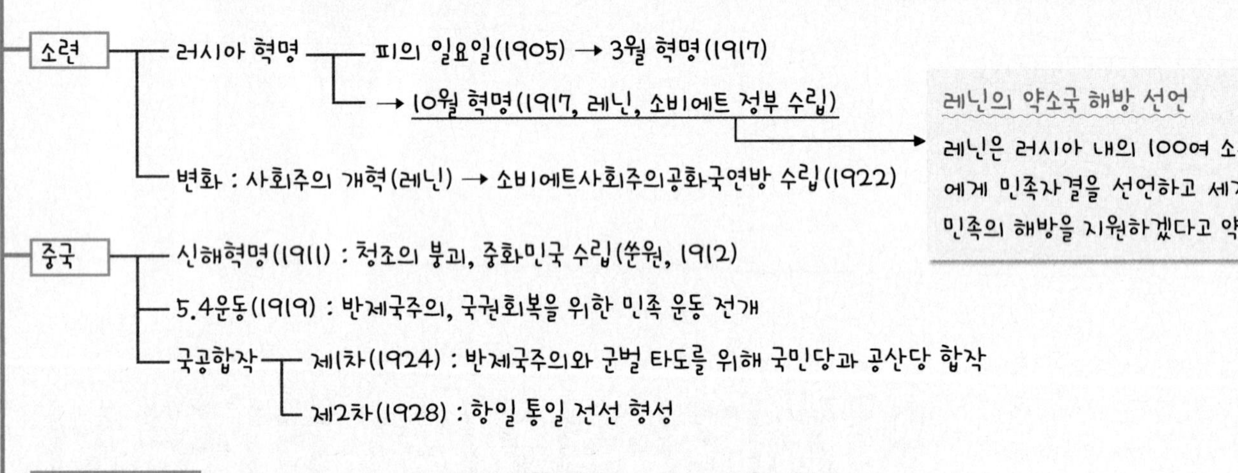

소련
러시아 혁명
피의 일요일(1905) → 3월 혁명(1917)
→ 10월 혁명(1917, 레닌, 소비에트 정부 수립)
변화 : 사회주의 개혁(레닌) → 소비에트사회주의공화국연방 수립(1922)
레닌의 약소국 해방 선언
레닌은 러시아 내의 100여 소수 민족에게 민족자결을 선언하고 세계 약소민족의 해방을 지원하겠다고 약속 함.
중국
신해혁명(1911) : 청조의 붕괴, 중화민국 수립(쑨원, 1912)
5.4운동(1919) : 반제국주의, 국권회복을 위한 민족 운동 전개
국공합작
제1차(1924) : 반제국주의와 군벌 타도를 위해 국민당과 공산당 합작
제2차(1928) : 항일 통일 전선 형성

인도의 민족운동 : 간디(완전자치 주장. 비폭력, 불복종 운동), 네루(완전독립 주장)

한국의 일제 강점기 시대 구분

시기구분		식민통치내용
무단통치 (1910~1919) [3·1운동]	정치	총독이 행정·입법·사법·군통수권 등 전권 장악, 헌병 경찰제, 태형·즉결심판권, 언론 집회의 자유 박탈, 관리·교사들도 제복과 착검
	경제	토지조사사업을 통한 토지 약탈, 회사령(허가제) 시행, 산업 각 부분에 대한 침탈 체제 구축
문화통치 (1919~1931) [만주사변]	정치	기만적 문화통치(가혹한 식민통치 은폐), 친일파 양성을 통한 민족 분열책, 보통경찰제
	경제	산미증식계획(농민층 몰락), 회사령 폐지(신고제), 일본 자본 진출, 관세 철폐
민족말살통치 (1931~1945)	정치	황국신민화 강요, 황국신민의 서사암송, 신사 참배·일본식 성명 강요, 학술 언론 단체 해산
	경제	병참기지화, 인적 수탈(국가총동원법, 지원병제, 징병제, 징용제, 정신대) 물적 수탈(전쟁물자·식량공출, 식량배급제, 산미증식재개, 가축증식계획)

무단통치(1910~1919)
국권 강탈 직후 일본 헌병이 행정과 경찰 업무까지 담당하였던 강압적이고 비인도적인 무단통치였다.

문화통치(1919~1931)
3·1운동 이후 일제가 변경한 외형상의 유화정책으로 친일파 양성 등 민족 분열을 위한 고도의 기만 통치였다.

민족말살통치(1931~1945)
일제가 대륙침략을 본격화하면서 추진한 무자비한 식민통치로 우리 민족의 전통과 문화를 말살하려 하였다.

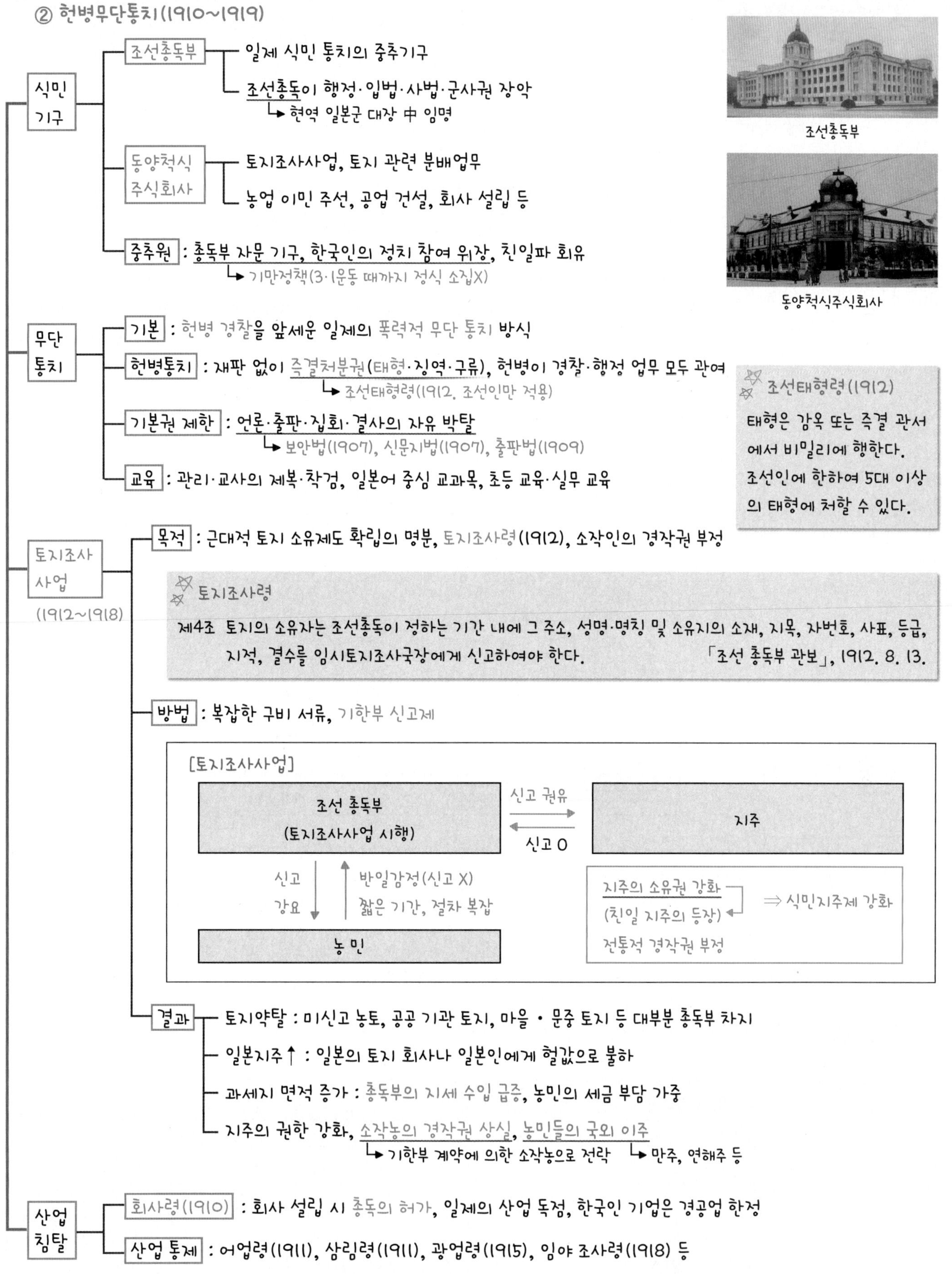

② 헌병무단통치(1910~1919)

- 식민 기구
  - 조선총독부
    - 일제 식민 통치의 중추기구
    - 조선총독이 행정·입법·사법·군사권 장악
      - → 현역 일본군 대장 中 임명
  - 동양척식주식회사
    - 토지조사사업, 토지 관련 분배업무
    - 농업 이민 주선, 공업 건설, 회사 설립 등
  - 중추원 : 총독부 자문 기구, 한국인의 정치 참여 위장, 친일파 회유
    - → 기만정책(3·1운동 때까지 정식 소집X)
- 무단 통치
  - 기본 : 헌병 경찰을 앞세운 일제의 폭력적 무단 통치 방식
  - 헌병통치 : 재판 없이 즉결처분권(태형·징역·구류), 헌병이 경찰·행정 업무 모두 관여
    - → 조선태형령(1912, 조선인만 적용)
  - 기본권 제한 : 언론·출판·집회·결사의 자유 박탈
    - → 보안법(1907), 신문지법(1907), 출판법(1909)
  - 교육 : 관리·교사의 제복·착검, 일본어 중심 교과목, 초등 교육·실무 교육

조선총독부

동양척식주식회사

> **조선태형령(1912)**
> 태형은 감옥 또는 즉결 관서에서 비밀리에 행한다. 조선인에 한하여 5대 이상의 태형에 처할 수 있다.

- 토지조사사업 (1912~1918)
  - 목적 : 근대적 토지 소유제도 확립의 명분, 토지조사령(1912), 소작인의 경작권 부정

> **토지조사령**
> 제4조 토지의 소유자는 조선총독이 정하는 기간 내에 그 주소, 성명·명칭 및 소유지의 소재, 지목, 자번호, 사표, 등급, 지적, 결수를 임시토지조사국장에게 신고하여야 한다. 「조선 총독부 관보」, 1912. 8. 13.

  - 방법 : 복잡한 구비 서류, 기한부 신고제

[토지조사사업]

- 조선 총독부 (토지조사사업 시행) → 지주 : 신고 권유
- 지주 → 조선 총독부 : 신고 O
- 조선 총독부 → 농민 : 신고 강요
- 농민 → 조선 총독부 : 반일감정(신고 X), 짧은 기간, 절차 복잡
- 지주의 소유권 강화 (친일 지주의 등장) ⇒ 식민지주제 강화
- 전통적 경작권 부정

  - 결과
    - 토지약탈 : 미신고 농토, 공공 기관 토지, 마을・문중 토지 등 대부분 총독부 차지
    - 일본지주↑ : 일본의 토지 회사나 일본인에게 헐값으로 불하
    - 과세지 면적 증가 : 총독부의 지세 수입 급증, 농민의 세금 부담 가중
    - 지주의 권한 강화, 소작농의 경작권 상실, 농민들의 국외 이주
      - → 기한부 계약에 의한 소작농으로 전락
      - → 만주, 연해주 등
- 산업 침탈
  - 회사령(1910) : 회사 설립 시 총독의 허가, 일제의 산업 독점, 한국인 기업은 경공업 한정
  - 산업 통제 : 어업령(1911), 삼림령(1911), 광업령(1915), 임야 조사령(1918) 등

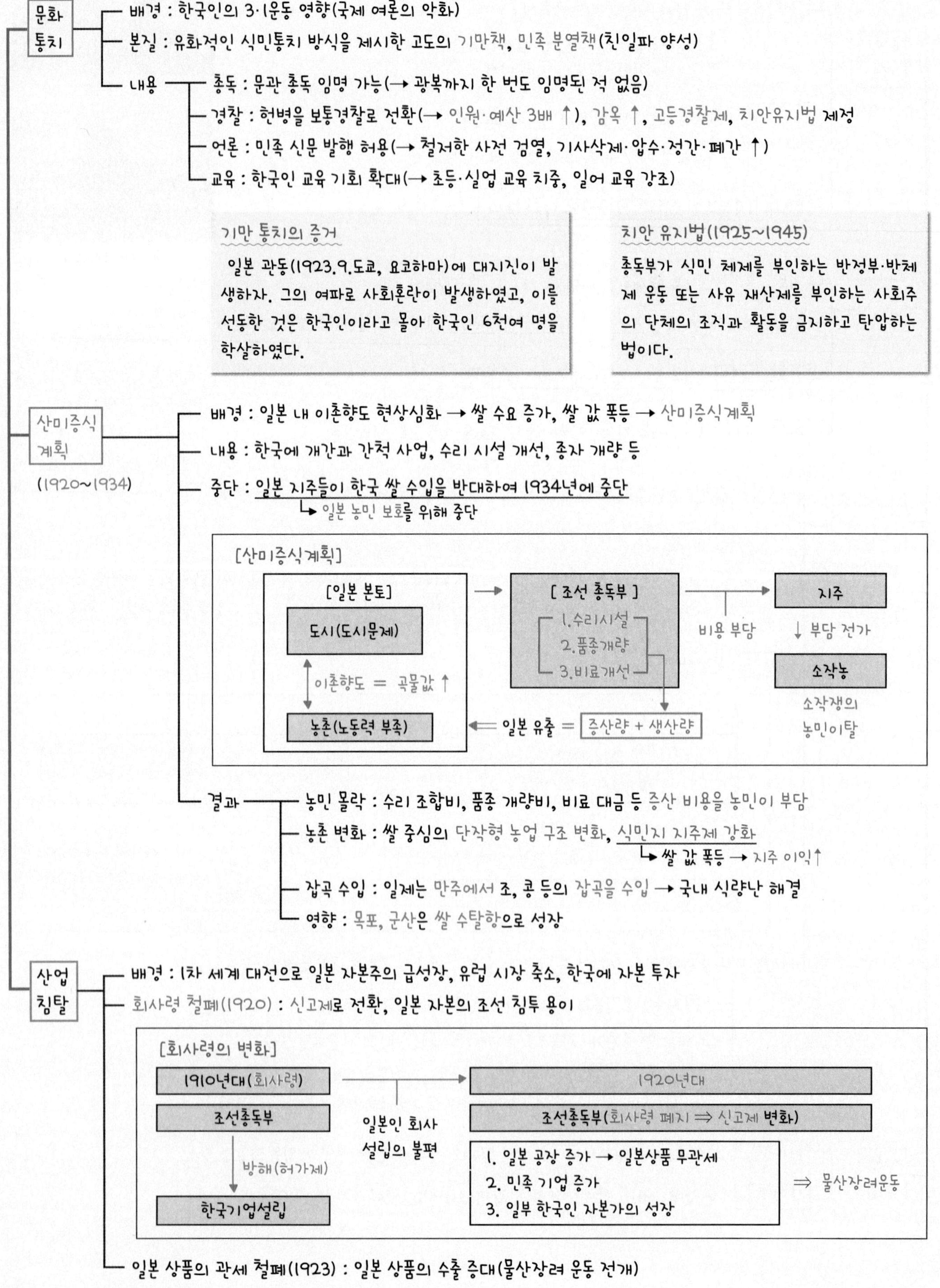

③ 기만적 문화 통치(1919~1931)

문화 통치
- 배경 : 한국인의 3·1운동 영향(국제 여론의 악화)
- 본질 : 유화적인 식민통치 방식을 제시한 고도의 기만책, 민족 분열책(친일파 양성)
- 내용
  - 총독 : 문관 총독 임명 가능(→ 광복까지 한 번도 임명된 적 없음)
  - 경찰 : 헌병을 보통경찰로 전환(→ 인원·예산 3배 ↑), 감옥 ↑, 고등경찰제, 치안유지법 제정
  - 언론 : 민족 신문 발행 허용(→ 철저한 사전 검열, 기사삭제·압수·정간·폐간 ↑)
  - 교육 : 한국인 교육 기회 확대(→ 초등·실업 교육 치중, 일어 교육 강조)

> **기만 통치의 증거**
> 일본 관동(1923.9.도쿄, 요코하마)에 대지진이 발생하자, 그의 여파로 사회혼란이 발생하였고, 이를 선동한 것은 한국인이라고 몰아 한국인 6천여 명을 학살하였다.

> **치안 유지법(1925~1945)**
> 총독부가 식민 체제를 부인하는 반정부·반체제 운동 또는 사유 재산제를 부인하는 사회주의 단체의 조직과 활동을 금지하고 탄압하는 법이다.

산미증식계획 (1920~1934)
- 배경 : 일본 내 이촌향도 현상심화 → 쌀 수요 증가, 쌀 값 폭등 → 산미증식계획
- 내용 : 한국에 개간과 간척 사업, 수리 시설 개선, 종자 개량 등
- 중단 : 일본 지주들이 한국 쌀 수입을 반대하여 1934년에 중단
  - ↳ 일본 농민 보호를 위해 중단

[산미증식계획]
- [일본 본토] 도시(도시문제) ↕ 이촌향도 = 곡물값 ↑ 농촌(노동력 부족) → [조선 총독부] 1.수리시설 2.품종개량 3.비료개선 → 비용 부담 → 지주 ↓ 부담 전가 → 소작농 (소작쟁의, 농민이탈)
- 증산량 + 생산량 = 일본 유출 ⇐ 농촌(노동력 부족)

- 결과
  - 농민 몰락 : 수리 조합비, 품종 개량비, 비료 대금 등 증산 비용을 농민이 부담
  - 농촌 변화 : 쌀 중심의 단작형 농업 구조 변화, 식민지 지주제 강화
    - ↳ 쌀 값 폭등 → 지주 이익↑
  - 잡곡 수입 : 일제는 만주에서 조, 콩 등의 잡곡을 수입 → 국내 식량난 해결
  - 영향 : 목포, 군산은 쌀 수탈항으로 성장

산업 침탈
- 배경 : 1차 세계 대전으로 일본 자본주의 급성장, 유럽 시장 축소, 한국에 자본 투자
- 회사령 철폐(1920) : 신고제로 전환, 일본 자본의 조선 침투 용이

[회사령의 변화]
- 1910년대(회사령) : 조선총독부 ↓ 방해(허가제) 한국기업설립
- 일본인 회사 설립의 불편 →
- 1920년대 : 조선총독부(회사령 폐지 ⇒ 신고제 변화)
  1. 일본 공장 증가 → 일본상품 무관세
  2. 민족 기업 증가
  3. 일부 한국인 자본가의 성장
  - ⇒ 물산장려운동

- 일본 상품의 관세 철폐(1923) : 일본 상품의 수출 증대(물산장려 운동 전개)

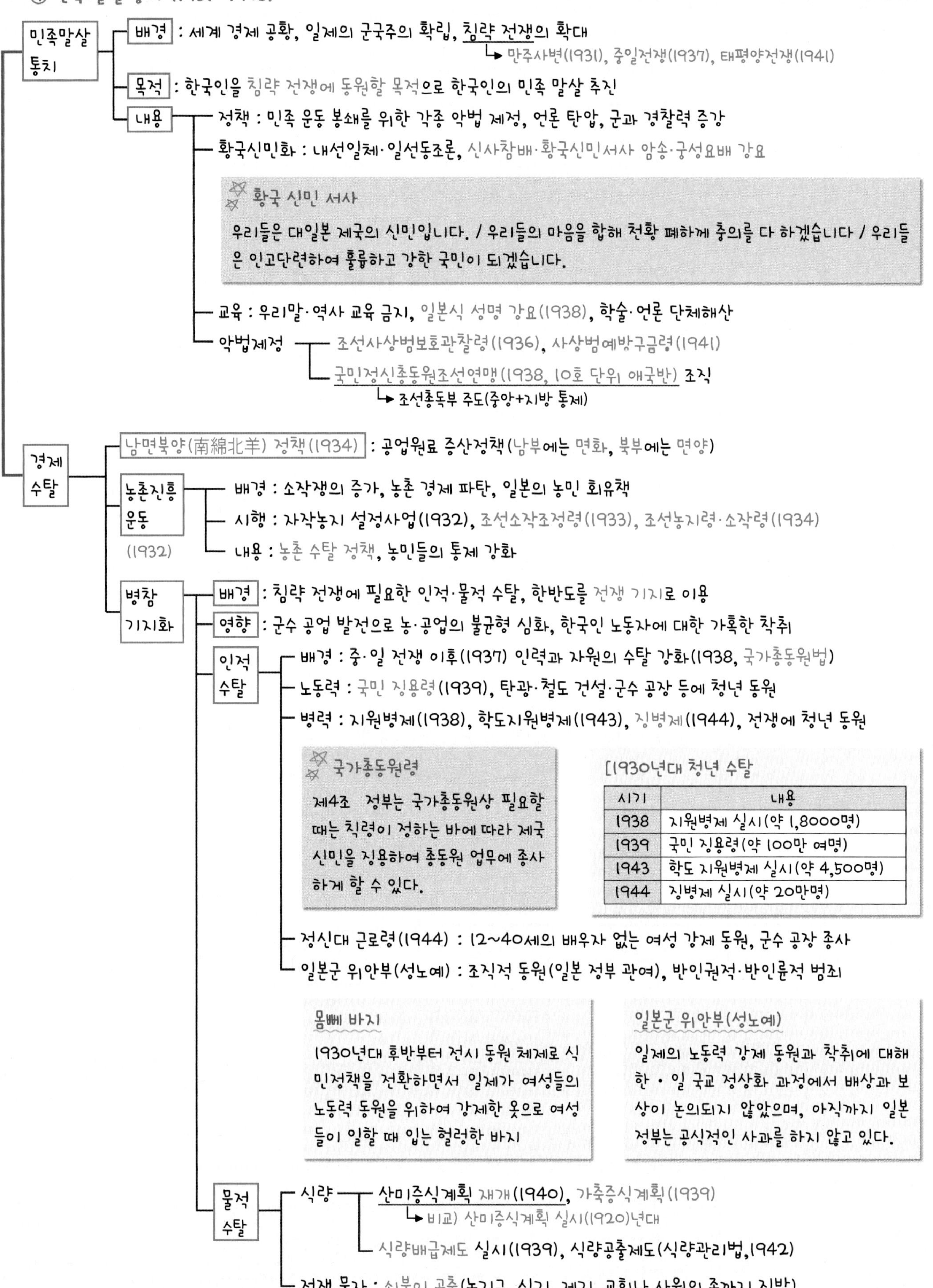

④ 민족 말살 통치 (1931~1945)

- **민족말살 통치**
  - 배경 : 세계 경제 공황, 일제의 군국주의 확립, 침략 전쟁의 확대
    - → 만주사변(1931), 중일전쟁(1937), 태평양전쟁(1941)
  - 목적 : 한국인을 침략 전쟁에 동원할 목적으로 한국인의 민족 말살 추진
  - 내용
    - 정책 : 민족 운동 봉쇄를 위한 각종 악법 제정, 언론 탄압, 군과 경찰력 증강
    - 황국신민화 : 내선일체·일선동조론, 신사참배·황국신민서사 암송·궁성요배 강요

> **황국 신민 서사**
> 우리들은 대일본 제국의 신민입니다. / 우리들의 마음을 합해 천황 폐하께 충의를 다 하겠습니다 / 우리들은 인고단련하여 훌륭하고 강한 국민이 되겠습니다.

    - 교육 : 우리말·역사 교육 금지, 일본식 성명 강요(1938), 학술·언론 단체해산
    - 악법제정
      - 조선사상범보호관찰령(1936), 사상범예방구금령(1941)
      - 국민정신총동원조선연맹(1938, 10호 단위 애국반) 조직
        - → 조선총독부 주도(중앙+지방 통제)

- **경제 수탈**
  - 남면북양(南綿北羊) 정책(1934) : 공업원료 증산정책(남부에는 면화, 북부에는 면양)
  - 농촌진흥운동 (1932)
    - 배경 : 소작쟁의 증가, 농촌 경제 파탄, 일본의 농민 회유책
    - 시행 : 자작농지 설정사업(1932), 조선소작조정령(1933), 조선농지령·소작령(1934)
    - 내용 : 농촌 수탈 정책, 농민들의 통제 강화
  - 병참 기지화
    - 배경 : 침략 전쟁에 필요한 인적·물적 수탈, 한반도를 전쟁 기지로 이용
    - 영향 : 군수 공업 발전으로 농·공업의 불균형 심화, 한국인 노동자에 대한 가혹한 착취
    - 인적 수탈
      - 배경 : 중·일 전쟁 이후(1937) 인력과 자원의 수탈 강화(1938, 국가총동원법)
      - 노동력 : 국민 징용령(1939), 탄광·철도 건설·군수 공장 등에 청년 동원
      - 병력 : 지원병제(1938), 학도지원병제(1943), 징병제(1944), 전쟁에 청년 동원

> **국가총동원령**
> 제4조 정부는 국가총동원상 필요할 때는 칙령이 정하는 바에 따라 제국 신민을 징용하여 총동원 업무에 종사하게 할 수 있다.

[1930년대 청년 수탈]

시기	내용
1938	지원병제 실시(약 1,8000명)
1939	국민 징용령(약 100만 여명)
1943	학도 지원병제 실시(약 4,500명)
1944	징병제 실시(약 20만명)

      - 정신대 근로령(1944) : 12~40세의 배우자 없는 여성 강제 동원, 군수 공장 종사
      - 일본군 위안부(성노예) : 조직적 동원(일본 정부 관여), 반인권적·반인륜적 범죄

> **몸뻬 바지**
> 1930년대 후반부터 전시 동원 체제로 식민정책을 전환하면서 일제가 여성들의 노동력 동원을 위하여 강제한 옷으로 여성들이 일할 때 입는 헐렁한 바지

> **일본군 위안부(성노예)**
> 일제의 노동력 강제 동원과 착취에 대해 한·일 국교 정상화 과정에서 배상과 보상이 논의되지 않았으며, 아직까지 일본 정부는 공식적인 사과를 하지 않고 있다.

    - 물적 수탈
      - 식량
        - 산미증식계획 재개(1940), 가축증식계획(1939)
          - → 비교) 산미증식계획 실시(1920)년대
        - 식량배급제도 실시(1939), 식량공출제도(식량관리법,1942)
      - 전쟁 물자 : 쇠붙이 공출(농기구, 식기, 제기, 교회나 사원의 종까지 징발)

2. 3·1 운동과 대한민국 임시정부

① 1910년대 민족 운동

- **국내 단체**
  - 독립의군부(1912)
    - 조직 : 유생 의병장 출신 임병찬이 고종의 밀명을 받아 조직(복벽주의)
    - 활동 : 일본의 총리대신과 조선 총독에게 국권 반환 요구서 제출
    - 중단 : 전국 의병 봉기 계획, 사전 발각·해체
  - 대한광복회(1915, 대구)
    - 조직 : 대한광복단(1913, 채기중) 개편, 박상진이 군대식으로 비밀리에 조직
    - 확대 : 김좌진 가입, 점차 확산되어 전국적인 조직으로 발전
    - 활동 : 공화 정체 주장, 군자금 모집(의연금 납부), 친일파 처단 활동
  - 기타 : 대한광복단(1913)(→ 채기중), 송죽회(1913)(→ 평양 숭의여학교 여교사·학생), 조선국민회(1915), 조선국권회복단(1915)(→ 평양숭실학교 학생·졸업생)
- **국외 단체**
  - 서간도(삼원보)
    - 경학사(1911) : 이회영, 이시영, 최초의 자치 기구, 신흥 강습소 설치
    - 부민단(1912) : 경학사 계승, 백서 농장 조직(1917, 군대)
    - 서로군정서(1919) : 한족회가 상하이 임시정부와 연합하여 서로군정서로 개편
  - 북간도
    - 중광단(1911) : 대종교 계열, 무오독립선언서 발표(→ 만주 길림, 민족 지도자 39인(1918)), 북로군정서군 개편(1919, 김좌진)
    - 사립학교 : 서전서숙(1906, 이상설), 명동학교(1908, 김약연) 등 민족 학교 건립
  - 중국
    - 신한청년당(1918, 상해) : 여운형, 신채호 중심, 파리 강화 회의에 김규식 파견
  - 연해주(신한촌)
    - 권업회(1911) : 유인석, 이상설 중심, 민족 교육 운동, 권업신문 발행
    - 대한광복군 정부(1914) : 이상설(정통령)·이동휘(부통령), 무장 항일 운동의 터전
    - 대한국민의회(1919) : 정부 수립(대통령 손병희), 파리 강화 회의 파견(고창일)
  - 미주
    - 하와이 : 하와이 공식 이민(1903, 대한 제국 후원), 사탕수수 농장 노동, 사진신부
    - 대한인국민회(1910) : 안창호, 박용만, 이승만 중심, 외교 활동, 의연금, 신한민보
    - 흥사단(1913) : 안창호, 미국 교포 및 유학생 중심(샌프란시스코), 군인양성, 교민 교화
    - 대조선국민군단(1914) : 박용만, 하와이에 가장 큰 군사 조직
    - 구미위원부(1919) : 이승만, 대한민국 임시정부의 외교 사무소(워싱턴D.C.)

> **이회영·이시영 형제**
> 6형제 및 일가족 전체가 만주로 망명. 전 재산(약 600억 원)을 독립자금으로 운용. 서전서숙, 신민회, 신흥무관학교 등 설립

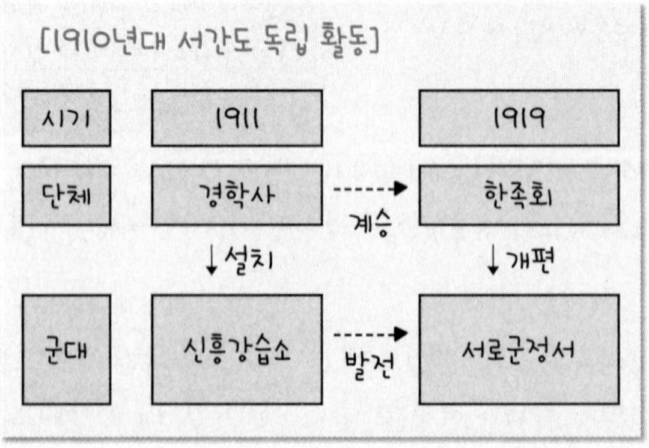

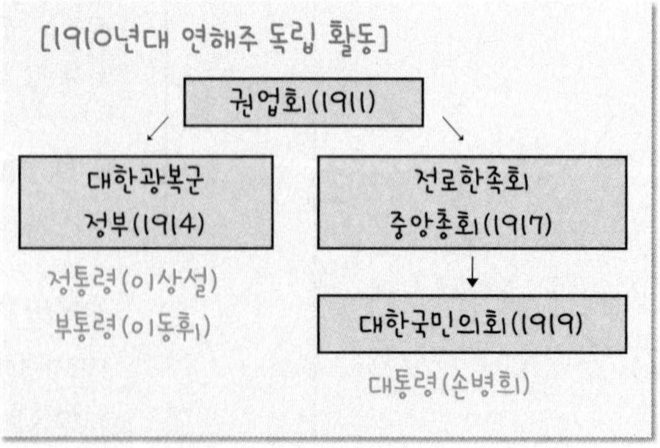

[1910년대 서간도 독립 활동]

시기	1911		1919
단체	경학사	--→ 계승	한족회
	↓설치		↓개편
군대	신흥강습소	--→ 발전	서로군정서

[1910년대 연해주 독립 활동]

- 권업회(1911)
  - 대한광복군 정부(1914) : 정통령(이상설), 부통령(이동휘)
  - 전로한족회 중앙총회(1917) → 대한국민의회(1919) : 대통령(손병희)

② 3·1운동의 전개

배경
- 국제정세 : 민족자결주의(1918. 파리강화회의. 윌슨), 소수민족 해방운동지지 선언(소련)
- 무오독립선언(1918) : 길림의 민족지도자 39인의 독립선언, 무장 투쟁을 통한 독립 주장
  - → 박은식, 신채호 등 39인 → 2·8 독립선언과 3·1운동에 영향
- 고종황제 승하(1919.1.21) : 고종의 의문사(독살설 유포)
- 외교활동 : 파리 강화 회의에 김규식을 대표로 파견(1919.2. 신한청년단), 독립청원서
- 2·8독립선언(1919) : 도쿄, 조선청년독립단이 독립 선언서 발표, 만세운동 전개

전개 과정
- 기미독립선언서 : 민족 독립 의지 표명, 비폭력 원칙 표방
  - → 최남선 작성, 한용운의 공약 3장 추가
- 민족대표 : 33인 구성, 고종의 인산일(3.3)을 기하여 만세 운동 준비, 3월 1일을 거사일로 준비
  - → 왕의 장례일(3月~5月)
- 독립선언 : 태화관에서 독립 선언서를 낭독하고 자진 체포

> **기미독립선언서**
> 우리조선은 이에 우리조선이 독립한 나라임과 조선 사람이 자주적인 민족임을 선언한다. 이로써 세계 모든 나라에 알려 인류가 평등하다는 큰 뜻을 똑똑히 밝히며, … 아아! 새 천지가 눈앞에 펼쳐지는 도다. 힘의 시대가 가고 도의의 시대가 오는 도다. … 우리가 이에 떨쳐 일어선다.

- 만세운동 : 탑골공원에서 학생과 시민의 독립 선언서 낭독한 후 서울 시내로 만세운동 확산

3·1운동의 전개(도심→농촌)

과정	1단계	2단계	3단계
주축	종교계 대표, 학생	학생, 종교인, 상인, 노동자	농민층
전개	도시(서울) 중심	전국 도시 확산	전국(농촌) 규모 확대
특징	비폭력 만세운동	상인 철시·노동자 파업 운동	무력 저항 운동

- 일제의 탄압 : 일본 본토의 군대 동원 탄압, 유관순 순국, 제암리 학살 사건

> **유관순**
> 1919년 3·1운동 중 일제에 의해 부모가 피살되고 유관순은 체포되었다. 1심에서 3년 징역형을 선고 받았고 항소심 재판정에서 만세를 외쳐 7년형을 선고 받았다. 복역 중에도 만세를 외쳐 숱한 고문을 받았고, 19세의 어린 나이에 서대문 형무소에서 순국하였다.

> **화성 제암리 학살 사건(1919.4)**
> 화성 제암리에 파견한 일본군은 30여 명의 제암리 기독교도들을 교회에 모아 놓고 문을 잠근 뒤, 무차별 사격 후에 불을 질러 증거를 인멸하려고 한 비인간적인 만행을 벌였다.

의의 : 민족의 정통성 회복, 독립운동의 조직화·체계화 필요성 대두, 대한민국 임시정부의 수립 계기
- → 1919.4. 상하이

영향
- 국외 : 만주·연해주 지역 및 미국(필라델피아, 독립선언)·일본 동포들의 만세 운동
- 국내 : 실력양성 운동의 적극 전개, 농민·노동운동의 활성화
- 반제국주의 민족운동 : 중국의 5·4 운동, 인도의 비폭력·불복종 운동에 영향
- 통치방식 변화 : 일제의 무단통치방식이 기만적인 문화통치 방향으로 전환
  - → 국제 사회의 여론 악화

③ 대한민국 임시정부

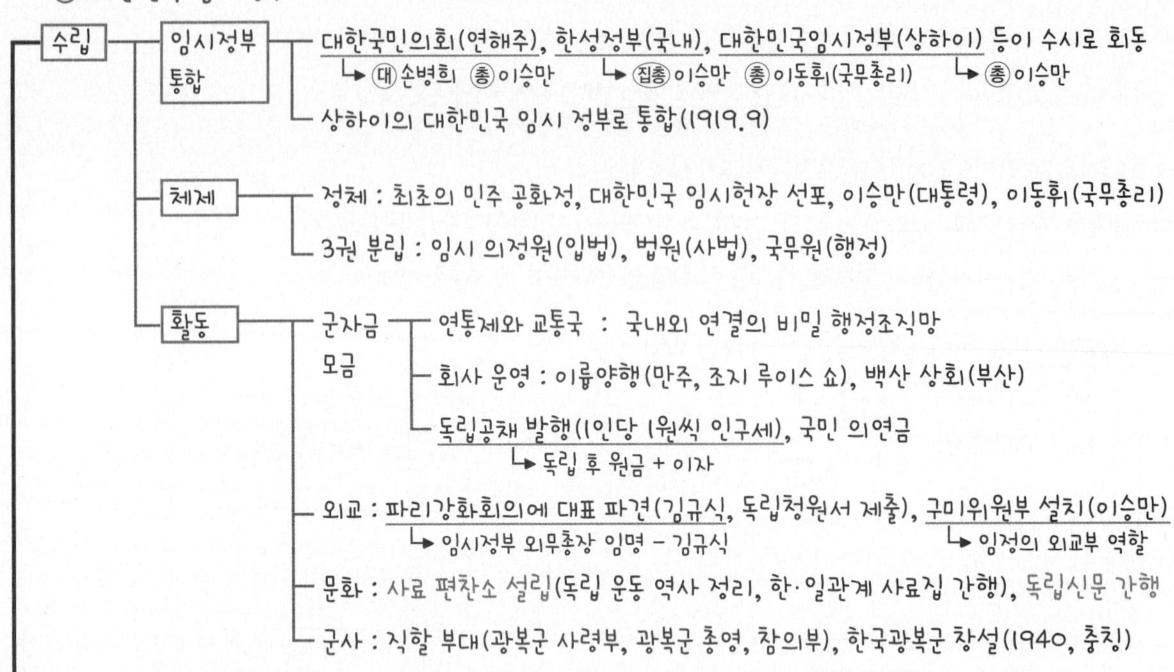

수립
임시정부 통합
대한국민의회(연해주), 한성정부(국내), 대한민국임시정부(상하이) 등이 수시로 회동
㉠손병희 ㉤이승만
집총 이승만 ㉤이동휘(국무총리)
㉤이승만
상하이의 대한민국 임시 정부로 통합(1919.9)
체제
정체 : 최초의 민주 공화정, 대한민국 임시헌장 선포, 이승만(대통령), 이동휘(국무총리)
3권 분립 : 임시 의정원(입법), 법원(사법), 국무원(행정)
활동
군자금 모금
연통제와 교통국 : 국내외 연결의 비밀 행정조직망
회사 운영 : 이륭양행(만주, 조지 루이스 쇼), 백산 상회(부산)
독립공채 발행(1인당 1원씩 인구세), 국민 의연금
독립 후 원금 + 이자
외교 : 파리강화회의에 대표 파견(김규식, 독립청원서 제출), 구미위원부 설치(이승만)
임시정부 외무총장 임명 - 김규식
임정의 외교부 역할
문화 : 사료 편찬소 설립(독립 운동 역사 정리, 한·일관계 사료집 간행), 독립신문 간행
군사 : 직할 부대(광복군 사령부, 광복군 총영, 참의부), 한국광복군 창설(1940, 충칭)

임시정부의 헌정 변화

구분	체제	내용
임정 헌장(1919.4.)	임시의정원 중심	의장(이동녕),국무총리(이승만)
1차 개헌(1919.9. 이승만)	대통령 정치 체제, 3권 분립	민족운동 통합, 외교활동
국민대표회의(1923)	창조파 VS 개조파 VS 현상유지파	
2차 개헌(1925.3. 김구)	국무령 중심의 내각 책임 지도제	임시정부 내부 혼란 수습
3차 개헌(1927.3.)	국무 위원 중심 집단 지도 체제	좌익, 우익 대립 통합
4차 개헌(1940.10. 김구)	주석 중심제	대일 항전
5차 개헌(1944.4. 김구, 김규식)	주석·부주석 중심제	광복 대비

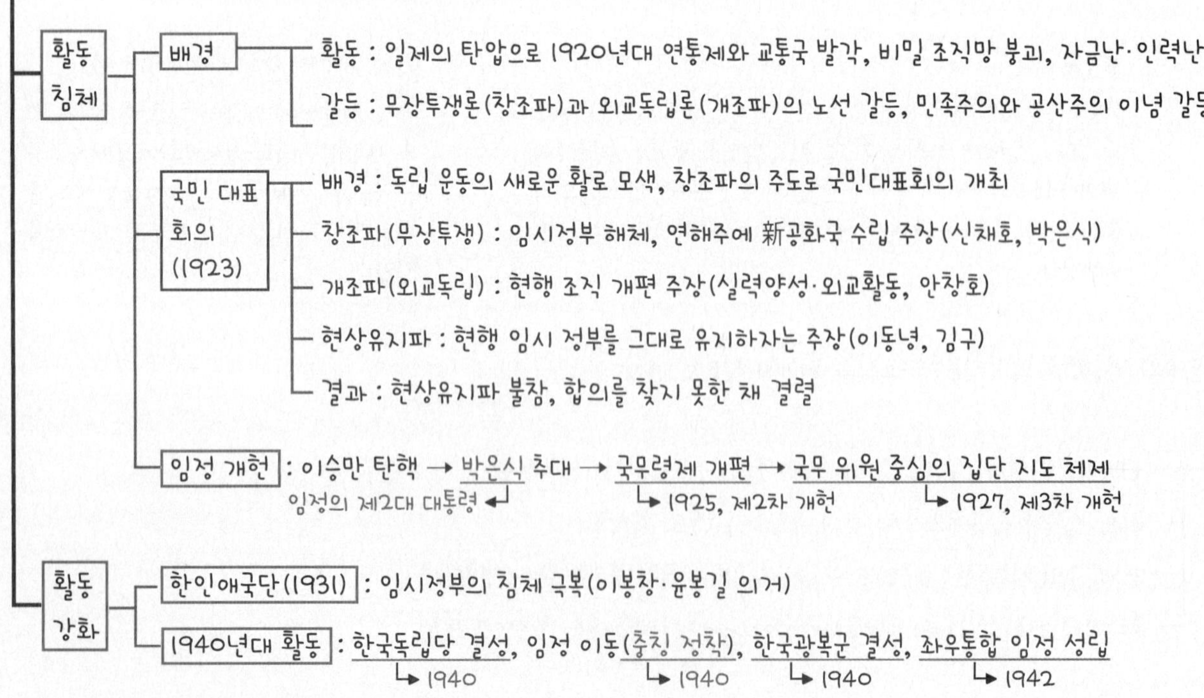

활동 침체
배경
활동 : 일제의 탄압으로 1920년대 연통제와 교통국 발각, 비밀 조직망 붕괴, 자금난·인력난
갈등 : 무장투쟁론(창조파)과 외교독립론(개조파)의 노선 갈등, 민족주의와 공산주의 이념 갈등
국민 대표 회의(1923)
배경 : 독립 운동의 새로운 활로 모색, 창조파의 주도로 국민대표회의 개최
창조파(무장투쟁) : 임시정부 해체, 연해주에 新공화국 수립 주장(신채호, 박은식)
개조파(외교독립) : 현행 조직 개편 주장(실력양성·외교활동, 안창호)
현상유지파 : 현행 임시 정부를 그대로 유지하자는 주장(이동녕, 김구)
결과 : 현상유지파 불참, 합의를 찾지 못한 채 결렬
임정 개헌 : 이승만 탄핵 → 박은식 추대 → 국무령제 개편 → 국무 위원 중심의 집단 지도 체제
임정의 제2대 대통령
1925, 제2차 개헌
1927, 제3차 개헌
활동 강화
한인애국단(1931) : 임시정부의 침체 극복(이봉창·윤봉길 의거)
1940년대 활동 : 한국독립당 결성, 임정 이동(충칭 정착), 한국광복군 결성, 좌우통합 임정 성립
1940
1940
1940
1942

3. 국내 항일 운동의 전개

① 사회적 항일 운동

사회주의 사상의 유입 : 3·1운동 이후 지식층 중심으로 사회주의 유입

- 1917 러시아 혁명 ⇒ 왕정붕괴-공화정 성립(공산정권 수립)
  - ↳ 레닌, 약소민족의 독립운동 지원 약속
- ↓
- 1918 민족자결주의 ⇒ 파리강화회의, 윌슨의 민족자결주의 승전국에만 해당(국제회의 기대 무산)
- ↓
- 1919 3·1운동 ⇒ 일제의 대학살(평화운동에 대한 회의, 민족저항 확산)
  - ↳ 이후 지식층에 사회주의 보급·확산
- ↓
- 1925 서울, 국제공산당기구(코민테른) ⇒ 일제의 치안유지법 제정
  - ↳ 제1차 국제공산당 결성
  - ↳ 사회주의독립운동 탄압

학생 운동

- 6·10 만세 운동(1926)
  - 배경 : 식민교육의 반발, 만세운동 준비
    - ↳ 순종 인산일
  - 전개
    - 학생과 사회주의계 주도
      - ↳ 사회주의계 사전 발각
    - 순종 장례 행렬, 만세운동 전개
      - ↳ 학생들의 주도
  - 영향 : 민족유일당 운동과 신간회 결성에 영향

[3·1운동(1919)과 6·10만세운동(1926)]

	3·1운동	6·10만세운동
계기	고종 인산일	순종 인산일
참여	학생+지식인+농민+상공업자	학생+시민+사회지도자
영향	국내외 투쟁 변화	민족유일당 운동 발전

- 광주학생항일 운동(1929)
  - 배경 : 한·일 학생 간의 충돌(나주·광주 통학열차에서 여학생희롱 사건)
  - 전개 : 일본의 편파적인 사법 처리 → 신간회(광주 지회)에서 진상 조사단 파견

> ☆ 광주 학생 운동
>
> … 나는 분노를 느꼈다. … 그자들이 우리 여학생들을 희롱하였으니 …그의 입에서 새징이라는 말이 떨어지기가 무섭게 나의 주먹은 그자의 면상에 날아가 작렬하였다.
>
> - 신동아, 1929.9. 박준채 -

  - 발전 : 학생과 시민의 전국적 투쟁으로 발전(1929.11.3.)
  - 의의 : 3·1운동 이후 최대의 항일 민족 운동

기타 활동

- 청년 운동 : 청년단체(조선 청년 총동맹) 조직
  - ↳ 1924, 회원수 3만7천명의 전국적 조직
- 소년 운동
  - 어린이 날 제정(방정환)
  - 잡지 "어린이", 조선 소년연합회 설립(1927)
- 형평 운동
  - 배경 : 백정들의 사회적 신분 차별, 신분 해방 운동
  - 활동 : 조선형평사(1923, 진주), 민족운동의 성격으로 변화하여 전국으로 확대
    - ↳ 신분 해방 운동(1923) → 민족운동(1928)

> 방정환
> - 손병희의 사위
> - 천도교소년회 설립(1921, 서울)
> - 전국 강연
> - 어린이날 제정(1922.5.1.)
> - 잡지 '어린이' 발간

> 조선 형평사 취지문
>
> 지금까지 조선의 백정은 어떠한 지위와 압박을 받아왔는가? … 직업의 구별이 있다고 한다면 금수의 생명을 빼앗는 자는 우리들만이 아니다.

> 백정의 신분 차별
>
> 총독부는 백정출신의 호적에 '도한(屠漢)'이라고 기록하거나 붉은 점을 찍어 차별하였고, 보통학교 입학 통지서에도 신분을 기재하였다.

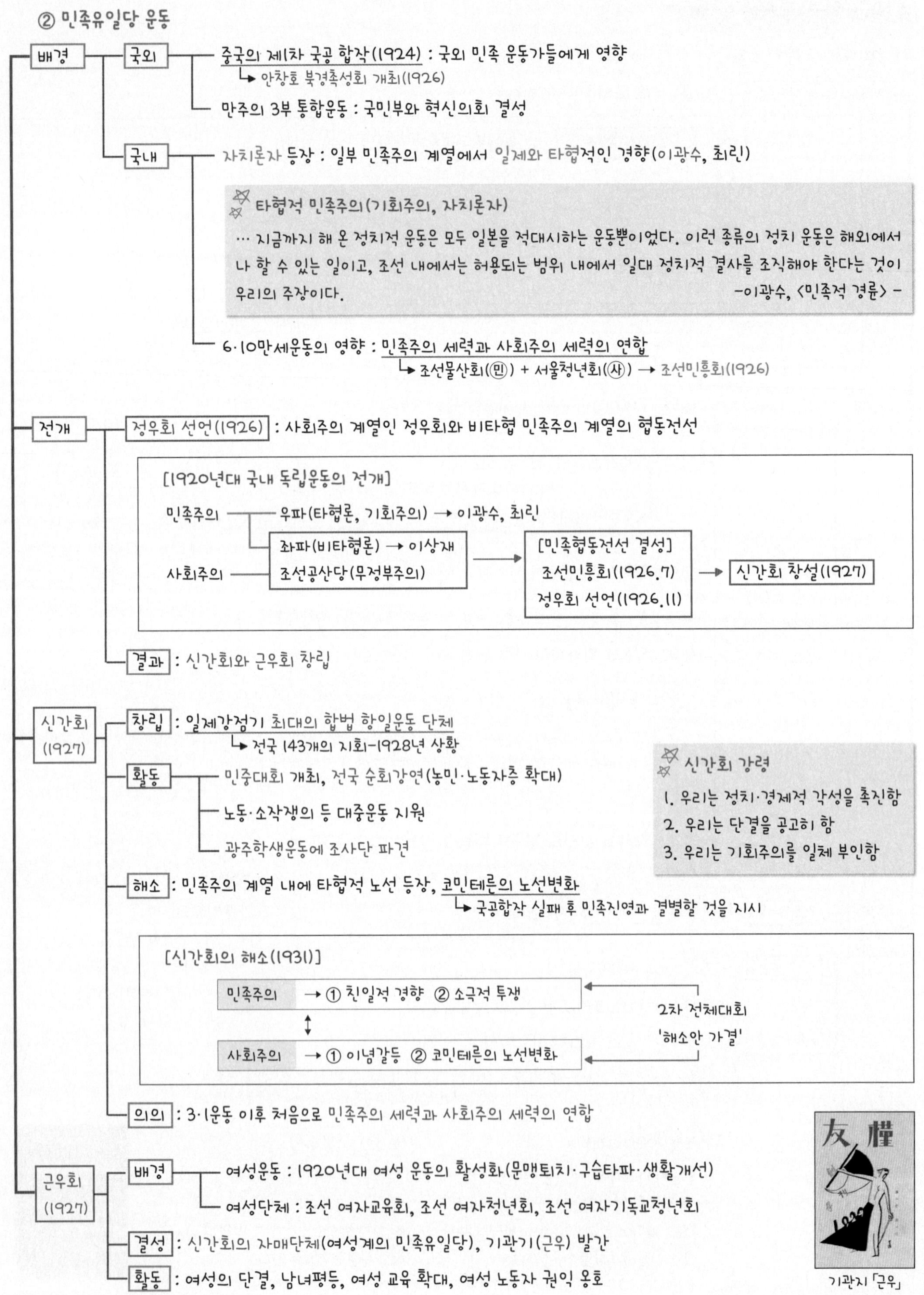

② 민족유일당 운동

- 배경
  - 국외
    - 중국의 제1차 국공 합작(1924) : 국외 민족 운동가들에게 영향
      - → 안창호 북경촉성회 개최(1926)
    - 만주의 3부 통합운동 : 국민부와 혁신의회 결성
  - 국내
    - 자치론자 등장 : 일부 민족주의 계열에서 일제와 타협적인 경향(이광수, 최린)

      > 타협적 민족주의(기회주의, 자치론자)
      >
      > … 지금까지 해 온 정치적 운동은 모두 일본을 적대시하는 운동뿐이었다. 이런 종류의 정치 운동은 해외에서나 할 수 있는 일이고, 조선 내에서는 허용되는 범위 내에서 일대 정치적 결사를 조직해야 한다는 것이 우리의 주장이다.
      >
      > -이광수, <민족적 경륜> -

    - 6·10만세운동의 영향 : 민족주의 세력과 사회주의 세력의 연합
      - → 조선물산회(민) + 서울청년회(사) → 조선민흥회(1926)
- 전개
  - 정우회 선언(1926) : 사회주의 계열인 정우회와 비타협 민족주의 계열의 협동전선

    [1920년대 국내 독립운동의 전개]

    민족주의 — 우파(타협론, 기회주의) → 이광수, 최린
    민족주의 — 좌파(비타협론) → 이상재
    사회주의 — 조선공산당(무정부주의)
    → [민족협동전선 결성] 조선민흥회(1926.7) 정우회 선언(1926.11) → 신간회 창설(1927)

  - 결과 : 신간회와 근우회 창립
- 신간회(1927)
  - 창립 : 일제강점기 최대의 합법 항일운동 단체
    - → 전국 143개의 지회-1928년 상황
  - 활동
    - 민중대회 개최, 전국 순회강연(농민·노동자층 확대)
    - 노동·소작쟁의 등 대중운동 지원
    - 광주학생운동에 조사단 파견

    > 신간회 강령
    >
    > 1. 우리는 정치·경제적 각성을 촉진함
    > 2. 우리는 단결을 공고히 함
    > 3. 우리는 기회주의를 일체 부인함

  - 해소 : 민족주의 계열 내에 타협적 노선 등장, 코민테른의 노선변화
    - → 국공합작 실패 후 민족진영과 결별할 것을 지시

    [신간회의 해소(1931)]

    민족주의 → ① 친일적 경향 ② 소극적 투쟁
    ↕
    사회주의 → ① 이념갈등 ② 코민테른의 노선변화
    ← 2차 전체대회 '해소안 가결'

  - 의의 : 3·1운동 이후 처음으로 민족주의 세력과 사회주의 세력의 연합
- 근우회(1927)
  - 배경
    - 여성운동 : 1920년대 여성 운동의 활성화(문맹퇴치·구습타파·생활개선)
    - 여성단체 : 조선 여자교육회, 조선 여자청년회, 조선 여자기독교청년회
  - 결성 : 신간회의 자매단체(여성계의 민족유일당), 기관기(근우) 발간
  - 활동 : 여성의 단결, 남녀평등, 여성 교육 확대, 여성 노동자 권익 옹호

기관지「근우」

③ 실력 양성 운동

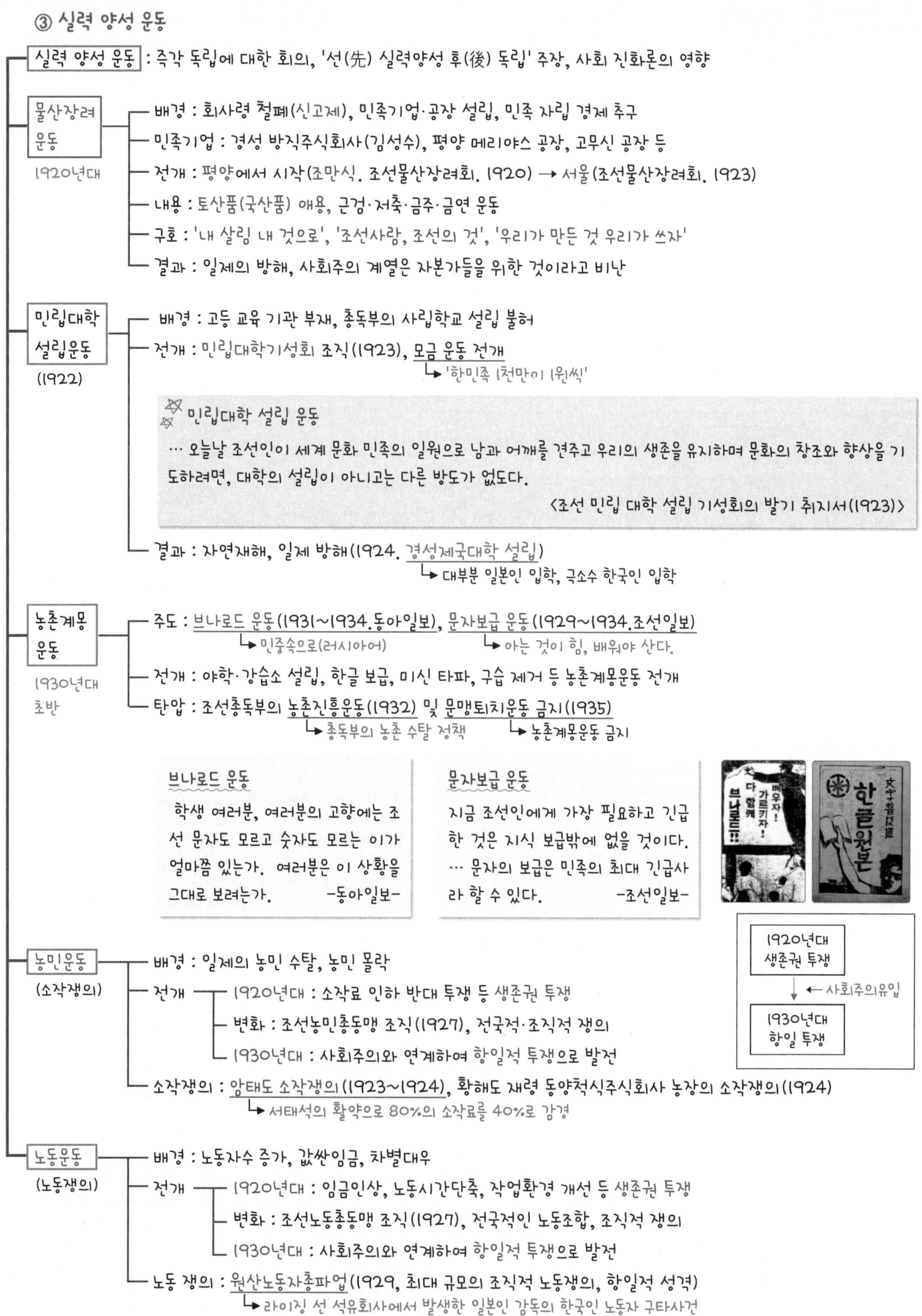

실력 양성 운동 : 즉각 독립에 대한 회의, '선(先) 실력양성 후(後) 독립' 주장, 사회 진화론의 영향

물산장려운동 (1920년대)
- 배경 : 회사령 철폐(신고제), 민족기업·공장 설립, 민족 자립 경제 추구
- 민족기업 : 경성 방직주식회사(김성수), 평양 메리야스 공장, 고무신 공장 등
- 전개 : 평양에서 시작(조만식. 조선물산장려회. 1920) → 서울(조선물산장려회. 1923)
- 내용 : 토산품(국산품) 애용, 근검·저축·금주·금연 운동
- 구호 : '내 살림 내 것으로', '조선사람, 조선의 것', '우리가 만든 것 우리가 쓰자'
- 결과 : 일제의 방해, 사회주의 계열은 자본가들을 위한 것이라고 비난

민립대학 설립운동 (1922)
- 배경 : 고등 교육 기관 부재, 총독부의 사립학교 설립 불허
- 전개 : 민립대학기성회 조직(1923), 모금 운동 전개
  - └ '한민족 1천만이 1원씩'

> **민립대학 설립 운동**
>
> … 오늘날 조선인이 세계 문화 민족의 일원으로 남과 어깨를 견주고 우리의 생존을 유지하며 문화의 창조와 향상을 기도하려면, 대학의 설립이 아니고는 다른 방도가 없도다.
>
> 〈조선 민립 대학 설립 기성회의 발기 취지서(1923)〉

- 결과 : 자연재해, 일제 방해(1924. 경성제국대학 설립)
  - └ 대부분 일본인 입학, 극소수 한국인 입학

농촌계몽운동 (1930년대 초반)
- 주도 : 브나로드 운동(1931~1934.동아일보), 문자보급 운동(1929~1934.조선일보)
  - └ 민중속으로(러시아어) / └ 아는 것이 힘, 배워야 산다.
- 전개 : 야학·강습소 설립, 한글 보급, 미신 타파, 구습 제거 등 농촌계몽운동 전개
- 탄압 : 조선총독부의 농촌진흥운동(1932) 및 문맹퇴치운동 금지(1935)
  - └ 총독부의 농촌 수탈 정책 / └ 농촌계몽운동 금지

> **브나로드 운동**
>
> 학생 여러분, 여러분의 고향에는 조선 문자도 모르고 숫자도 모르는 이가 얼마쯤 있는가. 여러분은 이 상황을 그대로 보려는가. -동아일보-

> **문자보급 운동**
>
> 지금 조선인에게 가장 필요하고 긴급한 것은 지식 보급밖에 없을 것이다. … 문자의 보급은 민족의 최대 긴급사라 할 수 있다. -조선일보-

농민운동 (소작쟁의)
- 배경 : 일제의 농민 수탈, 농민 몰락
- 전개
  - 1920년대 : 소작료 인하 반대 투쟁 등 생존권 투쟁
  - 변화 : 조선농민총동맹 조직(1927), 전국적·조직적 쟁의
  - 1930년대 : 사회주의와 연계하여 항일적 투쟁으로 발전
- 소작쟁의 : 암태도 소작쟁의(1923~1924), 황해도 재령 동양척식주식회사 농장의 소작쟁의(1924)
  - └ 서태석의 활약으로 80%의 소작료를 40%로 감경

1920년대 생존권 투쟁
↓ ← 사회주의유입
1930년대 항일 투쟁

노동운동 (노동쟁의)
- 배경 : 노동자수 증가, 값싼임금, 차별대우
- 전개
  - 1920년대 : 임금인상, 노동시간단축, 작업환경 개선 등 생존권 투쟁
  - 변화 : 조선노동총동맹 조직(1927), 전국적인 노동조합, 조직적 쟁의
  - 1930년대 : 사회주의와 연계하여 항일적 투쟁으로 발전
- 노동 쟁의 : 원산노동자총파업(1929, 최대 규모의 조직적 노동쟁의, 항일적 성격)
  - └ 라이징 선 석유회사에서 발생한 일본인 감독의 한국인 노동자 구타사건

4. 민족 문화 수호 운동

① 민족 교육 수호 활동

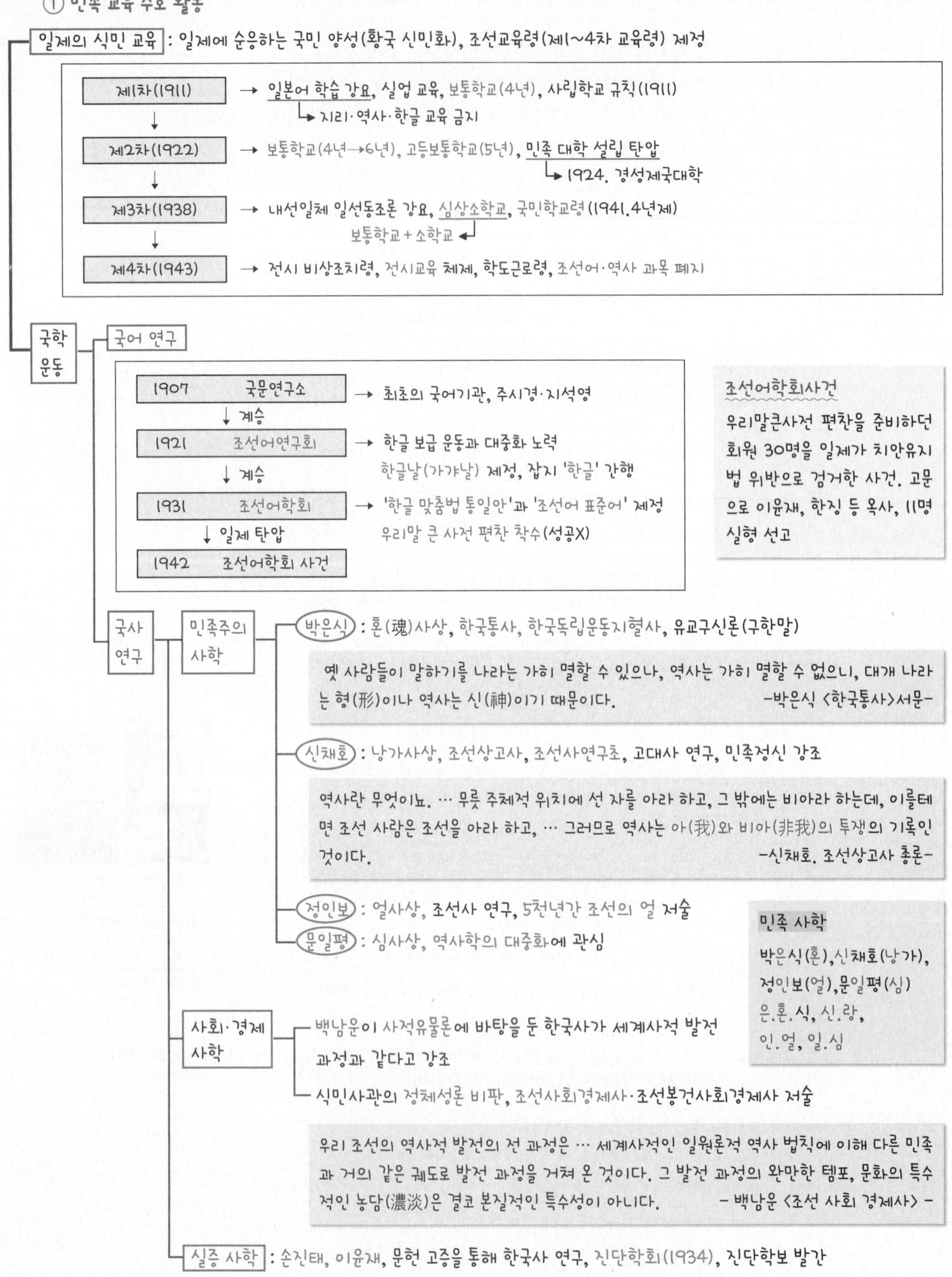

일제의 식민 교육 : 일제에 순응하는 국민 양성(황국 신민화), 조선교육령(제1~4차 교육령) 제정

- 제1차(1911) → 일본어 학습 강요, 실업 교육, 보통학교(4년), 사립학교 규칙(1911)
  - → 지리·역사·한글 교육 금지
- ↓
- 제2차(1922) → 보통학교(4년→6년), 고등보통학교(5년), 민족 대학 설립 탄압
  - → 1924. 경성제국대학
- ↓
- 제3차(1938) → 내선일체 일선동조론 강요, 심상소학교, 국민학교령(1941. 4년제)
  - 보통학교 + 소학교 → 심상소학교
- ↓
- 제4차(1943) → 전시 비상조치령, 전시교육 체제, 학도근로령, 조선어·역사 과목 폐지

국학 운동

국어 연구

- 1907 국문연구소 → 최초의 국어기관, 주시경·지석영
- ↓ 계승
- 1921 조선어연구회 → 한글 보급 운동과 대중화 노력, 한글날(가갸날) 제정, 잡지 '한글' 간행
- ↓ 계승
- 1931 조선어학회 → '한글 맞춤법 통일안'과 '조선어 표준어' 제정, 우리말 큰 사전 편찬 착수(성공X)
- ↓ 일제 탄압
- 1942 조선어학회 사건

> 조선어학회사건
>
> 우리말큰사전 편찬을 준비하던 회원 30명을 일제가 치안유지법 위반으로 검거한 사건. 고문으로 이윤재, 한징 등 옥사, 11명 실형 선고

국사 연구

민족주의 사학

- 박은식 : 혼(魂)사상, 한국통사, 한국독립운동지혈사, 유교구신론(구한말)

> 옛 사람들이 말하기를 나라는 가히 멸할 수 있으나, 역사는 가히 멸할 수 없으니, 대개 나라는 형(形)이나 역사는 신(神)이기 때문이다. -박은식 <한국통사>서문-

- 신채호 : 낭가사상, 조선상고사, 조선사연구초, 고대사 연구, 민족정신 강조

> 역사란 무엇이뇨. … 무릇 주체적 위치에 선 자를 아라 하고, 그 밖에는 비아라 하는데, 이를테면 조선 사람은 조선을 아라 하고, … 그러므로 역사는 아(我)와 비아(非我)의 투쟁의 기록인 것이다. -신채호. 조선상고사 총론-

- 정인보 : 얼사상, 조선사 연구, 5천년간 조선의 얼 저술
- 문일평 : 심사상, 역사학의 대중화에 관심

> 민족 사학
>
> 박은식(혼), 신채호(낭가), 정인보(얼), 문일평(심)
> 은.혼. 식, 신.랑,
> 인. 얼, 일. 심

사회·경제 사학

- 백남운이 사적유물론에 바탕을 둔 한국사가 세계사적 발전 과정과 같다고 강조
- 식민사관의 정체성론 비판, 조선사회경제사·조선봉건사회경제사 저술

> 우리 조선의 역사적 발전의 전 과정은 … 세계사적인 일원론적 역사 법칙에 의해 다른 민족과 거의 같은 궤도로 발전 과정을 거쳐 온 것이다. 그 발전 과정의 완만한 템포, 문화의 특수적인 농담(濃淡)은 결코 본질적인 특수성이 아니다. - 백남운 <조선 사회 경제사> -

실증 사학 : 손진태, 이윤재, 문헌 고증을 통해 한국사 연구, 진단학회(1934), 진단학보 발간

② 민족 종교와 민족 문화 활동

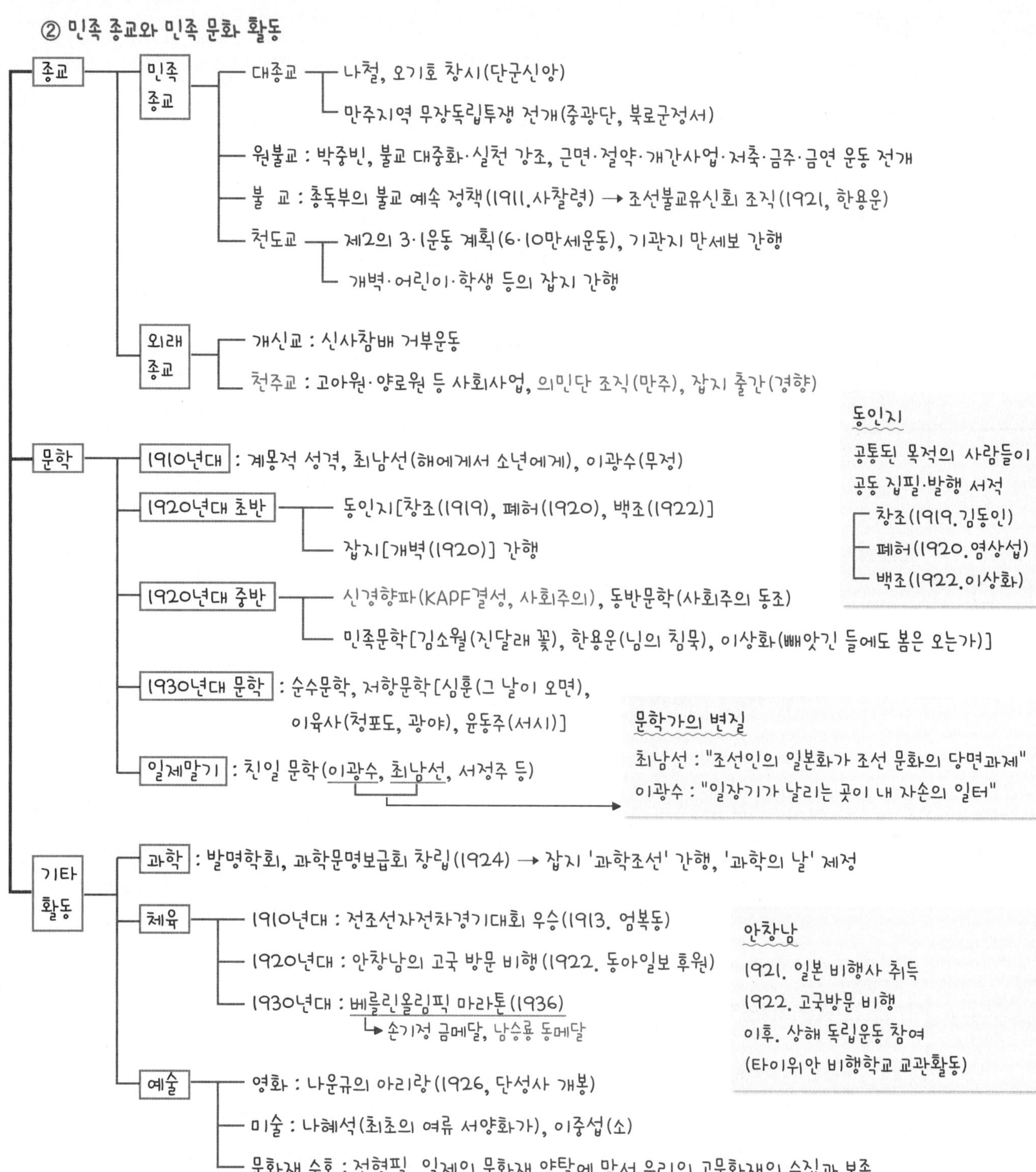

종교
민족 종교
대종교
나철, 오기호 창시(단군신앙)
만주지역 무장독립투쟁 전개(중광단, 북로군정서)
원불교 : 박중빈, 불교 대중화·실천 강조, 근면·절약·개간사업·저축·금주·금연 운동 전개
불 교 : 총독부의 불교 예속 정책(1911. 사찰령) → 조선불교유신회 조직(1921, 한용운)
천도교
제2의 3·1운동 계획(6·10만세운동), 기관지 만세보 간행
개벽·어린이·학생 등의 잡지 간행
외래 종교
개신교 : 신사참배 거부운동
천주교 : 고아원·양로원 등 사회사업, 의민단 조직(만주), 잡지 출간(경향)
문학
1910년대 : 계몽적 성격, 최남선(해에게서 소년에게), 이광수(무정)
1920년대 초반
동인지[창조(1919), 폐허(1920), 백조(1922)]
잡지[개벽(1920)] 간행
1920년대 중반
신경향파(KAPF결성, 사회주의), 동반문학(사회주의 동조)
민족문학[김소월(진달래 꽃), 한용운(님의 침묵), 이상화(빼앗긴 들에도 봄은 오는가)]
1930년대 문학 : 순수문학, 저항문학[심훈(그 날이 오면), 이육사(청포도, 광야), 윤동주(서시)]
일제말기 : 친일 문학(이광수, 최남선, 서정주 등)
동인지
공통된 목적의 사람들이 공동 집필·발행 서적
창조(1919. 김동인)
폐허(1920. 염상섭)
백조(1922. 이상화)
문학가의 변질
최남선 : "조선인의 일본화가 조선 문화의 당면과제"
이광수 : "일장기가 날리는 곳이 내 자손의 일터"
기타 활동
과학 : 발명학회, 과학문명보급회 창립(1924) → 잡지 '과학조선' 간행, '과학의 날' 제정
체육
1910년대 : 전조선자전차경기대회 우승(1913. 엄복동)
1920년대 : 안창남의 고국 방문 비행(1922. 동아일보 후원)
1930년대 : 베를린올림픽 마라톤(1936)
손기정 금메달, 남승룡 동메달
안창남
1921. 일본 비행사 취득
1922. 고국방문 비행
이후. 상해 독립운동 참여
(타이위안 비행학교 교관활동)
예술
영화 : 나운규의 아리랑(1926, 단성사 개봉)
미술 : 나혜석(최초의 여류 서양화가), 이중섭(소)
문화재 수호 : 전형필, 일제의 문화재 약탈에 맞서 우리의 고문화재의 수집과 보존
現 성북동의 간송 미술관 보존·전시

간송 전형필

일제 강점기에 전형필은 일본으로 유출되는 민족 문화유산을 지키기 위해 노력하였고, 박물관인 보화각(現. 간송 미술관)을 건립하였다. 전형필이 수집한 문화유산에는 훈민정음 해례본, 청자 상감 운학무늬 매병, 정선, 신윤복, 김홍도, 장승업 등의 작품이 있다. 광복 이후 전형필은 보성중학교장, 문화재 보존위원회 위원을 역임하였다. 사후 1964년 대한민국 문화훈장 국민장이 추서되었고, 2014년 대한민국 금관문화훈장에 추서되었다.

5. 무장 독립 투쟁

① 의열단과 한인애국단

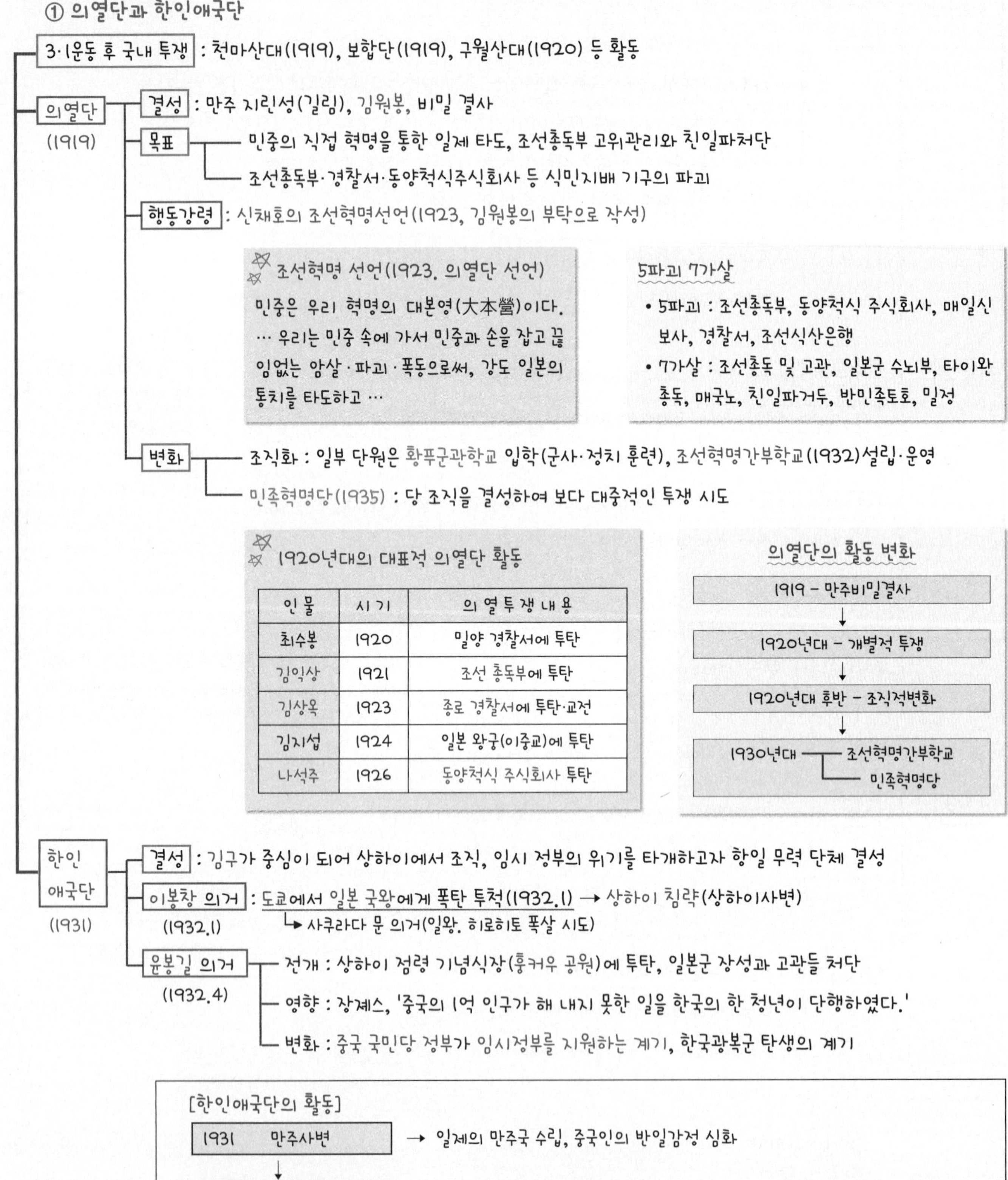

- **3·1운동 후 국내 투쟁** : 천마산대(1919), 보합단(1919), 구월산대(1920) 등 활동
- **의열단 (1919)**
  - 결성 : 만주 지린성(길림), 김원봉, 비밀 결사
  - 목표
    - 민중의 직접 혁명을 통한 일제 타도, 조선총독부 고위관리와 친일파처단
    - 조선총독부·경찰서·동양척식주식회사 등 식민지배 기구의 파괴
  - 행동강령 : 신채호의 조선혁명선언(1923, 김원봉의 부탁으로 작성)

> ☆ 조선혁명 선언(1923, 의열단 선언)
> 민중은 우리 혁명의 대본영(大本營)이다. … 우리는 민중 속에 가서 민중과 손을 잡고 끊임없는 암살·파괴·폭동으로써, 강도 일본의 통치를 타도하고 …

> 5파괴 7가살
> - 5파괴 : 조선총독부, 동양척식 주식회사, 매일신보사, 경찰서, 조선식산은행
> - 7가살 : 조선총독 및 고관, 일본군 수뇌부, 타이완 총독, 매국노, 친일파거두, 반민족토호, 밀정

  - 변화
    - 조직화 : 일부 단원은 황푸군관학교 입학(군사·정치 훈련), 조선혁명간부학교(1932)설립·운영
    - 민족혁명당(1935) : 당 조직을 결성하여 보다 대중적인 투쟁 시도

☆ 1920년대의 대표적 의열단 활동

인 물	시 기	의 열 투 쟁 내 용
최수봉	1920	밀양 경찰서에 투탄
김익상	1921	조선 총독부에 투탄
김상옥	1923	종로 경찰서에 투탄·교전
김지섭	1924	일본 왕궁(이중교)에 투탄
나석주	1926	동양척식 주식회사 투탄

의열단의 활동 변화

1919 – 만주비밀결사
↓
1920년대 – 개별적 투쟁
↓
1920년대 후반 – 조직적변화
↓
1930년대 ─ 조선혁명간부학교 / 민족혁명당

- **한인 애국단 (1931)**
  - 결성 : 김구가 중심이 되어 상하이에서 조직, 임시 정부의 위기를 타개하고자 항일 무력 단체 결성
  - 이봉창 의거 (1932.1) : 도쿄에서 일본 국왕에게 폭탄 투척(1932.1) → 상하이 침략(상하이사변)
    - ↳ 사쿠라다 문 의거(일왕. 히로히토 폭살 시도)
  - 윤봉길 의거 (1932.4)
    - 전개 : 상하이 점령 기념식장(훙커우 공원)에 투탄, 일본군 장성과 고관들 처단
    - 영향 : 장제스, '중국의 1억 인구가 해 내지 못한 일을 한국의 한 청년이 단행하였다.'
    - 변화 : 중국 국민당 정부가 임시정부를 지원하는 계기, 한국광복군 탄생의 계기

[한인애국단의 활동]

1931 만주사변 → 일제의 만주국 수립, 중국인의 반일감정 심화
↓
1932 이봉창의거 → 일본 도쿄에서 일본 국왕에 투탄·실패
↓ ↳ 중국 언론, '이봉창 거사가 아쉽게 실패로 돌아가…' → 상하이 사변
1932 윤봉길의거 → 훙커우 공원, 상하이 점령기념식장 투탄, 일본 장성·고관처단
↳ 장제스 극찬 → 중국국민당 정부의 지원(한중연합작전) → 한국광복군 창설(1940)

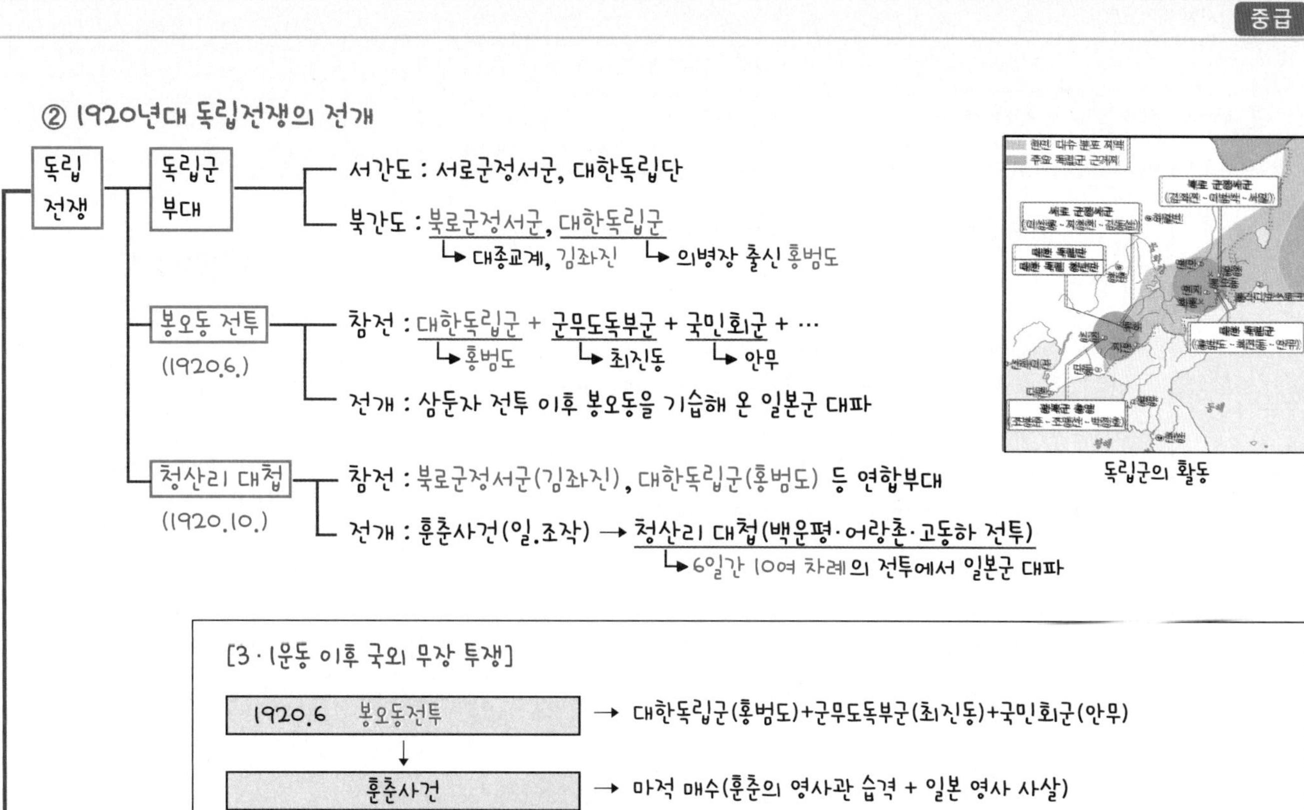
② 1920년대 독립전쟁의 전개
독립 전쟁
독립군 부대
서간도 : 서로군정서군, 대한독립단
북간도 : 북로군정서군, 대한독립군
↳ 대종교계, 김좌진 ↳ 의병장 출신 홍범도
봉오동 전투 (1920.6.)
참전 : 대한독립군 + 군무도독부군 + 국민회군 + …
↳ 홍범도 ↳ 최진동 ↳ 안무
전개 : 삼둔자 전투 이후 봉오동을 기습해 온 일본군 대파
청산리 대첩 (1920.10.)
참전 : 북로군정서군(김좌진), 대한독립군(홍범도) 등 연합부대
전개 : 훈춘사건(일.조작) → 청산리 대첩(백운평·어랑촌·고동하 전투)
↳ 6일간 10여 차례의 전투에서 일본군 대파
독립군의 활동

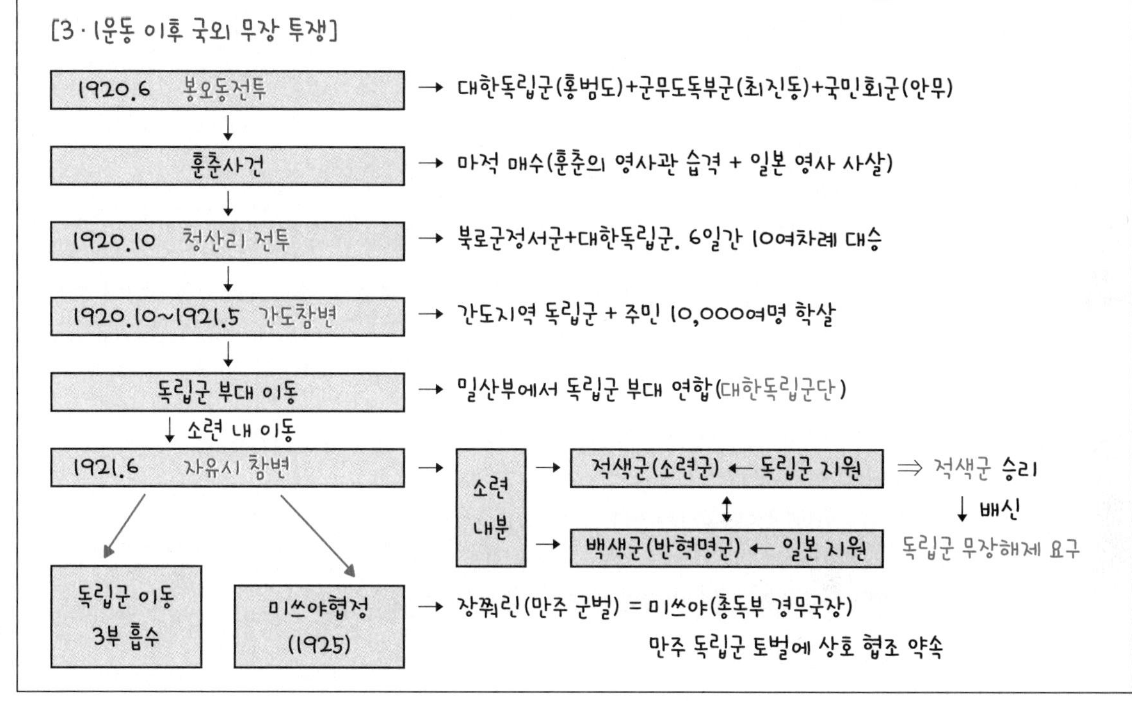
[3·1운동 이후 국외 무장 투쟁]
1920.6 봉오동전투 → 대한독립군(홍범도)+군무도독부군(최진동)+국민회군(안무)
훈춘사건 → 마적 매수(훈춘의 영사관 습격 + 일본 영사 사살)
1920.10 청산리 전투 → 북로군정서군+대한독립군. 6일간 10여차례 대승
1920.10~1921.5 간도참변 → 간도지역 독립군 + 주민 10,000여명 학살
독립군 부대 이동 → 밀산부에서 독립군 부대 연합(대한독립군단)
↓ 소련 내 이동
1921.6 자유시 참변 → 소련 내분
적색군(소련군) ← 독립군 지원 ⇒ 적색군 승리
↓ 배신
백색군(반혁명군) ← 일본 지원 독립군 무장해제 요구
독립군 이동 3부 흡수
미쓰야협정 (1925) → 장쭤린(만주 군벌) = 미쓰야(총독부 경무국장)
만주 독립군 토벌에 상호 협조 약속

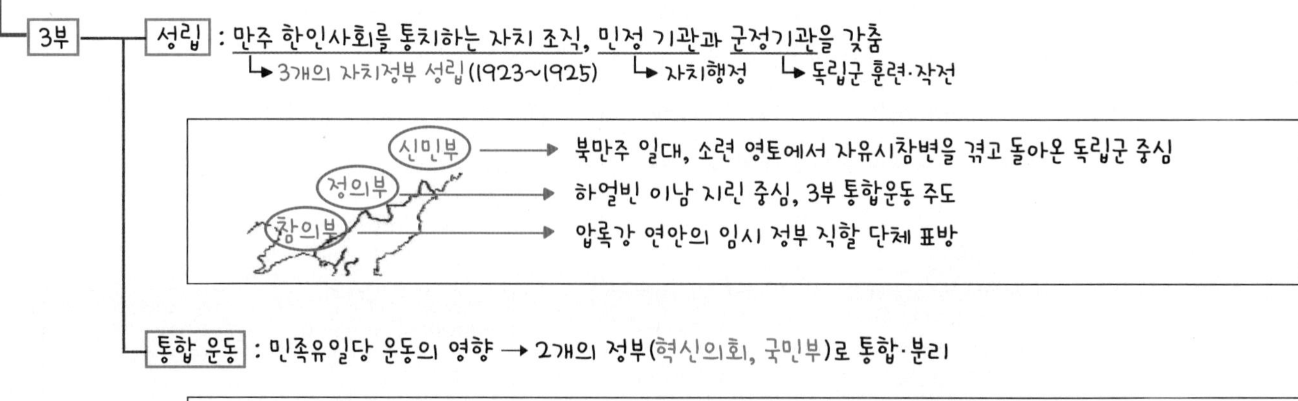
3부
성립 : 만주 한인사회를 통치하는 자치 조직, 민정 기관과 군정기관을 갖춤
↳ 3개의 자치정부 성립(1923~1925) ↳ 자치행정 ↳ 독립군 훈련·작전
신민부 → 북만주 일대, 소련 영토에서 자유시참변을 겪고 돌아온 독립군 중심
정의부 → 하얼빈 이남 지린 중심, 3부 통합운동 주도
참의부 → 압록강 연안의 임시 정부 직할 단체 표방
통합 운동 : 민족유일당 운동의 영향 → 2개의 정부(혁신의회, 국민부)로 통합·분리

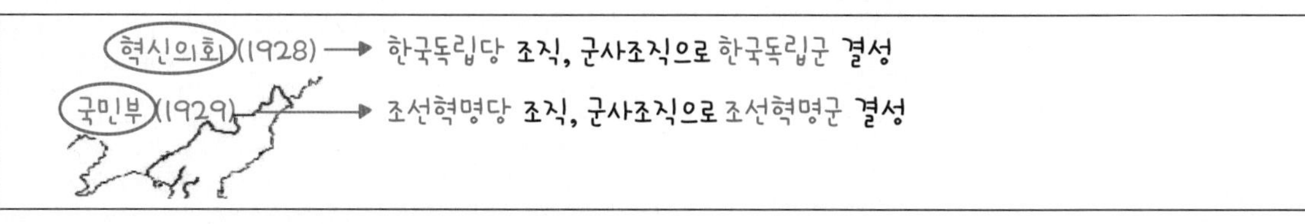
혁신의회(1928) → 한국독립당 조직, 군사조직으로 한국독립군 결성
국민부(1929) → 조선혁명당 조직, 군사조직으로 조선혁명군 결성

③ 1930년대 독립 전쟁의 전개

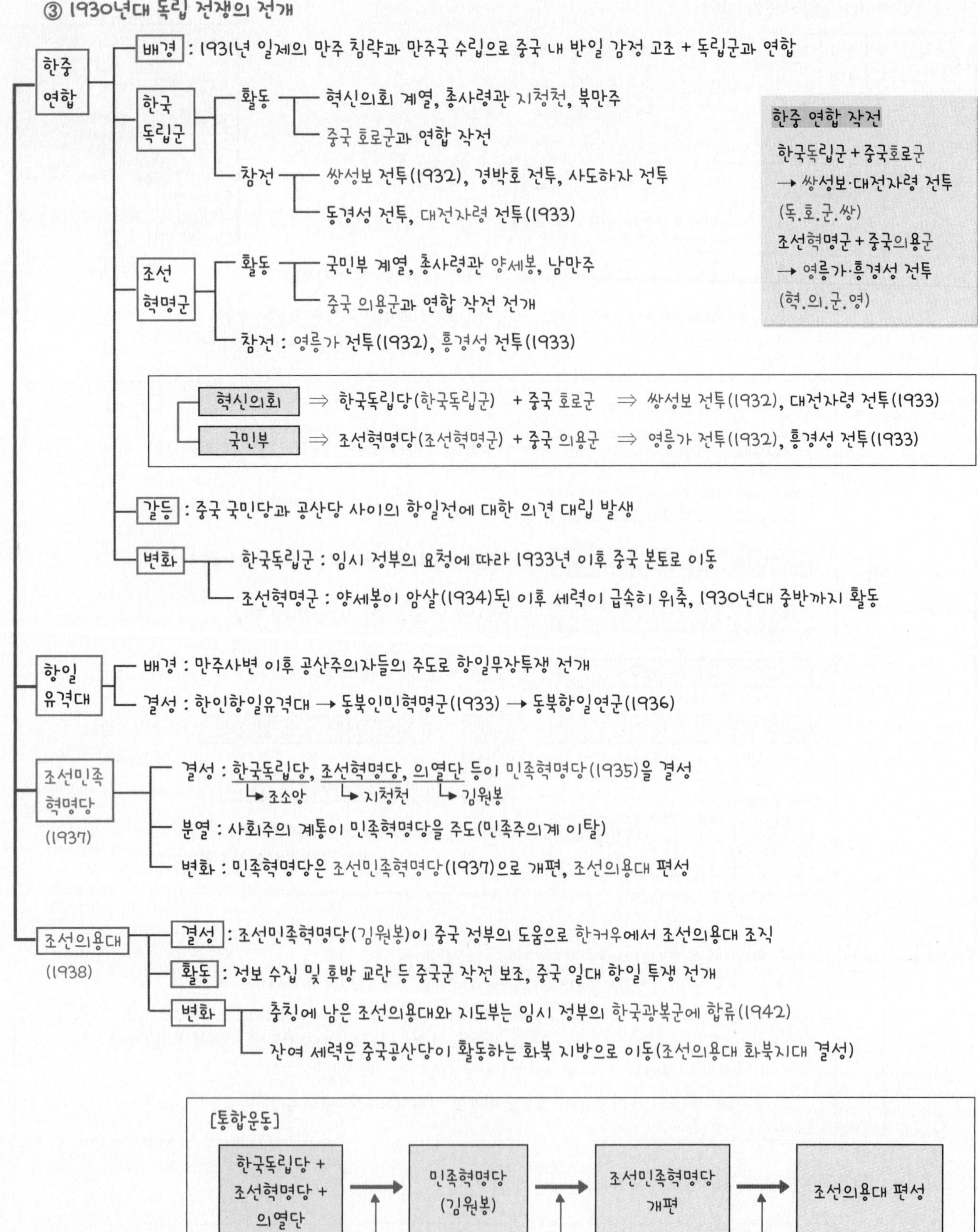

한중 연합
배경 : 1931년 일제의 만주 침략과 만주국 수립으로 중국 내 반일 감정 고조 + 독립군과 연합
한국 독립군
활동 — 혁신의회 계열, 총사령관 지청천, 북만주
— 중국 호로군과 연합 작전
참전 — 쌍성보 전투(1932), 경박호 전투, 사도하자 전투
— 동경성 전투, 대전자령 전투(1933)
조선 혁명군
활동 — 국민부 계열, 총사령관 양세봉, 남만주
— 중국 의용군과 연합 작전 전개
참전 : 영릉가 전투(1932), 흥경성 전투(1933)
한중 연합 작전
한국독립군 + 중국호로군
→ 쌍성보·대전자령 전투
(독.호.군.쌍)
조선혁명군 + 중국의용군
→ 영릉가·흥경성 전투
(혁.의.군.영)
혁신의회 ⇒ 한국독립당(한국독립군) + 중국 호로군 ⇒ 쌍성보 전투(1932), 대전자령 전투(1933)
국민부 ⇒ 조선혁명당(조선혁명군) + 중국 의용군 ⇒ 영릉가 전투(1932), 흥경성 전투(1933)
갈등 : 중국 국민당과 공산당 사이의 항일전에 대한 의견 대립 발생
변화
한국독립군 : 임시 정부의 요청에 따라 1933년 이후 중국 본토로 이동
조선혁명군 : 양세봉이 암살(1934)된 이후 세력이 급속히 위축, 1930년대 중반까지 활동
항일 유격대
배경 : 만주사변 이후 공산주의자들의 주도로 항일무장투쟁 전개
결성 : 한인항일유격대 → 동북인민혁명군(1933) → 동북항일연군(1936)
조선민족 혁명당 (1937)
결성 : 한국독립당, 조선혁명당, 의열단 등이 민족혁명당(1935)을 결성
→ 조소앙 → 지청천 → 김원봉
분열 : 사회주의 계통이 민족혁명당을 주도(민족주의계 이탈)
변화 : 민족혁명당은 조선민족혁명당(1937)으로 개편, 조선의용대 편성
조선의용대 (1938)
결성 : 조선민족혁명당(김원봉)이 중국 정부의 도움으로 한커우에서 조선의용대 조직
활동 : 정보 수집 및 후방 교란 등 중국군 작전 보조, 중국 일대 항일 투쟁 전개
변화
충칭에 남은 조선의용대와 지도부는 임시 정부의 한국광복군에 합류(1942)
잔여 세력은 중국공산당이 활동하는 화북 지방으로 이동(조선의용대 화북지대 결성)
[통합운동]
한국독립당 + 조선혁명당 + 의열단
민족혁명당 (김원봉)
조선민족혁명당 개편
조선의용대 편성
합당
민족주의계(조소앙, 지청천) 이탈
산하 군대 결성

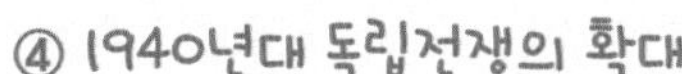

임정의 이동
- 1930년대 임시정부 이동, 많은 민족주의 계열의 여당이 창당
- 조선혁명당(지청천), 한국국민당(김구), 한국독립당(조소앙) 등

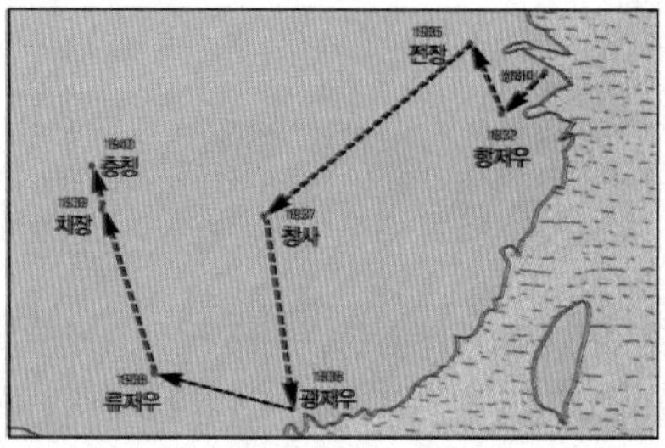

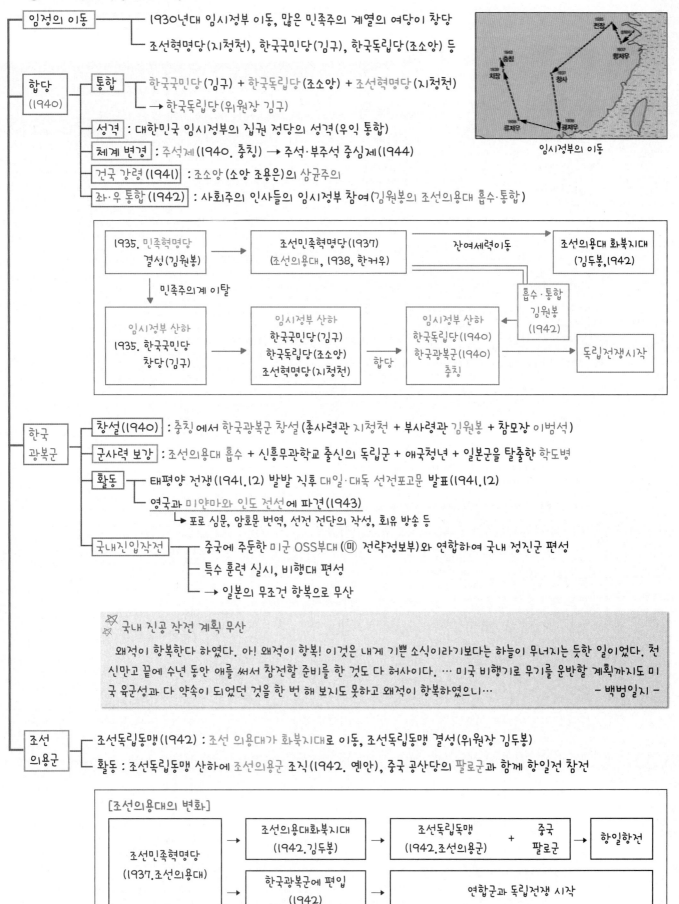

임시정부의 이동

합당 (1940)
- 통합
  - 한국국민당(김구) + 한국독립당(조소앙) + 조선혁명당(지청천)
  - → 한국독립당(위원장 김구)
- 성격 : 대한민국 임시정부의 집권 정당의 성격(우익 통합)
- 체계 변경 : 주석제(1940. 충칭) → 주석·부주석 중심제(1944)
- 건국 강령(1941) : 조소앙(소앙 조용은)의 삼균주의
- 좌·우 통합(1942) : 사회주의 인사들의 임시정부 참여(김원봉의 조선의용대 흡수·통합)

1935. 민족혁명당 결성(김원봉)	→	조선민족혁명당(1937) (조선의용대, 1938, 한커우)	→ 잔여세력이동 →	조선의용대 화북지대 (김두봉, 1942)
↓ 민족주의계 이탈			흡수·통합 김원봉 (1942)	
임시정부 산하 1935. 한국국민당 창당(김구)	→	임시정부 산하 한국국민당(김구) 한국독립당(조소앙) 조선혁명당(지청천)	→ 합당 → 임시정부 산하 한국독립당(1940) 한국광복군(1940) 충칭	→ 독립전쟁시작

한국 광복군
- 창설(1940) : 충칭에서 한국광복군 창설(총사령관 지청천 + 부사령관 김원봉 + 참모장 이범석)
- 군사력 보강 : 조선의용대 흡수 + 신흥무관학교 출신의 독립군 + 애국청년 + 일본군을 탈출한 학도병
- 활동
  - 태평양 전쟁(1941.12) 발발 직후 대일·대독 선전포고문 발표(1941.12)
  - 영국과 미얀마와 인도 전선에 파견(1943)
    - → 포로 심문, 암호문 번역, 선전 전단의 작성, 회유 방송 등
- 국내진입작전
  - 중국에 주둔한 미군 OSS부대(㉠ 전략정보부)와 연합하여 국내 정진군 편성
  - 특수 훈련 실시, 비행대 편성
  - → 일본의 무조건 항복으로 무산

> **국내 진공 작전 계획 무산**
>
> 왜적이 항복한다 하였다. 아! 왜적이 항복! 이것은 내게 기쁜 소식이라기보다는 하늘이 무너지는 듯한 일이었다. 천신만고 끝에 수년 동안 애를 써서 참전할 준비를 한 것도 다 허사이다. … 미국 비행기로 무기를 운반할 계획까지도 미국 육군성과 다 약속이 되었던 것을 한 번 해 보지도 못하고 왜적이 항복하였으니…
>
> – 백범일지 –

조선 의용군
- 조선독립동맹(1942) : 조선 의용대가 화북지대로 이동, 조선독립동맹 결성(위원장 김두봉)
- 활동 : 조선독립동맹 산하에 조선의용군 조직(1942. 옌안), 중국 공산당의 팔로군과 함께 항일전 참전

[조선의용대의 변화]

조선민족혁명당 (1937.조선의용대)	→	조선의용대화북지대 (1942.김두봉)	→	조선독립동맹 (1942.조선의용군) + 중국 팔로군	→	항일항전
	→	한국광복군에 편입 (1942)	→	연합군과 독립전쟁 시작		

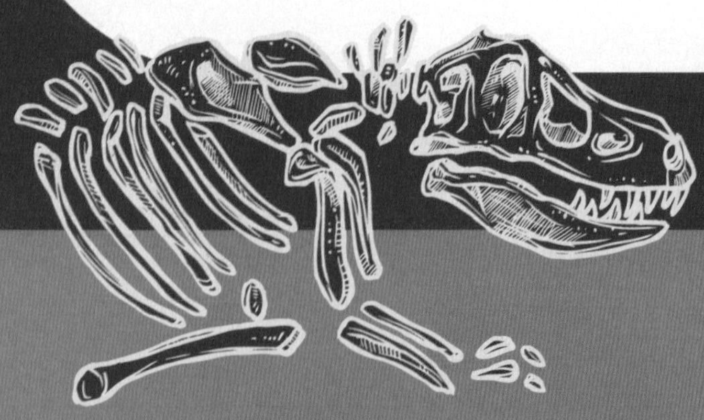

출제 경향

대한민국 정부가 수립된 과정과 그 과정 속에서의 대립 양상을 알아두자. 또한 민주주의를 이루어 가면서 겪은 독재정치, 이를 극복하기 위한 운동 등을 파악하고 각 정부에서 일어난 사건을 구별할 수 있어야 한다.

출제 포인트

1. 광복 직전 세계열강의 국제 협약 정리
2. 광복 전후의 국내외 정치 단체 파악
3. 모스크바 3국 외상회의의 배경과 영향 숙지
4. 광복 직후 좌우합작운동의 배경, 과정 및 영향 파악
5. 대한민국 정부 수립 과정 숙지
6. 북한 정권의 성립 과정 파악
7. 반민족행위 청산 활동과 농지개혁 등 제헌 국회의 활동사항 정리
8. 6·25 한국 전쟁의 발발 배경과 전개 과정 파악
9. 현대의 각 공화국 정책 및 개헌 내용 파악
10. 유신 헌법, 신군부 등 민주화 유린 내용과 현대의 민주화 운동 전개 과정 숙지
11. 각 공화국의 경제 발전 과정 및 내용 파악
12. 각 공화국의 남북한 교류 내용 파악

PART Ⅷ

현대의 한국사

I. 광복 직후의 정세

① 광복 전후의 정세

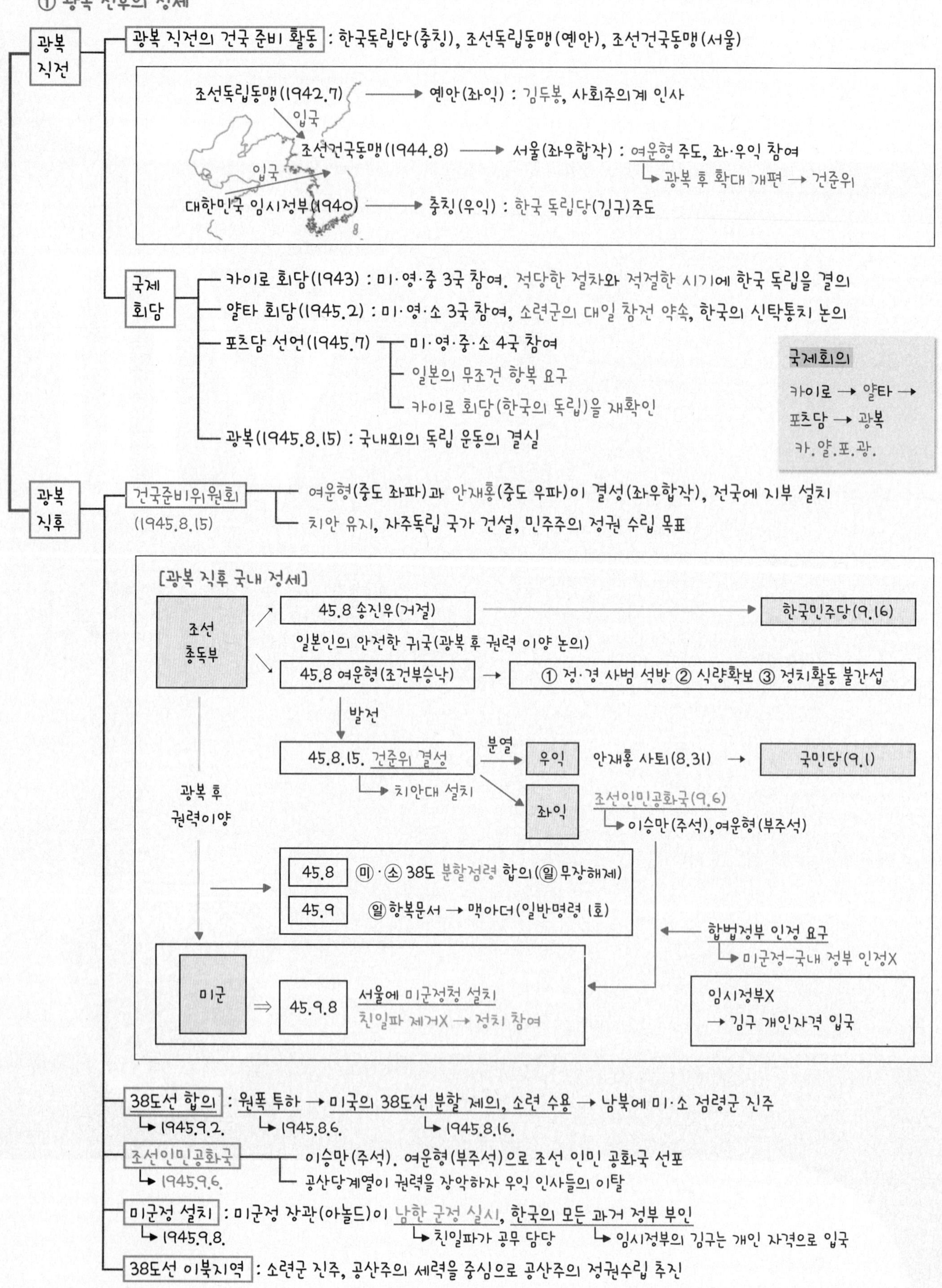
광복 직전
광복 직전의 건국 준비 활동 : 한국독립당(충칭), 조선독립동맹(옌안), 조선건국동맹(서울)
조선독립동맹(1942.7) → 옌안(좌익) : 김두봉, 사회주의계 인사
입국
조선건국동맹(1944.8) → 서울(좌우합작) : 여운형 주도, 좌·우익 참여
→ 광복 후 확대 개편 → 건준위
입국
대한민국 임시정부(1940) → 충칭(우익) : 한국 독립당(김구)주도
국제 회담
카이로 회담(1943) : 미·영·중 3국 참여. 적당한 절차와 적절한 시기에 한국 독립을 결의
얄타 회담(1945.2) : 미·영·소 3국 참여, 소련군의 대일 참전 약속, 한국의 신탁통치 논의
포츠담 선언(1945.7) - 미·영·중·소 4국 참여
- 일본의 무조건 항복 요구
- 카이로 회담(한국의 독립)을 재확인
광복(1945.8.15) : 국내외의 독립 운동의 결실
국제회의
카이로 → 얄타 →
포츠담 → 광복
카.얄.포.광.
광복 직후
건국준비위원회 (1945.8.15)
여운형(중도 좌파)과 안재홍(중도 우파)이 결성(좌우합작), 전국에 지부 설치
치안 유지, 자주독립 국가 건설, 민주주의 정권 수립 목표
[광복 직후 국내 정세]
조선 총독부
45.8 송진우(거절) → 한국민주당(9.16)
일본인의 안전한 귀국(광복 후 권력 이양 논의)
45.8 여운형(조건부승낙) → ① 정·경 사범 석방 ② 식량확보 ③ 정치활동 불간섭
발전
45.8.15. 건준위 결성
→ 치안대 설치
분열
우익 안재홍 사퇴(8.31) → 국민당(9.1)
좌익 조선인민공화국(9.6)
→ 이승만(주석), 여운형(부주석)
광복 후 권력이양
45.8 (미)·(소) 38도 분할점령 합의((일) 무장해제)
45.9 (일)항복문서 → 맥아더(일반명령 1호)
합법정부 인정 요구
→ 미군정-국내 정부 인정X
미군 ⇒ 45.9.8 서울에 미군정청 설치
친일파 제거X → 정치 참여
임시정부X
→ 김구 개인자격 입국
38도선 합의 : 원폭 투하 → 미국의 38도선 분할 제의, 소련 수용 → 남북에 미·소 점령군 진주
→ 1945.9.2. → 1945.8.6. → 1945.8.16.
조선인민공화국 → 1945.9.6.
이승만(주석), 여운형(부주석)으로 조선 인민 공화국 선포
공산당계열이 권력을 장악하자 우익 인사들의 이탈
미군정 설치 : 미군정 장관(아놀드)이 남한 군정 실시, 한국의 모든 과거 정부 부인
→ 1945.9.8. → 친일파가 공무 담당 → 임시정부의 김구는 개인 자격으로 입국
38도선 이북지역 : 소련군 진주, 공산주의 세력을 중심으로 공산주의 정권수립 추진

② 모스크바 3국 외상 회의

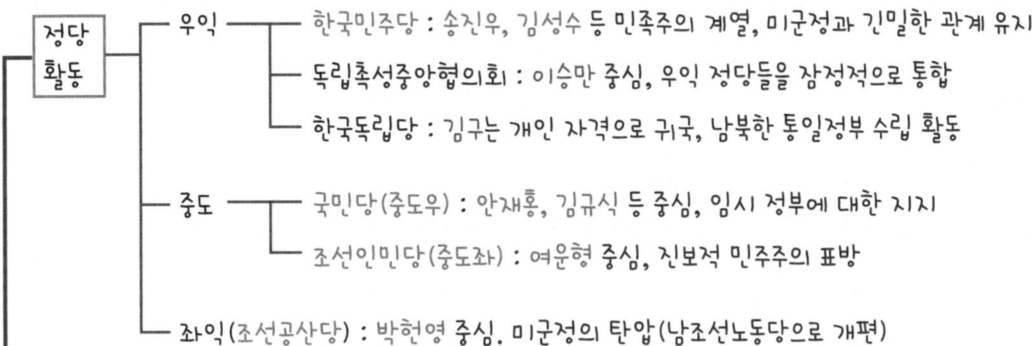

정당 활동
우익
한국민주당 : 송진우, 김성수 등 민족주의 계열, 미군정과 긴밀한 관계 유지
독립촉성중앙협의회 : 이승만 중심, 우익 정당들을 잠정적으로 통합
한국독립당 : 김구는 개인 자격으로 귀국, 남북한 통일정부 수립 활동
중도
국민당(중도우) : 안재홍, 김규식 등 중심, 임시 정부에 대한 지지
조선인민당(중도좌) : 여운형 중심, 진보적 민주주의 표방
좌익(조선공산당) : 박헌영 중심. 미군정의 탄압(남조선노동당으로 개편)

[광복 직후의 정당]

좌파	중도		우파
박헌영(남조선노동당)	여운형(조선인민당)	김규식, 안재홍(국민당)	이승만(독립촉성중앙협의회)
김일성(북조선공산당)			송진우, 김성수(한국민주당)
김두봉(조선독립동맹)			김구(한국독립당)

모3상 회의
- 목적 : 미국, 영국, 소련 3국 외무장관이 한반도 문제 논의(모스크바 3국 외상 회의, 1945.12)
- 결정
  - 한국에 임시민주정부 수립, 미·소 공동위원회 설치
  - 미·영·중·소에 의한 최고 5년간의 한반도 신탁 통치 실시

모스크바 3국 외상 회의 결정서

1. 조선을 독립 국가로 재건설하며, … 조선 인민의 민족 문화 발전에 필요한 모든 시설을 취할 임시 조선민주주의 정부를 수립할 것이다.
2. 조선임시정부 구성을 위해 남조선 미합중국 관할구와 북조선 소련 관할구의 대표들이 공동위원회를 설치한다.
3. 공동 위원회의 역할은 … 공동 위원회는 미, 영, 중, 소 4국 정부가 최고 5년 기한의 4개국 통치 협약을 작성하는 데 공동으로 참작할 수 있는 제안을 조선 임시정부와 협의하여 제출해야 한다.

- 여론
  - 우익 : 신탁통치 결정을 민주적 모독이라고 보고 반탁운동(김구·이승만)
  - 좌익 : '협정의 본질은 임시 정부 수립에 있다'고 파악, 반탁에서 찬탁으로 태도 변경
  - 중도 : 모스크바 3상 회의 결정을 지지, 신탁통치문제는 정부수립 후 결정하자고 주장

미소 공동위
- 개최 : 덕수궁 석조전에서 정부 수립 논의를 위하여 미소공동위원회 개최
- 제1차 회의 (1946.3月~5月)
  - 소련 주장 : 모스크바 3상 외상 회의에 반대하는 정당이나 단체를 제외하자는 주장
  - 미국 주장 : 모든 단체를 포함하자는 주장
- 제2차 회의 (1947.5月~8月) : 자국에 우호적인 정부를 세우려는 미·소의 정책으로 결렬
  - → 미국이 한반도 문제 UN에 상정(1947.9)
- 영향
  - 대립 격화 : 국내세력이 좌·우익으로 양분하여 대립
  - 결과 : 모스크바 3국회의 결정사항은 실행 못함
    - → 신탁통치는 결국 시행하지 못함

2. 대한민국 정부 수립과 한국 전쟁

① 5·10 총선거의 실시

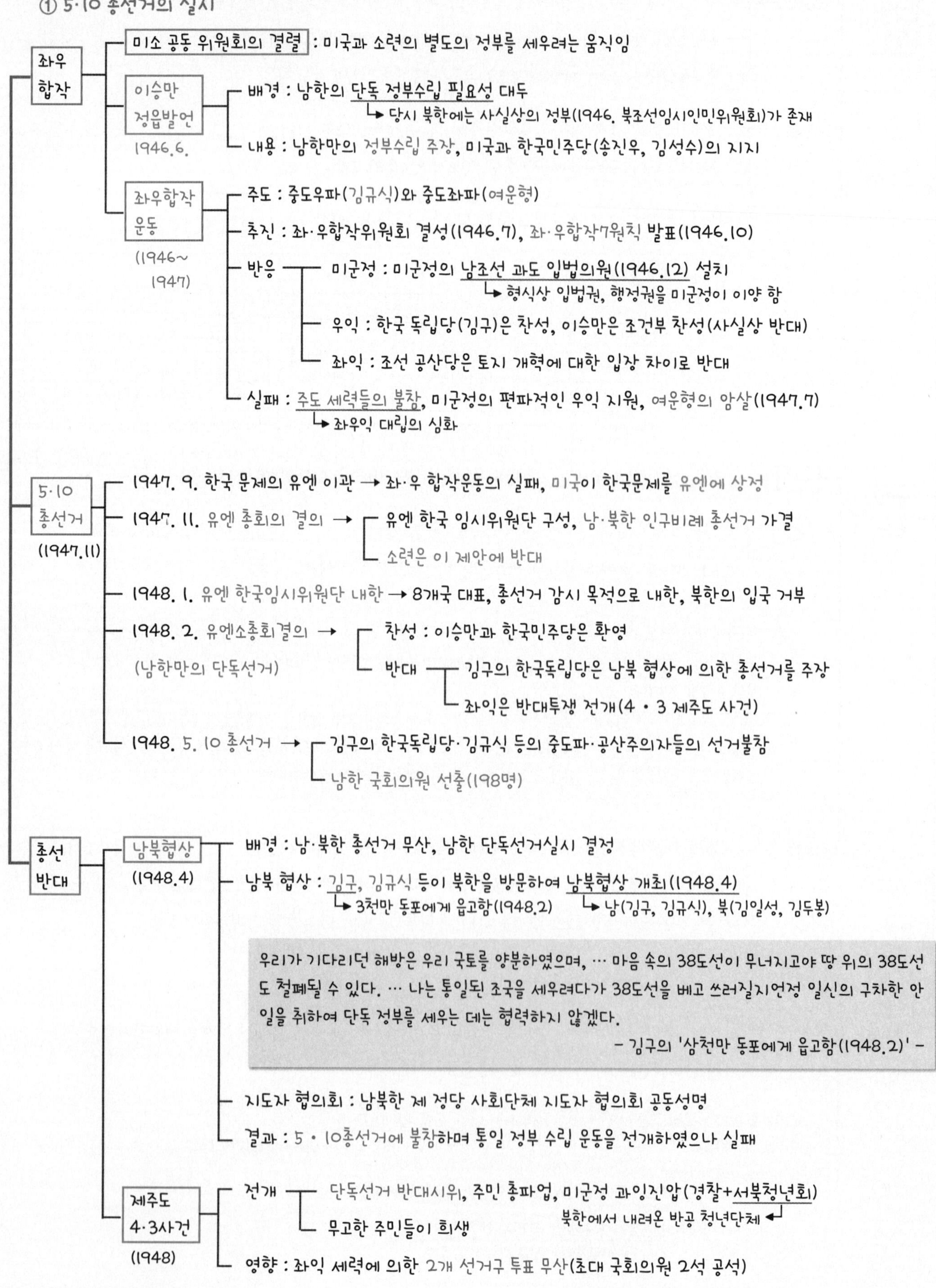

좌우 합작
미소 공동 위원회의 결렬 : 미국과 소련의 별도의 정부를 세우려는 움직임
이승만 정읍발언 1946.6.
배경 : 남한의 단독 정부수립 필요성 대두
→ 당시 북한에는 사실상의 정부(1946. 북조선임시인민위원회)가 존재
내용 : 남한만의 정부수립 주장, 미국과 한국민주당(송진우, 김성수)의 지지
좌우합작 운동 (1946~1947)
주도 : 중도우파(김규식)와 중도좌파(여운형)
추진 : 좌·우합작위원회 결성(1946.7), 좌·우합작7원칙 발표(1946.10)
반응
미군정 : 미군정의 남조선 과도 입법의원(1946.12) 설치
→ 형식상 입법권, 행정권을 미군정이 이양 함
우익 : 한국 독립당(김구)은 찬성, 이승만은 조건부 찬성(사실상 반대)
좌익 : 조선 공산당은 토지 개혁에 대한 입장 차이로 반대
실패 : 주도 세력들의 불참, 미군정의 편파적인 우익 지원, 여운형의 암살(1947.7)
→ 좌우익 대립의 심화
5·10 총선거 (1947.11)
1947. 9. 한국 문제의 유엔 이관 → 좌·우 합작운동의 실패, 미국이 한국문제를 유엔에 상정
1947. 11. 유엔 총회의 결의 → 유엔 한국 임시위원단 구성, 남·북한 인구비례 총선거 가결
소련은 이 제안에 반대
1948. 1. 유엔 한국임시위원단 내한 → 8개국 대표, 총선거 감시 목적으로 내한, 북한의 입국 거부
1948. 2. 유엔소총회결의 → (남한만의 단독선거)
찬성 : 이승만과 한국민주당은 환영
반대
김구의 한국독립당은 남북 협상에 의한 총선거를 주장
좌익은 반대투쟁 전개(4·3 제주도 사건)
1948. 5. 10 총선거 →
김구의 한국독립당·김규식 등의 중도파·공산주의자들의 선거불참
남한 국회의원 선출(198명)
총선 반대
남북협상 (1948.4)
배경 : 남·북한 총선거 무산, 남한 단독선거실시 결정
남북 협상 : 김구, 김규식 등이 북한을 방문하여 남북협상 개최(1948.4)
→ 3천만 동포에게 읍고함(1948.2)
→ 남(김구, 김규식), 북(김일성, 김두봉)
우리가 기다리던 해방은 우리 국토를 양분하였으며, … 마음 속의 38도선이 무너지고야 땅 위의 38도선도 철폐될 수 있다. … 나는 통일된 조국을 세우려다가 38도선을 베고 쓰러질지언정 일신의 구차한 안일을 취하여 단독 정부를 세우는 데는 협력하지 않겠다.
– 김구의 '삼천만 동포에게 읍고함(1948.2)' –
지도자 협의회 : 남북한 제 정당 사회단체 지도자 협의회 공동성명
결과 : 5·10총선거에 불참하며 통일 정부 수립 운동을 전개하였으나 실패
제주도 4·3사건 (1948)
전개
단독선거 반대시위, 주민 총파업, 미군정 과잉진압(경찰+서북청년회)
북한에서 내려온 반공 청년단체
무고한 주민들이 희생
영향 : 좌익 세력에 의한 2개 선거구 투표 무산(초대 국회의원 2석 공석)

② 대한민국 정부의 수립

국회 출범
- 5·10 총선거(1948.5.10) : 독립촉성계열과 한민당 계열 압승
- 제헌 국회 : 198명 국회의원 선출(임기 2년, 초대 국회의원), 제헌국회 소집(1948.5.31)
  - ↳ 총의석 300석, 공석 102석(북 100석, 제주 2석)

정부 수립
- 헌법 제정(1948.7.17) : 민주공화국의 헌법 제정(임기4년의 대통령 간선제, 단원제 국회)
- 정부출범(1948.8.15) : 이승만을 대통령·이시영을 부통령으로 선출, 대한민국 정부 수립 선포

> **제헌 헌법 전문(前文)**
> 유구한 역사와 전통에 빛나는 우리들 대한국민은 기미 삼일운동으로 대한민국을 건립하여 세계에 선포한 위대한 독립정신을 계승하여 … 국회에서 단기 4281년 7월 12일 이 헌법을 제정한다.

- 유엔 총회 승인(1948.12.12) : 유엔총회에서 한반도에서 수립된 유일한 합법 정부로 승인
  - ↳ 북한 정권은 인정 안함

친일파 청산
- 필요성 : 광복 후 우리민족의 과제, 북한은 친일파 제거 완료(1946)
- 제헌국회 : 반민족행위 처벌법(반민법) 제정·공포, 반민족행위 특별조사위원회 구성
  - ↳ 1948.9 (특별소급법 적용, 공소시효 2년)
  - ↳ 반민특위(1948.10)
- 반민특위 활동 : 반민특위는 박흥식·노덕술·최린·최남선·이광수 등 구속·수사
- 결과
  - 정부 방해 : 이승만 정부의 비협조, 정부 및 경찰 요직에 자리 잡은 친일파의 방해
    - ↳ 총 680여건 조사, 실형선고 12명(→ 집행유예, 집행정지, 감형 등으로 모두 석방)

> **반민특위에 대한 소극적 자세**
> 국회에서는 치안 혼란을 선봉하고 있다. 즉 경찰을 체포하여 경찰의 동요를 일으킴은 치안의 혼란을 조장하는 것이다. … 기나긴 군정 3년 동안에 못한 것을 지금에 와서 단행하면 앞으로 우리나라가 해나갈 일에 여러 가지 지장이 많을 것이다.
> – 이승만 대통령 담화, 1949 –

  - 해체
    - 정부는 간첩혐의로 특위위원 구속, 경찰의 반민특위습격(6.6사건)
    - 반민법 공소시효 단축 및 반민특위 해체(1949.8.31.)

농지 개혁
- 배경 : 농지 개혁법(1949.6), 농지개혁 시행(1950.3)
  - ↳ 국가 재정 악화로 1년 뒤 농지개혁 시행
- 대상 : 산림과 임야를 제외한 3정보 이상의 농지
- 내용 : 국가에서 유상매입, 농민에게 유상분배
  - ↳ 5년간 수확량 30%씩 상환
- 결과 : 개혁토지 감소(소작 농민들이 농토 소유), 미진한 개혁 (지주 중심의 개혁, 한국전쟁)

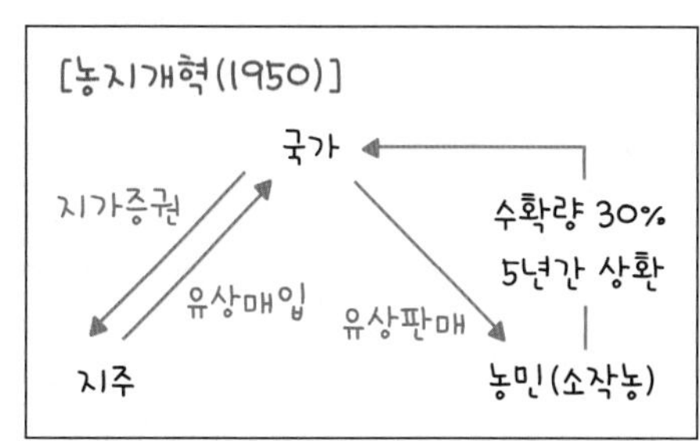

[남북한의 농지 개혁 비교]

구 분	북 한 (토 지 개 혁)	남 한 (농 지 개 혁)
실 시 연 도	1946 (산림, 임야, 농경지 모두 포함)	1950 (산림 및 임야를 제외한 농경지)
원 칙	무상 몰수, 무상 분배	유상 매수, 유상 분배
토지 소유상한선	5정보	3정보

③ 한국 전쟁(6·25 전쟁)

- **배경**
  - **국내 정세**
    - 갈등의 심화 : 38도선 설정과 미·소의 진주, 남한 정부와 북한 정권 성립
    - 북한의 전쟁 준비 : 화전 양면, 소련과 중국의 군사 지원, 38도선에서 군사적 충돌 유도
  - **국제 정세**
    - 공산 국가 성장 : 중국 대륙의 공산화(1949.10), 소련의 핵무기 개발 성공(1949)
    - 미국 변화 : 주한 미군 철수(1949.6)와 애치슨 선언(1950.1)

> **애치슨 선언**
> "… 이 방위선은 알류산 열도로부터 일본의 오키나와를 거쳐 필리핀을 통과한다. 이 방위선 밖의 국가가 제3국의 침략을 받는다면, 침략을 받은 국가는 그 국가 자체의 방위력과 국제 연합 헌장의 발동으로 침략에 대항해야 한다."

- **전개 과정**

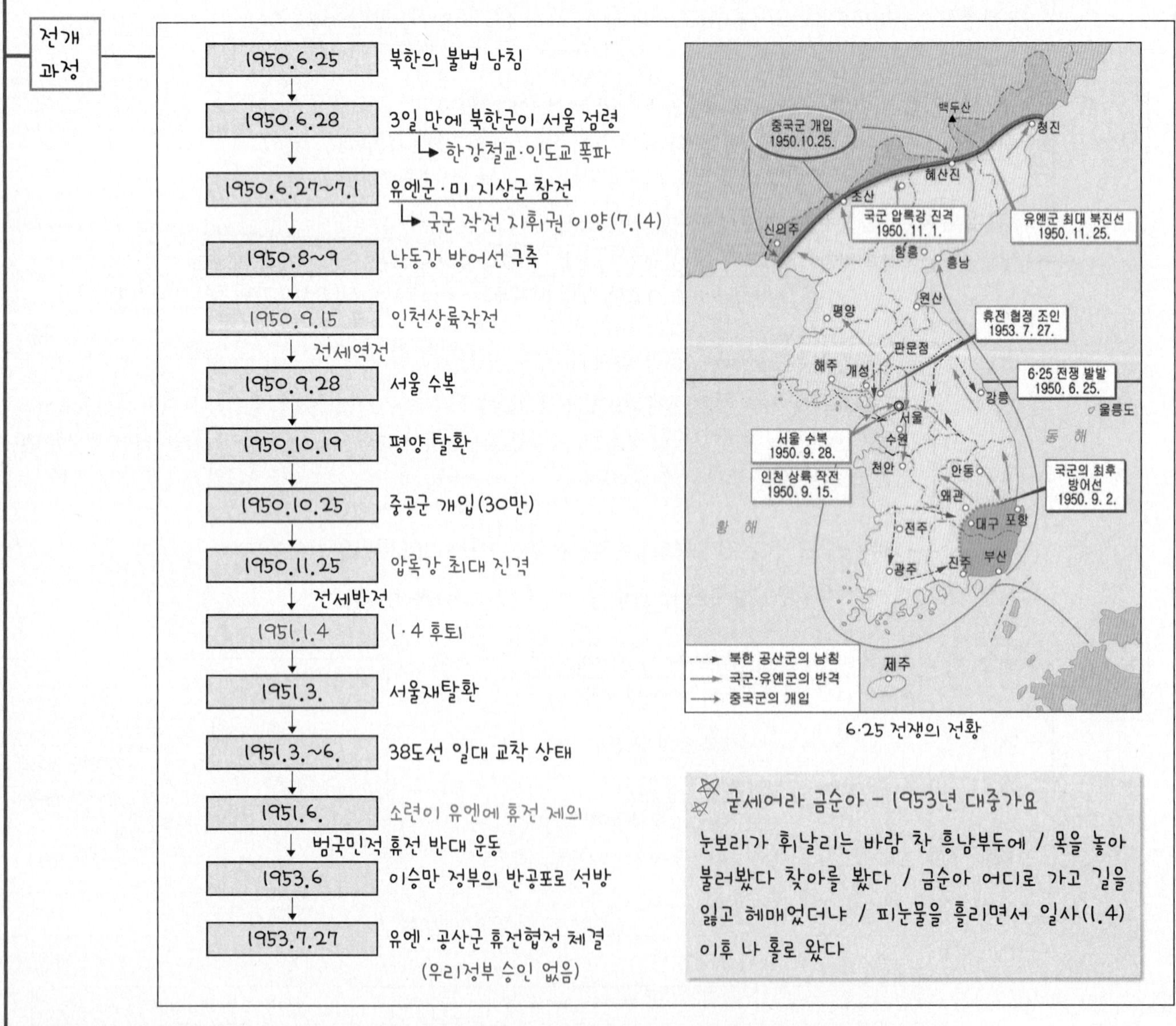

1950.6.25	북한의 불법 남침
1950.6.28	3일 만에 북한군이 서울 점령 → 한강철교·인도교 폭파
1950.6.27~7.1	유엔군·미 지상군 참전 → 국군 작전 지휘권 이양(7.14)
1950.8~9	낙동강 방어선 구축
1950.9.15	인천상륙작전
↓ 전세역전	
1950.9.28	서울 수복
1950.10.19	평양 탈환
1950.10.25	중공군 개입(30만)
1950.11.25	압록강 최대 진격
↓ 전세반전	
1951.1.4	1·4 후퇴
1951.3.	서울재탈환
1951.3.~6.	38도선 일대 교착 상태
1951.6.	소련이 유엔에 휴전 제의
↓ 범국민적 휴전 반대 운동	
1953.6	이승만 정부의 반공포로 석방
1953.7.27	유엔·공산군 휴전협정 체결 (우리정부 승인 없음)

6·25 전쟁의 전황

> **굳세어라 금순아 – 1953년 대중가요**
> 눈보라가 휘날리는 바람 찬 흥남부두에 / 목을 놓아 불러봤다 찾아를 봤다 / 금순아 어디로 가고 길을 잃고 헤매었더냐 / 피눈물을 흘리면서 일사(1.4) 이후 나 홀로 왔다

- **결과**
  - 인적 피해 : 전쟁으로 인해 수많은 사상자와 이산가족, 전쟁고아 발생
  - 물적 피해 : 도로, 주택, 철도, 항만 등 사회 간접시설의 파괴, 한반도 약 80%가 전장 피해
- **영향**
  - 분단 고착 : 적대 감정 심화, 남북 무력 대결 상태 지속, 자유진영과 공산진영의 냉전 격화
  - 남북한 독재체제 강화 : 이승만(반공 이용, 독재정권 강화), 김일성(반대파 숙청)
  - 한미 상호방위조약의 체결(1953.10) : 한국과 미국의 군사 동맹 강화의 계기

3. 대한민국 정부의 발전

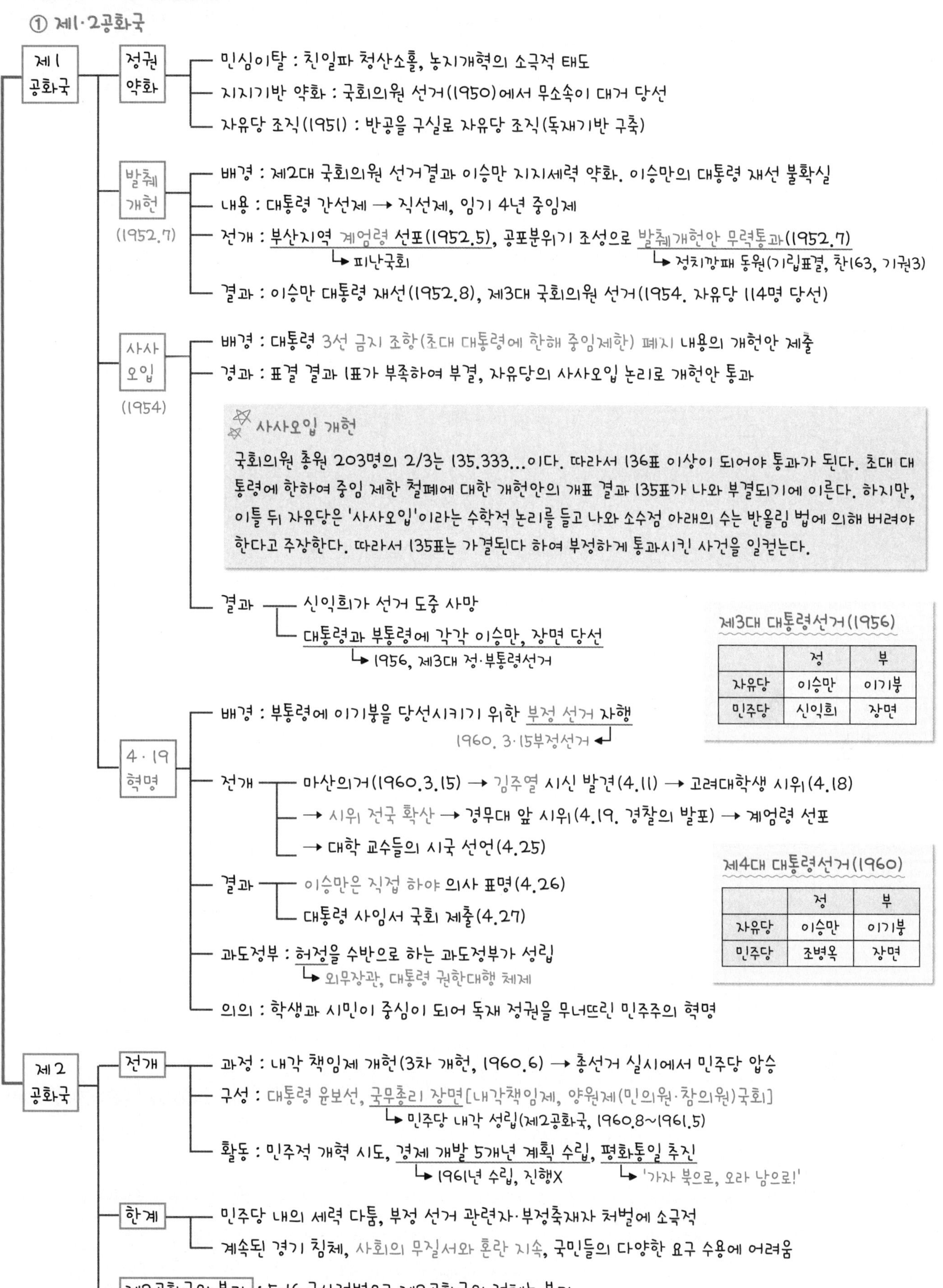

① 제1·2공화국

- **제1 공화국**
  - **정권 약화**
    - 민심이탈 : 친일파 청산소홀, 농지개혁의 소극적 태도
    - 지지기반 약화 : 국회의원 선거(1950)에서 무소속이 대거 당선
    - 자유당 조직(1951) : 반공을 구실로 자유당 조직(독재기반 구축)
  - **발췌 개헌 (1952.7)**
    - 배경 : 제2대 국회의원 선거결과 이승만 지지세력 약화. 이승만의 대통령 재선 불확실
    - 내용 : 대통령 간선제 → 직선제, 임기 4년 중임제
    - 전개 : 부산지역 계엄령 선포(1952.5), 공포분위기 조성으로 발췌개헌안 무력통과(1952.7)
      - ↳ 피난국회
      - ↳ 정치깡패 동원(기립표결, 찬163, 기권3)
    - 결과 : 이승만 대통령 재선(1952.8), 제3대 국회의원 선거(1954. 자유당 114명 당선)
  - **사사오입 (1954)**
    - 배경 : 대통령 3선 금지 조항(초대 대통령에 한해 중임제한) 폐지 내용의 개헌안 제출
    - 경과 : 표결 결과 1표가 부족하여 부결, 자유당의 사사오입 논리로 개헌안 통과

      사사오입 개헌

      국회의원 총원 203명의 2/3는 135.333…이다. 따라서 136표 이상이 되어야 통과가 된다. 초대 대통령에 한하여 중임 제한 철폐에 대한 개헌안의 개표 결과 135표가 나와 부결되기에 이른다. 하지만, 이틀 뒤 자유당은 '사사오입'이라는 수학적 논리를 들고 나와 소수점 아래의 수는 반올림 법에 의해 버려야 한다고 주장한다. 따라서 135표는 가결된다 하여 부정하게 통과시킨 사건을 일컫는다.

    - 결과
      - 신익희가 선거 도중 사망
      - 대통령과 부통령에 각각 이승만, 장면 당선
        - ↳ 1956, 제3대 정·부통령선거

      제3대 대통령선거(1956)

	정	부
자유당	이승만	이기붕
민주당	신익희	장면

  - **4·19 혁명**
    - 배경 : 부통령에 이기붕을 당선시키기 위한 부정 선거 자행
      - 1960. 3·15부정선거 ↲
    - 전개
      - 마산의거(1960.3.15) → 김주열 시신 발견(4.11) → 고려대학생 시위(4.18)
      - → 시위 전국 확산 → 경무대 앞 시위(4.19. 경찰의 발포) → 계엄령 선포
      - → 대학 교수들의 시국 선언(4.25)
    - 결과
      - 이승만은 직접 하야 의사 표명(4.26)
      - 대통령 사임서 국회 제출(4.27)
    - 과도정부 : 허정을 수반으로 하는 과도정부가 성립
      - ↳ 외무장관, 대통령 권한대행 체제
    - 의의 : 학생과 시민이 중심이 되어 독재 정권을 무너뜨린 민주주의 혁명

      제4대 대통령선거(1960)

	정	부
자유당	이승만	이기붕
민주당	조병옥	장면

- **제2 공화국**
  - **전개**
    - 과정 : 내각 책임제 개헌(3차 개헌, 1960.6) → 총선거 실시에서 민주당 압승
    - 구성 : 대통령 윤보선, 국무총리 장면[내각책임제, 양원제(민의원·참의원)국회]
      - ↳ 민주당 내각 성립(제2공화국, 1960.8~1961.5)
    - 활동 : 민주적 개혁 시도, 경제 개발 5개년 계획 수립, 평화통일 추진
      - ↳ 1961년 수립, 진행X
      - ↳ '가자 북으로, 오라 남으로!'
  - **한계**
    - 민주당 내의 세력 다툼, 부정 선거 관련자·부정축재자 처벌에 소극적
    - 계속된 경기 침체, 사회의 무질서와 혼란 지속, 국민들의 다양한 요구 수용에 어려움
  - **제2공화국의 붕괴** : 5·16 군사정변으로 제2공화국의 정체는 붕괴

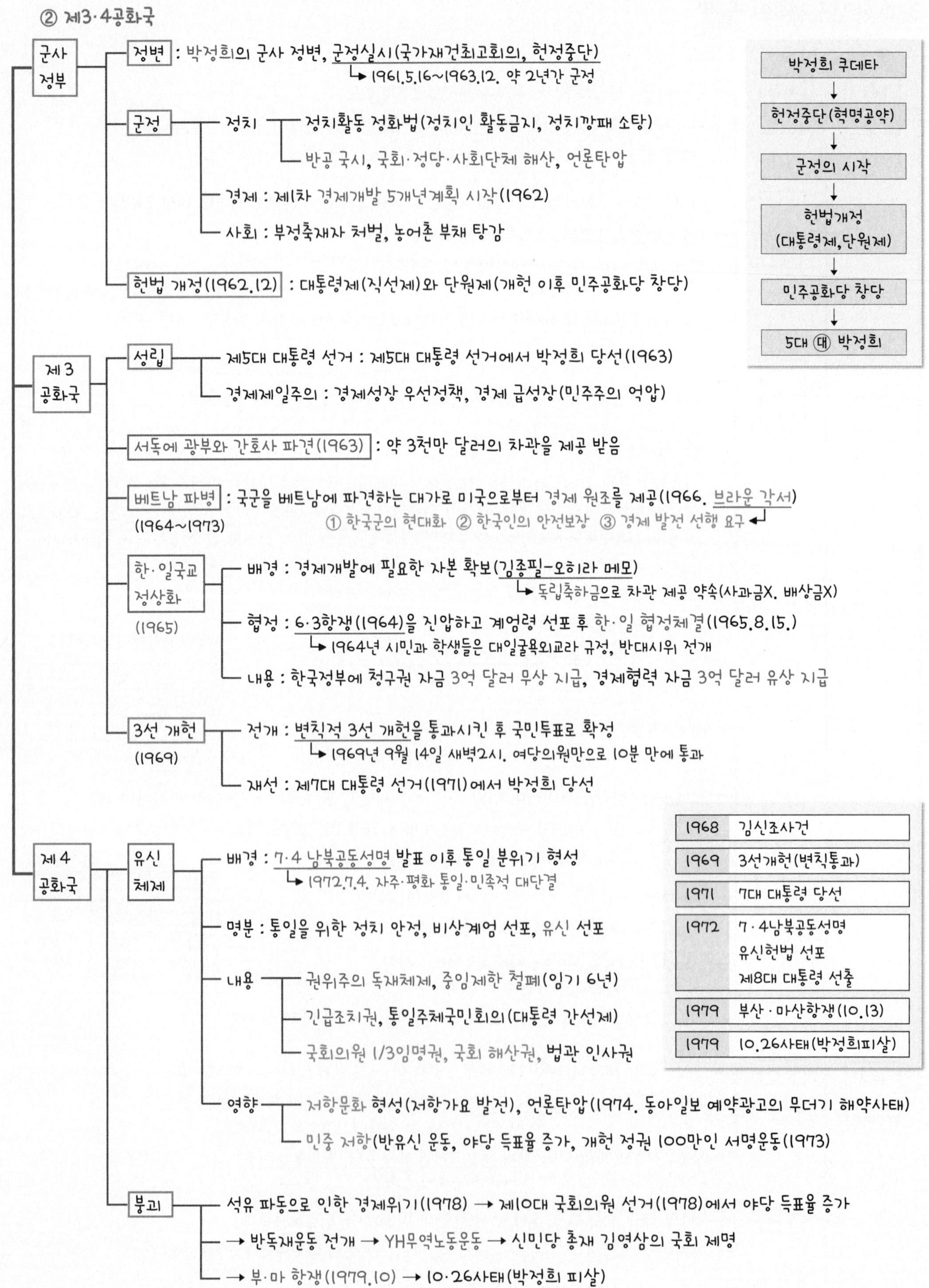
② 제3·4공화국
군사 정부
정변 : 박정희의 군사 정변, 군정실시(국가재건최고회의, 헌정중단)
1961.5.16~1963.12. 약 2년간 군정
군정
정치
정치활동 정화법(정치인 활동금지, 정치깡패 소탕)
반공 국시, 국회·정당·사회단체 해산, 언론탄압
경제 : 제1차 경제개발 5개년계획 시작(1962)
사회 : 부정축재자 처벌, 농어촌 부채 탕감
헌법 개정(1962.12) : 대통령제(직선제)와 단원제(개헌 이후 민주공화당 창당)
박정희 쿠데타
헌정중단(혁명공약)
군정의 시작
헌법개정 (대통령제,단원제)
민주공화당 창당
5대 ㊅ 박정희
제3 공화국
성립
제5대 대통령 선거 : 제5대 대통령 선거에서 박정희 당선(1963)
경제제일주의 : 경제성장 우선정책, 경제 급성장(민주주의 억압)
서독에 광부와 간호사 파견(1963) : 약 3천만 달러의 차관을 제공 받음
베트남 파병 (1964~1973) : 국군을 베트남에 파견하는 대가로 미국으로부터 경제 원조를 제공(1966. 브라운 각서)
① 한국군의 현대화 ② 한국인의 안전보장 ③ 경제 발전 선행 요구
한·일국교 정상화 (1965)
배경 : 경제개발에 필요한 자본 확보(김종필-오히라 메모)
독립축하금으로 차관 제공 약속(사과금X, 배상금X)
협정 : 6·3항쟁(1964)을 진압하고 계엄령 선포 후 한·일 협정체결(1965.8.15.)
1964년 시민과 학생들은 대일굴욕외교라 규정, 반대시위 전개
내용 : 한국정부에 청구권 자금 3억 달러 무상 지급, 경제협력 자금 3억 달러 유상 지급
3선 개헌 (1969)
전개 : 변칙적 3선 개헌을 통과시킨 후 국민투표로 확정
1969년 9월 14일 새벽2시, 여당의원만으로 10분 만에 통과
재선 : 제7대 대통령 선거(1971)에서 박정희 당선
1968 김신조사건
1969 3선개헌(변칙통과)
1971 7대 대통령 당선
1972 7·4남북공동성명 유신헌법 선포 제8대 대통령 선출
1979 부산·마산항쟁(10.13)
1979 10.26사태(박정희피살)
제4 공화국
유신 체제
배경 : 7·4 남북공동성명 발표 이후 통일 분위기 형성
1972.7.4. 자주·평화 통일·민족적 대단결
명분 : 통일을 위한 정치 안정, 비상계엄 선포, 유신 선포
내용
권위주의 독재체제, 중임제한 철폐(임기 6년)
긴급조치권, 통일주체국민회의(대통령 간선제)
국회의원 1/3임명권, 국회 해산권, 법관 인사권
영향
저항문화 형성(저항가요 발전), 언론탄압(1974. 동아일보 예약광고의 무더기 해약사태)
민중 저항(반유신 운동, 야당 득표율 증가, 개헌 청원 100만인 서명운동(1973)
붕괴
석유 파동으로 인한 경제위기(1978) → 제10대 국회의원 선거(1978)에서 야당 득표율 증가
→ 반독재운동 전개 → YH무역노동운동 → 신민당 총재 김영삼의 국회 제명
→ 부·마 항쟁(1979.10) → 10·26사태(박정희 피살)

③ 제5공화국

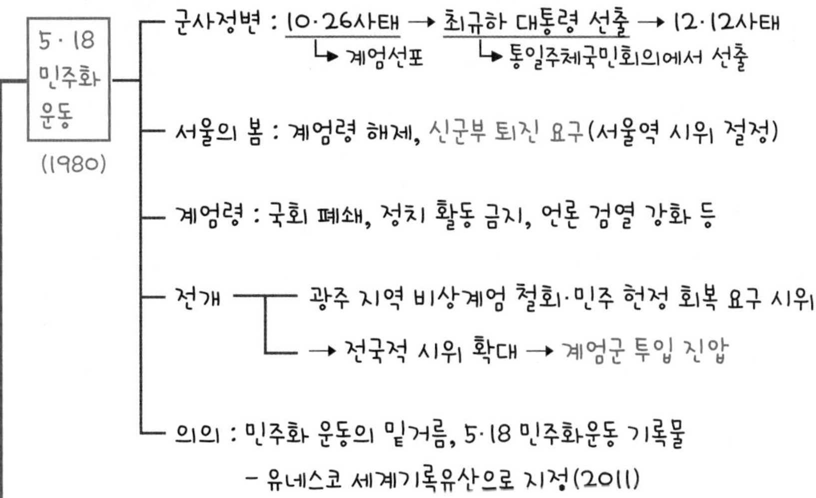

5·18 민주화 운동 (1980)
군사정변 : 10·26사태 → 최규하 대통령 선출 → 12·12사태
계엄선포
통일주체국민회의에서 선출
서울의 봄 : 계엄령 해제, 신군부 퇴진 요구(서울역 시위 절정)
계엄령 : 국회 폐쇄, 정치 활동 금지, 언론 검열 강화 등
전개
광주 지역 비상계엄 철회·민주 헌정 회복 요구 시위
→ 전국적 시위 확대 → 계엄군 투입 진압
의의 : 민주화 운동의 밑거름, 5·18 민주화운동 기록물
– 유네스코 세계기록유산으로 지정(2011)

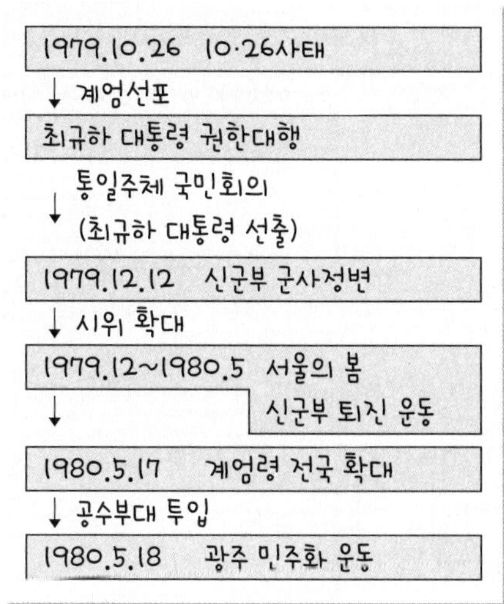

1979.10.26 10·26사태
계엄선포
최규하 대통령 권한대행
통일주체 국민회의
(최규하 대통령 선출)
1979.12.12 신군부 군사정변
시위 확대
1979.12~1980.5 서울의 봄
신군부 퇴진 운동
1980.5.17 계엄령 전국 확대
공수부대 투입
1980.5.18 광주 민주화 운동

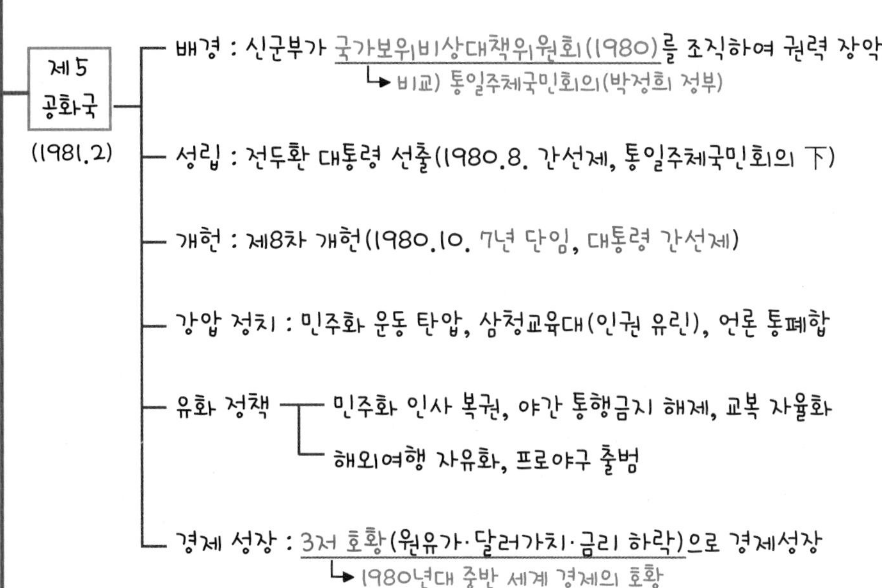

제5공화국 (1981.2)
배경 : 신군부가 국가보위비상대책위원회(1980)를 조직하여 권력 장악
비교) 통일주체국민회의(박정희 정부)
성립 : 전두환 대통령 선출(1980.8. 간선제, 통일주체국민회의 下)
개헌 : 제8차 개헌(1980.10. 7년 단임, 대통령 간선제)
강압 정치 : 민주화 운동 탄압, 삼청교육대(인권 유린), 언론 통폐합
유화 정책
민주화 인사 복권, 야간 통행금지 해제, 교복 자율화
해외여행 자유화, 프로야구 출범
경제 성장 : 3저 호황(원유가·달러가치·금리 하락)으로 경제성장
1980년대 중반 세계 경제의 호황

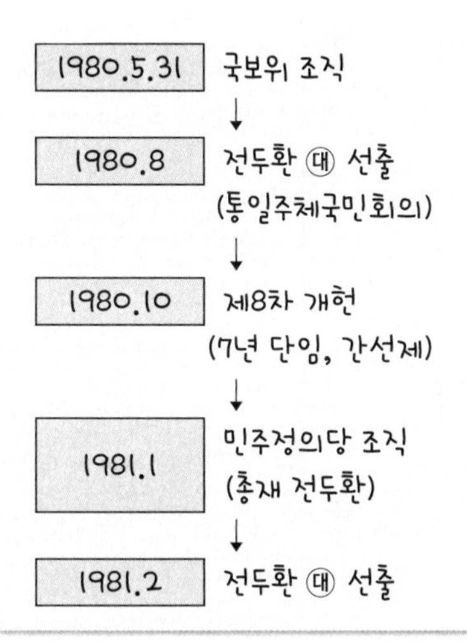

1980.5.31 국보위 조직
1980.8 전두환 대 선출
(통일주체국민회의)
1980.10 제8차 개헌
(7년 단임, 간선제)
1981.1 민주정의당 조직
(총재 전두환)
1981.2 전두환 대 선출

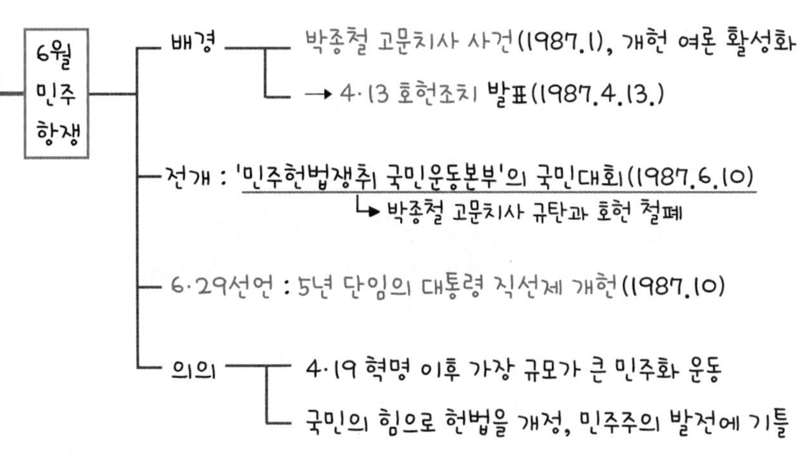

4·19 혁명 이후 가장 규모가 큰 민주화 운동
국민의 힘으로 헌법을 개정, 민주주의 발전에 기틀

1987.1	박종철 고문치사 사건
	↓ 개헌여론 활성화
1987.4	4·13 호헌 조치
	↓ 시위 확대
1987.6.9.	이한열 부상 후송 (중태, 7월 5일 사망)
	↓
1987.6.10.	6월민주항쟁 (민주헌법 쟁취 국민운동본부)
	↓ 범국민적 투쟁
1987.6.29	6·29선언 발표
	↓
1987.10.29	제9차 개헌 (5년 단임제, 직선제)

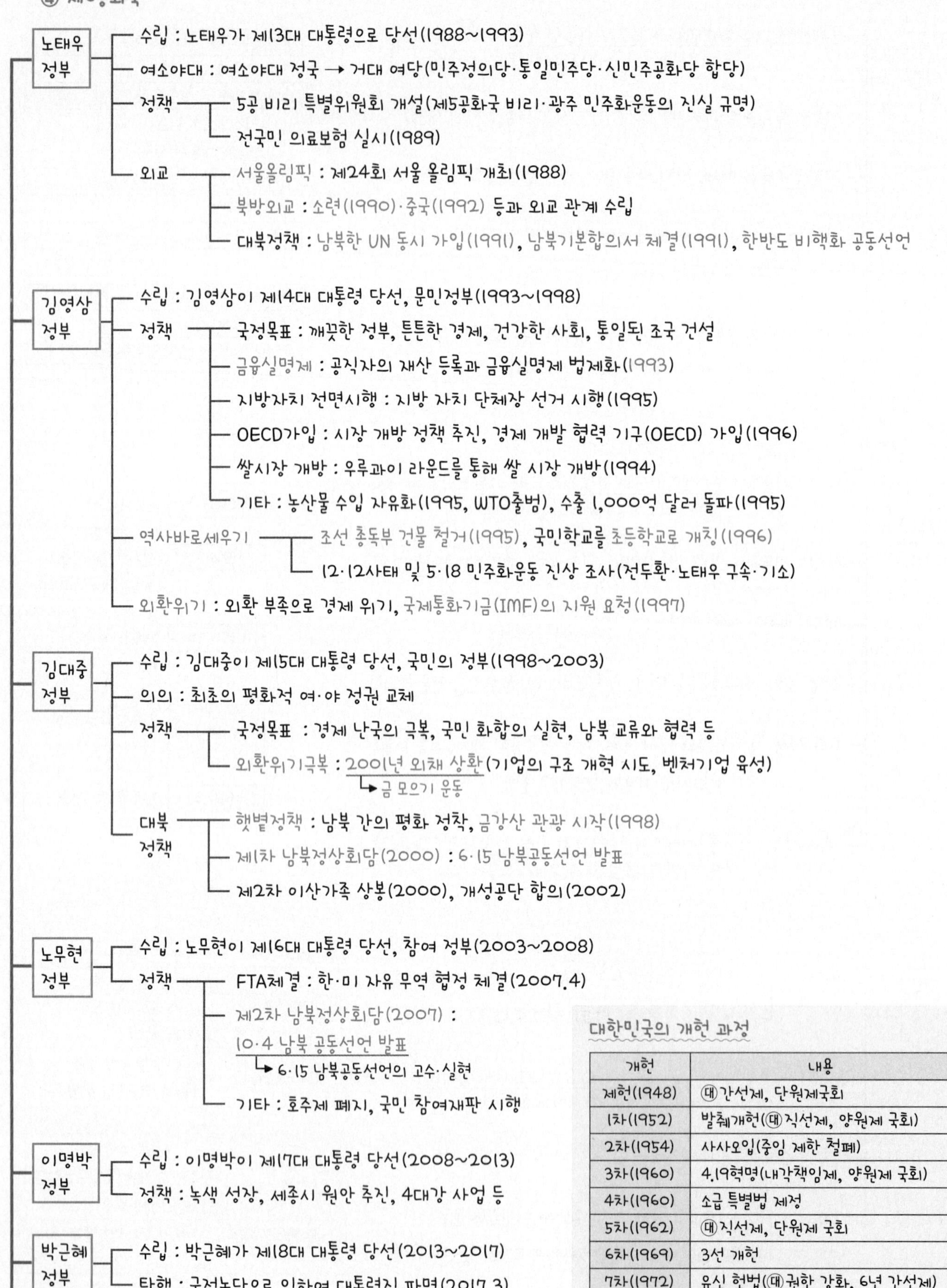

④ 제6공화국

노태우 정부
- 수립 : 노태우가 제13대 대통령으로 당선(1988~1993)
- 여소야대 : 여소야대 정국 → 거대 여당(민주정의당·통일민주당·신민주공화당 합당)
- 정책
  - 5공 비리 특별위원회 개설(제5공화국 비리·광주 민주화운동의 진실 규명)
  - 전국민 의료보험 실시(1989)
- 외교
  - 서울올림픽 : 제24회 서울 올림픽 개최(1988)
  - 북방외교 : 소련(1990)·중국(1992) 등과 외교 관계 수립
  - 대북정책 : 남북한 UN 동시 가입(1991), 남북기본합의서 체결(1991), 한반도 비핵화 공동선언

김영삼 정부
- 수립 : 김영삼이 제14대 대통령 당선, 문민정부(1993~1998)
- 정책
  - 국정목표 : 깨끗한 정부, 튼튼한 경제, 건강한 사회, 통일된 조국 건설
  - 금융실명제 : 공직자의 재산 등록과 금융실명제 법제화(1993)
  - 지방자치 전면시행 : 지방 자치 단체장 선거 시행(1995)
  - OECD가입 : 시장 개방 정책 추진, 경제 개발 협력 기구(OECD) 가입(1996)
  - 쌀시장 개방 : 우루과이 라운드를 통해 쌀 시장 개방(1994)
  - 기타 : 농산물 수입 자유화(1995, WTO출범), 수출 1,000억 달러 돌파(1995)
- 역사바로세우기
  - 조선 총독부 건물 철거(1995), 국민학교를 초등학교로 개칭(1996)
  - 12·12사태 및 5·18 민주화운동 진상 조사(전두환·노태우 구속·기소)
- 외환위기 : 외환 부족으로 경제 위기, 국제통화기금(IMF)의 지원 요청(1997)

김대중 정부
- 수립 : 김대중이 제15대 대통령 당선, 국민의 정부(1998~2003)
- 의의 : 최초의 평화적 여·야 정권 교체
- 정책
  - 국정목표 : 경제 난국의 극복, 국민 화합의 실현, 남북 교류와 협력 등
  - 외환위기극복 : 2001년 외채 상환(기업의 구조 개혁 시도, 벤처기업 육성)
    - → 금 모으기 운동
- 대북 정책
  - 햇볕정책 : 남북 간의 평화 정착, 금강산 관광 시작(1998)
  - 제1차 남북정상회담(2000) : 6·15 남북공동선언 발표
  - 제2차 이산가족 상봉(2000), 개성공단 합의(2002)

노무현 정부
- 수립 : 노무현이 제16대 대통령 당선, 참여 정부(2003~2008)
- 정책
  - FTA체결 : 한·미 자유 무역 협정 체결(2007.4)
  - 제2차 남북정상회담(2007) : 10·4 남북 공동선언 발표
    - → 6·15 남북공동선언의 고수·실현
  - 기타 : 호주제 폐지, 국민 참여재판 시행

이명박 정부
- 수립 : 이명박이 제17대 대통령 당선(2008~2013)
- 정책 : 녹색 성장, 세종시 원안 추진, 4대강 사업 등

박근혜 정부
- 수립 : 박근혜가 제18대 대통령 당선(2013~2017)
- 탄핵 : 국정농단으로 인하여 대통령직 파면(2017.3)

문재인 정부 : 문재인이 제19대 대통령 당선(2017~현재)

대한민국의 개헌 과정

개헌	내용
제헌(1948)	㊀간선제, 단원제국회
1차(1952)	발췌개헌(㊀직선제, 양원제 국회)
2차(1954)	사사오입(중임 제한 철폐)
3차(1960)	4.19혁명(내각책임제, 양원제 국회)
4차(1960)	소급 특별법 제정
5차(1962)	㊀직선제, 단원제 국회
6차(1969)	3선 개헌
7차(1972)	유신 헌법(㊀권한 강화, 6년 간선제)
8차(1980)	㊀간선제, 7년 단임제
9차(1987)	㊀직선제, 5년 단임제

4. 북한정권과 통일정책

① 북한 정권

북한 성립 — 조선민주주의 인민공화국의 성립(1948.9.9.)

구 분	내 용
1945.8	평남 건국준비위원회(위원장 조만식)
1946.3	북조선임시인민위원회 조직(중앙행정기관의 모태), 토지개혁법(1946) 제정
1947.2	북조선인민회의(입법기관)는 정권수립을 위한 제반 준비작업 진행(위원장 김일성)
1948.9	조선민주주의 인민공화국 선포(1948.9.9. 김일성이 내각수상에 취임)

집권 체제

- **김일성 체제**
  - 독재기반강화 : 김일성은 반대 세력들을 숙청하여 1인 독재의 기반을 강화
  - 권력 장악 : 김일성 1인 지배체제 구축, 김일성파 권력 독점
  - 군사노선(1960년대) : 1960년대 북한은 4대 군사 노선 채택, 군수공업 발전

    ※ 4대 군사노선 : 전인민의 무장화, 전국토의 요새화, 전군의 간부화, 전군의 현대화

  - 주체사상 강조(1970년대) : 자주 노선 확립, 북한의 통치 이념(김일성에 대한 우상 숭배)
- **김정일 체제**
  - 정권 2세대 : 김정일을 비롯한 김일성의 친인척이 권력장악
  - 사회주의 헌법제정 : 사회주의 헌법 제정(1972.12), 김정일을 김일성의 유일한 후계자로 공인

[김정일의 권력 승계 과정]

구 분	내 용
1972	사회주의 헌법 제정 - 국가 권력 구조를 주석 중심으로 개편(주석 - 김일성)
1973	노동당 총비서 선출
1974	김정일을 유일한 후계자로 내정
1991	김정일이 인민군 최고 사령관에 취임, 2년 뒤 위상이 격상된 국방위원장에 취임
1994	김일성 사망 후 유훈통치 전개
1998	헌법 개정을 통해 국방위원회 중심으로 권력을 개편, 사실상 국가수반인 국방위원장에 다시 취임

- **김정은 체제** : 김정일 사망 후 김정은이 권력 승계(2011)

[김정은 체제의 형성]

구 분	내 용
2010	김정은의 후계체제 구축과 우상화 작업 시작, 당 중앙 군사위 부위원장 임명
2011	김정일 사망 후 권력 승계
2012	당 제1비서, 당 중앙군사위원회 위원장, 국방위원회 제1위원장 등 김정일의 직책을 모두 승계
2012 이후	당의 유일지도사상으로 주체사상 대신 '김일성 - 김정일 주의' 표방

북한 경제

- **농업협동화 운동(1953)** : 식량·원료 공급의 증가, 농촌 노동력을 공업 부문으로 이전하는 정책
- **천리마 운동(1957)**
  - 배경 : 노동 성적이 좋은 사람을 영웅으로 만들어 대중의 생산 경쟁 유도
  - 경제 발전 : 노동 참여 독려, 중공업 우선시, 농업과 상업 분야의 협동화
- **개방 정책**
  - 합영법과 합작법(1984) : 외국인 투자 유치, 외국 기업·자본 도입 추진
  - 외국인 투자법(1992) : 외국인 투자기업을 창설·운영하는 제도와 원칙 규정
  - 자유무역 추진 : 나진·선봉 무역지대 개발(2010)

② 통일 정책의 추진

1950년대(제1공화국) : 한국 전쟁 이후 남북한 상호 적대감과 증오감, 남북한 사이 대화 단절

1960년대
- 정세 : 학생들과 일부 정치인들을 중심으로 통일 논의가 활발(평화통일 주장)
- 정부여당 : 북진 통일론 철회, 유엔 감시 아래 남북한 총선거 실시 주장
- 학생 : 일부 학생들은 판문점에서 남북 학생 회담 개최를 추진(1961)
  - → '가자 북으로, 오라 남으로'
- 한계 : 5.16군사 정변(박정희 정부의 반공 정책), 남북한 간의 대립으로 통일 논의 곤란

1970년대
- 8.15 선언(1970) : 한반도 평화 정착. 남북 교류 협력. 북한을 대화와 협력 대상으로 인정
- 7.4 남북공동 성명(1972)
  - 내용 : 자주 통일, 평화 통일, 민족적 대단결의 3대 원칙을 성명
  - 전개 : 통일 문제를 협의하기 위한 남북 조절 위원회의 설치 합의

> [7·4 남북 공동 성명]
> 첫째, 통일은 외세에 의존하거나 외세의 간섭을 받음이 없이 자주적으로 해결하여야 한다.
> 둘째, 통일은 서로 상대방을 반대하는 무력 행상에 의거하지 않고 평화적 방법으로 실현하여야 한다.
> 셋째, 사상과 이념, 제도의 차이를 초월하여 우선 하나의 민족으로서 민족적 대단결을 도모하여야 한다.

1980년대
- 이산가족 상봉(1985.9. 전두환 정부) : 남북한 고향방문단과 예술 공연단이 서울과 평양을 각각 방문
- 7.7선언(1988) : 남북한 관계를 동반 관계, 민족 공동체 관계로 규정
- 한민족공동체 통일방안(1989) : 남북연합 → 헌법제정(남북 평의회) → 총선거 → 통일 국가

1990년대
- 남북 유엔동시가입 : 남북 고위급 회담 시작(1990), 남북이 유엔에 동시 가입(1991.9)
- 남북 기본 합의서 채택(1991.12.13)
  - 최초의 남북한 공식 합의(화해, 불가침, 민족 내부의 교류)
  - 한반도의 비핵화에 관한 공동선언(1991.12.31) 채택
- 민족공동체통일 방안(1994) : 화해·협력, 남북연합, 통일국가 완성의 3단계 통일방안
- 정상 회담 무산(1994) : 김일성의 사망으로 정상회담 무산, 김일성 조문 문제로 남북관계는 다시 냉각
- 남북 관계 급진전(1998) : 남북 화해·협력 정책(햇볕정책)을 추진, 민간 차원의 교류 확대

2000년대
- 6·15남북공동 선언(2000) 김대중 정부
  - 의의 : 평양에서 제1차 남북 정상회담, 긴장 완화·화해
  - 내용 : 남측의 연합제와 북측의 낮은 단계의 연방제 사이의 공통성 인정
  - 영향
    - 이산가족 방문단 교환
    - 경의선 · 동해선 연결 합의, 개성공단
      - 경의선 → 2000.7 / 동해선 → 2002.4 / 개성공단 → 2002
- 평화 번영을 위한 선언(2007) 노무현 정부
  - 배경 : 평양에서 제2차 남북 정상회담
    - → 2007. 10·4 남북공동선언
  - 내용 : 6·15 공동선언 고수·실현, 한반도의 종전 선언에 대한 협력

> 개성공단
> 합의(2002.김대중 정부)
> 개성공업지구법(2002.北法)
> 착공(2003.노무현 정부)
> 완공(2007.노무현 정부)

5. 경제 성장과 사회 변화

① 현대의 경제·사회 변화

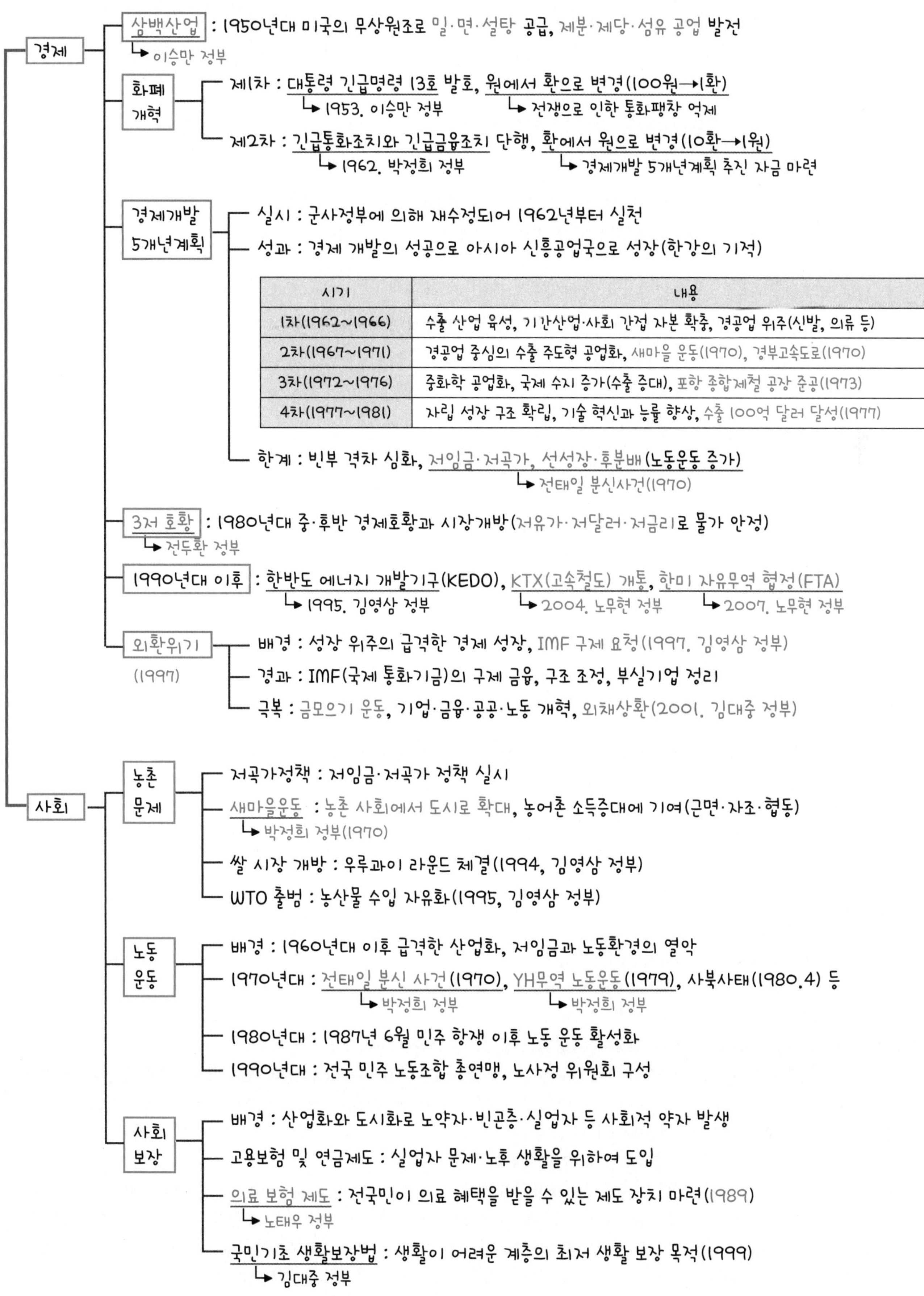

- 경제
  - 삼백산업 : 1950년대 미국의 무상원조로 밀·면·설탕 공급, 제분·제당·섬유 공업 발전
    - → 이승만 정부
  - 화폐 개혁
    - 제1차 : 대통령 긴급명령 13호 발호, 원에서 환으로 변경(100원→1환)
      - → 1953. 이승만 정부
      - → 전쟁으로 인한 통화팽창 억제
    - 제2차 : 긴급통화조치와 긴급금융조치 단행, 환에서 원으로 변경(10환→1원)
      - → 1962. 박정희 정부
      - → 경제개발 5개년계획 추진 자금 마련
  - 경제개발 5개년계획
    - 실시 : 군사정부에 의해 재수정되어 1962년부터 실천
    - 성과 : 경제 개발의 성공으로 아시아 신흥공업국으로 성장(한강의 기적)

시기	내용
1차(1962~1966)	수출 산업 육성, 기간산업·사회 간접 자본 확충, 경공업 위주(신발, 의류 등)
2차(1967~1971)	경공업 중심의 수출 주도형 공업화, 새마을 운동(1970), 경부고속도로(1970)
3차(1972~1976)	중화학 공업화, 국제 수지 증가(수출 증대), 포항 종합제철 공장 준공(1973)
4차(1977~1981)	자립 성장 구조 확립, 기술 혁신과 능률 향상, 수출 100억 달러 달성(1977)

    - 한계 : 빈부 격차 심화, 저임금·저곡가, 선성장·후분배(노동운동 증가)
      - → 전태일 분신사건(1970)
  - 3저 호황 : 1980년대 중·후반 경제호황과 시장개방(저유가·저달러·저금리로 물가 안정)
    - → 전두환 정부
  - 1990년대 이후 : 한반도 에너지 개발기구(KEDO), KTX(고속철도) 개통, 한미 자유무역 협정(FTA)
    - → 1995. 김영삼 정부
    - → 2004. 노무현 정부
    - → 2007. 노무현 정부
  - 외환위기 (1997)
    - 배경 : 성장 위주의 급격한 경제 성장, IMF 구제 요청(1997. 김영삼 정부)
    - 경과 : IMF(국제 통화기금)의 구제 금융, 구조 조정, 부실기업 정리
    - 극복 : 금모으기 운동, 기업·금융·공공·노동 개혁, 외채상환(2001. 김대중 정부)
- 사회
  - 농촌 문제
    - 저곡가정책 : 저임금·저곡가 정책 실시
    - 새마을운동 : 농촌 사회에서 도시로 확대, 농어촌 소득증대에 기여(근면·자조·협동)
      - → 박정희 정부(1970)
    - 쌀 시장 개방 : 우루과이 라운드 체결(1994, 김영삼 정부)
    - WTO 출범 : 농산물 수입 자유화(1995, 김영삼 정부)
  - 노동 운동
    - 배경 : 1960년대 이후 급격한 산업화, 저임금과 노동환경의 열악
    - 1970년대 : 전태일 분신 사건(1970), YH무역 노동운동(1979), 사북사태(1980.4) 등
      - → 박정희 정부
      - → 박정희 정부
    - 1980년대 : 1987년 6월 민주 항쟁 이후 노동 운동 활성화
    - 1990년대 : 전국 민주 노동조합 총연맹, 노사정 위원회 구성
  - 사회 보장
    - 배경 : 산업화와 도시화로 노약자·빈곤층·실업자 등 사회적 약자 발생
    - 고용보험 및 연금제도 : 실업자 문제·노후 생활을 위하여 도입
    - 의료 보험 제도 : 전국민이 의료 혜택을 받을 수 있는 제도 장치 마련(1989)
      - → 노태우 정부
    - 국민기초 생활보장법 : 생활이 어려운 계층의 최저 생활 보장 목적(1999)
      - → 김대중 정부

② 현대 문화의 동향

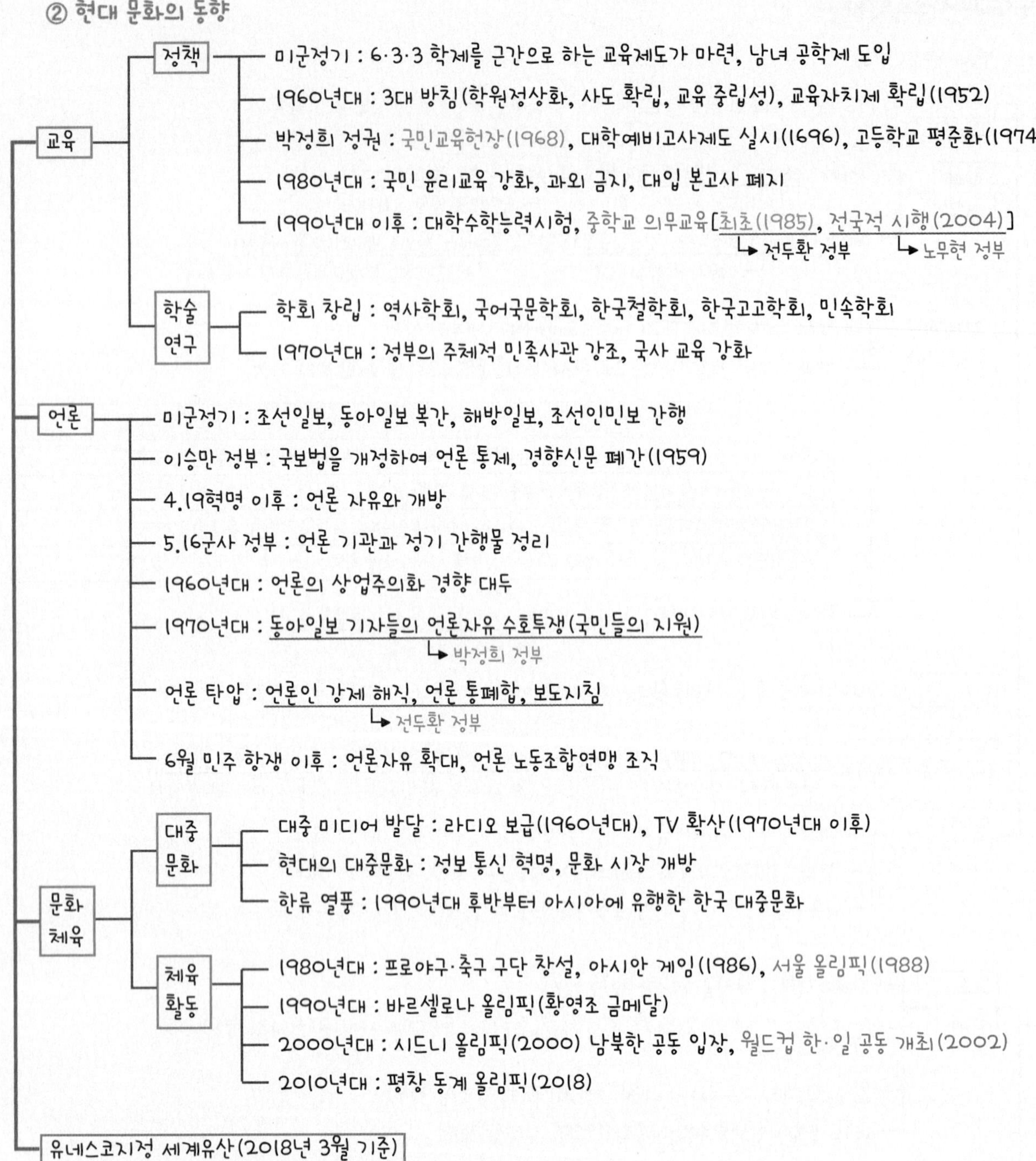

교육
정책
미군정기 : 6·3·3 학제를 근간으로 하는 교육제도가 마련, 남녀 공학제 도입
1960년대 : 3대 방침(학원정상화, 사도 확립, 교육 중립성), 교육자치제 확립(1952)
박정희 정권 : 국민교육헌장(1968), 대학예비고사제도 실시(1696), 고등학교 평준화(1974)
1980년대 : 국민 윤리교육 강화, 과외 금지, 대입 본고사 폐지
1990년대 이후 : 대학수학능력시험, 중학교 의무교육[최초(1985), 전국적 시행(2004)]
전두환 정부
노무현 정부
학술 연구
학회 창립 : 역사학회, 국어국문학회, 한국철학회, 한국고고학회, 민속학회
1970년대 : 정부의 주체적 민족사관 강조, 국사 교육 강화
언론
미군정기 : 조선일보, 동아일보 복간, 해방일보, 조선인민보 간행
이승만 정부 : 국보법을 개정하여 언론 통제, 경향신문 폐간(1959)
4.19혁명 이후 : 언론 자유와 개방
5.16군사 정부 : 언론 기관과 정기 간행물 정리
1960년대 : 언론의 상업주의화 경향 대두
1970년대 : 동아일보 기자들의 언론자유 수호투쟁(국민들의 지원)
박정희 정부
언론 탄압 : 언론인 강제 해직, 언론 통폐합, 보도지침
전두환 정부
6월 민주 항쟁 이후 : 언론자유 확대, 언론 노동조합연맹 조직
문화 체육
대중 문화
대중 미디어 발달 : 라디오 보급(1960년대), TV 확산(1970년대 이후)
현대의 대중문화 : 정보 통신 혁명, 문화 시장 개방
한류 열풍 : 1990년대 후반부터 아시아에 유행한 한국 대중문화
체육 활동
1980년대 : 프로야구·축구 구단 창설, 아시안 게임(1986), 서울 올림픽(1988)
1990년대 : 바르셀로나 올림픽(황영조 금메달)
2000년대 : 시드니 올림픽(2000) 남북한 공동 입장, 월드컵 한·일 공동 개최(2002)
2010년대 : 평창 동계 올림픽(2018)

유네스코지정 세계유산(2018년 3월 기준)

1. 세계 유산 : 해인사 장경판전(1995), 종묘(1995), 석굴암과 불국사(1995), 창덕궁(1997), 수원화성(1997), 고창·화순·강화의 고인돌 유적(2000), 경주 역사 지구(2000), 제주 화산섬과 용암 동굴(2007), 조선 왕릉(2009), 한국의 역사마을(하회와 양동. 2010), 남한산성(2014), 백제역사유적지구(2015)
2. 인류 무형구전 및 무형 유산 걸작 : 종묘제례(宗廟祭禮) 및 종묘제례악(宗廟祭禮樂)(2001), 판소리(2003), 강릉단오제(2005), 처용무(2009), 강강술래(2009), 제주 칠머리당 영등굿(2009), 남사당놀이(2009), 영산재(2009), 대목장(大木匠)·한국의 전통 목조 건축(2010), 매사냥, 살아있는 인류 유산(2010), 가곡(歌曲)·국악 관현반주로 부르는 서정적 노래(2010), 줄타기(2011), 택견·한국의 전통 무술(2011), 한산(韓山) 모시짜기(2011), 아리랑·한국의 서정민요(2012), 김장·김치를 담그고 나누는 문화(2013), 농악(2014), 줄다리기(2001), 제주 해녀 문화(2016)
3. 세계 기록 유산 : 조선왕조실록(1997), 훈민정음(해례본)(1997), 불조직지심체요절 하권(2001), 승정원일기(2001), 고려대장경판 및 제경판(2007), 조선왕조의궤(2007), 동의보감(2009), 1980년 인권기록유산 5·18 광주 민주화운동 기록물(2011), 일성록(2011), 새마을운동 기록물(2013), 난중일기(2013), 한국의 유교책판(2015), KBS특별생방송 '이산가족을 찾습니다' 기록물(2015), 국채보상운동 기록물(2017), 조선통신사에 관한 기록(2017), 조선왕실 어보와 어책(2017)

● 일제 강점기에 활동한 민족 문학인

김유정(1908~1937)은 봄봄, 금 따는 콩밭, 동백꽃 등의 30편에 가까운 작품을 발표했다.

나운규(1902~1937)는 영화 아리랑을 제작하여 1926년 단성사에서 개봉하였다.

이중섭(1916~1956)은 민족정서를 대변하는 '소' 등의 작품을 제작하여 독특한 문화를 이루었다.

윤동주(1917~1945)는 명동소학교, 용정 대성중학교, 연희전문학교, 일본 릿쿄대학, 도지샤대학 등을 졸업하였다. 연희 전문학교에 진학 당시 송몽규 등과 함께 민족정신과 조국의 독립에 대하여 토론하였다. 이후, 1943년 조선인 유학생을 모아 놓고 조선의 독립과 민족 문화의 수호를 선동했다는 죄목으로 체포되어 후쿠오카 형무소에서 옥고를 치르던 중 1945년 2월 순국하였다. 서시, 자화상, 또 다른 고향, 별 헤는 밤, 쉽게 쓰여진 시 등의 작품을 남겼으며, 일제 말기의 암흑기 시대를 살면서도 순수하게 살아가고자 하는 내면의 의지를 노래하였다.

김소월(1902~1934)은 1920년대 활동한 시인으로 금잔디, 엄마야 누나야, 진달래꽃, 개여울, 강촌, 왕십리, 산유화 등의 작품을 남겼다. 김소월의 아름다운 서정시는 많은 사람들이 널리 낭송되었다.

이상화(1901~1943)는 백조(1922) 등의 동인으로 활동하였던 1920~30년대 시인으로 현실 타파와 현실 개조의 의지를 표현하였다. 말세의 희탄, 단조, 가을의 풍경, 나의 침실로, 몽환병, 가상, 구루마꾼, 빼앗긴 들에도 봄은 오는가 등의 작품을 남겼다.

한용운(1879~1944)은 조선불교유신론에서 미신적 요소의 배격을 통해 불교의 쇄신을 주장하여 불교의 자주성 회복과 근대화를 위한 운동을 추진하였으며, 한국 불교를 일본 불교에 예속시키려는 총독부 정책(사찰령,1911)에 맞서 조선불교유신회를 조직(1921)하여 민족 종교의 전통을 지키려고 노력하였다. 또한, 님의 침묵을 통하여 한민족에게 자주독립의 신념을 고취시켜 주었다.

이육사(이원록, 1904~1944)는 항일운동가로서 1925년에 대구에서 의열단에 가입하였고, 1927년에 조선은행 대구지점 폭파사건, 1929년 광주학생항일운동 등에 연루되어 모두 17차례에 걸쳐서 옥고를 치렀으며, 계속된 항일 독립운동으로 인하여 체포되어 1944년 북경 감옥에서 생을 마쳤다. 황혼, 청포도, 절정, 광야, 꽃 등의 작품을 남겼고, 잡지 문장(1939~1941)을 창간하였다.

황의방 한국사
http://cafe.naver.com/hubhistory

최신 기출 문제

38회 ~29회

2018년도 38회

한국사능력검정시험 중급

01. (가) 시대의 유물로 옳은 것은? [1점]

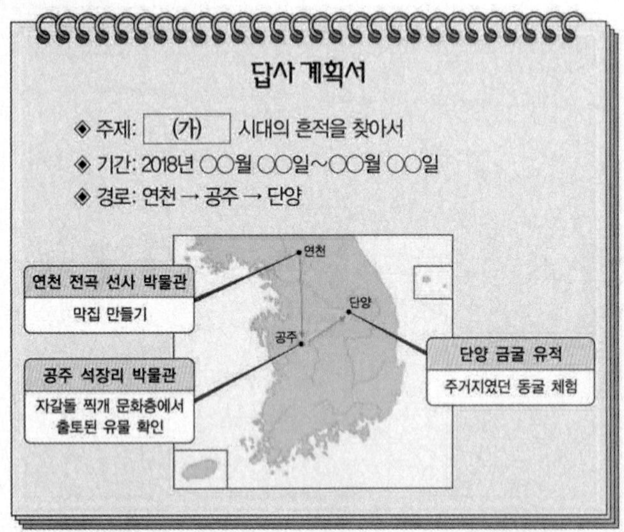

답사 계획서
◈ 주제: (가) 시대의 흔적을 찾아서
◈ 기간: 2018년 ○○월 ○○일~○○월 ○○일
◈ 경로: 연천 → 공주 → 단양
연천
단양
공주
연천 전곡 선사 박물관
막집 만들기
공주 석장리 박물관
자갈돌 찍개 문화층에서 출토된 유물 확인
단양 금굴 유적
주거지였던 동굴 체험

①　②　③　④　⑤

02. 다음 건국 이야기에 해당하는 나라에 대한 설명으로 옳은 것은? [1점]

> 처음에 누가 나라를 세워 세상을 열었는가.
> 석제(釋帝)의 손자로 이름은 단군이라네.
> 요임금과 함께 무진년에 나라를 세워
> 순임금 때를 지나 하나라 때까지 왕위에 계셨도다.
> -『제왕운기』-

① 청동기 문화를 바탕으로 세워졌다.
② 읍군, 삼로라는 지배자가 다스렸다.
③ 철을 생산하여 낙랑, 왜 등에 수출하였다.
④ 화백 회의에서 나라의 중요한 일을 결정하였다.
⑤ 남의 물건을 훔쳤을 때는 12배로 갚는 법이 있었다.

03. 다음 대화에 해당하는 나라에 대한 설명으로 옳은 것은? [3점]

① 빈민 구제를 위해 진대법을 실시하였다.
② 읍락 간 경계를 중시하는 책화가 있었다.
③ 여러 가(加)들이 별도로 사출도를 주관하였다.
④ 5월과 10월에 농경과 관련된 계절제를 지냈다.
⑤ 사회 질서를 유지하기 위해 범금 8조를 만들었다.

04. 밑줄 그은 '왕'의 업적으로 옳은 것은? [2점]

> **역사신문**
>
> 제 △△ 호　　　475년 ○○월 ○○일
>
> **고구려, 한성을 점령하다**
>
> <u>왕</u>이 직접 3만여 명의 군대를 이끌고 한성을 공격하여 점령하는 데 성공했다. 백제군은 성문을 걸어 잠그고 버텼으나 끝내 패배하였고, 개로왕은 사로잡혀 죽임을 당하였다. 고구려의 한성 점령은 지속적으로 추진해 온 남진 정책의 성과로 평가할 수 있을 것이다.

① 평양으로 수도를 옮겼다.
② 영락이라는 연호를 제정하였다.
③ 지방의 22담로에 왕족을 파견하였다.
④ 낙랑군을 축출하여 영토를 확장하였다.
⑤ 화랑도를 국가적인 조직으로 개편하였다.

05. 다음 지역에 대한 탐구 활동으로 가장 적절한 것은? [2점]

① 성왕이 천도한 이유를 조사한다.
② 장군총의 축조 양식에 대해서 알아본다.
③ 황룡사 구층 목탑이 건립된 장소를 찾아본다.
④ 궁예가 국호를 바꾸고 도읍을 옮긴 배경을 살펴본다.
⑤ 김윤후가 몽골 장수 살리타를 사살한 전적지를 파악한다.

06. (가)에 들어갈 문화유산으로 옳은 것은? [2점]

삼국의 불상
(가)
이것은 신라의 대표적인 불상이며 보물 제63호로 지정되어 있습니다. 어린 아이와 같은 표정을 짓고 있어 온화하고 자비로운 불성을 표현한 것으로 유명합니다.

① 
② 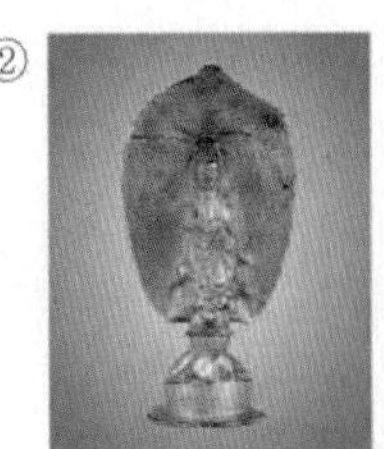
③ 
④ 
⑤ 

07. 다음 대화가 있었던 시기를 연표에서 옳게 고른 것은? [3점]

그대가 이렇게 귀부해 오니 정말 기쁘오. 내 그대를 예로써 대접하리다.
금관가야의 왕 김구해가 대왕께 항복합니다. 나라의 보물도 바치오니 받아주소서.

433		512		562		612		645		676
	(가)		(나)		(다)		(라)		(마)	
나제 동맹		우산국 정벌		대가야 멸망		살수 대첩		안시성 전투		삼국 통일

① (가) ② (나) ③ (다) ④ (라) ⑤ (마)

08. 다음 자료를 활용한 탐구 활동으로 가장 적절한 것은? [2점]

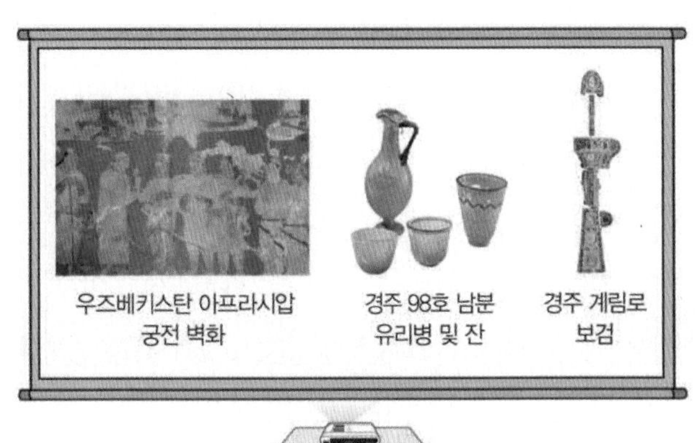

① 통신사의 문화 교류 활동을 분석한다.
② 고려와 송의 교역품에 대해 알아본다.
③ 백제 문화의 일본 전파 사례를 찾아본다.
④ 삼국 시대 서역과의 교류 내용을 파악한다.
⑤ 개시 무역과 후시 무역의 차이점을 조사한다.

09. 다음 인물에 대한 설명으로 옳은 것은? [2점]

오늘 알아볼 인물에 대해 말씀해 주세요.

인도와 중앙아시아를 여행한 신라 승려입니다. 자신이 여행한 나라들의 풍물을 생생하게 기록한 기행문을 남겼죠.

① 십문화쟁론을 지었다.
② 교관겸수를 주장하였다.
③ 화엄일승법계도를 남겼다.
④ 왕오천축국전을 저술하였다.
⑤ 정혜쌍수와 돈오점수를 강조하였다.

10. 다음 정책을 시행한 왕의 업적으로 옳은 것은? [2점]

> ○ 명주의 순식이 무리를 이끌고 조회하러 오니, 왕씨 성을 내려주고 대광으로 임명하였으며, …… 관경에게도 왕씨 성을 내려주고 대승으로 임명하였다.
>
> -『고려사절요』-
>
> ○ 가을 7월, 발해국의 세자 대광현이 무리 수만을 거느리고 와서 항복하자, 성명을 하사하여 '왕계(王繼)'라 하고 종실의 족보에 넣었다.
>
> -『고려사』-

① 12목에 지방관을 파견하였다.
② 관학 진흥을 목적으로 양현고를 두었다.
③ 신돈을 등용하여 전민변정도감을 설치하였다.
④ 쌍기의 건의를 받아들여 과거제를 실시하였다.
⑤ 지방 호족을 통제하기 위하여 사심관을 임명하였다.

11. 밑줄 그은 '그'의 업적으로 옳은 것은? [2점]

> 거란의 이진충이 반란을 일으키자 그는 말갈의 걸사비우와 함께 각각 무리를 거느리고 동쪽으로 달아났다. …… 계루부의 옛 땅을 차지하고, 동모산에 웅거하여 성을 쌓고 살았다. 그가 굳세고 용맹스러우며 병사를 잘 운용하여 말갈의 무리와 고구려의 나머지 무리들이 점점 모여들었다.
>
> -『구당서』-

① 발해를 건국하였다.
② 상경으로 도읍을 옮겼다.
③ 3성 6부의 중앙 제도를 마련하였다.
④ 5경 15부 62주의 지방 제도를 정비하였다.
⑤ 장문휴로 하여금 당의 등주를 공격하게 하였다.

12. 다음 자료에 해당하는 인물의 활동으로 옳은 것은? [2점]

① 4군 6진을 개척하였다.
② 강동 6주를 획득하였다.
③ 동북 9성을 축조하였다.
④ 쓰시마섬을 토벌하였다.
⑤ 쌍성총관부를 수복하였다.

13. 다음 상황이 있었던 시기의 사실로 옳은 것은? [3점]

> 대장군 인후와 장군 고천백이 원(元)의 사신 탑납과 함께 원에서 돌아왔다. 탑납이 도착하자 옹진 등 여러 현에서 점심을 대접하였는데, 어떤 사람이 탑납에게 말하기를, "우리 고을 사람들이 대부분 응방에 예속되어 있으니, 나머지 가난한 백성들로 어떻게 공억*을 감당하겠습니까? 차라리 죽음을 기다리는 것이 낫겠습니다."라고 하였다.
>
> *공억(供億): 음식물을 준비하여 접대하는 것

① 골품에 따라 관등 승진을 제한하였다.
② 광덕이라는 독자적인 연호를 사용하였다.
③ 문중을 중심으로 서원과 사우를 건립하였다.
④ 인재 등용을 위하여 독서삼품과를 실시하였다.
⑤ 지배층을 중심으로 변발과 호복이 유행하였다.

14. (가), (나) 사이의 시기에 있었던 사실로 옳은 것은? [3점]

> (가) 이자겸의 권세와 총애가 나날이 커지니, …… 남의 토지를 강탈하고 종들을 풀어 백성들의 수레와 말을 빼앗아 자기의 물건을 실어 나르니, 힘없는 백성들은 모두 수레를 부수고 소와 말을 팔아 치우느라 도로가 소란스러웠다.
>
> (나) 정중부가 성난 목소리로 한뢰에게 따지기를, "이소응이 비록 무인이기는 하나 벼슬이 3품인데 어째서 이처럼 심하게 모욕을 하는가?"라고 하였다. …… 처음에 정중부와 이의방 등이 약속하여 말하기를, "우리들은 오른쪽 어깨를 드러내고 관모를 벗을 것이다. 그렇게 하지 않은 사람은 모두 죽이자."라고 하였다.

① 묘청이 서경에서 난을 일으켰다.
② 홍경래가 평안도에서 봉기하였다.
③ 광종이 노비안검법을 실시하였다.
④ 최익현이 의병장으로 활약하였다.
⑤ 임경업이 백마산성에서 항전하였다.

15. 다음 화폐를 처음 발행한 국가의 경제 상황으로 옳은 것은? [1점]

지금 보시는 유물은 은병입니다. 기록에 따르면 처음에는 은 1근으로 만들었는데, 나중에는 이것처럼 작게 제작하였다고 합니다.

① 벽란도가 국제 무역항으로 번성하였다.
② 덕대가 광산을 전문적으로 경영하였다.
③ 관수품을 조달하는 공인이 활동하였다.
④ 담배, 면화 등이 상품 작물로 재배되었다.
⑤ 일본의 요청을 받아들여 3포가 개항되었다.

16. 다음 문화유산에 대한 설명으로 옳은 것은? [2점]

> **외국에 있는 우리 문화유산**
>
> 
>
> 직지심체요절
>
> • 간행 시기: 1377년(우왕 3)
> • 소개: 불교 교리의 주요 내용을 정리한 것으로, '직지심체'는 사람의 마음을 직관하여 부처의 깨달음에 도달한다는 의미이다.
> • 소장처: 프랑스 국립 도서관
> • 특징: 2001년에 유네스코 세계 기록 유산으로 등재되었다.

① 주자소에서 인쇄되었다.
② 신미양요 때 약탈당하였다.
③ 대각 국사 의천에 의해 간행되었다.
④ 현존하는 가장 오래된 금속 활자본이다.
⑤ 몽골의 침략을 물리치기 위해 제작되었다.

17. (가)에 해당하는 문화유산으로 옳은 것은? [2점]

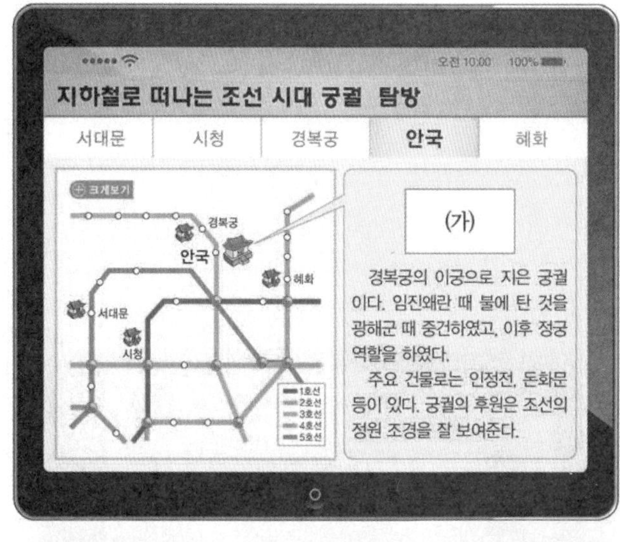

지하철로 떠나는 조선 시대 궁궐 탐방

경복궁의 이궁으로 지은 궁궐이다. 임진왜란 때 불에 탄 것을 광해군 때 중건하였고, 이후 정궁 역할을 하였다.

① 경희궁
② 덕수궁
③ 운현궁
④ 창경궁
⑤ 창덕궁

18. (가) 인물의 업적으로 옳은 것은? [2점]

그림과 함께 보는 압구정 옛 이야기

경교명승첩 중 '압구정'(정선)

이 작품은 조선 시대 압구정의 모습을 그린 것이다. 압구정은 계유정난으로 정권을 잡고 단종을 몰아낸 (가) 을/를 도와 공신이 된 한명회가 지은 정자이다.

① 정방을 폐지하였다.
② 집현전을 설립하였다.
③ 직전법을 실시하였다.
④ 교정도감을 설치하였다.
⑤ 대전회통을 편찬하였다.

19. (가)에 들어갈 내용으로 옳지 <u>않은</u> 것은? [1점]

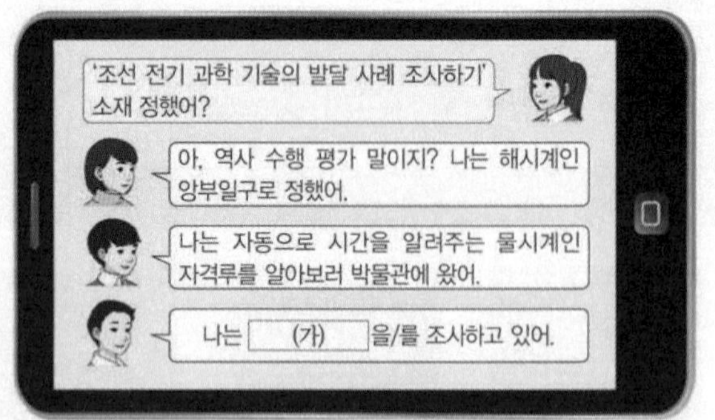

'조선 전기 과학 기술의 발달 사례 조사하기' 소재 정했어?
아, 역사 수행 평가 말이지? 나는 해시계인 앙부일구로 정했어.
나는 자동으로 시간을 알려주는 물시계인 자격루를 알아보러 박물관에 왔어.
나는 (가) 을/를 조사하고 있어.

① 강우량을 측정하는 측우기
② 화약을 이용한 신무기인 신기전
③ 기기도설을 참고하여 만들어진 거중기
④ 우리 풍토에 맞는 농사법을 기록한 농사직설
⑤ 한양을 기준으로 천체 운동을 계산한 칠정산 내편

20. 밑줄 그은 '섬'에 대한 설명으로 옳은 것은? [2점]

국토 사랑 캠페인 계획서

○○ 모둠

우리나라의 가장 동쪽에 있는 <u>섬</u>에 대한 홍보를 통해 학생들의 관심을 높이고자 함.

▶일시: 2018년 △△월 △△일~△△월 △△일
▶방법: 팸플릿 배부 및 제작물 전시
▶홍보 내용
1) 역사
– 신라 지증왕 때 이사부 장군이 울릉도를 정벌한 이후 우리 영토에 속함.
– 세종실록 지리지에서는 '무릉'으로 표기하고 있고, 울릉도와 거리가 멀지 않다고 기록되어 있음.
– 러·일 전쟁 때 일본이 자국 영토로 강제 편입함.

–1–

① 미국이 제너럴 셔먼호 사건을 구실로 침략하였다.
② 배중손이 이끄는 삼별초가 저항의 근거지로 삼았다.
③ 러시아가 저탄소 설치를 명분으로 조차를 요구하였다.
④ 영국이 러시아의 남하를 견제하기 위하여 무단 점령하였다.
⑤ 대한 제국이 칙령 제41호를 통해 관할 영토임을 명시하였다.

21. 밑줄 그은 '이 전투'로 옳은 것은? [2점]

시 속의 세 장수는 임진왜란 당시 <u>이 전투</u>에서 최후를 맞이하였습니다. 비록 패배하였지만 <u>이 전투</u>는 왜군의 호남 진출을 좌절시켰다는 평가를 받기도 합니다.

촉석루에 오른 세 장수는
한잔 술을 들고 웃으며 강물을 가리키네.
긴 강물은 도도히 흐르나니
물결은 마르지 않으며 혼 또한 죽지 않으리.

논개가 순절한 곳으로 알려진 촉석루와 의암

① 충주 전투 ② 매소성 전투 ③ 처인성 전투
④ 동래성 전투 ⑤ 제2차 진주성 전투

22. 밑줄 그은 '법'에 대한 설명으로 옳은 것은? [2점]

① 지주에게 결작을 부과하였다.
② 관청에서 조세를 거두어 관리에게 지급하였다.
③ 어장세, 선박세 등으로 재정 부족분을 보충하였다.
④ 풍흉과 토지 비옥도에 따라 조세를 차등 부과하였다.
⑤ 공납의 부과 기준을 가호에서 토지 결수로 바꾸었다.

23. (가) 사건이 일어난 시기를 연표에서 옳게 고른 것은? [3점]

이곳 세검정은 (가) (으)로 광해군을
폐위한 세력이 칼을 씻은 것에서 그 이름이
유래되었다고 합니다. (가) 이후 조선은

1392 1443 1498 1592 1636 1680

① (가) ② (나) ③ (다) ④ (라) ⑤ (마)

24. (가)에 들어갈 내용으로 옳지 않은 것은? [2점]

파일(F) 편집(E) 보기(V) 즐겨찾기(A) 도구(T) 도움말(H)

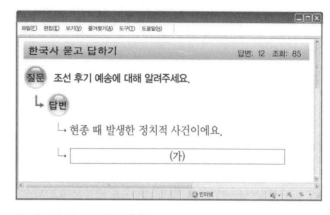

한국사 묻고 답하기 답변: 12 조회: 85

질문 조선 후기 예송에 대해 알려주세요.

└ 답변

└ 현종 때 발생한 정치적 사건이에요.

└ (가)

① 서인과 남인이 대립했어요.
② 예를 둘러싼 논쟁이라는 뜻이에요.
③ 조의제문의 내용이 빌미가 되었어요.
④ 효종 사후와 효종비 사후에 일어났어요.
⑤ 자의 대비의 복상 기간이 문제가 되었어요.

25. (가)에 들어갈 인물로 옳은 것은? [1점]

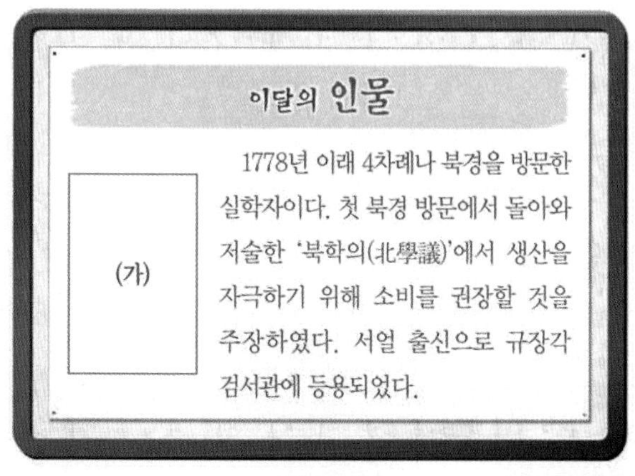

이달의 인물
(가)
1778년 이래 4차례나 북경을 방문한 실학자이다. 첫 북경 방문에서 돌아와 저술한 '북학의(北學議)'에서 생산을 자극하기 위해 소비를 권장할 것을 주장하였다. 서얼 출신으로 규장각 검서관에 등용되었다.

① 이익 ② 박제가

③ 박지원

④ 정약용 ⑤ 홍대용

26. (가)에 들어갈 기구로 옳은 것은? [1점]

> (가) 은/는 …… 오늘에 와서는 큰 일이건 작은 일이건 모두 취급하여 …… 의정부는 그저 이름만 있을 뿐이며 6조는 할 일이 없어졌습니다. 명칭은 변방의 방비를 담당한다면서 과거 합격의 판정이나 왕비와 후궁을 선택하는 일까지도 모두 여기에서 처리하고 있습니다.
>
> -『효종실록』-

① 비변사 ② 성균관 ③ 승정원
④ 의금부 ⑤ 한성부

27. 다음 특별전에 전시될 그림으로 가장 적절한 것은? [2점]

> 특별전
>
> 조선 후기 회화전
>
> 우리 미술관에서는 조선 후기에 나타난 새로운 경향을 보여주는 그림들을 전시합니다. 많은 관람 바랍니다.
>
> • 기간: 2018년 ○○월 ○○일~○○월 ○○일
> • 장소: △△미술관 특별 전시실

① 
고사관수도

② 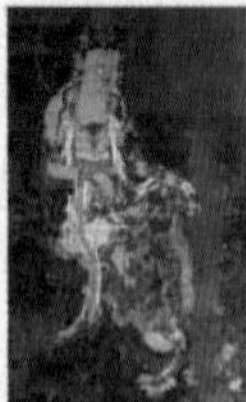
수월관음도

③ 
천산대렵도

④ 
인왕제색도

⑤ 
몽유도원도

28. (가)에 들어갈 문화유산으로 옳은 것은? [2점]

> 문화유산 카드
>
> (가)
>
> • 종목: 국보 제55호
> • 시대: 조선 후기
> • 위치: 충청북도 보은군
> • 특징: 신라 때 창건된 것을 임진왜란 이후 다시 지은 것이다. 이 건물은 현존하는 가장 오래된 목조탑으로, 내부 벽면에 부처의 일생을 8장면으로 그린 그림이 있다.

① 
금산사 미륵전

② 법주사 팔상전

③ 
쌍봉사 대웅전

④ 
화엄사 각황전

⑤ 
부석사 무량수전

29. (가)를 건설한 왕의 정책으로 옳지 않은 것은? [3점]

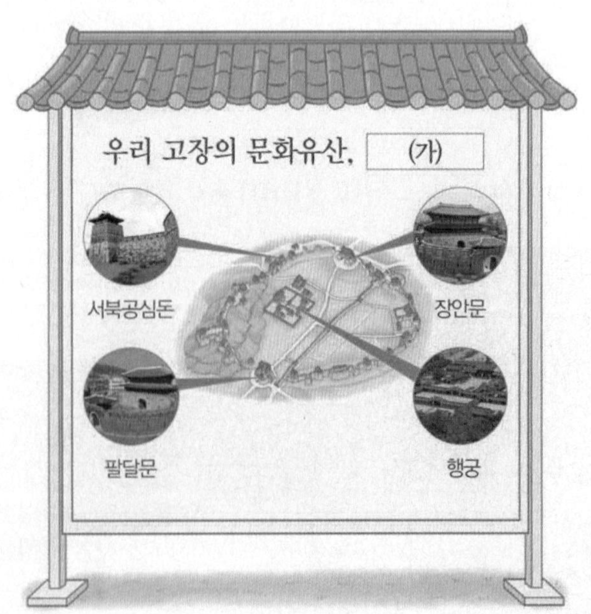

① 친위 부대인 장용영을 창설하였다.
② 전국 각지에 척화비를 건립하였다.
③ 정책 연구 기관으로 규장각을 육성하였다.
④ 초계문신제를 실시하여 문신들을 재교육하였다.
⑤ 육의전을 제외한 시전의 금난전권을 철폐하였다.

30. 교사가 설명하는 인물의 활동으로 옳은 것은? [2점]

이것은 조선 후기에 추사체를 창안한 인물의 글씨입니다. 그는 제주도 유배 생활 중 세한도를 그린 것으로도 유명합니다.

① 전통 한의학을 집대성한 동의보감을 완성하였다.
② 금석과안록에서 북한산비가 진흥왕 순수비임을 밝혔다.
③ 자연 환경과 경제, 풍속 등을 정리한 택리지를 저술하였다.
④ 10리마다 눈금으로 거리를 표시한 대동여지도를 제작하였다.
⑤ 동사강목을 저술하여 고조선부터 고려까지의 역사를 정리하였다.

31. 밑줄 그은 ㉠에 대한 탐구 활동으로 가장 적절한 것은? [2점]

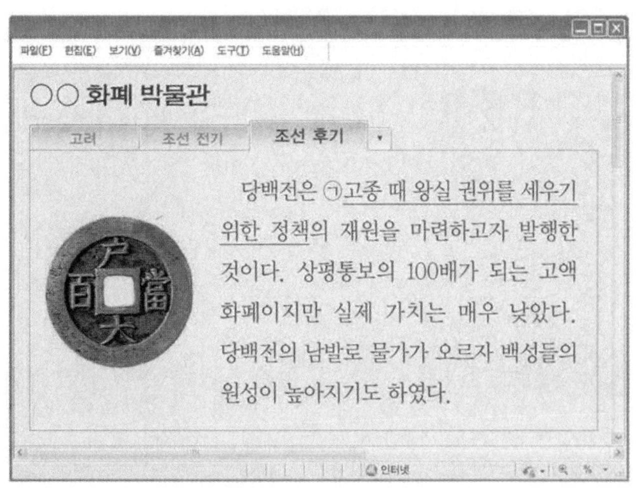

○○ 화폐 박물관

당백전은 ㉠고종 때 왕실 권위를 세우기 위한 정책의 재원을 마련하고자 발행한 것이다. 상평통보의 100배가 되는 고액 화폐이지만 실제 가치는 매우 낮았다. 당백전의 남발로 물가가 오르자 백성들의 원성이 높아지기도 하였다.

① 속대전의 편찬 배경을 알아본다.
② 삼정이정청이 설치된 이유를 파악한다.
③ 백두산 정계비의 건립 목적을 살펴본다.
④ 경복궁 중건 사업의 추진 과정을 조사한다.
⑤ 수신전과 휼양전이 폐지된 원인을 분석한다.

32. 다음 퀴즈의 정답으로 옳은 것은? [1점]

일본의 황무지 개간권 요구에 반대하여 1904년 결성된 단체입니다. 맹렬한 시위를 전개하여 마침내 일본의 요구를 철회시킨 이 단체의 이름은 무엇일까요?
① 보안회
② 신민회
③ 근우회
④ 송죽회
⑤ 독립 협회

33. 다음 인물의 활동으로 옳은 것은? [3점]

호머 헐버트(1863~1949)

그는 '사민필지'라는 세계 지리서를 한글로 저술하였다. 또한 1907년 헤이그 만국 평화 회의에 특사 파견을 고종에게 건의하고, 현지에서도 특사들과 함께 중요한 역할을 하였다.

대한민국 정부 수립 후 국빈으로 초대받아 내한하였으나, 병사하여 평소 본인의 희망에 따라 한국에 묻혔다. 이후 건국 훈장 독립장에 추서되었다.

① 화폐 정리 사업을 주도하였다.
② 대한매일신보의 사장을 지냈다.
③ 육영 공원에서 학생들을 가르쳤다.
④ 서양식 병원인 광혜원 설립을 주관하였다.
⑤ 이화 학당을 설립하여 근대식 교육을 보급하였다.

34. 밑줄 그은 '이 지역'을 지도에서 옳게 찾은 것은? [1점]

> ♦ 안내장 ♦
>
> 이번 전시회는 고국을 떠나 힘들게 살면서도 독립운동에 대한 지원을 아끼지 않았던 이 지역 동포들의 삶을 돌아보는 행사입니다. 이들의 삶과 역사를 인터뷰, 그림, 사진, 영상 등으로 만나볼 수 있습니다.
>
> - 전시관 1: 이주의 시작과 사탕수수 농장에서의 노동
> - 전시관 2: 사진결혼과 사진 신부들의 삶
> - 전시관 3: 박용만과 대조선 국민군단의 활동
> - 전시관 4: 진주만 공습 후 호놀룰루 동포들의 현지 생활
>
> - 기간: 2018년 ○○월 ○○일~○○월 ○○일
> - 장소: △△박물관 특별 전시실

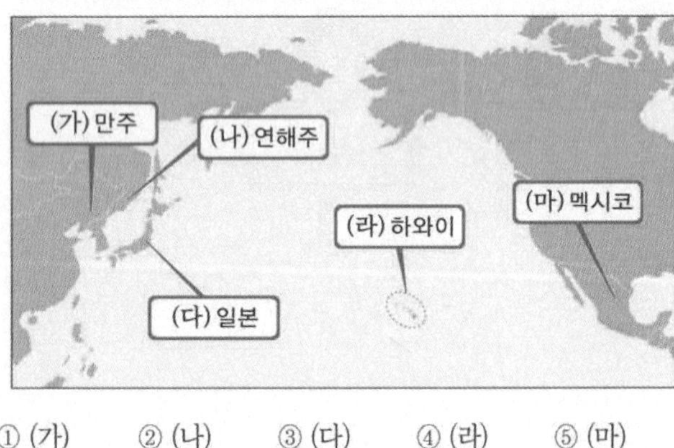

① (가) ② (나) ③ (다) ④ (라) ⑤ (마)

35. 다음 조약이 체결된 이후의 사실로 옳은 것은? [3점]

> 이번에 제정한 수륙 무역 장정은 중국이 속방을 우대하는 뜻이며, …… 이에 각 조항을 아래와 같이 정한다.
>
> ⋮
>
> 제2조 중국 상인이 조선 항구에서 만일 개별적으로 고소를 제기할 일이 있을 경우 중국 상무위원에게 넘겨 심의 판결한다.
>
> ⋮
>
> 제8조 이후 증손(增損)할 일이 있을 경우 수시로 북양 대신과 조선 국왕이 협의하여 적절하게 처리한다.

① 병인양요가 일어났다.
② 운요호 사건이 발생하였다.
③ 통리기무아문이 설치되었다.
④ 김옥균 등이 갑신정변을 일으켰다.
⑤ 오페르트가 남연군 묘를 도굴하려 하였다.

36. 밑줄 그은 '사절단'에 대한 설명으로 옳은 것은? [2점]

> S#38. 한성의 궁궐 안
>
> 전권대신 민영익과 함께 보빙(報聘)을 목적으로 파견된 사절단을 이끌었던 부전권대신 홍영식이 먼저 귀국하여 고종과 대화를 나누고 있다.
>
> 고 종: 그 나라의 정치 제도는 어떠한가?
> 홍영식: 크게 입법부, 행정부, 사법부로 나뉘어 있습니다. 그러나 대개 대통령이 나랏일을 통솔하기 때문에 대통령의 인가를 받아서 처리한다고 합니다.
> 고 종: 대통령의 임기는 얼마나 되는가?
> 홍영식: 4년마다 한 번씩 교체됩니다.

① 연행사라는 이름으로 보내졌다.
② 조선책략을 처음 국내에 소개하였다.
③ 미국 공사의 부임에 답하여 파견되었다.
④ 조선과 일본 간의 문화 교류 역할을 하였다.
⑤ 기기국을 견학하여 무기 제조 기술을 배웠다.

37. 밑줄 그은 '의거'의 내용으로 옳은 것은? [2점]

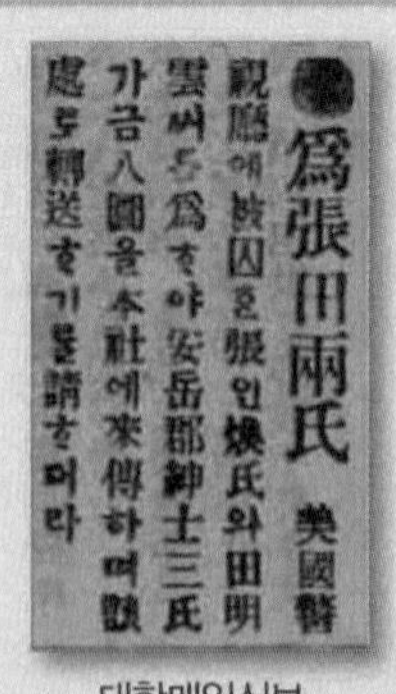

爲張田兩氏 美國韓
親廳에被囚혼張인煥氏와田明
雲씨를爲ᄒᆞ야安岳郡紳士三氏
가금八圓을本社에來傳하며該
處로轉送ᄒᆞ기를請ᄒᆞ더라

대한매일신보
(1908년 4월 24일자)

> 이 기사는 3명의 신사가 장인환과 전명운의 재판을 돕기 위해 신문사에 성금을 기탁한 내용이다. 장인환과 전명운은 서로 알지 못하는 사이였음에도 같은 날에 의거를 실행하였다. 이 사건은 '샌프란시스코 크로니클' 등을 통해 현지에서 큰 주목을 받았으며, 세계에 한국의 독립 의지를 알리는 계기가 되었다.

① 일왕을 향해 폭탄을 던졌다.
② 이토 히로부미를 처단하였다.
③ 이완용을 습격하여 중상을 입혔다.
④ 친일 인사 스티븐스를 사살하였다.
⑤ 동양 척식 주식회사에 폭탄을 투척하였다.

38. 밑줄 그은 '개혁'에 대한 설명으로 옳은 것을 〈보기〉에서 고른 것은? [2점]

양무호

양무호는 대한 제국 정부가 추진한 <u>개혁</u> 때 일본으로부터 도입한 근대식 군함이다. 원래는 화물선이었으나 미쓰이 물산이 다른 일본 군함에서 뜯어낸 포를 장착하여 개조한 것이었다. 러·일 전쟁 때 일본 군함으로 징발되었고, 이후 군함의 기능을 상실하고 선원 훈련선으로 활용되었다.

〈보 기〉

ㄱ. 균역법을 실시하였다.
ㄴ. 별기군을 창설하였다.
ㄷ. 구본신참을 표방하였다.
ㄹ. 양전을 실시하고 지계를 발급하였다.

① ㄱ, ㄴ ② ㄱ, ㄷ ③ ㄴ, ㄷ ④ ㄴ, ㄹ ⑤ ㄷ, ㄹ

39. 밑줄 그은 ㉠과 같은 일제의 정책이 실시된 시기에 있었던 사실로 옳은 것은? [2점]

㉠<u>선생님이 사벨(환도)을 차고 교단에 오르는</u> 나라가 있는 것을 보셨습니까? 나는 그런 나라의 백성이외다. …… 발길과 채찍 밑에 부대끼면서도 숨이 죽어 엎디어 있는 거세된 존재에게도 존경과 동정을 느끼시나요?

- 『만세전』 -

① 원산 총파업이 일어났다.
② 미곡 공출제가 실시되었다.
③ 헌병 경찰제가 시행되었다.
④ 경성 제국 대학이 설립되었다.
⑤ 여자 정신 근로령이 공포되었다.

40. (가)에 들어갈 법령으로 옳은 것은? [2점]

역사 돋보기 **신출귀몰 독립운동가 이재유**

경성 트로이카를 이끌던 사회주의자 이재유는 신출귀몰한 독립운동가였다. 그는 체포되었다가도 경찰서를 탈출하였고, 뛰어난 변장술로 일본 경찰을 따돌리며 활동을 계속하였다.

1925년, 일제는 이재유처럼 식민 통치에 반대하고 사유 재산 제도를 부인하는 인물들을 탄압할 목적으로 (가) 을 제정하였다.

① 신문지법 ② 국가 보안법
③ 치안 유지법 ④ 토지 조사령
⑤ 국가 총동원법

41. (가)에 해당하는 책으로 옳은 것은? [2점]

독서 기록장

○반 ○○번 이름: ○○○

◆ 도서명: (가)
◆ 저 자: 량치차오
◆ 분 야: 역사
◆ 소 개: 판보이쩌우가 자신의 고국이 프랑스 식민지로 전락하는 과정에 대해 구술하고, 량치차오가 기록한 것이다. 현채, 주시경 등이 번역하여 큰 반향을 일으켰다.
◆ 느낀 점: 이 책이 당시 베스트셀러가 된 이유는 사람들이 판보이쩌우의 고국과 대한 제국의 상황이 비슷하다고 생각했기 때문인 것 같다. 나도 이 책을 번역·출판했던 지식인들의 마음을 이해할 수 있었다.

① 
혈의누

② 지봉유설

③ 
금수회의록

④ 
연려실기술

⑤ 
월남망국사

42. (가)에 들어갈 민족 운동에 대한 설명으로 옳은 것은? [2점]

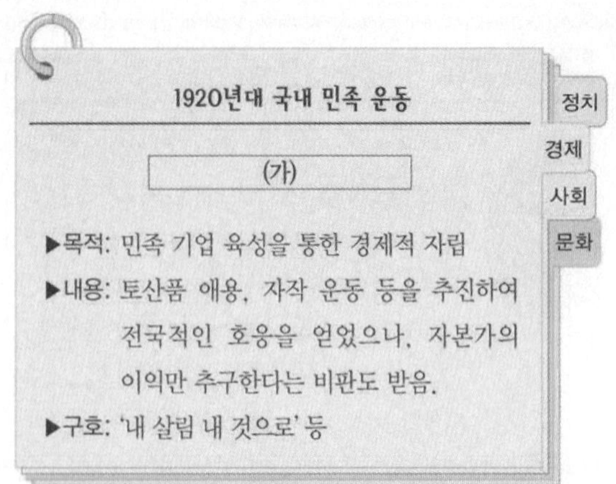

1920년대 국내 민족 운동
정치
경제
사회
문화
(가)
▶목적: 민족 기업 육성을 통한 경제적 자립
▶내용: 토산품 애용, 자작 운동 등을 추진하여 전국적인 호응을 얻었으나, 자본가의 이익만 추구한다는 비판도 받음.
▶구호: '내 살림 내 것으로' 등

① 의열단 결성에 영향을 끼쳤다.
② 조선 물산 장려회가 주도하였다.
③ 김광제, 서상돈 등이 제창하였다.
④ 무오 독립 선언의 배경이 되었다.
⑤ 기회주의 배격을 강령으로 삼았다.

43. 다음 인물 카드의 주인공으로 옳은 것은? [1점]

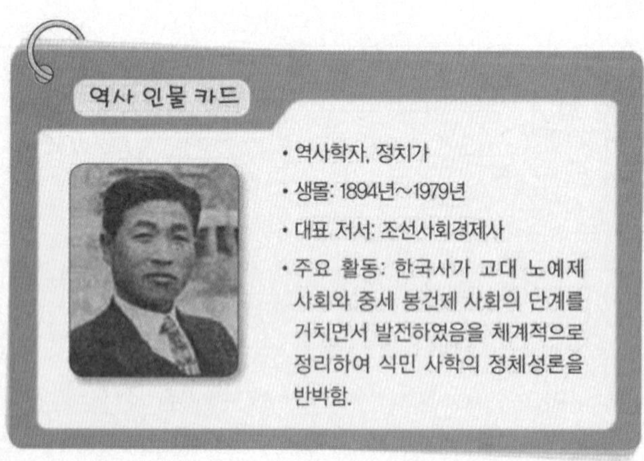

역사 인물 카드
• 역사학자, 정치가
• 생몰: 1894년~1979년
• 대표 저서: 조선사회경제사
• 주요 활동: 한국사가 고대 노예제 사회와 중세 봉건제 사회의 단계를 거치면서 발전하였음을 체계적으로 정리하여 식민 사학의 정체성론을 반박함.

① 나운규 ② 박은식 ③ 백남운 ④ 신채호 ⑤ 주시경

44. 다음 글에 나타난 시기에 있었던 일제의 정책으로 옳은 것은? [2점]

> 이 날은 광활한 대지에 나의 운명을 맡긴 날이다. 중경(충칭)을 찾아가는 대륙 횡단을 위해 …… 6천 리를 헤매기 시작한 날이다. …… 사실은 이 날이 바로 지나 사변 제7주년 기념일이었다. 그때 일본은 중·일 전쟁을 지나 사변이라고 말했다.
>
> – 장준하, 『돌베개』 –

① 회사령을 제정하였다.
② 조선 태형령을 시행하였다.
③ 학도 지원병을 강제 동원하였다.
④ 제1차 조선 교육령을 발표하였다.
⑤ 산미 증식 계획을 처음 추진하였다.

45. (가), (나) 독립군에 대한 설명으로 옳은 것은? [3점]

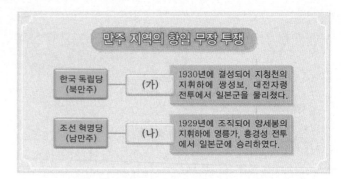

만주 지역의 항일 무장 투쟁

한국 독립당 (북만주)	(가)	1930년에 결성되어 지청천의 지휘하에 쌍성보, 대전자령 전투에서 일본군을 물리쳤다.
조선 혁명당 (남만주)	(나)	1929년에 조직되어 양세봉의 지휘하에 영릉가, 흥경성 전투에서 일본군에 승리하였다.

① (가) – 자유시 참변으로 큰 타격을 입었다.
② (가) – 조선 혁명 선언을 활동 지침으로 삼았다.
③ (나) – 우금치 전투에서 패배한 후 와해되었다.
④ (나) – 삼원보에 신흥 무관 학교를 설립하였다.
⑤ (가), (나) – 한·중 연합 작전을 전개하였다.

46. (가), (나) 사이의 시기에 있었던 사실로 옳은 것을 〈보기〉에서 고른 것은? [2점]

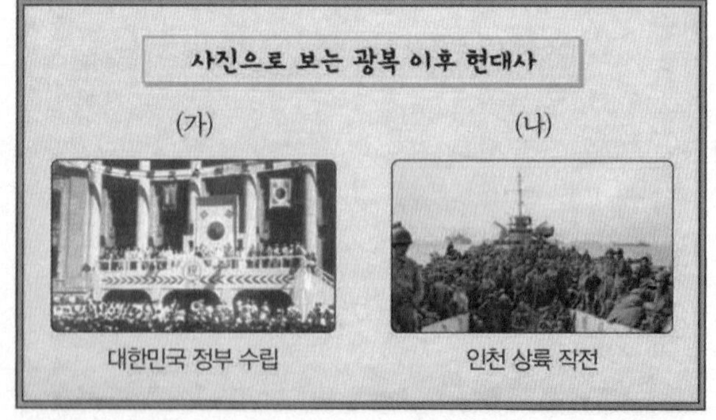

대한민국 정부 수립 / 인천 상륙 작전

〈보 기〉

ㄱ. 농지 개혁법 제정
ㄴ. 금융 실명제 실시
ㄷ. 반민족 행위 처벌법 제정
ㄹ. 제1차 미·소 공동 위원회 개최

① ㄱ, ㄴ ② ㄱ, ㄷ ③ ㄴ, ㄷ
④ ㄴ, ㄹ ⑤ ㄷ, ㄹ

47. 다음 상황 이후에 전개된 사실로 옳은 것은? [3점]

> **역사 신문**
>
> 제△△호 ○○○○년 ○○월 ○○일
>
> **정부, 내각 책임제 헌법 공포**
>
> 정부는 국회에서 이송해 온 내각 책임제 개헌안을 국무 회의의 의결을 거쳐 정식으로 공포하였다. 그리고 새로운 헌법에 따라 참의원과 민의원 선거를 실시할 것이라고 발표하였다.

① 5·10 총선거가 실시되었다.
② 이승만 대통령이 하야하였다.
③ 장면이 국무총리에 인준되었다.
④ 좌우 합작 위원회가 결성되었다.
⑤ 신탁 통치 반대 운동이 전개되었다.

49. 다음 대화에 나타난 민주화 운동에 대한 설명으로 옳은 것은? [2점]

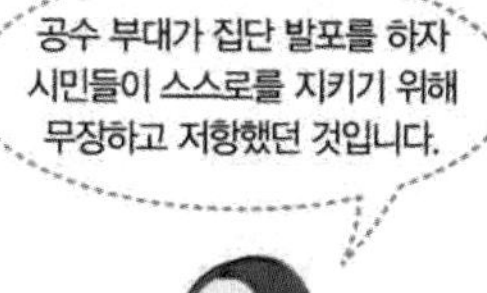

① 4·13 호헌 조치에 저항하였다.
② 3·15 부정 선거가 발단이 되어 일어났다.
③ 박종철과 이한열의 희생으로 확산되었다.
④ 굴욕적인 한·일 회담의 중단을 요구하였다.
⑤ 신군부가 계엄령을 전국으로 확대한 것에 반대하였다.

48. (가) 헌법에 대한 설명으로 옳은 것은? [2점]

이곳은 민주화의 성지로 불리는 명동 성당입니다. 1976년 재야인사들은 여기에서 박정희의 장기 집권을 강화시킨 (가) 에 반대하는 3·1 민주 구국 선언을 발표하였습니다.

① 제헌 국회에서 제정되었다.
② 6월 민주 항쟁의 결과로 개정되었다.
③ 국회를 양원제로 운영하도록 하였다.
④ 대통령에게 긴급 조치권을 부여하였다.
⑤ 대통령 선출 방식을 직선제로 규정하였다.

50. 다음 검색창에 들어갈 세시 풍속에 먹는 음식으로 가장 적절한 것은? [1점]

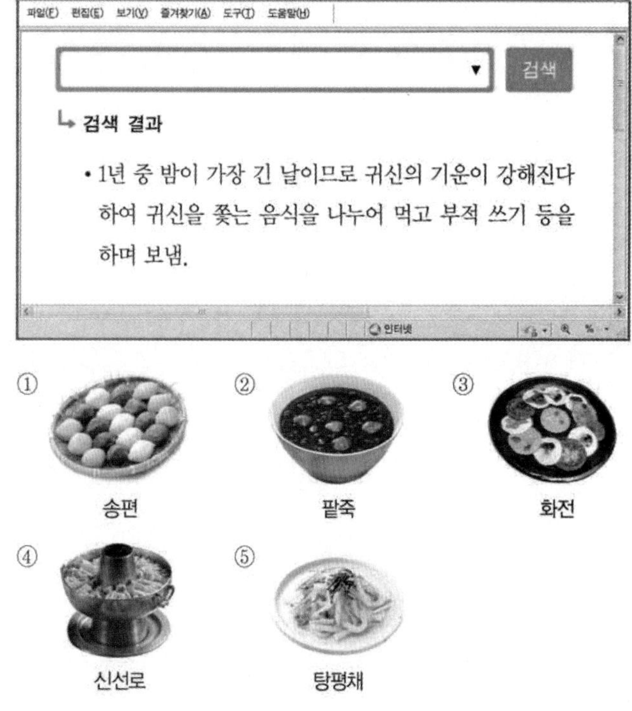

2017년도 37회 한국사능력검정시험 중급

01. (가)에 들어갈 내용으로 가장 적절한 것은? [1점]

○○○ 시대 1박 2일 체험 캠프

정착 생활과 농경이 시작된 ○○○ 시대로 떠나는

특별한 시간 여행!

1. 기간: 2017년 △△월 △△일~△△월 △△일
2. 장소: □□선사박물관
3. 일정
   - 1일차: 전시실 관람, 움집 만들기
   - 2일차: (가) , 빗살무늬 토기 빚기

① 가락바퀴로 실 뽑기
② 철제 갑옷 입어 보기
③ 소를 이용해서 밭 갈기
④ 세형 동검 주조용 거푸집 만들기
⑤ 거친무늬 거울의 문양 따라 그리기

02. (가)에 들어갈 내용으로 적절한 것은? [2점]

학술 대회 안내

우리 역사 최초의 국가인 ○○○에 대한 다양한 주제를 논의함으로써 우리나라 고대사를 새롭게 이해하고자 합니다. 많은 관심과 참여를 바랍니다.

◈ 발표 주제 ◈

- 단군 신화의 재해석
- 비파형 동검 문화권과 국가의 성립
- 위만의 이동과 집권 과정
- (가)

■ 일시: 2017년 △△월 △△일 13:00~17:00
■ 장소: □□연구소 회의실
■ 주관: □□연구소

① 대동법 시행의 의미
② 별무반 편성의 배경
③ 사심관 제도의 실시 목적
④ 범금 8조에 나타난 사회상
⑤ 골품제를 통해 본 신분 제도의 특징

03. (가), (나) 나라에 대한 설명으로 옳은 것은? [3점]

(가) 혼인 풍속은 여자 나이 열 살이 되기 전에 혼인을 약속하고, 신랑 집에서는 여자를 맞이하여 장성하도록 길러 며느리로 삼는다.

–『삼국지』 동이전 –

(나) 그 나라의 풍속에 혼인을 할 때는 말로 미리 정한 다음, 여자 집에서는 본채 뒤에 작은 집을 짓는데 그 집을 서옥이라 부른다.

–『삼국지』 동이전 –

① (가) – 1책 12법이 있었다.
② (가) – 신성 지역인 소도가 존재하였다.
③ (나) – 동맹이라는 제천 행사를 열었다.
④ (나) – 철이 많이 생산되어 낙랑과 왜에 수출하였다.
⑤ (가), (나) – 신지, 읍차라고 불리는 군장이 지배하였다.

04. 다음 자료의 지방 제도가 실시된 국가에 대한 설명으로 옳은 것은? [2점]

지방에 22개의 담로가 있어 왕족을 파견하여 다스리게 하였다.

① 친명배금 정책을 펼쳤다.
② 일본과 기유약조를 체결하였다.
③ 울산항을 통해 서역과 교류하였다.
④ 여진을 정벌하고 동북 9성을 쌓았다.
⑤ 중국 남조의 양과 친선 관계를 맺었다.

05. (가)~(라)에 대한 탐구 활동으로 적절한 것을 〈보기〉에서 고른 것은? [2점]

답사 계획서

▣ 주제: 중국에 있는 고구려 유적
▣ 경로: 장군총 → 광개토 대왕릉비 → 무용총 → 국내성
▣ 준비 사항: 답사 장소에 대한 사전 탐구

(가) 장군총
(다) 무용총
(나) 광개토 대왕릉비
(라) 국내성

〈보 기〉

ㄱ. (가) – 벽돌무덤의 양식을 조사한다.
ㄴ. (나) – 신라에 침입한 왜를 격퇴한 내용을 찾아본다.
ㄷ. (다) – 고분 벽화에 나타난 당시의 생활상을 알아본다.
ㄹ. (라) – 성왕이 새로운 수도로 선정한 이유를 확인한다.

① ㄱ, ㄴ ② ㄱ, ㄷ ③ ㄴ, ㄷ ④ ㄴ, ㄹ ⑤ ㄷ, ㄹ

06. 밑줄 그은 '선왕'에 대한 설명으로 옳은 것은? [2점]

<u>선왕</u>(先王)께서는 백성의 참상을 불쌍히 여겨 …… 바다 건너 당의 조정에 들어가서 군사를 요청하셨다. …… 백제는 평정하셨지만 고구려는 미처 멸망시키지 못하셨다. <u>선왕</u>의 평정하시려던 뜻을 과인이 이어받아 마침내 이루게 되었다.

– 『삼국사기』 –

① 사비로 천도하였다.
② 우산국을 정벌하였다.
③ 진골 출신으로 왕위에 올랐다.
④ 영락이라는 연호를 사용하였다.
⑤ 화랑도를 국가적인 조직으로 개편하였다.

07. (가) 시기에 볼 수 있는 모습으로 옳은 것은? [2점]

① 감은사 창건을 명하는 왕
② 성균관에서 공부하는 학생
③ 청해진에서 훈련을 받는 병사
④ 벽란도에서 교역을 하는 송 상인
⑤ 금속 활자로 불경을 인쇄하는 승려

08. (가) 국가의 문화유산으로 옳은 것은? [1점]

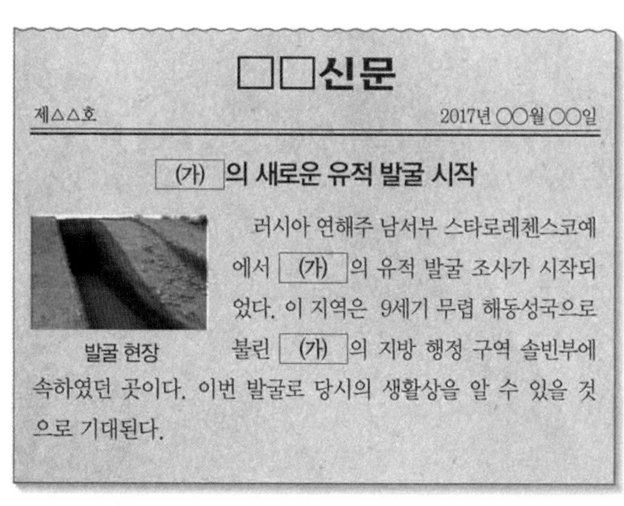

□□신문

제△△호 2017년 ○○월 ○○일

(가)의 새로운 유적 발굴 시작

발굴 현장

러시아 연해주 남서부 스타로레첸스코예에서 (가)의 유적 발굴 조사가 시작되었다. 이 지역은 9세기 무렵 해동성국으로 불린 (가)의 지방 행정 구역 솔빈부에 속하였던 곳이다. 이번 발굴로 당시의 생활상을 알 수 있을 것으로 기대된다.

09. 다음 대화가 있었던 시기를 연표에서 옳게 고른 것은? [3점]

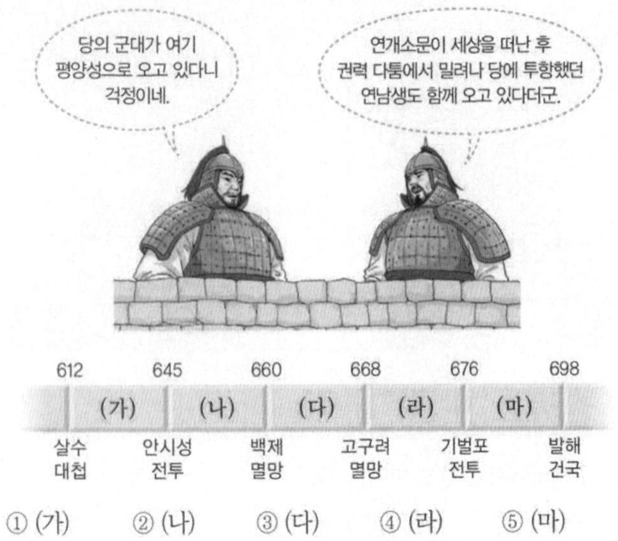
당의 군대가 여기 평양성으로 오고 있다니 걱정이네.
연개소문이 세상을 떠난 후 권력 다툼에서 밀려나 당에 투항했던 연남생도 함께 오고 있다더군.
612
645
660
668
676
698
(가)
(나)
(다)
(라)
(마)
살수 대첩
안시성 전투
백제 멸망
고구려 멸망
기벌포 전투
발해 건국

① (가) ② (나) ③ (다) ④ (라) ⑤ (마)

10. (가)에 들어갈 제목으로 적절한 것은? [2점]

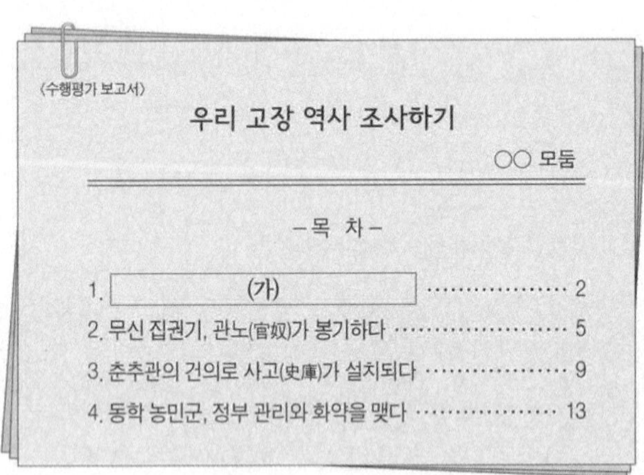

〈수행평가 보고서〉

우리 고장 역사 조사하기

○○ 모둠

–목 차–

1. (가) ········ 2
2. 무신 집권기, 관노(官奴)가 봉기하다 ········ 5
3. 춘추관의 건의로 사고(史庫)가 설치되다 ········ 9
4. 동학 농민군, 정부 관리와 화약을 맺다 ········ 13

① 의상, 부석사를 창건하다
② 진흥왕, 순수비를 세우다
③ 견훤, 후백제의 도읍을 정하다
④ 문왕, 장안성을 본떠 도성을 만들다
⑤ 검모잠, 고구려 부흥 운동을 전개하다

11. (가) 국가의 군사 제도에 대한 설명으로 옳은 것은? [3점]

> (가) 의 도병마사와 식목도감은 중서문하성과 중추원의 고위 관료인 재신과 추밀로 구성된 회의 기구였다. 도병마사는 국방과 군사 문제를 논의하였고, 식목도감은 법의 제정이나 각종 시행 규정을 다루었다.

① 중앙군으로 2군 6위를 두었다.
② 국왕 친위 부대인 장용영을 조직하였다.
③ 개화 정책의 일환으로 별기군을 창설하였다.
④ 북벌 정책을 추진하기 위해 어영청을 확대하였다.
⑤ 포수, 사수, 살수로 구성된 훈련도감을 설치하였다.

12. (가) 왕의 업적으로 옳은 것은? [1점]

과거를 통해 나라의 인재를 선발하소서.
건의를 받아들이겠소. 처음 실시하는 것이니 공이 지공거가 되어 과거를 주관하도록 하시오.
쌍기
(가)

① 호패법을 실시하였다.
② 노비안검법을 시행하였다.
③ 독서삼품과를 마련하였다.
④ 12목에 지방관을 파견하였다.
⑤ 정동행성 이문소를 폐지하였다.

13. 다음 자료에 해당하는 역사책으로 옳은 것은? [2점]

> 폐하께 아룁니다.
> 옛날 여러 나라들은 제각기 사관을 두어 기록을 남겼습니다. 폐하께서도 "오늘날의 학자들이 중국의 경전과 역사에는 능통하나, 우리나라 역사는 잘 알지 못하니 걱정스러운 일이다."라고 말씀하셨습니다. 이에 신(臣) 김부식이 감수국사로 명을 받아 본기 28권, 연표 3권, 지 9권, 열전 10권을 찬술하여 올리나이다.

① 고려사 ② 발해고 ③ 동국통감 ④ 삼국사기 ⑤ 삼국유사

14. 밑줄 그은 '시기'에 있었던 사실로 옳은 것은? [2점]

> 이곳은 처인성 터입니다. 고려가 수도를 강화도로 옮기고 외적의 침입에 항전했던 시기에, 승려 김윤후가 이곳에서 적장 살리타를 사살하였습니다.

① 이종무가 대마도를 정벌하였다.
② 강감찬이 귀주에서 거란군에게 승리하였다.
③ 서희가 외교 담판으로 강동 6주를 획득하였다.
④ 의병이 왜군의 침략에 맞서 각지에서 일어났다.
⑤ 노비를 비롯한 하층민이 충주성에서 몽골군을 물리쳤다.

15. 다음 글이 작성된 당시의 상황으로 옳은 것은? [2점]

> 엎드려 보건대, 적신(賊臣) 이의민은 성품이 사납고 잔인하여 윗사람을 업신여기고 아랫사람을 능멸하였습니다. 임금 자리를 흔들고자 하니, 재앙의 불길이 커져 백성이 살 수 없으므로 신(臣) 최충헌 등이 폐하의 위령(威靈)에 힘입어 일거에 소탕하였습니다. 원컨대 폐하께서는 옛 정치를 고쳐 새로운 정치를 도모하시고, 태조의 바른 법을 행하여 빛나게 중흥하소서. 삼가 봉사 10조를 올립니다.

① 무신이 권력을 장악하였다.
② 6두품이 국왕을 보좌하였다.
③ 호족이 고려 건국을 주도하였다.
④ 친원 세력이 대농장을 경영하였다.
⑤ 사림이 동인과 서인으로 나뉘었다.

16. (가)에 들어갈 문화유산으로 옳은 것은? [3점]

> **문화유산 카드**
>
> (가)
>
> • 종목: 국보 48-1호
> • 소재지: 강원도 평창군
> • 소개: 고려 시대에 다각형의 다층 석탑이 유행하면서 세워진 탑이다. 2단의 기단 위에 탑신부와 상륜부를 세웠으며, 탑 앞에는 공양하는 모습의 석조 보살 좌상이 있다.

① 
불국사 삼층 석탑

② 
감은사지 삼층 석탑

③ 
정림사지 오층 석탑

④ 
월정사 팔각 구층 석탑

⑤ 화엄사 사사자 삼층 석탑

17. 다음 퀴즈의 정답으로 옳은 것은? [1점]

조선 시대 국가 행정을 체계화하기 위해 국가 조직, 재정, 의례, 군사 제도 등 통치 전반에 걸친 법령을 종합하여 만든 법전입니다. 세조 때 편찬을 시작하여 성종 때 완료하고 반포한 이것은 무엇일까요?

① 경국대전
② 대전통편

③ 대전회통

④ 육전조례

⑤ 조선경국전

18. 다음 대화에 등장하는 관리에 대한 설명으로 옳은 것은? [2점]

> S#9. 궁궐 편전 안
>
> 국왕: 그대가 이번에 부임하여 실천해야 할 칠사(七事)를 말해 보라.
>
> 관리: 예, 전하. 농업과 양잠을 성하게 하고, 호구를 늘리고, 학교를 일으키고, 군정을 잘 다스리고, 부역을 고르게 하고, 소송을 간소화하고, 간사함과 교활함을 없애는 일입니다.
>
> 국왕: 옳도다. 그대는 이를 잊지 말고 성실히 수행하도록 하라.

① 실록 편찬을 담당하였다.
② 의정부에서 중요 정책을 심의하였다.
③ 5품 이하 관원에 대한 서경권을 가졌다.
④ 지방의 행정·군사·사법권을 행사하였다.
⑤ 외국으로 가는 사신의 통역을 전담하였다.

19. 다음 검색창에 들어갈 인물의 활동으로 옳은 것은? [2점]

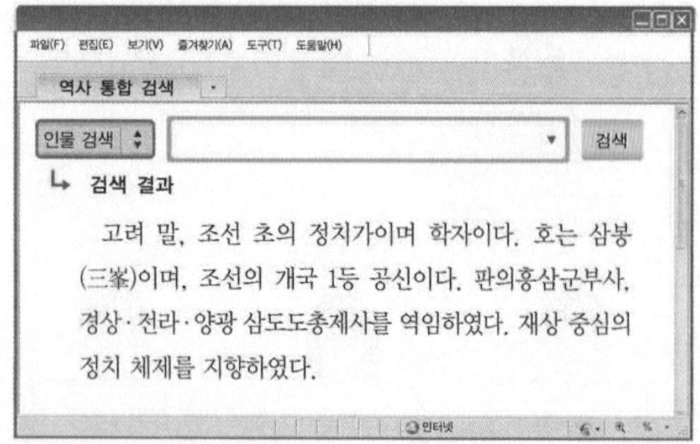

고려 말, 조선 초의 정치가이며 학자이다. 호는 삼봉(三峯)이며, 조선의 개국 1등 공신이다. 판의흥삼군부사, 경상·전라·양광 삼도도총제사를 역임하였다. 재상 중심의 정치 체제를 지향하였다.

① 몽유도원도를 그렸다.
② 거중기를 설계하였다.
③ 불씨잡변을 저술하였다.
④ 동국지도를 제작하였다.
⑤ 현량과 실시를 건의하였다.

20. (가)에 대한 설명으로 옳은 것은? [2점]

사당
강당
동재
서재

〈주요 건물 배치도〉

이것은 (가) 의 일반적인 모습입니다. (가) 은/는 조선 시대의 사립 교육 기관으로, 중종 때 주세붕이 처음 설립한 이후 전국 각지에 세워졌습니다.

① 전문 강좌로 7재를 두었다.
② 중앙에서 훈도가 파견되었다.
③ 중국어 등 외국어 교육을 관장하였다.
④ 선현에 대한 제사와 함께 교육을 담당하였다.
⑤ 외국인 교사를 초빙하여 근대 교육을 실시하였다.

21. (가)~(마)에 들어갈 내용으로 옳지 않은 것은? [3점]

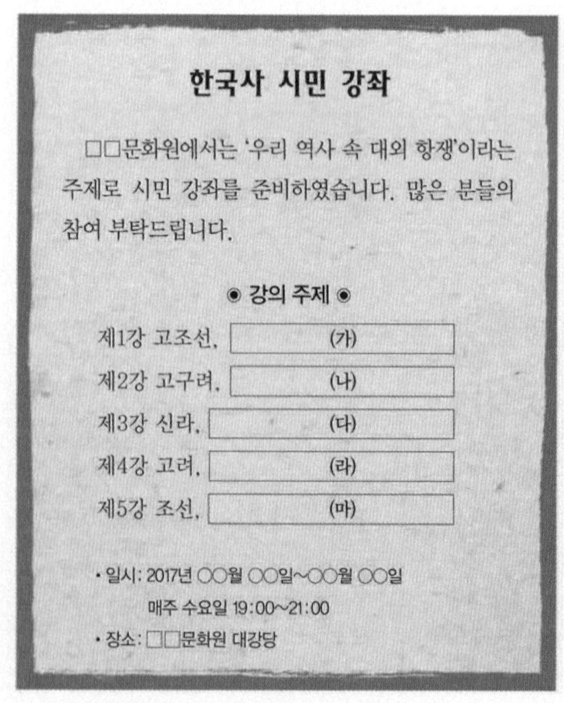

한국사 시민 강좌

□□문화원에서는 '우리 역사 속 대외 항쟁'이라는 주제로 시민 강좌를 준비하였습니다. 많은 분들의 참여 부탁드립니다.

◉ 강의 주제 ◉

제1강 고조선, (가)
제2강 고구려, (나)
제3강 신라, (다)
제4강 고려, (라)
제5강 조선, (마)

• 일시: 2017년 ○○월 ○○일~○○월 ○○일
매주 수요일 19:00~21:00
• 장소: □□문화원 대강당

① (가) – 왕검성에서 한의 군대에 저항하다
② (나) – 요동성에서 수의 군대에 맞서다
③ (다) – 매소성에서 당의 군대를 격파하다
④ (라) – 행주산성에서 왜군을 물리치다
⑤ (마) – 정족산성에서 프랑스군을 막아 내다

22. 다음 인물에 대한 설명으로 옳은 것은? [3점]

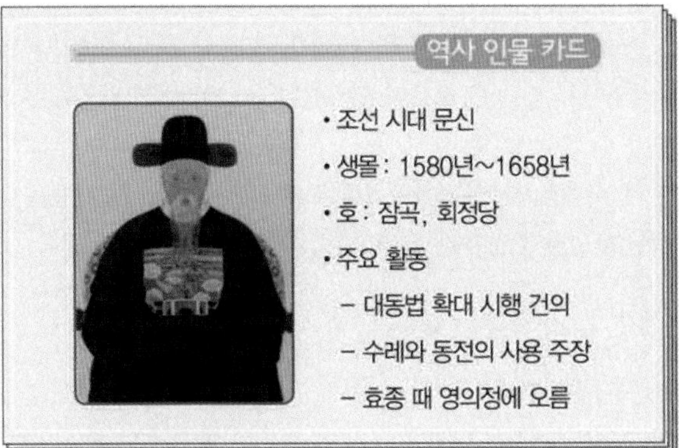

① 양반전을 저술하였다.
② 추사체를 창안하였다.
③ 대동여지도를 제작하였다.
④ 소격서 폐지를 건의하였다.
⑤ 시헌력 도입을 주장하였다.

23. (가)~(다) 학생이 발표한 내용을 일어난 순서대로 옳게 나열한 것은? [2점]

① (가) – (나) – (다)
② (가) – (다) – (나)
③ (나) – (가) – (다)
④ (나) – (다) – (가)
⑤ (다) – (나) – (가)

24. (가)에 들어갈 내용으로 옳은 것은? [1점]

역사 학습지 조선 제21대 국왕
□□의 업적 정리하기
○학년 ○반 이름 ○○○

탕평비 건립
(가)
속대전 편찬
신문고 부활
청계천 준설
□□의 업적

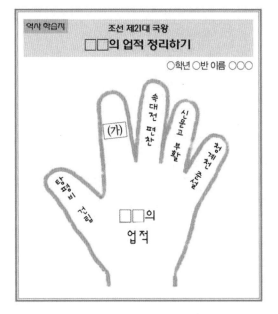

① 나선 정벌
② 화성 건설
③ 경복궁 중건
④ 균역법 시행
⑤ 4군 6진 개척

25. 다음 안내문의 댓글로 적절하지 않은 것은? [2점]

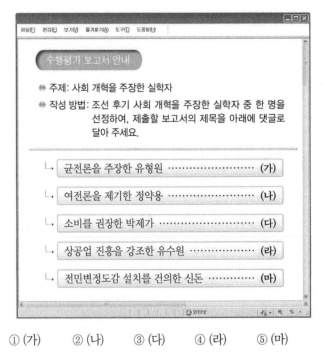

수행평가 보고서 안내

- 주제: 사회 개혁을 주장한 실학자
- 작성 방법: 조선 후기 사회 개혁을 주장한 실학자 중 한 명을 선정하여, 제출할 보고서의 제목을 아래에 댓글로 달아 주세요.

↳ 균전론을 주장한 유형원 ······ (가)
↳ 여전론을 제기한 정약용 ······ (나)
↳ 소비를 권장한 박제가 ······ (다)
↳ 상공업 진흥을 강조한 유수원 ······ (라)
↳ 전민변정도감 설치를 건의한 신돈 ······ (마)

① (가) ② (나) ③ (다) ④ (라) ⑤ (마)

26. (가)에 들어갈 상인으로 옳은 것은? [1점]

2017년

(가) 전통 문화 축제

우리 문화재단에서는 (가) 전통 문화 축제를 개최합니다. (가) 은/는 전국의 장시에서 활동한 상인으로 봇짐장수와 등짐장수를 아울러 일컫는 말입니다. 이들과 관련된 길 행렬, 난전놀이 등 다양한 공연을 준비했으니 많은 참여 바랍니다.

- 일시 : 2017년 □□월 □□일 10:00~18:00
- 장소 : ○○시 △△시장
- 주관 : ○○문화재단

① 객주 ② 공인 ③ 보부상
④ 경강상인 ⑤ 시전 상인

27. 다음 사료를 활용한 수업 주제로 가장 적절한 것은? [2점]

- 국가에 토지를 여섯 등급으로 나누는 법이 있고, 세를 거둘 때 아홉 등급으로 나누는 제도가 있다. …… 그런데 등급을 나누어 세를 내게 할 때 모두 하하(下下)를 따른다. 중(中)이나 상(上)이 있는 법을 알지 못하고 되풀이하여 답습하다 보니 마침내 일상적인 규정이 되어 버렸다.

  -『선조실록』-

- 인조 갑술년에 양전을 한 뒤, 해마다 풍흉을 보아 등급을 나누는 법을 혁파하고 …… 경기·삼남·해서·관동은 모두 1결에 전세 4두를 징수하였다.

  -『만기요람』-

① 녹읍의 혁파 ② 지계의 발급
③ 역분전의 지급 ④ 영정법의 시행
⑤ 전시과 제도의 실시

28. 밑줄 그은 '소동' 이후 정부의 대책으로 옳은 것은? [2점]

경상도 안핵사 박규수가 아뢰기를 "금번 진주의 난민들이 소동을 일으킨 것은 오로지 전(前) 우병사 백낙신이 탐욕을 부려 수탈하였기 때문입니다. …… 이 때문에 고을 인심이 들끓고 여러 사람의 노여움이 한꺼번에 폭발하여 전에 듣지 못하던 변란이 갑자기 일어난 것입니다."라고 하였다.

-『철종실록』-

① 흑창을 두었다.
② 만권당을 두었다.
③ 동시전을 설치하였다.
④ 금난전권을 폐지하였다.
⑤ 삼정이정청을 설치하였다.

29. 밑줄 그은 '이 책'으로 옳은 것은? [2점]

이중환이 지은 이 책은 사민(四民) 총론, 팔도 총론, 복거(卜居) 총론, 총론으로 구성되어 있다. 각 지방의 자연 환경, 풍속, 인물 등을 자세히 수록하였으며, 특히 취락과 거주지의 이상적인 조건으로는 지리, 생리(生利), 인심, 산수를 제시하였다.

①

택리지

② 동사강목

③
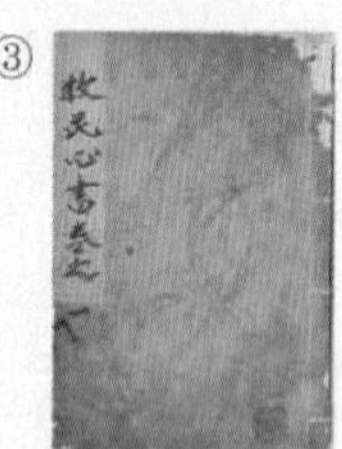
목민심서

④

반계수록

⑤ 금석과안록

30. (가) 인물의 작품으로 옳은 것은? [2점]

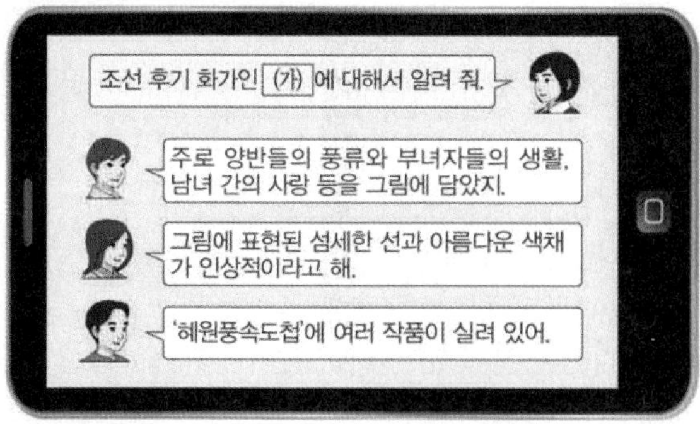

①
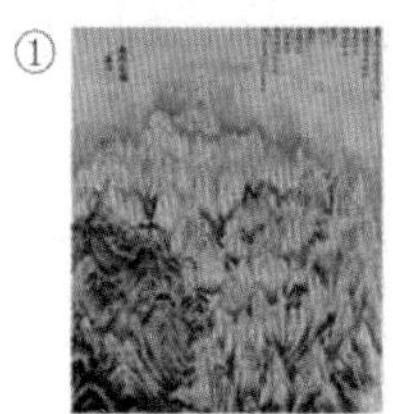
②
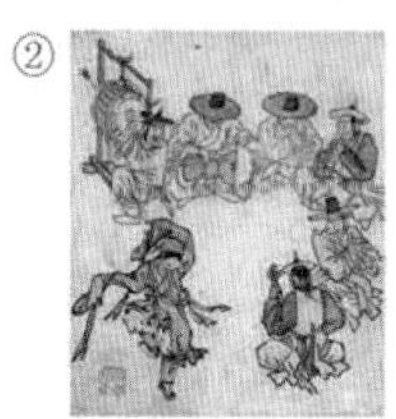
③

④

⑤

31. 밑줄 그은 '이 사건'에 대한 설명으로 옳은 것은? [2점]

① 홍경래의 주도로 일어났다.
② 청의 군대에 의해 진압되었다.
③ 척화비가 건립되는 결과를 가져왔다.
④ 서경에 대위국이 수립되는 계기가 되었다.
⑤ 보국안민과 척왜양창의의 구호를 내세웠다.

32. 다음 인물에 대한 설명으로 옳은 것은? [2점]

○○○ 연보

- 1851년 공주에서 출생
- 1872년 문과에 장원 급제
- 1883년 호조 참판에 오름
- 1884년 갑신정변 실패 후 일본으로 망명
- 1894년 홍종우에게 피살

① 황준헌이 지은 조선책략을 조선에 소개하였다.
② 평양 군민을 지휘하여 제너럴 셔먼호를 격침시켰다.
③ 박영효, 홍영식 등과 함께 급진 개화파를 형성하였다.
④ 13도 창의군을 이끌고 서울 진공 작전을 전개하였다.
⑤ 인내천 사상을 내세워 인간의 존엄성과 평등을 강조하였다.

33. (가)에 해당하는 사진 자료로 옳은 것은? [2점]

1897년 10월 ○○일

폐하의 즉위식에 다녀왔다. 폐하께서는 (가) 에서 제사를 지내 황제가 되었음을 천지(天地)에 고하였다. 이제 우리나라도 주변국과 어깨를 나란히 하는 제국이 되었다는 사실에 가슴이 벅차오른다.

①

②

③

④

⑤

34. (가)에 들어갈 내용으로 옳지 않은 것은? [2점]

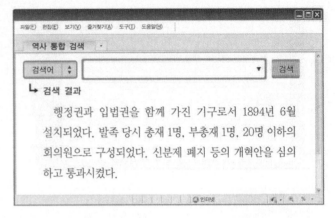

을사늑약을 전후하여
교육과 산업을 일으켜 나라의
힘을 기르고, 국권을 수호하자고
주장했던 단체의 활동에 대해
구체적으로 말씀해 주세요.
(가)

① 신민회가 평양에 자기 회사를 설립하였어요.
② 신간회가 광주 학생 항일 운동을 지원하였어요.
③ 헌정 연구회가 입헌 군주제 수립을 주장하였어요.
④ 보안회가 일제의 황무지 개간권 요구를 저지시켰어요.
⑤ 대한 자강회가 월보를 간행하여 계몽 운동을 펼쳤어요.

35. 다음 법령이 공포된 이후에 있었던 사실로 옳은 것은? [3점]

> 기한을 정하여 구화폐를 교환하는 것에 대한 건
> ……
> 제3조 구 백동화의 교환과 환수는 광무 9년 7월 1일부터 시작한다.
> 제4조 구 백동화의 교환을 끝내는 기한은 만 1년 이상으로 탁지부 대신이 편의에 따라 정한다.
> 제5조 구 백동화의 교환 기간이 끝난 후에는 그 통용을 금지한다. 단, 통용을 금지한 후 6개월 동안에는 조세 납부에 쓸 수 있게 한다.
> ……

① 은본위제가 처음으로 실시되었다.
② 화폐 발행을 위한 전환국이 설치되었다.
③ 황국 중앙 총상회가 상권 수호 운동을 펼쳤다.
④ 함경도 관찰사 조병식이 방곡령을 선포하였다.
⑤ 김광제, 서상돈 등이 국채 보상 운동을 전개하였다.

36. 다음 검색창에 들어갈 기구로 옳은 것은? [1점]

> 역사 통합 검색
> 검색어 [ ] 검색
> ↳ 검색 결과
> 행정권과 입법권을 함께 가진 기구로서 1894년 6월 설치되었다. 발족 당시 총재 1명, 부총재 1명, 20명 이하의 회의원으로 구성되었다. 신분제 폐지 등의 개혁안을 심의하고 통과시켰다.

① 비변사 ② 선혜청
③ 중추원 ④ 군국기무처
⑤ 도평의사사

37. 밑줄 그은 '섬'을 지도에서 옳게 찾은 것은? [1점]

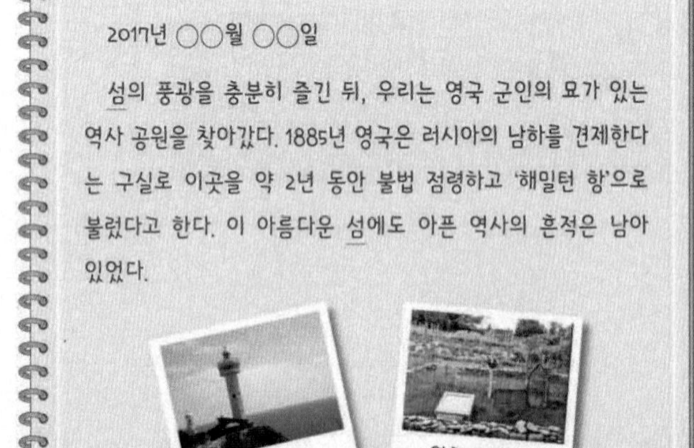

2017년 ○○월 ○○일
섬의 풍광을 충분히 즐긴 뒤, 우리는 영국 군인의 묘가 있는 역사 공원을 찾아갔다. 1885년 영국은 러시아의 남하를 견제한다는 구실로 이곳을 약 2년 동안 불법 점령하고 '해밀턴 항'으로 불렀다고 한다. 이 아름다운 섬에도 아픈 역사의 흔적은 남아 있었다.
등대
영국 군인 묘

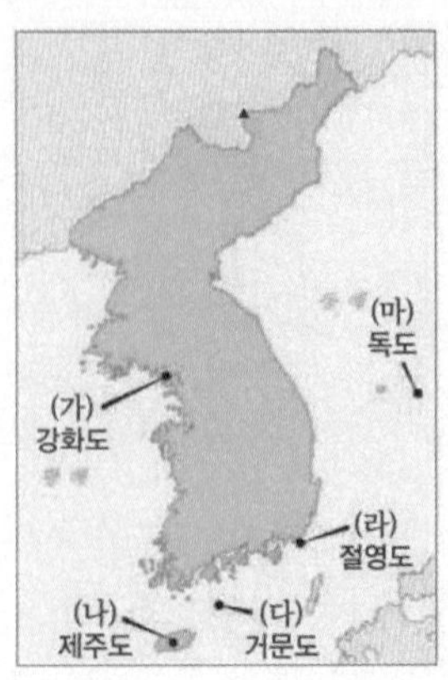

① (가) ② (나) ③ (다)
④ (라) ⑤ (마)

38. (가)에 들어갈 내용으로 옳은 것은? [3점]

<1910년대 항일 독립운동>

1. 국내

1) 임병찬 등이 독립 의군부 조직

2) (가)

3) 여성 독립운동 단체인 송죽회 결성

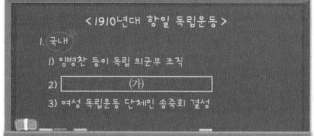

① 이상설 등이 권업회 결성
② 박상진 등이 대한 광복회 조직
③ 이회영 등이 신흥 강습소 설립
④ 대한 독립군이 봉오동에서 승리
⑤ 대한인 국민회가 대조선 국민군단 운영

39. 다음 가상 뉴스 보도 이후에 전개된 사실로 옳은 것은? [2점]

① 제물포 조약이 체결되었다.
② 프랑스가 병인박해를 구실로 침략하였다.
③ 구식 군인들이 일본 공사관을 습격하였다.
④ 어재연이 광성보에서 미군에 맞서 싸웠다.
⑤ 독립 협회가 이권 수호 운동을 전개하였다.

40. 다음 자료에 나타난 민족 운동에 대한 설명으로 옳은 것은? [2점]

이날은 순종 황제의 인산(因山)일이었다. 그의 가는 길에 한줄기 눈물이라도 뿌리려고 각처에서 군중들이 모여들었다. 이것이 어찌 나라를 잃고서 원망만 받던 그의 죽음이 슬퍼서이겠는가. 망국 최후 주권자의 마지막 길을 조상(弔喪)하는 것이다. 자주 독립의 새 나라를 세우려는 사람들의 갈망이 대한 독립 만세의 외침으로 분출되었다.

① 중국의 5·4 운동에 영향을 주었다.
② 민족 유일당 운동의 계기가 되었다.
③ 광주에서 시작하여 전국으로 확산되었다.
④ 대한민국 임시 정부 수립의 배경이 되었다.
⑤ 일제의 헌병 경찰 통치에 항거하여 일어났다.

41. (가)~(다)를 일어난 순서대로 옳게 나열한 것은? [2점]

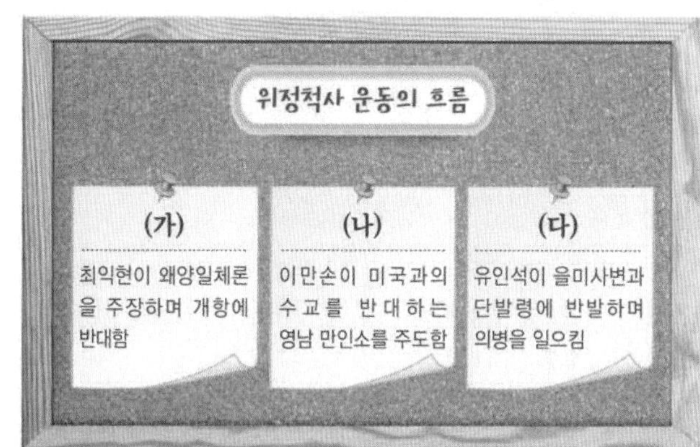

① (가) - (나) - (다)
② (가) - (다) - (나)
③ (나) - (가) - (다)
④ (나) - (다) - (가)
⑤ (다) - (나) - (가)

42. (가)에 들어갈 용어로 옳은 것은? [1점]

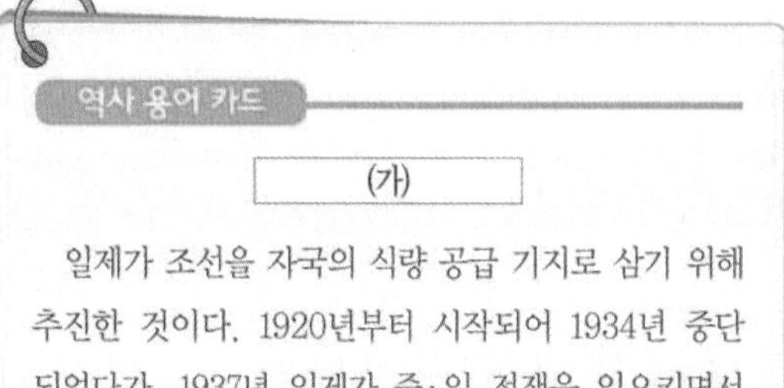

일제가 조선을 자국의 식량 공급 기지로 삼기 위해 추진한 것이다. 1920년부터 시작되어 1934년 중단되었다가, 1937년 일제가 중·일 전쟁을 일으키면서 1940년 다시 추진되었다.

① 미곡 공출제
② 산미 증식 계획
③ 농촌 진흥 운동
④ 토지 조사 사업
⑤ 병참 기지화 정책

43. 다음 다큐멘터리의 주인공으로 옳은 것은? [1점]

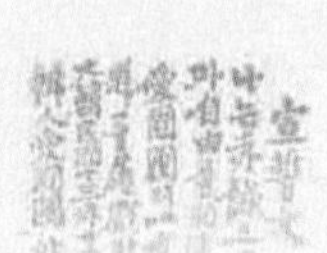

일본 이름 '기노시타 쇼조'로 살았던 청년,
차별 없는 세상을 꿈꾸며 영웅으로 다시 태어났다!

한인 애국단의 첫 의거

1932년 1월 8일, 일왕을 향해 폭탄을 던진 날!
1932년 10월 10일, 순국한 날!

① 김상옥 ② 김원봉 ③ 김익상

④ 윤봉길 ⑤ 이봉창

44. (가)의 활동으로 옳지 않은 것은? [2점]

> (가) 은/는 나라 안팎에서 활동하던 대다수의 독립운동 세력이 참여하여 수립되었다. 최초의 민주 공화제 정부로서, 입법 기구인 임시 의정원, 행정 기구인 국무원, 사법 기구인 법원의 3권 분립 체제를 갖추고 있었다. 이는 우리나라가 국민이 주인인 민국으로 새롭게 출범하였음을 의미한다. 오늘날 대한민국 헌법은 그 법통을 계승한다고 명시하고 있다.

① 독립 공채를 발행하였다.
② 한국 광복군을 창설하였다.
③ 구미 위원부를 설치하였다.
④ 대한매일신보를 간행하였다.
⑤ 연통제와 교통국을 운영하였다.

45. 밑줄 그은 '이 법령'으로 옳은 것은? [2점]

이 섬은 지하에 해저 탄광이 있던 하시마야. 군함도라고도 하지. 최근 유네스코 세계유산 등재에 대한 많은 비판이 있었대.
그건 이곳에서 많은 조선인 광부들이 고통을 받았기 때문이야. 특히 1939년 이 법령이 제정된 이후 많은 조선인들이 끌려왔대.

① 국민 징용령 ② 범죄 즉결례
③ 조선 태형령 ④ 치안 유지법
⑤ 조선 사상범 보호 관찰령

46. (가)에 들어갈 사진 자료로 옳은 것은? [3점]

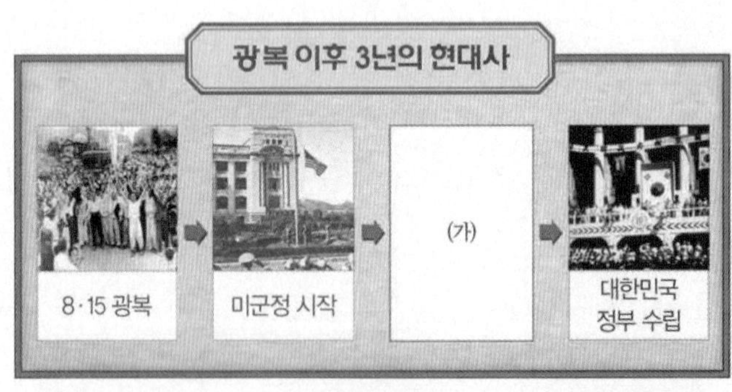

① 근우회 창립

② 원산 총파업

③ 좌·우 합작 위원회 활동

④ 남북 학생 회담 요구 시위

⑤ 반민족 행위 특별 조사 위원회 활동

47. 밑줄 그은 '작전'이 일어난 시기를 연표에서 옳게 고른 것은? [2점]

이것은 장진호 전투 기념비입니다. 이 전투로 인해 함경남도 흥남에서 전개한 철수 작전이 성공하여, 10만여 명의 피난민도 구출될 수 있었습니다.

1950. 6.		1950. 9.		1950. 10.		1951. 1.		1951. 7.		1953. 7.
	(가)		(나)		(다)		(라)		(마)	
6·25 전쟁 발발		서울 수복		중국군 참전		1·4 후퇴		휴전 회담 시작		휴전 협정 조인

① (가) ② (나) ③ (다) ④ (라) ⑤ (마)

48. 밑줄 그은 '정부' 시기의 경제 상황으로 옳은 것은? [3점]

□□박물관 특별전

독일로 간 한국 노동자들

경제 개발 5개년 계획 추진을 위해 외화가 필요했던 정부는 독일과 협정을 체결하여 광부를 파견하였습니다. 또한 광부뿐만 아니라 많은 간호사도 고국을 떠나 독일로 건너갔습니다. 독일로 간 그들의 삶을 따라가 봅시다.

• 기간 : 2017년 ○○월 ○○일~○○월 ○○일
• 장소 : □□박물관 기획 전시실

① 3저 호황으로 수출이 증가하였다.
② 베트남 전쟁 참전에 따른 특수를 누렸다.
③ 경제 협력 개발 기구(OECD)에 가입하였다.
④ 국제 통화 기금(IMF)의 관리를 받게 되었다.
⑤ 개성 공단 건설을 통해 남북 간 경제 교류가 이루어졌다.

49. 다음 상황이 전개된 배경으로 옳은 것은? [2점]

S#24. 마산 시청 앞

학생 대표 : 마산 시민 여러분! 우리는 결코 저 자유당 독재 세력을 두려워해선 안 됩니다! 다 같이 외칩시다. 김주열을 살려 내라! 살인자를 찾아내라!

시민들 : (한목소리로) 김주열을 살려 내라! 살인자를 찾아내라!

경찰1 : 최루탄이 다 떨어졌습니다. 후퇴할까요?

경비과장 : 후퇴하면 안 된다. 실탄을 장전해라!

경찰2 : 실탄 장전!

① 12·12 사태로 신군부 세력이 등장하였다.
② 장기 독재를 가능케 한 유신 헌법이 공포되었다.
③ 계엄군의 무력 진압으로 광주 시민들이 희생되었다.
④ 직선제 요구를 거부하는 4·13 호헌 조치가 발표되었다.
⑤ 여당 부통령 후보 당선을 위한 3·15 부정 선거가 일어났다.

50. 밑줄 그은 '노력'의 내용으로 옳은 것은? [2점]

□□신문

제△△호 2000년 12월 ○○일

김대중 대통령, 노벨 평화상 수상!

노르웨이 오슬로에서 김대중 대통령이 한국인 최초로 노벨 평화상을 수상하였다. 민주주의와 인권을 향해 헌신한 것과 햇볕 정책을 통해 한반도의 평화와 화해를 위해 노력한 점을 인정받은 것이다. 이번 노벨상 수상은 국제 사회의 한반도 문제에 대한 관심을 더욱 높여 평화 통일을 앞당기는 데 도움을 줄 것으로 평가된다.

① 남북 조절 위원회 설치
② 남북한 유엔 동시 가입
③ 남북 기본 합의서 채택
④ 6·15 남북 공동 선언 합의
⑤ 한반도 비핵화 공동 선언 발표

2017년도 36회 한국사능력검정시험 중급

01. (가) 시대의 생활 모습으로 옳은 것은? [1점]

이것은 강화 부근리에 있는 고인돌입니다. 고인돌은 (가) 시대에 처음 만들어졌으며, 권력을 가진 군장이 출현했음을 보여 줍니다.

① 우경이 널리 보급되었다.
② 주로 동굴이나 막집에서 살았다.
③ 빗살무늬 토기를 제작하기 시작하였다.
④ 반달 돌칼을 사용하여 곡식을 수확하였다.
⑤ 실을 뽑기 위해 가락바퀴를 처음 사용하였다.

02. 다음 대화에 해당하는 나라에 대한 설명으로 옳은 것은? [2점]

흉년이 계속되어 신지께서 걱정을 많이 하신다고 합니다.
천군께서 조만간 하늘에 제사를 지내신다니 기다려 보세.

① 신성 지역인 소도가 있었다.
② 서옥제라는 혼인 풍습이 있었다.
③ 읍락 간의 경계를 중시한 책화가 있었다.
④ 여러 가(加)들이 별도로 사출도를 다스렸다.
⑤ 사회 질서를 유지하기 위해 범금 8조를 만들었다.

03. 밑줄 그은 '왕'의 업적으로 옳은 것은? [2점]

> ○ 372년 전진 왕 부견이 사신과 승려 순도를 보내 불상과 경문(經文)을 주었다. 왕이 사신을 보내 사례하고 토산물을 바쳤다.
> ○ 373년 처음으로 율령을 반포하였다.
>
> -『삼국사기』-

① 태학을 설립하였다.
② 평양으로 천도하였다.
③ 우산국을 정벌하였다.
④ 독서삼품과를 실시하였다.
⑤ 영락이라는 연호를 사용하였다.

04. (가)에 들어갈 문화유산으로 옳은 것은? [1점]

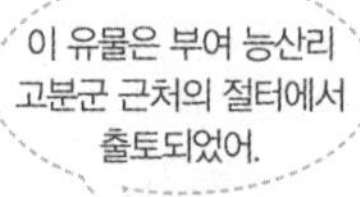

이 유물은 부여 능산리 고분군 근처의 절터에서 출토되었어.

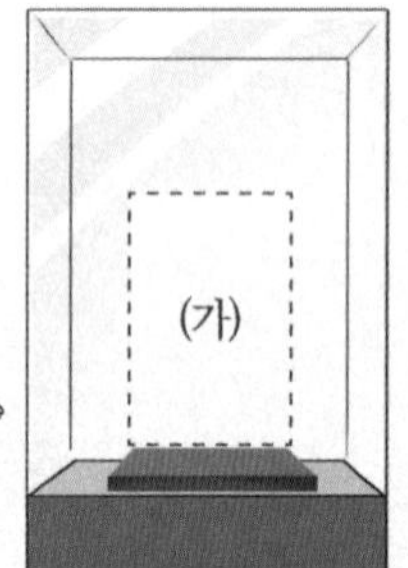

도교와 불교 사상이 함께 반영된 백제의 뛰어난 문화유산이지.

①

②

③

④

⑤

05. (가)에 들어갈 제목으로 가장 적절한 것은? [2점]

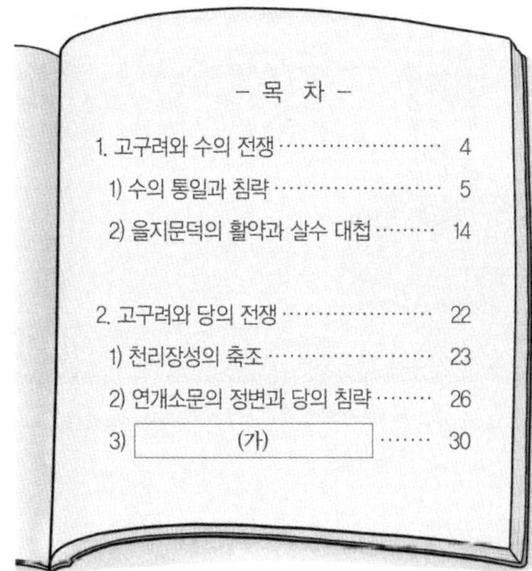

① 백강 전투의 영향
② 기벌포 전투의 결과
③ 안시성 전투의 승리
④ 한산도 대첩의 의의
⑤ 황산벌 전투의 과정

06. (가)에 들어갈 문화유산의 사진으로 옳은 것은? [2점]

이것은 고구려의 대표적인 불상입니다. 광배 뒷면에 연가(延嘉) 7년이라는 연대가 새겨져 있으며, 북위의 영향을 받은 것으로 보입니다.

① 
② 
③ 
④ 
⑤ 

07. (가)에 들어갈 내용으로 적절하지 않은 것은? [2점]

활동지
주제: 신라 말의 사회 상황
이름 ○○○

활동 내용 혜공왕 이후 신라 멸망까지의 상황을 만화로 표현한다.

(가)

① 진골만의 세상은 이제 그만!

② 

나라 이름을 후백제로 하겠노라.

③ 

김흠돌의 난을 속히 진압하라.

④ 

원종과 애노의 봉기에 동참하세.

⑤ 

요즘에는 호족이 후원하는 선종이 유행한다네.

08. 다음 인물에 대한 설명으로 옳은 것은? [3점]

오늘 살펴볼 인물은 누구인가요?
오늘의 주인공은 부석사, 낙산사 등의 사찰을 창건한 승려입니다. 그는 현세에서 고난을 구제받고자 하는 관음 신앙을 전파하는 등 신라 불교 진흥에 기여했습니다.

① 신라 화엄종을 개창하였다.
② 왕오천축국전을 저술하였다.
③ 대각국사라는 시호를 받았다.
④ 정혜쌍수를 수행 방법으로 강조하였다.
⑤ 화랑도의 규범으로 세속 5계를 제시하였다.

09. (가)~(마)에 들어갈 내용으로 적절하지 않은 것은? [3점]

고대 경제의 재조명

우리 학회에서는 고대 국가의 경제생활을 재조명하는 시간을 마련하였습니다. 많은 참여 바랍니다.

◉ 강의 주제 ◉

제1강 고구려, (가)
제2강 백제, (나)
제3강 신라, (다)
제4강 가야, (라)
제5강 발해, (마)

• 일시: 2017년 ○○월 ○○일 10:00~17:00
• 장소: ◇◇박물관 대강당
• 주관: □□학회

① (가) – 진대법으로 백성을 구휼하다
② (나) – 벽란도가 국제 무역항으로 번성하다
③ (다) – 금성에 동시를 설치하다
④ (라) – 덩이쇠를 화폐처럼 사용하다
⑤ (마) – 일본에 담비 가죽을 수출하다

10. 밑줄 그은 '이 국가'에 대한 설명으로 옳은 것은? [2점]

온돌 유적(연해주 크라스키노)

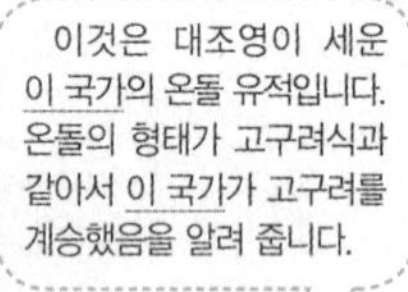

이것은 대조영이 세운 이 국가의 온돌 유적입니다. 온돌의 형태가 고구려식과 같아서 이 국가가 고구려를 계승했음을 알려 줍니다.

① 한의 침략을 받아 멸망하였다.
② 무왕 때 당의 등주를 공격하였다.
③ 도병마사에서 국방 문제를 논의하였다.
④ 지방 행정 구역으로 9주 5소경을 두었다.
⑤ 화백 회의에서 국가 중대사를 결정하였다.

11. 밑줄 그은 '국왕'의 업적으로 옳은 것은? [1점]

오늘 최승로가 국왕께 시무 28조를 건의하였습니다. 불교 행사 축소 등 중요한 개혁 내용을 담고 있어 향후 국정 운영에 영향을 미칠 것으로 보입니다.
최승로, 시무 28조 건의

① 12목 설치
② 후삼국 통일
③ 몽골 풍속 금지
④ 노비안검법 시행
⑤ 전민변정도감 설치

12. (가)에 들어갈 탑으로 옳은 것은? [2점]

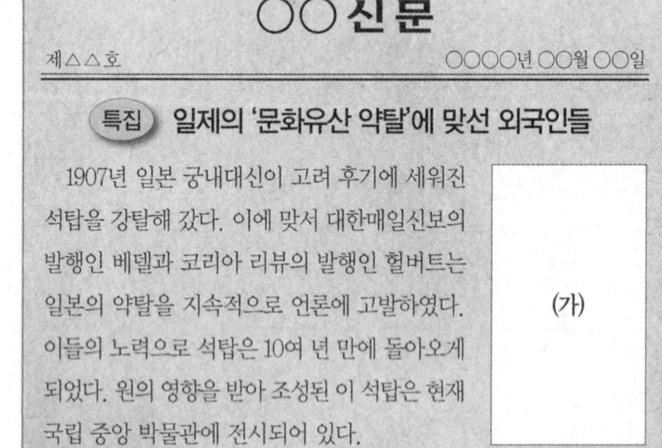

○○ 신문

제△△호 ○○○○년 ○○월 ○○일

특집 일제의 '문화유산 약탈'에 맞선 외국인들

1907년 일본 궁내대신이 고려 후기에 세워진 석탑을 강탈해 갔다. 이에 맞서 대한매일신보의 발행인 베델과 코리아 리뷰의 발행인 헐버트는 일본의 약탈을 지속적으로 언론에 고발하였다. 이들의 노력으로 석탑은 10여 년 만에 돌아오게 되었다. 원의 영향을 받아 조성된 이 석탑은 현재 국립 중앙 박물관에 전시되어 있다.

(가)

① 불국사 삼층 석탑 ② 정림사지 오층 석탑 ③ 화엄사 사사자 삼층 석탑

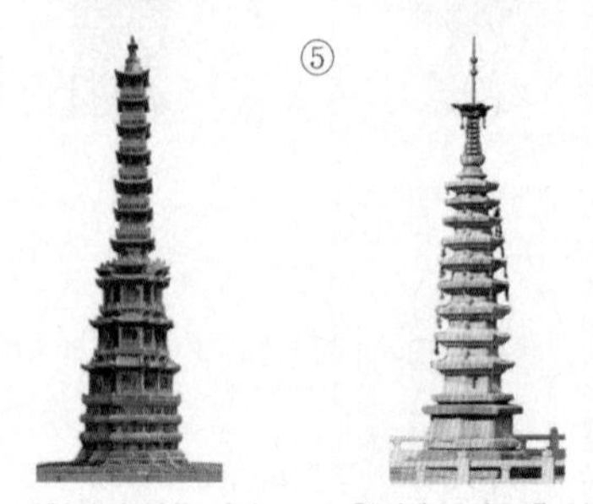

④ 경천사지 십층 석탑 ⑤ 월정사 팔각 구층 석탑

13. 다음 기행문에 나타난 답사 지역을 지도에서 옳게 찾은 것은? [3점]

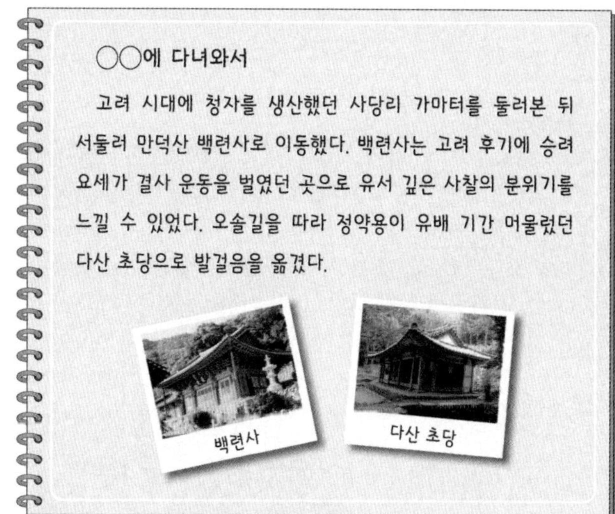

○○에 다녀와서
고려 시대에 청자를 생산했던 사당리 가마터를 둘러본 뒤 서둘러 만덕산 백련사로 이동했다. 백련사는 고려 후기에 승려 요세가 결사 운동을 벌였던 곳으로 유서 깊은 사찰의 분위기를 느낄 수 있었다. 오솔길을 따라 정약용이 유배 기간 머물렀던 다산 초당으로 발걸음을 옮겼다.
백련사
다산 초당

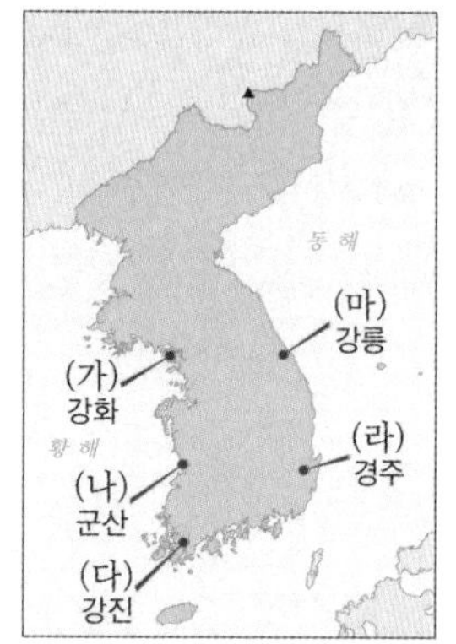

① (가) ② (나) ③ (다)
④ (라) ⑤ (마)

14. 다음 두 사건의 공통점으로 옳은 것은? [2점]

> ○ 망이가 말하기를, "우리 고향을 현(縣)으로 승격시키고 수령을 두어 위로하다가 이제 다시 군대를 일으켜 토벌하러 오다니, 끝까지 굴복하지 않고 개경까지 가고야 말겠다."라고 하였다.
>
> ○ 만적 등이 노예들을 모아서 말하기를, "장군과 재상에 어찌 타고난 씨가 있겠는가? 때가 되면 누구나 차지할 수 있는 것이다."라고 하였다.

① 고구려 부흥을 내세웠다.
② 무신 집권기에 발생하였다.
③ 몽골과의 강화를 반대하였다.
④ 정감록의 영향을 받아 일어났다.
⑤ 임술 농민 봉기의 계기가 되었다.

15. (가) 시기에 있었던 사실로 옳은 것은? [2점]

거란 장수 소손녕과 외교 담판을 벌일 것이다!
서희 ➡ (가) ➡ 윤관
여진족을 정벌하기 위해 별무반을 편성할 것이다!

① 김종서가 6진을 개척하였다.
② 박위가 쓰시마섬을 정벌하였다.
③ 최영이 요동 정벌을 추진하였다.
④ 이성계가 황산에서 왜구를 격퇴하였다.
⑤ 강감찬이 귀주에서 거란군을 물리쳤다.

16. (가)에 해당하는 역사서로 옳은 것은? [2점]

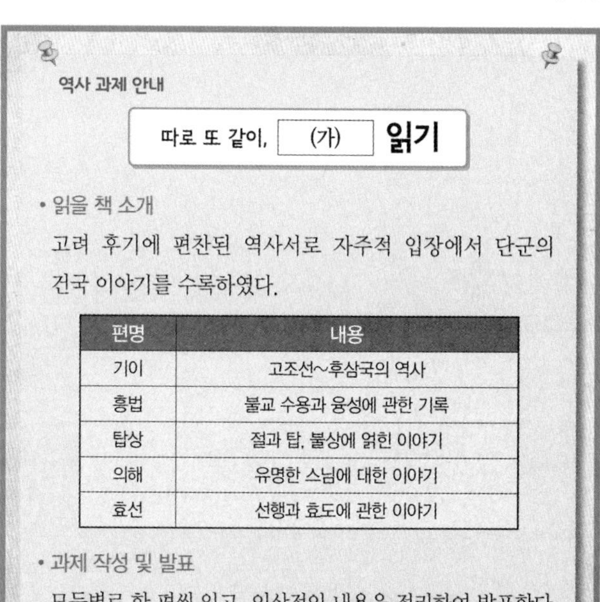
역사 과제 안내

따로 또 같이, (가) 읽기

• 읽을 책 소개
고려 후기에 편찬된 역사서로 자주적 입장에서 단군의 건국 이야기를 수록하였다.

편명	내용
기이	고조선~후삼국의 역사
흥법	불교 수용과 융성에 관한 기록
탑상	절과 탑, 불상에 얽힌 이야기
의해	유명한 스님에 대한 이야기
효선	선행과 효도에 관한 이야기

• 과제 작성 및 발표
모둠별로 한 편씩 읽고, 인상적인 내용을 정리하여 발표한다.

① 
발해고

② 
동사강목

③ 
삼국사기

④ 
삼국유사

⑤ 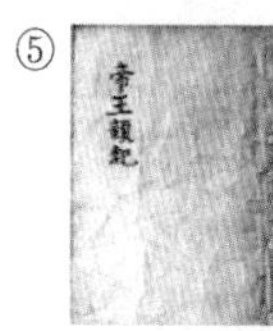
제왕운기

17. 밑줄 그은 '이들'에 대한 설명으로 옳은 것은? [2점]

이들은 조선 정부가 종로에 만든 상점가에서 물품을 팔았습니다.
그렇습니다. 이들은 왕실이나 관청이 필요로 하는 물품을 공급하였는데, 육의전 상인이 가장 대표적입니다.

① 각지에 송방이라는 지점을 두었다.
② 의주에 근거지를 두고 청과 교역하였다.
③ 금난전권을 통해 사상(私商)을 억압하였다.
④ 여러 장시를 하나의 유통망으로 연계시켰다.
⑤ 주로 포구에서 중개·금융·숙박 등의 영업을 하였다.

18. 밑줄 그은 '왕'이 추진한 경제 정책으로 옳은 것은? [3점]

한국사 신문

제△△호 ○○○○년 ○○월 ○○일

우리 풍토에 맞는 농서 완성

왕의 명령에 따라 농사직설이 편찬되었다. 왕은 조선의 풍토에 맞는 농법을 정리한 이 책을 각 도 감사와 수령들에게 보급하라고 명하였다. 앞으로 이 책에 소개된 농법이 농민들에게 큰 도움을 줄 것으로 보인다.

① 지계를 발급하였다.
② 직전법을 폐지하였다.
③ 대동법을 실시하였다.
④ 건원중보를 발행하였다.
⑤ 연분 9등법을 시행하였다.

19. (가)에 들어갈 민속놀이로 옳은 것은? [1점]

2017년 한가위
민속놀이 한마당

○○문화원에서는 임진왜란 때 이순신 장군의 전술에서 유래되었다고 전해 오는 (가) 행사를 개최합니다. 이웃과 손잡고 둥글게 돌며 노래 부르면서 풍성한 한가위를 보내세요. 유네스코 인류 무형 문화유산인 이 민속놀이에 관심 있는 분들의 많은 참여 바랍니다.

- 일시: 2017년 10월 4일 20:00
- 장소: △△ 민속 운동장
- 주관: ○○문화원

① 강강술래 ② 줄다리기 ③ 차전놀이
④ 놋다리밟기 ⑤ 남사당놀이

20. 다음 답사 지역에서 있었던 사실로 옳은 것은? [2점]

답사 보고서

이름 □□□

- 지역: △△ 일대
- 일자: 2017년 ○○월 ○○일
- 코스: 하회 마을 → 봉정사 → 도산 서원
- 사진

봉정사 극락전

도산 서원 전교당

① 장보고가 청해진을 설치하였다.
② 안창호가 대성 학교를 설립하였다.
③ 묘청이 천도를 주장하며 난을 일으켰다.
④ 공민왕이 홍건적의 침입 때 피란하였다.
⑤ 전봉준이 조병갑의 학정에 반발하여 봉기하였다.

21. 다음 왕의 재위 기간에 있었던 사실로 옳은 것은? [2점]

① 과전법 실시
② 별기군 설치
③ 경국대전 반포
④ 동의보감 완성
⑤ 수원 화성 축조

22. (가)~(다) 화폐를 처음 발행된 순서대로 옳게 나열한 것은? [1점]

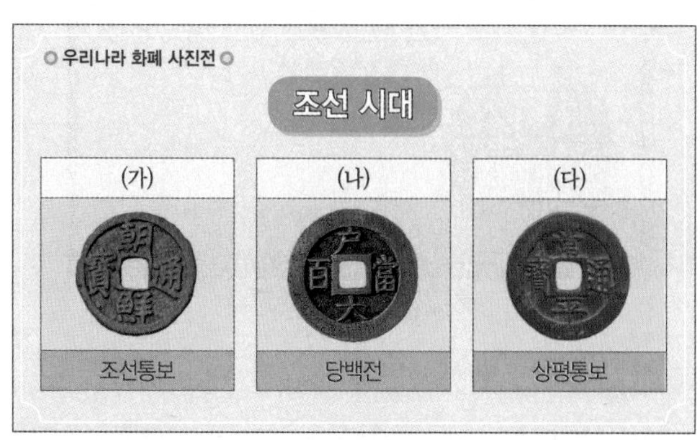

① (가) - (나) - (다)
② (가) - (다) - (나)
③ (나) - (가) - (다)
④ (나) - (다) - (가)
⑤ (다) - (나) - (가)

23. 다음 폐단을 해결하기 위해 실시한 정책으로 옳은 것은? [2점]

> 50만 호가 져야 할 양역을 10여만 호가 감당해야 하니 한 집안에 남자가 4, 5명이 있어도 모두 군역에서 벗어나지 못합니다. 그리고 한 사람의 신포(身布) 값이 4, 5냥이니 한 집안의 4, 5명에 모두 소용되는 비용은 20여 냥이나 됩니다. …… 비록 날마다 매질을 하여도 그것을 마련할 수 없어 마침내는 죽지 않으면 도망을 가게 됩니다.
>
> -『영조실록』-

① 개경과 서경에 상평창을 마련하였다.
② 토지 1결당 쌀 4두를 납부하게 하였다.
③ 흑창을 개편하여 의창으로 운영하였다.
④ 1년에 2필씩 걷던 군포를 1필로 줄였다.
⑤ 향촌에서 자치적으로 운영하는 사창을 설치하였다.

24. 다음 궁궐에 대한 설명으로 옳은 것은? [2점]

100% 오전 10:40
내 손안의 궁궐
기본정보
관람요금 및 시간
안내도
찾아오는 길
관람 동선
크게보기
광화문-근정전-사정전-강녕전 등의 중심 건물이 직선으로 배치되어 있다. 동서남북 네 방향에 건춘문(동), 영추문(서), 광화문(남), 신무문(북)이 있다.

① 서양식 건물인 석조전이 있다.
② 유네스코 세계유산으로 등재되었다.
③ 아관 파천 이후에 고종이 환궁한 곳이다.
④ 역대 국왕과 왕비의 신주가 모셔져 있다.
⑤ 태조 때 한양으로 천도하면서 창건되었다.

25. (가) 인물의 활동으로 옳은 것은? [3점]

죽으면서 한 말 생각할 때마다
눈물이 저절로 흐르는데
지금 선생의 글 읽으니
도덕이 뛰어남을 더욱 알겠네
조정 관리들은 성취를 기다렸고
시골 아낙들도 존경을 바쳤다네
여가에 익힌 솜씨
필세조차 굳세어라
- 숙종이 『정암집』을 읽고 쓴 시 -
이 시는 (가) 의 죽음을 애절하게 표현하였습니다. 소격서 폐지 등의 개혁을 추진한 (가) 은/는 기묘사화 때 사사되었습니다.

① 여전론을 주장하였다.
② 성학집요를 저술하였다.
③ 강화 학파를 형성하였다.
④ 백운동 서원을 건립하였다.
⑤ 현량과 실시를 건의하였다.

26. 다음 검색창에 들어갈 인물로 옳은 것은? [1점]

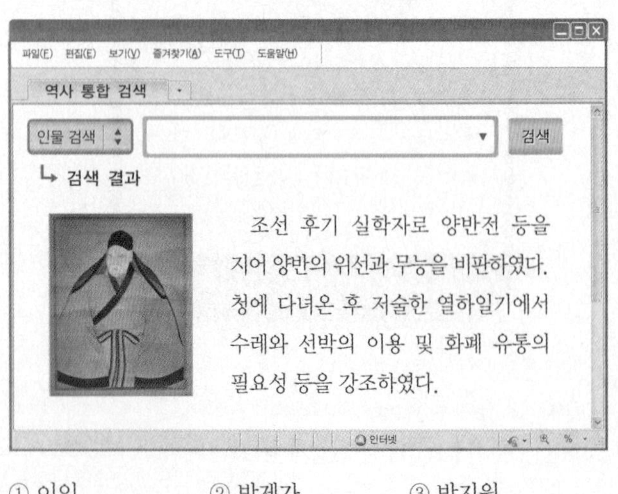

역사 통합 검색
인물 검색

검색 결과
조선 후기 실학자로 양반전 등을 지어 양반의 위선과 무능을 비판하였다. 청에 다녀온 후 저술한 열하일기에서 수레와 선박의 이용 및 화폐 유통의 필요성 등을 강조하였다.

① 이익 ② 박제가 ③ 박지원
④ 유형원 ⑤ 홍대용

27. 다음 퀴즈의 정답으로 옳은 것은? [2점]

이 그림은 조선의 사절단이 베이징의 조양문에 도착하는 모습입니다. 청의 발달된 문물을 두루 살피고, 서양의 과학 기술을 들여오기도 한 이 사절단은 무엇일까요?

① 보빙사 ② 수신사 ③ 연행사
④ 조사 시찰단 ⑤ 조선 통신사

28. 다음 가상 뉴스에서 보도하고 있는 사건이 일어난 시기를 연표에서 옳게 고른 것은? [2점]

홍경래가 서북 지역 차별 등에 반발하여 난을 일으켰습니다. 그는 스스로 '평서대원수'라고 칭하고, 청천강 이북 지역에서 세력을 확장해가고 있습니다.
홍경래, 평안도에서 난 일으켜

1636		1680		1728		1800		1863		1894
	(가)		(나)		(다)		(라)		(마)	
병자호란		경신환국		이인좌의 난		순조 즉위		고종 즉위		동학 농민 운동

① (가) ② (나) ③ (다) ④ (라) ⑤ (마)

29. (가) 인물에 대한 설명으로 옳은 것은? [3점]

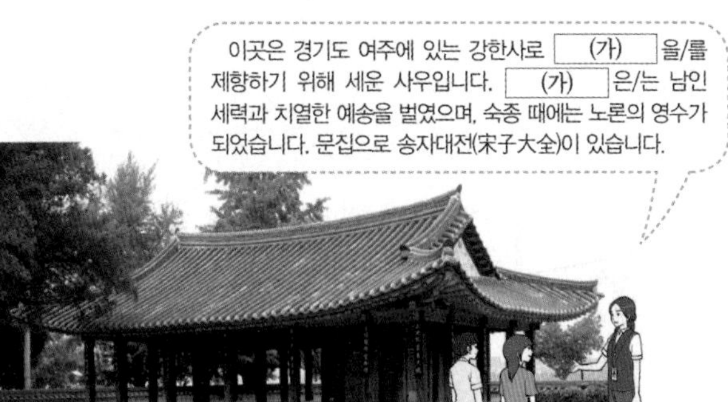

이곳은 경기도 여주에 있는 강한사로 (가) 을/를 제향하기 위해 세운 사우입니다. (가) 은/는 남인 세력과 치열한 예송을 벌였으며, 숙종 때에는 노론의 영수가 되었습니다. 문집으로 송자대전(宋子大全)이 있습니다.

① 북벌을 주장하였다.
② 거중기를 설계하였다.
③ 대동여지도를 제작하였다.
④ 성리학을 처음 소개하였다.
⑤ 훈련도감 설치를 건의하였다.

30. (가)에 들어갈 내용으로 옳은 것은? [2점]

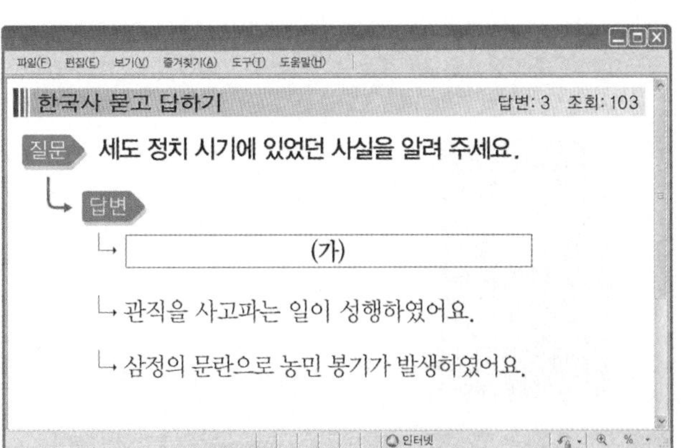

파일(F) 편집(E) 보기(V) 즐겨찾기(A) 도구(T) 도움말(H)
한국사 묻고 답하기
답변: 3 조회: 103
질문 세도 정치 시기에 있었던 사실을 알려 주세요.
답변
(가)
관직을 사고파는 일이 성행하였어요.
삼정의 문란으로 농민 봉기가 발생하였어요.
인터넷

① 나선 정벌이 단행되었어요.
② 6조 직계제가 처음 실시되었어요.
③ 사림이 동인과 서인으로 나뉘었어요.
④ 외척 간의 다툼으로 을사사화가 일어났어요.
⑤ 안동 김씨 등 소수의 가문이 권력을 독점하였어요.

31. 밑줄 그은 ㉠에 대한 탐구 활동으로 가장 적절한 것은? [1점]

> 이미 서양의 나라와 수호를 맺은 이상 서울과 지방에 세워 놓은 ㉠척양(斥洋)에 관한 비들은 시대에 맞는 조처가 아니니 모두 뽑아 버리도록 하라. 너희 사민(士民)들은 각기 이러한 뜻을 잘 알라. 그리고 의정부는 이를 게시하여 8도(道)와 4도(都)에 알리도록 하라.
>
> -『고종실록』-

① 임진왜란의 결과를 알아본다.
② 금석과안록의 내용을 살펴본다.
③ 독립문을 세운 단체를 검색한다.
④ 삼전도비의 건립 배경을 찾아본다.
⑤ 흥선 대원군의 대외 정책을 조사한다.

32. (가), (나) 사건의 공통된 결과로 옳은 것은? [2점]

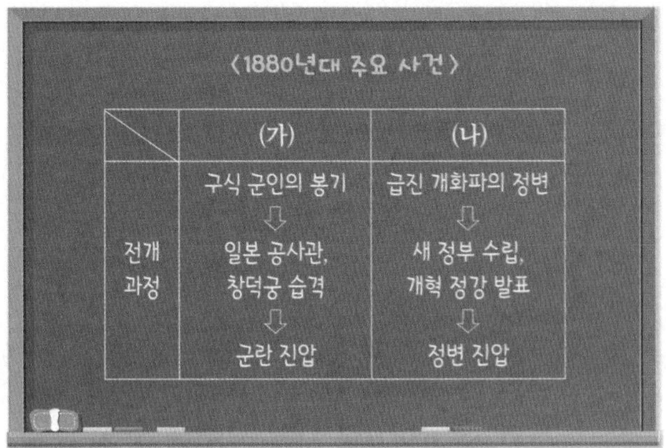

〈1880년대 주요 사건〉

	(가)	(나)
전개 과정	구식 군인의 봉기 ⇩ 일본 공사관, 창덕궁 습격 ⇩ 군란 진압	급진 개화파의 정변 ⇩ 새 정부 수립, 개혁 정강 발표 ⇩ 정변 진압

① 집강소가 설치되었다.
② 거문도가 불법 점령되었다.
③ 외규장각 도서가 약탈되었다.
④ 청의 내정 간섭이 심화되었다.
⑤ 부산, 원산, 인천이 개항되었다.

33. 밑줄 그은 '개혁'의 내용으로 옳은 것은? [2점]

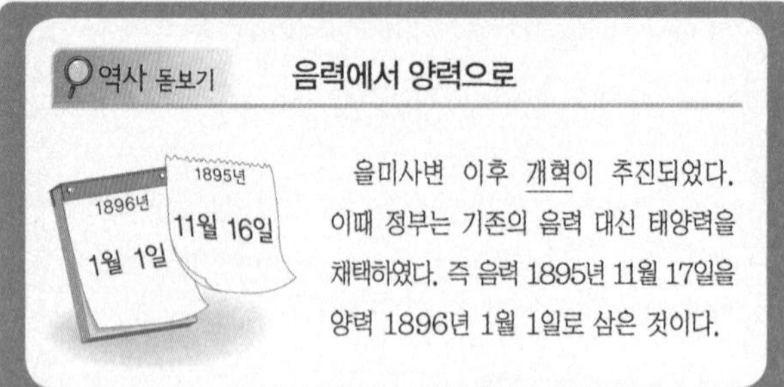

① 정방 폐지　② 단발령 실시
③ 만동묘 철폐　④ 한성순보 발행
⑤ 통리기무아문 설치

34. 밑줄 그은 '의병'에 대한 설명으로 옳지 않은 것은? [2점]

이 사진은 군대 해산 이후 전국 각지에서 의병이 일어났을 때 그들을 취재한 영국 기자 매켄지가 찍은 것이다. 이때 그가 만난 한 사람은 다음과 같이 말하였다.
"우리는 죽을 수밖에 없을 것입니다. 그러나 그것으로 좋습니다. 일본의 노예로 살기보다는 자유로운 인간으로서 죽는 편이 훨씬 낫습니다."

① 고종의 강제 퇴위에 반발하였다.
② 포수와 농민 등 평민들이 대다수였다.
③ 곽재우, 고경명 등이 의병장으로 활약하였다.
④ 국제법상의 교전 단체로 인정해 줄 것을 요구하였다.
⑤ 13도 창의군을 결성하여 서울 진공 작전을 전개하였다.

35. 다음 검색창에 들어갈 학교로 옳은 것은? [2점]

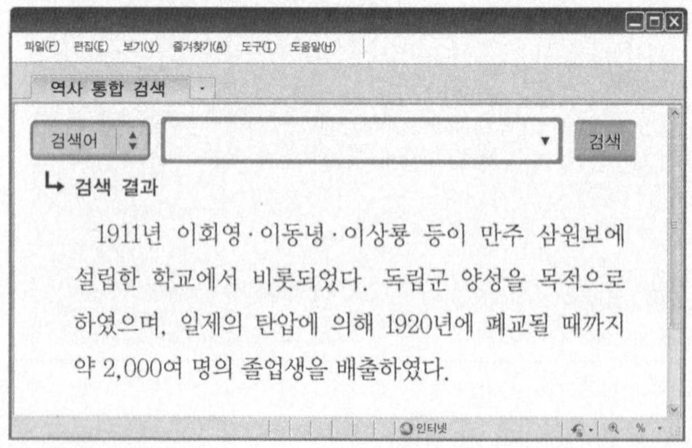

역사 통합 검색
검색어
검색
검색 결과
1911년 이회영·이동녕·이상룡 등이 만주 삼원보에 설립한 학교에서 비롯되었다. 독립군 양성을 목적으로 하였으며, 일제의 탄압에 의해 1920년에 폐교될 때까지 약 2,000여 명의 졸업생을 배출하였다.

① 서전서숙　② 명동 학교
③ 배재 학당　④ 오산 학교
⑤ 신흥 무관 학교

36. 학생들이 이야기하는 근대 문물에 대한 설명으로 옳은 것은? [3점]

전기로 움직인 근대 교통수단으로 1899년에 처음 개통되었어.
근대 문물 사진전
운행 초기에는 정류장이 따로 없어 승객이 요청하면 어디서나 정차했다고 해.

① 영선사의 건의로 만들어졌다.
② 한성 전보 총국에서 운영하였다.
③ 처음에는 프랑스가 부설권을 가졌다.
④ 간도 협약에 따라 일본이 완공하였다.
⑤ 서대문과 청량리 구간에서 운행이 시작되었다.

37. 다음 인물에 대한 설명으로 옳은 것은? [2점]

① 청산리 대첩을 이끌었다.
② 한인 애국단을 조직하였다.
③ 헤이그에 특사로 파견되었다.
④ 조선 혁명 선언을 작성하였다.
⑤ 우리말 큰사전 편찬을 주도하였다.

38. (가)에 들어갈 내용으로 가장 적절한 것은? [2점]

〈 탐구 활동 계획서 〉

이름 ○○○

1. 주제: 1910년대 일제의 토지 약탈
2. 목적: 1910년대 일제가 토지를 약탈한 과정과 결과를 알아보고자 함.
3. 조사 내용
   - 토지 조사령의 내용 및 성격
   - (가)
   - 일본인 지주의 비율 변화

① 백두산정계비문 분석
② 방곡령 실시 지역 분포
③ 군국기무처의 기능과 역할
④ 공출제와 금속 공출량 통계
⑤ 동양 척식 주식회사의 주요 사업

39. 다음 제도가 시행된 시기에 볼 수 있는 모습으로 적절한 것은? [1점]

일제는 조선 경찰 사무를 처리하기 위하여 경무 총감부를 설치하고, 헌병 사령관을 경무 총장에 임명하였다. 헌병이 경찰 업무까지 맡아 경시, 경부 등 경찰 자격을 겸하도록 하였다.

경무부와 헌병대 간판이 나란히 걸려 있는 모습

① 제복을 입고 칼을 찬 교사
② 영화 아리랑을 제작하는 감독
③ 원산 총파업에 동참하는 부두 노동자
④ 조선 민립 대학 기성회에 성금을 내는 상인
⑤ 근우회가 개최한 강연회에서 연설하는 여성

40. (가) 운동에 대한 설명으로 옳은 것은? [1점]

대한민국 헌법

전문

유구한 역사와 전통에 빛나는 우리들 대한국민은 (가) 으로 대한민국을 건립하여 세계에 선포한 위대한 독립정신을 계승하여…… 이 헌법을 제정한다.

1948년 7월 17일 제정된 헌법 전문입니다. 각계각층이 참여한 우리 민족 최대 규모의 독립 운동이었던 (가) 의 정신을 강조하였습니다.

① 동아일보사가 주도하여 일어났다.
② 진주에서 시작하여 전국으로 확산되었다.
③ 러시아의 절영도 조차 요구를 저지하였다.
④ 일제의 무단 통치가 바뀌는 계기가 되었다.
⑤ 순종의 인산일에 학생들의 주도로 전개되었다.

41. 교사의 질문에 대한 학생의 답변으로 옳은 것은? [3점]

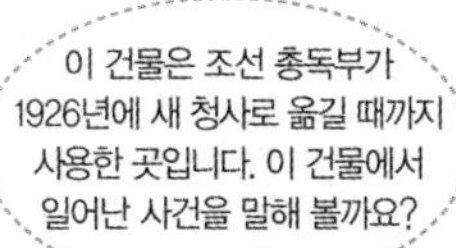

이 건물은 조선 총독부가 1926년에 새 청사로 옮길 때까지 사용한 곳입니다. 이 건물에서 일어난 사건을 말해 볼까요?

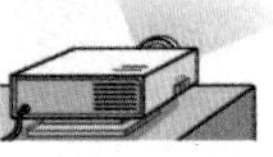

① 을사늑약이 체결되었어요.
② 김익상이 폭탄을 던졌어요.
③ 미·소 공동 위원회가 열렸어요.
④ 2·8 독립 선언이 발표되었어요.
⑤ 안중근이 이토 히로부미를 사살하였어요.

42. 밑줄 그은 '단체'에 대한 설명으로 옳은 것은? [2점]

11월 3일은 학생 독립 운동 기념일이야. 1929년에 일어난 광주 학생 항일 운동을 기념하여 제정되었어.
당시 이 운동의 진상을 파악하기 위해 조사단을 파견하고, 민중 대회를 개최하려고 노력했던 단체가 있었지.

① 국채 보상 운동을 전개하였다.
② 자기 회사, 태극 서관 등을 설립하였다.
③ 일제의 황무지 개간권 요구를 철회시켰다.
④ 통감부의 방해와 탄압 등으로 해산되었다.
⑤ 비타협적 민족주의자들과 사회주의자들이 결성하였다.

43. 밑줄 그은 '조직'으로 옳은 것은? [2점]

S#11. 함흥 지방 법원 법정

재판장: (증거 문서를 들어 보이며) 이 서류 중 적(敵)이라 함은 누구를 가리킴인가?
피고인: 물론 일본이오.
재판장: 여기 적힌 조직을 설치하였는가?
피고인: 그렇소. 도에 감독부, 군에 총감부, 면에 사감부를 설치했소.
재판장: 구체적으로 무슨 활동을 하였는가?
피고인: 대한민국 임시 정부의 문서와 명령을 전달하고 군자금을 조달하였소.

① 연통제 ② 중광단
③ 참의부 ④ 대한 광복회
⑤ 독립 의군부

44. (가)에 해당하는 인물로 옳은 것은? [1점]

왼쪽 사진은 상하이 루쉰 공원(옛 훙커우 공원)에 있는 '매헌(梅軒)'이라는 전시관입니다.

'매헌'은 (가) 의 호(號)입니다. 그는 1932년에 이 공원에서 열린 일왕의 생일 축하 겸 일본의 전승 기념 축하식 단상에 폭탄을 던져 우리 민족의 독립 의지를 보여 주었습니다.

① 
김상옥

② 
김좌진

③ 
윤봉길

④ 
이봉창

⑤ 
홍범도

45. 밑줄 그은 '시기'에 있었던 사실로 옳지 않은 것은? [3점]

이 돌에는 황국 신민 서사의 내용이 쓰여 있습니다. 일제는 중·일 전쟁 이후 황국 신민화 정책을 추진하던 시기에 일왕에 대한 충성을 강요하면서 이 서사를 암송하게 하였습니다.

① 징병제가 실시되었다.
② 신사 참배가 강요되었다.
③ 조선 태형령이 시행되었다.
④ 국민 징용령이 공포되었다.
⑤ 여자 정신 근로령이 제정되었다.

46. 교사의 질문에 대한 학생의 답변으로 옳은 것은? [2점]

이것은 대한민국 임시 정부 산하 독립군 부대의 창설 기념 사진입니다. 이 부대는 영국군의 요청으로 인도·미얀마 전선에 파견되기도 했습니다. 이 부대의 활동을 말해 볼까요?

① 국내 진공 작전을 계획했어요.
② 조선 혁명 간부 학교를 설립했어요.
③ 자유시 참변 이후 3부를 조직했어요.
④ 봉오동 전투에서 일본군을 격퇴했어요.
⑤ 중국군과 함께 쌍성보 전투에서 큰 전과를 올렸어요.

47. (가)에 들어갈 내용으로 가장 적절한 것은? [3점]

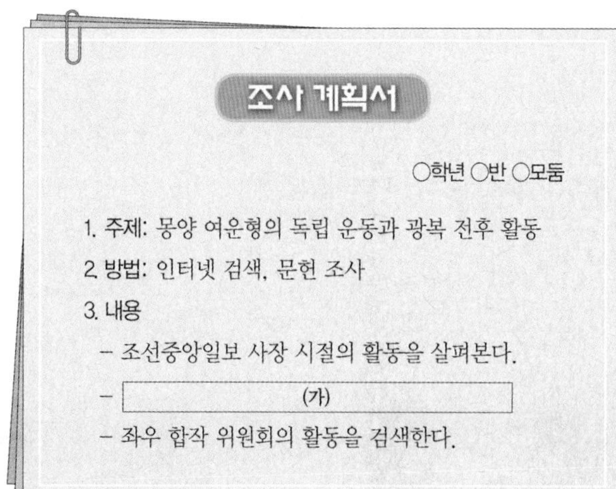

조사 계획서

○학년 ○반 ○모둠

1. 주제: 몽양 여운형의 독립 운동과 광복 전후 활동
2. 방법: 인터넷 검색, 문헌 조사
3. 내용
 - 조선중앙일보 사장 시절의 활동을 살펴본다.
 - (가)
 - 좌우 합작 위원회의 활동을 검색한다.

① 발췌 개헌안의 내용을 살펴본다.
② 제주 4·3 사건의 진상을 알아본다.
③ 5·10 총선거에 출마한 인물들을 검색한다.
④ 조선 건국 준비 위원회의 설립 과정을 조사한다.
⑤ 조선어 학회 사건으로 구속된 인물들을 찾아본다.

48. (가) 민주화 운동에 대한 설명으로 옳은 것은? [2점]

30주년 기념 사진전

(가) 의 뜨거운 함성

"고문 없는 나라에서 살고 싶다" "호헌 철폐, 독재 타도, 민주 쟁취" "최루탄 쏘지 마"

① 유신 헌법에 반발하여 일어났다.
② 일본과의 국교 정상화에 반대하였다.
③ 대통령이 하야하는 결과를 가져왔다.
④ 계엄군의 무력 진압으로 시민들이 희생되었다.
⑤ 대통령 직선제 개헌이 이루어지는 계기가 되었다.

49. 다음 사건이 있었던 정부 시기의 경제 상황으로 옳은 것은? [2점]

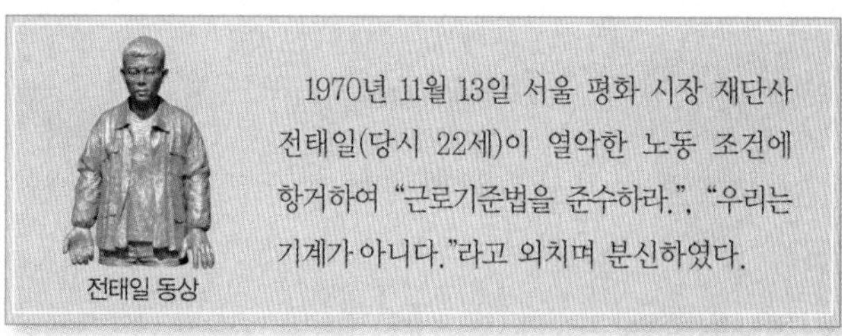

1970년 11월 13일 서울 평화 시장 재단사 전태일(당시 22세)이 열악한 노동 조건에 항거하여 "근로기준법을 준수하라.", "우리는 기계가 아니다."라고 외치며 분신하였다.

전태일 동상

① 금융 실명제를 실시하였다.
② 경부 고속 국도를 건설하였다.
③ 경제 협력 개발 기구(OECD)에 가입하였다.
④ 칠레와 자유 무역 협정(FTA)을 체결하였다.
⑤ 국제 통화 기금(IMF)에서 구제 금융을 지원 받았다.

50. 다음 정부의 통일 노력으로 옳은 것은? [2점]

● 사진으로 보는 ○○○ 정부 ●

경부 고속 철도(KTX) 개통 (2004년)

아시아·태평양 경제 협력체 (APEC) 정상 회의 개최(2005년)

① 남북 조절 위원회가 열렸다.
② 남북 기본 합의서를 채택하였다.
③ 7·4 남북 공동 성명을 발표하였다.
④ 제2차 남북 정상 회담을 개최하였다.
⑤ 남북 간 이산가족 상봉이 최초로 이루어졌다.

2017년도 35회 한국사능력검정시험 

01. (가)에 들어갈 유물로 옳은 것은? [1점]

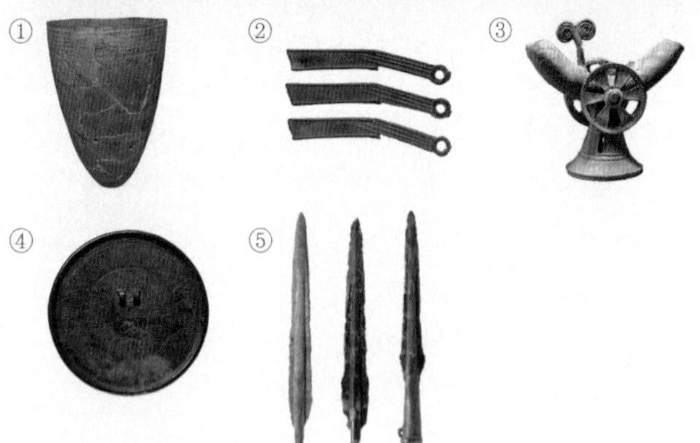

02. 다음 자료에 해당하는 나라에 대한 설명으로 옳은 것은? [2점]

> 12월 제천 행사 때에는 연일 크게 모여서 먹고 마시며 노래하고 춤추니, 그 이름을 영고라 한다. 이때에는 형옥(刑獄)을 판단하여 죄수를 풀어 준다. 전쟁을 할 때에도 하늘에 제사를 지내고 소를 잡아서 그 발굽을 가지고 길흉을 점친다.
>
> -『후한서』-

① 범금 8조로 사회 질서를 유지하였다.
② 소도라 불리는 신성 지역이 존재하였다.
③ 읍락 간의 경계를 중시한 책화가 있었다.
④ 여러 가(加)들이 별도로 사출도를 다스렸다.
⑤ 특산물로 단궁, 과하마, 반어피 등이 있었다.

03. 밑줄 그은 '왕'의 업적으로 옳은 것은? [2점]

〈왕릉 내부〉

이것은 충청남도 공주에 있는 백제 왕의 무덤으로, 중국 남조의 영향을 받아 벽돌로 만들어졌습니다. 출토된 묘지석을 통해 무덤의 주인을 알 수 있습니다.

① 역사서인 서기를 편찬하였다.
② 김씨의 왕위 세습을 확립하였다.
③ 동진으로부터 불교를 수용하였다.
④ 지방의 22담로에 왕족을 파견하였다.
⑤ 국자감을 설립하여 인재를 양성하였다.

04. (가) 시기에 있었던 사실로 옳은 것은? [3점]

① 당이 고구려를 침략하였다.
② 고구려가 평양으로 천도하였다.
③ 신라가 한강 유역을 차지하였다.
④ 백제가 국호를 남부여로 칭하였다.
⑤ 대가야가 신라의 공격으로 멸망하였다.

05. (가) 나라에 대한 설명으로 옳은 것은? [1점]

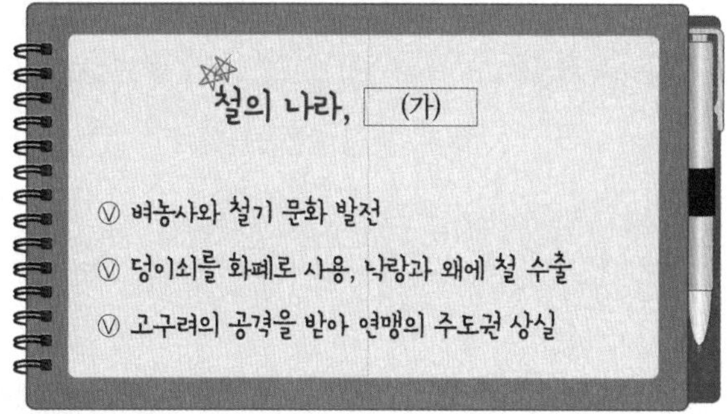

철의 나라, (가)
ⓥ 벼농사와 철기 문화 발전
ⓥ 덩이쇠를 화폐로 사용, 낙랑과 왜에 철 수출
ⓥ 고구려의 공격을 받아 연맹의 주도권 상실

① 골품제라는 신분제가 있었다.
② 지방을 5도와 양계로 나누었다.
③ 한 무제의 공격으로 멸망하였다.
④ 정사암에 모여 국가의 중대사를 결정하였다.
⑤ 김수로왕의 건국 이야기가 삼국유사에 전해진다.

06. 다음 자료의 탑으로 옳은 것은? [2점]

문화유산 돋보기 제○○호

국보를 품은 신라의 석탑

이 탑은 국보 제21호로 8세기 중엽에 건립된 것으로 추정된다. 2층 기단 위에 3층의 탑신을 세우고, 그 위에 상륜부를 조성한 신라의 전형적인 석탑이다. 1966년 도굴로 인해 손상된 탑을 보수하던 중 사리 장엄구와 무구정광대다라니경이 발견되었다. 석탑 안에서 나온 유물들은 국보 제126호로 일괄 지정되었다.

①

분황사 모전 석탑

②

불국사 삼층 석탑

③

감은사지 삼층 석탑

④

진전사지 삼층 석탑

⑤

화엄사 사사자 삼층 석탑

07. 다음 가상 뉴스에서 보도하고 있는 사건이 일어난 시기를 연표에서 옳게 고른 것은? [3점]

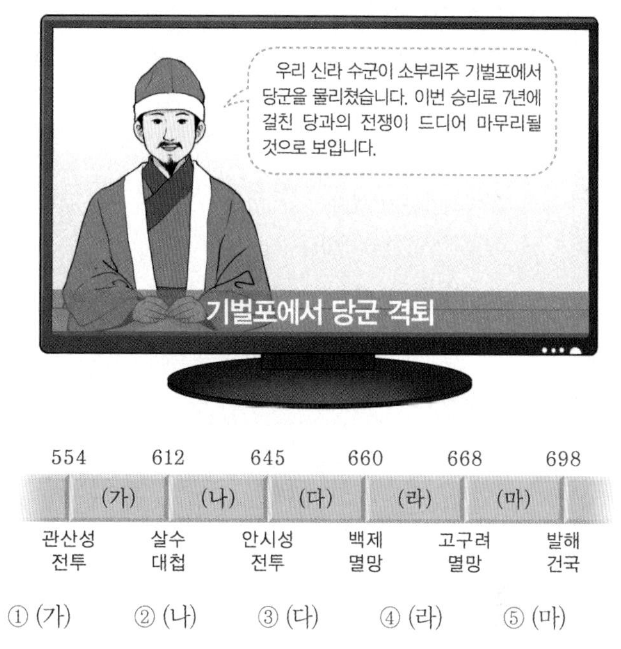

554		612		645		660		668		698
	(가)		(나)		(다)		(라)		(마)	
관산성 전투		살수 대첩		안시성 전투		백제 멸망		고구려 멸망		발해 건국

① (가) ② (나) ③ (다) ④ (라) ⑤ (마)

08. 다음 대화를 나눈 왕의 재위 기간에 있었던 사실로 옳은 것은? [2점]

신들의 생각으로는 국호를 '신라'로 확정하고, '왕'의 칭호를 사용하는 것이 합당합니다. 이에 '신라국왕'의 칭호를 올립니다.

그대들의 말을 따르겠소.

① 이사부를 보내 우산국을 정벌하였다.
② 고구려의 도움을 받아 왜를 물리쳤다.
③ 관료전을 지급하고 녹읍을 폐지하였다.
④ 화랑도를 국가적 조직으로 개편하였다.
⑤ 이차돈의 순교를 계기로 불교를 공인하였다.

09. (가)에 들어갈 내용으로 옳은 것은? [2점]

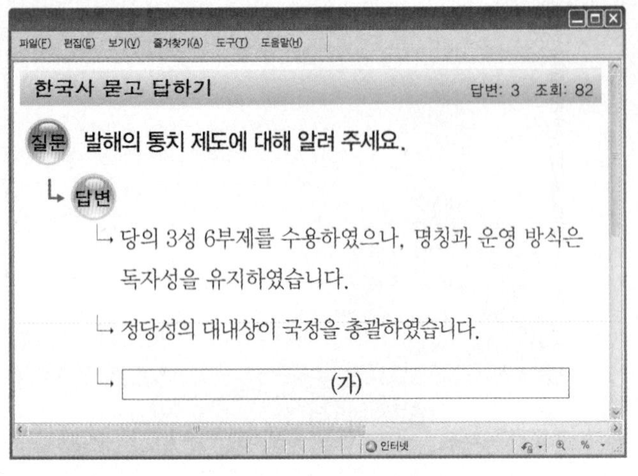

① 전국을 5경 15부 62주로 나누어 다스렸습니다.
② 관리의 비리를 감찰하는 사헌부를 설치하였습니다.
③ 인재 등용을 위하여 독서삼품과를 실시하였습니다.
④ 국가의 중요 정책을 화백 회의에서 결정하였습니다.
⑤ 상수리 제도를 시행하여 지방 세력을 견제하였습니다.

10. 밑줄 그은 '그'에 대한 설명으로 옳은 것은? [2점]

① 9재 학당에서 후진을 양성하였다.
② 화랑세기, 고승전 등을 저술하였다.
③ 왕오천축국전이라는 기행문을 남겼다.
④ 진성 여왕에게 시무책 10여 조를 올렸다.
⑤ 불씨잡변을 지어 불교 교리를 비판하였다.

11. (가) 지역에서 있었던 사실로 옳지 않은 것은? [3점]

① 주세붕이 백운동 서원을 설립하였다.
② 정몽주가 이방원 세력에 의해 피살되었다.
③ 만적이 신분 해방을 위해 난을 도모하였다.
④ 조선 후기 송상이 근거지로 삼아 활동하였다.
⑤ 남북한 경제 협력 사업의 일환으로 공단이 건설되었다.

12. (가)에 들어갈 내용으로 옳은 것은? [2점]

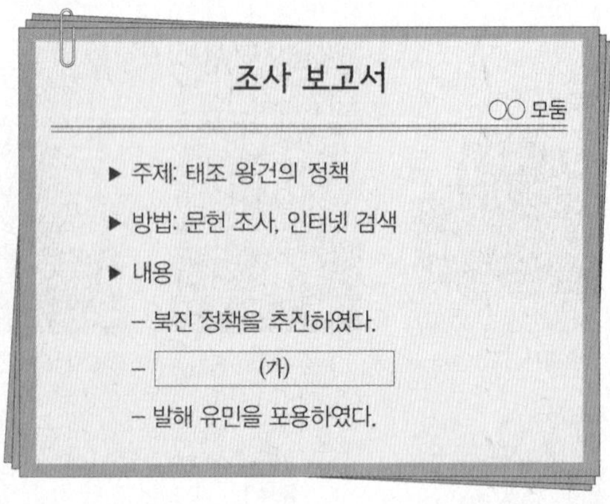

① 만권당을 설치하였다.
② 4군 6진을 개척하였다.
③ 기인 제도를 실시하였다.
④ 팔만대장경을 조판하였다.
⑤ 12목에 지방관을 파견하였다.

13. (가)에 들어갈 정치 기구로 옳은 것은? [1점]

> **역사 용어 카드**
>
> (가)
>
> 고려의 회의 기구로 중서문하성과 중추원의 고위 관료들이 모여 주로 국방과 군사 문제를 다루었다. 후에 그 기능과 역할이 확대되어 국정 전반의 중요 사항을 논의하였다. 충렬왕 때에 이르러 그 명칭이 도평의사사로 바뀌었다.

① 삼사 ② 비변사 ③ 상서성
④ 도병마사 ⑤ 군국기무처

14. 다음 편지의 소재가 된 문화유산으로 옳은 것은? [2점]

> ○○에게
>
> 안녕! 잘 지내고 있니?
>
> 나는 지난 주말에 경상북도 영주로 답사를 다녀왔어. 가장 기억에 남는 것은 고려 시대에 만들어진 목조 건축물이야. 이 건물은 배흘림기둥을 세우고, 기둥 위에만 공포를 올린 주심포 양식으로 지어졌다는 설명을 들었어. 오래전에 세워진 건축물이 아직도 잘 남아 있다는 것이 놀라웠어.
>
> 다음에는 우리 같이 가 보자.
>
> △△가

①

개암사 대웅전

②

금산사 미륵전

③

무량사 극락전

④
화엄사 각황전

⑤
부석사 무량수전

15. 교사의 질문에 대한 학생의 답변으로 옳은 것은? [2점]

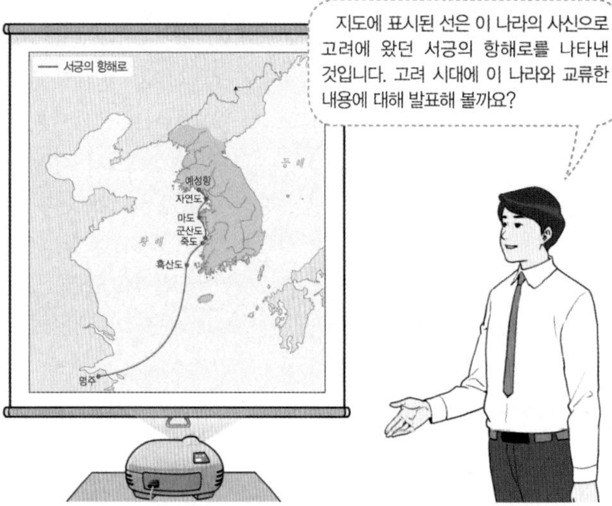

지도에 표시된 선은 이 나라의 사신으로 고려에 왔던 서긍의 항해로를 나타낸 것입니다. 고려 시대에 이 나라와 교류한 내용에 대해 발표해 볼까요?
서긍의 항해로
예성항
자연도
마도
군산도
죽도
흑산도
명주

① 의주의 만상이 중계 무역을 하였습니다.
② 기유약조를 맺고 교역을 재개하였습니다.
③ 연행사를 정기적으로 파견하여 교류하였습니다.
④ 청해진을 중심으로 활발한 해상 교역이 이루어졌습니다.
⑤ 비단, 서적 등을 수입하고 종이, 인삼 등을 수출하였습니다.

16. (가) 인물의 활동으로 옳은 것은? [3점]

> 몽골군이 쳐들어와 70여 일간 충주성을 포위하니 군량이 거의 바닥났다. (가) 이/가 군사들을 북돋우며 말하기를, "너희들이 힘을 다해 싸운다면 귀천을 가리지 않고 모두 관작을 제수할 것이다."라고 하였다. 그러고는 관노(官奴) 문서를 불사르고, 소와 말도 나누어 주었다. 이에 모두 죽음을 무릅쓰고 싸워 몽골군을 물리쳤다.

① 처인성에서 적장 살리타를 사살하였다.
② 별무반을 조직하여 동북 9성을 개척하였다.
③ 외적의 침입에 대비하여 천리장성을 축조하였다.
④ 화통도감을 설치하고 화약과 화포를 제조하였다.
⑤ 쌍성총관부를 공격하여 철령 이북의 땅을 수복하였다.

17. 다음 왕의 정책으로 옳은 것은? [2점]

> 왕이 즉위하기 전에는 총명하고 인자하면서 중후하여 백성들의 기대가 모두 그에게 돌아갔다. 즉위함에 이르러 온 힘을 다하여 정치에 힘쓰니, 중앙과 지방에서 크게 기뻐하면서 태평 시대를 기대하였다. 노국 공주가 죽은 뒤로는 지나치게 슬퍼하다가 뜻을 잃고 정치를 신돈에게 위임하여 공이 있는 신하와 어진 신하를 내쫓고 죽였다.
> -『고려사절요』-

① 과전법을 시행하였다.
② 칠정산을 편찬하였다.
③ 상평통보를 발행하였다.
④ 전민변정도감을 설치하였다.
⑤ 과거 제도를 처음 도입하였다.

18. (가)~(다) 학생이 발표한 정책을 시행된 순서대로 옳게 나열한 것은? [1점]

한국사 발표 대회
주제: 우리 역사 속 구휼 정책

봄에 곡식을 빌려주고 가을에 갚게 하는 진대법을 실시하였습니다.
(가)

기금을 모아 그 이자로 운영하는 제위보를 마련하였습니다.
(나)

사창(社倉)을 설치하여 향촌에서 자치적으로 운영하게 하였습니다.
(다)

① (가) - (나) - (다)
② (가) - (다) - (나)
③ (나) - (가) - (다)
④ (나) - (다) - (가)
⑤ (다) - (가) - (나)

19. 다음 자료에 해당하는 책으로 옳은 것은? [2점]

역사 선생님이 추천하는 5월의 도서

군주의 덕목을 제시한 책, ○○○○

율곡 이이가 선조에게 바친 책으로 임금이 배워야 할 덕목과 지식이 담겨 있어요. "이 책은 비록 임금의 학문에 주안점을 두었지만 실상은 상하에 모두 통합니다."라는 내용이 서문에 실려 있어요.

① 동국통감
② 목민심서
③ 반계수록
④ 성학집요
⑤ 제왕운기

20. 다음 가상 시나리오의 상황 이후에 전개된 사실로 옳은 것은? [2점]

> S#12. 경복궁 사정전 앞
> *세조가 분노에 찬 표정으로 성삼문을 신문하고 있다.*
>
> 세 조: (성난 목소리로) 오늘 김질의 말에 따르면 네가 상왕을 복위시키려는 역모를 꾀했다던데, 사실을 말하라.
> 성삼문: (곤장을 맞은 뒤) 나라를 걱정하였을 뿐 다른 뜻은 없었습니다.
> 세 조: 내가 너를 후하게 대접하였다. 네 목숨은 나에게 달려 있으니 같이 모의한 자를 숨기지 말고 말하라.
> 성삼문: 나라를 바로잡고자 뜻을 같이한 사람이 한둘이 아닙니다.

① 전시과가 마련되었다.
② 집현전이 폐지되었다.
③ 훈민정음이 반포되었다.
④ 노비안검법이 시행되었다.
⑤ 신문고가 처음으로 설치되었다.

21. 다음 검색창에 들어갈 군사 조직으로 옳은 것은? [1점]

파일(F) 편집(E) 보기(V) 즐겨찾기(A) 도구(T) 도움말(H)

역사 통합 검색

검색어 | 검색

↳ 검색 결과

• 시대: 조선

• 간략 정보

조선 후기 5군영의 하나로, 훈국(訓局)이라고도 한다. 임진왜란 중에 군사 조직을 재정비할 필요성이 커짐에 따라 설치되었다. 군사들은 포수·살수·사수의 삼수병으로 편성되었으며, 대부분 급료를 받는 상비군으로서 직업 군인의 성격을 띠었다.

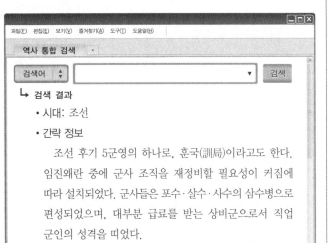

① 속오군 ② 어영청 ③ 장용영
④ 진위대 ⑤ 훈련도감

22. 밑줄 그은 '이 법'에 대한 설명으로 옳은 것은? [2점]

① 양반에게도 군포를 징수하였다.
② 결작을 부과하는 계기가 되었다.
③ 1결당 쌀 4~6두로 납부액을 고정시켰다.
④ 육의전을 제외한 시전 상인의 특권을 폐지하였다.
⑤ 관청에 물품을 조달하는 공인이 등장하는 배경이 되었다.

23. (가) 전쟁 중에 있었던 사실로 옳은 것은? [2점]

① 배중손이 삼별초를 이끌었다.
② 최익현이 의병장으로 활약하였다.
③ 임경업이 백마산성에서 항전하였다.
④ 권율이 행주산성에서 크게 승리하였다.
⑤ 묘청이 서경 천도와 칭제 건원을 주장하였다.

24. (가), (나) 사이의 시기에 있었던 사실로 옳은 것은? [2점]

> (가) 효종이 죽자 자의 대비의 상복 입는 기간을 두고 서인과 남인 사이에 예송이 일어났다.
>
> (나) 희빈 장씨의 아들 경종이 왕위에 올랐다. 왕위 계승을 지지한 소론이 정계를 주도하면서 노론계 인물들이 제거되었다.

① 조광조의 건의로 현량과가 실시되었다.
② 경신환국을 계기로 서인이 집권하였다.
③ 왕자의 난이 일어나 정도전 등이 피살되었다.
④ 조의제문이 빌미가 되어 무오사화가 일어났다.
⑤ 정여립 모반 사건으로 동인들이 피해를 입었다.

25. 밑줄 그은 '이 왕'의 업적으로 옳은 것은? [3점]

그림으로 보는 청계천의 옛이야기
춘천시사열무도 중 '수문상친림관역도'
이 작품은 청계천의 바닥에 쌓인 모래나 돌을 파내는 준천 작업을 그린 것이다. 민생 안정에 힘을 기울인 이 왕은 균역법을 실시하였고, 자주 범람하던 청계천을 정비하여 백성들의 삶을 개선하고자 하였다.

① 양전 사업을 실시하고 지계를 발급하였다.
② 나선 정벌을 위해 조총 부대를 파견하였다.
③ 초계문신제를 실시하여 문신들을 재교육하였다.
④ 현직 관리에게 수조권을 지급하는 직전법을 실시하였다.
⑤ 붕당 정치의 폐해를 경계하기 위해 탕평비를 건립하였다.

26. (가) 인물에 대한 설명으로 옳은 것은? [2점]

북학(北學)의 길을 걷다

장소: □□문화예술회관 소강당

1막 북학(北學)의 꿈을 키우다
2막 첫 번째 연행길에 오르다
3막 북학의를 저술하다

① 양명학을 연구하여 강화 학파를 형성하였다.
② 토지 제도 개혁안으로 여전론을 제시하였다.
③ 100리 척을 이용하여 동국지도를 제작하였다.
④ 소비를 촉진하여 생산을 늘릴 것을 주장하였다.
⑤ 양반전을 지어 양반의 허례와 무능을 비판하였다.

27. (가)에 들어갈 문화유산으로 옳은 것은? [1점]

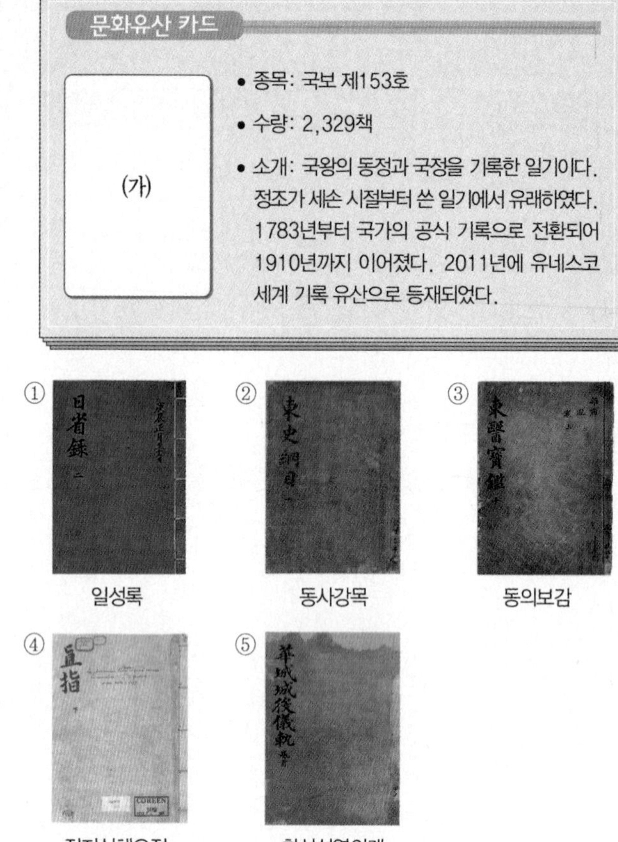

• 종목: 국보 제153호
• 수량: 2,329책

① 일성록
② 동사강목
③ 동의보감
④ 직지심체요절
⑤ 화성성역의궤

28. 밑줄 그은 '소동'에 대한 설명으로 옳은 것은? [2점]

진주에 파견된 안핵사 박규수의 보고에 따르면, 이번에 난민들이 일으킨 소동은 백낙신의 탐학에서 비롯된 것이라고 하오. 환곡 등의 폐단이 극심하다고 하니 이에 대한 대책을 강구하도록 하시오.
철종

① 삼정이정청 설치의 계기가 되었다.
② 전주 화약이 체결되어 일단락되었다.
③ 김부식이 이끄는 관군에게 진압되었다.
④ 지역 차별에 반발한 홍경래가 주도하였다.
⑤ 청의 내정 간섭이 심화되는 결과를 가져왔다.

29. (가) 종교에 대한 설명으로 옳은 것은? [2점]

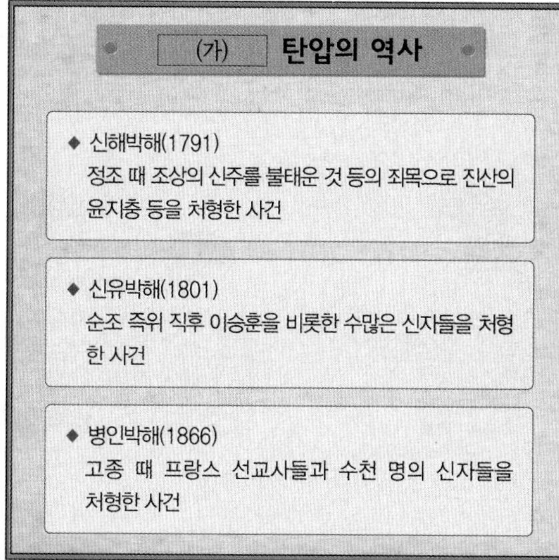

(가) 탄압의 역사
◆ 신해박해(1791)
정조 때 조상의 신주를 불태운 것 등의 죄목으로 진산의 윤지충 등을 처형한 사건
◆ 신유박해(1801)
순조 즉위 직후 이승훈을 비롯한 수많은 신자들을 처형한 사건
◆ 병인박해(1866)
고종 때 프랑스 선교사들과 수천 명의 신자들을 처형한 사건

① 동경대전을 경전으로 삼았다.
② 만세보를 발간하여 민중 계몽에 힘썼다.
③ 단군 숭배 사상을 통하여 민족의식을 높였다.
④ 미륵불이 내려와 세상을 구제한다고 주장하였다.
⑤ 중국에 다녀온 사신들에 의하여 서학으로 소개되었다.

30. 다음 답사 지역을 지도에서 옳게 찾은 것은? [3점]

답사 자료집

우리 고장의 역사를 찾아서

– 목 차 –
1. 신라의 축성 기술을 보여 주는 삼년산성
2. 현존 최고(最古)의 목탑인 팔상전이 있는 법주사
3. 동학교도가 교조 신원과 척왜양을 외친 장안리

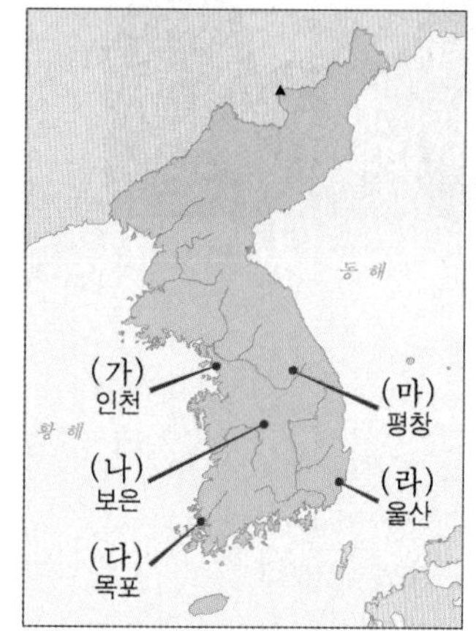

① (가) ② (나) ③ (다) ④ (라) ⑤ (마)

31. 밑줄 그은 '책'이 국내에 유포된 이후의 사실로 옳은 것은? [2점]

① 강화도 조약이 체결되었다.
② 이만손 등이 영남 만인소를 올렸다.
③ 프랑스군이 외규장각 도서를 약탈하였다.
④ 오페르트가 남연군 묘 도굴을 시도하였다.
⑤ 어재연이 광성보에서 미군에 맞서 싸웠다.

32. (가) 인물이 실시한 정책으로 옳은 것은? [1점]

(가) 은/는 먼저 만동묘를 없애고, 또 서원이 폐를 끼치는 것을 미워하여 각 도에 서원을 철폐하도록 명하였다. 선비들 수만 명이 대궐 앞에 엎드려 만동묘와 서원을 다시 세울 것을 청하자 (가) 이/가 크게 노하여 법사(法司)의 하인과 병졸들에게 그들을 한강 밖으로 몰아내도록 하였다.

–『대한계년사』–

① 어사대를 설치하였다.
② 소격서를 폐지하였다.
③ 척화비를 건립하였다.
④ 수원 화성을 축조하였다.
⑤ 쓰시마 섬을 정벌하였다.

33. 밑줄 그은 '개혁 정강'의 내용으로 옳은 것을 〈보기〉에서 고른 것은? [3점]

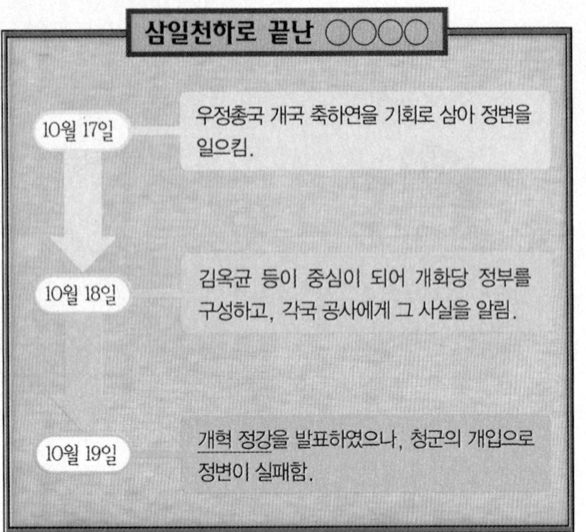

삼일천하로 끝난 ○○○○
10월 17일
우정총국 개국 축하연을 기회로 삼아 정변을 일으킴.
10월 18일
김옥균 등이 중심이 되어 개화당 정부를 구성하고, 각국 공사에게 그 사실을 알림.
10월 19일
개혁 정강을 발표하였으나, 청군의 개입으로 정변이 실패함.

〈보 기〉

ㄱ. 전제 황권을 공고히 한다.
ㄴ. 청에 조공하는 허례를 폐지한다.
ㄷ. 왜와 내통한 자는 엄벌에 처한다.
ㄹ. 문벌을 폐지하여 인민 평등의 권리를 세운다.

① ㄱ, ㄴ ② ㄱ, ㄷ ③ ㄴ, ㄷ
④ ㄴ, ㄹ ⑤ ㄷ, ㄹ

34. 다음 자료의 민족 운동에 대한 설명으로 옳은 것은? [2점]

> 지금 국채 1,300만 원은 우리 대한의 존망과 관계되는 것입니다. …… 현재 국고의 상태로는 이를 갚기 어렵습니다. …… 2,000만 명이 3개월만 금연하여 그 대금으로 한 사람에게서 매달 20전씩 거둔다면 1,300만 원을 모을 수 있습니다.

① 집강소 설치의 계기가 되었다.
② 연통제를 통해 자금을 모았다.
③ 대한매일신보의 지원을 받았다.
④ 조선 혁명 선언을 활동 지침으로 삼았다.
⑤ 러시아의 절영도 조차 요구를 반대하였다.

35. (가)에 대한 설명으로 옳은 것은? [2점]

정부가 고위 관료의 자제 등을 대상으로 영어, 수학 등을 가르치기 위해 1886년에 세운 근대 학교는 무엇일까요?

① 여성 교육 확대를 위하여 세워졌다.
② 조선 총독부의 탄압으로 폐교되었다.
③ 헐버트 등 외국인이 교사로 초빙되었다.
④ 삼원보에 만들어진 민족 교육 기관이다.
⑤ 소학교 교사 양성을 위하여 설립되었다.

36. 교사의 질문에 대한 학생의 답변으로 옳은 것은? [2점]

이들은 을사조약의 부당성을 알리기 위해 네덜란드의 헤이그에서 열린 만국 평화 회의에 특사로 파견되었습니다. 이 특사 파견 이후에 있었던 사실을 말해 볼까요?

① 임오군란이 일어났어요.
② 아관 파천이 단행되었어요.
③ 홍범 14조가 반포되었어요.
④ 전환국에서 백동화를 발행하였어요.
⑤ 고종 황제가 강제 퇴위를 당하였어요.

37. 밑줄 그은 '법령'이 시행되었던 시기에 있었던 사실로 옳은 것은? [2점]

선생님, 이것은 무엇인가요?

일제가 태(笞)로 볼기를 치는 형벌을 가할 때 사용한 틀입니다. 일제는 법령을 제정하여 조선인에게만 이 형벌을 적용하였습니다.

① 통감부가 설치되었다.
② 회사령이 시행되었다.
③ 조선 형평사가 창립되었다.
④ 치안 유지법이 제정되었다.
⑤ 경성 제국 대학이 설립되었다.

38. 다음 인물 카드의 (가)에 들어갈 인물로 옳은 것은? [1점]

(앞면)

〈연보〉
- 1878년 평안도 강서 출생
- 1907년 신민회 조직
- 1908년 대성 학교 설립
- 1913년 흥사단 조직
- 1937년 수양 동우회 사건으로 투옥
- 1938년 서울에서 별세

(뒷면)

①  
김원봉

② 
안창호

③ 
여운형

④ 윤봉길

⑤ 
이봉창

39. 다음 일제의 식민 통치 방침이 마련된 배경으로 옳은 것은? [2점]

- 총독은 문·무관 어느 쪽이라도 임용될 수 있는 길을 열고, 나아가 헌병 경찰 제도를 바꿔 보통 경찰 제도를 채택할 것이다.
- 핵심적 친일 인물을 골라 그 계급과 사정에 맞게 각종 친일적 단체를 조직하게 한다.

① 브나로드 운동이 전개되었다.
② 암태도 소작 쟁의가 발생하였다.
③ 광주 학생 항일 운동이 일어났다.
④ 3·1 운동이 전국적으로 확산되었다.
⑤ 충칭에서 한국 광복군이 창설되었다.

40. (가)~(다)를 일어난 순서대로 옳게 나열한 것은? [3점]

(가) 자유시로 이동한 독립군 부대들이 러시아 적군(赤軍)에 의해 무장 해제를 당하는 가운데 수백 명의 독립군이 희생되었다.

(나) 김좌진이 이끄는 북로 군정서군과 홍범도의 대한 독립군 등이 청산리 일대에서 일본군을 크게 무찔렀다.

(다) 양세봉이 이끄는 조선 혁명군이 흥경성 전투에서 중국 의용군과 힘을 합쳐 일본군을 격퇴하였다.

① (가) - (나) - (다)
② (가) - (다) - (나)
③ (나) - (가) - (다)
④ (나) - (다) - (가)
⑤ (다) - (나) - (가)

41. 다음 법령이 공포된 시기를 연표에서 옳게 고른 것은? [2점]

제1조 국가 총동원이란 전시(전시에 준할 경우도 포함)에 국방 목적을 달성하기 위하여 국가의 전력을 가장 유효하게 발휘하도록 인적 및 물적 자원을 통제 운용하는 것을 말한다.

⋮

제4조 정부는 전시에 국가 총동원상 필요할 때에는 칙령이 정하는 바에 따라 제국 신민을 징용하여 총동원 업무에 종사하게 할 수 있다. 단, 병역법의 적용을 방해하지 않는다.

1910		1919		1925		1931		1937		1945
	(가)		(나)		(다)		(라)		(마)	
국권 피탈		2·8 독립 선언		미쓰야 협정		만주 사변		중·일 전쟁		8·15 광복

① (가) ② (나) ③ (다) ④ (라) ⑤ (마)

42. (가) 단체에 대한 설명으로 옳은 것은? [2점]

역사 속 오늘
조선 여성의 지위 향상을 위한 (가) 창립
1927년 5월 27일 서울 기독교 청년 회관에서 회원 150명과 방청인 1,000여 명이 참석한 가운데 (가) 창립 총회가 열렸다. 강령으로는 '조선 여성의 공고한 단결을 도모함', '조선 여성의 지위 향상을 도모함'을 채택하였다.

① 헌의 6조를 건의하였다.
② 배재 학당을 설립하였다.
③ 잡지 개벽을 발행하였다.
④ 105인 사건으로 해체되었다.
⑤ 신간회와 연계하여 활동하였다.

43. 다음 인물에 대한 설명으로 옳은 것은? [2점]

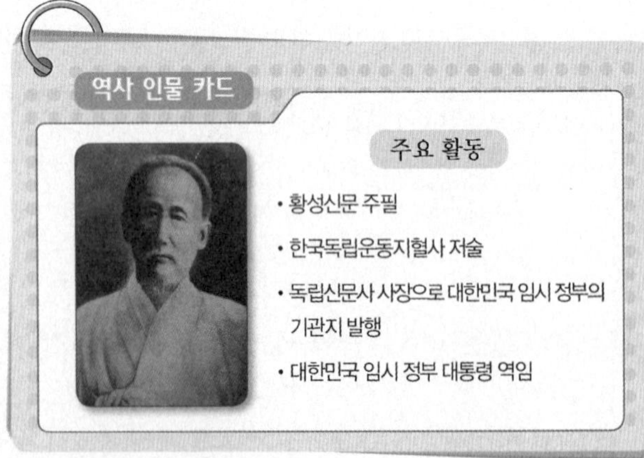

• 황성신문 주필

• 독립신문사 사장으로 대한민국 임시 정부의 기관지 발행
• 대한민국 임시 정부 대통령 역임

① 의열단을 조직하였다.
② 한국통사를 저술하였다.
③ 독사신론을 발표하였다.
④ 진단 학회를 창립하였다.
⑤ 종로 경찰서에 폭탄을 던졌다.

44. 밑줄 그은 '단체'에 대한 설명으로 옳은 것은? [1점]

이 자료는 1933년에 한글 맞춤법 통일안을 만든 단체의 활동을 보도한 신문 기사입니다.

① 어린이날을 제정하였다.
② 한성순보를 발행하였다.
③ 기관지로 한글을 간행하였다.
④ 6·10 만세 운동을 주도하였다.
⑤ 이승훈, 양기탁 등이 참여하였다.

45. 밑줄 그은 '시기'에 볼 수 있는 모습으로 적절한 것은? [3점]

이 그릇에는 '공출보국(供出報國)'이라는 글자가 쓰여 있습니다. 여기에서 공출이란 일제가 태평양 전쟁을 전개하던 시기에 전쟁 물자 확보를 위해 미곡, 금속 등을 강제로 거두어 간 것을 말합니다.

① 원각사에서 은세계를 관람하는 청년
② 원산 총파업에 동참하는 부두 노동자
③ 만민 공동회에서 연설을 듣고 있는 상인
④ 황국 신민 서사를 암송하는 국민학교 학생
⑤ 토지 조사 사업에 따라 토지를 측량하는 기사

46. 다음 노래의 배경이 된 사건으로 옳은 것은? [1점]

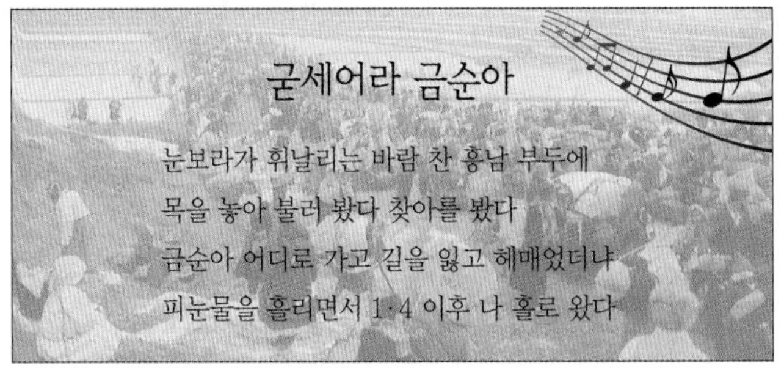

굳세어라 금순아
눈보라가 휘날리는 바람 찬 흥남 부두에
목을 놓아 불러 봤다 찾아를 봤다
금순아 어디로 가고 길을 잃고 헤매었더냐
피눈물을 흘리면서 1·4 이후 나 홀로 왔다

① 6·25 전쟁 ② 12·12 사태
③ 5·16 군사 정변 ④ 베트남 국군 파병
⑤ 한·일 회담 반대 시위

47. 다음 성명이 발표된 이후의 사실로 옳은 것은? [2점]

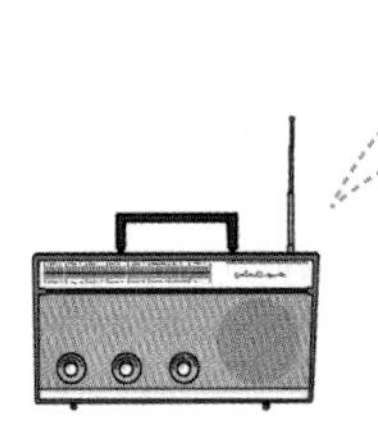

첫째는 국민이 원하면 대통령직을 사임할 것이며, 둘째는 3·15 정·부통령 선거에 많은 부정이 있었다고 하니 선거를 다시 하도록 지시하였고, 셋째는 선거로 인한 모든 불미스러운 것을 없애기 위해서 이미 이기붕 의장이 공직에서 완전히 물러나겠다고 결정한 것이다.

① 5·10 총선거가 실시되었다.
② 신탁 통치 반대 운동이 전개되었다.
③ 장면을 총리로 하는 내각이 들어섰다.
④ 조선 건국 준비 위원회가 결성되었다.
⑤ 김구와 김규식이 남북 협상을 추진하였다.

48. (가) 시기에 있었던 사실로 옳은 것은? [2점]

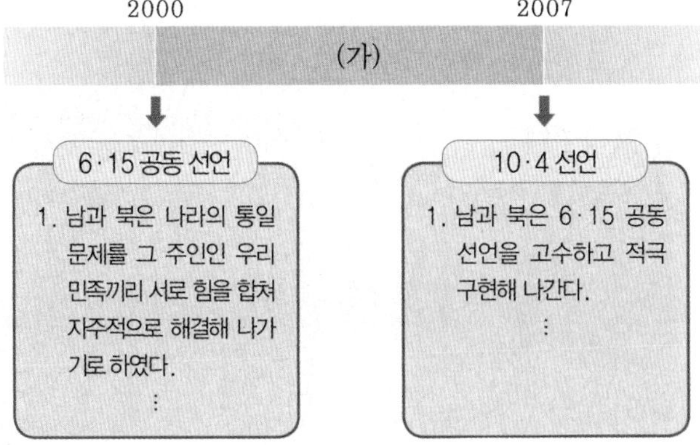

2000
2007
(가)
6·15 공동 선언
1. 남과 북은 나라의 통일 문제를 그 주인인 우리 민족끼리 서로 힘을 합쳐 자주적으로 해결해 나가기로 하였다.
⋮
10·4 선언
1. 남과 북은 6·15 공동 선언을 고수하고 적극 구현해 나간다.
⋮

① 남북 기본 합의서가 채택되었다.
② 남북한이 유엔에 동시 가입하였다.
③ 7·4 남북 공동 성명이 발표되었다.
④ 남북 경의선 철도 연결 공사가 시작되었다.
⑤ 최초로 남북 간 이산가족 상봉이 이루어졌다.

49. (가) 정부 시기에 있었던 사실로 옳은 것은? [3점]

구분	내용
정치	지방 자치제 전면 실시
경제	금융 실명제 실시
외교	경제 협력 개발 기구(OECD) 가입
역사 바로 세우기	전두환, 노태우 전직 대통령 구속

(가) 정부의 정책

① 서독에 광부와 간호사가 파견되었다.
② 한·미 자유 무역 협정(FTA)이 체결되었다.
③ 제1차 경제 개발 5개년 계획이 추진되었다.
④ 국제 통화 기금(IMF)에 긴급 구제 금융을 요청하였다.
⑤ 미국의 원조 물자를 기반으로 삼백 산업이 성장하였다.

50. (가)에 대한 탐구 활동으로 적절하지 않은 것은? [2점]

이 동상은 안용복을 기리기 위해 부산광역시 수영사적공원에 세워진 것이다. 안용복은 조선 숙종 때 동래 출신의 어부로, 일본에 두 차례 건너가 울릉도와 (가) 이/가 우리 영토임을 확인하였다.

① 세종실록에서 지리지 부분을 살펴본다.
② 일본의 공식 기록인 태정관 지령을 찾아본다.
③ 양헌수 부대가 프랑스군을 격퇴한 장소를 조사한다.
④ 대한 제국이 반포한 칙령 제41호의 내용을 분석한다.
⑤ 러·일 전쟁 때 일본이 불법으로 편입한 지역을 알아본다.

2017년도 34회

한국사능력검정시험

01. (가) 시대의 생활 모습으로 옳은 것은? [1점]

뗀석기 제작 방식
이것은 뗀석기의 다양한 제작 방식을 보여 주는 그림입니다. 뗀석기는 (가) 시대에 처음 만들어져 짐승을 사냥하고 가죽을 벗기는 등 여러 용도로 사용되었습니다.

① 소를 이용하여 농사를 지었다.
② 갈판과 갈돌로 곡식을 갈았다.
③ 주로 동굴이나 막집에서 살았다.
④ 가락바퀴를 사용하여 실을 뽑았다.
⑤ 빗살무늬 토기에 식량을 저장하였다.

02. 다음 자료에 해당하는 나라에 대한 설명으로 옳은 것은? [2점]

> 위만이 망명하여 호복(胡服)을 하고 동쪽으로 패수를 건너 준왕에게 투항하였다. …… 준왕은 그를 믿고 총애하여 …… 백 리의 땅을 봉해 주어 서쪽 변경을 지키도록 하였다.
>
> -『삼국지』 동이전 -

① 하남 위례성에 도읍을 정하였다.
② 읍락 간의 경계를 중시한 책화가 있었다.
③ 사회 질서를 유지하기 위한 8조법이 있었다.
④ 제사장인 천군과 신성 구역인 소도가 있었다.
⑤ 제가 회의에서 나라의 중요한 일을 결정하였다.

03. 밑줄 그은 '이 나라'에 대한 설명으로 옳은 것은? [2점]

함경도 해안 지역에 있었던 이 나라에 대해 이야기해 보자.
고구려에 소금과 어물 등의 공물을 바쳤어.
가족이 죽으면 가매장하였다가 뼈를 추려 가족 공동 무덤인 목곽에 안치하는 풍습이 있었지.

① 골품제라는 신분제가 있었다.
② 영고라는 제천 행사를 열었다.
③ 신지, 읍차 등의 지배자가 있었다.
④ 혼인 풍습으로 민며느리제가 있었다.
⑤ 여러 가(加)들이 별도로 사출도를 다스렸다.

04. (가) 나라의 경제 상황에 대한 설명으로 옳은 것은? [2점]

이곳은 (가) 의 시조인 김수로왕의 무덤으로 알려져 있습니다. 삼국유사에는 그가 하늘로부터 내려온 알에서 태어났다는 이야기가 실려 있습니다.

① 낙랑과 왜에 철을 수출하였다.
② 은병이라는 화폐를 사용하였다.
③ 벽란도를 통해 중국과 교역하였다.
④ 빈민 구제를 위해 진대법을 실시하였다.
⑤ 특산물로 단궁, 과하마, 반어피 등이 있었다.

05. (가)~(다) 학생이 발표한 내용을 일어난 순서대로 옳게 나열한 것은? [2점]

한국사 발표 대회
주제: 고구려의 성장
전진으로부터 불교를 수용하고, 태학을 설립하였어요.
보병과 기병 5만 명을 보내 신라에 침입한 왜를 물리쳤어요.
국내성에서 평양으로 도읍을 옮겼어요.
(가)
(나)
(다)

① (가) – (나) – (다)
② (가) – (다) – (나)
③ (나) – (가) – (다)
④ (나) – (다) – (가)
⑤ (다) – (가) – (나)

06. 밑줄 그은 '왕'의 업적으로 옳은 것은? [3점]

역사신문

제 △△ 호 553년 ○○월 ○○일

신라, 한강 유역을 차지하다

김무력이 이끄는 신라군은 백제군을 몰아내고 한강 하류 지역을 점령하였다. 이로써 신라는 백제와 함께 551년에 고구려를 공격해 한강 상류 10개 군을 장악한 지 2년 만에 한강 유역 대부분을 차지하게 되었다. 이에 <u>왕</u>은 점령한 지역에 신주(新州)를 설치하고 김무력을 군주(軍主)로 임명하였다.

① 김흠돌의 난을 진압하였다.
② 북한산에 순수비를 건립하였다.
③ 이사부를 보내 우산국을 복속시켰다.
④ 관료전을 지급하고 녹읍을 폐지하였다.
⑤ 매소성과 기벌포에서 당의 군대를 물리쳤다.

07. (가)에 들어갈 내용으로 옳은 것은? [2점]

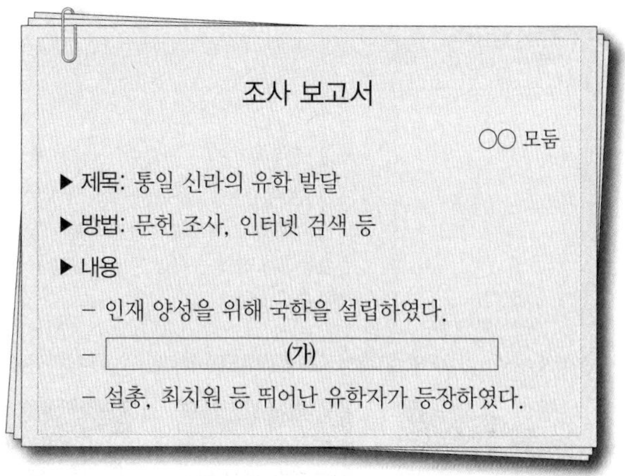

조사 보고서

○○ 모둠

▶ 제목: 통일 신라의 유학 발달
▶ 방법: 문헌 조사, 인터넷 검색 등
▶ 내용
– 인재 양성을 위해 국학을 설립하였다.
– (가)
– 설총, 최치원 등 뛰어난 유학자가 등장하였다.

① 전문 강좌인 7재를 개설하였다.
② 경당에서 학문과 무예를 가르쳤다.
③ 문헌공도 등의 사학 12도가 있었다.
④ 양현고를 설치하여 장학 기금을 마련하였다.
⑤ 독서삼품과를 실시하여 관리를 등용하였다.

08. 교사의 질문에 대한 학생의 답변으로 옳은 것은? [2점]

이 문화유산을 남긴 국가에 대해 발표해 볼까요?
이불병좌상
돌사자상

① 도병마사에서 국방 문제를 논의하였습니다.
② 정사암에 모여 국가 중대사를 결정하였습니다.
③ 전국을 9주로 나누고 5소경을 설치하였습니다.
④ 전성기에 당으로부터 해동성국이라 불리기도 하였습니다.
⑤ 지방 세력을 견제하기 위해 상수리 제도를 실시하였습니다.

09. (가)에 들어갈 문화유산으로 옳은 것은? [1점]

> **문화유산 카드**
>
> (가)
>
> • 종목: 사적 제502호
> • 유적: 청운교, 백운교, 다보탑, 석가탑 등
> • 소개: 8세기 중엽 김대성에 의해 조성되었다고 전해지며, 불교의 이상 세계를 지상에 건설하고자 하였던 신라인의 신앙심을 잘 보여 주고 있다.

① 
경주 불국사

② 구례 화엄사

③ 
영주 부석사

④ 
예산 수덕사

⑤ 
합천 해인사

10. (가), (나) 인물에 대한 설명으로 옳은 것은? [3점]

> ○ 서쪽으로 순행하여 완산주에 이르니 주(州)의 백성들이 환영하였다. (가) 은/는 인심을 얻은 것에 기뻐하며 주위의 사람들에게 말하기를, "…… 이제 어찌 내가 완산에 도읍을 세워 의자왕의 쌓인 울분을 갚지 않겠는가?"라고 하였다.
> -『삼국사기』-
>
> ○ (나) 이/가 스스로 왕이라 일컫고 사람들에게 말하기를, "지난날 신라가 당나라에 군사를 요청하여 고구려를 깨뜨렸다. …… 내가 반드시 그 원수를 갚겠다."고 하였다. …… 스스로 미륵불이라 칭하고 머리에는 금고깔을 쓰고 몸에는 가사를 둘렀다.
> -『삼국사기』-

① (가) - 훈요 10조를 남겼다.
② (가) - 귀주에서 거란의 침입을 물리쳤다.
③ (나) - 청해진을 설치하였다.
④ (나) - 후고구려를 건국하였다.
⑤ (가), (나) - 신라의 수도를 공격하였다.

11. (가) 왕의 업적으로 옳은 것은? [2점]

> **〈역사 다큐멘터리〉**
>
> **(가), 왕권 강화 정책을 펴다**
>
> ▣ 기획 의도
> 고려의 제4대 왕인 (가) 이/가 재위 기간에 왕권을 강화하고 국가 체제를 정비한 과정을 조명하고자 한다.
>
> ▣ 내용
> 1. 광덕 연호 사용
> 2. 백관 공복 제정
> 3. 공신과 호족 세력 숙청

① 만권당을 설립하였다.
② 전시과를 제정하였다.
③ 천리장성을 축조하였다.
④ 노비안검법을 실시하였다.
⑤ 전민변정도감을 설치하였다.

12. 다음 대화 이후에 전개된 사실로 옳은 것은? [2점]

① 최승로가 시무 28조를 건의하였다.
② 만적이 개경에서 반란을 도모하였다.
③ 김유신이 황산벌 전투에서 승리하였다.
④ 대광현이 발해 유민을 이끌고 투항하였다.
⑤ 윤관이 별무반을 이끌고 여진을 정벌하였다.

13. (가) 시기에 있었던 사실로 옳은 것은? [2점]

문무 대신부터 백성들에 이르기까지 모두 처자식과 함께 개경으로 돌아가도록 하라.
원종
(가)
앞으로는 변발과 호복을 금하도록 하라.
공민왕

① 정동행성이 설치되었다.
② 농사직설이 편찬되었다.
③ 동북 9성이 축조되었다.
④ 이자겸의 난이 일어났다.
⑤ 9서당 10정이 편성되었다.

14. 밑줄 그은 '이 탑'으로 옳은 것은? [1점]

> 1348년(충목왕 4)에 세워진 <u>이 탑</u>은 대리석으로 만들어졌으며 기단과 탑신에는 부처, 보살, 풀꽃 무늬 등이 새겨져 있다. <u>이 탑</u>의 양식은 이후 원각사지 십층 석탑에 영향을 주었다. 현재 국립 중앙 박물관에 전시되어 있다.

①
②
③

① 왕궁리 오층 석탑 ② 정림사지 오층 석탑 ③ 진전사지 삼층 석탑

④
⑤

④ 감은사지 삼층 석탑 ⑤ 경천사지 십층 석탑

15. (가)~(마)에 들어갈 내용으로 옳은 것은? [3점]

> 〈2017 동계 한국사 강좌〉
>
> **인물로 보는 불교사**
>
> 우리 학회에서는 고승들의 행적을 통해 불교사의 흐름을 이해하는 자리를 마련하였습니다. 관심 있는 분들의 많은 참여 바랍니다.
>
> ◈ 강좌 주제 ◈
>
> 제1강 원효, (가)
> 제2강 의상, (나)
> 제3강 혜초, (다)
> 제4강 의천, (라)
> 제5강 지눌, (마)
>
> • 일시: 2017년 ○○월 ○○일 ~ ○○월 ○○일 매주 수요일 오후 2시
> • 장소: □□ 대학교 대강당
> • 주관: △△학회

① (가) – 수선사 결사를 제창하다
② (나) – 왕오천축국전을 저술하다
③ (다) – 무애가를 짓다
④ (라) – 해동 천태종을 개창하다
⑤ (마) – 화엄일승법계도를 남기다

16. 다음 주장을 펼친 인물의 활동으로 옳은 것은? [2점]

> 지금 요동을 정벌하는 일에는 네 가지의 옳지 못한 점이 있습니다. 작은 나라로서 큰 나라에 거역하는 것이 첫 번째 옳지 못함이요, 여름철에 군사를 동원하는 것이 두 번째 옳지 못함이요, 온 나라의 군사를 동원하여 멀리 정벌하러 가면 왜적이 그 허술한 틈을 탈 것이니 세 번째 옳지 못함이요, 이제 곧 덥고 비가 많이 올 것이므로 활의 아교가 풀어지고 많은 군사가 전염병을 앓을 것이니 네 번째 옳지 못함입니다.

① 위화도에서 회군하였다.
② 명학소에서 봉기하였다.
③ 강동 6주를 획득하였다.
④ 당의 등주를 공격하였다.
⑤ 서경 천도 운동을 일으켰다.

17. (가)에 들어갈 내용으로 옳은 것은? [2점]

파일(F) 편집(E) 보기(V) 즐겨찾기(A) 도구(T) 도움말(H)

한국사 묻고 답하기 조회: 85

질문 태종의 정책에 대해 알려 주세요.

답변

↳ 백성들의 억울함을 풀어주기 위해 신문고를 설치하였어요.

↳ 백성의 유망을 막기 위해 호패법을 시행하였어요.

↳ (가)

① 경복궁 중건을 위해 당백전을 발행하였어요.
② 왕권을 강화하기 위해 6조 직계제를 시행하였어요.
③ 방납의 폐단을 시정하기 위해 대동법을 실시하였어요.
④ 줄어든 재정 수입을 보충하기 위해 결작을 부과하였어요.
⑤ 삼정의 문란을 바로잡기 위해 삼정이정청을 설치하였어요.

18. 다음 서술형 평가의 답안에 들어갈 내용으로 옳은 것은? [3점]

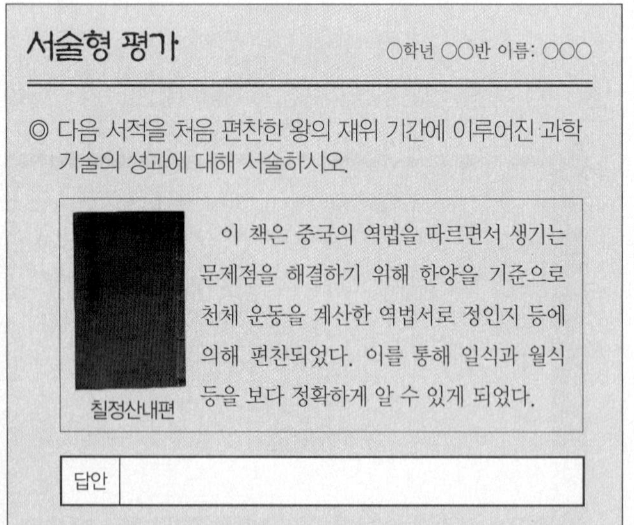

서술형 평가 ○학년 ○○반 이름: ○○○

◎ 다음 서적을 처음 편찬한 왕의 재위 기간에 이루어진 과학 기술의 성과에 대해 서술하시오.

이 책은 중국의 역법을 따르면서 생기는 문제점을 해결하기 위해 한양을 기준으로 천체 운동을 계산한 역법서로 정인지 등에 의해 편찬되었다. 이를 통해 일식과 월식 등을 보다 정확하게 알 수 있게 되었다.

칠정산내편

답안

① 화통도감에서 화약과 화포가 제작되었다.
② 기기도설을 참고한 거중기가 설계되었다.
③ 강우량 측정을 위한 측우기가 만들어졌다.
④ 100리 척이 사용된 동국지도가 제작되었다.
⑤ 전통 의학을 집대성한 동의보감이 편찬되었다.

19. 다음 가상 편지에 나타난 교육 기관으로 옳은 것은? [1점]

그리운 아우에게

고향을 떠나 한양에 오니 가족들이 그립구나. 하지만 나라가 세운 최고 교육 기관에서 공부하게 되었으니 하루 빨리 대과에 급제하기 위해 노력해야겠지.

어제는 매우 특별한 날이었단다. 세자 저하의 입학례가 있었는데 생각보다 복잡한 절차로 진행되었어. 평소에 보기 드문 진귀한 광경이었단다.

너도 학문에 힘써 이곳에서 공부할 수 있게 되길 바란다. 날이 점차 추워지니 건강 조심하거라.

한양에서 형이

① 서원 ② 향교 ③ 성균관
④ 주자감 ⑤ 4부 학당

20. 다음 자료에 해당하는 전쟁 시기에 있었던 사실로 옳은 것은? [2점]

여러 도에서 의병이 일어났다. …… 마침내 도내의 거족(巨族), 명인(名人)이 유생 등과 함께 조정의 명을 받들어 창의(倡義)하여 일어나니, 그것을 들은 자들이 격동하여 원근에서 모집에 응하였다. …… 호남의 고경명과 김천일, 영남의 곽재우와 정인홍, 호서의 조헌이 가장 먼저 의병을 일으켰다.

－『선조수정실록』－

① 이종무가 대마도를 정벌하였다.
② 이만손 등이 영남 만인소를 올렸다.
③ 김윤후가 적장 살리타를 사살하였다.
④ 흥선 대원군이 척화비 건립을 명하였다.
⑤ 권율이 행주산성에서 크게 승리하였다.

21. (가) 왕의 재위 기간에 있었던 사실로 옳은 것은? [2점]

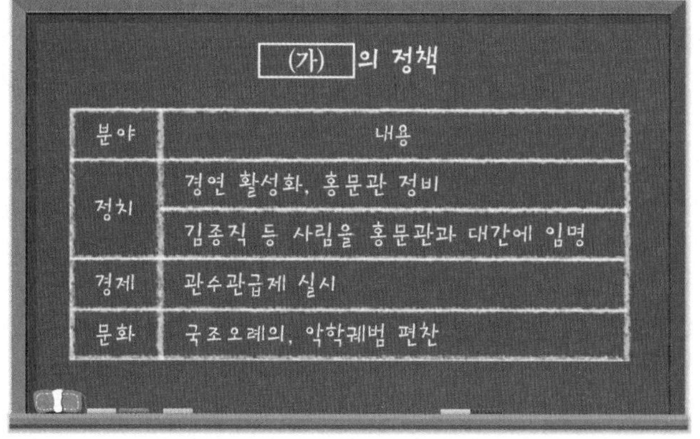

(가)의 정책

분야	내용
정치	경연 활성화, 홍문관 정비
	김종직 등 사림을 홍문관과 대간에 임명
경제	관수관급제 실시
문화	국조오례의, 악학궤범 편찬

① 균역법이 제정되었다.
② 현량과가 실시되었다.
③ 경국대전이 완성되었다.
④ 훈민정음이 창제되었다.
⑤ 초계문신제가 시행되었다.

22. (가)에 들어갈 내용으로 가장 적절한 것은? [2점]

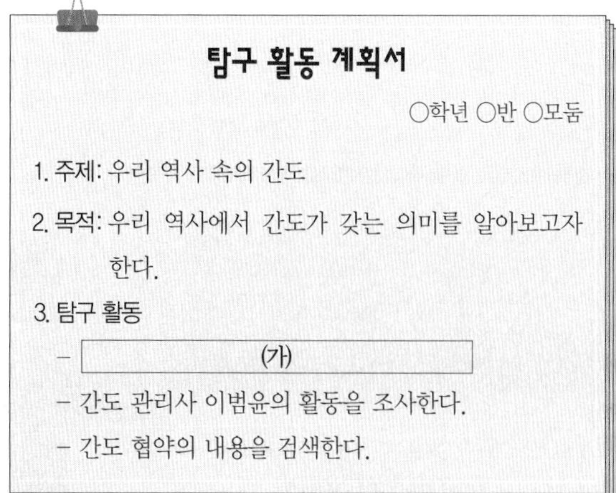

탐구 활동 계획서

○학년 ○반 ○모둠

1. 주제: 우리 역사 속의 간도
2. 목적: 우리 역사에서 간도가 갖는 의미를 알아보고자 한다.
3. 탐구 활동
   - (가)
   - 간도 관리사 이범윤의 활동을 조사한다.
   - 간도 협약의 내용을 검색한다.

① 안용복의 활동을 정리한다.
② 3포 왜란의 발생 원인을 살펴본다.
③ 백두산정계비문의 내용을 찾아본다.
④ 제너럴 셔먼호 사건의 배경을 파악한다.
⑤ 보빙사를 미국에 파견한 목적을 알아본다.

23. 다음 퀴즈의 정답으로 옳은 것은? [1점]

조선 후기 실학자인 이 인물은 농민 생활의 안정을 중시하여 자신의 저서인 반계수록에서 균전론을 주장하였습니다. 이 인물은 누구일까요?

① 이익 ② 박제가 ③ 박지원
④ 유형원 ⑤ 홍대용

24. 다음 자료에 나타난 시기의 경제 상황으로 옳지 않은 것은? [2점]

> 진안의 담배밭, 전주의 생강밭, 임천과 한산의 모시밭, 안동과 예안의 왕골밭은 우리나라에서 으뜸이다. 이것들은 부유한 이들이 이익을 독차지하는 물자이다. …… 부유한 상인이나 큰 장사꾼은 한곳에 앉아서 물건을 파는데, 남쪽으로는 일본과 통하고 북쪽으로는 청의 연경과 통한다. 몇 년 동안 천하의 물자를 실어다 팔아서 수백만 금의 재물을 모은 자도 있다.
>
> -『택리지』-

① 모내기법이 널리 확산되었다.
② 건원중보와 해동통보가 주조되었다.
③ 덕대가 광산을 전문적으로 경영하였다.
④ 독점적 도매상인인 도고가 성장하였다.
⑤ 국가에 관수품을 조달하는 공인이 활동하였다.

25. 다음 그림이 그려진 시기에 볼 수 있는 모습으로 적절하지 않은 것은? [2점]

① 홍길동전을 읽는 여성
② 흥보가를 부르는 소리꾼
③ 청화 백자를 만드는 도공
④ 장시에서 탈춤을 공연하는 광대
⑤ 황룡사 구층 목탑 건립에 참여하는 목수

26. (가)에 대한 설명으로 옳은 것은? [2점]

(가) 이/가 처음 설치된 이유는 알 수 없으나 이름의 뜻으로 생각해 보면 변방 방비에 대한 긴급한 일 등이 있을 때 대신과 지변재신(知邊宰臣)들이 한자리에 모여 계책을 세우기 위하여 설치된 것입니다. 그런데 지금은 8도와 6조의 업무가 모두 (가) 의 일이 되고 있습니다.

－『선조실록』－

① 한성순보를 발행하였다.
② 좌사정과 우사정으로 나뉘었다.
③ 흥선 대원군 집권기에 혁파되었다.
④ 사헌부, 사간원과 함께 3사라 불렸다.
⑤ 중서문하성과 중추원의 고관이 참여하였다.

27. 다음 검색창에 들어갈 문화유산으로 옳은 것은? [1점]

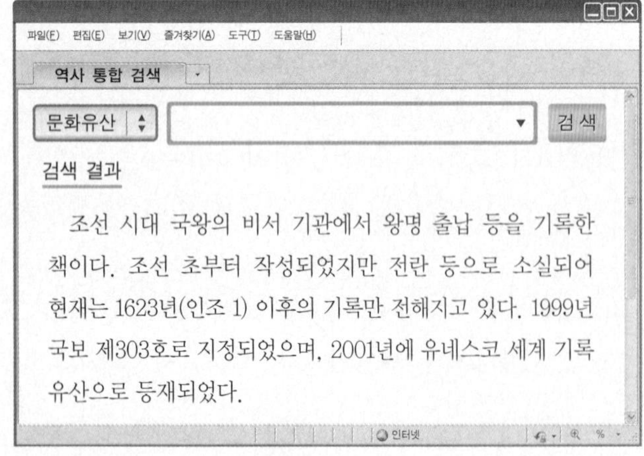

① 일성록 ② 대전회통 ③ 동국통감
④ 동사강목 ⑤ 승정원일기

28. 밑줄 그은 '왕'이 시행한 정책으로 옳은 것은? [3점]

왕 13년 기유년에 사도 세자의 무덤을 수원 화산으로 옮기고 이름을 현륭원으로 바꾼 다음 화성을 크게 쌓았다. …… 19년 을묘년에는 자궁(慈宮)*을 모시고 현륭원에 배알한 후 화성 행궁으로 돌아와 술잔을 올려 수(壽)를 빌고 하교하기를, "일찍 아버지를 여읜 나로서 이곳에서 이 예를 거행하고 나니 지극한 소원이 대강 풀린 셈이다."라고 하였다.

*자궁(慈宮): 혜경궁 홍씨를 가리킴.

① 나선 정벌에 조총 부대를 파견하였다.
② 국왕의 친위 부대인 장용영을 창설하였다.
③ 여진족을 몰아내고 4군 6진을 개척하였다.
④ 삼수병으로 편성된 훈련도감을 설치하였다.
⑤ 금위영을 설치하여 5군영 체제를 완성하였다.

29. (가) 인물에 대한 설명으로 옳은 것은? [2점]

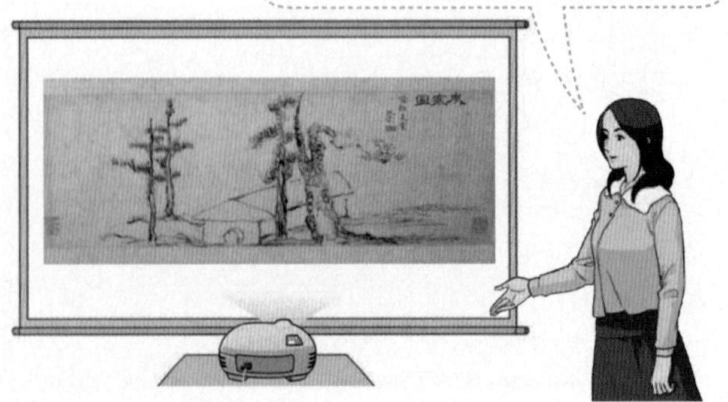

이 그림은 세한도입니다. (가) 이/가 제주도에서 유배 중일 때 제자 이상적이 귀한 책들을 청에서 구해다 준 것에 대한 답례로 그려 준 것입니다.

① 추사체를 창안하였다.
② 양반전을 저술하였다.
③ 발해고를 집필하였다.
④ 사상 의학을 정립하였다.
⑤ 대동여지도를 제작하였다.

30. 다음 사건이 일어난 시기를 연표에서 옳게 고른 것은? [3점]

어재연 장군의 수(帥)자기

통상을 강요하며 조선을 침략한 미국군이 강화도의 광성보를 공격하였다. 어재연이 이끄는 조선군이 미국군에 맞서 결사 항전하였지만 광성보는 끝내 점령 당하고 말았다. 그러나 조선의 확고한 항전 의지와 통상 거부로 미국군은 20여 일 만에 결국 퇴각하였다.

1863		1868		1876		1884		1889		1896
고종 즉위	(가)	오페르트 노굴 사건	(나)	강화도 조약 체결	(다)	갑신 정변	(라)	함경도 방곡령 선포	(마)	아관 파천 단행

① (가) ② (나) ③ (다) ④ (라) ⑤ (마)

31. (가)에 들어갈 내용으로 옳은 것은? [2점]

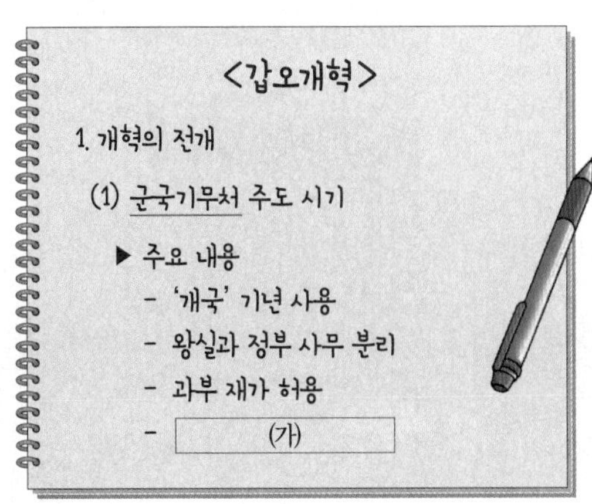

<갑오개혁>
1. 개혁의 전개
(1) 군국기무처 주도 시기
▶ 주요 내용
- '개국' 기년 사용
- 왕실과 정부 사무 분리
- 과부 재가 허용
- (가)

① 과거제 폐지
② 어영청 설치
③ 영선사 파견
④ 영정법 제정
⑤ 호포제 실시

32. 밑줄 그은 '대한국' 시기에 있었던 사실로 옳지 않은 것은? [2점]

광무 원년 시월 십육일
논설
금월 십삼일에 내리신 조칙으로 말미암아 조선 국명이 변하여 <u>대한국</u>(大韓國)이 되었으니 지금부터 조선 인민은 <u>대한국</u> 인민이 된 것으로 아시오.

① 지계가 발급되었다.
② 원수부가 설치되었다.
③ 실업 학교가 설립되었다.
④ 대한국 국제가 반포되었다.
⑤ 통리기무아문이 신설되었다.

33. 다음 검색창에 들어갈 단체에 대한 설명으로 옳은 것은? [2점]

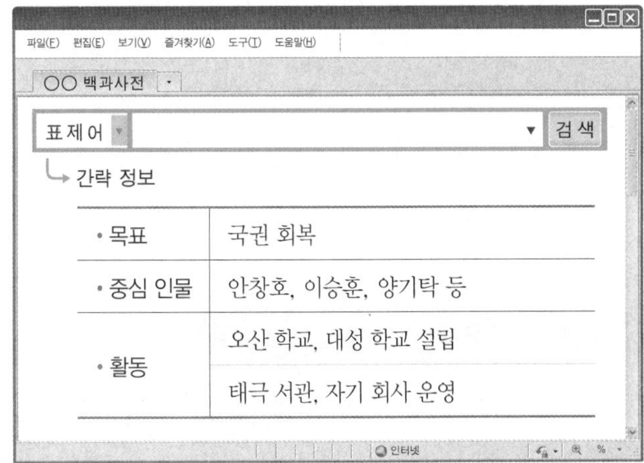

• 목표	국권 회복
• 중심 인물	안창호, 이승훈, 양기탁 등
• 활동	오산 학교, 대성 학교 설립
	태극 서관, 자기 회사 운영

① 105인 사건으로 해체되었다.
② 기관지로 근우를 발행하였다.
③ 한글 맞춤법 통일안을 발표하였다.
④ 조선 혁명 선언을 활동 지침으로 삼았다.
⑤ 일제의 황무지 개간권 요구를 철회시켰다.

34. 다음 사건에 대한 설명으로 옳은 것은? [3점]

사건 일지

6월 5일 구식 군인들의 소요 발생
6월 9일 구식 군인들과 도시 하층민이 별기군의 일본인 교관 살해, 일본 공사관 습격
6월 10일 구식 군인들과 도시 하층민의 궁궐 난입, 흥선 대원군 재집권
6월 19일 김윤식이 청에 파병 요청
6월 27일 청군 인천 도착
7월 13일 흥선 대원군, 청으로 압송

① 김옥균, 박영효 등이 주도하였다.
② 제물포 조약이 체결되는 계기가 되었다.
③ 평양에서 시작되어 전국으로 확산되었다.
④ 외규장각 도서가 약탈되는 결과를 가져왔다.
⑤ 서북인에 대한 차별이 원인이 되어 발생하였다.

35. 다음 기획전에 전시될 사진으로 적절하지 <u>않은</u> 것은? [1점]

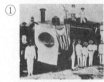

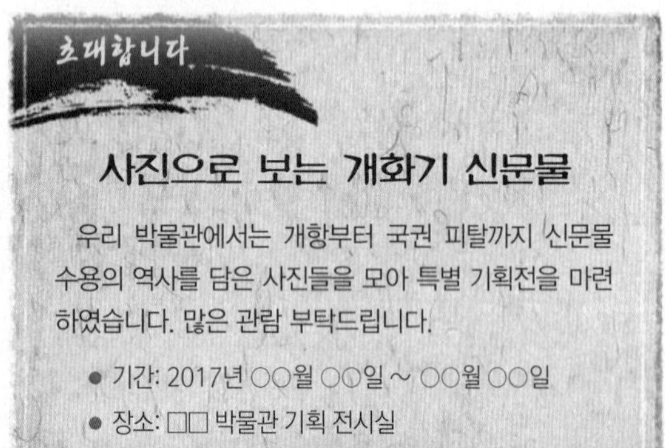

사진으로 보는 개화기 신문물
우리 박물관에서는 개항부터 국권 피탈까지 신문물 수용의 역사를 담은 사진들을 모아 특별 기획전을 마련하였습니다. 많은 관람 부탁드립니다.

① 
경인선 개통

②
광혜원 개원

③ 
명동 성당 건립

④ 

한성 전기 회사 설립

⑤ 
경성 제국 대학 개교

36. (가) 시기에 전개된 동학 농민군의 활동으로 옳지 <u>않은</u> 것은? [2점]

고부 농민 봉기

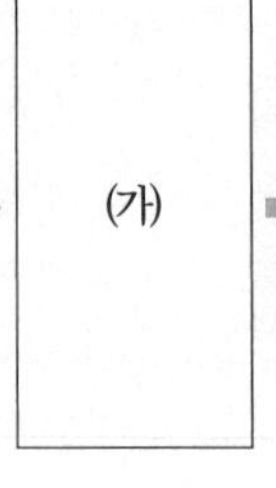

전봉준 압송

① 전주에서 정부와 화약을 맺었다.
② 우금치에서 일본군과 전투를 벌였다.
③ 황토현에서 관군에게 승리를 거두었다.
④ 농민 자치 기구인 집강소를 설치하였다.
⑤ 삼례에서 교조 신원을 위한 집회를 열었다.

37. (가)에 들어갈 독립군 부대로 옳은 것은? [1점]

이것은 중·일 전쟁 발발 이후 조선 민족 전선 연맹의 주도로 중국 관내에서 최초로 조직된 (가) 의 창설 기념사진입니다.
그렇습니다. 그 부대원 중 일부는 화북 지방으로 이동하였고 또 다른 이들은 한국 광복군에 합류하였습니다.

① 조선 의용대
② 조선 혁명군
③ 한국 독립군
④ 동북 항일 연군
⑤ 대조선 국민 군단

38. (가)에 대한 설명으로 옳은 것을 〈보기〉에서 고른 것은? [3점]

이곳은 3·1 운동을 계기로 상하이에서 수립된 (가) 이/가 청사로 사용한 건물입니다. 현재 건물 2층에는 당시 요인들의 집무실이 복원되어 있습니다.

〈보 기〉

ㄱ. 연통제를 실시하였다.
ㄴ. 경학사를 조직하였다.
ㄷ. 독립 공채를 발행하였다.
ㄹ. 만민 공동회를 개최하였다.

① ㄱ, ㄴ ② ㄱ, ㄷ ③ ㄴ, ㄷ
④ ㄴ, ㄹ ⑤ ㄷ, ㄹ

39. 다음 인물 카드의 (가)에 들어갈 인물로 옳은 것은? [2점]

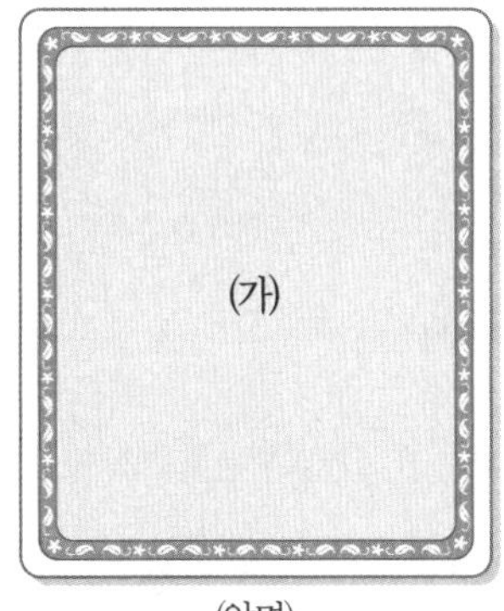

(앞면)

〈연보〉

1904 경북 안동 출생
1927 조선은행 대구 지점 폭탄 투척 사건에 연루되어 구속됨
1939 시 '청포도' 발표
1940 시 '절정' 발표
1944 베이징 감옥에서 순국

(뒷면)

① 
김유정

② 
나운규

③ 
이육사

④ 이중섭

⑤ 한용운

40. 다음 자료의 사회 운동에 대한 설명으로 옳은 것은? [2점]

조선 민족 2천만의 한 사람으로서 갑오년 6월부터 백정의 칭호가 없어지고 평민이 된 우리들이다. 애정으로써 상호 부조하며 생활의 안정을 도모하고 공동의 존영을 기하려 한다. 이에 40여만의 단결로써 본사의 목적인 그 주지를 선명하게 표방하는 바이다.

① 통감부의 탄압으로 중단되었다.
② 대한매일신보의 후원을 받았다.
③ 조선 형평사의 주도로 전개되었다.
④ 내 살림 내 것으로 등의 구호를 내세웠다.
⑤ 러시아의 절영도 조차 요구를 저지하였다.

41. (가) 국가에서 전개된 독립 운동에 대한 설명으로 옳은 것은? [2점]

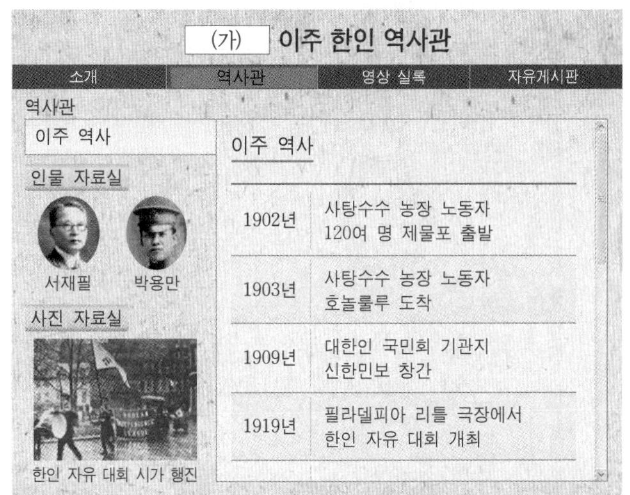

(가) 이주 한인 역사관

소개 | 역사관 | 영상 실록 | 자유게시판

역사관

이주 역사

인물 자료실

서재필 박용만

사진 자료실

한인 자유 대회 시가 행진

이주 역사

1902년	사탕수수 농장 노동자 120여 명 제물포 출발
1903년	사탕수수 농장 노동자 호놀룰루 도착
1909년	대한인 국민회 기관지 신한민보 창간
1919년	필라델피아 리틀 극장에서 한인 자유 대회 개최

① 서전서숙이 세워졌다.
② 북로 군정서가 조직되었다.
③ 구미 위원부가 설치되었다.
④ 대한 독립군이 창설되었다.
⑤ 2·8 독립 선언서가 발표되었다.

42. 다음 법령이 시행된 시기에 있었던 사실로 옳은 것은? [3점]

> 제1조 조선 주차(駐箚) 헌병은 치안 유지에 관한 경찰과 군사 경찰을 관장한다.
>
> 제2조 조선 주차 헌병은 육군 대신의 관할에 속하며 그 직무의 집행에 대하여는 조선 총독의 지휘 감독을 받는다. 군사 경찰에 대하여는 육군 대신과 해군 대신의 지휘를 받는다.
>
> 제3조 헌병의 장교, 준사관, 하사, 상등병에게는 조선 총독이 정하는 바에 의하여 재직하면서 경찰관의 직무를 집행하게 할 수 있다.

① 미곡 공출제가 추진되었다.
② 국가 총동원령이 공포되었다.
③ 남면북양 정책이 실행되었다.
④ 토지 조사 사업이 실시되었다.
⑤ 여자 정신 근로령이 시행되었다.

43. 다음 의거를 일으킨 단체에 대한 설명으로 옳은 것은? [2점]

① 국채 보상 운동을 주도하였다.
② 기관지로 만세보를 발행하였다.
③ 고종의 밀지를 받아 결성되었다.
④ 김원봉 등이 만주에서 조직하였다.
⑤ 파리 강화 회의에 대표를 파견하였다.

44. 밑줄 그은 '이 인물'로 옳은 것은? [1점]

① 김구 ② 김좌진 ③ 백남운
④ 신채호 ⑤ 안중근

45. 다음 강령을 발표한 조직에 대한 설명으로 옳은 것은? [2점]

> **강 령**
>
> • 우리는 완전한 독립 국가의 건설을 기함
> • 우리는 전 민족의 정치적·경제적·사회적 기본 요구를 실현할 수 있는 민주주의 정권의 수립을 기함
> • 우리는 일시적 과도기에 있어서 국내 질서를 자주적으로 유지하며 대중 생활의 확보를 기함

① 진단 학보를 발간하였다.
② 브나로드 운동을 전개하였다.
③ 좌우 합작 7원칙을 발표하였다.
④ 신탁 통치 반대 운동을 주도하였다.
⑤ 여운형 등을 중심으로 결성되었다.

46. (가)~(라) 시기에 있었던 사실로 옳은 것을 〈보기〉에서 고른 것은? [2점]

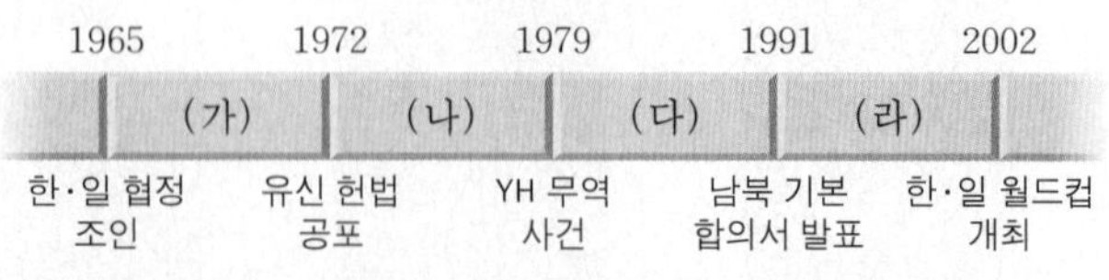

〈보 기〉

ㄱ. (가) – 금융 실명제가 전격 실시되었다.
ㄴ. (나) – 연간 수출액 100억 달러가 최초로 달성되었다.
ㄷ. (다) – 원조 물자를 기반으로 삼백 산업이 성장하였다.
ㄹ. (라) – 경제 협력 개발 기구(OECD)에 가입하였다.

① ㄱ, ㄴ ② ㄱ, ㄷ ③ ㄴ, ㄷ
④ ㄴ, ㄹ ⑤ ㄷ, ㄹ

47. 다음 성명을 발표한 정부의 통일 정책으로 옳은 것은? [3점]

남과 북은 자주, 평화, 민족 대단결의 평화 통일 3대 원칙을 담은 공동 성명을 서울과 평양에서 동시에 발표하였습니다. 이는 분단 이후 남과 북이 최초로 통일 원칙에 합의한 것입니다.
남북, 최초로 통일 원칙 합의

① 개성 공단 조성에 합의하였다.
② 남북 조절 위원회를 설치하였다.
③ 민족 공동체 통일 방안을 발표하였다.
④ 한반도 비핵화 공동 선언을 채택하였다.
⑤ 처음으로 이산가족 고향 방문을 성사시켰다.

48. (가)~(다)를 일어난 순서대로 옳게 나열한 것은? [1점]

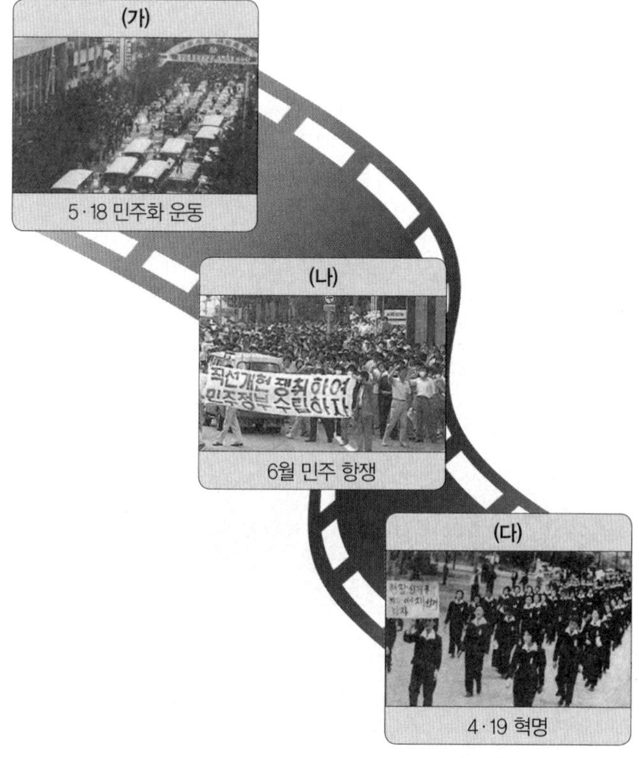

① (가) - (나) - (다)
② (가) - (다) - (나)
③ (나) - (가) - (다)
④ (나) - (다) - (가)
⑤ (다) - (가) - (나)

49. 밑줄 그은 '이 지역'을 지도에서 옳게 찾은 것은? [2점]

이 지역은 조선 시대에 왜관이 설치된 대일 무역의 거점이었고, 이후 강화도 조약에 따라 최초로 설치된 개항장이었습니다. 또한 6·25 전쟁 중에는 임시 수도였습니다.
(가) 평택
(나) 군산
(다) 목포
(라) 부산
(마) 포항

① (가) ② (나) ③ (다) ④ (라) ⑤ (마)

50. 다음 정부 시기에 있었던 사실로 옳은 것은? [2점]

① 농지 개혁법이 제정되었다.
② 베트남에 국군이 파병되었다.
③ 남북 정상 회담이 개최되었다.
④ 소련, 중국과의 수교가 이루어졌다.
⑤ 미국과의 자유 무역 협정(FTA)이 체결되었다.

2016년도 33회 한국사능력검정시험 중급

01. 다음 유물이 처음 사용된 시대의 생활 모습으로 옳은 것은? [1점]

이 유물은 중앙의 구멍에 축이 될 긴 막대를 끼워 넣고 그 축을 돌리는 방법으로 실을 뽑았던 도구입니다.

① 거친무늬 거울을 사용하였다.
② 주로 동굴이나 막집에서 살았다.
③ 빗살무늬 토기에 식량을 저장하였다.
④ 철제 농기구를 이용하여 농사를 지었다.
⑤ 거푸집을 활용하여 청동기를 제작하였다.

02. 다음 자료에 해당하는 나라에 대한 설명으로 옳은 것은? [2점]

> ○ 대군장이 없고 …… 후(侯), 읍군, 삼로 등이 있어 하호를 거느렸다.
>
> ○ 읍락이 서로 침범하면 벌로 생구(生口)나 소·말을 부과하는데 이를 책화라 한다. 사람을 죽인 자는 죽음으로 그 죄를 갚게 한다.
>
> -「삼국지」 동이전 -

① 12월에 영고라는 제천 행사를 열었다.
② 여러 가(加)들이 별도로 사출도를 다스렸다.
③ 제가 회의에서 국가의 중대사를 결정하였다.
④ 특산물로 단궁, 과하마, 반어피 등이 있었다.
⑤ 제사장인 천군과 신성 지역인 소도가 존재하였다.

03. (가)~(다)를 일어난 순서대로 옳게 나열한 것은? [3점]

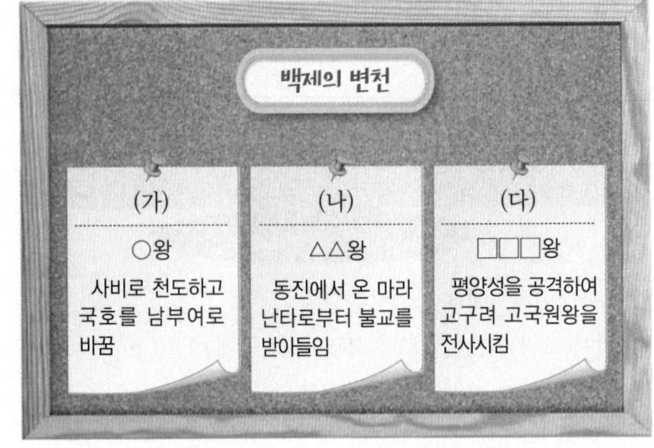

백제의 변천

동진에서 온 마라난타로부터 불교를 받아들임

① (가) - (나) - (다)
② (가) - (다) - (나)
③ (나) - (가) - (다)
④ (나) - (다) - (가)
⑤ (다) - (나) - (가)

04. (가) 인물의 활동으로 옳은 것은? [2점]

이 그림의 주인공은 (가) 입니다. 그는 영류왕을 제거한 뒤 대막리지가 되어 평양 부근 사수에 쳐들어온 당의 군대를 섬멸하였습니다. 이 장면은 당시의 전투 모습을 상상하여 그린 것입니다.

① 강동 6주를 획득하였다.
② 동북 9성을 개척하였다.
③ 당의 등주를 공격하였다.
④ 신라의 대야성을 빼앗았다.
⑤ 천리장성 축조를 주관하였다.

05. 다음 검색창에 들어갈 문화유산으로 옳은 것은? [1점]

파일(F) 편집(E) 보기(V) 즐겨찾기(A) 도구(T) 도움말(H)

문화유산 검색

검색

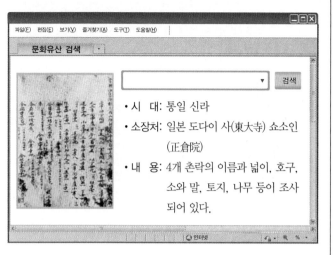

- 시 대: 통일 신라
- 소장처: 일본 도다이 사(東大寺) 쇼소인(正倉院)
- 내 용: 4개 촌락의 이름과 넓이, 호구, 소와 말, 토지, 나무 등이 조사되어 있다.

① 지계 ② 홍패 ③ 공명첩
④ 청금록 ⑤ 민정 문서

06. (가) 왕의 업적으로 옳은 것은? [3점]

(가) 은/는 아버지 문무왕의 뜻을 이어 682년에 감은사를 완성하였습니다. 이후 그는 감은사 행차 길에서 얻은 대나무로 만파식적이라는 피리를 만들었다고 합니다.
경주 감은사지

① 이사부를 보내 우산국을 복속시켰다.
② 관료전을 지급하고 녹읍을 폐지하였다.
③ 대가야를 정복하여 영토를 확장하였다.
④ 이차돈의 순교를 계기로 불교를 공인하였다.
⑤ 관리 선발을 위하여 독서삼품과를 실시하였다.

07. 밑줄 그은 '이 국가'에 대한 설명으로 옳은 것은? [2점]

자료는 일본 나라 현 헤이조쿄 유적에서 출토된 목간으로, "고려에 보낸 사절이 귀국하였으므로 덴표호지 2년(758) 10월 28일에 (사절의) 위계를 두 단계 올린다."라고 적혀 있다. 목간에서 일본이 <u>이 국가</u>를 '고려'라고 지칭한 사실은 당시 <u>이 국가</u>가 고려, 즉 고구려를 계승한 국가로 인식되고 있었음을 말해준다.

① 전성기에 해동성국이라 불렸다.
② 전국을 5도 양계로 나누어 다스렸다.
③ 9서당 10정의 군사 조직을 갖추었다.
④ 나·당 연합군의 공격으로 멸망하였다.
⑤ 지방관 감찰을 위해 외사정을 파견하였다.

08. 다음 퀴즈의 정답으로 옳은 것은? [2점]

퀴즈 한국사
제시된 단계별 힌트를 종합하여 알 수 있는 조직은 무엇일까요?
1단계 풍월도라고도 불림
2단계 대표적 인물로 김유신이 있음
3단계 진흥왕 때 국가적 조직으로 정비됨

① 도방 ② 중방 ③ 별기군 ④ 화랑도 ⑤ 속오군

09. 밑줄 그은 '그'에 대한 설명으로 옳은 것은? [2점]

오늘 알아볼 인물에 대해 말씀해 주세요.
오늘의 주인공은 신라 불교의 대중화를 이끈 승려입니다. 그는 무애가를 지어 부르며 백성들에게 아미타 신앙을 전파하였습니다.

① 십문화쟁론을 저술하였다.
② 화엄일승법계도를 지었다.
③ 해동 천태종을 개창하였다.
④ 수선사 결사를 제창하였다.
⑤ 유불 일치설을 주장하였다.

10. 다음 답사 지역을 지도에서 옳게 찾은 것은? [2점]

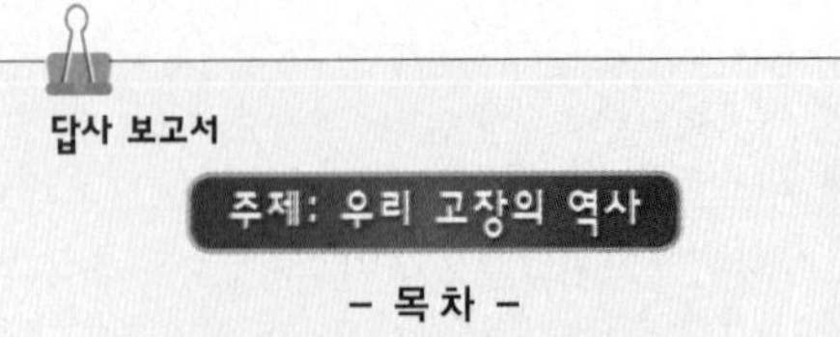
답사 보고서

주제: 우리 고장의 역사

– 목 차 –

1. 신석기 시대의 발자취, 고산리 유적
2. 삼별초 최후의 항전, 항파두리 항몽 유적
3. 일제 강점기 군사 기지, 알뜨르 비행장
4. 4·3 사건의 아픔과 기억, 너븐숭이 일대

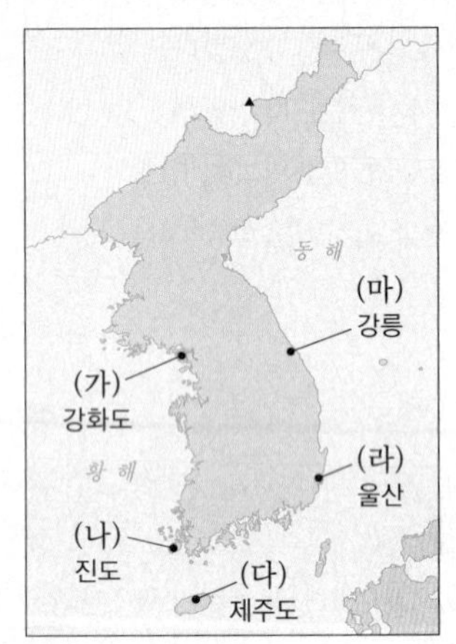

① (가) ② (나) ③ (다) ④ (라) ⑤ (마)

11. (가)~(라)에 대한 설명으로 옳은 것을 〈보기〉에서 고른 것은? [2점]

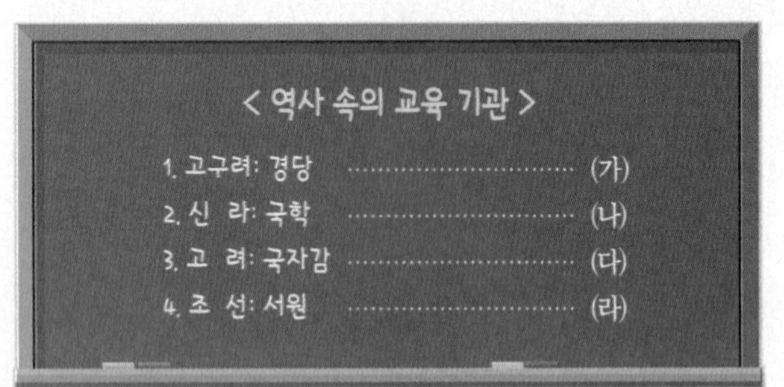
< 역사 속의 교육 기관 >

1. 고구려: 경당 ·························· (가)
2. 신 라: 국학 ·························· (나)
3. 고 려: 국자감 ························ (다)
4. 조 선: 서원 ·························· (라)

〈보 기〉

ㄱ. (가) – 글 읽기와 활쏘기를 가르쳤다.
ㄴ. (나) – 최충에 의해 설립되었다.
ㄷ. (다) – 출판을 담당하는 서적포를 두었다.
ㄹ. (라) – 중앙에서 교수나 훈도가 파견되었다.

① ㄱ, ㄴ ② ㄱ, ㄷ ③ ㄴ, ㄷ ④ ㄴ, ㄹ ⑤ ㄷ, ㄹ

12. (가) 인물의 활동에 대한 설명으로 옳은 것은? [2점]

① 4군 6진을 개척하였다.
② 위화도에서 회군하였다.
③ 나선 정벌에 참여하였다.
④ 처인성 전투에서 활약하였다.
⑤ 진포 대첩에서 왜구를 격퇴하였다.

13. 다음 가상 뉴스에서 소개하고 있는 책에 대한 설명으로 옳은 것은? [2점]

① 기전체 형식으로 서술되었다.
② 단군에 관한 내용이 기록되어 있다.
③ 남북국이라는 용어를 처음 사용하였다.
④ 유네스코 세계 기록 유산으로 등재되었다.
⑤ 신라의 역사를 상대, 중대, 하대로 구분하였다.

14. 교사의 질문에 대한 학생의 답변으로 옳은 것은? [2점]

이 화폐를 주조한
국가의 경제 상황에
대해 말해 볼까요?
삼한통보
해동통보

① 전시과 제도가 실시되었어요.
② 왜관 개시를 통해 인삼이 수출되었어요.
③ 덕대가 광산을 진문직으로 경영하였어요.
④ 담배, 고추 등의 상품 작물이 재배되었어요.
⑤ 청해진을 중심으로 해상 무역이 전개되었어요.

15. 다음 상황이 나타난 시기를 연표에서 옳게 고른 것은? [3점]

> 이날 최우가 왕에게 속히 강화도로 행차할 것을 청하니 왕이 망설이고 결정하지 못했다. 최우가 녹봉을 운반하는 수레 100여 량을 빼앗아 자기 집 재물을 강화로 보내니 개경이 흉흉했다. …… 이어서 성 안에 방을 붙이기를, "시일을 미루어 기일 내에 길에 나서지 않는 자는 군법으로 논하겠다."라고 했다.
>
> -「고려사절요」-

1019		1104		1170		1225		1274		1356
	(가)		(나)		(다)		(라)		(마)	
귀주 대첩		별무반 편성		무신 정변		정방 설치		1차 여·몽 연합군 일본 원정		쌍성총관부 탈환

① (가) ② (나) ③ (다) ④ (라) ⑤ (마)

16. 다음 명령에 따라 시행된 정책에 대한 설명으로 옳은 것은? [1점]

형조의 사형수에 관한 일을
제외하고, 모든 업무는 6조에서
직접 보고하도록 하라.
세조

① 공인이 등장하는 계기가 되었다.
② 왕권 강화를 목적으로 시행되었다.
③ 후주 출신 쌍기의 건의로 도입되었다.
④ 국정과 왕실 사무의 분리를 가져왔다.
⑤ 붕당 간 대립을 배경으로 실시되었다.

17. 다음 가상 광고에 나타난 민속놀이로 옳은 것은? [2점]

절찬 판매중!
오르락내리락,
놀이판 위에 펼쳐지는 벼슬살이
누구나 한 번쯤은 높은 벼슬을 꿈꾼다.
윤목을 굴려 영의정의 꿈을 이루어 보자.
파직과 사약을 피한다면 영예로운 은퇴를
맞이할 수 있다. 지금 윤목을 던져 보자!
놀이판과 윤목

① 윷놀이 ② 고누놀이 ③ 차전놀이
④ 승경도놀이 ⑤ 놋다리밟기

18. 다음 검색창에 들어갈 책에 대한 설명으로 옳은 것은? [2점]

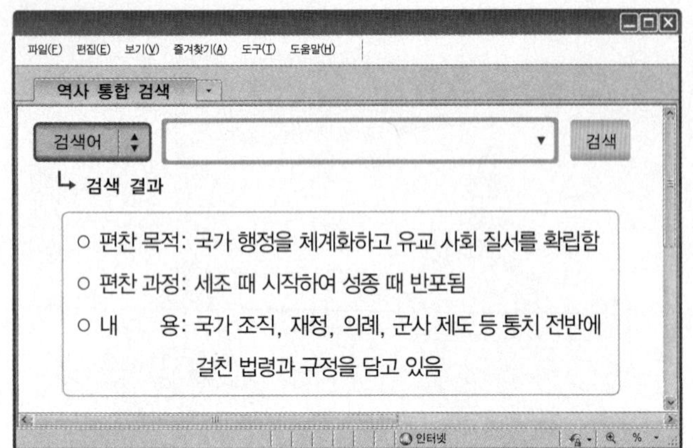

① 6전 체제로 구성되었다.
② 경 · 율 · 론 3장을 모아 정리하였다.
③ 역대 전쟁에 관한 기록을 체계화하였다.
④ 수시력과 회회력 등을 바탕으로 만들어졌다.
⑤ 효자, 충신, 열녀의 모범 사례를 제시하였다.

19. (가)~(마)에 들어갈 내용으로 옳지 않은 것은? [2점]

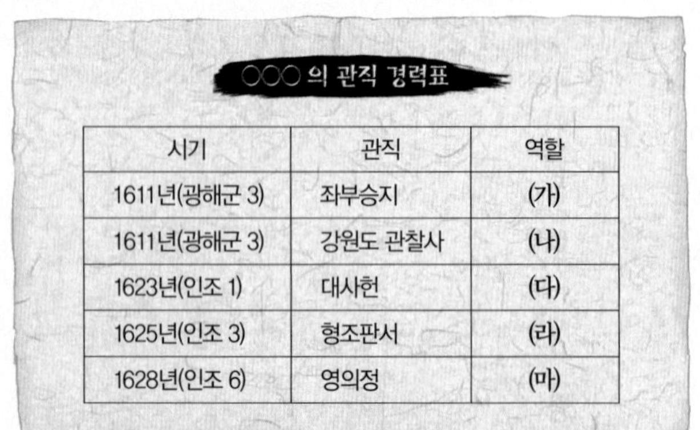

○○○의 관직 경력표

시기	관직	역할
1611년(광해군 3)	좌부승지	(가)
1611년(광해군 3)	강원도 관찰사	(나)
1623년(인조 1)	대사헌	(다)
1625년(인조 3)	형조판서	(라)
1628년(인조 6)	영의정	(마)

① (가) – 왕명의 출납을 담당하였다.
② (나) – 군현의 수령을 감독하였다.
③ (다) – 재정의 출납과 회계를 맡았다.
④ (라) – 형벌에 관한 일을 주관하였다.
⑤ (마) – 국정 전반을 총괄하였다.

20. (가)~(라)에 들어갈 내용으로 적절한 것을 〈보기〉에서 고른 것은? [3점]

〈2016 추계 한국사 특강〉

우리 역사 속의 여성들

우리 학회에서는 역사 속 여성들의 삶을 조명하는 자리를 마련하였습니다. 관심 있는 분들의 많은 참여를 부탁드립니다.

▣ 특강 내용 ▣

제1강 선덕여왕, (가)
제2강 김만덕, (나)
제3강 유관순, (다)
제4강 나혜석, (라)

- 일시: 2016년 ○○월 ○○일 10:00~17:00
- 장소: △△ 대학교 대강당
- 주관: ◇◇학회

〈보 기〉

ㄱ. (가) – 여성으로서 처음으로 신라 왕위에 오르다
ㄴ. (나) – 흉년으로 고통 받는 빈민을 구하다
ㄷ. (다) – 을밀대 위에서 노동 탄압을 규탄하다
ㄹ. (라) – 최초의 여의사로 신여성의 삶을 살다

① ㄱ, ㄴ ② ㄱ, ㄷ ③ ㄴ, ㄷ
④ ㄴ, ㄹ ⑤ ㄷ, ㄹ

21. (가)에 들어갈 용어로 옳은 것은? [1점]

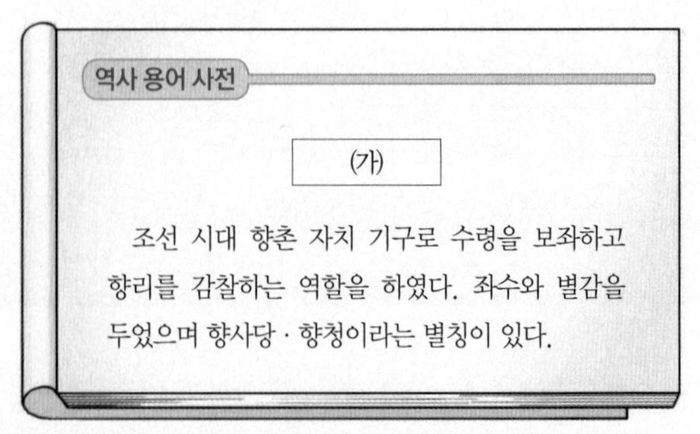

역사 용어 사전
(가)
조선 시대 향촌 자치 기구로 수령을 보좌하고 향리를 감찰하는 역할을 하였다. 좌수와 별감을 두었으며 향사당 · 향청이라는 별칭이 있다.

① 상평창 ② 성균관
③ 유향소 ④ 도병마사
⑤ 전민변정도감

21. 다음과 같은 과정을 거쳐 제작된 책에 대한 설명으로 옳은 것은? [2점]

① 세가, 지, 열전 등으로 구성되었다.
② 시정기와 사초를 바탕으로 제작되었다.
③ 현존하는 우리나라 최고(最古)의 역사서이다.
④ 불교사 중심으로 고대 민간 설화 등을 수록하였다.
⑤ 고조선부터 고려 말까지의 역사를 편년체로 서술하였다.

23. 밑줄 그은 '이 법'에 대한 설명으로 옳은 것은? [3점]

역사신문

제△△호 ○○○○년 ○○월 ○○일

수신전과 휼양전 부활 주장 대두

수신전과 휼양전의 지급이 중단되고 이 법이 실시되면서 죽은 남편과의 의리를 지키려고 하는 여자들이나 부모의 제사를 모시려는 자손들이 때때로 경제적으로 어려운 처지에 놓이게 되었다. 이에 따라 일각에서는 수신전과 휼양전을 부활시키자는 주장이 대두되고 있다.

① 현직 관리에게만 수조권을 지급하였다.
② 노동력의 징발을 법적으로 보장하였다.
③ 인품과 공로를 토지 지급 기준으로 삼았다.
④ 부족한 재정을 보충하기 위해 결작을 부과하였다.
⑤ 선혜법이라는 이름으로 경기도에서 처음 시행되었다.

24. 다음 인물 카드의 주인공으로 옳은 것은? [1점]

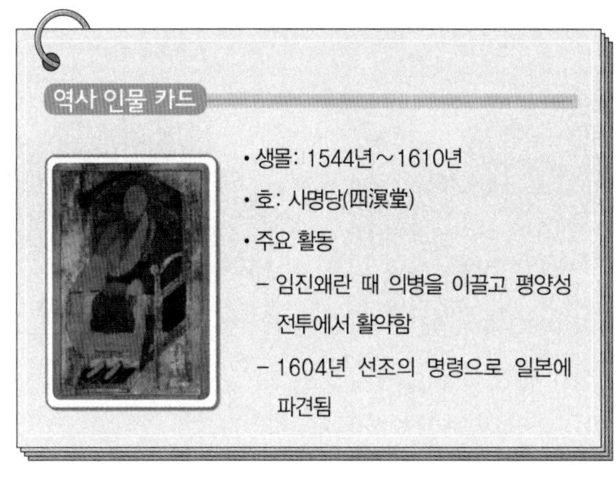

역사 인물 카드
• 생몰: 1544년~1610년
• 호: 사명당(四溟堂)
• 주요 활동
– 임진왜란 때 의병을 이끌고 평양성 전투에서 활약함
– 1604년 선조의 명령으로 일본에 파견됨

① 도선 ② 의천 ③ 의상
④ 유정 ⑤ 지눌

25. 밑줄 그은 '정치 상황'에 대한 설명으로 옳은 것은? [2점]

혜경궁 홍씨는 「한중록」을 통해 자신의 삶을 이야기하고 있다. 비록 아들이 임금이 되었지만, 그녀는 정치권의 분쟁과 은밀한 궁중 내의 음모 속에서 남편을 잃고 친정이 풍비박산되는 아픔을 겪었다. 이러한 그녀의 생애는 그녀가 살았던 시기의 정치 상황과 긴밀하게 연결되어 있었다.

① 벽파와 시파의 대립이 심화되었다.
② 왕권 강화를 위해 비변사가 혁파되었다.
③ 자의 대비의 복상 기간을 둘러싼 예송이 발생하였다.
④ 조의제문의 내용이 빌미가 되어 무오사화가 일어났다.
⑤ 이조 전랑 임명을 둘러싸고 사림이 동인과 서인으로 나뉘었다.

26. (가)에 들어갈 역사 용어로 옳은 것은? [2점]

조선 후기 지주나 대상인 등이 동전을 재산으로 간주하여 이를 간직해두고 사용하지 않음으로써 발생하는 동전 유통량의 부족 현상을 무엇이라 할까요?
한국사 스피드 퀴즈
(가)

① 광작 ② 방납 ③ 잠채 ④ 전황 ⑤ 향전

27. (가), (나) 종교에 대한 설명으로 옳은 것은? [1점]

용담정

최제우가 (가) 을/를 창시한 곳

절두산 순교지

병인박해로 (나) 신자들이 처형된 곳

① (가) – 중광단 결성을 주도하였다.
② (가) – 조상에 대한 제사를 거부하였다.
③ (나) – 기관지로 만세보를 발간하였다.
④ (나) – 교리를 정리한 동경대전을 경전으로 삼았다.
⑤ (가), (나) – 사교(邪敎)라는 이유로 정부 탄압을 받았다.

28. 다음 수행평가 보고서의 제목으로 적절한 것을 〈보기〉에서 고른 것은? [2점]

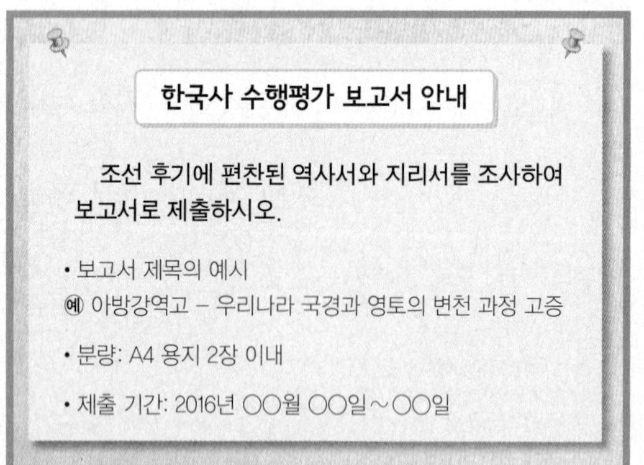

한국사 수행평가 보고서 안내

조선 후기에 편찬된 역사서와 지리서를 조사하여 보고서로 제출하시오.

- 보고서 제목의 예시
  예 아방강역고 – 우리나라 국경과 영토의 변천 과정 고증
- 분량: A4 용지 2장 이내
- 제출 기간: 2016년 ○○월 ○○일~○○일

〈보 기〉

ㄱ. 발해고 – 발해 관련 지식의 정리
ㄴ. 기자실기 – 사림의 역사의식 반영
ㄷ. 연려실기술 – 기사본말체로 조선의 역사 기록
ㄹ. 신증동국여지승람 – 군현의 연혁, 산천, 인물 등 수록

① ㄱ, ㄴ ② ㄱ, ㄷ ③ ㄴ, ㄷ
④ ㄴ, ㄹ ⑤ ㄷ, ㄹ

29. (가)에 대한 설명으로 옳은 것을 〈보기〉에서 고른 것은? [3점]

(가) 은/는 양반 사대부의 자손이지만, 첩의 자식이라 하여 아버지를 아버지라 부르지 못하고 가문의 대를 이을 수도 없었다. 관직에 나아간다 해도 승진할 수 있는 품계가 제한되어 있었다. 이로 말미암아 (가) 에 대한 차별 철폐 요구는 조선 시대 내내 이어졌다.

〈보 기〉

ㄱ. 호족 세력과 연계하여 사회 개혁을 추구하였다.
ㄴ. 정조 때 규장각 검서관으로 발탁되기도 하였다.
ㄷ. 청요직 진출을 주장하는 통청 운동을 전개하였다.
ㄹ. 사회적 차별을 타파하고자 조선 형평사를 조직하였다.

① ㄱ, ㄴ ② ㄱ, ㄷ ③ ㄴ, ㄷ
④ ㄴ, ㄹ ⑤ ㄷ, ㄹ

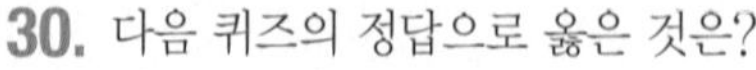

30. 다음 퀴즈의 정답으로 옳은 것은? [2점]

이것은 중국에서 활동하던 선교사 마테오 리치가 제작한 세계 지도입니다. 이광정 등에 의해 조선에 소개되어 조선인들의 세계관에 영향을 끼쳤습니다. 이 지도는 무엇일까요?
① 천하도
② 여지전도
③ 지구전후도
④ 곤여만국전도
⑤ 혼일강리역대국도지도

31. (가), (나)에 들어갈 내용으로 옳은 것은? [3점]

① (가) – 북학의를 저술하였다.
② (가) – 갑신정변에 참여하였다.
③ (나) – 척화주전론을 내세웠다.
④ (나) – 삼정이정청 설치를 주장하였다.
⑤ (가), (나) – 항일 의병장으로 활약하였다.

32. 밑줄 그은 '이 조치'에 대한 탐구 활동으로 가장 적절한 것은? [2점]

> 1905년 이 조치에 따라 상평통보, 백동화 등 기존 화폐 대신 일본의 제일 은행에서 발행한 화폐의 사용이 정식으로 공인되었다. 이를 통해 일본은 대한 제국의 금융과 재정을 장악해갔다.
>
> 상평통보 　 백동화 　 → 　 제일 은행권(견본)

① 보안회 설립의 목적을 파악한다.
② 재정 고문 메가타의 활동을 조사한다.
③ 묄렌도르프의 내정 간섭 결과를 찾아본다.
④ 동양 척식 주식회사의 주요 업무를 알아본다.
⑤ 독립 협회의 이권 수호 운동 과정을 살펴본다.

33. (가), (나) 조약에 대한 설명으로 옳은 것을 〈보기〉에서 고른 것은? [2점]

> (가) 제4관 조선국 부산 초량항에는 오래 전에 일본 공관이 세워져 있어 두 나라 백성의 통상 지구가 되었다. …… 두 곳의 항구를 별도로 개항하여 일본국 인민이 오가면서 통상하도록 허가하며, 해당 지역에서 임차한 터에 가옥을 짓거나 혹은 임시로 거주하는 사람들의 집은 각각 그 편의에 따르게 한다.
>
> (나) 제2조 일본국 정부는 한국과 타국 사이에 현존하는 조약의 실행을 완수할 임무가 있으며, 한국 정부는 지금부터 일본국 정부의 중개를 거치지 않고서는 국제적 성질을 가진 어떤 조약이나 약속을 맺지 않을 것을 약속한다.

〈보 기〉

ㄱ. (가) – 일본인의 치외법권을 인정하였다.
ㄴ. (가) – 일본군의 서울 주둔을 허용하였다.
ㄷ. (나) – 통감부가 설치되는 계기가 되었다.
ㄹ. (나) – 고종의 강제 퇴위 이후 체결되었다.

① ㄱ, ㄴ 　 ② ㄱ, ㄷ 　 ③ ㄴ, ㄷ
④ ㄴ, ㄹ 　 ⑤ ㄷ, ㄹ

34. (가)에 들어갈 주제로 가장 적절한 것은? [1점]

① 신소설의 유행
② 동문학의 성과
③ 패관 문학의 등장
④ 조선학 운동의 전개
⑤ 신경향파 문학의 특징

35. (가)~(다) 지역에서 있었던 사실로 옳은 것은? [3점]

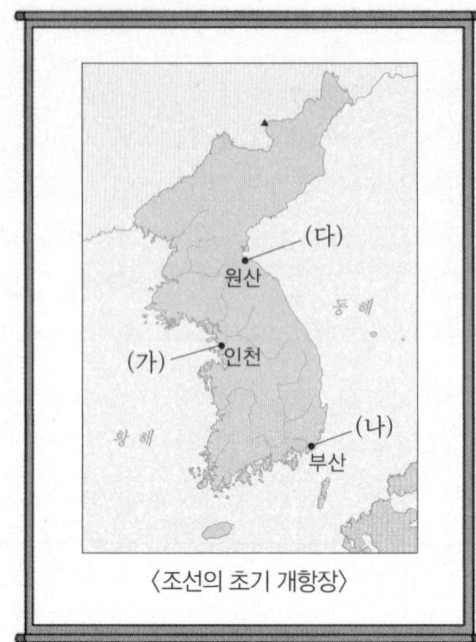

〈조선의 초기 개항장〉

① (가) – 전차가 처음으로 운행되었다.
② (가) – 서양식 병원인 광혜원이 세워졌다.
③ (나) – 최초의 철도가 부설되었다.
④ (나) – 박문국에서 한성순보가 발행되었다.
⑤ (다) – 최초의 근대식 학교가 설립되었다.

36. 다음 법령이 시행된 시기에 볼 수 있는 모습으로 적절한 것은? [2점]

제1조 3월 이하의 징역 또는 구류에 처하여야 할 자는 그 정상에 의해 태형에 처할 수 있다.
⋮
제13조 본령은 조선인에 한하여 이를 적용한다.

태형을 집행했던 형구

태형집행심득 제1조 수형자를 형판 위에 엎드리게 하고 그 자의 양팔을 좌우로 벌리게 하여 형판에 묶고 양 다리를 같이 묶은 후 볼기 부분을 노출시켜 태로 친다.

① 황국 신민 서사를 암송하는 학생
② 조선인의 집회를 단속하는 헌병 경찰
③ 농촌 진흥 운동을 홍보하는 총독부 관리
④ 치안 유지법 위반으로 구속된 독립운동가
⑤ 국민 징용령에 따라 탄광으로 강제 동원되는 노동자

37. (가)에 들어갈 내용으로 가장 적절한 것은? [1점]

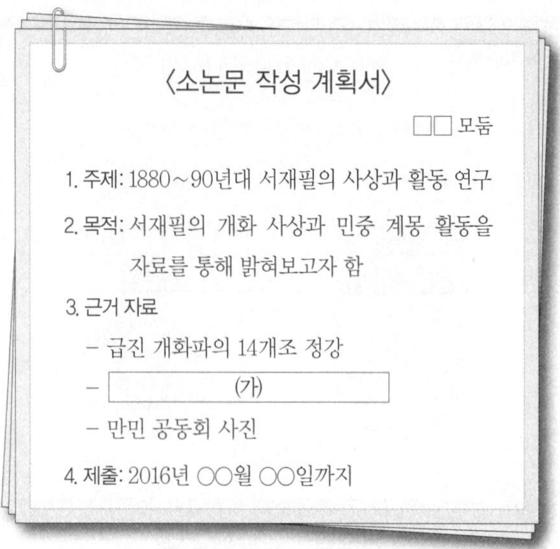
〈소논문 작성 계획서〉

□□ 모둠

1. 주제: 1880~90년대 서재필의 사상과 활동 연구
2. 목적: 서재필의 개화 사상과 민중 계몽 활동을 자료를 통해 밝혀보고자 함
3. 근거 자료
   - 급진 개화파의 14개조 정강
   - (가)
   - 만민 공동회 사진
4. 제출: 2016년 ○○월 ○○일까지

① 정우회 선언
② 의열단 행동 지침
③ 독립신문 창간 논설
④ 조선 물산 장려회 조직도
⑤ 13도 창의군 의병장 명단

38. (가)에 들어갈 내용으로 가장 적절한 것은? [2점]

S# 38. 1895년 2월, 체포되어 조사를 받는 전봉준

신문자: 작년 초 고부 등지에서 무슨 사연으로 민중을 모아 봉기하였느냐?
전봉준: 그 당시 고부 군수 조병갑의 수탈이 심하여 민중과 함께 의거하였다.
신문자: 고부 봉기 후 해산하였다가 무슨 이유로 다시 일어났느냐?
전봉준: 안핵사 이용태가 의거 참가자들을 체포하고 가족들을 살육하였기 때문이다.
신문자: 전주 화약 이후 재차 봉기한 이유는 무엇이냐?
전봉준: (가)

① 러시아가 절영도 조차를 요구하였기 때문이다.
② 영국이 거문도를 불법으로 점령하였기 때문이다.
③ 프랑스가 병인박해를 구실로 침략하였기 때문이다.
④ 청이 흥선 대원군을 톈진으로 압송해 갔기 때문이다.
⑤ 일본군이 경복궁을 공격하고 임금을 위협하였기 때문이다.

39. (가) 민족 운동에 대한 설명으로 옳은 것은? [2점]

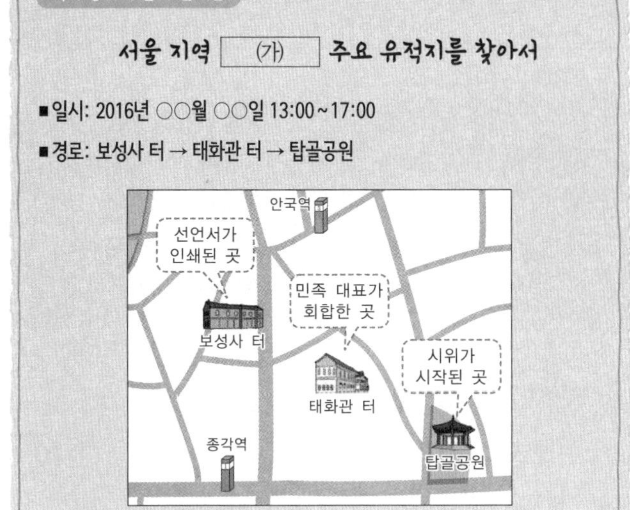

① 내 살림 내 것으로 등의 구호를 내세웠다.
② 서상돈, 김광제 등의 발의로 본격화되었다.
③ 일제가 문화 통치를 실시하는 계기가 되었다.
④ 순종의 인산일에 학생들의 주도로 전개되었다.
⑤ 한국인 학생과 일본인 학생 간의 충돌이 발단이 되었다.

40. 다음 자료에 나타난 일제의 정책이 시행된 시기를 연표에서 옳게 고른 것은? [2점]

이 사진은 금속류 회수령에 따른 공출을 기념하기 위해 찍은 것이다. '구리나 철을 남기는 것은 부끄러움을 남긴다.', '결전 아래 금속류 공출을 앞장서서 실행하자.' 라는 표어가 걸려 있다.

1910		1920		1929		1934		1937		1945
	(가)		(나)		(다)		(라)		(마)	
회사령 제정		산미 증식 계획 실시		대공황 발생		조선 농지령 공포		중·일 전쟁 발발		8·15 광복

① (가) ② (나) ③ (다) ④ (라) ⑤ (마)

41. (가)에 들어갈 제목으로 가장 적절한 것은? [2점]

1930년대 만주 지역의 한국 독립 전쟁사

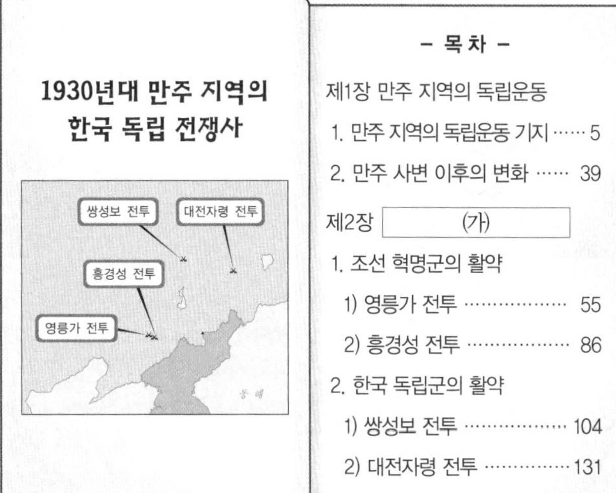

– 목차 –

① 조선 건국 동맹의 활동
② 한·중 연합 작전의 전개
③ 대한민국 임시 정부의 군제
④ 조선 독립 동맹의 무장 투쟁
⑤ 대조선 국민군단의 군사 훈련

42. 다음 자료와 관련된 사회 운동에 대한 설명으로 옳은 것은? [2점]

이 자료는 1923년 어린이날을 기념하여 만든 포스터이다. 이 날 발표된 선언문에는 '어린이를 재래의 윤리적 압박으로부터 해방하여 그들에 대한 완전한 인격적 예우를 허하게 하라.', '어린이를 그들이 고요히 배우고 즐거이 놀기에 족한 각양의 가정 또는 사회 시설을 행하게 하라.' 등의 아동 존중 사상이 담겨있다.

① 방정환, 김기전 등이 주도하였다.
② 개간 사업과 저축 운동을 장려하였다.
③ 통감부의 방해와 탄압 등으로 실패하였다.
④ 대구에서 시작되어 전국적으로 확산되었다.
⑤ 식민지 교육에 반대하며 동맹 휴학을 전개하였다.

43. (가)에 들어갈 내용으로 옳은 것은? [2점]

일제는 우리 역사가 봉건 사회로 발전하지 못한 채 고대 사회 수준으로 정체되어 있다고 주장하였습니다. 그래서 저는 이러한 일제의 논리를 반박하기 위해 ((가))

백남운

① 진단 학회를 창립하였습니다.
② 조선사 편수회에 참여하였습니다.
③ 조선사회경제사를 저술하였습니다.
④ 한국독립운동지혈사를 집필하였습니다.
⑤ 대한매일신보에 독사신론을 연재하였습니다.

44. 선생님의 질문에 대한 학생의 답변으로 옳은 것은? [3점]

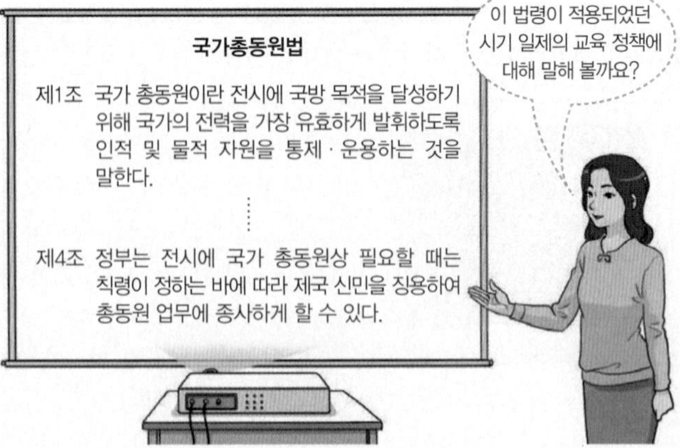

국가총동원법
제1조 국가 총동원이란 전시에 국방 목적을 달성하기 위해 국가의 전력을 가장 유효하게 발휘하도록 인적 및 물적 자원을 통제 · 운용하는 것을 말한다.
⋮
제4조 정부는 전시에 국가 총동원상 필요할 때는 칙령이 정하는 바에 따라 제국 신민을 징용하여 총동원 업무에 종사하게 할 수 있다.
이 법령이 적용되었던 시기 일제의 교육 정책에 대해 말해 볼까요?

① 사립 학교 규칙을 제정하였어요.
② 경성 제국 대학을 설립하였어요.
③ 소학교를 국민학교로 개칭하였어요.
④ 조선어를 필수 과목으로 채택하였어요.
⑤ 보통학교의 수업 연한을 4년으로 정하였어요.

45. (가) 단체에 대한 설명으로 옳은 것은? [2점]

역사신문

제△△호 ○○○○년 ○○월 ○○일

((가)), 창립대회 개최

((가))은/는 서울 종로 YMCA 강당에서 창립대회를 열고 회장에 이상재를 선출하였다. 앞으로 '정치적 · 경제적 각성을 촉진함', '단결을 공고히 함', '기회주의를 일체 부인함'이라는 3대 강령 아래 민족 협동 전선을 펼칠 것으로 기대된다.

① 105인 사건으로 해산되었다.
② 삼원보에 신흥 무관 학교를 설립하였다.
③ 비밀 행정 조직으로 연통제를 실시하였다.
④ 각국에 국제법상 교전 단체로 승인해줄 것을 요구하였다.
⑤ 광주 학생 항일 운동 당시 현지에 진상 조사단을 파견하였다.

46. 다음 자료에 해당하는 인물의 활동으로 옳은 것은? [1점]

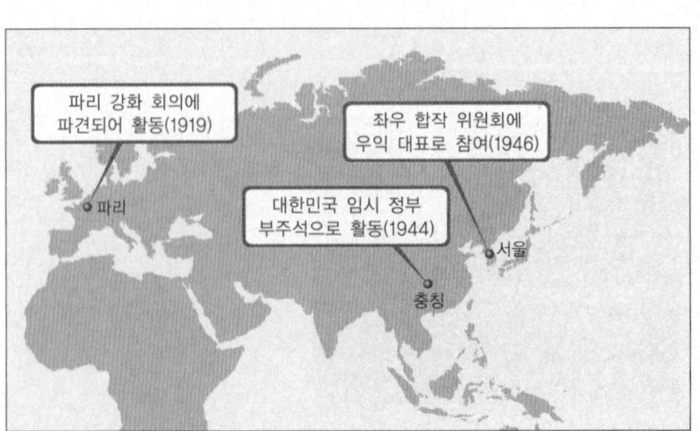

파리 강화 회의에 파견되어 활동(1919)

좌우 합작 위원회에 우익 대표로 참여(1946)

① 자유당을 창당하였다.
② 남북 협상에 참여하였다.
③ 한인 애국단을 조직하였다.
④ 조선 의용군을 창설하였다.
⑤ 민립 대학 설립 운동을 추진하였다.

47. (가)에 해당하는 국제 회의로 옳은 것은? [1점]

> ○ 한국의 독립 부여는 금번 (가) 의 신탁 관리 결의로서 수포로 돌아갔으니 …… 3천만의 총역량을 발휘하여서 신탁 관리제를 배격하는 국민 운동을 전개하여 자주 독립을 완전히 획득하기까지 3천만 전 민족의 최후의 피 한 방울까지라도 흘려서 싸우는 항쟁 개시를 선언함.
>
> – 신탁통치 반대 국민 총동원 위원회 –
>
> ○ 이러한 국제적 결정은 금일 조선을 위하여 가장 정당한 것이라고 우리는 인정한다. …… 문제의 5년 기한은 그 책임이 (가) 에 있는 것이 아니라 실인즉 우리 민족 자체의 결점(장구한 일본 지배의 해독과 민족적 분열)에 있다고 우리는 반성하지 않으면 안된다.
>
> – 조선 공산당 중앙 위원회 –

① 얄타 회담
② 카이로 회담
③ 포츠담 회담
④ 헤이그 만국 평화 회의
⑤ 모스크바 3국 외상 회의

48. (가), (나) 사이 시기의 경제 상황에 대한 설명으로 옳은 것은? [2점]

(가) (나)

휴전 협정 체결 4 · 19 혁명 전개

① 건설업체의 중동 진출이 본격화되었다.
② 저유가, 저금리, 저달러의 3저 호황이 있었다.
③ 제분, 제당, 면방직의 삼백 산업이 성장하였다.
④ 투명한 금융 거래를 위한 금융 실명제가 실시되었다.
⑤ 개성 공단 건설을 통해 남북 간 경제 교류가 이루어졌다.

49. 다음과 같이 개원한 국회가 운영되었던 시기의 정치 상황으로 옳은 것은? [3점]

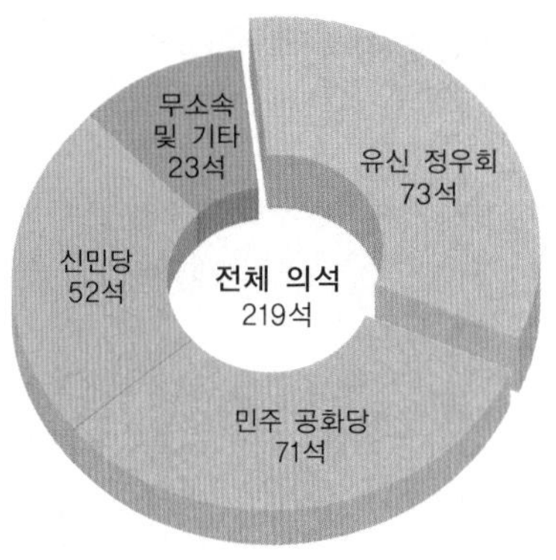

제9대 국회 개원 당시 정당별 국회 의원 분포

① 3선 개헌안이 통과되었다.
② 4 · 13 호헌 조치가 발표되었다.
③ 대통령의 긴급 조치권이 발동되었다.
④ 지방 자치제가 전면적으로 실시되었다.
⑤ 반민족 행위 특별 조사 위원회가 활동하였다.

50. 다음 경축사를 발표한 정부 시기의 통일 노력으로 옳은 것은? [2점]

> IMF 위기 상황 아래 대통령에 취임하면서 저는 우리 국민의 저력에 대한 확신이 있었기에 1년 반 안에 외환 위기를 이겨내겠다고 약속할 수 있었고, 또 이 약속을 지킬 수 있었습니다. 대북 정책에 있어서도 안보를 바탕으로 한 포용 정책을 일관되게 추진해서 한반도의 전쟁 위기를 감소시키겠다고 한 약속을 지켜가고 있습니다.
>
> – 광복절 경축사 –

① 남북 기본 합의서를 채택하였다.
② 남북 조절 위원회를 설치하였다.
③ 민족 공동체 통일 방안을 발표하였다.
④ 최초로 남북 정상 회담을 개최하였다.
⑤ 처음으로 이산가족 고향 방문을 성사시켰다.

2016년도 32회

한국사능력검정시험 

01. 다음 체험 행사의 프로그램으로 적절하지 않은 것은? [1점]

> 초대합니다
>
> **○○○ 시대 체험 행사**
>
> 우리 박물관에서는 사유 재산과 계급이 발생한 ○○○ 시대의 생활을 체험할 수 있는 다양한 프로그램을 준비하였습니다. 여러분의 많은 참여 부탁드립니다.
>
> • 기 간: 2016년 △△월 △△일 ~ △△일
> • 장 소: □□ 박물관 체험학습장

① 철제 쟁기로 밭 갈기
② 고인돌의 덮개돌 끌기
③ 반달 돌칼로 이삭 자르기
④ 비파형 동검 모형 제작하기
⑤ 흙으로 미송리식 토기 만들기

02. 다음 자료에 해당하는 나라에 대한 설명으로 옳은 것은? [2점]

> 혼인할 때는 말로 미리 정하고, 여자 집에서는 본채 뒤편에 작은 별채를 짓는데, 그 집을 서옥이라 부른다. 해가 저물 무렵에 신랑이 신부의 집 문 밖에 도착하여 자기 이름을 밝히고 절하면서, 신부의 집에서 머물기를 청한다. …… 자식을 낳아 장성하면 아내와 함께 데리고 집으로 돌아간다.
>
> -「삼국지」 동이전 -

① 12월에 영고라는 제천 행사를 열었다.
② 제가 회의에서 국가의 중대사를 결정하였다.
③ 특산물로 단궁, 과하마, 반어피 등이 있었다.
④ 제사장인 천군과 신성 지역인 소도가 있었다.
⑤ 사회 질서를 유지하기 위해 8조법을 만들었다.

03. 다음 가상 인터뷰에 등장하는 왕의 업적으로 옳은 것은? [3점]

수도를 웅진에서 사비로 옮기셨는데, 앞으로 어떤 정책을 구상하고 계신가요?
중앙에 22개의 관청을 설치하려고 합니다.

① 신라의 대야성을 빼앗았다.
② 국호를 남부여로 바꾸었다.
③ 왕인을 일본에 파견하였다.
④ 역사서인 서기를 편찬하였다.
⑤ 동진으로부터 불교를 수용하였다.

04. (가) 지역에서 볼 수 있는 문화유산으로 옳지 않은 것은? [2점]

> 2016년 ○○월 ○○일
>
> 여름 방학을 맞이하여 가족과 함께 신라의 수도였던 (가) 을/를 여행하였다. 신라인이 남긴 여러 문화유산을 둘러보고, 그들의 뛰어난 과학 기술과 예술 수준에 깊은 감명을 받았다. 빨리 친구들을 만나 천년 왕국 신라의 훌륭한 문화유산을 소개해 주고 싶다.

① 
② 
③ 
④ 
⑤ 

05. (가) 왕의 업적으로 옳은 것은? [2점]

역사신문

제 △△ 호 ○○○년 ○○월 ○○일

고구려, 대대적인 개혁에 나서다

최근 고구려는 백제 근초고왕의 침입으로 평양성에서 고국원왕이 전사하는 등 위기를 맞았다. 이러한 상황에서 즉위한 (가) 은/는 국가적 어려움을 극복하고 체제를 정비하기 위하여 전진에서 불교를 수용하는 등 다양한 정책을 추진하고 있다.

① 태학을 설립하였다.
② 천리장성을 쌓았다.
③ 수도를 평양으로 옮겼다.
④ 영락이라는 연호를 사용하였다.
⑤ 신라에 침입한 왜를 격퇴하였다.

06. (가)에 들어갈 문화유산의 사진으로 옳은 것은? [2점]

한국사 발표 대회
주제: 삼국의 불상

이것은 바위에 조각된 백제의 대표적인 불상입니다. 국보 제84호로 지정되었으며, '백제의 미소'로 널리 알려져 있습니다.

① 
② 
③ 
④ 
⑤ 

07. 교사의 질문에 대한 학생의 답변으로 옳은 것은? [2점]

이것은 김해 대성동 고분에서 출토된 판갑옷입니다. 이 유물을 남긴 국가에 대해 발표해 볼까요?

① 건국과 관련된 김수로왕 이야기가 있어요.
② 귀족 세력을 대표하는 상대등이 있었어요.
③ 빈민 구제를 위해 진대법을 실시하였어요.
④ 화랑도를 국가적인 조직으로 정비하였어요.
⑤ 왕족인 부여씨와 8성의 귀족이 지배층을 이루었어요.

08. (가)에 들어갈 검색어로 옳은 것은? [1점]

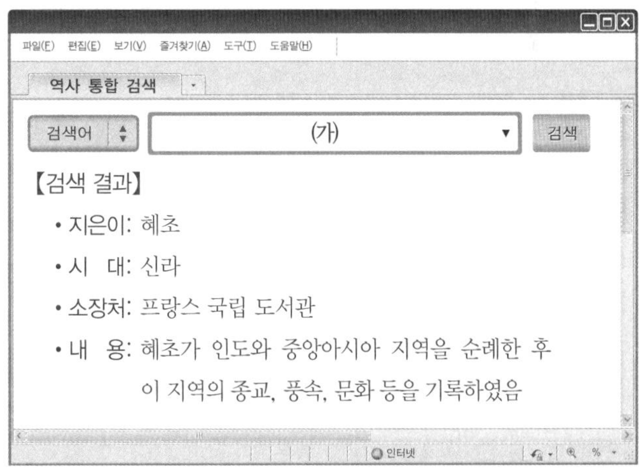

【검색 결과】
• 지은이: 혜초
• 시 대: 신라
• 소장처: 프랑스 국립 도서관
• 내 용: 혜초가 인도와 중앙아시아 지역을 순례한 후 이 지역의 종교, 풍속, 문화 등을 기록하였음

① 삼강행실도 ② 왕오천축국전
③ 직지심체요절 ④ 화성성역의궤
⑤ 무구정광대다라니경

09. 다음 자료에 나타난 상황 이후의 사실로 옳지 않은 것은? [2점]

혜공왕 16년 2월 …… 이찬 김지정이 반란을 일으켜 무리를 모아 궁궐을 에워싸고 공격하였다. 4월에 상대등 김양상과 이찬 김경신이 군사를 일으켜 김지정 등을 죽였고, 왕과 왕비는 반란군에게 살해되었다.

– 「삼국사기」 –

① 이차돈이 순교하였다.
② 김헌창이 반란을 일으켰다.
③ 견훤이 후백제를 건국하였다.
④ 장보고가 청해진을 설치하였다.
⑤ 최치원이 시무책 10여 조를 건의하였다.

10. (가) 국가에 대한 설명으로 옳은 것은? [3점]

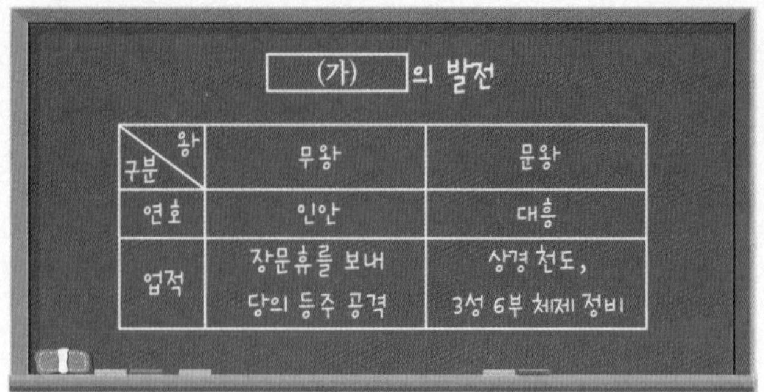

(가) 의 발전
구분＼왕	무왕	문왕
연호	인안	대흥
업적	장문휴를 보내 당의 등주 공격	상경 천도, 3성 6부 체제 정비

① 기인 제도를 실시하였다.
② 독서삼품과를 시행하였다.
③ 골품제라는 신분제가 있었다.
④ 2군 6위의 군사 조직을 두었다.
⑤ 전국을 5경 15부 62주로 나누어 다스렸다.

11. (가), (나) 인물에 대한 설명으로 옳은 것을 〈보기〉에서 고른 것은? [2점]

○○ 토론
서경 천도에 대한 양측의 주장을 들어보겠습니다.
서경 임원역의 지세는 풍수지리에서 말하는 대화세입니다. 이곳으로 수도를 옮기면 천하를 아우를 수 있을 것입니다.
올해 여름에 대화궁 30여 곳에 벼락이 쳤습니다. 서경이 길지라면 그렇지 않았을 것입니다.
(가)
(나)

〈보 기〉

ㄱ. (가) – 금국 정벌을 주장하였다.
ㄴ. (가) – 수선사 결사를 제창하였다.
ㄷ. (나) – 칭제건원에 반대하였다.
ㄹ. (나) – 중방을 기반으로 세력을 강화하였다.

① ㄱ, ㄴ ② ㄱ, ㄷ ③ ㄴ, ㄷ
④ ㄴ, ㄹ ⑤ ㄷ, ㄹ

12. 밑줄 그은 '왕'의 재위 기간에 있었던 사실로 옳은 것은? [2점]

> ○ 왕 원년 봄 …… 연호를 광덕이라 정하였다.
> ○ 왕 11년 봄 …… 백관의 공복을 정하였다. 개경을 고쳐 황도(皇都)라 하고, 서경을 서도(西都)로 삼았다.
>
> -「고려사」-

① 12목을 설치하였다.
② 훈요 10조를 남겼다.
③ 노비안검법을 실시하였다.
④ 정동행성 이문소를 폐지하였다.
⑤ 지방 제도를 5도 양계로 정비하였다.

13. 다음 보고서의 사진 자료로 옳지 않은 것은? [2점]

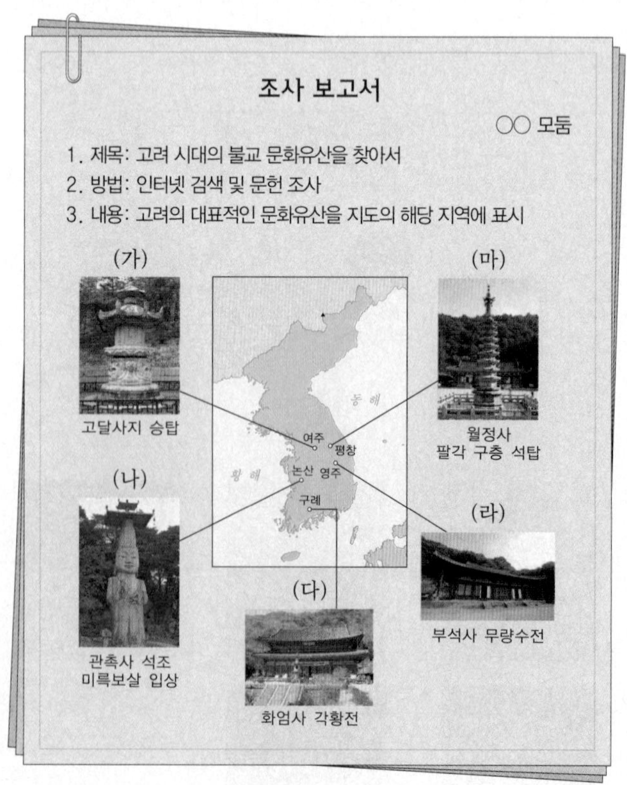

조사 보고서
○○ 모둠
1. 제목: 고려 시대의 불교 문화유산을 찾아서
2. 방법: 인터넷 검색 및 문헌 조사
3. 내용: 고려의 대표적인 문화유산을 지도의 해당 지역에 표시
(가)
고달사지 승탑
(나)
관촉사 석조 미륵보살 입상
(다)
화엄사 각황전
(라)
부석사 무량수전
(마)
월정사 팔각 구층 석탑
여주
평창
논산
영주
구례

① (가) ② (나) ③ (다)
④ (라) ⑤ (마)

14. (가)에 들어갈 내용으로 옳은 것을 〈보기〉에서 고른 것은? [2점]

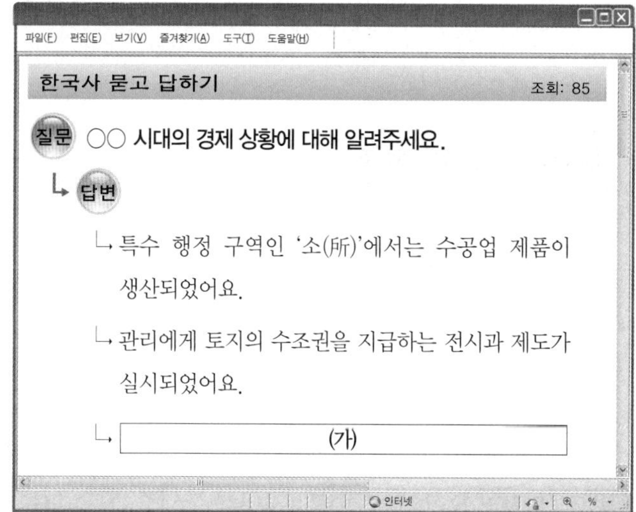

특수 행정 구역인 '소(所)'에서는 수공업 제품이 생산되었어요.

〈보 기〉

ㄱ. 고구마와 감자를 재배하였어요.
ㄴ. 벽란도가 무역 항구로 번성하였어요.
ㄷ. 독점적 도매 상인인 도고가 성장하였어요.
ㄹ. 건원중보, 삼한통보 등의 화폐를 발행하였어요.

① ㄱ, ㄴ　② ㄱ, ㄷ　③ ㄴ, ㄷ
④ ㄴ, ㄹ　⑤ ㄷ, ㄹ

15. 다음 퀴즈의 정답으로 옳은 것은? [1점]

이 인물은 고려 후기의 문신이자 학자로 호는 목은입니다. 이제현의 제자로 고려에 성리학을 보급하고 발전시키는 데 공헌하였으며 정몽주, 정도전 등의 신진 사대부를 길러내기도 하였습니다. 이 인물은 누구일까요?
①
이색
②
이이
③
이황
④
정약용
⑤
최승로

16. 다음 사건 이후에 전개된 사실로 옳은 것은? [2점]

12월 정묘. 홍건적 우두머리로 평장(平章)을 사칭한 모거경이 무리 40,000명을 거느리고 얼어붙은 압록강을 건너와 의주를 함락시킨 후 부사(副使) 주영세와 백성 1,000여 명을 살해하였다.

－「고려사」－

① 최우가 정방을 설치하였다.
② 강감찬이 귀주에서 승리하였다.
③ 서희가 강동 6주를 획득하였다.
④ 이성계가 위화도에서 회군하였다.
⑤ 윤관의 건의로 별무반을 편성하였다.

17. (가)에 들어갈 기관에 대한 설명으로 옳은 것은? [3점]

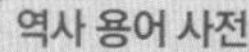

(가)

학술·언론 기관으로서 왕의 자문에 응하고 경연을 담당하였으며 대제학, 부제학 등의 관직을 두었다. 옥당, 옥서라는 별칭이 있다.

① 향음주례와 향사례를 주관하였다.
② 수도 한양의 행정과 치안을 맡았다.
③ 사헌부, 사간원과 함께 삼사라 불렸다.
④ 조세, 부역 등 재정과 관련된 일을 하였다.
⑤ 반역죄, 강상죄 등을 범한 중죄인을 다루었다.

18. 밑줄 그은 '이 나라'에 대한 조선의 대외 정책으로 옳은 것은? [2점]

해동제국기

「해동제국기」는 신숙주가 <u>이 나라</u>에서의 사행(使行) 경험을 바탕으로 외교 관례를 정리하여 왕명으로 편찬한 책이다. 3포 개항과 계해약조 이후 <u>이 나라</u>로부터 왕래하는 사람들의 수가 급증함에 따라 통교 체제와 규정을 정비할 필요에서 편찬되었다.

① 동북 지방에 9개의 성을 쌓았다.
② 동지사, 성절사 등 사절단을 보냈다.
③ 강경책의 일환으로 4군 6진을 개척하였다.
④ 무역소를 설치하여 국경 무역을 허락하였다.
⑤ 이종무로 하여금 대마도를 정벌하게 하였다.

19. (가)에 들어갈 내용으로 옳은 것은? [1점]

조선 시대에 민생 안정을 위해 실시한 구휼 정책에 대해 이야기해 보자.
가난한 백성에게 양식이나 종자 등을 빌려주는 의창을 운영하였어.
질병 치료를 위한 의료 시설로 (가)

① 흑창을 두었어.
② 서빙고를 만들었어.
③ 혜민서를 설치하였어.
④ 양현고를 설립하였어.
⑤ 상평창을 운영하였어.

20. 밑줄 그은 '왕'의 재위 기간에 있었던 사실로 옳은 것은? [3점]

역사신문

제△△호 ○○○○년 ○○월 ○○일

인쇄술의 발달, 갑인자 주조되다

<u>왕</u>의 명령으로 착수했던 활자의 개량 사업이 두 달여 만에 완료되었다. 이천, 김돈, 장영실 등이 참여한 이 사업의 결과 크기가 고르고, 모양이 바른 활자가 주조되었다. 또한 활판의 빈틈을 나무 조각으로 메워, 기존에 활자가 고정되지 않아 생기던 문제도 해결되었다. 이로 인해 인쇄 기술이 크게 향상될 것으로 보인다.

① 칠정산이 간행되었다.
② 거중기가 만들어졌다.
③ 동의보감이 편찬되었다.
④ 경국대전이 반포되었다.
⑤ 대동여지도가 제작되었다.

21. 다음 자료에 해당하는 문화유산으로 옳은 것은? [2점]

조선 왕조 역대 왕과 왕후의 신주를 모시고 제사 지내는 사당으로 1995년에 유네스코 세계 문화유산으로 등재되었습니다. 이곳에서는 매년 5월 첫째 주 일요일에 전통 제례가 행해지고 있습니다.

① 종묘 ② 사직단 ③ 성균관
④ 창덕궁 ⑤ 도산 서원

22. (가)에 대한 설명으로 옳은 것은? [2점]

요즘 (가) 에서 의정부가 할 일을 모두 처리하고 있어 문제가 되고 있습니다. 원래 변방 방비를 담당하기 위해 임시로 설치된 기구였지만, 임진왜란을 거치면서 기능이 확대·강화되기 시작하여 국정 전반을 총괄하게 되었다고 합니다.
의정부의 기능, 유명무실해져

① 대한국 국제를 제정하였다.
② 신돈의 건의로 설치되었다.
③ 부속 기구로 12사를 두었다.
④ 흥선 대원군 집권기에 혁파되었다.
⑤ 재신과 추밀이 모여 국정을 논의하였다.

23. 다음 교서가 내려진 시기를 연표에서 옳게 고른 것은? [2점]

(그가) 선왕의 아들이라면 나를 어머니로 여기지 않을 수 없는데도 …… 품속에 있는 어린 자식을 빼앗아 죽이고 나를 유폐하여 곤욕을 치르게 하였다. …… 기미년에 오랑캐를 정벌할 때 장수에게 사태를 관망하여 향배를 결정하라고 은밀히 지시하여 끝내 우리 군사 모두를 오랑캐에게 투항하게 하였다. …… 이에 그를 폐위시키노라.

1519		1555		1592		1636		1654		1680
기묘 사화	(가)	을묘 왜변	(나)	임진 왜란	(다)	병자 호란	(라)	나선 정벌	(마)	경신 환국

① (가) ② (나) ③ (다) ④ (라) ⑤ (마)

24. 다음 서술형 평가의 답안에 들어갈 내용으로 옳은 것은? [1점]

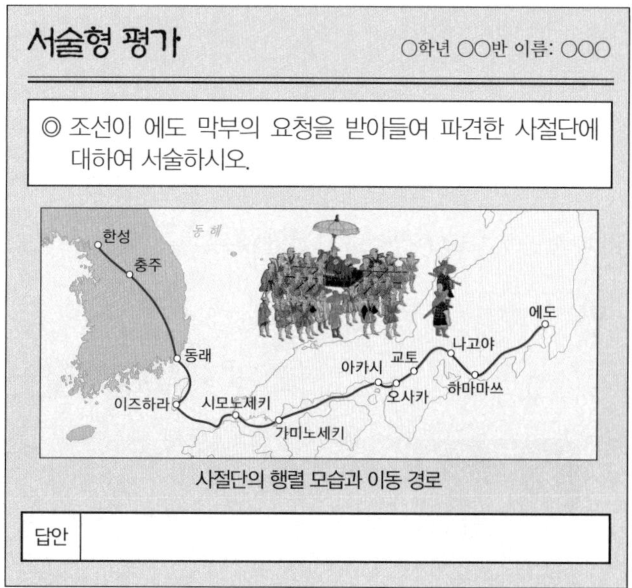

◎ 조선이 에도 막부의 요청을 받아들여 파견한 사절단에 대하여 서술하시오.

사절단의 행렬 모습과 이동 경로

① 매년 정기적으로 파견되었다.
② 민영익이 전권대신으로 참여하였다.
③ 을사늑약의 부당성을 알리려고 하였다.
④ 농법을 집대성한 농상집요를 처음 들여왔다.
⑤ 조선과 일본 간 문화 교류의 역할을 하였다.

25. (가)에 들어갈 내용으로 옳은 것은? [2점]

현종 때 있었던 두 차례의 예송에 대해 말해 볼까요?
성리학에서 중시하는 예법을 둘러싼 서인과 남인의 대립이었어요.

① 위훈 삭제를 계기로 발생하였어요.
② 조의제문의 내용이 빌미가 되었어요.
③ 사림과 훈구의 갈등을 유발하였어요.
④ 폐비 윤씨 사사 사건이 원인이 되었어요.
⑤ 자의 대비의 복상 기간을 둘러싼 논쟁이었어요.

26. 밑줄 그은 '왕'의 업적으로 옳은 것은? [3점]

이 그림은 화성 행차를 마치고 배다리를 통해 한강을 건너 환궁하는 왕과 어머니 혜경궁 홍씨의 행렬 모습을 그린 것입니다.

① 학문 연구 기관인 집현전을 설치하였다.
② 통치 질서 정비를 위해 속대전을 편찬하였다.
③ 금위영을 설치하여 5군영 체제를 완성하였다.
④ 관리들의 재교육을 위해 초계문신제를 시행하였다.
⑤ 현직 관리에게 수조권을 지급하는 직전법을 실시하였다.

27. 다음 화폐가 유통된 시기의 경제 상황으로 옳지 않은 것은? [2점]

조선 시대 법정 화폐로 동전 또는 엽전이라 불렸다. 인조 때 처음 발행되었으나 널리 통용되지 못하였다가, 숙종 때 다시 주조되면서 전국적으로 유통되었다. 물품 구입이나 세금 납부에 사용되었으며, 재산 축적 수단으로 이용되기도 하였다.

① 덕대가 광산을 전문적으로 경영하였다.
② 인삼, 담배 등이 상품 작물로 재배되었다.
③ 시장 감독 관청으로 동시전을 설치하였다.
④ 수리 시설의 확충으로 모내기법이 확산되었다.
⑤ 송상, 만상이 청과의 무역으로 부를 축적하였다.

28. (가)~(마)에 대한 설명으로 옳은 것은? [2점]

〈한국사 교양 강좌〉

하층민의 저항을 통해 본 우리 역사

우리 학회에서는 시대별 하층민의 저항을 통해 우리 역사의 흐름을 이해하는 자리를 마련하였습니다. 관심 있는 분들의 많은 참여를 바랍니다.

▣ 강좌 내용 ▣

제1강 원종과 애노의 난 ………… (가)
제2강 망이와 망소이의 난 ………… (나)
제3강 만적의 난 ………… (다)
제4강 홍경래의 난 ………… (라)
제5강 진주 농민 봉기 ………… (마)

• 일시: 2016년 ○○월 ○○일 10:00 ~ 17:00
• 장소: □□ 대학교 대강당
• 주관: △△학회

① (가) – 무신 집권기에 발생하였다.
② (나) – 서북인에 대한 차별에 반발하였다.
③ (다) – 백낙신의 수탈에 맞서 봉기하였다.
④ (라) – 황토현 전투에서 관군에게 승리하였다.
⑤ (마) – 삼정이정청이 설치되는 계기가 되었다.

29. 밑줄 그은 '이 법'에 대한 설명으로 옳은 것은? [3점]

이 비석은 김육의 공덕을 기리기 위해 세운 것입니다. 김육은 방납의 폐단을 줄이기 위해 특산물을 쌀, 베, 동전으로 납부하게 한 이 법의 확대 시행을 추진하였습니다.

① 영조 때 처음으로 실시되었다.
② 공인이 등장하는 배경이 되었다.
③ 1결당 쌀 4~6두로 납부액을 고정시켰다.
④ 1년에 2필씩 걷던 군포를 1필로 줄여주었다.
⑤ 풍흉에 따라 9등급으로 나누어 전세를 부과하였다.

30. 다음 인물 카드의 주인공으로 옳은 것은? [1점]

역사 인물 카드

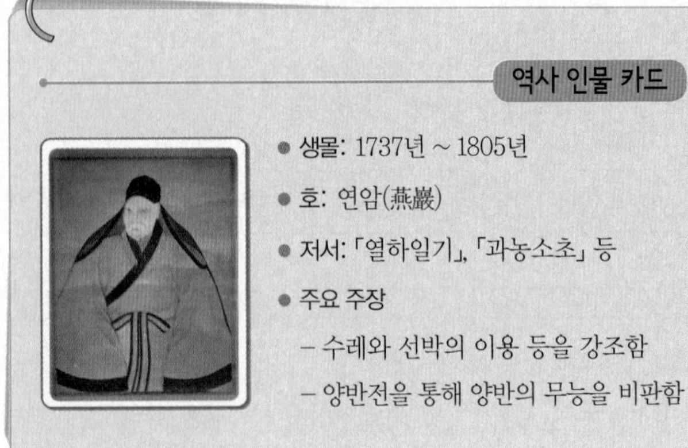

• 생몰: 1737년 ~ 1805년
• 호: 연암(燕巖)
• 저서: 「열하일기」, 「과농소초」 등
• 주요 주장
– 수레와 선박의 이용 등을 강조함
– 양반전을 통해 양반의 무능을 비판함

① 김정호 ② 박지원 ③ 유형원
④ 이중환 ⑤ 홍대용

31. (가)에 대한 설명으로 옳지 않은 것은? [2점]

이곳은 조선 시대 정궁인 (가) 의 근정전입니다. 여기에서는 왕의 즉위식이나 외국 사절의 접견 등 국가적 행사가 거행되었습니다.

① 태조가 한양으로 천도하고 창건하였다.
② 도성 내 북쪽에 있어 북궐이라고 하였다.
③ 고종이 아관 파천 이후에 환궁한 곳이다.
④ 일제에 의해 궁 안에 조선 총독부 건물이 세워졌다.
⑤ 임진왜란 때 불에 탄 것을 흥선 대원군이 중건하였다.

32. 다음 두 조약의 공통점으로 옳은 것은? [3점]

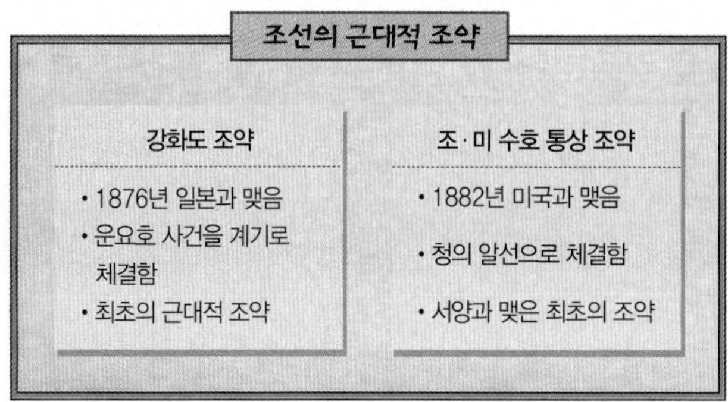

조선의 근대적 조약

강화도 조약	조·미 수호 통상 조약
• 1876년 일본과 맺음 • 운요호 사건을 계기로 체결함 • 최초의 근대적 조약	• 1882년 미국과 맺음 • 청의 알선으로 체결함 • 서양과 맺은 최초의 조약

① 무관세 조항을 담고 있다.
② 조선책략의 영향을 받았다.
③ 외국 군대의 주둔을 허용하였다.
④ 치외법권의 내용이 포함되어 있다.
⑤ 상대국에 대한 최혜국 대우를 규정하고 있다.

33. 다음 자료에 나타난 사건 이후에 있었던 사실로 옳은 것은? [2점]

미우라 고로는 "20년간 지속되어 온 조선의 화근을 제거하고자 하는데, 실로 이 한 번의 거사에 달려 있다."라고 말하고, 마침내 궁궐에 들어가 왕후를 시해하라는 뜻을 교사하였다. …… 자객들은 여러 방을 샅샅이 조사하여 마침내 조금 더 깊은 방안에서 왕후를 찾아내고는, 칼날로 베어 그 자리에서 시해하였다.

-「대한계년사」-

① 단발령이 시행되었다.
② 톈진 조약이 체결되었다.
③ 홍범 14조가 반포되었다.
④ 군국기무처가 설치되었다.
⑤ 청·일 전쟁이 발발하였다.

34. 학생들이 이야기하고 있는 근대 시설로 옳은 것은? [1점]

1885년에 알렌의 건의를 받아들여 조선 정부가 설립한 최초의 서양식 병원이야.
근대 시설 사진전
설립 직후에 제중원으로 명칭이 바뀌었지.

① 광혜원
② 기기창
③ 박문국
④ 원산 학사
⑤ 육영 공원

35. (가) 단체에 대한 설명으로 옳은 것은? [2점]

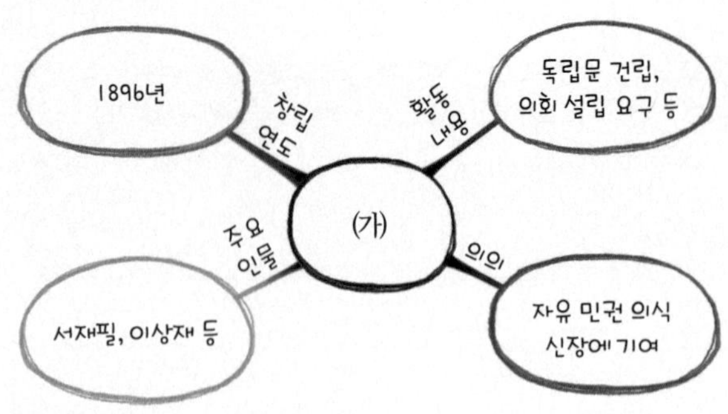

① 만민 공동회를 개최하였다.
② 신흥 무관 학교를 설립하였다.
③ 2·8 독립 선언서를 발표하였다.
④ 파리 강화 회의에 김규식을 파견하였다.
⑤ 일본의 황무지 개간권 요구를 철회시켰다.

36. 다음 의병에 대한 설명으로 옳은 것은? [1점]

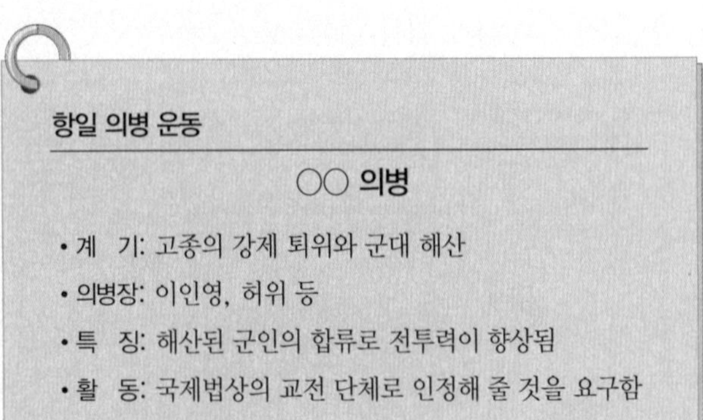

항일 의병 운동
○○ 의병
• 계 기: 고종의 강제 퇴위와 군대 해산
• 의병장: 이인영, 허위 등
• 특 징: 해산된 군인의 합류로 전투력이 향상됨
• 활 동: 국제법상의 교전 단체로 인정해 줄 것을 요구함

① 정부와 전주 화약을 체결하였다.
② 쌍성보에서 일본군을 크게 물리쳤다.
③ 동양 척식 주식회사에 폭탄을 투척하였다.
④ 13도 창의군을 결성하여 서울 진공 작전을 전개하였다.
⑤ 해외 동포에게 독립 공채를 발행하여 자금을 마련하였다.

37. 밑줄 그은 '이 운동'에 대한 설명으로 옳은 것은? [2점]

① 조선 형평사의 주도로 전개되었다.
② 고종의 인산일을 계기로 일어났다.
③ 중국의 5·4 운동에 영향을 주었다.
④ 신간회에서 조사단을 파견하여 지원하였다.
⑤ 일제가 문화 통치를 실시하는 배경이 되었다.

38. (가), (나) 시기에 있었던 사실로 옳은 것을 〈보기〉에서 고른 것은? [3점]

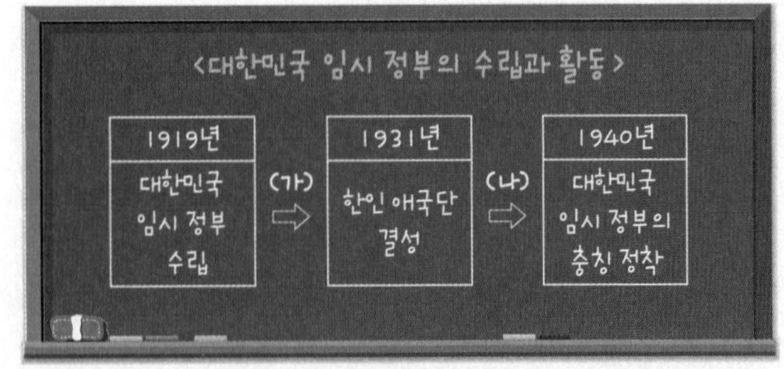

〈보 기〉

ㄱ. (가) – 한국 광복군이 창설되었다.
ㄴ. (가) – 국민 대표 회의가 개최되었다.
ㄷ. (나) – 연통제가 조직되고 교통국이 설치되었다.
ㄹ. (나) – 윤봉길이 훙커우 공원에서 폭탄을 던졌다.

① ㄱ, ㄴ ② ㄱ, ㄷ ③ ㄴ, ㄷ
④ ㄴ, ㄹ ⑤ ㄷ, ㄹ

39. (가) 인물에 대한 설명으로 옳은 것은? [2점]

이 사당은 독립운동가인 (가) 을/를 기리기 위해 그의 묘소 앞에 세운 것입니다. 그는 의열단의 행동 강령인 조선 혁명 선언을 작성하였습니다.

① 진단 학회를 중심으로 활동하였다.
② 한국독립운동지혈사를 저술하였다.
③ 우리말 큰 사전 편찬에 참여하였다.
④ 조선 민립 대학 기성회를 조직하였다.
⑤ 대한매일신보에 독사신론을 발표하였다.

40. (가)~(라)를 일어난 순서대로 옳게 나열한 것은? [2점]

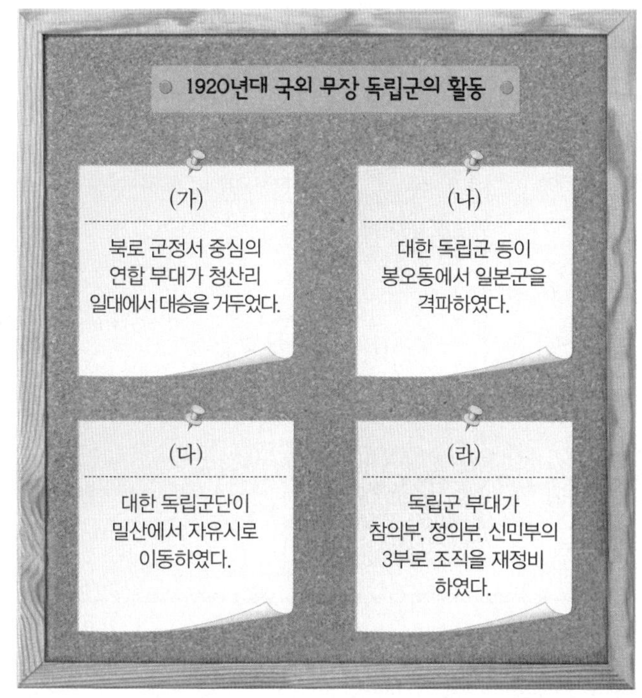

1920년대 국외 무장 독립군의 활동

북로 군정서 중심의 연합 부대가 청산리 일대에서 대승을 거두었다.

대한 독립군 등이 봉오동에서 일본군을 격파하였다.

대한 독립군단이 밀산에서 자유시로 이동하였다.

독립군 부대가 참의부, 정의부, 신민부의 3부로 조직을 재정비 하였다.

① (가) - (나) - (다) - (라)
② (나) - (가) - (다) - (라)
③ (나) - (라) - (가) - (다)
④ (다) - (가) - (라) - (나)
⑤ (라) - (나) - (다) - (가)

41. 다음 법령이 시행된 시기에 볼 수 있는 모습으로 적절한 것은? [2점]

> 제1조 회사의 설립은 조선 총독의 허가를 받아야 한다.
> 제2조 조선 밖에서 설립된 회사가 조선에 본점이나 또는 지점을 설치하고자 할 때에는 조선 총독의 허가를 받아야 한다.
> ⋮
> 제5조 회사가 본령 혹은 본령에 의거해 발표되는 명령과 허가의 조건에 위반하거나 또는 공공 질서 및 선량한 풍속에 반하는 행위를 하였을 때에는 조선 총독은 사업의 정지·금지, 지점의 폐쇄 또는 회사의 해산을 명할 수 있다.

① 황국 신민 서사를 외우는 학생
② 독립운동가를 감시하는 헌병 경찰
③ 징병제로 전쟁에 강제 동원된 청년
④ 창씨개명을 강요하는 면사무소 서기
⑤ 군량미 확보를 위해 미곡을 공출하는 관리

42. 다음 자료의 민족 운동에 대한 설명으로 옳은 것은? [2점]

> 제1기의 실행 안건
> 1. 의복은 우선 남자는 주의(두루마기), 여자는 상(치마)을 음력 계해 정월 1일부터 조선인 산품 또는 가공품을 염색하여 착용할 일
> 1. 음식물에 대하여는 식염, 사탕, 과물, 청량음료 등을 제외하고는 모두 조선인 산물을 사용할 일
> 1. 일용품은 조선인 제품으로 대용할 수 있는 것은 이를 사용할 일

① 대한 자강회가 주도하였다.
② 3·1 운동에 영향을 주었다.
③ 통감부의 탄압으로 중단되었다.
④ 내 살림 내 것으로 등의 구호를 내세웠다.
⑤ 대구에서 시작되어 전국으로 확산되었다.

43. (가), (나)에 대한 설명으로 옳은 것을 〈보기〉에서 고른 것은? [2점]

일제 강점기 종교계의 활동

구분 \ 종교	(가)	(나)
명칭 변화	1905년에 동학에서 현재 명칭으로 바뀜	1910년에 단군교에서 현재 명칭으로 바뀜
주요 인물	손병희 등	나철 등
활동	제2의 독립 선언 운동 계획	만주에서 독립 운동 전개

〈보 기〉

ㄱ. (가) – 한성 사범 학교를 세웠다.
ㄴ. (가) – 개벽 등의 잡지를 발간하였다.
ㄷ. (나) – 어린이날 제정에 기여하였다.
ㄹ. (나) – 중광단 등 항일 운동 단체를 조직하였다.

① ㄱ, ㄴ ② ㄱ, ㄷ ③ ㄴ, ㄷ
④ ㄴ, ㄹ ⑤ ㄷ, ㄹ

44. 다음 인물에 대한 설명으로 옳은 것은? [2점]

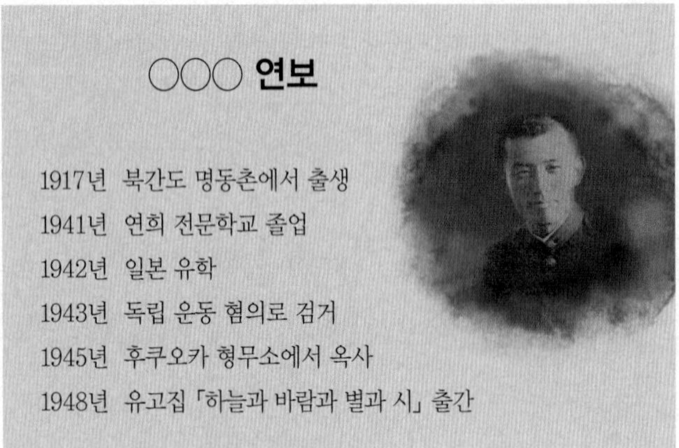
○○○ 연보

1917년 북간도 명동촌에서 출생
1941년 연희 전문학교 졸업
1942년 일본 유학
1943년 독립 운동 혐의로 검거
1945년 후쿠오카 형무소에서 옥사
1948년 유고집 「하늘과 바람과 별과 시」 출간

① 신소설 금수회의록을 발표하였다.
② 서시, 별 헤는 밤 등의 작품을 남겼다.
③ 창조, 폐허 등의 동인지를 발간하였다.
④ 토월회를 결성하여 신극 운동을 펼쳤다.
⑤ 카프(KAPF)를 조직하여 식민지 현실을 고발하였다.

45. 교사의 질문에 대한 학생의 답변으로 옳지 않은 것은? [1점]

이 포스터는 우리나라 최초로 실시된 총선거를 홍보하기 위해 제작된 것입니다. 이 선거에 대해 말해볼까요?

① 우리나라 최초의 보통 선거였어요.
② 임기 4년의 국회의원을 선출하였어요.
③ 제헌 국회를 구성하기 위해 실시하였어요.
④ 유엔 한국 임시 위원단의 감시 아래 실시되었어요.
⑤ 김구, 김규식은 단독 선거를 반대하여 불참하였어요.

46. (가)에 들어갈 사진의 내용으로 적절한 것은? [3점]

시간 순으로 정리한 6·25 전쟁 사진첩

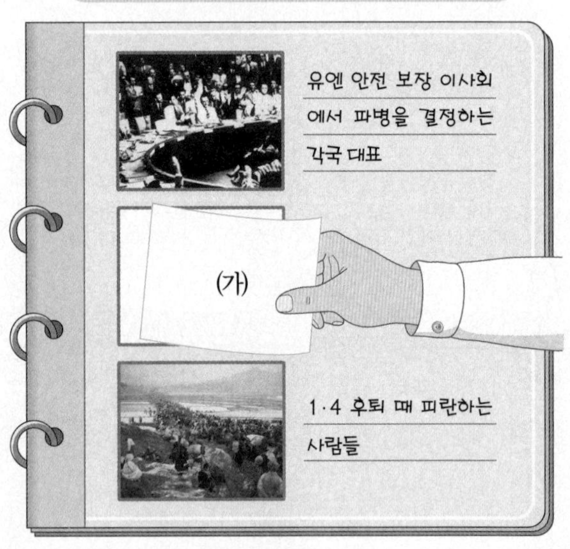

유엔 안전 보장 이사회에서 파병을 결정하는 각국 대표
(가)
1·4 후퇴 때 피란하는 사람들

① 휴전 협정에 서명하는 양측 대표
② 인천 상륙 작전을 전개하는 유엔군
③ 미국의 극동 방위선을 발표하는 애치슨
④ 모스크바 3국 외상 회의에 참석한 각국 대표
⑤ 한·미 상호 방위 조약을 체결하는 양국 대표

47. (가) 민주화 운동에 대한 설명으로 옳은 것은? [3점]

이것은 1960년 4월에 일어난
(가) 기념탑입니다. 당시
불의와 독재에 항거한 시민들의
희생정신을 기리기 위해
세워졌습니다.

① 3선 개헌에 반대하였다.
② 6·29 선언을 이끌어냈다.
③ 유신 헌법 철폐를 요구하였다.
④ 3·15 부정 선거가 발단이 되었다.
⑤ 신군부 세력의 집권에 반발하였다.

48. 다음 합의서를 발표한 정부의 통일 정책으로 옳은 것은? [2점]

> 남과 북은 …… 쌍방 사이의 관계가 나라와 나라 사이의 관계가 아닌 통일을 지향하는 과정에서 잠정적으로 형성되는 특수 관계라는 것을 인정하고, 평화 통일을 성취하기 위한 공동의 노력을 경주할 것을 다짐하면서, 다음과 같이 합의하였다.
>
> 제1조 남과 북은 서로 상대방의 체제를 인정하고 존중한다.
>
> ⋮
>
> 제9조 남과 북은 상대방에 대하여 무력을 사용하지 않으며 상대방을 무력으로 침략하지 아니한다.

① 개성 공단을 건설하였다.
② 금강산 관광을 시작하였다.
③ 남북 정상 회담을 개최하였다.
④ 남북 조절 위원회를 설치하였다.
⑤ 한반도 비핵화 공동 선언을 채택하였다.

49. 다음 자료에 해당하는 정부 시기의 경제 상황으로 옳은 것은? [2점]

> 1962년만 하더라도 우리나라의 수출 실적은 겨우 5천여만 불의 미미한 것이었으며, 그나마도 대부분이 농수산물과 광산물 등 1차 산품이었습니다. 그로부터 불과 15년이 지난 오늘, 이제는 단일 업체가 6억 불 수출을 하게 되었는가 하면, 1억 불 이상 수출한 업체만도 17개사가 넘는 등 엄청난 기록들을 세웠습니다. 그리하여 우리는 당초 목표를 4년이나 앞당겨 100억 불 수출을 무난히 실현하였습니다.
>
> – ○○○○년 대통령 치사(致辭) –

① 세계 무역 기구(WTO)에 가입하였다.
② 제4차 경제 개발 5개년 계획이 시작되었다.
③ 칠레와 자유 무역 협정(FTA)을 체결하였다.
④ 국제 통화 기금(IMF)의 관리 체제를 극복하였다.
⑤ 경자유전의 원칙에 따른 농지 개혁법이 제정되었다.

50. (가)에 대한 설명으로 옳은 것은? [1점]

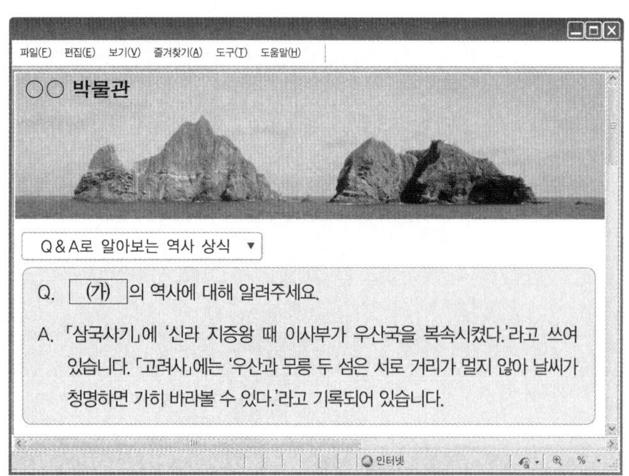

파일(F) 편집(E) 보기(V) 즐겨찾기(A) 도구(T) 도움말(H)
○○ 박물관
Q&A로 알아보는 역사 상식
Q. (가) 의 역사에 대해 알려주세요.
A. 「삼국사기」에 '신라 지증왕 때 이사부가 우산국을 복속시켰다.'라고 쓰여 있습니다. 「고려사」에는 '우산과 무릉 두 섬은 서로 거리가 멀지 않아 날씨가 청명하면 가히 바라볼 수 있다.'라고 기록되어 있습니다.
인터넷

① 정약전이 자산어보를 저술한 곳이다.
② 원 간섭기에 탐라총관부가 설치되었다.
③ 영국이 러시아 견제를 빌미로 불법 점령하였다.
④ 미국이 제너럴 셔먼호 사건을 구실로 침략하였다.
⑤ 대한 제국이 칙령 제41호를 반포하여 영유권을 재확인하였다.

2016년도 31회 한국사능력검정시험 

01. 다음 유물이 처음 제작된 시대의 사회 모습으로 옳은 것은? [2점]

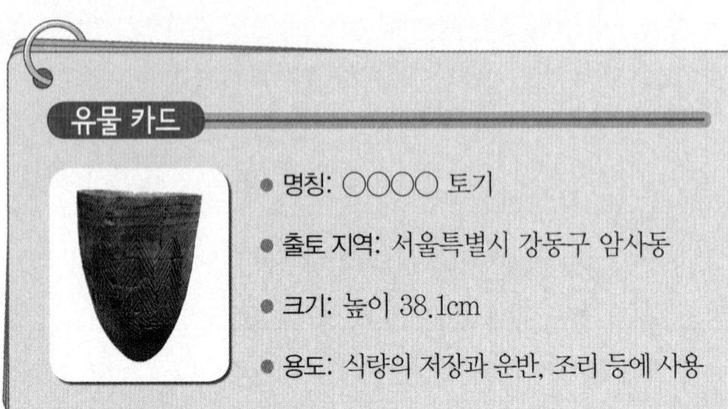

유물 카드

- 명칭: ○○○○ 토기
- 출토 지역: 서울특별시 강동구 암사동
- 크기: 높이 38.1cm
- 용도: 식량의 저장과 운반, 조리 등에 사용

① 철제 쟁기로 밭을 갈았다.
② 거친무늬 거울을 제작하였다.
③ 소를 이용하여 농사를 지었다.
④ 가락바퀴를 사용하여 실을 뽑았다.
⑤ 지배층의 무덤으로 고인돌을 만들었다.

02. 지도와 같은 형세를 이룬 시기에 있었던 사실로 옳은 것은? [2점]

① 고구려가 중국의 서안평을 공격하였다.
② 고구려가 충주 고구려비를 건립하였다.
③ 백제가 동진으로부터 불교를 수용하였다.
④ 백제가 대야성 등 신라의 40여 성을 빼앗았다.
⑤ 신라가 기벌포 전투에서 당의 수군을 격파하였다.

03. 다음 자료에 해당하는 나라에 대한 설명으로 옳은 것은? [3점]

> 나라에는 군왕이 있고 모두 육축(六畜)의 이름으로 관직명을 정하여 마가, 우가, 저가, 구가, 대사, 대사자, 사자가 있다. …… 제가는 별도로 사출도를 주관하는데 큰 곳은 수천 가이고, 작은 곳은 수백 가이다.
>
> –「삼국지」 동이전 –

① 영고라는 제천 행사를 열었다.
② 낙랑과 왜에 철을 수출하였다.
③ 신지, 읍차 등의 지배자가 있었다.
④ 단궁, 과하마, 반어피 등의 특산물이 있었다.
⑤ 사회 질서를 유지하기 위해 8조법을 만들었다.

04. (가)에 들어갈 문화유산으로 옳은 것은? [1점]

문화유산 카드

(가)

- 종목: 사적 제12호
- 유적: 광복루, 임류각, 연지 등
- 특징: 백제가 웅진에 수도를 두었을 당시 웅진성이라 불렸으며, 총 길이 약 2.6km의 산성이다. 2015년에 유네스코 세계유산으로 등재되었다.

①

공주 공산성

②

오산 독산성

③

김포 문수산성

④

보은 삼년산성

⑤

서울 몽촌토성

05. 다음 무덤 양식에 대한 설명으로 옳은 것은? [1점]

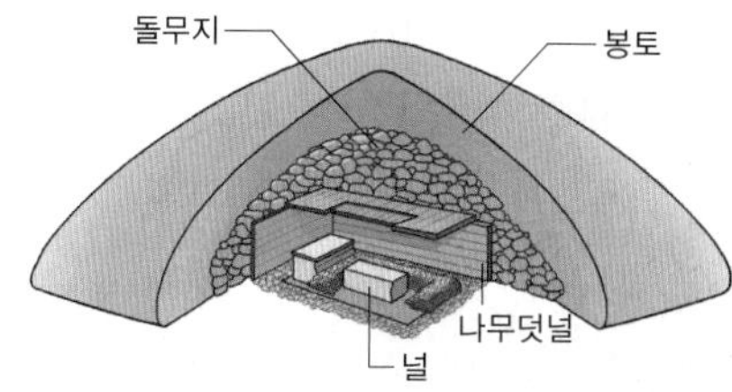

① 천장이 모줄임 구조로 되어 있다.
② 무늬를 새긴 벽돌로 널방을 쌓았다.
③ 내부의 천장과 벽에 그림이 그려져 있다.
④ 봉토의 둘레돌에 12지 신상을 조각하였다.
⑤ 도굴이 어려워 금관 등 껴묻거리가 출토되었다.

06. 다음 가상 뉴스에서 보도하고 있는 사건이 일어난 시기를 연표에서 옳게 고른 것은? [2점]

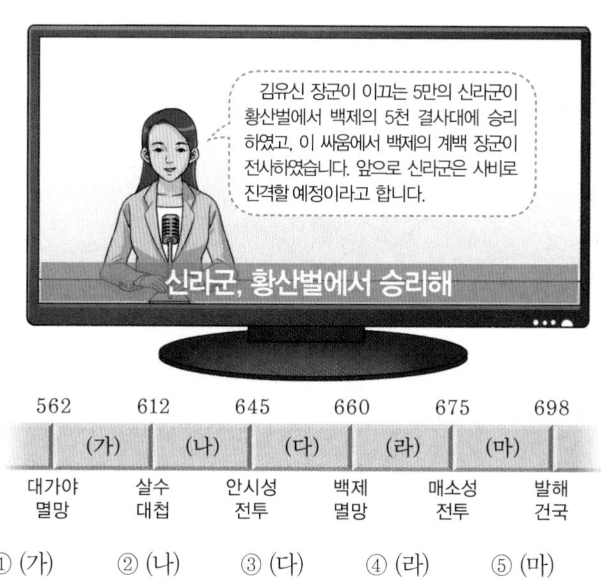

562		612		645		660		675		698
	(가)		(나)		(다)		(라)		(마)	
대가야 멸망		살수 대첩		안시성 전투		백제 멸망		매소성 전투		발해 건국

① (가) ② (나) ③ (다) ④ (라) ⑤ (마)

07. (가) 국가에 대한 탐구 활동으로 가장 적절한 것은? [3점]

> 부여씨가 망하고 고씨가 망하자 김씨가 그 남쪽을 영유하였고, 대씨가 그 북쪽을 영유하여 (가) (이)라 하였다. 이것이 남북국이라 부르는 것으로 마땅히 남북국사가 있어야 했음에도 고려가 이를 편찬하지 않은 것은 잘못된 일이다. 무릇 대씨가 누구인가? 바로 고구려 사람이다. 그가 소유한 땅은 누구의 땅인가? 바로 고구려 땅이다.

① 사비 천도의 목적을 파악한다.
② 골품제가 성립되는 과정을 조사한다.
③ 해동성국이라 불린 이유를 찾아본다.
④ 광개토 대왕릉비가 세워진 시기를 알아본다.
⑤ 쇼소인에서 발견된 민정 문서의 내용을 검색한다.

08. (가)에 들어갈 내용으로 적절한 것은? [2점]

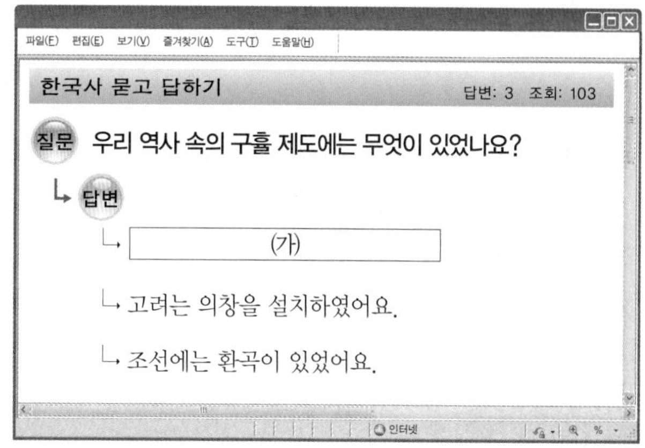

① 고려에는 중방이 있었어요.
② 고구려에는 경당이 있었어요.
③ 조선에는 서빙고가 있었어요.
④ 고구려에는 진대법이 있었어요.
⑤ 고려에는 교정도감이 있었어요.

09. 밑줄 그은 '왕'의 업적으로 옳은 것은? [2점]

> **역사신문**
> 제△△호 681년 ○○월 ○○일
>
> **김흠돌의 난, 진압되다**
>
> 김흠돌이 흥원, 진공 등과 함께 반란을 일으켰으나 실패하고 처형되었다. 고구려 정벌 당시 큰 공을 세운 장군이자 왕의 장인인 김흠돌이 반란을 일으킨 이유에 대해 많은 사람들이 궁금해하는 가운데, 향후 왕권 강화를 위한 정책들이 본격적으로 추진될 것으로 예상된다.

① 녹읍을 폐지하였다.
② 지방에 22담로를 두었다.
③ 독서삼품과를 실시하였다.
④ 국호를 남부여로 바꾸었다.
⑤ 황룡사 구층 목탑을 건립하였다.

10. (가) 인물의 활동으로 옳은 것은? [2점]

이곳은 중국 산둥 성에 위치한 적산 법화원으로 (가) 에 의해 처음 세워졌습니다. 적산 법화원은 당시 당에 살던 신라인들에게 신앙 생활의 중심지이자 본국과의 연락소 역할을 하였습니다.

① 이두를 정리하였다.
② 해동 천태종을 창시하였다.
③ 왕오천축국전을 저술하였다.
④ 진성 여왕에게 시무책 10여 조를 올렸다.
⑤ 청해진을 중심으로 무역 활동을 전개하였다.

11. 다음 검색창에 들어갈 왕의 업적으로 옳은 것은? [2점]

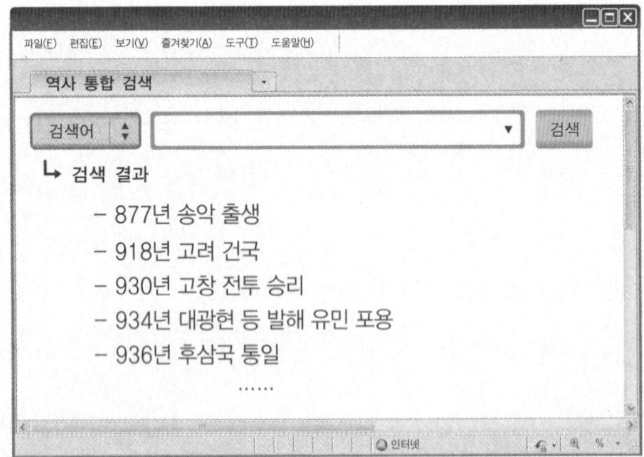

① 훈요 10조를 남겼다.
② 천리장성을 축조하였다.
③ 과거 제도를 시행하였다.
④ 전민변정도감을 설치하였다.
⑤ 12목에 지방관을 파견하였다.

12. 다음과 같은 비석을 세운 사회 조직에 대한 설명으로 옳은 것을 〈보기〉에서 고른 것은? [2점]

……
이에 빈도*와 여러 사람들은 한마음으로 발원하여 향나무를 묻고 …… 나라가 태평하고 백성이 평안하기를 기원합니다.
*빈도: 승려가 자기를 낮추어 이르는 말

사천 흥사리 매향비

〈보 기〉

ㄱ. 불교 신앙을 바탕으로 조직되었다.
ㄴ. 중앙에서 교수나 훈도가 파견되었다.
ㄷ. 상호 부조를 위한 공동체로 발전하기도 하였다.
ㄹ. 선현에 대한 제사와 양반 자제의 교육을 담당하였다.

① ㄱ, ㄴ ② ㄱ, ㄷ ③ ㄴ, ㄷ
④ ㄴ, ㄹ ⑤ ㄷ, ㄹ

13. (가) 시기에 있었던 사실로 옳은 것은? [3점]

① 이성계가 위화도에서 회군하였다.
② 윤관이 별무반 편성을 건의하였다.
③ 최영이 홍산에서 왜구에 대승을 거두었다.
④ 공민왕이 친원 세력인 기철 등을 숙청하였다.
⑤ 서희가 외교 협상을 통하여 강동 6주를 획득하였다.

14. 교사의 질문에 대한 학생의 답변으로 옳은 것은? [2점]

이것은 은병이라는 화폐로
활구라고도 불렸어요. 이 화폐를
처음 제작했던 국가의 경제
상황에 대해 말해 볼까요?

① 벽란도가 국제 무역항으로 번성하였어요.
② 인삼, 담배를 상품 작물로 널리 재배하였어요.
③ 시장을 감독하기 위해 동시전을 설치하였어요.
④ 덕대가 물주에게 자금을 받아 광산을 경영하였어요.
⑤ 공납의 폐단을 시정하기 위해 대동법을 시행하였어요.

15. 다음 인물에 대한 설명으로 옳은 것은? [2점]

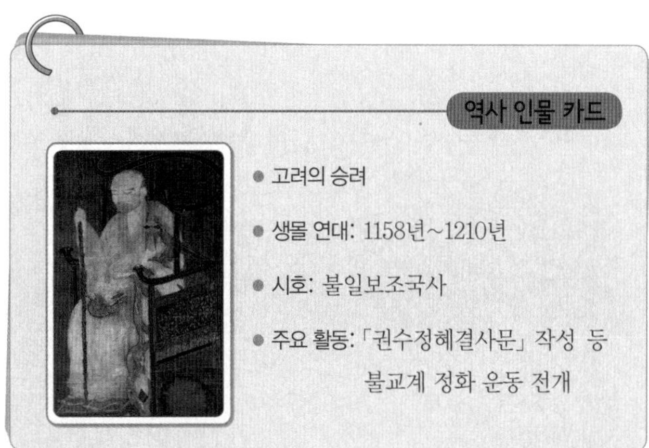
역사 인물 카드

- 고려의 승려
- 생몰 연대: 1158년~1210년
- 시호: 불일보조국사
- 주요 활동: 「권수정혜결사문」 작성 등 불교계 정화 운동 전개

① 정혜쌍수와 돈오점수를 주장하였다.
② 무애가를 만들어 불교 대중화에 힘썼다.
③ 화엄일승법계도를 지어 화엄 사상을 정리하였다.
④ 유불 일치설을 주장하고 심성의 도야를 강조하였다.
⑤ 불교 관련 설화를 중심으로 삼국유사를 편찬하였다.

16. (가)에 들어갈 내용으로 옳은 것은? [3점]

우선, 현량과 실시를 축하합니다. 향후 추진하고자 하는 국정 과제에 대하여 말씀해 주십시오.

전하께 (가) 을/를 건의하려 합니다.

조광조

① 요동 정벌
② 시헌력 도입
③ 영정법 시행
④ 홍문관 설치
⑤ 공신의 위훈 삭제

17. 밑줄 그은 '관청'에 대한 설명으로 옳은 것은? [2점]

○○○○년 ○○월 ○○일

이조(吏曹)의 한 고위 관리가 뇌물을 받고 인사 부정을 저지르고 있다는 정보를 입수하였다. 그래서 나는 우리 <u>관청</u>의 수장인 대사헌에게 보고하고, 그 경위에 대해 조사할 것을 요청하였다.

① 왕명의 출납을 관장하였다.
② 역사서를 편찬하고 보관하였다.
③ 3정승이 모여 국정을 총괄하였다.
④ 수도의 행정과 치안을 담당하였다.
⑤ 관리를 감찰하고 풍속을 교정하였다.

18. (가)에 들어갈 용어로 옳은 것은? [1점]

역사 용어 해설

(가)

1391년(공양왕 3)에 피폐해진 농민 생활을 안정시키고 부족한 국가 재정을 확보하기 위해 시행되었다. 전·현직 관리에게 경기 일대 토지에 대한 수조권 지급을 원칙으로 하였다. 관리가 죽거나 반역하면 국가에 반환하도록 하였으나 수신전, 휼양전 등의 이름으로 세습이 이루어지는 경우도 있었다.

① 사창제
② 호포제
③ 균역법
④ 과전법
⑤ 전시과

19. 다음 퀴즈의 정답으로 옳은 것은? [1점]

이것은 원래 송에서 향촌 사회를 교화할 목적으로 만든 것입니다. 조선에서는 중종 때 전국적인 실시를 추진하였고, 이황과 이이 등은 우리나라 실정에 맞게 만들기도 하였습니다. 이것은 무엇일까요?

① 태학
② 향약
③ 경재소
④ 국자감
⑤ 집강소

20. (가), (나) 부대에 대한 설명으로 옳은 것을 〈보기〉에서 고른 것은? [2점]

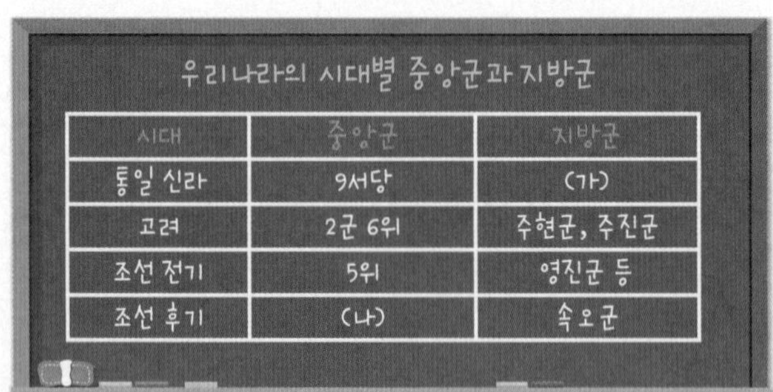

우리나라의 시대별 중앙군과 지방군

시대	중앙군	지방군
통일 신라	9서당	(가)
고려	2군 6위	주현군, 주진군
조선 전기	5위	영진군 등
조선 후기	(나)	속오군

〈보 기〉

ㄱ. (가) – 신기군, 신보군, 항마군으로 구성되었다.
ㄴ. (가) – 9주에 1정씩 배치하고 한주에는 1정을 더 두었다.
ㄷ. (나) – 시위대와 진위대로 이루어졌다.
ㄹ. (나) – 훈련도감 등 5개의 군영으로 편성되었다.

① ㄱ, ㄴ ② ㄱ, ㄷ ③ ㄴ, ㄷ
④ ㄴ, ㄹ ⑤ ㄷ, ㄹ

21. (가) 전쟁 중에 있었던 사실로 옳지 않은 것은? [3점]

이것은 일본 규슈에 있는 조선인 도공 이삼평의 기념비입니다. (가) 때 일본에 끌려간 그는 백자를 만들어 일본 도자기 기술 발전에 기여하였습니다.

① 김종서가 6진을 개척하였다.
② 곽재우가 의병장으로 활약하였다.
③ 권율이 행주산성에서 크게 승리하였다.
④ 이순신이 한산도 해전에서 대승을 거두었다.
⑤ 신립이 탄금대에서 배수의 진을 치고 싸웠다.

22. 밑줄 그은 '책'으로 옳은 것은? [2점]

자네, 들었는가? 왕명에 따라 우리 풍토에 맞는 농법을 정리한 책을 처음으로 만든다고 하더군.
아, 그래서 얼마 전 관리가 찾아와 좋은 씨앗 고르는 방법 등 이것저것을 물었던 것이군.

① 금양잡록
② 농가집성
③ 농사직설
④ 농상집요
⑤ 산림경제

23. (가)에 들어갈 주제로 옳은 것은? [3점]

답사 보고서

이름 ○○○

• 주제: (가)
• 일자: 2016년 ○○월 ○○일
• 지역: 경기도 광주시 및 서울특별시 송파구 일대
• 코스: 남한산성 남문 → 남한산성 행궁 → 수어장대 → 서울 삼전도비
• 사진

남한산성 수어장대 / 서울 삼전도비

① 부국강병을 추구한 갑신정변
② 개화 정책에 반발한 임오군란
③ 민족의 독립을 외친 3·1 운동
④ 청의 침략에 맞서 싸운 병자호란
⑤ 탐관오리의 횡포에 항거한 고부 농민 봉기

24. 다음 건의를 받아들여 추진된 정책으로 옳은 것은? [2점]

난전을 금하는 법은 국역을 지는 육의전의 이익을 보장해 주려는 것입니다. 그러나 근래에는 무뢰배들이 스스로 시전이라 칭하며 사람들의 일용품을 독점하고 있습니다. 마땅히 수십 년 사이에 새로 만든 작은 시전들을 조사하여 모조리 혁파하시옵소서. 그리고 육의전 이외의 시전 상인들에 의해 난전 행위로 잡혀온 자들은 처벌하지 마시고, 반대로 그들을 잡아온 시전 상인들을 처벌하시옵소서.

① 당백전을 발행하였다.
② 호패법을 실시하였다.
③ 경국대전을 반포하였다.
④ 신해통공을 시행하였다.
⑤ 삼정이정청을 설치하였다.

25. 다음 사건에 대한 탐구 활동으로 가장 적절한 것은? [2점]

죄인 황사영은 본래 정약종의 조카사위로 사술에 빠져, 주문모가 우리나라에 온 뒤에 (그를) 스승으로 섬기고 아비라고 불렀으며 영세와 이름을 받았다. 체포하라는 명령이 내려지자 기미를 알고 도망하여 깊은 산속에 숨어 반역을 도모하였다.

-「순조실록」-

① 천주교 박해의 배경을 조사한다.
② 유교 구신론의 내용을 알아본다.
③ 대종교도의 항일 운동 지역을 찾아본다.
④ 조선 불교 유신회의 조직 과정을 파악한다.
⑤ 원불교가 선개한 새 생활 운동의 목적을 살펴본다.

26. 다음 특별전에서 볼 수 있는 작품으로 적절하지 않은 것은? [1점]

①

②

③

④

⑤
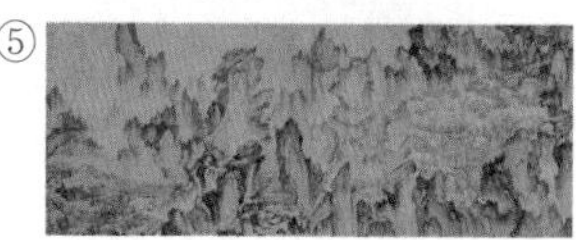

27. (가) 인물에 대한 설명으로 옳은 것은? [2점]

이곳은 몰락 양반 출신인 (가) 이/가 동학을 창시한 용담정입니다. 그는 경주 일대를 중심으로 동학을 전파하다가, 1864년 혹세무민의 죄목으로 처형되었습니다.

① 양명학을 연구하여 강화 학파를 형성하였다.
② 개화 정책에 반대하여 영남 만인소를 올렸다.
③ 국권 회복을 위한 애국 계몽 운동을 주도하였다.
④ 백낙신의 수탈에 맞서 진주 농민 봉기를 일으켰다.
⑤ 사람이 곧 하늘이라는 인간 평등사상을 주장하였다.

28. 밑줄 그은 '왕'의 재위 기간에 있었던 사실로 옳은 것은? [2점]

왕이 정국을 주도하기 위해 집권 붕당을 교체하는 과정에서 경신환국 등 여러 차례 환국이 발생하였어.
거듭된 환국의 결과 특정 붕당에게 권력이 집중되는 경향이 나타났지.

① 북인이 정권을 장악하였다.
② 서인이 노론과 소론으로 나누어졌다.
③ 훈구 세력이 중앙 정계를 주도하였다.
④ 사림이 중앙 관직에 진출하기 시작하였다.
⑤ 조의제문이 빌미가 되어 무오사화가 발생하였다.

29. 다음 토지 제도를 주장한 인물의 활동으로 옳은 것은? [2점]

1여(閭)의 토지는 1여의 사람들로 하여금 공동으로 경작하게 하고, 가을이 되면 오곡의 수확물을 모두 여장의 집으로 보내어 분배한다. 먼저 국가에 바치는 공세와 여장의 녹봉을 제외하고, 그 나머지는 날마다 일한 것을 기록한 장부에 의거하여 여민들에게 분배한다.

① 추사체를 창안하였다.
② 목민심서를 저술하였다.
③ 사상 의학을 확립하였다.
④ 왜양일체론을 주장하였다.
⑤ 대동여지도를 제작하였다.

30. 다음 문화유산에 대한 설명으로 옳지 <u>않은</u> 것은? [1점]

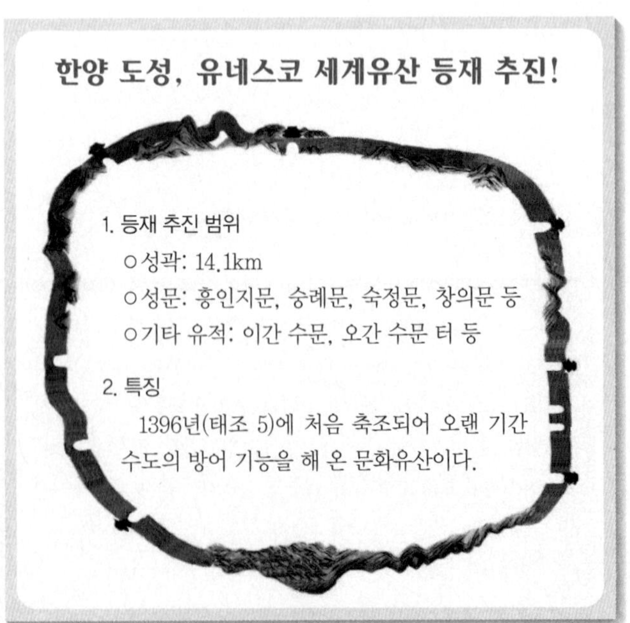

한양 도성, 유네스코 세계유산 등재 추진!

1. 등재 추진 범위
 ㅇ성곽: 14.1km
 ㅇ성문: 흥인지문, 숭례문, 숙정문, 창의문 등
 ㅇ기타 유적: 이간 수문, 오간 수문 터 등

2. 특징
 1396년(태조 5)에 처음 축조되어 오랜 기간 수도의 방어 기능을 해 온 문화유산이다.

① 개국 초기 정도전 등이 설계하였다.
② 김윤후가 적장 살리타를 사살한 곳이다.
③ 유교 이념을 적용하여 4대문의 이름이 지어졌다.
④ 조선 시대 성곽 축조의 변천 과정이 잘 나타나 있다.
⑤ 일제 침략 이후 도시 정비 과정에서 크게 훼손되었다.

31. 다음 대화에 나타난 사건에 대한 설명으로 옳은 것은? [3점]

① 을미사변을 초래하였다.
② 병인박해의 계기가 되었다.
③ 청군의 개입으로 종결되었다.
④ 제너럴 셔먼호 사건이 빌미가 되었다.
⑤ 외규장각 도서가 약탈되는 결과를 가져왔다.

32. (가)에 들어갈 내용으로 옳은 것을 〈보기〉에서 고른 것은? [2점]

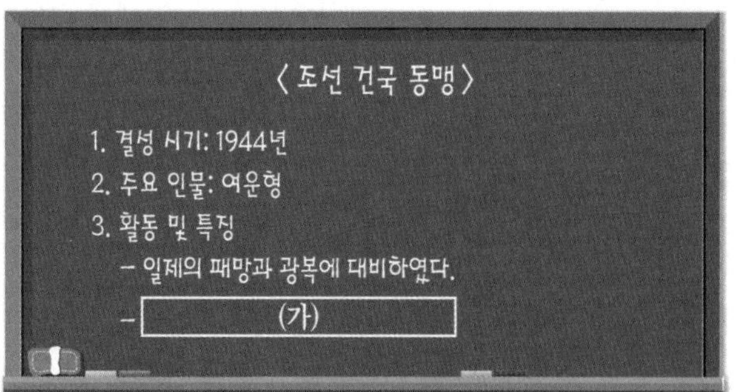

〈조선 건국 동맹〉
1. 결성 시기: 1944년
2. 주요 인물: 여운형
3. 활동 및 특징
 – 일제의 패망과 광복에 대비하였다.
 – (가)

〈보 기〉

ㄱ. 민주주의 국가 건설을 목표로 하였다.
ㄴ. 교통국을 설치하고 연통제를 실시하였다.
ㄷ. 광복 이후 조선 건국 준비 위원회로 개편되었다.
ㄹ. 미군의 지원을 받아 국내 진공 작전을 준비하였다.

① ㄱ, ㄴ ② ㄱ, ㄷ ③ ㄴ, ㄷ
④ ㄴ, ㄹ ⑤ ㄷ, ㄹ

33. 밑줄 그은 '조약'의 내용으로 옳은 것은? [2점]

역사신문

제△△호 1876년 ○○월 ○○일

조선, 일본과 조약 체결해

일본이 운요호 사건을 구실로 강화도 앞바다에 군함을 파견해 무력 시위를 하며 통상 수교를 강요하였다. 일본 함대의 출현으로 인한 위기감이 확산되는 가운데, 강화도 연무당에서는 신헌과 구로다 간의 협상을 통해 조선과 일본 사이에 조약이 체결되었다.

① 치외법권 인정
② 내지 통상권 허용
③ 외국인 고문 초빙
④ 최혜국 대우 규정
⑤ 일본군의 서울 주둔 허용

34. (가)에 해당하는 근대 시설로 옳은 것은? [1점]

채용 공고

(가) 에서는 새로운 무기 제조 기술을 익혀 조선의 군사력 강화에 기여할 인재를 모집합니다.

· 채용 인원: △△명
· 접수 기간: 1883년 ○○월 ○○일~○○일
· 접수 방법: 방문 접수
· 주요 업무: 무기 및 화약 제조

① 광혜원
② 기기창
③ 박문국
④ 우정국
⑤ 전환국

35. 밑줄 그은 '그'의 활동으로 옳은 것은? [2점]

그는 1883년에 보빙사의 일원으로 미국을 방문하였다가 1년 여 동안 유학 생활을 하였으며, 귀국길에 유럽 등을 둘러보았다. 그리고 1894년에 군국기무처에 발탁되어 여러 개혁 법안을 입안하였다. 주요 저서로는 서양 문물을 소개한 「서유견문」이 있다.

① 대한매일신보를 발간하였다.
② 조선 중립화론을 주장하였다.
③ 신흥 무관 학교를 설립하였다.
④ 조선 혁명 선언을 작성하였다.
⑤ 13도 창의군의 결성을 추진하였다.

36. (가), (나) 조약이 체결된 사이의 시기에 있었던 사실로 옳은 것은? [3점]

(가)
제2조 …… 한국 정부는 지금부터 일본 정부의 중개를 거치지 않고서는 국제적 성질을 가진 어떠한 조약이나 약속도 맺지 않을 것을 약속한다.
제3조 일본국 정부는 그 대표자로 한국 황제 폐하 밑에 1명의 통감을 두되, 통감은 오로지 외교에 관한 사항을 관리하기 위해 경성에 주재하고 친히 한국 황제 폐하를 만날 수 있는 권리를 가진다.

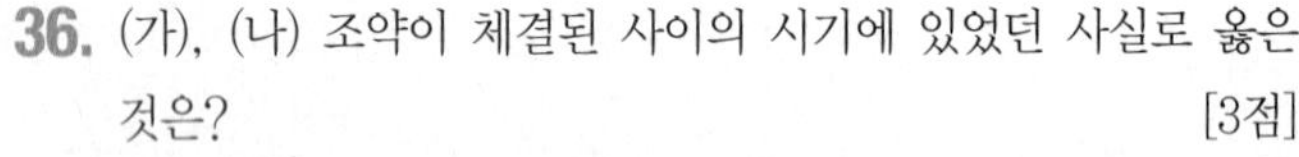

(나)
제1조 한국 황제 폐하는 한국 전체에 관한 일체 통치권을 완전하고도 영구히 일본국 황제 폐하에게 양여한다.
제2조 일본국 황제 폐하는 앞 조에 기재된 양여한다는 것을 수락하고, 또 완전히 한국을 일본 제국에 병합하는 것을 승낙한다.

① 김원봉이 의열단을 조직하였다.
② 고종이 헤이그에 특사를 파견하였다.
③ 청과 일본 사이에 전쟁이 발발하였다.
④ 영국이 거문도를 불법으로 점령하였다.
⑤ 구식 군인들이 일본 공사관을 습격하였다.

37. 다음 가상 뉴스 보도 이후에 있었던 사실로 옳은 것은? [2점]

오늘 교육 입국 조서가 반포되었습니다. 이 조서는 학교를 설립하여 인재를 길러내는 것이 부국강병을 위한 길임을 강조하고 있습니다.
교육 입국 조서 반포

① 여성 교육 기관인 이화 학당이 세워졌다.
② 통역관 양성을 위한 동문학이 설립되었다.
③ 덕원 관민에 의해 원산 학사가 설립되었다.
④ 교원 양성을 위한 한성 사범 학교가 개교하였다.
⑤ 최초의 관립 근대식 학교인 육영 공원이 세워졌다.

38. 밑줄 그은 '운동'에 대한 설명으로 옳은 것은? [1점]

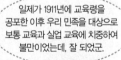

일제의 차별 교육에 맞서 우리의 힘으로 고등 교육 기관을 세우자는 운동이 벌어지고 있다네.

일제가 1911년에 교육령을 공포한 이후 우리 민족을 대상으로 보통 교육과 실업 교육에 치중하여 불만이었는데, 잘 되었군.

① 아관 파천의 계기가 되었다.
② 독립 협회의 후원을 받았다.
③ 김옥균, 홍영식 등이 주도하였다.
④ 광주에서 시작되어 전국적으로 확산되었다.
⑤ 민립 대학 설립을 위해 모금 방식으로 전개되었다.

39. 밑줄 그은 '이 일'로 옳은 것은? [2점]

1932년 4월 우리 한인 애국단원이 감행한 이 일로 인해 한인에 대한 중국인의 감정은 놀랄 만큼 좋아졌습니다. 지난 1월 이봉창의 의거는 완전한 성공을 거두지 못하였지만 이번에는 크나큰 성공을 거두었기 때문입니다.

김구

① 장인환이 스티븐스를 저격하였다.
② 안중근이 이토 히로부미를 사살하였다.
③ 이재명이 이완용을 습격하여 중상을 입혔다.
④ 김익상이 조선 총독부에 폭탄을 투척하였다.
⑤ 윤봉길이 훙커우 공원에서 일본군 장성 등을 살상하였다.

40. (가)에 들어갈 책으로 옳은 것은? [1점]

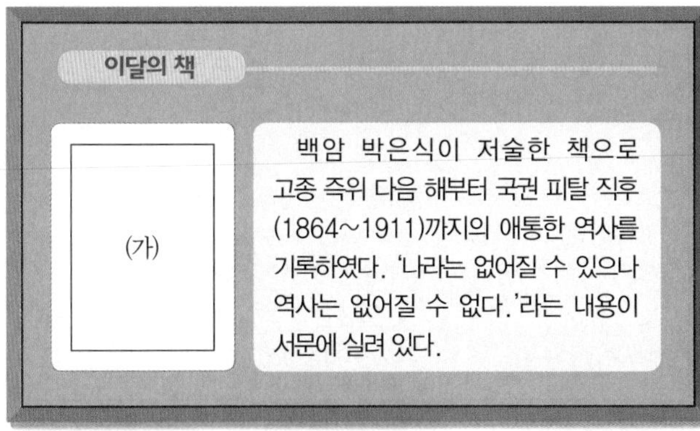

이달의 책
(가)
백암 박은식이 저술한 책으로 고종 즉위 다음 해부터 국권 피탈 직후(1864~1911)까지의 애통한 역사를 기록하였다. '나라는 없어질 수 있으나 역사는 없어질 수 없다.'라는 내용이 서문에 실려 있다.

① 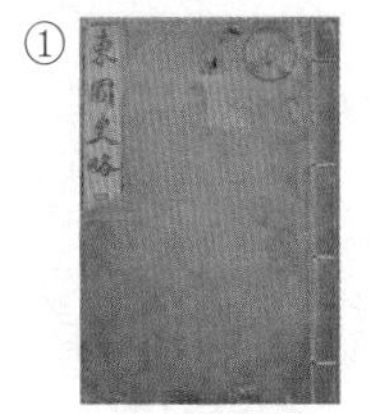
동국사략

② 
동사강목

③ 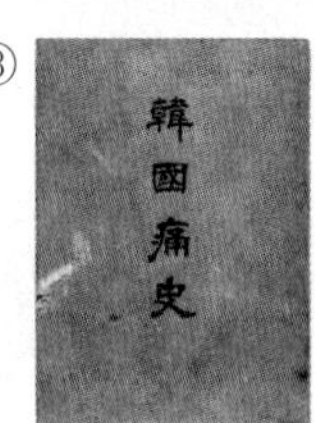
한국통사

④ 조선상고사

⑤ 연려실기술

41. (가) 철도에 대한 설명으로 옳은 것은? [2점]

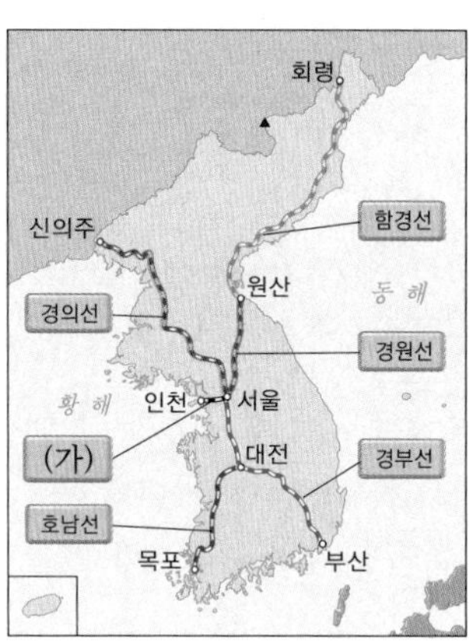

① 우리나라 최초로 개통되었다.
② 러·일 전쟁 중에 완공되었다.
③ 프랑스가 부설권을 획득하였다.
④ 간도 협약에 따라 일본이 건설하였다.
⑤ 철로 폭이 좁은 협궤 방식으로 부설되었다.

42. 다음 검색창에 들어갈 법령으로 옳은 것은? [2점]

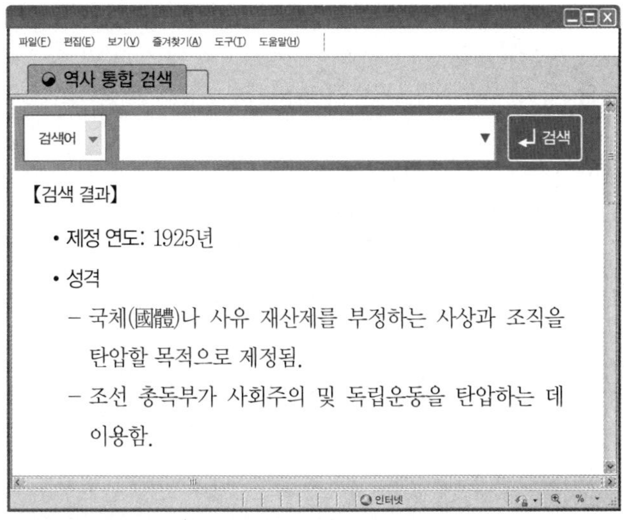

【검색 결과】

- 제정 연도: 1925년
- 성격
  - 국체(國體)나 사유 재산제를 부정하는 사상과 조직을 탄압할 목적으로 제정됨.
  - 조선 총독부가 사회주의 및 독립운동을 탄압하는 데 이용함.

① 회사령
② 조선 태형령
③ 치안 유지법
④ 토지 조사령
⑤ 국가 총동원법

43. (가)의 결과로 옳은 것은? [2점]

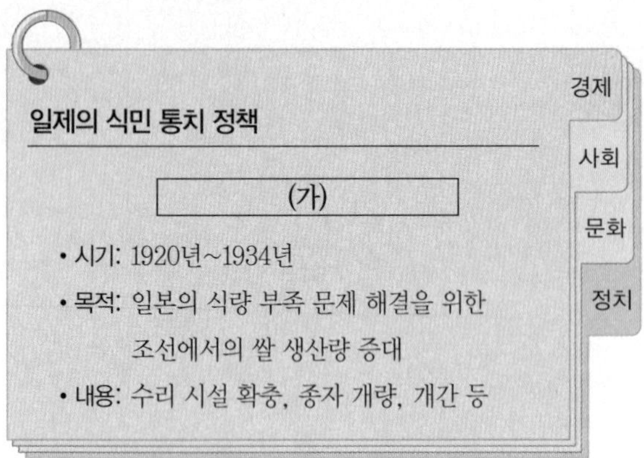

일제의 식민 통치 정책

• 시기: 1920년~1934년
• 목적: 일본의 식량 부족 문제 해결을 위한 조선에서의 쌀 생산량 증대
• 내용: 수리 시설 확충, 종자 개량, 개간 등

① 지계가 발급되었다.
② 삼백 산업이 발달하였다.
③ 국채 보상 기성회가 창립되었다.
④ 동양 척식 주식회사가 설립되었다.
⑤ 증산량보다 많은 쌀이 일본으로 반출되었다.

44. 다음 사건에 대한 탐구 활동으로 가장 적절한 것은? [2점]

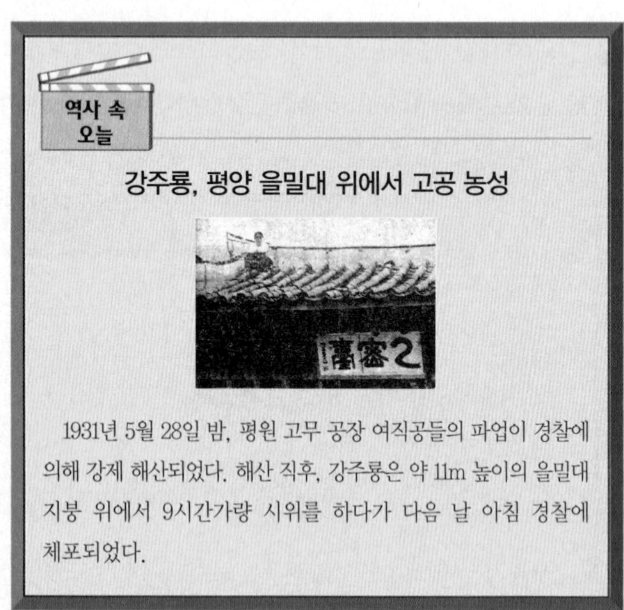

역사 속 오늘
강주룡, 평양 을밀대 위에서 고공 농성
1931년 5월 28일 밤, 평원 고무 공장 여직공들의 파업이 경찰에 의해 강제 해산되었다. 해산 직후, 강주룡은 약 11m 높이의 을밀대 지붕 위에서 9시간가량 시위를 하다가 다음 날 아침 경찰에 체포되었다.

① 보안회가 조직된 배경을 살펴본다.
② 조선 형평사가 설립된 이유를 알아본다.
③ 암태도 소작농들의 요구 사항을 찾아본다.
④ 징용으로 끌려간 노동자들의 참상을 파악한다.
⑤ 조선인 노동자들의 열악한 노동 조건을 조사한다.

45. (가)에 들어갈 내용으로 가장 적절한 것은? [2점]

〈 탐구 활동 계획서 〉

이름 ○○○

1. 주제: 연해주 동포의 시련
2. 목적: 연해주에 거주하던 동포의 수가 1937년에 급격히 감소한 이유와 중앙아시아로 이주한 동포들의 삶을 알아보고자 함.
3. 근거 자료
   - (가)
   - 시베리아 횡단 철도의 경로
   - 중앙아시아 정착 초기 동포들의 고난 수기
4. 결과: 보고서 작성

① 대한 제국 칙령 제41호의 내용
② 하와이 이주 동포들의 임금 실태
③ 소련의 고려인 강제 이주 정책 문서
④ 관동 대학살로 인한 조선인 피해 상황
⑤ 조선 내 경찰 관서와 경찰 인원수의 변화

46. (가)~(다)를 일어난 순서대로 옳게 나열한 것은? [3점]

사진으로 배우는 한국 현대사
1940년대 사진전

① (가) – (나) – (다)
② (가) – (다) – (나)
③ (나) – (가) – (다)
④ (나) – (다) – (가)
⑤ (다) – (가) – (나)

47. (가) 시기에 있었던 사실로 옳은 것을 〈보기〉에서 고른 것은? [2점]

1961 (가) 1972

남북 학생 회담 요구 시위

7·4 남북 공동 성명 발표

〈보 기〉

ㄱ. 한·일 협정 조인
ㄴ. 수출 100억 달러 최초 달성
ㄷ. 제1차 경제 개발 5개년 계획 추진
ㄹ. 제24회 서울 올림픽 경기 대회 개최

① ㄱ, ㄴ ② ㄱ, ㄷ ③ ㄴ, ㄷ
④ ㄴ, ㄹ ⑤ ㄷ, ㄹ

48. 다음과 같이 헌법이 개정된 계기로 가장 적절한 것은? [3점]

대한민국헌법 [시행 1988. 2. 25.]

제1조 ① 대한민국은 민주공화국이다.
② 대한민국의 주권은 국민에게 있고, 모든 권력은 국민으로부터 나온다.
……
제67조 ① 대통령은 국민의 보통·평등·직접·비밀선거에 의하여 선출한다.
……
제70조 대통령의 임기는 5년으로 하며, 중임할 수 없다.

① 제헌 국회가 출범하였다.
② 장면을 총리로 하는 내각이 들어섰다.
③ 대통령 특별 선언으로 10월 유신이 선포되었다.
④ 3·15 부정 선거에 항의하는 시위가 확산되었다.
⑤ 호헌 철폐와 독재 타도를 외친 6월 민주 항쟁이 일어났다.

49. (가)에 들어갈 내용으로 가장 적절한 것은? [2점]

우리나라가 긴급 구제 금융을 받아 국제 통화 기금(IMF)의 관리 체제하에 있었던 시기의 일들에 대해 알고 싶어요.
(가)

① 새마을 운동을 시작하였어.
② 미국으로부터 농산물을 무상 지원받았어.
③ 외채 상환을 위해 금 모으기 운동을 전개하였어.
④ 서독에 광부와 간호사를 파견하여 외화를 획득하였어.
⑤ 유럽 연합(EU)과 자유 무역 협정(FTA)을 체결하였어.

50. 밑줄 그은 '이 사람'으로 옳은 것은? [1점]

이 투구는 이 사람이 1936년 베를린 올림픽 마라톤 경기에서 우승한 기념으로 받은 것입니다. 우승 소식을 보도하면서 일부 신문은 시상식 사진의 일장기를 지운 것 때문에 일제로부터 탄압을 받기도 하였습니다.

고대 그리스 청동 투구
(보물 제904호)

① 
나운규

② 
남승룡

③ 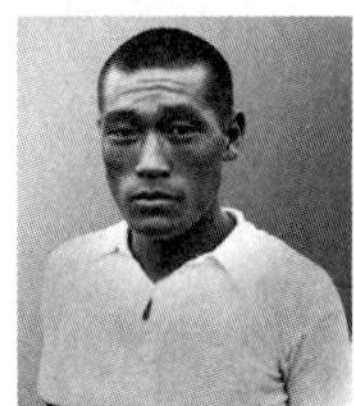
손기정

④ 
안창남

⑤ 
이중섭

2016년도 30회

한국사능력검정시험

01. (가) 시대의 생활 모습으로 옳은 것은? [1점]

전곡리 유적
한 탄 강
이곳은 연천 전곡리에 위치한 (가) 시대의 유적지로 대표적인 출토 유물로는 주먹 도끼, 긁개 등이 있습니다.

① 농사에 소를 이용하였다.
② 가락바퀴로 실을 뽑았다.
③ 널무덤과 독무덤을 만들었다.
④ 주로 동굴이나 막집에서 살았다.
⑤ 빗살무늬 토기에 식량을 저장하였다.

02. 다음 법이 시행된 나라에 대한 탐구 활동으로 가장 적절한 것은? [2점]

○ 사람을 죽인 자는 곧바로 죽인다.
○ 남에게 상해를 입힌 자는 곡식으로 갚게 한다.
○ 도둑질을 하면 남자는 몰입(沒入)*하여 그 집의 노(奴)로, 여자는 비(婢)로 삼는데, 용서받고자 할 때에는 50만을 내야 한다.

－「한서」 지리지－

* 몰입(沒入): 죄인의 재산을 몰수하고 그 가족을 노비로 삼는 것.

① 임신서기석의 내용을 분석한다.
② 국내성 천도의 배경을 살펴본다.
③ 칠지도에 새겨진 명문을 해석한다.
④ 한의 왕검성 침략 원인을 조사한다.
⑤ 독서삼품과의 인재 선발 기준을 파악한다.

03. (가) 나라에 대한 설명으로 옳은 것은? [2점]

제사장인 천군과 별읍인 소도가 있었던 (가) 에 대해 말해 볼까요?
한반도 남부에 위치하였으며, 농업이 발달하였어요.
5월과 10월에 농경과 관련된 계절제를 열었어요.

① 서옥제라는 혼인 풍습이 있었다.
② 신지·읍차 등의 지배자가 있었다.
③ 제가 회의에서 중요한 일을 결정하였다.
④ 부족 간 경계를 중시하는 책화가 있었다.
⑤ 특산물로 단궁·과하마·반어피 등이 있었다.

04. 다음 가상 인터뷰를 통해 알 수 있는 전쟁에 대한 설명으로 옳은 것은? [1점]

우중문이 30만 별동대를 이끌고 평양성을 공격하러 오고 있습니다. 대책이 있으신가요?
너무 걱정 마시오. 적을 끌어들였다가 결국 지쳐 돌아갈 때 공격할 것이오.

① 고구려가 낙랑을 몰아내고 영토를 확장하였다.
② 연개소문이 주도하여 당군의 침략에 맞서 싸웠다.
③ 을지문덕이 살수에서 수의 군대에 승리를 거두었다.
④ 고구려가 한강 이북 지역을 장악하는 계기가 되었다.
⑤ 당이 평양에 안동 도호부를 설치하는 결과를 가져왔다.

05. 다음 건국 이야기에 해당되는 나라에 대한 설명으로 옳은 것은? [2점]

> 북쪽 구지봉(龜旨峯)에 신비한 기운이 있어 사람들이 모이니 하늘에서 나라를 새로 세워 임금을 모시라는 소리가 들렸다. 얼마 후 하늘에서 붉은 보자기에 싸인 금으로 만든 상자가 내려와 열어 보니 황금 알 여섯 개가 있었다. 여섯 알은 얼마 후 어린 아이가 되었는데 첫 번째 아이를 왕으로 모셨다. 세상에 처음 나타났다고 하여 이름을 수로(首露)라고 하였다.

① 태학을 설립하여 인재를 양성하였다.
② 빈민 구제를 위해 진대법을 실시하였다.
③ 귀족 세력을 대표하는 상대등이 있었다.
④ 고구려의 공격을 받아 세력이 약화되었다.
⑤ 박, 석, 김의 3성이 교대로 왕위를 계승하였다.

06. (가), (나) 사이의 시기에 백제에서 있었던 사실로 옳은 것은? [3점]

> (가) 문주왕은 개로왕의 아들이다. …… 원년 겨울 10월에 웅진으로 도읍을 옮겼다.
> -「삼국사기」-
>
> (나) 성왕 16년 봄, 사비로 도읍을 옮기고, 나라 이름을 남부여라고 하였다.
> -「삼국사기」-

① 지방에 22담로를 두었다.
② 동진으로부터 불교가 전래되었다.
③ 고흥이 역사서인 서기를 편찬하였다.
④ 복신과 도침이 부여풍을 왕으로 추대하였다.
⑤ 신라를 공격하여 대야성 등 40여 성을 빼앗았다.

07. 다음 대화를 나눈 왕의 업적으로 옳은 것은? [2점]

이사부로 하여금 우산국을 정벌하도록 하라.
예, 분부대로 하겠습니다.

① 황룡사 구층 목탑을 건립하였다.
② 병부를 설치하여 군사력을 강화하였다.
③ 화랑도를 국가적 조직으로 개편하였다.
④ 이차돈의 순교를 계기로 불교를 공인하였다.
⑤ 국호를 신라로 정하고 왕이라는 칭호를 사용하였다.

08. (가) 인물에 대한 설명으로 옳은 것은? [1점]

이곳은 경상북도 영주에 있는 부석사로 (가) 이/가 당에 유학하고 돌아와 왕명으로 창건한 사찰입니다. 관음 신앙을 내세운 그는 많은 제자를 양성하고 여러 사찰을 세워 신라 불교의 진흥에 기여하였습니다.

① 세속 5계를 만들었다.
② 화엄일승법계도를 남겼다.
③ 유불 일치설을 주장하였다.
④ 수선사 결사를 제창하였다.
⑤ 왕오천축국전을 집필하였다.

09. 다음 특별전에 전시될 사진으로 적절하지 않은 것은? [2점]

> 특별전
>
> **사진으로 보는 해동성국 ○○의 문화**
>
> 우리 학교 역사 동아리에서는 해동성국이라 불렸던 ○○의 문화유산에 대한 관심을 높이고자 특별전을 개최합니다. 관심 있는 학생들의 많은 관람 바랍니다.
>
> • 기간: 2016년 △△월 △△일~△△월 △△일
> • 장소: 역사 탐구실
> • 주관: 역사 동아리

①

②

③

④

⑤

10. 다음 상황 이후에 전개된 사실로 옳은 것은? [3점]

> 김춘추가 나아가 말하기를, "지금 백제가 무도하여 우리 강토를 침범하므로 저희 나라 임금이 대국의 군사를 얻어서 그 치욕을 씻고자 합니다."라고 하였다.
> 보장왕이 말하기를, "죽령은 본래 우리 땅이니, 그대가 만약 죽령 서북 땅을 돌려준다면 군사를 보낼 수 있다."라고 하였다.
> 김춘추가 대답하기를, "신은 죽을지언정 다른 것은 알지 못합니다."라고 하였다. 보장왕이 그 말의 불손함에 화가 나서 그를 별관에 가두었다.

① 고구려가 동옥저를 정복하였다.
② 백제가 고구려의 고국원왕을 전사시켰다.
③ 신라가 당과 연합하여 백제를 공격하였다.
④ 신라가 대가야를 정복하여 영토를 확장하였다.
⑤ 신라가 함경도 일부 지역에 진출하고 순수비를 세웠다.

11. (가)에 들어갈 내용으로 옳은 것을 〈보기〉에서 고른 것은? [2점]

서술형 평가 ○학년 ○○반 이름: ○○○

◎ 지도와 같이 행정 구역을 편제한 국가의 지방 제도에 대하여 서술하시오.

북계 동계 서해도 교주도 경기 양광도 경상도 전라도 동해 황해

답란	(가)

〈보 기〉

ㄱ. 주요 지역에 5개의 소경을 두었다.
ㄴ. 향촌 자치 기구인 유향소를 설치하였다.
ㄷ. 각 도를 감찰하기 위해 안찰사를 파견하였다.
ㄹ. 지방관이 파견되지 않은 속현이 주현보다 많았다.

① ㄱ, ㄴ ② ㄱ, ㄷ ③ ㄴ, ㄷ
④ ㄴ, ㄹ ⑤ ㄷ, ㄹ

12. (가)~(다) 학생이 발표한 사건을 일어난 순서대로 옳게 나열한 것은? [2점]

<주제: 후삼국의 통일 과정>
○○모둠 발표
신라의 경순왕이 스스로 고려에 항복하였습니다.
고려가 고창 전투에서 승리하였습니다.
후백제가 일리천 전투 패배로 멸망하였습니다.
(가)
(나)
(다)

① (가) - (나) - (다) ② (가) - (다) - (나)
③ (나) - (가) - (다) ④ (나) - (다) - (가)
⑤ (다) - (나) - (가)

13. (가)에 들어갈 문화유산으로 옳은 것은? [1점]

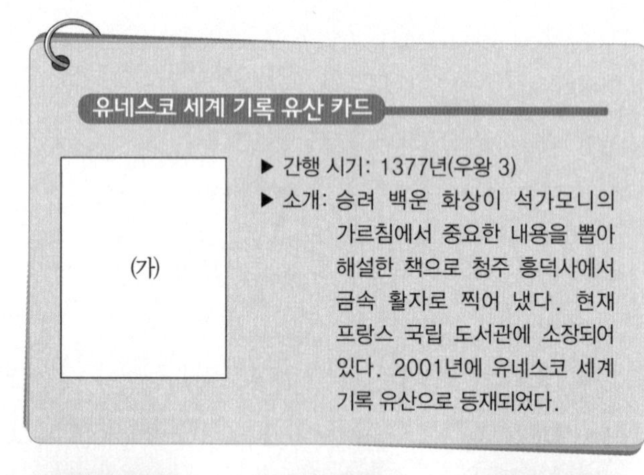

유네스코 세계 기록 유산 카드
(가)
▶ 간행 시기: 1377년(우왕 3)
▶ 소개: 승려 백운 화상이 석가모니의 가르침에서 중요한 내용을 뽑아 해설한 책으로 청주 흥덕사에서 금속 활자로 찍어 냈다. 현재 프랑스 국립 도서관에 소장되어 있다. 2001년에 유네스코 세계 기록 유산으로 등재되었다.

① 
일성록

② 
제왕운기

③ 
동사강목

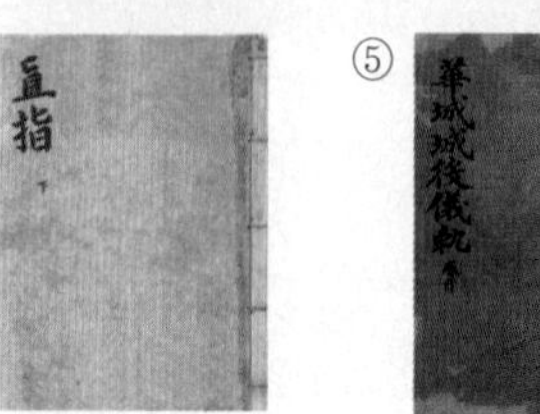
④ 직지심체요절
⑤ 화성성역의궤

14. (가) 인물에 대한 설명으로 옳은 것은? [2점]

[역사 인물 소개]

이달의 인물, (가)

본관은 경주로 1075년(문종 29)에 태어났다. 1096년(숙종 1)에는 과거에 급제하였다. 인종 때 감수국사로서 왕명을 받아 「삼국사기」를 편찬하고, 영통사 대각국사비의 비문을 지었다. 1151년(의종 5)에 사망하였다.

① 만권당에서 원의 학자들과 교류하였다.
② 왜구의 근거지인 대마도를 정벌하였다.
③ 불씨잡변을 통해 불교 교리를 비판하였다.
④ 묘청 등이 서경에서 일으킨 난을 진압하였다.
⑤ 화통도감을 설치하고 화약과 화포를 제조하였다.

15. 다음 가상 뉴스에서 보도하고 있는 사건이 일어난 시기를 연표에서 옳게 고른 것은? [2점]

공주 명학소 사람 망이·망소이가 난을 일으켰습니다. 이들은 무리를 모아 스스로 '산행병마사'라 칭하고 공주를 공격하여 함락시켰습니다. 과도한 수탈이 난을 일으킨 원인으로 보입니다.
공주 명학소에서 난이 일어나다
1019 1104 1170 1232 1270 1388

별무반 조직

① (가) ② (나) ③ (다) ④ (라) ⑤ (마)

16. (가)에 들어갈 내용으로 옳은 것은? [2점]

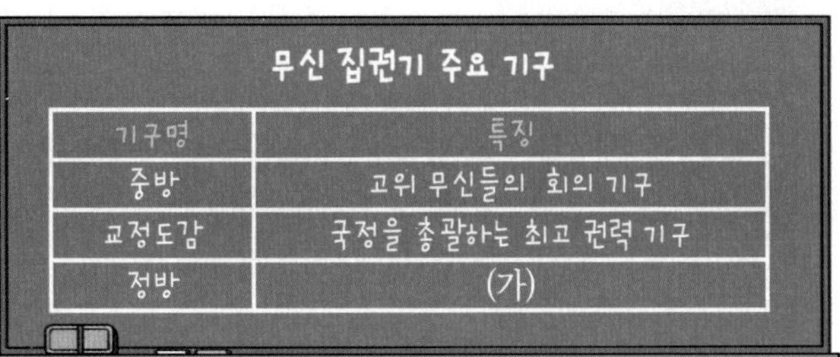

무신 집권기 주요 기구

기구명	특징
중방	고위 무신들의 회의 기구
교정도감	국정을 총괄하는 최고 권력 기구
정방	(가)

① 법률과 소송을 관장한 기구
② 곡식의 출납 및 회계 담당 기구
③ 최우가 설치한 인사 행정 담당 기구
④ 역사서의 편찬과 보관을 담당한 기구
⑤ 수도 경비와 국경 방어를 담당한 군사 기구

17. 밑줄 그은 '왕'의 업적으로 옳은 것은? [3점]

왕께서 쌍성총관부 공격을 명하시어 그 지역을 되찾았다고 하네.

기쁜 소식이군. 드디어 철령 이북의 땅을 수복하게 되었구먼.

① 주요 지역에 12목을 설치하고 지방관을 파견하였다.
② 기인 제도를 처음 시행하여 지방 호족을 견제하였다.
③ 후주 출신 쌍기의 건의를 받아들여 과거제를 실시하였다.
④ 과전법을 시행하여 신진 사대부의 경제적 기반을 마련하였다.
⑤ 정동행성 이문소를 폐지하고 친원 세력인 기철 등을 숙청하였다.

18. 밑줄 그은 '불탑'으로 옳은 것은? [1점]

세조는 조카인 단종을 몰아내고 왕위에 올랐어.
간경도감을 설치하여 불경을 간행하고, 불탑을 세우기도 했지.

① 불국사 삼층 석탑
② 감은사지 삼층 석탑
③ 정림사지 오층 석탑
④ 원각사지 십층 석탑
⑤ 월정사 팔각 구층 석탑

19. 다음 서원에 대한 설명으로 옳은 것은? [2점]

처음에 백운동 서원이라고 불렸던 이 서원은 중종 때 풍기 군수 주세붕이 안향을 기리기 위해 설립하였습니다.
서원 전경

① 최초의 사액 서원이었다.
② 전문 강좌로 7재를 두었다.
③ 문헌공도로 불리기도 하였다.
④ 유학부와 기술학부가 있었다.
⑤ 양현고라는 장학 재단을 두었다.

20. 다음 검색창에 들어갈 전투로 옳은 것은? [2점]

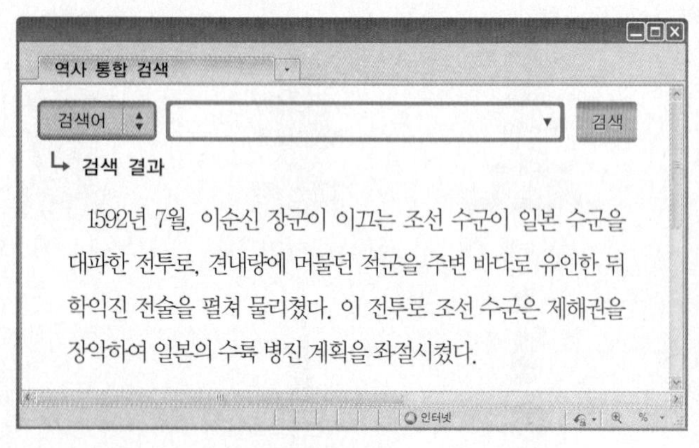

역사 통합 검색
검색어
검색
검색 결과
1592년 7월, 이순신 장군이 이끄는 조선 수군이 일본 수군을 대파한 전투로, 견내량에 머물던 적군을 주변 바다로 유인한 뒤 학익진 전술을 펼쳐 물리쳤다. 이 전투로 조선 수군은 제해권을 장악하여 일본의 수륙 병진 계획을 좌절시켰다.
인터넷

① 노량 해전 ② 진포 대첩 ③ 기벌포 해전
④ 칠천량 해전 ⑤ 한산도 대첩

21. (가)에 대한 설명으로 옳은 것은? [1점]

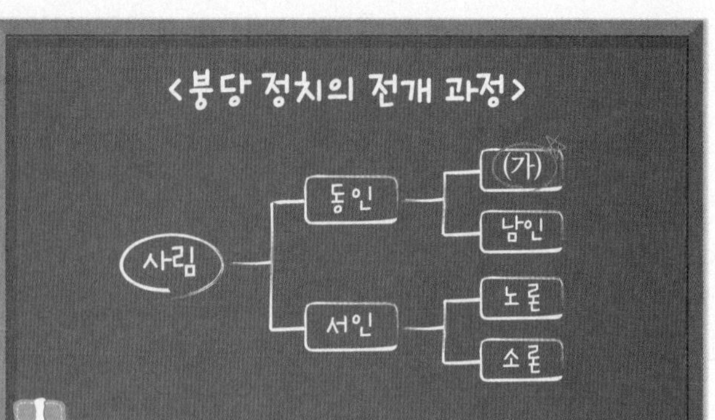

① 기사환국으로 집권하였다.
② 광해군 때 정국을 주도하였다.
③ 위훈 삭제를 주장한 조광조 일파를 축출하였다.
④ 자의 대비 복상 기간에 대해 3년 설을 주장하였다.
⑤ 송시열을 중심으로 결집하여 대의명분을 중시하였다.

22. (가) 왕의 업적으로 옳은 것은? [3점]

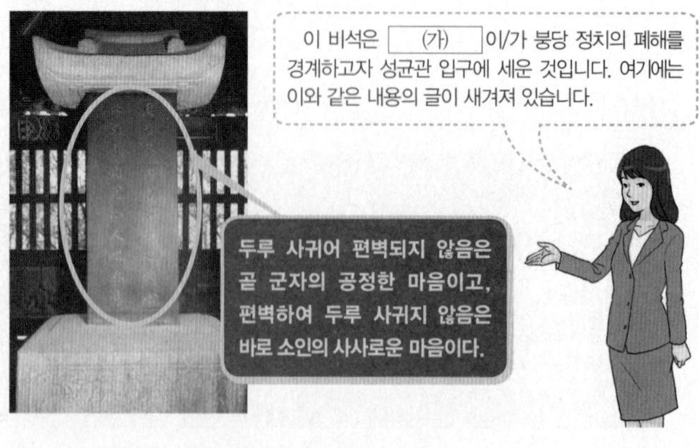

이 비석은 (가) 이/가 붕당 정치의 폐해를 경계하고자 성균관 입구에 세운 것입니다. 여기에는 이와 같은 내용의 글이 새겨져 있습니다.
두루 사귀어 편벽되지 않음은 곧 군자의 공정한 마음이고, 편벽하여 두루 사귀지 않음은 바로 소인의 사사로운 마음이다.

① 민생 안정을 위해 균역법을 실시하였다.
② 여진족을 몰아내고 4군 6진을 설치하였다.
③ 조선의 기본 법전인 경국대전을 완성하였다.
④ 초계문신제를 실시하여 관리를 재교육하였다.
⑤ 왕실의 위엄을 되찾기 위해 경복궁을 중건하였다.

23. (가)에 들어갈 용어로 옳은 것은? [1점]

> **역사 용어 해설**
>
> (가)
>
> 비국(備局)·주사(籌司)라고도 불렸다. 3포 왜란이 계기가 되어 임시로 설치되었다가 을묘왜변으로 상설 기구화하였다. 임진왜란을 거치면서 기능이 확대·강화되어 국정 전반을 총괄하게 되었다. 흥선 대원군 때 그 기능이 의정부와 삼군부로 이관되었다.

① 비변사 ② 사헌부 ③ 승정원 ④ 의금부 ⑤ 홍문관

24. 다음 특별전에서 볼 수 있는 문화유산으로 적절한 것은? [2점]

특별전
조선 후기 도자기와의 만남
기간: 2016년 ○○월 ○○일 ~ ○○월 ○○일
장소: △△미술관

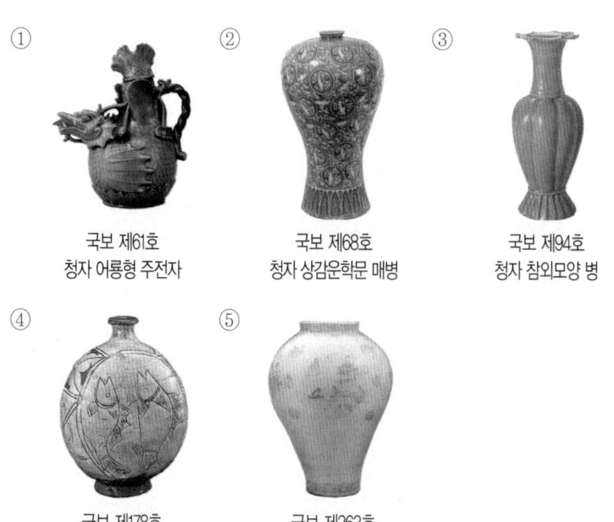

① 국보 제61호 청자 어룡형 주전자

② 국보 제68호 청자 상감운학문 매병

③ 국보 제94호 청자 참외모양 병

④ 국보 제178호 분청사기 음각어문 편병

⑤ 국보 제263호 백자 청화산수화조문 항아리

25. 다음 지도에 대한 설명으로 옳은 것은? [2점]

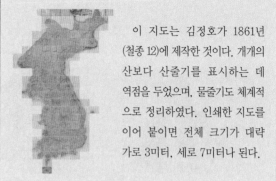

> 이 지도는 김정호가 1861년(철종 12)에 제작한 것이다. 개개의 산보다 산줄기를 표시하는 데 역점을 두었으며, 물줄기도 체계적으로 정리하였다. 인쇄한 지도를 이어 붙이면 전체 크기가 대략 가로 3미터, 세로 7미터나 된다.

① 최초로 100리 척을 사용하였다.
② 현존하는 지도 중 가장 오래되었다.
③ 유네스코 세계 기록 유산으로 등재되었다.
④ 각 지방의 산천, 인물, 풍속 등이 담겨져 있다.
⑤ 10리마다 눈금을 표시하여 거리를 알 수 있게 하였다.

26. 다음 안내문의 댓글로 적절하지 <u>않은</u> 것은? [2점]

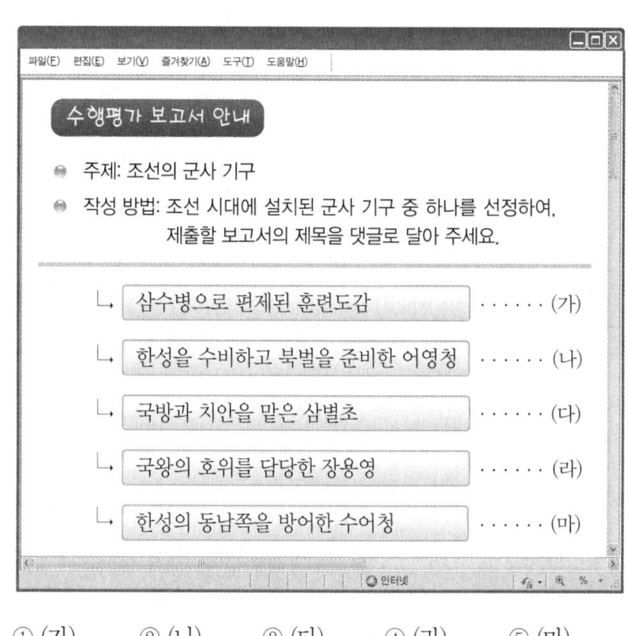

수행평가 보고서 안내
주제: 조선의 군사 기구
작성 방법: 조선 시대에 설치된 군사 기구 중 하나를 선정하여, 제출할 보고서의 제목을 댓글로 달아 주세요.
삼수병으로 편제된 훈련도감 ······ (가)
한성을 수비하고 북벌을 준비한 어영청 ······ (나)
국방과 치안을 맡은 삼별초 ······ (다)
국왕의 호위를 담당한 장용영 ······ (라)
한성의 동남쪽을 방어한 수어청 ······ (마)

① (가) ② (나) ③ (다) ④ (라) ⑤ (마)

27. (가), (나) 사건에 대한 설명으로 옳은 것은? [3점]

① (가) – 서북인에 대한 차별이 중요한 배경이 되었다.
② (가) – 인조반정 이후 논공행상에 대한 반발에서 비롯되었다.
③ (나) – 천주교에 대한 탄압이 원인이 되었다.
④ (나) – 한성을 점령하여 왕이 의주로 피신하였다.
⑤ (가), (나) – 집강소를 설치하는 계기가 되었다.

28. (가) 인물에 대한 설명으로 옳은 것은? [2점]

사족이 있는 곳마다 평민을 못살게 하지만 가장 심한 자들은 서원에 모여 있다. …… (가) 이/가 크게 노하여 "진실로 백성에게 해되는 것이 있으면 비록 공자가 다시 살아난다 하더라도 내가 용서하지 않겠다. 하물며 서원은 우리나라 선유(先儒)를 제사한다면서 도둑의 소굴이 되었음에랴."라고 하였다.

– 「근세조선정감」 –

① 대동법을 경기도에 시범적으로 적용하였다.
② 호포제를 시행하여 국가 재정을 확충하였다.
③ 속대전을 편찬하여 통치 체제를 정비하였다.
④ 집현전을 설치하여 학문 연구를 장려하였다.
⑤ 신해통공으로 시전 상인의 특권을 축소하였다.

29. (가) 시기에 볼 수 있었던 모습으로 적절하지 않은 것은? [2점]

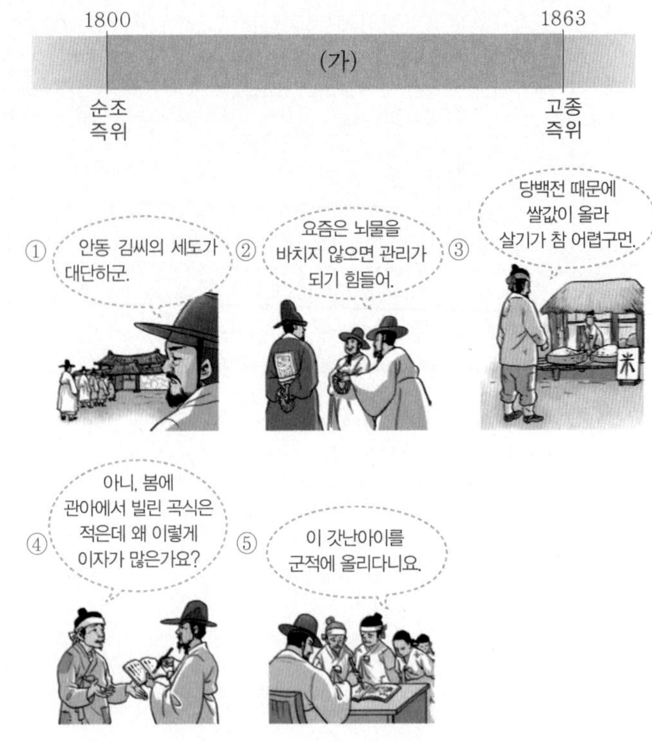

30. (가)~(마) 지역에서 있었던 사실로 옳지 않은 것은? [2점]

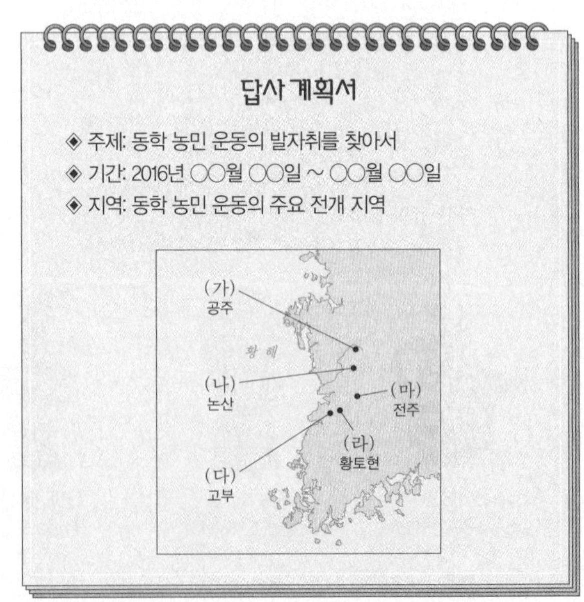

① (가) – 동학 농민군이 관군과 일본군에게 패하였다.
② (나) – 농민들이 군수 조병갑의 탐학에 저항하였다.
③ (다) – 농민들이 전봉준의 주도 아래 봉기하였다.
④ (라) – 동학 농민군이 관군에게 처음으로 승리하였다.
⑤ (마) – 동학 농민군이 관군과 화약을 맺었다.

31. (가)에 들어갈 기구로 옳은 것은? [1점]

역사신문

제 △△ 호 ○○○○년 ○○월 ○○일

개화 정책 추진 기구가 설치되다

변화하는 국내외 정세에 대응하기 위해 개화 정책을 총괄하는 (가) 이 설치되었다. 부속 기구로는 외교 업무를 담당하는 사대사와 교린사, 중앙과 지방의 군사를 통솔하는 군무사, 외국과의 통상에 관한 일을 맡는 통상사, 무기 제작을 관장하는 군물사 등 12사를 두기로 하였다. 이러한 시도가 개화 정책의 성공적인 결과를 가져올 수 있을지 주목된다.

① 교정청 ② 중추원 ③ 탁지아문
④ 삼정이정청 ⑤ 통리기무아문

32. (가) 사건의 전개 과정에서 발표된 정강의 내용으로 옳은 것을 〈보기〉에서 고른 것은? [3점]

일본이 어찌 조선을 위해 충직한 정성으로 힘써 돕겠는가? …… 사실은 조선과 청 양국의 악감정을 도발하여 이익을 취한 것이다. 개화당은 이와 같은 일본인의 꾀를 알지 못하고 일본의 힘을 빌려 (가) 을/를 일으켰다가 실패하였다. 만약 일본이 진정 돕고자 했다면 김옥균을 위해 군함을 보내기로 약속하고 배신하였겠는가? 이야말로 높은 곳에 오르라고 권하고 나서 사다리를 치우는 것과 같다.

〈보 기〉

ㄱ. 황제는 무한한 군주권을 가진다.
ㄴ. 국가 재정은 모두 호조에서 관할한다.
ㄷ. 토지를 균등하게 나누어 경작하도록 한다.
ㄹ. 문벌을 폐지하여 인민 평등의 권리를 제정한다.

① ㄱ, ㄴ ② ㄱ, ㄷ ③ ㄴ, ㄷ
④ ㄴ, ㄹ ⑤ ㄷ, ㄹ

33. 밑줄 그은 '개혁'의 내용으로 옳은 것은? [2점]

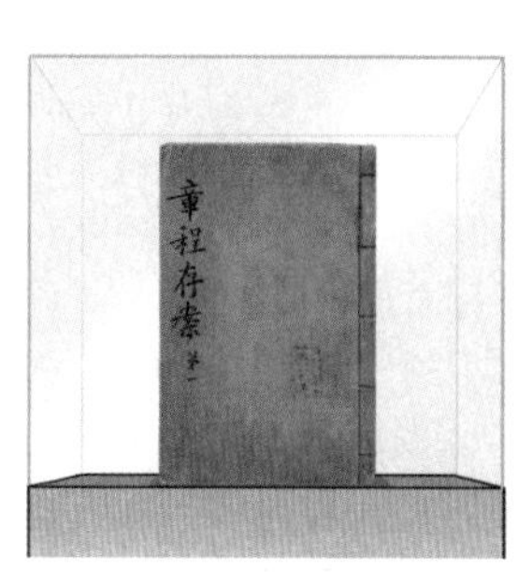

이 책은 장정존안으로 1894년에 정책 입안 및 의결을 담당하였던 군국기무처에서 결정한 개혁 의안들을 모아 놓은 것입니다.

① 과거제를 폐지하였다.
② 별기군을 창설하였다.
③ 원수부를 설치하였다.
④ 전환국을 신설하였다.
⑤ 대한국 국제를 제정하였다.

34. 밑줄 그은 '이 신문'으로 옳은 것은? [2점]

사진은 서울 양화진 외국인 선교사 묘원에 위치한 영국인 베델의 묘비이다. 베델은 양기탁과 함께 이 신문을 창간하여 일제의 국권 침탈을 비판하고, 국채 보상 운동을 전국으로 확산시키는 데 기여하였다.

① 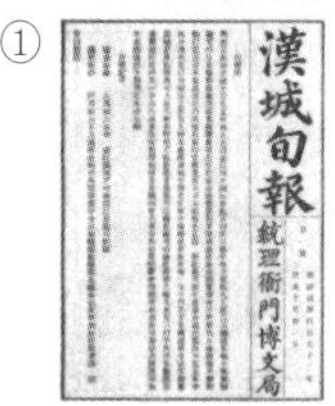

한성순보

② 

독립신문

③ 

제국신문

④ 

황성신문

⑤ 

대한매일신보

35. 다음 조약이 체결된 배경으로 옳은 것은? [2점]

> 제1조 한·일 양국 사이의 항구적이고 변함없는 친교를 유지하고 동양의 평화를 확고히 이룩하기 위하여 대한 제국 정부는 대일본 제국 정부를 확고히 믿고 시정(施政) 개선에 관한 충고를 받아들인다.
>
> ……
>
> 제4조 제3국의 침략이나 내란으로 인해 대한 제국 황실의 안녕과 영토의 보전에 위험이 있을 경우에 대일본 제국 정부는 속히 형편에 따라 필요한 조치를 취할 수 있다. 이때 대한 제국 정부는 대일본 제국의 행동이 용이하도록 충분히 편의를 제공한다. 대일본 제국 정부는 전항의 목적을 달성하기 위해 군사 전략상 필요한 지점을 형편에 따라 차지하여 이용할 수 있다.
>
> ……
>
> – 한·일 의정서 –

① 러·일 전쟁이 발발하였다.
② 제2차 영·일 동맹이 체결되었다.
③ 가쓰라·태프트 밀약이 체결되었다.
④ 고종이 헤이그에 특사를 파견하였다.
⑤ 스티븐스가 외교 고문으로 임명되었다.

36. (가) 의병 부대에 대한 설명으로 옳은 것을 〈보기〉에서 고른 것은? [2점]

얼마 전 이인영 선생이 전국에 통문을 돌려 의병들의 봉기를 강력하게 촉구했다는 소식을 들었나?
들었네. 그래서 각지에서 모여든 1만여 명이 양주에 집결하여 (가) 을/를 결성했다더군. 총대장에는 이인영 선생이 추대되었다네.

〈보 기〉

ㄱ. 서울 진공 작전을 추진하였다.
ㄴ. 해산된 군인의 일부가 합류하였다.
ㄷ. 공화정 수립을 목표로 활동하였다.
ㄹ. 고종의 조칙에 따라 대부분 해산하였다.

① ㄱ, ㄴ ② ㄱ, ㄷ ③ ㄴ, ㄷ
④ ㄴ, ㄹ ⑤ ㄷ, ㄹ

37. (가), (나) 항일 운동에 대한 설명으로 옳은 것은? [2점]

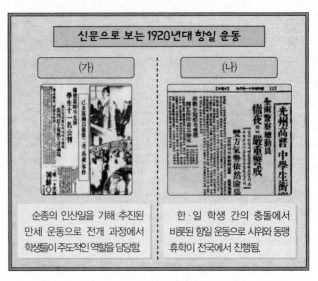

신문으로 보는 1920년대 항일 운동

(가)	(나)
순종의 인산일을 기해 추진된 만세 운동으로 전개 과정에서 학생들이 주도적인 역할을 담당함.	한·일 학생 간의 충돌에서 비롯된 항일 운동으로 시위와 동맹 휴학이 전국에서 진행됨.

① (가) – 대한민국 임시 정부가 수립되는 배경이 되었다.
② (가) – 국내에서 민족 유일당 운동이 전개되는 계기가 되었다.
③ (나) – 2·8 독립 선언의 도화선이 되었다.
④ (나) – 중국의 5·4 운동에 영향을 주었다.
⑤ (가), (나) – 일제가 이른바 문화 통치를 실시하게 되는 원인이 되었다.

38. 다음 인물에 대한 설명으로 옳은 것은? [3점]

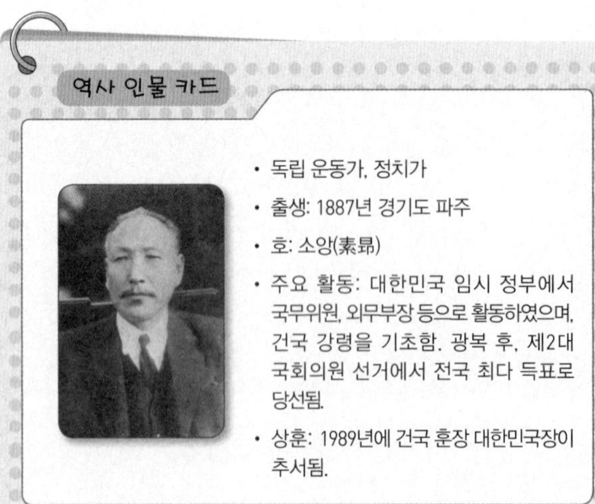

역사 인물 카드
• 독립 운동가, 정치가
• 출생: 1887년 경기도 파주
• 호: 소앙(素昻)
• 주요 활동: 대한민국 임시 정부에서 국무위원, 외무부장 등으로 활동하였으며, 건국 강령을 기초함. 광복 후, 제2대 국회의원 선거에서 전국 최다 득표로 당선됨.
• 상훈: 1989년에 건국 훈장 대한민국장이 추서됨.

① 의열단을 조직하였다.
② 삼균주의를 제창하였다.
③ 서유견문을 집필하였다.
④ 조선 혁명 선언을 작성하였다.
⑤ 한국독립운동지혈사를 저술하였다.

39. 밑줄 그은 '이 종교'에 대한 설명으로 옳은 것은? [2점]

일제 강점기 항일 독립 운동에 공헌하였던 이 종교의 활동에 대해 말씀해 주시겠습니까?
나철이 창시한 이 종교는 1910년 국권 피탈 이후 만주로 활동 무대를 옮겼습니다. 이후 민족 교육을 위한 학교를 설립하고 무장 단체를 조직하는 등 만주 지역의 항일 운동에 큰 영향을 주었습니다.

① 항일 운동 단체인 의민단을 조직하였다.
② 개벽과 신여성 등의 잡지를 발간하였다.
③ 배재 학당을 세워 신학문을 보급하였다.
④ 단군 숭배를 통해 민족 의식을 고취하였다.
⑤ 위정척사를 내세워 영남 만인소를 올렸다.

40. (가), (나) 독립군 부대의 공통점으로 옳은 것은? [3점]

나는 북만주 지역에서 활동한 (가) 의 총사령관으로 쌍성보, 대전자령 등지에서 일본군을 크게 물리쳤습니다.

지청천

나는 남만주 지역에서 활동한 (나) 의 총사령으로 영릉가 전투, 흥경성 전투 등을 승리로 이끌었습니다.

양세봉

① 한·중 연합 작전을 전개하였다.
② 고종의 밀지를 받아 조직되었다.
③ 조선 혁명 간부 학교를 설립하였다.
④ 미군과 연합하여 국내 진공 작전을 추진하였다.
⑤ 러시아에 의해 무장 해제를 당하여 세력이 약화되었다.

41. 다음 자료에 해당하는 단체에 대한 설명으로 옳은 것은? [2점]

〈발기 취지서〉

발기 총회 모습

인간 사회는 많은 불합리를 산출하는 동시에 그 해결을 우리에게 요구하여 마지 않는다. 여성 문제는 그중의 하나이다. …… 우리 자체를 위하여, 우리 사회를 위하여 분투하려면 우선 조선 자매 전체의 역량을 공고히 단결하여 운동을 전반적으로 전개하지 아니하면 아니 된다.

일어나라. 오너라. 단결하자. 분투하자. 조선의 자매들아! 미래는 우리의 것이다.

① 이화 학당을 설립하였다.
② 105인 사건으로 해체되었다.
③ 브나로드 운동을 주도하였다.
④ 기관지로 근우를 발간하였다.
⑤ 민립 대학 설립 운동을 전개하였다.

42. (가)에 들어갈 내용으로 옳지 않은 것은? [2점]

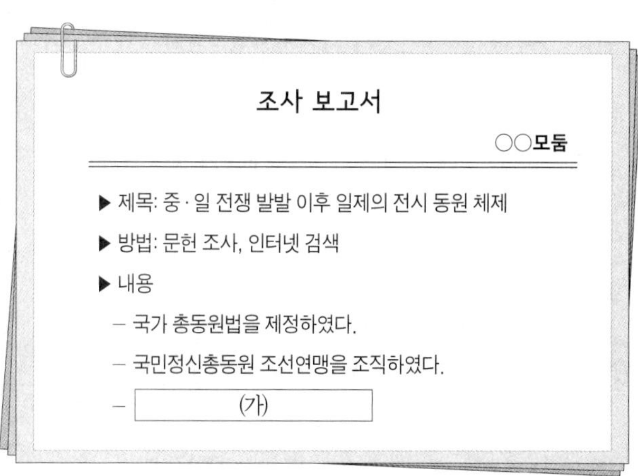

조사 보고서

○○모둠

▶ 제목: 중·일 전쟁 발발 이후 일제의 전시 동원 체제
▶ 방법: 문헌 조사, 인터넷 검색
▶ 내용
– 국가 총동원법을 제정하였다.
– 국민정신총동원 조선연맹을 조직하였다.
– (가)

① 징병제를 실시하였다.
② 토지 조사령을 공포하였다.
③ 국민 징용령을 시행하였다.
④ 미곡 공출제를 실시하였다.
⑤ 여자 정신 근로령을 시행하였다.

43. 다음 인물 카드의 (가)에 들어갈 인물로 옳은 것은? [1점]

〈연보〉
- 1901 출생
- 1915 경성고등보통학교 입학
- 1919 3·1 운동 참여로 투옥, 퇴학
- 1927 영화 '먼동이 틀 때' 감독
- 1930 시 '그날이 오면' 발표
- 1935 소설 '상록수' 연재 시작
- 1936 사망

(앞면) (뒷면)

① 
심훈

②  
이상

③  
김소월

④ 
윤동주

⑤ 
이육사

44. (가)에 들어갈 내용으로 가장 적절한 것은? [2점]

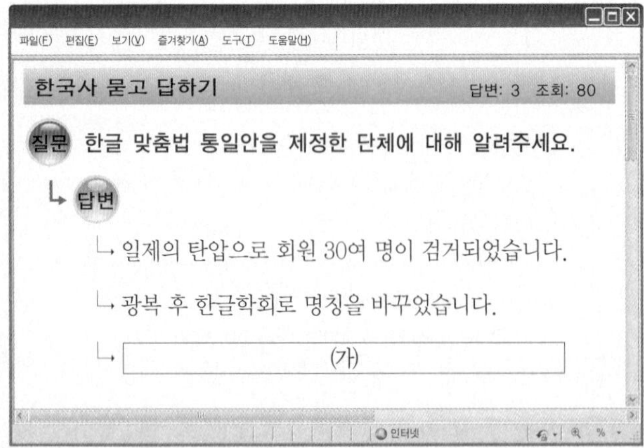

① 만민 공동회를 개최하였습니다.
② 기관지로 한글을 발행하였습니다.
③ 최초의 한글 신문을 발간하였습니다.
④ 김광제, 서상돈 등이 주도하였습니다.
⑤ 북간도에 명동 학교를 설립하였습니다.

45. (가), (나) 사이의 시기에 있었던 사실로 옳지 않은 것은? [3점]

(가) 고종 인산일에 즈음하여 수많은 학생과 시민들이 탑골 공원에 모여 들어 만세 시위가 시작되었다. 시위는 전국의 주요 도시로 확산되었고, 학생·농민·노동자·상인 등 여러 계층이 참여하는 일제 강점기 최대 규모의 민족 운동으로 발전하였다.

(나) 문평 라이징 선 석유 회사의 일본인 감독 고다마가 조선인 노동자를 구타한 사건이 발생하자, 이에 분노한 노동자들은 열악한 노동 조건 개선과 감독 파면을 요구하면서 파업을 벌였다. 이는 이후 원산 지역 노동자들의 대규모 총파업으로 발전하였다.

① 형평사가 진주에서 창립되었다.
② 조선 노농 총동맹이 조직되었다.
③ 천도교 소년회가 어린이날을 선포하였다.
④ 암태도의 소작 농민들이 쟁의를 일으켰다.
⑤ 신민회가 국외 독립 운동 기지 건설을 추진하였다.

46. 다음 법률에 따라 시행된 정책에 대한 설명으로 옳은 것을 〈보기〉에서 고른 것은? [2점]

……

제5조 정부는 다음에 의하여 농지를 취득한다.
1. 다음의 농지는 정부에 귀속한다.
(가) 법령 및 조약에 의하여 몰수 또는 국유로 된 농지
(나) 소유권의 명의가 분명치 않은 농지
2. 다음의 농지는 적당한 보상으로 정부가 매수한다.
(가) 농가 아닌 자의 농지
(나) 자경하지 않는 자의 농지

……

제13조 분배 받은 농지에 대한 상환액 및 상환 방법은 다음에 의한다.
1. 상환액은 당해 농지의 주생산물 생산량의 12할 5푼을 5년간 납입케 한다.

……

〈보 기〉
ㄱ. 자작농이 증가하는 계기가 되었다.
ㄴ. 양전 사업을 실시하고 지계를 발급하였다.
ㄷ. 유상 매수, 유상 분배 방식으로 진행되었다.
ㄹ. 동양 척식 주식회사를 중심으로 추진되었다.

① ㄱ, ㄴ ② ㄱ, ㄷ ③ ㄴ, ㄷ
④ ㄴ, ㄹ ⑤ ㄷ, ㄹ

47. (가) 전쟁에 대한 설명으로 옳지 않은 것은? [2점]

① 북한군의 남침으로 시작되었다.
② 판문점에서 휴전 협정이 체결되었다.
③ 미·소 공동 위원회가 결렬되는 원인이 되었다.
④ 중국군의 참전으로 서울을 다시 빼앗기게 되었다.
⑤ 유엔군의 인천 상륙 작전을 계기로 전세가 역전되었다.

48. (가)~(다) 헌법을 시행된 순서대로 옳게 나열한 것은? [3점]

(가) 제70조 대통령의 임기는 5년으로 하며, 중임할 수 없다.

(나) 제55조 대통령과 부통령의 임기는 4년으로 한다. 단, 재선에 의하여 1차 중임할 수 있다.
……
부 칙 이 헌법 공포 당시의 대통령에 대하여는 제55조 제1항 단서의 제한을 적용하지 아니한다.

(다) 제39조 ①대통령은 통일주체국민회의에서 토론 없이 무기명투표로 선거한다.

① (가) – (나) – (다) ② (가) – (다) – (나)
③ (나) – (가) – (다) ④ (나) – (다) – (가)
⑤ (다) – (나) – (가)

49. (가) 정부 시기의 사실로 옳은 것은? [2점]

역사신문
제△△호 ○○○○년 ○○월 ○○일

금융 실명제 전격 실시

(가) 대통령은 ○○월 ○○일 저녁 8시를 기해 금융 실명제를 전격 실시한다고 발표했다. 이번 조치를 통해 기존 계좌의 가입자는 실시일 다음 날부터 첫 거래를 할 때에는 반드시 실명 확인 절차를 거쳐야 하고 실명 확인 전에는 원칙적으로 모든 금융 자산의 인출이 금지된다.

① 3저 호황으로 수출이 증가하였다.
② 제1차 경제 개발 5개년 계획이 실시되었다.
③ 경제 협력 개발 기구(OECD)에 가입하였다.
④ 미국과 자유 무역 협정(FTA)을 체결하였다.
⑤ 원조 물자를 기반으로 삼백 산업이 발달하였다.

50. 다음에서 설명하는 세시 풍속으로 옳은 것은? [1점]

음력 5월 5일은 일명 수릿날이라고도 불립니다. 이날에는 창포물에 머리를 감거나 수리취떡을 만들어 먹었으며, 씨름을 하고 그네를 타기도 하였습니다.

① 단오 ② 동지 ③ 칠석 ④ 추석 ⑤ 한식

2015년도 29회 한국사능력검정시험 중급

○ 자신이 선택한 등급의 문제지인지 확인하시오.
○ 문제지에 성명과 수험 번호를 정확히 써넣으시오.
○ 답안지에 성명과 수험 번호를 써넣고, 또 수험 번호와 답을 정확히 표시하시오.
○ 시험 시간은 80분입니다.

01. (가) 시대의 생활 모습으로 옳은 것은? [1점]

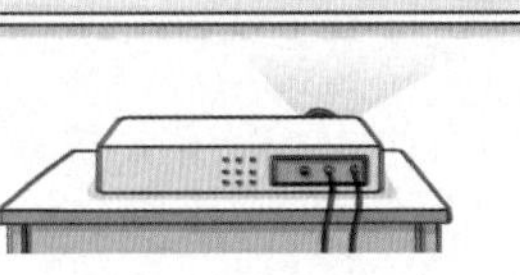

지도에 표시된 세 지역은 (가) 시대의 대표적인 무덤군이 있는 곳입니다. 권력을 가진 군장의 출현을 보여주는 이들 무덤군은 2000년에 유네스코 세계유산에 등재되었습니다.

① 우경이 널리 보급되었다.
② 거친무늬 거울을 제작하였다.
③ 주로 동굴이나 막집에서 살았다.
④ 실을 뽑기 위해 가락바퀴를 처음 사용하였다.
⑤ 토기를 사용하여 식량을 저장하기 시작하였다.

02. 다음 자료에 해당하는 나라에 대한 설명으로 옳은 것은? [2점]

> 옛날에 환인의 아들 환웅이 천하에 자주 뜻을 두어, 인간 세상을 구하고자 하였다. 아버지가 아들의 뜻을 알고 삼위태백을 내려다 보니 인간을 널리 이롭게 할 만한지라. …… 웅녀는 혼인할 사람이 없었으므로 날마다 신단수 아래에서 잉태하기를 빌었다. 환웅이 잠시 사람으로 변하여 그녀와 혼인하였다. 웅녀가 잉태하여 아들을 낳으니 단군왕검이라 하였다.

① 부왕, 준왕 등의 왕이 있었다.
② 천군이 관장하는 소도가 있었다.
③ 전성기에 해동성국이라 불리었다.
④ 화백 회의에서 중대한 일을 결정하였다.
⑤ 가족이 죽으면 뼈를 추려 가족 공동 무덤에 안치하였다.

03. 다음 검색창에 들어갈 나라에 대한 설명으로 옳은 것은? [2점]

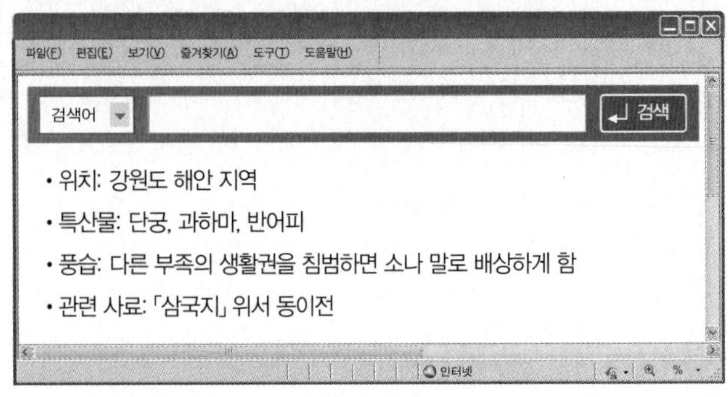

검색어
검색
• 위치: 강원도 해안 지역
• 특산물: 단궁, 과하마, 반어피
• 풍습: 다른 부족의 생활권을 침범하면 소나 말로 배상하게 함
• 관련 사료: 「삼국지」 위서 동이전

① 낙랑과 왜에 철을 수출하였다.
② 무천이라는 제천 행사를 열었다.
③ 혼인 풍습으로 서옥제가 있었다.
④ 신지, 읍차 등의 지배자가 있었다.
⑤ 여러 가(加)들이 사출도를 나누어 다스렸다.

04. 밑줄 그은 '이 불상'으로 옳은 것은? [2점]

> 친구야 안녕?
>
> 오늘 △△ 박물관에 가서 '삼국의 불상 특별전'을 보고 왔어. 여러 불상 중에서 내 눈을 사로잡은 것은 국보 제83호였어. <u>이 불상</u>은 일본 고류 사의 목조 미륵보살 반가 사유상과 재료만 다를 뿐 형태가 매우 비슷하여 일본에 전파된 삼국의 불교 문화를 잘 보여준다고 해. 무엇보다도 내 눈에는 미소를 머금은 듯 깊은 사색에 잠겨 있는 모습이 더욱 인상적이었어. 다음에는 꼭 같이 가서 보자.
>
> 친구 ○○이가.

① 
②  
③ 
④ 
⑤ 

05. 다음 문화유산에 대한 탐구 활동으로 가장 적절한 것은? [2점]

전면 밑면

호우명 그릇

① 신라와 고구려의 관계에 대해 분석한다.
② 신라에 전래된 서역 문화에 대해 살펴본다.
③ 백제 건국 세력과 고구려의 관계를 파악한다.
④ 백제가 일본에 전파한 불교 문화에 대해 조사한다.
⑤ 중국 남조의 영향을 받은 무덤 양식에 대해 알아본다.

06. 다음 자료에 해당하는 전쟁에 대한 설명으로 옳은 것은? [2점]

> ○ 적장 이근행이 군사 20만 명을 이끌고 매소성에 진을 쳤다. 우리 군사가 이를 격퇴하여 전마(戰馬) 3만 380필과 많은 병기를 얻었다.
>
> ○ 사찬 시득이 수군을 거느리고 소부리주 기벌포에서 설인귀가 이끄는 군대와 싸웠는데 연이어 패배하였다. 그러나 이후 크고 작은 22번의 싸움에서 승리하여 4천여 명을 죽였다.

① 을지문덕 장군이 활약하였다.
② 고구려의 선제 공격으로 시작되었다.
③ 백제의 성왕이 관산성에서 전사하였다.
④ 당 세력이 대동강 이남에서 축출되었다.
⑤ 고구려와 당 사이에 일어난 전쟁이었다.

07. (가)~(다) 학생이 발표한 내용을 이루어진 순서대로 옳게 나열한 것은? [3점]

주제: 신라의 발전을 이끈 왕

이 왕은 한강 유역을 차지하고, 대가야를 병합하였습니다.
이 왕은 율령을 반포하고, 불교를 공인하였습니다.

① (가) - (나) - (다)
② (가) - (다) - (나)
③ (나) - (가) - (다)
④ (나) - (다) - (가)
⑤ (다) - (나) - (가)

08. (가) 국가에 대한 설명으로 옳지 않은 것은? [2점]

이 유물들은 고구려 계승 의식을 가진 (가)의 문화유산입니다.
치미
석등

① 인안 등의 독자적 연호를 사용하였다.
② 대조영이 동모산 근처에서 건국하였다.
③ 중앙 정치 조직으로 3성 6부를 두었다.
④ 국방력 강화를 위해 5군영을 설치하였다.
⑤ 전국을 5경 15부 62주로 나누어 다스렸다.

09. 지도와 같은 형세를 이룬 시기의 백제에 대한 사실로 옳은 것은? [2점]

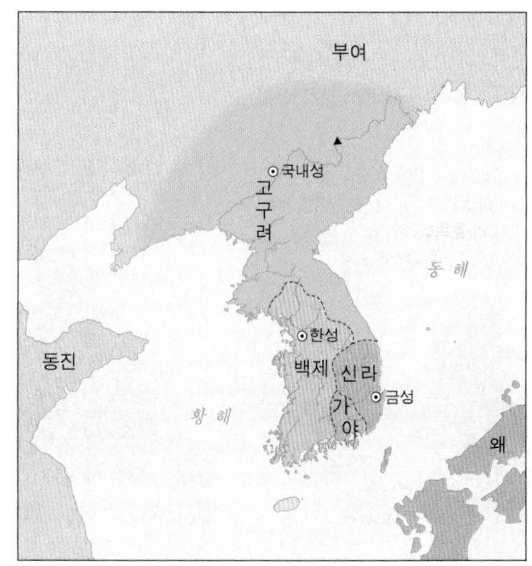

① 국호를 남부여로 바꾸었다.
② 수도를 한성에서 웅진으로 옮겼다.
③ 평양성을 공격하여 고국원왕을 전사시켰다.
④ 계백의 결사대가 황산벌에서 신라군과 맞서 싸웠다.
⑤ 신라와 혼인 동맹을 맺어 고구려의 남진 정책에 대항하였다.

10. 지도에 표시된 (가)를 설치한 목적으로 가장 적절한 것은? [1점]

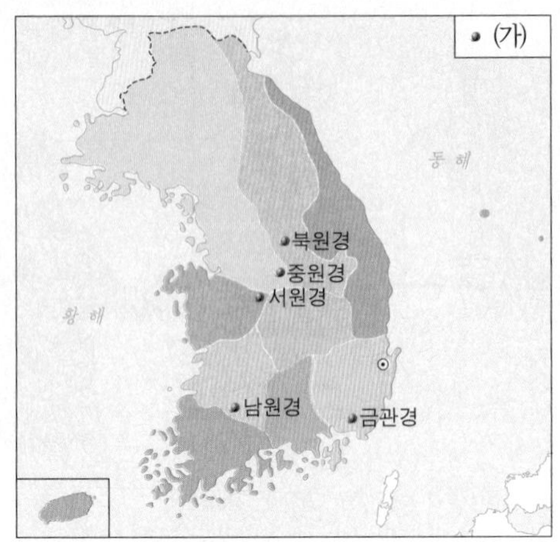

① 지방 수령 보좌와 향리 감독
② 외국과의 활발한 무역 활동 촉진
③ 지방관이 파견되지 않은 속현 관리
④ 국가가 필요로 하는 특정 수공업품 제작
⑤ 동남쪽에 치우친 수도의 지리적 한계 보완

11. (가) 왕의 정책으로 옳은 것은? [2점]

최승로

(가)

① 12목을 설치하고 지방관을 파견하였다.
② 쌍기의 건의로 과거 제도를 시행하였다.
③ 사심관 제도와 기인 제도를 처음 실시하였다.
④ 관료에게 토지를 지급하는 전시과 제도를 마련하였다.
⑤ 전민변정도감을 설치하여 국가 재정 수입의 기반을 확대하였다.

12. (가)에 들어갈 내용으로 옳은 것은? [2점]

① 상평창을 설치하였습니다.
② 진대법을 시행하였습니다.
③ 영정법을 실시하였습니다.
④ 혜민국을 설치하였습니다.
⑤ 양현고를 설치하였습니다.

13. 밑줄 그은 '이 시기'의 문화에 대한 설명으로 옳은 것은? [3점]

수월관음도

원의 간섭을 받던 <u>이 시기</u>에는 왕실이나 권문세족의 지원을 받은 유명 화원들에 의해 세밀한 묘사와 화려한 색채를 특징으로 하는 불화가 많이 제작되었다. 화엄경의 한 장면을 그린 이 '수월관음도'는 당시의 대표적인 작품 중 하나로 일본의 가가미 신사에 소장되어 있다.

① 서역 기행문인 왕오천축국전이 쓰여졌다.
② 대리석으로 경천사지 10층 석탑을 제작하였다.
③ 승려의 사리를 안치한 승탑이 처음 등장하였다.
④ 왕실의 무덤으로 돌무지덧널무덤이 조성되었다.
⑤ 설총이 한자의 음과 훈을 차용한 이두를 체계적으로 정리하였다.

14. 다음 자료에 나타난 상황 이후의 사실로 옳은 것은? [2점]

> 왕이 보현원으로 가는 길에 5문 앞에 당도하자 시신(侍臣)들을 불러 술을 돌렸다. …… 저물녘 어가가 보현원 가까이 왔을 때, 이고와 이의방이 앞서가서 왕명을 핑계로 순검군을 집결시켰다. 왕이 막 문을 들어서고 신하들이 물러나려 하는 찰나에, 이고 등은 왕을 따르던 문관 및 높고 낮은 신하와 환관들을 모조리 살해했다. …… 정중부 등은 왕을 궁궐로 도로 데리고 왔다.
>
> -「고려사」-

① 만적이 개경에서 반란을 도모하였다.
② 이자겸이 왕이 되기 위해 난을 일으켰다.
③ 윤관이 별무반을 이끌고 여진을 정벌하였다.
④ 의천이 교종 중심의 해동 천태종을 개창하였다.
⑤ 서희가 외교 협상을 통하여 강동 6주를 획득하였다.

15. (가)에 들어갈 사실로 옳은 것은? [2점]

요동 정벌은 불가하다.
이곳 위화도에서 군대를 돌려
개경으로 돌아가자.

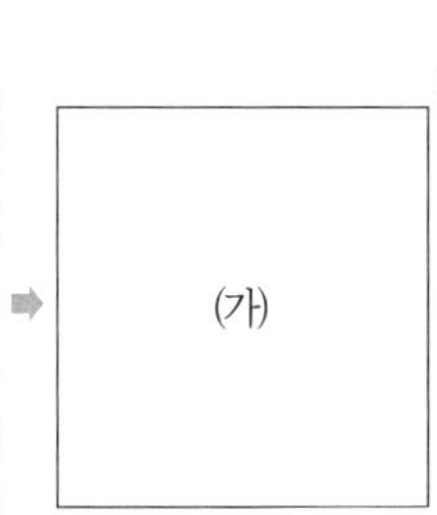

한양에 새로
지은 궁궐의 이름을
경복궁으로 하는 것이
어떠하시옵니까?

① 과전법이 시행되었다.
② 교정도감이 설치되었다.
③ 정동행성이 혁파되었다.
④ 노비안검법이 시행되었다.
⑤ 9서당 10정이 편성되었다.

16. (가)에 해당하는 역사서로 옳은 것은? [1점]

> (가) 은/는 역대 왕들의 행적을 날짜별로 기록한 역사서이다. 왕의 말과 행동은 사관이 모두 기록하여 편찬의 기본 자료로 활용하였는데 이를 '사초'라 한다. 왕이 죽은 후 편찬과 간행을 위해 임시 관청을 설치하고 사초와 시정기를 바탕으로 편찬 작업이 이루어졌다. 편찬은 초초, 중초, 정초의 세 단계를 거쳐 이루어졌는데, 모든 작업이 끝나면 편찬에 사용된 사초를 모두 씻는 세초를 하였다.

① 동사강목 ② 동국통감 ③ 승정원일기
④ 연려실기술 ⑤ 조선왕조실록

17. (가)에 해당하는 사회 조직으로 옳은 것은? [1점]

이 비석은 보물 제614호 사천 흥사리 매향비로 내세의 행복과 국태민안을 기원하면서 향나무를 땅에 묻은 사실이 기록되어 있습니다. 이 비석을 세운 (가) 은/는 '향나무를 땅에 묻는 무리' 또는 '향을 피우는 무리'라는 의미를 가지고 있습니다.

① 향약 ② 향도 ③ 두레
④ 경재소 ⑤ 유향소

18. 다음 안내문에 따라 제출한 보고서 제목으로 적절하지 않은 것은? [3점]

> 〈모둠별 수행평가 안내문〉
>
> **주제: 조선 전기 과학 기술의 발전**
>
> 조선 전기에 민생 안정과 부국강병을 위해 노력하여 발달한 과학 기술의 사례를 모둠별로 조사하여 제출한다.
>
> • 조사 방법: 문헌 조사, 인터넷 검색 등
> • 제출 기간: 2015년 ○○월 ○○일 ~ ○○월 ○○일
> • 분량: A4 용지 5장 이상

① 화약을 이용한 신무기 신기전
② 과학적으로 강우량을 측정한 측우기
③ 스스로 시간을 알리는 물시계 자격루
④ 천체 운동을 계산한 역법서 칠정산 내외편
⑤ 현존 최고(最古)의 금속 활자본 직지심체요절

19. 다음 글을 쓴 인물의 활동으로 옳은 것은? [3점]

> 훌륭한 재상을 얻으면 육전(六典)이 잘 거행되고 모든 직책이 잘 수행된다. 그러므로 임금이 할 일은 한 사람의 재상을 정하는 데에 있다고 하였다. 재상은 위로는 임금을 받들고 밑으로는 모든 관리를 통솔하여 만민을 다스리는 자리이니, 그 직분이 매우 큰 것이다.
>
> -「조선경국전」-

① 불씨잡변을 저술하여 불교를 비판하였다.
② 최초의 서원인 백운동 서원을 설립하였다.
③ 기기도설을 참고하여 거중기를 설계하였다.
④ 100리 척을 사용하여 동국지도를 제작하였다.
⑤ 조선의 고유한 자연을 표현한 인왕제색도를 남겼다.

20. (가)에 들어갈 내용으로 옳은 것을 〈보기〉에서 고른 것은? [2점]

영조 때 군역의 폐단을 시정하기 위해 시행된 제도에 대해 이야기해 보자.
이 제도로 농민은 1년에 군포를 1필만 납부하게 되어 부담이 절반으로 줄었어. 하지만 국가 재정 수입이 줄어드는 문제가 발생했지.
맞아. 그래서 줄어든 재정을 보충하기 위해 (가)

〈보 기〉

ㄱ. 양전 사업을 실시하고 지계를 발급하였어.
ㄴ. 어장세, 염세, 선박세를 국가 재정에 귀속시켰어.
ㄷ. 토산물 대신 쌀, 옷감, 동전으로 납부하게 하였어.
ㄹ. 지주에게 토지 1결당 쌀 2두의 결작을 부과하였어.

① ㄱ, ㄴ ② ㄱ, ㄷ ③ ㄴ, ㄷ
④ ㄴ, ㄹ ⑤ ㄷ, ㄹ

21. 다음 대화와 관련 있는 전쟁의 영향으로 옳은 것은? [1점]

청군이 남한산성을 포위하고 있는 지금, 계속 싸운다면 백성들의 고통이 더욱 심해질 것입니다. 청과 화의를 맺어야 합니다.
오랑캐와 군신 관계를 맺을 수 없습니다. 목숨을 걸고 싸워야 합니다.

① 북벌론이 대두되었다.
② 비변사가 창설되었다.
③ 천리장성이 축조되었다.
④ 쌍성총관부가 설치되었다.
⑤ 전국 각지에 척화비가 건립되었다.

22. (가), (나) 세력에 대한 설명으로 옳은 것은? [3점]

> 김효원이 이조 전랑의 물망에 올랐으나, 그가 윤원형의 문객이었다 하여 심의겸이 반대하였다. 그 후에 심충겸(심의겸의 동생)이 이조 전랑으로 천거되었으나, 외척이라 하여 김효원이 반대하였다. 이로 인해 양쪽으로 편이 갈라져 서로 배척하였는데, 김효원의 세력을 (가), 심의겸의 세력을 (나)(으)로 부르기 시작했다. 이는 김효원의 집이 동쪽 건천동, 심의겸의 집이 서쪽 정릉동에 있었기 때문이다.

① (가) – 갑술환국을 통해 권력을 장악하였다.
② (가) – 이이와 성혼의 문인을 중심으로 형성되었다.
③ (나) – 인조반정을 계기로 정국을 주도하였다.
④ (나) – 정여립 모반 사건을 계기로 남인과 북인으로 나뉘었다.
⑤ (가), (나) – 호론과 낙론으로 나뉘어 논쟁을 벌였다.

23. 다음 사극에서 볼 수 있는 장면으로 가장 적절한 것은? [2점]

> **사극 기획안**
>
> ▶제목: 임꺽정의 눈물
> ▶시대 배경: 조선 명종 재위 시기
> ▶기획 의도
> 명종 때에는 을사사화가 일어나 정치가 혼란스러웠고 관리들의 부패로 수취 체제가 문란해졌다. 이런 상황 속에서 일어난 임꺽정의 난을 통해 당시 사회 모습을 실감나게 그려본다.

① 나선 정벌에 동원된 군인
② 규장각 검서관에 등용되는 서얼
③ 방납의 폐단으로 고통 받는 농민
④ 광혜원에서 환자를 진료하는 의사
⑤ 품삯을 받고 화성 축조에 참여한 백성

24. (가) 상인에 대한 설명으로 옳은 것은? [2점]

> 一. 조동모서(朝東暮西): 아침에는 동쪽, 저녁에는 서쪽, 근면 성실하게 일한다.
> 一. 병구사장(病救死葬): 병든 동료를 보면 돕고, 죽은 동료를 보면 장사 지낸다.
>
> 왼쪽은 전국을 무대로 활동한 (가) 조직의 내부 상규이다. 봇짐장수와 등짐장수를 아울러 일컫는 (가) 은/는 상호 부조와 안전 등을 위해 상단(商團)을 결성하고 엄격한 규율을 실행하였다.

① 동시전의 감독을 받았다.
② 각지에 송방을 설치하였다.
③ 청과의 개시 무역을 주도하였다.
④ 대동법 실시를 계기로 등장하였다.
⑤ 여러 장시를 하나의 유통망으로 연계시켰다.

25. (가)에 들어갈 문화유산으로 옳은 것은? [2점]

> **유네스코 세계유산 카드**
>
> 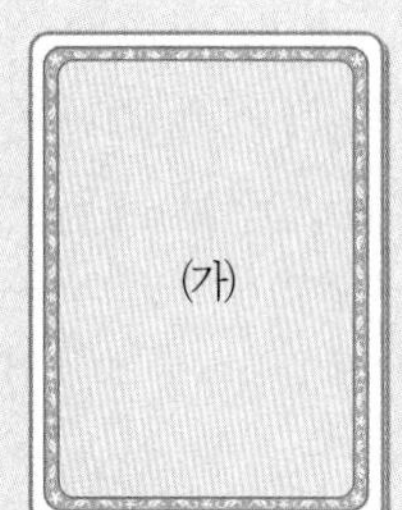
>
>
> ● 종목: 사적 제122호
> ● 등재 연도: 1997년
> ● 주요 건물: 돈화문, 인정전, 선정전, 대조전 등
> ● 특징: 태종 때 별궁으로 세워짐. 임진왜란 이후 정궁 역할을 함. 궁궐의 후원은 조선의 정원 조경을 잘 보여줌.

① 
창덕궁

② 
경희궁

③ 
창경궁

④ 경복궁

⑤ 
덕수궁(경운궁)

26. (가)에 들어갈 내용으로 옳은 것을 〈보기〉에서 고른 것은? [1점]

> **초 대 장**
>
> 
>
> • 일자: 2015년 10월 ○○일
> • 장소: △△ 대학교 대강당
> • 주최: □□ 연구회
>
> **제○○회 정기 학술 대회**
> 본 연구회에서는 조선 후기에 유행한 서민 문화를 주제로 학술 대회를 개최하고자 합니다.
>
> ❀ 발표 내용 ❀
> 1. 노래와 사설로 이야기를 풀어 가는 판소리
> 2. (가)
> ……

〈보 기〉

ㄱ. 사회 모순을 비판한 한글 소설
ㄴ. 양반의 위선을 해학적으로 풍자한 탈춤
ㄷ. 희망에 넘친 현실 생활을 노래한 경기체가
ㄹ. 상감 기법으로 다양한 무늬를 표현한 상감 청자

① ㄱ, ㄴ ② ㄱ, ㄷ ③ ㄴ, ㄷ
④ ㄴ, ㄹ ⑤ ㄷ, ㄹ

27. 다음 글을 쓴 인물의 활동으로 옳은 것은? [2점]

검소하다는 것은 물건이 있어도 남용하지 않는 것을 말하는 것이지, 자신에게 물건이 없다 하여 스스로 단념하는 것을 말하는 것이 아니다. 지금 우리나라 안에는 구슬을 캐는 집이 없고 시장에 산호 따위의 보배가 없다. 또 금과 은을 가지고 가게에 들어가도 떡을 살 수 없는 형편이다. …… 이것은 물건을 이용하는 방법을 모르기 때문이다. 이용할 줄 모르니 생산할 줄 모르고, 생산할 줄 모르니 백성은 나날이 궁핍해지는 것이다.

-「북학의」-

① 동의보감을 편찬하였다.
② 목민심서를 저술하였다.
③ 사상 의학을 확립하였다.
④ 청 문물의 수용을 주장하였다.
⑤ 북한산비가 진흥왕 순수비임을 밝혔다.

28. 다음 자료로 알 수 있는 사건에 대한 탐구 활동으로 가장 적절한 것은? [2점]

자료로 보는 ○○○○

기록 자료

미국 군대가 강화도를 침범하자 순무중군 어재연이 군사를 이끌고 광성보로 들어가서 배수진을 치고 방어하였다. 적군이 안개가 낀 틈을 타서 광성보를 넘어 밀려들어 왔다. 어재연은 칼을 들고 싸우다가 칼이 부러지자 연환(鉛丸)을 쥐고 적들을 향해 던졌다. 연환이 다 떨어지자 적들은 그를 창으로 찔렀다.

– 황현, 「매천야록」 –

사진 자료

강화 광성보 안해루

광성돈대

① 삼국 간섭의 원인을 분석한다.
② 운요호 사건의 결과를 알아본다.
③ 조사 시찰단의 파견 목적을 살펴본다.
④ 외규장각 도서의 반환 과정을 정리한다.
⑤ 제너럴 셔먼호 사건의 영향을 조사한다.

29. 다음 사건이 전개된 시기의 상황으로 옳은 것은? [2점]

철종 13년 4월, 경상도 안핵사 박규수가 아뢰기를, "금번 진주의 난민들이 소동을 일으킨 것은 오로지 전 우병사 백낙신이 탐욕을 부려 수탈하였기 때문입니다. …… 이 때문에 군정(群情)이 들끓고 여러 사람의 노여움이 한꺼번에 폭발하여 전에 듣지 못하던 변란이 갑자기 일어난 것입니다."라고 하였다.

–「철종실록」–

① 예송으로 서인과 남인이 대립하였다.
② 훈구파를 중심으로 정국이 운영되었다.
③ 삼정의 문란으로 농민의 고통이 극심하였다.
④ 황제권 강화를 위해 대한국 국제가 선포되었다.
⑤ 홍건적을 격퇴하면서 신흥 무인 세력이 성장하였다.

30. (가)의 발행을 추진한 인물의 정책으로 옳은 것은? [3점]

한국사 신문

제△△호 ○○○○년 ○○월 ○○일

■ 집중 기획

(가) 발행, 그 효과는?

명목상의 가치가 상평통보의 100배에 해당하는 화폐가 발행되었다. 이는 왕실의 위엄을 회복하기 위해 추진 중인 경복궁 중건 사업에 막대한 경비가 소요되자 취해진 것이다. 이번 조치로 부족한 재정 문제가 해결될 수 있을지 귀추가 주목된다.

① 친위 부대인 장용영을 설치하였다.
② 조선의 기본 법전인 경국대전을 편찬하였다.
③ 환곡의 폐단을 없애기 위해 사창제를 실시하였다.
④ 관리들의 재교육을 위해 초계문신제를 운영하였다.
⑤ 붕당 정치의 폐해를 경계하고자 탕평비를 건립하였다.

31. 밑줄 그은 '이 사건'의 결과로 옳은 것은? [2점]

이곳은 조선 시대 훈련도감의 분영인 하도감 터입니다. 신식 군대인 별기군이 훈련했던 곳으로 구식 군인이 개화 정책에 불만을 품고 이 사건을 일으켰을 때 이곳을 습격하였습니다.

① 일본에 통신사가 파견되었다.
② 청의 내정 간섭이 심화되었다.
③ 집강소가 설치되어 폐정 개혁이 추진되었다.
④ 정부와 농민군 사이에 전주 화약이 이루어졌다.
⑤ 개화 정책을 추진하기 위해 통리기무아문이 설치되었다.

32. 다음 가상 일기의 상황이 나타난 시기를 연표에서 옳게 고른 것은? [2점]

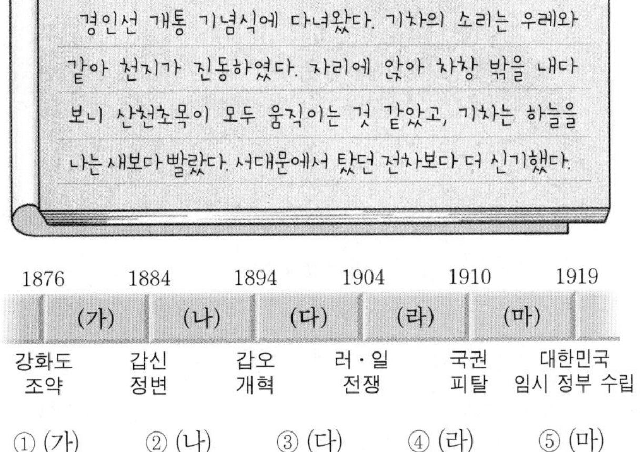

9월 18일
경인선 개통 기념식에 다녀왔다. 기차의 소리는 우레와 같아 천지가 진동하였다. 자리에 앉아 차창 밖을 내다 보니 산천초목이 모두 움직이는 것 같았고, 기차는 하늘을 나는 새보다 빨랐다. 서대문에서 탔던 전차보다 더 신기했다.

1876		1884		1894		1904		1910		1919
	(가)		(나)		(다)		(라)		(마)	
강화도 조약		갑신 정변		갑오 개혁		러·일 전쟁		국권 피탈		대한민국 임시 정부 수립

① (가) ② (나) ③ (다) ④ (라) ⑤ (마)

33. (가)에 들어갈 내용으로 옳은 것은? [2점]

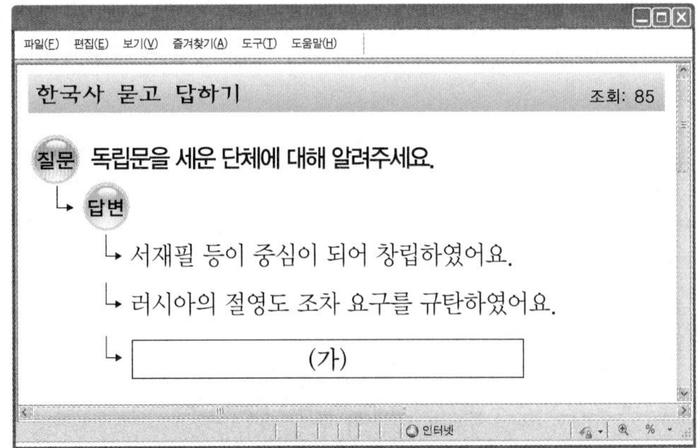

질문 독립문을 세운 단체에 대해 알려주세요.

서재필 등이 중심이 되어 창립하였어요.

① 물산 장려 운동을 주도하였어요.
② 파리 강화 회의에 대표를 파견하였어요.
③ 대중 집회인 만민 공동회를 개최하였어요.
④ 고종 강제 퇴위 반대 운동을 전개하였어요.
⑤ 광주 학생 항일 운동에 진상 조사단을 파견하였어요.

34. (가)~(마)에 들어갈 사실로 옳지 않은 것은? [3점]

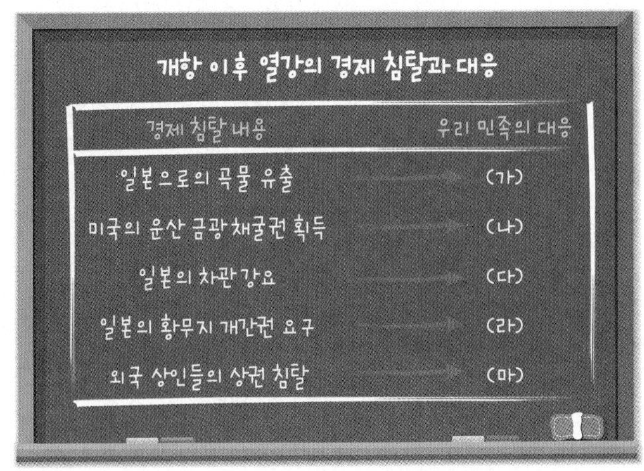

개항 이후 열강의 경제 침탈과 대응

경제 침탈 내용	우리 민족의 대응
일본으로의 곡물 유출	(가)
미국의 운산 금광 채굴권 획득	(나)
일본의 차관 강요	(다)
일본의 황무지 개간권 요구	(라)
외국 상인들의 상권 침탈	(마)

① (가) – 방곡령 선포
② (나) – 조선 광업령 제정
③ (다) – 국채 보상 운동 전개
④ (라) – 보안회의 저지 운동
⑤ (마) – 시전 상인들의 철시 투쟁

35. 다음 가상 뉴스에서 보도하는 정책에 대한 설명으로 옳은 것을 〈보기〉에서 고른 것은? [1점]

정부는 탁지부령 제1호를 공포하여 구 백동화를 새로운 화폐로 교환하기로 하였습니다. 화폐의 상태를 따져 차등 교환해 주지만, 형태나 품질이 조악한 것은 교환해 주지 않는다고 합니다.
탁지부령 제1호 공포

〈보 기〉

ㄱ. 조선 상인들이 큰 타격을 입었다.
ㄴ. 화폐 발행을 위해 전환국을 설치하였다.
ㄷ. 일본인 재정 고문인 메가타가 주도하였다.
ㄹ. 동양 척식 주식회사가 중심이 되어 실시하였다.

① ㄱ, ㄴ ② ㄱ, ㄷ ③ ㄴ, ㄷ
④ ㄴ, ㄹ ⑤ ㄷ, ㄹ

36. 교사의 질문에 대한 학생의 답변으로 옳은 것은? [2점]

다음 단체들의 공통점에 대해 발표해 볼까요?

① 위정척사 운동을 전개하였어요.
② 항일 무장 투쟁을 전개하였어요.
③ 애국 계몽 운동을 전개하였어요.
④ 민족 유일당 운동을 전개하였어요.
⑤ 국외에 독립군 기지를 건설하였어요.

37. 다음 조약의 강제 체결에 대한 저항으로 옳은 것을 〈보기〉에서 고른 것은? [1점]

제2조 일본국 정부는 한국과 타국 사이에 현존하는 조약의 실행을 완수할 임무가 있으며, 한국 정부는 금후 일본국 정부의 중개를 거치지 않고는 국제적 성질을 가진 어떤 조약이나 약속도 하지 않는다.

제3조 일본국 정부는 그 대표자로 하여금 한국 황제 폐하의 궐하에 1명의 통감(統監)을 두게 하며, 통감은 전적으로 외교에 관한 사항을 관리하기 위하여 경성에 주재하고 한국 황제 폐하를 친히 내알(內謁)할 권리를 가진다.

……

〈보 기〉

ㄱ. 홍경래가 평안도에서 봉기하였다.
ㄴ. 이만손 등이 영남 만인소를 올렸다.
ㄷ. 최익현이 태인에서 의병을 일으켰다.
ㄹ. 고종이 헤이그 만국 평화 회의에 특사를 파견하였다.

① ㄱ, ㄴ ② ㄱ, ㄷ ③ ㄴ, ㄷ
④ ㄴ, ㄹ ⑤ ㄷ, ㄹ

38. 다음 작품들이 발표된 시기의 문화에 대한 설명으로 옳은 것은? [3점]

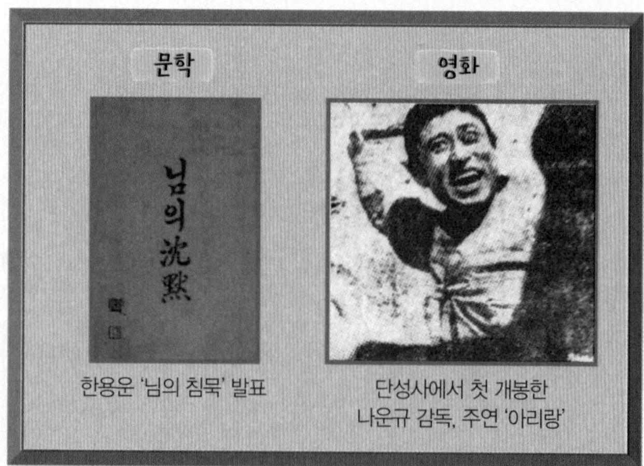

한용운 '님의 침묵' 발표
단성사에서 첫 개봉한 나운규 감독, 주연 '아리랑'

① 신소설 금수회의록이 발표되었다.
② 계몽적 성격의 창가인 경부철도가가 만들어졌다.
③ 청바지와 통기타로 상징되는 청년 문화가 유행하였다.
④ 문학의 현실 참여를 강조한 신경향파 작가들이 활동하였다.
⑤ 유길준이 서유견문을 저술하여 서양 근대 문물을 소개하였다.

39. 다음 가상 홈페이지의 인물에 대한 설명으로 옳은 것은? [2점]

① 원산학사를 설립하였다.
② 조선 중립화론을 제안하였다.
③ 조선사 편수회에 참여하였다.
④ 조선 혁명 선언을 작성하였다.
⑤ 조선사회경제사를 저술하였다.

40. 다음 자료로 알 수 있는 사회 운동에 대한 설명으로 옳은 것은? [2점]

○○ 운동 기념탑

공평은 사회의 근본이고 애정은 인류의 본령이다. 그런고로 우리는 계급을 타파하고 모욕적 칭호를 폐지하여, 교육을 장려하며 우리도 참다운 인간이 되는 것을 기하는 것은 본사의 주지이다. 지금까지 우리는 어떠한 지위와 어떠한 압박을 받아 왔던가? …… 직업의 구별이 있다고 하면 금수의 생명을 빼앗는 자, 우리만이 아닌 것이다.

– ○○○ 발기인 일동 –

① 혜상공국의 혁파를 주장하였다.
② 정부에 헌의 6조를 건의하였다.
③ 중국의 5 · 4 운동에 영향을 주었다.
④ 광주에서 시작하여 전국으로 확산되었다.
⑤ 백정에 대한 사회적 차별 철폐를 주장하였다.

41. 다음 법령이 시행된 시기의 사실로 옳은 것은? [2점]

회사령

제1조 회사의 설립은 조선 총독의 허가를 받아야 한다.

……

제5조 회사가 본령이나 본령에 의거하여 발하는 명령과 허가 조건에 위반하거나 또는 공공 질서와 선량한 풍속에 반하는 행위를 할 때, 조선 총독은 사업의 정지, 지점의 폐쇄 또는 회사의 해산을 명할 수 있다.

……

① 토지 조사령이 제정되었다.
② 국가 총동원법이 공포되었다.
③ 소학교가 국민학교로 개칭되었다.
④ 여자 정신대 근로령이 시행되었다.
⑤ 황국 신민 서사 암송이 강요되었다.

42. 밑줄 그은 '그'에 해당하는 인물로 옳은 것은? [1점]

1932년 4월 28일 그는 의거를 앞두고 현장인 훙커우 공원(현 루쉰 공원)을 답사하고, 숙소로 돌아와 김구를 만났다. 이 자리에서 김구가 거사를 앞두고 경력과 감상 등을 써 달라고 하자, 그는 즉석에서 자서약력과 유시 4편 등을 써서 김구에게 주었다. 그 중 사랑하는 두 아들에게 남긴 유시에는 위대한 인물이 되기를 바라는 아버지의 마음이 담겨있다.

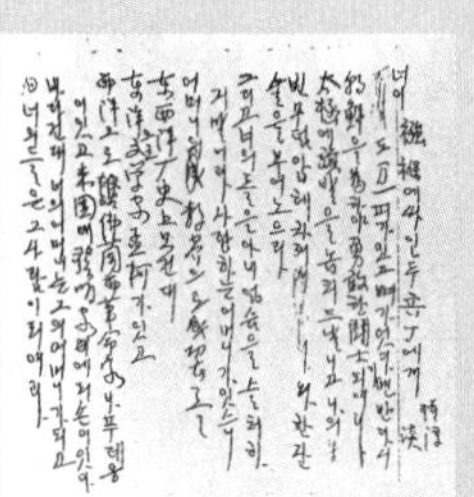
두 아들에게 남긴 유시

① 
김원봉

② 
윤봉길

③ 
이재명

④ 
이봉창

⑤ 
강우규

43. (가), (나) 인물에 대한 설명으로 옳은 것은? [2점]

인물로 보는 독립 운동

(가)	(나)
포수 출신으로 의병 활동을 전개하다가 국권 피탈 후 만주로 건너가 독립군 양성에 힘썼으며 대한 독립군 사령관이 됨.	대한 제국 육군 무관 학교 출신으로 애국 계몽 운동을 전개하다가 만주로 건너가 북로 군정서군 사령관이 됨.

① (가) – 의열단을 조직하였다.
② (가) – 이토 히로부미를 처단하였다.
③ (나) – 미국인 스티븐스를 사살하였다.
④ (나) – 조선 총독부에 폭탄을 투척하였다.
⑤ (가), (나) – 청산리 전투를 승리로 이끌었다.

44. (가)에 대한 설명으로 옳은 것은? [2점]

이 책자는 대한민국 임시 정부 산하 군대인 (가) 의 기관지 「광복」입니다. 한국어판과 중국어판 두 종류로 발행된 「광복」은 (가) 의 선전과 홍보를 목적으로 간행되었습니다.

① 자유시 참변으로 큰 타격을 입었다.
② 쌍성보 전투에서 일본군에 대승을 거두었다.
③ 교육 사업으로 대성 학교, 오산 학교를 설립하였다.
④ 독립군 양성을 목적으로 신흥 강습소를 운영하였다.
⑤ 미국 전략정보국(OSS)과 함께 국내 진공 작전을 준비하였다.

45. 다음 일제의 식민 통치 방침이 마련된 배경으로 옳은 것은? [2점]

> 총독은 문무관 어느 쪽이라도 임용될 수 있는 길을 열고, 또한 헌병 경찰 제도를 보통 경찰 제도로 전환할 것이다. 그리고 복제를 개정하여 일반 관리 · 교원이 제복을 입고 칼을 차던 것을 폐지하고, 조선인의 임용 및 대우 등에 관해서도 역시 고려를 하여 각자 그 소임을 얻게 할 것이다.

① 일제가 태평양 전쟁을 일으켰다.
② 3 · 1 운동이 전국적으로 전개되었다.
③ 급진 개화파가 갑신정변을 일으켰다.
④ 일제가 만주를 침략하여 만주국을 세웠다.
⑤ 비타협적 민족주의 세력과 사회주의 세력이 연합하였다.

46. 다음 재판의 근거가 된 법령에 대한 설명으로 옳은 것은? [3점]

> 재판장: 피고인은 헌병보 재직 시 담당 사무는 무엇이었나?
> 피고인: 민정 사찰이었습니다.
> 재판장: 당시 부산 헌병대에서 세칭 '부산부 세무 직원 사건' 관련자를 검거한 사실이 있는가?
> 피고인: 있습니다.
> ……
> 재판장: 동 사건 취급 시 피고인은 어느 정도 관여하였는가?
> 피고인: 관계자 체포 시 동행하고, 취조 시 입회하고, 조서를 정서하고, 간혹 관계자의 뺨을 친 정도입니다.
> 재판장: 그 사건에 고문한 사실이 있는가?
> 피고인: 제가 상관의 지시에 의하여 뺨을 친 사실은 있으나 그 외는 없습니다.
> 재판장: ○○○은 고문으로 인하여 사망하였다고 하는데 사실인가?
> 피고인: 저는 최후까지 동 사건에 관여하지 않았으므로 잘 모르겠습니다.
>
> ○○○○년 ○월 ○○일
> 반민족 행위 특별 재판부

① 미군정에 의해 시행되었다.
② 제헌 국회에서 제정되었다.
③ 남북 경제 협력의 계기가 되었다.
④ 6 · 25 전쟁 중에 부산에서 공포되었다.
⑤ 농지의 유상 매수, 유상 분배를 규정하였다.

47. (가)에 들어갈 사진으로 가장 적절한 것은? [2점]

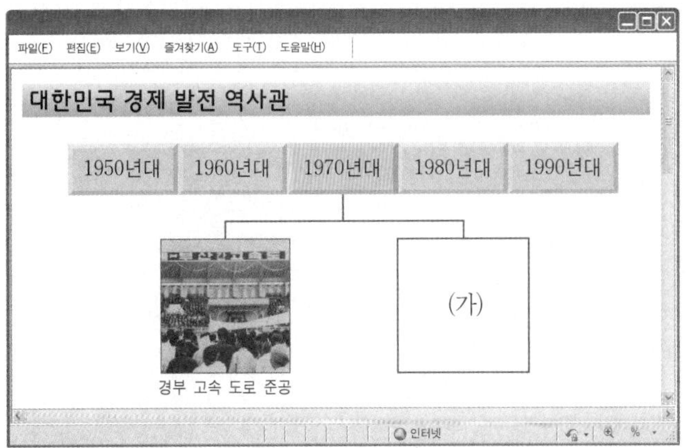

① 
금 모으기 운동

② 
경부 고속 철도 개통

③ 수출 100억 달러 달성

④ 한미 자유 무역 협정 (FTA) 타결

⑤ 경제 협력 개발 기구 (OECD) 가입

48. (가)에 들어갈 내용으로 가장 적절한 것은? [2점]

(가) 특별 사진전

전남대학교 정문 앞
비상 계엄 철폐를 외치며 시위하는 전남대학교 학생

광주시 금남로
계엄군의 과잉 진압에 저항하여 일어난 차량 시위

① 부마 항쟁 ② 6 · 3 시위
③ 4 · 19 혁명 ④ 6월 민주 항쟁
⑤ 5 · 18 민주화 운동

49. (가)~(다)를 발표된 순서대로 옳게 나열한 것은? [3점]

(가) **한반도 비핵화 공동 선언**
남과 북은 한반도를 비핵화함으로써 핵 전쟁 위험을 제거하고 우리나라의 평화와 평화통일에 유리한 조건과 환경을 조성하며, 아시아와 세계의 평화와 안전에 이바지하기 위하여 다음과 같이 선언한다.
……

(나) **7 · 4 남북 공동 성명**
첫째, 통일은 외세에 의존하거나 외세의 간섭을 받음이 없이 자주적으로 해결하여야 한다.
둘째, 통일은 서로 상대방을 반대하는 무력 행사에 의거하지 않고 평화적 방법으로 실현하여야 한다.
……

(다) **6 · 15 남북 공동 선언**
2. 남과 북은 나라의 통일을 위한 남측의 연합제 안과 북측의 낮은 단계의 연방제 안이 서로 공통성이 있다고 인정하고 앞으로 이 방향에서 통일을 지향시켜 나가기로 하였다.
……

① (가) – (나) – (다) ② (가) – (다) – (나)
③ (나) – (가) – (다) ④ (나) – (다) – (가)
⑤ (다) – (나) – (가)

50. 다음 두 시의 소재가 된 세시 풍속으로 옳은 것은? [1점]

서울에서 나그네 신세
되고서는
일 년 내내 집안 소식
드물었네
한 점 구름은 가을 빛을
머금고서
홀로 먼 산 고향으로
돌아가네
- 신광수 -

고향의 인정이
밤나무의 추억처럼
익어갑니다

어머님은
송편을 빚고
가을을 그릇에 담아
이웃과 동네에
꽃잎으로 돌리셨지
- 황금찬 -

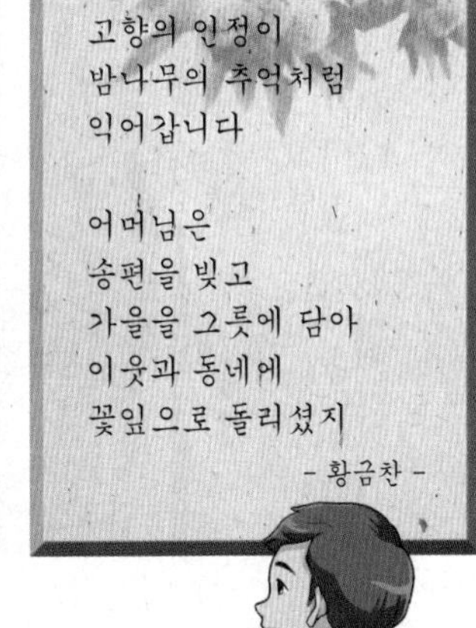

① 추석 ② 동지 ③ 칠석
④ 설날 ⑤ 정월 대보름

한국사능력검정시험 중급

38~29회

정답 및 해설

한국사능력검정시험

38회 중급

정확하고 자세한 **정답 및 해설**

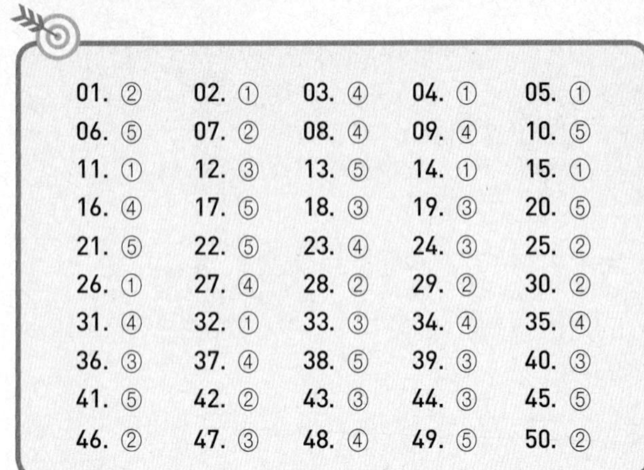

01. ②	02. ①	03. ④	04. ①	05. ①
06. ⑤	07. ②	08. ④	09. ④	10. ⑤
11. ①	12. ③	13. ⑤	14. ①	15. ①
16. ④	17. ⑤	18. ③	19. ③	20. ⑤
21. ⑤	22. ⑤	23. ④	24. ③	25. ②
26. ①	27. ④	28. ②	29. ②	30. ②
31. ④	32. ①	33. ③	34. ④	35. ④
36. ③	37. ④	38. ⑤	39. ③	40. ③
41. ⑤	42. ②	43. ③	44. ③	45. ⑤
46. ②	47. ③	48. ④	49. ⑤	50. ②

01. 답 ②

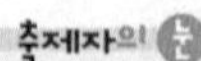

지도와 유적지의 설명을 통해 구석기 시대를 확인할 수 있다.

자료 속 힌트 연천 전곡리, 막집, 공주 석장리, 찍개

해설

(가) 구석기의 대표적인 도구는 뗀석기로써 주먹도끼, 찍개, 팔매돌과 같은 사냥도구와 긁개, 밀개와 같은 조리도구 등이 있었다.

참고 구석기 시대(약 70만 년 전)

구분	내용
경제	뗀석기, 동물의 뼈 도구, 사냥 및 고기잡이(주먹도끼, 뼈도구, 슴베찌르개)
생활	동굴·바위그늘, 후기에는 강가의 막집, 고래와 물고기 등을 새긴 조각품
장례	인골 발견(원시적 장례 풍습): 흥수아이(청원 흥수굴)
유적	경기도 연천 전곡리, 충남 공주 석장리

② 구석기의 대표적인 도구는 뗀석기로써 주먹도끼, 찍개, 팔매돌과 같은 사냥도구와 긁개, 밀개와 같은 조리도구 등이 있었다.

오답 check

① 신석기 시대에는 갈돌과 갈판을 사용하여 간석기를 만들었다.
③ 신석기 시대에는 가락바퀴와 뼈바늘을 사용하여 의복과 그물을 제작하는 등의 원시적 수공업이 발달하였다.
④ 반달돌칼은 청동기 시대에 벼를 수확하기 위한 추수도구이다.
⑤ 신석기 시대의 대표적인 토기인 빗살무늬 토기는 신석기 중기 이후에 출현하게 되며, 전국 각지에 널리 분포되어 있다.

02. 답 ①

출제자의 눈

제왕운기의 내용을 통해 고조선을 파악할 수 있다.

자료 속 힌트 단군, 제왕운기

해설

자료는 제왕운기의 내용 중 단군이 나라를 세운 고조선을 나타내고 있다. 고조선은 요령 지방을 중심으로 성장하여 한반도 대동강 유역까지 발전하였다. 이는 비파형 동검과 고인돌의 출토 지역으로 알 수 있다.

참고 고조선의 발전

시기	내용
B.C.2333	단군조선의 건국
B.C.4C	고조선은 연과 대립할 만큼 강성
B.C.3C	부왕과 준왕과 같은 왕이 등장, 왕위 세습
B.C.194	위만조선의 시작
B.C.108	한 무제 공격·지배층의 내분으로 멸망

① 고조선은 청동기 문화를 바탕으로 건국되었다.

오답 check

② 옥저와 동예의 각각의 읍락은 읍군이나 삼로 등의 군장이 지배하였고, 각기 자기 부족을 다스릴 뿐 통합된 큰 정치 세력은 형성하지 못하였다.
③ 삼한 중 변한에서는 철이 많이 생산되어 낙랑이나 왜에 수출이 활발하였다.
④ 신라의 귀족회의인 화백회의는 만장일치제로 운영하였다.
⑤ 부여에는 남의 물건을 훔쳤을 때에 물건 값의 12배를 배상하게 하는 1책 12법이 있었다.

03. 답 ④

출제자의 눈

대화를 통해 연맹국가 삼한을 파악할 수 있다.

자료 속 힌트 신지, 소도

해설

삼한의 대족장은 신지·견지 소족장은 읍차·부례 등으로 불렸으며, 제정분리 사회로 제사장인 천군이 군장세력이 미치지 못하는 소도를 지배하였다. 삼한은 벼농사 중심의 농경 사회였으며, 철기 문화가 발달함에 따라 저수지도 많이 축조되었다. 특히, 변한에서는 철이 많이 생산되어 낙랑이나 왜에 수출이 활발하였고, 무역에서 철은 화폐처럼 사용되기도 하였다.

④ 삼한에서는 5월, 10월 두 차례의 계절제도 열었다.

오답 check

① 고구려 2세기 고국천왕 때 을파소를 국상으로 채용하여 진대법을 실시하였다(194).
② 동예는 부족적 성격이 강하였기 때문에 부족의 영역을 침범하지 못하게 하는 책화라는 제도가 있었는데, 만약 다른 부족을 침범하게 되면 노비 또는 소나 말로 변상하게 하였다.
③ 부여는 왕 아래에 가축의 이름을 딴 마가, 우가, 저가, 구가를 두었고, 각 가들은 저마다의 행정 구획인 사출도를 다스리고 있었다.
⑤ 고조선은 8조법을 두어 질서를 유지하였으며 그 중 3개조의 내용만 현재까지 전해진다.

참고 연맹국가의 특징

국가	특징
부여	5부족 연맹체(사출도), 영고(12월), 우제점법, 순장, 1책12법, 연좌제, 반농반목
옥저	군장국가(읍군·삼로), 무천(10월), 책화, 족외혼, 해산물 풍부, 토지 비옥, 방직기술 발달, 특산품(단궁·과하마·반어피)
삼한	신지·견지(大족장), 읍차·부례(小족장), 5월·10월 계절제, 제정분리, 천군(제사장)이 소도 지배, 벼농사 중심, 변한의 철(화폐처럼 사용, 낙랑·왜 수출), 반움집

04. 답 ①

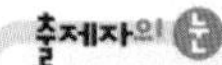

자료를 분석하여 고구려 장수왕의 활동을 파악할 수 있다.

자료 속 힌트 475, 고구려, 한성을 점령, 개로왕, 남진정책

해설

자료는 고구려 장수왕의 남진 정책으로 백제 공격을 나타내고 있다.

장수왕과 개로왕

고구려 장수왕은 평양으로 천도하여 남진정책을 추진하였는데, 한강 전 지역을 포함하여 죽령 일대에서 남양만을 연결하는 선까지 세력을 넓혔고 백제는 웅진으로 천도한 후 나제동맹을 강화하였다(493). 백제의 개로왕은 고구려의 남진 정책을 견제하기 위해 중국 북조의 북위에 국서를 보내 원병을 요청하기도 하였으나(472), 장수왕의 공격으로 아차산성에서 전사하였다(475).

① 고구려 장수왕은 평양으로 수도를 천도한 후 본격적인 남진 정책을 추진하였다(427).

오답 check

② 고구려 광개토대왕은 영락이라는 연호와 태왕의 호칭을 사용하는 등 국가의 위신을 높였다.
③ 6세기 백제 무령왕(501~523)은 지방에 대한 통제를 강화하기 위하여 지방에 22담로를 설치하여 왕족을 파견하는 등 통치 체제를 정비하였다.
④ 4세기 고구려 미천왕은 낙랑군을 축출하였다(313).
⑤ 6세기 신라 진흥왕은 인재를 양성하기 위하여 청소년 집단이었던 화랑도를 국가적인 조직으로 개편하였다.

05. 답 ①

출제자의 눈

백제의 유적지를 통해 사비성(부여) 시대를 파악할 수 있다.

해설

자료에 제시된 낙화암, 부소산성, 정림사지, 능산리 고분군, 궁남지 등은 부여에 있는 백제 사비성 시대의 유적지이다. 6세기 백제 성왕은 대외 진출이 수월한 사비(부여)로 천도하고 국호를 남부여로 개칭하였다(538).

참고 백제의 시대구분

위례성(한성) 시대					웅진성 시대			사비성 시대
고이왕	근초고왕	침류왕	비유왕	개로왕	문주왕	동성왕	무령왕	성왕
3C	4C		5C				6C	

오답 check

② 장군총은 대표적인 고구려 초기의 돌무지무덤이다. 돌을 계단식으로 정밀하게 7층까지 쌓아올린 형태의 돌무지무덤은 만주 길림(지안) 일대에 1만 2,000여 기가 무리를 이루고 있다.
③ 신라 상대였던 7세기 신라 선덕여왕(632~647) 때 승려 자장은 황룡사 9층 목탑의 건립을 왕에게 건의하여 경주에 건립하였다(643).
④ 후고구려 궁예는 도읍을 철원으로 옮기면서 국호를 마진으로 바꾸었다.
⑤ 몽골군이 고려에 침입하였는데 김윤후가 처인성(용인)에서 몽골 장수 살리타를 사살하여 퇴각하게 하였다(몽골의 2차 침입, 1232).

06. 답 ⑤

출제자의 눈

자료를 통해 삼국시대 불상을 파악할 수 있다.

자료 속 힌트 신라, 어린 아이, 온화하고 자비로운 불성

해설

⑤ 보물 제63호 경주 배리 석불입상(경주 배동 석조여래삼존입상)은 경북 경주시 배동 선방사곡 입구에 있는 삼국시대 신라 조각을 대표하는 석조삼존불입상이다. 어린 아이와 같은 표정을 짓고 있어 온화하고 자비로운 불성을 표현하였다. 불상의 아기 같은 짧은 체구와 얼굴, 묵중하고 단순화된 선 등에서 중국 북주(北周) 또는 수나라 불상과 유사한 양식을 보여준다.

오답 check

① 이불병좌상은 발해 동경 용원부의 절터에서 발굴된 것으로 고구려 양식을 계승한 것이다.
② 고구려의 연가7년명 금동여래입상은 평양의 승려들이 천불(千佛)을 조성하여 세상에 유포시키고자 만든 것으로, 광배 뒤에 연가(延嘉) 7년을 새겨 놓았다.

③ 고려 초기에는 광주 춘궁리 철불(하남 하사창동 철조석가여래좌상) 같은 대형 철불이 많이 조성되었다.
④ 고려 시대 논산 관촉사 석조 미륵보살 입상은 향토적 아름다움과 소박한 아름다움이 잘 드러난 거대한 불상으로 사람이 많이 다니는 길목에 조성되었다.

07. 답 ②

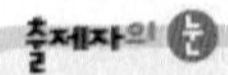 

금관가야의 김구해가 신라 법흥왕에게 투항하는 내용을 통하여 6세기 정세임을 파악할 수 있다.

자료 속 힌트 금관가야의 왕 김구해, 항복

해설

김구해가 신라의 법흥왕에게 투항하는 내용을 통하여 김해의 금관가야를 나타내고 있음을 알 수 있다. 3C경 김해 지역에서 연맹국가로 발전하였던 금관가야는 제철 기술이 뛰어났으며, 낙랑과 왜의 규수지방을 연결하는 해상 중계 무역이 번성하였다. 금관가야는 신라 법흥왕에 의하여 연맹국가 단계에서 멸망하였다(532).

참고 가야의 유적 및 유물

구분	특징
고분	김해의 대성동 고분(금관가야), 고령의 지산동 고분(대가야)
유물	금동관, 철제 무기와 갑옷, 수레형토기, 철 장식 등
문헌	가락국기(고려 문종, 현존X), 삼국유사(충렬왕, 일연)

08. 답 ④

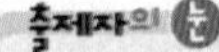 

유물을 통해 삼국시대 국제 교류 사실을 확인할 수 있다.

해설

제시한 우즈베키스탄 아프라시압 궁전 유적, 경주 98호 남분 유리병 및 잔, 경주 계림로 보검 등의 유물은 삼국시대 한반도의 국가들이 서역과의 활발한 교류를 하고 있음을 증명하고 있다.

- 우즈베키스탄 아프라시압 궁전 유적 : 아프라시압 궁전 벽화 속에 조우관을 쓴 고구려의 사절이 그려져 있어 당시 고구려와 서돌궐을 비롯한 서역제국의 교류가 있었음을 증명하고 있다.
- 경주 98호 남분 유리병 및 잔 : 경북 경주 황남대총(98호분) 남분에서 출토된 신라시대의 유리제 그릇이다. 목곽에 있던 부장품 수장궤 안에서 연녹색 유리제의 병 하나와 잔 세 개가 발견되었다. 이는 삼국시대 유리 공예에 대한 인식과 서역과의 교류를 살펴볼 수 있는 중요한 자료로 평가된다.
- 경주 계림로 보검 : 경북 경주 미추왕릉 지구에서 출토된 칼이다. 피장자의 허리 부근에서 발견된 장식 보검(寶劍)으로, 칼자루 머리·칼자루·칼집 등의 세 부분으로 이루어진 칼집 장식들만 남아 있다. 신라와 중앙아시아의 문화 교류와 신라 문화의 국제적인 성격을 증명하는 중요한 유물이다.

오답 check

① 조선은 1607년부터 1811년까지 총12회에 걸쳐 일본에 통신사를 파견하여 선진 문물을 전파하였다.
② 고려전기 송나라와의 무역은 가장 큰 비중을 차지하였는데, 비단·서적·자기 등을 수입하였고, 종이·인삼 등을 수출하였다.
③ 백제는 아직기(일본 태자에게 한자를 가르침), 왕인(천자문, 논어 전달), 노리사치계(불경과 불상 전달) 등을 통해 일본에 문화를 전파하였다.
⑤ 조선후기 공무역인 개시와 사무역인 후시가 성행하였다.

09. 답 ④

출제자의 눈 

왕오천축국전의 설명을 통해 혜초를 파악할 수 있다.

자료 속 힌트 인도와 중앙아시아를 여행한 승려

해설

자료는 혜초의 왕오천축국전을 설명하고 있다. 왕오천축국전은 인도와 중앙아시아 여러 나라의 풍물을 기록한 것으로 1908년 프랑스 학자 펠레오가 중국 둔황 천불동에서 발견하였다. 현재 파리도서관이 소장하고 있다.

④ 통일신라 혜초는 자신이 돌아본 인도와 중앙아시아 등 여러 나라의 풍물을 생생히 기록한 왕오천축국전을 남겼다.

오답 check

① 원효는 불교의 분파 의식을 극복하기 위해 십문화쟁론을 저술하였다.
② 의천은 교종 중심에서 선종을 통합하려 노력하였고, 이를 뒷받침할 사상적 바탕으로 이론의 연마와 실천의 양면 모두를 강조하는 교관겸수를 제창하였다.
③ 의상은 불교의 화엄경을 근본 경전으로 하여 화엄사상을 정립하였고, 화엄일승법계도를 남겼다.
⑤ 지눌은 선과 교학이 근본에 있어 둘이 아니라는 사상 체계인 정혜쌍수와 내가 곧 부처라는 깨달음을 위한 노력과 함께 꾸준한 실천과 수행을 강조한 돈오점수를 주장하였다.

10. 답 ⑤

출제자의 눈 

자료의 내용을 통해 고려 태조 왕건을 파악할 수 있다.

자료 속 힌트 왕씨 성을 내려주고, 대광현, 항복

해설

자료는 고려 태조 왕건의 사성 정책을 나타내고 있다. 고려 초 강릉 지방 호족인 명주장군 김순식이 고려 태조에게 귀부하였을 때 왕씨의 성을 하사하였고, 발해 멸망 후 귀순한 대광현에게 왕계(王繼)라는 성명을 내려 종적에 편입하였다.

참고 태조 왕건의 정책(918~943)

국가	특징
민생안정	세율 1/10로 경감, 흑창 설치(빈민구제)
왕권강화	정계·계백료서 등 관리지침서 제시, 훈요10조 제시
호족통합	관리 등용, 역분전 지급, 혼인 정책, 사성정책, 호족의 자치권 인정, 사심관 제도, 기인 제도
북진정책	서경(평양) 중시, 청천강에서 영흥만까지의 국경선 확보
민족융합	발해·신라·후백제 유민 적극 수용, 문화 수용

⑤ 고려 태조 왕건은 항복한 신라의 마지막 왕인 경순왕을 경주의 사심관으로 삼고 그 지방의 자치를 감독하게 하였다(935).

오답 check

① 고려 성종은 지방의 12목에 목사를 파견하여 중앙 집권을 공고히 하였다(983).
② 고려 예종 때 양현고라는 장학 재단을 두어 관학의 경제 기반을 강화하였다.
③ 공민왕은 전민변정도감을 설치하고, 승려 신돈을 등용하여 권문세족이 부당하게 빼앗은 토지와 노비를 본래의 소유주에게 돌려주거나 양민으로 해방시켰다(1366).
④ 고려의 과거 제도는 광종 때 쌍기의 건의로 시행되었다(958).

11. 답 ①

자료를 분석하여 발해를 파악한 후 고왕(대조영)의 정책을 알아본다.

자료 속 힌트 걸사비우, 동모산, 말갈의 무리와 고구려의 나머지 무리

해설

① 발해 고왕(대조영)은 길림성의 동모산에서 (가) 발해를 건국하였다(698).

참고 발해의 발전

시기	내용
고왕	대조영, 길림성의 동모산에서 건국(698), '천통'
무왕	북만주 일대 장악, 요서·산둥 지방 공격(장문휴의 수군), 돌궐·일본과 연결하여 당·신라 견제, '인안'
문왕	당과 친선 관계, 중경에서 상경으로 천도, 신라도, 주자감 설치, '대흥'
선왕	대부분의 말갈족 복속, 요동 진출, 해동성국, 15부 62주 정비, '건흥'

오답 check

② 발해 문왕 때 통치의 편의를 위해 수도를 중경에서 상경으로 천도하였다.
③ 발해 문왕은 당과 친선 관계를 체결하면서 당의 제도인 3성6부를 받아들여 중앙 통치 체제를 정비하였다.
④ 발해 선왕은 건흥이라는 독자적인 연호를 사용하였고, 5경 15부 62주를 정비하였다.
⑤ 발해 무왕은 일본과 유대를 강화하여 신라를 견제하고 당을 공격하기 위해 장문휴의 수군으로 하여금 당의 요서지방과 산둥 반도에 위치한 등주(덩저우)를 공격하였다.

12. 답 ③

출제자의 눈

자료의 내용을 통해 고려시대 활약한 윤관을 파악할 수 있다.

자료 속 힌트 별무반

해설

자료에서 별무반, 여충사(윤관의 영정 봉안) 등을 통해 고려시대에 활동한 윤관을 나타내고 있다.

12세기 초 여진족은 부족을 통합하며 고려의 국경까지 남하하여 고려군과 자주 충돌을 빚었다. 여진과의 1차 접촉에서 패한 뒤 윤관은 숙종에게 특수부대인 별무반을 편성할 것을 건의하였고, 숙종은 윤관의 건의를 받아들여 별무반을 조직하였다. 별무반은 기병인 신기군, 승병인 항마군, 보병인 신보군으로 편성한 특수부대로 광범위한 계층을 망라한 군사조직이었다. 윤관은 여진족을 북방으로 몰아내고 동북 지방 일대에 9개의 성을 쌓았으나(1107), 여진족의 침입이 계속되고, 거란과의 대치 상황을 고려하여 여진에게 해마다 조공을 바치겠다는 약속을 받고 예종 때 돌려주었다(1109).

③ 예종 때 윤관은 별무반을 이끌고 여진을 정벌하여 동북 9성을 쌓았다(1107).

오답 check

① 세종 때에는 김종서와 최윤덕을 보내 여진을 토벌하고 4군과 6진을 설치하여 압록강과 두만강을 경계로 하는 오늘날과 같은 국경선을 확정하였다.
② 서희는 외교 담판으로 거란과 교류를 약속하고, 고려가 고구려의 후예임을 인정받음과 동시에 압록강 동쪽의 강동6주를 획득하였다(994, 성종).
④ 대마도는 고려시대 박위가 정벌하였고(1389), 조선시대 이종무가 정벌하였다(1419).
⑤ 고려 말 공민왕은 유인우 등을 보내 무력으로 쌍성총관부를 공격하여 철령 이북의 땅을 수복하였다(1356).

13. 답 ⑤

출제자의 눈

원의 간섭과 응방 등의 내용을 통하여 고려 원간섭기임을 파악할 수 있다.

자료 속 힌트 원(元)의 사신, 응방

해설

13세기부터 시작된 원간섭기 고려는 원에 공녀를 바치기 위해 결혼도감을 설치하여 고려의 처녀들을 공녀로 보냈으며, 고려 사회 내에서는 원의 영향을 받아 몽골어, 몽골식 의복(호복), 몽골식 머리(변발), 몽골식 성명 등을 사용하는 몽골풍이 궁중과 지배층을 중심으로 널리 퍼졌다. 원의 내정 간섭으로 고려는 자주성에 심각한 손상을 입었고, 원의 압력과 친원파의 책동으로 인해 정치는 비정상적으로 운영되었다.

참고 원 간섭기 고려의 변화

구분	내용
영토상실	쌍성총관부(철령이북), 동녕부(서경), 탐라총관부(제주도)
관제변화	2성(중서문하성, 상서성) → 첨의부 6부(이부·예부 → 전리사 / 호부 → 판도사 / 병부 → 군부사 / 형부 → 전법사 / 공부 → 폐지) 도병마사 → 도평의사사 / 중추원 → 밀직사
용어격하	짐 → 고 / 폐하 → 전하 / 태자 → 세자 / ~조, ~종 → 충O왕
내정간섭	정동행성, 이문소, 다루가치, 순마소, 만호부, 심양왕
자원수탈	결혼도감(공녀), 응방(매)

⑤ 고려 원 간섭기에 변발, 호복, 조혼 등의 풍습이 유행하였다.

오답 check

① 골품제는 신라의 신분제도로 능력보다 신분을 중시하였다.
② 고려 광종은 왕의 권위를 높이기 위하여 황제의 칭호를 사용하였고 광덕, 준풍 등과 같은 독자적인 연호를 사용하였다.
③ 조선후기 족적 결합의 강화를 위해 문중을 중심으로 서원과 사우 등을 많이 건립하였다.
④ 신라 원성왕(785~798)은 최초의 관리 선발 제도인 독서삼품과를 시행하여 왕권을 강화하려 하였으나 진골 귀족의 반발과 골품제의 모순으로 실패하였다.

14. 답 ①

자료를 분석하여 이자겸의 난과 무신정변을 추론할 수 있다.

자료 속 힌트 이자겸, 정중부

해설

(가) 이자겸의 난(1126). 대표적인 문벌 귀족이었던 이자겸은 금에 타협적인 모습을 보였고, 이에 이자겸의 반대 세력들이 왕을 중심으로 결집하였다. 고려 인종 때 이자겸은 반대파를 제거하고 척준경과 난을 일으켜 권력을 장악하려 하였다.
(나) 무신정변. 1170년 8월 정중부 등이 보현원에서 문신들을 살해한 후 개경으로 이동하여 정권을 장악하였다(무신정변). 무신정변 이후 지배 체제의 붕괴로 인하여 중앙정부의 백성 통제력을 잃어 갔으며 농민 수탈이 강화되었다.
① 고려 인종 때 묘청은 칭제 건원과 금국정벌론을 내세워 서경 천도 운동을 전개하였다(1135).

오답 check

② 순조 때 홍경래의 난은 세도 정치의 폐해와 서북민에 대한 차별 대우 등이 원인이 되어 봉기하였다(1811).
③ 고려 광종은 노비안검법을 시행하여 호족 세력을 약화시켰고, 국가 재정을 확충하였다(956).
④ 을사늑약(1905)이 체결되자 최익현은 태인에서 의병을 이끌고 항일 항전을 하였다(을사의병).
⑤ 병자호란(1636) 당시 임경업이 백마산성에서 항전하였다.

15. 답 ①

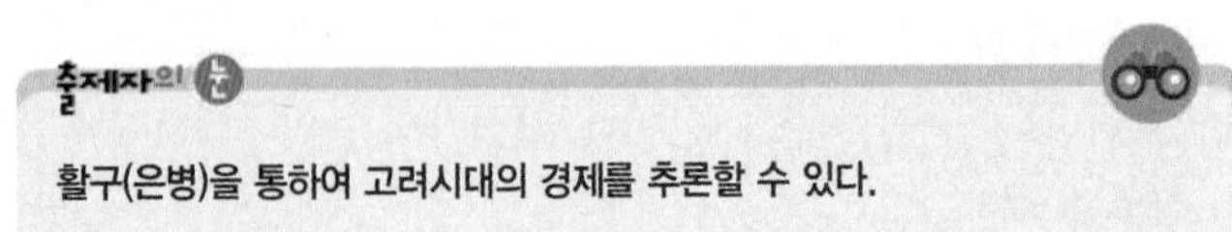

활구(은병)을 통하여 고려시대의 경제를 추론할 수 있다.

자료 속 힌트 은병

해설

자료의 활구(은병)는 우리나라 지형을 본떠서 은 1근으로 만든 고가의 화폐로 의천이 고려 숙종에게 화폐의 필요성을 건의하여 주조하였으나 자급자족적인 경제 구조로 인하여 유통은 활발하지 못하였다.
① 고려는 도시와 지방의 상업 활동이 전기보다 활발해져 시전 규모도 확대되고 업종별 전문화가 나타났다. 개경의 상권은 점차 도성 밖으로 확대되었으며, 예성강 하구의 벽란도를 비롯한 항구들이 교통로와 산업의 중심지로 발달하였다.

참고 고려전기 무역활동

대상	내용
송	가장 큰 비중, 비단·서적·자기 등 수입, 종이·인삼 등 수출
거란·여진	수입(은), 수출(농기구·식량)
일본	수입(수은·황), 수출(식량·인삼·서적)
아라비아	아라비아 상인들이 수은·향료·산호 등 판매, 고려(Corea)의 이름이 서방에 알려짐

오답 check

② 조선후기의 광산 경영은 경영 전문가인 덕대가 출현하여 활동하였다.
③ 조선후기 대동법 실시 이후 공인이라는 어용상인이 나타나 관청에서 공가를 미리 받아 필요한 물품을 사서 납부하게 되었다.
④ 조선후기에는 일부 농민은 인삼·담배·쌀·목화·채소·약재 등과 같은 상품 작물을 재배해 높은 수익을 올렸다.
⑤ 조선은 대마도 도주의 간청을 받아들여 남해안의 부산포, 제포(진해), 염포(울산) 등 3포를 개방하여 무역을 허용하고, 제한된 범위 내에서 교역을 허락하였다(1426, 삼포개항, 세종).

16. 답 ④

출제자의 눈

자료를 통하여 직지심체요절을 학습한다.

자료 속 힌트 직지심체요절, 프랑스 국립 도서관, 유네스코

해설

직지심체요절은 공민왕 때 저술한(1372) '직지심체(直指心體)'를 우왕 때 청주 흥덕사에서 백운 화상(法名.경한) 스님에 의해 금속활자로 1377년에 2권으로 간행되었다. 1887년 프랑스 대리공사인 '콜랭 드 쁠랑시'가 프랑스로 가져간 뒤 골동품 수집가에게 넘겼다. 현재 프랑스 파리국립도서관에서 보관하고 있다.

직지심체(直指心體)

직지심체(直指心體)는 '직지인심견성성불(直指人心見性成佛)'이라는 오도(悟道)의 명구에서 따온 것이다. 그 뜻은 자기의 마음을 올바로 가지면서 참선하여 도를 깨친다면 마음 밖에 부처가 있는 것이 아니라 자기의 마음이 바로 부처가 됨을 뜻한다.

④ 직지심체요절은 청주 흥덕사에서 백운 화상(法名.경한) 스님에 의해 금속활자로 1377년에 2권으로 간행되었는데 현존하는 세계 最古의 금속 활자로 공인받고 있다.

오답 check

① 조선 태종 때에는 주자소를 설치하고 구리로 계미자를 주조하였다.
② 신미양요(1871) 때 약탈당한 문화재인 어재연의 수자기는 2007년 미국으로부터 2년에서 10년간의 대여 방식으로 반환받았다.
③ 의천은 흥왕사의 주지로 있으면서 요나라·송나라·일본 등에서 불교서적을 수집하고 고려의 고서도 모았으며, 흥왕사에 교장도감을 설치하고 교장(속장경)을 편찬하였다.
⑤ 팔만대장경(재조대장경)은 국보 제32호로, 고려가 몽골의 침입을 부처의 힘으로 막아내고자 수기 승통의 총괄하에 진행되었다. 고려 고종23년(1236) 강화에서 조판에 착수하여 고종 38년(1251) 완성하였다.

17. 답 ⑤

출제자의 눈 

자료를 분석하여 조선시대 왕궁을 알아본다.

자료 속 힌트 경복궁의 이궁, 광해군 때 중건, 인정전, 돈화문

해설

창덕궁은 임진왜란 때 경복궁이 소실된 이후 창덕궁이 약 300여 년간 조선의 본궁 역할을 하였다. 창덕궁의 인정전은 정령반포를 하였던 곳이며, 희정당은 편전, 주합루는 연못 안에 조성된 누각으로 정조 때 도서관으로 창건하였다(1층 규장각, 2층 열람실 겸 주합루).

참고 창덕궁

구분	내용
임란 전	왕궁 밖에서 국왕이 피서, 피한, 요양 등의 목적으로 머물던 별궁
임란 후	경복궁의 복원 전까지 조선의 본궁 역할
갑신정변	고종과 명성황후가 급진파에 의해 (경우궁에서 창덕궁으로) 납치된 장소

오답 check

① 경희궁(경덕궁)은 광해군 때 유사시 왕의 피난 궁으로 창궐하였고, 인조반정과 이괄의 난으로 창덕궁과 창경궁이 소실되어 인조 때 잠시 경희궁(경덕궁)이 조선의 본궁 역할을 하였다.
② 덕수궁은 조선 초 월산대군(성종의 형)의 집으로 임란 후에는 의주에서 귀궁한 선조의 임시 거처로 사용되었으며, 광해군 때에는 인목대비의 유폐장소였고, 고종이 아관파천에서 환궁한 곳이다. 근·현대 시기에는 르네상스 양식인 석조전이 건축되었고(1909), 미소공동위원회 개최장소(1946)로 사용되었으며, 국립 현대미술관으로 운영되었다(~1986).
③ 운현궁은 흥선대원군의 사저로 고종이 출생하여 12세까지 성장한 곳이다. 고종이 즉위하면서 임금의 잠저라는 이유로 '궁'의 명칭을 받게 되어 운현궁이라 불리게 되었다.
④ 창경궁은 성종 때 건축된 세조·덕종·예종의 왕후 거처로써 임란 때 소실되어 광해군 때 제건된다. 일제에 의해 동물원·식물원으로 운영되었고(1909), 일제에 의해 창경원으로 격하되었다(1911).

18. 답 ③

출제자의 눈 

한명회의 호인 압구정을 통해 세조를 파악할 수 있다.

자료 속 힌트 압구정, 계유정난, 한명회

해설

압구정은 한명회의 호이다. 한명회는 수양대군을 도와 계유정난을 성공시켰다.

조선 초 나이 어린 단종이 즉위하면서 왕권이 크게 약화되었고, 김종서, 황보인 등 재상에게 정치의 실권이 넘어가자 수양대군은 정변을 일으킨 후 정권을 잡았고(계유정난), 이후 왕위에 올랐다(세조). 왕위에 오른 (가) 세조는 강력한 왕권을 행사하기 위하여 통치 체제를 6조직계제로 복귀하였으며, 경제 안정을 위해 직전법을 시행하였다.

참고 세조의 정치

구분	내용
왕권 강화	6조직계제 복귀, 집현전 폐지, 경연 폐지, 종친 등용
안정 노력	경국대전 편찬 시작, 직전법, 5위제 및 진관 체제, 보법
불교 진흥	월인석보 간행(간경도감), 원각사지 10층 석탑 건립

③ 세조는 현직 관리에게만 수조권을 지급하는 제도인 직전법을 시행하였다(1466).

오답 check

① 공민왕은 왕권을 제약하고 신진 사대부의 등용을 억제하고 있던 정방을 폐지하여 인사권을 회복하였다.
② 조선 세종은 궁중 안에 정책 연구 기관으로 집현전을 설치하여 유교 정치를 실현하려 하였다.
④ 최충헌은 최씨 정권의 반대 세력을 제거하고 국정을 총괄하는 최고의 정치 기구인 교정도감을 설치하여 권력 기구를 총괄하였으며, 교정도감의 장관인 교정별감은 최씨 가문이 세습하였다.
⑤ 고종 때 홍선대원군은 통치체제의 정비를 위하여 이전 법전인 대전통편을 보완하여 대전회통을 편찬하였다.

19. 답 ③

출제자의 눈

자료의 내용을 통하여 세종의 업적을 파악할 수 있다.

자료 속 힌트 앙부일구, 자격루

해설

앙부일구, 자격루 등을 통하여 조선전기 세종 대의 정세임을 파악할 수 있다.

참고 세종대왕의 문화발전

구분	내용
유교정치	왕도정치(유교적 민본 사상), 청백리 재상 등용
민생안정	전분6등법(토지비옥도), 연분9등법(풍흉에 따른 조세 부과)
대외안정	4군 6진 개척, 대마도 정벌
민족문화	훈민정음 창제, 용비어천가
과학기구	혼의, 간의, 혼천의, 자격루(물시계), 앙부일구(해시계), 측우기
농업발전	농사직설(우리 풍토에 맞는 농법서)
의학서적	향약집성방(국산 약재 및 예방법), 의방유취(동양 의학 最古의 의서)
예법서적	효행록, 삼강행실도(충신, 효자, 열녀)
역법서적	칠정산 내외편 [중국 수시력과 아라비아 회회력 참고)
불교서적	월인천강지곡, 석보상절
음악	악기 개량(박연), 여민락, 정간보
활자 주조	경자자, 갑인자, 식자판 조립(인쇄)

③ 정약용은 서양 선교사가 중국에서 펴낸 기기도설을 참고하여 거중기를 만들었다.

오답 check

① 세종 때 세계 최초로 측우기를 만들어 전국 각지의 강우량을 측정하였다(1441).
② 신기전은 화살대의 윗부분에 약통을 부착하여 로켓처럼 날아갈 수 있도록 제작된 로켓추진 화살로 세종 때 제작되었다(1448). 대신기전·산화신기전·중신기전·소신기전 등이 있다.
④ 세종 때 정초와 변효문 등이 왕명에 의하여 편찬한 농사직설은 우리나라 풍토에 맞는 씨앗의 저장법, 토질의 개량법, 모내기법 등 농민의 실제 경험을 종합하여 편찬하였다(1429).
⑤ 세종 때 우리나라 역사상 처음으로 서울을 기준으로 천체 운동을 계산한 칠정산이라는 역법서를 만들었다.

20. 답 ⑤

출제자의 눈

홍보내용을 통해 우리 고유의 영토인 독도를 파악할 수 있다.

자료 속 힌트 이사부, 무릉

해설

제시한 자료는 독도와 관련한 내용이다.

- 6세기 신라 지증왕은 이사부를 보내 우산국(울릉도)을 복속시켜 세력을 확장하였다(512).
- 세종실록지리지에는 강원도 울진현, 무릉도(울릉도)와 별도로 우산도(독도)의 존재를 섬으로 기록하였다.
- 독도는 삼국 시대부터 우리의 영토였으나 일본이 러·일 전쟁을 틈타 불법적으로 자신의 영토로 편입한 뒤에 지금까지 억지 주장을 하고 있다.

⑤ 대한제국은 칙령 제41호(1900.10.27.)를 통하여 황제의 재가를 받아 울릉도를 울도로 개칭하고 도감을 군수로 승격하였다. 또한 울도군의 관할구역을 '울릉전도 및 죽도, 석도(石島,독도)'로 명시하여 독도를 관할하고 있음을 천명하고 있다.

오답 check

① 제너럴셔먼호사건(1866)을 구실로 미국의 로저스 제독은 5척의 군함으로 강화도를 공격하는 신미양요를 발발하였다(1871).
② 고려 정부가 몽골과 강화하여 개경으로 환도하자 삼별초의 배중손은 강화도와 진도에서 항전을 계속하였다.
③ 러시아가 절영도의 조차를 요구하자 독립협회는 만민공동회를 배경으로 구국 운동 상소운동(1898)을 전개하여 러시아의 요구를 좌절시켰다.
④ 러시아의 한반도 남하를 견제한다는 구실로 영국은 거문도를 해밀턴 항이라 명명하고 불법 점령한 후 포대를 설치하였다(1885, 거문도 사건).

21. 답 ⑤

출제자의 눈

한시를 통하여 임진왜란의 상황을 파악할 수 있다.

자료 속 힌트 왜군, 촉석루, 논개

해설

자료는 임진왜란 당시 제2차 진주성 전투를 나타내고 있다.

⑤ 제2차 진주성 전투는 5만의 왜군이 진주성을 공격하여 양국군의 피해가 6만에 달할 정도로 치열했던 전투였으나 진주성은 함락되었다. 성이 짓밟히자 군사는 패하고 백성은 죽어나갔다.

촉석루

1593년 7월 제2차 진주성 전투에서 승리한 왜군이 촉석루에서 승전연을 벌였다. 진주의 관기였던 논개는 촉석루 아래 바위(의암) 위에서 왜장의 허리를 열 손가락에 낀 반지로 빠지지 않게 꽉 껴안은 후에 남강 물속으로 뛰어들어 죽음을 택하였다.

오답 check

① 임진왜란 발발 직후 조정에서는 신립을 파견하였고 충주에서 배수의 진을 치고 대항하였으나 패하였다(탄금대전투,1592.4).
② 매소성 전투는 나당전쟁 중에 있었던 전투로 당나라 20만 대군을 매소성에서 격파하여 신라가 전쟁의 승기를 잡는다(675).
③ 1232년 몽골군이 고려에 침입하였는데 김윤후가 처인성(용인)에서 몽골 장수 살리타를 사살하여 퇴각하게 하였다(몽골의 2차 침입).
④ 임진왜란의 발발 직후 부산진에는 정발, 동래성에서는 송상현이 분전하였으나 패하였다(1592.4).

22. 답 ⑤

출제자의 눈

이원익과 광해군의 대화를 통하여 대동법을 파악할 수 있다.

자료 속 힌트 방납의 폐단, 쌀로 납부, 경기부터, 이원익, 광해군

해설

조선후기 방납의 폐해가 나타나 이를 방지하기 위한 제도로 대동법이 시행되었는데, 공납을 현물 대신 쌀, 포, 돈으로 대납하는 대동법은 광해군 때 선혜청을 설치하고 처음으로 경기도에서 시행(1608)되었다가 인조 때 조익의 주장으로 강원도에서 실시(1623)하였다. 이후 효종 때 김육의 주장으로 충청도와 전라도에서 시행(1651)되었고 숙종 때 전국적으로 확대 실시되었다(1708).

참고 대동법(광해군.1608 ~ 숙종.1708)

구분	내용
배경	방납의 폐단, 농촌경제의 파탄, 농민의 이탈
내용	토지 1결당 미곡 12두 부과(공납의 전세화), 쌀·삼베나 무명, 동전 등으로 납부(조세의 금납화), 지주들의 반발로 전국적 시행에 100여 년 소요
영향	공인 등장 → 상품 수요 증가, 상품 화폐 경제 발달 → 장시 발달 → 도고 성장

⑤ 대동법은 공납의 부과 기준을 가호에서 토지 결수로 변화시켰다(공납의 전세화).

오답 check

①③ 영조는 균역법의 시행으로 감소된 재정부분에 대하여 지주에게 결작이라고 하여 토지 1결당 미곡 2두를 부담시키고, 선무군관포 및 어장세, 선박세 등 잡세 수입으로 보충하게 하였다.
② 조선 성종 때 지방 관청에서 생산량을 조사하여 거두어 다시 관리에게 나누어 주는 방식인 관수관급제를 시행하였다(1470).
④ 세종은 조세 제도를 좀 더 체계적으로 운영하기 위하여 풍흉의 정도에 따라 조세를 부과하는 연분 9등법으로 바꾸고, 조세 액수를 1결당 최고 20두에서 최하 4두를 차등 있게 내도록 하였다.

23. 답 ④

출제자의 눈

내용을 통하여 인조반정을 파악할 수 있다.

자료 속 힌트 광해군을 폐위한 세력, 친명배금 정책

해설

제시된 세검정은 조선후기의 총융청에 속한 정자 건물이다. 조선시대 궁궐에 대하여 기록한 궁궐지(宮闕志)의 기록에 의하면, (가) 인조반정(1623) 때 이귀·김류 등의 반정인사들이 이곳에 모여 광해군의 폐위를 의논하고, 칼을 갈아 씻었던 자리라고 해서 세검정이라 이름 지었다고 전해진다.

인조반정(1623)

광해군의 중립외교 정책은 일부 사림 세력과 충돌을 빚었다. 더구나 광해군은 선조의 왕비였던 인목대비와 갈등을 빚고 있었기 때문에 인목대비의 아들인 영창 대군을 죽이고, 인목대비를 궁궐에 가두어 버렸다. 사림 세력은 광해군의 이러한 패륜 행위와 명에 대해 의리를 지키지 않은 것을 비난하였고 결국 정변을 일으켜 광해군을 몰아내고 새롭게 인조를 왕위에 앉혔다.

24. 답 ③

출제자의 눈

자료를 분석하여 현종 때 전개된 예송논쟁을 파악할 수 있다.

자료 속 힌트 예송, 현종 때

해설

자료는 예송논쟁이다. 현종 재위시기에 효종과 효종의 비(인선왕후)가 사망하자 차남으로 왕위를 이은 효종의 왕위 계승에 대한 정통성과 관련하여 논쟁이 전개되었는데, 인조의 계비인 자의대비가 적장자에 준하는 상복을 입을 것인지를 둘러싸고 2차례의 예송논쟁이 전개되었다.

참고 예송논쟁

	기해예송(1659)	갑인예송(1674)
원인	효종의 상 때 자의 대비 복제 문제	효종 비의 상 때 자의대비 복제 문제
서인	1년설(기년설)	9개월설(대공설)
남인	3년설	1년설(기년설)
채택	서인(1년설)	남인(1년설)

③ 연산군 때 김일손이 김종직의 조의제문을 사초에 포함시켜 사림들이 화를 입었다(1498.무오사화).

오답 check

①②④⑤ 현종 때 효종의 왕위 계승에 대한 정통성과 관련하여 두 차례의 예송이 발생하면서 서인과 남인 사이에 대립이 격화되었다.

25. 답 ②

출제자의 눈 

자료의 내용을 통하여 실학자 박제가를 파악할 수 있다.

자료 속 힌트 실학자, 북학의, 소비를 권장, 서얼 출신

해설

박제가는 청에 다녀온 후 북학의를 저술하여 청의 문물을 적극적으로 수용할 것을 주장하였고, 상공업의 발달, 청과의 통상 강화, 수레와 선박의 이용 등을 역설하였다. 또한, 생산과 소비와의 관계를 우물물에 비유하면서 생산을 자극하기 위해서는 절약보다 소비를 권장해야 한다고 주장하였다.

오답 check

① 이익은 백과사전인 성호사설을 저술하여 천지·만물·경사·인사·시문의 5개 부문을 정리하였고 한전론을 주장하였다.
③ 박지원은 청에 다녀와 열하일기를 저술하고 상공업의 진흥을 강조하면서 수레와 선박의 이용, 화폐 유통의 필요성 등을 주장하고, 양반전, 허생전, 호질 등을 저술하여 양반 문벌제도의 비생산성을 비판하였다.
④ 실학을 집대성한 학자는 정약용으로 정조 때 벼슬하였으나, 신유박해 때 연루되어 강진으로 유배 생활을 하게 되며 이 시기에 500여 권의 여유당전서를 남겼다. 정약용은 여전론을 주장하였고, 후에 이를 수정하여 정전제를 주장하였다.
⑤ 홍대용은 임하경륜, 의산문답 등을 저술하였고 성리학의 극복이 부국강병의 근본이라고 강조하였으며, 기술의 혁신, 문벌제도의 철폐 등을 주장하였다.

26. 답 ①

출제자의 눈 

자료의 내용을 통하여 조선의 비변사를 파악할 수 있다.

자료 속 힌트 의정부는 그저 이름만, 변방의 방비를 담당

해설

조선은 의정부와 별도로 (가) 비변사가 운영되었다. 비변사는 16세기 여진과 왜구에 대비하기 위해 임시 기구로 설치하였으나 임진왜란 때 실질적 최고 기구로 변화하였다. 전란이 끝난 뒤에도 폐허의 복구와 사회·경제적 변동에 효율적으로 대처하고 붕당 간의 이해관계를 조정하기 위해 비변사의 구성과 기능은 그대로 유지되었다. 하지만, 비변사의 구성원이 3정승을 비롯한 고위 관원으로 확대되었고, 그 기능도 군사문제 뿐 아니라 외교·재정·사회·인사문제 등 거의 모든 정무를 총괄하였다.

참고 비변사 변천

시기	변화
중종	임시기구(1510. 삼포왜란)
명종	상설기구(1555. 을묘왜변)
선조	중요 핵심기구(1592. 임진왜란)
19C	최고 권력기구(세도정치기)
고종	비변사폐지(1865. 흥선대원군)

오답 check

② 조선은 고려의 교육 제도를 이어받아 최고 교육기관인 성균관을 서울에 두었다.
③ 승정원은 왕명의 출납을 담당하는 국왕의 비서 기구로 도승지 이하 6명의 승지가 6조를 각각 분담하여 담당하였다.
④ 의금부는 국왕 직속의 상설 사법기관으로 대역·모반죄 등 왕권 안위에 관계된 중죄 등을 처결하였다.
⑤ 한성부는 수도 한성의 행정 및 치안을 담당하였다.

27. 답 ④

출제자의 눈 

조선후기의 회화를 학습하여야 한다.

해설

조선 후기에는 상공업의 발달과 농업 생산력의 증대를 배경으로 문화면에서 새 기운이 나타났는데 한글소설 등의 서민문화가 발전하였다. 조선 후기 가장 두드러진 새 경향은 풍속화 및 진경산수화, 그리고 우리의 정서를 담은 글씨의 등장이었다. 진경산수화는 우리의 자연을 사실적으로 그려 회화의 토착화를 이룩하였으며, 풍속화는 당시 사람들의 생활 정경과 일상적인 모습을 생동감 있게 나타내어 회화의 폭을 확대하였다.

참고 조선시대의 서화

시기	서화
15C	독자적 화풍(고사관수도, 몽유도원도)
16C	사군자 관련(묵죽도, 월매도, 초충도)
18C 전반	진경산수화(정선, 인왕제색도, 금강전도)
18C 후반	풍속화(김홍도, 신윤복), 서양화(강세황, 영통골입구도)
19C	민화(까치호랑이)

④ 18세기 정선의 진경산수화인 인왕제색도

오답 check

① 15세기 강희안의 고사관수도
② 14세기 수월관음도
③ 고려후기 공민왕의 천산대렵도
⑤ 15세기 안견의 몽유도원도

28. 답 ②

출제자의 눈 

제시된 자료를 통하여 법주사 팔상전의 특징을 알아본다.

자료 속 힌트 보은, 현존하는 가장 오래된 목조탑, 8장면

해설

② 17세기 건축물인 법주사 팔상전은 5층 건물로 내부는 하나로 통하는 구조로 되어 있는데, 불교의 사회적 지위 향상과 양반 지주층의 경제적 성장을 반영하고 있다. 우리나라의 문화재 중 유일한 5층 목탑이다. 법주사 팔상전에는 석가모니의 생애를 여덟 장면으로 표현한 불화인 팔상도가 그려져 있다.

오답 check

① 17세기 전북 김제 금산사 미륵전은 3층의 외관과 단층 내관의 구조로 되어있다.

③ 전남 화순 이양면 증리 쌍봉사에 있는 조선 중기의 목탑형 불전이다.

④ 18세기 전남 구례 화엄사 각황전은 2층의 외관과 단층 내관의 구조로 되어있다(1702).

⑤ 팔작지붕의 영주 부석사 무량수전은 균형 잡힌 외관과 잘 짜여진 각 부분의 치밀한 배치로 고려시대 건축의 단아하면서도 세련된 특성을 잘 드러내고 있다.

29. 답 ②

출제자의 눈 

경기도 수원 화성의 유적지를 통해 정조의 정책을 파악할 수 있다.

해설

자료는 경기도 수원의 (가) 화성을 나타내고 있다. 정조는 화성을 축조하여 정치적·군사적 기능을 부여함과 동시에 상공인을 육성시켜 자신의 정치적 이상을 실현하는 상징적인 도시로 건설하고자 하였다.

참고 정조의 개혁정치

구분	내용
배경	왕의 권력과 정책 뒷받침, 시파·벽파의 갈등 경험 후 강한 탕평책 추진
개혁	영조 때의 척신·환관제거, 노론·소론의 일부와 남인계열 중용, 초계문신제, 규장각 설치, 장용영 설치, 화성 건립, 수령의 권한 대폭 증대, 서얼·노비 차별 완화, 신해통공

② 신미양요 직후 흥선대원군은 척화비를 전국 각지에 세우고 서양과의 통상 수교를 단호히 거부하였다(1871).

오답 check

①③④ 정조는 국왕 친위부대인 장용영을 설치하여 왕권을 뒷받침하는 군사적 기반을 갖추었으며, 규장각을 설치하여 많은 인재를 양성하였고, 유능한 인재를 재교육하는 초계문신제도를 실시하였다.

초계문신제도

초계문신제도는 37세 이하의 당하관 중에 재능 있는 문신들을 뽑아 정조가 직접 재교육 시키는 제도이다. 인물 선정은 의정부에서, 교육은 규장각에서 선정된 인물들을 대상으로 정조가 직접 강의하고, 시험도 직접 보았다.

⑤ 정조는 6의전을 제외한 나머지 시전상인들의 금난전권을 철폐하여 사상들의 자유로운 상업 활동을 허용 하였다(1791. 신해통공).

30. 답 ②

출제자의 눈 

설명을 통해 추사 김정희를 파악할 수 있다.

자료 속 힌트 추사체, 세한도

해설

'여균사청'은 추사 김정희의 글씨로 '맑기가 대나무와 같게하라'는 뜻이 담겨있다.

조선후기 김정희는 우리 서예 발전의 성과를 바탕으로 고금의 필법을 두루 연구하여 굳센 기운과 다양한 조형성을 가진 추사체를 창안하여 서예의 새로운 경지를 열었다. 김정희는 제주도에서 유배 생활을 보내기도 하였다.

② 김정희는 금석과안록을 시어 북한산비가 신흥왕순수비임을 밝혔고 세한도를 그려 한국 전통 회화를 발전시켰다.

오답 check

① 광해군 때에 허준은 동의보감을 저술(1610)하여 의학 발전에 큰 공헌을 하였다.

③ 이중환은 각 지역의 자연 환경과 물산, 풍속, 인심 등을 서술하고, 어느 지역이 살기 좋은 곳인가를 정리하여 택리지를 편찬하였다.

④ 김정호의 대동여지도는 산맥·하천·포구·도로망의 표시가 정밀하고, 거리를 알 수 있도록 10리마다 눈금이 표시되었으며, 총22첩의 목판으로 인쇄되어 다량의 인쇄가 가능하였다.

⑤ 동사강목은 고조선에서 고려 말까지의 역사를 안정복이 저술한 것으로 우리 역사의 독자적 정통론을 세워 이를 체계화하였다.

31. 답 ④

출제자의 눈 

당백전을 통해 흥선대원군의 정책을 파악할 수 있다.

자료 속 힌트 당백전

해설

고종 때 흥선대원군은 ㉠ 경복궁을 중건하여 실추된 왕권을 확립하고자 하였다. 경복궁 중건은 막대한 재정이 드는 공사였기 때문에 원납전을 강제로 징수하고 당백전을 남발하여 인플레이션이 발생하기도 하는 등 경제 혼란을 초래하기도 하였다.

참고 흥선대원군의 개혁 정치(1863~1873)

구분	내용
왕권강화	당파·지방색·신분을 가리지 않고 능력에 따라 인재 등용, 비변사 폐지, 의정부·삼군부 부활, 대전회통·육전조례 편찬, 서원철폐(국가 재정 확충), 경복궁중건(원납전·당백전), 양전 사업(은결 색출), 호포제·사창제 실시
민생안정	전정(양전사업, 은결색출), 군정(호포법=동포제), 환곡(사창제)

오답 check

① 영조는 속대전을 편찬하고 법전 체계를 정리하여 제도와 권력 구조 개편에 힘썼다.
② 철종 때 임술 농민 봉기 당시의 민심 안정을 위하여 정부는 삼정이정청을 설치하여 삼정의 문란을 시정할 것을 약속하였다(1862).
③ 숙종 때 백두산정계비를 설치하고 간도지역의 방비를 철저히 하였다(1712).
⑤ 세조가 시행한 직전법은 현직 관리에게만 수조권을 지급하는 제도로 관직에서 물러난 관리는 국가에 수조권을 반환하여야 했으며, 이전까지 과전법에 따라 관리가 죽은 후 부인에게 수절을 조건으로 지급되었던 수신전과 어린 자녀가 성장할 때까지 한시적으로 지급되었던 휼양전도 폐지되었다(1466, 세조).

32. 답 ①

출제자의 눈

일본의 황무지 개간권 요구에 대한 보안회의 활동을 파악할 수 있다.

자료 속 힌트 황무지 개간권 요구에 반대, 1904년

해설

제시한 자료는 애국계몽단체인 보안회를 나타내는 것이다.
① 일본의 황무지 개간권 요구에 대항하여 1904년 송수만, 원세성이 중심이 되어 반일 운동 단체인 보안회를 조직하여 활동하였고, 일본의 요구를 철회시켰다. 보안회는 이상설을 회장으로 하는 협동회로 발전하였으나 일제의 탄압으로 해산되었다.

오답 check

② 신민회(1907~1911)는 무장투쟁의 필요성을 제기하여 국외에 독립 운동 기지를 건설(남만주, 삼원보)하였고, 이후에는 신흥 강습소 등을 세우는 등 독립 전쟁의 터전을 마련하였다. 신흥강습소(1911)는 교육 인재 양성과 무관 양성을 목표로 하여 서간도에 설립하였고, 신흥무관학교의 명칭은 1919년 이후 사용하였다.
③ 근우회(1927)는 여성계의 민족유일당으로 여성 노동자의 권익 옹호와 새 생활 개선을 내세우며 조직하였다.
④ 송죽회는 평양 숭의여학교 교사와 학생 중심이 중심이 되어 결성한 단체로 여성의 계몽운동을 전개하였고 대한민국임시정부의 수립 이후에는 후원활동을 전개하였다.
⑤ 아관파천 이후 열강이 이권 침탈을 심화되자 자유 민주주의적 개혁 사상을 민중에게 보급하고 국민의 힘으로 자주독립 국가를 건설하기 위하여 서재필, 윤치호, 이상재, 남궁억 등 개혁적 정부 관료와 다양한 계층이 참여하여 독립협회를 창립하였다(1896.7).

33. 답 ③

출제자의 눈

헐버트의 활동을 학습하여야 한다.

해설

③ 미국인 헐버트는 우리나라 최초의 관립학교인 육영공원(1886)에 초빙된 강사로 상류층 자제를 대상으로 영어, 수학, 정치학 등의 근대 교육을 실시하였다.

참고 호머 헐버트(1863~1949)

구분	내용
1886	내한, 육영공원에서 외국어 교습(~1891)
1905	고종의 밀서를 가지고 미국에 특사로 파견(미국의 루스벨트 대통령이 면담 거절)
1906	일제가 경천사 10층 석탑을 일본으로 밀반출한 사건을 베델에게 알려 대한매일신보를 통해 보도
1907	헤이그 특사 파견 건의
1908	귀국
1949	국빈으로 초대되어 왔다가 서울에서 사망

오답 check

① 일본의 화폐정리 사업은 1905년 일본 재정고문 메가타에 의해 시행되었다.
② 영국인 베델은 대한매일신보의 사장을 역임하였다.
④ 광혜원은 우리나라 최초의 근대식 병원으로 알렌과 조선 정부와의 공동 출자로 1885년 2월 개원하였으나 설립 직후인 1885년 3월에 제중원으로 개칭하였다.
⑤ 이화학당은 1886년 서울에 스크랜튼이 설립한 최초의 여자 사립 학교였다.

34. 답 ④

출제자의 눈

자료를 통해 해외 이주 동포들의 생활을 파악할 수 있다.

자료 속 힌트 사탕수수, 사진신부, 국민군단, 진주만 공습

해설

자료는 (라) 하와이를 나타내고 있다. 한국인들이 미주 및 하와이로 이주하게 된 것은 주로 고국에서의 경제적 어려움 때문이었으며, 이들은 하와이에 건설된 많은 독립단체와 함께 임시정부에 독립운동 자금을 지원하기도 하였다. 또한, 박용만은 가장 큰 군사 조직인 국민군단을 조직하여 독립투쟁에 앞장섰다.

참고 미주 동포들의 이주생활

시기	내용
1900년대	대한 제국의 후원으로 1903년에 하와이 공식 이민, 사탕수수 농장에서 노동. 불합리한 대우. 사진신부
1910년대	국권 강탈 후 애국인사들의 정치적 망명, 유학생 증가 대한인 국민회(1919, 독립군 자금 지원, 만주, 연해주에 지부 설치, 외교 활동)
1920년대	각종 의연금을 임시정부에 송금(구미위원부 활동 적극 지원)
1930년대	태평양 전쟁이 발발하자 한인 청년들이 미군에 자원 입대

35. 답 ④

출제자의 눈

조약을 분석하여 조청상민수륙무역장정을 파악할 수 있다.

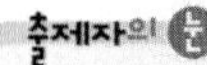

자료 속 힌트 수륙무역장정, 중국 상인, 중국 상무위원

해설

자료는 조청상민수륙무역장정(1882)을 나타내고 있다. 임오군란 이후 청과 조청상민수륙무역장정을 체결하여 청 상인들의 통상 특권을 허용하게 되었다.

참고 임오군란 이후 체결된 조약

대상	조약	내용
일본	제물포 조약	일본정부에 배상금 지불, 일본 공사관의 경비병 주둔
	수호조규 속약	일본인에 대한 거류지 제한이 50리로 확대
청	상민수륙 무역장정	청 상인의 통상 특권 허용, 청과 일본 양국 상인 간의 경쟁적 경제 침탈이 심화되는 계기
	고문파견	마젠창(내정), 묄렌도르프(외교), 위안스카이(군사) 고문 파견

④ 1884년 갑신정변의 개화당 세력은 입헌군주정 수립을 목표로 우정국 개국 축하연을 이용하여 정변을 일으키고 14개조의 정강을 발표 하였다.

오답 check

① 프랑스는 조선의 천주교 탄압인 병인박해의 구실로 강화도를 침공하는 병인양요를 일으켰다(1866).
② 일본은 군함 운요호를 조선 연해에 파견하였고, 강화도의 초지진 포대는 운요호에 경고 사격을 하였다(1875.운요호사건).
③ 조선은 근대 문물을 수입하기 위하여 개화 정책 추진의 핵심 기구로 1880년 통리기무아문을 설치하였고, 아래에 12사를 두어 외교, 군사, 산업 등의 업무를 분담하게 하였다.
⑤ 독일 상인 오페르트는 1868년 조선에 통상을 요구하였으나 거부당하자 충남 덕산에 있는 흥선대원군의 아버지인 남연군의 묘를 도굴하여 부장품을 미끼로 통상조약을 체결하려 하였으나 도굴 도중 발각되어 도주하였다.

36. 답 ③

출제자의 눈

가상의 시나리오를 통하여 보빙사를 파악할 수 있다.

자료 속 힌트 민영익, 보빙, 사절단

해설

자료는 보빙사를 나타낸 것이다. 조선은 조미수호통상조약(1882) 체결 이후에 민영익을 전권대사로 하여 최초의 구미사절단인 보빙사를 파견하였다(1883).

참고 개항 후 추진된 정부의 개화 정책

구분	내용
수신사	김기수(1876, 일동기유 저술) 2차 김홍집(1880, 황준헌 조선책략 유입)
조사시찰단 (일.1881)	일본의 정부·산업·군사시설 시찰, 귀국 후 박문국·전환국 설치
영선사 (1881.청.김윤식)	근대 무기 제조·군사 훈련법 습득, 정부의 재정 부족으로 1년 만에 귀국, 귀국 후 기기창(무기제조) 설치
보빙사 (1883.미국.민영익)	미국 푸우트 공사 파견의 답례로 파견된 최초의 구미 사절단, 조미수호통상조약 체결 후 파견, 미국 순방, 일부는 유럽시찰(유길준)

오답 check

① 연행사는 조선후기 청나라에 파견된 사신단을 지칭하는 것으로 청나라의 도읍인 연경에 간 사신이라는 의미로 사용되었다. 연행사는 해외시찰단, 연수단, 조사단과 같은 기능을 하였다.
② 1880년 일본에 파견된 2차 수신사 김홍집이 조선책략을 국내로 유입하였다.
④ 조선은 1607년부터 1811년까지 총12회에 걸쳐 일본에 통신사를 파견하여 선진 문물을 전파하였다.
⑤ 김윤식과 유학생들이 청 톈진에 유학하였던 영선사(1881)는 근대 무기 제조법, 군사훈련법, 자연 과학 등을 습득하였다. 귀국 후 근대식 무기 제조 공장인 기기창을 설치하였다.

37. 답 ④

출제자의 눈

신문기사의 내용을 통해 장인환, 전명운 의거를 파악할 수 있다.

자료 속 힌트 장인환, 전명운

해설

④ 장인환과 전명운 의사는 통감부의 한국 통치를 찬양한 미국인 외교 고문 스티븐스를 샌프란시스코에서 처단하였다.

장인환·전명운 의거(1908.3.23)

스티븐스는 3월 21일 기자 회견을 갖고, "일본이 한국을 보호국으로 삼은 뒤 한국에 유익한 바가 많다" 또는 "한국국민은 일본의 보호정치를 환영하고 있다"는 등의 망언을 일삼았다. 장인환과 전명운은 3월 23일 샌프란시스코 페리부두에서 스티븐스를 처단하기로 계획하고, 전명운이 권총으로 저격하였으나 불발로 실패, 직후 장인환이 스티븐스를 저격하여 처단하였다.

오답 check

① 한인애국단 소속인 이봉창은 도쿄에서 일본 국왕에게 폭탄을 투척하였다(1932.1).
② 간도와 연해주에서 의병으로 활약하던 안중근은 만주 하얼빈 역에서 한국 침략의 원흉인 초대 통감 이토 히로부미를 처단하였다(1909).
③ 이재명은 명동성당에서 벨기에 황제 레오폴트 2세 추도식을 마치고 나오는 이완용을 찔러 복부와 어깨에 중상을 입히고 체포되었다(1909).
⑤ 의열단원 나석주는 동양척식 주식회사와 조선식산은행에 폭탄을 투척한 후 다수의 일본인을 처단하였다(1926).

38. 답 ⑤

출제자의 눈

자료의 내용을 통해 대한제국의 광무개혁을 파악할 수 있다.

자료 속 힌트 대한제국 정부가 추진한 개혁

해설

자료를 통하여 대한제국(1897~1910)이 추진한 광무개혁에 대한 설명임을 파악할 수 있다.

참고 광무개혁

구분	내용
정치	대한국 국제 반포(1899), 전제 군주 체제 강화, 23부 → 13도, 중추원(황제 자문기구) 설정
경제	양지아문(1898)·지계아문(1901) 설치, 지계(地契) 발급, 근대적 공장과 회사 설립, 신식 화폐 발행 장정(1901) 제정, 금 본위제(백동화 발행), 도량형 통일
사회	실업학교 및 기술 교육 기관 설립, 근대 시설 확충, 고등 재판소를 평리원(平理院)으로 개칭, 순회 재판소 설치
군사	원수부 설치(황제가 육·해군 통솔), 서울의 시위대와 지방의 진위대 군사 수 증강, 무관학교 설립
외교	북간도에 이범윤을 간도 관리사(북변도관리)로 파견(1902), 울릉도를 울릉군으로 승격, 독도를 관할 구역에 포함

ㄷ. 광무 정권은 옛 제도를 근본으로 하고 새로운 제도를 참작한다는 구본신참(舊本新參)의 시정 방향을 제시하고, 1899년 대한국 국제를 반포하여 전제 황권을 지향하는 전제 군주제를 추구하였다.
ㄹ. 대한제국은 광무개혁의 일환으로 지계아문(1901)을 통해 양전 사업을 실시하여 최초의 토지 소유권 증명서인 지계(地契)를 발급하였다.

오답 check

ㄱ. 영조는 1년에 군포 1필만 부담하는 균역법을 시행하였는데, 감소된 재정에 대하여는 지주에게 결작미를 부담시켰다(1750).
ㄴ. 민씨정부는 신식군대인 별기군(1881~1882)을 창설하였다.

39. 답 ③

출제자의 눈

만세전의 내용을 통해 헌병무단통치를 파악할 수 있다.

자료 속 힌트 사벨(환도)을 차고 교단에 오르는

해설

환도(環刀)는 문·무관이 옛 군복에 차던 군도(軍刀)이다. 1910년대 일제의 강압적인 헌병무단통치 시기에는 정식 재판 없이 즉결심판이 가능하였고 비밀리에 태형을 집행하였으며, 교원들은 제복을 입고 칼을 차고 수업하였다.

참고 1910년대 일제의 헌병무단통치

구분	내용
정치	총독이 행정, 입법, 사법, 군통수권 등 전권 장악, 헌병 경찰제, 태형·즉결 심판권, 언론 집회의 자유 박탈, 관리·교사들도 제복과 착검
경제	토지조사사업을 통한 토지 약탈, 회사령(허가제)을 통한 민족기업 성장 억제, 산업 각 부분에 대한 침탈 체제 구축
교육	일본어 학습, 조선어 수업 축소, 중등교육제한, 역사 지리 교육 금지

③ 1910년대 국권을 강탈한 일제는 조선 총독부를 설치하고 강력한 헌병 무단 경찰 통치를 실시하였다.

오답 check

① 원산의 라이징선 석유 회사의 일본인 감독이 한국인 노동자를 구타한 사건을 계기로 3,000여 명이 참가한 원산 노동자 총파업은 일제 강점기 노동 운동에서 가장 규모가 큰 것이었다(1929).
② 미곡공출제는 민족말살 통치 시기인 1930년대 이후 일제의 전시 수탈 정책이다.
④ 1920년대 일제는 민립대학설립운동을 방해할 목적으로 경성제국대학을 설립하였다(1924).
⑤ 일제는 국가총동원법(1938)을 제정하고 징병제(1944)를 실시하였고, 여자 정신근로령(1944)을 시행하는 등의 인적 수탈을 자행하였다.

40. 답 ③

출제자의 눈

사회주의계 독립운동가 이재유를 통해 일제의 탄압을 추론할 수 있다.

자료 속 힌트 사회주의, 1925년, 인물들을 탄압할 목적

해설

1920년대 사회주의 운동이 일어나자, 일제는 이를 탄압하기 위해 국내 치안 유지를 빙자해 1925년 치안유지법을 제정·공포 하였는데, 이는 우리 민족의 독립 운동을 억압하려는 수단이었다. 치안유지법은 '일본의 국체 및 정체의 변혁과 사유 재산을 부인하는 자는 징역 10년에 처한다.'라는 등 총독부가 식민 체제를 부인하는 반정부·반체제 운동 또는 사유 재산제를 부인하는 사회주의 단체의 조직과 활동을 금지하고 탄압하는 법이다.

③ 일제는 사회주의 독립운동을 탄압하기 위하여 국내 치안 유지를 빙자해 치안유지법을 제정·공포하였다(1925).

오답 check

① 일제는 신문지법을 만들어 민족 신문을 탄압하였다(1907).
② 국가보안법은 국가의 안전을 위태롭게 하는 반국가활동을 규제함으로써 국가의 안전과 국민의 생존 및 자유를 확보하기 위하여 제정된 법률로 대한민국 정부 수립 이후 제정된 법률이다(1948.12.1).
④ 일제는 1910년대에 토지조사령(1912)을 발표하여 토지조사사업을 실시하였다.
⑤ 일제는 1938년 국가총동원령을 제정하여 전쟁 수행에 필요한 인적, 물적 자원을 총동원하는 것은 물론 한민족의 생존과 문화까지 말살하려 하였다.

41. 답 ⑤

출제자의 눈

자료를 통하여 월남망국사를 도출할 수 있다.

자료 속 힌트 프랑스 식민지로 전락, 현채, 주시경 등이 번역

해설

을사늑약 이후 일제 침탈로부터 국권을 회복하려는 국민의 자각은 애국 계몽운동의 하나로 전개되어 국사와 국어 연구를 통하여 민족의식을 고취시키려는 국학 운동으로 나타났다. 민족 지식인들은 미국독립사, (가) 월남망국사, 이태리 건국 삼걸전 등 외국의 건국 영웅이나 독립운동, 혁명 운동의 역사를 번역, 소개하여 국민들의 독립 의지와 역사의식을 높이려 하였다.

오답 check

① 이인직의 혈의 누(1906)는 청일전쟁을 배경으로 한 소설로 신교육 사상의 고취, 자유연애 및 자유결혼 등을 내용으로 하고 있다.
② 이수광의 지봉유설은 천문·지리·군사·관제 등 문화의 각 영역을 25부분으로 나누어 기술하였고, 일식·월식·벼락·조수 간만의 차 등을 소개하였다.
③ 안국선의 금수회의록(1908)은 동물들을 통하여 인간세상을 풍자하였는데 일본이 압수하여 갔다.
④ 이긍익은 조선 시대의 정치와 문화를 실증적이고 객관적으로 정리하여 연려실기술을 기사본말체로 저술하였다.

42. 답 ②

출제자의 눈

설명을 통해 1920년대 물산장려운동을 파악할 수 있다.

자료 속 힌트 토산품 애용, 자작 운동, 내 살림 내 것으로

해설

제시된 자료는 민족자본 육성을 위한 조선 물산장려회의 (가) 물산장려운동이다. 물산장려운동은 '내 살림 내 것으로', '조선 사람 조선 것'의 구호를 통해 1920년대 실력 양성 운동의 일환으로 전개된 운동이었다.

참고 물산장려운동

구분	내용
전개	평양에서 처음 시작(1920.조만식), 서울에서 조선물산장려회(1923) 조직, 전국으로 확산
활동	'내 살림 내 것으로', 토산품 애용·근검·저축·생활 개선·금주·금연 운동
결과	일본 기업에 열세, 상인·자본가의 농간으로 상품가격이 상승, 사회주의계의 비판

오답 check

① 의열단은 김원봉이 만주 길림에서 비밀 결사로 조직(1919)하였고 활발한 활동을 전개하였다.
③ 서상돈·김광제 등이 대구에서 시작한 국채보상운동(1907)은 전국으로 확산되었는데, 대한매일신보·황성신문·제국신문 등의 언론기관도 동참하였다.
④ 윌슨의 민족자결주의에 영향을 받아 이상룡, 안창호, 신규식, 박은식 등 길림의 민족지도자 39인은 대한 독립선언서를 발표하였다(무오독립선언.1918)
⑤ 신간회(1927)는 기회주의를 배척하고 민족단결을 주장하였다.

43. 답 ③

출제자의 눈

사진과 자료를 분석하여 백남운의 사적유물론을 파악할 수 있다.

자료 속 힌트 조선사회경제사, 중세 봉건제 사회의 단계

해설

백남운은 사적유물론을 바탕으로 한국사에 대한 체계적·법칙적 이해를 최초로 시도하였으며, 조선사회경제사, 조선봉건사회경제사 등을 저술하였다. 백남운은 사회 경제 사학을 연구하여 한국사가 세계사의 발전 법칙에 입각하여 발전하여 왔음을 강조하면서, 우리 역사의 정체성과 타율성을 주장한 일제의 식민사관인 정체성론을 비판하였다.

오답 check

① 나운규는 영화 아리랑을 제작하여 1926년 단성사에서 개봉하였다.
② 박은식은 역사를 '혼'으로 파악하여 혼이 담겨 있는 민족사의 중요성을 강조하였다.
④ 신채호는 화랑도의 낭가사상을 중시하였으며, 독립운동의 일환으로 역사를 연구하였다. 신채호는 주로 고대사 연구에 치중하여 '조선상고사', '조선사연구초' 등을 저술하여 주체적으로 한국사를 정리함으로써 민족주의 역사학의 기반을 확립하였다.
⑤ 주시경은 최초의 국어 연구 기관으로 대한제국 때 국문연구소(1907)를 설립하여 국문 정리 및 국문 연구 활동을 하였다. 주시경은 대한국어문법과 같은 문법서도 편찬하였다.

44. 답 ③

출제자의 눈 

중일전쟁 이후의 정세를 통해 일제의 민족말살정책 및 병참기지화 정책을 파악할 수 있다.

자료 속 힌트 7주년 기념일, 중일전쟁

해설

중일전쟁은 1937년에 있었고, 7년이 지났으므로, 1944년이 되어야 한다.
일제는 만주사변(1931)과 중일전쟁(1937) 등의 대륙침략을 강행하면서 한반도를 대륙 침략의 병참 기지로 삼으려 하였다. 이 시기에 일제는 지원병, 징병, 징용, 정신대 등으로 인적 자원을 수탈하였고, 양곡공출제, 식량배급제, 금속공출제 등으로 군량미와 무기원료를 수탈하였다.

참고 민족말살통치(1931~1945)

구분	내용
정치	황국신민화 강요, 황국신민의 서사암송, 신사 참배·궁성 요배·일본식 성명 강요, 학술 언론 단체 해산
경제	병참기지화, 인적 수탈(국가총동원법, 지원병제, 징병제, 징용제, 정신대), 물적 수탈(전쟁물자·식량공출, 식량배급제), 산미증식재개, 가축증식계획
교육	우리말 사용 금지, 학도 군사 훈련, 조선어 조선역사 조선 지리 과목 폐지

③ 일제는 1943년에 학도 지원병제를 실시하여 약 4,500명의 학생들을 지원병 형식으로 전쟁터로 내몰았고, 1944년에는 보다 강력한 징병제도를 실시하여 패전 때까지 20만여 명을 전쟁터에 투입하였다.

오답 check

① 일제는 한국인의 회사설립을 억제하고 민족 자본의 성장을 저지하기 위하여 회사 설립 시 총독부의 허가를 받도록 하는 회사령(1910~1920)을 공포하였다.
② 조선태형령은 일제가 한국인을 억압하고 통제하기 위하여 1912년에 제정하고, 1920년에 폐기하였다.
④ 일제는 제1차 조선교육령(1911)을 시행하였는데 보통학교는 6년에서 4년으로 단축하여 시행하였다.
⑤ 1920년대 일제는 산미증식계획을 실시하여 미곡을 수탈하였다.

45. 답 ⑤

출제자의 눈 

한중연합작전을 통해 한국독립군과 조선혁명군을 파악할 수 있다.

자료 속 힌트 지청천, 쌍성보, 대전자령, 양세봉, 영릉가, 흥경성

해설

일제가 만주 사변(1931)을 일으키고 괴뢰 정권인 만주국을 수립하자, 만주 지역을 근거로 무장 항일 운동을 전개하던 독립군은 보다 큰 위협을 받게 되었고, 중국내에서도 반일 감정이 고조되어 한·중 연합 작전을 전개하게 되었다.

한·중 연합작전(1930년대 전반)

(가) 한국독립군(한국독립당) + 중국 호로군 ⇒ 쌍성보 전투(1932), 대전자령 전투(1933)
(나) 조선혁명군(조선혁명당) + 중국 의용군 ⇒ 영릉가 전투(1932), 흥경성 전투(1933)

오답 check

① 자유시로 이동한 대한독립군단은 소련 적색군(적군)의 배신으로 피해를 입었다(1921, 자유시 참변).
② 의열단은 신채호가 작성한 조선혁명선언을 행동 강령으로 삼았다(1923).
③ 동학농민군은 공주 우금치 전투(1894.11)에서 조일연합군에게 패배하였고 전봉준, 손화중, 김개남 등의 지도부와 농민군들이 체포되면서 와해되었다(1894.12).
④ 신민회가 설립한 신흥강습소(1911)는 교육 인재 양성과 무관 양성을 목표로 하여 서간도에 설립하였고, 신흥무관학교의 명칭은 1919년 이후 사용하였다.

46. 답 ②

출제자의 눈 

사진을 통해 광복 직후의 정세를 추론할 수 있다.

해설

(가) 대한민국 정부 수립(1948.8.15.). 이승만을 대통령·이시영을 부통령으로 선출하였고 대한민국 정부의 수립을 선포하였다.
(나) 인천 상륙 작전(1950.9.15.). 국군과 유엔군은 맥아더 유엔군 총사령관의 인천 상륙 작전으로 전세를 반전시켰다.
ㄱ. 농지개혁법은 1949년 6월에 제정되었으나 정부의 재정상의 문제로 1950년 3월에 실시되었다.
ㄷ. 제헌국회는 일제 잔재의 청산을 위해 친일파를 처벌하기 위한 반민족행위처벌법(1948.9)을 공포하고, 반민족행위특별조사위원회(1948.10)를 구성하여 활동하였다.

오답 check

ㄴ. 김영삼 정부는 투명한 금융거래를 위해 1993년 금융 실명제를 시행하였다.
ㄹ. 1946년 3월 서울에서 제1차 미·소 공동 위원회가 개최되었다.

47. 답 ③

출제자의 눈 

제3차 개헌을 통해 출범한 제2공화국을 파악할 수 있다.

자료 속 힌트 내각 책임제 헌법

해설

1960년 4·19혁명 후, 사태 수습을 위해 허정을 내각 수반으로 하는 과도정부가 구성되었으며, 과도정부는 내각 책임제와 양원제(민의원, 참의원)를 골자로 헌법을 개정(3차 개헌, 1960.6.)하고 총선거를 실시하였다. 그 결과 민주당이 압승하였고, 새로 구성된 국회에서 윤보선을 대통령으로, 장면을 국무총리로 선출하였다.(제2공화국, 1960.8.)

오답 check

① 1948년 5·10 총선거는 우리나라에서 시행한 최초의 보통선거였고, 제헌국회를 구성하기 위한 총선거였다.
② 1960년 4·19 혁명으로 이승만 정권은 몰락하였고, 장면이 집권한 내각책임제의 제2공화국이 열렸다.
④ 1946년 이승만의 정읍발언에 대항하여 여운형(중도좌파)은 김규식(중도우파)과 함께 좌우합작위원회를 결성하여 합작운동을 추진하였고, 좌우합작7원칙을 발표하였다(1946.10).
⑤ 모스크바 3국 외상회의(1945.12)에서 신탁통치를 결정한 직후 우익세력은 반탁운동을 전개하였다.

48. 답 ④

출제자의 눈 

명동성당과 설명을 통해 유신체제를 도출할 수 있다.

자료 속 힌트 명동성당, 1976년, 3·1 민주 구국 선언

해설

1972년 7·4 남북공동성명을 발표한 직후 박정희 정부는 강력하고도 안정된 정부가 필요하다는 명분으로 비상계엄을 발령하고 10월 유신을 선포하여 (가) 유신체제를 성립시켰다. 이후 반유신운동이 활발하게 전개되었다. 1976년에는 윤보선, 김대중, 문익환 등 재야인사들이 명동 성당에서 긴급조치의 철폐, 박정희 정권 퇴진, 민족 통일 운동을 추구할 것 등을 요구하는 3·1 민주구국선언을 발표하였다.

참고 유신체제(1972~1979)

구분	내용
독재 체제	민주주의의 기본 원리를 무시한 권위주의 독재체제의 성립
대통령 권한	국회 해산권, 법관 인사권, 대법원장 임명권, 긴급조치권, 국회의원 1/3 지명권
대통령 임기	임기 6년, 중임제한 폐지
간접 선거	통일주체국민회의에서 대통령을 간접 선거로 선출

④ 긴급조치권은 대통령의 판단에 따라 국민의 자유와 권리에 대하여 무제한적 제한을 가할 수 있었던 유신체제 아래의 대통령 권한이었다.

오답 check

① 제헌 국회 의원의 임기는 1948년부터 1950년까지이다.
② 1987년 6월 민주항쟁의 결과 정부는 6·29선언을 발표하였고, 5년 단임의 대통령 직선제로 개헌하게 되었다.
③ 양원제 국회는 1차 개헌(발췌개헌,1952)과 4.19 혁명 직후인 3차 개헌(1960)이다.
⑤ 유신체제 당시에는 통일주체국민회의에서 대통령을 간접적으로 선출하는 방식으로 규정하였다.

49. 답 ⑤

출제자의 눈 

대화를 통해 5·18 광주 민주화운동을 파악할 수 있다.

자료 속 힌트 서울의 봄, 광주에서 시민군, 공수 부대

해설

1980년 계엄령 해제와 신군부의 퇴진을 요구하는 민주화 시위인 서울역 시위가 절정에 달하였으며, 전국으로 시위는 확대되었다. 광주 지역에서는 비상계엄 철회와 민주 헌정 체제 회복 요구의 시위를 진압하기 위하여 공수 부대를 투입하여 진압하였다.

⑤ 전두환의 신군부는 비상계엄을 전국으로 확대하였고(1980.5.17), 광주 지역에서는 비상계엄 철회 및 민주화를 열망하는 시민들의 요구가 5·18 민주화 운동으로 이어졌다(1980).

오답 check

① 전두환 정부의 4·13 호헌 조치에 반대하여 1987년 6월 민주항쟁이 전개되었다.
② 1960년 3·15 부정 선거에 항의하는 시위가 확대되어 4.19혁명이 전개되었다.
③ 박종철 고문치사사건과 이한열의 희생으로 1987년 6월 민주항쟁이 전개되었다.
④ 1964년 한일 회담의 추진은 시민과 대학생들의 대일 굴욕 외교 반대에 부딪혀 이른바 6·3항쟁을 유발시켰다.

50. 답 ②

출제자의 눈 

우리 민족 명절인 동지(冬至) 파악하기

자료 속 힌트 밤이 가장 긴 날, 귀신을 쫓는 음식

해설

② 동지는 양력 12월 22일 경으로 밤이 가장 긴 날이다. 동지에는 팥죽을 쑤어 새알심을 만들어 먹고, 또 사당에 차례를 지냈다.

오답 check

① 한가위(추석)는 음력 8월 15일로 가배라고도 한다. 추석에는 차례를 지내고, 성묘를 돌아봤으며 씨름, 강강술래, 소싸움 등의 민속놀이를 즐겼다. 또한, 송편, 토란국, 닭찜을 만들어 먹었다.
③ 삼짇날(3.3)은 강남에 간 제비가 돌아와 추녀 밑에 집을 짓는 때로 진달래꽃으로 화전을 만들어 먹었다.
④ 신선로는 궁중에서 먹었던 음식으로 들어가는 재료도 많고 그릇도 흔하지 않아 궁중에서는 연회 때 만들어 먹었다. 쇠고기, 간, 천엽, 돼지고기, 꿩, 닭, 전복, 해삼, 숭어 등 약 25가지 종류의 고급 재료가 들어간다.
⑤ 탕평채는 영조가 탕평책을 논하는 자리에서 내 놓은 음식으로 김(북인), 미나리(동인), 소고기(남인), 청포묵(서인) 등을 섞은 것이다.

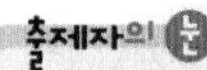

01. ①	02. ④	03. ③	04. ⑤	05. ③
06. ③	07. ③	08. ②	09. ③	10. ③
11. ①	12. ②	13. ④	14. ⑤	15. ①
16. ④	17. ①	18. ④	19. ③	20. ④
21. ④	22. ⑤	23. ②	24. ④	25. ⑤
26. ③	27. ④	28. ⑤	29. ①	30. ④
31. ①	32. ③	33. ①	34. ②	35. ⑤
36. ④	37. ③	38. ②	39. ⑤	40. ②
41. ①	42. ②	43. ⑤	44. ④	45. ①
46. ③	47. ③	48. ②	49. ⑤	50. ④

01. 답 ①

출제자의 눈

농경의 시작, 빗살무늬 토기 등을 통해 신석기 시대를 도출할 수 있다.

자료 속 힌트 정착 생활과 농경이 시작, 빗살무늬 토기

해설

신석기 시대에 조·피·수수 등 농경의 시작으로 정착 생활이 가능하게 되었고, 진흙으로 그릇을 빚어 불에 구워서 만든 빗살무늬를 입힌 토기를 사용하여 음식물을 조리하거나 저장하였다.

참고 신석기 시대

구분	내용
생활	간석기, 활·창으로 동물 사냥, 어로(그물)
경제	농경(조, 피, 수수) 시작, 의복·그물 제작(가락바퀴, 뼈바늘)
사회	평등사회, 혈연 바탕의 씨족사회(부족사회로 발전)
토기	이른민무늬 토기, 덧무늬 토기, 빗살무늬 토기
움집	대부분 강가나 바닷가, 반지하, 원형이나 모가 둥근 네모 바닥, 중앙 화덕, 4~5명 정도 거주

① 신석기 시대에는 가락바퀴와 뼈바늘을 사용하여 의복과 그물을 제작하는 등의 원시적 수공업이 발달하였다.

오답 check

② 철제 갑옷은 철기 시대 이후 만들어져 사용되었다.
③ 6세기 신라 지증왕 때 철제 농기구를 활발하게 보급하여 우경을 실시하였다.
④ 철기시대 한국식 동검이라 일컫는 세형동검이 발견되는데, 중국과는 특징이 다른 것으로 우리만의 독자적 문화형성을 추측할 수 있다.
⑤ 청동기시대에는 거친무늬 거울 등을 만들어 사용하였다.

02. 답 ④

출제자의 눈

자료의 내용을 통하여 고조선 사회를 추론할 수 있다.

자료 속 힌트 단군 신화, 비파형 동검, 위만

해설

고조선은 요령 지방을 중심으로 성장하여 한반도 대동강 유역까지 발전하였다. 철제 문화를 바탕으로 영토를 확장한 위만조선은 지리적 이점을 이용하여, 동방의 예, 남방의 진과 중국의 한 사이의 직접 교역을 차단하는 등 중계 무역으로 경제적 이득을 독점하였다.

참고 고조선의 발전

시기	내용
B.C.2333	단군조선의 건국
B.C.4C	고조선은 연과 대립할 만큼 강성
B.C.3C	부왕과 준왕과 같은 왕이 등장. 왕위 세습
B.C.194	위만조선의 시작
B.C.108	한 무제 공격·지배층의 내분으로 멸망

④ 고조선은 8조법을 두어 질서를 유지하였으며 그 중 3개조의 내용만 현재까지 전해진다.

오답 check

① 조선후기 방납의 폐해가 나타나 이를 방지하기 위한 제도로 대동법이 시행되었다.
② 고려 숙종 때 여진을 방어하기 위하여 조직한 윤관의 별무반은 기병인 신기군, 승병인 항마군, 보병인 신보군으로 편성한 특수부대로 광범위한 계층을 망라한 군사조직이었다.
③ 고려 태조 왕건은 항복한 신라의 마지막 왕인 경순왕을 경주의 사심관으로 삼고 그 지방의 자치를 감독하게 하였다(935).
⑤ 골품제는 신라의 신분제도로 능력보다 신분을 중시하였다.

03. 답 ③

출제자의 눈

사료를 분석하여 옥저와 고구려를 도출할 수 있다.

자료 속 힌트 신랑 집에서는 여자를 맞이하여, 본채 뒤에 작은 집, 서옥

해설

(가) 옥저는 어물과 소금 등 해산물이 풍부하였고, 토지가 비옥하여 농경이 발달하였으나, 고구려의 압박으로 공물을 납부 하였다. 풍속으로는 가족 공동 묘와 민며느리제가 있었다.
(나) 고구려는 5부족 연맹체로 왕 밑의 상가고추가 등 대가(독립족장)들이 사자·조의·선인 등 관리를 두었다. 대부분 산악지대로 식량 부족 때문에 약탈 경제가 발달하였다. 법률이 엄격하여 중대한 범죄자는 제가회의를 통하여 사형에 처하고 그 가족을 노비로 삼기도 하였고, 데릴사위제의 혼인 풍속인 서옥제가 있었다.

참고 연맹국가의 특징

국가	특징
고구려	5부족 연맹체, 동맹(10월, 국동대혈), 약탈 경제, 서옥제, 제가회의
옥저	군장국가(읍군·삼로), 민며느리제, 가족공동묘, 해산물 풍부, 토지 비옥

③ 고구려는 매년 10월에 동맹이라는 제천 행사를 국동대혈(수혈)에서 지냈다.

오답 check

① 부여에는 남의 물건을 훔쳤을 때에 물건 값의 12배를 배상하게 하는 1책 12법이 있었다.
② 삼한의 소도는 군장세력이 미치지 못하는 신성 지역으로 제사장인 천군이 따로 지배하였다.
④ 삼한 중 변한에서는 철이 많이 생산되어 낙랑이나 왜에 수출이 활발하였다.
⑤ 삼한은 대족장인 신지·견지, 소족장인 읍차·부례 등의 지배자가 지배하였다.

04. 답 ⑤

출제자의 눈

양직공도와 22담로를 통해 6세기 이후 백제를 파악할 수 있다.

자료 속 힌트 양직공도, 22개의 담로

해설

자료의 그림은 양직공도이다. 양직공도는 중국 양나라의 원제가 526년~536년 무렵에 그린 그림으로 당시 백제 성왕(523~554)이 사비로 천도(538)하기 전 시대이다. 22담로는 6세기 백제 무령왕이 지방에 대한 통제를 강화하기 위하여 설치하였고 담로에 왕족을 파견하였다.

⑤ 웅진성 시대 축조된 벽돌무덤 양식의 무령왕릉, 양직공도 등을 통해 당시의 백제가 중국 남조와 활발하게 교류했음을 알 수 있다.

오답 check

① 조선후기 인조반정으로 집권한 서인은 친명배금 정책을 추진하여 후금을 자극하였다.
② 임진왜란 이후 광해군은 일본과 기유약조를 맺어 동래부의 부산포에 다시 왜관을 설치하고, 제한된 범위 내에서 교섭을 허용하였다(1609, 세견선 20척, 세사미두 100석).
③ 울산항은 통일신라의 국제 무역항으로 이슬람 상인과 무역을 하였다.
④ 고려 예종 때 윤관은 별무반을 이끌고 여진을 정벌하여 동북 9성을 쌓았다(1107).

05. 답 ③

출제자의 눈

중국에 있는 고구려의 유적을 학습할 수 있다.

해설

(가) 장군총은 대표적인 고구려 초기의 돌무지무덤으로, 돌을 계단식으로 정밀하게 7층까지 쌓아올린 형태의 돌무지무덤은 만주 길림(지안) 일대에 1만 2,000여 기가 무리를 이루고 있으며 무덤의 외부를 보호하기 위한 돌(호석)과 주위에 딸린무덤(배총)이 있는 것이 특징이다.
(나) 광개토대왕릉비는 아버지의 업적을 기리기 위하여 장수왕이 중국 길림성 근처에 건립하였다(414).
(다) 무용총은 고구려의 대표적인 굴식돌방무덤으로 무용도와 수렵도 등의 벽화가 발견되었다.
(라) 국내성. 유리왕이 졸본에서 압록강 근처의 국내성(집안)으로 수도를 옮긴 이후부터 고구려의 수도가 되었다(AD.3).

참고 고구려의 시대 구분

구분	고구려 왕
졸본성시대	1C 동명성왕(BC.37) ~ 1C 유리왕(3)
국내성시대	1C 유리왕(3) ~ 5C 장수왕(427)
평양성시대	5C 장수왕(427) ~ 7C 보장왕(668)

ㄴ. 광개토대왕릉비에는 광개토대왕이 신라에 침입한 왜구를 격퇴한 내용이 기록되어 있다.
ㄷ. 고구려의 초기 벽화는 생활상의 모습이 나타나 있는데 각저총과 무용총 등에서 발견된 벽화가 대표적이다.

오답 check

ㄱ. 장군총은 고구려 초기의 대표적인 돌무지무덤이다. 벽돌무덤 양식은 백제의 무령왕릉이다.
ㄹ. 6세기 백제 성왕은 대외 진출이 수월한 사비(부여)로 천도하고 국호를 남부여로 개칭하였다(538).

06. 답 ③

출제자의 눈

삼국사기의 기록을 통해 무열왕의 삼국통일을 파악할 수 있다.

자료 속 힌트 당의, 군사를 요청, 고구려는 미처 멸망시키지 못하였다.

해설

사료의 주인공은 '고구려를 멸망시키고 통일을 이룩한 왕'의 내용을 통하여 신라 문무왕을 확인할 수 있고, 선왕은 태종 무열왕(654~661, 김춘추)임을 파악할 수 있다.
무열왕은 왕명을 출납하고 기밀을 관장하던 집사부의 장관인 시중의 기능을 강화시켰으며, 귀족 세력인 상대등 세력을 약화시켜 왕권을 강화하였다. 무열왕은 대외적으로는 나당연합군과 함께 백제를 병합하였고, 기존의 불교식 왕명에서 중국식 시호를 사용하였다.

③ 7세기 신라의 진골출신 김춘추가 왕위에 오르면서 무열왕계 진골만이 왕위를 세습할 수 있었고, 점차 왕권이 강화되었다.

오답 check

① 6세기 백제 성왕은 대외 진출이 수월한 사비(부여)로 천도하고 국호를 남부여로 개칭하였다(538).
② 6세기 신라 지증왕(500~514)은 이사부를 보내 우산국(울릉도)을 복속시켜 세력을 확장하였다(512).
④ 고구려 광개토대왕은 영락이라는 연호와 태왕의 호칭을 사용하는 등 국가의 위신을 높였다.
⑤ 6세기 신라 진흥왕은 인재를 양성하기 위하여 청소년 집단이었던 화랑도를 국가적인 조직으로 개편하였다.

07. 답 ③

출제자의 눈

대화를 통하여 신라 말의 정세를 파악할 수 있다.

자료 속 힌트 김헌창이 일으킨 반란, 헌덕왕, 궁예

해설

• 김헌창의 난(822). 헌덕왕 때 웅천주(공주) 도독 김헌창은 아버지인 김주원이 왕위를 계승하지 못한데 불만을 품고 국호를 장안, 연호를 경운이라고 하여 반란을 일으켰으나 실패하였다.
• 후고구려 건국(901). 궁예는 신라 왕족의 후예로서 북원(원주)의 도적 집단 양길의 수하로 있다가 독립하여 송악(개성)에 도읍을 정하고 후고구려를 건국하였다.

③ 신라 말 흥덕왕 때 장보고는 완도에 청해진을 설치(828)하여 해적을 소탕하였으며, 남해와 황해의 해상 무역권을 장악하였다.

오답 check

① 감은사는 신라 중대였던 신문왕 때에 창건되었다(682).
② 고려 충렬왕은 국학을 성균관으로 개칭하였고 유교 교육의 진흥에 나섰다.
④ 벽란도는 고려의 국제 무역항으로 이슬람 상인이 왕래하였던 교통로와 산업의 중심지였다.
⑤ 직지심체요절은 청주 흥덕사에서 백운 경한 스님에 의해 금속활자로 1377년에 2권으로 간행되었는데 현존하는 세계 最古의 금속 활자로 공인받고 있다.

08. 답 ②

출제자의 눈

러시아 발굴 현장의 내용을 통해 발해의 유적지를 도출할 수 있다.

자료 속 힌트 러시아, 9세기 해동성국, 솔빈부

해설

러시아 지역의 유적지 발굴을 통해 9세기 당시 (가) 발해 선왕 때의 유적지임을 파악할 수 있다. 자료 속 솔빈부의 지역은 발해의 수출품인 말이 특산품으로 유명한 곳이었다.

참고 발해의 발전

왕	내용
고왕	대조영, 길림성의 동모산에서 건국(698), '천통'
무왕	북만주 일대 장악, 요서·산동 지방 공격(장문휴의 수군), 돌궐·일본과 연결하여 당·신라 견제, '인안'
문왕	당과 친선 관계, 중경에서 상경으로 천도, 신라도, 주자감 설치, '대흥'
선왕	대부분의 말갈족 복속, 요동 진출, 해동성국, 15부 62주 정비, '건흥'

② 이불병좌상은 발해 동경 용원부의 절터에서 발굴된 것으로 고구려 양식을 계승한 것이다.

오답 check

① 고구려의 연가7년명 금동여래입상은 평양의 승려들이 천불(千佛)을 조성하여 세상에 유포시키고자 만든 것으로, 광배 뒤에 연가(延嘉) 7년을 새겨 놓았다.
③ 국보 제83호인 삼국시대 금동미륵보살 반가사유상이다.
④ 통일신라시대 강원도 철원에 있는 도피안사 철조 비로자나불 좌상이다.
⑤ 통일신라시대 경주의 석굴암 본존불상은 사실적인 조각으로 살아 움직이는 느낌을 가지게 한다.

09. 답 ③

출제자의 눈

대화를 통해 고구려의 시기를 구분할 수 있다.

자료 속 힌트 다의 군대, 연개소문이 세상을 떠난 후, 연남생

해설

자료의 대화를 통해 고구려의 평양성 전투 직전의 상황을 알 수 있다. 백제의 멸망 당시 고구려는 거듭된 전쟁으로 국력이 소모되어 있는 상태였고, 연개소문이 죽은 뒤 지배층의 권력 쟁탈전이 심해져 연개소문의 장남 연남생이 당나라에 투항하는 등 분열되고 있었다. 이후 연남생과 나당 연합군은 고구려를 공격하게 되었고 평양성이 함락되면서 고구려도 멸망하게 되었다(668, 보장왕).

10. 답 ③

출제자의 눈

관노의 난, 전주화약의 내용 등을 통하여 전주 지역의 역사를 파악할 수 있다.

자료 속 힌트 관노(官奴)가 봉기, 사고(史庫)가 설치, 동학, 화약

해설

• 전주 관노의 난. 고려 무신집권기 주현군을 중심으로 관노들이 봉기하여 40일간 전주를 점령하였다(1182).

• 전주 사고. 사고(史庫)는 나라의 역사기록과 중요한 서적, 문서인 조선왕조실록을 보관하던 국가의 서고(書庫)를 말한다. 세종 때 전주, 성주 사고를 추가 설치하여, 조선 전기에는 춘추관, 충주, 전주, 성주 사고의 4사고 체제가 갖추어졌다.
• 전주 화약. 동학농민군과 정부는 전주에서 화약을 체결하였다(1894.5.8.).

③ 견훤은 전라도 지방의 군사력과 호족 세력을 통합하여 완산주(전주)에 도읍을 정하고 후백제를 건국하였다(900).

오답 check

① 의상은 화엄사상을 바탕으로 교단을 형성하였고, 경북 영주에 부석사를 건립하였다.
② 6세기 신라 진흥왕이 영토를 확장하고 순수비를 설치하였다.

진흥왕의 단양적성비와 순수비
단양적성비(551.한강상류), 북한산 순수비(555.한강 하류), 창녕비(561.대가야 정복), 황초령비(568.함경도 진출), 마운령비(568.함경도 진출)

④ 발해는 당의 장안성을 모방하여 상경의 궁궐(중국 흑룡강성 부근)을 축조하였는데 외성을 쌓고 남북으로 넓은 주작대로를 내어 그 안에 궁궐과 사원을 세웠다.
⑤ 검모잠은 보장왕의 서자 안승을 왕으로 추대하여 한성(황해도 재령)을 근거지로 군사를 일으켰다.

11. 답 ①

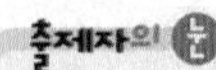

출제자의 눈

고려의 재추회의 기구를 파악할 수 있다.

자료 속 힌트 도병마사와 식목도감, 재신과 추밀

해설

(가) 고려시대 도병마사와 식목도감은 재신과 추밀이 모여 국방과 법의 제정 등을 다루던 최고의 회의기구이다. 특히, 도병마사는 고려의 국방 문제를 담당하는 국가 최고의 회의기구로써 임시적인 회의기구로 구성되었으나 고려 후기 충렬왕 때 도평의사사(도당)로 개편되면서 고성원이 확대되고 국정 전반에 걸친 주요사항을 담당하는 최고 정무 기관으로 발전하게 되었다.

① 고려는 국왕의 친위부대인 2군과 수도와 국경 방위부대인 6위를 중앙군으로 구성하였다.

참고 고려의 중앙군

구성		내용
구성	2군	국왕의 친위부대, 응양군, 용호군의 2군
	6위	수도와 국경 방위, 좌우위·신호위·흥위위(수도·국경), 금오위(경찰 업무), 천우위(儀仗 업무), 감문위(궁성 수비) 등 6위
특징		직업 군인으로 군적에 등록, 군인전 지급, 역의 세습, 군공을 통해 무신으로 신분 상승 가능

오답 check

② 정조는 친위 부대인 장용영을 설치하여 왕권을 뒷받침하는 군사적 기반을 갖추었다.
③ 민씨정부는 신식군대인 별기군(1881~1882)을 창설하였다.
④ 인조 때 후금과의 항쟁 과정에서 국방력 강화를 위하여 어영청(수도), 총융청(북한산성), 수어청(남한산성) 등이 설치되었다.
⑤ 임진왜란 중 창설한 훈련도감은 왜군의 조총에 대항하기 위하여 조직한 군대로 기존의 활과 창으로 무장한 부대 외에 조총으로 무장한 부대로 구성하여 포수·사수·살수의 삼수병으로 편제되었다.

12. 답 ②

출제자의 눈 

대화를 통해 고려 광종을 파악할 수 있다.

자료 속 힌트 과거, 인재를 개발, 쌍기

해설

쌍기의 건의를 수용한 왕의 대화를 통하여 고려 (가) 광종을 파악할 수 있다. 고려 광종은 공신의 자제를 우선적으로 등용하던 종래의 관리 등용 제도를 억제하고 새로운 관리 선발을 위해 과거 제도를 시행하였으며 지배층의 위계질서를 확립하기 위해 백관의 공복을 제정하였다. 또한, 주현 단위로 공물과 부역을 책정하여 징수는 주현공부법을 시행하여 국가의 수입 기반을 확대하였으며 왕실의 권위를 높이기 위하여 황제의 칭호 및 광덕·준풍과 같은 독자적인 연호도 사용하였고, 개경을 황도, 서경을 서도로 칭하는 등 자주적 위상을 높였다.

② 고려 광종은 노비안검법을 시행하여 호족 세력을 약화시켰고, 국가 재정을 확충하였다(956).

노비안검법(956)
광종은 왕권을 강화하기 위하여 후삼국 시대의 혼란기에 불법적으로 노비가 된 자를 조사하여 양인으로 해방시켜 주는 노비안검법을 시행하였다. 이로 인하여 호족 세력의 경제적·군사적 기반은 약화되었고 국가의 재정은 확대되었다.

오답 check

① 조선 태종은 양전 사업과 호구 파악에 노력을 기울였고 호패법을 실시하였다.
③ 신라 원성왕 때 독서삼품과를 마련하였는데 국학의 졸업생을 성적에 따라 3등급으로 나누어 관리를 채용하려 하였다.
④ 고려 성종은 지방의 12목에 목사와 경학박사·의학박사를 파견하여 중앙집권화와 유교교육을 진흥시켰다.
⑤ 고려 말 공민왕은 즉위 후 기철을 비롯한 친원 세력을 숙청하고(1356), 내정 간섭기구인 정동행성이문소의 폐지 등의 개혁정치를 추진하였다.

13. 답 ④

출제자의 눈

김부식이 왕에게 올린 내용을 통하여 삼국사기를 도출할 수 있다.

자료 속 힌트 김부식, 본기, 열전

해설

④ 인종 때 김부식이 왕명에 의해 편찬한 삼국사기(1145)는 기전체 서술방법으로 쓰여진 역사서로, 현존하는 우리나라 최고(最古)의 역사서이다. 삼국사기는 왕에 관한 기록인 본기, 신하에 관한 기록인 열전, 제도나 풍습에 관한 지, 연표 등으로 구성된 기전체의 역사서이며, 합리적 유교 사관에 입각하여 서술된 서적으로 신라 계승 의식이 반영되어 있다.

오답 check

① 고려사(1451)는 세종 때 김종서, 정인지 등이 국왕보다 재상의 역할을 강조한 고려국사를 개찬하기 시작하여 여러 차례의 수정작업을 거쳐 문종 원년에 완성한 기전체 형식의 역사서로 자주적 입장에서 고려시대를 서술하였다.

② 18C 실학자 유득공은 발해고(1784)에서 최초로 남북국 시대를 주장하여 민족의 자주성을 높였다.

③ 동국통감은 성종 때 서거정 등이 왕명으로 편찬한 역사서로써 고조선부터 고려 말까지의 역사를 편찬하였는데, 편년체로 만들어졌다(1485).

⑤ 충렬왕 때에 일연이 편찬한 삼국유사는 불교사를 중심으로 고대의 민간 설화나 전래 기록을 수록하는 등 우리 고유의 문화와 전통을 중시하였으며, 단군을 우리 민족의 시조로 여겨 단군의 건국 이야기를 수록하는 등 자주적 역사의식이 나타난다.

14. 답 ⑤

출제자의 눈

유적지와 설명을 총하여 고려시대 몽골항쟁을 파악할 수 있다.

자료 속 힌트 처인성 터, 김윤후, 살리타를 사살

해설

자료는 고려시대 처인성 전투(1232, 몽골 2차 침입)를 나타낸 것이다. 고려 최씨무신정권의 집권자인 최우는 몽골의 무리한 조공 요구에 반발하며 강화도로 천도하여 몽골과의 항전을 대비하였고 이에 몽골군이 고려에 재침입(1232)하였다. 승려 김윤후가 이끈 민병이 처인성(용인)에서 몽골 장수 살리타를 사살하였고, 노비와 부곡의 주민까지도 몽골에 항전하여 몽골군이 퇴각하게 되었다.

⑤ 승려 김윤후는 충주 전투에서 승리하였으며(1252, 몽골 5차 침입), 충주 다인철소의 주민들도 몽골에 항전하였다(1254, 몽골 6차 침입).

오답 check

① 세종 때(1419) 이종무는 병선 227척, 병사 1만 7,000명을 이끌고 대마도를 토벌하여 왜구의 근절을 약속받고 돌아왔다.

② 거란은 고려 현종의 입조약속 불이행과 강동6주의 반환을 거부한 것에 대하여 불만을 품고 소배압이 10만 대군을 끌고 재차 침략하였는데(1018, 거란 3차 침입), 귀주에서 강감찬이 지휘하는 고려군에게 섬멸되었다(1019, 귀주대첩).

③ 서희는 외교 담판으로 거란과 교류를 약속하고, 고려가 고구려의 후예임을 인정받음과 동시에 압록강 동쪽의 강동6주를 획득하였다(994, 성종).

④ 조선 선조 때 발발한 임진왜란 당시 왜군에 맞서 의병이 전국적으로 항전하였다.

15. 답 ①

출제자의 눈

내용을 통하여 최충헌이 고려 명종에게 바친 개혁안임을 파악할 수 있다.

자료 속 힌트 적신(賊臣), 신(臣) 최충헌, 봉사 10조

해설

자료는 이의민을 제거한 최충헌과 봉사 10조의 건의를 받은 명종의 내용을 나타낸 것이다. 최씨무신 정권의 최충헌은 집권 당시의 혼란을 극복하기 위하여 조세제도의 개혁, 토지겸병의 금지, 승려들의 고리대업 금지 등을 내용으로 하는 봉사10조와 같은 개혁 책을 제시하였으나, 실질적인 개혁은 미비하였다.

① 최충헌은 최씨 무신 정권의 반대 세력을 제거하고 국정을 총괄하는 최고의 정치 기구인 교정도감을 설치하여 권력 기구를 총괄하였으며, 교정도감의 장관인 교정별감은 최씨 가문이 세습하였다.

오답 check

② 신라중대 6두품 세력은 학문적 식견을 바탕으로 왕권과 결탁하여 왕의 정치적인 조언자 역할을 하면서 성장하기 시작하였다.

③ 신라 말 반신라 세력인 6두품과 지방 호족이 연계하여 고려 건국을 주도하였다.

④ 고려후기 권문세족은 강과 하천을 경계로 삼을 만큼 대규모의 농장을 소유하고도 국가에 세금을 내지 않았으며, 또한 몰락한 농민을 농장으로 끌어들여 노비처럼 부리며 부를 축적하였다.

⑤ 선조 때 사림이 집권하면서 이조전랑직의 대립이 발생하여 동인과 서인으로 나뉘게 되었다.

16. 답 ④

출제자의 눈

자료의 내용을 분석하여 월정사 8각9층탑을 도출할 수 있다.

자료 속 힌트 평창, 고려, 다각형의 다층

해설

④ 고려시대에는 다각다층탑이 많이 제작되었는데, 송의 영향을 받은 오대산 월정사 8각9층 석탑이 대표적이다.

오답 check

① 불국사 3층 석탑(석가탑)은 2층 기단에 3층 탑신부를 올린 통일신라 석탑의 전형으로 전체의 균형이 잘 잡힌 뛰어난 작품이다.
② 감은사지 3층 석탑은 통일신라의 석탑으로 경주에 있다.
③ 7세기 백제 무왕 때 건립한 것으로 추정되는 부여의 정림사지 5층 석탑은 목탑 형식의 미륵사지 석탑을 계승한 탑으로 안정적인 모습을 보여준다.
⑤ 전남 구례의 화엄사 4자자 3층 석탑은 통일신라 석탑이다.

17. 답 ①

출제자의 눈

성종 때 완성·반포한 내용을 통해 조선의 대법전인 경국대전을 파악할 수 있다.

자료 속 힌트 조선, 법령, 세조 때 편찬, 성종 때 완료

해설

조선의 성종은 건국 이후 문물제도 정비를 완비하였으며, 세조 때에 시작한 경국대전의 편찬을 마무리하여 반포(1485)함으로써 이후 조선 사회의 기본 통치 방향과 이념을 제시하였다. 이로써 조선왕조의 통치 체제가 확립되었다. 경국대전은 이전, 호전, 예전, 병전, 형전, 공전의 6전으로 구성된 조선의 기본 법전으로, 후기까지 법률 체계의 골격을 이루었다. 이 법전의 편찬은 조선 초기에 정비된 유교적 통치 질서와 문물제도가 완성되었음을 의미하는 것이다.

오답 check

② 정조는 통치규범을 재정리하기 위하여 대전통편을 편찬하였다.
③ 고종 때 흥선대원군은 통치체제의 정비를 위하여 이전 법전인 대전통편을 보완하여 대전회통을 편찬하였다.
④ 고종 때 흥선대원군은 대전회통에서 빠진 시행 법규 및 사례를 정리하여 육전조례를 편찬하였다.
⑤ 태조 때 정도전은 조선경국전과 경제문감을 저술하여 민본적 통치규범을 마련하였다.

참고 조선의 법전

법전	편찬	내용
조선경국전(1394)	태조(정도전)	여말 선초의 조례를 정리한 최초의 법전
경제문감(1395)	태조(정도전)	조선 정치 조직의 초안, 재상 중심의 정치
경국대전(1485)	세조~성종	조선의 기본 법전으로 세조 때 착수, 성종 때 완성 반포
속대전(1746)	영조(김재로)	경국대전 보완, 경국대전의 체제는 유지
대전통편(1785)	정조(김치인)	경국대전 속대전을 통합, 기존의 체제를 유지
대전회통(1865)	고종(조두순)	대전통편을 보완하여 편찬, 조선시대 최후의 통일된 법전
육전조례(1867)	고종(조두순)	대전회통에서 빠진 시행 법규, 사례 정리

18. 답 ④

출제자의 눈

조선시대 인사 고과제도를 통하여 수령을 추론할 수 있다.

자료 속 힌트 부임, 칠사(七事), 농업, 호구, 학교, 군정, 부역, 소송

해설

자료는 수령 7사를 나타낸 것으로 수령의 근무성적을 평가한 것으로 인사고과에 반영되었다. 조선 시대에는 전국을 8도로 나누었고, 그 아래 부·목·군·현에는 수령을 파견하였는데, 수령은 행정권, 사법권, 군사권 등을 행사하였다.

수령7사
농상성(農桑盛, 농사는 잘 돌봤는가), 사송간(詞訟簡, 송사를 줄였는가), 간활식(奸猾息, 간활한 풍속을 줄였는가), 호구증(戶口增, 호구를 증가시켰는가), 학교흥(學校興, 교육에 힘썼는가), 군정수(軍政修, 군정을 잘 다스렸는가), 부역균(賦役均, 부역을 공평히 부과했는가)

오답 check

① 춘추관은 왕조실록 등의 역사서 편찬과 보관을 담당하였다.
② 의정부에서는 영의정, 좌의정, 우의정이 중심이 되어 6조에서 올라오는 일을 논의하였다.
③ 5품 이하 관리의 등용에는 사헌부와 사간원(양사, 대간제도)에서 신분 및 경력을 조회하여 관리 임명 등의 동의를 하게 했던 서경을 거치도록 하였다.
⑤ 중인층인 역관은 사신을 수행하며 통역을 담당하였고, 외국과의 무역에 참여하여 부를 축적하였다.

19. 답 ③

출제자의 눈

자료의 설명을 통해 삼봉 정도전을 파악할 수 있다.

자료 속 힌트 삼봉, 조선의 개국 1등 공신, 재상 중심의 정치

해설

정도전은 조선경국전과 경제문감을 저술하여 민본적 통치규범을 마련하였고, 성리학을 국가의 통치이념으로 확립시켜 재상 중심의 정치를 주장하였다. 정도전은 재상 중심의 합리적인 관료 지배체제를 이상적으로 꿈꾸었고 민본사상을 강조하였다.
③ 정도전은 불씨잡변을 저술하여 불교를 비판하였다.

오답 check

① 몽유도원도는 15세기 안견의 작품으로 현실세계와 이상세계를 동시에 그려내었다.
② 정약용은 서양 선교사가 중국에서 펴낸 기기도설을 참고하여 거중기를 만들었다.
④ 영조 때 정상기는 동국지도를 제작하였는데, 최초로 100리척을 사용하여 정확하고 과학적인 지도 제작에 공헌하였다.
⑤ 조선 중종 때 조광조의 개혁정치에 의해 현량과가 실시되었다.

20. 답 ④

출제자의 눈

건물 배치도와 설명을 통해 서원을 파악할 수 있다.

자료 속 힌트 중종 때 주세붕이 처음 설립

해설

(가) 서원은 선현을 제사하고, 향촌에서의 교육을 통해 후진을 양성하던 기구로써 향촌에서의 사림의 지위를 강화시켜 주었다.

참고 서원

구분	내용
시점	주세붕의 백운동 서원(1543.중종)
기능	향촌에서의 사림의 지위를 강화
역할	선현의 제사와 교육(후진 양성)
발전	이황의 건의로 소수서원(백운동서원)으로 사액, 토지·노비 하사, 면세 특권

오답 check

① 고려 예종은 국자감을 국학으로 개칭하고, 국학 내에 전문 강좌인 7재를 설치하였다(국학7재).
② 조선의 중등교육기관인 4부학당과 향교에는 그 규모와 지역에 따라 중앙에서 교관인 교수 또는 훈도를 파견하였다.
③ 조선시대에는 사역원에서 외국어 교육을 받아 과거를 통하여 역관이 되었다.
⑤ 육영공원은 1886년에 정부가 설립한 최초의 근대 교육 기관으로 1894년까지 존속하였다. 육영공원은 미국인 교사 헐버트와 길모어를 초빙하여 상류층 자제를 대상으로 영어, 수학, 정치학 등의 근대 교육을 실시하였다.

21. 답 ④

출제자의 눈

자료를 통하여 우리나라의 역사와 주변국의 국제 정세를 확인할 수 있다.

해설

고조선 때에는 (가) 위나라와 한나라의 침략을 받았다.
고구려 때에는 (나) 수나라와 당나라의 침략을 받았다.
신라 때에는 (다) 당나라와의 전쟁이 있었다.
고려 때에는 (라) 거란, 여진, 몽골, 홍건적, 왜구 등의 침략이 있었다.
조선 때에는 (마) 왜, 여진족(후금, 청), 서양 열강의 침략이 있었다.
④ 임진왜란 당시 전라 순찰사 권율이 서울 수복을 위해 북상하다가 행주산성에서 왜적을 크게 쳐부수어 승리하였고, 왜군의 재차 북상을 막았다(1593, 행주대첩).

오답 check

① 고조선의 성장에 불안을 느낀 한나라의 무제는 대규모 침략을 해왔고, 약 1년간에 걸친 장기전과 지배층의 내분으로 왕검성은 함락되어 고조선은 멸망하게 되었다(BC108).
② 7세기 수나라의 양제는 113만의 대군을 이끌고 고구려에 침략하였으나 을지문덕이 살수에서 대항하여 대승리를 이루어냈다(612,살수대첩).
③ 매소성 전투는 나당전쟁 중에 있었던 전투로 당나라 20만 대군을 매소성에서 격파하여 신라가 전쟁의 승기를 잡는다(675).
⑤ 프랑스는 병인박해의 구실로 병인양요(1866)를 일으켰는데, 양헌수 부대가 강화도의 정족산성에서 활약하였다.

22. 답 ⑤

출제자의 눈

김육의 활동을 통하여 조선시대의 정세를 파악할 수 있다.

자료 속 힌트 대동법 확대 시행

해설

효종 때 김육의 주장으로 충청도와 전라도에서 대동법이 시행(1651)되었다.
⑤ 조선후기 김육은 청의 역법인 시헌력 도입을 건의하였다.

오답 check

① 조선후기 박지원은 양반전, 허생전, 호질 등을 저술하여 양반 문벌제도의 비생산성을 비판하였다.
② 조선후기 김정희는 우리 서예 발전의 성과를 바탕으로 고금의 필법을 두루 연구하여 굳센 기운과 다양한 조형성을 가진 추사체를 창안하여 서예의 새로운 경지를 열었다.
③ 철종 때 제작된 김정호의 대동여지도는 산맥·하천·포구·도로망의 표시가 정밀하고, 거리를 알 수 있도록 10리마다 눈금이 표시되었으며, 총22첩의 목판으로 인쇄되어 다량의 인쇄가 가능하였다.
④ 중종 때 조광조는 소격서의 폐지, 소학의 보급 등을 주장하여 개혁을 추진하였다.

23. 답 ②

출제자의 눈

대화를 통하여 호란의 전개 과정을 파악할 수 있다.

자료 속 힌트 후금의 군대, 남한산성, 군신관계

해설

(가) 정묘호란(1627). 인조반정으로 집권한 서인은 친명배금 정책을 추진하여 후금을 자극하였으며 후금은 정묘호란을 발발하였다.
(나) 병자호란(1636). 청의 군신 요구에 대하여 조선에서 별다른 반응을 보이지 않자 청 태종은 12만의 대군을 이끌고 침입해 병자호란을 발발하였다. 인조는 남한산성으로 피난하여 청군에 대항하였다.
(다) 청의 건국(1636). 청 태종은 누르하치의 여덟 번째 아들로, 청나라 제2대 황제다. 1636년 황제의 자리에 즉위하였고 국호를 청이라 고쳤으며(1636), 조선에 군신관계를 맺자고 요구하였다.

24. 답 ④

출제자의 눈 

자료를 통하여 조선의 제21대 국왕인 영조를 파악할 수 있다.

자료 속 힌트 탕평비, 속대전, 신문고, 청계천

해설

영조는 탕평교서를 발표하여 정국을 안정시키려 하였고, 가혹한 형벌의 폐지·삼심제 등을 시행하는 등 민생안정과 산업진흥을 위한 개혁을 추진하였으며 속대전을 편찬하고 법전 체계를 정리하여 제도와 권력 구조 개편에 힘썼다.

참고 영조의 개혁정치

구분	내용
개혁	탕평책(탕평교서), 탕평파에게 권력 집중(붕당자체 제거 시도), 이조전랑의 후임자 천거 및 3사 관원의 선발 관행 폐지, 서원의 대폭 정리, 균역법, 도성 방위 체제 정비, 가혹한 형벌 폐지, 엄격한 삼심제, 속대전 편찬
한계	강력한 왕권을 바탕으로 다툼을 억누른 일시적 탕평

④ 영조는 1년에 군포 1필만 부담하는 균역법을 시행하였는데, 감소된 재정에 대하여는 지주에게 결작미를 부담시켰다(1750).

오답 check

① 조선 효종 때 청이 러시아 정벌을 요청하였고 변급(1654), 신유(1658)등 2차례 조총부대를 출병시켜 흔동강 유역에서 승리하였다(나선정벌).

② 정조는 거중기를 이용하여 화성을 축조하여 정치적·군사적 기능을 부여함과 동시에 상공인을 육성시켜 자신의 정치적 이상을 실현하는 상징적인 도시로 건설하고자 하였다.

③ 고종 때 흥선대원군은 왕권의 강화를 위하여 경복궁을 중건하였다.

⑤ 세종 때에는 김종서와 최윤덕을 보내 여진을 토벌하고 4군과 6진을 설치하여 압록강과 두만강을 경계로 하는 오늘날과 같은 국경선을 확정하였다.

25. 답 ⑤

출제자의 눈 

자료의 내용을 분석하여 조선후기 실학자를 파악할 수 있다.

해설

(가) 유형원. 일생 동안 농촌에 묻혀 살면서 학문 연구에 몰두하고 반계수록을 저술하였다. 이 책에서 유형원은 균전론을 내세워 관리, 선비, 농민 등 신분에 따라 차등 있게 토지를 재분배하여 자영농 육성을 위한 토지 제도의 개혁을 주장하였다.

(나) 정약용. 실학을 집대성한 학자는 정약용으로 정조 때 벼슬하였으나, 신유박해 때 연루되어 강진으로 유배 생활을 하게 되며 이 시기에 500여 권의 여유당전서를 남겼다. 정약용은 여전론을 주장하였고, 후에 이를 수정하여 정전제를 주장하였다.

(다) 박제가. 박제가는 청에 다녀온 후 북학의를 저술하여 청의 문물을 적극적으로 수용할 것을 주장하였고, 상공업의 발달, 청과의 통상 강화, 수레와 선박의 이용 등을 역설하였다. 또한, 생산과 소비와의 관계를 우물물에 비유하면서 생산을 자극하기 위해서는 절약보다 소비를 권장해야 한다고 주장하였다.

(라) 유수원. 유수원은 우서를 저술하여 상공업의 진흥과 기술의 혁신을 강조하고, 사농공상의 직업 평등과 전문화를 주장하였다.

(마) 신돈. 고려 공민왕은 전민변정도감을 설치하고, 승려 신돈을 등용하여 권문세족이 부당하게 빼앗은 토지와 노비를 본래의 소유주에게 돌려주거나 양민으로 해방시켰다(1366).

26. 답 ③

출제자의 눈 

자료를 통하여 보부상을 파악할 수 있다.

자료 속 힌트 전국의 장시, 봇짐장수와 등짐장수, 난전놀이

해설

조선시대 농촌의 장시를 하나의 유통망으로 연계시킨 상인은 (가) 보부상으로 봇짐장수와 등짐장수를 말한다. 전국의 장시를 돌아다니며 생산자와 소비자를 이어주는 상인인 보부상은 그들은 자신들의 이익을 지키고 단결을 굳게 하기 위하여 보부상단을 조직하기도 하였다.

오답 check

① 객주와 여각은 상품을 위탁 매매하는 중간 상인으로 금융, 창고, 숙박업에도 종사하였다.

② 조선후기 대동법 실시 이후 공인이라는 어용상인이 나타나 관청에서 공가를 미리 받아 필요한 물품을 사서 납부하게 되었다.

④ 조선시대 한양을 근거지로 하는 경강상인은 운송업 및 도매업에 종사하면서 조선후기 거상으로 성장하였다.

⑤ 시전상인은 관허상인으로서 왕실이나 관청에 물품을 공급하며, 그 대가로 특정 상품에 대한 독점 판매권을 부여받았고, 정부는 시전상인에게 금난전권(난전금지 권한)을 주었다. 조선후기에는 이에 대한 폐단이 발생하기도 하여 시전상인들의 불법적인 상행위를 통제하기 위하여 경시서를 두기도 하였다.

27. 답 ④

출제자의 눈 

사료를 통하여 조선정부의 전세와 관련한 정책을 추론할 수 있다.

자료 속 힌트 토지를 여섯 등급, 아홉 등급, 모두 1결에 전세 4두

해설

첫 번째 자료는 세종 때 시행한 전분 6등법·연분 9등법을 나타내고 있으며, 두 번째 자료는 전세의 폐단과 관련하여 시행한 영정법을 나타내고 있다.

④ 인조는 영정법을 시행하여 풍년이건 흉년이건 관계없이 전세를 토지 1결당 미곡 4두로 고정시켰다(1635).

오답 check

① 통일신라 신문왕은 귀족 세력의 기반이 되었던 녹읍을 폐지하여 왕권을 강화하였다(689).
② 대한제국은 광무개혁의 일환으로 지계아문(1901)을 통해 양전 사업을 실시하여 최초의 토지 소유권 증명서인 지계(地契)를 발급하였다.
③ 고려 태조 때 지급한 역분전은 공신전으로 후삼국을 통일하는 건국 과정에서 공을 세운 사람들에게 지급한 토지로써 인품에 따라 경기에 한하여 지급하였다.
⑤ 고려 경종은 인품과 관품을 고려하여 지급한 시정전시과를 시행하였다(976).

28. 답 ⑤

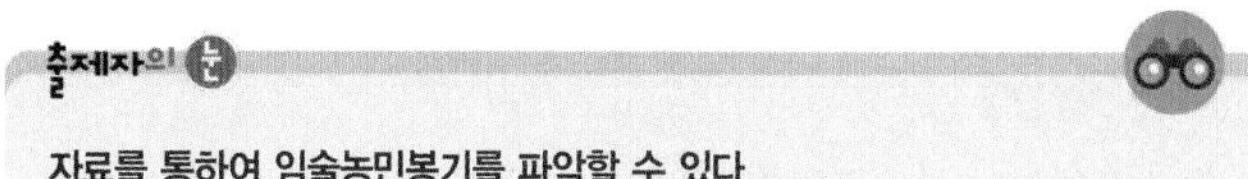

출제자의 눈
자료를 통하여 임술농민봉기를 파악할 수 있다.

자료 속 힌트 박규수, 진주의 난민, 백낙신이 탐욕

해설

제시된 자료는 임술년 진주에서 시작하여 전국으로 확산되었던 농민 봉기(1862)를 나타내고 있다.

참고 임술 농민 봉기(1862, 철종, 진주 농민 봉기)

구분	내용
원인	경상 우병사 백낙신의 수탈, 몰락 양반 출신의 유계춘 등을 중심으로 봉기
경과	진주성 점령, 전국적으로 확대(함흥~제주도)
결과	안핵사 박규수 파견, 삼정이정청 설치(1862)

⑤ 철종 때 임술 농민 봉기 당시의 민심 안정을 위하여 정부는 삼정이정청을 설치하여 삼정의 문란을 시정할 것을 약속하였다(1862).

오답 check

① 고려 태조는 빈민을 구제하기 위하여 고구려의 진대법을 계승한 흑창을 설치하였다.
② 만권당은 고려 충선왕 때 연경에 설치하였고, 이제현은 만권당에서 성리학을 연구하였다.
③ 6세기 신라 지증왕 때에는 무역이 급격하게 발달하여 시장을 감독하는 관청인 동시전을 설치하였다.
④ 정조는 6의전을 제외한 나머지 시전상인들의 금난전권을 철폐하여 사상들의 자유로운 상업 활동을 허용 하였다(1791, 신해통공).

29. 답 ①

출제자의 눈

자료를 통하여 이중환의 택리지를 파악할 수 있다.

자료 속 힌트 이중환, 장ㄴ환경, 인심, 산수

해설

① 이중환은 각 지역의 자연 환경과 물산, 풍속, 인심 등을 서술하고, 어느 지역이 살기 좋은 곳인가를 정리하여 택리지를 편찬하였다.

오답 check

② 동사강목은 고조선에서 고려 말까지의 역사를 안정복이 저술한 것으로 우리 역사의 독자적 정통론을 세워 이를 체계화하였다.
③ 정약용은 지방관(목민)의 정치적 도리를 내용으로 하는 목민심서를 저술하였다.
④ 중농학파 실학자인 유형원은 일생 동안 농촌에 묻혀 살면서 학문 연구에 몰두하여 국가 통치제도에 관한 개혁안인 반계수록을 저술하였다.
⑤ 김정희는 금석과안록을 지어 북한산비가 진흥왕순수비임을 밝혔다.

30. 답 ④

출제자의 눈

자료의 내용을 분석하여 혜원 신윤복을 파악할 수 있다.

자료 속 힌트 남녀 강의 사랑, 혜원풍속도첩

해설

조선후기 (가) 신윤복은 주로 도시 양반의 풍류생활과 부녀자의 생활과 유흥, 남녀 사이의 애정 등을 감각적이고 해학적으로 묘사하였다.

④ 18세기 신윤복의 혜원전신첩 중 월하정인

오답 check

① 18세기 정선의 진경산수화인 금강전도
② 18세기 김홍도의 무동
③ 조선후기 민화
⑤ 19세기 김정희의 세한도

참고 조선시대의 서화

시기	서화
15C	독자적 화풍(고사관수도, 몽유도원도)
16C	사군자 관련(묵죽도, 월매도, 초충도)
18C 전반	진경산수화(정선, 인왕제색도, 금강전도)
18C 후반	풍속화(김홍도, 신윤복), 서양화(강세황, 영통골입구도)
19C	김정희(세한도), 민화(까치호랑이)

31. 답 ①

출제자의 눈

대화를 통해 홍경래의 난을 파악할 수 있다.

자료 속 힌트 평안도, 차별 대우, 몰락양반

해설

자료는 삼정의 문란과 매관매직의 성행 등의 세도 정치의 폐해와 서북민에 대한 차별 대우 등이 원인이 되어 발생한 홍경래의 난이다(1811).

① 홍경래의 난은 몰락한 양반 출신인 홍경래의 지휘 하에 영세 농민, 중소 상인, 광산 노동자 등이 합세하여 일으킨 봉기였다. 처음 가산에서 봉기하여 선천, 정주 등을 별다른 저항 없이 점거하였으며, 한때는 청천강 이북 지역을 거의 장악하였으나 5개월 만에 평정되었다.

오답 check

② 임오군란(1882)과 갑신정변(1884)은 청의 군대에 의해 진압되었다.

③ 신미양요 직후 흥선대원군은 척화비를 전국 각지에 세우고 서양과의 통상 수교를 단호히 거부하였다(1871).

④ 묘청은 풍수지리설을 내세워 서경으로 천도하여 서경에 궁(대화궁)을 짓고, 황제를 칭하였다. 묘청은 국호를 대위국, 연호를 천개라고 사용하는 등 자주적인 개혁과 금을 정벌할 것을 주장하였다(1135).

⑤ 전봉준이 이끄는 동학농민군은 보국안민, 제폭구민, 척왜양창의 등의 기치를 내걸고, 고부와 태인에서 봉기하였다(1894).

32. 답 ③

출제자의 눈

자료의 내용을 통하여 갑신정변의 주역 김옥균을 파악할 수 있다.

자료 속 힌트 호조 참판, 갑신정변, 홍종우에게 피살

해설

청에 의존하는 정부의 정책에 반발하였던 김옥균은 일본의 메이지 유신을 본받아 급진적 개혁을 추진하였는데, 우정국 개국 축하연을 이용한 갑신정변으로 표출되었다. 1884년 갑신정변 실패 후 일본으로 망명한 김옥균은 1894년 홍종우에게 피살되었다.

③ 1880년대 김옥균은 박영효, 홍영식, 서광범 등과 함께 급진개화파(개화당,독립당)를 형성하였다.

오답 check

① 1880년 일본에 파견된 2차 수신사 김홍집이 조선책략을 국내로 유입하였다.

② 미국 상선 제너럴셔먼호가 평양에서 약탈과 난동을 부리다 당시의 평안도 관찰사 박규수에 의해 소각되었다(1866).

④ 이인영·허위 등 양반 유생 의병장의 주도로 13도 창의군을 창설하여 서울 진공작전을 추진하였다(1908.1).

⑤ 철종 때 경주 몰락 양반 출신인 최제우가 인내천(人乃天) 사상을 주장하며 동학을 창시하였다(1860).

33. 답 ①

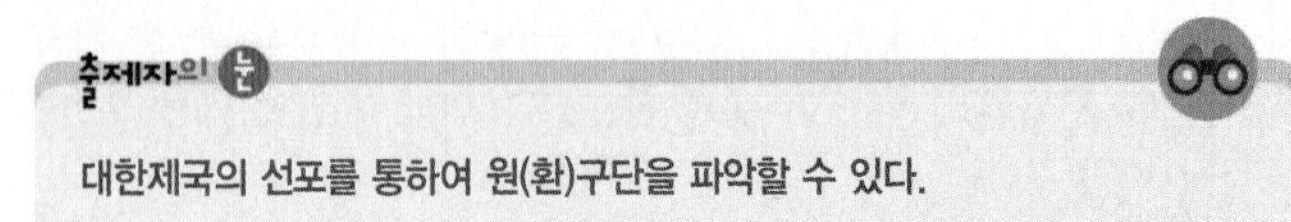

출제자의 눈
대한제국의 선포를 통하여 원(환)구단을 파악할 수 있다.

자료 속 힌트 폐하의 즉위식, 제국

해설

자료의 내용은 대한제국 선포와 고종의 황제 즉위식을 나타내고 있다.

① 고종은 (가) 원(환)구단에서 황제 즉위식을 거행하고 황제라 칭하고, 국호를 대한제국(大韓帝國), 연호를 광무(光武)로 정하여 자주 국가임을 내외에 선포하였다(1897.10.12.).

오답 check

② 독립협회는 국민의 성금을 모아 청 사신이 왕래하였던 영은문이 있던 자리에 자주독립의 상징인 독립문을 세웠다(1896).

③ 덕수궁 석조전은 르네상스식 건축 양식으로 1900년에 착공하여 1909년에 완공되었다.

④ 명동성당은 1887에 건축을 시작하여 1898에 완공한 고딕양식의 건물이며, 프랑스 신부 코스트와 주교 블랑에 의해 건축되었다.

⑤ 손탁호텔(1902)는 서울 중구 정동에 있던 서구식 호텔로 1975년 소실되었다(現. 공터로 남음).

34. 답 ②

자료 속 힌트 을사늑약을 전후, 국권을 수호

해설

참고 애국계몽운동

구분	내용
보안회(1904)	황무지 개간 요구 저지
헌정연구회(1905)	입헌 정체, 일진회에 대항하다 해산
대한자강회(1906)	고종의 강제 퇴위 반대운동 전개
신민회(1907)	안창호, 양기탁 등 비밀 결사, 학교와 회사 설립, 신흥강습소(만주)

② 1929년에 일어난 광주학생들의 폭행사건에 대하여 신간회(1927)의 광주지회에서는 진상조사단을 파견하였다.

오답 check

① 신민회(1907~1911)는 실력 양성을 통한 국권 회복과 공화정체의 국민 국가 수립을 궁극의 목표로 하였으며, 자기회사와 태극서관 등을 설립하여 운영하여 독립 자금을 마련하였다.

③ 헌정연구회(1905)는 의회설립을 통한 입헌적 정치 체제의 수립을 주장하였고, 일진회의 반민족적 친일 행위를 규탄하다 해산되었다.
④ 일본의 황무지 개간권 요구에 대항하여 보안회(1904)를 조직하여 활동하였고 일본의 요구를 철회시켰다.
⑤ 대한자강회(1906)는 일제가 취한 고종황제의 강제 퇴위와 그 밖의 정미7조약 등의 반대 운동을 주도하였다. 대한자강회 월보는 1906년 7월 31일자로 창간되어 1907년 7월 25일 통권 13호로 종간되었다.

35. 답 ⑤

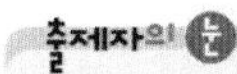

출제자의 눈

자료를 분석하여 화폐정리사업을 파악할 수 있다.

자료 속 힌트 구화폐를 교환, 구 백동화, 탁지부

해설

일본의 화폐정리 사업은 1905년 일본 재정고문 메가타에 의해 시행되었다. 화폐정리 사업은 대한제국의 통화를 일본 화폐로 강제 교환하는 것으로 대한제국의 재정 및 화폐, 금융을 지배하려 하였다. 화폐 정리 사업으로 인하여 단기적으로는 시중 화폐의 품귀 현상이 빚어져서 국내 물가가 폭락하는 사태가 발생하였고, 한국인이 보유한 화폐 자산이 줄어들어 한국인 상인과 회사가 줄지어 도산하였다.

참고 화폐정리사업(1905. 메가타)

시기	활동
내용	대한제국 화폐를 일본 화폐로 교환, 탁지부 주관, 1주일간 한시적 교환
원칙	상태에 따른 차등 교환, 소액 화폐 교환 거부
결과	화폐부족현상(금융공황), 상공업자와 금융기관에 큰 타격

⑤ 서상돈·김광제 등이 대구에서 시작한 국채보상운동(1907)은 전국으로 확산되었는데, 대한매일신보·황성신문·제국신문 등의 언론기관도 동참하였다.

오답 check

① 제1차 갑오개혁(1894.7~1894.12) 때 은본위제가 시행되었다.
② 전환국은 화폐주조기관으로 1883년에 설치되었다.
③ 황국중앙총상회는 1898년 서울에서 창립된 시전상인의 단체로 외국상인의 불법적인 내륙 상업 활동을 엄단하여 민족적 권익을 수호하면서 그 속에서 시전상인의 독점적 이익을 수호하고 유지하려하였다.
④ 방곡령은 일본 상인의 농촌 시장 침투와 지나친 곡물의 반출을 막기 위해 내린 조치였다(1889. 조병식).

36. 답 ④

출제자의 눈

제1차 갑오개혁을 추진한 개혁 기구를 파악할 수 있다.

자료 속 힌트 1894년, 신분제 폐지

해설

동학농민운동이 일어난 후 일본은 1894년 6월 주한 공사 오토리 게이스케를 통하여 내정개혁안 5개조를 제시하고 이를 시한부로 시행할 것을 촉구하였다. 김홍집 내각은 개혁을 추진하기 위하여 초정부적 회의 기관인 군국기무처를 설치(1894.6)하고 제1차 갑오개혁을 추진하였다.

참고 제1차 갑오개혁(1894. 7 ~ 1894. 12)

구분		내용
정치	업무 구분	왕실 사무(궁내부)와 국정(의정부)의 분리, 내각이 정치적 실권 소유(전제 왕권 제한)
	8아문	의정부 권한 집중, 6조를 8아문으로 변경
	연호 사용	청 연호 폐지, 조선의 개국기원 사용
	기타	경무청(근대적 경찰 사무) 설치, 과거 제도 폐지
경제	재정 일원화	탁지아문에서 국가의 모든 재정 사무 관장
	기타	은 본위 화폐제도, 조세의 금납제, 도량형 개정
사회	신분제 철폐	양반과 평민의 계급 타파, 공·사 노비 제도 폐지, 인신 매매 금지
	봉건제 타파	조혼 금지, 과부 개가 허용, 고문·연좌제 폐지

오답 check

① 비변사는 16세기 중종 때 북쪽의 여진과 남쪽의 왜구의 침략이 증가하자 삼포왜란 이후(1510) 이를 효율적으로 대처하기 위하여 변방을 담당하는 임시기구로 창설하였다.
② 선혜청은 광해군 때 대동법을 시행하기 위하여 설치한 대동법 관할 담당 기구다.
③ 고려시대 중추원은 군사 기밀을 담당하였던 추밀(2품 이상)과 왕명의 출납을 담당하였던 승선(3품 이하)으로 구성 되었던 국가 총괄 기관으로 정국을 주도해 나갔다.
⑤ 도병마사는 고려의 국방 문제를 담당하는 국가 최고의 회의기구로써 임시적인 회의 기구로 구성되었으나 원 간섭기에 도평의사사로 개편되면서 최고 정무 기관으로 발전하게 되었다.

37. 답 ③

출제자의 눈

자료의 내용를 분석하여 거문도 사건(1885~1887)을 도출할 수 있다.

자료 속 힌트 영국 군인, 1885년, 해밀턴 항

해설

1885년 러시아의 한반도 남하를 견제한다는 구실로 영국은 거문도를 해밀턴 항이라 명명하고 불법 점령한 후 포대를 설치하였다.

갑신정변 직후 국제 정세

정부의 친러경향 → 조러통상조약(1884,베베르) → 영국의 거문도사건(1885~1887,러시아견제 구실) → 조러비밀협정 추진(1886) → 조러육로통상조약(1888,두만강운항권)

38. 답 ②

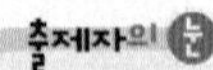 

1910년대의 국내 항일 독립운동을 학습하여야 한다.

자료 속 힌트 1910년대, 국내

해설

자료는 1910년대의 국내 항일 독립운동을 제시하고 있다.
1)은 독립의군부(1912)의 활동을 나타낸 것이고, 3)은 평양의 여교사 주도로 결성된 송죽회의 활동을 나타낸 것이다.

참고 1910년대 국내 항일독립 투쟁

구분	내용
독립의군부 (1912)	임병찬이 고종의 밀명으로 조직(복벽주의), 비밀 결사, 국권반환요구서 제출
대한광복회 (1915)	박상진이 비밀리에 대구에서 조직, 김좌진이 가입하여 전국적인 조직으로 발전, 군자금모집·친일파처단 등 가장 활발한 활동을 전개
송죽회 (1913)	평양 숭의여학교 교사와 학생 중심, 여성 계몽운동, 대한민국임시정부 수립 이후 후원활동
조선국권회복단 (1915)	이시영, 서상일 등 시회를 가장한 비밀결사, 공화주의 표방, 만주·연해주의 독립단체와 연계 투쟁, 독립청원서 작성
기타	대한광복단(1913, 채기중), 자립단(1915), 선명단(1915), 조선국민회(1915, 장일환)

② 대구에서 박상진에 의해 군대식으로 비밀리에 결성된 대한광복회(1915)는 의병 출신자를 비롯하여 신교육을 받은 인사들이 참여하였다.

오답 check

① 연해주에서는 유인석, 이상설, 이종호 등이 국권회복을 목적으로 권업회를 조직하였다(1911).
③ 신흥강습소(1911)는 교육 인재 양성과 무관 양성을 목표로 하여 서간도에 설립하였고, 신흥무관학교의 명칭은 1919년 이후 사용하였다.
④ 홍범도의 대한독립군이 이끌었던 봉오동전투는 1920년 6월 만주에서 있었고 대승을 거두었다.
⑤ 박용만은 하와이에서 대조선국민군단을 조직(1914)하여 군사훈련을 실시하였다.

39. 답 ⑤

출제자의 눈 

아관파천을 통해 이후 상황을 추론할 수 있다.

자료 속 힌트 폐하, 아관파천

해설

⑤ 아관파천(1896) 시기부터 러시아의 이권 침탈이 심해졌고, 일본, 미국, 프랑스, 독일 등도 최혜국 조항을 근거로 철도 부설권, 광산 채굴권, 삼림 채벌권 등 중요한 이권을 빼앗아 가기 시작하였는데, 이에 독립협회를 창설하여 열강의 이권침탈에 대항하였다.

아관파천 직후 열강의 이권 침탈

러시아(압록강·두만강·울릉도 산림 채벌권), 미국(운산 광산 채굴권), 독일(당현 광산 채굴권), 일본(직산 광산 채굴권, 경부선·경원선 철도부설권), 영국(은산 채굴권)

오답 check

① 임오군란(1882)의 결과 조선은 일본과 제물포 조약을 체결하여 일본정부에 배상금을 물고, 일본 공사관의 경비병 주둔을 인정하였다.
② 프랑스는 병인박해의 구실로 병인양요(1866)를 일으켰는데, 이 시기에 프랑스 군인들이 강화도의 외규장각 문화재를 비롯하여 서적과 병기들을 약탈하여 갔다.
③ 임오군란은 민씨 정권이 일본인 군사 고문을 초빙하여 훈련과 교육을 시킨 별기군(신식 군대)을 우대하고, 구식 군대를 차별 대우한 데 대한 불만에서 폭발한 것이다(1882).
④ 미국 함대가 강화도에 침입하여 초지진, 덕진진 등을 점령하자 어재연 등이 이끄는 조선의 수비대가 광성보와 갑곶 등에서 이를 격퇴시켰다(1871, 신미양요).

40. 답 ②

출제자의 눈 

순종의 인산일을 통해 6·10만세운동을 파악할 수 있다.

자료 속 힌트 순종 황제의 인산(因山)일

해설

1926년 순종의 인산일을 기화로 학생들이 6·10 만세 운동이 전개되었다. 6·10 만세운동은 일제의 수탈 정책과 식민지 교육 정책에 대한 반발의 항쟁으로 승화한 것이다. 사회주의계 및 종교 단체 등이 만세운동을 추진하던 중, 사회주의계의 기획은 사전 발각되어 종교 지도자와 사회 지도자가 체포되었고, 학생들의 주도로 순종의 장례 행렬을 따라가며 만세 시위운동을 전개하게 된다. 6·10 만세운동은 민족주의계와 사회주의계의 갈등을 극복하는 계기가 되었고, 이는 민족유일당 운동으로 이어져 신간회 결성(1927)에 영향을 주었다.

오답 check

① 1919년 전개한 우리민족의 3·1운동은 중국의 5·4운동에 영향을 주었다.
③ 1929년 전개된 광주학생 항일운동은 광주에서 시작하여 전국으로 확산되었다.
④ 1919년 3·1운동 이후 독립운동의 구심점 역할을 수행할 지도부의 필요성을 절감하였기에 상하이에 대한민국 임시정부를 수립하였다.
⑤ 1910년대 일제의 무자비한 헌병 경찰통치에 항거하여 3·1운동이 전개되었다. 일제는 3·1운동을 계기로 이른바 문화 통치라는 기만적인 식민통치로 변경하여 우리민족을 분열을 야기하였다.

41. 답 ①

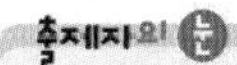

개화기 이후 위정척사사상의 전개과정을 파악할 수 있다.

자료 속 힌트 최익현, 이만손, 유인석

해설

(가) 1870년대 왜양일체론으로 개항을 반대하고 있으며, 최익현과 유인석 등이 주도하였다.
(나) 1880년대 개화반대운동으로 조선책략이 유포되어 일어난 운동이다. 홍재학, 이만손(영남만인소) 등의 상소가 일었다.
(다) 1890년대 을미사변과 을미개혁을 반대로 전개한 항일 의병운동이다. 문석봉, 이소응 등의 의병장이 주도하였다.

42. 답 ②

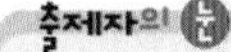

자료의 내용을 통하여 산미증식계획을 파악할 수 있다.

자료 속 힌트 자국의 식량 공급 기지, 1920년부터, 1940년 다시 추진

해설

자료는 1920년대 일제가 시행한 (가) 산미증식계획과 관련이 있다. 산미증식계획은 1차 세계대전 후 일본 내의 이촌향도현상이 진행되면서 쌀값이 폭등하게 된 것을 기화로 한다. 부족한 식량을 한반도에서 착취하려 시작한 것이 산미증식계획이다. 산미증식계획으로 인한 수리 조합비, 품종 개량비, 비료 대금 등 증산 비용을 대부분 농민들이 부담하게 되어 몰락하게 되었고, 쌀 수출로 지주의 이익은 오히려 증대하여 식민지 지주제 강화가 강화되었다. 또한, 쌀 중심의 단작형 농업 구조가 심화되었고 목포·군산은 쌀 수탈항으로 성장하게 되었다.

오답 check

① 미곡공출제는 민족말살 통치 시기인 1930년대 이후 일제의 전시 수탈 정책이다.
③ 농촌 진흥 운동(1932)은 일제가 병참기지화 정책의 일환으로 시행하였다.
④ 일제는 1910년대에 토지조사령(1912)을 발표하여 토지조사사업을 실시하였다.
⑤ 1930년대 일제의 대륙 침략 이후 한반도에 대한 병참기지화를 더욱 강화하였다.

43. 답 ⑤

출제자의 눈

한인애국단을 통해 이봉창 의거를 추론할 수 있다.

자료 속 힌트 한인 애국단의 첫 의거, 일왕을 향해 폭탄

해설

이봉창은 김구가 조직한 한인애국단 소속이다. 이봉창은 도쿄에서 일본 국왕에게 폭탄을 투척하였다(1932). 일본 국왕 폭살 의거는 비록 실패로 끝났지만, 항일 민족 운동의 활력소가 되었고, 우리 민족에게는 희망이었으며, 일제에게는 두려움을 안겨 주었다. 이 사건의 보복으로 일제는 이른바 상하이 사변을 일으켰다.

참고 한인애국단 (1931)

구분	내용
조직	1931년 상하이에서 김구가 중심이 되어 조직
이봉창	도쿄에서 일본 국왕에게 폭탄 투척(1932.1).
윤봉길	상하이 홍커우 공원에서 일본의 전승 축하식장을 폭파(1932. 4), 일본군 장성과 고관 처단
영향	중국 국민당 총통 장제스는 윤봉길 의거 극찬, 이후 대한민국 임시정부에 대한 지원 강화

오답 check

① 의열단 소속의 김상옥은 종로 경찰서에 폭탄 투척 후 일경과 교전하였다(1923).
② 김원봉은 만주 길림에서 비밀 결사로 의열단을 조직(1919)하였고 활발한 독립 활동을 전개하였다.
③ 의열단 소속의 김익상은 1921년 조선 총독부에 폭탄을 투척하였다.
④ 한인애국단 소속의 윤봉길은 홍커우 공원에서 많은 일본군 장성과 고관들을 처단하였다(1932).

44. 답 ④

출제자의 눈

정부 형태의 설명을 통해 대한민국 임시정부를 파악할 수 있다.

자료 속 힌트 최초의 민주 공화제, 임시 의정원, 국무원, 법원

해설

상하이 ㈎ 대한민국 임시정부는 연통제와 교통국을 설치하여 군자금을 모집하였고, 애국공채를 발행하였으며, 파리강화회의에 외교총장으로 김규식을 파견하여 외교적인 노력을 강화하였다. 또한, 사료집을 간행하였고, 미국에 구미위원부도 설치하였다.

④ 대한매일신보(1904~1910)는 영국인 신분을 활용하여 일본인 출입금지 간판을 설치하는 등 일제의 간섭에서 어느 정도 벗어 날 수 있었으므로 의병 운동에 대해 호의적인 기사를 많이 다루었고, 13도 창의군의 내용도 적극적으로 수록하였다.

오답 check

① 대한민국 임시정부는 애국공채(독립공채)를 발행하여 자금을 모으기도 하였고, 1인당 1원씩의 인구세를 징수, 국민 의연금을 모으기도 하였다.
② 임시정부의 김구, 지청천 등은 신흥 무관학교 출신의 독립군과 중국 각지에서 활동하던 청년들, 일본군을 탈출한 학도병들 까지도 합류시켜 충칭에서 광복군을 창설하였다(1940).
③ 임시정부는 미국 워싱턴 DC.에 구미위원부를 설치하였는데 대한민국 임시정부의 외교 사무소로써 미국이나 유럽을 중심으로 한국의 독립 문제를 국제 여론화하는 데 노력하였다(1919).
⑤ 대한민국 임시정부는 연통제와 교통국을 설치하여 군자금을 모집하였다.

45. 답 ①

출제자의 눈

군함도의 설명을 통해 1939년 일제가 제정한 국민 징용령을 파악할 수 있다.

자료 속 힌트 군함도, 1939년, 조선인들이 끌려왔대.

해설

① 일제는 1939년 국민 징용령을 실시하여 100만여 명의 한국 청년들을 강제 징용하여 탄광, 철도 건설, 군수 공장 등에 동원하였다. 이 시기에 일제는 지원병, 징병, 징용, 정신대 등으로 인적 자원을 수탈하였고, 양곡공출제, 식량배급제, 금속공출제 등으로 군량미와 무기원료를 수탈하였다.

참고 민족말살통치(1931~1945)

구분	내용
정치	황국신민화 강요, 황국신민의 서사암송, 신사 참배·궁성 요배·일본식 성명 강요, 학술 언론 단체 해산
경제	병참기지화, 인적 수탈(국가총동원법, 지원병제, 징병제, 징용제, 정신대), 물적 수탈(전쟁물자·식량공출, 식량배급제), 산미증식재개, 가축증식계획
교육	우리말 사용 금지, 학도 군사 훈련, 조선어 조선역사 조선 지리 과목 폐지

오답 check

② 1910년 일제는 범죄즉결례를 제정하였는데, 경찰서장 및 헌병대장이 징역 3月 이하, 벌금 100원 이하에 해당하는 형벌을 재판 없이 즉결할 수 있었다.
③ 조선태형령은 일제가 한국인을 억압하고 통제하기 위하여 1912년에 제정하고, 1920년에 폐기하였다.
④ 일제는 사회주의 독립운동을 탄압하기 위하여 국내 치안 유지를 빙자해 치안유지법을 제정·공포하였다(1925).
⑤ 일제는 1936년 조선사상범보호관찰령을 제정하여 주민 생활을 통제하였다.

46. 답 ③

출제자의 눈

광복 직후 현대사의 전개과정을 파악할 수 있다.

해설

- 8·15 광복(1945.8.15.). 우리 민족의 국내외 독립 운동의 결실로 광복을 맞이하였다.
- 미군정 설치(1945.9). 미군정 장관(아놀드)이 남한에서 군정을 실시하였고 한국의 모든 과거 정부를 부인하였다.
- 대한민국 정부 수립(1948.8.15.). 이승만을 대통령·이시영을 부통령으로 선출하였고 대한민국 정부의 수립을 선포하였다.

③ 1946년 이승만의 정읍발언에 대항하여 여운형(중도좌파)은 김규식(중도우파)과 함께 좌우합작위원회를 결성하여 합작운동을 추진하였고, 좌우합작7원칙을 발표하였다(1946.10).

참고 좌·우 합작 운동(1946~1947)

구분	내용
배경	이승만의 정읍발언, 남북 분단방지의 필요성, 중도우파(김규식)와 중도좌파(여운형) 합작
추진	좌우합작위원회 결성(1946.7) → 좌우합작7원칙 발표(1946.10) → 미군정의 남조선 과도입법의원(1946.12) 설치
실패	주도 세력들의 불참(좌우의 대립), 미군정의 편파적인 우익 지원, 좌우합작 운동의 중심세력인 여운형의 암살(1947.7)

오답 check

① 근우회(1927)는 여성계의 민족유일당으로 여성 노동자의 권익 옹호와 새 생활 개선을 내세우며 조직하였다.
② 원산의 라이징선 석유 회사의 일본인 감독이 한국인 노동자를 구타한 사건을 계기로 3,000여 명이 참가한 원산 노동자 총파업은 일제 강점기 노동 운동에서 가장 규모가 큰 것이었다(1929).
④ 제2공화국(1960~1961) 당시 일부 학생들은 판문점에서 남북 학생 회담 개최를 추진하려 하였다(1961).
⑤ 제헌국회는 일제 잔재의 청산을 위해 친일파를 처벌하기 위한 반민족행위처벌법(1948.9)을 공포하고, 반민족행위특별조사위원회(1948.10)를 구성하여 활동하였다.

47. 답

출제자의 눈 

자료를 통해 한국전쟁의 경과를 파악할 수 있다.

자료 속 힌트 흥남, 철수 작전이 성공

해설

자료는 1950년 발발한 한국전쟁(6.25전쟁)을 나타내고 있다. 장진호 전투(1950.11)는 미군이 계속 북진하던 중 불법적으로 참전한 중공군과의 충돌로 인하여 발생한 전투이다. 이후 2주 간 철수 작전을 전개하였고, 1951년 1월 4일 다시 서울이 함락되었다(1.4 후퇴).

한국 전쟁의 전개 과정
① 북한의 남침(1950.6.25) : 3일 만에 북한군이 서울 점령 → 유엔군의 참전(1950.7.) → 낙동강을 사이에 두고 치열한 공방전 전개 ② 국군과 유엔군의 반격 : 인천 상륙 작전으로 전세 반전(1950.9.15.) → 압록강까지 진격(1950.10.) ※ 국군과 유엔군의 최대 북진은 1950년 11월까지 계속되었다. ③ 중국군의 개입(1950.11) : 서울 함락(1951.1.4.후퇴) → 서울재탈환(1951.3.) → 38도선 일대 교착 상태(1951.3.~1951.6.) → 소련이 유엔에 휴전 제의(1951.6.) ④ 휴전회담 개최(1951.7.) : 이승만 정부의 휴전반대, 범국민 휴전반대 운동 → 반공 포로 석방(1953. 6.18) → 휴전 협정 체결(1953.7.27.) → 한미 상호 방위조약 체결(1953.10.)

48. 답 ②

출제자의 눈 

자료를 통하여 박정희 정부(제3·4공화국, 1963~1979)를 도출할 수 있다.

자료 속 힌트 독일, 노동자, 경제 개발 5개년 계획

해설

자료는 박정희 정권의 외화 획득 노력을 나타내고 있다. 당시 정부는 독일에 노동자를 파견하는 협정을 체결하였고, 1963년 서독에 광부와 간호사를 파견하여 약 3천만 달러의 차관을 제공받았다.

② 박정희 정부는 베트남에 약 5만 5천여 명을 파병하였다(1964~1973).

오답 check

① 1980년대 중후반 저금리, 저유가, 저달러의 3저 호황기가 있었다(전두환 정부). 당시에는 국제 유가의 하락, 달러 가치의 하락, 금리의 하락으로 물가가 안정되고 수출이 크게 늘어나 무역 수지가 흑자로 변화하였다.

③ 김영삼 정부는 경제 협력 개발 기구(OECD)에 가입하였다(1996).

④ 김영삼 정부는 외환위기로 인하여 국제통화기금(IMF)에 구제 금융을 요청하였다(1997).

⑤ 김대중 정부에서 추진한 개성공단 조성은 2000년 남북이 합의하여 2002년에 착공되었다.

49. 답 ⑤

출제자의 눈 

김주열 열사와 시민들의 시위 내용을 통하여 1960년 4·19혁명을 파악할 수 있다.

자료 속 힌트 마산, 자유당, 김주열

해설

이승만 정부는 부정과 부패, 장기 집권으로 민심을 잃은 상태에서 이승만과 이기붕을 각각 대통령, 부통령으로 당선시키고자 1960년 3월 15일 대대적인 부정선거를 자행하게 되었고, 이에 대항하여 학생과 시민들이 중심이 되어 민주화 운동이 전개되었다. 이승만 정부는 계속해서 확산되는 시위를 해산시키기 위해 계엄령을 선포하고 군대를 동원하였는데, 계엄령 아래에서도 서울 시내 대학 교수들이 이승만 대통령의 하야를 요구하는 시국 선언문을 채택·발표하며 국회 앞까지 행진하였고, 결국 이승만 정부는 무너지게 되었다.

4·19 혁명의 전개과정
마산의 부정 선거 항의 시위(1960.3.15. 경찰 무력 진압) → 최루탄이 눈에 박힌 김주열 학생의 시신 발견(4.11) → 시위 전국 확산 → 시위 군중을 향한 경찰의 발포로 사상자 증가(4.19) → 계엄령 선포 → 대학 교수들의 시국 선언(4.25) → 이승만 대통령 사임 표명(4.26) → 국회에 대통령 사임서 제출(4.27)

⑤ 자유당 정권은 1960년 부통령에 이기붕을 당선시키기 위하여 부정 선거를 자행하였다(1960. 3·15부정선거).

오답 check

① 1979년 12월 12일 전두환, 노태우 등 신군부 세력이 일부 병력을 동원해서 군권을 장악하고, 정치적 실권도 장악하였다(12·12 군사 쿠데타).

② 1972년 7·4 남북공동성명을 발표한 직후 박정희 정부는 강력하고도 안정된 정부가 필요하다는 명분으로 비상계엄을 발령하고 10월 유신을 선포하였다.

③ 1980년 전두환의 신군부는 비상계엄을 전국으로 확대하였고(5.17), 광주 지역에서는 비상계엄 철회 및 민주화를 열망하는 시민들의 요구가 5·18 민주화 운동으로 이어졌다(1980).

④ 전두환 정부의 4·13 호헌 조치에 반대하여 1987년 6월 민주항쟁이 전개되었다.

50. 답 ④

출제자의 눈 

김대중 대통령의 노벨 평화상 수상을 통해 김대중 정부를 파악할 수 있다.

자료 속 힌트 2000년, 김대중 대통령의 노벨 평화상 수상, 햇볕 정책

해설

김대중 대통령은 햇볕 정책을 추진한 결과 2000년 노벨 평화상을 수상하였다.

참고 김대중 정부(1998 ~ 2003)

구분	내용
수립	최초의 평화적 여·야 정권 교체, 국민의 정부
정책	외채 상환(노사정 위원회 설치, 기업의 구조 개혁 시도, 벤처기업 육성)
대북정책	햇볕정책(금강산 관광 시작, 1998), 제1차 남북정상회담(2000, 6·15 남북공동선언 발표)

④ 2000년 분단 이후 처음으로 남북 정상이 평양에서 만나 6·15 남북 공동 선언을 합의하였다(김대중 정부).

오답 check

① 남북 조절 위원회는 1972년 7·4 남북 공동 성명을 실천하기 위해 박정희 정부에서 설치되었다.
② 노태우 정부에서 남북한이 유엔에 동시 가입하였다(1991).
③ 노태우 정부는 1991년 남북기본합의서를 채택하였다.
⑤ 한반도의 비핵화에 관한 공동선언(1991.12.31.)은 노태우 정부에서 채택하였다(화해, 불가침, 민족 내부의 교류).

한국사능력검정시험
36회 중급 정확하고 자세한 정답 및 해설

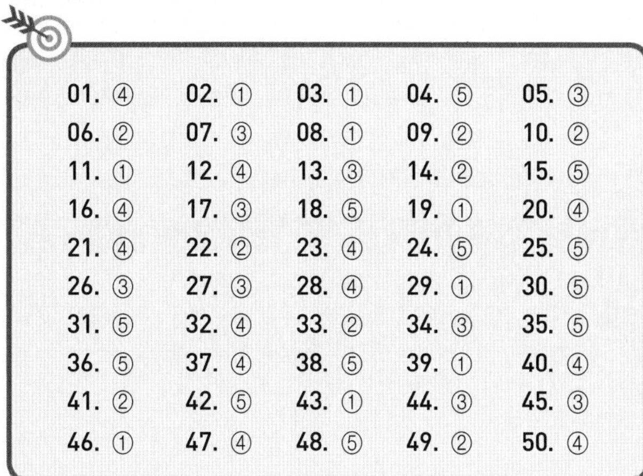

01. ④	02. ①	03. ①	04. ⑤	05. ③
06. ②	07. ③	08. ①	09. ②	10. ②
11. ①	12. ④	13. ③	14. ②	15. ⑤
16. ④	17. ③	18. ⑤	19. ①	20. ④
21. ④	22. ②	23. ④	24. ⑤	25. ⑤
26. ③	27. ③	28. ④	29. ①	30. ⑤
31. ⑤	32. ④	33. ②	34. ③	35. ⑤
36. ⑤	37. ④	38. ⑤	39. ①	40. ④
41. ②	42. ⑤	43. ①	44. ③	45. ③
46. ①	47. ④	48. ⑤	49. ②	50. ④

01. 답 ④

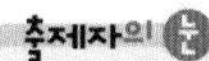 

출제자의 눈

고인돌의 사진과 설명을 통하여 청동기 시대를 파악할 수 있다.

자료 속 힌트 고인돌, 권력을 가진 군장이 출현

해설

사진은 고인돌을 나타낸 것으로 (가) 청동기 시대임을 파악할 수 있다. 청동기 시대에는 조, 보리, 콩, 벼농사를 지었으며, 비파형동검, 반달돌칼, 미송리식토기, 민무늬토기 등이 도구로 사용됐다. 청동기 시대에는 계급이 분화되어 부족을 지배하는 족장(군장)이 등장하였으며, 군장이 죽으면 고인돌을 만들어 장례를 치렀다.

④ 반달돌칼은 청동기 시대에 벼를 수확하기 위한 추수도구이다.

오답 check

① 6세기 신라 지증왕 때 철제농기구를 활발하게 보급하여 우경을 실시하였다.

② 구석기 시대 초기에 동굴이나 바위 그늘, 후기에는 막집에 일시적으로 거주하였다.

③ 신석기 시대의 대표적인 토기인 빗살무늬 토기는 신석기 중기 이후에 출현하게 되며, 전국 각지에 널리 분포되어 있다.

⑤ 신석기 시대에는 가락바퀴와 뼈바늘을 사용하여 의복과 그물을 제작하는 등의 원시적 수공업이 발달하였다.

02. 답 ①

출제자의 눈

대화 속 신지와 천군 등을 통하여 삼한을 도출할 수 있다.

자료 속 힌트 신지, 천군

해설

대족장은 신지·견지 소족장은 읍차·부례 등으로 불렸으며, 제정분리 사회로 제사장인 천군이 군장세력이 미치지 못하는 소도를 지배하였다. 삼한에서는 5월, 10월 두 차례의 계절제도 열었다.

① 삼한은 제정분리 사회였기 때문에 제사장인 천군이 신성시 되는 소도를 따로 지배하였고 소도에는 군장세력이 미치지 못하였다.

오답 check

② 고구려는 서옥제라는 혼인풍습이 있었는데, 남녀가 혼인을 하면 신부 집 뒤꼍에 서옥이라는 집을 짓고 살다가, 자식을 낳아 장성하면 신부를 데리고 자기 집으로 갔다.

③ 동예는 족외혼이 엄격하게 이루어 졌으며 부족적 성격이 강하여 책화라는 제도가 있었다.

④ 부여는 왕 아래에 가축의 이름을 딴 마가, 우가, 저가, 구가를 두었고, 각 가들은 저마다의 행정 구획인 사출도를 다스리고 있었다.

⑤ 고조선은 8조법을 두어 질서를 유지하였으며 그 중 3개조의 내용만 전해진다.

참고 연맹국가의 특징

국가	특징
부여	5부족 연맹체(사출도), 영고(12월), 우제점법, 순장, 1책12법, 연좌제, 반농반목
고구려	5부족 연맹체, 동맹(10월, 국동대혈), 약탈 경제, 서옥제, 제가회의
옥저	군장국가(읍군·삼로), 민며느리제, 가족공동묘, 해산물 풍부, 토지 비옥
동예	군장국가(읍군·삼로), 무천(10월), 책화, 족외혼, 해산물 풍부, 토지 비옥, 방직기술 발달, 특산품(단궁·과하마·반어피)
삼한	신지·견지(大족장), 읍차·부례(小족장), 5월·10월 계절제, 제정분리, 천군(제사장)이 소도 지배, 벼농사 중심, 변한의 철(화폐처럼 사용, 낙랑·왜 수출), 반움집

03. 답 ①

출제자의 눈

삼국사기의 내용을 통해 고구려 소수림왕(371~384)을 파악할 수 있다.

자료 속 힌트 순도, 불상과 경문, 율령

해설

4세기 고구려 소수림왕은 전진의 승려 순도가 가져온 불상과 경문을 받아들여 불교를 공인하여 사상을 통합하였고(372), 중앙에 태학을 설립하여 유학의 보급과 학문 진흥에 힘썼으며(372), 율령을 반포하여 국가 통치의 기본질서를 확립하였다(373).

참고 삼국의 불교 수용

국가	왕	내용
고구려	소수림왕(371~384)	전진의 승려 순도를 통하여 불교 공인(372).
백제	침류왕(384~385)	동진의 마라난타를 통하여 불교를 수용한 후 공인(384).
신라	눌지마립간(417~458)	고구려 승려 묵호자에 의해 처음으로 불교 전파(457).
	법흥왕(514~540)	이차돈 순교 이후 국가적으로 불교를 공인(527).

오답 check

② 5세기 고구려 장수왕(413~491)은 평양으로 수도를 천도하여 본격적인 남진 정책을 추진하였다(427).

③ 6세기 신라 지증왕(500~514)은 이사부를 보내 우산국(울릉도)을 복속시켜 세력을 확장하였다(512).

④ 8세기 신라 원성왕(785~798)은 최초의 관리 선발 제도인 독서삼품과를 시행하여 왕권을 강화하려 하였으나 진골 귀족의 반발과 골품제의 모순으로 실패하였다.

⑤ 4세기 고구려 광개토대왕(391~413)은 영락이라는 연호와 태왕의 호칭을 사용하는 등 대외적으로 강국으로서의 면모를 보여 국가의 위신을 높였다.

04. 답 ⑤

출제자의 눈

대화를 통하여 백제 사비시대의 금동대향로를 파악할 수 있다.

자료 속 힌트 부여 능산리 고분, 백제, 문화유산

해설

⑤ 부여 능산리 고분군에서 발견된 금동대향로는 신선들이 사는 이상 세계를 형상화하였고, 용과 봉황, 연꽃, 그리고 신선이 산다고 하는 삼신산의 74개 봉우리를 표현하였는데, 백제의 도교적 성격을 엿볼 수 있다.

오답 check

① 고령 지산동 32호에서 출토된 가야 금동관이다.

② 백제 무령왕릉에서 발견된 돌짐승인 석수이다.

③ 15세기 분청사기 조화어문 편병이다.

④ 국립진주박물관에 소장하고 있는 가야 토기이다.

05. 답 ③

출제자의 눈

자료를 분석하여 안시성 전투를 파악할 수 있다.

자료 속 힌트 고구려와 수의 전쟁, 고구려와 당의 전쟁

해설

자료에서 연개소문의 정변 이후 당나라가 고구려를 침략한 상황을 나타내고 있다. 연개소문은 정변(642)을 일으켜 보장왕을 옹립하고 정권을 장악하여 당에 대하여 강경책을 추진하였다. 결국 644년 당 태종은 고구려 정벌을 선포하였고, 당 태종은 직접 대군을 이끌고 고구려를 침략하였다. 고구려는 요동성, 개모성, 비사성이 정복당하는 등 어려움을 겪었으나, 곧 양만춘은 안시성에서의 전투를 승리로 이끌며(645) 당군을 물리쳤다.

안시성 전투

여러 장수가 급히 안시성을 공격하였다. …… 밤낮으로 쉬지 않고 무릇 60일에 50만 인을 동원하여 토산을 쌓았다. …… 아군 수 백 명이 성이 무너진 곳으로 나가 싸워서 마침내 토산을 빼앗아 차지하고 주위를 깎아 이를 지켰다. …… (황제가) 군사를 돌리도록 명하였다.

– 삼국사기 –

오답 check

① 왜의 수군이 백제부흥운동을 지원하여 백강입구까지 왔으나 나·당 연합군에게 패하였다(663, 백촌강 전투).

② 나당 전쟁 중 금강 하구의 기벌포 전투에서 신라는 당의 수군을 섬멸하여 실질적인 삼국통일을 이룩하였다(676, 문무왕).

④ 이순신 장군이 이끄는 연합함대가 적을 한산도 앞 바다로 유인하여 학익진을 펼쳐 100여척의 적선을 격파하였고, 왜의 수군에 큰 타격을 주어 제해권을 장악하였다(1592.7. 한산도 대첩).

⑤ 7세기 백제 의자왕 때 계백의 결사대는 황산벌 전투에서 김유신에 맞서 싸웠으나 패배하였다(660).

06. 답 ②

출제자의 눈

문화 해설을 통하여 고구려 연가7년명 금동여래입상을 파악할 수 있다.

자료 속 힌트 고구려, 불상, 연가(延嘉) 7년

해설

자료는 고구려의 연가7년명 금동여래입상을 나타내고 있다.

③ 고구려의 불상인 연가7년명 금동여래입상은 평양의 승려들이 천불(千佛)을 조성하여 세상에 유포시키고자 만든 것으로, 광배 뒤에 연가(延嘉) 7년을 새겨 놓았다.

오답 check

① 이불병좌상은 발해 동경 용원부의 절터에서 발굴된 것으로 고구려 양식을 계승한 것이다.

② 삼국시대에는 불교가 성행함에 따라 금동 미륵보살 반가상이 많이 만들어졌다(국보 제83호).

④ 고려 초기에는 광주 춘궁리 철불(하남 하사창동 철조석가여래좌상) 같은 대형 철불이 많이 조성되었다.

⑤ 통일신라 경주 불국사 석굴암은 아름다운 비례와 균형의 조화미로 석굴암은 세계적인 걸작으로 손꼽힌다.

07. 답 ③

출제자의 눈 

헤공왕(765~780) 이후 신라 말의 사회를 파악하여야 한다.

해설

신라 말 중앙 정부는 통제력을 상실하였고 지방에서는 호족이라는 새로운 세력이 성장하였으며, 골품제를 비판하며 6두품은 반신라 세력으로 성장하였다. 또한, 당시에는 자연 재해가 빈번히 발생하였고 농민에 대한 강압적인 수탈 등으로 인해 농민들은 살기가 어려워져 노비나 초적이 되는 일이 많았다.

참고 신라 말 반정부 봉기

왕	반정부 봉기
혜공왕(756~780)	대공의 난(768), 96각간의 난(768), 김지정의 난(780)
헌덕왕(809~826)	김헌창의 난(822), 김범문의 난(825)
흥덕왕(826~836)	장보고의 난(846)
진성여왕(887~897)	원종과 애노의 난(889), 적고적의 난(896)

오답 check

③ 김흠돌의 난은 신라중대 신문왕이 즉위하던 해에 왕(신문왕)의 장인 김흠돌이 일으킨 모역사건으로 이 사건을 계기로 귀족들의 대대적인 숙청이 일어나 왕권이 전제화되었다.

08. 답 ①

자료의 내용을 통하여 신라의 당나라 유학 승려인 의상을 도출할 수 있다.

자료 속 힌트 부석사, 승려, 관음 신앙

해설

의상은 모든 존재가 상호 의존적인 관계(一卽多 多卽一)가 있으면서 서로 조화를 이루고 있다는 화엄 사상을 정립하였고, 화엄일승법계도를 남겼다. 또한, 의상은 화엄사상을 바탕으로 교단을 형성하였고, 부석사 등 많은 사원을 건립하였다. 의상은 아미타 신앙과 함께 현세에서 고난을 구제받고자하는 관음 신앙을 설파하여 불교를 일반인에게 널리 알렸다.

오답 check

② 신라중대 활동한 혜초는 자신이 돌아본 인도와 중앙아시아 등 여러 나라의 풍물을 생생히 기록한 왕오천축국전을 남겼다.
③ 고려전기 활동한 대각국사 의천은 선종을 통합하기 위하여 국청사를 창건하였고 천태종을 창시하였다.
④ 고려후기 활동한 지눌은 선과 교학이 근본에 있어 둘이 아니라는 사상 체계인 정혜쌍수와 내가 곧 부처라는 깨달음을 위한 노력과 함께 꾸준한 실천과 수행을 강조한 돈오점수를 주장하였다.
⑤ 신라상대 활동한 원광은 세속 5계를 통해 화랑도의 행동 규범을 제시하였다.

참고 통일신라의 승려

승려	활동
원효	대승기신론소, 금강삼매경론, 십문화쟁론, 일심사상(화쟁사상), 아미타신앙(불교 대중화, 정토종 보급), 법성종 개창
의상	화엄사상(화엄일승법계도, 일즉다다즉일), 관음 신앙(현세 고난 구제), 부석사 건립
기타	원측(유식 불교), 혜초(왕오천축국전), 자장(황룡사 9층 목탑건립)

09. 답 ②

출제자의 눈 

자료를 통하여 고대 사회의 경제를 파악하여야 한다.

해설

② 벽란도는 고려의 국제 무역항으로 이슬람 상인들이 왕래하였다. 고려시대 수도 개경의 상권은 점차 도성 밖으로 확대되었으며, 예성강 하구의 벽란도를 비롯한 항구들이 교통로와 산업의 중심지로 발달하였다.

오답 check

① (가) 고구려 2세기 고국천왕 때 을파소를 국상으로 채용하여 진대법을 실시하였다(194).
③ (다) 6세기 신라 지증왕 때에는 무역이 급격하게 발달하여 시장을 감독하는 관청인 동시전을 설치하였다.
④ (라) 가야는 낙랑과 왜의 규수지방을 연결하는 해상 중계 무역이 번성하였고, 제철 기술이 뛰어나 무역에서 철을 화폐처럼 사용되기도 하였다.
⑤ (마) 발해의 대표적인 수출품은 모피, 인삼 등 토산물과 불상, 자기 등의 수공업품이었고, 수입품으로는 귀족들의 수요품인 비단이나 책등이 있었다.

10. 답 ②

출제자의 눈 

러시아에서 발견된 우리의 유물 및 유적을 통하여 발해를 도출할 수 있다.

자료 속 힌트 대조영, 온돌 유적, 고구려를 계승

해설

발해는 고구려를 계승한 국가임을 표방하였는데, 일본에 보낸 국서를 보면 무왕 때에는 '고구려의 옛 땅을 회복하고, 전통을 이어 받았다.', 문왕 때에는 '고려국왕' 등으로 표현하였고, 고려 또는 고려국왕이라는 명칭을 사용하였다. 또한, 고구려 문화의 유사성이 이를 뒷받침하고 있는데, 상경에서 온돌이나, 고구려 양식의 기와가 발견되고 있으며, 굴식돌방무덤양식인 정혜공주 묘 또한 고구려의 고분 양식이다.

참고 발해의 발전

시기	내용
고왕	대조영, 길림성의 동모산에서 건국(698), '천통'
무왕	북만주 일대 장악, 요서·산둥 지방 공격(장문휴의 수군), 돌궐·일본과 연결하여 당·신라 견제, '인안'
문왕	당과 친선 관계, 중경에서 상경으로 천도, 신라도, 주자감 설치, '대흥'
선왕	대부분의 말갈족 복속, 요동 진출, 해동성국, 15부 62주 정비, '건흥'

② 발해의 무왕은 일본과 유대를 강화하여 신라를 견제하였고 장문휴의 수군으로 하여금 당의 요서지방과 산둥 반도에 위치한 등주(덩저우)를 공격하였다.

오답 check

① 고조선의 성장에 불안을 느낀 한나라의 무제는 대규모 침략을 해왔고, 약 1년간에 걸친 장기전과 지배층의 내분으로 왕검성은 함락되어 고조선은 멸망하게 된다(BC108).
③ 도병마사는 고려의 국방 문제를 담당하는 국가 최고의 회의기구로써 임시 회의기구로 구성되었다.
④ 통일신라 신문왕은 전국을 9주 5소경으로 나누어 지방 행정구역을 정비하였다.
⑤ 신라는 국가 중대사에 대하여는 귀족회의로 결정하였는데, 최고 관직인 상대등이 화백회의를 주관하였으며 성골 및 진골 등의 중앙귀족이 참여하였다.

11. 답 ①

출제자의 눈 

최승로의 시무 28조를 통해 고려 성종 시기임을 짐작할 수 있다.

자료 속 힌트 최승로, 시무 28조

해설

고려 성종은 오랜 폐단을 없애고 국정 전반을 쇄신하기 위하여 5품 이상의 관리들로 하여금 정책을 비판하거나 건의하는 글을 올리게 하였는데, 최승로의 건의를 채택하여 정치에 반영하였다.

참고 고려 성종의 정책

구분	내용
배경	최승로의 시무 28조 채택으로 유교 정치 시행
유교진흥	불교 행사(연등회·팔관회) 폐지, 국자감 정비(992), 경학박사·의학박사 파견하여 교육
체제정비	2성 6부, 12목에 목사 파견(지방관 파견), 과거제도 정비, 강동 6주 설치
사회시설	의창(흑창을 확대·개편), 상평창(물가 조절), 화폐발행(건원중보), 노비환천법

① 고려 성종은 지방의 중요지역에 12목을 설치하고 지방관인 목사를 파견하여 중앙 집권을 공고히 하였다(983).

오답 check

② 고려 태조 왕건은 삼국통일에 힘을 쏟았으며 935년에는 신라를 병합하였고, 936년에는 후백제를 흡수하여 후삼국을 통일하였다.
③ 고려 공민왕은 즉위 후 기철을 비롯한 친원 세력을 숙청하였고, 내정 간섭기구인 정동행성이문소의 폐지, 원의 간섭으로 격하된 관제의 복구, 몽골 풍속 금지 등을 실시하였다.
④ 고려 광종은 노비안검법을 시행하여 호족 세력을 약화시켰고 국가 재정을 확충하였다(956).
⑤ 공민왕은 승려 신돈을 등용하여 전민변정도감을 설치하였고 권문세족이 부당하게 빼앗은 토지와 노비를 본래의 소유주에게 돌려주거나 양민으로 해방시켰다(1366).

12. 답 ④

출제자의 눈 

탑의 역사를 분석하여 경천사지 10층 석탑을 도출할 수 있다.

자료 속 힌트 1907년, 석탑을 강탈, 원의 영향, 현재 국립중앙박물관에 전시

해설

고려시대에는 다각다층탑이 많이 제작되었는데, 고려 후기 원간섭기인 충목왕 때 세워진 경천사 10층 석탑은 원의 영향을 받았다(1348). 경기도 개풍군의 경천사에 있었던 10층 석탑은 1907년 일본으로 밀반출되었다가 1918년 반환되어 경복궁에 보관하고 있었다. 광복이후인 1959년 경복궁에 복원작업을 하였으며, 보존을 위해 2005년 국립 중앙 박물관으로 이전하여 현재까지 전시하고 있다.

오답 check

① 불국사 3층 석탑은 2층 기단에 3층 탑신부를 올린 통일신라 석탑의 전형으로 전체의 균형이 잘 잡힌 뛰어난 석탑이다.
② 7세기 백제 무왕 때 건립한 것으로 추정되는 부여의 정림사지 5층 석탑은 목탑 형식의 미륵사지 석탑을 계승한 탑으로 안정적인 모습을 보여준다.
③ 신라중대에 건립된 구례의 화엄사 4사자 3층 석탑이다.
⑤ 고려시대 다각다층탑을 대표하는 오대산 월정사 8각9층 석탑은 송의 영향을 받았다.

13. 답 ③

출제자의 눈 

기행문의 설명을 통해 강진의 역사를 파악할 수 있다.

자료 속 힌트 고려, 청자, 가마터, 백련사, 다산 초당

해설

백련사는 전라남도 강진군 도암면에 위치하고 있으며, 고려시대 청자를 만들던 가마터도 전라남도 강진에 있다. 또한, 초당은 정약용이 유배생활을 하였던 강진의 유배지이며, 정약용은 신유박해 때 강진에서 유배 생활을 하였고 이 시기에 500여 권의 여유당전서를 남겼다. 조선전기의 건축물인 무위사 극락전도 강진군에 있으며 검박하고 단정한 특징을 지니고 있다.

14. 답 ②

출제자의 눈 

망이와 만적의 난을 통하여 고려 무신집권기를 파악할 수 있다.

자료 속 힌트 망이, 현(縣으)로 승격, 만적

해설

○ 첫 번째 사료는 고려 무신집권기 망이·망소이의 난(1176)이다. 공주 명학소에서 망이·망소이가 신분 해방을 주장하며 봉기하였고, 명학소가 충순현으로 승격되면서 향·부곡·소가 해방되는 계기가 되었다.

○ 두 번째 사료는 만적의 난(1198)이다. 최충헌의 사노비였던 만적은 최충헌 집권기에 일으킨 난으로 사람이면 누구나 공경대부가 될 수 있다고 주장하며 신분차별에 항거하였다.

참고 무신 집권기의 봉기

구분	내용
귀족	김보당의 난(무신정권 타도, 의종 복위 주장), 조위총의 난(서경에서 반란, 많은 농민 가세, 반무신정권의 봉기)
양민	망이·망소이의 봉기(공주 명학소), 김사미·효심의 봉기(운문·초전), 이연년 형제의 난(백제 부흥운동)
천민	전주 관노의 난, 만적의 난(최충헌의 사노비, 신분 해방 운동)

② 공주 명학소에서 일어난 망이·망소이의 난(1176)과 만적의 난(1198)은 모두 고려 무신 집권기에 발생하였다.

오답 check

① 고구려 멸망 이후 검모잠, 고연무 등은 보장왕의 서자 안승을 왕으로 추대하여 한성(황해도 재령)과 오골성을 근거지로 군사를 일으켜 고구려 부흥운동을 전개하였다(670~674).

③ 고려 정부가 몽골과 강화하여 개경으로 환도하자, 강화도에서 항전하던 삼별초는 화의에 반발하여 진도(배중손)와 제주도(김통정)를 거치며 끝까지 항전하였으나, 여몽연합군에 의하여 진압되었다(1270~1273. 삼별초의 항쟁).

④ 조선 후기 말세의 도래, 왕조의 교체, 예언사상 등 근거 없는 낭설이 횡행하였는데 정감록은 이때에 널리 유행한 비기였다.

⑤ 세도정치시기 극심했던 삼정의 문란과 경상 우병사 백낙신의 수탈에 견디다 못한 농민들이 몰락 양반 출신의 유계춘 등을 중심으로 봉기하였다(1862. 임술 농민봉기).

15. 답 ⑤

출제자의 눈 

거란 1차 침입과 별무반의 편성을 통해 거란의 2~3차 침입을 추론할 수 있다.

자료 속 힌트 소손녕, 서희, 별무반, 윤관

해설

첫 번째 자료는 서희의 외교담판이다(993). 거란의 소손녕은 송과의 교류를 끊을 것과 아울러 고려가 차지하고 있는 옛 고구려의 영토를 요구하며 80만 대군을 이끌고 고려를 침략해 왔다(거란 1차 침입). 이에 맞서 서희는 외교 담판으로 고려가 고구려의 후예인을 인정받음과 동시에 압록강 동쪽의 강동6주를 획득하여 영토를 확장하였고(994, 성종), 송과의 단교 및 거란과의 교류를 약속하였다.

두 번째 자료는 윤관의 별무반 편성이다(1104). 12세기 초 여진과의 1차 접촉에서 패한 뒤 윤관은 숙종에게 특수부대인 별무반을 편성할 것을 건의하였고, 숙종은 윤관의 건의를 받아들여 별무반을 조직하였다. 별무반은 기병인 신기군, 승병인 항마군, 보병인 신보군으로 편성한 특수부대였다.

⑤ 거란의 소배압은 10만 대군을 끌고 침략하였는데, 귀주에서 강감찬이 지휘하는 고려군에게 섬멸되었다(1019. 귀주대첩).

오답 check

① 조선 세종 때에는 김종서와 최윤덕을 보내 여진을 토벌하고 4군과 6진을 설치하여 압록강과 두만강을 경계로 하는 오늘날과 같은 국경선을 확정하였다.

② 고려 말 박위는 왜구의 근거지인 대마도를 토벌함으로써 고려의 세를 과시하였다(1389).

③ 고려 말 명은 철령위 설치를 통보하였고 이에 우왕은 최영과 이성계를 시켜 요동 정벌을 단행하였다(1388).

④ 고려 말 황산(남원)에서 이성계는 적장(왜구) 가운데 나이가 어리고 용맹한 아지발도를 사살하는 등 선두에 나서서 전투를 독려하여 아군보다 10배나 많은 적군을 섬멸케 했다(1380).

16. 답 ④

출제자의 눈 

역사서의 내용을 통해 일연의 삼국유사를 추론할 수 있다.

자료 속 힌트 고려 후기, 역사서, 단군, 기이, 흥법

해설

자료는 일연의 삼국유사를 나타낸 것이다. 자주적 역사의식이 나타나는 삼국유사는 왕력과 기이(紀異), 흥법(興法)·탑상(塔像), 의해(義解) 등으로 구성되어 있다. 삼국유사는 충렬왕 때에 일연이 편찬하였다. 불교사를 중심으로 고대의 민간 설화나 전래 기록을 수록하는 등 우리 고유의 문화와 전통을 중시하였으며, 단군을 우리 민족의 시조로 여겨 단군의 건국 이야기를 수록하였다.

오답 check

① 18세기 실학자 유득공은 발해고(1784)에서 최초로 남북국 시대를 주장하여 민족의 자주성을 높였다.
② 동사강목은 고조선에서 고려 말까지의 역사를 안정복이 저술한 것으로 우리 역사의 독자적 정통론을 세워 이를 체계화하였다(1778).
③ 고려 인종 때 김부식이 왕명에 의해 편찬한 삼국사기(1145)는 기전체 서술방법으로 쓰여진 역사서로, 현존하는 우리나라 최고(最古)의 역사서이다.
⑤ 고려 후기 이승휴가 편찬한 제왕운기(1287)는 우리나라의 역사를 단군에서부터 서술하면서 우리 역사를 중국사와 대등하게 파악하는 자주성을 나타내었다.

17. 답 ③

출제자의 눈 

6의전 독점판매권을 통해 조선의 시전상인(市廛商人)임을 파악할 수 있다.

자료 속 힌트 종로, 상점가, 육의전 상인

해설

조선의 시전 상인은 왕실이나 관청에 물품을 공급하며 그 대가로 특정 상품(6의전)에 대한 독점 판매권을 부여받았고, 정부는 시전상인에게 금난전권(난전금지 권한)을 주었는데, 이에 대한 폐단이 발생하기도 하였다. 조선후기에는 이현·칠패·송파 등에서 상행위를 했던 난전(사상)이 많아짐에 따라 정조는 6의전을 제외한 나머지 시전상인(관상)들의 금난전권을 철폐하여 사상들의 자유로운 상업 활동을 허용 하였다(1791, 신해통공).

③ 조선시대 시전상인에게 사상을 억압할 수 있는 금난전권(난전금지 권한)을 주었으며, 시전상인들의 불법적인 상행위를 통제하기 위하여 경시서를 두기도 하였다.

오답 check

① 개성에서 활동하던 송상은 전국에 송방(松房)이라는 지점을 설치하여 활동 기반을 강화하였다. 주로 인삼을 재배·판매하고 대외무역에도 깊이 관여하여 부를 축적하였다.
② 조선시대 만상은 의주 상인으로 중국으로부터 비단, 약재, 문방구 등을 수입하였다.
④ 조선시대 전국의 장시를 돌아다니며 생산자와 소비자를 이어주는 상인인 보부상이 활동하였다.
⑤ 포구상인은 포구 등지에서 중개업, 금융업, 숙박업 등의 상행위를 하였다.

18. 답 ⑤

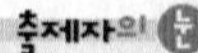 

농사직설을 통하여 세종 시기의 정세를 파악할 수 있다.

자료 속 힌트 농사직설

해설

조선 세종 때 정초와 변효문 등이 왕명에 의하여 편찬한 농사직설은 우리나라 풍토에 맞는 씨앗의 저장법, 토질의 개량법, 모내기법 등 농민의 실제 경험을 종합하여 편찬하였다.

⑤ 세종은 조세 제도를 좀 더 체계적으로 운영하기 위하여 풍흉의 정도에 따라 조세를 부과하는 연분 9등법으로 바꾸고, 조세 액수를 1결당 최고 20두(상상년)에서 최하 4두(하하년)를 차등 있게 내도록 하였다.

참고 세종대왕의 문화발전

구분	내용
유교정치	왕도정치(유교적 민본 사상), 청백리 재상 등용
민생안정	전분6등법(토지비옥도), 연분9등법(풍흉에 따른 조세 부과)
대외안정	4군 6진 개척, 대마도 정벌
민족문화	훈민정음 창제, 용비어천가
과학기구	혼의, 간의, 혼천의, 자격루(물시계), 앙부일구(해시계), 측우기
농업발전	농사직설(우리 풍토에 맞는 농법서)
의학서적	향약집성방(국산 약재 및 예방법), 의방유취(동양 의학 最古의 의서)
예법서적	효행록, 삼강행실도(충신, 효자, 열녀)
역법서적	칠정산 내외편 [중국 수시력과 아라비아 회회력 참고)
불교서적	월인천강지곡, 석보상절
음악	악기 개량(박연), 여민락, 정간보
활자 주조	경자자, 갑인자, 식자판 조립(인쇄)

오답 check

① 대한제국은 광무개혁의 일환으로 지계아문(1901)을 통해 양전사업을 실시하여 최초의 토지 소유권 증명서인 지계(地契)를 발급하였다.
② 16세기 중엽 명종 때에는 직전법이 폐지되고, 수조권 지급제도가 사라졌다. 그러므로 관리는 녹봉만을 받게 되었고, 결국 양반과 농민의 지주전호제가 강화되었다(1556).
③ 광해군 때 이원익, 한백겸의 주장으로 선혜청을 설치하고 처음으로 경기도에서 대동법을 시행하였다(1608).
④ 고려 성종 때에는 상업 활동이 활발해짐에 따라 화폐인 건원중보를 발행하여 경제를 육성시키려 하였다(996).

19. 답 ①

출제자의 눈 

우리의 민족명절 추석을 통하여 강강술래를 파악할 수 있다.

자료 속 힌트 손잡고 둥글게, 한가위

해설

한가위(추석)는 음력 8월 15일로 가배라고도 한다. 추석에는 차례를 지내고, 성묘를 돌아봤으며 씨름, 강강술래, 소싸움 등의 민속놀이를 즐겼다. 또한, 송편, 토란국, 닭찜을 만들어 먹었다.

① 강강술래는 대한민국 남부 지방에서 풍작과 다산을 기원하기 위해 널리 행해지는 민속놀이로 2009년 인류무형문화유산으로 등재되었다.

강강술래의 유래

1. 강강술래는 원시시대의 부족이 달밤에 축제를 벌여 노래하고 춤추던 유습(풍습)에서 비롯된 민속놀이라고 보는 주장이 있다.
2. 임진왜란 때 이순신은 적군에 비하여 아군의 수가 매우 적었기 때문에 마을 부녀자들을 모아 남자차림을 하게하고, 옥매산 허리를 빙빙 돌도록 하였다. 이를 본 왜병은 이순신의 군사가 한없이 계속해서 행군하는 것으로 알고, 미리 겁을 먹고 달아났다고 한다. 이 때부터 마을 부녀자들이 서로 손을 잡고 빙빙 돌면서 춤을 추던 관행이 강강술래로 정착되었다는 주장이 있다. 한자로는 '强羌水越來(강강수월래)' 라고 표기하고, '강한 오랑캐가 물을 건너온다.'는 해석은 바로 여기에 근거를 두고 있다.

오답 check

② 줄다리기는 많은 사람이 두 편으로 나뉘어 줄을 마주 잡아당겨 승부를 겨루는 놀이로 민속놀이다.
③ 차전놀이는 팔짱을 낀 채 어개로만 상대방을 밀어내어 승부를 겨루는 우리의 민속놀이이다.
④ 놋다리밟기는 젊은 여자들이 공주를 뽑아 자신들의 허리를 굽혀 그 위로 걸어가게 하는 놀이로 공민왕이 홍건적의 침입으로 안동에 피난 갔을 때, 개울을 건너게 되었는데 마을의 소녀들이 나와 등을 굽히고 그 위로 노국공주를 건너게 한 데서부터 유래되었다 한다.
⑤ 남사당놀이는 남사당패가 주로 봄과 가을에 각지를 떠돌아다니며 공연하던 풍물(농악), 버나(대접돌리기), 살판(땅재주), 어름(줄타기), 덧뵈기(가면극), 덜미(꼭두각시놀음) 등으로 구성된 민속놀이다.

20. 답 ④

출제자의 눈 

문화재를 통하여 안동지역의 특성을 학습하여야 한다.

자료 속 힌트 하회마을, 도산서원

해설

유네스코에서 지정한 한국의 역사 마을인 하회마을, 봉정사 극락전, 도산서원 등을 통하여 경북 안동을 나타내고 있음을 파악할 수 있다. 안동에는 고려 시대 주심포 양식인 봉정사극락전과 향토미를 나타내는 이천동 여래입상, 통일신라 탑의 법흥사지 7층 전탑, 이황의 도산서원 등의 문화재가 있으며, 유네스코 세계 문화유산으로 지정될 정도로 아름다운 한국의 전통 마을을 간직하고 있다.
④ 고려 공민왕 때 북방에서 홍건적이 침입해 오자 공민왕은 복주(안동)으로 피난하였다.

 오답 check

① 신라 말 흥덕왕 때 장보고는 완도에 청해진을 설치(828)하여 해적을 소탕하였으며, 남해와 황해의 해상 무역권을 장악하였다.
② 도산 안창호는 1908년에 평양에 대성학교를 설립하여 계몽운동(실력양성)에 앞장섰다.
③ 고려시대 발생한 묘청의 서경 천도운동은 평양과 관련이 있다.
⑤ 고부군수 조병갑이 파견된 직후 백성을 동원하여 만석보를 쌓게 하고 수세를 강제로 징수하는 등의 횡포를 일삼았다. 이에 항거하여 전봉준이 1천여 명의 농민군을 이끌고 봉기하여 관아를 습격해 군수를 내쫓고 아전들을 징벌한 뒤 곡식을 농민들에게 나눠주었다(1894.1).

21. 답 ④

출제자의 눈 

강홍립에 밀명을 보내는 내용을 통해 광해군의 중립외교를 파악할 수 있다.

자료 속 힌트 도원수 강홍립

해설

임진왜란 이후 즉위한 광해군은 전후 복구에 힘을 쏟을 당시 후금의 위협을 받은 명이 조선에 원병을 요구하였고 광해군은 어쩔 수 없이 원병을 파병하였다. 광해군은 강홍립을 도원수로 삼아 1만 3,000명의 군대를 이끌고 명을 지원하게 하되, 적극적으로 나서지 말고 상황에 따라 대처하도록 명령하였고 광해군의 밀명을 받은 조선군 사령관 강홍립은 후금에 항복하였다. 광해군은 중립 정책을 택함으로써, 결국 전쟁에 휘말리지 않게 하였다.

참고 **광해군의 중립외교**

시기	활동
배경	여진족의 누르하치가 후금 건국(1616) 후 명에 전쟁 선포, 명은 조선에 원군 요청
중립외교	명과 후금 사이에서 중립 외교 정책 실시 → 명을 지원하러 갔던 조선군 사령관 강홍립이 광해군의 밀명으로 후금에 항복 → 계속된 명의 지원 요청 거절, 후금과 친선 관계 추구
결과	광해군과 북인정권은 왕권의 안정을 위하여 영창대군 살해(1614), 인목대비를 폐위(1618)하여 서궁(西宮, 現덕수궁)에 유폐, 인조반정(1623)

④ 전란으로 질병이 만연하자 광해군은 허준으로 하여금 동의보감을 편찬하게 하였다(1610).

오답 check

① 과전법은 공양왕 때 신진사대부의 경제적 기반을 마련하기 위하여 이성계가 추진하였다(1391).
② 민씨정부는 신식군대인 별기군을 창설하였다(1881).
③ 성종은 세조 때에 시작한 경국대전의 편찬을 마무리하여 반포함으로써 이후 조선 사회의 기본 통치 방향과 이념을 제시하였다.
⑤ 정조는 화성을 축조하여 정치적·군사적 기능을 부여함과 동시에 상공인을 육성시켜 자신의 정치적 이상을 실현하는 상징적인 도시로 건설하고자 하였다.

22. 답 ②

출제자의 눈 

제시된 조선시대 화폐를 통하여 제작 시기를 구분하여야 한다.

해설

(가) 세종 때 조선통보(1423). 조선전기 화폐를 만들어 유통시키려 하였으나 부진하였다.

(나) 고종 때 당백전(1866). 흥선대원군은 경복궁을 중건하여 실추된 왕권을 확립하고자 하였으나 막대한 재정이 드는 공사였기 때문에 당백전을 남발하여 재정을 확충하려 하였다. 하지만, 당백전은 상평통보의 100배 가치를 가진 화폐였기 때문에 인플레이션이 발생하는 등 경제 혼란을 초래하기도 하였다.

(다) 인조 때 상평통보(1633). 조선 정부는 화폐의 유통에 힘써 인조 때 동전을 주조(상평통보)하여 개성을 중심으로 통용시켜 그 쓰임새를 살펴보고, 효종 때에는 서울 및 일부 지방에 유통시켰다(1649). 18세기 후반부터는 세금과 소작료도 동전으로 대납할 수 있게 하였다(1678, 숙종 때 전국적 유통).

23. 답 ④

출제자의 눈 

자료에 등장한 양역의 폐단을 통하여 균역법의 시행을 파악할 수 있다.

자료 속 힌트 군역, 영조실록

해설

양난 이후 지방의 감영이나 병영까지도 독자적으로 군포를 징수하면서 장정 한 명에게 이중 삼중으로 군포를 부담시키는 경우가 많았다. 균역법은 과중한 군역의 부담을 시정하고자 영조 때 시행된 것으로 농민은 1년에 군포 1필만 부담하게 되었다(1750). 균역법의 시행으로 감소된 재정은 지주에게 결작이라고 하여 토지 1결당 미곡 2두를 부담시키고, 선무군관포 및 어장세, 선박세 등 잡세 수입으로 보충하게 하였다.

참고 균역법(1750)

구성	내용
배경	불합리한 군포의 차별 징수, 백골징포·황구첨정·인징·족징 등의 폐단이 자행
내용	1년에 군포 1필만 부담하면 되는 균역법 시행(영조, 1750)
보충	감소된 재정은 지주에게 결작(토지 1결당 미곡 2두) 부담, 선무군관포, 어장세, 선박세 등 잡세 수입으로 보충
결과	일시적 경감, 지주는 농민에게 결작 부담 강요

오답 check

① 고려와 조선 시대 설치한 상평창은 물가를 조절하여 민생을 안정시켰던 기구였다.

② 인조는 농민들의 전세 경감을 위하여 영정법을 시행하여 풍년이건 흉년이건 관계없이 전세를 토지 1결당 미곡 4두로 고정시켰다(1635).

③ 고려 성종은 민생안정책으로 의창제도를 마련하여 빈민을 구제하였다.

⑤ 고종 때 흥선대원군은 고리대로 변질되어 가장 폐단이 심했던 환곡제를 향촌민들이 자치적으로 운영하는 사창제로 개혁하여 농민들의 부담을 경감시켰다.

24. 답 ⑤

출제자의 눈 

광화문, 근정전 등을 통하여 경복궁을 파악할 수 있다.

해설

경복궁은 이성계가 왕이 되어 곧 도읍을 옮기기로 하고 즉위 3년째인 1394년에 경복궁의 창건을 시작하였으며 이듬해인 1395년에 완성하였고 조선의 본궁 역할을 하였다. 경복궁 근정전은 태조(1395) 때 지어진 건물이며 역대 국왕의 즉위식이나 대례 등이 거행되었고 조선 왕실을 상징하는 건물이다. 정도전은 부지런하게 정치하라는 뜻으로 근정(勤政)이란 이름을 붙였다. 임진왜란 때 소실 후 창덕궁이 약 300여 년간 본궁 역할을 하였고 19세기 흥선대원군이 집권한 후 실추된 왕실의 존엄성을 회복하기 위해 임진왜란 때 불타버린 경복궁을 중건하였다(1865~1868).

참고 경복궁

구분	내용
개요	창건(태조), 소실(임란 때 소실 후 창덕궁이 약 300여 년간 본궁), 중건(1865~1868, 흥선대원군)
근정전	왕이 신하들의 조하를 받거나 정령을 반포하는 곳
사정전	궁의 편전으로 왕이 정사를 보고 문신들과 함께 경전을 강론하는 곳
경회루	국빈의 접대나 왕의 연회장소로 사용된 연못 안에 조성된 누각
건청궁	왕과 왕비가 거처한 곳, 최초의 전기 설비(1887), 명성황후 시해 장소

오답 check

① 덕수궁 석조전은 르네상스식 건축 양식으로 1900년에 착공하여 1909년에 완공되었다. 광복 직후에는 미소공동위원회 개최장소(1946)로 사용되었다.

② 임진왜란 때 경복궁이 소실된 이후 약 300여 년간 조선의 본궁 역할을 하였던 창덕궁은 1997년에 유네스코 세계유산으로 등재되었다.

③ 고종은 러시아 공사관에서 경운궁으로 환궁하였다(1897.2).

④ 종묘는 조선시대 역대의 왕과 왕비 및 추존(追尊)된 왕과 왕비의 신주(神主)를 모신 왕가의 사당으로 1995년 12월 유네스코 세계문화유산으로 지정되었다.

25. 답 ⑤

출제자의 눈 

소격서의 폐지, 기묘사화 때 사사되었던 내용 등을 통하여 조광조를 추론할 수 있다.

자료 속 힌트 소격서 폐지, 기묘사화 때 사사

해설

조광조는 중종 때 중용된 사림파로 왕도 정치의 실현을 위해 경연과 언론 기능의 강화, 현량과 실시, 성리학 이외의 사상과 학문 배척 등 개혁을 추진하였다. 하지만, 위훈 삭제 문제로 인한 공신들의 반발로 조광조를 비롯한 대부분의 사림 세력은 정계에서 밀려나게 되었다(1519, 기묘사화).

조광조의 개혁정치
1. 현량과의 실시(사림등용 - 훈구 견제) 2. 불교, 도교 행사 폐지(소격서 폐지, 성리학적 질서 강요) 3. 소학 교육 장려(성리학적 질서 강요) 4. 방납의 폐단 시정(수미법 건의) 5. 경연 강화(왕도정치) 6. 위훈 삭제 추진(훈구파 견제) 7. 향약 시행(향촌자치 시도)

⑤ 중종 때 조광조가 중용되면서 관리 천거제의 일종인 현량과를 통하여 사림을 대거 등용하였다.

오답 check

① 정약용은 여전론을 주장하였고 이후에 이를 수정하여 정전제를 주장하였다.
② 율곡 이이는 성학집요를 저술하여 현명한 신하가 군주에게 성학을 가르쳐 그 기질을 변화시켜야 한다는 것을 강조하였다.
③ 18세기 초 정제두는 양명학을 체계적으로 연구하여 강화학파를 형성하였다.
④ 주세붕이 세운 백운동서원(1543)은 경북 영주시 순흥면에 위치하고 있다.

26. 답 ③

출제자의 눈 

자료의 설명을 통해 중상주의 실학자 박지원(1737~1805)의 활동을 파악할 수 있다.

자료 속 힌트 양반전, 열하일기

해설

박지원은 청에 다녀와 열하일기를 저술하고 상공업의 진흥을 강조하면서 수레와 선박의 이용, 화폐 유통의 필요성 등을 주장하고, 양반전, 허생전, 호질 등을 저술하여 양반 문벌제도의 비생산성을 비판하였다. 과농소초, 한민명전의를 저술하여 농업생산력 증대에도 힘을 쏟았는데, 영농 방법의 혁신, 상업적 농업의 장려, 수리 시설의 확충 등을 통하여 농업 생산력을 높이는 데 관심을 기울였다. 박지원 등의 북학파 실학사상은 19세기 후반 박규수, 오경석, 유홍기 등의 개화사상으로 이어졌다.

오답 check

① 중농학파 실학자인 이익은 자영농 육성을 위한 토지 제도 개혁론으로 한전론을 주장하였다.
② 중상학파 실학자인 박제가는 청에 다녀온 후 북학의를 저술하여 청의 문물을 적극적으로 수용할 것을 제창하였다.
④ 중농학파 실학자인 유형원은 일생 동안 농촌에 묻혀 살면서 학문 연구에 몰두하여 반계수록을 저술하였다.
⑤ 중상학파 실학자인 홍대용은 임하경륜, 의산문답 등을 저술하였고 성리학의 극복이 부국강병의 근본이라고 강조하였으며, 기술의 혁신, 문벌제도의 철폐 등을 주장하였다.

27. 답 ③

출제자의 눈 

그림과 설명을 통하여 연행사를 파악할 수 있다.

자료 속 힌트 조선의 사절단, 청의 발달된 문물

해설

자료에서 설명하는 연행사는 조선후기 청나라에 파견된 사신단을 지칭하는 것으로 청나라의 도읍인 연경에 간 사신이라는 의미로 사용되었다. 연행사는 해외시찰단, 연수단, 조사단과 같은 기능을 하였다. 참고적으로 조선은 명에 대하여는 조천사를 파견하였다.

오답 check

① 조미수호통상 조약 체결 이후에 민영익을 전권대사로 하여 최초의 구미사절단인 보빙사를 파견하였다(1883).
② 개항 이후 조선 정부는 일본에 수신사를 파견하였다(1차 김기수, 1876 / 2차 김홍집, 1880).
④ 조선은 조사시찰단을 암행어사의 형태로 비밀리에 파견하였다(1881).
⑤ 조선은 1607년부터 1811년까지 총12회에 걸쳐 일본에 통신사를 파견하여 선진 문물을 전파하였다.

참고 통신사

구분	내용
파견	1607년부터 1811년까지 12회에 걸쳐 통신사라는 이름으로 사절을 파견
행렬	통신사 일행은 적을 때에는 300여 명, 많을 때에는 400 ~ 500명이나 되었고, 일본에서는 국빈으로 예우
영향	일본은 이들을 통하여 조선의 선진 학문과 기술을 학습

28. 답 ④

출제자의 눈 

자료의 내용을 통해 세도정치기 발생한 홍경래의 난을 파악할 수 있다.

자료 속 힌트 홍경래, 평서대원수

해설

홍경래의 난(1811. 순조)은 삼정의 문란과 매관매직의 성행 등의 세도 정치의 폐해와 서북민에 대한 차별 대우 등이 원인이 되어 몰락한 양반 출신인 홍경래의 지휘 하에 영세 농민, 중소 상인, 광산 노동자 등이 합세하여 일으킨 봉기였다. 이들은 처음 가산에서 난을 일으켜 선천, 정주 등을 별다른 저항 없이 점거하였으며, 한때는 청천강 이북 지역을 거의 장악하였으나 5개월 만에 평정되었다.

29. 답 ①

출제자의 눈

해설사의 설명을 통하여 노론의 영수인 송시열을 파악할 수 있다.

자료 속 힌트 숙종 때에는 노론의 영수

해설

강한사는 정조 때(1785) (가) 송시열을 제향하기 위하여 세운 사우로 경기도 여주시 하동에 있다. (가) 송시열(1607~1689)은 17세기에 활동하던 성리학자로서 대의명분을 존중하고, 민생 안정을 강조하는 경향을 보였으며, 효종은 청에 반대하는 입장을 강하게 내세웠던 송시열, 송준길, 이완 등을 높이 등용하여 군대를 양성하고 성곽을 수리하는 등 북벌을 준비하기도 하였다. 송시열은 숙종 때 장희빈의 소생인 균의 세자 책봉을 시기상조라 반대하다 사사되었다.

① 송시열은 효종 때 시무 및 유학의 정치적 이상을 13개조로 나타낸 기축봉사(1649)를 올려 북벌의 합당함을 제시·표방하였다.

송시열의 기축봉사

효종 때 소중화사상이 팽배해져 명에 대한 의리를 지키고 청 사상을 배척하며 청을 벌해야한다는 북벌 운동이 전개되었다. 송시열은 시무 및 유학의 정치적 이상을 13개조의 내용에 담은 기축봉사(1649)를 올려 북벌의 합당함을 제시·표방하였고, 군대를 양성하고 성곽을 수리하는 등 북벌을 준비하였다.

오답 check

② 정약용은 수원 화성을 쌓을 때에 거중기를 사용하여 공사 기간을 단축하고 공사비를 줄이는 데 크게 공헌하였다.
③ 철종 때 제작한 김정호의 대동여지도는 산맥·하천·포구·도로망의 표시가 정밀하고, 거리를 알 수 있도록 10리마다 눈금이 표시되었으며, 총22첩의 목판으로 인쇄되어 다량의 인쇄가 가능하였다.
④ 고려 충렬왕 때 활동한 문성공 안향은 고려에 성리학을 처음 소개하였다.
⑤ 유성룡은 임진왜란 중의 휴전 당시에 훈련도감의 설치를 건의하였다.

30. 답 ⑤

출제자의 눈

자료를 통하여 세도 정치 시기의 상황을 파악할 수 있다.

해설

자료는 60여 년간 안동 김씨나 풍양 조씨 등 왕의 외척 세력이 권력을 독점하였던 세도정치를 나타내고 있다. 세도 정치 시기에는 관직이 매매되는 등 비리가 만연하였으며 탐관오리들의 부당한 조세 수탈이 심각한 문제로 대두하였다.

⑤ 정조 사후에 왕의 외척 세력인 안동 김씨가 권력을 독점하여 행사하는 세도정치가 출현하게 되었다.

오답 check

① 효종 때 청이 러시아 정벌을 요청하였고 변급(1654), 신유(1658) 등 2차례 조총부대를 출병시켜 흔동강 유역에서 승리하였다(나선정벌).
② 태종은 왕권을 강화하고 국왕 중심의 통치 체제를 강화하기 위하여 6조 직계제를 실시하였다.
③ 선조 때 사림이 집권하면서 이조전랑직의 대립이 발생하여 동인과 서인으로 나뉘게 되었다.
④ 을사사화(1545)는 명종 때 외척 간의 왕위 계승의 다툼으로 사림이 피해를 본 사건으로, 명종의 외척세력인 윤원형(소윤)일파가 인종의 외척세력인 윤임(대윤)일파를 역적으로 몰아 대거 숙청하고 정국을 주도하게 되었다.

31. 답 ⑤

출제자의 눈

사료의 내용을 분석하여 척화비를 도출할 수 있다.

자료 속 힌트 서양의 나라와 수호를 맺은 이상, 고종실록

해설

사료속 내용은 흥선대원군의 하야 이후 고종의 친정이 시작되어 민씨 정권이 추진한 개방정책을 나타내고 있는 것으로 사료의 비석은 척화비(1871)를 나타내는 것이다. 민씨정권은 흥선대원군의 정책을 반대하여 대외적 개방 노선으로 변경하였다. 흥선대원군은 프랑스와 미국의 침공을 격퇴한 대원군은 위정척사 정신을 반영하여, '서양 오랑캐가 침범함에 싸우지 않음은 곧 화의하는 것이요, 화의를 주장함은 나라를 파는 것'이라는 내용의 척화비를 전국 각지에 세우고 서양과의 통상 수교를 단호히 거부하였다.

오답 check

① 선조 때 일본의 전국 시대 혼란을 수습한 도요토미 히데요시가 철저한 준비 끝에 20만 대군으로 조선을 침략하였다(1592.4).
② 김정희(정조.1786~철종.1856)는 금석과안록을 지어 북한산비가 진흥왕순수비임을 밝혔다.
③ 독립협회는 국민의 성금을 모아 청 사신이 왕래하였던 영은문이 있던 자리에 자주독립의 상징인 독립문을 세웠다(1896).
④ 병자호란의 결과 인조는 청에 항복을 하였고 군신 관계를 체결하였다(1637.1. 삼전도의 굴욕).

32. 답 ④

출제자의 눈

자료를 통하여 1880년대 임오군란과 갑신정변을 파악할 수 있다.

자료 속 힌트 구식 군인의 봉기, 급진개화파의 정변, 개혁 정강

해설

(가) 임오군란은 민씨 정권이 일본인 군사 고문을 초빙하여 훈련과 교육을 시킨 별기군(신식 군대)을 우대하고, 구식 군대를 차별 대우한 데 대한 불만에서 폭발한 것이다(1882). 임오군란(1882)의 결과 청은 흥선대원군을 압송하고, 고문을 파견하여 조선의 내정을 간섭하였다.
(나) 갑신정변의 주도 세력이었던 급진 개화파는 정변을 통해 근대 국가를 수립하려고 하였고 개화당 세력은 우정국 개국 축하연을 이용하여 정변을 일으킨 후 14개조의 정강을 발표하였다.
④ 임오군란과 갑신정변 이후 청의 내정간섭은 더욱 심화되었다.

참고 임오군란 이후 체결된 조약

대상	조약	내용
일본	제물포 조약	일본정부에 배상금 지불, 일본 공사관의 경비병 주둔
	수호조규 속약	일본인에 대한 거류지 제한이 50리로 확대
청	상민수륙무역장정	청 상인의 통상 특권 허용, 청과 일본 양국 상인간의 경쟁적 경제 침탈이 심화되는 계기
	고문파견	미젠창(내정), 묄렌도르프(외교), 위안스카이(군사) 고문 파견

참고 갑신정변 이후 체결된 조약

구분	내용
한성조약(1884)	조-일, 일본에 배상금 지불, 공사관 신축비용 부담
텐진조약(1885)	청-일, 양국 군대의 공동 철수, 조선에 군대 파병시 상대국에 사전 통보(훗날 청일전쟁의 빌미)

오답 check

① 집강소는 동학농민운동 때 폐정 개혁을 위한 농민들의 자치 기구로 1894년 5월에 설치하였다.
② 러시아의 한반도 남하를 견제한다는 구실로 영국은 거문도를 해밀턴 항이라 명명하고 불법 점령한 후 포대를 설치하였다(거문도 사건, 1885).
③ 프랑스는 병인박해의 구실로 강화도를 침공하는 병인양요(1866)를 일으켰는데, 이 시기에 프랑스 군인들이 강화도의 외규장각 문화재를 비롯하여 서적과 병기들을 약탈하여 갔다.
⑤ 강화도조약으로 부산(1876), 원산(1880), 인천(1883) 등 3개 항구의 개항이 이루어 졌다.

33. 답 ②

출제자의 눈

양력 사용을 통하여 을미개혁을 도출할 수 있다.

자료 속 힌트 을미사변 이후, 태양력

해설

조선은 1895년 을미개혁을 시행하였다. 기존의 개국 연호를 폐지하고, 건양이라는 연호를 사용하였으며, 단발령을 반포하여 고종이 세자와 함께 먼저 시행하였고, 태양력을 사용하여 음력 1895년 11월 17일을 양력 1896년 1월 1일로 선포하였다. 또한, 종두법을 시행하였고 우편사무를 재개하였으며, 소학교령을 공포하여 초등교육 기관인 소학교를 설치하였고, 군사 개혁을 시행하여 친위대와 진위대로 편성하였다.

오답 check

① 공민왕은 왕권을 제약하고 신진 사대부의 등용을 억제하고 있던 정방을 폐지하여 인사권을 회복하였다.
③ 고종 때 흥선대원군은 만동묘와 서원의 철폐를 대거 단행하여 왕권을 강화하려 하였다.
④ 서울에 설치한 박문국(1883)은 근대적 인쇄술을 노입하여 출판을 담당하였던 기구로 최초의 신문인 한성순보(1883~1884)를 10일에 한 번 발행하였다.
⑤ 조선의 민씨 정부는 개화 정책의 일환으로 근대 문물을 수입하기 위하여 1880년 통리기무아문을 설치하였다.

34. 답 ③

출제자의 눈

사진과 설명을 통하여 정미의병의 활약을 파악할 수 있다.

자료 속 힌트 군대 해산 이후, 의병

해설

자료에 나타난 1907년 정미의병은 해산 당한 군인들이 의병에 합류하면서 체계화되었고, 조직화된 일종의 군인의 모습을 갖추게 되었다. 이후 더욱 조직화되어 이인영·허위 등 유생 의병장의 주도로 13도 창의군을 창설하여 서울 진공작전도 추진하였지만 실패로 돌아가게 된다.

참고 정미의병

구분	내용
배경	고종의 강제 퇴위, 군대 해산
확산	의병의 전투력 강화, 전국으로 확산(의병 전쟁화)
전개	서울 진공 작전(1908.1): 이인영, 허위 등 유생 의병장의 주도로 13도 창의군 결성(총대장 이인영, 경기도 양주에 1만 여명 집결) → 부친상으로 이인영 낙향, 허위체포, 일본의 반격으로 실패
탄압	일본의 남한 대토벌 작전(1909.9)
한계	봉건적 유생 층의 지도 노선으로 결속력 약화(신돌석·홍범도 부대는 독자적 투쟁), 무력적 열세, 국제적 고립 상태에서 진행(외교권 피탈)

오답 check

③ 곽재우는 임진왜란 당시 경상도 의령에서 의병을 일으켰으며 홍의장군이라 불리었다. 고경명은 장흥과 금산에서 활약하였다.

35. 답 ⑤

출제자의 눈

신민회의 활동을 통하여 신흥무관학교를 파악할 수 있다.

자료 속 힌트 1911년, 삼원보, 학교

해설

신민회는 안창호, 양기탁 등이 중심이 되어 1907년에 설립된 비밀결사 조직이었다. 실력 양성을 통한 국권 회복과 공화정체의 국민 국가 수립을 궁극의 목표로 하였으며, 자기회사와 태극서관 등을 설립하여 운영하여 독립 자금을 마련하였다. 또한 무장투쟁의 필요성을 제기하고 만주에 국외 독립군 기지를 설립하고, 이후에는 신흥 무관학교 등을 세우는 등 독립 전쟁의 터전을 마련하였다.

오답 check

① 서전서숙은 이상설이 북간도에 설립하였다(1906).
② 명동학교는 1908년 만주에서 김약연이 설립하였다.
③ 배재학당은 1885년 미국 선교사(개신교) 아펜젤러가 세운 한국 최초의 근대식 중등교육기관이다.
④ 오산학교는 1907년 이승훈이 평북 정주에 설립하였다.

36. 답 ⑤

출제자의 눈

사진과 대화를 통하여 전차를 짐작할 수 있다.

자료 속 힌트 전기, 교통수단

해설

자료는 전차에 대한 설명이다.
⑤ 1898년 미국인 콜브란과 대한제국 황실이 합작으로 만든 한성 전기 회사가 발전소를 설립하여 서울에서 전차를 운행하였는데, 전차는 서대문에서 청량리까지 운행하였다(1899).

오답 check

① 영선사는 정부의 재정 부족으로 1년 만에 중도 귀국하게 되었고, 귀국 후 서울에 근대식 무기제조창인 기기창을 설치하였다.
② 한성전보총국은 1885년 서울에 설치된 전보국이다.
③ 경의선 철도 부설권은 프랑스가 1896년 획득하였고, 일본에 의해서 완공되었다.
④ 일본은 남만주의 철도(안봉선) 부설권 및 푸순 탄광 채굴권을 얻는 대신 간도 영유권을 청에게 주어 청의 영토로 인정하는 간도 협약을 체결하였다(1909).

37. 답 ④

출제자의 눈

사진과 활동을 통하여 단재 신채호(1880~1936) 선생을 파악할 수 있다.

자료 속 힌트 단재, 독사신론, 조선 상고사

해설

신채호는 화랑도의 낭가사상을 중시하였으며, 민족주의사학자로 독립운동의 일환으로 역사를 연구하였다. 신채호는 주로 고대사 연구에 치중하여 '조선상고사', '조선사연구초' 등을 저술하여 주체적으로 한국사를 정리함으로써 민족주의 역사학의 기반을 확립하였다. 대한매일신보에 독사신론을 발표하여 근대 민족주의 역사학의 방향을 제시하였다.
④ 신채호의 조선혁명선언(1923)은 의열단의 행동 강령으로 김원봉의 요청을 받아 조선혁명선언을 작성하였다.

오답 check

① 김좌진이 이끌었던 북로군정서군을 중심으로 여러 독립군의 연합부대는 청산리 일대에서 6일간 10여 차례의 전투를 통해 일본군을 대파하였다(1920).
② 대한민국 임시정부 활동의 침체를 극복하기 위하여 김구는 1931년 상하이에서 한인애국단을 결성하여 이봉창, 윤봉길과 같은 애국지사를 양성하였다.
③ 1907년 6월 고종은 이상설, 이준, 이위종을 헤이그에서 개최되는 제2회 만국 평화 회의에 특사로 파견하여 을사늑약의 불법성과 일제의 무력적 침략 행위의 부당성을 전 세계에 호소하여 국제적인 압력으로 이를 파기하려 하였다.
⑤ 이윤재, 한징 등이 활동하였던 조선어학회는 우리말 큰 사전의 편찬에 착수하였으나, 일제의 방해로 성공하지 못하였다(1942, 조선어학회사건).

38. 답 ⑤

출제자의 눈

토지조사령을 통하여 조선총독부의 토지조사사업을 추론할 수 있다.

자료 속 힌트 일제의 토지 약탈, 토지조사령

해설

일제는 1910년대에 토지조사령을 발표하여 토지조사사업을 실시하였는데, 표면상 근대적 소유권이 인정되는 토지제도를 확립한다고 선전하였으나, 실제로는 한국인 토지의 약탈, 토지세의 안정적인 확보, 그리고 지주층을 회유하기 위한 것이었다.

참고 토지조사사업(1910~1918)

구분	내용
목적	근대적 토지 소유제도 확립의 명분, 토지조사령(1912), 소작인의 경작권 부정
방법	복잡한 구비 서류, 기한부 신고제
약탈	미신고 농토, 공공 기관 토지, 마을·문중 토지 등 총독부가 차지(일본 토지 회사나 일본인에 헐값으로 불하)
결과	과세지 면적 증가(총독부의 지세 수입 급증), 지주의 권한 강화, 소작농의 권리 약화(도지권 상실).

⑤ 동양척식주식회사는 일본이 대한제국을 약탈하기 위하여 1908년에 설립되어 일제강점기 식민통치 기구로 이용하였다.

오답 check

① 숙종 때 청의 요구에 따라 조선 정부는 청의 대표 목극등과 간도를 둘러싼 국경문제를 협의하였고, 그 결과 백두산정계비를 세워 조선과 청국과의 국경을 압록강과 토문강을 경계로 하였다(1712).
② 방곡령은 일본 상인의 농촌 시장 침투와 지나친 곡물의 반출을 막기 위해 내린 조치로 함경도(1889), 황해도(1890), 충청도 등지의 지방관이 방곡령을 선포하였다.
③ 김홍집 내각은 개혁을 추진하기 위하여 초정부적 회의 기관인 군국기무처를 설치하고 정치·경제·사회·문화 등 전반적인 자주적인 개혁을 추진하였다(1894.제1차 갑오개혁).
④ 1930년대 후반부터 일제는 양곡공출제, 식량배급제, 금속공출제 등으로 군량미와 무기원료를 수탈하였다.

39. 답 ①

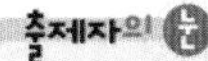

자료를 분석하여 1910년대의 헌병무단통치를 파악할 수 있다.

자료 속 힌트 일제, 헌병이 경찰 업무까지 맡아

해설

1910년대 국권을 강탈한 일제는 조선 총독부를 설치하고 강력한 헌병 무단 경찰 통치를 실시하였다.

참고 1910년대 일제의 헌병무단통치

구분	내용
정치	총독이 행정, 입법, 사법, 군통수권 등 전권 장악, 헌병 경찰제, 태형·즉결 심판권, 언론 집회의 자유 박탈, 관리·교사들도 제복과 착검
경제	토지조사사업을 통한 토지 약탈, 회사령(허가제)을 통한 민족기업 성장 억제, 산업 각 부분에 대한 침탈 체제 구축
교육	일본어 학습, 조선어 수업 축소, 중등교육제한, 역사 지리 교육 금지

① 1910년대인 무단통치 시기에는 교원이 제복을 입고 칼을 찬 상태에서 수업을 하였다.

오답 check

② 나운규는 영화 아리랑을 제작하여 1926년 단성사에서 개봉하였다.
③ 원산의 한 석유 회사의 일본인 감독이 한국인 노동자를 구타한 사건을 계기로 3,000여 명이 참가한 원산 노동자 총파업(1929)은 일제 강점기 노동 운동에서 가장 규모가 큰 것이었다.
④ 1920년대 이상재를 중심으로 민립대학 기성회를 조직(1922)하여 우리 손으로 대학을 설립하려는 민립 대학 설립 운동을 전개하였다.
⑤ 근우회(1927)는 여성계의 민족유일당으로 여성 노동자의 권익 옹호와 새 생활 개선을 내세우며 조직하였다.

40. 답 ④

출제자의 눈 

제헌헌법을 통하여 3·1운동을 추론할 수 있다.

자료 속 힌트 1948년, 헌법 전문, 우리 민족 최대 규모의 독립운동

해설

자료는 제헌 헌법의 전문으로 3·1운동의 정신을 강조하였다. 우리 민족은 고종의 인산일을 기하여 1919년 3월 1일 평화적인 만세운동을 시작하였다. 3·1운동은 처음에 대도시를 중심으로 학생과 지식인이 중심이 되어 비폭력 운동으로 진행되었는데, 일제는 제암리 학살 등을 저지르며 가혹하게 탄압하였다.

제헌 헌법 전문(前文)

유구한 역사와 전통에 빛나는 우리들 대한국민은 기미 삼일운동으로 대한민국을 건립하여 세계에 선포한 위대한 독립정신을 계승하여 … 안으로는 국민생활의 균등한 향상을 기하고 밖으로는 항구적인 국제평화의 유지에 노력하여 우리들과 우리들의 자손의 안전과 자유와 행복을 영원히 확보할 것을 결의하고 우리들의 정당 또 자유로히 선거된 대표로서 구성된 국회에서 단기 4281년 7월 12일 이 헌법을 제정한다.

④ 1919년 우리 민족적 저항인 3·1운동을 비인간적이고 무자비한 방법으로 탄압하였고, 이에 대한 국제 여론이 악화되자 가혹한 식민 통치를 은폐하기 위하여 1910년대의 헌병 무단 통치를 기만적인 문화 통치로 바꾸어 시행하였다.

오답 check

① 농촌계몽운동은 언론사가 주관하였는데 동아일보의 브나로드 운동(1931~1934)이 전개되었다.
② 백정들은 진주에서 이학찬을 중심으로 조선 형평사를 창립하고(1923), 평등한 대우를 요구하는 형평운동을 전개하였다.
③ 러시아가 절영도의 조차를 요구하자 독립협회는 만민공동회를 배경으로 구국 운동 상소운동(1898)을 전개하여 러시아의 요구를 좌절시켰다.
⑤ 순종의 인산일을 기화로 1926년 학생들의 주도하여 6·10만세운동을 전개하였는데 사회주의계 및 종교 단체 등이 만세운동을 추진하던 중, 사회주의계의 기획은 사전 발각되어 종교 지도자와 사회 지도자가 체포되었고, 학생들의 주도로 순종의 장례 행렬을 따라가며 만세운동을 전개하게 되었다.

41. 답 ②

출제자의 눈 

자료를 통하여 1910년부터 1926년 사이에 일어난 일을 도출할 수 있다.

자료 속 힌트 조선 총독부, 1926년

해설

자료 속 사진은 조선 통감부이다. 일제는 1907년 남산 왜성대에 건립한 통감부 건물을 1910년 총독부로 개칭하여 사용하였다. 이후 1916년 경복궁 내에 조선총독부 신청사를 건립하기 시작하였고 1926년에 완성하였다.

② 의열단 소속의 김익상은 1921년 조선 총독부에 폭탄을 투척하였다.

오답 check

① 중명전은 대한제국 당시 덕수궁의 별채로 황실도서관으로 사용하였는데(1910) 을사늑약이 체결된 장소이기도 하다.
③ 덕수궁 석조전은 르네상스식 건축 양식으로 1900년에 착공하여 1909년에 완공되었다. 광복 직후에는 미소공동위원회 개최장소(1946)로 사용되었다.
④ 일본에 유학 중이던 학생들이 조선 청년독립단을 조직하여 도쿄에서 2월 8일 독립선언서와 결의문을 발표하고 만세운동을 전개하였다(2·8독립선언, 1919).
⑤ 간도와 연해주에서 의병으로 활약하던 안중근은 만주 하얼빈 역에서 한국 침략의 원흉인 초대 통감 이토 히로부미를 처단하였다(1909).

42. 답 ⑤

출제자의 눈 

광주학생항일운동을 통해 민족유일당운동의 결실인 신간회를 파악할 수 있다.

자료 속 힌트 광주학생 항일 운동, 조사단을 파견

해설

1920년대 국내의 민족주의 진영에서는 일제의 식민 지배를 인정하며 자치운동을 벌이자는 타협적 민족주의 세력과 그렇지 않은 비타협적 민족주의 세력으로 분열하게 되었고, 비타협적 민족주의 계열과 사회주의 계열은 서로 협력하여 민족유일당 운동을 전개하게 되었고 그의 결실로 신간회가 창립되게 되었는데(1927), 광주지회에서는 광주항생항일운동(1929) 당시 진상 조사단을 파견하여 지원하기도 하였다.

참고 신간회(1927)

구분	내용
창립	일제강점기 최대의 합법 항일운동 단체(전국 143개의 지회)
활동	민중대회·전국 순회강연(농민·노동자층 확대), 노동·소작쟁의, 광주학생운동에 조사단 파견
해소	민족주의 계열 내에 타협적 노선 등장, 코민테른의 노선변화

오답 check

① 국채보상운동(1907)은 서상돈·김광제 등이 대구에서 시작하여 전국으로 확산되었는데, 대한매일신보·황성신문·제국신문 등의 언론기관도 동참하였다.
② 신민회(1907~1911)는 실력 양성을 통한 국권 회복과 공화정체의 국민 국가 수립을 궁극의 목표로 하였으며, 자기회사와 태극서관 등을 설립하여 운영하여 독립 자금을 마련하였다.
③ 일본의 황무지 개간권 요구에 대항하여 보안회(1904)를 조직하여 활동하였고 일본의 요구를 철회시켰다.
④ 통감부는 1906년부터 1910년까지 존속하였으며, 1920년대 당시는 조선총독부가 통치하였다.

43. 답 ①

출제자의 눈 

재판의 내용을 통하여 대한민국 임시정부의 활동을 파악할 수 있다.

자료 속 힌트 대한민국 임시정부, 문서와 명령을 전달, 군자금 조달

해설

자료는 대한민국 임시정부 요인에 대한 일제의 심문을 묘사한 가상의 시나리오이다. 1919년 3·1운동 이후 독립운동의 구심점 역할을 수행할 지도부의 필요성을 절감하였기에 상하이에 대한민국 임시정부를 수립하였다. 대한민국 임시정부는 연통제와 교통국을 설치하여 군자금을 모집하였고, 애국공채(독립공채)를 발행하였다. 또한, 사료집을 간행하였고, 미국에 구미위원부도 설치하였다.

오답 check

② 중광단(1911)은 대종교 신자들을 중심으로 조직되어 무오독립선언서(1918)를 발표하였으며, 김좌진의 북로군정서군으로 개편되었다.
③ 참의부(1923)는 1920년대 만주 지역 3개의 자치정부 중의 하나이다. 대한통의부에서 탈퇴한 백광운을 중심으로 임시정부 산하의 남만주 군정부인 육군주만 참의부를 조직하여 압록강 건너편을 관할하였다.
④ 대구에서 박상진에 의해 군대식으로 비밀리에 결성된 대한광복회(1915)는 의병 출신자를 비롯하여 신교육을 받은 인사들이 참여하였다.
⑤ 독립의군부(1912)는 유생 의병장 출신의 임병찬이 고종의 밀명을 받아 유생과 의병을 규합하여 조직하였다. 일본의 총리대신과 조선 총독에게 국권 반환 요구서를 제출하였고, 전제 군주제를 복구하자(복벽주의, 復辟主義)는 전국적인 의병 봉기를 계획하였으나 사전에 발각되어 활동이 중단되었다.

44. 답 ③

출제자의 눈 

홍커우 공원 의거를 통하여 윤봉길 의사를 파악할 수 있다.

자료 속 힌트 홍커우 공원, 1932년, 일본의 전승 기념 축하식

해설

상하이 사변(1932)에서 승리한 일본이 상하이 홍커우 공원에서 전승 축하식을 거행하자 한인애국단 소속의 윤봉길은 식장을 폭파하였고, 많은 일본군 장성과 고관들을 처단하였다. 이후 중국 국민당 정부는 중국군관학교에 한인 특별반을 설치하는 등 대한민국 임시정부에 대한 지원을 강화하였고 중국 영토 내의 우리 민족의 무장 독립 투쟁을 승인하는 등 임시정부를 적극 지원하는 계기가 되었다.

오답 check

① 김상옥은 의열단 소속으로 종로 경찰서에 폭탄 투척하였고 많은 수의 일본 경찰과 교전하여 처단하였다(1923).
② 김좌진이 이끌었던 북로군정서군이 전개한 청산리 전투는 6일간 계속되었고 10여 차례의 전투에서 일본군을 대파하였다(1920).

④ 이봉창은 도쿄에서 일본 국왕에게 폭탄을 투척하였다(1932.1). 일본 국왕 폭살 의거는 비록 실패로 끝났지만 항일 민족 운동의 활력소가 되었다. 이 사건의 보복으로 일제는 이른바 상하이 사변을 일으켰다.
⑤ 홍범도가 이끌었던 대한독립군이 전개한 봉오동전투는 1920년 6월에 있었고 대승을 거두었다.

45. 답 ③

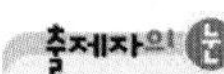

황국 신민 서사를 통해 1930년대 후반 일제의 민족 말살 통치를 파악할 수 있다.

자료 속 힌트 황국 신민 서사, 황국신민화 정책

해설

자료는 황국 신민 서사의 내용으로 중일전쟁 이후 일세가 추진한 민족말살정책을 나타내고 있다. 이 시기에 일제는 지원병, 징병, 징용, 정신대 등으로 인적 자원을 수탈하였고, 양곡공출제, 식량배급제, 금속공출제 등으로 군량미와 무기원료를 수탈하였다. 또한, 민족말살 정책의 일환으로 학교에서는 황국신민서사의 암송을 강요하였고, 한국어와 한국사 등의 한국학과 관련된 교육은 받을 수 없었으며, 일본식 이름으로의 개명을 강요하였다.

참고 민족말살통치(1931~1945)

구분	내용
정치	황국신민화 강요, 황국신민의 서사암송, 신사 참배·궁성 요배·일본식 성명 강요, 학술 언론 단체 해산
경제	병참기지화, 인적 수탈(국가총동원법, 지원병제, 징병제, 징용제, 정신대), 물적 수탈(전쟁물자·식량공출, 식량배급제), 산미증식재개, 가축증식계획
교육	우리말 사용 금지, 학도 군사 훈련, 조선어 조선역사 조선 지리 과목 폐지

오답 check

③ 조선태형령은 일제가 한국인을 억압하고 통제하기 위하여 1912년에 제정하고, 1920년에 폐기하였다.

46. 답 ①

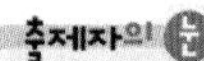

사료와 설명을 통하여 한국광복군의 활동사항을 파악한다.

자료 속 힌트 대한민국 임시정부 산하 독립군 부대

해설

사진은 한국광복군이다. 한국광복군은 대한민국 임시정부가 지청천을 총사령관으로 하여 충칭에서 창설하였다(1940). 1941년 일본이 태평양 전쟁을 일으키자, 대한민국 임시정부는 일본과 독일에 선전 포고를 하고 한국광복군을 미얀마·인도 등의 전선에 연합군 일원으로 참전시켰고, 중국에 주둔한 미군(OSS부대)과 연합하여 국내 정진군의 특수 훈련을 실시하였다.

참고 한국광복군의 활동

구분	내용
창설	김구, 지청천(총사령관) 등이 충칭에서 창설
군사력	김원봉의 조선의용대 흡수(1942), 연합군의 일원으로 대일 전쟁에 참전
연합작전	대일·대독 선전포고문 발표(1941), 미얀마와 인도 전선 파견, 포로 심문, 암호문 번역, 선전 전단의 작성, 회유 방송 등 활동하였으며, 영국군과의 작전(1943) 수행
국내진입	미군(OSS부대)과 연합하여 특수 훈련 실시, 비행대 편성, 일본의 무조건 항복으로 실패

① 1945년 대한민국 임시정부의 김구는 미군과 한국광복군을 연계하여 국내 진공 작전을 계획하였으나 일본의 패망으로 실행에 옮겨지지 못하였다.

오답 check

② 의열단은 1920년대 후반부터 조직적인 부장 투쟁을 위한 활동으로 전환하게 되는데, 단원들은 황푸군관학교에 입학하여 군사·정치 교육을 받았고, 중국 국민당 정부의 지원 아래 조선혁명 간부학교(1932)를 세워 운영하였다.
③ 1920년대 성립한 3부(참의부, 정의부, 신민부)는 각각 민정 기관과 군정 기관을 갖추고 입헌 정부 조직까지 갖추었다.
④ 홍범도의 대한독립군이 이끌었던 봉오동전투는 1920년 6월에 있었고, 대승을 거두었다.
⑤ 혁신의회 계열의 한국독립군은 북만주 일대에서 중국호로군과 연합 작전을 전개하여 쌍성보(1932)· 대전자령 전투(1933) 등을 전개하였다.

47. 답 ④

출제자의 눈

자료를 분석하여 여운형의 활동사항을 알아본다.

자료 속 힌트 여운형, 좌우합작위원회

해설

여운형은 조선중앙일보 사장을 역임하였고(1933), 건국준비위원회를 운영하였으며, 좌우합작위원회(1946)의 활동을 전개하였다. (가)는 1933년부터 1946년 사이의 활동 사항으로 건준위의 활동 등이 나타나야 한다.
1945년 (가) 건국준비위원회는 친일 세력을 제외한 좌·우익을 망라하여 조직한 광복 당시 최초의 정치 단체로 여운형(중도 좌파)이 조선건국동맹을 모체로 안재홍(중도 우파)등과 함께 발족하였고, 본격적인 건국 작업에 착수하였다. 건준위는 치안대를 설치하고 북한 지역을 포함하여 전국에 145개의 지부를 조직하였으며, 자주독립 국가의 건설, 민주주의 정권의 수립, 국내 질서의 자주적 유지를 통한 대중 생활의 확보 등의 강령을 내걸었다.

오답 check

① 1952년 7월 발췌개헌은 대통령 정부통령 직선제, 양원제 국회, 국회의 국무위원 불신임제 등을 골자로 하는 개헌안을 무력으로 통과시킨 것이다.

② 1948년 5·10총선거에 반대하여 제주도에서 4·3사건이 발생하였다.
③ 5·10총선거는 1948년에 있었고, 여운형은 1947년에 암살당하였다.
⑤ 1942년 일제는 우리말 큰 사전 편찬을 방해하기 위하여 일제는 조선어학회 회원 30명을 치안유지법 위반으로 검거하였다(조선어학회 사건).

48. 답 ⑤

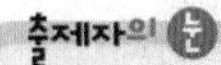

30주년 사진을 통해 1987년 6월 민주항쟁을 파악할 수 있다.

자료 속 힌트 호헌 철폐, 독재 타도

해설

전두환 정부는 4·13 호헌 조치를 발표하였고, 야당과 재야의 연합기구인 '민주 헌법 쟁취 국민운동본부'가 박종철 고문치사 규탄과 호헌 철폐를 위한 국민 대회를 전국 주요 도시에서 개최하였다. 이러한 시위는 범국민적 반독재 민주화 투쟁으로 발전하게 되었다(6월 민주항쟁).

⑤ 1987년 6월 전두환 정권은 민주 정의당의 차기 대통령 후보로 내정된 노태우를 통해 6·29선언을 발표하였고, 5년 단임의 대통령 직선제로 개헌하게 되었다(현행 헌법, 1987.10).

오답 check

① 1972년 유신 헌법 아래에서는 통일주체국민회의에서 대통령을 간접 선거로 선출하였으며, 임기 6년에 중임제한을 폐지하여 대통령 장기 집권의 발판을 마련하였다(제4공화국).
② 한일 국교 정상화를 대일 굴욕 외교라고 하여 전개한 반대 운동인 6·3항쟁은 1964년에 있었다.
③ 1960년 4·19 혁명의 결과로 인하여 당시 이승만 대통령은 하야하였다(1960.4.27).
④ 1980년 전두환의 신군부는 비상계엄을 전국으로 확대하였고(5.17), 광주 지역에서는 비상계엄 철회 및 민주화를 열망하는 시민들의 요구가 5·18 민주화 운동으로 이어졌다(1980).

49. 답 ②

출제자의 눈

전태일 분신 사건을 통해 1970년대 박정희 정부를 도출할 수 있다.

자료 속 힌트 1970년, 전태일

해설

자료에서 설명하는 사건은 전태일 분신사건으로 박정희 정부 때 있었다(1970).

전태일 분신사건

1970년 10월 8일 전태일은 평화시장(주) 관리사무실을 찾아가 사업주 대표들과 임금·노동시간·노동환경의 개선, 그리고 노동조합 결성을 지원 등을 협의하였으나, 이후 이행되지 않자 11월 13일 근로기준법 화형식을 하기로 결의하고, 플래카드를 준비해 노동환경 개선을 요구하며 시위를 벌였다. 당시 평화시장 주변에는 시위 소식을 들은 많은 노동자들이 모여들었고, 경찰들은 평화시장을 에워싸고 있었으며, 노동자들은 주위를 향해 소리 높여 그들의 요구를 외쳤으나 플래카드를 경찰에게 빼앗기고, 시위 역시 경찰의 방해로 무위로 끝나갈 즈음, 전태일은 온몸에 휘발유를 붓고 불을 붙여 분신자살하였다.

② 박정희 정부 때 경부 고속도로를 개통하였다(1970).

오답 check

① 김영삼 정부는 투명한 금융거래를 위해 금융 실명제를 시행하였다(1993).
③ 김영삼 정부는 경제 협력 개발기구(OECD)에 가입하였다(1996).
④ 노무현 정부 때 칠레와 자유무역협정이 체결되었다(2004).
⑤ 김영삼 정부는 외환위기로 인하여 국제통화기금(IMF)에 구제 금융을 요청하였다(1997).

50. 답 ④

출제자의 눈

고속철도와 APEC 정상회의를 통하여 노무현 정부(2003~2008)를 파악할 수 있다.

자료 속 힌트 KTX 개통, APEC

해설

2004년 4월 1일 고속철도(KTX)가 개통되었다(노무현 정부).

④ 노무현 대통령은 2007년 10월 평양을 방문하여 제2차 남북 정상회담을 진행하였는데 남과 북은 6·15 공동선언을 고수하고 실현할 것과 평화 공존, 경제 협력, 문화 등 여러 제도의 정비에 대하여 합의하였고, 한반도의 종전 선언에 대한 협력을 추진할 것을 선언하였다.

오답 check

① 남북 조절 위원회는 1972년 7·4 남북 공동 성명을 실천하기 위해 박정희 정부에서 설치되었다.
② 1991년 남북 기본 합의서를 채택하여 남북한의 상호 화해와 불가침을 선언하였고 교류와 협력을 하기로 하였다(노태우 정부).
③ 1972년 박정희 정부 때 남과 북은 자주 통일, 평화 통일, 민족적 대단결의 3대 통일 원칙을 발표하였다(7·4남북공동성명).
⑤ 남북 이산가족 고향 방문단 및 예술 공연단의 교환 방문이 성사되었다(1985, 전두환 정부).

한국사능력검정시험

35회 중급 정확하고 자세한 정답 및 해설

01. ①	02. ④	03. ④	04. ②	05. ⑤
06. ②	07. ⑤	08. ①	09. ①	10. ④
11. ①	12. ③	13. ④	14. ⑤	15. ⑤
16. ①	17. ④	18. ①	19. ④	20. ②
21. ⑤	22. ⑤	23. ③	24. ②	25. ⑤
26. ④	27. ①	28. ①	29. ⑤	30. ②
31. ②	32. ③	33. ④	34. ③	35. ③
36. ⑤	37. ②	38. ②	39. ④	40. ③
41. ⑤	42. ⑤	43. ②	44. ③	45. ④
46. ①	47. ③	48. ④	49. ④	50. ③

01. 답 ①

출제자의 눈 

자료 속 갈돌과 갈판 등을 통하여 신석기 시대를 파악할 수 있다.

자료 속 힌트 농경과 목축 시작, 정착, 갈돌, 갈판

해설

신석기 시대에는 갈돌과 갈판을 사용하여 간석기를 만들었다. 신석기 시대에는 조·피·수수 등 농경의 시작으로 정착 생활이 가능하게 되었으며, 가락바퀴와 뼈바늘을 사용하여 의복과 그물을 제작하는 등의 원시적 수공업이 발달하였다.

참고 신석기 시대

구분	내용
생활	간석기, 활·창으로 동물 사냥, 어로(그물)
경제	농경(조, 피, 수수) 시작, 의복·그물 제작(가락바퀴, 뼈바늘)
사회	평등사회, 혈연 바탕의 씨족사회(부족사회로 발전)
토기	이른민무늬 토기, 덧무늬 토기, 빗살무늬 토기
움집	대부분 강가나 바닷가, 반지하, 원형이나 모가 둥근 네모 바닥, 중앙 화덕, 4~5명 정도 거주

① 신석기 시대에는 진흙으로 그릇을 빚어 불에 구워서 만든 빗살무늬를 입힌 토기를 사용하여 음식물을 조리하거나 저장하였다.

오답 check

② 명도전은 철기시대에 한반도와 중국이 교류했던 사실을 증명한다.
③ 삼국시대 발견된 가야 토기이다.
④ 아산 남성리에서 출토된 청동기시대 거친무늬거울이다.
⑤ 철기시대 한국식 동검이라 일컫는 세형동검이 발견되는데, 중국과는 특징이 다른 것으로 우리만의 독자적 문화형성을 추측할 수 있다.

02. 답 ④

출제자의 눈 

영고와 우제점법의 내용을 통해 연맹국가인 부여를 파악할 수 있다.

자료 속 힌트 12월, 영고, 소를 잡아서 그 발굽을 가지고 길흉을 점친다.

해설

부여는 12월에 영고라는 제천행사를 지냈으며, 순장, 연좌제, 1책 12법, 우제점법, 형사취수제 등이 있었다. 부여는 왕권이 미약하여 수해나 한해로 흉년이 들면 왕에게 책임을 묻기도 하였고, 간음한 자와 투기가 심한 부인은 사형에 처하기도 하였다.

참고 연맹국가의 특징

국가	특징
부여	5부족 연맹체(사출도), 영고(12월), 우제점법, 순장, 1책12법, 연좌제, 반농반목
동예	군장국가(읍군·삼로), 무천(10월), 책화, 족외혼, 해산물 풍부, 토지 비옥, 방직기술 발달, 특산품(단궁·과하마·반어피)
삼한	신지·견지(大족장), 읍차·부례(小족장), 5월·10월 계절제, 제정분리, 천군(제사장)이 소도 지배, 벼농사 중심, 변한의 철(화폐처럼 사용, 낙랑·왜 수출), 반움집

④ 부여는 왕 아래에 가축의 이름을 딴 마가, 우가, 저가, 구가를 두었고, 각 가들은 저마다의 행정 구획인 사출도를 다스리고 있었다(5부족 연맹체).

오답 check

① 고조선은 8조법을 두어 질서를 유지하였으며 그 중 3개조의 내용만 현재까지 전해진다.
② 삼한의 소도는 군장세력이 미치지 못하는 신성 지역으로 제사장인 천군이 따로 지배하였다.
③ 동예는 부족적 성격이 강하였기 때문에 부족의 영역을 침범하지 못하게 하는 책화라는 제도가 있었는데, 만약 다른 부족을 침범하게 되면 노비 또는 소나 말로 변상하게 하였다.
⑤ 동예는 단궁, 과하마, 반어피 등이 특산품으로 유명하였다.

03. 답 ④

출제자의 눈 

무덤 양식의 구조와 왕릉 내부의 모습을 통하여 무령왕릉을 추론할 수 있다.

자료 속 힌트 공주, 백제왕의 무덤, 중국 남조의 영향, 벽돌, 묘지석

해설

무령왕릉은 널방을 벽돌로 쌓은 벽돌무덤으로, 이곳에서 백제 무령왕과 왕비의 무덤을 알리는 지석이 발견되어 당시 백제가 중국 남조와 교류했음을 알 수 있다.

무령왕릉

무령왕릉은 1971년 송산리 고분군의 배수로 공사 중에 우연히 발견되었다. 그래서 고구려나 백제의 다른 무덤과는 달리 완전한 형태로 세상에 빛을 보게 되었다. 중국 남조의 영향을 크게 받아 연꽃 등 우아하고 화려한 백제 특유의 무늬를 새긴 벽돌로 무덤 내부를 쌓았다. 무덤의 주인공이 무령왕과 왕비임을 알리는 지석이 발견되어 연대를 확실히 알 수 있는 무덤이기도 하다. 왕과 왕비의 장신구와 금관 장식, 귀고리, 팔찌 등 3,000여 점의 부장품이 출토되어 백제 미술의 귀족적 특성을 알 수 있는 대표적인 무덤이다.

④ 6세기 백제 무령왕은 지방에 대한 통제를 강화하기 위하여 지방에 22담로를 설치하여 왕족을 파견하는 등 통치 체제를 정비하였다.

오답 check

① 4세기 백제 근초고왕은 박사 고흥으로 하여금 백제의 역사서인 書記(서기)를 편찬하게 하였다.
② 신라 내물마립간 때부터 김씨가 왕위를 독점하면서 왕위 계승권을 확립하게 되었다.
③ 4세기 백제 침류왕은 동진의 마라난타를 통하여 불교를 수용한 후 공인하였다(384).
⑤ 고려 성종은 유학교육의 진흥을 위하여 국자감을 정비하였다(992).

04. 답 ②

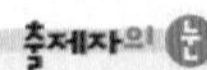

출제자의 눈 

대화를 통하여 4세기 ~ 5세기 삼국의 항쟁을 파악할 수 있다.

자료 속 힌트 평양성을 공격, 고구려왕을 전사, 한성이 함락

해설

- 4세기 백제 근초고왕은 황해도 지역을 놓고 고구려와 대결하였는데 평양성까지 진격하여 고구려 고국원왕을 전사시켰다(371).
- 5세기 백제의 개로왕은 장수왕의 공격으로 아차산성에서 전사하였고(475), 수도인 한성이 함락된 백제는 고구려에 밀려 웅진으로 도읍을 옮기게 된다.

㈎는 371년에서 475년까지의 상황을 나타내고 있다.

② 5세기 고구려 장수왕은 국내성에서 평양성으로 수도를 천도(427)하여 본격적인 남진 정책을 추진하였다.

오답 check

① 7세기 고구려 보장왕 때 양만춘은 안시성에서의 전투를 승리로 이끌며 당나라 군대를 물리쳤다(645).
③ 6세기 신라의 진흥왕은 일방적으로 나제동맹을 결렬하고 백제를 공격하여 한강 유역을 장악하였다(553).
④ 6세기 백제의 성왕은 사비(부여)로 천도하여 국호를 남부여로 개칭하였다(538).
⑤ 6세기 신라 진흥왕은 이사부를 시켜 고령의 대가야를 정복하였다(562).

05. 답 ⑤

출제자의 눈 

자료의 내용을 통하여 철의 나라 금관가야를 파악할 수 있다.

자료 속 힌트 철의 나라, 벼농사와 철기 문화, 낙랑과 왜에 철 수출, 연맹의 주도권 상실

해설

김해와 마산 지역 중심의 12개 소국 연맹체 구야국이 가야 연맹 왕국으로 발전하였는데(A.D.42), (가) 가야의 김수로는 다른 다섯 명의 아이와 함께 알에서 태어났다고 전해진다. 금관가야의 세력범위는 낙동강 유역 일대에 걸쳐 발전하기 시작하였는데, 3세기경 여러 소국 중에서 김해의 금관가야가 연맹 왕국으로 발전하면서 이들 가야 연맹의 중심이 되었고, 이를 전기 가야연맹이라고 부른다.

⑤ 금관가야는 김수로에 의하여 건국 되었는데(42), 세력범위는 낙동강 유역 일대에 걸쳐 발전하였다.

가야의 김수로

김수로(金首露)는 A.D. 42년, 다른 다섯 명의 아이와 함께 알에서 태어났다. 아직 나라의 이름이 있지 않았고 임금과 신하의 호칭 또한 없었던 곳에서 A.D. 44년 가야를 세웠다. 수로왕비 허황옥(許黃玉)은 멀리 아유타국(阿踰陀國)에서 왔는데, 부부가 합심하여 나라를 다스리고 백성의 사랑을 듬뿍 받았다.

오답 check

① 능력보다 신분을 중시하였던 골품제는 신라의 신분제도이다.
② 고려는 현종 때 전국을 5도 양계, 경기로 크게 나누고, 그 안에 3경, 4도호부, 8목을 비롯하여 군·현·진 등을 설치하였다(1018).
③ 고조선의 성장에 불안을 느낀 한나라의 무제는 대규모 침략을 해왔고, 약 1년간에 걸친 장기전과 지배층의 내분으로 왕검성은 함락되어 고조선은 멸망하게 되었다(BC108).
④ 백제의 정사암회의는 귀족들의 회의로 국가 중대사를 결정하였다.

06. 답 ②

출제자의 눈 

자료를 통하여 불국사 3층 석탑(석가탑)을 도출할 수 있다.

자료 속 힌트 신라의 석탑, 무구정광대다라니경이 발견

해설

자료의 설명은 신라중대에 건립된 불국사 3층 석탑을 나타내고 있다.

② 석가탑은 2중 기단에 3층 탑신부를 올린 통일신라 석탑의 전형으로 전체의 균형이 잘 잡힌 뛰어난 석탑이다. 창건 후 원형대로 보존되어 왔으나, 1966년 도굴꾼들에 의해 석탑이 훼손되는 사건이 발생하기도 하였고, 정부는 도굴꾼이 훼손한 탑을 복원하기 위해 탑신부를 해체했는데, 8세기 초에 제작된 세계에서 가장 오래된 목판 인쇄물인 무구정광대다라니경이 불국사 3층 석탑에서 발견되었다. 2013년 재차 복원 작업에 들어갔으며 사리보관함과 금동불 입상이 추가로 발견되었다.

오답 check

① 경주 분황사 모전석탑은 신라의 석탑 중 현존하는 가장 오래된 것으로 7세기 신라 선덕여왕 때 건립(634)하였는데 벽돌모양으로 다듬어 전탑형식으로 만든 석탑의 형식을 취하고 있다. 당시 9층으로 건립된 것으로 추정하고 있으나, 현재는 3층까지만 남아있다.
③ 감은사지 3층 석탑은 통일신라의 석탑으로 경주에 있다.
④ 신라중대에 건립된 양양의 진전사지 3층 석탑에는 탑신에 팔부중상이 새겨져 있다.
⑤ 신라중대에 건립된 구례의 화엄사 4사자 3층 석탑이다.

07. 답 ⑤

출제자의 눈

기벌포 전투를 통하여 나당전쟁을 파악할 수 있다.

자료 속 힌트 기벌포에서 당군을 물리쳤습니다.

해설

나당 연합군이 결성되어 신라는 황산벌 전투에서 계백의 항전을 물리치고 백제를 멸망시키고 이어 고구려를 멸망시켰다. 이후 당은 웅진 도독부(공주), 안동 도호부(평양), 계림 도독부(경주)를 설치하고 한반도 전체를 지배하려는 야욕을 보이자 신라는 당과의 전쟁을 시작하게 되었다. 신라는 남침해 오던 당의 20만 대군을 매소성에서 격파하여 전쟁의 승기를 잡았고(675), 금강 하구의 기벌포 전투에서 당의 수군을 섬멸하면서 평양에 있던 안동 도호부도 요동성으로 쫓아내었다. 결국 신라는 당군을 축출하여 실질적인 삼국통일을 이룩하게 되었다(676).

나당전쟁

- 당의 이근행이 군사 20만 명을 거느리고 매소성에 주둔하였다. 우리 군사가 이를 쳐서 쫓아 버리고 군마 3만여 필과 병장기를 노획하였다.
- 사찬 시득이 수군을 거느리고 소부리주 기벌포에서 당의 설인귀와 스물 두 번의 크고 작은 전투를 벌여 이기고 4천여 명의 목을 베었다.

「삼국사기」

08. 답 ①

출제자의 눈

신라와 왕의 칭호를 사용하는 내용을 통하여 신라 지증왕을 파악할 수 있다.

자료 속 힌트 국호를 '신라', '왕'의 칭호를 사용

해설

6세기 신라 지증왕(500 ~ 514)은 국호를 사로국에서 신라로 바꾸고, 왕의 칭호도 마립간에서 왕으로 고쳤다. 신라는 '덕업일신 망라사방(德業日新 網羅四方)'에서 유래한 국호로, 왕의 덕이 날로 새로워져 사방의 영역을 망라한다는 뜻을 가지고 있다.

① 6세기 신라 지증왕은 이사부를 보내 우산국(울릉도)을 복속시켜 세력을 확장하였다(512).

오답 check

② 4세기 말에서 5세기 초에 활동한 고구려 광개토대왕은 보병과 기병 5만을 보내 신라에 침입한 왜를 격퇴하였다(400).
③ 7세기 신문왕은 관료전을 지급(687)하고 녹읍을 폐지(689)하였는데 이로 인하여 국가재정의 확보와 왕권의 강화를 동시에 실현하였다.
④ 화랑도는 6세기 신라 진흥왕 때 국가적인 조직으로 개편하여 공인하였고, 활동을 장려하여 조직이 확대되었다.
⑤ 6세기 신라 법흥왕 때 이차돈의 순교 이후 비로소 국가적으로 불교를 공인하였다(527).

09. 답 ①

출제자의 눈

중앙 통치기구인 3성 6부의 설명을 통해 발해를 파악할 수 있다.

자료 속 힌트 발해의 통치 제도

해설

발해 문왕은 당과 친선 관계를 체결하면서 당의 제도인 3성6부를 받아들여 중앙 통치 체제를 정비하였다. 발해는 당의 3성 6부 제도를 모방하였으나, 명칭과 구성은 독자적으로 편성하여 운영하였다. 정당성의 장관(대내상)이 국정을 총괄하였고, 그 아래의 좌사정과 우사정이 각각 충·인·의, 지·예·신 3부씩을 나누어 관할하는 이원적인 통치 체제를 구성하였다.

참고 발해의 통치체제

구분	내용
중앙	정당성 아래 이원적 통치구조(좌·우사정), 중정대(감찰 기구), 주자감(최고 교육 기관)
지방	5경(전략적 요충지), 15부, 62주, 현, 촌락(주로 말갈족)
군사	10위(중앙군, 왕궁과 수도 경비)

① 발해 선왕 때 5경 15부 62주를 정비하였고 중국으로부터 해동성국이라 칭송 받았다.

오답 check

② 조선의 사헌부는 관리의 비리를 감찰하거나 중대한 사건을 재판하였던 기관이다.
③ 신라 원성왕 때 독서삼품과를 마련하였는데 국학의 졸업생을 성적에 따라 3등급으로 나누어 관리를 채용하려 하였다.
④ 신라는 국가 중대사에 대하여는 귀족회의로 결정하였는데, 최고 관직인 상대등이 화백회의를 주관하였다.
⑤ 통일신라는 지방 세력을 일정 기간 서울에 와서 거주하게 하던 상수리제도를 시행하였는데 이는 지방 세력을 견제하기 위한 정책이었으며, 고려시대 기인 제도로 계승되었다.

10. 답 ④

출제자의 눈 

계원필경의 토황소격문을 통해 신라 6두품 출신 최치원을 파악할 수 있다.

자료 속 힌트 신라 6두품, 빈공과, 토황소격문, 계원필경

해설

자료는 신라 말 6두품 출신의 최치원을 설명하고 있다. 통일 이후 신라와 당의 문화 교류가 활발해지면서 도당 유학생의 활동이 활발하였는데, 그 중 최치원은 빈공과에 급제하여 활동하였으며 계원필경을 저술하였다.

④ 최치원은 당에서 신라로 귀국한 후 진성여왕에게 유교 정치 이념과 과거 제도 등의 내용이 담긴 시무 10조를 건의하였으나 진골 귀족들의 반대로 시행되지 못하였다(894).

오답 check

① 고려 문종 때 활동한 최충은 9재 학당을 세워 유학 교육에 힘썼고, 해동공자라는 칭송을 들었다.
② 통일신라 김대문은 화랑들의 전기를 모아 화랑세기, 고승전 등을 편찬하였다.
③ 통일신라 혜초는 자신이 돌아본 인도와 중앙아시아 등 여러 나라의 풍물을 생생히 기록한 왕오천축국전을 남겼다.
⑤ 정도전은 불씨잡변을 저술하여 불교를 비판하였다.

11. 답 ①

출제자의 눈 

역사적 사실을 통하여 개경의 역사를 파악할 수 있다.

자료 속 힌트 만월대, 선죽교

해설

자료는 2013년 유네스코 세계유산으로 지정된 개성(開城)의 역사 기념물과 유적을 나타낸 것이다. 개성의 역사 기념물과 유적은 10세기~14세기 동안 지속된 고려 왕조의 역사와 문화를 증명하는 12개의 개별 유산으로 이루어져 있다. 고려의 옛 수도였던 개성의 풍수지리상 도시 배치, 궁궐·교육기관·고분군·성벽·대문 등은 역사적으로 중요했던 한 시대의 정치적·문화적·철학적·정신적 가치를 구현하고 있다.

개성(開城)의 역사 기념물과 유적
만월대, 개성 첨성대, 5개 성곽, 개성 남대문, 고려 성균관, 숭양서원, 선죽교, 표충사, 왕건릉, 7개 왕릉과 명릉, 공민왕릉, 천문 및 기상 관측소, 2개의 교육 기관, 기념 묘석 등이 문화유산에 등재되었다.

① 이황의 건의로 소수 서원으로 사액받았던 주세붕의 백운동서원은 경북 영주시 순흥면에 위치하고 있다.

오답 check

② 정몽주가 피살되었던 선죽교는 개성에 있다.
③ 최충헌의 사노비였던 만적은 최충헌 집권기에 개경에서 난을 일으켰다.(1198).
④ 개성에서 활동하던 송상은 전국에 송방(松房)이라는 지점을 설치하여 활동 기반을 강화하였다. 주로 인삼을 재배·판매하고 대외 무역에도 깊이 관여하여 부를 축적하였다.
⑤ 개성공단 조성은 2000년 남북이 합의하여 2002년에 착공되었다.

12. 답 ③

출제자의 눈 

자료를 분석하여 고려 태조 왕건을 파악할 수 있다.

자료 속 힌트 태조 왕건, 북진정책, 발해 유민 포용

해설

제시된 자료는 고려 태조 왕건의 정책 내용이다. 태조의 정책은 다음과 같다.

참고 태조 왕건의 정책(918~943)

국가	특징
민생안정	세율 1/10로 경감, 흑창 설치(빈민구제)
왕권강화	정계·계백료서 등 관리지침서 제시, 훈요10조 제시
호족통합	관리 등용, 역분전 지급, 혼인 정책, 사성정책, 호족의 자치권 인정, 사심관 제도, 기인 제도
북진정책	서경(평양) 중시, 청천강에서 영흥만까지의 국경선 확보
민족융합	발해·신라·후백제 유민 적극 수용, 문화 수용

③ 기인제도는 태조가 시행한 것으로 지방 향리의 자제를 기인으로 삼아 지방 세력을 견제한 정책이다. 통일 신라의 상수리 제도를 계승한 일종의 인질 정책이다.

오답 check

① 고려 충선왕 때 연경에 학문 연구소인 만권당을 설치하여 학문연구에도 힘썼다.
② 세종 때에는 김종서를 보내 여진을 토벌하고 6진을 설치하여 압록강과 두만강을 경계로 하는 오늘날과 같은 국경선을 확정하였다(1434~1449).
④ 고종 때 몽골의 침략을 막아내기 위한 염원으로 대장도감을 설치하여 팔만대장경(재조대장경)을 간행하였다.
⑤ 고려 성종은 지방의 12목에 목사를 파견하여 중앙 집권을 공고히 하였다(983).

13. 답 ④

출제자의 눈 

자료의 내용을 통해 고려시대 임시기구인 도병마사를 파악할 수 있다.

자료 속 힌트 고려, 고위 관료, 국방과 군사 문제, 도평의사사

해설

④ (가) 도병마사는 재신과 추밀이 모여 고려의 국방 문제를 담당하는 국가 최고의 회의기구로써 임시적인 회의 기구로 구성되었으나 고려 후기 충렬왕 때 도평의사사(도당)로 개편되면서 구성원이 확대되고 국정 전반에 걸친 주요사항을 담당하는 최고 정무 기관으로 발전하게 되었다.

참고 도병마사의 변천

구분	내용
고려전기	현종 때 제도화(1011), 성종 때 성립
무신정권기	고종 때 도당(都堂)이라 칭, 재추 전원이 참석해 국정전반을 의논·결정
원간섭기	충렬왕 때 도평의사사로 개편(1279), 상설기구, 국가 최고 정무 기관으로 발전
고려 말	공민왕 때 도평의사사의 권한·기능을 축소
조선 초	정종 때에는 도평의사사를 의정부로 개칭, 도평의사사 혁파

오답 check

① 고려의 삼사는 화폐와 곡식의 출납을 담당하였다.
② 비변사는 16세기 중종 때 북쪽의 여진과 남쪽의 왜구의 침략이 증가하자 삼포왜란 이후(1510) 이를 효율적으로 대처하기 위하여 변방을 담당하는 임시기구로 창설하였다.
③ 상서성은 그 아래 실제 정무를 나누어 담당하던 6부를 두고 정책의 집행을 총괄하였다.
⑤ 군국기무처는 초정부적 회의 기관으로 설치하였는데 정치·경제·사회·문화 등 국가의 주요 정책에 대한 자주적인 개혁을 추진하였다(1894).

14. 답 ⑤

출제자의 눈 

가상의 편지를 통해 고려시대 문화재를 확인한다.

자료 속 힌트 경상북도 영주, 고려, 목조 건축물, 주심포 양식

해설

고려 전기에는 주로 주심포 양식이 유행하였는데, 공포가 기둥 위에만 짜여져 있는 양식으로 대개 기둥이 굵고 배흘림 양식으로 나타나며 13세기 이후에 지은 일부 건물이 지금까지 남아 있다.

⑤ 팔작지붕의 영주 부석사 무량수전은 균형 잡힌 외관과 잘 짜여진 각 부분의 치밀한 배치로 고려 시대 건축의 단아하면서도 세련된 특성을 잘 드러내고 있다. 부석사 내부에는 소조아미타여래좌상이 있는데, 신라 양식을 계승하여 조화와 균형미가 뛰어난 걸작이다.

참고 고려시대 건축 양식

구분	주심포 양식	다포식 양식
시기	고려전기	고려후기
건물	봉정사 극락전, 부석사 무량수전, 수덕사 대웅전	성불사 응진전
양식	기둥 위 공포 설치, 굵은 기둥, 배흘림 양식	공포가 기둥 사이에 짜여져 있는 양식

오답 check

① 개암사 대웅전은 18세기 건축물로 전북 부안에 있다.
② 17세기 전북 김제 금산사 미륵전은 3층의 외관과 단층 내관의 구조로 되어있다.
③ 조선후기 충남 부여 무량사 극락전은 2층의 외관과 단층 내관의 구조로 되어있다.
④ 18세기 전남 구례 화엄사 각황전은 2층의 외관과 단층 내관의 구조로 되어있다(1702).

15. 답 ⑤

출제자의 눈 

고려시대 무역로와 설명을 통해 송과의 무역을 파악할 수 있다.

자료 속 힌트 고려시대, 예성강, 흑산도, 명주

해설

⑤ 고려의 대외 무역에서 가장 큰 비중을 차지한 것은 송과의 무역이었는데, 고려는 서해안의 해로를 통하여 송에서 왕실과 귀족의 수요품인 비단, 서적, 자기 등을 수입하는 대신에 종이, 인삼 등 수공업품과 토산물을 수출하였다. 고려 전기의 무역항은 예성강 하류의 벽란도와 덩저우(登州) 및 밍저우(明州)였으며, 문종 28년(1074) 거란의 방해로 무역로가 남쪽 길로 바뀌었고, 이후 밍저우(明州)는 대외교류에 있어 등주를 대신하게 되었다.

고려의 대송(對宋) 해상 무역로

고려 전기 : 북로(벽란도 → 옹진 → 산동 반도 → 덩저우)
문종 이후 : 남로[벽란도 (→ 군산도) → 흑산도 → 밍저우]

오답 check

① 조선후기 의주 상인인 만상은 중국으로부터 비단, 약재, 문방구 등을 수입하였다.
② 광해군 때 일본과 기유약조를 맺어 동래부의 부산포에 다시 왜관을 설치하고, 제한된 범위 내에서 교섭을 허용하였다(1609, 세견석 20척, 세사미두 100석).
③ 연행사는 조선후기 청나라에 파견된 사신단을 지칭하는 것으로 청나라의 도읍인 연경에 간 사신이라는 의미로 사용되었다. 연행사는 해외시찰단, 연수단, 조사단과 같은 기능을 하였다.
④ 신라 말 흥덕왕 때 장보고는 전남 완도에 청해진을 설치(828)하여 해적을 소탕하였다.

16. 답 ①

출제자의 눈 

사료를 분석하여 고려시대 몽골 항쟁인 처인성 전투를 파악할 수 있다.

자료 속 힌트 몽골군, 충주성, 귀천을 가리지 않고, 관노(官奴) 문서를 불사르고

해설

자료는 몽골의 제2차 침입 당시에 용인에서 있었던 처인성 전투(1232)를 나타낸 것이다.

① 최우는 강화도로 천도하여 몽골과의 항전을 대비하였고, 이에 몽골군이 재차 침입하였는데 승려 (가) 김윤후가 이끈 민병이 처인성(용인)에서 몽골 장수 살리타를 사살하였고, 노비와 부곡의 주민까지도 몽골에 항전하여 몽골군이 퇴각하게 되었다.

오답 check

② 고려 예종 때 윤관이 별무반을 이끌고 여진을 정벌하여 동북9성을 개척하였다(1107).
③ 고려전기 거란 침입 이후 북쪽 국경의 일대에 천리장성[덕종(1033)~정종(1044), 압록강~도련포]을 쌓아 거란과 여진의 침략을 대비하였다.
④ 고려 말 우왕 때 최무선의 건의로 화통도감을 설치하고, 진포(군산)에서 최초로 화포를 사용하였다(1380).
⑤ 공민왕은 유인우 등을 보내 무력으로 쌍성총관부를 공격하여 철령 이북의 땅을 수복하였다(1356).

17. 답 ④

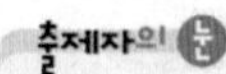 

노국공주와 신돈의 내용을 통해 공민왕을 파악할 수 있다.

자료 속 힌트 노국 공주, 신돈

해설

공민왕은 즉위 후 기철을 비롯한 친원 세력을 숙청하고, 내정 간섭 기구인 정동행성이문소의 폐지, 원의 간섭으로 격하된 관제의 복구, 몽골 풍속 금지 등을 실시하였다.

참고 공민왕의 개혁정치

구분	개혁
반원정책	친원 세력(기철) 숙청, 정동행성 이문소 폐지, 관제 복구, 몽골풍 금지, 쌍성총관부 공격하여 철령 이북 수복(유인우), 요동 지방 공략
왕권강화	정방 폐지(신진 사대부 등용), 전민변정도감 설치(신돈 등용), 성균관을 순수한 유교 교육 기관으로 개편

④ 공민왕은 전민변정도감을 설치하고, 승려 신돈을 등용하여 권문세족이 부당하게 빼앗은 토지와 노비를 본래의 소유주에게 돌려주거나 양민으로 해방시켰다(1366).

오답 check

① 고려 말 공양왕 때 이성계는 권문세족의 토지를 몰수·재분배하고, 신진 사대부의 경제적 기반을 마련하기 위하여 과전법을 실시하였다(1391).
② 세종은 이순지, 김담 등에게 명하여 우리나라 역사상 처음으로 서울을 기준으로 천체 운동을 계산한 칠정산이라는 역법서를 만들었다.
③ 조선 정부는 화폐의 유통에 힘써 인조 때 동전을 주조(상평통보, 1633)하여 개성을 중심으로 통용시켜 그 쓰임새를 살펴보고, 효종 때에는 서울 및 일부 지방에 유통시켰다(1649). 18세기 후반부터는 세금과 소작료도 동전으로 대납할 수 있게 하였다(1678, 숙종 때 전국적 유통).
⑤ 고려 광종은 후주에서 귀화한 쌍기의 건의를 수용하여 유교 경전 시험을 통해 문반관리를 선발하는 과거제를 시행하였다(958).

18. 답 ①

출제자의 눈 

진대법, 제위보, 사창 등을 통하여 각 시대의 빈민구제 정책을 파악할 수 있다.

자료 속 힌트 진대법, 제위보, 사창

해설

(가) 고구려 2세기 고국천왕 때 을파소를 국상으로 채용하여 진대법을 실시하였다(194).

진대법

고국천왕은 을파소를 국상으로 기용하여 빈민을 구제하기 위한 진대법을 실시하였는데(194), 봄에 곡식을 빌려주고 추수 이후인 가을에 곡식을 갚도록 하는 정책으로 빈민구제와 더불어 국가 재정과 국방력을 유지하고, 커져가는 귀족 세력을 견제하기 위한 방안이었다.

(나) 고려 광종은 기금을 조성하여 그 이자로 빈민을 구제하는 제위보를 설치하여 빈민을 구제하는데 힘썼다(963).
(다) 조선후기 흥선 대원군은 고리대로 변질되어 가장 폐단이 심했던 환곡제를 향촌민들이 자치적으로 운영하는 사창제로 개혁하여 농민들의 부담을 경감시켰다.

19. 답 ④

출제자의 눈 

자료를 통하여 율곡 이이의 활동을 파악할 수 있다.

자료 속 힌트 율곡 이이

해설

이이는 성리학을 체계화하여 동호문답, 성학집요 등을 저술하였고, 일원론적 이기이원론을 주장하여 발전 시켰다. 16세기 조선 사회의 모순을 극복하는 방안으로 여러 서적을 남겼고, 통치 체제의 정비와 수취 제도의 개혁(수미법) 등 다양한 개혁 방안을 제시하였다.

이이의 성학집요

이이는 치도(治道)의 근원이『대학』에 있다고 보고, 그 요지에 해당하는 것을 경전과 사서에서 골라 책을 엮어 왕에게 바쳤다. 여기서 그는 현명한 신하가 군주에게 성학(聖學)을 가르쳐 그 기질을 변화시켜야 한다고 주장하였다.

④ 이이는 성학집요를 저술하여 현명한 신하가 군주에게 성학을 가르쳐 그 기질을 변화시켜야 한다는 것을 강조하였다.

오답 check

① 동국통감은 성종 때 서거정 등이 왕명으로 편찬한 역사서로써 고조선부터 고려 말까지의 역사를 편찬하였는데, 편년체로 만들어졌다(1485).
② 정약용은 지방관(목민)의 정치적 도리를 내용으로 하는 목민심서를 저술하였다.
③ 중농학파 실학자인 유형원은 일생 동안 농촌에 묻혀 살면서 학문연구에 몰두하여 반계수록을 저술하였다.
⑤ 이승휴가 편찬한 제왕운기(1287)는 우리나라의 역사를 단군에서부터 서술하면서 우리 역사를 중국사와 대등하게 파악하는 자주성을 나타내었다.

20. 답 ②

출제자의 눈

가상의 시나리오를 통해 세조 즉위 이후의 상황을 파악할 수 있다.

자료 속 힌트 세조, 성삼문, 상왕을 복위

해설

자료는 세조 때 일어난 단종 복위 운동을 가상의 시나리오로 각색한 것이다.

단종 복위 운동(1456)

세조 2년에 단종 복위 운동을 일으킨 사육신을 비롯한 반대파 인물들에는 집현전 학자 출신이 많았다. 따라서 세조는 집현전을 폐지하고, 왕권을 견제하는 경연을 열지 않았다.
- 사육신 : 성삼문, 박팽년, 하위지, 유응부, 유성원, 이개
- 생육신 : 김시습, 이맹전, 성담수, 조여, 원호, 권절

② 세조는 강력한 왕권을 행사하기 위하여 자신의 활동을 견제하는 집현전을 없앴다.

오답 check

① 고려 경종은 인품과 관품을 고려하여 지급한 시정전시과를 시행하였다(976).
③ 세종은 집현전 학자들과 연구하여 훈민정음을 창제한 후 반포하였다(1446).
④ 고려 광종은 노비안검법을 시행하여 호족 세력을 약화시켰고, 국가 재정을 확충하였다(956).
⑤ 조선 태종은 억울한 일을 당한 백성의 억울함을 풀어주려 신문고를 설치하였으나, 활용빈도는 낮았다.

21. 답 ⑤

출제자의 눈

임진왜란 중 군사조직의 정비를 통해 창설된 훈련도감을 파악할 수 있다.

자료 속 힌트 5군영, 임진왜란 중, 포수, 사수, 살수, 직업군인

해설

조선후기 중앙군은 5군영으로 편제되었는데 자료는 훈련도감의 설명이다.

⑤ 임진왜란 때 왜군의 조총 부대에 대항하기 위하여 기존의 활과 창으로 무장한 부대 외에 조총으로 무장한 부대인 훈련도감을 만들었는데, 훈련도감은 포수, 사수, 살수의 삼수병으로 편제되었다. 이들은 수도를 방위하였으며, 장기간 근무를 하고 일정한 급료를 받는 상비군으로서 의무병이 아닌 직업 군인의 성격을 가진 군인이었다.

오답 check

① 속오군은 양반에서 노비까지 편재되었으나 실질적으로는 노비만 참여하게 되었다.

참고 속오군

구분	내용
운영	임진왜란 중 정비, 진관 체제를 기본으로 양반에서 노비까지 편제, 지방에서 군사 훈련
체제	평상시에는 생업에 종사, 외침 시 전투에 동원되었던 지역 방어 체제
한계	양반이 노비와 함께 편제되는 것을 회피(실질적으로 상민과 노비들만 참여)

② 인조 때 후금과의 항쟁 과정에서 국방력 강화를 위하여 어영청을 설치하였다.
③ 정조는 친위 부대인 장용영을 설치하여 왕권을 뒷받침하는 군사적 기반을 갖추었다. 장용영 내영은 한성에 외영은 화성에 설치하여 병권을 장악하였다.
④ 대한제국의 광무개혁 당시 원수부를 설치하고 시위대, 진위대를 강화하였다.

22. 답 ⑤

출제자의 눈

대화 속 방납의 폐단을 통하여 대동법을 파악할 수 있다.

자료 속 힌트 선혜법, 방납의 폐단, 광해군 때 경기도

해설

광해군 때 이원익, 한백겸의 주장으로 선혜청을 설치하고 처음으로 경기도에서 실시(1608)하였던 대동법에 관련한 문제이다. 조선후기 방납의 폐단을 시정하기 위한 제도로 대동법이 시행되었는데, 공납을 현물 대신 쌀·포·돈으로 대납하는 대동법은 경기도에 시험적으로 시행되었다가 전국적으로 확대되었다.

참고 대동법(광해군.1608 ~ 숙종.1708)

구분	내용
배경	방납의 폐단, 농촌경제의 파탄, 농민의 이탈
내용	토지 1결당 미곡 12두 부과(공납의 전세화), 쌀·삼베나 무명, 동전 등으로 납부(조세의 금납화), 지주들의 반발로 전국적 시행에 100여 년 소요
영향	공인 등장 → 상품 수요 증가, 상품 화폐 경제 발달 → 장시 발달 → 도고 성장

⑤ 조선후기 대동법의 시행 이후 상품 수요가 증가하여 상품 화폐 경제가 발달하였고 공인 및 도고가 성장하게 되었다.

오답 check

① 고종 때 흥선대원군은 종래 상민에게만 징수하던 군포를 양반에게도 징수하는 호포제를 실시하여 군정을 바로잡고 조세 부담을 공평히 하여 민생을 안정시키고자 노력하였다.
② 영조는 1년에 군포 1필만 부담하는 균역법을 시행하였는데, 감소된 재정에 대하여는 지주에게 결작미를 부담시켰다(1750).
③ 인조는 농민들의 전세 경감을 위하여 영정법을 시행하여 풍년이건 흉년이건 관계없이 전세를 토지 1결당 미곡 4두로 고정시켰다(1635).
④ 정조는 6의전을 제외한 나머지 시전상인(관상)들의 금난전권을 철폐하여 사상들의 자유로운 상업 활동을 허용 하였다(1791, 신해통공).

23. 답 ③

출제자의 눈

청, 남한산성 등의 내용을 통해 병자호란을 도출할 수 있다.

자료 속 힌트 남한산성, 3학사, 청과의 화의

해설

후금은 세력을 확장하여 국호를 청이라 고치고, 조선에 군신 관계를 맺자고 요구하였는데, 조선에서 별다른 반응을 보이지 않자 청 태종은 12만의 대군을 이끌고 침입해 병자호란을 발발하였다(1636).

참고 병자호란(1636, 청)

구분	내용
배경	후금은 국호를 청이라 고치고 조선에 군신관계 요구, 청 침입(12만)
전개	남한산성 피난, 남한산성 포위
갈등	조정에서 주화론과 척화론의 대립·갈등
결과	청에 항복(1637. 삼전도 굴욕), 군신관계, 소현세자·봉림대군 납치

③ 병자호란(1636) 당시 임경업이 백마산성에서 항전하였다.

오답 check

① 고려 정부가 몽골과 강화하여 개경으로 환도하자, 강화도에서 항전하던 삼별초는 화의에 반발하여 진도(배중손)를 거쳐 항전하였다.
② 을사늑약이 체결되자 최익현은 태인에서 의병을 이끌고 항일 항전을 하였다(1905. 을사의병).
④ 임진왜란 당시 전라 순찰사 권율이 서울 수복을 위해 북상하다가 행주산성에서 왜적을 크게 쳐부수어 승리하였고, 왜군의 재차 북상을 막았다(1593. 행주대첩).
⑤ 묘청은 풍수지리설을 내세워 서경으로 천도하여 서경에 궁(대화궁)을 짓고, 황제를 칭하며 연호를 사용하는 등 자주적인 개혁과 금을 정벌할 것을 주장하였다(1135).

24. 답 ②

출제자의 눈

예송논쟁과 경종의 즉위를 통하여 조선후기 정세를 파악할 수 있다.

자료 속 힌트 효종이 죽자, 예송, 경종이 왕위

해설

첫 번째 사료는 현종 때의 예송논쟁이다. 현종 때 효종의 왕위 계승에 대한 정통성과 관련하여 두 차례의 예송이 발생하면서 서인과 남인 사이에 대립이 격화되었다. 두 번째 사료는 경종의 즉위를 나타내었으므로 (가)와 (나)의 시대에는 숙종 대의 사건이 나타나야 한다.
② 숙종 때 남인과 서인의 갈등인 경신환국이 전개되었다(1680).

경신환국(1680, 숙종6)
남인인 영의정 허적이 군사용 천막을 허락 없이 사용한 사건으로 왕의 불신을 사고 서인과의 갈등이 깊어졌다. 이에 서인은 허적의 서자 허견 등이 복창군을 왕으로 옹립하려 한다고 모함하여 남인이 몰락하고 서인이 집권하였다.

오답 check

① 조선 중종 때 조광조의 개혁정치에 의해 현량과가 실시되었다.
③ 태조 때 방석의 세자 책봉으로 인해 방원이 군사를 일으켜 방석·방번을 살해하고, 정도전과 남은 등을 제거하여 방과(정종)가 왕위에 올랐다(1398).
④ 김일손이 김종직의 조의제문을 사초에 포함시켜 사림들이 화를 입었다(1498.무오사화).
⑤ 선조 때 동인은 정여립 모반 사건 등을 계기로 급진파인 북인과 온건파인 남인으로 나뉘게 되었다.

25. 답 ⑤

출제자의 눈

청계천 준설사업과 균역법의 시행을 통해 영조의 개혁정치 시기임을 파악할 수 있다.

자료 속 힌트 청계천, 준천, 균역법

해설

영조는 준천사(濬川司)를 설치하여 청계천 준설 사업을 추진하여 홍수시 범람을 방지하였고(1760), 신문고를 부활시켜 백성들의 억울한 일을 직접 해결하고자 하였다.

참고 영조의 개혁정치

구분	내용
개혁	탕평책(탕평교서), 탕평파에게 권력 집중(붕당자체 제거 시도), 이조전랑의 후임자 천거 및 3사 관원의 선발 관행 폐지, 서원의 대폭 정리, 균역법, 도성 방위 체제 정비, 가혹한 형벌 폐지, 엄격한 삼심제, 속대전 편찬
한계	강력한 왕권을 바탕으로 다툼을 억누른 일시적 탕평

⑤ 영조는 즉위 직후 탕평 교서를 발표하고 탕평비를 건립하는 등 정국을 안정시키려 하였다.

오답 check

① 대한제국은 광무개혁의 일환으로 지계아문(1901)을 통해 양전사업을 실시하여 최초의 토지 소유권 증명서인 지계(地契)를 발급하였다.
② 조선 효종 때 청이 러시아 정벌을 요청하였고 변급(1654), 신유(1658)등 2차례(효종 때) 조총부대를 출병시켜 승리 하였다(나선정벌).
③ 정조 때 시행한 초계문신제도는 37세 이하의 당하관 중에 재능있는 문신들을 뽑아 재교육 시키는 제도로 정조가 직접 강의하고 시험도 직접 보았다.
④ 세조는 현직 관리에게만 수조권을 지급하는 제도인 직전법을 시행하였다(1466).

26. 답 ④

출제자의 눈

북학의를 통하여 실학자 박제가를 파악할 수 있다.

자료 속 힌트 북학(北學), 연행길, 북학의, 규장각 검서관

해설

박제가는 청에 다녀온 후 북학의를 저술하여 청의 문물을 적극적으로 수용할 것을 제창하였다. 또한, 상공업의 발달, 청과의 통상 강화, 수레와 선박의 이용 등을 역설하였다.

④ 박제가는 생산과 소비와의 관계를 우물물에 비유하면서 생산을 자극하기 위해서는 절약보다 소비를 권장해야 한다고 주장하였다.

오답 check

① 18세기 초 정제두는 양명학을 체계적으로 연구하여 강화학파를 형성하였다.
② 정약용은 여전론을 주장하였고, 후에 이를 수정하여 정전제를 주장하였다.
③ 영조 때 정상기는 동국지도를 제작하였는데, 최초로 100리척을 사용하여 정확하고 과학적인 지도 제작에 공헌하였다.
⑤ 박지원은 양반전, 허생전, 호질 등을 저술하여 양반 문벌제도의 비생산성을 비판하였다.

27. 답 ①

출제자의 눈 

자료의 내용을 분석하여 일성록을 파악하여야 한다.

자료 속 힌트 국왕의 동정과 국정을 기록, 유네스코 세계기록유산

해설

① 일성록은 1760(영조36)년부터 1910년(순종4)까지 국왕의 동정과 국정을 매일 기록한 일기이다. 일성록은 국보 제153호로 지정되어 있으며 2011년 5월 유네스코 세계기록유산으로 등록되었다.

참고 영조의 개혁정치

구분	내용
정의	1760(영조36)년부터 1910년(순종4)까지 국왕의 동정과 국정을 매일 기록한 일기
기록	국왕의 동정과 국정을 기록, 정조 즉위 이후 규장각의 신하들이 매일의 정사를 기록
목적	왕이 그날의 국정을 반성하기 위해 집필, 국가를 통치하는데 참고하기 위한 정치적인 목적
내용	신하들의 상소문, 외교문서 등의 내용, 동서양의 정치 및 문화 교류, 서민들의 청원서와 이와 관련된 조치 등

오답 check

② 동사강목은 고조선에서 고려 말까지의 역사를 안정복이 저술한 것으로 우리 역사의 독자적 정통론을 세워 이를 체계화하였다.
③ 전란으로 질병이 만연하자 광해군은 허준으로 하여금 동의보감을 편찬하게 하였다(1610).
④ 직지심체요절은 공민왕 때 저술한(1372) 직지심체(直指心體)를 우왕 때 청주 흥덕사에서 백운 스님이 금속활자로 1377년에 2권으로 간행하였다.
⑤ 화성성역의궤는 수원 화성 축조에 대한 경위와 제도 및 의식 등을 수록한 책(1794~1796)으로 순조 때 제작하였다.

28. 답 ①

출제자의 눈 

설명으로 통해 임술년 진주에서 전개된 임술농민봉기를 파악할 수 있다.

자료 속 힌트 진주, 안핵사 박규수, 백낙식

해설

제시된 자료는 임술년 진주에서 시작하여 전국으로 확산되었던 농민 봉기(1862)를 나타내고 있다.

참고 임술 농민 봉기(1862, 철종, 진주 농민 봉기)

구분	내용
원인	경상 우병사 백낙신의 수탈, 몰락 양반 출신의 유계춘 등을 중심으로 봉기
경과	진주성 점령, 전국적으로 확대(함흥~제주도)
결과	안핵사 파견, 삼정이정청 설치(1862)

① 철종 때 임술 농민 봉기 당시의 민심 안정을 위하여 정부는 삼정이정청을 설치하여 삼정의 문란을 시정할 것을 약속하였다(1862).

오답 check

② 동학농민운동 전개 과정 중 동학농민군과 정부는 전주화약을 체결하였다(1894.5.8.).
③ 고려 인종 때 김부식은 관군을 이끌고 서경 천도를 주장하며 일으킨 묘청의 서경천도 운동을 약1년 만에 진압하였다.
④ 순조 때 홍경래는 세도 정치의 폐해와 서북민에 대한 차별 대우 등으로 인하여 봉기하였다(1811).
⑤ 임오군란 이후 청은 마젠창(내정)과 묄렌도르프(외교)를 고문으로 파견하여 조선의 내정과 외교 문제에 깊이 관여하였다.

29. 답 ⑤

출제자의 눈

종교 박해의 내용을 통하여 천주교 도출할 수 있다.

자료 속 힌트 신해박해, 신유박해, 병인박해

해설

자료 속 신해박해, 신유박해, 병인박해 등을 통하여 (가) 천주교 박해를 추론할 수 있다. (가) 천주교는 유교 제사 의식 거부와 모든 사람이 평등하다는 주장으로 왕권에 도전한다는 명분으로 조선 정부로부터 탄압을 받았다.

참고 천주교 박해

구분	내용
신해박해 (1791,정조)	진산 사건, 윤지충 모친의 화장장으로 인하여 사형에 처한 사건
신유박해 (1801,순조)	노론 벽파 세력이 남인 시파를 탄압하기 위하여 천주교 박해, 황사영 백서사건 등으로 탄압이 더욱 강화
기해박해 (1839,헌종)	헌종 때, 정하상 등 많은 신도들과 서양인 신부들을 처형한 사건
병인박해 (1866,고종)	흥선대원군이 프랑스 선교사 등을 이용하여 교섭하려다 실패한 사건, 9명의 프랑스 선교사와 8천명의 교도를 처형

⑤ 천주교는 17세기에 중국 베이징의 천주당을 방문한 우리나라 사신들에 의하여 서학으로 소개되었고, 천주교가 신앙으로 받아들여진 것은 18세기 후반이었다.

오답 check

① 동학의 제2대 교주 최시형은 동경대전과 용담유사를 펴내어 교리를 정리하였다.
② 만세보(1906~1907)는 여성교육과 여권 신장에 관심을 기울였고 일진회를 공격했던 천도교계 신문이었다.
③ 나철, 오기호 등이 1909년 창시한 대종교는 단군숭배 사상을 통하여 민족의식을 높였다.
④ 조선후기 백성들 사이에서는 미륵부처가 중생을 구제한다는 내용의 미륵신앙이 유행하였다.

30. 답 ②

출제자의 눈

자료의 내용을 분석하여 지역의 역사적 사실을 학습하여야 한다.

자료 속 힌트 팔상전, 법주사, 동학교도

해설

자료에 나타난 지역은 (나) 충청북도 보은이다.
○ 삼년산성은 충청북도 보은군에 있는 신라시대의 산성으로 자비마립간 때에 축조되었으며(470), 소지마립간 때에 개축되었다(486). 삼국사기에는 성을 쌓는 데 3년이 걸렸기 때문에 삼년산성이라 부른다고 기록되어 있다.
○ 17세기 건축물인 법주사 팔상전은 충북 보은에 있다. 우리나라의 문화재 중 유일한 5층 목탑으로 법주사 팔상전에는 석가모니의 생애를 여덟 장면으로 표현한 불화인 팔상도가 그려져 있다.
○ 1893년 충청도 보은에서 제3차 교조 신원 운동이 전개되었는데, 동학교도뿐만 아니라 농민들이 참여한 대규모 집회로 확대되었다. 동학농민들은 '보국안민', '제폭구민', '척왜양창의' 등의 정치적 구호를 내세웠고 종교 운동이 정치적 성격의 농민 운동으로 전환되기 시작하였다.

31. 답 ②

출제자의 눈

대화를 통하여 조선책략을 도출하여 시대상황을 유추할 수 있다.

자료 속 힌트 수신사, 황준헌, 러시아 남하

해설

1880년 2차 수신사 김홍집에 의해 조선책략이 국내로 유포된 이후 개화파는 미국과의 수교를 적극 지지하였고, 보수적 유생들은 이에 반발하여 서양의 통상 요구에 대해 통상 반대론으로 맞섰으며, 이듬해에 영남 유생들이 이만손을 중심으로 영남 만인소를 올려 서양 열강과의 수교를 반대하였으나, 결국 조선은 미국과의 통상조약을 체결하였다(조미수호통상조약, 1882).

참고 조미수호통상조약의 체결

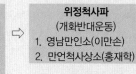

제2차 수신사 김홍집 (조선책략 유입, 1880) 1. 러시아 남하 견제(친중국, 결일본, 연미방) 2. 서양 기술 도입(개화 정책)	⇨	위정척사파 (개화반대운동) 1. 영남만인소(이만손) 2. 만언척사상소(홍재학)
	⇨	개화파 조미수호통상조약 체결 (1882)

오답 check

① 운요호 사건의 결과로 조선은 포함의 위협 하에 일본과 강화도 조약을 맺어 문호를 개방하게 되었다(1876).

③ 병인양요(1866) 당시 프랑스 군인들은 강화도에서 외규장각의 문화재를 비롯한 각종 서적과 병기들을 약탈하여 갔다.

④ 독일 상인인 오페르트의 남연군묘 도굴 미수사건은 1868년에 있었다.

⑤ 미국 함대가 강화도에 침입하여 초지진, 덕진진 등을 점령하자 어재연 등이 이끄는 조선의 수비대가 광성보와 갑곶 등에서 이를 격퇴시켰다(1871, 신미양요).

32. 답 ③

출제자의 눈

상소문의 내용을 통하여 당시의 시대를 파악할 수 있다.

자료 속 힌트 만동묘를 없애고, 서원을 철폐

해설

사료는 (가) 흥선 대원군의 정책에 대한 상소이다. 흥선대원군의 여러 개혁 정치들은 경복궁 중건을 위한 무리한 토목공사와 서원의 철폐, 당백전의 발행으로 인한 인플레이션 등 양반 유생들 및 백성들의 많은 원성을 사게 되었다. 대원군이 만동묘와 서원의 철폐를 대거 단행하자 대신들이 고종에게 상소를 올려 흥선 대원군이 물러나고 고종이 친정을 선포하였다.

참고 흥선대원군의 개혁 정치(1863~1873)

구분	내용
왕권강화	당파·지방색·신분을 가리지 않고 능력에 따라 인재 등용, 비변사 폐지, 의정부·삼군부 부활, 대전회통·육전조례 편찬, 서원철폐(국가 재정 확충), 경복궁중건(원납전·당백전), 양전 사업(은결 색출), 호포제·사창제 실시
민생안정	전정(양전사업, 은결색출), 군정(호포법=동포제), 환곡(사창제)

③ 흥선 대원군은 전국에 척화비를 세우고 통상수교 거부정책을 확고하게 유지하였다(1871).

오답 check

① 고려시대에 설치한 어사대는 정치의 잘잘못을 논하고 관리의 비리를 감찰하고 탄핵하는 기구이다.

② 소격서는 도교 행사를 담당하는 기관으로 조선시대 사림이 집권하면서 폐지되었다.

④ 정조는 거중기를 이용하여 화성을 축조하여 정치적·군사적 기능을 부여함과 동시에 상공인을 육성시켜 자신의 정치적 이상을 실현하는 상징적인 도시로 건설하고자 하였다.

⑤ 세종 때(1419) 이종무는 병선 227척, 병사 1만 7,000명을 이끌고 쓰시마 섬을 토벌하여 왜구의 근절을 약속받고 돌아왔다.

33. 답 ④

출제자의 눈 

우정국 개국 축하연의 정변을 통해 갑신정변을 도출할 수 있다.

자료 속 힌트 삼일천하, 우정총국 개국 축하연, 정변, 김옥균

해설

내화에서 제시하고 있는 사건은 갑신정변이다. 1884년 갑신정변의 주도 세력이었던 급진 개화파는 정변을 통해 근대 국가를 수립하려 하였다. 개화당 세력은 우정국 개국 축하연을 이용하여 정변을 일으키고 14개조의 정강을 발표하였는데, 정치면으로는 청과의 사대관계 폐지·경찰제도의 실시·내각중심제, 경제면으로는 지조법의 개혁·재정의 호조관할, 사회면으로는 인민평등권·능력에 따른 인재등용 등의 내용을 개혁정강으로 내세웠다.

ㄴ. 갑신정변 14개조 정강 제1조의 내용으로 청에 대한 조공의 허례를 폐지하고자 하였다.

ㄹ. 갑신정변 14개조 정강 제2조의 내용으로 문벌 타파, 과거제 폐지, 인민 평등 등을 주자하였다.

오답 check

ㄱ. 대한제국은 1899년 대한국 국제를 반포하여 전제 황권을 지향하는 전제 군주제를 추구하였다.

ㄷ. 동학농민군의 폐정 개혁안 12개조 중 제2조의 내용으로 탐관오리를 엄징하려 하였다.

34. 답 ③

출제자의 눈 

자료의 내용을 분석하여 국채보상운동을 파악할 수 있다.

자료 속 힌트 국채 1,300만 원

해설

제시문은 (가) 국채보상기성회의 취지문으로 국채보상운동(1907)에 관한 것이다. 일제는 식민지 지배에 필요한 시설을 설치하기 위해서 대한제국에 강제로 차관을 강요하였으며(국채1,300만원), 결국 대한제국이 일제에게 경제적으로 예속되는 결과를 가져왔다.

참고 국채보상운동(1907)

구분	내용
배경	화폐정리사업 이후 일제의 차관 제공, 정부의 상환 곤란
목적	국민의 힘으로 국채를 상환하려는 운동
전개	대구에서 시작(서상돈), 전국 확대(서울에 국채 보상 기성회 조직), 금주·금연운동, 여성들의 패물 납부 등
특징	대한매일신보, 황성신문, 제국신문 등 언론 기관의 참여
결과	양기탁 구속(횡령 누명), 일제의 강제차관 공급(1908. 2,000 만원)

③ 서상돈·김광제 등이 대구에서 시작한 국채보상운동(1907)은 전국으로 확산되는데, 대한매일신보·황성신문·제국신문 등의 언론 기관도 동참하였다.

오답 check

① 정부와 전주화약을 체결한 후 동학농민군은 자치 개혁기구인 집강소를 설치하였다(1894.5).
② 대한민국 임시정부 초기에는 연통제와 교통국을 통하여 독립자금을 모금하였다.
④ 의열단은 신채호의 조선혁명선언(1923)을 행동강령으로 삼고 1920년대 활발한 독립운동을 전개하였다.
⑤ 러시아가 절영도의 조차를 요구하자 독립협회는 만민공동회를 배경으로 구국 운동 상소운동(1898)을 전개하여 러시아의 요구를 좌절시켰다.

35. 답 ③

출제자의 눈

제시된 자료를 통하여 근대교육기관인 육영공원을 파악할 수 있다.

자료 속 힌트 고위 관료의 자제, 1886, 근대 학교

해설

(가) 육영공원은 1886년에 정부가 설립한 최초의 근대 교육 기관으로 1894년까지 존속하였다.
③ 육영공원은 미국인 교사 헐버트와 길모어를 초빙하여 상류층 자제를 대상으로 영어, 수학, 정치학 등의 근대 교육을 실시하였다.

오답 check

① 이화학당은 여성 교육 확대를 위하여 1886년 서울에 스크랜튼이 설립한 최초의 여자 사립학교였다.
② 육영공원은 1894년까지 존속하였다. 조선총독부는 1910년에 설치되었다.
④ 신흥강습소(1911)는 교육 인재 양성과 무관 양성을 목표로 하여 남만주의 삼원보에 설립하였고, 신흥무관학교의 명칭은 1919년 이후 사용하였다.
⑤ 고종은 1895년 교육입국조서를 발표하였고, 소학교 교사 양성을 위하여 한성사범학교를 설립하였다.

36. 답 ⑤

출제자의 눈

헤이그 특사의 활동을 통하여 1907년 이후의 정세를 파악할 수 있다.

자료 속 힌트 헤이그, 특사

해설

1907년 6월 고종은 이상설, 이준, 이위종을 헤이그에서 개최되는 제2회 만국 평화 회의에 특사로 파견하여 을사늑약의 불법성과 일제의 무력적 침략 행위의 부당성을 전 세계에 호소하여 국제적인 압력으로 이를 파기하려 하였다. 하지만 영국과 일본의 방해로 실패하였다.
⑤ 일제는 헤이그 특사파견의 책임을 물어 고종을 강제 퇴위시켰고, 한일신협약(정미7조약)을 강요하였다.

오답 check

① 임오군란은 민씨 정권이 일본인 군사 고문을 초빙하여 훈련과 교육을 시킨 별기군(신식 군대)을 우대하고, 구식 군대를 차별 대우한 데 대한 불만에서 폭발한 것이다(1882).
② 삼국간섭(1895) 이후 러시아를 등에 업은 친러파와 러시아 공사 베베르 등이 신변 보호 명목으로 고종을 러시아 공사관으로 옮겼다(1896.아관파천).
③ 제2차 갑오·을미개혁(1894.12~1895.7)은 군국기무처를 폐지하고 김홍집과 박영효의 연립 내각(친일 내각)을 구성하여 홍범 14조를 발표하며 추진하였다.
④ 개항 이후 조선은 급증하는 재정 수요와 당면한 재정 궁핍에서 벗어나기 위해 1892년부터 1904년까지 전환국에서 백동화를 주조·유통시켰다.

37. 답 ②

출제자의 눈

조선태형령(1912)을 통하여 1910년대 헌병 무단통치를 파악할 수 있다.

자료 속 힌트 태(笞), 조선인에게만

해설

자료는 일제가 한국인을 억압하고 통제하기 위하여 1912년에 제정하고, 1920년에 폐기한 조선태형령을 나타낸 것이다. 태형령은 정식 재판 없이 즉결심판이 가능하였고, 비밀리에 태형을 집행하였다. 이 법의 적용 대상은 오로지 한국인만 해당하였다. 이 시기에는 일제의 강압적인 헌병무단통치가 시행되었다.

참고 1910년대 일제의 헌병무단통치

구분	내용
정치	총독이 행정, 입법, 사법, 군통수권 등 전권 장악, 헌병 경찰제, 태형·즉결 심판권, 언론 집회의 자유 박탈, 관리·교사들도 제복과 착검
경제	토지조사사업을 통한 토지 약탈, 회사령(허가제)을 통한 민족기업 성장 억제, 산업 각 부분에 대한 침탈 체제 구축
교육	일본어 학습, 조선어 수업 축소, 중등교육제한, 역사 지리 교육 금지

② 일제는 한국인의 회사설립을 억제하고 민족 자본의 성장을 저지하기 위하여 회사 설립 시 총독부의 허가를 받도록 하는 회사령을 공포하였다(1910~1920).

오답 check

① 통감부는 1906년부터 1910년까지 존속하였다.
③ 백정들은 진주에서 이학찬을 중심으로 조선 형평사를 창립하고 형평운동을 전개하였다(1923).
④ 일제는 사회주의 독립운동을 탄압하기 위하여 국내 치안 유지를 빙자해 치안유지법을 제정·공포하였다(1925).
⑤ 1920년대 일제는 민립대학설립운동을 방해할 목적으로 경성제국대학을 설립하였다(1924).

38. 답 ②

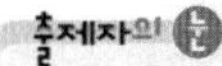

출제자의 눈 

인물 카드의 설명을 통해 도산 안창호 선생을 파악할 수 있다.

자료 속 힌트 신민회, 대성학교, 흥사단

해설

자료는 도산 안창호 선생의 활동을 나타낸 것이다. 안창호의 활동은 다음과 같다.

참고 도산(島山) 안창호(1878~1938)의 활동

시기	활동
1907	양기탁 등과 함께 신민회를 창설
1908	평양에 대성학교 설립(계몽운동, 실력양성)
1913	미국에서 흥사단(기독교 중심) 조직, 군인 양성, 외교에 노력, 잡지(동광) 발간
1918	중국 길림에서 무오독립선언을 발표
1923	임시정부 국민대표회의(개조파 참여)에서 실력양성·외교활동 주장
1926	베이징·상하이 등지에서 활동, 북경촉성회 창립(한국 독립 유일당)
1938	서울에서 별세

오답 check

① 김원봉은 만주 길림에서 항일 비밀 결사인 의열단을 조직(1919)하였고 활발한 독립 활동을 전개하였다.
③ 독립운동가 여운형은 광복직후 좌·우익을 망라한 단체인 조선 건국 준비위원회를 조직하여 본격적인 건국 작업에 착수하였다.
④ 한인애국단 소속의 윤봉길은 홍커우 공원에서 많은 일본군 장성과 고관들을 처단하였다(1932).
⑤ 한인애국단 소속인 이봉창은 도쿄에서 일본 국왕에게 폭탄을 투척하였다(1932.1).

39. 답 ④

출제자의 눈 

일제의 기만적 문화통치 방식으로 변화하는 내용을 통해 3·1운동을 추론할 수 있다.

자료 속 힌트 보통 경찰제도, 친일

해설

1919년 우리 민족적 저항인 3·1운동을 비인간적이고 무자비한 방법으로 탄압하였고, 이에 대한 국제 여론이 악화되자 가혹한 식민 통치를 은폐하기 위하여 1910년대의 헌병 무단 통치를 기만적인 문화통치로 바꾸어 시행하였는데, 이 시기 일제는 친일파를 양성하는 등 민족 분열에 열을 올렸다.
④ 일제는 3·1운동을 계기로 이른바 문화 통치라는 기만적인 식민통치로 전환하여 우리민족을 분열을 야기하였다.

오답 check

① 1930년대 초반 동아일보가 추진한 농촌계몽운동인 브나로드 운동이 전개되었다.
② 암태도 소작쟁의는 1923년 8월부터 1924년 8월까지 약 1년여의 소작료 인하 운동을 전개하여 소작료를 40%로 인하하였다.
③ 광주학생항일운동(1929)은 나주에서 광주까지의 통학 열차 안에서 일본 남학생들이 한국 여학생을 희롱하는 사건을 계기로 시작되었다.
⑤ 한국광복군은 대한민국 임시정부가 지청천을 총사령관으로 하여 충칭에서 창설하였다(1940).

40. 답 ③

출제자의 눈 

자료를 통해 1920년대 이후 전개한 무장 독립 투쟁을 학습할 수 있다.

자료 속 힌트 자유시, 적군(赤軍), 청산리, 흥경성 전투

해설

(가) 자유시 참변(1921). 대한독립군단은 소련 적색군(적군)의 배신으로 자유시에서 피해를 입었다(1921).
(나) 청산리 대첩(1920). 김좌진의 북로군정서군을 비롯한 홍범도의 대한독립군, 국민회독립군 등 여러 독립군은 청산리에서 일본군의 대부대를 맞아 6일간 10여 차례의 전투에서 승리하였다.
(다) 흥경성 전투(1933). 양세봉을 총사령관으로 조직한 조선혁명군(1929)은 국민부 산하 부대로 남만주 일대에서 중국 의용군과 연합작전을 전개하여 영릉가 전투(1932) 및 흥경성 전투(1933) 등에서 승리하였다.

41. 답 ⑤

출제자의 눈 

국가 총동원령의 내용을 통해 1930년대 일제의 병참기지화정책을 파악할 수 있다.

자료 속 힌트 국가 총동원, 전시, 신민을 징용

해설

일제는 1938년 국가총동원령을 제정하여 전쟁 수행에 필요한 인적, 물적 자원을 총동원하는 것은 물론 한민족의 생존과 문화까지 말살하려 하였고, 국민정신총동원조선연맹(1938)을 조직하여 총독부의 시책을 강요하였으며, 곧이어 국민총력조선연맹으로 개칭하여 국민총력운동을 강요하였다. 이 시기에 일제는 지원병, 징병, 징용, 정신대 등으로 인적 자원을 수탈하였고, 양곡공출제, 식량배급제, 금속공출제 등으로 군량미와 무기원료를 수탈하였고, 100만여 명의 청년들을 강제 징용하여 탄광, 철도 건설, 군수 공장 등에 동원하였다. 또한, 청년의 동원을 위한 지원병제를 실시하다가 결국, 징병 제도를 실시하여 수많은 조선의 청년들이 전쟁터로 나갔다.

참고 1930년대 청년 수탈

정부는 국가총동원상 필요할 때는 칙령이 정하는 바에 따라 제국 신민을 징용하여 총동원 업무에 종사하게 할 수 있다.

-국가총동원령-

시기	내용
1938	지원병제 실시(약 1,8000명)
1939	국민 징용령(약 100만 여명)
1943	학도 지원병제 실시(약 4,500명)
1944	징병제 실시(약 20만명)

42. 답 ⑤

출제자의 눈 

여성들의 단결을 공고히 하자는 취지의 내용을 통하여 근우회를 파악할 수 있다.

자료 속 힌트 1927, 조선 여성의 공고한 단결

해설

(가) 근우회(1927)는 신간회의 출범과 더불어 창설된 여성계의 민족유일당으로 여성 노동자의 권익 옹호와 새 생활 개선을 내세우며 조직하였는데, 신간회의 자매단체로 기관지 '근우' 등을 발간하여 여성의 단결, 남녀평등, 여성 교육 확대, 여성 노동자 권익 옹호, 새 생활 개선 운동 등을 주장하며 전개하였다.

오답 check

① 독립협회는 만민공동회와 관민공동회를 개최하여 헌의6조를 결의하였다.
② 배재학당은 1885년 미국 선교사(개신교) 아펜젤러가 세운 한국 최초의 근대식 중등교육기관이다.
③ 민족종교인 천도교는 3·1운동 이후 제2의 3·1 운동을 계획하여 자주독립 선언문을 발표하였으며 개벽, 어린이, 학생, 신여성 등의 잡지를 간행하여 민중의 자각과 근대 문물의 보급에 기여하였다.
④ 데라우치 총독 암살미수사건에 연루되어 이른바 105인 사건으로 신민회가 해산되었다(1911).

43. 답 ②

출제자의 눈 

사진과 활동을 통해 박은식 선생의 활동을 추론할 수 있다.

자료 속 힌트 한국독립운동지혈사, 임시정부 대통령

해설

자료 속 인물은 박은식 선생이다.

참고 박은식(1859~1925)

구분	내용
구한말	주자학 중심의 유학 비판, 양명학과 사회 진화론을 조화시킨 대동사상 주장(대동교 창설)
일제강점기	조선광문회 조직(역사·지리·고전 등 정리·간행), 동제사 조직(1912), 대동보국단 결성(1915), 무오독립선언서 발표(길림, 민족지도자 39인), 국민대표회의(1923, 창조파) 참여
임정 활동	임시정부 제2대 대통령
저서	한국통사(우리 민족의 수난 정리), 한국독립운동지혈사(항일 민족 투쟁정리), 연개소문전, 안중근전

② 박은식은 우리의 민족정신을 '혼'으로 파악하여 한국통사를 저술하였다.

오답 check

① 의열단은 김원봉이 만주 길림에서 비밀 결사로 조직(1919)하였고 활발한 독립 활동을 전개하였다.
③ 신채호는 대한매일신보에 독사신론을 발표하여 근대 민족주의 역사학의 방향을 제시하였다(1908).
④ 손진태, 이윤재 등은 진단학회(1934)를 조직하여 한국사 연구에 힘썼다.
⑤ 의열단 소속의 김상옥은 종로 경찰서에 폭탄 투척 후 일경과 교전하였다(1923).

44. 답 ③

출제자의 눈 

한글 맞춤법 통일안을 통하여 조선어학회의 활동을 추론할 수 있다.

자료 속 힌트 1933, 한글 맞춤법 통일안

해설

조선어학회(1931~1942)는 한글 교육에 힘써 한글 교재를 출판하기도 하였으며, 회원들이 각 지방을 순회하면서 한글을 보급하는 데 앞장섰다. 한글 맞춤법 통일안과 표준어를 제정하고 한글의 연구와 보급에 크게 기여하였다. 이어서 우리말 큰 사전의 편찬에 착수하였으나, 일제의 방해로 성공하지 못하였다.

참고 국어기관

기관	활동
국문연구소 (1907)	최초 국어연구기관. 주시경, 유길준, 지석영
조선어연구회 (1921)	한글날(가갸날) 제정, 잡지(한글) 간행
조선어학회 (1931~1942)	한글맞춤법 통일한 제정, 표준어제정, 우리말 큰 사전 편찬 착수(성공X), 조선어학회 사건으로 해체

※ 조선어학회 사건(1942): 우리말 큰 사전 편찬을 준비하던 회원 30명을 일제가 치안유지법 위반으로 검거한 사건. 체포 후 고문으로 이윤재, 한징 등이 옥사하였고 11명이 실형을 선고받았다. 이 사건으로 인하여 조선어학회에서 추진하던 우리말 큰 사전 편찬 사업을 완성하지 못하였다.

③ 잡지 한글은 1927년부터 1949년까지 발간하였다.

오답 check

① 천도교 소년회는 1922년 5월 1일 어린이날을 제정하였고, 잡지 '어린이'를 발간하였다.
② 조선의 관보로써 최초의 신문인 한성순보(1883~1884)는 박영효 등 개화파의 영향으로 박문국에서 10일에 한 번 발행하였다.
④ 1926년 순종의 인산일을 기화로 학생들이 6·10 만세 운동을 전개하였다.
⑤ 이승훈, 양기탁 등이 참여한 신민회(1907~1911)는 실력 양성을 통한 국권 회복과 공화정체의 국민 국가 수립을 궁극의 목표로 하였다.

45. 답 ④

출제자의 눈

태평양 전쟁, 금속 공출 등을 통하여 1930년대 후반 일제의 민족 말살 통치를 파악할 수 있다.

자료 속 힌트 공출, 태평양 전쟁

해설

일제는 만주사변(1931) 및 중일전쟁(1937) 이후 전쟁에 광분하여 우리 민족을 말살하려 하였는데, 자료는 병참기지화와 민족말살정책 시기를 나타내고 있다. 일제는 지원병, 징병, 징용, 정신대 등으로 인적 자원을 수탈하였고, 양곡공출제, 식량배급제, 금속공출제 등으로 군량미와 무기원료를 수탈하였다. 또한, 민족말살 정책의 일환으로 학교에서는 황국신민서사의 암송을 강요하였고, 한국어와 한국사 등의 한국학과 관련된 교육은 받을 수 없었으며, 일본식 이름으로의 개명을 강요하였다.

참고 민족말살통치(1931~1945)

구분	내용
정치	황국신민화 강요, 황국신민의 서사암송, 신사 참배·궁성 요배·일본식 성명 강요, 학술 언론 단체 해산
경제	병참기지화, 인적 수탈(국가총동원법, 지원병제, 징병제, 징용제, 정신대), 물적 수탈(전쟁물자·식량공출, 식량배급제), 산미증식재개, 가축증식계획
교육	우리말 사용 금지, 학도 군사 훈련, 조선어 조선역사 조선 지리 과목 폐지

④ 1930년대 후반 일제는 민족말살 정책의 일환으로 학교에서 황국신민서사의 암송을 강요하였다.

오답 check

① 이인직에 의해 우리나라 최초의 서양식 극장인 원각사(1908)가 세워졌고, 은세계, 치악산 등의 작품이 공연되었다.
② 원산의 한 석유 회사의 일본인 감독이 한국인 노동자를 구타한 사건을 계기로 3,000여 명이 참가한 원산 노동자 총파업(1929)은 일제 강점기 노동 운동에서 가장 규모가 큰 것이었다.
③ 독립협회는 서울에서 만민공동회와 관민공동회를 개최하여 헌의 6조를 결의하였다.
⑤ 일제는 1910년대에 토지조사령(1912)을 발표하여 토지조사사업을 실시하였고 우리 민족의 토지를 약탈하였다.

46. 답 ①

출제자의 눈

대중가요를 통하여 한국전쟁의 과정을 파악할 수 있다.

자료 속 힌트 흥남 부두, 1·4 이후

해설

자료는 강사랑 작사, 박사춘 작곡의 1953년 발표된 대중가요인 '굳세어라 금순아'이다. 굳세어라 금순아는 한국전쟁의 슬픔을 담고 있는 대중가요이다. 노래 가사 중 1·4 후퇴는 1951년 1월 4일을 나타내는 것인데 이 날 국군이 후퇴하여 서울이 함락되었고 이산가족이 발생하게 되었다.

오답 check

② 1979년 12월 12일 전두환, 노태우 등이 이끌었던 신군부 세력이 병력을 동원하여 불법적으로 군권을 장악하고, 정치적 실권도 장악하였다(12·12 사태).
③ 1961년 5월 16일 박정희를 중심으로 한 일부 군부 세력이 사회적 무질서와 혼란을 구실로 군사정변을 일으켰다(5·16 군사정변).
④ 박정희 정부는 국군을 베트남에 파견하는 대가로 미국으로 부터 한국군 현대화를 위한 장비와 경제 원조를 제공받기로 하고 약 5만 5천여 명을 파병하였다(1964~1973).
⑤ 한일 회담의 추진은 시민과 대학생들의 대일 굴욕 외교 반대에 부딪혀 이른바 6·3항쟁을 유발시켰다(1964).

47. 답 ③

출제자의 눈 

하야의 뜻을 밝히는 이승만 대통령을 통해 4·19 혁명을 도출할 수 있다.

자료 속 힌트 대통령직을 사임, 3·15 정·부통령 선거

해설

4·19 혁명은 이승만 독재 정권에 대항하였던 민주화 운동이었다. 이승만 정부는 부정과 부패, 장기 집권으로 민심을 잃은 상태에서 이승만과 이기붕을 각각 대통령, 부통령으로 당선시키고자 1960년 3월 15일 대대적인 부정선거를 자행하게 되었고, 이에 대항하여 학생과 시민들이 중심이 되어 민주화 운동이 전개되었다. 반대 시위가 계속되자 이승만은 결국 직접 하야의 뜻을 밝히고(4.26), 다음날 정식으로 대통령 사임서를 국회에 제출하였다(4.27).

4·19 혁명의 전개과정
마산의 부정 선거 항의 시위(1960.3.15. 경찰 무력 진압) → 최루탄이 눈에 박힌 김주열 학생의 시신 발견(4.11) → 시위 전국 확산 → 시위 군중을 향한 경찰의 발포로 사상자 증가(4.19) → 계엄령 선포 → 대학 교수들의 시국 선언(4.25) → 이승만 대통령 사임(4.27)

③ 1960년 4·19 혁명으로 이승만 정권은 몰락하였고, 장면이 집권한 내각책임제의 제2공화국이 열렸다.

오답 check

① 1948년 5월 10일 유엔의 결의에 따른 남한 단독 선거가 실시되었고, 무소속이 가장 많이 당선되었으나 이승만의 독립 촉성 계열과 한민당 계열이 압승을 거두었다.

② 모스크바 3국 외상회의(1945.12)에서 신탁통치를 결정한 직후 우익세력은 반탁운동을 전개하였다.

④ 건국준비위원회는 광복 당시 최초의 정치 단체로 친일 세력을 제외한 여운형(중도 좌파)이 조선건국동맹을 모체로 안재홍(중도 우파)등과 함께 발족하였다(1945.8.15).

⑤ 김구, 김규식, 김일성, 김두봉 등은 남한만의 선거로 단독 정부가 수립되면 남북의 분단이 계속될 것을 우려하여 남북한이 협상을 통해서 총선거를 통한 통일 정부를 수립하자고 주장하였다(남북 협상,1948.4)

48. 답 ④

출제자의 눈 

남북의 통일 정책을 분석하여 시대를 구분할 수 있도록 학습하여야 한다.

자료 속 힌트 6·15 공동선언, 10·4선언

해설

- 6·15남북공동선언(2000.김대중 정부). 분단 이후 처음으로 남북 정상이 평양에서 만나 합의하여 발표한 것으로 남과 북은 경제 협력을 통해 민족의 신뢰를 구축하기로 합의하여 이산가족이 만나는 등 남북 간의 긴장 완화와 화해·협력이 진전되었다.
- 10·4남북공동선언(2007.노무현 정부). 남과 북은 6·15 공동선언을 고수하고 실현할 것과 평화 공존, 경제 협력, 문화 등 여러 제도의 정비에 대하여 합의하였고, 한반도의 종전 선언에 대한 협력을 추진할 것을 선언하였다.

④ 2000년 남북한은 경의선 연결에 합의하였다(김대중 정부).

오답 check

① 1991년 남북 기본 합의서를 채택하여 남북한의 상호 화해와 불가침을 선언하였고 교류와 협력을 하기로 하였다(노태우 정부).

② 노태우 정부에서 남북한이 유엔에 동시 가입하였다(1991).

③ 박정희 정부는 자주 통일, 평화 통일, 민족적 대단결의 3대 원칙을 성명하였다(1972. 7·4남북공동성명).

⑤ 전두환 정부 때 남북 이산가족 고향 방문단 및 예술 공연단의 교환 방문이 최초로 성사되었다(1985).

49. 답 ④

출제자의 눈 

자료를 통하여 김영삼 정부를 도출하고 정부의 정책을 알아본다.

자료 속 힌트 지방자치제, 금융실명제, OECD

해설

(가) 김영삼 정부(1993~1998)는 공직자 재산 등록, 금융 실명제 실시, 지방 자치제 전면 실시 등을 시행하였다.

참고 김영삼 정부(1993 ~ 1998)

구분	내용
문민정부	5·16이후 33년 만에 민간인 대통령 선출
정책	공직자 재산 등록, 금융 실명제 실시(1993), 쌀시장 개방(1994. 우루과이라운드), 지방 자치제 전면 실시, 수출 1,000억 달러 돌파(1995), WTO출범(1995. 농산물 수입 자유화) OECD가입(1996)
역사바로 세우기	조선총독부 건물 철거(1995), 국민학교를 초등학교로 개칭(1996), 12·12사태를 군사 반란으로 규정, 5·18 민주화 운동 진상 조사(전두환·노태우 구속·기소)
외환위기	외환 부족으로 경제 위기, 국제통화기금(IMF)의 지원 요청(1997)

④ 1997년 외환위기로 인하여 국제통화기금(IMF)에 구제 금융을 요청하였다(김영삼 정부).

오답 check

① 1963년 서독에 광부와 간호사를 파견하여 약 3천만 달러의 차관을 제공받았다(박정희 정부).

② 2007년 4월 대한민국과 미국 간 한미 자유 무역 협정(FTA)을 체결하였다(노무현 정부).

③ 제1차 경제 개발 5개년 계획(1962~1966)은 1962년 시행되었다.

⑤ 1950년대 후반 한국정부는 미국의 무상원조로 밀, 면, 설탕을 공급받아 제분공업·제당공업·섬유공업 등 삼백 산업을 성장시켰다(이승만 정부).

50. 답 ③

출제자의 눈 

설명을 통하여 독도를 파악할 수 있다.

자료 속 힌트 안용복, 울릉도

해설

독도는 삼국 시대부터 우리의 영토였으나 일본이 러·일 전쟁을 틈타 불법적으로 자신의 영토로 편입한 뒤에 지금까지 억지 주장을 하고 있다. 조선 숙종 때 안용복은 울릉도에 출몰하는 일본 어민들을 쫓아내고, 일본에 건너가 울릉도와 독도가 조선의 영토임을 확인받고 돌아왔으며, 이후에도 일본 어민의 침범이 계속되자 19세기 말에 조선 정부에서는 적극적으로 울릉도 경영에 나서 주민의 이주를 장려하였고, 울릉도에 군을 설치하여 관리를 파견하고 독도까지 관할하게 하였다.

③ 프랑스는 강화도를 침략하여 병인양요(1866)를 일으켰는데, 양헌수 부대가 정족산성에서 활약하였다.

오답 check

① 세종실록지리지에는 강원도 울진현, 무릉도(울릉도)와 별도로 우산도(독도)의 존재를 섬으로 기록하였다.

② 일본 메이지 시대 최고 행정기관인 태정관은 울릉도와 독도는 일본과 관계없다는 사실을 명심할 것이라고 내무성에 지시하였다(1877).

④ 대한제국은 칙령 제41호(1900.10.27)를 통하여 황제의 재가를 받아 울릉도를 울도로 개칭하고 도감을 군수로 승격하였다.

대한제국 칙령 제41호(1900.10.27)
황제의 재가를 받아 울릉도를 울도로 개칭하고 도감을 군수로 승격하였고, 울도군의 관할구역을 "울릉전도 및 죽도, 석도(石島,독도)"로 명시하였다.

⑤ 일제는 러일전쟁 중(1905.1) 군사적 목적을 위해 조선 정부 몰래 독도를 시마네 현에 불법 편입하였고, 을사늑약 후에 우리 정부에 알렸다.

한국사능력검정시험
34회 중급

정확하고 자세한 정답 및 해설

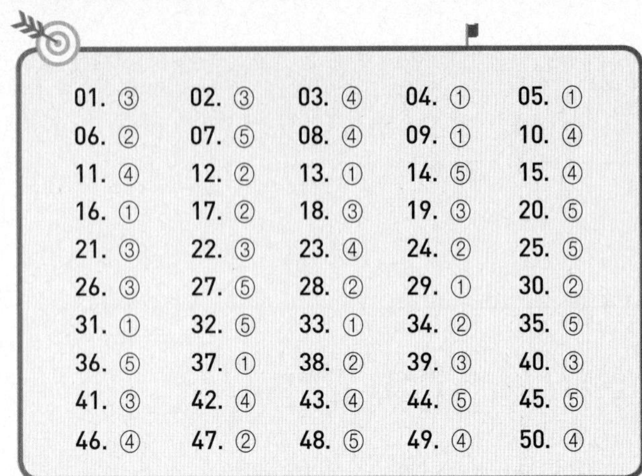

01. ③	02. ③	03. ④	04. ①	05. ①
06. ②	07. ⑤	08. ④	09. ①	10. ④
11. ④	12. ②	13. ①	14. ⑤	15. ④
16. ①	17. ②	18. ③	19. ③	20. ⑤
21. ③	22. ③	23. ④	24. ②	25. ⑤
26. ③	27. ⑤	28. ②	29. ①	30. ②
31. ①	32. ⑤	33. ①	34. ②	35. ⑤
36. ⑤	37. ①	38. ②	39. ③	40. ③
41. ③	42. ④	43. ④	44. ⑤	45. ⑤
46. ④	47. ②	48. ⑤	49. ④	50. ④

01. 답 ③

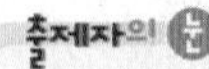

뗀석기의 제작 등의 그림을 통하여 구석기 시대의 사회 모습을 파악할 수 있다.

자료 속 힌트 뗀석기, 짐승을 사냥

해설

(가) 구석기의 대표적인 도구는 뗀석기로써 주먹도끼, 찍개, 팔매돌과 같은 사냥도구와 긁개, 밀개와 같은 조리도구 등이 있었다. 구석기인들은 대체로 먹이를 찾아 이동 생활을 하며 지냈으며 동굴이나 바위 그늘에서 생활하였는데, 후기에 이르러서는 담 자리 및 불 땐 자리가 발견됨에 따라 강가의 막집에서 거주하였음을 알 수 있다.

참고 구석기 시대(약 70만 년 전)

구분	내용
경제	뗀석기, 동물의 뼈 도구, 사냥 및 고기잡이(주먹도끼, 뼈도구, 슴베찌르개)
생활	동굴·바위그늘, 후기에는 강가의 막집, 고래와 물고기 등을 새긴 조각품
장례	인골 발견(원시적 장례 풍습): 흥수아이(청원 흥수굴)
유적	경기도 연천 전곡리, 충남 공주 석장리

오답 check

① 6C 신라 지증왕 때 철제농기구를 활발하게 보급하여 우경을 실시하였다.
② 신석기 시대에는 갈돌과 갈판을 사용하여 간석기를 만들었다.
④ 신석기 시대에는 가락바퀴와 뼈바늘을 사용하여 의복과 그물을 제작하는 등의 원시적 수공업이 발달하였다.
⑤ 신석기 시대의 대표적인 토기인 빗살무늬 토기는 신석기 중기 이후에 출현하게 되며 전국 각지에 널리 분포되어 있다.

02. 답 ③

출제자의 눈

위만의 등장을 통해 고조선의 발전을 파악할 수 있다.

자료 속 힌트 위만이 망명, 준왕

해설

사료는 기원전 2세기 위만이 입국하였던 상황을 나타내고 있다. 중국의 전국 시대에는 많은 수의 유이민이 고조선으로 이주하였는데, 그 중 위만은 이주 세력을 통솔하며 세력을 확대하여 고조선의 수도인 왕검성으로 들어가 준왕을 몰아내고 왕이 되었다(BC.194).

참고 고조선의 발전

시기	내용
B.C.2333	단군조선의 건국
B.C.4C	고조선은 연과 대립할 만큼 강성
B.C.3C	부왕과 준왕과 같은 왕이 등장. 왕위 세습
B.C.194	위만조선의 시작
B.C.108	한 무제 공격·지배층의 내분으로 멸망

③ 고조선은 8조법을 두어 질서를 유지하였으며 그 중 3개조의 내용만 전해진다.

오답 check

① 서울 풍납동 토성은 백제시대의 토성 터로 백제의 첫 왕성인 위례성으로 추정하고 있다.
② 동예는 부족적 성격이 강하였기 때문에 부족의 영역을 침범하지 못하게 하는 책화라는 제도가 있었는데, 만약 다른 부족을 침범하게 되면 노비 또는 소나 말로 변상하게 하였다.
④ 삼한의 소도는 군장세력이 미치지 못하는 신성 지역으로 제사장인 천군이 따로 지배하였다.
⑤ 고구려의 제가회의는 귀족들의 회의로 국가 중대사를 결정하였다.

03. 답 ④

출제자의 눈

토론 속 가족공동묘를 통해 연맹국가인 옥저를 파악할 수 있다.

자료 속 힌트 가족공동무덤

해설

토론에서는 옥저의 가족공동 묘를 나타내고 있다. 가족공동 묘는 가족이 죽으면 가매장한 후, 나중에 뼈를 추려 커다란 목곽에 매장하였던 것으로 목곽 입구에는 죽은 자의 양식으로 쌀을 담은 항아리를 매달아 놓기도 하였다.

④ 옥저는 민며느리제라는 혼인풍습이 있었는데, 남녀가 혼인할 것을 약속하고 여자가 어렸을 때 남자 집에 가서 성장한 후, 남자가 여자 집에 예물을 치르고 혼인을 하는 것을 말한다.

오답 check

① 신라는 폐쇄적 신분제인 골품제로 관료제를 운영하였다.
② 부여에서는 수렵사회의 전통을 보여주는 영고라는 제천행사가 있었는데 12월에 열렸다.
③ 삼한은 대족장인 신지·견지, 소족장인 읍차·부례 등의 지배자가 지배하였다.
⑤ 부여는 왕 아래에 가축의 이름을 딴 마가, 우가, 저가, 구가를 두었고, 각 가들은 저마다의 행정 구획인 사출도를 다스리고 있었다.

참고 연맹국가의 특징

국가	특징
부여	5부족 연맹체(사출도), 영고(12월), 우제점법, 순장, 1책12법, 연좌제, 반농반목
옥저	군장국가(읍군·삼로), 무천(10월), 책화, 족외혼, 해산물 풍부, 토지 비옥, 방직기술 발달, 특산품(단궁·과하마·반어피)
삼한	신지·견지(大족장), 읍차·부례(小족장), 5월·10월 계절제, 제정분리, 천군(제사장)이 소도 지배, 벼농사 중심, 변한의 철(화폐처럼 사용, 낙랑·왜 수출), 반움집

04. 답 ①

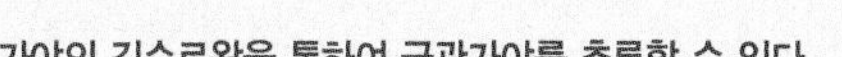

출제자의 눈

가야의 김수로왕을 통하여 금관가야를 추론할 수 있다.

자료 속 힌트 김수로왕의 무덤

해설

사진과 설명은 김해수로왕릉을 나타내고 있다. 가야는 3C경 김해의 (가) 금관가야가 연맹국가로 발전하면서 6가야 연맹체로 성립하였다.

참고 가야의 발전

시기	특징
3C	김해의 금관가야 중심의 연맹왕국으로 발전, 벼농사 발달, 철의 생산 풍부, 중계무역 발달(낙랑과 왜의 규수 연결)
4C~5C	고구려군의 공격으로 낙동강 서쪽 연안으로 세력 축소
5C	고령지방의 대가야가 새로운 가야의 맹주로 부상
멸망	금관가야는 신라 법흥왕(532), 대가야는 신라 진흥왕에게 멸망(562)

① 금관가야는 제철 기술이 뛰어났으며, 낙랑과 왜의 규수지방을 연결하는 해상 중계 무역이 번성하였다.

오답 check

② 의천은 고려 숙종에게 화폐의 필요성을 건의하여 활구(은병)를 주조하였으나 자급자족적인 경제 구조로 인하여 화폐의 유통은 활발하지 못하였다.
③ 벽란도는 고려의 국제 무역항으로 이슬람 상인이 왕래하였던 교통로와 산업의 중심지였다.
④ 고구려 2세기 고국천왕 때 을파소를 국상으로 채용하여 진대법을 실시하였다(194).
⑤ 동예는 단궁, 과하마, 반어피 등이 특산품으로 유명하였다.

05. 답 ①

출제자의 눈

고구려왕들이 전책을 통해 시대를 순서대로 나열할 수 있다.

(가) 4세기 고구려 소수림왕은 전진의 승려 순도가 가져온 불상과 경문을 받아들여 불교를 공인하여 사상을 통합하였다(372).
(나) 4세기 말부터 5세기 초에 활동한 고구려 광개토대왕은 보병과 기병 5만을 보내 신라에 침입한 왜를 격퇴하였다(400).
(다) 5세기 고구려 장수왕은 국내성에서 평양성으로 수도를 천도(427)하여 본격적인 남진 정책을 추진하였다.

참고 4c~5c 고구려의 발전

고구려 왕	특징
소수림왕(371~384)	불교(372), 태학(372), 율령 (373)
광개토대왕(391~413)	요동·만주 정복, 신라에 침입한 왜 격퇴(광개토 대왕릉비), 영락
장수왕(413~491)	남북조와 교류, 남진정책(평양 천도, 427), 한강장악(중원고구려비)

06. 답 ②

출제자의 눈

신라가 한강 유역을 차지하는 과정을 통하여 진흥왕의 영토 확장에 대한 내용을 찾을 수 있다.

자료 속 힌트 553년, 신라, 한강 유역, 차지

해설

자료는 신라가 나제동맹을 결렬하고 한강을 차지하는 모습을 나타내고 있다. 신라의 진흥왕은 일방적으로 나제동맹을 결렬하고 백제를 공격하여 한강 유역을 장악하였다(553). 이에 백제는 일본 및 대가야와 연합하여 신라를 공격하였으나 패하였고, 관산성(충북 옥천) 전투에서 백제의 성왕은 전사하게 되었다.

김무력

김무력은 김유신의 조부로 금관가야의 마지막 왕의 셋째 아들로 법흥왕 때 금관가야가 신라에 병합되자 부왕과 왕모 및 형 김노종, 김무덕 등과 함께 신라에 투항하였다(532). 김무력은 진흥왕 때 한강 유역을 점령하고 아찬의 관등으로 승차하였다. 백제 성왕이 관산성을 침공하자 이에 맞서 백제 성왕을 죽이고 백제의 좌평 4명과 병사 29,600명을 전멸시켰다. 이 후 관등이 각간(角干)에 이르렀다.

② 6세기 신라 진흥왕은 고구려 지배하에 있었던 한강 하류를 장악하고 북한산비(555)를 세웠다.

오답 check

① 신라 7세기 신문왕은 즉위하던 해에 일어난 왕(신문왕)의 장인 김흠돌이 일으킨 모역 사건을 계기로 귀족 세력을 숙청하면서 왕권을 전제화하기 시작하였다.
③ 신라 6세기 지증왕은 이사부를 보내 우산국(울릉도)을 복속시켜 세력을 확장하였다(512).

④ 신라 8세기 경덕왕 때 진골 귀족의 세력이 강화되고 왕권이 약화되어 녹읍을 부활하게 되었다.
⑤ 신라 7세기 문무왕 때 전개된 나당 전쟁 중 금강 하구의 기벌포 전투에서 신라는 당의 수군을 섬멸하여 실질적인 삼국통일을 이룩하였다(676).

07. 답 ⑤

자료를 통해 통일신라시대 유학의 발전을 확인할 수 있다.

자료 속 힌트 통일신라, 유학, 국학

해설

통일신라의 신문왕은 유교 정치 이념의 확립을 위하여 국학을 설립하여 유교 경전을 교육하였다.

⑤ 통일신라 원성왕 때에는 국학 안에 유교 경전의 이해 수준을 시험하여 관리를 채용하는 독서삼품과를 마련하였는데, 국학의 졸업생을 성적에 따라 3등급으로 나누어 관리를 채용하는 제도로써 골품제와 귀족들의 반발로 제대로 시행되지 못했으나 학문과 유학을 널리 보급시키는 데에는 이바지 하였다.

오답 check

① 고려 예종은 국자감을 국학으로 개칭하고, 국학 내에 전문 강좌인 7재를 설치하였다(국학7재).
② 고구려 장수왕은 지방에 사립학교인 경당을 건립하여 청소년들에게 한학과 무술을 교육하였다.
③ 고려 문종 때 최충은 9재 학당을 세워 유학 교육에 힘썼고, 9재 학당에서 교육을 받은 학생들이 과거에서 좋은 성적을 거두자 최충의 문헌공도가 번성하게 되었다.
④ 고려 예종 때 양현고라는 장학 재단을 두어 관학의 경제 기반을 강화하였다.

08. 답 ④

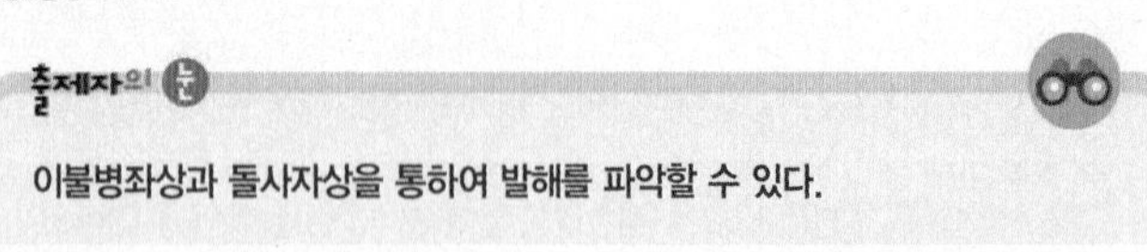

출제자의 눈
이불병좌상과 돌사자상을 통하여 발해를 파악할 수 있다.

해설

이불병좌상, 돌사자상 등을 통하여 발해의 문화임을 파악할 수 있다. 이불병좌상은 발해 동경 용원부의 절터에서 발굴된 것으로 고구려 양식을 계승한 것으로 여겨진다. 또한, 발해 정혜공주 묘 에서 출토된 돌사자상은 매우 힘차고 생동감이 있다.

④ 발해 선왕 때 중국인들은 발해를 보며 해동성국이라고 칭송하였다.

오답 check

① 도병마사는 재신과 추밀이 모여 고려의 국방 문제를 담당하는 국가 최고의 회의기구로써 임시적인 회의 기구로 구성되었다.
② 백제의 정사암회의는 귀족들의 회의로 국가 중대사를 결정하였다.
③ 통일신라 신문왕은 전국을 9주 5소경으로 나누어 지방 행정구역을 정비하였다.
⑤ 통일신라는 지방 세력을 일정 기간 서울에 와서 거주하게 하던 상수리제도를 시행하였는데 이는 지방 세력을 견제하기 위한 정책이었다.

09. 답 ①

출제자의 눈

자료를 분석하여 김대성에 의해 건립된 불국사를 도출할 수 있다.

자료 속 힌트 다보탑, 석가탑, 8세기, 김대성

해설

불국사는 법흥왕의 어머니인 영제부인이 창건하였다는 설과 눌지왕 때 아도화상에 의해 창건되었다는 설 등의 이견이 존재하고 있어 창건 시기는 확실하지 않지만 경덕왕 때 김대성에 의해 불국사가 건립되었다는 것은 다수의 학자가 인정하고 있다(751). 불국사는 1995년 유네스코 세계문화유산으로 등재되었다.

불국사
불국사는 불국토의 이상을 표현한 사원으로 조화와 균형미를 보여준다. 정문 돌계단인 청운교와 백운교는 직선과 곡선을 조화시켰으며, 축대는 자연의 선에 인공적으로 맞추어 자연과 인공을 연결시키고 있다. 복잡하고 단순한 좌우 누각의 비대칭은 간소하고 날씬한 불국사 3층 석탑(석가탑), 복잡하고 화려한 다보탑과 어울려 세련된 균형감을 살리고 있다.

오답 check

② 18세기 전남 구례 화엄사 각황전은 2층의 외관과 단층 내관의 구조로 되어있다(1702).
③ 통일신라 의상은 화엄사상을 바탕으로 교단을 형성하였고, 부석사 등 많은 사원을 건립하였다.
④ 충남 예산 수덕사 대웅전은 균형 잡힌 외관과 잘 짜여 진 각 부분의 치밀한 배치로 고려시대 건축의 단아하면서도 세련된 특성을 잘 드러내고 있다.
⑤ 2007년 세계기록 유산으로 지정된 팔만대장경은 경상남도 합천군 해인사에 보관되어 있다.

10. 답 ④

출제자의 눈 

후삼국 시대의 사료를 통하여 후백제의 견훤과 후고구려의 궁예를 파악할 수 있다.

자료 속 힌트 완산주, 의자왕, 고구려를 깨뜨렸다, 미륵불

해설

자료는 후삼국시대의 ㈎ 견훤과 ㈏ 궁예를 나타내고 있다.
㈎ 견훤. 견훤은 전라도 지방의 군사력과 호족 세력을 통합하여 완산주(전주)에 도읍을 정하고 후백제를 건국하였다(900).
㈏ 궁예. 궁예는 신라 왕족의 후예로서 북원(원주)의 도적 집단 양길의 수하로 있다가 독립하여 송악(개성)에 도읍을 정하고 후고구려를 건국하였다(901). 후고구려는 국호를 마진으로 바꾸었다가 다시 태봉(泰封)으로 바꾸었고, 연호는 무태(武泰)로 하였다.

참고 후고구려(901. 궁예)와 후백제(900. 견훤)

구분	내용
후고구려	송악(개성) 도읍, 강원도·황해도·경기도 장악, 국호 변경(마진 → 태봉), 새로운 신분제도 모색, 지나친 조세 수취, 전제 정치(미륵 신앙), 궁예 축출
후백제	완산주(전주) 도읍, 충청도 남부와 전라도 일대 장악, 우세한 경제력으로 군사적 우위 확보, 중국의 오월 및 일본과 외교 관계 수립, 반신라 정책 고수(경애왕 살해, 927)

오답 check

① 고려 태조 왕건은 후대의 왕들에게 지켜야 할 정책 방향을 훈요 10조를 통하여 제시하였다.
② 고려 현종 때 거란의 소배압은 10만 대군을 끌고 침략하였는데, 귀주에서 강감찬이 지휘하는 고려군에게 섬멸되었다(1019. 귀주대첩).
③ 신라 말 흥덕왕 때 장보고는 완도에 청해진을 설치(828)하여 해적을 소탕하였으며, 남해와 황해의 해상 무역권을 장악하였다.
⑤ 견훤은 신라의 수도 경주를 침공하여 경애왕을 살해(927)하는 등 반신라 정책을 내세우며 후백제를 발전시켰으나, 지나친 조세 수취로 민심을 잃었고, 호족을 포섭하는데 실패하는 등의 한계를 가지고 있었다. ㈎ 견훤만 해당하는 내용이다.

11. 답 ④

출제자의 눈 

자료 속 광덕 등을 통하여 고려 제4대 왕인 광종의 정책을 알아본다.

자료 속 힌트 고려 제4대 왕, 광덕

해설

고려 ㈎ 광종은 공신의 자제를 우선적으로 등용하던 종래의 관리 등용 제도를 억제하고 새로운 관리 선발을 위해 과거 제도를 시행하였으며 이어서 지배층의 위계질서를 확립하기 위해 백관의 공복을 제정하였다. 광종은 국가의 수입 기반을 확대하였으며 왕실의 권위를 높이기 위하여 황제의 칭호 및 광덕·준풍과 같은 독자적인 연호도 사용하였다.

참고 광종의 개혁 정치(949~975)

구분	내용
왕권 강화	노비안검법(956), 과거제(958, 문반 선발), 칭제건원(황제 칭호, 광덕·준풍 등 연호 사용), 공신·호족세력 숙청
체제 정비	백관공복제(위계질서 확립), 주현공부법(949), 제위보 설치(963)

④ 고려 광종은 노비안검법을 시행하여 호족 세력을 약화시켰고, 국가 재정을 확충하였다(956).

오답 check

① 만권당은 충선왕 때 연경에 설치하였고, 이제현은 만권당에서 성리학을 연구하였다.
② 고려 경종은 인품과 관품을 고려하여 지급한 시정전시과를 시행하였다(976).
③ 거란 침입 이후 북쪽 국경 일대인 압록강에서 도련포까지의 천리장성[덕종(1033)~정종(1044)]을 쌓아 거란과 여진의 침략을 대비하였다.
⑤ 공민왕은 전민변정도감을 설치하고, 승려 신돈을 등용하여 권문세족이 부당하게 빼앗은 토지와 노비를 본래의 소유주에게 돌려주거나 양민으로 해방시켰다(1366).

12. 답 ②

출제자의 눈 

대화를 통하여 최충헌을 도출하고 최씨 무신정권에 대한 상황을 파악한다.

자료 속 힌트 최충헌, 이의민 제거

해설

최충헌은 무신 정권 최고의 권력 기구인 교정도감을 설치하여 국정을 총괄하였다. 최충헌은 집권 당시의 혼란을 극복하기 위하여 조세 제도의 개혁, 토지겸병의 금지, 승려들의 고리대업 금지 등을 내용으로 하는 봉사10조와 같은 개혁 책을 제시하였으나, 실질적인 개혁은 미비하였다.

참고 최씨 무신 정권(1196-1258)

구분	내용
최씨정권	최충헌 집권 이후 4대 60여년
최충헌	교정도감(최고 집정부) 설치, 봉사10조의 개혁안 제시(개혁 미비)
최우	교정도감 설치, 정방 설치(인사권 장악), 서방 설치(문신 등용), 삼별초 조직(강화도)

② 고려 무신집권기 최충헌의 사노비였던 만적은 신분차별에 항거하였다(1198).

만적의 난(1198)

무신 집권기에는 무신들의 농민에 대한 가혹한 수탈을 견디지 못한 백성들이 대규모의 봉기를 많이 일으켰는데 최충헌의 사노비였던 만적은 최충헌 집권기에 일으킨 난으로 무신집권기의 대표적 봉기이다(1198). 만적은 사람이면 누구나 공경대부가 될 수 있다고 주장하며 신분차별에 항거하였다.

🔍 오답 check

① 고려 성종은 최승로의 시무 28조를 채택하여 유교정치를 시행하였다.
③ 7세기 의자왕 때 계백의 결사대는 황산벌 전투에서 김유신에 맞서 싸웠으나 패배하였다(660).
④ 고려 태조 때 발해가 거란에 멸망한 후(926) 고구려계 유민들을 비롯한 많은 이들이 고려로 망명해 왔다(934, 대광현 망명).
⑤ 고려 예종 때 윤관은 별무반을 이끌고 여진을 정벌하여 동북 9성을 쌓았다(1107).

13. 답 ①

출제자의 눈

그림을 통해 고려 후기의 정치 변동을 파악할 수 있다.

자료 속 힌트 개경으로 돌아가, 변발과 호복을 금

해설

첫 번째 그림은 고려 정부가 몽골과 강화를 맺고 개경으로 환도(1270)하는 상황을 나타낸 것으로 최씨정권의 몰락과 함께 원 간섭기의 시작을 알리는 것이다. 두 번째 그림은 공민왕의 반원 정책을 나타내는 것으로 공민왕은 정치 개혁을 통하여 대외적으로 반원적인 자주를 실현하고, 대내적으로 왕권을 강화하려고 하였다. 그림 속 (가) 시기는 원 간섭기를 나타내고 있는 것이다.

참고 원 간섭기 고려의 변화

구분	내용
영토상실	쌍성총관부(철령이북), 동녕부(서경), 탐라총관부(제주도)
관제변화	2성(중서문하성, 상서성) → 첨의부 6부(이부·예부 → 전리사 / 호부 → 판도사 / 병부 → 군부사 / 형부 → 전법사 / 공부 → 폐지) 도병마사 → 도평의사사 / 중추원 → 밀직사
용어격하	짐 → 고 / 폐하 → 전하 / 태자 → 세자 / ~ 조, ~ 종 → 충O왕
내정간섭	정동행성, 이문소, 다루가치, 순마소, 만호부, 심양왕
자원수탈	결혼도감(공녀), 응방(매)

① 정동행성은 일본정벌을 위해 고려에 설치한 관서로 일본원정 실패 이후에 원은 정동행성은 계속 유지하여 내정 간섭 기구로 삼았고, 정동행성의 부속관서로 이문소를 설치하였다.

🔍 오답 check

② 조선전기 세종 때에는 농업 생산력을 높이기 위하여 농사직설과 같은 농서를 간행·보급하였다.
③ 고려 예종 때 윤관은 여진을 정벌하여 동북 9성을 쌓았다(1107).
④ 인종 때 이자겸은 십팔자위왕(十八字爲王)을 유포하여 왕위 찬탈을 시도하였다(1126).
⑤ 신라 신문왕은 중앙군으로 9서당을 편성하고 지방에는 10정을 두었다.

14. 답 ⑤

출제자의 눈

탑의 자료를 분석하여 경천사지 10층 석탑을 도출할 수 있다.

자료 속 힌트 충목왕, 대리석, 원각사지 십층석탑에 영향, 국립 중앙 박물관

해설

고려시대에는 다각다층탑이 많이 제작되었는데, 고려 후기 원간섭기인 충목왕 때 세워진 경천사 10층 석탑은 원의 영향을 받았다(1348). 경기도 개풍군의 경천사에 있었던 10층 석탑은 1907년 일본으로 밀반출되었다가 1918년 반환되어 경복궁에 보관하고 있었다. 광복이후인 1959년 경복궁에 복원작업을 하였으며, 보존을 위해 2005년 국립 중앙 박물관으로 이전하여 현재까지 전시하고 있다.

🔍 오답 check

① 익산 왕궁리 5층 석탑은 고려시대로 추정되는 탑으로 사리장치와 금동 여래입상 등이 발견되었다.
② 7세기 백제 무왕 때 건립한 것으로 추정되는 부여의 정림사지 5층 석탑은 목탑 형식의 미륵사지 석탑을 계승한 탑으로 안정적인 모습을 보여준다.
③ 신라 말 문화재인 양양의 진전사지 3층 석탑은 기단과 탑신에 팔부중상이 새겨져 있다.
④ 감은사지 3층 석탑은 통일신라의 석탑으로 경주에 있다.

15. 답 ④

출제자의 눈

자료의 내용을 통하여 고승들의 활동 내용을 학습하여야 한다.

해설

자료 속에서 제시된 인물은 각각 (가) 신라 중대 활동한 원효, (나) 신라 중대 활동한 의상, (다) 통일신라 혜초, (라) 고려 전기에 활동한 의천, (마) 고려 무신집권기에 활동한 지눌이다.

참고 통일신라 및 고려의 승려

승려	활동
원효	대승기신론소, 금강삼매경론, 십문화쟁론, 일심사상(화쟁사상), 아미타신앙(불교 대중화, 정토종 보급), 법성종 개창, 무애가
의상	화엄사상(화엄일승법계도, 일즉다다즉일), 관음 신앙(현세 고난 구제), 부석사 건립
혜초	왕오천축국전
의천	문종의 왕자, 교종 중심에서 선종 통합, 흥왕사 주지, 국청사 창건(천태종 창시), 교관겸수, 교장도감 설치[속장경(교장) 간행]
지눌	수선사 결사, 정혜쌍수·돈오점수, 독경·선 수행·노동 강조

④ (라) 의천은 선종을 통합하기 위하여 교관겸수를 내세웠고 국청사를 창건하여 천태종을 창시하였다.

오답 check

① (마) 지눌은 송광사를 중심으로 수선사 결사를 제창하였다.
② (다) 혜초는 자신이 돌아본 인도와 중앙아시아 등 여러 나라의 풍물을 생생히 기록한 왕오천축국전을 남겼다.
③ (가) 원효는 불교의 대중화를 위하여 불교가요인 무애가를 지었고 아미타 신앙을 전도하였다.
⑤ (나) 의상은 불교의 화엄경을 근본 경전으로 하여 화엄사상을 정립하였고, 화엄일승법계도를 남겼다.

16. 답 ①

출제자의 눈

4불가론 등의 내용을 통해 이성계의 위화도 회군을 추론할 수 있다.

자료 속 힌트 요동을 정벌, 네 가지의 옳지 못한 점

해설

고려 말 명은 철령 이북 땅을 요구하며, 철령위 설치를 통보하였다(1388). 이에 우왕은 최영과 이성계를 시켜 요동 정벌을 단행하였다. 이후 이성계는 위화도에서 회군(1388)하여 최영을 제거한 뒤, 군사적 실권을 장악하여 본격적인 개혁의 계기를 마련하였다.

이성계의 4불가론

소국이 대국을 공격할 수는 없다 / 여름철에 군사를 동원할 수 없다 / 요동 공격을 틈타 왜구가 침범할 염려가 있다 / 장마철 활의 아교가 녹아 무기로 쓸 수 없고 전염병에 걸릴 염려가 있다.

오답 check

② 고려 무신집권기 공주 명학소의 망이·망소이는 신분 해방을 주장하며 봉기하였다(1176).
③ 고려 성종 때 서희는 외교 담판으로 거란과 교류를 약속하고, 고려가 고구려의 후예임을 인정받음과 동시에 압록강 동쪽의 강동 6주를 획득하였다(994).
④ 발해 무왕은 일본과 유대를 강화하여 신라를 견제하고 당을 공격하기 위해 장문휴의 수군으로 하여금 당의 요서지방과 산둥 반도에 위치한 등주(덩저우)를 공격하였다.
⑤ 고려 인종 때 묘청은 칭제 건원과 금국정벌론을 내세워 서경 천도 운동을 전개하였다(1135).

17. 답 ②

출제자의 눈 

자료를 분석하여 조선 태종의 정책을 알아본다.

자료 속 힌트 태종, 신문고를 설치, 호패법

해설

조선 태종은 왕권을 강화하고 국왕 중심의 통치 체제를 강화하기 위하여 6조 직계제를 실시하였으며, 언론 기관인 사간원을 독립시켜 대신들을 견제하였고, 사병을 없애 왕이 군사 지휘권을 장악하면서 친위 군사를 늘렸다.

참고 태종(1400~1418)의 정책

구분	내용
왕권 강화	도평의사사 폐지, 의정부 설치(6조직계제 시행), 사간원 독립(대신 견제), 사원전 몰수, 사병 철폐, 양전사업
제도 정비	호패법 실시(1413), 신문고 설치, 억울한 노비 해방, 서얼차대법(서얼의 관직 진출 제한)과 재가금지법 제정

② 6조직계제는 왕권의 강화와 관련이 있으며 태종과 세조 때 시행하였다.

오답 check

① 고종 때 흥선대원군은 경복궁 중건을 위하여 당백전을 발행하였다.
③ 대동법은 광해군 때 경기도에 시험적으로 시행(1608)하였다가 숙종 때 전국적으로 확대되었다(1708).
④ 영조 때 균역법을 시행하였는데 균역법의 시행으로 감소된 재정은 지주에게 결작이라고 하여 토지 1결당 미곡 2두를 부담시켰다.
⑤ 철종 때 임술 농민 봉기 당시의 민심 안정을 위하여 정부는 삼정이정청을 설치하여 삼정의 문란을 시정할 것을 약속하였다(1862).

18. 답 ③

출제자의 눈 

칠정산의 내용을 통하여 세종을 파악할 수 있다.

자료 속 힌트 칠정산내편, 역법서, 정인지

해설

세종 때 해, 달, 화성, 수성, 목성, 금성, 토성의 7개의 운동하는 천체의 위치를 계산하는 방법을 서술한 역법서인 칠정산을 편찬하였는데, 중국의 수시력(내편)과 아라비아의 회회력(외편)을 참고로 하여 만든 역법서로 우리 실정에 맞는 역법서를 제작하였다. 칠정산은 우리나라 최초로 서울을 기준으로 천체 운동을 계산하였다는 것에 큰 의미가 있으며 15세기 세계 과학의 첨단 수준에 해당한 것으로 평가되고 있다.

오답 check

① 고려 말 우왕 때 최무선의 건의로 화통도감을 설치하고, 진포(군산)에서 최초로 화포를 사용하였다(1380).
② 정약용은 서양 선교사가 중국에서 펴낸 기기도설을 참고하여 거중기를 만들었다.
③ 세종 때 세계 최초로 측우기를 만들어 전국 각지의 강우량을 측정하였다(1441).
④ 영조 때 정상기는 동국지도를 제작하였는데, 최초로 100리척을 사용하여 정확하고 과학적인 지도 제작에 공헌하였다.
⑤ 광해군 때에 허준은 동의보감을 저술(1610)하여 의학 발전에 큰 공헌을 하였다.

19. 답 ③

출제자의 눈 

자료를 통하여 조선시대 최고 학부인 성균관을 도출할 수 있다.

자료 속 힌트 한양, 최고 교육 기관, 대과

해설

조선은 고려의 교육 제도를 이어받아 최고 교육기관인 성균관을 서울에 두었다.

참고 성균관

구분	내용
발전	고려 충렬왕 때 국학을 성균관으로 개칭(조선시대 최고 학부), 성현에 대한 제사와 교육
입학	15세 이상의 소과(생원시, 진사시)합격자, 입학시험(승보시)에 합격한 자, 현직 관료
교육	대과 준비, 성균관에서 공부한 유생에게는 관시에 응시할 자격 부여
구성	대성전(공자 사당), 문묘(성현 사당), 명륜당(강의실), 재(기숙사), 존경각(도서관), 비천당(과거 시험장) 등

오답 check

① 서원은 선현을 제사하고, 향촌에서의 교육을 통해 후진을 양성하던 기구로써 향촌에서의 사림의 지위를 강화시켜 주었다.
② 향교는 지방의 중등교육기관으로 성현에 대한 제사와 유생들의 교육, 지방민의 교화를 위하여 부·목·군·현에 각각 하나씩 설립하였다.
④ 발해는 문왕 때 최고 교육기관인 주자감을 설치하였다.
⑤ 조선의 4부 학당은 중앙에 설치되었던 중등 교육기관이었다.

20. 답 ⑤

출제자의 눈 

자료에 나타난 의병장의 이름을 통하여 조선시대 임진왜란을 추론할 수 있다.

자료 속 힌트 의병, 고경명, 김천일, 곽재우

해설

일본의 도요토미 히데요시(豊臣秀吉)는 철저한 준비 끝에 20만 대군으로 조선을 침략해 왔는데 이를 임진왜란이라 한다. 침략 직후 부산진에는 정발, 동래성에서는 송상현이 분전하였으나 패하였고, 조정에서는 신립을 파견하여 충주에서 배수의 진을 치고 대항하였으나 패하였다. 곧, 조선의 수군과 의병의 승전 그리고 명나라 원군의 참전으로 조선은 전세는 역전되게 되었다.

참고 임진왜란 당시 의병의 활약

의병장	활 약	의병장	활 약
고경명	장흥, 금산	정문부	길주, 회령
곽재우	의령	정인홍	합천, 함안
김천일	나주	조 헌	옥천, 금산
휴정(서산대사)	묘향산	유정(사명대사)	금강산

⑤ 권율은 임진왜란 중 행주대첩에서 크게 승리하였다(1593).

오답 check

① 세종 때(1419) 이종무는 병선 227척, 병사 1만 7,000명을 이끌고 대마도를 토벌하여 왜구의 근절을 약속받고 돌아왔다.
② 1880년대 조선책략이 국내에 유포되었는데 이만손은 영남만인소를 올려 개화를 반대하였다.
③ 몽골군이 고려에 침입하였는데 김윤후가 처인성(용인)에서 몽골 장수 살리타를 사살하여 퇴각하게 하였다(몽골의 2차 침입. 1232).
④ 고종 때 흥선대원군은 병인양요와 신미양요를 거치면서 전국에 척화비를 세우고 통상수교 거부정책을 확고하게 유지하였다(1871).

21. 답 ③

출제자의 눈 

집현전을 대체하여 설치된 기구인 홍문관을 통하여 조선 성종을 도출할 수 있다.

자료 속 힌트 경연, 홍문관 정비, 관수관급제

해설

홍문관은 (가) 조선 성종 때 집현전을 대체하여 설치된 기구로 옥당, 옥서, 영각 등으로 불리었고, 사헌부, 사간원과 함께 삼사로 일컬어졌다. 홍문관은 왕의 정치 자문 역할도 하였고, 경연과 서연을 담당하였는데, 왕과 대신들이 참여하는 학술 세미나인 경연을 주최하였고, 정책 자문과 정책 협의를 통해 정책을 결정하였으며, 정승을 비롯한 주요 관리도 다수 경연에 참여하였다.

참고 성종(1469~1494)의 정책

구분	내용
체제 정비	경국대전의 완성·반포
홍문관	집현전 계승, 왕의 정치적 자문, 경연 주관
관수관급제	국가가 직접 수조권을 행사하여 관리에게 녹봉을 지급하는 방식의 제도
편찬사업	동국여지승람, 동국통감, 삼국사절요, 동문선, 악학궤범, 국조오례의 등

③ 조선의 성종은 세조 때에 시작한 경국대전의 편찬을 마무리하여 반포(1485)함으로써 이후 조선 사회의 기본 통치 방향과 이념을 제시하였다.

오답 check

① 영조는 균역법을 시행하여 1년에 군포 1필만 부담하게 하였다(1750).
② 중종 때 조광조가 중용되면서 관리 천거제의 일종인 현량과를 통하여 사림을 대거 등용하였다.
④ 세종은 정음청을 설치하고 집현전 학자들과 연구하여 훈민정음을 창제한 후 반포하였다(1446)
⑤ 정조 때 시행한 초계문신제도는 37세 이하의 당하관 중에 재능 있는 문신들을 뽑아 재교육 시키는 제도로 정조가 직접 강의하고 시험도 직접 보았다.

22. 답 ③

출제자의 눈 

자료의 내용을 통하여 간도 문제를 파악할 수 있다.

해설

자료는 우리 역사 속의 간도와 관련한 내용을 나타내고 있다.

참고 간도 귀속 문제

구분	내용
국경분쟁	만주 지역의 분쟁 발생 → 백두산정계비 건립(1712) [서쪽으로는 압록강, 동쪽으로는 토문강을 경계로 함]
대한제국	간도를 함경도에 편입, 간도관리사 파견(1902, 이범윤)
관할	을사늑약(1905) – 외교권이 일제에 의해 박탈 간도파출소(1907) – 일본이 설치하여 관할(독립운동 탄압목적)
강탈	불법적인 간도 협약(1909.청–일본) 체결

③ 숙종 때 청의 요구에 따라 조선 정부는 청의 대표 목극등과 간도를 둘러싼 국경문제를 협의하였고, 그 결과 백두산정계비를 세워 조선과 청국과의 국경을 압록강과 토문강을 경계로 하였다(1712). 백두산정계비의 동위토문에 대한 해석이 간도 귀속여부에 중요한 핵심인데, 토문강은 중국 송화강 상류임에도 불구하고 중국은 두만강이라고 주장을 하고 있다.

오답 check

① 숙종 때 안용복은 울릉도에 출몰하는 일본 어민들을 쫓아내고, 일본에 건너가 울릉도와 독도가 조선의 영토임을 확인받고 돌아왔다. 독도와 관련이 있다.
② 중종 때 삼포왜란(1510)이 일어나 비변사를 설치하였고 3포를 폐쇄하였다. 일본과 관련이 있다.
④ 미국 상선 제너럴셔먼호가 평양에서 약탈과 난동을 부리다 당시의 평안도 관찰사 박규수에 의해 소각되었다(1866). 미국과 관련이 있다.
⑤ 조미수호통상 조약 체결 이후에 민영익을 전권대사로 하여 최초의 구미사절단인 보빙사를 파견하였다(1883). 미국과 관련이 있다.

23. 답 ④

출제자의 눈 

자료의 내용을 통하여 실학자 유형원을 파악할 수 있다.

 자료 속 힌트 반계수록, 균전론

해설

중농학파 실학자인 유형원은 일생 동안 농촌에 묻혀 살면서 학문 연구에 몰두하여 반계수록을 저술하였다.

참고 유형원(1622 ~ 1673)

구분	내용
중농학파	17세기 후반 활동, 농업 중심 개혁론의 선구자, 반계수록 저술
균전론	관리, 선비, 농민 등 신분에 따라 차등 있는 토지 재분배(자영농 육성)
사회비판	양반 문벌, 과거 제도, 노비 제도의 모순 비판
유교적한계	사·농·공·상의 직업적인 우열과 상민과 노비의 차별 인정

오답 check

① 중농학파 이익은 자영농 육성을 위한 토지 제도 개혁론으로 한전론을 주장하였다.
② 중상학파 박제가는 청에 다녀온 후 북학의를 저술하여 청의 문물을 적극적으로 수용할 것을 제창하였다.
③ 중상학파 박지원은 청에 다녀와 열하일기를 저술하고 상공업의 진흥을 강조하면서 수레와 선박의 이용, 화폐 유통의 필요성 등을 주장하고, 양반전, 허생전, 호질 등을 저술하여 양반 문벌제도의 비생산성을 비판하였다.
⑤ 중상학파 홍대용은 임하경륜, 의산문답 등을 저술하였고 성리학의 극복이 부국강병의 근본이라고 강조하였으며, 기술의 혁신, 문벌제도의 철폐 등을 주장하였다.

24. 답 ②

출제자의 눈 

제시된 택리지의 내용을 통하여 조선후기의 상황을 도출할 수 있다.

자료 속 힌트 담배밭, 모시밭, 이익을 독차지, 팔아서 수백만 금의 재물, 택리지

해설

자료는 상품 작물을 재배하는 조선 후기의 상황이다. 농민들은 시장에 팔기 위한 작물을 재배하여 가계 수입을 증가시켰다. 장시가 점차 증가하여 상품의 유통이 활발해짐에 따라, 농민은 인삼과 담배, 쌀, 목화, 채소, 약초 등을 재배하여 팔았다. 또한, 상공업의 발달에 따라 전국적으로 장시가 크게 늘어났다.
② 고려 성종 때 건원중보를 발행하였고, 숙종 때에 해동통보 등의 동전을 만들었으나 널리 유통되지 못하였다.

오답 check

① 조선후기 농업 경제가 발전하여 이앙법(모내기법) 등의 기술이 전국적으로 확대되었다.
③ 조선후기 광산 경영은 경영 전문가인 덕대가 출현하여 활동하였다.
④⑤ 조선후기 대동법의 시행 이후 상품 수요가 증가하여 상품 화폐 경제가 발달하였고 공인 및 도고가 성장하게 되었다.

25. 답 ⑤

출제자의 눈

김득신의 풍속화를 통하여 조선후기의 사회를 파악할 수 있다.

해설

두 개의 사진 자료는 모두 김득신의 작품으로 파적도(묘박계추도)와 대장간이다. 조선 후기에는 상공업의 발달과 농업 생산력의 증대를 배경으로 문화면에서 새 기운이 나타났는데 한글소설, 판소리, 탈춤, 민화 등의 서민문화가 발전하였고, 가장 두드러진 새 경향은 풍속화와 우리의 정서를 담은 글씨의 등장이었는데, 풍속화는 당시 사람들의 생활 정경과 일상적인 모습을 생동감 있게 나타내어 회화의 폭을 확대하였다.

⑤ 7세기 신라 선덕여왕 때 승려 자장은 황룡사 9층 목탑의 건립을 왕에게 건의하여 건립하였다(643).

오답 check

① 조선후기 홍길동전, 춘향전, 심청전 등의 한글 소설이 등장하였다.
② 조선후기 춘향가, 심청가, 흥보가, 적벽가, 수궁가 등의 판소리가 유행하였다.
③ 조선후기 청화백자가 유행하여 종류가 다양해 졌고, 안료도 청화, 철화, 진사 등으로 다채로웠다.
④ 조선후기에는 판소리, 탈춤, 산대놀이, 가면극, 민화 등의 서민 문화가 대두하였다.

26. 답 ③

출제자의 눈

사료를 통해 비변사의 변화에 대하여 알아본다.

자료 속 힌트 변방 방비, 6조의 업무

해설

(가) 비변사는 16C 여진과 왜구에 대비하기 위해 임시 기구로 설치하였으나 임진왜란 때 실질적 최고 기구로 변화하였다. 전란이 끝난 뒤에도 폐허의 복구와 사회 · 경제적 변동에 효율적으로 대처하고 붕당 간의 이해관계를 조정하기 위해 비변사의 구성과 기능은 그대로 유지되었다. 하지만, 비변사의 구성원이 3정승을 비롯한 고위 관원으로 확대되었고, 그 기능도 군사문제 뿐 아니라 외교·재정·사회·인사문제 등 거의 모든 정무를 총괄하였다.

참고 비변사 변천

시기	변화
중종	임시기구(1510. 삼포왜란)
명종	상설기구(1555. 을묘왜변)
선조	중요 핵심기구(1592. 임진왜란)
19C	최고 권력기구(세도정치기)
고종	비변사폐지(1865. 흥선대원군)

③ 흥선대원군은 비변사를 폐지하고 의정부와 삼군부의 기능을 부활시켜 각각 정치와 군사의 최고 기관으로 삼아 왕권을 강화하려 하였다.

오답 check

① 조선의 관보로써 최초의 신문인 한성순보(1883~1884)는 박영효 등 개화파의 영향으로 박문국에서 10일에 한 번 발행하였다.
② 발해는 정당성의 장관(대내상)이 국정을 총괄하였고, 그 아래의 좌사정과 우사정이 각각 충·인·의, 지·예·신 3부씩을 나누어 관할하는 이원적인 통치 체제를 구성하였다.
④ 홍문관은 사헌부, 사간원과 함께 조선시대 삼사라 불리었다.
⑤ 고려시대 도병마사와 식목도감은 중서문사성의 재신과 중추원의 추밀이 모여 구성하였던 국정관련 최고 임시회의 기구이다.

27. 답 ⑤

출제자의 눈

제시된 설명을 통해 승정원일기를 추론할 수 있다.

자료 속 힌트 조선 시대 국왕의 비서 기관, 왕명 출납

해설

승정원일기(국보 제303호)는 승정원에서 기록한 왕과 신하간의 문서와 국왕의 일과를 기록한 사서로 업무관련 기록이 일지 형식으로 작성되어 있다. 열람이 철저히 금지된 실록과 달리 승정원일기는 어떤 문제의 전례(前例)나 사실 여부를 참고하는 데 필수적으로 자주 이용되었기 때문에 국왕과 신료들이 열람할 수 있었다. 승정원일기는 임진왜란 때 소실되어 인조 이후 고종 때까지의 일기만 현존하고 있다. 승정원일기는 한국뿐 아니라 세계에서 가장 방대한 역사 기록의 하나로 풍부한 내용과 정확한 서술은 2001년 9월 유네스코 세계기록유산으로 등재됨으로써 그 가치를 확고히 인정받았다.

오답 check

① 일성록은 1760(영조36)년부터 1910년(순종4)까지 국왕의 동정과 국정을 매일 기록한 일기이다.
② 고종 때 흥선대원군은 통치체제의 정비를 위하여 이전 법전인 대전통편을 보완하여 대전회통을 편찬하였다.
③ 동국통감은 성종 때 서거정 등이 왕명으로 편찬한 역사서로써 고조선부터 고려 말까지의 역사를 편찬하였는데, 편년체로 만들어졌다(1485).
④ 동사강목은 고조선에서 고려 말까지의 역사를 안정복이 저술한 것으로 우리 역사의 독자적 정통론을 세워 이를 체계화하였다.

28. 답 ②

출제자의 눈

사료의 내용을 통하여 정조의 정책을 파악할 수 있다.

자료 속 힌트 사도세자의 무덤, 현륭원, 화성, 혜경궁 홍씨

해설

정조는 수원으로 사도세자의 묘를 옮기고, 거중기를 이용하여 화성을 축조하여 정치적·군사적 기능을 부여함과 동시에 상공인을 육성시켜 자신의 정치적 이상을 실현하는 상징적인 도시로 건설하고자 하였다.

참고 정조의 개혁정치

구분	내용
배경	왕의 권력과 정책 뒷받침, 시파·벽파의 갈등 경험 후 강한 탕평책 추진
개혁	영조 때의 척신·환관제거, 노론·소론의 일부와 남인계열 중용, 초계문신제, 규장각 설치, 장용영 설치, 화성 건립, 수령의 권한 대폭 증대, 서얼·노비 차별 완화, 신해통공

② 정조는 친위 부대인 장용영을 설치하여 왕권을 뒷받침하는 군사적 기반을 갖추었다.

오답 check

① 효종 때 청이 러시아 정벌을 요청하였고 변급(1654), 신유(1658) 등 2차례(효종 때) 조총부대를 출병시켜 승리 하였다(나선정벌).
③ 세종 때에는 김종서와 최윤덕을 보내 여진을 토벌하고 4군과 6진을 설치하여 압록강과 두만강을 경계로 하는 오늘날과 같은 국경선을 확정하였다.
④ 선조 때인 임진왜란의 휴전기간 중에 훈련도감을 설치하여 포수, 사수, 살수의 삼수병을 양성하였다.
⑤ 숙종 때에 금위영이 추가로 설치되어 17세기 말에 5군영 체제가 갖추어졌다.

29. 답 ①

출제자의 눈

세한도를 통해 추사 김정희를 확인할 수 있다.

해설

조선후기 (가) 김정희는 우리 서예 발전의 성과를 바탕으로 고금의 필법을 두루 연구하여 굳센 기운과 다양한 조형성을 가진 추사체를 창안하여 서예의 새로운 경지를 열었다. 또한, 김정희는 금석과안록을 지어 북한산비가 진흥왕순수비임을 밝혔고 세한도를 그려 한국 전통 회화를 발전시켰다.

오답 check

② 박지원은 양반전, 허생전, 호질 등을 저술하여 양반 문벌제도의 비생산성을 비판하였다.
③ 18세기 실학자 유득공은 발해고(1784)에서 최초로 남북국 시대를 주장하여 민족의 자주성을 높였다.
④ 고종 때 이제마는 동의수세보원에서 사람의 체질을 구분하여 치료하는 방법을 소개하였다.
⑤ 철종 때 김정호는 대동여지도를 제작하였다.

30. 답 ②

출제자의 눈 

자료 속 광성보, 어재연 등을 통해 신미양요를 파악할 수 있다.

자료 속 힌트 광성보, 어재연, 미국

해설

제너럴셔먼호 사건을 구실로 1871년 미국의 로저스 제독은 5척의 군함을 가지고 강화도를 공격하는 신미양요를 발발하였다. 당시 흥선대원군은 병인양요 이래 국방력을 더욱 강화하고 있는 상태였다. 미국 함대가 강화도에 침입하여 초지진, 덕진진 등을 점령하자 어재연 등이 이끄는 조선의 수비대가 광성보와 갑곶 등에서 이를 격퇴시켰다.

참고 신미양요(1871)

구분	내용
배경	병인양요 직전 제너럴셔먼호 사건(1866)을 구실로 로저스 제독의 미국 군함 5척이 강화도 공격
과정	미군의 강화도 침입, 초지진·덕진진 등 점령, 어재연의 조선 수비대가 광성보와 갑곶에서 격퇴
결과	미국은 수자기를 포함한 많은 문화재를 싣고 40여일 만에 퇴각

31. 답 ①

출제자의 눈 

군국기무처를 통하여 제1차 갑오개혁(1894.7~1894.12)을 파악할 수 있다.

자료 속 힌트 군국기무처, 개국, 과부 재가 허용

해설

동학농민운동이 발생한 후 경복궁을 불법적으로 장악한 일본은 1894년 6월 주한 공사 오토리 게이스케를 통하여 내정개혁안 5개조를 제시하고 이를 시한부로 시행할 것을 촉구하였다. 김홍집 내각은 개혁을 추진하기 위하여 초정부적 회의 기관인 군국기무처를 설치(1894.6)하고 자주적인 개혁을 추진하였다(제1차 갑오개혁).

참고 제1차 갑오개혁(1894. 7 ~ 1894. 12)

구분		내용
정치	업무 구분	왕실 사무(궁내부)와 국정(의정부)의 분리, 내각이 정치적 실권 소유(전제 왕권 제한)
	8아문	의정부 권한 집중, 6조를 8아문으로 변경
	연호 사용	청 연호 폐지, 조선의 개국기원 사용
	기타	경무청(근대적 경찰 사무) 설치, 과거 제도 폐지
경제	재정 일원화	탁지아문에서 국가의 모든 재정 사무 관장
	기타	은 본위 화폐제도, 조세의 금납제, 도량형 개정
사회	신분제 철폐	양반과 평민의 계급 타파, 공·사 노비 제도 폐지, 인신 매매 금지
	봉건제 타파	조혼 금지, 과부 개가 허용, 고문·연좌제 폐지

오답 check

② 인조 때 후금과의 항쟁 과정에서 국방력 강화를 위하여 어영청, 총융청, 수어청 등을 설치하였다.
③ 조선은 1881년 청에 영선사를 파견하였는데, 김윤식과 유학생들을 청국의 텐진에 유학시켜 근대 무기 제조법, 군사훈련법, 자연과학 등을 배우게 하였다.
④ 인조는 영정법을 시행하여 풍년이건 흉년이건 관계없이 전세를 토지 1결당 미곡 4두로 고정시켰다(1635).
⑤ 고종 때 흥선대원군은 종래 상민에게만 징수하던 군포를 양반에게도 징수하는 호포제를 실시하여 군정을 바로잡고 조세 부담을 공평히 하여 민생을 안정시키고자 노력하였다.

32. 답 ⑤

자료 속 힌트 광무 원년, 조칙, 국명이 변하여

해설

자료에서 광무 원년(대한제국, 1897), 국명이 변하여 등을 통하여 대한제국(1897~1910) 시기임을 파악할 수 있다. 고종은 대한제국을 선포(1897)하고 광무개혁(1899)을 시행하였다.

참고 광무개혁

구분	내용
정치	대한국 국제 반포(1899), 전제 군주 체제 강화, 23부 → 13도, 중추원(황제 자문기구) 설정
경제	양지아문(1898)·지계아문(1901) 설치, 지계(地契) 발급, 근대적 공장과 회사 설립, 신식 화폐 발행 장정(1901) 제정, 금 본위제(백동화 발행), 도량형 통일
사회	실업학교 및 기술 교육 기관 설립, 근대 시설 확충, 고등 재판소를 평리원(平理院)으로 개칭, 순회 재판소 설치
군사	원수부 설치(황제가 육·해군 통솔), 서울의 시위대와 지방의 진위대 군사 수 증강, 무관학교 설립
외교	북간도에 이범윤을 간도 관리사(북변도관리)로 파견(1902), 울릉도를 울릉군으로 승격, 독도를 관할 구역에 포함

⑤ 조선의 민씨 정부는 개화 정책의 일환으로 근대 문물을 수입하기 위하여 개화 추진담당기구인 통리기무아문을 1880년에 설치하였다.

33. 답 ①

출제자의 눈
애국계몽운동 단체인 신민회(1907~1911)의 활동을 알아본다.

자료 속 힌트 안창호, 이승훈, 오산학교, 태극서관

해설

자료의 내용을 통해 1907년에 창설된 신민회를 파악할 수 있다.

참고 신민회의 활동(1907 ~ 1911)

구분	내용
성립	안창호, 양기탁 등이 중심, 민족 운동가들의 항일 비밀 결사
목표	국권 회복과 공화 정체의 근대 국민 국가 건설
국내 활동	공개적으로 실력 양성 운동 전개 → 민족주의 교육 실시(대성학교:평양, 오산학교:정주 설립), 민족 산업 육성(자기 회사, 태극 서관 설립)
국외 활동	장기적인 항일 투쟁을 위해 독립 운동 기지 건설(남만주의 삼원보), 신흥 강습소 설립
해산	105인 사건(1911)

① 일제가 날조한 데라우치 총독 암살미수사건에 연루되어 이른바 105인 사건으로 신민회가 해산되었다(1911).

오답 check

② 근우회(1927)는 여성계의 민족유일당으로 여성 노동자의 권익 옹호와 새 생활 개선을 내세우며 조직하였고, 기관지 근우를 발간하였다.
③ 조선어학회(1931~1942)는 한글 교육에 힘써 한글 교재를 출판하였으며, 한글 맞춤법 통일안과 표준어를 제정하고 한글의 연구와 보급에 크게 기여하였다. 이윤재, 한징 등이 참여하였다.
④ 신채호는 김원봉의 요청을 받아 의열단 행동 강령인 조선혁명선언을 작성하였다(1923).
⑤ 일본의 황무지 개간권 요구에 대항하여 보안회(1904)를 조직하여 활동하였고 일본의 요구를 철회시켰다.

34. 답 ②

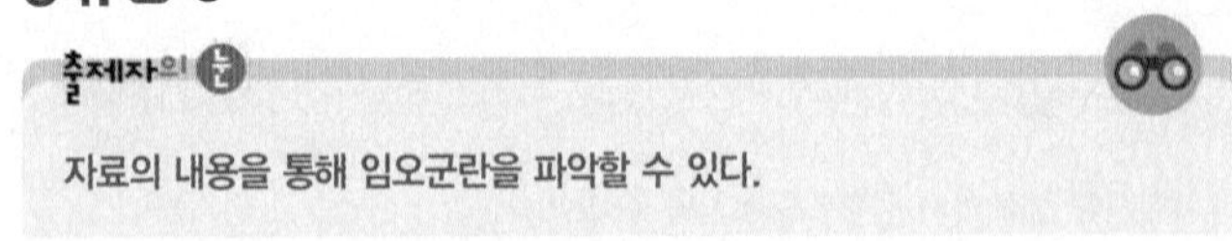

자료 속 힌트 구식 군인들의 소요, 별기군의 일본인 교관 살해, 일본 공사관 습격

해설

임오군란은 민씨 정권이 일본인 군사 고문을 초빙하여 훈련과 교육을 시킨 별기군(신식 군대)을 우대하고, 구식 군대를 차별 대우한 데 대한 불만에서 폭발한 것이다(1882).

② 임오군란(1882)의 결과 조선은 일본과 제물포 조약을 체결하여 일본 정부에 배상금을 물고, 일본 공사관의 경비병 주둔을 인정하였다.

참고 임오군란 이후 체결된 조약

대상	조약	내용
일본	제물포 조약	일본정부에 배상금 지불, 일본 공사관의 경비병 주둔
	수호조규 속약	일본인에 대한 거류지 제한이 50리로 확대
청	상민수륙 무역장정	청 상인의 통상 특권 허용, 청과 일본 양국 상인 간의 경쟁적 경제 침탈이 심화되는 계기
	고문파견	마젠창(내정), 묄렌도르프(외교), 위안스카이(군사) 고문 파견

오답 check

① 김옥균, 박영효 등은 일본의 메이지 유신을 본받아 급진적 개혁을 추진하였는데, 우정국 개국 축하연을 이용한 갑신정변(1884)으로 표출되었다.
③ 1920년대 물산장려운동은 평양에서 시작되어 서울을 거쳐 전국으로 확산되었다.
④ 프랑스는 병인박해의 구실로 병인양요(1866)를 일으켰는데, 이 시기에 프랑스 군인들이 강화도의 외규장각 문화재를 비롯하여 서적과 병기들을 약탈하여 갔다.
⑤ 순조 때 홍경래의 난은 세도 정치의 폐해와 서북민에 대한 차별 대우 등이 원인이 되어 봉기하였다(1811).

35. 답 ⑤

출제자의 눈

개항부터 국권피탈까지의 내용을 통해 19세기 말 신문물 수용의 상황을 유추할 수 있다.

자료 속 힌트 개항부터 국권 피탈까지 신문물

해설

⑤ 1920년대 일제는 민립대학설립운동을 방해할 목적으로 경성제국대학을 설립하였다(1924).

오답 check

① 서울과 인천을 잇는 최초의 철도인 경인선은 1897년 인천에서 공사를 시작하여 1899년에는 제물포와 노량진 사이가 개통되었고, 1900년에는 노량진과 서울 사이가 차례로 완공됨으로써, 서울과 인천 사이의 전구간이 개통되었다.
② 광혜원은 우리나라 최초의 근대식 병원으로 알렌과 조선 정부와의 공동 출자로 1885년 2월 개원하였으나 설립 직후인 1885년 3월에 제중원으로 개칭하였다.
③ 명동성당은 1887에 건축을 시작하여 1898에 완공한 고딕양식의 건물이며, 프랑스 신부 코스트와 주교 블랑에 의해 건축되었다.
④ 한성전기회사는 1898년 1월 설립한 한국 최초의 전기회사로 1909년까지 존속하였다.

36. 답 ⑤

출제자의 눈

고부봉기와 전봉준을 통하여 동학농민운동을 파악할 수 있다.

해설

자료는 동학농민운동의 전개 과정을 나타낸 것이다.
첫 번째 그림은 고부 농민봉기의 내용이다(1894.1). 고부군수 조병갑의 횡포에 항거하여 전봉준이 1천여 명의 농민군을 이끌고 봉기하여 관아를 습격해 군수를 내쫓고 아전들을 징벌한 뒤 곡식을 농민들에게 나눠 주었다.
두 번째 그림은 전봉준의 체포 장면이다(1894.12). 동학농민군은 공주 우금치 전투(1894.11)에서 조일연합군에게 패배하였고 전봉준, 손화중, 김개남 등의 지도부와 농민군들이 체포되어 처형되면서 동학농민운동이 좌절되었다.
⑤ 삼례집회(1892.11)는 교조신원과 동학 탄압 중지를 요구하였으나 전라 감사의 거부로 실패하였다.

오답 check

① 동학농민군과 정부는 전주화약을 체결하였다(1894.5.8.).
② 외세를 몰아낼 목적으로 전봉준의 남접 부대와 손병희·최시형의 북접 부대가 연합하여 논산에 집결한 후 영동과 옥천을 거쳐 공주로 진격하였으나 공주 우금치 전투에서 조일연합군에게 패배하였다(1894.11).
③ 동학농민군은 고부와 태인에서 봉기하여 황토현에서 관군을 격파하였다(1894.4).
④ 집강소는 동학농민운동 때 폐정 개혁을 위한 농민들의 자치 기구로 1894년 5월에 설치하였다.

37. 답 ①

출제자의 눈

민족혁명당이 조직한 부대인 조선의용대를 학습하여야 한다.

자료 속 힌트 조선민족전선 연맹, 일부는 화북지방으로 이동

해설

(가) 조선의용대는 중·일 전쟁 직후 중국 국민당 정부의 도움을 받아, 조선 민족 혁명당의 김원봉이 한커우에서 결성하였다(1938). 중국 국민당 정부군과 협력하여 정보 수립·교란·선전 등의 다양한 활동을 전개하였고, 중국군과 함께 항일 전쟁에 참가하는 등 활발한 활동을 전개하였다.

참고 조선의용대(1938)

구분	내용
결성	조선민족혁명당(김원봉)이 중 · 일 전쟁 직후 조직, 중국국민당 정부군과 항일전쟁 전개
활동	정보 수집 및 후방 교란 등 중국군 작전을 보조하는 부대로 중국 여러 지역에서 항일 투쟁
변화	충칭에 남은 조선의용대와 지도부는 임시 정부의 한국광복군에 합류(1942), 지도부를 제외한 대부분 세력이 중국공산당이 활동하는 화북 지방으로 이동(조선의용대 화북지대 결성)

오답 check

② 양세봉을 총사령관으로 조직한 조선혁명군(1929)은 국민부 산하 부대로 남만주 일대에서 중국 의용군과 연합 작전을 전개하여 영릉가 전투(1932) 및 흥경성 전투(1933) 등에서 승리하였다.
③ 혁신의회 계열의 한국독립군은 북만주 일대에서 중국호로군과 연합 작전을 전개하여 쌍성보(1932)· 대전자령 전투(1933) 등을 전개하였다.

한 · 중 연합작전(1930년대 전반)

한국독립당(한국독립군) + 중국 호로군 ⇒ 쌍성보 전투(1932), 대전자령 전투(1933)
조선혁명당(조선혁명군) + 중국 의용군 ⇒ 영릉가 전투(1932), 흥경성 전투(1933)

④ 동북항일연군은 일제에 반대하는 사람은 사상이나 노선, 민족에 관계없이 단결하자는 주장에 따라 1936년 편성된 사회주의계 무장 단체다.
⑤ 박용만은 하와이에서 대조선국민군단을 조직(1914)하여 군사훈련을 실시하였다.

38. 답 ②

출제자의 눈

자료의 청사 사진을 통해 대한민국 임시정부의 활동임을 확인할 수 있다.

자료 속 힌트 3·1운동을 계기로 상하이에서 수립

해설

1919년 3·1운동 이후 독립운동의 구심점 역할을 수행할 지도부의 필요성을 절감하였기에 상하이에 (가) 대한민국 임시정부를 수립하였다. 대한민국 임시정부는 연통제와 교통국을 설치하여 군자금을 모집하였고, 애국공채(독립공채)를 발행하였으며, 파리강화회의에 외교총장으로 김규식을 파견하여 외교적인 노력을 강화하였다. 또한, 사료집을 간행하였고, 미국에 구미위원부도 설치하였다.

오답 check

ㄴ. 남만주의 삼원보에 이회영, 이시영 등의 신민회 및 대종교 인사가 중심이 되어 경학사(1911)를 설립하였다.
ㄹ. 독립협회는 만민공동회와 관민공동회를 개최하여 헌의6조를 결의하였고, 여러 단체, 정부관료, 학생 및 시민들이 참가하여 국권수호, 인권보장, 국정개혁을 주장하는 등의 의회설립운동을 전개하였다.

39. 답 ③

출제자의 눈

일제강점기 활동한 내용을 통해 이육사를 파악할 수 있다.

자료 속 힌트 청포도

해설

이육사(이원록)는 항일운동가로서 1925년에 대구에서 의열단에 가입하였고, 1927년에 조선은행 대구지점 폭파사건, 1929년 광주학생항일운동 등에 연루되어 모두 17차례에 걸쳐서 옥고를 치렀으며, 계속된 항일 독립운동으로 인하여 체포되어 1944년 북경 감옥에서 생을 마쳤다. 황혼, 청포도, 절정, 광야, 꽃 등의 작품을 남겼고, 잡지 문장(1939~1941)을 창간하였다.

오답 check

① 김유정은 봄봄, 금 따는 콩밭, 동백꽃 등의 30편에 가까운 작품을 발표했다.
② 나운규는 영화 아리랑을 제작하여 1926년 단성사에서 개봉하였다.
④ 이중섭(1916~1956)은 민족정서를 대변하는 '소' 등의 작품을 제작하여 독특한 문화를 이루었다.
⑤ 한용운은 조선불교유신론에서 미신적 요소의 배격을 통해 불교의 쇄신을 주장하여 불교의 자주성 회복과 근대화를 위한 운동을 추진하였으며, 한국 불교를 일본 불교에 예속시키려는 총독부 정책(사찰령.1911)에 맞서 조선불교유신회를 조직(1921)하여 민족종교의 전통을 지키려고 노력하였다. 또한, 님의 침묵을 통하여 한민족에게 자주독립의 신념을 고취시켜 주었다.

40. 답 ③

출제자의 눈 

일제강점기 백정들의 차별 내용을 통하여 조선형평사의 활동을 유추할 수 있다.

자료 속 힌트 조선, 백정의 칭호가 없어지고

해설

백정들은 진주에서 이학찬을 중심으로 조선 형평사를 창립하고(1923), 평등한 대우를 요구하는 형평운동을 전개하였으며, 1928년의 형평 운동은 신분 해방 운동을 넘어서 민족 해방 운동의 성격까지 내포하게 되었다.

참고 형평운동(1920년대)

구분	내용
배경	백정들의 사회적 신분 차별(호적 기록, 붉은 점을 찍어 차별, 보통학교 입학 통지서에 신분 기재)
활동	이학찬 중심, 조선 형평사 창립(1923. 진주)
변화	1928년 신분 해방 운동을 넘어 민족 해방 운동의 성격

③ 백정들은 진주에서 이학찬을 중심으로 조선형평사를 창립하고 형평운동을 전개하였다(1923).

오답 check

① 통감부는 1906년부터 1910년까지 존속하였다. 당시는 총독부의 탄압이 있었다.
② 영국인 베델과 양기탁이 설립한 대한매일신보는 1904년부터 1910년까지 활동한 민족언론사였다.
④ 물산장려운동은 '내 살림 내 것으로', '조선 사람 조선 것' 등의 구호를 통해 1920년대 실력 양성 운동의 일환으로 전개된 운동이었다.
⑤ 러시아가 절영도의 조차를 요구하자 독립협회는 만민공동회를 배경으로 구국 운동 상소운동(1898)을 전개하여 러시아의 요구를 좌절시켰다.

41. 답 ③

출제자의 눈 

미주, 하와이 등의 내용을 통해 해외 이주 동포들의 생활을 짐작할 수 있다.

자료 속 힌트 박용만, 사탕수수 농장 노동자, 대한인 국민회

해설

자료의 (가)는 미주를 나타내고 있다. 한국인들이 미주 및 하와이로 이주하게 된 것은 주로 고국에서의 경제적 어려움 때문이었다. 일제에 의하여 하와이 이민이 금지된 1905년 말까지 7,000여 명이 하와이로 이주하여 가혹한 노동에 시달렸다. 이들은 사탕수수 농장에서 일하면서 대한민국 임시정부의 재정을 지원하기도 하였다.

③ 이승만은 미국 워싱턴 DC.에 구미위원부를 설치하였는데 대한민국 임시정부의 외교 사무소로써 미국이나 유럽을 중심으로 한국의 독립 문제를 국제 여론화하는 네 노력하였다(1919).

오답 check

① 서전서숙은 이상설이 북간도에 설립하였다(1906).
② 대종교는 만주에서 중광단(1911)이라는 단체를 만들어 독립운동을 전개하였으며, 이후 북로군정서(1919. 김좌진)로 개칭하여 더욱 조직화하였다.
④ 홍범도의 대한독립군은 1919년 북간도에서 조직되었다.
⑤ 일본에 유학 중이던 학생들이 조선 청년독립단을 조직하여 도쿄에서 2월 8일 독립선언서와 결의문을 발표하고 만세운동을 전개하였다(2·8독립선언, 1919).

42. 답 ④

출제자의 눈 

일제의 헌병 조례를 통하여 1910년대 일제의 무단 통치를 파악할 수 있다.

자료 속 힌트 주차(駐箚) 헌병, 경찰을 관장, 군사 경찰, 경찰관의 직무를 집행

해설

자료는 일제가 제정한 조선 주차(주재) 헌병 조례(1910.9)의 내용이다. 일제의 강압적인 헌병무단통치 시기에는 정식 재판 없이 즉결심판이 가능하였고 비밀리에 태형을 집행하였으며, 교원들은 제복을 입고 칼을 차고 수업하였다.

참고 1910년대 일제의 헌병무단통치

구분	내용
정치	총독이 행정, 입법, 사법, 군통수권 등 전권 장악, 헌병 경찰제, 태형·즉결 심판권, 언론 집회의 자유 박탈, 관리·교사들도 제복과 착검
경제	토지조사사업을 통한 토지 약탈, 회사령(허가제)을 통한 민족기업 성장 억제, 산업 각 부분에 대한 침탈 체제 구축
교육	일본어 학습. 조선어 수업 축소. 중등교육제한. 역사 지리 교육 금지

④ 일제는 1910년대에 토지조사령(1912)을 발표하여 토지조사사업을 실시하였고 우리 민족의 토지를 약탈하였다.

오답 check

① 1930년대 후반부터 일제는 양곡공출제, 식량배급제, 금속공출제 등으로 군량미와 무기원료를 수탈하였다.
② 일제는 1938년 국가총동원령을 제정하여 전쟁 수행에 필요한 인적, 물적 자원을 총동원하는 것은 물론 한민족의 생존과 문화까지 말살하려 하였다.
③ 일제는 1934년 남면북양 정책을 추진하여 우리민족을 수탈하였다.
⑤ 일제는 여자정신대 근로령(1944)을 시행하여 인적 수탈을 자행하였다.

43. 답 ④

출제자의 눈 

박재혁, 김익상, 나석주 등의 의사를 통하여 의열단의 활동을 파악할 수 있다.

해설

의열단은 김원봉이 만주 길림에서 비밀 결사로 조직(1919)하였다. 이들은 신채호의 조선혁명선언(1923)을 행동강령으로 삼고, 조선총독부·경찰서·동양척식주식회사 등 식민지배 기구의 파괴 및 조선총독부 고위관리와 친일파처단을 목표로 1920년대 활발한 독립운동을 전개하였다.

참고 의열단(1919)

구분	내용
결성	만주 지린성(길림), 김원봉, 비밀 결사
목표	조선총독부·경찰서·동양척식주식회사 등 식민 기구의 파괴, 조선총독부 고위관리와 친일파 처단
강령	신채호의 조선혁명선언(1923)
변화	일부 단원은 황푸군관학교 입학(군사·정치 훈련), 중국 국민당정부의 지원 아래 조선혁명간부학교(1932)를 세워 운영, 민족혁명당 결성(1935), 조선민족전선연맹 결성(1937)

오답 check

① 서상돈·김광제 등이 대구에서 시작한 국채보상운동(1907)은 전국으로 확산되는데, 대한매일신보·황성신문·제국신문 등의 언론기관도 동참하였다.
② 만세보(1906~1907)는 여성교육과 여권 신장에 관심을 기울였고 일진회를 공격했던 천도교계 신문이었다.
③ 독립의군부는 유생 의병장 출신의 임병찬이 고종의 밀명을 받아 유생과 의병을 규합하여 조직하였다(1912).
⑤ 상해의 신한청년당(1918)은 김규식을 파리강화회의에 민족대표로 파견하여 한국인의 독립열의를 국제사회에 전달하였다(1919.2).

44. 답 ⑤

출제자의 눈

자료를 분석하여 독립운동가 안중근을 파악할 수 있다.

자료 속 힌트 2월 14일, 하얼빈, 이토 히로부미를 사살

해설

간도와 연해주에서 의병으로 활약하던 안중근은 만주 하얼빈 역에서 한국 침략의 원흉인 초대 통감 이토 히로부미를 처단하였다(1909). 이토 히로부미는 을사늑약 이후 통감통치를 추진해 왔다.

동양평화론

안중근의 동양평화론은 1909년 사형선고를 받은 후 옥중에서 쓴 동양의 평화 실현을 위한 미완성의 논책이다. 러일 전쟁에서 승리한 일본이 한국에 을사늑약을 강요하는 등의 조치를 보고, 동양 평화를 위한 일본과의 의로운 싸움을 하얼빈에서 개시했다고 하였다. 이는 이토 히로부미를 처단하겠다는 것이다. 1910년 3월 26일, 안중근에 대한 사형이 집행되었다.

45. 답 ⑤

출제자의 눈

자료를 분석하여 건국준비위원회를 도출한 후 활동 사항을 파악한다.

자료 속 힌트 독립국가의 건설을 기함, 민주주의 정권, 일시적 과도기

해설

자료는 조선건국준비위원회(1945.8.15)의 강령을 나타낸 것이다. 건국준비위원회는 친일 세력을 제외한 좌우익을 망라하여 조직한 광복 당시 최초의 정치 단체로 여운형(중도 좌파)이 조선건국동맹을 모체로 안재홍(중도 우파)등과 함께 발족하였고, 본격적인 건국 작업에 착수하였다.

참고 조선 건국 준비 위원회 (1945.8.15)

구분	내용
조직	친일 세력을 제외한 여운형(중도 좌파)과 안재홍(중도 우파)이 발족
강령	자주독립 국가 건설, 민주주의 정권 수립, 자주적 국내 질서 유지를 통한 대중 생활의 확보
활동	치안대를 설치하고 북한 지역을 포함하여 전국에 145개의 지부를 조직

오답 check

① 손진태는 왜곡된 한국사 연구에 반발하여 진단학회(1934)를 조직하였고 진단학보를 발행하는 등 한국사 연구에 힘썼다.
② 1930년대 초반 동아일보가 추진한 농촌계몽운동인 브나로드 운동이 전개되었다(1931~1934).
③ 1946년 김규식(중도우파)과 여운형(중도좌파)은 좌우합작위원회를 결성(1946.7)하여 합작운동을 추진하였고, 좌우합작7원칙을 발표하였다(1946.10).
④ 모스크바 3국 외상회의(1945.12)를 진행한 결과가 국내에 전해지자 김구는 신탁통치 반대 국민총동원위원회를 결성하였고, 이승만은 대한독립촉성국민회를 결성하는 등 우익 세력을 중심으로 전국적으로 신탁통치 반대운동이 치열하게 전개 되었다.

46. 답 ④

출제자의 눈

제3공화국부터 제6공화국까지의 발전 과정을 살펴볼 수 있다.

해설

(가) 제3공화국(1965~1972), 박정희 정부
(나) 제4공화국(1972~1979, 유신체제), 박정희 정부
(다) 제5·6공화국(1979~1991), 전두환 정부 ~ 노태우 정부
(라) 제6공화국(1991~2002), 노태우 정부 ~ 김대중 정부
ㄴ. 박정희 정부 때 수출 100억 달러를 달성하였다(1977).
ㄹ. 1996년 김영삼 정부는 경제 협력 개발기구(OECD)에 가입하였다.

오답 check

ㄱ. 김영삼 정부는 투명한 금융거래를 위해 금융 실명제를 시행하였다(1993). (라) 시기에 해당한다.
ㄷ. 1950년대 후반 이승만 정부는 미국의 무상원조로 밀, 면, 설탕을 공급받아 제분공업·제당공업·섬유공업 등 삼백 산업을 성장시켰다. (가) 이전 시기에 해당한다.

47. 답 ②

출제자의 눈

7·4 남북공동성명을 통해 박정희 정부의 통일 정책을 학습할 수 있다.

자료 속 힌트 자주, 평화, 민족 대단결

해설

1972년 7월 4일 오전 10시에 남북이 공동으로 발표한 7·4 남북 공동 성명은 자주·평화·민족적 대단결이라는 통일 원칙에 합의한다는 것으로 이를 실천하기 위해 남북조절 위원회를 설치하였다.
② 남북 조절 위원회는 1972년 7·4 남북 공동 성명을 실천하기 위해 박정희 정부에서 설치하였다.

오답 check

① 개성공단 조성은 2000년 남북이 합의하여 2002년에 착공되었다(김대중 정부).
③ 김영삼 정부는 3단계 통일 방안으로 자주, 평화, 민주의 3대 원칙과 화해 협력, 남북 연합, 통일 국가 완성의 3단계 통일 방안을 발표하였다(민족 공동체 통일 방안, 1994).
④ 노태우 정부는 한반도의 비핵화에 관한 공동선언(1991.12.31)을 발표하였다.
⑤ 전두환 정부 때 남북 이산가족 고향 방문단 및 예술 공연단의 교환 방문이 최초로 성사되었다(1985).

48. 답 ⑤

출제자의 눈 

자료를 통해 현대사회의 민주화 운동의 흐름을 파악할 수 있다.

해설

(가) 5·18 광주 민주화운동. 1980년 전두환의 신군부는 비상계엄을 전국으로 확대하였고(5.17), 광주 지역에서는 비상계엄 철회 및 민주화를 열망하는 시민들의 요구가 5·18 민주화 운동으로 이어졌다(1980).

(나) 6월 민주항쟁. 박종철 고문치사사건을 계기로 1987년 6월 민주항쟁이 전개되었는데 이로 인하여 5년 단임의 대통령 직선제를 골자로 한 개헌이 이루어졌다(1987.10).

(다) 4·19 혁명. 1960년 3·15 부정 선거에 항의하는 시위가 확대되어 4.19혁명이 전개되었다. 이후 사태 수습을 위해 허정을 내각 수반으로 하는 과도정부가 구성되었다(1960.4~1960.8).

49. 답 ④

출제자의 눈 

자료를 통하여 부산 지역의 역사를 알아 볼 수 있다.

자료 속 힌트 왜관, 최초로 설치된 개항장, 임시 수도

해설

자료에서 설명하고 있는 지역은 (라) 부산과 관련이 있다.

참고 부산의 역사

구분	내용
선사	부산 동삼동 조개더미(신석기)
조선	조선 시대 무역항, 임진왜란(정발의 부산진 항전), 동래(對일본 무역항)
근대	우리나라 최초의 개항(부산, 1876)
일제강점	백산상회(독립자금), 박재혁(부산 경찰서에 폭탄 투척, 1920)
현대	한국 전쟁 당시 임시수도, 자유당 조직(1951), 부·마 항쟁(1979)

50. 답 ④

출제자의 눈 

사진 자료를 통하여 노태우 정부(1988~1993)임을 확인할 수 있다.

해설

자료는 제24회 서울 올림픽(1988), 남북한 유엔 동시 가입(1991)과 관련한 사진으로 노태우 정부에서 추진한 사실들이다.

참고 노태우 정부(1988~1993)

구분	내용
집권	여소야대 정국 → 거대 여당(민주정의당, 통일민주당, 신민주공화당의 3당 합당) 창당
정책	5공 비리 특별위원회 개설(제5공화국 비리·광주 민주화운동의 진실 규명), 전국민 의료보험 실시(1989)
외교	제24회 서울 올림픽 개최(1988), 남북한 UN 동시 가입(1991), 남북기본합의서 체결(1991), 한반도 비핵화 공동선언, 북방외교[소련(1990)·중국(1992) 등과 외교 관계 수립]

④ 1988년 노태우 정부는 서울 올림픽 개최를 기점으로 북방외교를 추진하여 소련(1990), 중국(1992) 등과 수교하였다.

오답 check

① 이승만 정부 당시 제정된 농지개혁법(1949)은 재정상의 문제로 1950년에 실시되었다.

② 박정희 정부는 베트남에 약 5만 5천여 명을 파병하였다(1964~1973).

③ 제1차 남북정상회담은 2000년 김대중 정부에서, 제2차 남북정상회담은 2007년 노무현 정부에서 추진하였다.

⑤ 2007년 4월 노무현 정부는 대한민국과 미국 간 한미 자유 무역협정(FTA)을 체결하였다.

한국사능력검정시험

33회 중급

정확하고 자세한 **정답 및 해설**

01. ③	02. ④	03. ⑤	04. ⑤	05. ⑤
06. ②	07. ①	08. ④	09. ①	10. ③
11. ②	12. ⑤	13. ②	14. ①	15. ④
16. ②	17. ④	18. ①	19. ③	20. ①
21. ③	22. ②	23. ①	24. ④	25. ①
26. ④	27. ⑤	28. ②	29. ③	30. ④
31. ③	32. ②	33. ②	34. ①	35. ⑤
36. ②	37. ③	38. ⑤	39. ③	40. ⑤
41. ②	42. ①	43. ③	44. ③	45. ⑤
46. ②	47. ⑤	48. ③	49. ③	50. ④

01. 답 ③

자료 속 가락바퀴를 통하여 신석기 시대를 파악할 수 있다.

자료 속 힌트 실을 뽑았던 도구

해설

자료에서 나타내고 있는 유물은 가락바퀴이다. 신석기 시대에는 가락바퀴와 뼈바늘을 사용하여 의복과 그물을 제작하는 등의 원시적 수공업이 발달하였다. 신석기인들은 조, 피, 수수 등의 농경을 시작하여 바닷가나 강가에 움집을 짓고 거주생활을 하였다.

③ 신석기 시대에는 진흙으로 그릇을 빚어 불에 구워서 만든 빗살무늬를 입힌 토기를 사용하여 음식물을 조리하거나 저장하였다.

오답 check

① 청동기 시대에는 거친무늬 거울 등을 만들어 사용하였다.
② 구석기 시대 초기에 동굴이나 바위 그늘, 후기에는 막집에 일시적으로 거주하였다.
④ 철기 시대에 들어서 철제 농기구를 이용한 농경이 발달하였다.
⑤ 후기 청동기·초기 철기 시대에 거푸집을 사용하여 우리 민족의 독자적인 청동기 문화를 만들었다.

02. 답 ④

출제자의 눈

책화 제도를 통하여 연맹국가 단계의 동예를 도출할 수 있다.

자료 속 힌트 읍군, 삼로, 책화

해설

동예는 매년 10월에 무천이라는 제천행사를 성대하게 열었고 족외혼이 엄격하게 이루어 졌으며 부족적 성격이 강하였기 때문에 부족의 영역을 침범하지 못하게 하는 책화라는 제도가 있었다. 또한, 어물과 소금 등의 해산물이 풍부하였고 토지가 비옥하여 농경이 발달하였으며, 명주와 삼베 짜는 방직 기술이 매우 발달하였다.

④ 동예의 특산품으로는 단궁이라는 활과 과하마, 그리고 바다표범의 가죽인 반어피가 특히 유명하였다.

오답 check

① 부여에서는 수렵사회의 전통을 보여주는 영고라는 제천행사가 있는데 12월에 열렸다.
② 부여는 왕 아래에 가축의 이름을 딴 마가, 우가, 저가, 구가를 두었고, 각 가들은 저마다의 행정 구획인 사출도를 다스리고 있었다.
③ 고구려는 중대한 범죄자는 제가회의를 통하여 사형에 처하고 그 가족을 노비로 삼기도 하였다.
⑤ 삼한은 제정분리 사회였기 때문에 제사장인 천군이 신성시 되는 소도를 따로 지배하였고 소도에는 군장세력이 미치지 못하였다.

참고 연맹국가의 특징

국가	특징
부여	5부족 연맹체(사출도), 영고(12월), 우제점법, 순장, 1책12법, 연좌제, 반농반목
고구려	5부족 연맹체, 동맹(10월, 국동대혈), 약탈 경제, 서옥제, 제가회의
동예	군장국가(읍군·삼로), 무천(10월), 책화, 족외혼, 해산물 풍부, 토지 비옥, 방직기술 발달, 특산품(단궁·과하마·반어피)
삼한	신지·견지(大족장), 읍차·부례(小족장), 5월·10월 계절제, 제정분리, 천군(제사장)이 소도 지배, 벼농사 중심, 변한의 철(화폐처럼 사용, 낙랑·왜 수출), 반움집

03. 답 ⑤

출제자의 눈

백제왕의 업적을 통하여 백제의 시대를 구분할 수 있다.

자료 속 힌트 사비로 천도, 불교, 고국원왕을 전사

해설

(가) 6세기 백제 성왕은 대외 진출이 수월한 사비(부여)로 천도하고 국호를 남부여로 개칭하였다(538).
(나) 4C 침류왕은 동진의 마라난타를 통하여 불교를 수용한 후 공인하였다(384).
(다) 4세기 백제 근초고왕은 황해도 지역을 놓고 고구려와 대결하였는데 평양성까지 진격하여 고구려 고국원왕을 전사시켰다(371).

참고 백제의 시대구분

위례성(한성) 시대					웅진성 시대			사비성 시대
고이왕	근초고왕	침류왕	비유왕	개로왕	문주왕	동성왕	무령왕	성왕
3C	4C		5C				6C	

04. 답 ⑤

출제자의 눈 

당과의 전투 장면을 통해 연개소문을 파악할 수 있다.

자료 속 힌트 영류왕을 제거, 대막리지

해설

고구려 (가) 연개소문은 정변을 일으켜 영류왕을 제거한 뒤 보장왕을 옹립하고 정권을 장악하여 당에 대하여 강경책을 추진하였다. 결국 644년 당태종은 고구려 정벌을 선포하였고, 당 태종은 직접 대군을 이끌고 고구려를 침략하였다. 고구려는 요동성, 개모성, 비사성이 정복당하는 등 어려움을 겪었으나, 곧 양만춘은 안시성에서의 전투를 승리로 이끌며(645) 당군을 물리쳤다.

⑤ 살수대첩 이후 고구려는 천리장성을 축조하기 시작하였다.

고구려의 천리장성

고구려의 천리장성은 당의 침략에 대비하여 영류왕 때에 건립하기 시작하여 보장왕 때 완공되었다(631~647). 북쪽으로는 부여성(농안)에서 남쪽으로는 비사성(대련)까지 이르는 성곽을 쌓았는데 연개소문은 천리장성의 축조를 감독하면서 요동 지방의 군사력을 장악하여 정권을 잡을 수 있었다.

오답 check

① 고려 성종 때 서희는 외교 담판으로 거란과 교류를 약속하고, 고려가 고구려의 후예임을 인정받음과 동시에 압록강 동쪽의 강동 6주를 획득하였다(994).

② 고려 예종 때 윤관은 별무반을 이끌고 여진을 정벌하여 동북 9성을 쌓았다(1107).

③ 발해의 무왕은 장문휴의 수군으로 하여금 당의 요서지방과 산둥반도에 위치한 등주(덩저우)를 공격하게 하였다.

④ 7세기 백제 의자왕은 고구려 군사와 연합해 신라의 교통 요충지인 당항성을 공격하였고, 이후 대야성 등을 공격하여 40여개의 성을 빼앗았다(642).

05. 답 ⑤

출제자의 눈 

사진과 설명을 통해 신라장적 민정문서임을 파악할 수 있다.

자료 속 힌트 통일신라, 일본 도다이사(東大寺), 4개 촌락

해설

제시된 자료는 신라 민정문서로 사람의 다소에 따라 9등급, 연령과 성별에 따라 6등급으로 나누어 기록하였다.

참고 민정문서

구분	내용
발견	1933년 일본 도다이사 쇼소인, 통일신라 서원경(청주)의 4개 촌 장적 발견
작성	지역 촌주가 매년 변동 사항을 조사하고, 3년마다 작성
내용	촌락의 토지 크기, 인구 수, 소와 말의 수, 토산물 등을 파악하는 문서 작성, 사람의 다소에 따라 9등급, 연령과 성별에 따라 6등급으로 구분.
목적	국가의 조세, 공물, 부역 징수를 위한 자료로 활용

오답 check

① 대한제국은 광무개혁의 일환으로 지계아문(1901)을 통해 양전사업을 실시하여 최초의 토지 소유권 증명서인 지계(地契)를 발급하였다.

② 조선시대 문과(대과)와 무과에 합격자는 홍패라는 합격 증서를 수여받았고 잡과에 합격한 자는 백패를 수여받았다.

③ 조선후기 정부가 재정확보를 위하여 공명첩 발급을 시행하게 되어 양반을 사고파는 등의 신분변동이 활발해졌다.

④ 조선후기 양반들은 서원 및 향교에 출입하는 명단인 청금록 등을 작성하여 자신들만의 특정한 가문 위치를 설정하는 등 향촌 자치기구에 주도권을 장악하는 데 힘을 쏟았다.

06. 답 ②

출제자의 눈 

감은사와 만파식적 등의 내용을 통하여 통일신라 신문왕을 파악할 수 있다.

자료 속 힌트 아버지 문무왕, 감은사, 만파식적

해설

감은사지 3층탑을 통해 신문왕 이후인 통일신라임을 알아낼 수 있다. 감은사는 신라 중대였던 (가) 신문왕 때에 창건(682)되었다. 또한, 만파식적은 삼국유사에 수록된 것으로 신문왕의 왕권강화를 나타내는 것이다.

참고 신문왕의 정책

목적	내용
왕권 강화	귀족 세력 숙청(김흠돌의 난), 관료전 지급(687), 녹읍 폐지(689)
체제 정비	국학 설립(682), 9주 5소경, 예작부·공작부 설치(698), 집사부 이하 14관부 완성, 시위부 확대·강화, 9서당 10정 편성

② 7세기 신문왕은 녹읍을 폐지하고 관료전을 지급하였는데, 이로 인하여 국가재정의 확보와 왕권의 강화를 동시에 실현하였다.

오답 check

① 6세기 신라 지증왕은 이사부를 보내 우산국(울릉도)을 복속시켜 세력을 확장하였다(512).
③ 6세기 신라 진흥왕은 이사부를 시켜 고령의 대가야를 정복하였다(562).
④ 6세기 신라 법흥왕 때 이차돈의 순교 이후 비로소 국가적으로 불교를 공인하였다(527).
⑤ 8세기 신라 원성왕 때 독서삼품과를 마련하였는데 국학의 졸업생을 성적에 따라 3등급으로 나누어 관리를 채용하려 하였다.

07. 답 ①

출제자의 눈

일본에 보낸 외교문서의 내용 중 '고구려 계승국가'를 통하여 발해를 파악할 수 있다.

자료 속 힌트 일본, 785, 고려, 고구려를 계승한 국가

해설

자료는 발해 문왕이 일본에 보낸 외교문서를 나타낸 것이다. 발해는 고구려를 계승한 국가임을 표방하였는데 문왕 때에는 '고려국왕' 등으로 표현하였고, 고려 또는 고려국왕이라는 명칭을 사용하였다.

참고 발해의 발전

시기	내용
고왕	대조영, 길림성의 동모산에서 건국(698), '천통'
무왕	북만주 일대 장악, 요서·산둥 지방 공격(장문휴의 수군), 돌궐·일본과 연결하여 당·신라 견제, '인안'
문왕	당과 친선 관계, 중경에서 상경으로 천도, 신라도, 주자감 설치, '대흥'
선왕	대부분의 말갈족 복속, 요동 진출, 해동성국, 15부 62주 정비, '건흥'

① 발해 선왕 때 5경 15부 62주를 정비하였고 중국으로부터 해동성국이라 칭송 받았다.

오답 check

② 고려는 현종 때 전국을 5도 양계, 경기로 크게 나누고, 그 안에 3경, 4도호부, 8목을 비롯하여 군·현·진 등을 설치하였다(1018).
③ 통일신라 신문왕은 중앙군으로 9서당을 편성하고 지방에는 10정을 두었다.
④ 나당연합군에 의해 사비성이 함락되고 백제가 멸망하였으며(660), 이후 평양성이 함락되어 고구려가 멸망하였다(668).
⑤ 통일신라 문무왕은 지방관을 감찰하기 위한 제도로 외사정을 파견하였다.

08. 답 ④

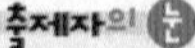

출제자의 눈

가상의 퀴즈를 통해 화랑도를 파악할 수 있다.

자료 속 힌트 풍월도, 진흥왕

해설

자료에서 풍월도, 김유신, 진흥왕 때 공인된 단체를 통해 신라의 화랑도를 파악할 수 있다. 화랑도는 진흥왕 때 국가적인 조직으로 개편하여 공인하였고, 활동을 장려하여 조직이 확대되었다. 진평왕 때 원광은 세속5계를 가르치며 청소년들의 마음가짐과 행동의 규범을 제시하였고, 국가가 필요로 하는 인재를 양성하였다.

최치원의 낭랑비서

최치원은 낭랑비서에서 '나라에 현묘한 도가 있으니 풍류라 한다.'라고 하여 화랑도를 풍류도, 풍월도라고 나타내었다.

오답 check

① 무신정권 경대승은 정중부를 제거하고, 신변 보호를 위한 사병 집단인 도방을 설치하였다.
② 중방은 최고위 무신들로 구성된 회의기구로 무신정변 직후부터 최충헌이 집권할 때 까지 최고 권력기구였다.
③ 민씨정부는 신식군대인 별기군을 창설하였다(1881).
⑤ 임진왜란 중 편재된 속오군은 진관 체제를 기본으로 하였고, 위로는 양반에서부터 아래로는 천민인 노비까지 편제되었다(양천혼성군).

09. 답 ①

출제자의 눈

무애가, 아미타 신앙 등을 통하여 원효를 파악하고 원효의 활동을 알아본다.

자료 속 힌트 불교의 대중화, 무애가, 아미타 신앙

해설

원효는 당나라 유학길에 깨달음을 얻고 돌아와 불교의 대중화에 힘썼다. 원효는 불교의 사상적 이해의 기준을 확립하기 위하여 대승기신론소와 금강삼매경론을 저술하였고, 모든 것이 한마음에서 나온다는 일심사상(화쟁사상)을 바탕으로 종파 간의 사상적 대립을 조화하려 노력하였다. 원효는 불교의 대중화를 위하여 자신이 직접 아미타 신앙을 전도하였고, 정토종을 보급하였으며, 법성종을 개창하였다.

① 원효는 불교의 분파 의식을 극복하기 위해 십문화쟁론을 저술하였다.

오답 check

② 의상은 불교의 화엄경을 근본 경전으로 하여 화엄사상을 정립하였고, 화엄일승법계도를 남겼다.
③ 고려 의천은 선종을 통합하기 위하여 국청사를 창건하였고 천태종을 창시하였다.
④ 고려 무신집권기에 활동한 지눌은 송광사를 중심으로 수선사 결사를 제창하였다.
⑤ 혜심은 유불일치설을 주장하였고, 심성의 도야를 강조하여 성리학을 수용의 사상적 토대를 마련하였다.

10. 답 ③

출제자의 눈

역사적 사실을 통하여 제주도의 역사를 파악할 수 있다.

자료 속 힌트 고산리, 삼별초 최후, 4·3 사건

해설

자료는 제주도 지역을 나타내고 있다.

참고 제주도의 주요 역사

구분	내용
고려	삼별초의 대몽항쟁 전개(1271~1273, 김통정), 탐라총관부 설치(원 간섭기)
조선	벨테브레이가 귀화하여 훈련도감에서 훈련지도(1628), 하멜 표착(1653, 우리나라를 최초로 서양에 소개, 하멜표류기), 김만덕(관기출신 거상, 제주 빈민구제)
일제 강점기	알뜨르 비행장(일본군이 비행기를 은닉했던 격납고 시설)
현대	제주도 4·3사건(이승만 정부)

11. 답 ②

출제자의 눈

자료를 분석하여 역사적 교육기관에 대하여 알아본다.

해설

(가) 경당. 고구려 장수왕은 지방에 사립학교인 경당을 건립하여 청소년들에게 한학과 무술을 교육하였다.

(나) 국학. 통일신라 신문왕은 유교 정치 이념의 확립을 위하여 국학을 설립하여 유교 경전을 교육하였다.

(다) 국자감. 고려 성종 때 국자감에는 국자학, 태학, 사문학과 같은 유학부가 있었다.

(라) 서원. 조선시대 서원은 선현을 제사하고 향촌에서의 교육을 통해 후진을 양성하던 기구로써 향촌에서의 사림의 지위를 강화시켜 주었다.

ㄱ. 고구려는 경당에서 글 읽기와 활쏘기를 가르쳤다.

ㄷ. 숙종 때에는 관학 진흥을 위하여 국자감 내에 서적포를 두어 서적 간행을 활성화 하였다.

오답 check

ㄴ. 고려 문종 때 최충은 9재 학당을 세워 유학 교육에 힘썼고, 9재 학당에서 교육을 받은 학생들이 과거에서 좋은 성적을 거두자 최충의 문헌공도가 번성하게 되었다. 사학이 융성하게 되자 정부는 관학 진흥책을 시행하였다.

ㄹ. 각 지방의 중등교육기관인 향교에는 그 규모와 지역에 따라 중앙에서 교관인 교수 또는 훈도를 파견하였다.

12. 답 ⑤

출제자의 눈

대화의 화통도감을 통하여 고려 말 최무선의 활동을 도출한다.

자료 속 힌트 화통도감, 화포를 제조

해설

대화에서 화약과 화포의 제조 및 화통도감의 설치를 통해 (가)는 최무선임을 파악할 수 있다.

⑤ 고려 말 남쪽에서는 왜구의 노략질이 계속되어 해안 지방을 황폐하게 하였다. 이에 고려는 적극적으로 남과 북의 외적에 대한 무력 토벌 작전을 수행하였는데 (가) 최무선은 화통도감을 설치하여(1377), 진포(군산)에서 최초로 화포를 사용하였다(나세·최무선,1380).

오답 check

① 세종 때에는 김종서와 최윤덕을 보내 여진을 토벌하고 4군과 6진을 설치하여 압록강과 두만강을 경계로 하는 오늘날과 같은 국경선을 확정하였다.

② 고려 말 우왕 때 이성계는 위화도에서 회군하여(1388) 최영을 제거한 뒤, 군사적 실권을 장악하여 본격적인 개혁의 계기를 마련하였다.

③ 조선 효종 때 청이 러시아 정벌을 요청하였고 변급(1654), 신유(1658)등 2차례(효종 때) 조총부대를 출병시켜 승리 하였다(나선정벌).

④ 고려시대 김윤후가 처인성(용인)에서 몽골 장수 살리타를 사살하여 퇴각하게 하였다(몽골의 2차 침입,1232).

13. 답 ②

출제자의 눈

제왕운기를 통하여 역사 계승의식을 파악할 수 있다.

자료 속 힌트 이승휴, 고조선에서 충렬왕 때까지, 역사

해설

이승휴가 편찬한 제왕운기(1287)는 우리나라의 역사를 단군에서부터 서술하면서 우리 역사를 중국사와 대등하게 파악하는 자주성을 나타내었다.

제왕운기

… 요동에 또 하나의 천하가 있으니, 중국의 왕조와 뚜렷이 구분된다. 큰 파도가 출렁이며 3면을 둘러쌌고, 북으로는 대륙으로 면면히 이어졌다. 가운데에 사방 천리 땅 여기가 조선이니, 강산의 형승은 천하에 이름났도다. …

② 이승휴의 제왕운기에는 단군신화가 기록되어 있다.

오답 check

① 인종 때 김부식이 왕명에 의해 편찬한 삼국사기(1145)는 기전체 서술방법으로 쓰여진 역사서로 합리적 유교 사관에 입각하여 서술된 서적으로 신라 계승 의식이 반영되어 있다.
③ 18C 실학자 유득공은 발해고(1784)에서 최초로 남북국 시대를 주장하여 민족의 자주성을 높였다.
④ 제왕운기는 유네스코 세계기록 유산으로 등재되지 않았다.
⑤ 삼국사기는 신라의 역사를 상대(박혁거세~진덕여왕), 중대(무열왕~혜공왕), 하대(선덕왕~경순왕)로 구분하여 기록하였다.

14. 답 ①

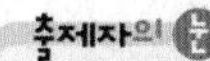

제시된 화폐를 통하여 고려 숙종임을 파악할 수 있다.

자료 속 힌트 삼한통보, 해동통보

고려 숙종 때에는 삼한통보, 해동통보, 해동중보 등 동전을 만들었으나 널리 유통되지 못하였다. 고려는 국가에 봉사하는 대가로 관료에게 토지를 나누어 주는 전시과 제도를 운영하였다. 국가는 문무 관리로부터 군인, 한인에 이르기까지 18등급으로 나누어 곡물을 수취할 수 있는 전지와 땔감을 얻을 수 있는 시지를 주었는데 지급된 토지는 수조권만 지급했던 토지였다.
① 고려 경종은 인품과 관품을 고려하여 지급한 시정전시과를 시행하였다(976).

오답 check

② 조선후기 동래의 내상은 대일본 무역을 주도하였고 주로 유황과 구리를 수입하였으며, 인삼을 수출하였다.
③ 조선후기의 광산 경영은 경영 전문가인 덕대가 출현하여 활동하였다.
④ 조선후기 담배와 고추 등의 상품작물이 재배되었다.
⑤ 신라 말 흥덕왕 때 장보고는 완도에 청해진을 설치(828)하여 해적을 소탕하였으며, 남해와 황해의 해상 무역권을 장악하였다.

15. 답 ④

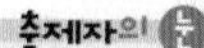

최우 정권이 강화도로 천도하는 모습을 통해 최씨 무신정권 시기를 파악할 수 있다.

자료 속 힌트 최우, 강화

해설

최우(1219~1249)는 교정도감을 통하여 정치권력을 행사하였고 독자적인 인사기구인 정방을 설치하여 모든 관직에 대한 인사권을 장악하였으며, 서방을 설치하여 문신을 우대하였다. 또한, 몽골과의 장기 항쟁을 위해 강화도로 천도하였으며(1232), 삼별초를 조직하여 전쟁에 대비하였다.

16. 답 ②

출제자의 눈

6조직계제의 시행을 통해 왕권강화 정책을 확인할 수 있다.

자료 속 힌트 세조, 6조에서 직접 보고

해설

육조 직계제는 6조에서 의정부를 거치지 않고 곧바로 사안을 국왕에게 올려 재가를 받아 시행하는 제도이다. 세조는 6조 직계제를 실시하여 국왕 중심의 정치를 추구하였다.

오답 check

① 대동법 실시 이후 공인이라는 어용상인이 나타나 관청에서 공가를 미리 받아 필요한 물품을 사서 납부하였다.
③ 고려 광종은 후주에서 귀화한 쌍기의 건의를 수용하여 유교 경전 시험을 통해 문반관리를 선발하는 과거제를 시행하였다.
④ 제2차 갑오개혁 때 왕실 사무와 국정 사무를 분리하여 국왕의 전제권을 제한하였다(홍범 14조).
⑤ 16세기 선조 때 사림 세력 내에서 이조전랑직의 대립으로 동인과 서인으로 나뉘어 붕당이 형성되었다.

17. 답 ④

출제자의 눈

조선의 관직 등의 벼슬을 통해 민족 놀이를 파악할 수 있다.

해설

④ 종경도, 종정도, 승관도 등으로 불리는 승경도 놀이는 옛 벼슬의 이름을 종이에 도표로 만들어놓고 놀던 놀이로 주로 양반집의 아이들이 즐겨하였다. 주사위 또는 5각형의 나무막대인 윤목을 굴려 나온 수대로 말을 이동하여, 최종점에 도착한 사람이 승리한다.

오답 check

① 윷가락을 던지고 말을 사용하여 먼저 도착하는 사람이 승리하는 우리의 민속놀이이다.
② 고누 놀이는 두 사람이 땅이나 종이 위에 다양한 형태의 말밭을 그려 놓고 말을 움직여서 상대편을 잡거나 가두어 상대의 집을 차지하기를 겨루는 민속놀이이다.
③ 차전놀이는 팔짱을 낀 채 어개로만 상대방을 밀어내어 승부를 겨루는 우리의 민속놀이이다.
⑤ 놋다리밟기는 젊은 여자들이 공주를 뽑아 자신들의 허리를 굽혀 그 위로 걸어가게 하는 놀이로 공민왕이 홍건적의 침입으로 안동에 피난 갔을 때, 개울을 건너게 되었는데 마을의 소녀들이 나와 등을 굽히고 그 위로 노국공주를 건너게 한 데서부터 유래되었다 한다.

18. 답 ①

출제자의 눈 

검색의 내용을 통하여 조선시대 대법전인 경국대전을 파악할 수 있다.

자료 속 힌트 세조 때 시작, 성종 때 반포, 법령

해설

세조 때에 시작한 경국대전의 편찬을 성종 때 마무리하여 반포(1485)함으로써 이후 조선 사회의 기본 통치 방향과 이념을 제시하여 조선왕조의 통치 체제가 확립되었다.

참고 경국대전(1485)

구분	내용
편찬	세조 때부터 편찬되기 시작, 성종 때 완성
구성	경국대전은 이전, 호전, 예전, 병전, 형전, 공전의 6전으로 구성된 조선의 기본 법전
특징	경국대전은 조문의 모호함과 생략 등의 통일성과 안정성을 확보하는 작업을 완성
의의	조선 초기에 정비된 유교적 통치 질서와 문물제도가 완성되었음을 의미

① 경국대전은 이전, 호전, 예전, 병전, 형전, 공전의 6전으로 구성된 조선의 기본 법전으로, 후기까지 법률 체계의 골격을 이루었다.

오답 check

② 경(經)·율(律)·논(論)의 삼장으로 구성된 대장경은 불교 경전을 집대성한 것으로써 문화적 의의가 높은 유산이다.

대장경의 경(經)·율(律)·논(論)

경(經)은 부처가 설한 근본 교리이고, 율(律)은 교단에서 지켜야 할 윤리 조항과 생활 규범이며, 논(論)은 경과 율에 대한 승려나 학자의 의론과 해석을 일컫는다.

③ 경국대전은 전쟁사의 기록이 아니라 조선의 대법전이다.
④ 세종은 중국의 수시력(내편)과 아라비아의 회회력(외편)을 참고로 우리 실정에 맞는 역법서인 칠정산을 편찬하였다.
⑤ 삼강행실도는 모범이 될 만한 충신, 효자, 열녀 등의 행적을 그림으로 그리고 설명을 붙인 윤리서로서 세종 때 편찬하였다(1434).

19. 답 ③

출제자의 눈 

조선시대 관직을 통해 기관의 역할을 학습하여야 한다.

해설

(가) 좌부승지는 승정원의 정3품 당상관이다. 승정원은 왕명의 출납을 담당하는 국왕의 비서 기구로 도승지 이하 6명의 승지가 6조를 각각 분담하여 담당하였다.
(나) 관찰사는 조선시대 전국 8도에 파견되었는데 감찰권, 행정권, 사법권, 군사권을 가진 중요한 직책으로 종2품 이상의 현직 및 퇴직 관료 중에서 임용하였다.
(다) 대사헌은 사헌부의 장관이다. 사헌부는 관리의 비리를 감찰하거나 중대한 사건을 재판하였던 기관이다.
(라) 형조판서는 형조의 정2품 장관이다. 형조는 법률, 소송, 노비 등의 업무를 관장하였다.
(마) 영의정은 조선 시대 최고의 중앙 관직이다.
③ 고려의 삼사는 화폐와 곡식의 출납을 담당하였다(조선의 재정은 호조에서 담당하였다).

오답 check

① 승정원은 왕명의 출납을 담당하는 국왕의 비서 기구로 기능하였다.
② 8도의 관찰사는 수령을 지휘·감독하고 백성의 생활을 살피기 위한 감찰관이었다.
④ 형조는 법률, 소송, 등 형벌에 관한 일을 주관하였다.
⑤ 영의정은 조선의 국정을 총괄하였다.

20. 답 ①

출제자의 눈 

자료를 통해 역사 속 여성들의 활동을 학습하여야 한다.

해설

(가) 7세기 선덕여왕(632~647)은 여성으로 처음 왕위에 오른 신라의 왕이다.

선덕여왕(632~647)

1. 문화발전: 선덕여왕은 분황사를 건립(634)하여 불교를 숭상하였고, 천문관측을 위하여 첨성대를 축조하였으며 승려 자장의 건의를 수용하여 황룡사 9층 목탑(643)을 건립하였다.
2. 비담의 난: 상대등 비담이 난을 일으켰으며 김춘추와 김유신에 의해 진압되었지만, 선덕여왕은 사망하였다.

(나) 조선시대 제주도의 김만덕은 재산을 기부하여 흉년에 빈민을 구휼하였다.
(다) 유관순은 1919년 3·1운동에 참여하여 만세운동을 전개한 열사이다.
(라) 나혜석은 20세기에 활동하였던 우리나라 최초의 여성 서양화가 이자 작가이다.

오답 check

ㄷ. 강주룡은 한국최초의 여성 노동 운동가로 1931년 평원 고무공장의 노동쟁의 당시 회사 측의 일방적 임금 인하 통고에 반발하여 여공 파업을 주도하여 전개하였다.
ㄹ. 20세기에 활동하였던 김점동(박에스더)은 우리나라 최초의 여의사로 신여성의 삶을 살았다.

21. 답 ③

출제자의 눈

향촌사회 기구 속 간부들의 명칭을 통해 유향소를 파악할 수 있다.

자료 속 힌트 수령을 보좌, 좌수, 별감, 향청

해설

조선시대 (가) 유향소는 수령을 보좌하고 향리를 감찰하며, 향촌의 풍속을 바로 잡기 위한 기구였다. 지역의 관리에게 자문하는 역할과 감찰하는 기능을 동시에 수행하였는데 현재의 지방의회와 역할이 비슷하다.

참고 유향소(향청)

구분	내용
의미	향촌 자치를 위하여 향촌의 유지(전직관료)들로 구성된 자치기구
운영	향안에 등재된 양반들로 구성, 좌수[향정,장(長)]와 2명의 별감을 선출하여 운영
기능	수령 보좌, 향리 감찰, 향촌 사회의 풍속 교화, 자율적 규약(향약) 제정
변화	경재소 혁파(1603) 이후 유향소는 향소·향청으로 개칭

오답 check

① 고려와 조선 시대 설치한 상평창은 물가를 조절하여 민생을 안정시켰던 기구였다.
② 조선의 최고 교육기관인 성균관은 소과(생원시, 진사시)합격자를 입학의 원칙으로 하였다.
④ 도병마사는 재신과 추밀이 모여 고려의 국방 문제를 담당하는 국가 최고의 회의기구로써 임시적인 회의 기구로 구성되었다.
⑤ 공민왕은 전민변정도감을 설치하고, 승려 신돈을 등용하여 권문세족이 부당하게 빼앗은 토지와 노비를 본래의 소유주에게 돌려주거나 양민으로 해방시켰다(1366).

22. 답 ②

출제자의 눈

역사서의 편찬과정을 통해 조선왕조실록임을 파악할 수 있다.

자료 속 힌트 실록청, 사고(史庫) 보관

해설

조선시대에는 왕조실록의 편찬을 매우 중요시하고, 이를 국가 차원에서 계속적으로 추진하였다.

참고 조선왕조실록

구분	내용
시기	국왕의 승하 이후 다음 국왕 때 춘추관 내 실록청을 설치하여 편찬
범위	태조실록부터 철종실록까지의 실록(고종 이후의 내용은 일본이 왜곡)
편찬	사초(사관이 왕 앞에서 기록), 시정기(각 관청의 문서), 승정원일기, 의정부등록, 비변사등록, 일성록 등을 종합, 정리하여 편년체로 편찬
보관	4대 사고(史庫) 보관, 임진왜란 이후 5대 사고(춘추관, 오대산, 태백산, 마니산, 묘향산) 보관
공인	유네스코 세계 기록문화유산으로 지정(1997)

오답 check

① 인물을 중심으로 본기, 열전, 세가, 지, 표 등으로 구분하여 편찬한 것은 기전체의 편찬 방법인데 삼국사기와 고려사 등의 역사서가 있다.
③ 고려 인종 때 김부식이 왕명에 의해 편찬한 삼국사기(1145)는 기전체 서술방법으로 쓰여진 역사서로, 현존하는 우리나라 최고(最古)의 역사서이다.
④ 삼국유사(1281)는 충렬왕 때에 일연이 편찬한 역사서로 불교사를 중심으로 고대의 민간 설화나 전래 기록을 수록하는 등 우리 고유의 문화와 전통을 중시하였으며, 단군을 우리 민족의 시조로 여겨 단군의 건국 이야기를 수록하였다.
⑤ 동국통감은 성종 때 서거정 등이 왕명으로 편찬한 역사서로써 고조선부터 고려 말까지의 역사를 편찬하였는데, 편년체로 만들어졌다(1485).

23. 답 ①

출제자의 눈

수신전과 휼양전이 폐지되어 있는 당시의 상황을 통해 직전법 체제임을 확인할 수 있다.

자료 속 힌트 수신전과 휼양전의 지급이 중단

해설

세조는 관리의 토지 세습 등을 지급할 토지가 부족하게 되자 국가 재정확보의 목적과 중앙 집권화의 일환으로 직전법을 시행하였다.
① 직전법은 현직 관리에게만 수조권을 지급하는 제도로 관직에서 물러난 관리는 국가에 수조권을 반환하여야 했으며, 이전까지 과전법에 따라 관리가 죽은 후 부인에게 수절을 조건으로 지급되었던 수신전과 어린 자녀가 성장할 때까지 한시적으로 지급되었던 휼양전도 폐지되었다(1466, 세조).

오답 check

② 수조권과 노동력 징발권을 인정한 것은 식읍과 녹읍이다.
③ 고려 태조 때 지급한 역분전은 공신전으로 후삼국을 통일하는 건국 과정에서 공을 세운 사람들에게 지급한 토지로써 인품에 따라 경기에 한하여 지급하였다.
④ 영조는 1년에 군포 1필만 부담하는 균역법을 시행하였는데, 감소된 재정에 대하여는 지주에게 결작미를 부담시켰다(1750).
⑤ 광해군 때 이원익, 한백겸의 주장으로 선혜청을 설치하고 처음으로 경기도에서 대동법을 시행하였다(1608).

24. 답 ④

출제자의 눈 

임진왜란 때 의병장으로 활약한 사명당(四溟堂)을 통해 유정대사임을 파악할 수 있다.

자료 속 힌트 사명당(四溟堂), 임진왜란, 일본에 파견

해설

임진왜란 때 자발적으로 조직된 의병이 향토 지리에 익숙한 이점을 활용하면서 그에 알맞은 전술을 구사하고, 적절한 무기를 사용하여 적은 병력으로도 왜군에게 큰 타격을 주었는데 유정대사는 금강산 일대에서 활약하였다.

④ 조선은 막부의 사정을 알아보고 전쟁 때 잡혀간 사람들을 데려오기 위하여 유정(사명대사)을 파견하여 일본과 강화하고 조선인 포로 3,500여 명을 데려왔다(1604).

오답 check

① 신라 말 선종 승려 도선은 중국에서 유행한 풍수지리설을 전래하였다.
② 고려시대 의천은 선종을 통합하기 위하여 교관겸수를 내세웠고 국청사를 창건하여 천태종을 창시하였다.
③ 통일신라 의상은 화엄사상을 바탕으로 교단을 형성하였고, 부석사 등 많은 사원을 건립하였다.
⑤ 고려 무신집권기에 활동한 지눌은 송광사를 중심으로 수선사 결사를 제창하였다.

25. 답 ①

출제자의 눈 

혜경궁 홍씨의 한중록을 통해 사도세자와 정조의 내용을 파악할 수 있다.

자료 속 힌트 혜경궁 홍씨, 아들이 임금

 해설

자료는 혜경궁 홍씨의 한중록의 내용을 나타내고 있다.

① 영조 때 사도세자 사건을 계기로 시파와 벽파로 분열되었는데, 영조의 덕이 없음을 비난하고 사도세자의 죽음은 지나치다는 입장의 시파와 사도세자의 성실하지 못함을 비난하고 사도세자의 죽음은 당연하다는 입장의 벽파로 나뉘었다.

참고 시파와 벽파의 대립

구분	내용
시파	사도세자를 애도하는 입장으로 세자의 외척인 홍봉한을 중심으로 남인과 소론, 노론 일부가 가담하였다.
벽파	세자를 공격하여 자신들의 무고함을 합리화 시켜했던 세력으로 영조의 외척인 김귀주를 중심으로 노론 강경파가 가담하였다.

오답 check

② 고종 때 흥선대원군은 비변사를 폐지하고 의정부와 삼군부의 기능을 부활시켜 각각 정치와 군사의 최고 기관으로 삼아 왕권을 강화하려 하였다.
③ 현종 때 효종의 왕위 계승에 대한 정통성과 관련하여 두 차례의 예송이 발생하였다.
④ 김일손이 김종직의 조의제문을 사초에 포함시켜 사림들이 화를 입었다(1498. 무오사화).
⑤ 16세기 선조 때 사림이 집권하면서 이조전랑직의 대립이 발생하여 동인과 서인으로 나뉘게 되었다.

26. 답 ④

출제자의 눈 

동전의 유통이 부족해지는 내용을 통해 조선후기 전황임을 짐작할 수 있다.

자료 속 힌트 동전 유통량의 부족 현상

해설

조선후기에는 동전의 발행량이 상당히 늘어났는데도 제대로 유통되지 않아 시중에서 동전 부족 현상인 (가) 전황이 나타나기도 하였는데, 이는 지주나 대상인들이 화폐를 고리대나 재산 축적에 이용하였기 때문이었다. 당시에는 돈을 구하기 위하여 물건을 싸게 내놓게 되어 결과적으로 화폐가치가 올라가 디플레이션이 발생하기도 하였다. 이러한 문제의 대책으로 이익은 화폐의 부정적 영향의 문제를 제기하여 폐전론을 주장하기도 하였다.

오답 check

① 조선후기 발달한 광작은 모내기법으로 잡초를 제거하는 일손을 덜 수 있어 노동력이 절감되었고, 농민은 경작지의 규모를 확대하여 단위 면적당 생산량이 증가하였다.
② 조선시대 방납은 공물을 대신 납부하고 이자를 붙여 받는 것으로 서리들에 의해 발생하였다.
③ 조선후기 정부가 설점수세제를 폐지하자 정부에 신고하지 않고 몰래 광산을 개발하였던 잠채가 성행하였다.
⑤ 조선후기 향촌에서는 종래까지 영향력을 행사하였던 구향들이 새로 성장한 신향들의 도전을 계속 받았는데 이것을 구향과 신향의 대립인 향전이라 한다.

27. 답 ⑤

출제자의 눈 

용담정과 절두산 순교지를 통해 동학과 천주교를 파악할 수 있다.

자료 속 힌트 최제우, 병인박해

해설

(가) 동학. 용담정은 최제우가 동학을 창시한 곳이다. 동학은 1860년에 경주 출신인 최제우가 창시하였다. 동학은 기존의 부패한 불교와 성리학 등을 부정하였고 천주교도 배척하였다.

참고 동학(東學)

구분	내용
창시	1860년 경주 출신 최제우가 창시
사상	유·불·선 + 민간 신앙, 시천주(侍天主)와 인내천(人乃天)
탄압	조선 정부는 혹세무민의 죄로 최제우 처형(1864)
정비	제2대 교주 최시형의 교단 정비, 교리 정리(동경대전·용담유사)

(나) 천주교. 서울 마포의 절두산 성지는 조선 개화기 때 천주교 신자들이 처형된 장소이다.

⑤ (가) 동학과 (나) 천주교가 평등사상을 주장하자 조선 정부는 양반 중심의 신분 질서의 부정과 국왕의 권위에 대한 도전으로 받아들여 사교(邪敎)로 규정하여 탄압하게 되었다.

오답 check

① 나철, 오기호 등이 1909년 창시한 대종교는 단군숭배 사상을 통하여 민족의식을 높였고, 만주에서 중광단(1911)이라는 단체를 만들어 독립운동을 전개하였으며, 후에는 북로군정서(1919)로 개칭하여 더욱 조직화하였다.
② (나) 천주교는 제사의 금지와 평등사상 등으로 정부의 탄압을 받았다.
③ 만세보(1906~1907)는 오세창이 발간하였고 여성교육과 여권 신장에 관심을 기울였으며 일진회를 공격했던 천도교계 신문이었다.
④ (가) 동학의 제2대 교주 최시형은 동경대전과 용담유사를 펴내어 교리를 정리하였다.

28. 답 ②

출제자의 눈 

조선후기의 국학 연구에 대하여 학습하여야 한다.

해설

조선후기 실학의 발달과 함께 민족의 전통과 현실에 대한 관심이 깊어지면서 우리의 역사, 지리, 국어 등을 연구하는 국학이 발달하였다.

참고 역사 연구

시기	역사서(저자)	내용
18C	동사강목(안정복)	고조선에서 고려 말까지 역사, 삼한정통론, 편년체
	발해고(유득공)	발해사 연구, 연구 시야를 만주 지방까지 확대(영토의식 확대)
	동사(이종휘)	고구려와 발해 역사, 기전체, 한반도 중심의 협소한 사관 극복
	연려실기술(이긍익)	조선의 정치와 문화 정리, 실증적·객관적 정리, 기사본말체
19C	해동역사(한치윤)	고조선에서 고려말까지의 역사, 외국자료(중국·일본사) 인용, 기전체
	금석과안록(김정희)	무학대사비로 알려진 북한산비가 진흥왕 순수비임을 밝힘, 금석학연구

ㄱ. 18C 실학자 유득공은 발해고(1784)에서 최초로 남북국 시대를 주장하여 민족의 자주성을 높였다.
ㄷ. 이긍익은 조선 시대의 정치와 문화를 실증적이고 객관적으로 정리하여 연려실기술을 기사본말체로 저술하였다.

오답 check

ㄴ. 이이는 중국 중심의 화이사관에 입각하여 기자실기를 편찬하였고 기자를 공자와 맹자에 버금가는 성인으로 추앙하였다(1580).
ㄹ. 중종 때 강희맹은 동국여지승람을 새로 증보하여 신증동국여지승람을 편찬하였다(1530).

29. 답 ③

출제자의 눈 

양반과 첩의 자식의 내용을 통해 서얼을 파악할 수 있다.

자료 속 힌트 첩의 자식

해설

자료에서 양반과 첩의 자식을 통해 (가) 서얼임을 파악할 수 있다. 서얼은 서자와 얼자를 합친 것으로 어머니가 양인신분일 경우에는 서자, 천민인 경우에는 얼자로 하였다.

ㄴ. 정조 때에는 유득공, 이덕무, 박제가 등 서얼 출신이 규장각 검서관으로 등용되어 제각기 능력을 발휘하기도 하였다.
ㄷ. 조선후기 서얼들은 청요직 진출을 요구하는 통청운동을 전개하였다.

통청

조선시대 홍문관의 관원은 모두 문명(文名)과 덕행(德行)이 있는 자를 임명하였으므로 청관(淸官)이라 했는데, 그 후보자를 추천하거나 비준하는 일을 통청이라 한다.

오답 check

ㄱ. 신라 말 골품제를 비판하던 6두품은 반신라 세력으로 성장하게 되었고, 호족 세력과 결탁하여 중앙정부에 대항하였다.
ㄹ. 일제강점기 백정들은 진주에서 이학찬을 중심으로 조선 형평사를 창립하고 형평운동을 전개하였다(1923).

30. 답 ④

출제자의 눈 

마테오리치가 제작한 세계지도의 내용을 통해 곤여만국전도를 추론할 수 있다.

자료 속 힌트 마테오리치, 이광정

해설

선조 때 이탈리아인 선교사 마테오리치가 북경에서 제작한 만든 세계지도인 곤여만국전도를 이광정이 소개하였는데, 이로 인하여 지리학에서도 보다 과학적이고 정밀한 지식을 가지게 되었고, 지도 제작에서도 더 정확한 지도가 만들어졌다.

오답 check

① 천하도는 조선중기 이후 제작되어 민간에서 사용되었던 지도로서 중국 중심의 세계관을 표현한 관념도이다.
② 19세기 초 제작된 여지전도는 아메리카를 제외한 세계지도로 제작자는 미상이나 김정호로 추측하고 있다.
③ 지구전후도(지구전도)는 1834년 김정호가 제작한 세계지도이다.
⑤ 조선 초기 태종 때 세계 지도인 혼일강리역대국도지도를 제작하였는데(1402) 현존하는 세계 지도 중 동양에서 가장 오래 된 것으로 우리나라를 사실보다 크게 그려 진취적인 세계관을 반영하고 있다.

31. 답 ③

출제자의 눈 

1860년대 개화세력과 위정척사세력을 파악할 수 있다.

해설

자료는 1860년대 서양의 통상요구에 대한 반응으로 개화세력인 (가) 박규수와 위정척사세력인 (나) 이항로를 나타낸 것이다.

(가) 박규수. 박지원의 손자로 양반 출신인 그는 청에 왕래하며 개화사상을 품었다. 진주 민란 때에는 안핵사로 파견하여 활동하였고, 평안도 관찰사로 부임했을 때 제너럴셔먼호를 불태우기도 하였다. 청나라의 양무운동 이후에 견학을 다녀온 후에 그는 개화사상에 심취하여 오경석, 유홍기 등에게 영향을 주게 되고, 많은 개화 세력을 형성한 개화사상의 선각자였다.

(나) 이항로. 위정척사 사상가인 이항로는 1860년대 통상 반대 운동을 전개하였고 척화주전론을 주장하여 대원군의 통상 수교 거부 정책을 강력히 뒷받침하였다.

③ 이항로는 척화주전론을 주장하였다.

오답 check

① 18세기 실학자인 박제가는 청에 다녀온 후 북학의를 저술하여 청의 문물을 적극적으로 수용할 것을 주장하였다.
② 김옥균은 일본의 메이지 유신을 본받아 급진적 개혁을 추진하였는데, 우정국 개국 축하연을 이용한 갑신정변(1884)으로 표출되었다.
④ 진주 농민봉기 당시 (가) 박규수가 안핵사로 파견하여 활동하였는데 삼정이정청의 설치를 주장하였다.
⑤ 이항로(1792~1868)는 최초의 항일 의병인 을미의병(1895)에는 참여할 수 없었다.

32. 답 ②

출제자의 눈 

자료를 분석하여 화폐정리사업을 도출한 후 내용을 파악한다.

자료 속 힌트 1905년, 일본, 화폐의 사용

해설

일본의 화폐정리 사업은 1905년 일본 재정고문 메가타에 의해 시행되었다. 화폐정리 사업은 대한제국의 통화를 일본 화폐로 강제 교환하는 것으로 대한제국의 재정 및 화폐, 금융을 지배하려 하였다.

참고 화폐정리사업(1905. 메가타)

시기	활동
내용	대한제국 화폐를 일본 화폐로 교환, 탁지부 주관, 1주일간 한시적 교환
원칙	상태에 따른 차등 교환, 소액 화폐 교환 거부
결과	화폐부족현상(금융공황), 상공업자와 금융기관에 큰 타격

오답 check

① 일본의 황무지 개간권 요구에 대항하여 보안회(1904)를 조직하여 활동하였고 일본의 요구를 철회시켰다.
③ 임오군란(1882) 이후 청은 마젠창(내정)과 묄렌도르프(외교)를 고문으로 파견하여 조선의 내정과 외교 문제에 깊이 관여하였다.
④ 동양척식주식회사는 일본이 대한제국을 약탈하기 위하여 1908년에 설립되었다.
⑤ 아관파천(1896) 시기부터 러시아의 이권 침탈이 심해졌고, 일본, 미국, 프랑스, 독일 등도 최혜국 조항을 근거로 철도 부설권, 광산 채굴권, 삼림 채벌권 등 중요한 이권을 빼앗아 가기 시작하였는데, 이에 대항하여 독립협회(1896~1899)가 창설되었다.

33. 답 ②

출제자의 눈 

조약의 내용을 통해 강화도조약과 을사늑약을 파악할 수 있다.

자료 속 힌트 부산, 두 곳의 항구, 조약이나 약속을 맺지 않을 것

해설

(가) 강화도조약(1876). 1875년 운요호 사건을 빌미로 일본은 조선에 개항을 요구하여 포함의 위협 하에 1876년 강화도 조약을 체결하게 된다. 우리나라 최초의 근대적 조약으로서 부산(1876), 원산(1880), 인천(1883) 등 3개 항구의 개항이 이루어 졌으며, 치외법권과 해안 측량권 등을 규정한 불평등 조약이었다. 이 조약으로 일본의 정치, 경제, 군사적 침략의 발판이 마련되었고, 이후 서양 열강과 조약을 맺게 되는 선례가 되었다.

(나) 을사늑약(1905). 대한제국은 외교권을 박탈당하였고, 일제가 설치한 통감부에 의하여 외교뿐만 아니라 내정까지도 간섭받았다.

오답 check

ㄴ. 임오군란의 결과 체결한 제물포조약으로 일본 경비병이 주둔하는 것을 허용하게 되었다.
ㄹ. 순종이 즉위한 직후 일제는 한일신협약(1907)을 강제로 체결하여 통감의 권한을 강화하였고, 우리 정부의 각 부에 일본인 차관을 두어 행정부를 장악하여 내정을 간섭하였다.

34. 답 ①

금수회의록과 추월색을 통해 우리나라의 신소설의 등장을 파악할 수 있다.

해설

근대 사회로 이행되면서 문학계에도 새로운 변화가 나타났는데, 고전문학에서 신문학으로 옮겨가는 새로운 풍조가 일어나 순한글로 쓰인 신소설이 등장했다. 언문일치의 문장을 사용하였으며, 봉건적인 윤리 도덕의 배격과 미신 타파를 주장하고, 자주독립 의식을 고취하여 계몽 문학의 구실을 하였다. 이인직의 혈의누(1906), 이해조의 자유종(1910), 안국선의 금수회의록(1908), 최찬식의 추월색(1912) 등이 있었다.

오답 check

② 정부의 지원을 받아 묄렌도르프가 설립한 외국어 교육기관으로 동문학(1883)을 세워 영어와 일어를 강습하였고 통역관을 양성시켰다.
③ 고려시대 구전되는 이야기를 한문으로 기록한 패관문학도 발전하였는데 현실을 풍자하였던 작품들이 많았다. 이규보의 백운소설, 이제현의 역옹패설과 같은 작품들이 있다.
④ 정인보, 문일평, 안재홍 등이 1934년 여유당전서의 간행을 계기로 조선학운동을 전개하였다.
⑤ 1920년대 중반에는 순수 예술을 표방하여 문학이 현실과 생활을 반영을 강조하는 신경향파 문학이 등장하였으며, 1925년에 카프(KAPF)라고 하는 단체를 조직하였다.

35. 답 ⑤

조선 초기의 개항장을 통하여 구한말의 상황을 짐작할 수 있다.

해설

강화도조약으로 인하여 3개 항구의 개항이 이루어 졌는데 (가) 인천은 1883년, (나) 부산은 1876년, (다) 원산은 1880년에 각각 개항되었다.
⑤ (다) 원산학사(1883)는 덕원 주민들이 개화파 인물들의 권유에 따라 설립한 우리나라 최초의 근대적 사립학교였으며 외국어, 자연과학, 국제법 등 근대 학문과 무술을 가르쳤다.

오답 check

① 1898년 미국인 콜브란과 대한제국 황실이 합작으로 만든 한성 전기 회사가 발전소를 설립하여 서울에서 전차를 운행하였는데, 전차는 서대문에서 청량리까지 운행하였다.
② 광혜원은 우리나라 최초의 근대식 병원으로 알렌과 조선 정부와의 공동 출자로 1885년 2월 서울에 개원하였으나 설립 직후인 1885년 3월에 제중원으로 개칭하였다.
③ 서울과 (가) 인천을 잇는 최초의 철도인 경인선은 1897년 인천에서 공사를 시작하여 1899년에는 제물포와 노량진 사이가 개통되었고, 1900년에는 노량진과 서울 사이가 차례로 완공됨으로써, 서울과 인천 사이의 전구간이 개통되었다.
④ 서울에 설치한 박문국(1883)은 근대적 인쇄술을 도입하여 출판을 담당하였던 기구로 최초의 신문인 한성순보(1883~1884)를 10일에 한 번 발행하였다.

36. 답 ②

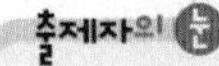

조선태형령(1912)을 통하여 1910년대 헌병 무단통치를 파악할 수 있다.

자료 속 힌트 태형, 조선인에 한하여

해설

일제가 한국인을 억압하고 통제하기 위하여 1912년에 제정하고, 1920년에 폐기한 조선태형령을 통한 현황 분석이다. 태형령은 정식 재판 없이 즉결심판이 가능하였고, 비밀리에 태형을 집행하였다. 이 법의 적용 대상은 오로지 한국인만 해당하였다. 이 시기에는 일제의 강압적인 헌병무단통치가 시행되었다.

참고 1910년대 일제의 헌병무단통치

구분	내용
정치	총독이 행정, 입법, 사법, 군통수권 등 전권 장악, 헌병 경찰제, 태형·즉결 심판권, 언론 집회의 자유 박탈, 관리·교사들도 제복과 착검
경제	토지조사사업을 통한 토지 약탈, 회사령(허가제)을 통한 민족기업 성장 억제, 산업 각 부분에 대한 침탈 체제 구축
교육	일본어 학습, 조선어 수업 축소, 중등교육제한, 역사 지리 교육 금지

② 일제는 헌병무단통치 시기에 언론·출판·집회·결사의 자유를 박탈하여 우리 민족을 탄압하였다.

오답 check

① 1930년대 후반 일제는 민족말살 정책의 일환으로 학교에서 황국신민서사의 암송을 강요하였다.
③ 총독부의 농촌진흥운동은 우리민족에 대한 일제의 탄압 정책이었으며 농촌 수탈 정책이었다(1932).
④ 일제는 사회주의 독립운동을 탄압하기 위하여 국내 치안 유지를 빙자해 치안유지법을 제정·공포하였다(1925).
⑤ 1939년 일제는 국민 징용령을 실시하여 100만여 명의 청년들을 강제 징용하여 탄광, 철도 건설, 군수 공장 등에 동원하였다.

37. 답 ③

출제자의 눈 

서재필, 민중 계몽, 개화사상 등을 통하여 독립협회의 활동을 알아본다.

자료 속 힌트 서재필, 민중 계몽, 만민공동회

해설

③ 우리나라 최초의 민간 신문이자 일간지인 (가) 독립신문(1896~1899)은 서재필이 창간하였고, 시민층을 대상으로 하였던 신문으로 한글판과 영문판으로 발행하였는데, 자주 의식 및 근대적 민권의식 고취 등 국민 계몽에 힘을 쏟았고, 외국인에게 국내사정을 소개하는데 큰 역할을 하였다.

오답 check

① 사회주의 계열의 단체인 정우회(1926)는 조선공산당의 표면 단체로 분파 투쟁의 청산, 사상 단체의 통일, 경제 투쟁에서 정치 투쟁으로의 전환 등을 주장하였고, 비타협적 민족주의 세력과 사회주의 세력 간의 협동체인 신간회 창립(1927)의 중요한 계기가 되었다.

② 신채호는 김원봉의 요청을 받아 의열단 행동 강령인 조선혁명선언을 작성하였다(1923).

④ 물산장려운동은 '내 살림 내 것으로', '조선 사람 조선 것'의 구호를 통해 1920년대 실력 양성 운동의 일환으로 전개된 토산품 애용 운동이었다. 평양에서 처음 시작되었으며 서울에서 조선 물산장려회가 조직(1923)됨으로써 활기를 띠게 되었으나 일제의 방해로 성과는 거둘 수 없었다.

⑤ 13도창의군은 서울 진공을 전후하여 의병은 서울 주재 각 영사관에 의병을 국제법상의 교전단체로 승인해 줄 것을 요구하는 서신을 발송하여 스스로 독립군임을 내세웠다(1908).

38. 답 ⑤

출제자의 눈 

전봉준의 활동 내용을 통하여 동학농민운동의 경과를 파악할 수 있다.

자료 속 힌트 전봉준, 고부, 재차 봉기

해설

자료는 동학농민운동의 전개과정으로 1894년 5월 전주화약 이후에 있었던 역사적인 사실을 찾는 것이다. 전봉준이 이끄는 동학농민군은 전주를 점령한(1894.4) 직후 정부와 전주화약을 체결하였고 농민군은 자치 개혁기구인 집강소를 설치하였다(1894.5).

⑤ 정부는 일본 측에 군대의 철수를 요구하였으나 묵살당하고, 오히려 일본이 경복궁을 장악(6.21)하였다. 이어 일본은 청과의 전쟁을 도발하고(6.23), 조선 정부에 개혁을 요구하며 군국기무처를 설치(6.25)하여, 갑오개혁을 단행하게 되었다.

오답 check

① 러시아가 저탄소(석탄 저장고) 설치를 위해 절영도의 조차를 요구하자, 독립협회(1896~1899)는 만민공동회를 배경으로 러시아의 요구를 좌절시켰다.

② 러시아의 한반도 남하를 견제한다는 구실로 영국은 거문도를 해밀턴 항이라 명명하고 불법 점령한 후 포대를 설치하였다(거문도 사건, 1885).

③ 프랑스는 병인박해의 구실로 강화도를 침공하는 병인양요(1866)를 일으켰는데, 이 시기에 프랑스 군인들이 강화도의 외규장각 문화재를 비롯하여 서적과 병기들을 약탈하여 갔다.

④ 청은 임오군란(1882)을 진압하고 흥선대원군을 군란의 책임자로 몰아 청(톈진)에 압송하였다.

39. 답 ③

출제자의 눈 

독립선언서를 낭독하였던 장소를 통하여 1919년 3·1운동을 파악할 수 있다.

자료 속 힌트 민족대표, 탑골공원, 시위

해설

우리 민족은 고종의 인산일을 기하여 1919년 3월 1일 평화적인 (가) 3·1만세운동을 시작하였으나 일제는 무자비하게 탄압하였다. 이후 비폭력적 독립운동의 한계를 반성하면서 무장독립운동을 활성화하기 위해 간도와 연해주 지역에 수많은 독립군 단체를 조직하였고, 독립운동의 구심점 역할을 수행할 지도부의 필요성을 절감하였기에 상하이에 대한민국 임시정부를 수립하였다.

③ 1919년 우리 민족적 저항인 3·1운동을 비인간적이고 무자비한 방법으로 탄압하였고, 이에 대한 국제 여론이 악화되자 가혹한 식민 통치를 은폐하기 위하여 1910년대의 헌병 무단 통치를 기만적인 문화 통치로 바꾸어 시행하였다.

오답 check

① 물산장려운동은 '내 살림 내 것으로', '조선 사람 조선 것' 등의 구호를 통해 1920년대 실력 양성 운동의 일환으로 전개된 운동이었다.

② 서상돈·김광제 등이 대구에서 시작한 국채보상운동(1907)은 전국으로 확산되는데, 대한매일신보·황성신문·제국신문 등의 언론기관도 동참하였다.

④ 1926년 순종의 인산일을 기화로 학생들이 6·10 만세 운동을 전개하였다.

⑤ 광주학생항일운동(1929)은 나주에서 광주까지의 통학 열차 안에서 일본 남학생들이 한국 여학생을 희롱하는 사건을 계기로 시작되었다.

40. 답 ⑤

출제자의 눈 

공출 제도의 내용을 통해 일제의 병참기지화 정책 시기인 1930년대 후반임을 파악할 수 있다.

자료 속 힌트 금속류 회수령, 공출

해설

중일전쟁(1937) 이후 일제는 한국에서 전시 통제 경제를 실시하였고 식량배급제도와 각종 물자의 공출제도를 강행하였다. 또한, 일제는 지원병, 징병, 징용, 정신대 등으로 인적 자원을 수탈하였고, 양곡공출제, 식량배급제, 금속공출제 등으로 군량미와 무기원료를 수탈하였다.

41. 답 ②

출제자의 눈 

자료를 통해 1930년대 전반에 활약한 한중 연학작전을 파악할 수 있다.

자료 속 힌트 1930년대, 독립 전쟁사, 조선혁명군, 한국독립군

해설

일제가 만주 사변(1931)을 일으키고 괴뢰 정권인 만주국을 수립하자, 만주 지역을 근거로 무장 항일 운동을 전개하던 독립군은 보다 큰 위협을 받게 되었고, 중국내에서도 반일 감정이 고조되어 ㈎ 한·중 연합 작전을 전개하게 되었다. 혁신의회 계열의 한국독립군은 지청천을 총사령관으로 하여 북만주 일대에서 중국 호로군과 연합 작전을 전개하여 쌍성보 전투(1932)에서 승리하였고, 국민부 계열의 조선혁명군은 남만주 일대에서 중국 의용군과 연합 작전을 전개하여 영릉가 전투(1932)에서 승리하였다.

한·중 연합작전(1930년대 전반)
한국독립당(한국독립군) + 중국 호로군 ⇒ 쌍성보 전투(1932), 대전자령 전투(1933) 조선혁명당(조선혁명군) + 중국 의용군 ⇒ 영릉가 전투(1932), 흥경성 전투(1933)

오답 check

① 조선 건국 동맹(1944)은 여운형 등이 중심이 되어 좌·우익을 망라하여 조직한 단체로 광복직후 조선 건국 준비위원회를 조직하고 본격적인 건국 작업에 착수하였다.
③ 한국광복군은 대한민국 임시정부가 지청천을 총사령관으로 하여 충칭에서 창설하였다(1940).
④ 김두봉은 화북 조선청년연합회를 확대·개편하여 조선독립동맹을 결성하였고, 그 산하에 조선의용대 화북지대를 개편한 조선의용군을(1942) 두었다.
⑤ 박용만은 하와이에서 대조선국민군단을 조직(1914)하여 군사훈련을 실시하였다.

42. 답 ①

출제자의 눈 

어린이날을 통해 천도교 소년회의 활동을 추론할 수 있다.

자료 속 힌트 1923년, 어린이날

해설

동학의 3대 교주 손병희는 동학을 천도교로 개창하였으며, 손병희의 사위였던 방정환은 1921년 서울에 천도교 소년회를 만들었다(소년운동). 천도교 소년회는 어린이들에 대한 부모의 각성을 촉구하기 위해 전국을 돌며 강연을 했으며, 1922년 5월 1일 어린이날을 제정하였고, 잡지 '어린이'를 발간하였다. 어린이날의 기념식은 1923년에 거행하였다.

오답 check

② 원불교는 생활 개선 및 새 생활 운동에도 앞장섰으며, 실천·근면·절약을 강조하였다.
③ 통감부는 1906년부터 1910년까지 존속하였다. 당시에는 조선총독부의 방해와 탄압이 있었다.
④ 서상돈·김광제 등이 대구에서 시작한 국채보상운동(1907)은 전국으로 확산되었다.
⑤ 1920년대 학생들은 동맹휴학을 전개하여 식민지 교육 제도 철폐와 한국인 본위의 교육 등을 요구하였다(학생운동).

43. 답 ③

출제자의 눈 

자료를 분석하여 백남운의 사적유물론을 파악할 수 있다.

자료 속 힌트 봉건 사회, 반박, 백남운

해설

백남운은 사적유물론을 바탕으로 한국사에 대한 체계적·법칙적 이해를 최초로 시도하였으며 ㈎ 조선사회경제사, 조선봉건사회경제사 등을 저술하였다. 백남운은 사회 경제 사학을 연구하여 한국사가 세계사의 발전 법칙에 입각하여 발전하여 왔음을 강조하면서, 우리 역사의 정체성과 타율성을 주장한 일제의 식민사관인 정체성론을 비판하였다.

오답 check

① 손진태, 이윤재 등은 진단학회(1934)를 조직하여 한국사 연구에 힘썼다(실증사학).
② 일제강점기 조선총독부가 설립한 조선사편수회(1925)는 한국사 왜곡 단체로 일제의 식민사관을 토대로 우리 민족정신의 말살과 식민 통치를 합리화하려 한국사를 왜곡하였고, 조선사를 편찬하였다.
④ 박은식은 한국독립운동지혈사을 저술하여 일제의 침략과 독립운동의 역사를 정리하였다.
⑤ 신채호는 독사신론을 연재하여 민족주의 사학의 발판을 마련하였다(1908).

44. 답 ③

출제자의 눈

조선 교육령을 통하여 당시의 식민 통치 상황을 파악할 수 있다.

자료 속 힌트 국가총동원법, 신민을 징용

해설

자료는 제3차 조선교육령으로 일제의 차별적인 식민 교육 정책을 나타내고 있다.

참고 제3차 조선교육령(1938~1943)

구분	내용
교육	내선일체와 일선동조론을 강조하였으며, 보통학교와 소학교를 심상소학교로, 고등 보통학교를 중학교로 개편하였다.
국민학교	소학교를 황국신민학교라는 뜻의 4년세 국민학교로 변경하여 시행(국민학교령, 1941).

※ 초등학교 개칭: 1996년 김영삼 정부에서 역사바로세우기의 일환으로 초등학교로 개칭하였다.

오답 check

① 일제는 사립학교령(1908)을 통해 사립학교 설립과 운영을 통제하였고, 사립학교규칙(1911)을 제정하여 학교의 설치 및 교사의 임용과 교과용 도서의 채택 등을 총독부가 인가하도록 하였으며, 지리, 역사, 한글 교육을 금지하였다.

② 일제는 민립대학설립운동을 방해하기 위하여 경성제국대학을 설립하였다(1924).

④ 일제는 제2차 조선교육령(1922~1938)을 시행하였는데 조선어와 역사·지리 교육에 대하여는 수업을 허용하였으나 실질적으로 식민 차별 교육은 변화 없이 진행되었다.

⑤ 일제는 제1차 조선교육령(1911)을 시행하였는데 보통학교는 6년에서 4년으로 단축하여 시행하였다.

45. 답 ⑤

출제자의 눈 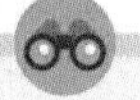

자료 속 3대 강령의 내용을 통해 신간회임을 파악할 수 있다.

자료 속 힌트 단결을 공고히 함, 기회주의를 일체 부인 함

해설

1920년대 국내의 민족주의 진영에서는 일제의 식민 지배를 인정하며 자치운동을 벌이자는 타협적 민족주의 세력과 그렇지 않은 비타협적 민족주의 세력으로 분열하게 되었고, 비타협적 민족주의 계열과 사회주의 계열은 서로 협력하여 민족유일당 운동을 전개하게 되었는데 그의 결실로 ㈎ 신간회가 창립되게 되었다(1927).

참고 신간회(1927~1931)

구분	내용
창립	일제강점기 최대의 합법 항일운동 단체(전국 143개의 지회)
활동	민중대회·전국 순회강연(농민·노동자층 확대), 노동·소작쟁의, 광주학생운동에 조사단 파견
해소	민족주의 계열 내에 타협적 노선 등장, 코민테른의 노선변화

⑤ 신간회의 광주지회에서는 광주항생항일운동(1929) 당시 진상 조사단을 파견하여 지원하였다.

오답 check

① 데라우치 총독 암살미수사건을 날조한 이른바 105인 사건으로 신민회가 해산되었다(1911).

② 신민회(1907~1911)는 실력 양성을 통한 국권 회복과 공화정체의 국민 국가 수립을 궁극의 목표로 하였으며, 자기회사와 태극서관 등을 설립하여 운영하여 독립 자금을 마련하였다. 또한 무장투쟁의 필요성을 제기하여 만주에 신흥강습소(1911) 등을 세우는 등 독립 전쟁의 터전을 마련하였다.

③ 대한민국 임시정부는 연통제와 교통국을 통하여 독립자금을 모금하였다.

④ 13도 창의군은 서울 주재 각 영사관에 의병을 국제법상의 교전단체로 승인해 줄 것을 요구하는 서신을 발송하여 스스로 독립군임을 내세웠다.

46. 답 ②

출제자의 눈 

일제 강점기와 광복직후의 활동을 통해 김규식을 파악할 수 있다.

자료 속 힌트 파리강화회의, 임시정부의 부주석

해설

대한민국 임시정부는 파리에서 신한 청년 당원으로 외교활동을 하던 김규식을 외교 총장으로 임명하여, 파리 강화 회의에서 우리 민족의 독립을 주장하게 하였다.

참고 우사 김규식

구분	내용
구한말	부산 동래 출생(1881)
일제강점기	신한청년당 활동(1919), 파리강화회의에 대표로 파견(1919), 대한민국 임시 정부 국무위원(1942), 대한민국 임시 정부 부주석(1944)
광복직후	좌우합작운동 추진(1946), 남북 협상 추진(1948)

② 김구, 김규식, 김일성, 김두봉 등은 남한만의 선거로 단독 정부가 수립되면 남북의 분단이 계속될 것을 우려하여 남북한이 협상을 통해서 총선거를 통한 통일 정부를 수립하자고 주장하였다(남북협상, 1948.4)

오답 check

① 이승만 정권은 자유당이라는 새로운 여당을 조직하여 여러 우익 단체들을 규합하여 독재 기반을 구축하려 하였다(1951.12).
③ 대한민국 임시정부 활동의 침체를 극복하기 위하여 1931년 상하이에서 김구는 한인애국단을 조직하게 되었다.
④ 김두봉은 화북 조선청년연합회를 확대·개편하여 조선독립동맹을 결성하였고, 그 산하에 조선의용대 화북지대를 개편한 조선의용군을(1942) 두었다.
⑤ 1920년대 조선교육회는 민립대학 기성회를 조직(1922)하여 우리 손으로 대학을 설립하려는 민립대학설립운동을 전개하였다.

47. 답 ⑤

출제자의 눈

신탁통치문제로 인한 내용을 통해 (가) 모스크바 3국 외상회의임을 파악할 수 있다.

자료 속 힌트 신탁통치 반대, 5년 기한

해설

미국, 영국, 소련의 3국 외상이 모스크바에 모여 회의(1945.12)를 진행한 결과가 국내에 전해지자 김구는 신탁통치 반대 국민총동원 위원회를 결성하였고, 이승만은 대한독립촉성국민회를 결성하는 등 우익 세력을 중심으로 전국적으로 신탁 통치 반대 운동이 치열하게 전개 되었으며 좌익 세력들은 찬탁 운동을 전개 하였다.

참고 모스크바 3국 외상 회의(1945.12.미·영·소)

구분	내용
결정	한국에 임시민주정부수립(미·소 공동위원회 설치), 미·영·중·소에 의한 최고 5년간의 한반도 신탁통치 결정
영향	우익(반탁), 찬탁(좌익), 정부수립 후 결정(중도) 등 대립의 격화
결과	모스크바 3국회의 결정사항은 실행 못함

오답 check

① 미국, 영국, 소련이 참여한 얄타회담(1945.2)에서 소련군이 대일전쟁에 참전할 것을 약속하였고, 미국은 일본군의 무장해제를 이유로 미소 양군이 38도선을 경계로 한반도의 남과 북에 각각 진주할 것을 제안하였다.
② 미국(루스벨트), 영국(처칠), 중국(장제스) 3국은 이집트의 카이로에서 회담을 가졌는데(1943.11), "한국 인민의 노예 상태에 유의하여 적당한 시기에 적당한 방법으로 한국을 자유롭게 독립시킬 것을 결의한다." 라고 선언하여 최초로 한국의 독립을 약속하였다.
③ 미국, 영국, 소련, 중국 등 연합국 대표가 참여한 포츠담선언(1945.7)에서는 일본의 무조건 항복을 요구하였고, 카이로 선언(한국의 독립)을 재확인하였다.
④ 1907년 6월 고종은 이상설, 이준, 이위종을 헤이그에서 개최되는 제2회 만국 평화 회의에 특사로 파견하여 을사늑약의 불법성과 일제의 무력적 침략 행위의 부당성을 전 세계에 호소하여 국제적인 압력으로 이를 파기하려 하였다.

48. 답 ③

출제자의 눈

사진 속 자료를 통해 한국 전쟁 이후 이승만 정부의 상황을 파악할 수 있다.

해설

(가) 휴전협정(1953.7.27). 판문점에서 국제 연합군 총사령관 클라크와 북한군 최고 사령관 김일성, 중공 인민 지원군 사령관 펑더화이가 최종적으로 서명함으로써 휴전협정이 체결되었다.
(나) 4·19혁명(1960.4.19). 1960년 3·15 부정 선거에 항의하는 시위가 확대되어 4.19혁명이 전개되었다.
③ 1950년대 후반 한국정부는 미국의 무상원조로 밀, 면, 설탕을 공급받아 제분공업·제당공업·섬유공업 등 삼백 산업을 성장시켰다(이승만 정부).

오답 check

① 1973년 이후 건설 업체의 중동 진출이 본격화되었다(박정희 정부).
② 1980년대 중후반 저금리, 저유가, 저달러의 3저 호황기가 있었다(전두환 정부).
④ 1993년 투명한 금융거래를 위해 금융 실명제를 시행하였다(김영삼 정부).
⑤ 개성공단 조성은 2000년 남북이 합의하여 2002년에 착공되었다(김대중 정부).

49. 답 ③

출제자의 눈

제9대 국회의 의석을 통해 당시는 유신체제임을 파악할 수 있다.

자료 속 힌트 유신 정우회, 제9대 국회

해설

1972년 7·4 남북공동성명을 발표한 직후 박정희 정부는 강력하고도 안정된 정부가 필요하다는 명분으로 비상계엄을 발령하고 10월 유신을 선포하였다. 제9대 국회는 1973년부터 1979년까지 운영되었다.

참고 유신체제(1972~1979)

구분	내용
독재 체제	민주주의의 기본 원리를 무시한 권위주의 독재체제의 성립
대통령 권한	국회 해산권, 법관 인사권, 대법원장 임명권, 긴급조치권, 국회의원 1/3 지명권
대통령 임기	임기 6년, 중임제한 폐지
간접 선거	통일주체국민회의에서 대통령을 간접 선거로 선출

③ 긴급조치권은 대통령의 판단에 따라 국민의 자유와 권리에 대하여 무제한적 제한을 가할 수 있었던 유신체제 아래의 대통령 권한이었다.

오답 check

① 경제 성장에 힘입어 제6대 대통령 선거에서 재선(1967)한 박정희는 변칙적으로 3선 개헌안을 통과시켰다(1969).
② 전두환 정부의 4·13 호헌 조치에 반대하여 1987년 6월 민주항쟁이 전개되었다.
④ 1949년 지방자치법이 제정되어 1952년 최초로 지방자치제가 시행되었으나, 1995년 김영삼 정부에 이르러 지방자치제도가 전면적으로 시행되었다.
⑤ 제헌국회는 친일파를 처벌하고 민족정기를 바로잡기 위하여 반민족 행위 처벌법(반민법)을 제정하여 공포하였으며, 반민족 행위 특별 조사 위원회를 구성하였다(1948.10).

50. 답 ④

출제자의 눈 

외채 상환의 내용을 통해 김대중 정부(1998~2003)의 광복절 경축사임을 파악할 수 있다.

자료 속 힌트 IMF, 외환위기를 이겨내겠다고 약속

김대중 정부(1998~2003)는 2001년 IMF에 외채를 상환하여 외환위기를 극복하였고, 남과 북의 정상이 2000년 평양에서 만나 6·15 공동선언을 발표하였다. 또한, 경제 협력을 통한 민족 경제의 균형적 발전과 사회·문화·보건·환경 등 모든 분야의 협력과 교류를 활성화하고, 남북 대화의 계속 등을 내용으로 하였다.

참고 김대중 정부(1998 ~ 2003)

구분	내용
수립	최초의 평화적 여·야 정권 교체, 국민의 정부
정책	외채 상환(노사정 위원회 설치, 기업의 구조 개혁 시도, 벤처기업 육성)
대북정책	햇볕정책(금강산 관광 시작, 1998), 제1차 남북정상회담(2000, 6·15 남북공동선언 발표)

오답 check

① 1991년 남북 기본 합의서를 채택하여 남북한의 상호 화해와 불가침을 선언하였고 교류와 협력을 하기로하였다(노태우 정부).
② 남북 조절 위원회는 1972년 7·4 남북공동성명을 실천하기 위하여 설치되었다(박정희 정부).
③ 김영삼 정부는 3단계 통일 방안으로 자주, 평화, 민주의 3대 원칙과 화해 협력, 남북 연합, 통일 국가 완성의 3단계 통일 방안을 발표하였다(민족공동체 통일방안.1994).
⑤ 1985년 남북 이산가족 고향 방문단 및 예술 공연단의 교환 방문이 성사되었다(전두환 정부).

한국사능력검정시험

32회 중급

정확하고 자세한 **정답 및 해설**

▶ 본문 14~25쪽

01. ①	02. ②	03. ②	04. ③	05. ①
06. ③	07. ①	08. ②	09. ①	10. ⑤
11. ②	12. ③	13. ③	14. ④	15. ①
16. ④	17. ③	18. ⑤	19. ③	20. ①
21. ①	22. ④	23. ③	24. ⑤	25. ⑤
26. ④	27. ③	28. ⑤	29. ②	30. ②
31. ③	32. ④	33. ①	34. ①	35. ①
36. ④	37. ④	38. ④	39. ⑤	40. ②
41. ②	42. ④	43. ④	44. ②	45. ②
46. ②	47. ④	48. ⑤	49. ②	50. ⑤

01. 답 ①

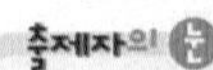

자료 속 사유재산과 계급 발생의 내용을 통하여 청동기 시대임을 파악할 수 있다.

자료 속 힌트 사유재산, 계급

해설

자료에서 사유재산, 계급 발생 등의 단어를 통하여 청동기 시대임을 추론할 수 있다. 청동기 시대에는 조, 보리, 콩, 벼농사를 지었으며, 비파형동검, 반달돌칼, 미송리식토기, 민무늬토기 등이 도구로 사용됐다. 청동기 시대에는 계급이 분화되어 부족을 지배하는 족장(군장)이 등장하였다.

오답 check

① 철기 시대에는 철제 농기구를 사용하였다.

02. 답 ②

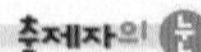

서옥제의 내용을 통하여 고구려의 사회를 파악할 수 있다.

자료 속 힌트 서옥, 삼국지동이전

해설

고구려는 서옥제라는 혼인풍습이 있었는데, 남녀가 혼인을 하면 신부 집 뒤꼍에 서옥이라는 집을 짓고 살다가, 자식을 낳아 장성하면 신부를 데리고 자기 집으로 갔다.

② 고구려의 중대한 범죄자는 귀족회의인 제가회의를 통하여 처벌하였다.

오답 check

① 부여는 사냥이 시작되는 12월에 영고라는 제천행사를 지냈는데, 백성들이 춤과 노래를 즐겼으며 죄수를 풀어주기도 하였으며 전쟁 시에도 제천행사를 지냈다.

③ 동예는 단궁, 과하마, 반어피 등이 특산품으로 유명하였다.

④ 삼한은 제정분리 사회였기 때문에 제사장인 천군이 신성시 되는 소도를 따로 지배하였고 소도에는 군장세력이 미치지 못하였다.

⑤ 고조선은 8조법을 두어 질서를 유지하였으며 그 중 3개조의 내용만 전해져 당시 사회를 파악할 수 있다.

참고 연맹국가의 특징

국가	특징
부여	5부족 연맹체(사출도), 영고(12월), 우제점법, 순장, 1책12법, 연좌제, 반농반목
고구려	5부족 연맹체, 동맹(10월, 국동대혈), 약탈 경제, 서옥제, 제가회의
옥저	군장국가(읍군·삼로), 민며느리제, 가족공동묘, 해산물 풍부, 토지 비옥
동예	군장국가(읍군·삼로), 무천(10월), 책화, 족외혼, 해산물 풍부, 토지 비옥, 방직기술 발달, 특산품(단궁·과하마·반어피)
삼한	신지·견지(大족장), 읍차·부례(小족장), 5월·10월 계절제, 제정분리, 천군(제사장)이 소도 지배, 벼농사 중심, 변한의 철(화폐처럼 사용, 낙랑·왜 수출), 반움집

03. 답 ②

사비로의 천도와 22부 실무 관청의 내용을 통하여 백제 성왕임을 추론할 수 있다.

자료 속 힌트 웅진에서 사비, 22개의 관청

해설

6세기 백제의 성왕은 대외 진출이 수월한 사비(부여)로 천도하여 사비시대를 열었다. 국호를 남부여로 개칭하였으며(538), 백제의 중흥을 꾀하였다. 성왕은 5부와 5방 제도를 정비하였고, 22부의 실무 관청을 설치하는 등 중앙 관청과 지방제도를 정비하여 중앙 집권화에 노력하였다.

참고 백제 성왕(523~554)

시기	내용
왕권 강화	사비(부여) 천도, 남부여 개칭(538), 5부(수도)·5방(지방), 22부 실무관청
대외교류	남조와 교류, 일본 불교 전파(노리사치계)
고구려 공격	한강 유역을 일시적으로 수복(551), 나제동맹 결렬, 관산성 전투(554)에서 전사

오답 check

① 7세기 백제 의자왕은 고구려 군사와 연합해 신라의 교통 요충지인 당항성을 공격하였고, 이후 대야성을 공격하였다(642).
③ 4세기 백제 근초고왕 때 활동했던 학자인 왕인 박사는 천자문과 논어 및 경사 등을 일본에 전달하였고, 이를 가르쳤다.
④ 4세기 백제 근초고왕은 박사 고흥으로 하여금 백제의 역사서인 書記(서기)를 편찬하게 하였다.
⑤ 4세기 백제 침류왕(384~385)은 동진의 마라난타를 통하여 불교를 수용한 후 공인하였다(384).

04. 답 ③

출제자의 눈

자료를 분석하여 신라의 수도 경주의 문화유산을 알아본다.

자료 속 힌트 신라의 수도

해설

자료의 (가)는 신라의 수도 경주를 나타내고 있다.
③ 정림사지 5층 석탑은 백제의 석탑으로 부여에 있다.

오답 check

① 7C 선덕여왕 때에 천문관측을 위하여 경주에 첨성대를 축조하였다.
② 석굴암은 통일신라 경덕왕 때 경주 불국사에 긴립(751)하였고, 1995년 유네스코 세계문화유산으로 등재되었다.
④ 경주 불국사 내부의 화려하고 세련된 다보탑은 통일신라 탑의 균형감과 신라의 아름다움을 엿볼 수 있다.
⑤ 경주 분황사 모전석탑은 신라의 석탑 중 현존하는 가장 오래된 것으로 7세기 신라 선덕여왕 때 건립하였는데 벽돌모양으로 다듬어 전탑형식으로 만든 석탑의 형식을 취하고 있다.

05. 답 ①

출제자의 눈

전진으로부터 불교 수용의 내용을 통하여 고구려 소수림왕(371~384)을 파악할 수 있다.

자료 속 힌트 고구려, 불교를 수용

해설

4세기 고구려 소수림왕은 전진의 승려 순도가 가져온 불상과 경문을 받아들여 불교를 공인하여 사상을 통합하였고(372), 중앙에 태학을 설립하여 유학의 보급과 학문 진흥에 힘썼으며(372), 율령을 반포하여 국가 통치의 기본질서를 확립하였다(373).

오답 check

② 고구려가 7세기에 완공한 천리장성은 부여성에서 비사성까지 축조하였는데, 영류왕 때에 건립하기 시작하여 보장왕 때 완공되었다(631~647).
③ 5세기 고구려 장수왕은 평양으로 수도를 천도(427)하여 본격적인 남진 정책을 추진하였다.
④ 고구려 광개토대왕은 영락이라는 연호와 태왕의 호칭을 사용하는 등 국가의 위신을 높였다.
⑤ 광개토대왕은 신라의 내물마립간을 후원하여 왜구를 토벌하였다(400).

06. 답 ③

출제자의 눈

백제의 미소와 바위에 조각된 불상이라는 설명을 통하여 서산 마애 삼존 불상을 찾을 수 있다.

자료 속 힌트 백제의 미소

해설

삼국시대 불교가 성행함에 따라 불상이 많이 제작되었는데 삼국 시대에는 금동 미륵보살 반가상이 많이 만들어졌다. 온화한 미소를 가진 서산 마애삼존 불상은 백제의 아름다움을 잘 나타내고 있다.

오답 check

① 합천 치인리 마애 여래 입상은 남북국 시대였던 9C 신라의 불상이다.
② 고려시대 파주 용미리 마애 이불입상으로 향토미가 나타난 거대한 불상이다.
④ 고려시대 안동 이천동 석불은 향토적 아름다움과 소박한 아름다움이 잘 드러난 거대한 불상이다.
⑤ 고려시대 전북 고창의 선운사 도솔암 마애불이다.

07. 답 ①

출제자의 눈

김해의 대성동 고분군, 판갑옷 등을 통하여 금관가야를 파악할 수 있다.

자료 속 힌트 김해 대성동 고분

해설

김해 대성동 고분을 통해 금관가야를 파악할 수 있다. 가야는 3C경 김해의 금관가야가 연맹국가로 발전하면서 6가야 연맹체로 성립한다. 제철 기술이 뛰어났으며, 낙랑과 왜의 규수지방을 연결하는 해상 중계 무역이 번성하였다.
① 금관가야는 김수로에 의하여 건국 되었는데(42), 세력범위는 낙동강 유역 일대에 걸쳐 발전하였다.

가야의 김수로

김수로(金首露)는 A.D. 42년, 다른 다섯 명의 아이와 함께 알에서 태어났다. 아직 나라의 이름이 있지 않았고 임금과 신하의 호칭 또한 없었던 곳에서 A.D. 44년 가야를 세웠다. 수로왕비 허황옥(許黃玉)은 멀리 아유타국(阿踰陀國)에서 왔는데, 부부가 합심하여 나라를 다스리고 백성의 사랑을 듬뿍 받았다.

오답 check

② 신라는 국가 중대사에 대하여는 귀족회의로 결정하였는데, 최고 관직인 상대등이 화백회의를 주관하였다.
③ 2세기 고구려 고국천왕 때 을파소를 국상으로 채용하여 진대법을 실시하였다(194).
④ 화랑도는 6세기 신라 진흥왕 때 국가적인 조직으로 개편하여 공인하였고, 활동을 장려하여 조직이 확대되었다.
⑤ 백제는 부여씨와 진씨, 해씨, 국씨, 목씨, 사씨, 연씨, 백씨, 협씨 등 8성의 귀족으로 이루어졌다.

08. 답 ②

신라 때 혜초의 순례를 통하여 왕오천축국전의 내용임을 추론할 수 있다.

자료 속 힌트 혜초, 프랑스 국립 도서관, 인도

해설

통일신라 혜초는 자신이 돌아본 인도와 중앙아시아 등 여러 나라의 풍물을 생생히 기록한 왕오천축국전을 남겼다.

오답 check

① 삼강행실도는 모범이 될 만한 충신, 효자, 열녀 등의 행적을 그림으로 그리고 설명을 붙인 윤리서로서 세종 때 편찬하였다(1434).
③ 직지심체요절은 청주 흥덕사에서 백운 경한 스님에 의해 금속활자로 1377년에 2권으로 간행되었는데 현존하는 세계 最古의 금속 활자로 공인받고 있다.
④ 화성성역의궤(華城城役儀軌)는 수원 화성 축조에 대한 경위와 제도 및 의식 등을 수록한 책(1794~1796)으로 순조 때 제작하였다.
⑤ 무구정광대다라니경은 8세기 초에 제작된 세계에서 가장 오래된 목판 인쇄물로서 불국사 3층 석탑에서 발견되었다.

09. 답 ①

사료를 분석하여 신라 말 혜공왕(765~780) 때의 상황임을 파악할 수 있다.

자료 속 힌트 혜공왕, 왕과 왕비는 살해

해설

자료는 삼국사기의 일부로 신라 말 혜공왕 때의 상황을 나타낸 것이다. 8세의 어린나이로 혜공왕이 즉위하여 정치가 제대로 운영되지 못하여 혼란이 야기되었고, 왕실의 권위는 추락하였다. 당시에는 이찬 김지정이 상대등 김양상 일파를 제거하고자 반란을 일으켰으나 실패하였고 이 과정에서 혜공왕이 피살되었다(780).
① 6세기 신라 법흥왕 때 이차돈의 순교 이후 비로소 국가적으로 불교를 공인하였다(527).

오답 check

② 헌덕왕 때 웅천주(공주) 도독 김헌창은 아버지인 김주원이 왕위를 계승하지 못한데 불만을 품고 국호를 장안, 연호를 경운이라고 하여 반란을 일으켰으나 실패하였다(822).
③ 견훤은 전라도 지방의 군사력과 호족 세력을 통합하여 완산주(전주)에 도읍을 정하고 후백제를 건국하였다(900).
④ 신라 말 흥덕왕 때 장보고는 완도에 청해진을 설치(828)하여 해적을 소탕하였으며, 남해와 황해의 해상 무역권을 장악하였다.
⑤ 신라 말 귀국한 최치원은 진성여왕에게 유교 정치 이념과 과거 제도 등의 내용이 담긴 시무 10조를 건의하였으나 진골귀족들의 반대로 시행되지 못하였다.

참고 신라 말 반정부 봉기

왕	반정부 봉기
혜공왕(756~780)	대공의 난(768), 96각간의 난(768), 김지정의 난(780)
헌덕왕(809~826)	김헌창의 난(822), 김범문의 난(825)
흥덕왕(826~836)	장보고의 난(846)
진성여왕(887~897)	원종과 애노의 난(889), 적고적의 난(896)

10. 답 ⑤

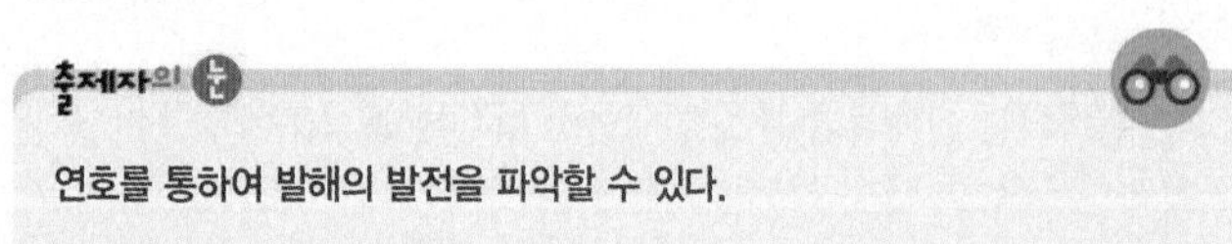

연호를 통하여 발해의 발전을 파악할 수 있다.

자료 속 힌트 인안, 장문휴, 대흥, 3성 6부

해설

제시된 연호와 업적 등을 통하여 (가) 발해 무왕과 문왕의 정책을 파악할 수 있다.

참고 발해의 발전

왕	내용
고왕	대조영, 길림성의 동모산에서 건국(698), '천통'
무왕	북만주 일대 장악, 요서·산둥 지방 공격(장문휴의 수군), 돌궐·일본과 연결하여 당·신라 견제, '인안'
문왕	당과 친선 관계, 중경에서 상경으로 천도, 신라도, 주자감 설치, '대흥'
선왕	대부분의 말갈족 복속, 요동 진출, 해동성국, 15부 62주 정비, '건흥'

⑤ 발해 선왕은 건흥이라는 독자적인 연호를 사용하였고, 5경 15부 62주를 정비하였다.

오답 check

① 고려 태조는 사심관과 기인제도를 활용하여, 지방 호족을 견제하고 지방 통치를 보완하려 하였다.
② 신라 원성왕 때 독서삼품과를 마련하였는데 국학의 졸업생을 성적에 따라 3등급으로 나누어 관리를 채용하려 하였다.
③ 능력보다 신분을 중시하였던 골품제는 신라의 신분제도이다.
④ 고려는 국왕의 친위부대인 2군과 수도와 국경 방위부대인 6위를 중앙군으로 구성하였다.

11. 답 ②

출제자의 눈 

풍수지리와 서경천도 등의 내용을 통하여 고려시대 서경천도 운동을 파악할 수 있다.

자료 속 힌트 풍수지리, 서경 천도

해설

자료는 1135년에 있었던 묘청의 서경 천도 운동을 토론의 형식으로 꾸며 놓고 있다. 묘청은 고려가 윤관이 쌓은 9성의 반환 이후 금의 군신 관계 요구를 수락(1125, 이자겸)하는 등 보수화되자 칭제 건원과 금국정벌론을 내세워 서경 천도 운동을 일으켰다. 대화의 (가)는 서경파로 묘청, (나)는 개경파로 김부식이 대표적 인물이다.

참고 묘청의 서경천도운동(1135년)

구분	(가) 서경파	(나) 개경파
중심 세력	묘청·정지상 중심, 개혁적 관리	김부식 중심, 보수적 관리
사상 경향	풍수지리설, 자주적 전통 사상	사대적 유교 정치사상
대외 정책	서경 천도, 금국 정벌, 칭제건원(자주적)	금에 대한 사대 정책
역사 의식	고구려 계승 의식	신라 계승 의식
대내 정책	왕권 강화, 혁신적 제도 개혁	유교 이념 충실, 사회 질서 확립

오답 check

ㄴ. 고려 무신집권기에 활동한 지눌은 송광사를 중심으로 수선사 결사를 제창하였다.

ㄹ. 고려 무신정권의 정중부는 중방을 기반으로 정권을 장악하였다.

12. 답 ③

출제자의 눈 

연호 사용과 서경 중시의 내용을 통해 광종을 파악할 수 있다.

자료 속 힌트 광덕, 공복

해설

고려 광종은 공신의 자제를 우선적으로 등용하던 종래의 관리 등용 제도를 억제하고 새로운 관리 선발을 위해 과거 제도를 시행하였으며 이어서 지배층의 위계질서를 확립하기 위해 백관의 공복을 제정하였다. 광종은 노비안검법을 시행하였고 왕실의 권위를 높이기 위하여 황제의 칭호 및 광덕·준풍과 같은 독자적인 연호도 사용하였다.

노비안검법(956)

광종은 왕권을 강화하기 위하여 후삼국 시대의 혼란기에 불법적으로 노비가 된 자를 조사하여 양인으로 해방시켜 주는 노비안검법을 시행하였다. 이로 인하여 호족 세력의 경제적·군사적 기반은 약화되었고 국가의 재정은 확대되었다.

오답 check

① 고려 성종은 지방의 12목에 목사와 경학박사·의학박사를 파견하여 중앙집권화와 유교교육을 진흥시켰다.

② 고려 태조 왕건은 후대의 왕들에게 지켜야 할 정책 방향을 훈요10조를 통하여 제시하였다.

④ 공민왕은 즉위 후 기철을 비롯한 친원 세력을 숙청하고, 내정 간섭기구인 정동행성이문소를 폐지하였다(1356).

⑤ 고려 현종 때 전국을 5도 양계, 경기로 크게 나누고, 그 안에 3경, 4도호부, 8목을 비롯하여 군·현·진 등을 설치하였다(1018).

13. 답 ③

출제자의 눈 

지도와 사진을 통해 고려시대 문화재를 확인한다.

자료 속 힌트 고려시대, 문화유산

해설

(가) 경기도 여주의 고달사지 승탑은 신라 말 승탑의 전형적인 형태인 팔각원당형을 계승한 고려시대 승탑이다.

(나) 논산의 관촉사 석조 미륵보살 입상은 향토적 아름다움과 소박한 아름다움이 잘 드러난 거대한 고려시대 불상으로 사람이 많이 다니는 길목에 조성되었다.

(다) 전남 구례의 화엄사 각황전은 조선후기 18세기 건축물(1702)로 외관은 2층이나 내관은 단층 구조로 되어있다.

(라) 팔작지붕의 영주 부석사 무량수전은 균형 잡힌 외관과 잘 짜여진 각 부분의 치밀한 배치로 고려시대 건축의 단아하면서도 세련된 특성을 잘 드러내고 있다.

(마) 월정사 8각 9층 석탑은 송의 영향을 받은 고려시대의 석탑으로 평창 오대산에 있다.

14. 답 ④

출제자의 눈 

특수행정구역인 '소'와 전시과 제도의 시행을 통하여 고려시대를 파악할 수 있다.

자료 속 힌트 특수행정구역, 전시과

해설

고려시대에는 소를 이용한 깊이갈이가 일반화되어 농업 생산량이 증가하였고, 시비법이 발달하여 휴경지가 점차 감소하였다. 밭농사는 2년 3작 윤작법이 점차 보급되면서 2년 동안의 보리, 조, 콩의 돌려짓기가 이루어졌으며, 논농사도 발전하여 모내기법(이앙법)이 남부 지방 일부에 보급되었다.

ㄴ. 벽란도는 고려의 국제 무역항으로 이슬람 상인이 왕래하였던 교통로와 산업의 중심지였다.

ㄹ. 고려 성종 때에는 건원중보를 발행하였고 숙종 때에는 삼한통보 등 동전을 만들었으나 널리 유통되지 못하였다.

오답 check

ㄱ. 조선후기 18세기 영조 때 일본에서 고구마가, 19세기 헌종 때 청에서 감자가 전래되어 재배하기 시작하였다.
ㄷ. 대동법의 시행 이후 상품 수요가 증가하여 상품 화폐 경제가 발달하였고 공인 및 도고가 성장하게 되었다.

15. 답 ①

출제자의 눈 

정몽주, 정도전의 스승이었던 내용을 통해 성리학자 이색의 활동을 알아본다.

자료 속 힌트 목은, 이제현의 제자, 정몽주, 정도전

해설

충선왕 때 이제현은 원의 수도에 설립된 만권당에서 성리학에 대한 이해를 심화하였고 귀국한 후에 이색 등에게 영향을 주어 성리학을 전파하였다. 공민왕 때 이색은 정몽주, 권근, 정도전 등을 가르쳐 성리학을 더욱 확산시켰다.

오답 check

② 16세기 활동한 이이는 성학집요를 저술하여 현명한 신하가 군주에게 성학을 가르쳐 그 기질을 변화시켜야 한다는 것을 강조하였다.
③ 16세기 활동한 이황은 성학십도를 저술하여 군주 스스로 성학을 따라야 할 것을 강조하였다.
④ 중농주의 실학을 집대성한 학자는 정약용으로 정조 때 활동하였다.
⑤ 고려 성종 때 활동한 최승로는 시무 28조를 건의하였고, 그것이 채택되어 정치에 반영하였다.

16. 답 ④

출제자의 눈 

홍건적의 침입을 통하여 고려 말 국제 정세를 파악할 수 있다.

자료 속 힌트 홍건적, 고려사

해설

홍건적은 원나라 말기에 백련교도가 중심이 되어 봉기한 한족의 농민 반란군이다. 이들은 머리에 붉은 수건을 두른 데서 홍건적이라 불렸고 1359년 고려에 제1차로 침입하였으며, 1361년 2차로 침입하였다.
④ 고려 말 우왕 때 이성계는 위화도에서 회군하여(1388) 최영을 제거한 뒤, 군사적 실권을 장악하여 본격적인 개혁의 계기를 마련하였다.

오답 check

① 최우는 교정도감을 통하여 정치권력을 행사하였고 독자적인 인사기구인 정방을 설치하여 모든 관직에 대한 인사권을 장악하였다(1225).
② 거란의 소배압은 10만 대군을 끌고 침략하였는데, 귀주에서 강감찬이 지휘하는 고려군에게 섬멸되었다(1019, 귀주대첩).
③ 성종 때 거란을 몰아내고 강동 6주를 설치하여 북방을 견고하게 하였다(994).

⑤ 여진의 침입으로 윤관은 숙종에게 특수부대인 별무반을 편성할 것을 건의하였고, 숙종은 윤관의 건의를 받아들여 별무반을 조직하였다(1104).

17. 답 ③

출제자의 눈 

자료를 분석하여 홍문관을 도출한 후 홍문관의 역할을 알아본다.

자료 속 힌트 왕의 자문, 경연

해설

홍문관은 성종 때 집현전을 대체하여 설치된 기구로 왕의 정치 자문 역할도 하였고, 경연과 서연을 담당하였는데, 왕과 대신들이 참여하는 학술 세미나인 경연을 주최하였고, 정책 자문과 정책 협의를 통해 정책을 결정하였으며, 정승을 비롯한 주요 관리도 다수 경연에 참여하였다.
③ 홍문관은 사헌부, 사간원과 함께 조선시대 삼사라 불리었다.

오답 check

① 서원에서 향음주례와 향사례를 주관하였다.
② 한성부는 수도 한성의 행정 및 치안을 담당하였다.
④ 조선은 호조에서 호구, 조세, 부역 등 재정에 관련한 일을 담당하였다.
⑤ 의금부는 국왕 직속의 상설 사법기관으로 대역·모반죄 등 왕권 안위에 관계된 중죄 등을 처결하였다.

18. 답 ⑤

출제자의 눈 

해동제국기를 통해 당시 일본의 상황을 파악할 수 있다.

자료 속 힌트 해동제국기, 3포 개항, 계해약조

해설

세종 때 서정관(기록관)의 신분으로 신숙주가 일본을 견문하고 찬친(임금께 글을 올림)하였고(1443), 성종 때 일본의 지세, 국정, 교빙 내왕의 연혁, 사신대예접 등의 절목을 기록하여 편찬하였다(1471).
⑤ 세종 때(1419) 이종무는 병선 227척, 병사 1만 7,000명을 이끌고 쓰시마 섬을 토벌하여 왜구의 근절을 약속받고 돌아왔다.

오답 check

① 고려 예종 때 윤관은 여진을 정벌하여 동북 9성을 쌓았다(1107).
② 조선에서 명나라로 보내는 정기 사절로 정조사(새해맞이), 성절사(황제 및 황후 생일), 동지사(동지)를 파견하였다.
③ 세종 때에는 김종서와 최윤덕을 보내 여진을 토벌하고 4군과 6진을 설치하여 압록강과 두만강을 경계로 하는 오늘날과 같은 국경선을 확정하였다.
④ 조선시대 여진과는 국경 지역에 설치한 무역소를 통하여 교역하였다.

19. 답 ③

출제자의 눈 

조선시대 구휼 기관인 의창을 통하여 조선의 빈민구제 정책을 파악할 수 있다.

자료 속 힌트 조선, 의창

해설

조선은 중앙에 (가) 혜민국(혜민서)과 동·서 대비원을 설치하여 수도권 내에 거주하는 서민 환자의 구제와 약재 판매를 담당하게 하였고, 지방에 제생원은 지방민의 구호 및 진료를 담당하였다. 또한, 동·서 활인서를 통하여 유랑자의 수용과 구휼을 담당하게 하였다.

오답 check

① 태조는 빈민을 구제하기 위하여 고구려의 진대법을 계승한 흑창을 설치하였다.
② 조선 태조 때 얼음을 보관하기 위한 기구로 서빙고를 설치하였다.
④ 고려 예종 때 양현고라는 장학 재단을 두어 관학의 경제 기반을 강화하였다.
⑤ 고려와 조선 시대 설치한 상평창은 물가를 조절하여 민생을 안정시켰던 기구였다.

20. 답 ①

출제자의 눈 

장영실과 인쇄 기술 등을 통하여 세종을 파악할 수 있다.

자료 속 힌트 갑인자, 장영실

해설

자료는 갑인자에 대한 내용을 나타내고 있다. 세종 때에는 구리로 갑인자를 주조하였는데, 이는 글자 모습이 아름답고 인쇄에 편리하게 만들어졌다.

① 세종 때에는 우리 실정에 맞는 농서로 농사직설을 편찬하였고, 서울을 기준으로 천체 운동을 계산한 칠정산이라는 역법서를 만들었다.

오답 check

② 정약용은 거중기를 이용하여 화성을 축조하여 공사기간을 단축시켰다.
③ 전란으로 질병이 만연하자 광해군은 허준으로 하여금 동의보감을 편찬하게 하였다(1610).
④ 세조 때 경국대전을 편찬하기 시작하여, 성종 때 완성·반포하였다.
⑤ 철종 때 김정호는 대동여지도를 제작하였다.

21. 답 ①

출제자의 눈 

제시된 사진과 설명으로 통해 유네스코 문화유산인 종묘를 찾을 수 있다.

자료 속 힌트 왕과 왕후의 신주, 사당

해설

자료에 나타난 문화재는 종묘이다. 종묘는 조선왕조 역대 왕과 왕비 및 추존된 왕과 왕비의 신주를 모신 유교사당으로서 가장 정제되고 장엄한 건축물 중의 하나이다. 종묘는 사적 제125호로 지정 보존되고 있으며 1995년 12월 유네스코 세계유산으로 등록되었다.

오답 check

② 사직단은 조선시대 토지와 곡식의 신에게 제사를 지낸 곳으로 도교적 성격이 나타난다.
③ 조선은 고려의 교육 제도를 이어받아 최고 교육기관인 성균관을 서울에 두었다.
④ 창덕궁은 임란 때 경복궁이 소실된 이후 창덕궁이 약 300여 년간 조선의 본궁 역할을 하였다.
⑤ 이황의 도산서원은 경상북도 안동시에 위치하고 있다.

22. 답 ④

출제자의 눈 

권력기구에 대한 설명을 통해 비변사의 변화를 파악할 수 있다.

자료 속 힌트 변방 방비를 담당, 임시, 임진왜란, 확대·강화

해설

(가) 비변사는 16세기 중종 때 북쪽의 여진과 남쪽의 왜구의 침략이 증가하자 삼포왜란 이후(1510) 이를 효율적으로 대처하기 위하여 변방을 담당하는 임시기구로 창설되었다.

참고 비변사 변천

시기	변화
중종	임시기구(1510. 삼포왜란)
명종	상설기구(1555. 을묘왜변)
선조	중요 핵심기구(1592. 임진왜란)
19C	최고 권력기구(세도정치기)
고종	비변사폐지(1865. 흥선대원군)

오답 check

① 대한제국은 1899년 대한국 국제를 반포하여 전제 황권을 지향하는 전제 군주제를 추구하였다.
② 공민왕은 전민변정도감을 설치하고, 승려 신돈을 등용하여 권문세족이 부당하게 빼앗은 토지와 노비를 본래의 소유주에게 돌려주거나 양민으로 해방시켰다(1366).
③ 조선은 근대 문물을 수입하기 위하여 개화 정책 추진의 핵심 기구로 1880년 통리기무아문을 설치하였고, 아래에 12사를 두어 외교, 군사, 산업 등의 업무를 분담하게 하였다.
⑤ 재신과 추밀이 모여 고려의 국정을 논의하는 국가 최고의 회의기구로 도병마사와 식목도감이 있었다.

23. 답 ③

출제자의 눈 

폐모살제(廢母殺弟)의 내용을 통하여 인조반정을 파악할 수 있다.

자료 속 힌트 어린 자식을 빼앗아 죽이고, 유폐, 오랑캐에게 투항하게 하였다.

해설

제시된 자료는 인조반정의 내용이다. 광해군 집권 시기에 집권 세력인 북인은 서인과 남인 등을 배제한 채 정권을 독점하려 하였다. 그러나 광해군의 중립외교로 서인들의 반발을 샀으며, 영창대군을 살해하고, 인목대비를 유폐하는 등 도덕적인 원성을 샀다. 결국 서인이 주도한 인조반정에 의해 몰락하였다(1623).

인조반정(1623)

광해군의 중립외교 정책은 일부 사림 세력과 충돌을 빚었다. 더구나 광해군은 선조의 왕비였던 인목대비와 갈등을 빚고 있었기 때문에 인목대비의 아들인 영창 대군을 죽이고, 인목대비를 궁궐에 가두어 버렸다. 사림 세력은 광해군의 이러한 패륜 행위와 명에 대해 의리를 지키지 않은 것을 비난하였고 결국 정변을 일으켜 광해군을 몰아내고 새롭게 인조를 왕위에 앉혔다.

24. 답 ⑤

출제자의 눈 

임진왜란 이후 일본에 파견한 조선통신사에 대하여 알아본다.

자료 속 힌트 에도 막부의 요청, 사절단

해설

일본은 조선의 선진 문화를 받아들이고, 에도 막부의 쇼군(將軍)이 바뀔 때마다 그 권위를 국제적으로 인정받기 위하여 조선에 사절의 파견을 요청하였다. 통신사는 외교 사절로서 뿐만 아니라, 조선의 선진 문화를 일본에 전파하는 역할도 하였다.

참고 통신사

구분	내용
파견	1607년부터 1811년까지 12회에 걸쳐 통신사라는 이름으로 사절을 파견
행렬	통신사 일행은 적을 때에는 300여 명, 많을 때에는 400 ~ 500명이나 되었고, 일본에서는 국빈으로 예우
영향	일본은 이들을 통하여 조선의 선진 학문과 기술을 학습

오답 check

① 일본의 정권이 바뀔 때 국제적 지위를 인정받기 위해 조선에 통신사를 요청하였고 정부는 통신사를 파견하였다.
② 조미수호통상 조약 체결 이후에 민영익을 전권대사로 하여 최초의 구미사절단인 보빙사를 파견하였다(1883).
③ 1907년 고종은 을사늑약의 부당성을 국제 사회에 알리고자 헤이그에 이상설, 이준, 이위종 등을 특사로 파견하였다.
④ 고려 말에 이암이 원나라의 농서인 농상집요를 소개하였다.

25. 답 ⑤

출제자의 눈 

대화를 통하여 현종 때 전개된 예송논쟁을 파악할 수 있다.

자료 속 힌트 현종, 예송

해설

현종 재위시기에 효종과 효종의 비(인선왕후)가 사망하자 차남으로 왕위를 이은 효종의 왕위 계승에 대한 정통성과 관련하여 논쟁이 전개되었는데, 인조의 계비인 자의대비가 적장자에 준하는 상복을 입을 것인지를 둘러싸고 2차례의 ㈎ 예송논쟁이 전개되었다.

참고 예송논쟁

	기해예송(1659)	갑인예송(1674)
원인	효종의 상 때 자의 대비 복제 문제	효종 비의 상 때 자의대비 복제 문제
서인	1년설(기년설)	9개월설(대공설)
남인	3년설	1년설(기년설)
채택	서인(1년설)	남인(1년설)

오답 check

① 위훈삭제 문제로 인한 공신들의 반발로 조광조를 비롯한 대부분의 사림 세력은 정계에서 밀려나게 되었다(1519. 기묘사화).
② 김일손이 김종직의 조의제문을 사초에 포함시켜 사림들이 화를 입었다(1498. 무오사화).
③ 조선전기인 15C~16C에 훈구와 사림의 대립으로 사화가 발생하였다.
④ 연산군 때 폐비윤씨 사건을 원인으로 하여 사림들을 탄압하였다(1504. 갑자사화)

26. 답 ④

출제자의 눈 

화성능행도를 통하여 정조의 정책을 파악할 수 있다.

자료 속 힌트 배다리, 어머니 혜경궁 홍씨

해설

자료는 화성능행도로 정조가 수원에 행차할 때 정약용이 한강을 안전하게 건너도록 배다리를 설계하였다. 정조는 수원으로 아버지 사도세자의 묘를 옮기고, 거중기를 이용하여 화성을 축조하여 정치적·군사적 기능을 부여함과 동시에 상공인을 육성시켜 자신의 정치적 이상을 실현하는 상징적인 도시로 건설하고자 하였다.
④ 정조는 유능한 인재를 재교육하는 초계문신제도를 실시하였다.

초계문신제도

초계문신제도는 37세 이하의 당하관 중에 재능 있는 문신들을 뽑아 정조가 직접 재교육 시키는 제도이다. 인물 선정은 의정부에서, 교육은 규장각에서 선정된 인물들을 대상으로 정조가 직접 강의하고, 시험도 직접 보았다.

오답 check

① 조선 세종은 궁중 안에 정책 연구 기관으로 집현전을 설치하여 유교 정치를 실현하려 하였다.
② 영조는 속대전을 편찬하고 법전 체계를 정리하여 제도와 권력 구조 개편에 힘썼다.
③ 숙종 때에 금위영이 추가로 설치되어 17세기 말에 5군영 체제가 갖추어졌다.
⑤ 세조는 현직 관리에게만 수조권을 지급하는 제도인 직전법을 시행하였다(1466).

27. 답 ③

출제자의 눈 

자료를 통하여 상평통보가 유통되었던 조선후기 경제 상황을 알아본다.

자료 속 힌트 숙종 때, 전국적, 유통

해설

1678년(숙종 4년) 영의정 허적, 좌의정 권대운 등이 상평통보의 주조를 다시 주장하여 서울 일대와 서북 일부 지역에 유통케 하였고, 법화(法貨)로 채택하였다.

화폐의 전국적 유통

조선 정부는 화폐의 유통에 힘써 인조 때 동전을 주조(상평통보, 1633)하여 개성을 중심으로 통용시켜 그 쓰임새를 살펴보고, 효종 때에는 서울 및 일부 지방에 유통시켰다(1649). 18세기 후반부터는 세금과 소작료도 동전으로 대납할 수 있게 하였다(1678, 숙종 때 전국적 유통).

③ 6세기 신라 지증왕 때에는 무역이 급격하게 발달하여 시장을 감독하는 관청인 동시전을 설치하였다.

오답 check

① 조선후기의 광산 경영은 경영 전문가인 덕대가 출현하여 활동하였다.
② 조선후기 담배와 목화 등의 상품작물이 재배되었다.
④ 조선후기 농업 경제가 발전하여 이앙법(모내기법) 등의 기술이 전국적으로 확대되었다.
⑤ 조선후기 개성에서 활동하던 송상 및 의주에서 활동하던 만상 등이 활발하게 상행위를 하였다.

28. 답 ⑤

출제자의 눈 

우리 역사상 하층민들의 봉기를 통해 시대와 내용을 구분할 수 있다.

해설

(가) 원종과 애노의 난은 신라 하대 9세기 진성여왕의 재위기간에 일어났다(889). 신라 말에는 귀족들의 정권 다툼과 대토지 소유의 확대로 백성의 생활이 어려워졌으며, 당시 중앙 정부는 통제력을 상실하였다.
(나) 공주 명학소에서 망이·망소이가 신분 해방을 주장하며 봉기하였고, 명학소가 충순현으로 승격되면서 향·부곡·소가 해방되는 계기가 되었다(1176).
(다) 무신 집권기에는 무신들의 농민에 대한 가혹한 수탈을 견디지 못한 백성들이 대규모의 봉기를 많이 일으켰는데 최충헌의 사노비였던 만적은 최충헌 집권기에 일으킨 난으로 무신집권기의 대표적 봉기이다(1198). 만적은 사람이면 누구나 공경대부가 될 수 있다고 주장하며 신분차별에 항거하였다.
(라) 홍경래의 난(1811)은 세도 정치의 폐해와 서북민에 대한 차별 대우 등이 원인이 되어 봉기한 것이다. 몰락 양반인 홍경래와 영세농민, 중소 상인, 광산 노동자 등이 합세하여 청천강 이북 지역을 거의 장악하기도 하였으나 5개월 만에 평정되었다.
(마) 임술 농민봉기(1862)는 경상 우병사 백낙신의 수탈에 견디다 못한 농민들이 몰락 양반 출신의 유계춘 등을 중심으로 진주에서 봉기하였다. 임술 농민봉기 당시의 민심 안정을 위하여 정부는 삼정이정청을 설치하여 삼정의 문란을 시정할 것을 약속하였다(1862).

오답 check

① 원종과 애노의 난은 신라 말에 발생하였다.
② 서북민에 대한 차별대우에 항거하여 일어난 봉기는 홍경래의 난이다.
③ 백난신의 수탈에 대한 농민 봉기는 임술농민봉기이다.
④ 황토현 전투는 동학 농민운동의 상황이다.

29. 답 ②

출제자의 눈 

김육이 방납의 폐단을 시정하기 위해 건의한 내용을 통해 대동법을 파악할 수 있다.

자료 속 힌트 김육, 방납의 폐단, 쌀, 베, 동전

해설

대동법은 광해군 때 최초 시행(1608)되었다가, 1623년 인조 때 조익의 주장으로 강원도에서 실시하였고, 1651년 효종 때 김육의 주장으로 충청도와 전라도에서 시행된 이후로 숙종 때 전국으로 확대 실시되었다(1708).

참고 대동법(광해군.1608 ~ 숙종.1708)

구분	내용
배경	방납의 폐단, 농촌경제의 파탄, 농민의 이탈
내용	토지 1결당 미곡 12두 부과(공납의 전세화), 쌀·삼베나 무명, 동전 등으로 납부(조세의 금납화), 지주들의 반발로 전국적 시행에 100여 년 소요
영향	공인 등장 → 상품 수요 증가, 상품 화폐 경제 발달 → 장시 발달 → 도고 성장

오답 check

①, ④ 영조는 1년에 군포 1필만 부담하는 균역법을 시행하였는데, 감소된 재정에 대하여는 지주에게 결작미를 부담시켰다(1750).
③ 인조는 농민들의 전세 경감을 위하여 영정법을 시행하여 풍년이건 흉년이건 관계없이 전세를 토지 1결당 미곡 4두로 고정시켰다(1635).
⑤ 세종은 토지비옥도(전분6등법)와 풍흉(연분9등법)에 따른 조세 부과 기준을 만들어 조세를 차등 있게 내도록 하는 등 민생안정에 힘을 쏟았다.

30. 답 ②

출제자의 눈 

인물카드의 내용을 통해 연암 박지원을 알 수 있다.

자료 속 힌트 연암(燕巖), 열하일기, 양반전

해설

박지원은 청에 다녀와 열하일기를 저술하고 상공업의 진흥을 강조하면서 수레와 선박의 이용, 화폐 유통의 필요성 등을 주장하고, 양반전, 허생전, 호질 등을 저술하여 양반 문벌제도의 비생산성을 비판하였다. 농업에서도 영농 방법의 혁신, 상업적 농업의 장려, 수리 시설의 확충 등을 통하여 농업 생산력을 높이는 데 관심을 기울였다. 박지원 등의 북학파 실학사상은 19세기 후반 박규수, 오경석, 유홍기 등의 개화사상으로 이어졌다.

오답 check

① 철종 때 김정호는 대동여지도를 제작하였다.
③ 중농학파 실학자인 유형원은 일생 동안 농촌에 묻혀 살면서 학문 연구에 몰두하여 반계수록을 저술하였다.
④ 이중환은 각 지역의 자연 환경과 물산, 풍속, 인심 등을 서술하고, 어느 지역이 살기 좋은 곳인가를 정리하여 택리지를 편찬하였다.
⑤ 홍대용은 지구가 우주의 중심이 아니라는 무한우주론을 주장하였다.

31. 답 ③

출제자의 눈 

경복궁에 대한 역사적 내용을 알아본다.

자료 속 힌트 근정전

해설

자료에서 제시한 근정전을 통해 (가) 경복궁을 파악할 수 있다. 경복궁은 조선 태조가 창건하여 조선의 본궁 역할을 하였으나, 임란 때 소실 후 창덕궁이 약 300여 년간 본궁 역할을 하였다. 19C 흥선대원군이 집권한 후 실추된 왕실의 존엄성을 회복하기 위해 임진왜란 때 불타버린 경복궁을 중건하였다(1865~1868).

③ 덕수궁은 조선 초 월산대군(성종의 형)의 집으로 임란 후에는 의주에서 귀궁한 선조의 임시 거처로 사용되었으며, 광해군 때에는 인목대비의 유폐장소였고, 고종이 아관파천에서 환궁한 곳이다.
④ 일제는 경복궁에 조선총독부 신청사를 건립하였는데 신청사는 1916년에 착공하여 1925년 준공하여 사용하였고, 1995년 역사 바로세우기의 일환으로 철거되었다.

32. 답 ④

출제자의 눈 

강화도 조약과 조미수호통상조약의 내용을 통해 공통점을 파악할 수 있다.

자료 속 힌트 강화도조약, 조·미 수호통상조약

해설

- 강화도조약(1876). 우리나라 최초의 근대적 조약으로서 부산(1876), 원산(1880), 인천(1883) 등 3개 항구의 개항이 이루어 졌으며, 치외법권과 해안 측량권 등을 규정한 불평등 조약이었다. 이 조약으로 일본의 정치, 경제, 군사적 침략의 발판이 마련되었고, 이후 서양 열강과 조약을 맺게 되는 선례가 되었다.
- 조미수호통상조약(1882). 조미수호통상조약은 서양과 맺은 최초의 조약으로 불평등 조약이었으며 거중 조정 규정과 영사 재판에 의한 치외법권을 규정하였다. 또한, 최혜국 대우를 규정하였고, 관세에 대한 내용도 체결하였다. 조미수호통상조약의 최혜국 대우는 대표적인 불평등 조항이며, 열강의 이권 침탈의 빌미가 되었다.

오답 check

① 조일무역규칙(1876.7)에서는 일본의 수출입 상품에 대한 무관세, 양곡의 무제한 유출의 허용, 일본 상선의 무항세 등을 규정하였다.
② 1880년 2차 수신사 김홍집에 의해 조선책략이 국내로 유포되어 조미수호통상조약을 체결하게 되었다.
③ 1882년 임오군란의 결과 제물포조약으로 일본 경비병이 주둔하는 것을 허용하게 된다.
⑤ 최혜국 대우는 조미수호통상조약에만 해당되었다.

33. 답 ①

출제자의 눈 

대한계년사의 내용을 통하여 1895년 을미사변을 파악할 수 있다.

자료 속 힌트 왕후를 시해

해설

을미사변은 1895년 음력 8월 20일 명성황후가 경복궁에서 조선 주재 일본 공사 미우라가 지휘하는 일본 낭인들에게 살해된 사건이다. 일본은 조선을 침략하는 데 가장 큰 걸림돌이었던 명성황후 민씨를 살해하였다.

① 조선은 1895년 을미개혁을 시행하였는데 기존의 개국 연호를 폐지하고, 건양이라는 연호를 사용하였으며, 단발령을 반포하였고, 태양력을 사용하였다.

오답 check

② 청과 일본은 조선에 군대를 파견할 경우 상대국에 사전 통보 할 것 등을 내용으로 한 톈진조약을 체결하였는데(1885), 훗날 청일 전쟁(1894)의 빌미로 작용하게 되었다.
③ 제2차 갑오·을미개혁(1894.12~1895.7)은 군국기무처를 폐지하고 김홍집과 박영효의 연립 내각(친일 내각)을 구성하여 홍범 14조를 발표하며 추진하였다.
④ 김홍집 내각은 개혁을 추진하기 위하여 초정부적 회의 기관인 군국기무처를 설치하고, 정치·경제·사회·문화 등 국가의 주요 정책에 대한 자주적인 개혁을 추진하였다(1894.7~1894.12).
⑤ 일본은 청의 톈진조약 내용 위반을 구실로 조선에 군대를 파견하여 청일 전쟁을 도발하였다(1894.6).

34. 답 ①

출제자의 눈

알렌과 제중원 등의 내용을 통해 최초의 근대식 병원을 알아본다.

자료 속 힌트 1885년에 알렌의 건의, 병원, 제중원

해설

광혜원은 우리나라 최초의 근대식 병원으로 알렌과 조선 정부와의 공동 출자로 1885년 2월 개원하였으나 설립 직후인 1885년 3월에 제중원으로 개칭하였다.

오답 check

② 영선사의 건의로 세운 최초의 근대식 무기 제조 공장인 기기창이 건립되었다(1883).
③ 박문국은 1883년 설립하였는데 출판 및 근대적 인쇄술을 도입한 기구로 한성순보를 발행하였다.
④ 원산학사(1883)는 덕원 주민들이 개화파 인물들의 권유에 따라 설립한 우리나라 최초의 근대적 사립학교였으며 외국어, 자연과학, 국제법 등 근대 학문과 무술을 가르쳤다.
⑤ 육영공원은 1886년에 정부가 서울에 설립한 최초의 근대 교육 기관으로 1894년까지 존속하였다.

35. 답 ①

출제자의 눈

자료의 그림을 통해 독립협회를 파악할 수 있다.

자료 속 힌트 서재필, 독립문, 의회 설립요구

해설

독립문, 서재필, 이상재, 의회 설립 등을 통하여 (가) 독립협회를 도출할 수 있다. 독립협회의 내용은 다음과 같다.

참고 독립협회의 활동

구분	내용
국권	독립문 건립, 독립신문 발간, 고종의 환궁 요구(1897.2), 자주독립 수호, 러시아의 절영도조차 요구 저지, 러시아의 군사교련단과 재정고문단을 철수시킴, 한·러은행 폐쇄
민권	신체·재산권 보호 운동(1898.3), 언론·집회의 자유권 쟁취 운동 전개(1898.10)
자강 개혁	헌의 6조 채택(관민공동회, 국권수호·민권보장·국정개혁), 박정양 진보 내각 설립(의회 설립운동) → 중추원 관제(관선 25명, 민선 25명) 반포
해산	보수 세력의 개혁 정치에 대한 반발로 인하여 황국협회를 세워 만민공동회를 탄압

① 독립협회(1896~1899)는 만민공동회와 관민공동회를 개최하여 헌의6조를 결의하였다.

오답 check

② 신민회는 만주에 신흥강습소(신흥무관학교)를 세우는 등 독립 전쟁의 터전을 마련하였다.
③ 일본에 유학 중이던 학생들이 조선 청년독립단을 조직하여 도쿄에서 2월 8일 독립선언서와 결의문을 발표하고 만세운동을 전개하였다(2·8독립선언, 1919).
④ 대한민국 임시정부는 파리에서 신한 청년 당원으로 외교활동을 하던 김규식을 외교 총장으로 임명하여, 파리 강화 회의에서 우리 민족의 독립을 주장하게 하였다.
⑤ 일본의 황무지 개간권 요구에 대항하여 송수만, 원세성이 중심이 되어 항일 운동 단체인 보안회(1904)를 서울에서 조직하여 활동하였고, 일본의 요구를 철회시켰다.

36. 답 ④

출제자의 눈

군대 해산 이후 조직된 군사조직을 통하여 13도 창의군을 파악할 수 있다.

자료 속 힌트 군대 해산, 이인영, 허위

해설

1907년 정미의병은 해산 당한 군인들이 의병에 합류하면서 체계화되었고 조직화된 일종의 군인의 모습을 갖추게 되었다.

참고 정미의병

구분	내용
배경	고종의 강제 퇴위, 군대 해산
확산	의병의 전투력 강화, 전국으로 확산(의병 전쟁화)
전개	서울 진공 작전(1908.1): 이인영, 허위 등 유생 의병장의 주도로 13도 창의군 결성(총대장 이인영, 경기도 양주에 1만 여명 집결) → 부친상으로 이인영 낙향, 허위체포, 일본의 반격으로 실패
탄압	일본의 남한 대토벌 작전(1909.9)
한계	봉건적 유생 층의 지도 노선으로 결속력 약화(신돌석·홍범도 부대는 독자적 투쟁), 무력적 열세, 국제적 고립 상태에서 진행(외교권 피탈)

오답 check

① 정부와 전주화약을 체결한 후 동학농민군은 자치 개혁기구인 집강소를 설치하였다(1894.5).

② 한국독립군은 혁신의회 산하 부대로 북만주 일대에서 중국 호로군과 연합 작전을 전개하여 쌍성보(1932)·대전자령 전투(1933) 등에서 승리하였다.

③ 의열단원 나석주는 동양척식 주식회사와 조선식산은행에 폭탄을 투척한 후 다수의 일본인을 처단하였다(1926).

⑤ 대한민국 임시정부는 독립공채를 발행하여 자금을 모으기도 하였고, 1인당 1원씩의 인구세를 징수, 국민 의연금을 모으기도 하였다.

37. 답 ④

출제자의 눈

1929년 광주에서 전개한 학생들의 독립운동을 통하여 광주학생항일운동의 내용을 짐작할 수 있다.

자료 속 힌트 학생 독립운동, 1929년, 광주

해설

제시된 자료는 1929년에 일어난 광주 학생 항일 운동과 관련된 것이다. 광주학생들의 폭행사건에 대하여 신간회의 광주지회에서는 진상조사단을 파견하였고, 이 사건이 세상에 공개되었다. 곧이어, 학생들의 투쟁에 일반 국민들이 가세하여 전국적인 규모의 항일 투쟁으로 확대되었고, 만주 지역의 민족 학교 학생들과 일본 유학생들까지 궐기하였다.

오답 check

① 백정들은 진주에서 이학찬을 중심으로 조선형평사를 창립하고 형평운동을 전개하였다(1923).

② 우리 민족은 고종의 인산일을 기하여 1919년 3월 1일 평화적인 만세운동을 전개하였다.

③ 1919년 3·1운동은 중국의 5·4운동, 인도의 비폭력·불복종 운동 등에 영향을 주었다.

⑤ 일제는 3·1운동을 계기로 이른바 문화 통치라는 기만적인 식민 통치로 우리민족을 분열을 야기하였다.

38. 답 ④

출제자의 눈

자료를 분석하여 대한민국 임시정부의 독립 운동을 파악할 수 있다.

해설

3·1운동 이후 독립운동의 구심점 역할을 수행할 지도부의 필요성을 절감하였기에 상하이에 대한민국 임시정부를 수립하였고 광복 이전까지 활발한 독립 활동을 수행하였다.

참고 임시정부의 헌정 변화

개헌	내용
임정 헌장(1919.4)	임시의정원 중심, 의장(이동녕), 국무총리(이승만),내무총장(안창호)
1차 개헌(1919.9. 이승만)	대통령 정치 체제, 3권 분립, 민족 운동 통합, 외교활동
2차 개헌(1925.3. 김구)	국무령 중심의 내각 책임 지도제, 임시정부 내부 혼란 수습
3차 개헌(1927.3)	국무 위원 중심 집단 지도 체제, 좌익, 우익 대립 통합
4차 개헌(1940.10. 김구)	주석 중심제, 대일 항전
5차 개헌(1944.4. 김구, 김규식)	주석 · 부주석 중심제, 광복 대비

ㄴ. 대한민국 임시정부에서 개조파와 창조파 및 현상유지파로 분열되어 1923년에 국민대표회의가 개최되었다. (가) 시기가 맞다.

ㄹ. 한인애국단 소속의 윤봉길은 홍커우 공원에서 많은 일본군 장성과 고관들을 처단하였다(1932). (나) 시기가 맞다.

오답 check

ㄱ. 임시정부의 김구, 지청천 등은 신흥 무관학교 출신의 독립군과 중국 각지에서 활동하던 청년들, 일본군을 탈출한 학도병들 까지도 합류시켜 충칭에서 광복군을 창설하였다(1940). (나) 이후에 들어가야 한다.

ㄷ. 대한민국 임시정부 초기에는 연통제와 교통국을 통하여 독립자금을 모금하였다. (가)시기에 들어가야 한다.

39. 답 ⑤

출제자의 눈

의열단의 조선혁명선언을 통해 독립운동가 신채호 선생을 파악할 수 있다.

자료 속 힌트 조선혁명 선언

해설

사진은 청주의 (가) 신채호 사당 및 묘소를 나타내고 있다. 신채호는 화랑도의 낭가사상을 중시하였으며, 민족주의사학자로 독립운동의 일환으로 역사를 연구하였다. 신채호는 주로 고대사 연구에 치중하여 '조선상고사', '조선사연구초' 등을 저술하여 주체적으로 한국사를 정리함으로써 민족주의 역사학의 기반을 확립하였다. 대한매일신보에 독사신론을 발표하여 근대 민족주의 역사학의 방향을 제시하였다.

참고 신채호의 사관 정리

시기	내용
구한말	독사신론, 이순신전, 을지문덕전, 이태리건국삼걸전, 최도통전등 저술, 민족주의 사학
1910년대	단군조선의 문화와 정치사 서술, 만주 중심의 역사체제
1920년대 이후	조선사연구초, 조선상고사(我와 非我의 투쟁, 정신사 중심 역사파악, 비타협적·저항적 민족주의 선언, 독립운동의 방향 제시, 민족주의 사학의 기반 마련) 등

오답 check

① 손진태, 이윤재 등은 진단학회(1934)를 조직하여 한국사 연구에 힘썼다.
② 박은식은 한국독립운동지혈사을 저술하여 일제의 침략과 독립운동의 역사를 정리하였다.
③ 이윤재, 한징 등이 활동하였던 조선어학회는 우리말 큰 사전의 편찬에 착수하였으나, 일제의 방해로 성공하지 못하였다(1942. 조선어학회사건).
④ 1920년대 조선교육회는 민립대학 기성회를 조직(1922)하여 우리 손으로 대학을 설립하려는 민립대학설립운동을 전개하였다.

40. 답 ②

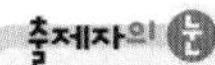

일제강점기 우리민족의 무장독립투쟁의 활동을 파악할 수 있다.

해설

(가) 김좌진이 이끌던 북로군정서군을 중심으로 여러 독립군의 연합부대는 청산리 일대에서 6일간 10여 차례의 전투를 통해 일본군을 대파하였다(1920.10).
(나) 홍범도의 대한독립군이 이끌었던 봉오동전투는 1920년 6월에 있었다.
(다) 대한 독립군단은 적색군(적군)의 배신으로 자유시에서 피해를 입었다(1921).
(라) 자유시 참변 후 만주 지역의 독립 단체들 사이에서 활발한 통합 운동을 전개하여 3개의 자치 정부를 수립하였다(1923~1925).

무장 독립투쟁의 전개

삼둔자전투 → 봉오동전투(1920.6) → 훈춘 사건 → 청산리대첩(1920.10) → 간도참변(1920.10) → 대한 독립군단 조직(1920) → 자유시참변(1921) → 3부 설립(1923~1925) → 미쓰야협정(1925) → 3부통합운동(1929) → 만주사변(1931) → 한중연합작전(1931~1934) → 한국광복군 조직(1940)

41. 답 ②

출제자의 눈

회사령을 통해 일제강점기 헌병무단통치의 시대를 파악할 수 있다.

자료 속 힌트 회사의 설립, 총독의 허가

해설

자료는 총독부가 발표한 회사령이다. 일제는 한국인의 회사설립을 억제하고 민족 자본의 성장을 저지하기 위하여 회사 설립 시 총독부의 허가를 받도록 하는 회사령을 공포하였다(1910~1920).

참고 1910년대 일제의 헌병무단통치

구분	내용
정치	총독이 행정, 입법, 사법, 군통수권 등 전권 장악, 헌병 경찰제, 태형·즉결 심판권, 언론 집회의 자유 박탈, 관리·교사들도 제복과 착검
경제	토지조사사업을 통한 토지 약탈, 회사령(허가제)을 통한 민족기업 성장 억제, 산업 각 부분에 대한 침탈 체제 구축
교육	일본어 학습. 조선어 수업 축소. 중등교육제한. 역사 지리 교육 금지

② 1910년대 국권을 강탈한 일제는 조선 총독부를 설치하고 강력한 헌병 무단 경찰 통치를 실시하였다.

오답 check

① 1930년대 후반 일제는 민족말살 정책의 일환으로 학교에서 황국신민서사의 암송을 강요하였다.
③ 1930년대 후반부터 일제는 국가총동원법(1938)을 제정하고 징병제(1944)를 실시하였다.
④ 중일전쟁(1937) 이후 민족말살 정책으로 일본식 성명을 강요하였다.
⑤ 1930년대 후반부터 일제는 양곡공출제, 식량배급제, 금속공출제 등으로 군량미와 무기원료를 수탈하였다.

42. 답 ④

출제자의 눈

자료를 통하여 물산장려운동을 파악할 수 있다.

자료 속 힌트 조선인 산물을 사용, 조선인 제품

해설

자료에서 조선인 산물을 사용, 조선인 제품으로 대용 등의 문구를 통하여 물산장려운동과 관련한 내용임을 파악할 수 있다.

참고 물산장려운동

구분	내용
전개	평양에서 처음 시작(1920.조만식), 서울에서 조선물산장려회(1923) 조직, 전국으로 확산
활동	'내 살림 내 것으로', 토산품 애용·근검·저축·생활 개선·금주·금연 운동
결과	일본 기업에 열세, 상인·자본가의 농간으로 상품가격이 상승, 사회주의계의 비판

오답 check

① 대한자강회(1906)는 일제가 취한 고종황제의 강제 퇴위와 그 밖의 정미7조약 등의 반대 운동을 주도하였다.
② 3·1운동은 1919년에 있었고, 물산 장려운동은 그 이후에 전개되었다.
③ 통감부는 1906년부터 1910년까지 존속하였다. 당시는 총독부의 탄압이 있었다.
⑤ 서상돈·김광제 등이 대구에서 시작한 국채보상운동(1907)은 전국으로 확산되는데, 대한매일신보·황성신문·제국신문 등의 언론기관도 동참하였다.

43. 답 ④

출제자의 눈 

일제강점기의 종교 활동을 알아본다.

자료 속 힌트 동학, 손병희, 단군교, 나철

해설

(가) 천도교, 민족종교인 천도교는 3·1운동 이후 제2의 3·1 운동을 계획하여 자주독립 선언문을 발표하였으며 개벽, 어린이, 학생, 신여성 등의 잡지를 간행하여 민중의 자각과 근대 문물의 보급에 기여하였다.
(나) 대종교, 나철, 오기호 등이 1909년 창시한 대종교는 단군숭배 사상을 통하여 민족의식을 높였고, 만주에서 중광단(1911)이라는 단체를 만들어 독립운동을 전개하였으며, 후에는 북로군정서(1919)로 개칭하여 더욱 조직화하였다.

오답 check

ㄱ. 개화기 고종은 근대적 학제를 도입하여 한성 사범학교를 설립하였다(1895). (가) 천도교와 (나) 대종교 창설 이전 상황이다.
ㄷ. 천도교 소년회는 1922년 5월 1일 어린이날을 제정하였고, 잡지 '어린이'를 발간하였다.

참고 일제강점기 종교 활동

종교	활동
천도교	제2의 3·1운동 계획(6·10만세운동), 개벽·어린이·학생 등 잡지 간행
대종교	나철, 오기호가 단군신앙으로 창설, 무장독립투쟁(중광단, 북로군정서군)
불교	조선불교유신회 조직(1921, 한용운), 불교계 정화·사찰령 폐지 운동
원불교	불교의 생활화·대중화 주장, 실천 강조·근면·절약·금주·금연 운동
개신교	신사참배 거부운동
천주교	고아원·양로원 등 사회사업, 의민단 조직(만주), 잡지 출간(경향)

44. 답 ②

출제자의 눈 

연보를 통해 일제 강점기 시인 윤동주를 파악할 수 있다.

자료 속 힌트 연희 전문학교, 하늘과 바람과 별과 시

해설

윤동주는 명동소학교, 용정 대성중학교, 연희전문학교, 일본 릿쿄대학, 도지샤대학 등을 졸업하였고, 1943년 항일운동의 혐의를 받고 일경에 검거되어 1945년 일본의 후쿠오카형무소에서 생을 마쳤다. 서시, 자화상, 또 다른 고향, 별 헤는 밤, 쉽게 쓰여 진 시 등의 작품을 남겼으며, 일제 말기의 암흑기 시대를 살면서도 순수하게 살아가고자 하는 내면의 의지를 노래하였다.

오답 check

① 안국선의 금수회의록(1908)은 동물들을 통하여 인간세상을 풍자하였는데 일본이 압수하여 갔다.
③ 3·1운동 이후 동인지가 발행되었는데 김동인의 창조(1919)와 염상섭의 폐허(1920)가 대표적이다.
④ 일제강점기 신파극이 유행하였는데 토월회는 1923년에 발족되었다.
⑤ 1920년대 중반에는 순수 예술을 표방하여 문학이 현실과 생활을 반영을 강조하는 신경향파 문학이 등장하였으며, 1925년에 카프(KAPF)라고 하는 단체를 조직하였다.

45. 답 ②

출제자의 눈 

포스터를 통해 우리나라 최초의 선거인 1948년 5·10 총선거를 확인할 수 있다.

자료 속 힌트 총선거, 5월 10일

해설

1948년 5월 김구의 한국독립당, 김규식 등의 중도파, 공산주의자들은 선거를 불참한 상태에서 유엔의 결의에 따른 남한만의 단독 선거가 실시되었고, 이승만의 독립 촉성 계열과 한민당 계열이 압승을 거두었으며, 198명의 국회의원이 선출되어 제헌국회가 구성되었다. (1대 국회의원, 임기 2년)

② 초대국회는 198명의 국회의원으로 구성되었는데 임기는 2년이었다.

46. 답 ②

출제자의 눈 

자료를 통하여 한국전쟁(6·25전쟁)을 파악할 수 있다.

자료 속 힌트 6·25 전쟁, 1·4 후퇴

해설

• 1950년 6월 25일 한국 전쟁의 발발 소식을 접한 미국은 25일 유엔 안전보장이사회를 긴급 소집하여 북한의 무력공격은 평화를 파괴하는 '침략행위'라고 선언하고, 유엔 회원국들에게 한국에 원조를 제공할 것을 요청하였다.
• 1951년 1월 4일. 1950년 10월 중공군의 참전으로 인하여 우리 국군은 후퇴하였고 1월 4일 서울이 함락되었다.

② 1950년 9월 15일. 국군과 유엔군은 맥아더 유엔군 총사령관의 인천 상륙 작전으로 전세를 반전시켰다.

오답 check

① 1953년 7월 27일. 판문점에서 국제 연합군 총사령관 클라크와 북한군 최고 사령관 김일성, 중공 인민 지원군 사령관 펑더화이가 최종적으로 서명함으로써 휴전협정이 체결되었다.
③ 1950년 1월, 미국은 한반도를 미국의 극동 방위선에서 제외한다는 애치슨 선언을 발표하였다.
④ 1945년 12월. 미국, 영국, 소련의 3국 외상은 모스크바에서 회의를 열어 한반도 문제를 협의하게 되었다.
⑤ 1953년 10월. 우리민족의 휴전 반대 입장을 외면하는 미국에 대해 보장책을 요구하자 어떠한 외부의 침략에도 상호 협조하고 대항한다는 내용의 한미 상호방위조약이 체결되었다.

47. 답 ④

출제자의 눈

국립 4·19 민주 묘지를 통하여 4·19혁명을 추론할 수 있다.

자료 속 힌트 1960년 4월, 시민들의 희생정신

해설

사진 자료는 국립 4·19 민주 묘지에 있는 사월 학생혁명 기념탑이다. 이승만 정부는 부정과 부패, 장기 집권으로 민심을 잃은 상태에서 이승만과 이기붕을 각각 대통령, 부통령으로 당선시키고자 1960년 3월 15일 대대적인 부정선거를 자행하게 되었고, 이에 대항하여 학생과 시민들이 중심이 되어 (가) 4·19 혁명이 전개되었다.

4·19 혁명의 전개과정

마산의 부정 선거 항의 시위(1960.3.15. 경찰 무력 진압) → 최루탄이 눈에 박힌 김주열 학생의 시신 발견(4.11) → 시위 전국 확산 → 시위 군중을 향한 경찰의 발포로 사상자 증가(4.19) → 계엄령 선포 → 대학 교수들의 시국 선언(4.25) → 이승만 대통령 사임(4.26)

오답 check

① 박정희는 변칙적으로 3선 개헌안을 통과시켰고 반대 투쟁이 전개되었다(1969).
② 1987년 정부의 4·13 호헌 조치에 반대하여 6월 민주 항쟁이 일어났으며, 그 결과 정부는 대통령 직선제 개헌을 선언하였다(6·29선언).
③ 1972년 박정희 정부의 유신체제 이후에 유신 철폐 운동이 전개되었다.
⑤ 1980년 신군부가 비상계엄을 전국으로 확대하였고 이에 반대하여 5·18 광주 민주화 운동이 전개되었다.

48. 답 ⑤

출제자의 눈

남북기본합의서를 통하여 노태우 정부(1988~1993)를 파악할 수 있다.

자료 속 힌트 남과 북, 합의, 무력으로 침략하지 아니한다.

해설

자료는 남북기본합의서이다. 노태우 정부는 남북기본합의서(1991)와 한반도 비핵화에 관한 선언(1991) 등을 합의하였고, 서울 올림픽(1988)을 개최하여 북방 외교를 추진하였다. 소련(1990), 중국(1992)과 수교하였고, 유엔에 남북한이 동시 가입하였다(1991).

오답 check

① 개성공단 조성은 2000년 남북이 합의하여 2002년에 착공되었다(김대중 정부).
② 김대중 정부는 금강산 관광 시작(1998) 등 대북 화해 협력 정책에 노력하였다(햇볕 정책).
③ 제1차 남북정상회담은 2000년 김대중 정부에서, 제2차 남북정상회담은 2007년 노무현 정부에서 추진하였다.
④ 남북 조절 위원회는 1972년 7·4 남북공동성명을 실천하기 위해 박정희 정부에서 설치되었다.

49. 답 ②

출제자의 눈

수출 100억불을 통해 제4공화국(1972~1979)을 도출할 수 있다.

자료 속 힌트 1962년만 하더라도, 15년이 지난 오늘, 100억불 수출

해설

자료는 박정희 대통령의 '100억불 수출의 날 치사(1977.12.22.)' 연설 기록문이다. 제4공화국인 유신체제하에서 수출 100억 달러를 달성하였다(1977).

② 4차 경제 개발 5개년 계획은 1977년부터 1981까지 시행하였는데 1977년 12월 수출 100억 달러를 달성하였다.

오답 check

① 김영삼 정부는 세계무역기구인 WTO에 가입하여 경제 발전을 추진하였다(1995).
③ 2004년 칠레와 자유무역협정이 체결되었다(노무현 정부).
④ 위기극복을 위하여 구조조정, 부실기업의 정리 등을 추진하였으며, 금모으기 운동 등으로 2001년 김대중 정부는 외채를 상환하였다.
⑤ 농지개혁법은 1949년에 제정되었으나 정부의 재정상의 문제로 1950년에 실시되었다.

50. 답 ⑤

출제자의 눈

사진과 설명을 통하여 우리 고유의 영토인 독도를 파악할 수 있다.

자료 속 힌트 지증왕 때 이사부가 우산국을 복속

해설

자료에서 설명하고 있는 곳은 우리 고유 영토인 대한민국 경상북도 울릉군 울릉읍 독도리에 대한 설명이다.

⑤ 대한제국은 칙령 제 41호를 통하여 울릉도를 울릉군으로 승격시키고, 독도를 관할 구역에 포함하였다.

대한제국 칙령 제41호(1900.10.27.)
황제의 재가를 받아 울릉도를 울도로 개칭하고 도감을 군수로 승격하였고, 울도군의 관할구역을 "울릉전도 및 죽도, 석도(石島,독도)"로 명시하였다.

오답 check

① 정약전은 신유박해 때 유배를 당하였으며, 흑산도 근해의 어류학을 연구하여 자산어보를 저술하였다.

② 탐라총관부는 원 간섭기에 제주도를 원나라가 관할하기 위한 목적으로 설치한 것으로 영토 침범의 야욕을 드러낸 것이다.

③ 1885년 러시아의 한반도 남하를 견제한다는 구실로 영국은 거문도를 해밀턴 항이라 명명하고 불법 점령한 후 포대를 설치하였다.

④ 제너럴셔먼호사건을 구실로 미국은 5척의 군함으로 강화도를 공격하는 신미양요를 발발하였다(1871).

한국사능력검정시험
31회 중급
정확하고 자세한 **정답 및 해설**

본문 26~37쪽

01. ④	02. ②	03. ①	04. ①	05. ⑤
06. ③	07. ③	08. ④	09. ①	10. ⑤
11. ①	12. ②	13. ②	14. ①	15. ①
16. ⑤	17. ⑤	18. ④	19. ②	20. ④
21. ①	22. ③	23. ④	24. ④	25. ①
26. ⑤	27. ⑤	28. ②	29. ②	30. ②
31. ④	32. ②	33. ①	34. ②	35. ②
36. ②	37. ④	38. ⑤	39. ⑤	40. ③
41. ①	42. ③	43. ⑤	44. ⑤	45. ③
46. ①	47. ②	48. ⑤	49. ③	50. ③

01. 답 ④

출제자의 눈

자료의 빗살무늬 토기와 농경의 시작 등의 내용을 통하여 신석기 시대임을 유추할 수 있다.

자료 속 힌트 빗살무늬토기

해설

신석기 시대에는 조·피·수수 등 농경의 시작으로 정착 생활이 가능하게 되었으며, 가락바퀴와 뼈바늘을 사용하여 의복과 그물을 제작하는 등의 원시적 수공업이 발달하였다. 또한, 진흙으로 그릇을 빚어 불에 구워서 만든 빗살무늬를 입힌 토기를 사용하여 음식물을 조리하거나 저장하였다.

참고 신석기 시대

구분	내용
생활	간석기, 활·창으로 동물 사냥, 어로(그물)
경제	농경(조, 피, 수수) 시작, 의복·그물 제작(가락바퀴, 뼈바늘)
사회	평등사회, 혈연 바탕의 씨족사회(부족사회로 발전)
토기	이른민무늬 토기, 덧무늬 토기, 빗살무늬 토기
움집	대부분 강가나 바닷가, 반지하, 원형이나 모가 둥근 네모 바닥, 중앙 화덕, 4~5명 정도 거주

④ 가락바퀴는 신석기 시대에 출현하여 원시적인 수공업을 시작했음을 알 수 있다.

오답 check

① 철제 농기구는 철기 시대에 사용하였다.
② 청동기 시대에는 거친무늬 거울 등을 만들어 사용하였다.
③ 6C 신라 지증왕 때 철제농기구를 활발하게 보급하여 우경을 실시하였다.
⑤ 청동기 시대에는 정치권력과 경제력을 가진 군장이 등장하였으며, 이들의 무덤인 고인돌을 통해 당시 부족장의 권력을 가늠할 수 있었다.

02. 답 ②

출제자의 눈

지도를 통하여 삼국의 형세를 파악할 수 있다.

해설

제시된 자료는 고구려 장수왕이 한강을 장악한 5세기의 상황을 나타내고 있다. 장수왕은 평양으로 수도를 천도(427)하여 본격적인 남진 정책을 추진하는데, 백제의 개로왕을 전사시켜 수도 한성을 함락시키고, 한강 전 지역을 포함하여 죽령 일대에서 남양만을 연결하는 선까지 세력을 넓혔다. 이러한 역사적 사실은 중원고구려비에 기록되어 있다.

중원고구려비

고구려가 한강을 넘어 충주까지 진출했음을 증명하는 사실은 중원고구려비에 기록되어 있으며, 고구려와 신라의 관계를 알 수 있는 자료가 된다.

오답 check

① 고구려 3세기 동천왕은 서안평을 공격하였으나 위나라의 침입을 받았고, 4세기 미천왕은 서안평을 점령하였다(311).
③ 백제 침류왕은 동진의 마라난타를 통하여 불교를 수용한 후 공인하였다(384).
④ 7세기 백제 의자왕은 고구려 군사와 연합해 신라의 교통 요충지인 당항성을 공격하였고, 이후 대야성을 공격하였다(642).
⑤ 나당 전쟁 중 금강 하구의 기벌포 전투에서 신라는 당의 수군을 섬멸하여 실질적인 삼국통일을 이룩하였다(676, 문무왕).

03. 답 ①

출제자의 눈

사료를 분석하여 연맹왕가인 부여를 도출한 후 풍습을 추론할 수 있다.

자료 속 힌트 사출도, 삼국지 동이전

해설

부여는 5부족 연맹체로서 왕 아래에 가축의 이름을 딴 마가, 우가, 저가, 구가를 두었고, 각 가들은 저마다의 행정 구획인 사출도를 다스리고 있었다. 또한, 왕권이 미약하여 수해나 한해로 흉년이 들면 왕에게 책임을 묻기도 하였다. 법으로는 4조목의 법이 있었는데, 남의 물건을 훔쳤을 때에는 물건 값의 12배를 배상하게 하는 1책 12법이 있었고, 12월에 영고라는 제천행사를 열었다.

오답 check

② 변한은 철이 많이 생산되어 낙랑이나 왜에 수출이 활발하였다.
③ 삼한은 대족장인 신지·견지, 소족장인 읍차·부례 등의 지배자가 지배하였다.
④ 동예는 단궁, 과하마, 반어피 등이 특산품으로 유명하였다.
⑤ 고조선은 8조법을 두어 질서를 유지하였으며 그 중 3개조의 내용만 전해진다.

참고 연맹국가의 특징

국가	특징
부여	5부족 연맹체(사출도), 영고(12월), 우제점법, 순장, 1책12법, 연좌제, 반농반목
동예	군장국가(읍군·삼로), 무천(10월), 책화, 족외혼, 해산물 풍부, 토지 비옥, 방직기술 발달, 특산품(단궁·과하마·반어피)
삼한	신지·견지(大족장), 읍차·부례(小족장), 5월·10월 계절제, 제정분리, 천군(제사장)이 소도 지배, 벼농사 중심, 변한의 철(화폐처럼 사용, 낙랑·왜 수출), 반움집

04. 답 ①

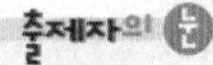

자료를 통하여 웅진성 시대의 백제 문화를 파악할 수 있다.

자료 속 힌트 백제, 웅진성

해설

유네스코는 2015년 백제의 역사 유적지구를 세계 문화유산으로 등재하였다.

① 공산성은 공주를 방어하기 위해 축성된 산성으로 백제 때에는 웅진성으로 불렸다.

오답 check

② 나제동맹 중인 548년 백제 성왕이 고구려 양원왕의 공격을 받을 때 신라 진흥왕이 백제를 지원하여 고구려를 공격하였다(독산성 전투).

③ 문수산성은 조선 숙종 때 건축된 산성으로 1866년 병인양요 때 한성근이 프랑스군을 격퇴시켰다.

④ 삼년산성은 신라의 산성으로 자비마립간 때 축조하였다(470).

⑤ 몽촌토성은 서울 송파구에 위치한 초기 백제의 토성으로 면적은 약 6만 7천여 평이고 성벽은 흙을 다져 만든 후 목책으로 보강되었으며 2중 3중의 방어시설이 갖추어진 토성이다.

05. 답 ⑤

출제자의 눈

그림을 통하여 돌무지 덧널무덤의 특징을 알아본다.

자료 속 힌트 돌무지, 나무덧널

해설

삼국시대의 신라는 거대한 돌무지덧널무덤을 많이 만들었으며 가장 유행한 무덤 양식이다. 돌무지덧널무덤은 도굴이 어려워 껴묻거리가 대부분은 보존되어 있으며, 벽화는 발견되지 않는다. 돌무지덧널무덤은 나무널을 만든 후 그 보다 큰 덧널을 만들고, 그 위에 돌을 쌓은 다음 봉분을 덮어 완성하였다. 대표적 고분으로는 천마총과 호우총, 황남대총 등이 있다.

참고 고대 고분 양식

국가	고분
고구려	장군총(돌무지무덤), 강서고분(굴식돌방무덤), 무용총(굴식돌방무덤)
백제	석촌동고분(돌무지무덤), 송산리고분(굴식돌방무덤), 무령왕릉(벽돌무덤), 능산리고분(굴식돌방무덤)
신라	천마총(돌무지덧널무덤), 호우총(돌무지덧널무덤)
통일신라	김유신묘(굴식돌방무덤), 성덕대왕릉(굴식돌방무덤)
발해	정혜공주묘(굴식돌방무덤), 정효공주묘(벽돌무덤)

오답 check

① 굴식돌방무덤의 천장은 모줄임 방식을 사용하였다.

② 무령왕릉은 널방을 벽돌로 쌓은 벽돌무덤으로 이곳에서 무령왕과 왕비의 무덤을 알리는 지석이 발견되어 당시 백제가 중국 남조와 교류했음을 알 수 있다.

③ 굴식돌방무덤에는 현무도(북쪽), 청룡도(동쪽), 백호도(서쪽), 주작도(남쪽) 등의 벽화가 남아있다.

④ 통일신라는 굴식돌방무덤을 만들었으며 봉토 주위를 둘레돌로 두르고 12지 신상을 조각하는 독특한 양식을 볼 수 있는데 김유신묘가 대표적이다.

06. 답 ③

출제자의 눈

황산벌 전투를 통하여 삼국의 정세 변화를 파악할 수 있다.

자료 속 힌트 김유신 장군, 황산벌, 계백 장군

해설

7세기 중반의 백제는 의자왕과 지배층의 향락이 도를 넘어섰고, 정치 질서는 문란하였다. 나·당 연합군은 이 틈을 놓치지 않았다. 소정방이 이끈 당나라군은 금강하구로 침입하였고, 신라의 김유신은 황산벌 전투에서 계백의 결사대를 격파하고 사비성으로 진출하였다. 결국 사비성이 함락되면서 백제는 멸망하게 되었다(660).

삼국통일의 과정
수·당 침입 → 나·당연합 → 백제 멸망(660) → 백제 부흥운동(660~663) → 고구려 멸망(668) → 당의 도독부 설치 → 고구려 부흥운동(670~674) → 나·당전쟁 → 삼국 통일(676)

07. 답 ③

출제자의 눈

유득공의 발해고를 통해 발해가 고구려를 계승한 내용을 파악할 수 있다.

자료 속 힌트 김씨가 그 남쪽을 영유, 대씨, 남북국

해설

자료는 고구려 유민들이 건국한 국가인 (가) 발해를 나타낸 유득공의 발해고이다. 발해는 고구려를 계승한 국가임을 표방하였는데, 일본에 보낸 국서를 보면 무왕 때에는 '고구려의 옛 땅을 회복하고, 전통을 이어 받았다.', 문왕 때에는 '고려국왕' 등으로 표현하였고, 고려 또는 고려국왕이라는 명칭을 사용하였다.

③ 발해 선왕 때 중국인들은 발해를 보며 해동성국이라고 칭송하였다.

참고 발해의 발전

왕	내용
고왕	대조영, 길림성의 동모산에서 건국(698), '천통'
무왕	북만주 일대 장악, 요서·산둥 지방 공격(장문휴의 수군), 돌궐·일본과 연결하여 당·신라 견제, '인안'
문왕	당과 친선 관계, 중경에서 상경으로 천도, 신라도, 주자감 설치, '대흥'
선왕	대부분의 말갈족 복속, 요동 진출, 해동성국, 15부 62주 정비, '건흥'

오답 check

① 6세기 백제의 성왕은 대외 진출이 수월한 사비(부여)로 천도하며(538), 국호를 남부여로 개칭하였고, 백제의 중흥을 꾀하였다.
② 6세기 신라의 법흥왕 때 골품제를 정비하였다.
④ 광개토대왕릉비는 아버지의 업적을 기리기 위하여 장수왕이 건립하였다(414).
⑤ 신라 민정문서는 통일신라 때 서원경(청주)의 4개 촌의 장적 문서로, 당시 촌락의 경제 상황과 국가의 세무 행정을 알 수 있는 자료이다.

08. 답 ④

출제자의 눈 

자료를 분석하여 우리 역사의 구휼제도를 알아본다.

자료 속 힌트 구휼제도, 의창, 환곡

해설

④ 고구려 2세기 고국천왕 때 을파소를 국상으로 채용하여 진대법을 실시하였다(194).

진대법

고국천왕은 을파소를 국상으로 기용하여 빈민을 구제하기 위한 진대법을 실시하였는데(194), 봄에 곡식을 빌려주고 추수 이후인 가을에 곡식을 갚도록 하는 정책으로 빈민구제와 더불어 국가 재정과 국방력을 유지하고, 커져가는 귀족 세력을 견제하기 위한 방안이었다.

오답 check

① 고려 무신정권의 정중부는 중방을 기반으로 정권을 장악하였다.
② 고구려 장수왕은 지방에 사립학교인 경당을 건립하여 청소년들에게 한학과 무술을 교육하였다.
③ 조선 태조 때 얼음을 보관하기 위한 기구로 서빙고를 설치하였다.
⑤ 최충헌은 무신 정권 최고의 권력 기구인 교정도감을 설치하여, 도방, 정방, 서방 등의 기구를 총괄하였다.

09. 답 ①

출제자의 눈 

김흠돌의 난을 통하여 신라 신문왕을 파악할 수 있다.

자료 속 힌트 김흠돌의 난, 왕의 장인

해설

자료는 신문왕의 장인 김흠돌이 일으킨 반란사건을 나타낸 것이다. 이를 계기로 신문왕은 귀족 세력을 숙청하면서 왕권을 전제화하기 시작하였고, 왕권을 강화하기 위하여 문무 관리에게 관료전을 지급하였으며(687), 귀족 세력의 기반이 되었던 녹읍을 폐지하였다(689).

참고 신문왕의 정책

목적	내용
왕권 강화	귀족 세력 숙청(김흠돌의 난), 관료전 지급(687), 녹읍 폐지(689)
체제 정비	국학 설립(682), 9주 5소경, 예작부·공작부 설치(698), 집사부 이하 14관부 완성, 시위부 확대·강화, 9서당 10정 편성

오답 check

② 6세기 백제 무령왕은 지방에 대한 통제를 강화하기 위하여 지방에 22담로를 설치하여 왕족을 파견하는 등 통치 체제를 정비하였다.
③ 8세기 신라 원성왕은 최초의 관리 선발 제도인 독서삼품과를 시행하여 왕권을 강화하려 하였으나 진골 귀족의 반발과 골품제의 모순으로 실패하였다.
④ 6세기 백제의 성왕은 사비(부여)로 천도하여 국호를 남부여로 개칭하였다(538).
⑤ 7세기 신라 선덕여왕 때 승려 자장은 황룡사 9층 목탑의 건립을 왕에게 건의하여 건립하였다(643).

10. 답 ⑤

출제자의 눈 

신라원에 대한 설명과 사진을 통해 장보고의 활동을 파악할 수 있다.

자료 속 힌트 적산법화원

해설

신라 말 흥덕왕 때 (가) 장보고는 완도에 청해진을 설치(828)하여 해적을 소탕하였으며, 남해와 황해의 해상 무역권을 장악하였다.

참고 장보고의 활동

구분	내용
해적소탕	청해진 설치(828.흥덕왕, 완도), 해적 소탕(남해·황해의 해상무역권 장악)
사찰건립	중국 산둥에 법화원 건립(적산법화원), 일본 최초의 대사인 '엔닌'이 당에서 위험에 처했을 때 그의 귀국에 도움
반란(846)	자신의 딸을 왕비로 삼으려다 실패(846.문성왕, 장보고 암살)

오답 check

① 설총은 화왕계를 저술하는 등 유교 경전에 조예가 깊었고, 이두를 정리하여 한문 교육에 공헌하였다.
② 고려 의천은 선종을 통합하기 위하여 국청사를 창건하였고 천태종을 창시하였으며, 교장을 편찬하였다.
③ 통일신라 혜초는 자신이 돌아본 인도와 중앙아시아 등 여러 나라의 풍물을 생생히 기록한 왕오천축국전을 남겼다.
④ 신라 말 귀국한 최치원은 진성여왕에게 유교 정치 이념과 과거 제도 등의 내용이 담긴 시무 10조를 건의하였으나 진골귀족들의 반대로 시행되지 못하였다.

11. 답 ①

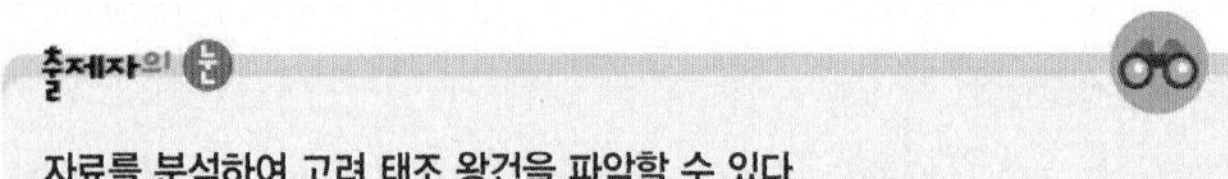

자료를 분석하여 고려 태조 왕건을 파악할 수 있다.

자료 속 힌트 고려 건국, 후삼국 통일

해설

고려 태조 왕건은 정계와 계백료서를 통해 임금에 대한 신하들의 도리를 강조하였고, 후대의 왕들에게도 지켜야 할 정책 방향을 훈요10조를 통하여 제시하였다. 사심관과 기인제도를 활용하여, 지방 호족을 견제하고 지방 통치를 보완하려 하였다.

오답 check

② 거란 침입 이후 북쪽 국경의 일대에 천리장성[덕종(1033)~정종(1044), 압록강~도련포]을 쌓아 거란과 여진의 침략을 대비하였다.
③ 고려의 과거 제도는 광종 때 쌍기의 건의로 시행되었다(958).
④ 공민왕은 전민변정도감을 설치하고, 승려 신돈을 등용하여 권문세족이 부당하게 빼앗은 토지와 노비를 본래의 소유주에게 돌려주거나 양민으로 해방시켰다(1366).
⑤ 고려 성종은 지방의 중요지역에 12목을 설치하고 지방관인 목사를 파견하여 중앙 집권을 공고히 하였다(983).

12. 답 ②

사천 매향비를 통하여 향도의 발전을 파악할 수 있다.

자료 속 힌트 매향비, 향나무를 묻고

해설

고려 시대의 향도는 미륵 신앙을 바탕으로 하여 위기가 닥쳤을 때에 미륵을 만나 구원을 받고자 하는 염원에서 향나무를 땅에 묻는 매향 활동을 하였다. 또한, 이들은 불상, 석탑, 절 등을 지을 때 주도적인 역할을 하였으며, 이후 고려 후기나 조선에서는 그 성격이 바뀌어 공동체 생활을 주도하는 농민 조직으로 발전해 갔다.

참고 향도의 변화

구분	내용
고려전기	매향활동을 통한 불교의 신앙 조직
고려후기	불교 신앙조직 + 농민공동체
조선	불교 신앙조직 + 민간신앙 + 농민공동체

오답 check

ㄴ. 조선시대 4부 학당과 향교에는 교수나 훈도가 파견되어 교육하였다.
ㄹ. 선현의 제사와 성리학을 연구하여 후학을 양성하였던 향촌의 사립교육기관은 조선시대 서원이다.

13. 답 ②

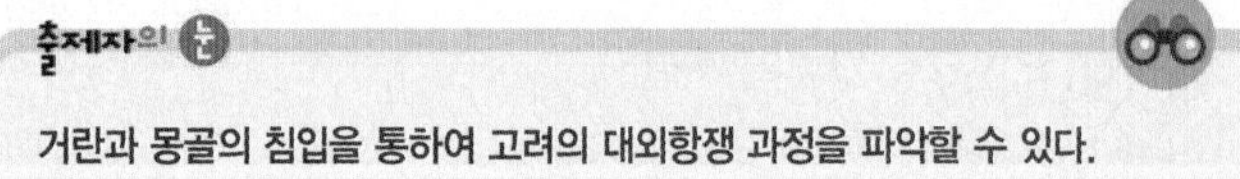

거란과 몽골의 침입을 통하여 고려의 대외항쟁 과정을 파악할 수 있다.

자료 속 힌트 거란군, 귀주, 진도에서 몽골에 맞서

해설

• 귀주대첩(1019). 거란의 소배압은 10만 대군을 끌고 침략하였는데, 귀주에서 강감찬이 지휘하는 고려군에게 섬멸되었다.
• 삼별초의 항쟁(1270~1273). 고려 정부가 몽골과 강화하여 개경으로 환도하자, 강화도에서 항전하던 삼별초는 화의에 반발하여 진도(배중손)를 거쳐 항전하였다.
② 숙종 때 여진의 침입에 대비하기 위하여 윤관의 주장으로 별무반을 조직하였다(1104).

오답 check

① 이성계는 위화도에서 회군하여(1388) 최영을 제거한 뒤, 군사적 실권을 장악하여 본격적인 개혁의 계기를 마련하였다.
③ 최영은 홍산(부여) 등지에서 왜구를 격퇴하는 등 활약을 하였다(1376).
④ 공민왕은 즉위 후 기철을 비롯한 친원 세력을 숙청하는 등의 반원 정책을 추진하였다(1356).
⑤ 성종 때 거란을 몰아내고 강동 6주를 설치하여 북방을 견고하게 하였다(994).

14. 답 ①

출제자의 눈

제시된 은병을 통하여 고려의 경제 상황을 파악할 수 있다.

자료 속 힌트 은병, 활구

해설

활구(은병)는 우리나라 지형을 본떠서 은1근으로 만든 고가의 화폐로 의천이 고려 숙종에게 화폐의 필요성을 건의하여 주조하였으나 자급자족적인 경제 구조로 인하여 유통은 활발하지 못하였다. 당시 활구(은병) 하나의 값은 포 100여 필이나 되었다.

① 고려 수도 개경의 상권은 점차 도성 밖으로 확대되었으며, 예성강 하구의 벽란도를 비롯한 항구들이 교통로와 산업의 중심지로 발달하였다.

참고 고려전기 무역활동

대상	내용
송	가장 큰 비중, 비단·서적·자기 등 수입, 종이·인삼 등 수출
거란·여진	수입(은), 수출(농기구·식량)
일본	수입(수은·황), 수출(식량·인삼·서적)
아라비아	아라비아 상인들이 수은·향료·산호 등 판매, 고려(Corea)의 이름이 서방에 알려짐

오답 check

② 조선후기 담배와 목화 등의 상품작물이 재배되었다.
③ 6세기 신라 지증왕 때에는 무역이 급격하게 발달하여 시장을 감독하는 관청인 동시전을 설치하였다.
④ 조선후기의 광산 경영은 경영 전문가인 덕대가 출현하여 활동하였다.
⑤ 대동법은 광해군 때 경기도에 시험적으로 시행되었다가 숙종 때 전국적으로 확대되었다.

15. 답 ①

출제자의 눈

정혜결사문을 통해 고려 무신집권기에 활동한 지눌을 파악할 수 있다.

자료 속 힌트 보조국사, 권수정혜결사문

해설

지눌은 명리에 집착하는 당시 불교계의 타락상을 비판하였다. 그는 송광사를 중심으로 승려 본연의 자세로 돌아가 독경과 선 수행, 노동에 고루 힘쓰자는 개혁 운동인 수선사 결사를 제창하였다. 지눌은 선과 교학이 근본에 있어 둘이 아니라는 사상 체계인 정혜쌍수를 사상적 바탕으로 철저한 수행을 선도하였다. 지눌은 내가 곧 부처라는 깨달음을 위한 노력과 함께, 꾸준한 수행으로 깨달음의 확인을 아울러 강조한 돈오점수를 주장하였다.

오답 check

② 원효는 불교의 대중화를 위하여 불교가요인 무애가를 지었고 아미타 신앙을 전도하였다.
③ 의상은 불교의 화엄경을 근본 경전으로 하여 화엄사상을 정립하였고, 화엄일승법계도를 남겼다.
④ 혜심은 유불일치설을 주장하였고, 심성의 도야를 강조하여 성리학을 수용의 사상적 토대를 마련하였다.
⑤ 충렬왕 때에 일연이 편찬한 삼국유사는 우리 고유의 문화와 전통을 중시하였으며, 단군의 건국 이야기를 수록하는 등 자주적 역사의식이 나타난다.

16. 답 ⑤

출제자의 눈

대화를 통하여 조광조의 개혁정치를 파악할 수 있다.

자료 속 힌트 현량과 실시

해설

조광조는 중종 때 중용된 사림파로 왕도 정치의 실현을 위해 언론 기능의 강화 등 급진적 개혁을 추진하여 훈구파를 견제하려 하였다. 하지만, 위훈 삭제 문제로 인한 공신들의 반발로 조광조를 비롯한 대부분의 사림 세력은 정계에서 밀려나게 되었다(1519, 기묘사화).

조광조의 개혁정치

1. 현량과의 실시(사림등용 – 훈구 견제)
2. 불교, 도교 행사 폐지(소격서 폐지, 성리학적 질서 강요)
3. 소학 교육 장려(성리학적 질서 강요)
4. 방납의 폐단 시정(수미법 건의)
5. 경연 강화(왕도정치)
6. 위훈 삭제 추진(훈구파 견제)
7. 향약 시행(향촌자치 시도)

오답 check

① 태조 때 정도전이 중심이 되어 요동정벌을 추진하였다.
② 조선후기 김육은 청의 역법인 시헌력 도입을 건의하였다.
③ 인조는 농민들의 전세 경감을 위하여 영정법을 시행하여 풍년이건 흉년이건 관계없이 전세를 토지 1결당 미곡 4두로 고정시켰다(1635).
④ 성종 때 집현전을 대체하여 홍문관을 설치하였는데 왕의 정치 자문 역할도 하였고 경연과 서연을 담당하였다.

17. 답 ⑤

출제자의 눈

관리의 비리를 감찰하고 있는 내용을 통하여 조선시대 감찰 기구인 사헌부를 짐작할 수 있다.

자료 속 힌트 이조(吏曹), 인사부정, 대사헌

해설

이조를 통하여 조선시대임을 파악할 수 있고, 대사헌은 사헌부의 장관직이다. 사료를 통해 관리의 비리를 감찰하는 기구인 사헌부를 도출할 수 있다. 조선의 사헌부는 관리의 비리를 감찰하고 풍속을 교정하였으며 중대한 사건을 재판하였던 기관이다.

오답 check

① 승정원은 왕명의 출납을 담당하는 국왕의 비서 기구로 도승지 이하 6명의 승지가 6조를 각각 분담하여 담당하였다.
② 춘추관은 왕조실록 등의 역사서 편찬과 보관을 담당하였다.
③ 의정부는 조선의 최고 관부로서 재상(3정승)들의 합의를 통해 정책을 결정하고 심의하는 기구로 조선의 국정을 총괄하였다.
④ 한성부는 수도 한성의 행정 및 치안을 담당하였다.

18. 답 ④

출제자의 눈

고려 말 공양왕 때 경기 지역의 토지를 지급한 내용을 통하여 과전법을 파악할 수 있다.

자료 속 힌트 공양왕 3, 경기 일대 토지, 수신전, 휼양전

해설

고려 말 공양왕 때 이성계는 신진사대부의 경제적 기반을 마련하고 국가의 재정 기반 확보와 권문세족의 경제적 기반을 무너뜨리기 위해 (가) 과전법을 시행하였다(1391).

참고 과전법(1391.공양왕)

구분	내용
시기	공양왕(1391)
배경	국가 재정악화
대상	전현직관리
원칙	경기도에 한해 지급
목적	신진사대부의 경제적 기반
영향	병작반수 금지

오답 check

① 홍선대원군은 고리대로 변질되어 가장 폐단이 심했던 환곡제를 향촌민들이 자치적으로 운영하는 사창제로 개혁하여 농민들의 부담을 경감시켰다.
② 고종 때 홍선대원군은 종래 상민에게만 징수하던 군포를 양반에게도 징수하는 호포제를 실시하여 군정을 바로잡고 조세 부담을 공평히 하여 민생을 안정시키고자 노력하였다.
③ 영조는 균역법을 시행하여 1년에 군포 1필만 부담하게 하였다(1750).
⑤ 고려 경종은 인품과 관품을 고려하여 지급한 시정전시과를 시행하였다(976).

19. 답 ②

출제자의 눈

설명을 분석하여 조선시대 시행된 향약을 파악할 수 있다.

자료 속 힌트 송, 조선, 중종 때

해설

향약은 전통적 미풍양속에 유교 윤리를 가미하여 교화와 질서 유지에 알맞도록 구성한 것으로, 중종 때 조광조가 처음 시행한 이후 전국적으로 확산되었다. 조광조는 중국의 '여씨 향약'을 도입하여 우리 실정에 맞는 향약을 만들어 군·현이나 마을 단위로 시행하였다.

참고 향약

목적	내용
전래	중국의 여씨향약으로부터 전래, 향촌의 자치규약
형성	전통적 공동 조직과 미풍양속을 계승(삼강오륜 중심, 유교 윤리 가미)
덕목	덕업상권, 과실상규, 예속상교, 환난상휼
장점	향촌 자치 기능(풍속 교화, 치안 유지), 사림의 농민 통제와 지위 강화
단점	토호와 향반이 지방민을 수탈하는 배경 제공

오답 check

① 태학은 4세기 고구려 소수림왕이 유교 경전과 역사 교육을 위해 수도에 설치하였다.
③ 경재소는 중앙 정부와 수령 사이의 연락 기능을 담당하였다.
④ 고려 성종은 유학교육의 진흥을 위하여 국자감을 정비하였다.
⑤ 집강소는 폐정 개혁을 위한 농민들의 자치 기구로 동학농민운동 당시에 설치하였다.

20. 답 ④

출제자의 눈

제시된 표를 통하여 중앙군과 지방군의 변화를 시대별로 파악할 수 있다.

해설

(가) 10정. 7세기 신문왕은 중앙군으로 9서당을 두어 민족융합을 도모하였으며, 지방에는 10정을 두었는데, 9주에 1정씩 배치하고 한주(한산주)에는 1정을 더 두어 2정을 두었다.
(나) 5군영. 숙종 때 금위영이 설치되어 17세기 말 5군영 체제가 갖추어졌다.

참고 조선후기 중앙군(5군영)의 변화

창설	5군영
선조	훈련도감
인조	어영청·총융청·수어청
숙종	금위영

오답 check

ㄱ. 고려 숙종 때 윤관의 별무반은 기병인 신기군, 승병인 항마군, 보병인 신보군으로 편성한 특수부대로 광범위한 계층을 망라한 군사조직이었다.

ㄷ. 대한제국 당시의 광무개혁은 원수부를 설치하고 시위대, 진위대를 강화하였다.

21. 답 ①

출제자의 눈 

조선의 도자기 기술자 이삼평을 통하여 임진왜란을 파악할 수 있다.

자료 속 힌트 조선인 도공 이삼평, 일본 도자기 기술

해설

(가) 임진왜란 때 이삼평을 비롯한 도자기 기술자들은 일본에 끌려가 일본 도자기의 발달에 결정적으로 기여하였다. 이에, 임진왜란을 도자기 전쟁이라고도 한다.

① 세종 때에는 김종서를 보내 여진을 토벌하고 6진을 설치하여 압록강과 두만강을 경계로 하는 오늘날과 같은 국경선을 확정하였다.

오답 check

② 곽재우는 임진왜란 당시 경상도 의령에서 의병을 일으켰으며, 홍의장군이라 불리었다.

③ 권율은 임진왜란 중 행주대첩에서 크게 승리하였다(1593).

④ 이순신은 한산도 전투에서 학익진을 펼쳐 100여척의 적선을 격파하였다.

⑤ 임진왜란 발발 직후 조정에서는 신립을 파견하였고 충주에서 배수의 진을 치고 대항하였으나 패하였다.

참고 임진왜란 당시 의병의 활약

의병장	활 약	의병장	활 약
고경명	장흥, 금산	정문부	길주, 회령
곽재우	의령	정인홍	합천, 함안
김천일	나주	조 헌	옥천, 금산
휴정(서산대사)	묘향산	유정(사명대사)	금강산

22. 답 ③

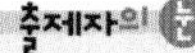 

대화를 통하여 우리 실정에 맞는 농법서의 개발을 파악할 수 있다.

자료 속 힌트 우리 풍토에 맞는 농법

해설

조선 세종 때 정초와 변효문 등이 왕명에 의하여 편찬한 농사직설은 우리나라 풍토에 맞는 씨앗의 저장법, 토질의 개량법, 모내기법 등 농민의 실제 경험을 종합하여 편찬하였다.

오답 check

① 금양잡록은 금양(경기도 시흥)지방을 중심으로 경기 지방의 농사법을 정리하여 성종 때 강희맹이 편찬하였다.

② 17세기 중엽 신속은 농가집성을 펴내 벼농사 중심의 농법을 소개하고, 이앙법의 보급에 공헌하였다(1655).

④ 고려 말에 이암이 원나라의 농서인 농상집요를 소개하였다.

⑤ 숙종 때 홍만선은 산림경제를 저술 하여 농업 기술의 발전에 이바지하였다.

23. 답 ④

출제자의 눈 

남한산성을 통하여 병자호란을 파악할 수 있다.

자료 속 힌트 남한산성, 삼전도비

해설

후금은 국호를 청이라 고치고 조선에 군신관계를 맺자고 요구하였다. 조선에서 별다른 반응을 보이지 않자 청 태종은 12만의 대군을 이끌고 침입해 병자호란을 발발하였다(1636). 인조는 남한산성으로 피난하여 청군에 대항하였으나, 청의 12만 대군이 남한산성을 포위했으며, 조정은 40여일간 항전하였다.

삼전도의 굴욕

조정내의 갈등이 생길 무렵, 청군에 의해 강화도로 피신했던 세손과 왕자들이 모두 잡히자, 결국 인조는 1637년 1월 삼전도로 나아가 청 태종 앞에 무릎을 꿇고 항복을 하였다. 이로 인하여 청과의 군신 관계를 맺고 명과의 관계를 단절하게 되었으며, 소현세자와 봉림대군을 인질로 잡아갔다.

오답 check

① 1884년 갑신정변의 개화당 세력은 입헌군주정 수립을 목표로 우정국 개국 축하연을 이용하여 정변을 일으키고 14개조의 정강을 발표 하였다.

② 임오군란은 민씨 정권이 일본인 군사 고문을 초빙하여 훈련과 교육을 시킨 별기군(신식 군대)을 우대하고, 구식 군대를 차별 대우한 데 대한 불만에서 폭발한 것이다(1882).

③ 우리 민족은 고종의 인산일을 기하여 1919년 3월 1일 평화적인 만세운동을 시작하였으나 일제는 무자비하게 탄압하였다.

⑤ 1894년 1월 고부군수 조병갑의 횡포에 항거하여 전봉준이 1천여 명의 농민군을 이끌고 봉기하여 관아를 습격해 군수를 내쫓고 아전들을 징벌한 뒤 곡식을 농민들에게 나눠 주었다.

24. 답 ④

출제자의 눈 

금난전권의 폐단을 통하여 신해통공을 추론할 수 있다.

자료 속 힌트 난전을 금하는 법

해설

조선의 시전 상인은 왕실이나 관청에 물품을 공급하며 그 대가로 특정 상품(6의전)에 대한 독점 판매권을 부여받았고, 정부는 시전상인에게 금난전권(난전금지 권한)을 주었는데, 이에 대한 폐단이 발생하기도 하였다. 조선후기에는 이현·칠패·송파 등에서 상행위를 했던 난전(사상)이 많아짐에 따라 정조는 6의전을 제외한 나머지 시전 상인(관상)들의 금난전권을 철폐하여 사상들의 자유로운 상업 활동을 허용 하였다(1791, 신해통공).

오답 check

① 고종 때 흥선대원군은 경복궁 중건을 위하여 당백전을 발행하였다.
② 태종은 양전 사업과 호구 파악에 노력을 기울였고 호패법을 실시하였다.
③ 세조 때 경국대전을 편찬하기 시작하여, 성종 때 완성·반포하였다.
⑤ 철종 때 임술 농민 봉기 당시의 민심 안정을 위하여 정부는 삼정이정청을 설치하여 삼정의 문란을 시정할 것을 약속하였다(1862).

25. 답 ①

출제자의 눈

황사영 백서사건을 통하여 신유박해에 대해 살펴본다.

자료 속 힌트 황사영, 체포, 순조실록

해설

황사영 백서사건을 통하여 조선 정부가 천주교를 탄압한 신유박해를 설명하고 있다. 신유박해(1801)로 인하여 천주교 전래에 앞장섰던 실학자 및 많은 수의 양반 계층이 교회를 떠나게 되었다. 황사영은 군대를 동원하여 조선에서 신앙의 자유를 보장받게 해달라는 서신을 북경에 있는 주교에게 보내려다 발각되었다.

황사영 백서사건

충북 제천군에서 포교활동을 하던 황사영(1775~1801)은 신유박해가 일어나자 박해의 전말을 비단에 적어 베이징 주재 주교에 보고하려다 발각된 사건을 일컫는다. 내용은 신유박해의 내용과 조선 교회의 재건을 위해 서양의 여러 나라로 하여금 재원(財源)을 지원해주도록 요청하는 내용이다. 또한, 천주교 포교의 자유를 얻기 위한 방책으로 조선을 청나라의 한 성(省)으로 편입시켜 감독하게 할 것과 서양의 배 수백 척과 군대 5~6만 명을 조선에 보내어 무력으로 조정을 굴복하게 하여 천주교를 공인하게 하는 방안 등을 제시하였다.

오답 check

② 박은식은 구한말에 유교의 개혁을 주장하는 유교구신론을 주장하였다.
③ 나철, 오기호 등이 민족 신앙을 발전시켜 1909년 창시한 대종교는 단군숭배 사상을 통하여 민족의식을 높였다.
④ 한용운은 한국 불교를 일본 불교에 예속시키려는 총독부 정책(1911, 사찰령)에 맞서 조선불교유신회를 조직(1921)하여 민족 종교의 전통을 지키려고 노력하였다.
⑤ 박중빈이 창시한 원불교(1916)는 불교의 현대화와 생활화를 주장하였다.

26. 답 ⑤

출제자의 눈

제시된 인왕제색도와 설명을 통해 조선후기의 서화를 찾아볼 수 있다.

자료 속 힌트 조선후기

해설

15세기 화원 출신인 안견은 역대 화가들의 기법을 체득하여 독자적인 경지를 개척 하였는데, 안평대군의 꿈을 구현한 그의 대표작인 '몽유도원도'는 자연스러운 현실 세계와 환상적인 이상 세계를 능숙하게 처리하고 대각선적인 운동감을 활용하여 구현한 걸작이다. 현재 일본 텐리(天理)대학 중앙도서관에 소장되어 있다. 몽유도원도는 세종 재위기간(1418~1450)인 1447년에 제작되었다.

오답 check

① 18C 김홍도의 무동 ② 18C 신윤복의 월하정인 ③ 18C 김득신의 파적도 ④ 19C 김정희의 세한도

27. 답 ⑤

출제자의 눈

설명을 통하여 동학을 창시한 최제우를 파악할 수 있다.

자료 속 힌트 동학을 창시, 혹세무민, 처형

해설

동학은 1860년에 경주 출신인 ㈎ 최제우가 창시하였다. 동학은 기존의 부패한 불교와 성리학 등을 부정하였고 천주교도 배척하였다.

참고 동학(東學)

구분	내용
창시	1860년 경주 출신 최제우가 창시
사상	유·불·선 + 민간 신앙, 시천주(侍天主)와 인내천(人乃天)
탄압	조선 정부는 혹세무민의 죄로 최제우 처형(1864)
정비	제2대 교주 최시형의 교단 정비, 교리 정리(동경대전·용담유사)

오답 check

① 18세기 초 정제두는 양명학을 체계적으로 연구하여 강화학파를 형성하였다.
② 1880년대 조선책략이 국내에 유포되었는데 이만손은 영남만인소를 올려 개화를 반대하였다.
③ 교육, 언론, 종교 등 문화 활동과 산업 진흥을 통하여 민족의 근대적 역량을 배양하여, 국권을 회복하려는 애국계몽운동은 개화 지식인 등이 중심이 되었다.
④ 경상 우병사 백낙신의 수탈에 견디다 못한 농민들이 몰락 양반 출신의 유계춘 등을 중심으로 봉기하였다(1862, 임술농민봉기).

28. 답 ②

출제자의 눈 

대화를 통하여 환국이 발생한 숙종 당시의 상황을 파악할 수 있다.

자료 속 힌트 경신 환국, 권력이 집중

해설

대화는 경신환국 이후의 상황을 나타내고 있다. 숙종 때 남인인 영의정 허적이 군사용 천막을 허락 없이 사용한 사건으로 왕의 불신을 사고 서인과의 갈등이 깊어졌다. 이에 서인은 허적의 서자 허견 등이 복창군을 왕으로 옹립하려 한다고 모함하여 남인이 몰락하고 서인이 집권하였다(경신환국, 1680).

② 서인은 경신환국 이후 노론과 소론으로 분당되어 치열하게 경쟁하였는데, 노론은 송시열을 중심으로 결집하여 대의명분을 존중하고 민생 안정을 강조하는 경향을 보였고, 소론은 윤증을 중심으로 결집하여 실리를 중시하며 적극적인 북방 개척을 주장하는 경향을 보였다.

오답 check

① 선조의 뒤를 이어 광해군이 즉위하면서 북인이 집권하게 되었고, 이들은 전후 복구 사업에 힘을 쏟았다.
③ 15세기 초 훈구파는 단종 때의 계유정난에 참여하여 성장한 세력으로 세조의 집권 이후에 공신이 되어 정치적 실권을 장악하고 막대한 토지를 소유한 대지주층이었다.
④ 성종 때 훈구 세력을 견제하기 위해 김종직과 그 문인이 중앙에 진출하였다.
⑤ 김일손이 김종직의 조의제문을 사초에 포함시켜 사림들이 화를 입었다(1498, 무오사화).

29. 답 ②

출제자의 눈 

여전제를 통하여 정약용의 활동을 파악할 수 있다.

자료 속 힌트 여(閭)의 토지, 여장

해설

정약용은 토지 개혁으로 균전론과 한전론을 모두 반대하며 여전론을 주장하였고, 후에 정전제를 현실에 맞게 실시할 것을 주장하였다.

② 정약용은 지방관(목민)의 정치적 도리를 내용으로 하는 목민심서를 저술하였다.

참고 정약용의 저서 (여유당전서)

구성	내용
목민심서	지방관(목민)의 정치적 도리를 저술
경세유표	중앙 정치제도의 폐단을 지적하고 개혁의 내용을 저술
기예론	인간이 동물과 다른 것은 기술임을 주장, 과학기술의 혁신을 저술
마과회통	종두법 연구, 천연두 치료법도 수록함.

오답 check

① 김정희는 추사체를 창안하여 서예의 새로운 경지를 열었다.
③ 고종 때 이제마는 동의수세보원(1894)에서 사람의 체질을 구분하여 치료하는 방법을 소개하였다.
④ 1870년에는 최익현, 유인석 등이 왜양일체론(倭洋一體論)을 주장하며 개항을 반대하였다.
⑤ 철종 때 김정호는 대동여지도를 제작하였다.

30. 답 ②

출제자의 눈 

조선의 수도 한양 도성에 대하여 학습하여야 한다.

자료 속 힌트 한양 도성

해설

자료는 한양 도성에 대한 설명이다. 조선 태조 이성계는 조선을 건국하고(1392), 교통과 국방의 중심지인 한양으로 도읍을 옮겼다(1394).

한양 도성의 4대문
흥인지문(興仁之門, 인자함), 숭례문(崇禮門, 예를 숭상), 숙정문(肅靖門, 청결함), 돈의문(敦義門, 의를 지킴)

② 몽골군이 고려에 침입하였는데 김윤후가 처인성(용인)에서 몽골 장수 살리타를 사살하여 퇴각하게 하였다(몽골의 2차 침입, 1232).

오답 check

① 한양의 도성은 태조 때 정도전이 설계하였다.
③ 유교적 성격의 인(仁), 의(義), 예(禮), 정(靖) 등을 적용하였다.
⑤ 일제는 도성 안의 경복궁에 조선총독부 건물을 건축하는 등 우리 문화재를 크게 훼손하였다.

31. 답 ④

출제자의 눈 

어재연 장군과 강화도의 내용을 통하여 신미양요를 도출할 수 있다.

자료 속 힌트 미국, 광성보, 어재연

해설

제너럴셔먼호 사건을 구실로 1871년 미국의 로저스 제독은 5척의 군함을 가지고 강화도를 공격하는 신미양요를 발발하였다. 당시 흥선대원군은 병인양요 이래 국방력을 더욱 강화하고 있는 상태였다. 미국 함대가 강화도에 침입하여 초지진, 덕진진 등을 점령하자 어재연 등이 이끄는 조선의 수비대가 광성보와 갑곶 등에서 이를 격퇴시켰다.

오답 check

① 1895년 삼국간섭으로 조선에서는 친러 세력이 급증하였고, 일본은 친러파를 제거하고 친일 내각을 수립하고자 명성황후를 살해한 을미사변을 일으켰다.
②⑤ 프랑스는 병인박해의 구실로 병인양요(1866)를 일으켰는데, 이 시기에 프랑스 군인들이 강화도의 외규장각 문화재를 비롯하여 서적과 병기들을 약탈하여 갔다.
③ 1882년 임오군란과 1884년 갑신정변 모두 청의 군사적 개입이 있었다.

32. 답 ②

출제자의 눈 

자료를 분석하여 건국준비위원회를 도출한 후 활동 사항을 파악한다.

자료 속 힌트 여운형, 광복에 대비

해설

조선 건국 동맹(1944)은 여운형 등이 중심이 되어 좌·우익을 망라하여 조직한 단체로 광복직후 조선 건국 준비위원회를 조직하고 본격적인 건국 작업에 착수하였다. 1945년 건국준비위원회는 친일 세력을 제외한 좌·우익을 망라하여 조직한 광복 당시 최초의 정치 단체로 여운형(중도 좌파)이 조선건국동맹을 모체로 안재홍(중도 우파)등과 함께 발족하였고, 본격적인 건국 작업에 착수하였다. 건준위는 치안대를 설치하고 북한 지역을 포함하여 전국에 145개의 지부를 조직하였으며, 자주독립 국가의 건설, 민주주의 정권의 수립, 국내 질서의 자주적 유지를 통한 대중 생활의 확보 등의 강령을 내걸었다.

ㄱ. 조선 건국 동맹은 일제타도, 민주주의 원칙아래 노동자와 농민의 해방을 주장하였다.
ㄷ. 건국준비위원회는 광복 당시 최초의 정치 단체로 친일 세력을 제외한 여운형(중도 좌파)이 조선건국동맹을 모체로 안재홍(중도 우파)등과 함께 발족하였다(1945.8.15.).

오답 check

ㄴ. 대한민국 임시정부는 연통제와 교통국을 통하여 독립자금을 모금하였다.
ㄹ. 1945년 대한민국 임시정부의 김구는 미군과 한국광복군을 연계하여 국내 진공 작전을 계획하였으나 일본의 패망으로 실행에 옮겨지지 못하였다.

33. 답 ①

출제자의 눈 

자료를 분석하여 우리나라 최초의 근대적 불평등 조약인 강화도 조약을 파악할 수 있다.

자료 속 힌트 1876년, 일본과 조약, 운요호 사건

해설

1875년 운요호 사건을 빌미로 일본은 조선에 개항을 요구하여 포함의 위협 하에 1876년 강화도 조약을 체결하게 되었다.

참고 강화도조약

조항	조약 내용	일본의 목적
1관	조선국은 자주의 나라이며 일본국과 평등한 권리를 가진다.	청의 간섭 배제, 조선 침략 의도
4관	조선국은 부산 외에 두 곳(인천, 원산)의 항구를 개항하고 일본인이 와서 통상을 하도록 허가한다.	경제(부산), 정치(인천), 군사(원산)적 거점 확보, 주권 침해 조항
7관	조선국 연해의 도서와 암초는 조사하지 않아 위험하므로 일본국의 항해자가 자유롭게 해안을 측량하도록 허가한다.	
10관	일본국 국민이 조선국에서 죄를 범하거나 조선국 국민에게 관계되는 사건일 때는 모두 일본국 관원이 심판한다.	일본인에 대한 치외법권 보장, 불평등 조항

오답 check

② 조청상민수륙무역장정(1882)의 체결 이후 청 상인의 내지 통상이 허용되었다.
③ 제1차 한일협약(한·일협정서,1904.8)에 근거하여 일본인 메가타가 재정고문으로, 미국인 스티븐스가 외교고문으로 파견되었다.
④ 1883년 일본과 조일통상장정을 체결하여 관세부과 규정과 방곡령시행 규정, 그리고 최혜국 대우를 규정함으로써 치외법권을 인정하게 되었다.
⑤ 임오군란의 결과 제물포조약으로 일본 경비병이 주둔하는 것을 허용하게 되었다.

34. 답 ②

출제자의 눈 

1883년 무기제조법 학습을 통해 청나라에 파견한 영선사를 추론할 수 있다.

자료 속 힌트 새로운 무기 제조 기술, 1883년

해설

조선은 1881년 청에 영선사를 파견하였는데, 김윤식과 유학생들을 청국의 톈진에 유학시켜 근대 무기 제조법, 군사훈련법, 자연 과학 등을 배우게 하였다. 영선사는 정부의 재정 부족으로 1년 만에 중도 귀국하게 되었고, 귀국 후 서울에 근대식 무기제조창인 기기창을 설치하였다.

오답 check

① 광혜원은 우리나라 최초의 근대식 병원으로 알렌과 조선 정부와의 공동 출자로 1885년 개원하였다.
③ 박문국(1883)은 근대적 인쇄술을 도입하여 출판을 담당하였던 기구이다.
④ 조선은 근대적인 우편사업을 위하여 우정국을 설치하였다(1884).
⑤ 조선은 근대 화폐주조를 위하여 1883년에 전환국을 설치하였다.

35. 답 ②

출제자의 눈 

자료의 활동사항을 통하여 유길준을 파악할 수 있다.

자료 속 힌트 보빙사, 유학생활, 서유견문

해설

유길준은 보빙사로 파견되어 미국 보스턴대학교에서 유학하였다. 이후 영국, 포르투갈 등 유럽을 시찰하고 싱가포르, 홍콩, 일본 등을 거쳐 귀국하여 중립론을 주장하였으며, 서유견문을 저술하였다.

오답 check

① 영국인 베델과 양기탁이 설립한 대한매일신보는 1904년부터 1910년까지 활동한 민족언론사였다.
③ 이동녕, 이회영 등은 신흥 무관학교를 세우는 등 독립 전쟁의 터전을 마련하였다.
④ 신채호는 김원봉의 요청을 받아 의열단 행동 강령인 조선혁명선언을 작성하였다(1923).
⑤ 이인영·허위 등 양반 유생 의병장의 주도로 13도 창의군을 창설하여 서울 진공작전을 추진하였다.

36. 답 ②

출제자의 눈 

을사늑약과 경술국치를 통해 역사적 시기를 파악할 수 있다.

자료 속 힌트 국제적, 조약, 맺지 않을 것, 통감을 두되, 통치권, 일본국 황제 폐하에게 양여

해설

(가) 을사늑약(1905.11). 일본은 외교권 박탈과 통감 통치의 내용을 골자로 한 을사늑약의 체결을 대한제국에 강요하였다.
(나) 한일 강제병합(1910.8). 일본은 한국과 일본을 강제 병합하였고, 국권을 강탈하였다. 이후 총독부를 설치하고 헌병무단통치를 시행하였다.
② 1907년 6월 고종은 이상설, 이준, 이위종을 헤이그에서 개최되는 제2회 만국 평화 회의에 특사로 파견하여 을사늑약의 불법성과 일제의 무력적 침략 행위의 부당성을 전 세계에 호소하여 국제적인 압력으로 이를 파기하려 하였다.

오답 check

① 의열단은 김원봉이 만주 길림에서 비밀 결사로 조직(1919)하였고 활발한 활동을 전개하였다.
③ 1894년 일본군이 청 함대를 기습하여 청일전쟁을 발발하였다. 이어서 일본은 제해권을 장악하였고 산둥반도의 청 해군 기지를 공격하였다.
④ 러시아의 한반도 남하를 견제한다는 구실로 영국은 거문도를 해밀턴 항이라 명명하고 불법 점령한 후 포대를 설치하였다(거문도 사건, 1885).
⑤ 임오군란은 민씨 정권이 일본인 군사 고문을 초빙하여 훈련과 교육을 시킨 별기군(신식 군대)을 우대하고, 구식 군대를 차별 대우한 데 대한 불만에서 폭발한 것이다(1882).

37. 답 ④

출제자의 눈 

자료를 분석하여 교육입국조서의 내용을 파악할 수 있다.

자료 속 힌트 교육입국조서

해설

갑오개혁에 의해 근대적 교육 제도가 마련되었고, 이어서 "국가의 부강이 국민의 교육에 있다"라는 내용의 교육입국 조서가 반포되었다(1895). 교육입국의 정신에 따라 정부는 소학교, 중학교 등의 각종 관립 학교를 세웠는데 한성사범학교를 설립하였으며(1895), 외국어 학교 관제를 공포하여 신교육을 실시하였다.

오답 check

① 이화학당은 1886년 서울에 스크랜튼이 설립한 최초의 여자 사립학교였다.
② 정부의 지원을 받아 묄렌도르프가 설립한 외국어 교육기관으로 동문학(1883)을 세워 영어와 일어를 강습하였고 통역관을 양성시켰다.
③ 원산학사(1883)는 덕원 주민들이 개화파 인물들의 권유에 따라 설립한 우리나라 최초의 근대적 사립학교였으며 외국어, 자연과학, 국제법 등 근대 학문과 무술을 가르쳤다.
⑤ 육영공원(1886)은 최초의 관립 학교로 헐버트와 길모어를 초빙하여 상류층 자제들에게 영어, 수학, 지리, 정치 등 근대 학문을 교육하였다.

38. 답 ⑤

출제자의 눈 

대화를 통하여 1920년대 전개된 민립대학설립운동을 파악할 수 있다.

자료 속 힌트 고등 교육 기관을 세우자는 운동

해설

조선교육회는 일제의 우민화 교육에 맞서 고등교육 기관을 설립하여 우수한 인재를 양성하는 것이 중요하다고 판단하여 총독부에 대학설립을 요구하였다. 총독부가 이를 묵살하자 이상재를 중심으로 민립대학 기성회를 조직(1922)하여 우리 손으로 대학을 설립하려는 민립대학설립운동을 전개하였다. 이 운동은 '한민족 일천만이 한사람 1원씩'의 구호를 내세워 각 지역의 유지들과 사회단체의 후원으로 한때 순조롭게 진행되었으나, 일제가 경성제국대학을 설립하여(1924) 조선인의 불만을 무마하려고 하였고, 자연재해로 모금이 어려워져 결국 좌절되었다.

오답 check

① 삼국간섭 이후 러시아를 등에 업은 친러파와 러시아 공사 베베르 등이 신변 보호 명목으로 고종을 러시아 공사관으로 옮겼다(1896).
② 독립협회는 1896년부터 1899년까지 활동하였다.
③ 1884년 갑신정변의 개화당 세력은 우정국 개국 축하연을 이용하여 정변을 일으켰다.
④ 광주학생항일운동(1929)은 나주에서 광주까지의 통학 열차 안에서 일본 남학생들이 한국 여학생을 희롱하는 사건을 발단으로 시작되었다.

39. 답 ⑤

출제자의 눈

김구의 백범일지를 통하여 임시정부의 변화를 파악할 수 있다.

자료 속 힌트 김구, 1932년, 중국인의 감정, 좋아졌습니다.

해설

상하이 사변(1932)에서 승리한 일본이 상하이 홍커우 공원에서 전승 축하식을 거행하자 한인애국단 소속의 윤봉길은 식장을 폭파하였고, 많은 일본군 장성과 고관들을 처단하였다. 중국의 장제스는 감탄하여 이후 중국군관학교에 한인 특별반을 설치하는 등 대한민국 임시정부에 대한 지원을 강화하였고, 결과 중국 국민당 정부가 중국 영토 내의 우리 민족의 무장 독립 투쟁을 승인하는 등 임시정부를 적극 지원하는 계기가 되었다.

오답 check

① 장인환·전명운 의사는 통감부의 한국 통치를 찬양한 미국인 외교 고문 스티븐스를 샌프란시스코에서 처단하였다(1908).
② 간도와 연해주에서 의병으로 활약하던 안중근은 만주 하얼빈 역에서 한국 침략의 원흉인 초대 통감 이토 히로부미를 처단하였다(1909).
③ 이재명은 명동성당에서 벨기에 황제 레오폴트 2세 추도식을 마치고 나오는 이완용을 찔러 복부와 어깨에 중상을 입히고 체포되었다(1909).
④ 의열단 소속의 김익상은 1921년 조선 총독부에 폭탄을 투척하였다.

40. 답 ③

출제자의 눈

한국통사의 내용을 통해 박은식 선생의 활동을 추론할 수 있다.

자료 속 힌트 박은식, 나라는 없어질 수 있으나 역사는 없어질 수 없다.

해설

자료는 한국통사의 서문이다. 박은식은 구한말에는 유교구신론을 주장하였다. 박은식은 역사를 '혼'으로 파악하여 혼이 담겨 있는 민족사의 중요성을 강조하였다.

참고 박은식(1859~1925)

구분	내용
구한말	주자학 중심의 유학 비판, 양명학과 사회 진화론을 조화시킨 대동사상 주장(대동교 창설)
일제강점기	조선광문회 조직(역사·지리·고전 등 정리·간행), 동제사 조직(1912), 대동보국단 결성(1915), 무오독립선언서 발표(길림, 민족지도자 39인), 국민대표회의(1923, 창조파) 참여
임정 활동	임시정부 제2대 대통령
저서	한국통사(우리 민족의 수난 정리), 한국독립운동지혈사(항일 민족 투쟁정리), 연개소문전, 안중근전

오답 check

① 동국사략(1403)은 권근이 삼국사기를 재조명하여 단군 조선에서 신라 말까지의 역사를 성리학적 사관을 반영하여 편년체로 편찬하였다.
② 동사강목은 고조선에서 고려 말까지의 역사를 안정복이 저술한 것으로 우리 역사의 독자적 정통론을 세워 이를 체계화하였다.
④ 신채호는 주로 고대사 연구에 치중하여 조선상고사, 조선사연구초 등을 저술하여 주체적으로 한국사를 정리함으로써 민족주의 역사학의 기반을 확립하였다.
⑤ 이긍익은 조선 시대의 정치와 문화를 실증적이고 객관적으로 정리하여 연려실기술을 기사본말체로 저술하였다.

41. 답 ①

출제자의 눈

지도를 통하여 일제에 의해 부설된 철도를 파악할 수 있다.

해설

(가)는 경인선이다. 서울과 인천을 잇는 우리나라 최초의 철도인 경인선은 1897년 인천에서 공사를 시작하여 1899년에는 제물포와 노량진 사이가 개통되었고, 1900년에는 노량진과 서울 사이가 차례로 완공됨으로써, 서울과 인천 사이의 전구간이 개통되었다.

참고 철도

구분	내용
경인선(1899)	미국에 의해 최초 착공, 일본이 완성
경부선(1905)	일본에 의해 최초 착공, 일본이 완성
경의선(1906)	프랑스에 의해 최초 착공, 일본이 완성

오답 check

② 서울과 부산 간 철도인 경부선은 1905년 일본에 의해 착공되어 완성되었다.
③ 경의선 철도 부설권은 프랑스가 1896년 획득하였고, 일본에 의해서 1906년 완공되었다.
④ 일본은 남만주의 철도(안봉선) 부설권 및 푸순 탄광 채굴권을 얻는 대신 간도 영유권을 청에게 주어 청의 영토로 인정하는 간도협약을 체결하였다(1909).
⑤ 수원에서 여수 사이의 수려선(1930)과 수원에서 인천 사이의 수인선(1937)은 일제의 수탈이 목적이었다.

42. 답 ③

출제자의 눈

치안유지법을 통하여 일제의 기만적 문화통치를 파악할 수 있다.

자료 속 힌트 1925년, 사회주의 및 독립운동을 탄압

해설

1920년대 사회주의 독립운동이 일어나자, 일제는 이를 탄압하기 위해 국내 치안 유지를 빙자해 1925년 치안유지법을 제정·공포하였는데, 이는 우리 민족의 독립 운동을 억압하려는 수단이었다.

치안유지법

치안유지법은 '일본의 국체 및 정체의 변혁과 사유 재산을 부인하는 자는 징역 10년에 처한다.'라는 등 총독부가 식민 체제를 부인하는 반정부·반체제 운동 또는 사유 재산제를 부인하는 사회주의 단체의 조직과 활동을 금지하고 탄압하는 법이다.

오답 check

① 일제는 한국인의 회사설립을 억제하고 민족 자본의 성장을 저지하기 위하여 회사 설립 시 총독부의 허가를 받도록 하는 회사령을 공포하였다(1910~1920).
② 조선태형령은 일제가 한국인을 억압하고 통제하기 위하여 1912년에 제정하고, 1920년에 폐기하였다.
④ 일제는 1910년대에 토지조사령(1912)을 발표하여 토지조사사업을 실시하였다.
⑤ 일제는 1938년 국가총동원령을 제정하여 전쟁 수행에 필요한 인적, 물적 자원을 총동원하는 것은 물론 한민족의 생존과 문화까지 말살하려 하였다.

43. 답 ⑤

출제자의 눈

자료를 통해 일제강점기 산미증식계획(1920~1934)을 파악할 수 있다.

자료 속 힌트 1920년, 쌀 생산량 증대

해설

자료는 1920년대 산미증식계획과 관련이 있다. 산미증식계획은 1차 세계대전 후 일본 내의 이촌향도현상이 진행되면서 쌀값이 폭등하게 된 것을 기화로 한다. 부족한 식량을 한반도에서 착취하려 시작한 것이 산미증식계획이다. 산미증식계획으로 인한 수리 조합비, 품종 개량비, 비료 대금 등 증산 비용을 대부분 농민들이 부담하게 되어 몰락하게 되었고, 쌀 수출로 지주의 이익은 오히려 증대하여 식민지 지주제 강화가 강화되었다. 또한, 쌀 중심의 단작형 농업 구조가 심화되었고 목포·군산은 쌀 수탈항으로 성장하게 되었다.
⑤ 산미증식계획으로 인하여 일제가 강제로 수탈해 간 미곡이 증산량보다 많아 식량 부족이 심화되었다.

오답 check

① 대한제국은 양전 사업을 실시하여 지계를 발급하였다.
② 1950년대 후반 한국정부는 미국의 무상원조로 밀, 면, 설탕을 공급받아 제분공업·제당공업·섬유공업 등 삼백 산업을 성장시켰다.
③ 1907년 서울에서는 국채 보상 기성회가 조직되어 전 국민의 호응을 얻었다.
④ 동양척식주식회사는 일본이 대한제국을 약탈하기 위하여 1908년에 설립되었다.

44. 답 ⑤

출제자의 눈

최초의 여성 노동운동가 강주룡을 통해 1930년대 노동쟁의를 파악할 수 있다.

자료 속 힌트 강주룡, 1931년, 여직공들의 파업

해설

강주룡은 한국최초의 여성 노동 운동가로 1931년 평원 고무공장의 노동쟁의 당시 회사 측의 일방적 임금 인하 통고에 반발하여 여공 파업을 주도하여 전개하였다. 일제 강점기의 노동 쟁의 참여 계층은 1920년대에는 대부분이 농민 계층으로 생존권 투쟁이었으나 20년대 후반으로 가면서 사회주의 계열이 노동운동에 참여하게 되는데 점차로 전국적이고 조직적인 투쟁으로 변화하게 되었다. 민족 협동 노선의 해소 이후인 1930년대의 노동운동은 비합법적이고 혁명적 조합이 주도하면서 반식민지·반제국주의 투쟁의 목적으로 변화하였다.

오답 check

① 일본의 황무지 개간권 요구에 대항하여 보안회(1904)를 조직하여 활동하였고 일본의 요구를 철회시켰다.
② 백정들은 진주에서 이학찬을 중심으로 조선형평사를 창립하고 형평운동을 전개하였다(1923).
③ 암태도 소작쟁의는 1923년 8월부터 1924년 8월까지 약 1년여의 소작료 인하 운동을 전개하여 소작료를 40%로 인하하였다.
④ 1939년 일제는 국민 징용령을 실시하여 100만여 명의 청년들을 강제 징용하여 탄광, 철도 건설, 군수 공장 등에 동원하였다.

45. 답 ③

출제자의 눈

일제 강점기 연해주 동포의 생활을 살펴보아야 한다.

자료 속 힌트 연해주 동포, 1937년, 중앙아시아로 이주

해설

자료는 일제 강점기 스탈린의 노선 변화로 인하여 연해주 동포의 강제이주를 나타낸 것이다.

소련 스탈린의 정책변화(1937)

1930년대 일제의 침략전쟁이 발발하자 일본이 연해주를 침략하기 위해 한국인을 첩자로 이용한다는 소문이 돌았다. 스탈린은 연해주의 한국인들을 중앙아시아로 강제 이주시키는 정책을 시행하였고, 연해주의 한국인들은 화물열차에 실려 중앙아시아로 끌려갔다.

오답 check

① 대한제국은 칙령 제41호를 통하여 울릉도를 울릉군으로 승격시키고, 독도를 관할 구역에 포함하였다.
② 1900년대 대한제국 당시 7,000여 명이 하와이로 이주하여 가혹한 노동에 시달렸다.
④ 1923년 도쿄에 발생한 관동대지진에 관한 대화를 하고 있다. 관동대지진이 일어나자 일제는 일본의 사회혼란을 선동한 것은 한국인이라며, 6천여 명의 한국인 학살을 자행하였다.
⑤ 1920년대 일제는 경찰의 수와 장비 등을 이전보다 3배 이상 증가하였다.

46. 답 ①

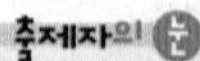

출제자의 눈

광복 이후의 대한민국 정부수립 과정을 학습하여야 한다.

해설

(가) 미·소 공동 위원회(1946.3). 서울에서 제1차 미·소 공동 위원회가 개최되었다.
(나) 5·10총선거(1948.5.10). 김구의 한국독립당, 김규식 등의 중도파, 공산주의자 등이 선거를 불참한 상태에서 유엔의 결의에 따른 남한 단독 선거가 실시되었다.
(다) 반민특위 구성(1948.10). 제헌국회는 친일파를 처벌하고 민족정기를 바로잡기 위하여 반민족 행위 처벌법(반민법)을 제정하여 공포하였으며, 반민족 행위 특별 조사 위원회를 구성하였다.

47. 답 ②

출제자의 눈

1960년대 전반부터 1970년대 전반의 활동 사항을 학습하여야 한다.

해설

- 남북학생회담을 추진(1961). 1960년대 초반 제2공화국 때에 급진적인 생각을 가지고 있었던 일부 학생들은 '가자 북으로, 오라 남으로'라는 구호 아래 통일을 위한 모임을 조직하고, 판문점 회담 개최를 추진하였다.
- 7·4남북공동성명(1972). 박정희 정부는 자주 통일, 평화 통일, 민족적 대단결의 3대 원칙을 성명하였다.

ㄱ. 한일국교정상화는 박정희 정부에서 이루어졌다(1965).
ㄷ. 제1차 경제 개발 5개년 계획(1962~1966)은 군사정부 당시인 1962년에 시행되었다.

오답 check

ㄴ. 박정희 정부 때 수출 100억 달러를 달성하였다(1977).
ㄹ. 노태우 정부 때 제24회 서울 올림픽이 성공리에 진행되었다(1988).

48. 답 ⑤

출제자의 눈

제9차 개정 헌법을 통하여 1987년 6월 민주항쟁의 경과를 추론할 수 있다.

자료 속 힌트 헌법, 1988, 직접, 5년, 중임할 수 없다.

해설

자료는 제9차 개정 헌법으로 1987년 6월 민주항쟁 이후에 개정·시행되었다. 1987년 전두환 정부는 4·13 호헌 조치를 발표하였고, 야당과 재야의 연합 기구인 '민주 헌법 쟁취 국민운동본부'가 박종철 고문치사 규탄과 호헌 철폐를 위한 국민 대회를 전국 주요 도시에서 개최하였다. 이러한 시위는 범국민적 반독재 민주화 투쟁으로 발전하게 되었고(6월 민주항쟁), 결국 전두환 정권은 민주 정의당의 차기 대통령 후보로 내정된 노태우를 통해 6·29선언을 발표하였고, 5년 단임의 대통령 직선제로 개헌하게 된다(현행 헌법, 1987.10).

오답 check

① 1948년 5월 198명의 국회의원이 선출되어 제헌국회가 구성되었다(임기 2년).
② 1960년 4·19 혁명 이후 장면이 집권한 내각책임제의 제2공화국이 열렸다(1960.8~1961.5).
③ 박정희 정부는 1972년 10월 비상계엄을 선포하고 유신을 선포하였다(국회 해산, 정당 활동 금지).
④ 1960년 3·15 부정 선거에 항의하는 시위가 확대되어 4.19혁명이 전개되었다.

49. 답 ③

출제자의 눈

IMF 체제를 통해 김영삼 정부(1993~1998)와 김대중 정부(1998~2003)를 파악할 수 있다.

자료 속 힌트 IMF, 관리체제하

해설

김영삼 정부 당시인 1997년 한국 경제는 외환 부족과 금융권 부실 등으로 위기를 맞아 국제 통화 기금(IMF)에 구제 금융을 요청하였고, 국가의 위기는 넘겼으나 국제 통화 기금의 관리를 받게 되었다. 이후 위기극복을 위하여 구조조정, 부실기업의 정리 등을 추진하였으며, 금모으기 운동 등으로 인하여 2001년 김대중 정부에서 외채를 상환하였다.

오답 check

① 1970년 박정희 정부는 근면, 자조, 협동을 바탕으로 한 새마을 운동을 전개하였다.
② 1950년대 후반 이승만 정부는 미국의 무상원조로 밀, 면, 설탕을 공급받아 제분공업·제당공업·섬유공업 등 삼백 산업을 성장시켰다.
④ 1963년 서독에 광부와 간호사를 파견하여 약 3천만 달러의 차관을 제공받았다.
⑤ 2010년 대한민국과 유럽 연합(EU)은 자유 무역 협정(FTA)을 체결하였다(이명박 정부).

50. 답 ③

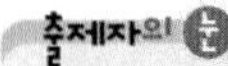

출제자의 눈

일제강점기 베를린 올림픽을 통해 손기정 선수를 파악할 수 있다.

자료 속 힌트 1936년 베를린 올림픽 마라톤 경기에서 우승, 일장기를 지운 것

해설

자료는 1936년 베를린올림픽의 마라톤에서 우승한 손기정을 나타내고 있다.

동아일보의 일장기 삭제
동아일보는 1936년 베를린 올림픽에서 우승한 손기정 선수 가슴의 일장기를 말소하여 간행하였다가 정간되기도 하였다.

오답 check

① 나운규는 영화 아리랑을 제작하여 1926년 단성사에서 개봉하였다.
② 남승룡은 1936년 베를린올림픽의 마라톤에서 동메달을 획득하였다.
④ 안창남은 동아일보의 후원을 받아 1922년 고국방문 비행에 성공하였다.
⑤ 이중섭은 민족정서를 대변하는 '소' 등의 작품을 제작하여 독특한 문화를 이루었다.

한국사능력검정시험

30회 중급

정확하고 자세한 **정답 및 해설**

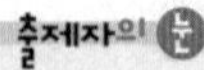

본문 38~49쪽

01. ④	02. ④	03. ②	04. ③	05. ④
06. ①	07. ⑤	08. ②	09. ③	10. ③
11. ⑤	12. ③	13. ④	14. ④	17. ③
16. ③	17. ⑤	18. ④	19. ①	20. ⑤
21. ②	22. ①	23. ①	24. ⑤	25. ⑤
26. ③	27. ①	28. ②	29. ③	30. ②
31. ⑤	32. ④	33. ①	34. ⑤	35. ①
36. ①	37. ②	38. ②	39. ④	40. ①
41. ④	42. ②	43. ①	44. ②	45. ⑤
46. ②	47. ③	48. ④	49. ③	50. ①

01. 답 ④

출제자의 눈

연천 전곡리에서 발견된 주먹도끼를 통해 구석기 시대임을 파악한다.

자료 속 힌트 연천 전곡리, 주먹도끼

해설

제시된 주먹도끼는 (가) 구석기 유물이다. 구석기인들은 사냥과 채집 생활을 하였는데, 구석기의 대표적인 도구는 뗀석기로써 주먹도끼, 찍개, 팔매돌과 같은 사냥도구와 긁개, 밀개와 같은 조리도구 등이 있었다.

참고 구석기 시대(약 70만 년 전)

구분	내용
경제	뗀석기, 동물의 뼈 도구, 사냥 및 고기잡이(주먹도끼, 뼈도구, 슴베찌르개)
생활	동굴·바위그늘, 후기에는 강가의 막집, 고래와 물고기 등을 새긴 조각품
장례	인골 발견(원시적 장례 풍습): 흥수아이(청원 흥수굴)
유적	경기도 연천 전곡리, 충남 공주 석장리

오답 check

① 6C 신라 지증왕 때 철제농기구를 활발하게 보급하여 우경을 실시하였다.
② 신석기 시대에는 가락바퀴와 뼈바늘을 사용하여 의복과 그물을 제작하는 등의 원시적 수공업이 발달하였다.
③ 철기 시대에 독무덤과 널무덤 등이 만들어졌다.
⑤ 신석기 시대의 대표적인 토기인 빗살무늬 토기는 신석기 중기 이후에 출현하게 되며, 전국 각지에 널리 분포되어 있다.

02. 답 ④

출제자의 눈 

8조법을 통하여 고조선 사회를 추론할 수 있다.

자료 속 힌트 죽인 자는 곧바로 죽인다, 도둑질, 50만, 한서

해설

고조선의 8조법에 대한 내용이다. 기록에 의하면 고조선 사회는 생명(노동력)을 중시하였으며, 당시는 농업 사회였고, 사유 재산 제도가 성립되어 있었음을 알 수 있다. 노비가 존재했던 계급 사회였음을 알 수 있고, 용서를 받고자 하면 돈을 내야 하므로 당시는 화폐가 사용되고 있었으며, 가부장적인 가족 제도가 확립되어 있었음을 알 수 있다.

참고 고조선의 8조법

8조법	의미
살인한 자는 사형	노동력 중시
상해를 입힌 자는 곡식으로 배상	농업사회·사유재산
절도한 자는 노비로 삼는 것	계급사회·노비발생
50만전으로 용서	당시 화폐 사용
여성들만 정절을 중시	가부장적 사회

④ 고조선의 성장에 불안을 느낀 한나라의 무제는 대규모 침략을 해왔고, 약 1년간에 걸친 장기전과 지배층의 내분으로 왕검성은 함락되어 고조선은 멸망하게 되었다(B.C.108).

오답 check

① 임신서기석은 화랑과 관련된 비문 내용으로 612년에 작성된 비석인데, 내용은 두 화랑이 시경, 서경, 예기, 좌전 등을 3년 안에 공부할 것을 서약한 것으로, 현재 국립경주박물관에 소장되어 있다.
② 주몽은 압록강의 지류인 동가강 유역의 졸본(환인) 지방에 고구려를 건국하였고(B.C.37), 유리왕은 압록강 근처의 국내성(집안)으로 수도를 옮겼다(A.D.3).
③ 칠지도는 백제 근초고왕이 일본 왕에게 하사한 것으로 날개에 글을 새겨 넣은 일곱 개의 날을 가진 칼이다.
⑤ 신라 원성왕 때 독서삼품과를 마련하였는데 국학의 졸업생을 성적에 따라 3등급으로 나누어 관리를 채용하려 하였다.

03. 답 ②

출제자의 눈 

대화의 천군, 소도 등을 통하여 삼한의 특징을 도출할 수 있다.

자료 속 힌트 천군, 소도, 5월, 10월, 계절제

해설

(가) 삼한의 대족장은 신지·견지 소족장은 읍차·부례 등으로 불렸으며, 제정분리 사회로 제사장인 천군이 군장세력이 미치지 못하는 소도를 지배하였다. 삼한에서는 5월, 10월 두 차례의 계절제도 열었다.

오답 check

① 고구려는 서옥제라는 혼인풍습이 있었는데, 남녀가 혼인을 하면 신부 집 뒤곁에 서옥이라는 집을 짓고 살다가, 자식을 낳아 장성하면 신부를 데리고 자기 집으로 갔다.
③ 고구려는 중대한 범죄자는 제가회의를 통하여 사형에 처하고 그 가족을 노비로 삼기도 하였다.
④ 동예는 족외혼이 엄격하게 이루어 졌으며 부족적 성격이 강하여 책화라는 제도가 있었다.
⑤ 동예는 단궁, 과하마, 반어피 등이 특산품으로 유명하였다.

참고 연맹국가의 특징

국가	특징
고구려	5부족 연맹체, 동맹(10월, 국동대혈), 약탈 경제, 서옥제, 제가회의
동예	군장국가(읍군·삼로), 무천(10월), 책화, 족외혼, 해산물 풍부, 토지 비옥, 방직기술 발달, 특산품(단궁·과하마·반어피)
삼한	신지·견지(大족장), 읍차·부례(小족장), 5월·10월 계절제, 제정분리, 천군(제사장)이 소도 지배, 벼농사 중심, 변한의 철(화폐처럼 사용, 낙랑·왜 수출), 반움집

04. 답 ③

출제자의 눈 

대화를 통하여 7세기 고구려와 수의 전쟁을 파악할 수 있다.

자료 속 힌트 우중문, 공격

해설

수나라의 문제에 이어 양제는 113만의 대군을 이끌고 침략하여 왔으나 을지문덕이 살수(청천강)에서 수나라에 대항하여 대승을 이끈다(612, 살수대첩). 이후 수나라는 계속된 고구려 원정과 패배로 인하여 국력의 소모가 컸고, 결국 내란으로 멸망하였다(618).

오답 check

① 4세기 고구려 미천왕은 낙랑군을 축출하였다(313).
② 양만춘은 안시성에서의 전투를 승리로 이끌며(645) 당나라 군대를 물리쳤다.
④ 고구려 광개토대왕은 백제 수도인 한성을 공격하여 아신왕을 굴복시키고 한강 이북을 확보하였다.
⑤ 당은 고구려를 멸망시킨후 안동 도호부(668, 평양)를 설치하여 지배하려 하였다.

05. 답 ④

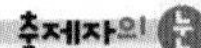

김수로왕 탄생 설화를 통하여 금관가야를 추론할 수 있다.

자료 속 힌트 구지봉(龜旨峯), 황금 알 여섯 개, 수로(首露)

해설

구지봉, 김수로, 황금 알 6개 등을 통하여 가야임을 파악할 수 있다. 3C경 김해의 금관가야가 연맹국가로 발전하면서 6가야 연맹체로 성립한다. 제철 기술이 뛰어났으며, 낙랑과 왜의 규수지방을 연결하는 해상 중계 무역이 번성하였다.
④ 3C경 김해의 금관가야가 중심으로 발전한 가야연맹은 5C 초 고구려 광개토대왕의 공격으로 고령의 대가야 중심인 후기 가야 시대로 전환되게 되었다.

오답 check

① 태학은 4세기 고구려 소수림왕이 유교 경전과 역사 교육을 위해 수도에 설치하였다.
② 고구려 2세기 고국천왕 때 을파소를 국상으로 채용하여 진대법을 실시하였다(194).
③ 신라는 국가 중대사에 대하여는 귀족회의로 결정하였는데, 최고 관직인 상대등이 화백회의를 주관하였다.
⑤ 신라 초기에는 박·석·김씨가 교대로 왕위를 계승하였다.

06. 답 ①

출제자의 눈 

문주왕과 성왕을 통해 백제의 웅진성 시대를 파악할 수 있다.

자료 속 힌트 문주왕, 사비로 도읍, 남부여

해설

자료는 백제의 천도과정을 나타내고 있는 것으로, 웅진성과 사비성을 각각 묘사한 것이다.
(가) 백제 문주왕은 계속된 고구려의 남진으로 인하여 웅진(공주)으로 천도하였다(475).
(나) 성왕은 대외 진출이 수월한 사비(부여)로 천도하고 국호를 남부여로 개칭하였다(538).

참고 백제의 시대구분

위례성(한성) 시대					웅진성 시대			사비성 시대
고이왕	근초고왕	침류왕	비유왕	개로왕	문주왕	동성왕	무령왕	성왕
3C	4C		5C				6C	

① 6세기 백제 무령왕은 지방에 대한 통제를 강화하기 위하여 지방에 22담로를 설치하여 왕족을 파견하는 등 통치 체제를 정비하였다.

오답 check

② 4세기 백제 침류왕(384~385)은 동진의 마라난타를 통하여 불교를 수용한 후 공인하였다(384).
③ 4세기 백제 근초고왕은 박사 고흥으로 하여금 백제의 역사서인 書記(서기)를 편찬하게 하였다.
④ 복신·흑치상지·도침은 왕자 풍을 왕으로 추대하고 주류성과 임존성에서 군사를 일으켜 백제 부흥운동을 전개하였다(660~663).
⑤ 7세기 백제 의자왕은 고구려 군사와 연합해 신라의 교통 요충지인 당항성을 공격하였고, 이후 대야성 등을 공격하여 40여개의 성을 빼앗았다(642).

07. 답 ⑤

출제자의 눈 

우산국 정벌을 통해 6세기 신라 지증왕을 파악할 수 있다.

자료 속 힌트 이사부, 우산국을 정벌

해설

6세기 신라 지증왕은 국호를 신라로 바꾸고, 왕의 칭호도 마립간에서 왕으로 고쳤으며 지증왕은 노동력의 확보를 위하여 순장을 금지하였다(502). 또한, 우경을 실시하였으며, 이사부를 보내 우산국(울릉도)을 복속(512)시켜 세력을 확장하였다.

오답 check

① 7세기 신라 선덕여왕 때 승려 자장은 황룡사 9층 목탑의 건립을 왕에게 건의하여 건립하였다(643).
② 6세기 법흥왕은 병부를 설치하여 통치 질서를 확립하였다.
③ 6세기 진흥왕은 화랑도를 국가적인 조직으로 개편하였다.
④ 6세기 신라 법흥왕 때 이차돈의 순교 이후 비로소 국가적으로 불교를 공인하였다(527).

08. 답 ②

출제자의 눈 

자료의 내용을 통하여 신라의 당나라 유학 승려인 의상을 도출할 수 있다.

자료 속 힌트 부석사, 당에 유학

해설

(가) 의상은 모든 존재가 상호 의존적인 관계(一卽多 多卽一)가 있으면서 서로 조화를 이루고 있다는 화엄 사상을 정립하였고, 화엄일승법계도를 남겼다. 또한, 의상은 화엄사상을 바탕으로 교단을 형성하였고, 부석사 등 많은 사원을 건립하였다. 의상은 아미타 신앙과 함께 현세에서 고난을 구제받고자하는 관음 신앙을 설파하여 불교를 일반인에게 널리 알렸다.

부석사

깨달음을 얻은 의상은 귀국길에 오르기 전 선묘를 찾아갔지만, 만나지 못해 결국 떠날 수밖에 없었다. 뒤늦게 달려온 선묘는 통곡하며 바닷물에 몸을 던져 용이 되었고, 그녀는 용이 되어 의상의 귀국길을 보호했다. 귀국 이후 의상은 왕의 명을 받들어 사찰을 세우게 되었는데, 다른 종파의 방해가 심했다. 그러자 선묘는 큰 바윗돌로 변하여 그들의 머리 위에 떠서 방해를 막았는데, 그렇게 뜬 바위가 된 선묘를 기리기 위해 '뜬바위'라는 의미로 부석사라고 이름을 정하게 되었다.

오답 check

① 신라의 원광은 세속 5계를 통해 화랑도의 행동 규범을 제시하였다.
③ 혜심은 유불일치설을 주장하였고, 심성의 도야를 강조하여 성리학을 수용의 사상적 토대를 마련하였다.
④ 지눌은 독경과 선 수행, 노동에 고루 힘쓰자는 개혁 운동인 수선사 결사를 제창하였다.
⑤ 통일신라 혜초는 자신이 돌아본 인도와 중앙아시아 등 여러 나라의 풍물을 생생히 기록한 왕오천축국전을 남겼다.

09. 답 ③

출제자의 눈 

해동성국을 통하여 발해의 전성기인 선왕임을 확인할 수 있다.

자료 속 힌트 해동성국

해설

발해는 9세기에 선왕 때에 이르러 대부분의 말갈족을 복속시켰고, 요동으로 진출하는 등 넓은 영토를 확보하였다. 중국인들은 전성기의 발해를 보며 해동성국이라고 칭송하기도 하였다. 선왕은 건흥이라는 독자적인 연호를 사용했으며, 5경 15부 62주를 정비하기도 하였다.

③ 신라 금령총에서 출토된 기마인물형 토기이다.

오답 check

① 발해의 영광탑은 당의 영향을 받은 석탑이다.
② 발해의 이불병좌상은 발해 동경 용원부의 절터에서 발굴된 것으로 고구려 양식을 계승한 것으로 여겨진다.
④ 정혜공주 묘에서 출토된 돌사자상은 매우 힘차고 생동감이 있다.
⑤ 발해의 상경에서 발견된 석등은 석조 미술의 대표로 꼽힌다.

10. 답 ③

출제자의 눈 

나당연합 결성의 내용을 통하여 삼국 통일 과정을 파악할 수 있다.

자료 속 힌트 김춘추, 백제, 군사를 얻어서, 보장왕, 죽령 서북 땅을 돌려준다면

해설

자료는 김춘추가 고구려에 원군을 요청하러 갔다가 변을 당하는 모습을 그리고 있다(642). 고구려가 수·당의 침략을 막아내는 동안 신라와 백제는 대결하고 있었고, 신라는 고구려와 동맹을 시도하였으나 실패하게 되었다. 이에 신라 진덕여왕은 친당외교를 전개하여 나당 연합을 결성하였고(648), 백제와 고구려를 공격하게 되었다.

삼국통일의 과정

수·당 침입 → 나·당연합(648) → 백제 멸망(660) → 백제 부흥운동(660~663) → 고구려 멸망(668) → 당의 도독부 설치 → 고구려 부흥운동(670~674) → 나·당전쟁 → 삼국 통일(676)

오답 check

① 1세기 고구려 태조왕은 옥저를 복속하는 등 활발한 정복활동을 전개하였다.
② 4세기 백제 근초고왕은 황해도 지역을 놓고 고구려와 대결하였는데 평양성까지 진격하여 고구려 고국원왕을 전사시켰다(371).
④ 6세기 신라 진흥왕은 이사부를 시켜 고령의 대가야를 정복하였다(562).
⑤ 6세기 신라 진흥왕은 함경도 지역의 진출을 대외적으로 알리기 위해 황초령비와 마운령비를 세웠다(568).

11. 답 ⑤

5도 양계의 지도를 통하여 고려시대의 행정구역을 파악할 수 있다.

해설

고려는 전국을 5도 양계로 나누었는데, 양계는 군사지역으로 병마사가 파견되었고, 군사요충지에는 진을 설치하였다. 5도는 일반 행정 단위로 중앙에서 안찰사를 파견하였고, 도내의 지방을 순찰하였다. 도에는 주와 군, 현이 설치되었고 각각의 지방관이 파견되었지만, 지방관이 파견된 주현 보다 지방관이 파견되지 않은 속현이 더 많아 주현을 통제하여 간접적으로 속현을 통제하였다.

참고 고려의 행정 조직

구분	내용
일반	5도(안찰사) 밑에 주·군·현설치, 주현(지방관 파견)보다 속현(지방관 파견되지 않음)이 더 많음
군사	동계·북계의 양계(병마사) 밑에 진(국방상 요지) 설치
특수	향·부곡·소 등은 일반 양민에 비해 더 많은 세금 부담, 이주 금지

오답 check

ㄱ. 통일신라 신문왕은 전국을 9주 5소경으로 나누어 지방 행정구역을 정비하였다.
ㄴ. 조선시대 유향소는 수령을 보좌하고 향리를 감찰하며, 향촌 사회의 풍속을 바로 잡기 위한 기구였다.

12. 답 ③

발표 내용을 통해 후삼국의 통일 과정을 파악할 수 있다.

해설

(가) 고려 태조는 후백제가 신라를 공격하자 신라를 도와 이들을 막아 냄으로써 신라인의 신망을 얻었고, 그 결과 신라 경순왕의 항복을 받아 전쟁 없이 신라를 통합할 수 있었다(935).
(나) 고창전투는 고려와 후백제 사이의 전투로 고창에서 전개되었다(930). 이 전투에서 고려가 대승을 거둠으로써 후삼국을 통일할 수 있는 유리한 고지를 점령하게 되었다.
(다) 일리천전투는 936년에 지금의 경상북도 구미 지방에서 고려와 후백제 사이에 있었던 대규모 전투로 이 전투로 인하여 백제가 멸망하게 되었다.

13. 답 ④

출제자의 눈

자료를 분석하여 직지심체요절을 파악할 수 있다.

자료 속 힌트 1377년, 백운 화상, 청주 흥덕사, 금속활자, 프랑스 국립 도서관

해설

직지심체요절은 공민왕 때 저술한(1372) '직지심체(直指心體)'를 우왕 때 청주 흥덕사에서 백운 스님에 의해 금속활자로 1377년에 2권으로 간행되었다.

참고 직지심체요절(1377, 현존 最古금속활자본)

구분	내용
간행	청주 흥덕사에서 백운 화상(法名 경한)에 의해 간행, 공민왕 때 저술(1372), 우왕 때 금속활자로 인쇄(1377)
의의	현존하는 세계 최고의 금속 활자본으로 공인
유출	1887년 프랑스 대리공사 콜랭드 플랑시가 프랑스로 유출(現 프랑스 국립도서관 소장)

오답 check

① 일성록은 1760(영조36)년부터 1910년(순종)까지 국왕의 동정과 국정을 매일 기록한 일기이다.
② 이승휴가 편찬한 제왕운기(1287)는 우리나라의 역사를 단군에서부터 서술하면서 우리 역사를 중국사와 대등하게 파악하는 자주성을 나타내었다.
③ 동사강목은 고조선에서 고려 말까지의 역사를 안정복이 저술한 것으로 우리 역사의 독자적 정통론을 세워 이를 체계화하였다.
⑤ 화성성역의궤(華城城役儀軌)는 수원 화성 축조에 대한 경위와 제도 및 의식 등을 수록한 책(1794~1796)으로 순조 때 제작하였다.

14. 답 ④

출제자의 눈

인종 때 편찬한 삼국사기를 통해 김부식을 파악할 수 있다.

자료 속 힌트 인종, 삼국사기를 편찬

해설

자료에서 설명하고 있는 인물은 (가) 김부식으로, 인종 때 관군을 이끌고 서경 천도를 주장하며 일으킨 묘청의 서경천도 운동을 약1년 만에 진압하였다. 김부식은 보수적이고 현실적인 유학자로서 인종 때 현존하는 우리나라 最古의 역사서인 삼국사기를 기전체 서술방법으로 편찬하였다(1145).

오답 check

① 만권당은 충선왕 때 연경에 설치하였고, 이제현은 만권당에서 성리학을 연구하였다.
② 대마도는 고려시대 박위가 정벌하였고(1389), 조선시대 이종무가 정벌하였다(1419).
③ 정도전은 불씨잡변을 저술하여 불교를 비판하였다.
⑤ 고려 말 최무선의 건의로 화통도감을 설치하고, 진포(군산)에서 최초로 화포를 사용하였다(1380).

15. 답 ③

출제자의 눈 

공주명학소의 난을 통해 고려 무신집권시기를 파악할 수 있다.

자료 속 힌트 공주 명학소, 망이·망소이가 난

해설

자료는 무신집권기에 일어난 망이·망소이의 난을 나타내고 있다. 공주 명학소에서 망이·망소이가 신분 해방을 주장하며 봉기하였고, 명학소가 충순현으로 승격되면서 향·부곡·소가 해방되는 계기가 되었다(1176).

공주 명학소의 난

이미 우리 고을(공주 명학소)을 현으로 승격시키고 수령을 두어(백성의 사정을 살펴) 위로 하다가, 다시 군사를 보내 우리 어머니와 처를 붙잡아 가두니 그 뜻이 어디에 있는가. 차라리 창칼 아래 죽을지언정 항복하여 포로는 되지 않을 것이며, 반드시 왕경(개경)에 쳐들어가고야 말 것이다.

「고려사」

16. 답 ③

출제자의 눈 

무신정권기의 권력기구인 정방에 대하여 학습하여야 한다.

해설

최우(1219~1249)는 교정도감을 통하여 정치권력을 행사하였고 독자적인 인사기구인 정방을 설치하여 모든 관직에 대한 인사권을 장악하였다(1225). 이후 공민왕은 왕권을 제약하고 신진 사대부의 등용을 억제하고 있던 정방을 폐지하여 인사권을 회복하였다.

참고 무신정권의 주요 권력기구

기구	내용
중방	최고위 무신들로 구성된 회의기구로 무신정변 직후부터 최충헌이 집권할 때 까지 최고 권력기구였다.
도방	경대승은 정중부를 제거하고, 신변 보호를 위한 사병 집단인 도방을 설치하였다.
교정도감	최충헌은 무신 정권 최고의 권력 기구인 교정도감을 설치하여, 도방, 정방, 서방 등의 기구를 총괄하였다.
정방	최우는 독자적인 인사기구인 정방을 설치하여 모든 관직에 대한 인사권을 장악하였다.
서방	최우는 문신들의 숙위 기구인 서방을 설치하여 문신을 우대하였다.

오답 check

① 고려시대 법을 다루는 사법 기관으로 형부가 있었다.
② 고려의 삼사는 화폐와 곡식의 출납에 대한 회계를 담당하였다.
④ 춘추관은 왕조실록 등의 역사서 편찬과 보관을 담당하였다.
⑤ 고려는 국왕의 친위부대인 2군과 수도와 국경 방위부대인 6위를 중앙군으로 구성하였다.

17. 답 ⑤

출제자의 눈 

쌍성총관부 공격을 통하여 공민왕의 반원 정책을 파악할 수 있다.

자료 속 힌트 쌍성총관부, 공격

해설

공민왕은 즉위 후 기철을 비롯한 친원 세력을 숙청하고, 내정 간섭기구인 정동행성이문소의 폐지 등의 개혁정치를 추진하였다.

참고 공민왕의 개혁정치

구분	개혁
반원정책	친원 세력(기철) 숙청, 정동행성 이문소 폐지, 관제 복구, 몽골풍 금지, 쌍성총관부 공격하여 철령 이북 수복(유인우), 요동 지방 공략
왕권강화	정방 폐지(신진 사대부 등용), 전민변정도감 설치(신돈 등용), 성균관을 순수한 유교 교육 기관으로 개편

오답 check

① 고려 성종은 지방의 12목에 목사와 경학박사·의학박사를 파견하여 중앙집권화와 유교교육을 진흥시켰다.
② 고려 태조는 사심관과 기인제도를 활용하여, 지방 호족을 견제하고 지방 통치를 보완하려 하였다.
③ 고려의 과거 제도는 광종 때 쌍기의 건의로 시행되었다(958).
④ 고려 말 공양왕 때 이성계는 권문세족의 토지를 몰수·재분배하고, 신진 사대부의 경제적 기반을 마련하기 위하여 과전법을 실시하였다(1391).

18. 답 ④

출제자의 눈 

대화를 통하여 조선시대 세조를 도출한 후 그의 정책을 파악한다.

자료 속 힌트 세조, 간경도감을 설치

해설

세조는 불교 경전을 한글로 번역하여 간행하고 보급하는 등 적극적인 불교 진흥책을 펴서 일시적으로 불교가 중흥시켰고, 원각사와 원각사10층탑을 건립하기도 하였다. 세조는 지금의 탑골공원에 원각사를 창건하고 대리석으로 10층 석탑을 만들었다.

오답 check

① 석가탑은 2층 기단에 3층 탑신부를 올린 통일신라 석탑의 전형으로 전체의 균형이 잘 잡힌 뛰어난 작품이다.
② 경주 감은사지 3층 석탑은 통일신라의 석탑이다.
③ 7C 백제 무왕 때 건립한 것으로 추정되는 부여의 정림사지 5층 석탑은 안정적인 모습을 보여준다.
⑤ 고려시대 다각다층탑을 대표하는 오대산 월정사 8각9층 석탑은 송의 영향을 받았다.

19. 답 ①

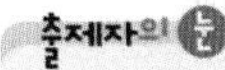

자료를 분석하여 조선시대 백운동 서원에 대하여 알아본다.

자료 속 힌트 백운동 서원, 중종 때, 주세붕

서원은 1543년(중종38) 풍기군수 주세붕이 세운 백운동 서원이 시점이다. 주세붕의 백운동서원은 이황의 건의로 소수 서원으로 사액되었고, 국가로부터 토지와 노비 등을 받고, 면세의 특권까지 누렸다. 사액이라는 형식을 통하여 중앙 정부와 연계되었으며, 이후 이황과 제자들에 의해 많은 지방에 서원이 건립되었다. 서원은 선현을 제사하고, 향촌에서의 교육을 통해 후진을 양성하던 기구로써 향촌에서의 사림의 지위를 강화시켜 주었다.

참고 서원

구분	내용
세력	서원은 향약과 함께 향촌에서의 사림의 지위를 강화
역할	유교 윤리 보급, 향촌 사림 결집·강화
사액	주세붕의 백운동서원은 이황의 건의로 소수 서원으로 사액(토지, 노비, 면세 특권)
기능	선현 제사, 향촌에서의 교육을 통해 후진을 양성

오답 check

② 고려 예종은 국자감을 국학으로 개칭하고, 국학 내에 전문 강좌인 7재를 설치하였다(국학7재).
③ 고려 문종 때 최충은 9재 학당을 세워 유학 교육에 힘썼고, 9재 학당에서 교육을 받은 학생들이 과거에서 좋은 성적을 거두자 최충의 문헌공도가 번성하게 되었다. 사학이 융성하게 되자 정부는 관학 진흥책을 시행하였다.
④ 고려 국자감에는 국자학, 태학, 사문학과 같은 유학부가 있었고, 율학, 서학, 산학 등의 기술학부가 있었다.
⑤ 고려 예종 때 양현고라는 장학 재단을 두어 관학의 경제 기반을 강화하였다.

20. 답 ⑤

출제자의 눈

자료를 통하여 임진왜란 중 이순신 장군의 한산도 대첩을 파악할 수 있다.

자료 속 힌트 1592년 7월, 이순신 장군, 학익진 전술

해설

자료는 이순신 장군의 한산도 대첩(1592.7)을 나타내고 있다. 이순신 장군이 이끄는 연합함대가 적을 한산도 앞 바다로 유인하여 학익진을 펼쳐 100여척의 적선을 격파하였고, 왜의 수군에 큰 타격을 주어 제해권을 잡았다.

오답 check

① 3년여에 걸친 명과 일본 사이의 휴전 회담이 결렬되자 왜는 정유재란을 일으켰고, 이순신은 수백 척의 왜군을 노량해전에서 격파하고 전사하였다(1598.11).
② 고려 말 최무선의 건의로 화통도감을 설치하고, 진포(군산)에서 최초로 화포를 사용하였다(1380).
③ 나당 전쟁 중 금강 하구의 기벌포 전투에서 신라는 당의 수군을 섬멸하여 실질적인 삼국통일을 이룩하였다(676, 문무왕).
④ 정유재란 당시 원균이 지휘하는 조선 수군이 칠천량에서 일본 수군과 벌인 해전(1597.7)으로 패배하였다.

21. 답 ②

출제자의 눈

붕당정치의 전개 과정을 학습하여야 한다.

해설

(가)는 동인에서 분화된 북인이다. 선조 이후 동인은 정여립 모반 사건 등을 계기로 급진파인 (가) 북인과 온건파인 남인으로 나뉘게 되었다. 선조의 뒤를 이어 광해군이 즉위하면서 북인이 집권하게 되었고, 이들은 전후 복구 사업에 힘을 쏟았다.

오답 check

① 숙종 때 장희빈의 소생인 균(경종)의 세자 책봉을 둘러싸고 서인인 송시열 등이 반대하다 사사되었고 인현왕후가 폐출되면서(민씨폐출) 남인이 집권하였다(기사환국. 1689).
③ 중종 때 위훈삭제 문제로 사림이 피해를 보았던 기묘사화가 발생하였다(기묘사화.1519).
④ 현종 때 있었던 기해예송으로 효종의 상 때 자의대비의 복제 문제로 남인은 3년, 서인은 1년설을 주장하였다(1659, 기해예송).
⑤ 17세기에 활동하던 성리학자인 송시열은 대의명분을 존중하였던 서인 세력으로 대표되는 인물이다.

22. 답 ①

출제자의 눈 

성균관에 세운 탕평비를 통하여 영조를 파악할 수 있다.

자료 속 힌트 붕당 정치의 폐해, 성균관 입구

해설

(가) 영조는 탕평교서를 발표하여 정국을 안정시키려 하였고, 균역법·가혹한 형벌의 폐지·삼심제 등을 시행하는 등 민생안정과 산업 진흥을 위한 개혁을 추진하였다.

참고 영조의 개혁정치

구분	내용
개혁	탕평책(탕평교서), 탕평파에게 권력 집중(붕당자체 제거 시도), 이조전랑의 후임자 천거 및 3사 관원의 선발 관행 폐지, 서원의 대폭 정리, 균역법, 도성 방위 체제 정비, 가혹한 형벌 폐지, 엄격한 삼심제, 속대전 편찬
한계	강력한 왕권을 바탕으로 다툼을 억누른 일시적 탕평

오답 check

② 세종 때에는 김종서와 최윤덕을 보내 여진을 토벌하고 4군과 6진을 설치하여 압록강과 두만강을 경계로 하는 오늘날과 같은 국경선을 확정하였다.
③ 세조 때 경국대전을 편찬하기 시작하여, 성종 때 완성·반포하였다.
④ 정조는 유능한 인재를 재교육하는 초계문신제도를 실시하였다.
⑤ 경복궁은 임진왜란 때 소실되어 고종 때 흥선대원군이 중건한다.

23. 답 ①

출제자의 눈 

자료를 통하여 비변사를 도출할 수 있다.

자료 속 힌트 3포 왜란, 임시로 설치, 을묘왜변, 상설 기구화

해설

(가) 비변사는 16C 여진과 왜구에 대비하기 위해 임시 기구로 설치하였으나 임진왜란 때 실질적 최고 기구로 변화하였다. 전란이 끝난 뒤에도 폐허의 복구와 사회·경제적 변동에 효율적으로 대처하고 붕당 간의 이해관계를 조정하기 위해 비변사의 구성과 기능은 그대로 유지되었다. 하지만, 비변사의 구성원이 3정승을 비롯한 고위 관원으로 확대되었고, 그 기능도 군사문제 뿐 아니라 외교·재정·사회·인사문제 등 거의 모든 정무를 총괄하였다.

참고 비변사 변천

시기	변화
중종	임시기구(1510. 삼포왜란)
명종	상설기구(1555. 을묘왜변)
선조	중요 핵심기구(1592. 임진왜란)
19C	최고 권력기구(세도정치기)
고종	비변사폐지(1865. 흥선대원군)

오답 check

② 사헌부는 관리의 비리를 감찰하거나 중대한 사건을 재판하였던 기관이다.
③ 승정원은 왕명의 출납을 담당하는 국왕의 비서 기구로 도승지 이하 6명의 승지가 6조를 각각 분담하여 담당하였다.
④ 의금부는 국왕 직속의 상설 사법기관으로 대역·모반죄 등 왕권 안위에 관계된 중죄 등을 처결하였다.
⑤ 홍문관은 성종 때 집현전을 대체하여 설치된 기구로 왕의 정치 자문 역할도 하였고, 경연과 서연을 담당하였는데, 정승을 비롯한 주요 관리도 다수 경연에 참여하였다.

24. 답 ⑤

출제자의 눈 

자료를 통하여 조선후기 도자기에 대하여 알아본다.

해설

청화백자는 조선시대인 15세기 중엽부터 생산되기 시작하여 조선후기에 유행하였다. 청화 안료는 회회청이라고 하여 처음에는 중국으로부터 수입하였으나 수입이 어려워지자 국내산 토청을 채취하여 사용하였다. 청화자기는 초기에는 광주 번천리·도마리, 중기에는 금사리, 후기에는 분원리 등의 관요에서 관장제 수공업체제로 제작되었다.

자기의 변화
11C 순수청자 → 12~13C 상감 청자 → 15C 이후 분청사기 → 16C 백자 유행

⑤ 조선후기 백자 청화산수화조문 항아리

오답 check

① 고려청자 어룡형 주전자 ② 고려청자 상감운학문 매병 ③ 12세기 고려청자 참외모양 병 ④ 15세기 조선전기 분청사기 음각어문 편병

25. 답 ⑤

출제자의 눈 

지도를 통하여 김정호의 대동여지도를 파악할 수 있다.

자료 속 힌트 김정호, 철종 12, 제작한 것

해설

김정호의 대동여지도는 산맥·하천·포구·도로망의 표시가 정밀하고, 거리를 알 수 있도록 10리마다 눈금이 표시되었으며, 총22첩의 목판으로 인쇄되어 다량의 인쇄가 가능하였다.

오답 check

① 정상기는 동국지도를 제작하였는데, 최초로 100리척을 사용하여 정확하고 과학적인 지도 제작에 공헌하였다.
② 태종 때 만든 혼일강리역대국도지도(1402)는 현존하는 동양 최고(最古)의 세계 지도이다.
③ 유네스코 문화재로 등재되지 않았다.
④ 이중환은 각 지역의 자연 환경과 물산, 풍속, 인심 등을 서술하고, 어느 지역이 살기 좋은 곳인가를 정리하여 택리지를 편찬하였다.

26. 답 ③

출제자의 눈 

자료를 통하여 조선시대의 군대를 파악할 수 있다.

해설

(가) 훈련도감. 임란 중 창설한 훈련도감은 포수, 사수, 살수의 삼수병으로 편제되었다. 이들은 수도를 방위하였으며, 장기간 근무를 하고 일정한 급료를 받는 상비군으로서 의무병이 아닌 직업 군인의 성격을 가진 군인이었다.
(나), (마) 조선 인조 때 후금과의 항쟁 과정에서 국방력 강화를 위하여 어영청, 총융청, 수어청 등이 설치되었다.
(다) 삼별초. 고려시대 최우는 강화도 천도 직후, 도둑을 단속하기 위해 야별초를 구성하였고, 이후 군사의 수가 많아져 좌별초와 우별초로 나누어 구성하였고, 몽골의 포로로 잡혀있다 탈출한 자들로 구성된 신의군과 함께 삼별초라 하였다.
(라) 장용영. 정조는 친위 부대인 장용영을 설치하여 왕권을 뒷받침하는 군사적 기반을 갖추었다. 장용영 내영은 한성에 외영은 화성에 설치하여 병권을 장악하였다.

27. 답 ①

출제자의 눈 

홍경래의 난과 임술 농민봉기를 통하여 세도정치기 농민봉기를 알아본다.

자료 속 힌트 홍경래, 유계춘

해설

(가) 홍경래의 난(1811). 홍경래의 난은 세도 정치의 폐해와 서북민에 대한 차별 대우 등이 원인이 되어 봉기한 것이다. 몰락 양반인 홍경래와 영세 농민, 중소 상인, 광산 노동자 등이 합세하여 청천강 이북 지역을 거의 장악하기도 하였으나 5개월 만에 평정되었다.
(나) 임술농민봉기(1862). 철종 때 경상 우병사 백낙신의 수탈에 견디다 못한 농민들이 몰락 양반 출신의 유계춘 등을 중심으로 봉기하였다. 임술 농민 봉기는 진주를 중심으로 확산되었는데, 농민들은 탐관오리와 토호의 탐학에 저항하여 한때 진주성을 점령하기도 하였다. 이를 계기로 농민의 항거는 북쪽의 함흥으로부터 남쪽의 제주에 이르기까지 전국적으로 퍼졌다.

오답 check

② 서인의 반정으로 왕이 된 인조 때의 공신인 이괄이 2등 공신으로 된 것에 불만을 품고 반란을 일으켰다(1624).
③ 프랑스는 병인박해의 구실로 강화도를 침공하는 병인양요(1866)를 일으켰다.
④ 임진왜란(1592)이 발발하자 선조는 의주로 피난하여 명에 원군을 요청하였다.
⑤ 동학농민운동 전개 과정 중 정부와 전주화약을 체결한 농민군은 자치 개혁기구인 집강소를 설치하였다(1894.5).

28. 답 ②

출제자의 눈 

서원 철폐의 내용을 통해 흥선대원군을 파악할 수 있다.

자료 속 힌트 서원, 공자가 다시 살아난다 하더라도

해설

자료에서 제시하고 있는 인물은 흥선대원군이다. 흥선대원군은 붕당의 온상으로 인식되어 온 전국 (가) 600여 개소의 서원 가운데 47개소만 남긴 채 모두 철폐하였다. 이러한 시책은 서원에 딸린 토지와 노비를 몰수하여 국가 재정을 확충하기 위한 것으로, 백성에 대한 양반과 유생들의 횡포를 막기 위한 조치였다.

참고 흥선대원군의 개혁 정치(1863~1873)

구분	내용
왕권강화	당파·지방색·신분을 가리지 않고 능력에 따라 인재 등용, 비변사 폐지, 의정부·삼군부 부활, 대전회통·육전조례 편찬, 서원철폐(국가 재정 확충), 경복궁중건(원납전·당백전), 양전 사업(은결 색출), 호포제·사창제 실시
민생안정	전정(양전사업, 은결색출), 군정(호포법=동포제), 환곡(사창제)

② 고종 때 흥선대원군은 종래 상민에게만 징수하던 군포를 양반에게도 징수하는 호포제를 실시하여 군정을 바로잡고 조세 부담을 공평히 하여 민생을 안정시키고자 노력하였다.

오답 check

① 광해군 때 이원익, 한백겸의 주장으로 선혜청을 설치하고 처음으로 경기도에서 대동법을 시행하였다(1608).
③ 영조는 속대전을 편찬하고 법전 체계를 정리하여 제도와 권력 구조 개편에 힘썼다.
④ 세종은 궁중 안에 정책 연구 기관으로 집현전을 설치하여 유교 정치를 실현하려 하였다.
⑤ 정조는 6의전을 제외한 나머지 시전상인(관상)들의 금난전권을 철폐하여 사상들의 자유로운 상업 활동을 허용 하였다(1791, 신해통공).

29. 답 ③

출제자의 눈

그래프를 통하여 세도정치 기간임을 파악할 수 있다.

해설

세도정치란 국왕의 위임을 받아 정권을 잡은 특정인과 그 추종 세력에 의하여 이루어지는 정치 형태를 지칭하는데, 정조 사후 3대 60여 년 동안 안동 김씨나 풍양 조씨 같은 왕의 외척 세력이 권력을 독점하여 행사하는 세도정치가 출현하게 되었다.

③ 고종 때 흥선대원군은 경복궁 중건을 위하여 당백전을 발행하였다.

30. 답 ②

출제자의 눈 

지도를 통하여 동학농민운동의 전개를 파악할 수 있다.

해설

(가) 공주. 외세를 몰아낼 목적으로 전봉준의 남접 부대와 손병희·최시형의 북접 부대가 연합하여 논산에 집결한 후 영동과 옥천을 거쳐 공주로 진격하였으나 공주 우금치 전투에서 조일연합군에게 패배하였다(11월).

(나) 논산. 전봉준이 이끄는 남접 부대와 손병희, 최시형이 이끄는 북접 부대가 연합하여 논산에 집결하였다(2차 봉기).

(다) 고부. 1892년 이후 고부군수 조병갑이 파견된 직후 백성을 동원하여 만석보를 쌓게 하고 수세를 강제로 징수하는 등의 횡포를 일삼았다. 이에 항거하여 전봉준이 1천여 명의 농민군을 이끌고 봉기하여 관아를 습격해 군수를 내쫓고 아전들을 징벌한 뒤 곡식을 농민들에게 나눠 주었다(1월).

(라) 황토현. 동학농민군은 고부와 태인에서 봉기하여 황토현에서 관군을 격파하였다(4월).

(마) 전주. 황룡촌 전투에서 승리한 이후 북상하여 전주성을 점령하였고(4월), 곧 정부와 화약을 체결하였다.

② 1차 봉기 당시인 (다) 고부농민봉기의 상황이다.

31. 답 ⑤

출제자의 눈 

개화정책 추진을 통하여 민씨 정부의 정책을 파악할 수 있다.

자료 속 힌트 개화 정책 추진 기구, 총괄, 12사

해설

조선은 근대 문물을 수입하기 위하여 개화 정책 추진의 핵심 기구로 1880년 (가) 통리기무아문을 설치하였고, 아래에 12사를 두어 외교, 군사, 산업 등의 업무를 분담하게 하였다. 이듬해인 1881년에 일본에 조사시찰단을 파견하였으며, 청에 영선사를 파견하는 등 근대적 선진문물을 수용하는 개화정책을 추진하였다.

오답 check

① 동학농민운동 당시 온건개화파들도 국정 전반에 걸친 개혁의 필요성으로 일본이 강압한 내정 개혁안을 뿌리치고 자주적인 내정 개혁을 꾀하고자 왕의 명을 받아 1894년 6월에 교정청을 설치하였다.

② 대한제국(1897)은 중추원을 황제 자문기구로 설정하였다.

③ 1894년 제1차 갑오개혁 당시 국가의 재정에 관한 모든 사무를 탁지아문에서 관장하도록 하였다.

④ 임술농민봉기 당시 삼정이정청을 설치하여 삼정의 문란을 시정하려 하였으나 실효는 없었다(1862).

32. 답 ④

출제자의 눈 

갑신정변을 통하여 개화당 정부의 14개조 정강을 파악할 수 있다.

자료 속 힌트 개화당, 일본의 힘을 빌려, 김옥균

해설

(가) 갑신정변(1884) 당시 개화당 세력은 우정국 개국 축하연을 이용하여 정변을 일으키고 14개조의 정강을 발표하였다. 개화당은 정치면으로는 청과의 사대관계 폐지·경찰제도 실시·내각 중심제, 경제면으로는 지조법의 개혁·재정의 호조관할, 사회면으로는 인민평등권·능력에 따른 인재등용 등의 내용을 개혁정강으로 내세웠으나 청국의 개입으로 개화당 정부는 3일 만에 끝이 난다.

오답 check

ㄱ. 대한제국은 1899년 대한국 국제를 반포하여 전제 황권을 지향하는 전제 군주제를 추구하였다.

ㄷ. 동학농민군은 토지의 평균 분작 등의 개혁 정치를 요구하였다.

33. 답 ①

출제자의 눈 

군국기무처를 통하여 제1차 갑오개혁의 내용을 파악할 수 있다.

자료 속 힌트 1894년, 군국기무처

해설

동학농민운동이 일어난 후 일본은 1894년 6월 주한 공사 오토리 게이스케를 통하여 내정개혁안 5개조를 제시하고 이를 시한부로 시행할 것을 촉구하였다. 김홍집 내각은 개혁을 추진하기 위하여 초정부적 회의 기관인 (가) 군국기무처를 설치(1894.6)하고 자주적인 개혁을 추진하였다.

참고 제1차 갑오개혁(1894. 7 ~ 1894. 12)

구분		내용
정치	업무 구분	왕실 사무(궁내부)와 국정(의정부)의 분리, 내각이 정치적 실권 소유(전제 왕권 제한)
	8아문	의정부 권한 집중, 6조를 8아문으로 변경
	연호 사용	청 연호 폐지, 조선의 개국기원 사용
	기타	경무청(근대적 경찰 사무) 설치, 과거 제도 폐지
경제	재정 일원화	탁지아문에서 국가의 모든 재정 사무 관장
	기타	은 본위 화폐제도, 조세의 금납제, 도량형 개정
사회	신분제 철폐	양반과 평민의 계급 타파, 공·사 노비 제도 폐지, 인신 매매 금지
	봉건제 타파	조혼 금지, 과부 개가 허용, 고문·연좌제 폐지

오답 check

② 민씨정부는 신식군대인 별기군(1881~1882)을 창설하였다.
③ 대한제국의 광무개혁 당시 원수부를 설치하고 시위대, 진위대를 강화하였다.
④ 조선은 근대 화폐주조를 위하여 1883년에 전환국을 설치하였다.
⑤ 대한제국은 1899년 대한국 국제를 반포하여 전제 황권을 지향하는 전제 군주제를 추구하였다.

34. 답 ⑤

출제자의 눈 

양기탁과 배델이 창립한 내용을 통해 대한매일신보(1904~1910)를 추론할 수 있다.

자료 속 힌트 영국인 베델, 양기탁, 국채보상운동

해설

영국인 베델과 양기탁이 설립한 대한매일신보(1904~1910)는 영국인 신분을 활용하여 일본인 출입금지 간판을 설치하는 등 일제의 간섭에서 어느 정도 벗어 날 수 있었으므로 을사늑약 이후 항일 운동의 선봉에서 애국심을 고취하는데 힘을 쏟았다. 을사늑약에 대한 고종의 무효 친서를 게재하였으며, 의병 운동에 대해 호의적인 기사를 많이 다루었고, 13도 창의군의 내용도 적극적으로 수록하였다. 황성신문, 제국신문과 함께 국채보상운동의 모금운동을 적극 지원하였고, 순 한글, 국한문, 영문판으로 제작되었다.

오답 check

① 조선의 관보로써 최초의 신문인 한성순보(1883~1884)는 박영효 등 개화파의 영향으로 박문국에서 10일에 한 번 발행하였다.
② 우리나라 최초의 민간 신문이자 일간지인 독립신문(1896~1899)은 서재필이 창간하였고, 시민층을 대상으로 하였던 신문으로 한글판과 영문판으로 발행하였다.
③ 이종일이 창간한 제국신문(1898~1910)은 일반 서민층 및 부녀자 대상의 신문으로써 민중 계몽과 자주 독립 의식을 고취시켰고, 순 한글 형식으로 제작되었다.
④ 황성신문(1898~1910)의 주필 장지연은 시일야방성대곡이라는 격렬한 항일 언론을 펴 을사늑약을 규탄하고 민족적 항쟁을 호소하였는데, 이로 인해 80일간 정간되기도 하였다.

35. 답 ①

출제자의 눈 

한일 의정서(1904.2)의 내용을 통하여 당시의 국제 정세를 파악할 수 있다.

자료 속 힌트 한·일 양국, 충고, 전략상 필요한 지점

해설

러일전쟁 중 일본이 한반도를 세력권에 넣기 위하여 강제로 한일 의정서를 체결하였다(1904.2). 이로 인하여 대한제국의 국외 중립이 무너지고 러시아와의 조약이 폐기되었으며, 일본은 필요한 군사적 요지와 시설을 마음대로 사용할 수 있게 되었다. 또한, 우리나라는 일본의 동의 없이는 제3국과 조약을 체결할 수 없는 처지에 놓이게 되었고, 일본의 충고를 받아들여야만 하였다.

오답 check

② 제2차 영·일 동맹(1905.8)은 러·일 전쟁 중에 체결한 것으로서 일본이 한국에서의 독점적 지배권을 묵인 받고, 영국의 인도에 대한 특수 권익을 인정하였다.
③ 가쓰라·태프트 밀약(1905.7)은 일본과 미국의 비밀협상으로서 일본이 필리핀에서의 미국의 독점 권익을 인정하고, 한국에 있어서 일본의 독점적 지배권을 묵인한 것을 약속하였다.
④ 1907년 6월 고종은 이상설, 이준, 이위종을 헤이그에서 개최되는 제2회 만국 평화 회의에 특사로 파견하여 을사늑약의 불법성과 일제의 무력적 침략 행위의 부당성을 전 세계에 호소하여 국제적인 압력으로 이를 파기하려 하였다.
⑤ 제1차 한일협약(한·일협정서,1904.8), 이 문서에 근거하여 일본인 메가타가 재정고문으로, 미국인 스티븐스가 외교고문으로 파견되었다.

36. 답 ①

출제자의 눈 

대화 속 이인영과 의병 등을 통하여 정미의병의 활동을 파악할 수 있다.

자료 속 힌트 이인영, 의병, 양주

해설

1907년 해산된 군인들은 의병에 가담하여 (가) 13도 창의군을 조직하게 되었다.

참고 정미의병

구분	내용
배경	고종의 강제 퇴위, 군대 해산
확산	의병의 전투력 강화, 전국으로 확산(의병 전쟁화)
전개	서울 진공 작전(1908.1): 이인영, 허위 등 유생 의병장의 주도로 13도 창의군 결성(총대장 이인영, 경기도 양주에 1만 여명 집결) → 부친상으로 이인영 낙향, 허위체포, 일본의 반격으로 실패
탄압	일본의 남한 대토벌 작전(1909.9)
한계	봉건적 유생 층의 지도 노선으로 결속력 약화(신돌석·홍범도 부대는 독자적 투쟁), 무력적 열세, 국제적 고립 상태에서 진행(외교권 피탈)

오답 check

ㄷ. 신민회(1907)는 안창호, 양기탁 등이 중심이 되었던 비밀결사로 실력 양성을 통한 국권 회복과 공화정체의 국민 국가 수립을 궁극의 목표로 하였다.

ㄹ. 을미의병(1895)은 국왕의 해산권고 조칙으로 대부분 해산하였다.

37. 답 ②

제시한 자료를 통하여 1920년대 학생운동에 대하여 파악할 수 있다.

자료 속 힌트 1920년대, 순종의 인산일, 한·일 학생 간의 충돌

해설

(가) 6·10 만세운동(1926). 조선학생과학연구회를 비롯한 학생들과 사회주의계 및 종교 단체 등이 만세운동을 추진하던 중, 사회주의계의 기획은 사전 발각되어 종교 지도자와 사회 지도자가 체포되었고, 학생들이 만세운동을 전개하였다.

(나) 광주학생항일운동(1929). 광주학생들의 폭행사건에 대하여 신간회의 광주지회에서는 진상조사단을 파견하였고, 이 사건이 세상에 공개되었다. 곧이어, 학생들의 투쟁에 일반 국민들이 가세하여 전국적인 규모의 항일 투쟁으로 확대되었고, 만주 지역의 민족 학교 학생들과 일본 유학생들까지 궐기하였다. 광주 학생 항일 운동은 약 5개월 동안 전국의 각 급 학교 학생 54,000여 명이 참여 하였다. 광주학생항일운동은 학생과 시민들이 합세한 3·1 운동 이후 최대의 항일 민족 운동이었다.

② 6·10 만세운동 이후 민족유일당 운동이 빠르게 전개되어 그의 결실로 신간회가 창립되게 되었다(1927).

오답 check

① 1919년 3·1운동 이후 독립운동의 구심점 역할을 수행할 지도부의 필요성을 절감하였기에 상하이에 대한민국 임시정부를 수립하였다.

③ 일본에 유학 중이던 학생들이 조선 청년독립단을 조직하여 도쿄에서 2월 8일 독립선언서와 결의문을 발표하고 만세운동을 전개하였다(2·8독립선언, 1919).

④ 1919년 3·1운동은 중국의 5·4운동에 영향을 주었다.

⑤ 일제는 1919년 3·1운동을 계기로 이른바 문화 통치라는 기만적인 식민통치로 우리민족을 분열을 야기하였다.

38. 답 ②

활동 내용을 통하여 소앙(素昻) 조용은 선생의 활동을 파악할 수 있다.

자료 속 힌트 소앙(素昻), 건국 강령

해설

독립운동가 조용은의 호는 소앙이다. 대한민국 임시정부는 조소앙의 삼균주의에 바탕을 둔 건국 강령 발표하였는데(1941), 보통선거·의무교육·토지국유화·토지분배·생산 기관의 국유화 등의 건국 목표를 세웠다.

삼균주의

삼균이란 개인과 개인, 민족과 민족, 국가와 국가 사이의 균등을 말하는 것으로, 개인과 개인 사이의 균등은 정치·경제·교육을 통하여, 민족과 민족사이의 균등은 민족 자결을 통해 이룩되며, 국가과 국가 사이의 균등은 식민 정책과 자본제국주의를 배격하고 침략전쟁 행위를 금지해야 하며, 이에 따라 국가가 간섭하거나 침탈행위를 하지 않아야 이룩된다는 것을 말한다.

오답 check

① 의열단은 김원봉이 만주 길림에서 비밀 결사로 조직(1919)하였고 활발한 활동을 전개하였다.

③ 유길준은 서양의 여러 나라를 돌아보면서 보고 들은 역사, 지리, 산업, 정치, 풍속 등을 기록하여 1895년 서유견문을 저술하였는데 24편으로 이루어졌다.

④ 신채호는 김원봉의 요청을 받아 의열단 행동 강령인 조선혁명선언을 작성하였다(1923).

⑤ 박은식은 한국독립운동지혈사(1920)를 저술하여 일제의 침략과 독립운동의 역사를 정리하였다.

39. 답 ④

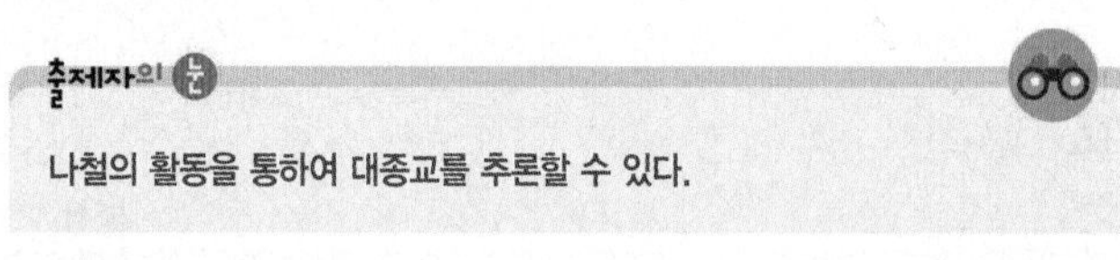

나철의 활동을 통하여 대종교를 추론할 수 있다.

자료 속 힌트 나철, 만주, 무장 단체를 조직

해설

나철, 오기호 등이 1909년 창시한 대종교는 단군숭배 사상을 통하여 민족의식을 높였고, 만주에서 중광단(1911)이라는 단체를 만들어 독립운동을 전개하였으며, 후에는 북로군정서(1919, 김좌진)로 개칭하여 더욱 조직화하였다.

참고 대종교

구분	내용
창시	나철, 오기호 등이 단군 신앙을 발전시켜 창시(1909)
활동	만주 지역 항일 무장 투쟁
발전	중광단(1911, 대종교) → 북로군정서(1918, 김좌진)

오답 check

① 천주교도들은 만주에서 항일 운동 단체인 의민단을 조직(1919)하여 무력 투쟁에 나서기도 하였다.

② 민족종교인 천도교는 3·1운동 이후 제2의 3·1 운동을 계획하여 자주독립 선언문을 발표하였으며 개벽, 어린이, 학생, 신여성 등의 잡지를 간행하여 민중의 자각과 근대 문물의 보급에 기여하였다.

③ 배재학당은 1885년 미국 선교사(개신교) 아펜젤러가 세운 한국 최초의 근대식 중등교육기관이다.

⑤ 1880년대 조선책략이 국내에 유포되어 이만손이 영남만인소를 올려 개화를 반대하였다(위정척사사상).

40. 답 ①

출제자의 눈

지청천과 양세봉의 활동 통하여 한중연합작전을 추론할 수 있다.

자료 속 힌트 지청천, 쌍성보, 양세봉, 영릉가

해설

일제가 만주 사변(1931)을 일으키고 괴뢰 정권인 만주국을 수립하자, 만주 지역을 근거로 무장 항일 운동을 전개하던 독립군은 보다 큰 위협을 받게 되었고, 중국내에서도 반일 감정이 고조되어 한·중 연합 작전을 전개하게 되었다.

한중 연합 작전(1930년대 전반)

- (가) 한국독립군(지청천) + 중국호로군 → 쌍성보·대전자령 전투
- (나) 한국혁명군(양세봉) + 중국의용군 → 영릉가·흥경성 전투

오답 check

② 독립의군부(1912)는 유생 의병장 출신의 임병찬이 전제 군주제를 복구하자는 복벽주의(復辟主義)를 추구하여 조직하였다.
③ 의열단은 1932년 중국 국민당 정부의 지원 아래 조선혁명 간부학교를 세워 운영하였다.
④ 1945년 대한민국 임시정부의 김구는 미군과 한국광복군을 연계하여 국내 진공 작전을 계획하였으나 일본의 패망으로 실행에 옮겨지지 못하였다.
⑤ 대한독립군단은 소련 적색군(적군)의 배신으로 자유시에서 피해를 입었다(1921).

41. 답 ④

출제자의 눈

자료를 통하여 여성 운동 단체의 근우회에 대하여 파악할 수 있다.

자료 속 힌트 여성 문제, 조선 자매, 공고히 단결

해설

근우회(1927)는 신간회의 출범과 더불어 창설된 여성계의 민족유일당으로 여성 노동자의 권익 옹호와 새 생활 개선을 내세우며 조직하였는데, 신간회의 자매단체로 기관지 '근우' 등을 발간하여 여성의 단결, 남녀평등, 여성 교육 확대, 여성 노동자 권익 옹호, 새 생활 개선 운동 등을 주장하며 전개하였다.

오답 check

① 이화학당은 1886년 서울에 스크랜튼이 설립한 최초의 여자 사립학교였다.
② 데라우치 총독 암살미수사건에 연루되어 이른바 105인 사건으로 신민회가 해산되었다(1911).
③ 농촌계몽운동은 언론사가 주관하였는데, 동아일보의 브나로드 운동(1931~1934)과 조선일보의 문자 보급 운동(1929~1934)이 전개되었다.
⑤ 1920년대 조선교육회는 민립대학 기성회를 조직(1922)하여 우리 손으로 대학을 설립하려는 민립대학설립운동을 전개하였다.

42. 답 ②

출제자의 눈

자료를 통하여 1930년대 후반의 국내외 정세를 파악할 수 있다.

자료 속 힌트 중·일 전쟁 발발 이후, 국가 총동원법

해설

자료는 1937년 중일 전쟁 이후 일제의 총동원 체제를 나타내고 있다. 일제는 국가총동원령을 제정하여 전쟁 수행에 필요한 인적, 물적 자원을 총동원하는 것은 물론 한민족의 생존과 문화까지 말살하려 하였다.

참고 민족말살통치(1931~1945)

구분	내용
정치	황국신민화 강요, 황국신민의 서사암송, 신사 참배·궁성 요배·일본식 성명 강요, 학술 언론 단체 해산
경제	병참기지화, 인적 수탈(국가총동원법, 지원병제, 징병제, 징용제, 정신대), 물적 수탈(전쟁물자·식량공출, 식량배급제), 산미증식재개, 가축증식계획
교육	우리말 사용 금지, 학도 군사 훈련, 조선어 조선역사 조선 지리 과목 폐지

② 일제는 1910년대에 토지조사령(1912)을 발표하여 토지조사사업을 실시하였다.

43. 답 ①

출제자의 눈

일제강점기 활동한 내용을 통해 심훈을 파악할 수 있다.

자료 속 힌트 그날이 오면, 상록수

해설

심훈은 1930년대 저항문학의 대표로 활동하였는데, '그 날이 오면(1930)' 등의 민족의식을 담은 작품을 발표하여 민족정기를 일깨웠으며, 우리민족에게 자주독립의 신념을 고취시켜 주었다. 또한, 1935년에 발표한 소설 상록수는 1930년대 동아일보가 지원한 브나로드 운동을 배경으로 하여 농촌계몽운동에 일조하였다.

오답 check

② 이상은 시, 소설, 수필에 걸쳐 두루 작품 활동을 한 작가로 날개 및 오감도 등의 작품을 남겼다. 그의 시와 소설은 1930년대 모더니즘의 특성을 첨예하게 드러내준다.
③ 김소월은 1920년대 활동한 시인으로 금잔디, 엄마야 누나야, 진달래꽃, 개여울, 강촌, 왕십리, 산유화 등의 작품을 남겼다. 김소월의 아름다운 서정시는 많은 사람들이 널리 낭송되었다.
④ 윤동주는 명동소학교, 용정 대성중학교, 연희전문학교, 일본 릿교대학, 도지샤대학 등을 졸업하였고, 1943년 항일운동의 혐의를 받고 일경에 검거되어 1945년 일본의 후쿠오카형무소에서 생을 마쳤다. 서시, 자화상, 또 다른 고향, 별 헤는 밤, 쉽게 쓰여진 시 등의 작품을 남겼으며, 일제 말기의 암흑기 시대를 살면서도 순수하게 살아가고자 하는 내면의 의지를 노래하였다.

⑤ 이육사는 항일운동가로서 1925년에 대구에서 의열단에 가입하였고, 1927년에 조선은행 대구지점 폭파사건, 1929년 광주학생항일운동 등에 연루되어 모두 17차에 걸쳐서 옥고를 치렀으며, 계속된 항일 독립운동으로 인하여 체포되어 1944년 북경 감옥에서 생을 마쳤다. 황혼, 청포도, 절정, 광야, 꽃 등의 작품을 남겼다.

44. 답 ②

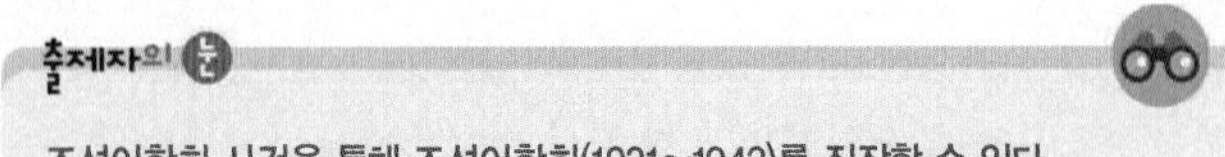

조선어학회 사건을 통해 조선어학회(1931~1942)를 짐작할 수 있다.

자료 속 힌트 한글 맞춤법 통일안, 일제의 탄압

해설

조선어학회는 한글 교육에 힘써 한글 교재를 출판하기도 하였으며, 회원들이 각 지방을 순회하면서 한글을 보급하는 데 앞장섰다. 한글 맞춤법 통일안과 표준어를 제정하고 한글의 연구와 보급에 크게 기여하였다. 이어서 우리말 큰 사전의 편찬에 착수하였으나, 일제의 방해로 성공하지 못하였다.

참고 국어기관

기관	활동
국문연구소 (1907)	최초 국어연구기관. 주시경, 유길준, 지석영
조선어연구회 (1921)	한글날(가갸날) 제정, 잡지(한글) 간행
조선어학회 (1931~1942)	한글맞춤법 통일한 제정, 표준어제정, 우리말 큰 사전 편찬 착수(성공X), 조선어학회 사건으로 해체

※ 조선어학회 사건(1942): 우리말 큰 사전 편찬을 준비하던 회원 30명을 일제가 치안유지법 위반으로 검거한 사건. 체포 후 고문으로 이윤재, 한징 등이 옥사하였고 11명이 실형을 선고받았다. 이 사건으로 인하여 조선어학회에서 추진하던 우리말 큰 사전 편찬 사업을 완성하지 못하였다.

오답 check

① 독립협회는 만민공동회와 관민공동회를 개최하여 헌의6조를 결의하였다.

③ 우리나라 최초의 민간 신문이자 일간지인 독립신문(1896~1899)은 서재필이 창간하였다.

④ 서상돈·김광제 등이 대구에서 시작한 국채보상운동(1907)은 전국으로 확산되는데, 대한매일신보·황성신문·제국신문 등의 언론기관도 동참하였다.

⑤ 명동학교는 1908년 북간도에서 김약연이 설립하였다.

45. 답 ⑤

출제자의 눈

사료를 통하여 1920년대의 국내외 정세를 파악할 수 있다.

자료 속 힌트 고종 인산일, 만세 시위, 일본인, 노동자를 구타

해설

(가) 3·1 운동(1919). 우리 민족은 고종의 인산일을 기하여 1919년 3월 1일 평화적인 만세운동을 시작하였으나 일제는 무자비하게 탄압하였다.

(나) 원산노동자 총파업(1929). 원산의 한 석유 회사의 일본인 감독이 한국인 노동자를 구타한 사건을 계기로 3,000여 명이 참가한 원산 노동자 총파업은 일제 강점기 노동 운동에서 가장 규모가 큰 것이었다.

⑤ 신민회(1907~1911)는 무장투쟁의 필요성을 제기하여 만주에 신흥강습소 등을 세우는 등 독립 전쟁의 터전을 마련하였다.

오답 check

① 백정들은 진주에서 이학찬을 중심으로 조선 형평사를 창립하고(1923), 평등한 대우를 요구하는 형평운동을 전개하였다.

② 조선노농총동맹은 1924년에 결성되었다.

③ 천도교 소년회는 1922년 5월 1일을 어린이날로 제정하였다.

④ 암태도 소작쟁의는 1923년 8월부터 1924년 8월까지 약 1년여의 소작료 인하 운동을 전개하여 소작료를 40%로 인하하였다.

46. 답 ②

출제자의 눈 

대한민국의 농지개혁법은 통해 이승만 정부의 농지개혁을 파악할 수 있다.

자료 속 힌트 농지를 취득, 5년간 납입

해설

제시된 자료는 농지 개혁법이다. 농지개혁법은 1949년에 제정되었으나 정부의 재정상의 문제로 1950년에 실시되었다. 농지 개혁의 기본 방향은 사유 재산권을 존중하여 유상 매수, 유상 분배의 자본주의적 방법으로 추진되었다. 그 결과 소작농의 수가 크게 줄어들었으며, 농민 중심의 토지 소유가 어느 정도 실현되었다.

오답 check

ㄴ. 대한제국은 양전 사업을 실시하여 지계를 발급하였다.

ㄹ. 일본은 일제 강점기에 동양척식주식회사(1908~1945)를 이용하여 경제적 수탈을 자행하였다.

47. 답 ③

출제자의 눈

사진을 통하여 한국전쟁임을 파악할 수 있다.

해설

- 낙동강 전투(1950년 8월~9월). 전쟁 발발 3일 만에 북한군이 서울을 점령하였고, 국군은 낙동강 전선까지 후퇴하여 치열한 접전이 계속되었다.
- 1·4 후퇴(1951년 1월 4일). 중공군의 참전으로 인하여 우리 국군은 후퇴하였고 1월 4일 서울이 함락되었다.

③ 제1차 미소 공동 위원회(1946.3)와 제2차 미소 공동 위원회(1947.5)의 두 차례 회의는 미국과 소련 간의 협의 대상 선정 문제와 인구 비례에 의한 입법 의원 선출 문제의 대립으로 끝내 아무런 합의도 얻지 못한 채 결렬되고 말았다.

오답 check

① 1950년 6월 25일. 북한은 38도선 전역에 걸쳐서 무력으로 불법적인 남침을 감행하였다.
② 1953년 7월 27일. 판문점에서 국제 연합군 총사령관 클라크와 북한군 최고 사령관 김일성, 중공 인민 지원군 사령관 펑더화이가 최종적으로 서명함으로써 휴전협정이 체결되었다.
④ 1951년 1월 4일. 1950년 10월 중공군의 참전으로 인하여 우리 국군은 후퇴하였고 1월 4일 서울이 함락되었다.
⑤ 1950년 9월 15일. 국군과 유엔군은 맥아더 유엔군 총사령관의 인천 상륙 작전으로 전세를 반전시켰다.

48. 답 ④

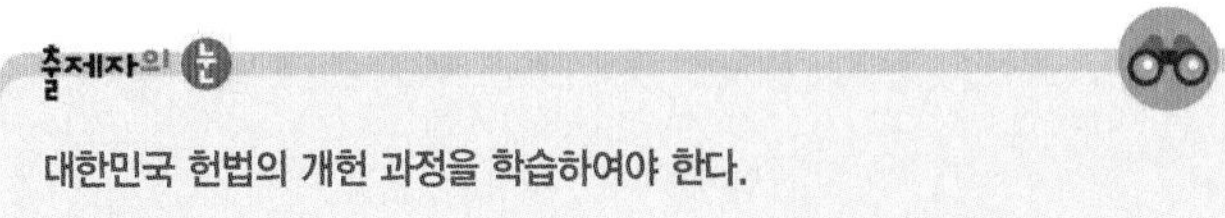

출제자의 눈
대한민국 헌법의 개헌 과정을 학습하여야 한다.

자료 속 힌트 5년, 4년, 1차 중임, 적용하지 아니한다, 통일주체국민회의

해설

(가) 제9차 개헌(1987). 6월 민주항쟁의 결과(대통령 중심제, 임기 5년 단임제, 직선제, 비상 조치권 및 국회해산권 폐지로 대통령 권한 조정)
(나) 제2차 개헌(1954). 사사오입 개헌(초대 대통령의 중임 제한 철폐, 부통령의 대통령 승계, 직선제)
(다) 제7차 개헌(1972). 유신 헌법(대통령 중심제, 대통령의 권한 강화, 임기 6년 중임제한 철폐, 간선제, 통일주체국민회의 신설, 국회권한 조정, 헌법개정절차 일원화)

참고 공화국 개헌의 과정

개헌	내용
제헌(1948)	대통령 간선제, 단원제 국회, 국회에서 대통령 간접선거(임기4년, 1회 중임가능)
1차(1952)	발췌개헌(대통령 중심제, 임기 4년 중임제, 직선제, 부통령제, 양원제 국회)
2차(1954)	사사오입 개헌(초대 대통령의 중임 제한 철폐, 부통령의 대통령 승계, 직선제)
3차(1960)	4.19 혁명(내각 책임제, 양원제, 사법권의 민주화, 경찰 중립화, 지방차지의 민주화)
4차(1960)	소급 특별법의 제정(부정축재자 처벌 등 소급법 근거 마련, 상기 형사사건 처리를 위한 특별재판서와 특별검찰부 설치)
5차(1962)	5.16 군사 정변(대통령 중심제, 임기 4년 중임제, 직선제, 단원제 국회)
6차(1969)	3선개헌(대통령의 3선 연임 허용, 직선제, 국회의원의 국무위원 겸직 허용, 대통령 탄핵소추 요건 강화)
7차(1972)	유신 헌법(대통령 중심제, 대통령의 권한 강화, 임기 6년 중임제한 철폐, 간선제, 통일주체국민회의 신설, 국회권한 조정, 헌법개정절차 일원화)
8차(1980)	12.12 사태(대통령 중심제, 연좌제 금지, 임기 7년 단임제, 간선제, 대통령 선거인단에 의해 선출, 구속적부심 부활, 헌법개정절차 일원화)
9차(1987)	6월 민주항쟁(대통령 중심제, 임기 5년 단임제, 직선제, 비상 조치권 및 국회해산권 폐지로 대통령 권한 조정)

49. 답 ③

출제자의 눈
금융실명제를 추진한 김영삼 정부의 활동을 알아본다.

자료 속 힌트 금융실명제

해설

자료는 1993년 8월 12일 김영삼 정부에서 주도한 금융실명제의 실시·공표이다. 김영삼 정부(1993~1998)는 공직자 재산 등록, 금융실명제 실시, 지방 자치제 전면 실시 등을 시행하였다.

참고 김영삼 정부(1993 ~ 1998)

구분	내용
문민정부	5·16이후 33년 만에 민간인 대통령 선출
정책	공직자 재산 등록, 금융 실명제 실시(1993), 쌀시장 개방(1994.우루과이라운드), 지방 자치제 전면 실시, 수출 1,000억 달러 돌파(1995), WTO출범(1995.농산물 수입 자유화) OECD가입(1996)
역사바로 세우기	조선총독부 건물 철거(1995), 국민학교를 초등학교로 개칭(1996), 12·12사태를 군사 반란으로 규정, 5·18 민주화 운동 진상 조사(전두환·노태우 구속·기소)
외환위기	외환 부족으로 경제 위기, 국제통화기금(IMF)의 지원 요청(1997)

③ 1996년 우리 정부는 경제 협력 개발기구(OECD)에 가입하였다(김영삼 정부).

오답 check

① 1980년대 중후반 저금리, 저유가, 저달러의 3저 호황기가 있었다(전두환 정부).
② 제1차 경제 개발 5개년 계획(1962~1966)은 군사정부 당시인 1962년에 시행되었다.
④ 2007년 4월 대한민국과 미국 간 한미 자유 무역 협정(FTA)을 체결하였다(노무현 정부).
⑤ 1950년대 후반부터 한국정부는 미국의 무상원조로 밀, 면, 설탕을 공급받아, 제분공업, 제당공업과 섬유공업 등 삼백 산업을 성장시켰고, 시멘트와 비료 등의 생산도 늘어갔다(이승만 정부).

50. 답 ①

출제자의 눈 

수릿날을 통해 민족 명절 단오에 대하여 학습한다.

자료 속 힌트 5월 5일, 수릿날

해설

단오는 음력 5월 5일로, 예로부터 설·추석·한식과 함께 4대 명절로 일컫는다. 단오 때에는 수리취떡을 만들어 먹었으며 창포에 머리감기, 쑥과 익모초 뜯기, 부적 만들어 붙이기, 대추나무 시집보내기, 단오 비녀 꽂기 등의 풍속과 함께 그네뛰기·격구·씨름·석전(石戰)·활쏘기 등을 즐겼다.

오답 check

② 동지(양12.22)에는 팥죽을 쑤어 새알심을 만들어 먹고, 또 사당에 차례를 지냈다.
③ 칠석(7.7)에는 가정에 따라서는 무당을 찾아가 칠성 맞이 굿을 한다. 또 밭작물의 풍작을 위해 밭에 나가서 밭제를 지내기도 한다. 칠석날 처녀들은 별을 보며 바느질 솜씨가 좋아지기를 빌고 서당의 학동들은 별을 보며 시를 짓거나 글공부를 잘할 것을 빌었다.
④ 추석(8.15)에는 차례를 지내고, 성묘를 돌아봤으며 씨름, 강강술래, 소싸움 등의 민속놀이를 즐겼다. 또한, 송편, 토란국, 닭찜을 만들어 먹었다.
⑤ 한식은 동지로부터 105일째 되는 날이며, 예로부터 설·단오·추석과 함께 4대 명절로 일컫는다. 한식이라는 명칭은 이날에는 불을 피우지 않고 찬 음식을 먹는다는 옛 습관에서 나온 것으로, 한식날 나라에서는 종묘와 각 능원에 제향하고, 민간에서는 여러 가지 주과(酒果)를 마련하여 차례를 지내고 성묘를 하였으며, 농가에서는 이날 농작물의 씨를 뿌렸다.

한국사능력검정시험
29회 중급
정확하고 자세한 정답 및 해설

본문 50~61쪽

01. ②	02. ①	03. ②	04. ②	05. ①
06. ④	07. ②	08. ④	09. ③	11. ⑤
11. ①	12. ①	13. ②	14. ①	15. ①
16. ⑤	17. ②	18. ⑤	19. ①	20. ④
21. ①	22. ③	23. ③	24. ⑤	25. ①
26. ①	27. ④	28. ⑤	29. ③	30. ③
31. ②	32. ③	33. ③	34. ②	35. ②
36. ③	37. ⑤	38. ④	39. ④	40. ⑤
41. ①	42. ②	43. ⑤	44. ⑤	45. ②
46. ②	47. ③	48. ⑤	49. ③	50. ①

01. 답 ②

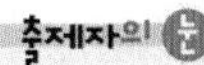

출제자의 눈

자료에서 표시된 지역을 통하여 청동기 시대를 파악할 수 있다.

자료 속 힌트 강화, 고창, 화순, 무덤

해설

자료는 유네스코 세계유산으로 등재된 (가) 청동기 시대의 고창·화순·강화 고인돌 유적을 나타내고 있다. 청동기 시대에는 조·보리·콩·벼농사를 지었으며, 비파형 동검, 반달돌칼, 미송리식토기, 민무늬토기, 거친무늬 거울 등이 도구로 사용 됐다. 또한, 정치권력과 경제력을 가진 군장이 등장하였으며, 이들의 무덤인 고인돌을 통해 당시 부족장의 권력을 가늠할 수 있었다.

오답 check

① 6C 신라 지증왕 때 철제농기구를 활발하게 보급하여 우경을 실시하였다.
③ 구석기 시대 초기에 동굴이나 바위 그늘, 후기에는 막집에 일시적으로 거주하였다.
④ 신석기 시대에는 가락바퀴와 뼈바늘을 사용하여 의복과 그물을 제작하는 등의 원시적 수공업이 발달하였다.
⑤ 신석기 시대에는 토기를 사용하여 음식물을 조리하거나 저장하기 시작하였다.

02. 답 ①

출제자의 눈

단군신화를 통하여 고조선을 파악할 수 있다.

자료 속 힌트 환웅, 웅녀, 단군왕검

해설

고조선은 요령 지방을 중심으로 성장하여 한반도 대동강 유역까지 발전하였다. 철제 문화를 바탕으로 영토를 확장한 위만조선은 지리적 이점을 이용하여, 동방의 예, 남방의 진과 중국의 한 사이의 직접 교역을 차단하는 등 중계 무역으로 경제적 이득을 독점한다. 이 때문에 고조선은 경제적·군사적으로 한과 대립하게 되기도 하였다.

참고 고조선의 발전

시기	내용
B.C.2333	단군조선의 건국
B.C.4C	고조선은 연과 대립할 만큼 강성
B.C.3C	부왕과 준왕과 같은 왕이 등장. 왕위 세습
B.C.194	위만조선의 시작
B.C.108	한 무제 공격·지배층의 내분으로 멸망

오답 check

② 삼한의 소도는 군장세력이 미치지 못하는 신성 지역으로 제사장인 천군이 따로 지배하였다.
③ 발해의 전성기인 선왕 때에는 중국으로부터 해동성국이라 칭송받았다.
④ 신라의 귀족회의인 화백회의는 만장일치제로 운영하였다.
⑤ 옥저는 가족이 죽으면 가매장한 후, 나중에 뼈를 추려 커다란 목곽에 매장하였던 가족공동묘가 있었다.

03. 답 ②

출제자의 눈

특산물과 책화 등을 통하여 동예를 파악할 수 있다.

자료 속 힌트 단궁, 과하마, 반어피, 소와 말로 배상

해설

자료의 가상 인터넷 검색어는 동예를 나타낸 것이다. 동예는 매년 10월에 무천이라는 제천행사를 성대하게 열었고 족외혼이 엄격하게 이루어 졌으며 부족적 성격이 강하였기 때문에 부족의 영역을 침범하지 못하게 하는 책화라는 제도가 있었다. 또한, 어물과 소금 등의 해산물이 풍부하였고 토지가 비옥하여 농경이 발달하였으며, 명주와 삼베 짜는 방직 기술이 매우 발달하였다. 특산품으로는 단궁이라는 활과 과하마, 그리고 바다표범의 가죽인 반어피가 특히 유명하였다.

참고 동예

구분	내용
발전	강원도 북부의 동해안 지방, 읍군이나 삼로 등 군장이 지배
경제	해산물 풍부, 농경 발달(토지 비옥), 방직 기술 발달, 단궁, 과하마, 반어피
사회	무천(10월), 책화, 족외혼

오답 check

① 삼한 중 변한에서는 철이 많이 생산되어 낙랑이나 왜에 수출이 활발하였다.
③ 고구려는 서옥제라는 혼인풍습이 있었는데, 남녀가 혼인을 하면 신부 집 뒤꼍에 서옥이라는 집을 짓고 살다가, 자식을 낳아 장성하면 신부를 데리고 자기 집으로 갔다.
④ 삼한은 대족장인 신지·견지, 소족장인 읍차·부례 등의 지배자가 지배하였다.
⑤ 부여는 왕 아래에 가축의 이름을 딴 마가, 우가, 저가, 구가를 두었고, 각 가들은 저마다의 행정 구획인 사출도를 다스리고 있었다.

04. 답 ②

출제자의 눈

목조미륵보살 반가사유상을 통해 일본에 영향을 끼진 삼국의 문화재를 알아본다.

자료 속 힌트 삼국의 불상, 목조 미륵보살 반가 사유상, 비슷

해설

가상의 편지에서 '삼국', '불상', '일본 고류사의 목조 미륵보살 반가사유상' 등을 통하여 금동미륵보살반가 사유상을 파악할 수 있다. 삼국 시대에는 불교가 성행함에 따라 미륵보살 반가상이 많이 만들어졌다. 이중에도 탑 모양의 관을 쓰고 있는 금동 미륵보살 반가상과 삼산관(三山冠)을 쓰고 있는 금동 미륵보살 반가상이 널리 알려져 있다. 이는 일본 목조미륵보상반가사유상에 크게 영향을 준 것이다.

② 삼국시대에는 불교가 성행함에 따라 금동 미륵보살 반가상이 많이 만들어졌다(국보 제83호).

오답 check

① 고구려 연가7년명 금동여래입상은 평양의 승려들이 천불(千佛)을 조성하여 세상에 유포시키고자 만든 것으로, 광배 뒤에 연가(延嘉) 7년을 새겨 놓았다(국보 제119호).
③ 영주 부석사 소조아미타여래좌상은 신라 양식을 계승한 고려불상으로 조화와 균형미가 뛰어난 걸작이다(국보 제45호).
④ 철원 도피안사 철조비로자나불좌상이다(통일신라, 국보 제63호).
⑤ 경주 석굴암 본존불상은 사실적인 조각으로 살아 움직이는 느낌을 가지게 한다(통일신라, 국보 제24호).

05. 답 ①

출제자의 눈

호우명 그릇을 통하여 5세기 고구려와 신라의 관계를 파악할 수 있다.

해설

신라는 4세기 말경에는 신라 해안에 나타나던 왜구 격퇴를 위하여 고구려의 광개토대왕에게 구원병을 요청하였고, 이로 인하여 고구려 군이 신라 영토 내에 주둔하게 되었는데 이러한 사실은 광개토대왕비와 호우명그릇에 잘 나타나 있다. 실제로는 고구려의 내정 간섭도 받게 되었으나, 신라는 고구려를 통하여 간접적으로 중국의 문물을 받아들이기도 하면서 발전하였다.

호우명 그릇

그릇 밑받침에는 '을묘년 국강상 광개토지 호태왕호우십(乙卯年國岡上廣開土地好太王壺杅十)'이라고 16자의 명문이 새겨져 있는데 을묘년(乙卯年)은 광개토대왕이 죽은 후 3년째가 되는 415년(장수왕 3)이며, '국강(國岡) 위에 있는 광개토대왕릉용호우'라는 뜻이다.

오답 check

② 신라 황남대총에서 발견된 금제감장보검(황금보검)은 중앙아시아에서 유행하던 단검으로 당시 신라와 서역인과의 교류사실을 알 수 있는 귀중한 유물이다.
③ 한성이 도읍지였던 시기의 백제 석촌동 돌무지무덤은 백제 건국의 주도 세력이 고구려와 같은 계통이었다는 건국 이야기의 내용을 뒷받침하고 있다.
④ 6세기 백제는 노리사치계가 불경과 불상을 일본에 전달하였다.
⑤ 백제 무령왕릉은 벽돌무덤으로 무령왕과 왕비의 무덤을 알리는 지석이 발견되어 당시 백제가 중국 남조와 교류했음을 알 수 있다.

06. 답 ④

출제자의 눈

매소성 전투와 기벌포 전투를 통하여 나당전쟁을 파악할 수 있다.

자료 속 힌트 매소성, 기벌포

해설

나당 연합군이 결성되어 신라는 황산벌 전투에서 계백의 항전을 물리치고 백제를 멸망시키고 이어 고구려를 멸망시켰다. 이후 당은 웅진 도독부(공주), 안동 도호부(평양), 계림 도독부(경주)를 설치하고 한반도 전체를 지배하려는 야욕을 보이자 신라는 당과의 전쟁을 시작하게 된다. 신라는 남침해 오던 당의 20만 대군을 매소성에서 격파하여 전쟁의 승기를 잡았고(675), 금강 하구의 기벌포 전투에서 당의 수군을 섬멸하면서 평양에 있던 안동 도호부도 요동성으로 쫓아내었다. 결국 신라는 당군을 축출하여 실질적인 삼국통일을 이룩하게 되었다(676).

④ 통일신라의 영토는 대동강에서 원산만까지를 경계로 한 이남의 지역으로 설정되었다.

오답 check

① 수나라의 양제는 113만의 대군을 이끌고 고구려에 침략하였으나 을지문덕이 살수에서 대항하여 대승리를 이루어냈다(612, 살수대첩).
② 수의 세력 확장으로 위기감이 높아진 고구려는 전략적 군사 요충지인 요서 지방을 선제공격하였다(598, 영양왕).
③ 6세기 백제 성왕은 한강유역을 신라 진흥왕에게 빼앗기게 되고 관산성 전투에서 전사하게 되었다(554).
⑤ 양만춘은 안시성에서의 전투를 승리로 이끌며(645) 당군을 물리쳤다.

07. 답 ②

출제자의 눈
신라왕들의 정책에 대한 주제를 살펴본 후 시대를 구분할 수 있다.

해설

(가) 지증왕(500~514)은 국호를 사로국에서 신라로 바꾸고, 왕의 칭호도 마립간에서 왕으로 고쳤다.
(나) 신라 진흥왕(540~576)은 이사부를 시켜 고령의 대가야를 정복하여 낙동강 서쪽을 장악하는 등 영토를 확장하였다.
(다) 법흥왕(514~540)은 율령을 반포하여 국가 통치 질서를 확립하였고, 불교를 공인하여 새로이 성장하는 세력들을 포섭하고자 하였다(527, 이차돈의 순교).

08. 답 ④

출제자의 눈
제시된 사진을 통하여 발해의 특징을 알아본다.

자료 속 힌트 석등, 고구려 계승

해설

그림에서 제시한 치미, 석등 등을 통하여 (가) 발해를 파악할 수 있다. 발해는 고구려를 계승한 국가임을 표방하였는데 상경에서 온돌이나, 고구려 양식의 기와가 발견되고 있으며, 굴식돌방무덤양식인 정혜공주 묘 또한 고구려의 고분양식 등을 통해 이를 증명할 수 있다.

참고 발해의 발전

시기	내용
고왕	대조영, 길림성의 동모산에서 건국(698), '천통'
무왕	북만주 일대 장악, 요서·산둥 지방 공격(장문휴의 수군), 돌궐·일본과 연결하여 당·신라 견제, '인안'
문왕	당과 친선 관계, 중경에서 상경으로 천도, 신라도, 주자감 설치, '대흥'
선왕	대부분의 말갈족 복속, 요동 진출, 해동성국, 15부 62주 정비, '건흥'

④ 숙종 때에 금위영이 추가로 설치되어 17세기 말에 5군영 체제가 갖추어졌다.

09. 답 ③

출제자의 눈
한성이 백제의 수도임을 통하여 4세기 삼국의 정세를 파악할 수 있다.

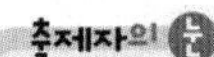 한성

해설

지도는 백제의 전성기인 근초고왕 이후의 한성시대 모습을 나타내고 있다. 백제 근초고왕은 마한을 통합하고 요서·산둥·큐슈지방까지 진출하였고, 북으로는 황해도 지역을 놓고 고구려와 대결하였는데 평양성까지 진격하여 고구려 고국원왕을 전사시켰다(371).

오답 check

① 6세기 백제의 성왕은 사비(부여)로 천도하여 국호를 남부여로 개칭하였다(538).
② 5세기 백제 문주왕은 계속된 고구려의 남진으로 인하여 웅진(공주)으로 천도하였다(475).
④ 7세기 신라 김유신은 황산벌 전투에서 백제 계백이 이끄는 군대를 격파하고 사비성을 함락하였다(660).
⑤ 5세기 후반 신라 소지마립간과 백제 동성왕의 결혼동맹으로 서로의 동맹을 더욱 강화하였고 고구려에 함께 대항하게 되었다(493).

10. 답 ⑤

출제자의 눈
지도에 표시된 5소경 통하여 신라의 행정구역임을 확인할 수 있다.

해설

통일신라는 지방을 9주 (가) 5소경 체제로 정비하여 중앙 집권화를 강화하였는데, 9주는 장관인 군주가 지배하였고, 군사적인 기능보다 행정적 기능을 강화하였다. 군사·행정상의 요지에는 5소경을 설치하여 수도 금성(경주)이 지역적으로 치우친 것 보완하고 지방의 균형 있는 발전을 도모하였다.

오답 check

① 유향소는 수령을 보좌하고 향리를 감찰하며 향촌 사회의 풍속을 바로 잡기 위한 역할을 하였다.
② 신라는 한강을 장악함에 따라 당항성을 통하여 중국과 직접 교역이 가능해졌고, 그에 따라 경제적인 기반도 강화되었다.
③ 고려시대 지방관이 파견된 주현 보다 지방관이 파견되지 않은 속현이 더 많아 주현을 통제하여 간접적으로 속현을 통제하였다.
④ 고려시대 관영수공업은 관청에 기술자를 소속시켜 무기, 비단 등 왕실과 국가에서 필요로 하는 물품을 생산하는 형태였으며, 민간 기술자나 일반 농민을 동원하여 생산을 보조하게 하였고, 소에서 먹, 종이, 금, 은 등의 수공업 제품을 생산하여 공물로 바치게 하였다.

11. 답 ①

출제자의 눈
시무 28조와 지방관 파견이 내용을 통하여 고려 성종을 파악할 수 있다.

자료 속 힌트 외관을 파견, 시무 28조

해설

그림은 최승로가 (가) 성종에게 올린 시무 28조를 나타낸 것으로 성종은 최승로의 건의를 채택하여 정치에 반영하였다.

참고 고려 성종의 정책

구분	내용
배경	최승로의 시무 28조 채택으로 유교 정치 시행
유교진흥	불교 행사(연등회·팔관회) 폐지, 국자감 정비(992), 경학박사·의학박사 파견하여 교육
체제정비	2성 6부, 12목에 목사 파견(지방관 파견), 과거제도 정비, 강동 6주 설치
사회시설	의창(흑창을 확대·개편), 상평창(물가 조절), 화폐발행(건원중보), 노비환천법

① 고려 성종은 지방의 12목에 목사를 파견하여 중앙 집권을 공고히 하였다(983).

오답 check

② 고려의 과거 제도는 광종 때 쌍기의 건의로 시행되었다(958).
③ 고려 태조는 사심관과 기인제도를 활용하여, 지방 호족을 견제하고 지방 통치를 보완하려 하였다.
④ 고려 경종은 인품과 관품을 고려하여 지급한 시정전시과를 시행하였다(976).
⑤ 공민왕은 전민변정도감을 설치하고, 승려 신돈을 등용하여 권문세족이 부당하게 빼앗은 토지와 노비를 본래의 소유주에게 돌려주거나 양민으로 해방시켰다(1366).

12. 답 ①

출제자의 눈

가상의 인터뷰를 통하여 고려시대 사회 시설을 파악할 수 있다.

자료 속 힌트 고려, 물가 조절

해설

고려 성종은 상평창을 설치하여 민생을 안정시키려 하였다(993). 성종은 개경과 서경 및 각 12목에 상평창을 두어 물가의 안정을 꾀하여 백성이 안심하고 생업에 종사할 수 있도록 하였는데 곡식의 값이 내렸을 때 사들였다가 값이 오르면 싸게 팔아 물가를 안정시켰다.

오답 check

② 춘대추납 제도인 진대법을 통하여 빈민을 구제한 왕은 2세기 후반 고구려의 고국천왕이다.
③ 인조는 농민들의 전세 경감을 위하여 영정법을 시행하여 풍년이건 흉년이건 관계없이 전세를 토지 1결당 미곡 4두로 고정시켰다(1635).
④ 고려 예종 때에는 혜민국을 두어 의약을 전담하게 하였다.
⑤ 고려 예종 때 양현고라는 장학 재단을 두어 관학의 경제 기반을 강화하였다.

13. 답 ②

출제자의 눈

수월관음도를 통하여 고려후기 원간섭기 시기를 추정할 수 있다.

자료 속 힌트 원의 간섭, 권문세족, 수월관음도

해설

수월관음도, 원의 간섭, 권문세족 등을 통하여 고려후기 원간섭기 시기를 추정할 수 있다. 수월관음도는 고려후기 14세기의 작품으로 비단 바탕에 채색을 한 그림이다.

② 고려시대에는 다각다층탑이 많이 제작되었는데, 고려 후기 원간섭기인 충목왕 때 세워진 경천사 10층 석탑은 원의 영향을 받았다(1348).

오답 check

① 통일신라 혜초는 자신이 돌아본 인도와 중앙아시아 등 여러 나라의 풍물을 생생히 기록한 왕오천축국전을 남겼다.
③ 신라 말 불교의 분파 중 실천적 경향을 띤 선종이 널리 퍼지면서 승려의 사리를 봉안하는 승탑이 유행하였는데, 쌍봉사 철감선사 승탑은 팔각원당형을 기본형으로 삼고 있는 특징을 보인다.
④ 삼국시대의 신라는 거대한 돌무지덧널무덤을 많이 만들었으며 가장 유행한 무덤 양식이다.
⑤ 설총은 화왕계를 저술하는 등 유교 경전에 조예가 깊었고, 이두를 정리하기도 하여 한문 교육에 공헌하였다.

14. 답 ①

출제자의 눈

사료 속 정중부 및 무신들의 분노를 통하여 무신정권의 경과를 파악할 수 있다.

자료 속 힌트 보현원, 이의방, 살해, 정중부

해설

사료는 고려사에 기록된 보현원 사건이다(1170). 고려 의종은 보현원(普賢院)에 못을 만들고 놀이하는 곳으로 삼아 자주 거동하여 향락을 일삼았다. 1170년 8월 정중부 등이 이곳에서 문신들을 살해한 후 개경으로 이동하여 문신들을 죽이고 정권을 장악하였는데 이것이 무신정변의 시작이었다.

① 최충헌의 사노비였던 만적은 최충헌 집권기에 난을 일으켰다(1198).

오답 check

② 인종 때 이자겸은 십팔자위왕(十八子爲王)을 유포하여 왕위 찬탈을 시도하였다(1126).
③ 윤관은 여진족을 북방으로 몰아내고 동북 지방 일대에 9개의 성을 쌓았다(1107).
④ 11세기에 활동한 의천(1055~1101)은 선종을 통합하기 위하여 국청사를 창건하였고 천태종을 창시하였다.
⑤ 서희는 외교 담판으로 압록강 동쪽의 강동6주를 획득하여 영토를 확장하였다(994, 성종).

15. 답 ①

출제자의 눈 

제시된 시대의 자료를 통하여 고려 말의 정세를 파악할 수 있다.

해설

- 위화도 회군(1388). 이성계는 위화도에서 회군하여(1388) 최영을 제거한 뒤, 군사적 실권을 장악하여 본격적인 개혁의 계기를 마련하였다.
- 경복궁 창건(1395). 이성계가 왕이 되어 곧 도읍을 옮기기로 하고 즉위 3년째인 1394년에 경복궁의 창건을 시작하였으며 이듬해인 1395년에 완성하였다.

① 고려 말 공양왕 때 이성계는 권문세족의 토지를 몰수·재분배하고, 신진 사대부의 경제적 기반을 마련하기 위하여 과전법을 실시하였다(1391).

오답 check

② 최충헌은 무신 정권 최고의 권력 기구인 교정도감을 설치하여, 도방, 정방, 서방 등의 기구를 총괄하였다(1209).
③ 공민왕은 즉위 후 기철을 비롯한 친원 세력을 숙청하고, 내정 간섭기구인 정동행성이문소를 폐지하였다(1356).
④ 고려 광종은 노비안검법을 시행하여 호족 세력을 약화시켰고, 국가 재정을 확충하였다(956).
⑤ 통일신라 신문왕은 9서당 10정을 편성하여 군제를 개편하였다.

16. 답 ⑤

출제자의 눈 

자료를 분석하여 (가) 조선왕조실록을 파악할 수 있다.

자료 속 힌트 역대 왕들의 행적을 날짜별로 기록한 역사서, 왕이 죽은 후 편찬

해설

조선시대에는 왕조실록의 편찬을 매우 중요시하고, 이를 국가 차원에서 계속적으로 추진하였다.

참고 조선왕조실록(태조~철종)

목적	내용
실록	국왕이 죽으면 다음 국왕 때 춘추관을 중심으로 실록청을 설치하여 편찬
편찬	사관이 국왕 앞에서 기록한 사초와 각 관청의 문서를 모아 만든 시정기를 중심으로, 승정원일기·의정부등록·비변사등록·일성록(정조 이후) 등을 보조 자료로 하여 종합·정리하여 편년체로 편찬
평가	1997년 유네스코 세계 기록문화유산으로 지정

오답 check

① 동사강목은 고조선에서 고려 말까지의 역사를 안정복이 저술한 것으로 우리 역사의 독자적 정통론을 세워 이를 체계화하였다.
② 동국통감은 성종 때 서거정 등이 왕명으로 편찬한 역사서로써 고조선부터 고려 말까지의 역사를 편찬하였는데, 삼국사절요와 고려사절요를 참고하였다(1485).
③ 승정원일기는 승정원에서 기록한 왕과 신하간의 문서와 국왕의 일과를 기록한 사서로 업무관련 기록이 일지 형식으로 작성되어 있다.
④ 이긍익은 조선 시대의 정치와 문화를 실증적이고 객관적으로 정리하여 연려실기술을 기사본말체로 저술하였다.

17. 답 ②

출제자의 눈 

매향활동을 통하여 향도를 파악할 수 있다.

자료 속 힌트 매향비, 향나무를 땅에 묻은 사실

해설

고려 시대의 (가) 향도는 미륵 신앙을 바탕으로 하여 위기가 닥쳤을 때에 미륵을 만나 구원을 받고자 하는 염원에서 향나무를 땅에 묻는 매향활동을 하였다. 또한, 이들은 불상, 석탑, 절 등을 지을 때 주도적인 역할을 하였으며, 이후 고려 후기나 조선에서는 그 성격이 바뀌어 공동체 생활을 주도하는 농민 조직으로 발전해 갔다.

참고 향도의 변화

구분	내용
고려전기	매향활동을 통한 불교의 신앙 조직
고려후기	불교 신앙조직 + 농민공동체
조선	불교 신앙조직 + 민간신앙 + 농민공동체

오답 check

① 향약은 전통적 미풍양속에 유교 윤리를 가미하여 교화와 질서 유지에 알맞도록 구성한 것으로, 중종 때 조광조가 처음 시행한 이후 전국적으로 확산되었다.
③ 두레와 같은 공동체적인 전통은 고대 연맹국가 단계부터 존재하였다.
④ 경재소는 중앙 정부와 수령 사이의 연락 기능을 담당하였다.
⑤ 유향소는 수령을 보좌하고 향리를 감찰하며, 향촌 사회의 풍속을 바로 잡기 위한 기구였다.

18. 답 ⑤

출제자의 눈 

자료를 통하여 조선전기의 과학 기술을 학습하여야 한다.

자료 속 힌트 조선전기, 부국강병

해설

15세기 문화를 주도한 관학파 계열의 관료와 학자는 성리학을 지도 이념으로 내세웠으나, 성리학 이외의 학문과 사상이라도 중앙 집권 체제의 강화나 민생 안정과 부국강병에 도움이 되는 것은 어느 정도 받아들였다. 이로써 민족적이면서 자주적인 성격의 민족 문화가 크게 발전할 수 있었다.

⑤ 직지심체요절은 공민왕 때 저술한 '직지심체(直指心體)'를 우왕 때 청주 흥덕사에서 백운 경한 스님에 의해 금속활자로 1377년에 2권으로 간행되었다.

오답 check

① 조선 초기에 만든 화포는 사정거리가 최대 1,000보에 이르렀으며, 세종 때 개발한 바퀴가 달린 화차인 신기전은 화살 100개를 연속 발사할 수 있었다.
② 세종 때 세계 최초로 측우기를 만들어 전국 각지의 강우량을 측정하였다(1441).
③ 세종 때 장영실을 통해 시간 측정 기구로 물시계인 자격루(1434)를 제작하였다.
④ 세종 때 우리나라 역사상 처음으로 서울을 기준으로 천체 운동을 계산한 칠정산이라는 역법서를 만들었다.

19. 답 ①

출제자의 눈 

조선경국전을 통해 정도전을 파악한 후 그의 활동을 알아본다.

자료 속 힌트 재상, 모든 관리를 통솔

해설

정도전은 훌륭한 재상을 선택하여, 재상에게 정치의 실권을 부여하여 위로는 임금을 받들어 올바르게 인도하고, 아래로는 백관을 통괄하고 만민을 다스리는 중책을 부여하자고 주장하였다. 정도전은 조선경국전과 경제문감을 저술하여 민본적 통치규범을 마련하고, 재상 중심의 정치를 주장하였다.

① 불씨잡변을 통하여 불교를 비판하였으며, 성리학을 통치 이념으로 확립시켰다.

오답 check

② 이황은 주세붕의 백운동 서원을 중종에게 건의하여 소수 서원으로 사액 받게 하였다(1543).
③ 정약용은 거중기를 이용하여 화성을 축조하여 공사기간을 단축시켰다.
④ 정상기는 동국지도를 제작하였는데, 최초로 100리척을 사용하여 정확하고 과학적인 지도 제작에 공헌하였다.
⑤ 정선은 대표작인 인왕제색도와 금강전도에서 바위산은 선으로 묘사하고, 흙산은 묵으로 묘사하는 기법을 사용하여 진경산수화의 새로운 경지를 이룩하였다.

20. 답 ④

출제자의 눈 

대화를 통하여 균역법을 파악할 수 있다.

자료 속 힌트 군역의 폐단, 1년에 군포를 1필만 납부

해설

대화는 영조 때 시행한 (가) 균역법에 대한 내용을 나타낸 것이다. 균역법의 내용은 다음과 같다.

참고 균역법(1750)

구성	내용
배경	불합리한 군포의 차별 징수, 백골징포·황구첨정·인징·족징 등의 폐단이 자행
내용	1년에 군포 1필만 부담하면 되는 균역법 시행(영조,1750)
보충	감소된 재정은 지주에게 결작(토지 1결당 미곡 2두) 부담, 선무군관포, 어장세, 선박세 등 잡세 수입으로 보충
결과	일시적 경감, 지주는 농민에게 결작 부담 강요

ㄱ. 대한제국은 양전 사업을 실시하여 지계를 발급하였다.
ㄷ. 공납을 현물 대신 쌀, 포, 돈으로 대납하는 대동법은 경기도에 시험적으로 시행되었다가 전국적으로 확대되었다.

21. 답 ①

출제자의 눈 

대화를 통하여 병자호란 당시 주화파와 주전파의 논쟁을 파악할 수 있다.

자료 속 힌트 청, 남한산성을 포위

해설

후금은 국호를 청이라 고치고 조선에 군신관계를 맺자고 요구하였다. 조선에서 별다른 반응을 보이지 않자 청 태종은 12만의 대군을 이끌고 침입해 병자호란을 발발하였다(1636). 인조는 남한산성으로 피난하여 청군에 대항하였으나, 청의 12만 대군이 남한산성을 포위했으며, 이 시기에 조정은 결사항전을 주장하는 척화파와 최명길 등 화의를 하자는 주화파로 분쟁하게 된다. 조정은 외교적 교섭을 통해 문제를 해결하자는 주화론과 청과 끝까지 싸워야 한다는 주전론이 대립하게 되었다.

참고 주화파와 척화파

구분	척화파	주화파
주장	주전론	강화론
성향	대의명분	현실·실리
사상	성리학	양명학
인물	김상헌·윤집	최명길

① 호란 이후 효종 때에는 소중화사상이 팽배해져 명에 대한 의리를 지키고 청 사상을 배척하며 청을 벌해야한다는 북벌 운동이 전개되었다.

오답 check

② 명종 때 을묘왜변(1555)을 거치면서 비변사가 상설기구가 되었고, 국방을 담당하게 되었다.
③ 고구려의 천리장성은 부여성에서 비사성까지 축조하였는데, 영류왕 때에 건립하기 시작하여 보장왕 때 완공되었다(631~647).
④ 원간섭기 원은 철령 이북의 땅에 쌍성총관부(1258~1356.화주)를 설치하여 영토를 빼앗았다.
⑤ 흥선대원군은 전국에 척화비를 세우고 통상수교 거부정책을 확고하게 유지하였다(1871).

22. 답 ③

출제자의 눈 

이조 전랑의 내용을 통하여 동인과 서인의 분당을 파악할 수 있다.

자료 속 힌트 김효원, 이조 정랑, 심의겸

해설

16세기 사림이 집권하면서 사림 세력 내의 이조전랑직의 대립이 발생하였다. 갈등이 심화되면서 왕실의 외척이자 기성 사림의 신망을 받던 심의겸 중심의 세력이 ㈏서인으로, 당시 신진 사림의 지지를 받던 김효원 중심의 세력은 ㈎동인으로 발전한다. 이에 사림은 동인과 서인으로 나뉘어 정국을 이끌어 간다.

참고 동인과 서인의 분당

구 분	동인(김효원세력)	서인(심의겸 세력)
개혁성향	개혁에 적극적(신진 사림)	개혁에 소극적(기성 사림)
학 통	이황 계열(주리론), 조식·서경덕	이이 계열(주기론), 성혼
사상경향	자기 수양을 통한 부패 방지, 원칙 중시	제도 개혁을 통한 부국 안민, 현실 중시

③ 광해군 때 ㈏ 서인세력인 이귀, 김자점, 이괄 등이 반정을 주도하여 인조를 즉위시켰다(1623.인조반정).

오답 check

① 숙종 때 ㈏ 서인 김춘택 등이 인현왕후 민씨의 복위운동을 전개하였고, 남인이 서인을 무고하다 도리어 축출되어 ㈏ 서인이 집권하였다(갑술환국.1694).
② ㈏ 서인은 이이와 성혼의 문인이 가담함으로써 비로소 붕당의 모습을 갖추었다.
④ ㈎ 동인은 정여립 모반사건을 계기로 급진파인 북인과 온건파인 남인으로 나뉘었다.
⑤ 18세기에 노론들 사이에서 인간과 사물의 본성을 어떻게 볼 것인가 하는 문제를 둘러싸고 호락논쟁이 전개되었다.

23. 답 ③

출제자의 눈 

임꺽정의 난을 통하여 당시의 사회상을 파악할 수 있다.

자료 속 힌트 조선 명종 재위 시기

해설

자료는 임꺽정의 난(1559)을 사극화한 것이다. 16세기에는 수취 체제의 문란으로 인하여 농민 생활이 악화되어 각 지방에서 유민이 증가하였다. 유민 중 일부는 도적이 되어 양반과 중앙 정부에 바치는 물품을 빼앗기도 하였으며, 이들이 도성에까지 출현하는 사건이 일어나기도 하였다. 그 중에서 명종 때 황해도와 경기도 일대에서 활동한 임꺽정은 대표적인 인물이었다.

③ 조선시대 방납의 폐해가 나타나면서 농민의 부담은 더욱 커져 갔으며, 이에 따른 농민의 토지 이탈은 농촌 경제의 파탄으로 이어졌다.

오답 check

① 조선 효종 때 청이 러시아 정벌을 요청하였고 변급(1654), 신유(1658)등 2차례(효종 때) 조총부대를 출병시켜 승리 하였다(나선정벌).
② 정조 때에는 유득공, 이덕무, 박제가 등 서얼 출신이 규장각 검서관으로 등용되어 제각기 능력을 발휘할 수 있었다.
④ 우리나라의 근대적 최초의 서양식 병원인 광혜원은 1885년에 설립되었다.
⑤ 정조 때 정약용은 거중기를 이용하여 화성을 축조하여 공사기간을 단축시켰다.

24. 답 ⑤

출제자의 눈 

자료를 통하여 보부상을 파악하고 그들의 활동을 알아본다.

자료 속 힌트 상규, 봇짐장수, 등짐장수

해설

자료는 ㈎ 보부상의 내부 상규이다. 조선시대 농촌의 장시를 하나의 유통망으로 연계시킨 상인은 보부상으로 봇짐장수와 등짐장수를 말한다. 전국의 장시를 돌아다니며 생산자와 소비자를 이어주는 상인인 보부상은 그들은 자신들의 이익을 지키고 단결을 굳게 하기 위하여 보부상단을 조직하기도 하였다.

오답 check

① 6세기 신라 지증왕 때에는 무역이 급격하게 발달하여 시장을 감독하는 관청인 동시전을 설치하였다.
② 개성에서 활동하던 송상은 전국에 송방(松房)이라는 지점을 설치하여 활동 기반을 강화하였다. 주로 인삼을 재배·판매하고 대외무역에도 깊이 관여하여 부를 축적하였다.
③ 의주 상인인 만상은 중국으로부터 비단, 약재, 문방구 등을 수입하였다.
④ 대동법 실시 이후 공인이라는 어용상인이 나타나 관청에서 공가를 미리 받아 필요한 물품을 사서 납부하였다.

25. 답 ①

출제자의 눈

임진왜란 이후 정궁 역할을 하였던 창덕궁에 대하여 학습하여야 한다.

자료 속 힌트 인정전, 임진왜란 이후 정궁

해설

창덕궁의 인정전은 정령반포를 하였던 곳이며, 희정당은 편전, 주합루는 연못 안에 조성된 누각으로 정조 때 도서관으로 창건하였다(1층 규장각, 2층 열람실 겸 주합루).

참고 창덕궁

구분	내용
임란 전	왕궁 밖에서 국왕이 피서, 피한, 요양 등의 목적으로 머물던 별궁
임란 후	경복궁의 복원 전까지 조선의 본궁 역할
갑신정변	고종과 명성황후가 급진파에 의해 (경우궁에서 창덕궁으로) 납치된 장소

오답 check

② 경희궁(경덕궁)은 광해군 때 유사시 왕의 피난 궁으로 창궐하였고, 인조반정과 이괄의 난으로 창덕궁과 창경궁이 소실되어 인조 때 잠시 경희궁(경덕궁)이 조선의 본궁 역할을 하였다.

③ 창경궁은 성종 때 건축된 세조·덕종·예종의 왕후 거처로써 임란 때 소실되어 광해군 때 재건된다. 일제에 의해 동물원·식물원으로 운영되었고(1909), 일제에 의해 창경원으로 격하되었다(1911).

④ 경복궁은 조선 태조가 창건하여 조선의 본궁 역할을 하였으나, 임란 때 소실 후 창덕궁이 약 300여 년간 본궁 역할을 하였다. 19C 흥선대원군이 집권한 후 실추된 왕실의 존엄성을 회복하기 위해 임진왜란 때 불타버린 경복궁을 중건하였다(1865~1868).

⑤ 덕수궁은 조선 초 월산대군(성종의 형)의 집으로 임란 후에는 의주에서 귀궁한 선조의 임시 거처로 사용되었으며, 광해군 때에는 인목대비의 유폐장소였고, 고종이 아관파천에서 환궁한 곳이다. 근·현대 시기에는 르네상스 양식인 석조전이 건축되었고(1909), 미소공동위원회 개최장소(1946)로 사용되었으며, 국립 현대미술관으로 운영되었다(~1986).

26. 답 ①

출제자의 눈 

민화와 설명을 통하여 조선후기 사회를 이해할 수 있다.

자료 속 힌트 조선후기, 서민 문화

해설

민화와 서설시조, 판소리 등을 통하여 조선후기 사회임을 파악할 수 있다.

참고 서민 문화의 발달

구분	내용
판소리	서민 문화의 중심, 19세기 후반 신재효가 판소리 사설의 창작·정리
탈춤	탈놀이(향촌)·산대놀이(도시에서 성행)·사회적 모순 풍자
한글소설	홍길동전, 춘향전, 별주부전, 심청전, 장화홍련전
사설시조	서민들의 솔직한 감정 표현, 남녀 간의 사랑, 현실 비판
한문학	정약용(삼정 문란을 비판하는 한시), 시사 조직(중인·서민층), 풍자 시인 등장 박지원(양반전·허생전·호질, 양반 사회 풍자)

오답 check

ㄷ. 고려후기의 신진사대부들은 시가로 향가 형식을 계승하였으며(경기체가), 한림별곡, 관동별곡, 죽계별곡과 같은 작품을 남겼다.

ㄹ. 12세기 중엽에 고려의 독창적 기법인 상감법이 개발되어 상감청자가 유행하였다.

27. 답 ④

출제자의 눈 

북학의를 통하여 실학자 박제가를 파악할 수 있다.

자료 속 힌트 북학의

해설

박제가는 청에 다녀온 후 북학의를 저술하여 청의 문물을 적극적으로 수용할 것을 제창하였다. 또한, 상공업의 발달, 청과의 통상 강화, 수레와 선박의 이용 등을 역설하였으며, 생산과 소비와의 관계를 우물물에 비유하면서 생산을 자극하기 위해서는 절약보다 소비를 권장해야 한다고 주장하였다.

오답 check

① 전란으로 질병이 만연하자 광해군은 허준으로 하여금 동의보감을 편찬하게 하였다(1610).

② 정약용은 지방관(목민)의 정치적 도리를 내용으로 하는 목민심서를 저술하였다.

③ 이제마는 동의수세보원을 저술하여 사상 의학을 확립하였다.

⑤ 김정희는 금석과안록을 지어 북한산비가 진흥왕순수비임을 밝혔다.

28. 답 ⑤

출제자의 눈 

어재연 장군과 강화도를 통하여 신미양요를 도출할 수 있다.

자료 속 힌트 미국, 어재연, 광성보

해설

제너럴셔먼호 사건을 구실로 1871년 미국의 로저스 제독은 5척의 군함을 가지고 강화도를 공격하는 신미양요를 발발하였다. 당시 흥선대원군은 병인양요 이래 국방력을 더욱 강화하고 있는 상태였다. 미국 함대가 강화도에 침입하여 초지진, 덕진진 등을 점령하자 어재연 등이 이끄는 조선의 수비대가 광성보와 갑곶 등에서 이를 격퇴시켰다.

오답 check

① 요동과 타이완을 할양받은 일본에 대하여 러시아는 프랑스, 독일과 함께 일본에 요동 반도의 반환을 요구하였고, 일본은 이에 응하였다(1895.삼국간섭).
② 일본은 군함 운요호를 조선 연해에 파견하였고, 강화도의 초지진 포대는 운요호에 경고 사격을 하였다. 이것을 빌미로 조선은 포함의 위협 하에 일본과 강화도 조약을 맺어 문호를 개방하게 되었다(1876. 포함외교).
③ 조선은 근대 문물을 수입하기 위하여 1880년 통리기무아문을 설치하였고 이듬해인 1881년 일본에 조사시찰단을 파견하였다.
④ 병인양요(1866) 당시에 프랑스 군인들이 강화도의 외규장각 문화재를 비롯하여 서적과 병기들을 약탈하여 갔으며, 2010년 G20 서울정상회의 기간 이명박 전대통령과 니콜라스 사르코지 프랑스 대통령이 5년 단위 갱신이 가능한 대여 방식의 반환에 합의함으로써 2011년 4월 임대형식으로 국내로 반환되었다.

29. 답 ③

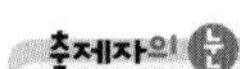

임술년 진주에서 전개된 임술농민봉기를 파악할 수 있다.

자료 속 힌트 백낙신이 탐욕, 철종실록

해설

자료에서 철종, 진주, 백낙신 등을 통하여 임술년 진주에서 시작하여 전국으로 확산되었던 농민 봉기(1862)를 나타내고 있다.

참고 임술 농민 봉기(1862. 철종, 진주 농민 봉기)

구분	내용
배경	세도정치시기 지방 수령의 부정과 백골징포, 황구첨정 등 삼정의 문란
내용	경상 우병사 백낙신의 수탈, 몰락 양반 출신의 유계춘 등을 중심으로 봉기, 진주를 중심으로 확산되어 북쪽의 함흥으로부터 남쪽의 제주에 이르기까지 전국적으로 전개
결과	정부는 안핵사 박규수를 파견하여 주동자를 찾아내 처벌하고 삼정이정청을 설치(1862).

오답 check

① 현종 때 효종의 왕위 계승에 대한 정통성과 관련하여 두 차례의 예송이 발생하였다.
② 조선전기 훈구세력이 중앙으로 진출하여 정계를 이끌어 갔다.
④ 1897년 고종은 대한제국을 선포함과 동시에 황제권 강화를 천명하였고 보수 세력들이 지지하였다.
⑤ 고려 말 홍건적과 왜구를 물리치며 신흥무인세력이 성장하였다.

30. 답 ③

출제자의 눈

당백전으로 통하여 흥선대원군의 정책을 파악할 수 있다.

자료 속 힌트 상평통보의 100배, 경복궁 중건 사업

해설

고종 때 흥선대원군은 경복궁 중건을 위하여 (가) 당백전을 발행하였다. 흥선대원군의 개혁정치는 다음과 같다.

참고 흥선대원군의 개혁 정치

구분	내용
왕권강화	당파·지방색·신분을 가리지 않고 능력에 따라 인재 등용, 비변사 폐지, 의정부·삼군부 부활, 대전회통·육전조례 편찬, 서원철폐(국가 재정 확충), 경복궁중건(원납전·당백전), 양전 사업(은결 색출), 호포제·사창제 실시
민생안정	전정(양전사업, 은결색출), 군정(호포법=동포제), 환곡(사창제)

오답 check

① 정조는 친위 부대인 장용영을 설치하여 왕권을 뒷받침하는 군사적 기반을 갖추었다.
② 세조 때 경국대전을 편찬하기 시작하여 성종 때 완성·반포하였다.
④ 조선의 정조는 유능한 인재를 재교육하는 초계문신제도를 실시하였다.
⑤ 영조는 즉위 직후 탕평 교서를 발표하고 탕평비를 건립하는 등 정국을 안정시키려 하였다.

31. 답 ②

출제자의 눈

자료를 통하여 임오군란을 파악한 후 결과를 추론할 수 있다.

자료 속 힌트 별기군, 습격

해설

임오군란은 민씨 정권이 일본인 군사 고문을 초빙하여 훈련과 교육을 시킨 별기군(신식 군대)을 우대하고, 구식 군대를 차별 대우한 데 대한 불만에서 폭발한 것이다(1882). 임오군란(1882)의 결과 청은 흥선대원군을 압송하고, 고문을 파견하여 조선의 내정을 간섭하였다. 또한, 조청상민수륙무역장정을 체결하였고 이후 청의 상인들이 개항장을 벗어나 내륙까지 진출하여 직접 무역할 있게 되어 국내에서 청과 일본 상인간의 경쟁적 경제 침탈이 심화되는 계기가 되었다.

참고 임오군란 이후 체결된 조약

대상	조약	내용
일본	제물포 조약	일본정부에 배상금 지불, 일본 공사관의 경비병 주둔
	수호조규 속약	일본인에 대한 거류지 제한이 50리로 확대
청	상민수륙무역장정	청 상인의 통상 특권 허용, 청과 일본 양국 상인간의 경쟁적 경제 침탈이 심화되는 계기
	고문파견	마젠창(내정), 묄렌도르프(외교), 위안스카이(군사) 고문 파견

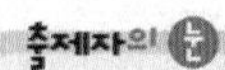

① 조선은 1607년부터 1811년까지 총12회에 걸쳐 일본에 통신사를 파견하여 선진 문물을 전파하였다.

③, ④ 전봉준이 이끄는 동학농민군은 보국안민, 제폭구민의 기치를 내걸고, 고부와 태인에서 봉기하여 황토현에서 관군을 물리치고, 장성 황룡촌 전투에서 승리하여 전주를 점령하였다(1894.4. 전주성 점령). 이후 정부와 전주화약을 체결한 후 농민군은 자치 개혁기구인 집강소를 설치하였다(1894.5).

⑤ 조선은 근대 문물을 수입하기 위하여 1880년 통리기무아문을 설치하였다.

32. 답 ③

출제자의 눈

경인선 개통을 통하여 조선의 근대화 상황을 파악할 수 있다.

자료 속 힌트 경인선 개통, 전차

해설

서울과 인천을 잇는 최초의 철도인 경인선은 1897년 인천에서 공사를 시작하여 1899년에는 제물포와 노량진 사이가 개통되었고, 1900년에는 노량진과 서울 사이가 차례로 완공됨으로써, 서울과 인천 사이의 전구간이 개통되었다.

참고 철도와 전차

구분	내용
경인선(1899)	미국에 의해 최초 착공, 일본이 완성
경부선(1905)	일본에 의해 최초 착공, 일본이 완성
경의선(1906)	프랑스에 의해 최초 착공, 일본이 완성
전차(1898)	미국인 콜브란과 황실이 합작으로 만든 한성 전기 회사가 발전소를 설립하고 전차를 운행(서대문~청량리)

33. 답 ③

출제자의 눈

서재필, 절영도조차 요구 반대 등을 통해 독립협회의 활동을 확인할 수 있다.

자료 속 힌트 독립문, 서재필, 절영도조차 요구

해설

독립문, 서재필, 절영도 조차요구 저지 등을 통하여 독립협회를 도출할 수 있다. 독립협회의 내용은 다음과 같다.

참고 독립협회의 활동

구분	내용
국권	독립문 건립, 독립신문 발간, 고종의 환궁 요구(1897.2), 자주독립 수호, 러시아의 절영도조차 요구 저지, 러시아의 군사교련단과 재정고문단을 철수시킴, 한·러은행 폐쇄
민권	신체·재산권 보호 운동(1898.3), 언론·집회의 자유권 쟁취 운동 전개(1898.10)
자강 개혁	헌의 6조 채택(관민공동회, 국권수호·민권보장·국정개혁), 박정양 진보 내각 설립(의회 설립운동) → 중추원 관제(관선 25명, 민선 25명) 반포
해산	보수 세력의 개혁 정치에 대한 반발로 인하여 황국협회를 세워 만민공동회를 탄압

오답 check

① 물산장려운동(1923)은 일제의 관세 철폐에 대항하여 민족 자본을 지키기 위해 시행한 국산품 애용운동이었다.

② 상해의 신한청년당은 김규식을 파리강화회의에 민족대표로 파견하여 한국인의 독립열의를 전달하였다(1919.2).

④ 대한자강회(1906)는 일제가 취한 고종황제의 강제 퇴위와 그 밖의 정미7조약 등의 반대 운동을 주도하였다.

⑤ 광주학생들의 폭행사건(광주학생 항일운동,1929)에 대하여 신간회의 광주지회에서는 진상조사단을 파견하였다.

34. 답 ②

출제자의 눈

개항 이후 열강의 침탈을 통하여 우리민족의 대응을 학습하여야 한다.

해설

(가) 방곡령 선포는 일본 상인의 농촌 시장 침투와 지나친 곡물의 반출을 막기 위해 내린 조치였다(1889).

(나) 아관파천 직후 미국은 운산 금광 채굴권을 획득하였다(1896). 이에 대하여 우리 민족은 저지 운동을 전개하였다.

(다) 일제는 1905년 화폐정리 사업을 일방적으로 단행하였고, 식민지 지배에 필요한 시설(철도 및 근대적 문물 도입 등)을 설치하기 위해서 대한제국에 막대한 차관을 강제로 제공하였다. 결국 대한제국의 재정이 일제에 경제적으로 예속되는 결과를 가져왔는데(국채1,300만원), 국채 보상 운동(1907)은 이러한 경제적 예속을 극복하려는 경제적 구국 운동이었다.

(라) 일본의 황무지 개간권 요구에 대항하여 송수만, 원세성이 중심이 되어 항일 운동 단체인 보안회(1904)를 서울에서 조직하여 활동하였고, 일본의 요구를 철회시켰다.

(마) 시전상인의 단체인 황국중앙총상회는 1898년 독립협회와 함께 외국상인의 침투를 저지하는 상권수호운동을 전개하였다.

② 일제는 광업권에 대한 허가제인 조선광업령을 공포(1915)하여 한국인의 광산 경영을 억제하였다. 이로 인하여 1920년대의 일본인 소유 광산은 전체 광산의 80%이상을 차지하게 되었다.

35. 답 ②

출제자의 눈

자료를 분석하여 화폐정리사업을 도출한 후 내용을 파악한다.

자료 속 힌트 탁지부령, 백동화, 교환

해설

자료는 일제의 메가타가 추진한 화폐정리사업을 나타내고 있다. 화폐정리 사업은 대한제국의 통화를 일본 화폐로 강제 교환하는 것으로 대한제국의 재정 및 화폐, 금융을 지배하려 하였다. 화폐 정리 사업으로 인하여 단기적으로는 시중 화폐의 품귀 현상이 빚어져서 국내 물가가 폭락하는 사태가 발생하였고, 한국인이 보유한 화폐 자산이 줄어들어 한국인 상인과 회사가 줄지어 도산하였다. 또한, 국내에서 자본이 유통되지 않아 화폐부족현상(금융공황)이 발생하기도 하였다.

참고 화폐정리사업(1905. 메가타)

시기	활동
내용	대한제국 화폐를 일본 화폐로 교환, 탁지부 주관, 1주일간 한시적 교환
원칙	상태에 따른 차등 교환, 소액 화폐 교환 거부
결과	화폐부족현상(금융공황), 상공업자와 금융기관에 큰 타격

오답 check

ㄴ. 전환국은 화폐주조기관으로 1883년 설치되었다.
ㄹ. 동양척식주식회사는 일본이 대한제국을 약탈하기 위하여 1908년에 설립되었다.

36. 답 ③

출제자의 눈

구한 말 애국계몽운동 단체들의 활동을 파악할 수 있다.

해설

구한 말 교육, 언론, 종교 등 문화 활동과 산업 진흥을 통하여 민족의 근대적 역량을 배양하여 국권을 회복하자는 애국계몽 운동이 개화 지식인, 독립협회 운동을 계승한 지식인, 서민 등을 통하여 발전·전개되었다.

참고 구한말 애국계몽운동

단체	내용
헌정연구회(1905)	독립 협회 계승, 의회 설립, 입헌정치체제 수립, 일진회에 대항하다 해산
대한자강회(1906)	헌정연구회의 계승, 고종 강제퇴위 반대운동을 전개하다 해산 → 대한협회로 계승
신민회(1907~1911)	안창호, 양기탁 등이 중심, 비밀 결사, 공화 정체, 민족주의 교육 실시(대성학교; 평양, 오산학교; 정주 설립), 민족 산업 육성(자기 회사, 태극 서관 설립), 장기적인 항일 투쟁을 위해 독립 운동 기지 건설(남만주의 삼원보), 신흥 강습소 설립

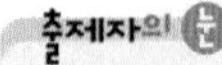

오답 check

① 개화 정책과 외세의 침략에 대한 반발은 유생 층에 의하여 위정척사 운동의 형태로 나타났다.
② 항일 무장 투쟁은 의병운동의 활동과 관련이 있다.
④ 1920년대 민족유일당 운동을 전개하여 그의 결실로 신간회가 창립되게 되었다(1927).
⑤ 신민회는 무장투쟁의 필요성을 제기하고 만주에 국외 독립군 기지를 설립하고, 이후에는 신흥 무관 학교 등을 세우는 등 독립 전쟁의 터전을 마련하였다. 신민회만 해당된다.

37. 답 ⑤

출제자의 눈

을사늑약을 통해 이에 맞선 우리 민족의 대응을 파악할 수 있다.

자료 속 힌트 국제적, 조약이나 약속도 하지 않는다. 통감(統監)

해설

자료는 을사늑약(1905.11)을 나타내고 있다. 일본은 강력한 식민지화 정책을 추진하기 위하여 이토 히로부미(1906.초대통감)는 군대로 궁궐을 포위하고 통감 통치를 강요하는 을사조약의 체결을 강요했다. 고종과 내각은 절대 반대하였으나, 수상 한규설을 감금하고 이완용, 박제순 등 을사 5적을 위협하여 조약에 서명하도록 하고 이를 공포하였다. 대한 제국은 외교권을 박탈당하고 통감부를 설치하여 외교뿐만 아니라 내정까지도 간섭 받았다.

ㄷ. 을사늑약이 체결되자 최익현은 태인에서 의병을 이끌고 항일 항전을 하였다(을사의병).
ㄹ. 1907년 6월 고종은 이상설, 이준, 이위종을 헤이그에서 개최되는 제2회 만국 평화 회의에 특사로 파견하여 을사늑약의 불법성과 일제의 무력적 침략 행위의 부당성을 전 세계에 호소하여 국제적인 압력으로 이를 파기하려 하였다.

오답 check

ㄱ. 순조 때 홍경래는 세도 정치의 폐해와 서북민에 대한 차별 대우 등으로 인하여 봉기하였다(1811).
ㄴ. 1880년대 조선책략이 국내에 유포되었는데 이만손은 영남만인소를 올려 개화를 반대하였다.

참고 을사늑약 반대 운동

구분	내용
지사	상소운동(조병세·이상설·안병찬, 최익현), 항일순국(민영환·조병세),
의거	나철, 오기호(을사 5적 암살단), 장인환, 전명운(스티븐스 처단, 1908), 안중근(이토 히로부미 처단, 1909), 이재명(이완용 습격, 1909)
언론	항일언론운동(장지연), 무효선언(고종, 대한매일신보)
외교	고종의 특사파견(헤이그 특사, 워싱턴 특사 헐버트)

38. 답 ④

출제자의 눈 

님의 침묵과 아리랑을 통해 일제강점기 문학의 특징을 파악할 수 있다.

해설

한용운의 님의 침묵(1926)은 한민족에게 자주독립의 신념을 고취시켜 주었고 나운규의 아리랑은 1926년 단성사에서 개봉한 영화이다.

참고 일제강점기 문학 활동

구분	내용
1910년대	계몽적 성격, 최남선(해에게서 소년에게), 이광수(무정)
1920년대 초반	동인지[창조(1919), 폐허(1920), 백조(1922)], 잡지[개벽(1920)]
1920년대 중반	신경향파(KAPF결성), 동반문학(사회주의 동조), 민족문학[김소월(진달래 꽃), 한용운(님의 침묵), 이상화(빼앗긴 들에도 봄은 오는가)]
1930년대	저항문학[심훈(그 날이 오면), 이육사(청포도, 광야), 윤동주(서시)]

오답 check

① 안국선의 금수회의록(1908)은 동물들을 통하여 인간세상을 풍자하였는데 일본이 압수하여 갔다.
② 경부철도가는 최남선이 1908년에 지은 창가이다.
③ 1970년대 청바지, 통기타, 저항가요 등으로 상징되는 청년 문화가 등장하였다.
⑤ 유길준은 서양의 여러 나라를 돌아보면서 보고 들은 역사, 지리, 산업, 정치, 풍속 등을 기록하여 1895년 서유견문을 저술하였는데 24편으로 이루어졌다.

39. 답 ④

출제자의 눈 

단재, 조선상고사 등을 통해 독립운동가 신채호 선생을 파악할 수 있다.

 자료 속 힌트 조선상고사

해설

신채호는 국민대표회의에서 임시정부를 해체하고 새로운 정부를 수립하자는 무장투쟁론적 입장인 창조파의 입장에서 활동하였으며, 김원봉의 요청을 받아 의열단의 강령인 조선혁명선언(1923)을 작성하였는데, 무정부주의를 바탕으로 민중의 직접혁명을 통한 독립의 쟁취를 주장하였다.

참고 신채호의 사관 정리

시기	내용
구한말	독사신론, 이순신전, 을지문덕전, 이태리건국삼걸전, 최도통전등 저술, 민족주의 사학
1910년대	단군조선의 문화와 정치사 서술, 만주 중심의 역사체제
1920년대 이후	조선사연구초, 조선상고사(我와 非我의 투쟁, 정신사 중심 역사파악, 비타협적·저항적 민족주의 선언, 독립운동의 방향 제시, 민족주의 사학의 기반 마련) 등

오답 check

① 원산학사(1883)는 개화파 인물들의 권유에 따라 정현석이 중심이 되어 덕원 주민들과 함께 설립하였다. 우리나라 최초의 근대적 사립학교였으며 외국어, 자연과학, 국제법 등 근대 학문과 무술을 가르쳤다.
② 거문도사건 직후 유길준은 열강이 보장하는 한반도의 중립론을 정부에 건의하였으나, 당시의 긴박한 국제 정세와 민씨 정권의 반대 등으로 실현되지는 못하였다.
③ 일제 강점기 조선총독부가 설립한 조선사편수회(1925)는 한국사 왜곡 단체로 일제의 식민사관을 토대로 우리 민족정신의 말살과 식민 통치를 합리화하려 한국사를 왜곡하였고, 조선사를 편찬하였다.
⑤ 백남운은 사적유물론을 바탕으로 한국사에 대한 체계적·법칙적 이해를 최초로 시도하였으며, 조선사회경제사, 조선봉건사회경제사 등을 저술하였다.

40. 답 ⑤

출제자의 눈 

조선형평사의 취지문을 통하여 형평운동을 파악할 수 있다.

자료 속 힌트 계급을 타파, 모욕적 칭호를 폐지, 금수의 생명을 빼앗는 자

해설

백정들은 진주에서 이학찬을 중심으로 조선 형평사를 창립하고(1923), 평등한 대우를 요구하는 형평운동을 전개하였다.

참고 형평운동(1920년대)

구분	내용
배경	백정들의 사회적 신분 차별(호적 기록, 붉은 점을 찍어 차별, 보통학교 입학 통지서에 신분 기재)
활동	이학찬 중심, 조선 형평사 창립(1923, 진주)
변화	1928년 신분 해방 운동을 넘어 민족 해방 운동의 성격

오답 check

① 갑신정변(1884) 당시 개화당은 혜상공국(보부상 보호관청)의 혁파를 주장하였다.
② 독립협회는 만민공동회와 관민공동회를 개최하여 헌의6조를 결의하였다.
③ 1919년 3·1운동은 중국의 5·4운동에 영향을 주었다.
④ 광주학생항일운동(1929)은 광주학생들의 폭행사건을 기화로 전개한 학생운동에 일반 국민들이 가세하여 민족 차별 중지, 식민지 교육 제도 철폐 등을 요구하며 전개한 3·1 운동 이후 최대의 항일 민족 운동이었다.

41. 답 ①

출제자의 눈

회사령을 통하여 1910년대 일제의 무단 통치를 파악할 수 있다.

자료 속 힌트 회사령, 총독의 허가

해설

일제는 한국인의 회사설립을 억제하고 민족 자본의 성장을 저지하기 위하여 회사 설립 시 총독부의 허가를 받도록 하는 회사령을 공포하였다(1910~1920).

참고 1910년대 일제의 헌병무단통치

구분	내용
정치	총독이 행정, 입법, 사법, 군통수권 등 전권 장악, 헌병 경찰제, 태형·즉결 심판권, 언론 집회의 자유 박탈, 관리·교사들도 제복과 착검
경제	토지조사사업을 통한 토지 약탈, 회사령(허가제)을 통한 민족 기업 성장 억제, 산업 각 부분에 대한 침탈 체제 구축
교육	일본어 학습, 조선어 수업 축소, 중등교육제한, 역사 지리 교육 금지

① 일제는 1910년대에 토지조사령(1912)을 발표하여 토지조사사업을 실시하였다.

오답 check

② 일제는 1938년 국가총동원령을 제정하여 전쟁 수행에 필요한 인적, 물적 자원을 총동원하는 것은 물론 한민족의 생존과 문화까지 말살하려 하였다.
③ 일제는 1941년 황국신민학교라는 의미인 국민학교로 개편하였다.
④ 일제는 여자정신대 근로령(1944)을 시행하여 인적 수탈을 자행하였다.
⑤ 1930년대 후반 일제는 민족말살 정책의 일환으로 학교에서 황국신민서사의 암송을 강요하였다.

42. 답 ②

출제자의 눈

홍커우 공원 의거를 통하여 윤봉길 의사를 파악할 수 있다.

자료 속 힌트 1932년, 홍커우 공원

해설

자료는 독립운동가 윤봉길이 아들에게 남긴 유시이다. 상하이 사변(1932)에서 승리한 일본이 상하이 홍커우 공원에서 전승 축하식을 거행하자 한인애국단 소속의 윤봉길은 식장을 폭파하였고, 많은 일본군 장성과 고관들을 처단하였다. 이후 중국 국민당 정부는 중국군관학교에 한인 특별반을 설치하는 등 대한민국 임시정부에 대한 지원을 강화하였고 중국 영토 내의 우리 민족의 무장 독립 투쟁을 승인하는 등 임시정부를 적극 지원하는 계기가 되었다.

오답 check

① 김원봉은 만주 길림에서 항일 비밀 결사인 의열단을 조직(1919)하였고 활발한 활동을 전개하였다.
③ 이재명은 명동성당에서 벨기에 황제 레오폴트 2세 추도식을 마치고 나오는 이완용을 찔러 복부와 어깨에 중상을 입히고 체포되었다(1909).
④ 김구의 한인애국단 소속인 이봉창은 도쿄에서 일본 국왕에게 폭탄을 투척하였다(1932.1).
⑤ 대한노인단 소속의 강우규는 사이토 총독을 저격하였으나 실패하였다(1919).

43. 답 ⑤

출제자의 눈

독립운동가 홍범도와 김좌진의 활동을 알아본다.

자료 속 힌트 대한독립군 사령관, 북로군정서군 사령관

해설

자료에 제시된 독립운동가는 (가) 홍범도와 (나) 김좌진이다.
(가) 홍범도. 삼둔자 전투에서의 보복을 위해 독립군의 본거지인 봉오동까지 기습해 온 일본군을 (가) 홍범도의 대한독립군, 안무의 국민회독립군, 최진동의 군무도독부군의 연합부대가 공격하여 대승을 거두었다(1920.6).
(나) 김좌진. 봉오동 전투 이후 일본군은 훈춘사건을 조작하여 대부대를 만주로 보내 독립군을 포위하였다. 김좌진의 북로군정서군, 홍범도의 대한독립군, 국민회군, 의민단, 서로군정서군 등 여러 독립군 연합부대는 청산리에서 일본군을 상대로 6일간 10여 차례의 전투를 하였고 대승을 거두었다(1920.10).

오답 check

① 김원봉은 만주 길림에서 항일 비밀 결사인 의열단을 조직(1919)하였고 활발한 활동을 전개하였다.
② 간도와 연해주에서 의병으로 활약하던 안중근은 만주 하얼빈 역에서 한국 침략의 원흉인 초대 통감 이토 히로부미를 처단하였다(1909).
③ 장인환·전명운 의사는 통감부의 한국 통치를 찬양한 미국인 외교 고문 스티븐스를 샌프란시스코에서 처단하였다(1908).
④ 의열단 소속의 김익상은 1921년 조선 총독부에 폭탄을 투척하였다.

44. 답 ⑤

출제자의 눈

기관지 광복을 통하여 한국광복군을 파악할 수 있다.

자료 속 힌트 대한민국 임시 정부 산하 군대

해설

광복은 1941년 (가) 한국광복군 총사령부 정훈처에서 발행한 잡지이다. 한국광복군의 활동은 다음과 같다.

참고 한국광복군의 활동

구분	내용
창설	김구, 지청천(총사령관) 등이 충칭에서 창설
군사력	김원봉의 조선의용대 흡수(1942), 연합군의 일원으로 대일 전쟁에 참전
연합작전	대일·대독 선전포고문 발표(1941), 미얀마와 인도 전선 파견, 포로 심문, 암호문 번역, 선전 전단의 작성, 회유 방송 등 활동하였으며, 영국군과의 작전(1943) 수행
국내진입	미군(OSS부대)과 연합하여 특수 훈련 실시, 비행대 편성, 일본의 무조건 항복으로 실패

오답 check

① 대한 독립군단은 적색군(적군)의 배신으로 자유시에서 피해를 입었다(1921).
② 한국독립군은 혁신의회 산하 부대로 북만주 일대에서 중국 호로군과 연합 작전을 전개하여 쌍성보(1932)·대전자령 전투(1933) 등에서 승리하였다.
③ 오산학교는 1907년 이승훈이 평북 정주에 설립하였고, 안창호는 1908년 평양에 대성학교를 설립하여 계몽운동(실력양성)에 앞장섰다.
④ 신민회(1907~1911)는 국외에 신흥 강습소 등을 세우는 등 독립 전쟁의 터전을 마련하였다.

45. 답 ②

출제자의 눈

일제의 기만적 문화통치 방식으로 변화하는 내용을 통해 3·1운동을 추론할 수 있다.

자료 속 힌트 총독은 문무관, 임용, 보통 경찰 제도로 전환

해설

1919년 우리 민족적 저항인 3·1운동을 비인간적이고 무자비한 방법으로 탄압하였고, 이에 대한 국제 여론이 악화되자 가혹한 식민 통치를 은폐하기 위하여 1910년대의 헌병 무단 통치를 기만적인 문화통치로 바꾸어 시행하였는데, 이 시기 일제는 친일파를 양성하는 등 민족 분열에 열을 올렸다.

① 1930년대 이후 전쟁에 광분한 일본은 1941년 진주만을 습격하여 태평양 전쟁을 발발하였다.
③ 1884년 갑신정변의 주도 세력이었던 급진 개화파는 정변을 통해 근대 국가를 수립하려 하였다.
④ 일제는 1931년 만주 사변을 일으키고 괴뢰 정권인 만주국을 수립하였다.
⑤ 1920년대 비타협적 민족주의 계열과 사회주의 계열이 서로 협력하여 민족유일당 운동을 전개하였다.

46. 답 ②

출제자의 눈

반민족 행위 특별 재판을 통하여 광복직후의 정세를 파악할 수 있다.

자료 속 힌트 반민족 행위 특별 재판부

해설

제헌국회는 친일파를 처벌하고 민족정기를 바로잡기 위하여 반민족 행위 처벌법(반민법)을 제정하여 공포하였으며(1948.9), 반민족 행위 특별 조사 위원회를 구성하였다(1948.10).

참고 반민족행위처벌법(1948.9)

구분	내용
반민법	제헌국회의 반민족행위처벌법(반민법) 제정, 반민족행위특별조사위원회 구성(1948.10)
반민특위	박흥식, 노덕술, 최린, 최남선, 이광수 등 친일 인사 구속조사
정부반응	이승만 정부의 비협조, 친일파의 방해
결과	총 680여 건의 조사에 40명만 재판(12명 시형선고, 형집행정지·감형·집행유예 등 모두 석방)

① 미군정은 1945년 9월부터 1948년 8월 대한민국정부가 수립할 때까지 한반도에서 3년 동안 군사 통치를 시행하게 되었다.
③ 2000년 6·15 남북 공동 선언으로 남과 북은 경제 협력을 통해 민족의 신뢰를 구축하기로 합의하였다.
④ 1952년 전쟁 중 통과한 발췌개헌은 대통령 정부통령 직선제, 양원제 국회, 국회의 국무위원 불신임제 등을 골자로 하였다.
⑤ 농지개혁법은 1949년에 제정되었으나 정부의 재정상의 문제로 1950년에 실시되었다. 농지 개혁의 기본 방향은 사유 재산권을 존중하여 유상 매수, 유상 분배의 자본주의적 방법으로 추진되었다.

47. 답 ③

출제자의 눈 

1970년대의 경제 발전을 통해 박정희 정부를 추론할 수 있다.

해설

박정희 정권이 집권할 1970년대 경제 발전의 상황을 나타낸 것이다. 1970년대에는 베트남파병(1965~1973), 경부고속도로 준공(1970), 유신헌법(1972), 수출 100억불 달성(1977), 부·마 항쟁(1979) 등의 사건이 있었다.

오답 check

① 위기극복을 위하여 구조조정, 부실기업의 정리 등을 추진하였으며, 금모으기 운동 등으로 2001년 김대중 정부는 외채를 상환하였다.
② 2004년 4월 1일 고속철도(KTX)가 개통되었다(노무현 정부).
④ 2007년 4월 대한민국과 미국 간 한미 자유 무역 협정(FTA)을 체결하였다(노무현 정부).
⑤ 1996년 우리 정부는 경제 협력 개발기구(OECD)에 가입하였다(김영삼 정부).

48. 답 ⑤

출제자의 눈 

자료를 통하여 광주 민주화 운동의 전개를 파악할 수 있다.

자료 속 힌트 비상계엄 철폐, 광주시

해설

1980년 전두환의 신군부는 비상계엄을 전국으로 확대하였고(5.17), 광주 지역에서는 비상계엄 철회 및 민주화를 열망하는 시민들의 요구가 ㈎ 5.18 광주 민주화 운동으로 이어졌다(1980). 이 때 민주주의 헌정 체제의 회복을 요구하는 시민들과 진압군 사이에 충돌이 일어났으며, 이 과정에서 무고한 시민들도 다수 살상되어 국내외에 큰 충격을 안겨 주었다. 5·18 광주 민주화 운동 기록물은 유네스코 세계기록유산으로 등재되었다.

오답 check

① 1970년대 후반 전개되었던 YH무역노동운동의 과잉 진압을 비판하던 신민당 총재인 김영삼이 국회에서 제명되었고, 이를 기화로 부마항쟁이 전개되었다(1979.10).
② 1964년 한일 회담의 추진은 시민과 대학생들의 대일 굴욕 외교 반대에 부딪혀 이른바 6·3항쟁을 유발시켰다.
③ 1960년 4·19 혁명으로 이승만 정권은 몰락하였고, 장면이 집권한 내각책임제의 제2공화국이 열렸다.
④ 1987년 6월 민주 항쟁이 전개되었고 그 결과 대통령 직선제를 이룩하였다.

49. 답 ③

출제자의 눈 

남북의 통일 정책을 분석하여 시대를 구분할 수 있도록 학습하여야 한다.

해설

㈎ 한반도의 비핵화에 관한 공동선언(1991.12.31.). 남북기본합의서(1991)에 의하여 남북한은 상호 화해와 불가침을 선언하고 교류와 협력을 하였고, 한반도의 비핵화에 관한 공동선언을 채택하였다(화해, 불가침, 민족 내부의 교류).
㈏ 7·4남북공동선언(1972.박정희 정부). 자주 통일, 평화 통일, 민족적 대단결의 3대 원칙을 성명하고, 통일 문제를 협의하기 위한 남북 조절 위원회의 설치에 합의하였다.
㈐ 6·15남북공동선언(2000.김대중 정부). 분단 이후 처음으로 남북 정상이 평양에서 만나 합의하여 발표한 것으로 남과 북은 경제 협력을 통해 민족의 신뢰를 구축하기로 합의하여 이산가족이 만나는 등 남북 간의 긴장 완화와 화해·협력이 진전되었다.

50. 답 ①

출제자의 눈 

자료를 통하여 민족 명절인 추석을 알아본다.

자료 속 힌트 송편, 가을

해설

한가위(추석)는 음력 8월 15일로 가배라고도 한다. 추석에는 차례를 지내고, 성묘를 돌아봤으며 씨름, 강강술래, 소싸움 등의 민속놀이를 즐겼다. 또한, 송편, 토란국, 닭찜을 만들어 먹었다.

오답 check

② 동지(양12.22)에는 팥죽을 쑤어 새알심을 만들어 먹고, 또 사당에 차례를 지냈다.
③ 칠석(7.7)에는 가정에 따라서는 무당을 찾아가 칠성 맞이 굿을 한다. 또 밭작물의 풍작을 위해 밭에 나가서 밭제를 지내기도 한다. 칠석날 처녀들은 별을 보며 바느질 솜씨가 좋아지기를 빌고 서당의 학동들은 별을 보며 시를 짓거나 글공부를 잘할 것을 빌었다.
④ 설날(1.1)에는 차례를 지내고 세배를 하였으며, 씨름 등 민속놀이를 즐겼다.
⑤ 정월대보름(1.15)에는 달에 소원을 빌었고, 달맞이, 쥐불놀이, 달집태우기, 다리밟기, 부럼깨기, 귀밝이술 마시기 등을 즐겼다.

부록

I 출제 빈도가 높은 주요 지역 및 궁

[출제 빈도가 높은 주요 지역]

1 평북 의주

- 미송리식 토기 발굴(1959)
- 고려. 이성계가 위화도에서 회군(1388)
- 조선. 임란 때 선조의 피난(1592)
- 조선. 중국과 무역상인 의주의 만상
- 일제 강점기. 경의선 철도 부설(1906. 일본의 경제적 침략)

2 함남 원산

- 신라. 6C 진흥왕의 영토 확장
- 고려. 공민왕의 영토 회복
- 개항(1880, 원산). cf.> 1883년 인천·부산 개항
- 최초 근대식 사립학교인 원산학사 설립(1883)
- 서울과 연결되는 철도인 경원선 부설(1914)
- 원산 노동자 총파업(1929)

3 평남 평양

- 고구려 장수왕이 수도를 정하고 적극적으로 남하정책 추진(427)
- 고려. 광종(개경-황도, 서경-서도)
- 고려. 묘청이 도읍지를 옮기려다 김부식 등의 반대에 부딪치자 봉기(1135, 대위국·천개)
- 고려. 원종 때 동녕부 설치(1270)
- 조선. 홍경래의 난(1811)
- 미국 상선 제너럴셔먼호가 관민에 의해 불살라 짐(1866, 대동강, 평안감사 박규수)
- 근대식 학교인 대성학교 설립(1908, 안창호)
- 평양의 여교사가 주도하여 송죽회 창립(1913, 독립 자금 모집)
- 조만식이 물산장려운동 주도(1920)

4 인천 강화도

- 고인돌 유적지. 유네스코 세계 문화유산 지정
- 마니산 참성단. 단군이 하늘에 제사(초제)
- 양명학 연구(강화학파, 정제두, 가학의 형태로 계승 발전)
- 정족산성(1866, 병인양요, 양헌수)
  광성보(1871, 신미양요, 어재연, 미국), 강화도 조약(1876)

5 경기 수원

- 18세기에 완공된 동·서양의 군사시설 이론을 잘 배합시킨 화성

6 충북 충주

- 중원고구려비(5C 장수왕)

7 충북 단양

- 단양적성비(551, 진흥왕, 한강 상류 점령)

8 충북 청주

- 신라 민정문서(서원경),
  직지심체요절 인쇄(1377, 흥덕사, 현 프랑스국립 도서관 소장)

9 충북 보은

- 법주사 팔상전(1624, 목조 5층탑),
  보은 집회(1893, 교조 신원 운동)

10 충남 서산

- 서산 마애삼존불상

11 충남 예산

- 수덕사 대웅전, 오페르트 도굴사건(1868, 남연군묘 도굴미수)

12 충남 공주

- 고구려 장수왕의 공격을 받아 백제가 천도한 곳(475, 백제 문주왕).
- 중국 남조의 영향을 받아 만든 무령왕릉
- 김헌창의 난(822, 장안·경운)
- 망이, 망소이의 난(1170, 공주명학소)

13 충남 부여

- 백제 성왕이 천도(538)하고, 국호를 남부여로 개칭
- 사택지적비(654)
- 정림사지 5층 석탑

14 충남 논산

- 관촉사 석조 미륵보살 입상(향토미, 소박미)
- 동학의 남접·북접 부대 논산에 집결(1894, 반외세)

15 전북 군산

- 일제 강점기, 쌀 수탈의 전초 기지

16 전북 익산

- 목탑의 형태를 지닌 미륵사지 석탑(금제 사리봉안기 발견)
- 백제부흥운동(660~663)

17 전북 정읍

- 동학농민운동(1894)
- 을사늑약에 반대한 의병활동(1905, 최익현, 태인)

18 전남 여수

- 러시아 견제를 구실로 영국이 거문도 불법 점령(1885, 거문도 사건)

19 전남 진도

- 삼별초의 대몽항쟁 전개(1270~1271, 배중손)

20 전남 완도

- 장보고의 청해진 설치(해상무역 장악)

21 강원 평창

- 오대산, 월정사 8각 9층 탑
- 소설 '메밀꽃 필 무렵'의 배경(이효석)
- 2018년 동계올림픽 개최지

22 경북 영주

- 부석사소조아미타여래좌상(통일신라 양식계승)

23 경북 안동

- 이천동 석불, 공민왕이 홍건적의 침입 때 피신(1361), 봉정사 극락전(주심포 양식)

24 경북 상주

- 원종·애노의 난(889)

25 대구

- 국채보상운동 전개(1907, 김광제, 서상돈)

26 경북 경주

- 황금보검(중앙아시아에서 유행하던 칼이 경주에서 발견 – 서양과 교류사실 증명)
- 불국사 3층 석탑(742, 석가탑, 무구정광대다라니경 발견)
- 황룡사 9층 목탑(임란 때 소실)
- 분황사 모전석탑(선덕여왕, 신라 最古의 석탑)
- 경주 역사유적지구(불교 발달과 관련된 유적·유물 소장)

27 울산

- 통일신라, 이슬람 상인의 왕래

28 경남 합천

- 해인사, 팔만대장경판(1236~1251, 강화에서 조판), 유네스코 세계기록유산

29 부산

- 동래(일본과의 무역항)

30 경남 진주

- 고대 가야(연맹체 단계에서 멸망)
- 임술 농민 봉기, 경상도 우병사 백낙신의 수탈(1862)
- 천민(백정) 계급의 형평운동(1923)

31 경남 거제도

• 6·25 전쟁 때 포로수용소 설치

32 제주도

• 삼별초의 대몽항쟁 전개(1271~1273, 김통정)
• 원 간섭기, 탐라총관부 설치
• 벨테브레이가 귀화하여 훈련도감에서 훈련지도(1628)
• 하멜 표착(1653). 우리나라를 최초로 서양에 소개(하멜표류기)
• 김만덕. 관기출신 거상. 제주 빈민구제
• 4·3 사건(1948, 남한의 단독정부 수립 반대)

33 요서

• 백제. 근초고왕 요서 진출(4C)
• 발해. 무왕의 당나라 공격(732, 요서·산둥 진출)

34 요동

• 고구려. 미천왕의 요동 진출(4C)
• 고구려와 당의 전쟁(7C)
• 안시성 전투(645, 양만춘)
• 삼국간섭(1895, 러·프·독 → 일)

35 만주

• 고구려. 유리왕이 졸본에서 국내성으로 천도(A.D. 3)
• 고구려. 광개토대왕릉비(414)
• 장군총, 각저총
• 안중근 의거(1909, 북만주 하얼빈)
• 의열단 조직(1919, 김원봉)

36 간도

• 청의 목극등과 협의 지역(1712, 백두산정계비)
• 봉오동·청산리 전투(1920)
• 용정 대성중학교(1920년대 초)
• 소설 '토지'의 배경(박경리)

37 연해주

• 신한촌 건설
• 13도의군(1910), 성명회(1910), 권업회(1911),
대한광복군정부(1914), 대한국민의회(1919)

38 대마도

• 이종무의 정벌(1419, 세종 원년)
• 최익현의 순국 장소(1906)

[출제 빈도가 높은 주요 궁]

1 경복궁

- 창건(태조), 소실(임란 때 소실 후 창덕궁이 약 300여 년간 본궁), 중건(1865~68, 흥선대원군)
- 근정전(정령반포) – 왕이 신하들의 조하를 받거나 정령을 반포하는 본궁
- 사정전(편전) – 왕이 정사를 보고 문신들과 함께 경전을 강론하는 곳
- 경회루(누각) – 국빈의 접대나 왕의 연회장소로 사용된 연못 안에 조성된 누각
- 건청궁 – 왕과 왕비가 거처한 곳, 최초의 전기 설비(1887), 명성황후 시해 장소

2 창덕궁

- 임란 전(별궁) – 왕궁 밖에서 국왕이 피서, 피한, 요양 등의 목적으로 머물던 별궁
- 임란 후(본궁) – 경복궁의 복원 전까지 조선의 본궁 역할
- 갑신정변 – 고종과 명성황후가 급진파에 의해 (경우궁에서 창덕궁으로) 납치된 장소
- 인정전(정령반포) – 경복궁의 근정전 역할
- 희정당(편전) – 경복궁의 사정전 역할
- 주합루(누각) – 정조 때 도서관으로 창건 (1층 규장각, 2층 열람실 겸 주합루)

3 종묘

- 조선시대 역대 왕의 위패가 모셔져 있는 곳. (왕·왕비, 추존 왕·왕비의 신주가 모셔져 있는 곳)

4 창경궁

- 성종 때 건축된 세조·덕종·예종의 왕후 거처
- 임란 때 소실되어 광해군 때 재건
- 일제에 의해 동물원, 식물원으로 운영(1909)
- 일제에 의해 창경원으로 격하 됨(1911)

5 덕수궁

- 조선 초 월산대군(성종의 형)의 집
- 임란 후 – 의주에서 귀궁한 선조의 임시 거처
- 광해군 – 창덕궁이 완성된 후 이궁하였고, 이곳을 경운궁이라 칭함
  - 인목대비 유폐장소
- 고종 – 아관파천에서 황궁한 곳, 1907년 순종 양위 후 덕수궁이라 칭함
- 근·현대 – 미소공동위원회 개최장소(1946)
  - 전화 설치(1896)
  - 석조전 건축(1909, 르네상스 양식)
  - 국립 현대미술관 운영(~1986)

6 경희궁(경덕궁)

- 인조 때 창덕궁과 창경궁 소실(인조반정, 이괄의 난) 이후 본궁 역할.

7 운현궁

- 흥선대원군의 집권 당시의 저택(개혁 논의 장소)

[기출 및 예상 문제]

01 (가) 지역에 대한 탐구 활동으로 적절하지 않은 것은?
[중급 13회36번]

보기
- 국내의 기근으로 말미암아 재상 유성룡이 건의하여, 요동에 공문을 보내어 압록강의 (가) 에 시장을 열어 교역하게 하니 이것이 중강 개시의 시초였다. 「만기요람」
- 홍삼은 당초 역관들의 경비 충당을 위해 설정된 것이었으나, 그 기능이 한 번 변하여 (가) 의 만상이 중국과 무역하는 상품이 되고, 두 번 변하여 사민들의 생업을 위한 상품이 되었으며, 세 번 변하여 정부의 주요 재원이 되었다. 「비변사등록」

① 미송리식 토기가 발굴된 지역을 조사한다.
② 고려와 거란이 영토 분쟁을 벌인 지역을 알아본다.
③ 일제 강점기 경의선 철도 부설의 목적을 살펴본다.
④ 이성계가 위화도에서 군대를 돌린 이유를 알아본다.
⑤ 영국이 러시아 견제를 위해 불법 점령한 지역을 조사한다.

해설

(가)는 의주의 만상을 나타내고 있다. 의주에서는 미송리식 토기가 발굴되었고(1959), 고려 말 이성계가 위화도에서 회군하였다(1388). 조선 선조는 임란 때 의주로 피난하였으며(1592), 의주의 만상은 대중국 무역 상인이었다. 또한, 일제 강점기에는 일제가 경의선 철도를 부설하여 경제적 침략을 본격화하였다(1906).
⑤ 1885년 거문도(전남 여수) 사건

오답 check

① 의주 미송리동굴 ② 강동6주 ③ 서울~의주 ④ 신의주 섬

답 ⑤

02 (가)~(마) 무역항에 대한 설명으로 옳지 않은 것은?
[고급 17회12번]

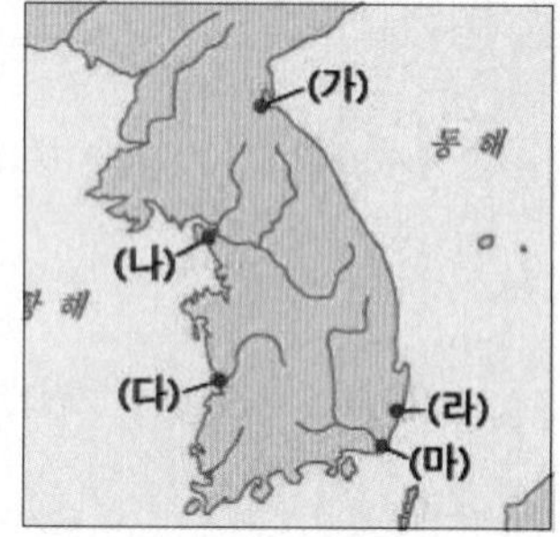

① (가) – 조선 초에 무역소를 설치하여 여진과 교역하였다.
② (나) – 조선 말에 강화도 조약으로 개항장이 설치되었다.
③ (다) – 일제 강점기에 쌀 수탈의 전초 기지였다.
④ (라) – 통일 신라 시기에 이슬람 상인이 드나들었다.
⑤ (마) – 조선 후기에 일본과 개시 무역이 이루어졌다.

해설

지도에 표시된 항구는 각각 (가) 원산, (나) 인천, (다) 군산, (라) 울산, (마) 부산이다.
① 조선 초에는 경원, 회령에 무역소를 설치하여 여진과 교역하였다.

오답 check

② 강화도 조약으로 부산(1876), 원산(1880), 인천(1883) 등 세항구의 개항이 이루어졌다. ③ 일제는 군산을 쌀 수탈의 무역항으로 사용하였다. ④ 통일신라의 울산항을 통하여 이슬람 상인이 왕래하였다. ⑤ 부산 동래상인

답 ①

03 다음은 역사반의 연구 내용이다. 연구 내용이 장소와 어울리지 않는 것은?

〈 우리의 역사를 찾아서 〉

1. 지정 장소 : 원산·함흥 일대
2. 연구 내용
   (가) 진흥왕의 영토 확장
   (나) 고려 공민왕의 자주 정책과 영토 회복
   (다) 1883년 주민들이 설립한 우리나라 최초의 근대적 사립학교
   (라) 을사조약에 반대한 최익현 의병 부대의 활약
   (마) 1929년 노동자 총파업과 이후 노동 운동의 변화
3. 보고서 작성

① (가) ② (나) ③ (다)
④ (라) ⑤ (마)

해설

자료는 원산과 함흥 일대의 역사적 사건을 조명한 것이다. (라)는 전북 정읍시 태인이다.

오답 check

최익현은 태인에서 의병(1905)을 이끌고 순창에 입성하여 관군과 대치하게 되었을 때, "왜적이 아닌 동족을 죽이는 일은 차마 못하겠다." 라고 하여 싸움을 중단하고 포로가 되었으며, 일본군에 의하여 쓰시마 섬에 유배되어 순절(1906)하였다.

답 ④

04 지도에 표시된 지역과 관련된 설명으로 옳은 것은?
[중급 13회47번]

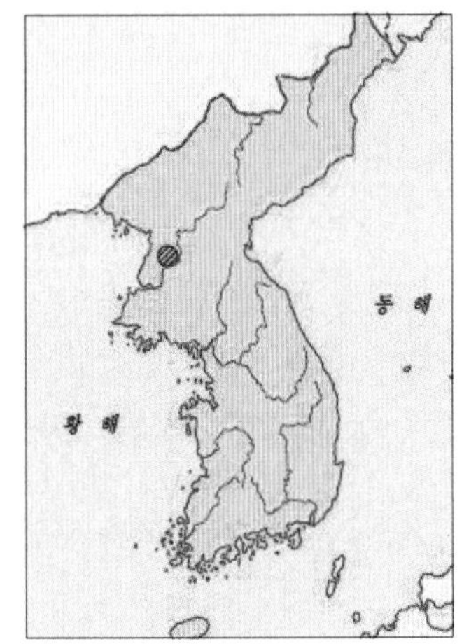

① 신라의 5소경 중 서원경이었다.
② 피라미드형으로 쌓은 장군총이 있다.
③ 프랑스군이 천주교 탄압을 구실로 침입하였다.
④ 묘청이 풍수지리 사상을 바탕으로 천도를 추진하였다.
⑤ 정조가 개혁 정치를 실현하기 위해 건설한 신도시이다.

해설

지도에 표시된 지역은 서경으로 고구려 장수왕이 남진을 위해 수도를 이곳으로 천도하였으며(427), 고려에는 묘청이 도읍지를 옮기려다 김부식 등의 반대에 부딪치자 봉기하기도 하였다. 또한, 원종 때는 동녕부가 설치되었으며, 근대에는 제너럴셔먼호사건이 있었다. 1908년에는 안창호가 근대식 학교인 대성학교를 설립하였고, 1913년에는 평양 여교사가 주도하여 송죽회를 창립하여 독립 자금 모집 활동을 전개하기도 하였으며, 1920년에는 조만식이 물산장려운동을 주도하기도 한 곳이다.

오답 check

① 청주 ② 만주 집안 지역 ③ 강화도(병인양요) ⑤ 수원

답 ④

05 (가)~(마) 문화유산에 대한 설명으로 옳지 않은 것은?
[중급 16회30번]

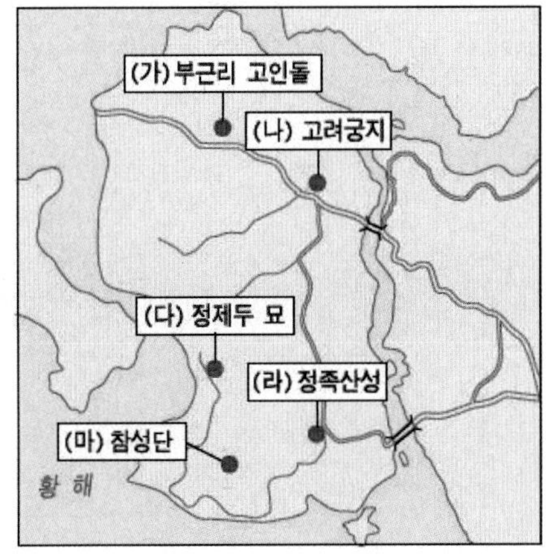

① (가) - 유네스코 세계 문화유산이다.
② (나) - 몽골 침략 때 천도하여 세운 궁궐의 터이다.
③ (다) - 북학파를 대표하는 인물의 무덤이다.
④ (라) - 병인양요 때 프랑스군을 물리친 곳이다.
⑤ (마) - 단군이 하늘에 제사를 지냈다고 전해지는 곳이다.

해설

강화도 유적지에 대한 문제. 18세기 초 정제두는 몇몇 소론 학자들이 명맥을 이어가던 양명학을 체계적으로 연구하였다. 그는 거처를 강화도로 옮겨 후진 양성에 힘썼으며, 이들로 인하여 강화학파가 형성되었다.
(가) 유네스코 문화유산(강화 고인돌유적)
(나) 몽골 침입 시 강화도 천도
(다) 양명학 연구 강화학파. 가학의 형태로 계승
(라) 병인양요 양헌수
(마) 마니산 초제

답 ③

06 밑줄 그은 '이 지역'과 관련한 설명으로 옳은 것을 〈보기〉에서 고른 것은?

> 1933년 일본 도다이사[東大寺] 쇼소인[正倉院]에서 발견된 민정(촌락) 문서는 **이 지역**의 4개 촌락에 대한 장적 문서로, 각 촌의 면적, 인구수, 전답 면적, 삼밭, 뽕나무, 잣나무, 호두나무, 소, 말 등의 수가 기록되어 당시 촌락의 경제 상황과 국가의 세무 행정을 알 수 있는 자료이다.

보기

ㄱ. 최초의 근대적 사립학교가 설립되었다.
ㄴ. 고려 시대에 「직지심체요절」이 인쇄되었다.
ㄷ. 프랑스군에 의해 외규장각 도서가 약탈된 곳이다.
ㄹ. 구한말 국채보상운동이 처음 시작된 곳이다.

① ㄱ ② ㄴ ③ ㄷ
④ ㄱ, ㄴ ⑤ ㄴ, ㄹ

해설

자료의 이곳은 서원경(청주)이다. 청주에서는 신라 민정문서가 별견되었고(서원경), 흥덕사에서는 1377년 직지심체요절을 인쇄하였다(現 프랑스국립도서관 소장).
ㄴ 청주 흥덕사

오답 check

ㄱ 원산학사 ㄷ 강화도 ㄹ 대구

답 ②

07 (가), (나) 지역과 관련된 설명으로 옳은 것을 〈보기〉에서 고른 것은? [중급 16회5번]

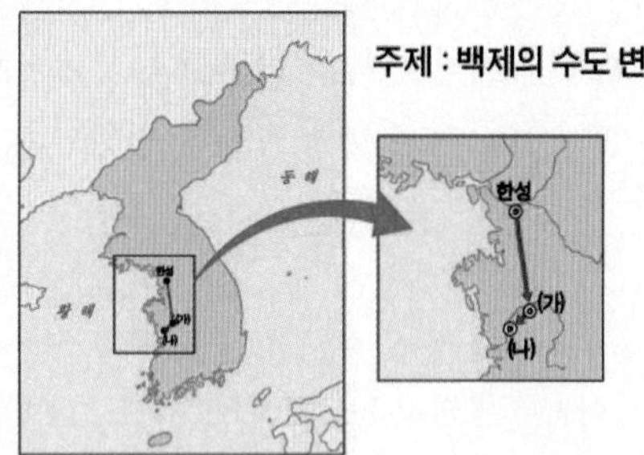

보기

ㄱ. (가) – 목탑의 형태를 지닌 미륵사지 석탑이 있다.
ㄴ. (가) – 고구려 장수왕의 공격을 받아 천도한 곳이다.
ㄷ. (나) – 성왕이 천도하고 국호를 남부여로 고친 곳이다.
ㄹ. (나) – 중국 남조의 영향을 받아 만든 무령왕릉이 있다.

① ㄱ, ㄴ ② ㄱ, ㄷ ③ ㄴ, ㄷ
④ ㄴ, ㄹ ⑤ ㄷ, ㄹ

해설

(가)는 웅진성으로 지금의 공주, (나)는 사비성으로 지금의 부여를 나타내고 있다.
백제의 문주왕은 5세기경에 고구려의 남진 정책으로 인하여 웅진(공주)으로 천도하게 되면서 대외 팽창활동은 위축되고, 중국과 일본에 대한 무역활동도 침체되었으며 경제적 어려움이 더하게 되어 왕권은 약화되었다.
6세기 성왕은 대외 진출이 수월한 사비(부여)로 천도하여(538) 국호를 남부여로 개칭하였고, 백제의 중흥을 꾀하였다. 성왕은 5부와 5방 제도를 정비하고 22부의 실무관청을 설치하는 등 중앙관청과 지방제도를 정비하여 중앙 집권화에 노력하였다.

오답 check

ㄱ 익산 ㄹ (가) 공주

답 ③

08 지도의 A 지역에 대한 답사를 위한 사전 탐구 활동으로 적절한 것은?

① 공민왕 때 수복한 영토 지역을 알아본다.
② 안용복이 활약했던 지역을 찾아본다.
③ 몽골의 침입 시기에 고려가 천도했던 지역을 알아본다.
④ 삼국 간섭의 결과 청에 반환된 지역을 알아본다.
⑤ 서희가 획득한 강동 6주의 위치를 알아본다.

해설

지도의 가 지역은 요동 반도이다. 일본은 청일 전쟁의 승리로 요동 반도를 획득하였으나 1895년 독일, 프랑스, 러시아 등의 삼국 간섭으로 청에 반환하였다.

오답 check

① 철령 이북 ② 독도 ③ 강화도 ⑤ 압록강 동쪽 지역

답 ④

09 밑줄 그은 ㉠에 해당하는 지역을 도에서 찾은 것은? [중급 11회33번]

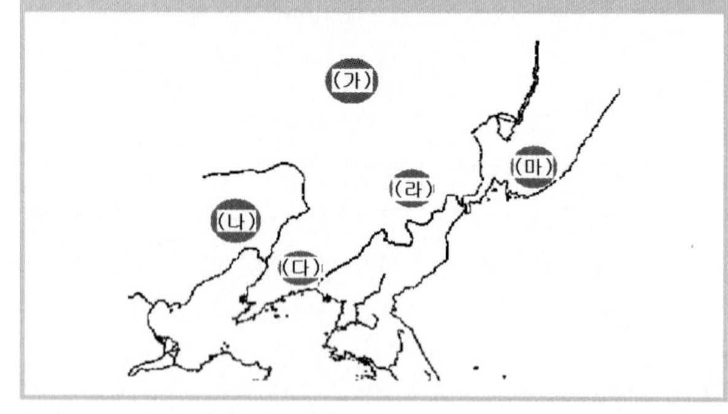

– 박경리의 소설 '토지'의 무대가 되었던 곳 중의 하나
– 청의 대표 목극등과의 협의지역
– 윤동주 시인이 다녔던 용정 대성 중학교

① (가) ② (나) ③ (다)
④ (라) ⑤ (마)

해설

해외 항일 독립운동 지역을 묻는 문제. 소설 토지의 무대가 되었고 대성중학교가 있었던 지역은 (라) 간도지역이다. 중국으로 이주한 동포들이 길림성 연변조선족자치주를 형성하였고, 이곳 우리 동포들은 1920년 초 용정에 대성중학교를 설립하였다.
(라) 북간도

오답 check

(가) 북만주 (나) 요서 (다) 요동 (마) 연해주

답 ④

10 (가), (나)의 역사적 사실이 일어났던 지역을 지도에서 골라 옳게 연결한 것은?

(가) 봉오동과 청산리 일대에서 독립군에 패배한 일본군은 그에 대한 보복으로 이 지역의 동포들을 무차별 학살하는 만행을 지질렀다.

(나) 민족 항일 운동의 근거지로 신한촌이 건설되었고, 대한광복군 정부가 수립되었으나 곧 해산되었다.

① (가) – ㄱ, (나) – ㅁ
② (가) – ㄴ, (나) – ㄷ
③ (가) – ㄹ, (나) – ㄱ
④ (가) – ㄹ, (나) – ㄷ
⑤ (가) – ㄴ, (나) – ㅁ

해설

(가)는 1920년에 일제가 자행한 간도참변이다. 일본군이 봉오동·청산리 전투에서 패배에 대한 보복으로 독립군 소탕의 핑계를 두어 간도 지역의 독립군 및 한국인을 무차별 학살하는 간도참변을 일으켰다.
(나)는 신한촌이 건설된 러시아의 블라디보스토크 지역이다. 1914년 연해주의 블라디보스토크에서 이상설과 이동휘를 정·부통령으로 하여 대한광복군정부를 수립함으로써 독립군의 무장 항일운동의 터전이 마련되었을 뿐 아니라, 임시정부 탄생의 계기를 만들었다.

답 ④

11 (가)~(마) 지역에서 있었던 사실로 옳지 않은 것은?

[고급 16회38번]

① (가) – 삼별초가 대몽 항쟁을 벌였다.
② (나) – 장보고가 청해진을 설치하였다.
③ (다) – 영국이 불법으로 점령하였다.
④ (라) – 병인박해를 구실로 프랑스군이 침략하였다.
⑤ (마) – 6·25 전쟁 때 포로수용소가 설치되었다.

(라) 한산도. 이순신은 임진왜란이 발발하자 거북선을 이용한 사천·당포 전투와 한산도 전투 등 연승을 거두어 남해의 제해권을 장악하였다. 특히, 한산도 전투에서는 왜군을 한산도 앞 바다로 유인하여 학익진을 펼쳐 100여척의 적선을 격파하였다.
④ 프랑스는 병인박해 때의 선교사 처형을 구실삼아 프랑스 군함 7척으로 강화도를 침략했다.

답 ④

12 (가)~(다) 의병장에 대한 설명으로 옳지 않은 것은?

[고급 15회28번]

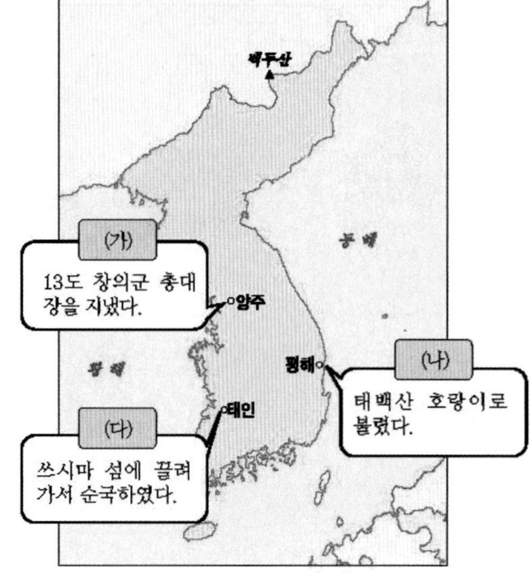

① (가) – 고종 퇴위에 반발하여 의병을 일으켰다.
② (나) – 평민 출신으로 을사조약 체결에 항거하였다.
③ (다) – 고종의 친정을 요구하여 흥선 대원군의 하야를 이끌어냈다.
④ (가), (나) – 일제의 남한 대토벌 작전으로 인해 만주로 이동하였다.
⑤ (가), (다) – 위정척사 사상을 지닌 유생 출신이었다.

해설

지도에 표시된 의병장은 각각 (가) 이인영, (나) 신돌석, (다) 최익현이다.
(가) 고종 황제의 강제 퇴위와 군대 해산을 계기로 이인영, 허위 등 유생의병장이 주도하여 13도창의군을 편성하게 된다.
(나) 종래 의병장은 대체로 유생들이었는데, 을사의병(1905)부터 평민의병장(신돌석)이 나타나 의병운동의 새로운 양상을 보여 주었다.
(다) 최익현은 태인에서 의병(1905)을 이끌고 순창에 입성하여 관군과 대치하게 되었을 때, "왜적이 아닌 동족을 죽이는 일은 차마 못하겠다." 라고 하여 싸움을 중단하고 포로가 되었으며, 일본군에 의하여 쓰시마 섬에 유배되어 순절(1906)하였다.
④ 활발하게 전개되던 (가) 의병을 진압하기 위해 일본군은 잔인한 남한대토벌작전(1909)을 전개한다. (나) 을사의병은 해당사항이 없다.

답 ④

13 보고서의 (가)~(마) 사진 가운데 고려 시대의 문화재로 옳지 않은 것은? [중급 15회13번]

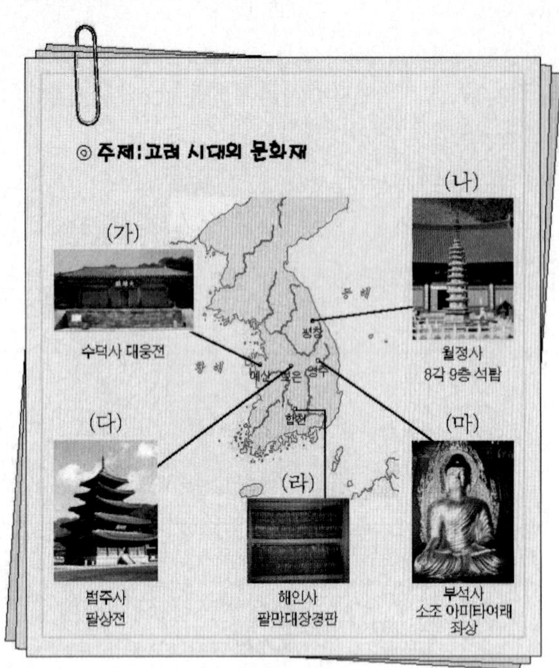

① (가) ② (나) ③ (다)
④ (라) ⑤ (마)

해설

(다) 충북 보은의 법주사 팔상전(목조 5층탑)은 금산사 미륵전, 화엄사 각황전, 법주사 팔상전 등과 함께 17C 조선의 대표 건축물로써, 모두 규모가 큰 다층 건물로 내부는 하나로 통하는 구조로 되어 있는데, 불교의 사회적 지위 향상과 양반 지주층의 경제적 성장을 반영하고 있다.

① (가) 고려 후기, 충남 예산의 수덕사 대웅전 ② (나) 고려 전기, 강원 평창 오대산에 있는 월정사 8각9층 석탑으로 송의 영향을 받아 건축되었다. ④ (라) 고려 몽골 항쟁 시기에 강화에서 대장도감을 설치하여 조판한 팔만대장경으로(1236~1251), 유네스코 세계기록유산으로 등재되어 현재는 경남 합천 해인사에 보관하고 있다. ⑤ (마) 12C 고려, 경북 영주 부석사 소조아미타여래좌상으로 통일신라 양식을 계승하여 만들어진 불상이다.

답 ③

14 밑줄 그은 ㉠을 지도에서 옳게 찾은 것은? [고급 17회27번]

제1차 역사 동아리 답사

주제 : 조선의 궁궐을 찾아서

1997년 세계 문화유산에 등재된 ㉠ <u>이 궁궐</u>은 태종 때에 창건되어 가장 오랜 기간 동안 왕들이 거처한 곳입니다. 임진왜란으로 폐허가 된 후에 재건과 중건 과정을 거쳤으며, 정조 때에는 후원의 부용지를 중심으로 부용정, 주합루, 서향각이 세워졌습니다. 또한 일제 강점기에는 순종이 여생을 보낸 궁이기도 합니다.

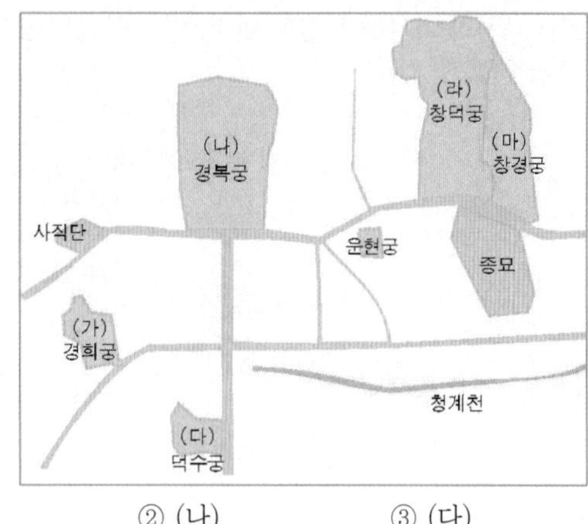

① (가) ② (나) ③ (다)
④ (라) ⑤ (마)

해설

(라) 창덕궁은 임란 전에 왕궁 밖에서 국왕이 피서, 피한, 요양 등의 목적으로 머물던 별궁으로 사용되었으나, 임란 후에는 경복궁의 복원 전까지 조선의 본궁 역할을 하였다. 또한, 갑신정변 때는 고종과 명성황후가 급진파에 의해 납치된 장소이기도 하다.

답 ④

15 문화유산 해설사가 안내하는 궁궐에 대한 설명으로 옳은 것은? [중급 13회18번]

임진왜란 때
불탄 것을 흥선 대원군이
중건하였습니다.

① 부속 건물로 규장각이 있습니다.
② 갑신정변 때 고종이 머물렀습니다.
③ 조선 역대 왕의 위패가 모셔져 있습니다.
④ 한때 동물원으로 운영된 적이 있었습니다.
⑤ 조선 시대 한양에서 처음 지어진 궁궐이었습니다.

해설

경복궁은 조선 태조가 창건하여 조선의 본궁 역할을 하였으나, 임란 때 소실 후 창덕궁이 약 300여 년간 본궁 역할을 하였다. 19C 흥선 대원군이 집권한 후 실추된 왕실의 존엄성을 회복하기 위해 임진왜란 때 불타버린 경복궁을 중건하였다(1865~1868).

오답 check

① 정조 때 도서관으로 창건한 창덕궁 주합루(1층 규장각, 2층 주합루) ② 갑신정변 때 급진개화파는 고종과 명성황후를 경우궁에서 창덕궁으로 이어하였다. ③ 종묘 ④ 창경궁은 1909년 일제에 의해 동물원, 식물원으로 운영되었으며, 창경원으로 격하시켰다(1911).

답 ⑤

16 (가)~(마) 문화유산에 대한 설명으로 옳지 않은 것은?

[고급 13회14번]

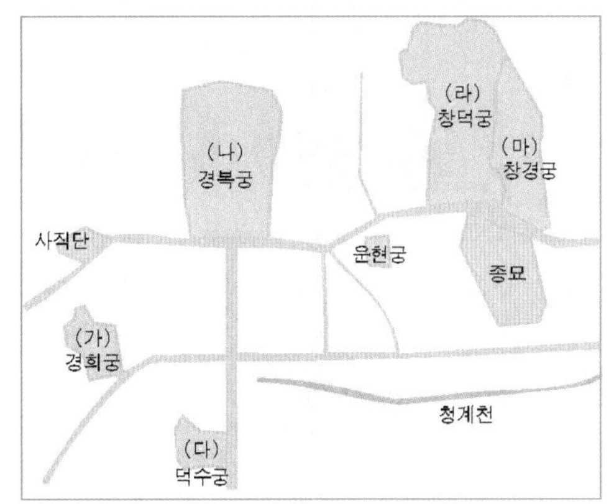

① (가) – 황제의 집무실 용도로 석조전을 지은 곳이다.
② (나) – 미·소 공동 위원회가 개최된 곳이다.
③ (다) – 서원 철폐 등의 개혁을 논의한 곳이다.
④ (라) – 정조의 개혁을 뒷받침해 준 규장각이 있는 곳이다.
⑤ (마) – 일제가 격을 낮추기 위해 동물원을 만든 곳이다.

해설

미·소공동위원회가 개최된 곳은 (가) 덕수궁이다.
① (가) 덕수궁 석조전(1909), 르네상스양식 ③ (다) 운현궁은 대원군의 집권당시의 거처로써 개혁을 논의한 곳이다. ④ (라) 정조 때 도서관으로 창건한 창덕궁 주합루(1층 규장각, 2층 주합루) ⑤ (마) 창경궁은 1909년 일제에 의해 동물원, 식물원으로 운영되었으며, 창경원으로 격하시켰다(1911).

답 ②

17 다음 엽서의 앞면에 들어갈 사진으로 옳은 것은?

[고급 15회38번]

… 앞면 사진 속의 건물은 천주교 신자인 김범우의 집터에 고딕 양식으로 1898년에 지어진 거야. 이곳은 건축물의 역사·문화적 가치도 크지만, 1970년대 이후 독재 정권에 항거하는 집회가 열린 곳으로도 아주 유명해. …

①  ②  ③ 

④  ⑤ 

명동성당은 19세기 말 고딕양식의 건물이며, 프랑스 신부 코스트와 주교 블랑에 의해 건축되었다.
② 명동성당

오답 check

① 조선총독부 ③ 덕수궁 석조전(르네상스양식) ④ 구 러시아공관 ⑤ 동양척식주식회사

답 ②

18 다음 설명에 해당하는 근대 건축물로 옳은 것은?

[중급 17회37번]

- 르네상스 양식의 석조 건물로 고종이 편전이나 침전으로 사용하였다.
- 1946년에 열린 미·소 공동 위원회의 회의장으로 사용되었고, 6·25 전쟁 이후 국립 중앙 박물관, 궁중 유물 전시관으로 사용되기도 하였다.

①  ② 

③  ④ 

⑤ 

해설

덕수궁 석조전은 르네상스 양식으로 건축 되어졌다(1909). 1896년 덕수궁에 전화가 처음 설치되었으며(1896), 미소공동위원회의 개최 장소로 사용되기도 하였다(1946). 1986년까지 국립 현대미술관으로 운영되어졌다.
⑤ 덕수궁 석조전

 오답 check

① 한국은행 본관 ② 구 배제학당 ③ 명동성당(고딕양식) ④ 구 러시아공관

답 ⑤

19 (가)~(마)에 대한 설명으로 옳지 않은 것은? [중급 16회39번]

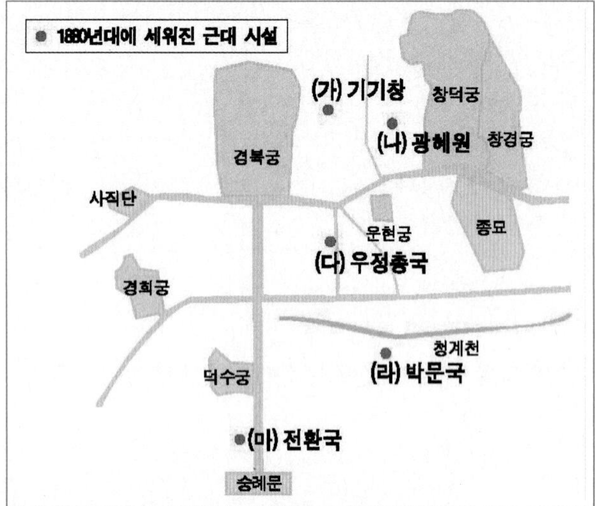

① (가) - 서양식 무기를 제조한 기관이다.
② (나) - 최초의 근대식 병원이다.
③ (다) - 최초로 설립된 민간 은행이다.
④ (라) - 한성순보를 발행한 기관이다.
⑤ (마) - 화폐를 주조하던 기관이다.

해설

(다) 우정총국은 지금의 우체국이다. 근대적인 우편 업무는 우정국의 설립으로 시작되었지만 우정국 개국 축하연을 이용한 갑신정변으로 중단되었다가 을미개혁으로 다시 시작되었다.

③ 한국 최초의 은행은 조선은행으로, 1896년 6월 전·현직 관료가 발기하여 주식을 공모, 설립한 민간은행이다. 1899년 10월 영업의 부진으로 정리하고 1900년 한흥은행으로 개칭하여 재출발하였으나 1901년 1월 폐점하였다.

오답 check

① 1883년 영선사의 건의로 기기창이 건립된다. ② 1885년 알렌에 의해 만들어진 근대식 병원으로 제중원으로 개칭한다. ④ 박문국(1883) ⑤ 전환국(1883)

답 ③

20 1909년에 (가)~(마)의 건물 앞에서 나눈 대화의 내용으로 적절하지 않은 것은? [고급 11회39번]

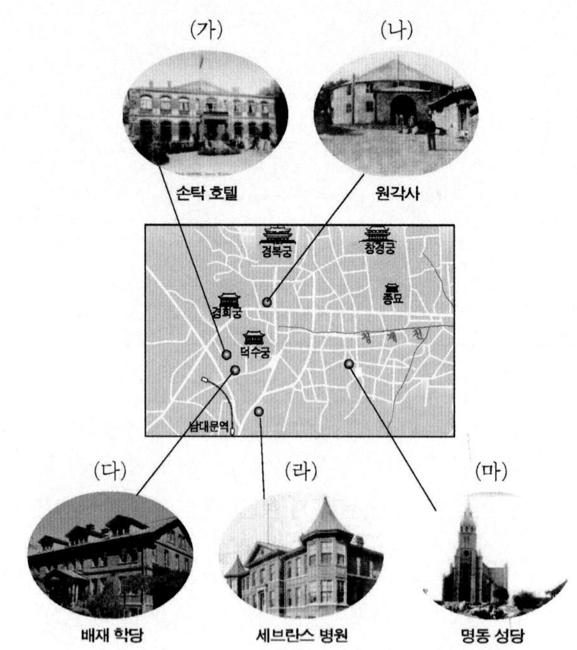

① (가) - 이 호텔을 세운 사람은 독일 여성이래.
② (나) - 저기서 '아리랑'이라는 영화를 상영하고 있어.
③ (다) - 이 학교에서는 선교사가 학생들을 가르쳐.
④ (라) - 이곳에서는 서양 의사들이 환자를 치료한대.
⑤ (마) - 여기에는 프랑스 신부님이 계신대.

해설

(나) 원각사는 1908년 종로에 세워진 한국 최초의 서양식 사설 극장으로 '은세계'를 처음 상영하였다.
② 아리랑은 1926년 단성사에서 개봉하였다.

오답 check

① (가) 손탁 호텔은 1902년 독일여성 손탁이 중구 정동에 세운 서양식 호텔이다. ③ (다) 배제학당은 1885년 미국 선교사 아펜젤러가 세운 한국 최초의 근대식 중등교육기관이다. ④ (라) 세브란스 병원은 1904년 제중원 원장인 에비슨이 세브란스로부터 설립 기금을 기부 받아 설립하였다. ⑤ (마) 명동성당은 19세기 말 고딕양식의 건물이며, 프랑스 신부 코스트와 주교 블랑에 의해 건축되었다.

답 ②

Ⅱ 유네스코지정 세계유산 (2016년 기준)

1 세계 유산

- 해인사 장경판전(1995)
- 종묘(1995)
- 석굴암과 불국사(1995)
- 창덕궁(1997)
- 수원화성(1997)
- 고창·화순·강화의 고인돌 유적(2000)
- 경주 역사 지구(2000)
- 제주 화산섬과 용암 동굴(2007)
- 조선 왕릉(2009)
- 한국의 역사마을(하회와 양동, 2010)
- 남한산성(2014)
- 백제역사유적지구(2015)

2 인류 무형구전 및 무형 유산 걸작

- 종묘제례(宗廟祭禮) 및 종묘제례악(宗廟祭禮樂)(2001)
- 판소리(2003)
- 강릉단오제(2005)
- 처용무(2009)
- 강강술래(2009)
- 제주 칠머리당 영등굿(2009)
- 남사당놀이(2009), 영산재(2009)
- 대목장(大木匠)·한국의 전통 목조 건축(2010)
- 매사냥, 살아있는 인류 유산(2010)
- 가곡(歌曲)·국악 관현반주로 부르는 서정적 노래(2010)
- 줄타기(2011)
- 택견·한국의 전통 무술(2011)
- 한산(韓山) 모시짜기(2011)
- 아리랑·한국의 서정민요(2012)
- 김장·김치를 담그고 나누는 문화(2013)
- 농악(2014)
- 줄다리기(2001)

3 세계 기록 유산

- 조선왕조실록(1997)
- 훈민정음(해례본)(1997)
- 불조직지심체요절 하권(2001)
- 승정원일기(2001)
- 고려대장경판 및 제경판(2007)
- 조선왕조의궤(2007)
- 동의보감(2009)
- 1980년 인권기록유산 5·18 광주 민주화운동 기록물(2011)
- 일성록(2011)
- 새마을운동 기록물(2013)
- 난중일기(2013)
- 한국의 유교책판(2015)
- KBS특별생방송 '이산가족을 찾습니다' 기록물(2015)

조선 왕조 왕릉 현황

	능호	묘호	사적	소재지
1대	건원릉	태조	193호	경기도 구리시 인창동(동구릉)
	제릉	신의고황후		개성시 판문군 상도리
	정릉	선덕고황후	208호	서울시 성북구 정릉 2동
2대	후릉	정종 정안왕후		개성시 판문군 영정리
3대	헌릉	태종 원경왕후	194호	서울시 서초구 내곡동 산 13-1
4대	영릉	세종 소헌왕후	195호	경기도 여주군 능서면 왕대리
5대	현릉	문종 현덕왕후	193호	경기도 구리시 인창동(동구릉)
6대	장릉	단종	196호	강원도 영월군 영월읍 영흥리
	사릉	정순왕후	209호	경기도 남양주시 진건면 사릉리
7대	광릉	세조 정희왕후	197호	경기도 남양주시 진접읍 부평리
추존	경릉	덕종 소혜왕후	198호	경기도 고양시 덕양구 용두동
8대	창릉	예종 안순왕후	198호	경기도 고양시 덕양구 용두동
	공릉	장순왕후	205호	경기도 파주시 조리읍 봉일천리
9대	선릉 순릉	성종 정현왕후	199호	서울시 강남구 삼성동
	단릉	공혜왕후	205호	경기도 파주시 조리읍 봉일천리
10대	연산군묘	연산군 군부인 신씨	362호	서울시 도봉구 방학동
11대	정릉	중종	199호	서울시 강남구 삼성동
	온릉	단경왕후	210호	경기도 양주군 장흥면 일영리
	희릉	장경왕후	200호	경기도 고양시 덕양구 원당동
	태릉	문정왕후	201호	서울시 노원구 공릉동
12대	효릉	인종 인성왕후	200호	경기도 고양시 덕양구 원당동
13대	강릉	명종 인순왕후	201호	서울시 노원구 공릉동
14대	목릉	선조 의인왕후 인목왕후	193호	경기도 구리시 인창동
15대	광해군묘	광해군 군부인 유씨	363호	경기도 남양주시 진건면 송릉리
추존	장릉	원종 인헌왕후	202호	경기도 김포시 풍무동
16대	장릉 휘릉	인조 인열왕후	203호	경기도 파주시 탄현면 갈현리
		장렬왕후	193호	경기도 구리시 인창동(동구릉)
17대	영릉	효종 인선왕후	195호	경기도 여주군 능서면 왕대리
18대	숭릉	현종 명성왕후	193호	경기도 구리시 인창동(동구릉)
19대	명릉	숙종 인현왕후 인원왕후	198호	경기도 고양시 덕양구 용두동(서오릉)
	익릉	인경왕후	198호	경기도 고양시 덕양구 용두동(서오릉)
20대	의릉	경종 선의왕후	204호	서울시 성북구 석관동
	혜릉	단의왕후	193호	경기도 구리시 인창동(동구릉)
21대	원릉	영조 정순왕후	193호	경기도 구리시 인창동(동구릉)
	홍릉	정성왕후	198호	경기도 고양시 덕양구 용두동(서오릉)
추존	영릉	진종 효순소황후	205호	경기도 파주시 조리읍 봉일천리
추존	융릉	장조 헌경의황후	206호	경기도 화성시 태안읍 안녕리
22대	건릉	정조 효의선황후	206호	경기도 화성시 태안읍 안녕리
23대	인릉	순조 순원숙황후	194호	서울시 서초구 내곡동
추존	수릉	문조 신정익황후	193호	경기도 구리시 인창동(동구릉)
24대	경릉	헌종 효현성황후 효정성황후	193호	경기도 구리시 인창동(동구릉)
25대	예릉	철종 철인장황후	200호	경기도 고양시 덕양구 원당동
26대	홍릉	고종 명성태황후	207호	경기도 남양주시 금곡동
27대	유릉	순종 순명효황후 순정효황후	207호	경기도 남양주시 금곡동

Ⅳ 고려 및 조선의 봉작 및 관직표

1 고려 및 조선의 봉작표

품계		고려		조선						
		문반	무반	내명부	종친	종친처	문관	문관처	무관	무관처
1품	정	–	–	빈	현록대부 흥록대부	부부인	대광보국숭록대부 보국숭록대부	정경부인	숭록대부	정경부인
	종	승록대부	표기 대장군	귀인	소덕대부 가덕대부	군부인	숭록대부 숭정대부	정경부인	숭록대부 숭정대부	정경부인
2품	정	흥록대부	보국 대장군	소의	숭헌대부 승헌대부	현부인	정헌대부 자헌대부	정부인	정헌대부 자헌대부	정부인
	종	정봉대부	진국 대장군	숙의	중의대부 정의대부	현부인	가의대부 가선대부	정부인	가의대부 가선대부	정부인
3품	정	정의대부	관국 대장군	소용	명선대부 창선대부	신부인	통정대부 통훈대부	숙부인	절충장군 어모장군	숙부인
	종	통의대부	운마 대장군	숙용	보신대부 자신대부	신인	중직대부 중훈대부	숙인	건공장군 보공장군	숙인
4품	정	대중대부	중무장군 장무장군	소원	선휘대부 광휘대부	혜인	봉정대부 봉열대부	영인	진위장군 소위장군	영인
	종	중대부	선위장군 명위장군	숙원	봉성대부 광성대부	혜인	조산대부 조봉대부	영인	정략장군 선략장군	영인
5품	정	중산대부 조의대부	정원장군 영원장군	상궁 상의	통직장 병직장	온인	통덕랑 통선랑	공인	의충위 의교위	공인
	종	조청대부 조산대부	유기장군 유격장군	상복 상식	근절랑 신절랑	온인	봉직랑 봉훈랑	공인	현신교위 창신교위	공인
6품	정	조의랑 승의랑	요무장군 요무부위	상침 상공	집순랑 종순랑	순인	승의랑 승훈랑	선인	돈용교위 진용교위	선인
	종	봉의랑 통직랑	진위교위 진무부위	상정 상기			선교랑 선무랑	선인	여절교위 병절교위	선인
7품	정	조청랑 선덕랑	치과교위 치과부위	전빈 전의			무공랑	안인	적순부위	안인
	종	선의랑 조산랑	익위교위 익마부위	전설 전제			계공랑	안인	분순부위	안인
8품	정	급사랑 징사랑	선절교위 선절부위	전찬 전식			통사랑	단인	승의부위	단인
	종	승봉랑 승무랑	어모교위 어모부위	전등 전채			승사랑	단인	수의부위	단인
9품	정	유림랑 등사랑	인용교위 인용부위	주궁 주상			종사랑	유인	효력부위	유인
	종	문림랑 장사랑	배융교위 배융부위	주치 주우			장사랑	유인	전력부위	유인

2 고려 및 조선의 관직표

품계		고려				조선					
		중서 문하성	상서 도성	상서 6부	어사대	의정부	6조	홍문관	내시부	외관	지방군관
1품	정					영의정 좌우의정		(영사)			
	종	문하시중 중서령	상서령	(판사)		좌우찬성					
2품	정	평장사	복야			좌우참찬	판서	(대제학)			
	종	정당문학 참지정사	지성사				참판	(제학)	상선	관찰사	병사
3품	정	상시		상서	판사 대부		참의 참지	부제학 직제학	상다	목사 대도호부사	수사
	종	작문하	승	지부사			참의	전한	상약	도호부사	절제사
4품	정	간의대부		시랑		사인		응교	상전		우후
	종	급사중 중서사인			지사 중승			부응교	상책	군수	첨절제사만호
5품	정		낭중	낭중		검상	정랑	교리	상호		
	종	기거주 기거랑			잡단 시어사			부교리	상노	도사 현령	
6품	정	보궐	원외랑	원외랑	전중 시어사		좌랑	수찬	상세		
	종	습유			감찰어사		별제	부수찬	상촉	현감 교수	절제도위
7품	정							박사	상원		
	종	문하록사 중서주서	도사						상설		
8품	정					사록		저작	상세		
	종								상문		
9품	정							정자	상변		
	종								상원	훈도역승	

V 역대 연호

국 호	왕 명	기 간	연 호
고구려	광개토대왕	391~412	영락(永樂)
	?	?	건흥(建興)
신 라	법흥왕	536~550	건원(建元)
	진흥왕	551~567	개국(開國)
	진흥왕	568~571	대창(大昌)
	진흥왕	572~583	홍제(鴻濟)
	진평왕	584~633	건복(建福)
	선덕여왕	634~647	인평(仁平)
	진덕여왕	647~650	태화(太和)
발 해	고왕	699~719	천통(天統)
	무왕	719~737	인안(仁安)
	문왕	737~793	대흥(大興)
	성왕	794~795	중흥(中興)
	강왕	795~809	정력(正曆)
	정왕	809~813	영덕(令德)
	희왕	813~818	주작(朱雀)
	간왕	818	태시(太始)
	선왕	818~830	건흥(建興)
	이진	830~858	함화(咸和)
마 진	궁예	904~905	무태(武泰)
	궁예	905~910	성책(聖册)
태 봉	궁예	911~913	수덕만세(水德萬歲)
	궁예	914~917	정개(政開)
고 려	태조	918~933	천수(天授)
	광종	950~951	광덕(光德)
	광종	960~963	준풍(峻豊)
대 위	묘청	1135	천개(天開)
조 선	고종	1896~1897	건양(建陽)
대 한 제 국	고종	1897~1907	광무(光武)
	순종	1907~1910	융희(隆熙)

VI 역대 왕조 계보

고구려

삼국사기 B.C. 37~668 왕 조

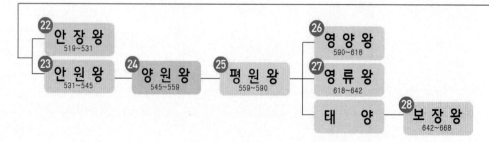

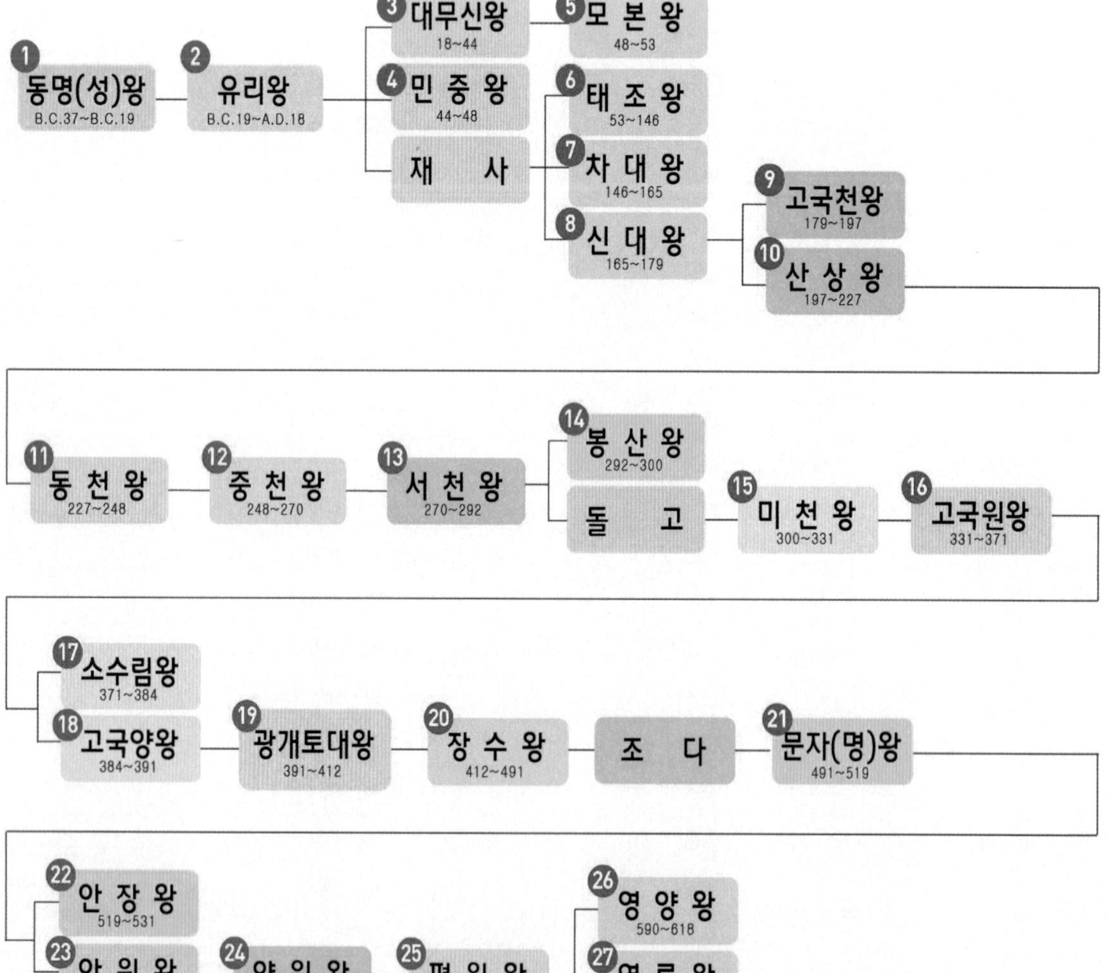

백제

삼국사기 B.C. 18~660 **왕 조**

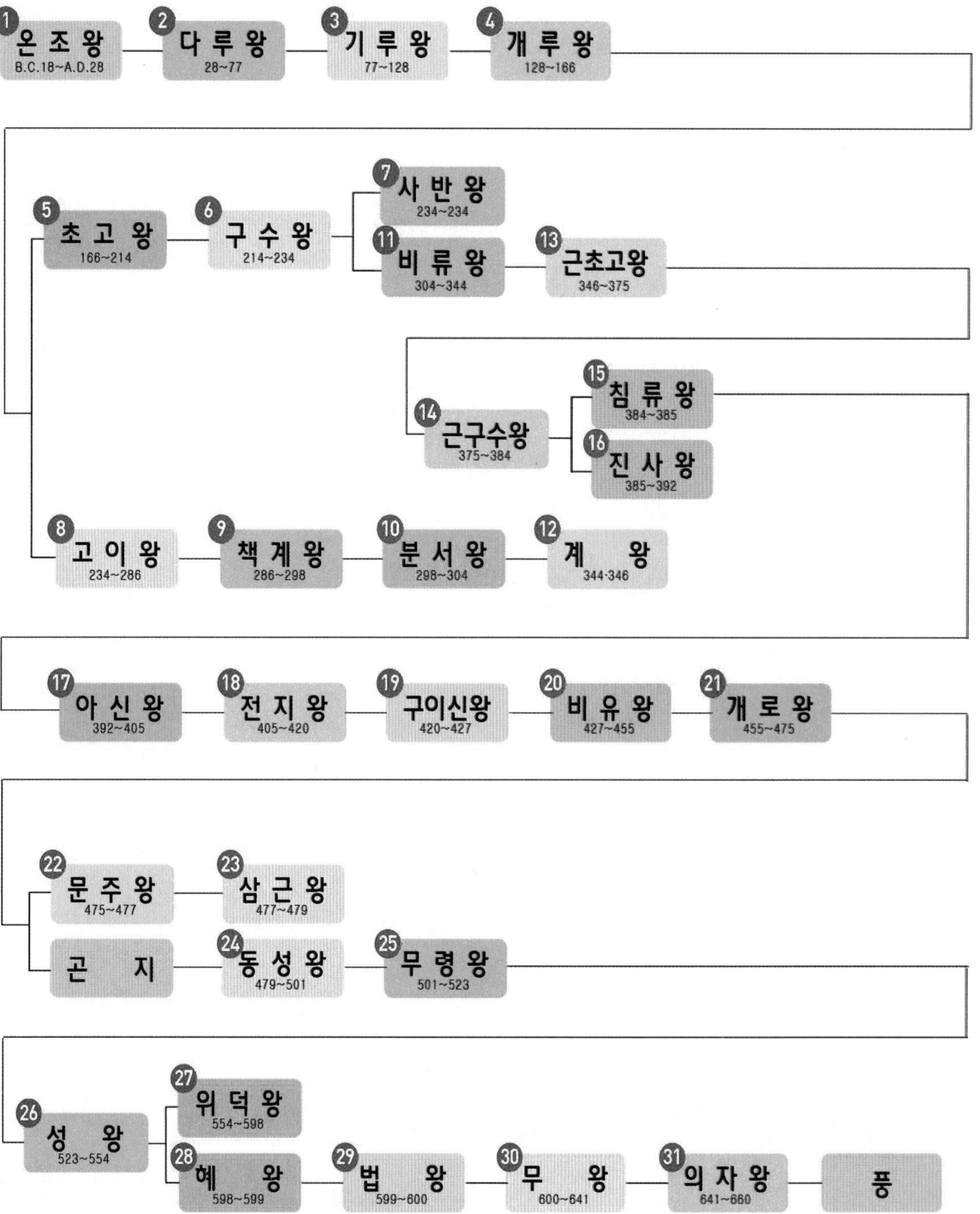

신라

삼국사기 B.C. 57~935 왕 조

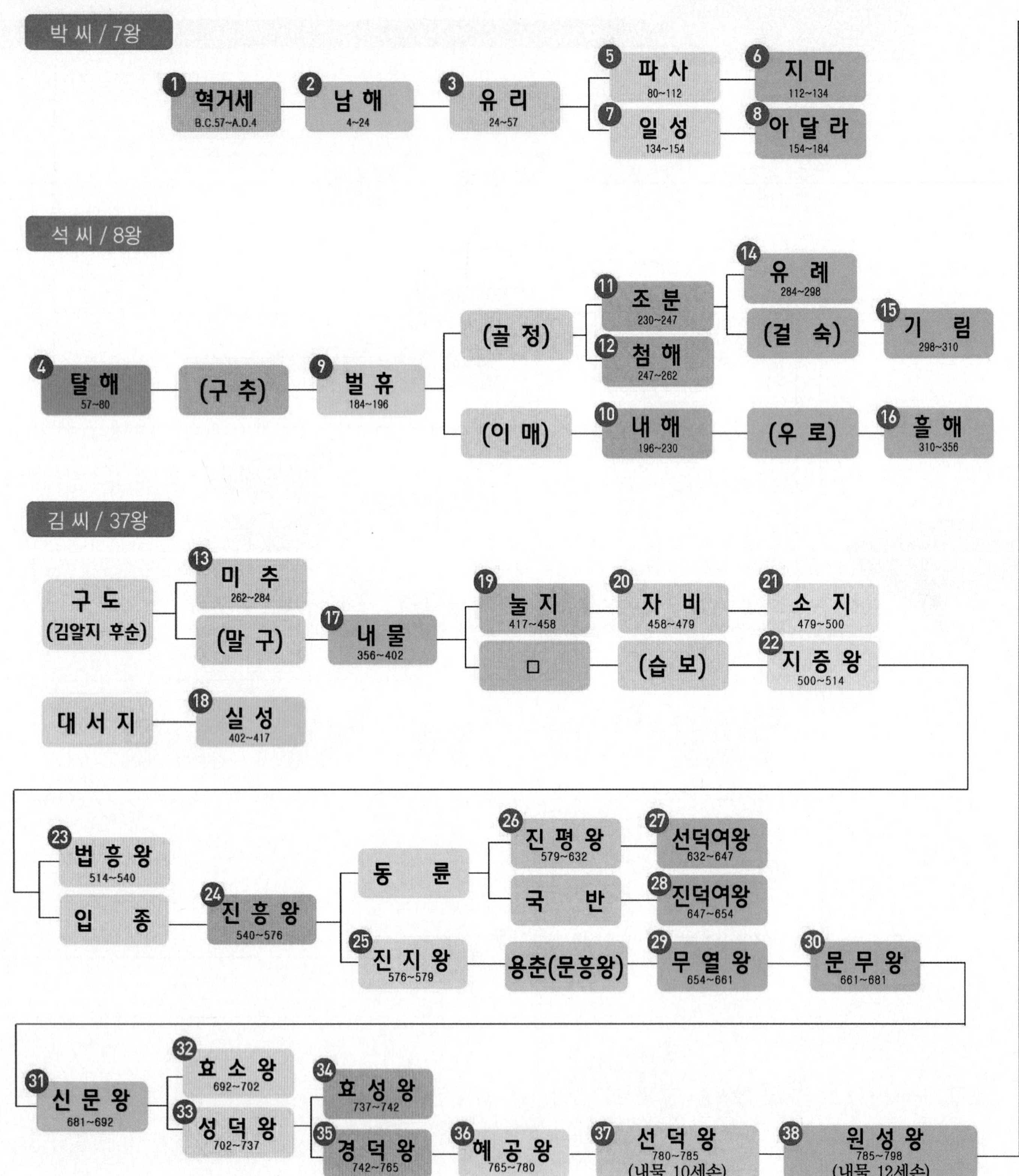

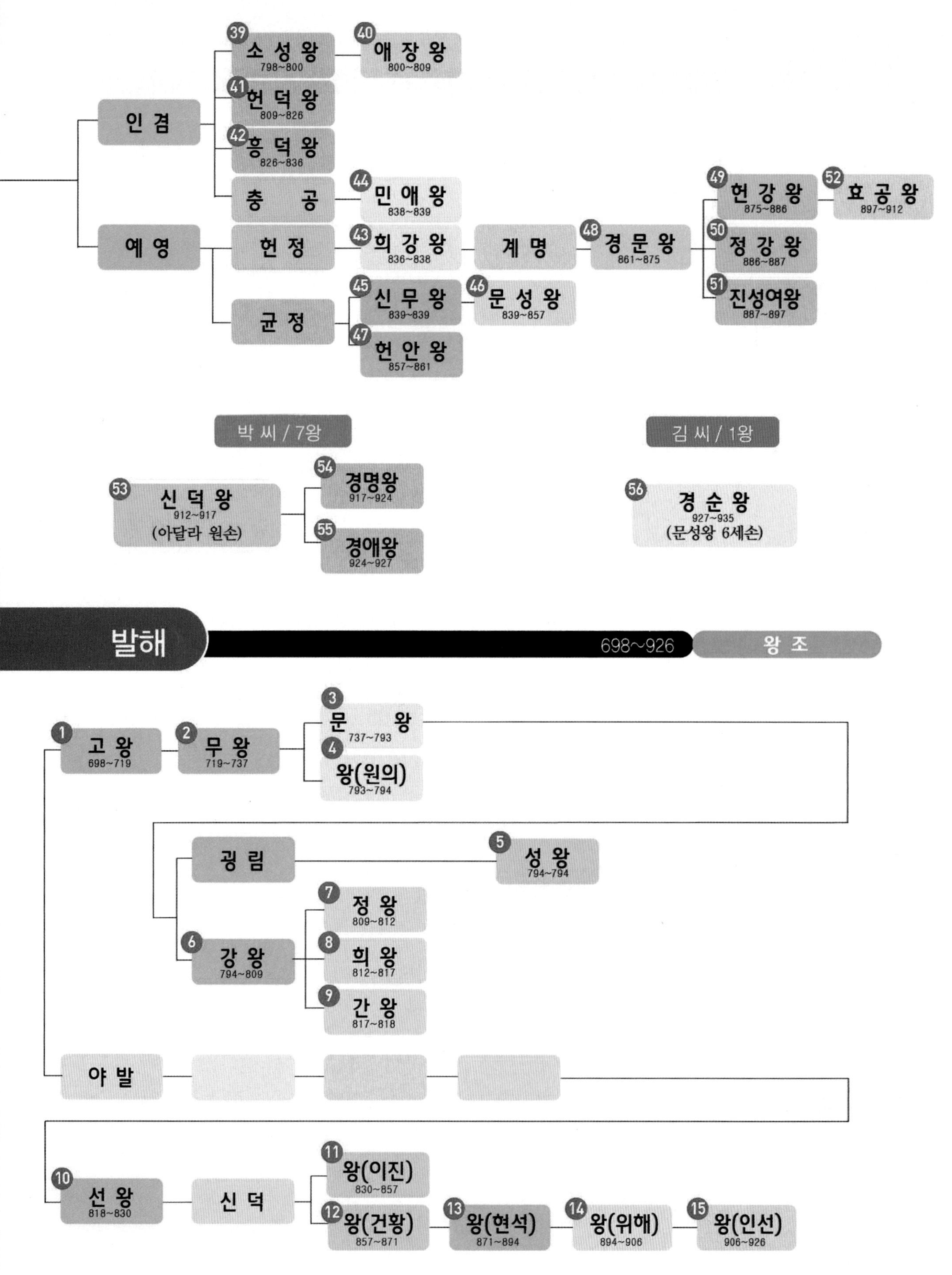

39 소 성 왕 798~800
40 애 장 왕 800~809
41 헌 덕 왕 809~826
42 흥 덕 왕 826~836
인 겸
충 공
44 민 애 왕 838~839
49 헌 강 왕 875~886
52 효 공 왕 897~912
예 영
헌 정
43 희 강 왕 836~838
계 명
48 경 문 왕 861~875
50 정 강 왕 886~887
균 정
45 신 무 왕 839~839
46 문 성 왕 839~857
51 진성여왕 887~897
47 헌 안 왕 857~861
박 씨 / 7왕
김 씨 / 1왕
53 신 덕 왕 912~917 (아달라 원손)
54 경명왕 917~924
55 경애왕 924~927
56 경 순 왕 927~935 (문성왕 6세손)
발해
698~926
왕 조
1 고 왕 698~719
2 무 왕 719~737
3 문 왕 737~793
4 왕(원의) 793~794
굉 림
5 성 왕 794~794
7 정 왕 809~812
6 강 왕 794~809
8 희 왕 812~817
9 간 왕 817~818
야 발
11 왕(이진) 830~857
10 선 왕 818~830
신 덕
12 왕(건황) 857~871
13 왕(현석) 871~894
14 왕(위해) 894~906
15 왕(인선) 906~926

고려

475년, 918~1392 왕조

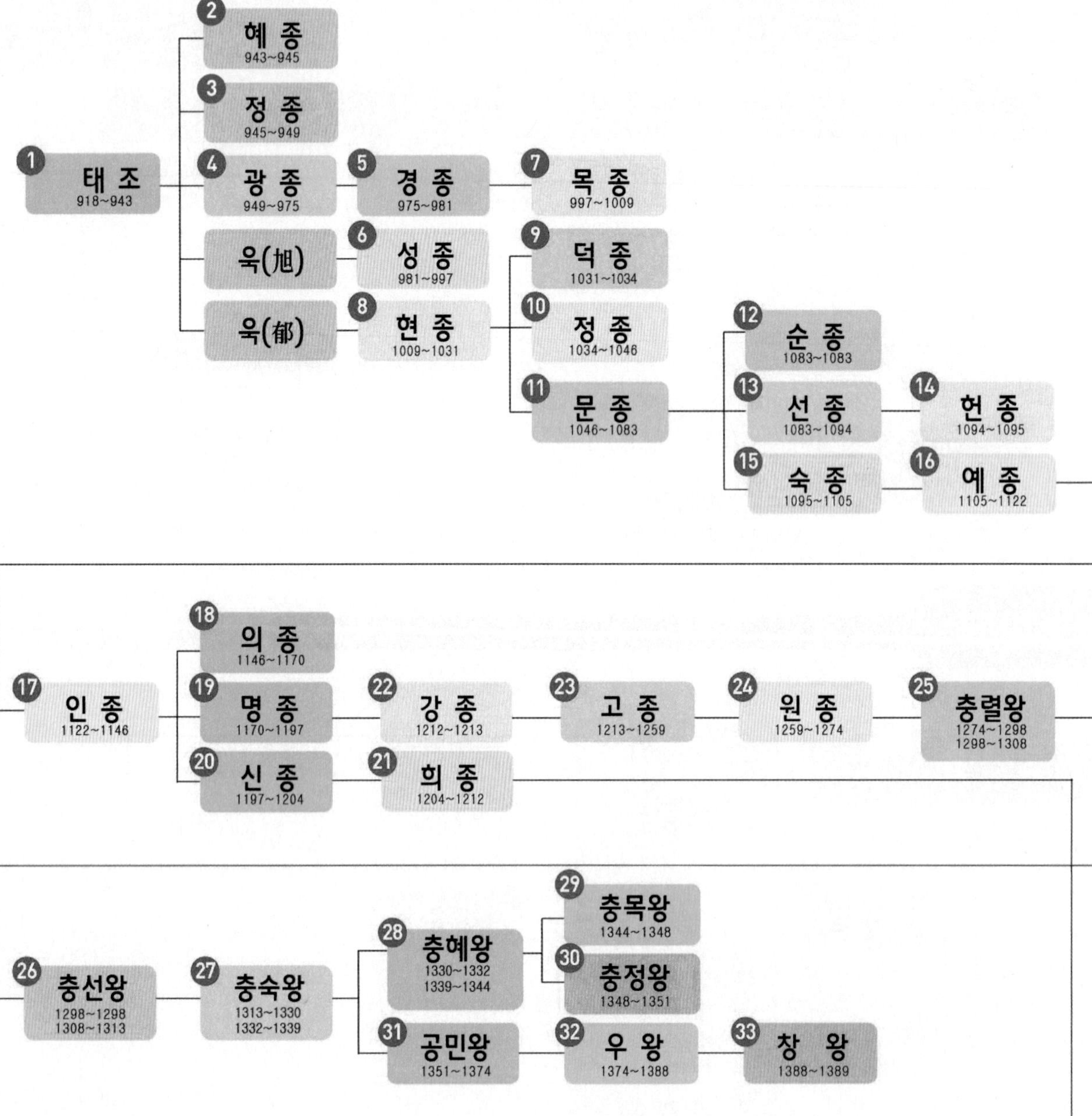

1 태조 918~943
2 혜종 943~945
3 정종 945~949
4 광종 949~975
욱(旭)
욱(郁)
5 경종 975~981
6 성종 981~997
8 현종 1009~1031
7 목종 997~1009
9 덕종 1031~1034
10 정종 1034~1046
11 문종 1046~1083
12 순종 1083~1083
13 선종 1083~1094
14 헌종 1094~1095
15 숙종 1095~1105
16 예종 1105~1122
17 인종 1122~1146
18 의종 1146~1170
19 명종 1170~1197
20 신종 1197~1204
21 희종 1204~1212
22 강종 1212~1213
23 고종 1213~1259
24 원종 1259~1274
25 충렬왕 1274~1298 1298~1308
26 충선왕 1298~1298 1308~1313
27 충숙왕 1313~1330 1332~1339
28 충혜왕 1330~1332 1339~1344
29 충목왕 1344~1348
30 충정왕 1348~1351
31 공민왕 1351~1374
32 우왕 1374~1388
33 창왕 1388~1389
34 공양왕 1389~1392 (신종 7세손)

조선

519년, 1392~1910 왕 조

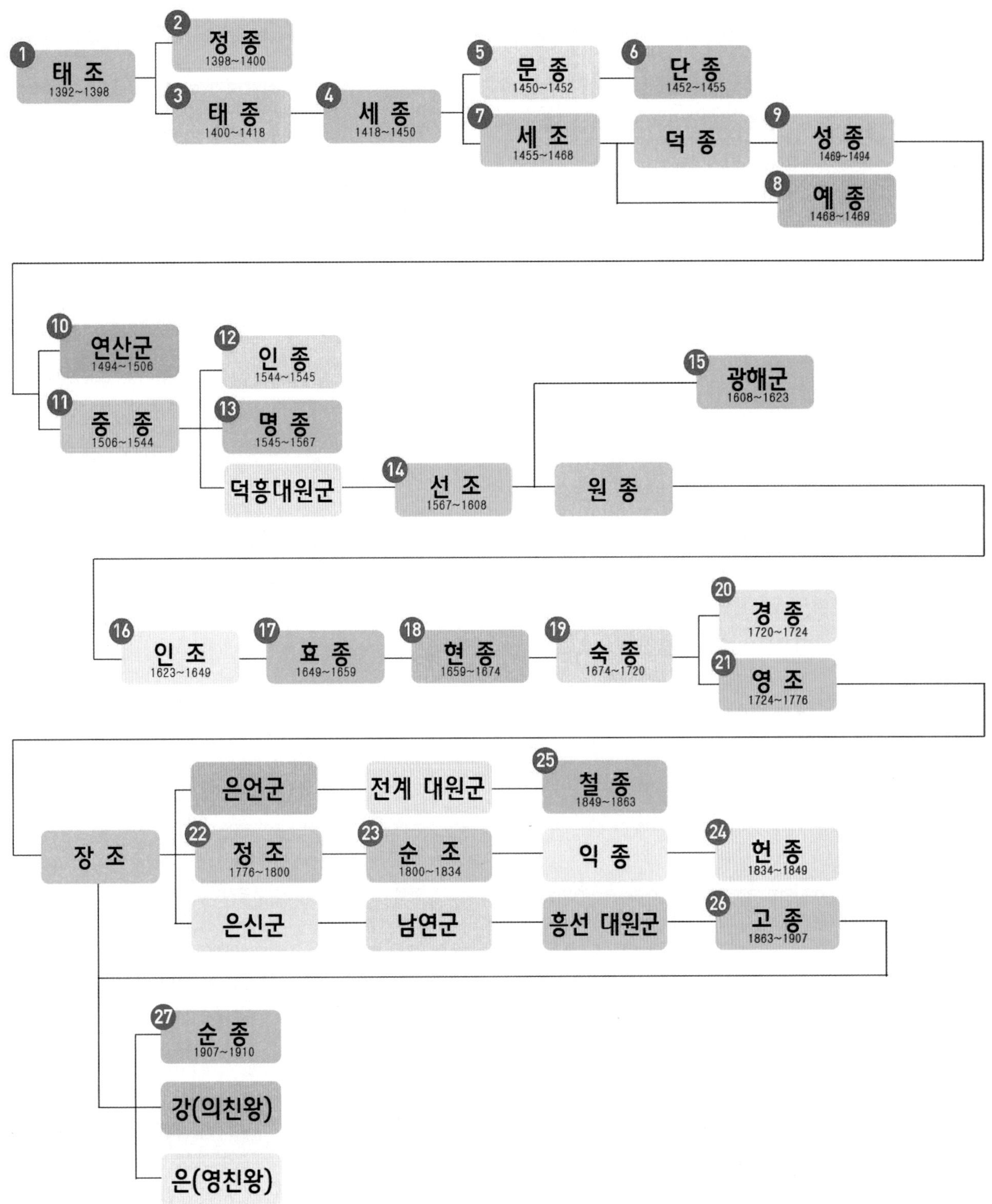

Ⅶ 연표

B.C.

약70만 년 전 ············ (구석기 문화)
8000년 경 ················ (신석기 문화)
2333 ························ 고조선 건국
2000~1500년경 ······ 청동기 문화의 보급
400년 경 ················· 철기문화의 보급
194 ·························· 위만, 고조선의 왕이 됨
108 ·························· 고조선 멸망, 한 군현 설치
57 ···························· 신라 건국
37 ···························· 고구려 건국, 신라금성축조
18 ···························· 백제 건국, 위례성축조

A.D.

194 ·························· 고구려, 진대법 실시
260 ·························· 백제(고이왕), 16관등과 공복 제정

300

313 ·························· 고구려, 낙랑군 축출
372 ·························· 고구려, 불교공인, 태학설치
백제, 동진에 사절을 보냄
384 ·························· 백제, 불교 전래

400

405 ·························· 백제, 일본에 한학 전함
427 ·························· 고구려, 평양 천도
433 ·························· 나·제 동맹 성립

500

502 ·························· 신라, 우경 실시
503 ·························· 신라, 국호와 왕호를 정함
520 ·························· 신라, 율령 반포, 백관의 공복 제정
527 ·························· 신라, 불교 공인
536 ·························· 신라, 연호 사용
538 ·························· 백제, 도읍을 사비성으로 옮김
545 ·························· 신라, 국사 편찬
552 ·························· 백제, 일본에 불교 전함

600

612 ·························· 고구려, 살수 대첩
624 ·························· 고구려, 당으로부터 도교 전래
645 ·························· 고구려, 안시성 싸움 승리
647 ·························· 신라, 첨성대 건립
660 ·························· 백제 멸망
668 ·························· 고구려 멸망
676 ·························· 신라, 삼국 통일
682 ·························· 국학을 세움
685 ·························· 9주 5소경 설치
698 ·························· 발해 건국

700

722 ·························· 신라, 정전 지급
751 ·························· 불국사와 석굴암 중창 시작
788 ·························· 독서삼품과 설치

800

828 ·························· 장보고, 청해진 설치
834 ·························· 백관의 복색 제도 공포
888 ·························· 신라, 삼대목 편찬

900

900 ·························· 견훤, 후백제 건국
901 ·························· 궁예, 후고구려 건국
918 ·························· 왕건, 고려 건국
926 ·························· 발해 멸망
935 ·························· 신라 멸망
936 ·························· 고려, 후삼국 통일
956 ·························· 노비안검법 실시
958 ·························· 과거제 실시
976 ·························· 전시과 실시
983 ·························· 전국에 12목 설치
992 ·························· 국자감 설치
996 ·························· 철전(건원중보)의 주조

1000

1009 ························ 강조의 정변
1019 ························ 귀주 대첩
1076 ························ 전시과 개정, 관제 개혁
1086 ························ 의천, 교장도감 두고 교장 조판
1097 ························ 주전도감 설치

1100

1102 ························ 해동통보 주조

1107 …… 윤관, 여진 정벌
1126 …… 이자겸의 난
1135 …… 묘청의 서경 천도 운동
1145 …… 김부식, 삼국사기 편찬
1170 …… 무신정변
1174 …… 정중부, 중방 정치
1196 …… 최충헌의 집권
1198 …… 만적의 난

1200

1219 …… 몽골과 통교
1231 …… 몽골의 제1차 침입
1232 …… 강화 천도
1234 …… 금속 활자로 상정고금예문 간행
1236 …… 고려 대장경 새김(~1251)
1270 …… 개경으로 환도, 삼별초의 대몽 항쟁
1274 …… 여·원의 제1차 일본 정벌

1300

1304 …… 안향의 주장으로 국학에 대성전 세움
1314 …… 만권당 설치
1359 …… 홍건적의 침입(~1361)
1363 …… 문익점, 원에서 목화씨 가져옴
1376 …… 최영, 왜구 정벌
1377 …… 최무선의 건의로 화약 무기 제조(화통도감 설치), 직지심체요절 인쇄
1388 …… 위화도 회군
1389 …… 박위, 쓰시마 섬 토벌
1392 …… 고려 멸망, 조선 건국
1394 …… 한양 천도

1400

1402 …… 호패법 실시
1403 …… 주자소 설치
1411 …… 한양에 5부 학당 설치
1413 …… 조선 8도의 지방 행정 조직 완성 태조실록 편찬
1416 …… 4군 설치(~1443)
1418 …… 세종 즉위
1420 …… 집현전 확장
1434 …… 6진 설치(~1449)
1441 …… 측우기 제작
1443 …… 훈민정음 창제
1446 …… 훈민정음 반포
1466 …… 직전법 실시
1485 …… 경국대전 완성

1500

1510 …… 3포 왜란
1512 …… 임신약조
1543 …… 백운동 서원 세움
1555 …… 을묘왜변
1592 …… 임진왜란, 한산도대첩
1593 …… 행주 대첩

1600

1608 …… 경기도에 대동법 실시
1609 …… 일본과 기유약조 체결
1610 …… 동의보감 완성
1623 …… 인조반정
1624 …… 이괄의 난
1627 …… 정묘호란
1628 …… 벨테브레이, 제주도 표착
1631 …… 정두원이 명에서 천리경, 자명종, 화포 등 수입
1636 …… 병자호란
1645 …… 소현 세자가 청에서 과학 서적, 천주교 서적 등을 수입
1653 …… 하멜, 제주도 표착, 시헌력 채택
1658 …… 제2차 나선 정벌
1659 …… 호서 지방에 대동법 실시
1662 …… 제언사 설치
1678 …… 상평통보 주조
1696 …… 안용복, 독도에서 일본인 쫓아 냄

1700

1708 …… 전국적으로 대동법 실시
1712 …… 백두산 정계비 건립
1725 …… 탕평책 실시
1750 …… 균역법 실시
1763 …… 고구마 전래
1776 …… 규장각 설치
1784 …… 이승훈, 천주교 전도
1785 …… 대전통편 완성
1786 …… 서학을 금함

1800

1801 …… 신유박해
1811 …… 홍경래의 난
1831 …… 천주교 조선 교구 설치
1839 …… 기해박해
1860 …… 최제우, 동학 창시
1861 …… 김정호, 대동여지도 만듦
1862 …… 농민 봉기
1863 …… 고종 즉위, 흥선 대원군 집권

1865 ······ 경복궁 중건(~1872)
1866 ······ 병인박해, 병인양요
1871 ······ 신미양요
1875 ······ 운요호 사건
1876 ······ 강화도 조약 맺음
1879 ······ 지석영, 종두법 실시
1881 ······ 조사 시찰단 및 영선사 파견
1882 ······ 임오군란
미국, 영국, 독일 등과 통상 조약 체결
1883 ······ 한성 순보 발간, 전환국 설치,
원산 학사 설립, 태극기 사용
1884 ······ 우정국 설치, 갑신정변
1885 ······ 거문도 사건, 배재 학당 설립
서울·인천 간 전신 개통, 광혜원 설립
1886 ······ 육영 공원, 이화 학당 설립
1889 ······ 함경도에 방곡령 실시
1894 ······ 동학 농민 운동, 갑오개혁
1894 ······ 청·일 전쟁(~1895)
1895 ······ 을미사변, 유길준, 서유견문 지음
1896 ······ 아관 파천, 독립 신문 발간,
독립 협회 설립
1897 ······ 대한 제국 성립
1898 ······ 만민 공동회 개최
1899 ······ 경인선 개통

1900

1900 ······ 만국 우편 연합 가입
1902 ······ 서울·인천 간 장거리 전화 개통
1903 ······ YMCA 발족
1904 ······ 한·일 의정서 맺음
1905 ······ 경부선 개통, 을사조약, 천도교 성립
1906 ······ 통감부 설치
1907 ······ 국채 보상 운동, 헤이그 특사 파견,
고종 황제 퇴위, 군대 해산, 신민회 설립
1908 ······ 의병, 서울 진공 작전
1909 ······ 일본, 청과 간도를 안봉선과 교환
안중근, 이토 히루부미 처단
나철, 대종교 창시
1910 ······ 국권 피탈
1912 ······ 토지 조사령 공포
1914 ······ 대한 광복군 정부 수립
1916 ······ 박중빈, 원불교 창시
1919 ······ 3·1 운동
1920 ······ 김좌진, 청산리 대첩
조선 일보·동아 일보 창간
1922 ······ 어린이날 제정
1926 ······ 6·10 만세 운동
1927 ······ 신간회 조직
1929 ······ 광주 학생 항일 운동
1931 ······ 만주 사변
1932 ······ 이봉창, 윤봉길 의거
1933 ······ 한글 맞춤법 통일안 제정
1934 ······ 진단 학회 조직
1936 ······ 손기정, 베를린 올림픽 대회 마라톤
우승
1937 ······ 중·일 전쟁
1938 ······ 한글 교육 금지
1939 ······ 제2차 세계 대전(~1945) 발발
1940 ······ 민족 말살 정책 강화
한국광복군 결성
1942 ······ 조선어 학회 사건
1943 ······ 카이로 회담
1945 ······ 포츠담 선언, 일본 항복, 유엔 성립
1945 ······ 8·15 광복
1946 ······ 제1차 미·소 공동 위원회 개최
1947 ······ 유엔 한국 임시 위원단 구성
1948 ······ 5·10 총선거 실시, 대한민국 정부 수립
1949 ······ 농지개혁법 제정
1950 ······ 6·25 전쟁
1950 ······ 유엔, 한국 파병 결의
1953 ······ 휴전 협정 조인
제1차 통화 개혁 실시
(2.15.대통령 긴급 명령 13호)
1957 ······ 우리말 큰사전 완간
1960 ······ 4·19 혁명, 장면 내각 성립
1961 ······ 5·16 군사 정변
1962 ······ 제1차 경제 개발 5개년 계획(~1966)
공용 연호 서기로 변경
제2차 통화 개혁 실시
1963 ······ 박정희 정부 성립
1964 ······ 미터법 실시
1965 ······ 한·일 협정 조인
1966 ······ 한·미 행정 협정 조인
1967 ······ 5·3 대통령 선거, 6·8 국회 의원 선거
제2차 경제 개발 5개년 계획
1968 ······ 1·21 사태, 국민 교육 헌장 선포
1970 ······ 새마을 운동 제창, 경부 고속 국도 개통
1971 ······ 4·27 대통령 선거
5·25 국회 의원 선거
1972 ······ 제3차 경제 개발 5개년 계획(~1976)
7·4 남북 공동 성명, 남북 적십자 회담,
10월 유신
1973 ······ 6·23 평화 통일 선언

1973 ………………………… 전세계 유류 파동(10월)
1974 ………………………… 북한 땅굴 발견
1975 ………………………… 대통령 긴급 조치 9호 발표
1976 ………………………… 판문점 도끼 만행 사건
1977 ………………………… 제4차 경제 개발 5개년 계획(~1981), 수출 100억 달러 달성
1978 ………………………… 자연 보호 헌장 선포
1979 ………………………… 10·26 사태
1980 ………………………… 5·18 민주화 운동
1981 ………………………… 전두환 정부 성립, 수출 200억 달러 달성
1982 ………………………… 정부, 일본에 역사 교과서 왜곡 내용 시정 요구
1983 ………………………… KAL기 피격 참사, 아웅산 사건
KBS, 이산 가족 찾기 TV 생방송
1984 ………………………… L.A. 올림픽에서 종합순위 10위 차지
1985 ………………………… 남북 고향 방문단 상호 교류
1986 ………………………… 서울 아시아 경기 대회
1987 ………………………… 6월 민주 항쟁
1988 ………………………… 한글 맞춤법 고시, 노태우 정부 성립, 제24회 서울 올림픽 대회
1989 ………………………… 동구권 국가와 수교
1990 ………………………… 소련과 국교 수립
1991 ………………………… 남북한 유엔 동시 가입
1992 ………………………… 중국과 국교 수립
1993 ………………………… 김영삼 정부 성립, 대전 엑스포, 금융 실명제 실시
1994 ………………………… 북한, 김일성 사망
1995 ………………………… 지방 자치제 실시, 구총독부 건물 해체(~1996)
1998 ………………………… 김대중 정부 성립

2000

2000 ………………………… 제1차 남북 정상 회담, 6·15 남북 공동 선언
아시아·유럽 정상 회의(ASEM) 개최
2002 ………………………… 한·일 월드컵 대회 개최
제14회 부산 아시아 경기 대회 개최
2003 ………………………… 노무현 정부 출범
2007 ………………………… 제2차 남북 정상 회담, 10·4 남북 공동 선언
2008 ………………………… 이명박 정부 출범
2013 ………………………… 박근혜 정부 출범